2010

Shanghai Finance Yearbook

上海金融年鉴

上海人民出版社

2009年7月6日，跨境贸易人民币结算启动仪式在上海举行。

2009年6月10日，举行中国2010年上海世界博览会金银纪念币（第1组）首发式。中国人民银行副行长兼上海总部副主任马德伦（左三），上海市市委常委、常务副市长杨雄（左二）出席首发式。

2009 年 8 月 5 日，上海银监局阎庆民局长陪同上海市韩正市长视察银监局工作。

2009 年 1 月 18 日，上海证监局正式迁址浦东新办公楼。

2009年9月1日，上海黄金交易所与世界黄金协会、兴业银行联合举行新闻发布会，推广个人黄金实物交易品种“兴业银行金交所交易金”。

2009年10月27日，上海市浦东新区人民政府与苏黎世金融服务集团举行《关于航运金融领域合作的备忘录》签约仪式。

2009年11月28日，银行间市场清算所股份有限公司开业暨上海清算所挂牌仪式举行。中国人民银行副行长兼上海总部主任苏宁（右二）、上海市副市长屠光绍（右三）出席上海清算所挂牌仪式。

2009年12月18日，上海保监局举行2010上海保险业迎春招待会。

中国外汇交易中心暨全国银行间同业拆借中心（以下简称交易中心）是中国人民银行直属事业单位。主要职能是：提供银行间外汇交易、人民币同业拆借、债券交易系统并组织市场交易；办理外汇交易的资金清算、交割，负责人民币同业拆借及债券交易的清算监督；提供网上票据报价系统；提供外汇市场、债券市场和货币市场的信息服务；开展经人民银行批准的其他业务。

交易中心总部设在上海，在北京建有备份中心。16年来，交易中心贯彻“多种技术手段，多种交易方式，满足不同层次市场需要”的业务工作方针，利用先进的电子信息技术，依托专线网和互联网，面向银行间外汇市场、债券市场和货币市场，建成了交易、清算、信息、监管四大服务平台，在支持人民币汇率稳定、传导央行货币政策、服务金融机构和监管部门等方面发挥了重要的作用。

China Foreign Exchange Trade System (CFETS), also known as the National Interbank Funding Center (the Center), is a sub-institution of the People’s Bank of China (PBC). Its main functions include: providing systems for foreign exchange (FX) trading, RMB lending and bond trading; organizing interbank FX trading, RMB lending and bond trading; handling settlement and clearing of FX trading; prompting the clearing of RMB lending and bond trading; providing an online commercial paper (CP) quotation system; providing information services on the FX, bond and money markets; and engaging in other businesses authorized by the PBC.

CFETS is headquartered in Shanghai and has a back-up center in Beijing. In the recent 16 years, under the guidelines of “multiple technological means and trading patterns to meet market demands of various levels”, by leveraging advanced information technology, CFETS has constructed service platforms of trading, clearing, information and surveillance to the interbank FX market, bond market and money market through leased line and the Internet. CFETS has played a significant role in safeguarding RMB exchange rate stability, transmitting central bank monetary policies, serving financial institutions and supervising market operations.

地 址/Address:上海市浦东新区张东路1387号30栋
Building 30, 1387 Zhangdong Road,
Pudong New Area, Shanghai
邮 编/Post Code: 201203
电 话/Tel: 86-21-63298988
传 真/Fax: 86-21-68797900
网 址/Website: www.chinamoney.com.cn
www.chinacp.com.cn
www.shibor.org

上投大厦
SITICO

SAIC MOTOR 上海汽车

上海汽车集团股份有限公司

上海汽车集团股份有限公司的前身是上海汽车股份有限公司，上海汽车股份有限公司于1997年11月在上海证券交易所挂牌上市，股票代码为600104，公司简称“上海汽车”。

2006年经过重组，上海汽车成为目前国内A股市场最大的整车上市公司。截至2009年12月31日，公司总股本为65.51亿股，合并总资产1381.6亿元，归属于母公司的净资产424.6亿元，归属于上市公司股东的净利润65.9亿元，每股收益1.006元。公司目前控股股东为上海汽车工业（集团）总公司。

2009年度公司整车销量达到272.5万辆，成为国内首家年销量突破200万辆的整车大集团，并首次进入全球行业前十名。公司下属上海大众、上海通用整车销量居国内乘用车厂家销量排名的前两位，上汽通用五菱成为国内首家年产销突破100万辆的汽车企业。

地址：上海市威海路489号
邮编：200041
电话：021-22011888
传真：021-22011777
邮件：saicmotor@saicmotor.com

95566
服务享更优
95566
服务享更优!
04175

上海黄金交易所

SHANGHAI GOLD EXCHANGE

Shanghai Gold Exchange (SGE thereafter), approved by the State Council, founded by the People's Bank of China (PBOC thereafter) and registered in the State Administration for Industry & Commerce, is a not-for-profit and selfdisciplined legal entity. SGE organizes transactions of the Precious Metals including gold, silver and platinum in accordance with the principle of "Open, Fair, Just and Honest".

SGE adopts a membership system. Its members consist of qualified commercial banks and corporations registered in the People's Republic of China, ratified by the PBOC to produce, smelt, process, wholesale, import and export precious metals including gold, silver, platinum, etc. and derivative products of precious metals. SGE has totally 163 members, spreading around 26 provinces, autonomous regions and cities, which can produce 75% of China's total gold Production with the consuming and smelting capacity account for 80% and 90% respectively.

SGE employs normalized transaction and the gold, silver and platinum used for transaction should meet the standard regulated by SGE. At present stage, SGE conducts the transaction of spot physical gold, silver and platinum with the following 6 species: Au99.99, Au99.95, Au50g, Au100g, Ag99.9 and Pt99.95. As for the spot margin trading, SGE introduces the following 5 types: Au(T+5), Au(T+D), Au (T+N1), Au(T+N2) and Ag(T+D).

SGE follows the principle of "Price Priority and Time Priority" in making deal and adopts a computer-matching system. Currently, SGE assigns Bank of China, Agricultural Bank of China, Industrial & Commercial Bank of China, China Construction Bank, Shenzhen Development Bank, Industrial Bank Co., Ltd. and Hua Xia Bank as its formal clearing banks and conducts the capital settlement under the principle of "Concentration, Directness and Net valuation". Following the principle of "members may choose warehouses according to their own will", SGE sets up 55 assigned warehouses in 37 cities all over the country to facilitate its members' stocking and delivering the gold.

SGE appoints quality examination institutions to conduct qualification examination for gold quality standard and ratify the refining factory and grade attestation. Quality examination institutions also conduct examination and arbitration for dispute on quality. For all standard gold transacted within the exchange, SGE keeps the principle of "Free VAT or Immediate Collection and Returning of VAT" approved by the State Ministry of Finance and the State Administration of Taxation.

The official opening of SGE is a significant breakthrough in China's gold administrative system and a brand-new stage in the construction of the country's financial market.

W W W . S G E . C O M . C N

NO.99 MIDDLE HENAN ROAD, 200001, SHANHAI CHINA TEL: +86 21 33189588 FAX: +86 21 33662058

中国工商银行贵金属业务部简介

中国工商银行股份有限公司（以下简称“工商银行”）成立于1984年，经过20多年的改革发展，已经步入质量、效益和规模协调发展的轨道。近年来，工商银行锐意改革创新，以其雄厚的资产规模、优质的客户基础、多元的业务结构、强劲的创新能力，奠定了国内领先的市场地位，并以其卓越的品牌价值赢得了国内外各界的广泛认同，国际市场地位、影响力和知名度大幅提升。经过持续努力和稳健发展，工商银行已经成长为全球市值最大、盈利最多、品牌价值最高和客户存款第一的商业银行，并在支持社会经济发展、保护环境和资源、援助社会公益事业等方面树立了承担社会责任的大行形象。

为了顺应中国贵金属市场蓬勃发展的趋势，经银监会批准，工商银行于2009年9月9日在上海成立了国内首家银行贵金属专营机构——贵金属业务部。贵金属业务部对内按照总行一级部室管理，对外作为总行经营性直属机构运营。贵金属业务部的成立，整合了已有的贵金属业务销售渠道、交易平台、管理职能以及专家团队，通过与客户的互利共赢，开辟新的业务领域。“工银金行家”是工商银行全力打造的贵金属服务品牌，竭诚为客户提供贵金属投资理财专业服务。

成立一年来，贵金属业务部充分整合了工商银行优势资源，切实发挥渠道协同作用，加快提高渠道产能和服务水平，实现场内外业务跨越式发展；贵金属业务部着力提升产品创新能力，构建了实物类、交易类、融资类和理财类四大贵金属产品体系，成为国内贵金属服务功能最齐全的商业银行；贵金属业务部不断优化完善业务结构，建立起符合贵金属业务特点的经营管理组织架构和风险内控制度流程，保障全行贵金属业务健康发展；贵金属业务部与国内外贵金属业务活跃的世界知名银行、产金用金企业、贵金属专业机构等建立了多种形式的合作关系。

面对国际、国内经济金融环境的变化，贵金属业务部充分依托工商银行集团优势，切实加强资源整合与渠道协同，加快业务创新和市场开拓，力争实现工商银行贵金属业务规模与效益的全面提升，力争构建全球一流的贵金属投资和管理银行。

联系方式：

◈地址：上海市中山东二路11号18楼中国工商银行贵金属业务部

◈电话：021－63299299　　传真：021－63298558

ICBC 工银金行家

实物类产品

实物类产品以金、银等材质的实物制品为主，深入挖掘中国传统金银文化内涵，传达吉祥如意，富贵康宁之意。工商银行的贵金属产品构思精巧、工艺精湛、洋溢着浓郁的中华传统文化气息，是典藏和馈赠的佳品。

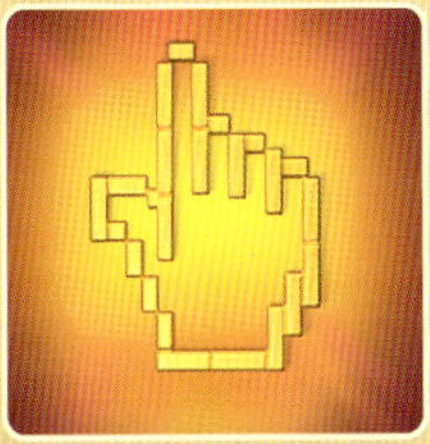

交易类产品

贵金属交易类产品包括账户贵金属业务，贵金属现货递延交收业务，代理个人、非会员实物黄金买卖业务等。客户可以通过中国工商银行网银、电话银行、网点等渠道进行业务办理。

融资类产品

贵金属融资业务是依托贵金属交易渠道，向企业、个人或金融机构等提供货币资金或者贵金属融通的业务，包括实物黄金租赁业务、贵金属质押融资业务、实物贵金属境内同业拆借业务等。

理财类产品

工商银行将不定期推出挂钩贵金属的理财产品。客户通过直接购买理财产品，参与各种贵金属市场，根据各种贵金属的市场表现获取投资收益。客户无须对贵金属市场拥有专业投资技能和渠道，同样可以参与各类贵金属市场，分享不同贵金属产品收益。

中银消费金融
BOC CONSUMER FINANCE
爱贷信用 乐享人生
新易贷
信自己，我的生活我做主！

中银消费金融有限公司是按照中国银监会2009年7月颁布的《消费金融公司试点管理办法》组建的创新型金融机构，属于非银行金融机构。是全国首批试点的4家消费金融公司之一，也是上海的第一家消费金融公司。

中银消费金融有限公司的股东单位分别为中国银行（51%）、百联集团（30%）和上海陆家嘴金融发展有限公司（19%），注册资本为5亿元人民币，注册于陆家嘴金融贸易区。中国银行作为四大国有控股商业银行之一，在零售业务尤其是消费贷款业务上具有较强的优势，在上海，中行消费贷款的市场份额第一。百联集团为全国最大的综合性零售商业集团，注册资本10亿元，总资产503.41亿元。上海陆家嘴金融发展有限公司为浦东新区政府旗下专司金融股权投资的平台。

中银消费金融有限公司的成立，一是配合国家战略转型的金融制度创新；二是综合欧美日发达国家消费金融业务和本地居民偏好的金融产品创新；三是整合金融资源、零售商业资源和政府平台资源的合作创新；四是信用评估、信用分析、征信信息整合和信用风险控制技术的信用管理创新。通过这些创新，也为上海“两个中心”建设和浦东金融体系建设贡献一份力量。

六大特点 轻松消费

1. 新易贷是国内第一种以活期贷款形态出现的消费融资工具。

2. 新易贷首创了按照客户资信状况浮动利率的机制，将通过利率杠杆来反映客户信用状况、培育目标客户群的信用习惯。

3. 新易贷首次引入了系统级的中途授信审核机制以便动态地监控信用风险。

4. 新易贷建立了全新的消费贷款偿还规则，在按日计息的基础上支持自由还款模式，在贷款期限、还款时间、还款金额上给予客户很高的自由度和选择权。

5. 新易贷利用快速信用评分模型和快速审批机制，可以在不超过1个小时的时间内完成授信决策，并且在贷款使用上创造了动态密码认证机制，使得当场申请贷款当场使用贷款成为可能。

6. 新易贷首创了利用双向短信平台完成贷款服务，使得贷后服务摆脱了预约、排队的束缚，客户可以方便地通过短信完成各类贷后服务，为其提供了前所未有的服务便利。

中银消费金融有限公司由中国银行、百联集团和上海陆家嘴金融发展有限公司共同投资组建

公司网站：www.boccfc.cn • 客服邮箱：callcenter@boccfc.cn • 客服热线：4008-295-195（每日9:00-21:00）

中钞油墨有限公司

中钞油墨有限公司是国内唯一的印钞油墨生产制造企业，隶属于中国印钞造币总公司，由中国印钞造币总公司、成都印钞有限公司、北京印钞有限公司、上海印钞有限公司、西安印钞有限公司、石家庄印钞有限公司、南昌印钞有限公司共同投资组建，专业研制生产树脂、连结料、印钞油墨和特种印刷油墨。

中钞油墨有限公司秉承“忠诚印制，追求第一”的行业理念和“诚信、求实、安全、高效”的企业精神，以“实现管理科学、技术一流、生产环保、服务卓越、文化先进、发展持续，成长为国际一流的印钞油墨企业”为目标，自成立以来，先后通过英国标准协会BSI公司的质量、环境、职业安全卫生三大管理体系认证，被批准为上海市高新技术企业。2006年，公司组建了中国印钞造币总公司技术中心上海油墨技术研究所。2005年至今，公司完成多项重要产品的设计开发，开展科研项目40余个，获得4项发明专利授权和17项科研成果。2007年，公司工会获得上海市“模范职工之家”称号。2008年和2009年，公司分别被评为中国印钞造币总公司文明单位和上海市文明单位。

不断创新、高速成长的兴业银行零售业务

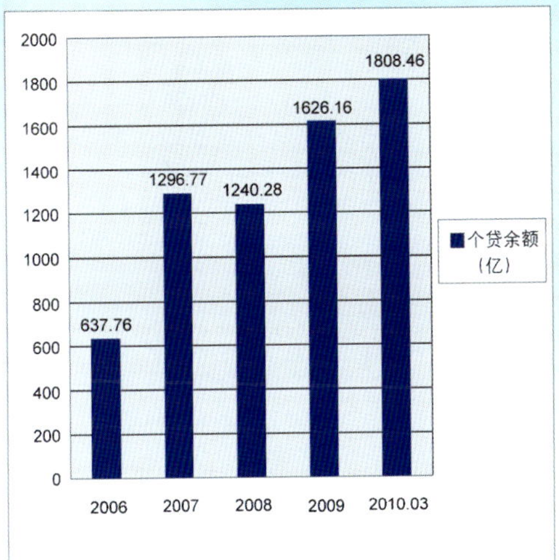

兴业银行个人贷款余额增长示意图（2006–2010.03）

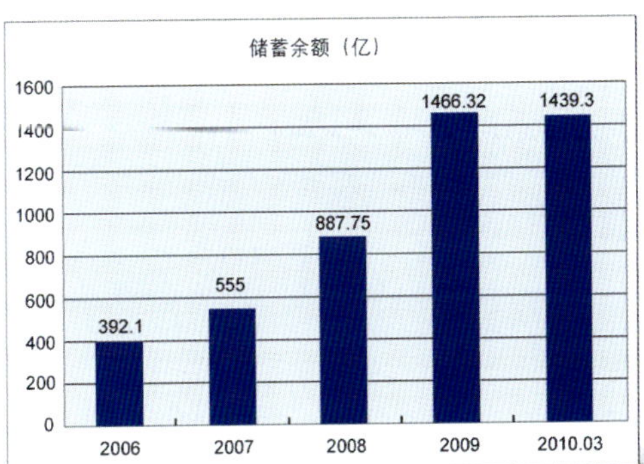

兴业银行储蓄存款余额增长示意图（2006–2010.03）

兴业银行零售业务始终坚持以支持社会进步、改善民生为依归，认真贯彻落实全行“两个转变”的战略，坚持“真诚服务、相伴成长”理念，定位于服务具有良好知识背景、收入稳定增长的中国城市主流家庭，致力于成为国内零售金融领域积极的市场创新与改善者。近年来，兴业银行零售业务以事业部制改革为主线，业务条线精细化管理、专业化运作能力得到了大幅提升，创新推出了服务于成长型私营业主的“兴业通”、智能通知存款等产品：截至2010年3月末，其零售贷款余额达1870.45亿元在九家股份制银行中的排名由2006年的第六位迅速上升至目前的第二位；储蓄增长率在2007–2009年间连续三年位列第一；兴业通、本外币理财产品、贵金属经纪、低碳信用卡等一批特色产品和业务也深受市场欢迎。

深圳发展银行 SHENZHEN DEVELOPMENT BANK 上海分行 SHANGHAI BRANCH

深圳发展银行股份有限公司（简称：深圳发展银行，股票简称：深发展A，股票代码：000001）是中国第一家面向社会公众公开发行股票并上市的商业银行。深发展于1987年5月10日以自由认购形式首次向社会公开发售人民币普通股，并于1987年12月22日正式宣告成立。

经过二十多年的快速发展，深圳发展银行综合实力日益增强，自身规模不断扩大，已在北京、上海、广州、深圳、杭州、武汉等20个经济发达城市设立了300多家分支机构，并在北京、香港设立代表处，与境外众多国家和地区的600多家银行建立了代理行关系。

1998年4月20日，深圳发展银行上海分行正式揭牌营业，目前分行拥有29家支行，网点和自助银行、自助设备遍布商业区域和较为繁华的周边区域，建立起“立足上海、辐射周边”的金融服务网络，树立了充满朝气的新型银行形象。

2009年，上海分行业绩不断提升，总资产突破800亿元，分行实现考核利润11.41亿元，存贷款规模和资产规模都创出历史新高，各项主要业务保持稳定快速增长。

深圳发展银行上海分行将遵循“诚信、专业、服务、效率”的理念，秉承为股东创造回报、为客户增添价值、为员工带来发展的宗旨，努力提高盈利能力和服务水平，锐意进取，不断创新，进一步打造核心竞争力，为全面建设国际标准的现代商业银行而不懈努力。

恒丰银行

恒丰银行是经中国人民银行批准成立的全国性股份制商业银行。系在1987年成立的烟台住房储蓄银行基础上经增资扩股、更名改制而来，其全称为恒丰银行股份有限公司，英文简称为Evergrowing Bank Co,ltd.，总部设在中国烟台。已在烟台、青岛、济南、南京、杭州、成都、重庆、福州等地共设有99个分支机构，是“中国500强企业”之一。至2010年6月末，资产规模2396亿元，各项存款2078亿元，各项贷款1024亿元，资本利润率26.05%，不良资产率仅为0.49%。先后获得“中国最具社会影响力品牌企业”、“中国优秀企业”、“中国维护消费者权益诚信服务满意单位”、“全国青年文明号”、“全国巾帼文明岗”、“中国金融企业慈善榜·银行业突出贡献奖”、“山东省文明单位”、“山东省服务业先进单位”、“山东省诚信纳税企业”等共计近100项地市级以上荣誉称号。

地　址：山东省烟台市芝罘区南大街248号
邮　编：264001
电　话：（0535）2118015
传　真：（0535）6207878
网　址：www.egbank.com.cn

恒丰银行董事长 姜喜运

恒丰银行二〇〇九年度荣誉榜

- “2009中国企业500强”第491位
（中国企业联合会和中国企业家协会联合颁发）
- “2009中国服务业企业500强”第131位
（中国企业联合会和中国企业家协会联合颁发）
- “银团贷款与交易专业委员会成员单位”
（中国银行业协会颁发）
- “全国银行业金融机构安全评估优秀单位”
（中国银监会、公安部联合颁发）
- “2009年度山东省纳税先进企业”
（山东省政府颁发）
- “山东省重点服务业企业先进单位”
（山东省政府颁发）
- “山东省银行业文明规范服务示范单位”
（山东省银行业协会颁发）
- “2009山东企业100强”
（山东省企业联合会、山东省企业家协会和山东省工业经济联合会联合颁发）

恒丰银行机构名录

董事长、党委书记　：	姜喜运
监事长、党委副书记：	矫　毅
党委副书记：	王　波
董事、副行长、党委委员：	栾永泰
	宋恒继
董事、纪委书记、党委委员：	潘力军
副监事长、工会主席、党委委员：	周美乐

南分行　福州分行　杭州分行　烟台分行　青岛分行　南京分行　成都分行　重庆分行

您的梦想，让我们一起实现

上海农商银行 SRCB
便捷服务心体验
24小时客服热线 021-962999
网站 www.srcb.com

一卡在手
多重享受在握！
邮储银行信用卡
费率优惠
积分兑礼
还款方便省时
刷卡安全
便捷刷卡 36000个网点，让您举步之间即可轻松还款
实惠刷卡 长达50天免息还款期，让您的刷卡更从容
安全刷卡 多重保护，全方位确保您的刷卡更无忧
惊喜刷卡 刷卡享受积分，积分永久有效，随心兑礼
您还在走街串巷寻找银行还款吗？还在为刷卡安全担忧，
为高额的利息发愁吗？现在申请中国邮政储蓄银行信用卡，
在享受方便、安全、实惠的同时，还有精美好礼等您拿哦！
还等什么呢，快快行动吧！
客户服务热线：95580
详情垂询当地营业网点或登录：www.psbc.com
中国邮政储蓄银行
POSTAL SAVINGS BANK OF CHINA
SMILE TO THE WORLD
2010微笑连世界

兔年賀歲
CHINA GOLD COIN INCORPORATION
中国金币总公司
中国金币总公司是中国人民银行直属的我国惟一经
贵金属纪念币的行业性公司，履行贵金属货币的发
职能，是中央银行货币发行职能的重要组成部分和
务延伸，是中央银行货币发行的重要支撑体系之一
在履行贵金属货币发售职能的同时，发行具有中国
币特色的黄金衍生产品，以满足社会各界的投资和
藏需求。
1000g
500g
200g
100g
50g
兔年贺岁金条99.99%
20g
6g
3g
兔年仿古方孔金钱
SHG
上海金币投资有限公司
SHANGHAI GOLD COIN INVESTMENT CO., LTD.
中国熊猫金币国内总承销商
中国金币总公司贺岁金条系列总经销商
中国金币总公司贺岁银条总经销商
上海金币投资有限公司成立于2002年1月30日，是中国金币总公司在上海设立的分支机构，是普制熊猫金币在国内的总承销商。公司业务范围包括黄金饰品零售，金银币(章)批发、零售，实业投资、投资策划、投资管理等，为上海黄金交易所第一批综合类会员之一。2009年公司注册资本1.5亿元人民币，总资产达到3.98亿元。
依托中国金币品牌，公司先后开发了贺岁金条、贺岁银条、仿古方孔金钱、金银对牌等一系列产品。其中贺岁金条由于其权威发行、专业铸造、物超所值、宜礼宜藏的特点，自推出以来就一直受到广大投资者和收藏者的追捧。
10g金
8g银
CGCI 10g Fine Gold 999 China Gold Coin Incorporation
CGCI 8g Fine Silver 999 China Gold Coin Incorporation
兔年金银对牌99.9%
1000g
500g
200g
100g
50g
辛卯
兔年贺岁银条99.9%
中国金币总公司地址：北京市西城区月坛南街6号（100045）
客服电话：4008-188-666
网址：WWW.CHNGC.NET（中国金币网）
上海金币投资有限公司地址：上海浦东新区世纪大道1090号斯米克大
楼（200120）
电话：021-58350101　传真：021-58350202
网址：WWW.SHGCI.COM (金币投资网)
直营店地址(中国金币上海零售中心)：黄浦区汉口路696号，021-6350996

上海造币有限公司
SHANGHAI MINT CO.,LTD.
中国印钞造币
CHINA BANKNOTE PRINTING AND MINTING
世 博 礼 · 上 币 心
上海造币有限公司金银币大楼
上币大铜章
EXPO
2010 SHANGHAI CHINA
中国上海世界博览会
上海新八景
THE NEW EIGHT VIEWS IN SHANGHAI
城市 City
让生活更美好
Better City Better Life
地址：上海市光复西路17号 邮编：200061 Add: 17 Guangfu Xi Rd. Shanghai PR CHINA 电话 / Tel: 021-52900000 传真 / Fax: 021-52901922 E-mail: Shmint@online.sh.cn

上海票据交换中心

SHANGHAI AUTOMATIC CLEARING CENTER

上海票据交换中心是中国人民银行上海总部金融服务一部管理单位，国有独资企业法人。中心位于普陀区真光路1581号，占地13亩，建筑面积12000平方米。作为人民银行上海总部的对外服务窗口，中心的主要职能是承担全市各商业银行本币票据的同城交换和资金清算。目前中心日均受理上海1500余家商业银行营业网点约20余万笔票据交换，日均清算资金量近500多亿元。

同城票据交换是上海现代支付结算体系的重要组成部分。中心目前拥有同城票据电子清分系统、全国支票影像系统、支付结算综合业务系统等支付结算业务网络，并以向商业银行提供增值服务为突破口，开发了票据提回业务集中处理系统等，拓宽了同城交换和清算的业务领域。

近年来，中心先后被评为“上海市安全防范先进集体”、“上海市厂务公开民主管理先进单位”、“上海市综合治理平安单位”，并被上海市政府光荣命名为“上海市文明单位”。

人行上海总部张新副主任为中心被命名市“文明单位”揭牌

人行上海总部张新副主任一行视察票据中心

办公大楼

构筑银行卡高速路
服务海内外持卡人
银联标准卡
6228 8888 8888 8888
VALID THRU 10/12
CARDHOLDER NAME
UnionPay 银联

上海金国咨询服务有限公司

上海金国咨询服务有限公司是上海地区专业从事综合性金融中介服务的企业，内容涉及金融人才服务、企业外汇业务咨询服务和中国贵金属纪念币特许零售等。公司创立十五年来坚持“以诚为本，以信立业”的服务理念，赢得了广大客户的赞誉。

在上海地区的金融中介服务机构中，上海金国咨询服务有限公司是唯一开展人才服务的企业。公司各类人才服务的经营资质齐备，服务项目广泛，包括金融从业人员培训、金融人才派遣、金融职员代理招聘、人力资源测评、金融猎头等多种服务形式。公司持有金融人才派遣许可证，是国家《劳动法》修订后首批人才派遣合格试点单位之一。公司团队服务专业、经验丰富，拥有13名注册人才中介师和中介员，且多数具有金融从业经验。

在上海人才服务行业协会登记的三百余家会员单位中，上海金国咨询服务有限公司是唯一将目标市场锁定在金融人才领域的企业。2003年以来上海金国连续七年获得上海人才服务行业协会“信得过人才服务机构”称号。

上海金国咨询服务有限公司与上海银监局、上海市外汇局、上海市金融服务办公室、上海市银行同业公会及上海市人才服务行业协会等紧密合作。近期承办的金融培训项目包括：

- 银行柜员（三级、四级）国家职业资格鉴定培训
- 银行金融创新业务培训
- 银行企业外汇业务培训
- 银行个人外汇业务培训

目前，上海金国咨询服务有限公司拟进一步整合资源，通过联合与合作，以上海人才大厦为基地，构筑上海金融人才的新型服务平台，为实施上海推进现代服务业、建设国际金融中心的发展战略贡献本企业的一份力量。

e贷在线

网络贷款专家

“e贷在线”是交通银行为客户和合作商建立的全新的电子化服务渠道。客户可通过交通银行门户网站、个人网银以及合作商门店等多种途径登录系统，根据个人需要选择和定制个性化个人贷款服务方案，并在线完成贷款申请、即时获取预审批结果。

产品功能介绍

个性设计

根据您的情况提供最优贷款解决方案

在线申请

鼠标轻轻一点即可完成贷款预申请过程

网上预审

足不出户立即可知贷款预审批结果

即时查询

可随时登录我行网站查询贷款办理进度

贴心服务

我行工作人员将及时致电，为您提供服务

网上操作流程及网址

- 个人客户自行申请：

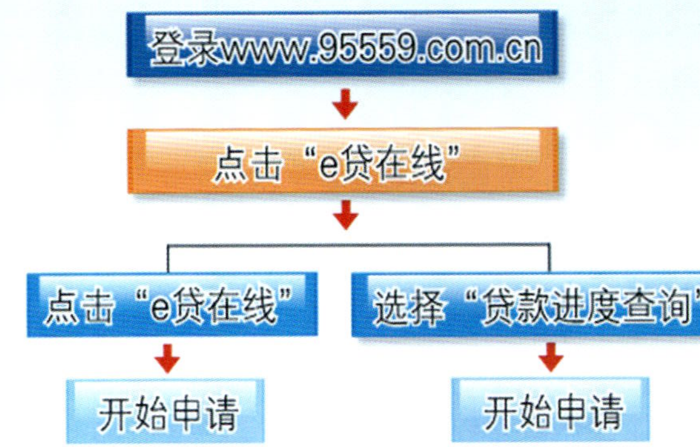

- 通过中介商用户申请：

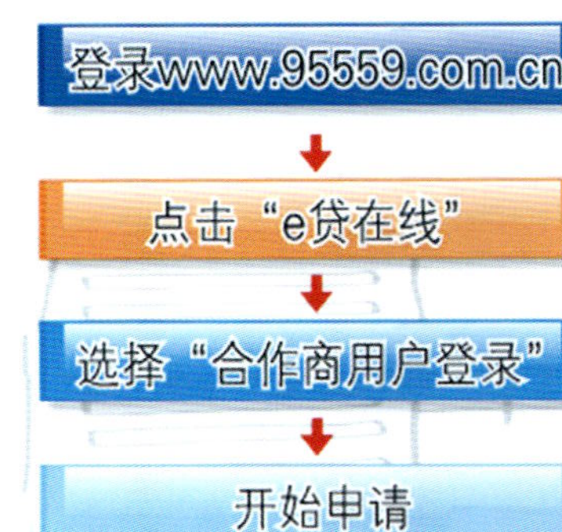

光明食品（集团）有限公司

光明食品（集团）有限公司是一家以食品产业为核心业务，集一、二、三产业为一体的大型企业集团。2009年规模销售收入760亿元。

集团核心业务主要由现代农业、食品制造业和连锁商贸业组成。

集团的现代农业主要是奶牛、生猪、大米、蔬果和花卉。

集团的食品制造业主要是乳制品、糖、酒、休闲食品和罐头食品。

集团拥有农工商超市、好德、可的便利和第一食品公司等各类连锁销售网点4000多家以及电子商务公司和品牌食品代理企业。

集团拥有光明、冠生园、大白兔、梅林、石库门、和酒等6个中国驰名商标和中国名牌产品；拥有玉棠、海丰、爱森、佛手、正广和等30多个上海市著名商标、上海市名牌。

集团拥有光明乳业、金枫酒业、梅林股份和海博股份等上市公司。

集团的支撑业务是房地产业和出租汽车、物流业。骨干企业是农工商房地产集团和海博出租汽车公司。

集团积极参与社会公益事业，捐款捐物价值3200多万元支援汶川地震灾后重建工作，捐赠1000万元支持上海世博志愿者，还建立光明爱心基金。

集团的经营理念是：“民以食为天，我以民为先。”战略目标是：到2015年，发展成为国内领先的、拥有知名品牌和核心技术、综合集成能力较强、具有国际竞争能力、在全球有一定影响力的食品产业集团。

午餐肉
HAM
午餐肉
清蒸猪肉
四鲜烤麸
红烧扣肉
八宝饭
火腿午餐肉

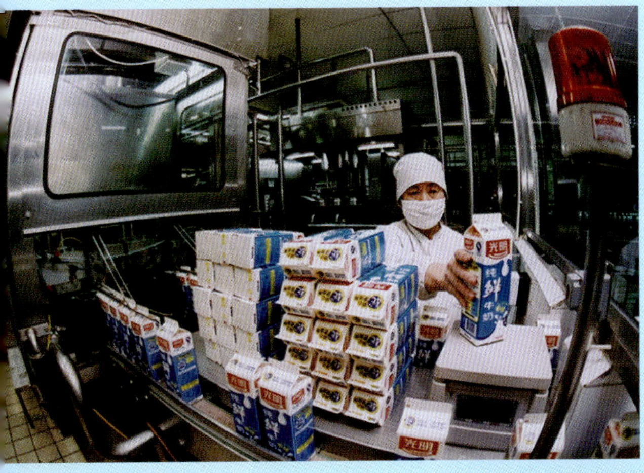

和酒
石库门
上海老酒
Shanghai Hi-story
1939

快乐分享大白兔
大白兔
中国驰名商标
大白兔奶糖
White Rabbit
冠生园集团

上海金融年鉴编辑委员会

金融机构组稿及编写人员

丁一虹　孔　芳　方　婷　王　飞　王　林　王　峥　王　珏　王　喆
王　斌　王　琳　王　谦　王　谨　王　慧　王小玲　王文红　王文卓
王以佳　王去非　王宗鹏　王建哲　王海峰　王维强　王雪梅　王新春
韦　卫　史　源　叶文辉　叶善勇　叶虞薇　白　龙　乔　钧　伍文静
关星宇　刘　明　刘文雯　刘伟建　刘宗胡　刘建飞　刘姚莹　华奕明
吕　沂　吕冬燕　吕庆文　孙　程　孙卫东　孙安乐　孙洁青　庄　琦
朱　双　朱　伟　朱　莉　朱　毅　朱立露　朱凯博　朱皑韬　毕培艺
江雯静　汤春华　汤钟尧　汤晓璇　许　玲　许　斌　许　焱　邢　璐
严怡峰　何向红　余怡琳　冷德军　吴　杰　吴　萌　吴小平　吴亚楠
吴昭宇　吴凌云　吴寂琼　寿　颖　岑　洁　应　尚　应千凡　张　冉
张　平　张　易　张　俊　张　彬　张　瑛　张　颖　张　蕾　张安琪
张步高　张建煌　张修来　张冠琼　张洪云　张秋龙　张晓晔　张晓霞
忻文雯　李　凡　李　旻　李　奕　李　燕　李丰收　李少林　李宇海
李红霞　李胜花　李贵荣　李晓枫　杜　蕊　杨　力　杨　进　杨　谆
杨　清　杨正莉　杨丽玲　杨朝安　杨皓鹏　汪　婧　汪之筠　沈　婷
沈　雯　沈鸣镝　沈艳春　邱　威　陆　峰　陆维熠　陆智敏　陆蓉晖
陆蓓懿　陈　虎　陈　娟　陈　晨　陈　戟　陈　琳　陈长红　陈伟华
陈安晖　陈旭东　陈舟楫　陈达忠　陈秋敏　陈毓敏　周　望　周　菁
周　晰　周　源　周　懿　周玉钦　周亚玲　周成杰　周海静　周智立
季云娟　季晓菁　林　文　林　晶　林　毅　林伟斌　林春山　林越育
欧阳栋梁　欧阳琼　竺　筠　罗　煜　罗苡丹　郑　飞　郑　琦　金贞顺
金佳惠　金轶伟　俞　茜　姚朝钗　施蕾蕾　胡迎春　胡恩中　费永建
赵　明　倪丽华　倪蓓琳　唐　琦　夏　辉　奚尊夏　徐　卫　徐　红
徐　喆　徐定成　徐明昌　徐金伟　徐雅丽　徐鹏峰　贾勤文　郭　建
钱丽萍　钱雪莲　陶　诚　顾文硕　顾伟民　顾凌娴　顾唐剑　顾婷娴
高　鹰　高克洲　高建华　高金刚　崔　华　崔　新　曹凤晶　盛　侃
黄　媛　黄　琦　黄沂海　黄晴焱　傅　琼　彭　琦　彭春晖　曾一村
舒　颖　董　云　董大利　董瑞霞　蒋　晨　蒋菊华　谢　放　谢晓放
谢晞德　褚惠峰　詹洁莲　雷宗怀　鲍玉华　缪仕国　蔡　宇　蔡　春
蒋小玲　裴定安　潘　玮　颜永嘉　操基平　薛许娟　戴佳芸　戴旻坤
魏继斌

编 辑 说 明

一、本卷年鉴为《上海金融年鉴》总第十卷，全方位反映 2009 年上海金融工作的基本情况和重要信息，具有很高的资料价值，供金融界和广大读者查阅使用。

二、本卷年鉴秉承《上海金融年鉴》一贯的方针，涵盖银行业、证券业、保险业和其他金融机构一年来的业绩，内容力求真实齐备。

三、本卷年鉴长三角金融篇以客观全面地反映上海、江苏、浙江和安徽三省一市金融合作和发展情况，为上海国际金融中心建设服务。

四、本卷年鉴共分十篇，第一篇综合，第二篇银行，第三篇证券，第四篇保险，第五篇市场，第六篇统计，第七篇法规，第八篇文化，第九篇长三角金融，第十篇机构名录。另加附录，内容为 2009 年长三角金融大事记和上海市贷款企业资信 A 级汇编。

五、本卷年鉴稿件主要由各金融机构和有关研究部门提供，《上海金融年鉴》编辑部予以整理和编辑，以期全书在风格上有所统一。

六、书稿在编辑过程中，得到了中国银行业监督管理委员会上海监管局、中国证券监督管理委员会上海监管局、中国保险监督管理委员会上海监管局、《上海保险年鉴》编辑部以及各中外金融单位的大力支持，还得到中国人民银行南京分行、杭州和安徽中心支行的具体协助，并由上海人民出版社负责出版工作，在此一并致谢。

《上海金融年鉴》编辑部

2010 年 9 月

目　录

第一篇　综　合

第二篇　银　行

第三篇　证　券

第四篇 保 险

第五篇　市　　场

第六篇 统 计

第七篇　法　　规

第八篇　文　　化

第九篇　长三角金融

第十篇　机构名录

附　录

Catalogue

Chapter 3 Securities

Chapter 4 Insurance

Chapter 5 Financial Market

Chapter 6 Statistics

Chapter 8 Culture

Appendix

第一篇　综　　合

一、国务院关于推进上海加快发展现代服务业和先进制造业　建设国际金融中心和国际航运中心的意见

国发〔2009〕19号

各省、自治区、直辖市人民政府，国务院各部委、各直属机构：

上海有比较完备的金融市场体系、金融机构体系和金融业务体系，有雄厚的制造业基础和技术创新能力，有先进的现代航运基础设施网络。推进上海加快发展现代服务业和先进制造业，加快建设国际金融中心、国际航运中心和现代国际大都市，是我国现代化建设和继续推动改革开放的重要举措；是贯彻落实科学发展观，转变经济发展方式，突破资源环境承载能力制约，实现全面协调可持续发展，继续发挥上海在全国的带动和示范作用的必然选择。在当前应对国际金融危机的关键时期，要站在全局和战略的高度，充分认识加快上海国际金融中心和国际航运中心建设的重要性，努力推进上海率先实现产业结构优化和升级，率先实现经济发展方式的转变。为此，提出以下意见：

一、推进上海加快发展现代服务业和先进制造业，建设国际金融中心和国际航运中心的重大意义

（一）推进上海加快发展现代服务业和先进制造业，建设国际金融中心和国际航运中心，既是上海实现又好又快发展的需要，也是更好地服务于全国发展的需要。现代服务业和先进制造业发展水平，是衡量一个国家经济社会发达程度的重要标志，是一个国家综合实力、国际竞争力和抗风险能力的集中体现。提高现代服务业和先进制造业就业比重和产值比重，提升产业附加值和国际竞争力，是推进产业结构升级、加快转变经济发展方式的必由之路；是适应全球化新格局和对外开放新形势，加快构筑新的竞争优势，提高国家整体竞争力的有效途径。推进上海加快发展现代服务业和先进制造业，建设国际金融中心和国际航运中心，有利于上海突破资源环境承载力逐渐下降的制约，增强可持续发展的能力；有利于拓展金融资源运作空间，提高金融资产配置效率，更好地维护国家经济金融安全；有利于强化航运枢纽中心地位，更好地满足周边地区和全国的国际航运要求；有利于通过改革开放和创新的先行先试，加快形成更具活力、更富效率、更加开放的体制机制，奠定科学发展的体制基础。

（二）推进上海加快发展现代服务业和先进制造业，建设国际金融中心和国际航运中心，有利于更好地夯实并充分发挥上海的比较优势。上海具有比较完善的现代市场体系、现代金融体系、先进的港口基础设施、高效的航运服务体系，以及便捷的交通运输网络；有广泛参与全球竞争的周边经济腹地，具有加快形成国际金融中心和国际航运中心的有利条件。采取有力措施，加快推进上海国际金融中心和国际航运中心建设，大力发展金融业、航运业等现代服务业和先进制造业，率先转变经济发展方式，可以使上海更好地发挥综合优势，更好地发挥带动示范作用，更好地服务长三角地区、服务长江流域、服务全国。

二、推进上海加快发展现代服务业和先进制造业，建设国际金融中心和国际航运中心的指导思想和原则

（三）指导思想：高举中国特色社会主义伟大旗帜，以邓小平理论和“三个代表”重要思想为指导，深入贯彻落实科学发展观，进一步解放思想，进一步改革开放，进一步发挥优势，继续当好全国改革开放的排头兵，充分发挥对长三角地区乃至全国的带动和示范作用。要坚持科学发展，不断扩大发展规模，完善发展机制，提高发展水平；要在发展中优化经济结构，优先发展金融、航运等现代服务业，以及以高端制造和研发为主的先进制造业，不断增强服务功能，提高核心竞争力；要在发展中创新发展思路，坚持先行先试，不断创新体制机制，提高体制运行效率；要在发展中坚持市场化、国际化和法治化，不断改善投资环境，提高对外吸引力；要在发展中发挥比较优势，努力完善区域分工，不断扩大辐射带动效应，提高专业分工和协作水平。

（四）把握的原则：处理好深化改革与加快发展的关系，坚持以改革促发展，以改革解难题，以改革建制度，为现代服务业和先进制造业发展营造良好体制环境；处理好先行先试与制度规范的关系，通过创新和探索，加快与国际惯例接轨，为全国性的制度规范奠定实践基础，发挥示范作用；处理好突出重点与全面推进的关系，以金融业、航运业和先进制造业为重点，不断创新服务业态，不断提高制造业的核心竞争力和附加值，全面提升现代服务业和先进制造业的发展水平；处理好加快发展现代服务业与发展先进制造业的关系，形成现代服务业与先进制造业相互支撑、相互带动的产业发展格局；处理好推进金融创新与完善金融监管的关系，在推进金融改革、创新和开放过程中，努力维护金融体系的安全和稳定；处理好推进上海自身发展与区域协作发展的关系，按照国家明确的战略定位和分工，加强上海与长三角地区以及国内其他中心城市的相互协作和支持，加强与香港的优势互补和战略合作，形成分工合理、相互促进、共同发展的格局。

三、国际金融中心和国际航运中心建设的总体目标

（五）国际金融中心建设的总体目标是：到2020年，基本建成与我国经济实力以及人民币国际地位相适应的国际金融中心；基本形成国内外投资者共同参与、国际化程度较高，交易、定价和信息功能齐备的多层次金融市场体系；基本形成以具有国际竞争力和行业影响力的金融机构为主体、各类金融机构共同发展的金融机构体系；基本形成门类齐全、结构合理、流动自由的金融人力资源体系；基本形成符合发展需要和国际惯例的税收、信用和监管等法律法规体系，以及具有国际竞争力的金融发展环境。

（六）国际航运中心建设的总体目标是：到2020年，基本建成航运资源高度集聚、航运服务功能健全、航运市场环境优良、现代物流服务高效，具有全球航运资源配置能力的国际航运中心；基本形成以上海为中心、以江浙为两翼，以长江流域为腹地，与国内其他港口合理分工、紧密协作的国际航运枢纽港；基本形成规模化、集约化、快捷高效、结构优化的现代化港口集疏运体系，以及国际航空枢纽港，实现多种运输方式一体化发展；基本形成服务优质、功能完备的现代航运服务体系，营造便捷、高效、安全、法治的口岸环境和现代国际航运服务环境，增强国际航运资源整合能力，提高综合竞争力和服务能力。

四、国际金融中心建设的主要任务和措施

（七）加强金融市场体系建设。上海国际金融中心建设的核心任务是，不断拓展金融市场的广度和深度，形成比较发达的多功能、多层次的金

融市场体系。不断丰富金融市场产品和工具，大力发展企业(公司)债券、资产支持债券，开展项目收益债券试点，研究发展外币债券等其他债券品种；促进债券一、二级市场建设及其协调发展；加快银行间债券市场和交易所债券市场互联互通，推进上市商业银行进入交易所债券市场试点。根据投资者资产配置和风险管理的需要，按照高标准、稳起步和严监管的原则，研究探索并在条件成熟后推出以股指、汇率、利率、股票、债券、银行贷款等为基础的金融衍生产品。加大期货市场发展力度，做深做精现有期货品种，有序推出新的能源和金属类大宗产品期货，支持境内期货交易所在海关特殊监管区内探索开展期货保税交割业务。拓宽上市公司行业和规模覆盖面，适应多层次市场发展需要，研究建立不同市场和层次间上市公司转板机制，逐步加强上海证券交易所的主板地位和市场影响力。研究探索推进上海服务长三角地区非上市公众公司股份转让的有效途径。优化金融市场参与者结构，积极发展证券投资基金、社保基金、保险资产、企业年金、信托计划等各类机构投资者。根据国家资本账户和金融市场对外开放的总体部署，逐步扩大境外投资者参与上海金融市场的比例和规模，逐步扩大国际开发机构发行人民币债券规模，稳步推进境外企业在境内发行人民币债券，适时启动符合条件的境外企业发行人民币股票。在内地与香港金融合作框架下，积极探索上海与香港的证券产品合作，推进内地与香港的金融合作和联动发展。积极发展上海再保险市场，鼓励发展中资和中外合资的再保险公司，吸引国际知名的再保险公司在上海开设分支机构，培育发展再保险经纪人，积极探索开展离岸再保险业务。

（八）加强金融机构和业务体系建设。根据金融市场体系建设的需要，大力发展各类金融机构，重点发展投资银行、基金管理公司、资产管理公司、货币经纪公司、融资租赁公司、企业集团财务公司等有利于增强市场功能的机构。积极推进符合条件的金融企业开展综合经营试点，培育和吸引具有综合经营能力和国际竞争力的金融控股集团，在试点过程中探索建立金融监管协调机制。鼓励发展各类股权投资企业(基金)及创业投资企业，做好上海金融发展投资基金试点工作。积极拓展各类金融业务，推动私人银行、券商直投、离岸金融、信托租赁、汽车金融等业务的发展，有序开发跨机构、跨市场、跨产品的金融业务。开展商业银行并购贷款业务，为企业并购活动提供资金支持。鼓励个人购买商业养老保险，由财政部、税务总局、保监会会同上海市研究具体方案，适时开展个人税收递延型养老保险产品试点。根据国家金融对外开放总体进程，稳步推进金融服务业对外开放，支持设在上海的合资证券公司、合资基金公司率先扩大开放范围。

（九）提升金融服务水平。健全金融服务方式和手段，大力发展电子交易，促进各类金融信息系统、市场交易系统互联互通，降低交易成本，提高交易效率。完善金融服务设施和布局规划，进一步健全为市场交易服务的登记、托管、清算、结算等统一高效的现代化金融支持体系，提高上海金融市场效率和服务能力。加强陆家嘴等重要金融集聚区的规划和建设，全面提升金融集聚区的服务功能。规范发展中介服务，加快发展信用评级、资产评估、融资担保、投资咨询、会计审计、法律服务等中介服务机构，加强监管，增强行业自律，规范执业行为。在上海建立我国金融资讯信息服务平台和全球金融信息服务市场。充分发挥上海金融市场种类齐全、金融机构体制健全、金融发展环境良好的优势，先行在上海开展金融市场、金融机构、金融产品等方面的改革和创新。制定并完善促进金融创新的政策，形成以市场需求为导向、金融市场和金融企业为主体的金融创新机制。

（十）改善金融发展环境。加强金融法制建设，加快制定既切合我国实际又符合国际惯例的金融税收和法律制度。完善金融执法体系，建立公平、公正、高效的金融纠纷审理、仲裁机制，探索建立上海金融专业法庭、仲裁机构。加强社会信用体系建设，以金融业统一征信平台为载体，完善企业和个人信用信息基础数据库建设，促进信用信息共享。适应上海金融改革和创新的需要，不断完善金融监管体系，改进监管方式，建立贴近市场、促进创新、信息共享、风险可控的金融监管平台和制度。加强跨行业、跨市场监管协作，加强地方政府与金融管理部门的协调，维护金融稳定和安全。

五、国际航运中心建设的主要任务和措施

（十一）优化现代航运集疏运体系。适应区域经济一体化要求，在继续加强港口基础设施建设基础上，整合长三角港口资源，形成分工合作、优势互补、竞争有序的港口格局，增强港口综合竞争能力。加快洋山深水港区等基础设施建设，扩大港口吞吐能力。推进内河航道、铁路和空港设施建设，优化运输资源配置，适当增加高速公路通道，大力发展中远程航空运输，增强综合运输能力。促进与内河航运的联动发展，充分利用长江黄金水道，加快江海直达船型的研发和推广，从船舶技术和安全管理方面采取措施，推动洋山深水港区的江海直达，大力发展水水中转。充分发挥上海芦潮港集装箱中心站及铁路通道作用，做好洋山深水港区铁路上岛规划研究，逐步提高铁水联运比例。

（十二）发展现代航运服务体系。积极研究采取措施，降低国际集装箱中转成本，鼓励我国外贸集装箱在上海国际航运中心转运。充分发挥上海靠近国际主航线的区位优势，以及工业基础、人才资源、商务环境等方面的综合优势，大力发展船舶交易、船舶管理、航运经纪、航运咨询、船舶技术等各类航运服务机构，拓展航运服务产业链，延伸发展现代物流等关联产业，不断完善航运服务功能。完善航运服务规划布局，进一步拓展洋山保税港区的功能，发展北外滩、陆家嘴、临港等航运服务集聚区。引导和规范船舶交易市场健康发展，充分发挥上海航运交易所的船舶交易和运价信息发布功能，加快建设全国性船舶交易信息平台，在上海形成具有示范作用的船舶交易市场。建立上海国际航运中心综合信息共享平台，促进形成便捷高效的长三角区域及长江干线港口、航运信息交换系统。

（十三）探索建立国际航运发展综合试验区。研究借鉴航运发达国家（地区）的航运支持政策，提高我国航运企业的国际竞争力。实施国际航运相关业务支持政策。将中资“方便旗”船特案减免税政策的执行截止日期由2009年6月30日延长至2011年6月30日。对注册在洋山保税港区内的航运企业从事国际航运业务取得的收入，免征营业税；对注册在洋山保税港区内的仓储、物流等服务企业从事货物运输、仓储、装卸搬运业务取得的收入，免征营业税。允许企业开设离岸账户，为其境外业务提供资金结算便利。在完善相关监管制度和有效防止骗退税措施前提下，实施启运港退税政策，鼓励在洋山保税港区发展中转业务。探索创新海关特殊监管区域的管理制度，更好地发挥洋山保税港区的功能。

（十四）完善现代航运发展配套支持政策。加快发展航运金融服务，支持开展船舶融资、航运保险等高端服务。积极发展多种航运融资方式，探索通过设立股权投资基金等方式，为航运服务业和航运制造业提供融资服务。允许大型船舶制造企业参与组建金融租赁公司，积极稳妥鼓励金融租赁公司进入银行间市场拆借资金和发行债券。积极研究有实力的金融机构、航运企业等在上海成立专业性航运保险机构。优化航运金融服务发展环境，对注册在上海的保险企业从事国际航运保险业务取得的收入，免征营业税。积极研究从事国际航运船舶融资租赁业务的融资租赁企业的税收优惠政策，条件具备时，可先行在上海试点。研究进出口企业海上货物运输保费的有关税收政策问题。丰富航运金融产品，加快开发航运运价指数衍生品，为我国航运企业控制船运风险创造条件。

（十五）促进和规范邮轮产业发展。允许境外国际邮轮公司在上海注册设立经营性机构，开展经批准的国际航线邮轮服务业务。鼓励境外大型邮轮公司挂靠上海及其他有条件的沿海港口，逐步发展为邮轮母港。为邮轮航线经营人开展业务提供便利的经营环境。研究建立邮轮产业发展的金融服务体系，在保险、信贷等方面开设邮轮产业专项目录，促进邮轮产业健康有序发展。

六、加快推进先进制造业和技术先进型服务企业的发展

（十六）以现有制造能力为基础，以调整、优化和提高为方向，以研发、创新和增值为重点，不断提高制造业的核心竞争力和产业附加值。大力发展先进制造技术，着力提升汽车、装备、船舶、电子信息等优势制造业的研发能力和核心竞争力；加快发展航空航天、生物医药、新能源、新材料等新兴制造业和战略产业；优化发展精品钢材、石油化工等基础制造业；增强先进制造业发展的技术支撑和服务能力。在浦东新区开展鼓励技术先进型服务企业发展政策试点工作，支持从事软件研发及服务、产品技术研发及工业设计服务、信息技术研发及外包服务、技术性业务流程外包服务等业务的技术先进型服务企业的发展。自 2009 年 1 月 1 日起至 2013 年 12 月 31 日止，对符合条件的技术先进型服务企业，减按 15％的税率征收企业所得税；技术先进型服务企业职工教育经费按不超过企业工资总额 8％的比例据实在企业所得税税前扣除；对技术先进型服务企业离岸服务外包业务收入免征营业税。设立政府创业投资引导基金，引导创业投资企业加大对先进制造和先进技术服务领域初创期企业的资本投入。

七、加强组织领导和协调服务

（十七）建立健全上海国际金融中心和国际航运中心建设的指导协调机制。建立由发展改革委牵头，有关部门参加的协调机制，加强对上海国际金融中心和国际航运中心建设的指导、协调和服务。进一步细化相关政策措施，认真研究解决推进上海国际金融中心和国际航运中心建设过程中出现的新情况和新问题。

（十八）转变政府职能，加强政府服务，营造良好环境。上海市政府要从全局和战略的高度，充分认识上海国际金融中心和国际航运中心建设的长期性和艰巨性，增强责任感、紧迫感和使命感，精心筹划实施方案，扎实推进各项工作。要加快政府职能转变和管理创新，加快事业单位改革，加快构建服务型政府，深入推进浦东综合配套改革，使上海成为全国行政效能最高和行政收费最少的地区，成为中介服务最发达的地区。要加快淘汰落后产业和弱势产业，积极推进产业转移和产业升级，积极推进国有企业改革和重组，完善有利于现代服务业和先进制造业加快发展的政策和体制环境。要建立健全有利于人才集聚的机制，研究制定吸引各类高层次人才的配套措施，加强职业教育和培训，营造良好、便利的工作和生活环境，使上海成为国际化高端人才的集聚地，为上海国际金融中心和国际航运中心建设提供人才支撑。

国务院

二〇〇九年四月十四日

二、上海市人民政府贯彻国务院关于推进上海加快发展现代服务业和先进制造业建设国际金融中心和国际航运中心意见的实施意见

沪府发〔2009〕25 号

各区、县人民政府，市政府各委、办、局：

为贯彻《国务院关于推进上海加快发展现代服务业和先进制造业建设国际金融中心和国际航运中心的意见》（国发〔2009〕19 号，以下简称国务院《意见》），把握历史机遇，应对国际金融危机，加快建设“四个中心”，努力实现“四个率先”，结合上海实际，现提出如下实施意见：

一、深刻认识贯彻国务院《意见》的重大意义

（一）推进上海加快发展现代服务业和先进制造业，加快建设国际金融中心、国际航运中心和现代国际大都市，是我国现代化建设和继续推动改革开放的重大举措；是贯彻落实科学发展观，推进产业结构升级，转变经济发展方式，突破资源环境承载能力制约，实现全面协调可持续发展的重要选择；是适应全球化新格局和对外开放新形势，加快构筑新的竞争优势，提高国家整体竞争力的有效途径。深入贯彻国务院《意见》，加快落实各项任务措施，有利于拓展金融资源运作空间，提高金融资产配置效率，更好地维护国家经济金融安全；有利于强化航运枢纽中心地位，更好地满足周边地区和全国的国际航运要求；有利于通过先行先试，加快形成更具活力、更富效率、更加开放的体制机制，奠定科学发展的制度基础。

（二）加快发展现代服务业和先进制造业，推进上海国际金融中心和国际航运中心建设，有利于提升上海的比较优势，增强国际竞争力和可持续发展能力。上海具有加快形成国际金融中心和国际航运中心的有利条件。深入贯彻国务院《意见》，进一步解放思想，推进改革开放，大力发展金融业、航运业等现代服务业和先进制造业，率先转变经济发展方式，可以使上海更好地发挥综合优势，更好地发挥带动示范作用，更好地服务长三角地区、服务长江流域、服务全国，继续当好全国改革开放的排头兵。

二、明确加快推进上海国际金融中心建设的具体任务和措施

全力配合国家金融管理部门，积极推进金融市场体系、金融机构体系建设，大力支持金融产品创新和业务发展，促进金融改革、开放、创新在上海先行先试，维护金融安全稳定。同时，加强政府服务，营造良好环境。到 2020 年，基本建成与我国经济实力以及人民币国际地位相适应的国际金融中心。

（一）加强金融市场体系建设

1. 拓展金融市场广度。积极配合国家金融管理部门，发挥商业银行票据业务中心在上海比较集中的优势，扩大票据业务规模，争取把上海建成全国票据集中交换的中心；积极推进信贷转让市场建设；探索建立保单、信托资产转让等市场。

2. 促进债券市场加快发展。积极配合国家金融管理部门，支持银行间债券市场和上海证券交易所债券市场完善做市商制度，促进债券一、二

级市场建设及其协调发展；推进上市商业银行进入上海证券交易所债券市场试点，促进银行间债券市场与交易所债券市场在投资者、交易品种、登记托管等方面的互联互通。

3. 加大期货市场发展力度。积极配合国家金融管理部门，支持上海期货交易所有序推出原油、汽柴油、沥青等能源化工期货品种上市，促进形成亚太地区的原油等大宗产品基准价格；支持推出铜、铝等期权类产品，开发铅、白银等金属类期货以及商品指数期货。探索在海关特殊监管区域内开展期货保税交割业务，引入境外投资者参与上海期货市场交易；探索期货市场引入合格机构投资者的有效途径。

4. 完善多层次资本市场体系。积极配合国家金融管理部门研究制定不同市场和层次间上市公司转板方案，拓宽上海证券交易所上市公司行业和规模覆盖面，提高其主板地位和市场影响力。在国家金融管理部门的指导下，先行探索建立以上海高新技术类股份有限公司股份为交易对象、以机构投资者为投资主体、由优质证券公司进行保荐的非上市公众公司股份转让市场，并在条件成熟后，逐步向其他领域及长三角地区辐射。

5. 积极发展上海再保险市场。积极配合国家金融管理部门推进上海再保险市场建设，大力发展中资和中外合资再保险公司，吸引境内外著名再保险机构入驻或设立分支机构，加快培育再保险经纪人，探索发展离岸再保险业务的有效途径。

（二）加强金融机构体系建设

1. 大力发展各类金融机构。制定相关政策措施，支持银行、证券公司、保险公司、信托公司加快发展，大力促进投资银行、基金管理公司、资产管理公司、货币经纪公司、融资租赁公司、企业集团财务公司、汽车金融公司等有利于增强市场功能的机构集聚和发展。

2. 积极推进金融综合经营试点。积极配合国家金融管理部门推进具备一定条件且注册在上海的金融企业开展综合经营试点，大力吸引具有综合经营能力和国际竞争力的金融控股集团，在试点过程中探索建立由有关金融管理部门共同参加，在业务监管上相互协调、相互配合的金融监管协调机制。

3. 积极推进地方国有控股金融企业改革和重组。制定深化上海金融国资和地方国有控股金融企业改革与发展的指导意见，大力推进上海金融国资布局优化和地方国有控股金融企业的市场化改革、开放性重组，积极培育和吸引具有全国性影响力的金融企业。

4. 鼓励发展各类股权投资企业（基金）。根据国家有关要求，细化完善本市促进各类股权投资企业（基金）及创业投资企业发展的政策措施，进一步加大支持力度。鼓励境外知名的股权投资管理企业在沪设立分支机构，支持符合一定条件的境外投资者参与设立境内股权投资企业（基金）。推进上海金融发展投资基金尽快完成募集工作，争取国家金融管理部门支持金融机构参与投资，并协助解决上海金融发展投资基金投资金融企业的资格。

（三）加快金融产品创新与业务发展

1. 大力发展各类债券产品。积极配合国家金融管理部门扩大企业（公司）债发行规模，大力发展资产支持债券，开展项目收益债券试点，推进外币债券和其他债券品种的创新和发展。

2. 稳步发展金融衍生产品。积极配合国家金融管理部门支持有关金融市场推出股指期货、国债期货、外汇期货、股指期权、外汇期权、利率期权、黄金 ETF 等金融衍生产品；完善上海银行间同业拆放利率（Shibor）的基准利率功能，积极培育以其为定价基准的各类衍生产品。

3. 率先开展个人税收递延型养老保险产品试点。积极配合财政部、国家税务总局、中国保监会，研究制定个人税收递延型养老保险产品的税收办法和实施细则，并尽快开展试点。

4. 支持商业银行开展并购贷款业务。支持商业银行扩大并购贷款规模，增加上海参与并购贷款业务的银行数量，为企业境内外并购重组活动提供有效的资金支持；鼓励商业银行加强与在沪证券公司、信托公司在并购贷款融资方面的业务合作，支持在沪证券公司、信托公司参与上海重大并购项目。

5. 支持机构投资者扩大金融市场投资业务。积极配合国家金融管理部门，建立合格投资者制度，逐步扩大社保基金、保险资产、企业年金、信托计划等各类机构投资者投资金融市场的比例和规模。

6. 积极拓展各类金融业务。研究制定促进私人银行、券商直投、离岸金融、信托租赁、汽车金融等业务发展的政策措施，探索建立股权投资和银行信贷之间的投贷联动机制，有序开发跨机构、跨市场、跨产品的金融业务。在上海先行开展金融业务等方面的改革与创新，创新科技贷款体制机制，完善知识产权质押制度，积极开展信用保险保单融资、小企业网络联保贷款、证券公司专项资产管理业务，探索开展期货特定客户资产管理等业务。

（四）稳步推进金融对外开放

1. 推进金融市场扩大开放。积极配合国家金融管理部门逐步扩大境外投资者参与上海金融市场的比例和规模，积极研究境外人民币资金投资境内金融市场的有效途径；研究扩大上海证券市场 QFII 投资规模；探索在上海期货市场建立 QFII 制度；扩大国际开发机构在银行间市场发行人民币债券的规模；支持有人民币长期资金需求的在沪外资法人银行发行人民币债券；稳步推进符合条件的境外企业试点在境内发行人民币债券；积极支持上海证券交易所国际板建设，适时启动符合条件的境外企业在上海证券交易所上市，推进红筹企业在上海证券市场发行 A 股。

2. 支持设在上海的合资证券公司、合资基金公司率先扩大开放范围。在已有的合资证券公司开展 A 股经纪、投资咨询试点的基础上，积极争取扩大上海合资证券公司试点的数量，扩展业务范围；争取选择设在上海的包括合资基金管理公司在内的基金管理公司开展设立专业子公司以及业务创新等方面的试点。

3. 积极探索上海与香港的证券产品合作。积极配合国家金融管理部门推进上海证券交易所同香港联合交易所以及香港知名指数开发机构加强合作，争取在上海证券交易所推出恒生指数 ETF、国企指数 ETF 和红筹指数 ETF。

（五）完善金融服务体系

1. 健全现代化金融支持体系。积极配合国家金融管理部门完善金融服务设施和布局规划，健全金融市场登记、托管、清算、结算系统，逐步形成统一高效的金融市场后台支持体系。根据国际贸易结算试点进展情况，充分发挥上海金融市场在人民币支付清算和市场交易方面的作用，研究在上海建立人民币跨境支付清算体系；试点在上海建立全国性的信托登记服务体系；协助做好上海清算所有限责任公司的筹备工作。

2. 加强陆家嘴等重要金融集聚区的规划和建设。根据陆家嘴金融城、外滩金融集聚带、张江金融信息服务产业基地、洋山保税港区以及其他区域各自的发展优势，完善本市金融业空间布局，编制金融功能区域布局规划，全面提升金融集聚区承载和服务能力。

3. 加快发展融资担保机构。建立中小企业贷款担保工作联席会议制度，协调完善支持政策和扶持措施；提高融资担保服务机构设立的审批效率；继续加大政策性担保资金投入力度，完善绩效评估考核机制；研究建立再担保机构；积极发展中小企业贷款保证保险、信用保险业务；创新担保服务模式，探索建立网络联保贷款机制；改善贷款担保信用服务环境，深化中小企业信用增级服务工作。

4. 加快发展各类投资咨询机构。积极配合国家金融管理部门推动证券、期货等投资咨询服务机构扩大业务规模，促进各类投资咨询服务机构规范运作，不断增强服务能力和水平。

5. 加快发展信用评级机构。制定相关政策措施，促进信用评级机构加快发展，支持中资信用评级机构与国际知名信用评级机构开展战略合作，大力培育具有市场竞争力和国际影响力的信用评级机构。

6. 加快发展资产评估、会计审计和法律服务机构。进一步简化和规范资产评估、会计审计服务机构设立的行政审批工作；组织编制本市律师业发展规划，鼓励和支持律师事务所开拓金融证券、投资兼并等法律服务领域，加强对法律服务机构的政策支持，加强金融证券、企业并购和重组等专业领域的律师培训，培养和引进具有金融专业背景的国际化、复合型律师人才。

7. 大力促进金融资讯信息服务平台建设。积极配合国家有关部门在本市建立我国金融资讯信息服务平台，着力支持金融资讯服务商拓展业务，培育具有国际竞争力的金融资讯信息服务机构。

（六）优化金融发展环境

1. 完善金融税收和法律制度。在研究借鉴全球主要国际金融中心税收、法律制度的基础上，积极配合国家有关部门研究制定既切合我国实际又符合国际惯例的上海国际金融中心税收、法律制度。

2. 优化金融法治环境。积极支持在沪金融管理部门依法履行职能，加强地方执法部门与金融监管部门之间的协作交流，支持本市各级法院完善金融诉讼案件审理机制，建立金融专业法庭。协助构建金融审判领域专家咨询库。支持上海金融仲裁院参照国际惯例完善金融仲裁规则，提高化解金融纠纷的能力和水平，加强上海金融仲裁机构与金融机构之间的沟通交流。

3. 加强社会信用体系建设。积极配合国家金融管理部门依托人民银行征信中心，建立金融业统一的征信平台，配合开展“金诚”工程建设，支持建立联网的行业管理信息系统及有关信息共享平台，促进信用信息共享，扩大非银行信息采集范围。拓展征信服务应用领域，加快征信产品创新。不断完善征信系统功能，积极支持和推动中小企业和农村信用体系建设。

4. 完善金融创新政策和机制。积极配合国家金融管理部门，完善金融创新政策和机制，争取率先开展金融创新机制改革试点，促进上海加快形成以市场需求为导向、金融市场和金融企业为主体的金融创新机制。

5. 改进金融监管方式。支持国家金融管理部门根据上海金融改革和创新的需要，不断完善金融监管体系，改进监管方式，形成贴近市场、促进创新、信息共享、风险可控的金融监管制度。

6. 切实维护金融稳定和安全。积极支持和协助国家金融管理部门加强跨行业、跨市场监管协作，加强地方政府与金融管理部门的协调，健全金融稳定工作机制，完善金融突发事件应急预案和应急处置机制，不断增强防范和化解金融风险能力。

三、明确加快推进上海国际航运中心建设的具体任务和措施

全力配合国家有关部门，加快推进国际航运枢纽港、现代航运集疏运体系和现代航运服务体系建设，努力增强国际航运资源整合能力，提高综合竞争力和服务能力。到2020年，基本建成航运资源高度集聚、航运服务功能健全、航运市场环境优良、现代物流服务高效，具有全球航运资源配置能力的国际航运中心。

（一）优化现代航运集疏运体系

1. 发挥区域整体优势。积极配合国家有关部门编制完善和组织实施长三角地区综合交通运输规划和港口、城际轨道交通等重点专项规划。鼓励支持港口、航运企业以资本为纽带，开展跨区域合作。

2. 完善上海港口结构与布局。继续推进外高桥港区和洋山深水港区建设，增强港口参与国际竞争的综合实力，建成东北亚国际集装箱枢纽港。有序推进黄浦江沿岸港区的功能调整和专用码头的资源整合，加快建设国际邮轮母港。

3. 大力发展水水中转。研究制定促进集装箱水水中转业务发展和市场培育的政策措施。积极依托长江黄金水道建设，研究建立推进国际集装箱水水中转业务发展的监管模式，鼓励长江、沿海和国际水水中转业务做大做强。加快江海直达船型的研发和推广，落实特定航线船舶安全管理有关规定，提高江海直达比例。

4. 增强综合运输能力。加快推进航道整治工程和配套港区建设，形成高等级内河航道网。适当增加高速公路通道，不断完善高速公路网。深化落实《上海航空枢纽战略规划》，大力发展中远程航空运输。优化铁路枢纽布局，加快铁路路网建设和货场调整，发展海铁联运。

（二）发展现代航运服务体系

1. 完善港口收费体系。进一步梳理调整干支线船舶进港成本，形成合理的、具有竞争力的港口收费体系，吸引更多航运公司的船舶挂靠上海港。建立动态的价格机制，鼓励我国外贸集装箱在上海转运。完善一门式服务和收费方式，改进和规范货物通关收费，逐步形成标准程式服务管理。

2. 拓展航运服务产业链，完善航运服务功能。鼓励世界知名船舶管理公司入户上海，配套建设中国船员专业人才市场。大力发展航运经纪人，建立航运经纪人资质准入和审核工作制度。积极引进世界知名航运研究机构和咨询机构，完善航运科技、航运咨询和航运信息服务产业体系。鼓励船舶技术转让、技术开发和与之相关的船舶技术咨询、技术服务等加快发展。

3. 拓展洋山保税港区的功能，发展北外滩、陆家嘴、临港等航运服务集聚区。支持洋山保税港区积极发展现代物流、贸易展示、研发加工、期货保税交割等业务，大力吸引跨国企业采购分拨中心、营运结算中心以及国际航运企业入驻。依托北外滩、陆家嘴、临港等航运服务集聚区的发展基础和各自优势，集聚航运要素资源，营造良好的航运市场环境，提升航运服务功能，完善航运服务空间布局。

4. 加强船舶交易市场建设。积极争取国家有关部门支持，依托上海航运交易所，加快建设全国性的船舶交易信息平台，编制开发船舶交易指数，在上海形成具有示范作用的船舶交易市场，引导和规范船舶交易市场健康发展。进一步拓展上海航运交易所的服务功能，开展船舶交易鉴证、船舶拍卖、评估等服务，增强航运市场的综合竞争力。

5. 建立航运综合信息共享平台。积极配合国家有关部门开展区域经济一体化、长三角通关模式改革等制度建设，充分发挥上海港航 EDI 中心及上海电子口岸平台的整合优势，加大上海港与长江干线港口的交流合作力度，加快建立上海国际航运中心综合信息共享平台，形成港口、航运、物流、监管等信息共享和应用体系，推动长三角、长江流域航运市场联动发展。

（三）探索建立国际航运发展综合试验区

1. 实施洋山保税港区营业税优惠政策。对注册在洋山保税港区内的航运企业从事国际航运业务取得的收入和仓储、物流等服务企业从事货物运输、仓储、装卸搬运业务取得的收入，免征营业税。

2. 继续实施中资外籍船舶特案减免税政策。积极配合国家有关部门延长执行中资外籍船舶特案减免税政策，将执行截止日期由 2009 年 6 月 30 日延长至 2011 年 6 月 30 日。

3. 推进企业开设离岸账户试点。继续推进外汇管理改革试点，在完善现有跨国公司外汇资金管理方式改革试点政策的基础上，支持注册在洋山保税港区等特殊监管区域内，有实际需求的贸易、物流等外向型企业在境内银行开设离岸账户，为其境外业务提供资金结算便利，降低企业财务成本。

4. 抓紧实施启运港退税政策。积极配合国家有关部门研究完善出口货物国内中转的监管制度和有效防止骗退税的措施；推动实施在国内港口报关启运，经洋山保税港区中转出口的货物，凭启运地海关签发的出口报关单办理退税。

5. 探索创新特殊监管区域管理制度。在国家有关部门指导下，积极拓展航运服务业对外开放创新试点，探索创新符合洋山保税港区实际的各项管理制度，为开展国际中转、现代物流、商品展示、仓储租赁、期货交割等多层次业务提供监管服务支撑，进一步优化口岸服务环境。实现以"关检联动"为重点的口岸管理单位联动，确保口岸安全，提高通关效率。

6. 加强促进航运发展的政策和制度研究。

积极配合国家有关部门，借鉴航运发达国家（地区）的支持政策，研究制定具有国际竞争力的航运税费政策。研究借鉴国际自由港政策，拓展洋山保税港区功能。不断丰富和完善国际航运发展综合试验区的内涵。

（四）完善现代航运发展配套支持政策

1. 积极发展多种航运融资方式。引导金融机构加大对具有发展前景、信用良好的造船、航运等企业的信贷支持。鼓励金融机构加大金融服务创新，大力开展船舶抵押贷款、船舶抵押贷款信托、船舶融资租赁、船舶经营性租赁、船舶融资租赁信托、船舶售后回租、船舶出口信贷等融资服务。探索航运融资方式创新，支持航运相关企业、金融机构等共同组建航运产业基金，为航运金融、物流等航运服务，以及航运制造业提供融资服务。支持航运相关企业等参与组建或参股金融租赁公司，支持在上海的金融租赁公司进入银行间市场拆借资金和发行债券。

2. 加快发展航运保险业务。大力发展船舶保险、海上货运险、保赔保险等传统保险业务，积极探索新型航运保险业务，培育航运再保险市场。鼓励在沪保险公司结合实际自主开发产品，不断提高勘验、评估、理赔等保险服务水平。加强航运保险信息化建设，努力形成具有影响力的航运保险定价机制。积极推动有实力的金融机构、航运企业等共同出资组建专业化的航运保险机构。

3. 优化航运金融服务发展环境。对注册在上海的保险企业从事国际航运保险业务取得的收入，免征营业税。积极配合国家有关部门完善船舶抵押登记制度，简化操作流程；研究并先行试点从事国际航运船舶融资租赁业务的融资租赁公司（金融租赁公司）的税收优惠政策；研究进出口企业海上货物运输保险费的有关税收问题，鼓励进出口企业在国内投保。

4. 加快开发航运运价指数衍生品。依托上海期货交易所、上海航运交易所的专业优势，在国家有关部门指导下，进一步完善运价指数体系，加强航运运价指数衍生品研究，为我国航运企业进行航运风险控制创造条件。

（五）促进和规范邮轮产业发展

1. 大力吸引境外国际邮轮公司落户上海。积极配合国家有关部门，制定境外国际邮轮公司在上海注册设立经营性机构和开展经批准的国际航线邮轮业务的操作办法。积极争取国家有关部门同意境外邮轮公司在沪设立控股或独资的邮轮公司，开展邮轮业务。

2. 着力完善促进境外大型邮轮公司挂靠上海的政策措施。积极争取国家有关部门支持，对以上海为母港长期停靠的邮轮给予规费优惠；探索制定国际邮轮公司挂靠上海的“一揽子”规费优惠标准和便利通关措施，进一步规范邮轮船供市场；制定国外入境邮轮乘客中转免签的相关规定，提高通关效率。

3. 加快完善促进邮轮产业发展的金融服务体系。研究建立上海邮轮产业发展的金融服务体系，积极争取国家有关部门支持，在保险、信贷等方面开设邮轮产业专项目录。

四、加强统筹协调，确保各项政策落实

（一）建立完善协调推进机制。积极配合国家有关部门建立和完善上海国际金融中心和国际航运中心建设的协调推进机制，研究解决重要问题，落实有关协调推进工作。

（二）加强地方立法，完善法治保障。配合市人大制定出台《上海市推进国际金融中心建设条例》，加快研究建立相关配套制度，全力营造有利于金融发展的人才环境、创新环境、信用环境、监管环境和法治环境；研究制定促进上海国际航运中心建设的地方性法规，推进上海口岸综合管理地方立法，按法定程序完善港口经营、船舶服务等方面的政策法规。大力支持海事仲裁机构和海事司法机构建设。

（三）加快政府职能转变和管理创新。深化行政审批制度改革，简化审批程序，优化审批流程，建立网上审批平台，推广告知承诺和并联审批，进一步减少审批事项和收费项目，加快构建服务型政府。深入推进浦东综合配套改革试点，在

政府行政管理体制改革、金融体制改革、科技体制改革、航运制度创新、口岸保税体制改革等方面先行先试，加快构建适应服务经济发展的管理模式和制度框架。加大国资国企改革力度，推进国有企业开放性、市场化联合重组，不断提高企业核心竞争力，推动国资管控模式优化，着力完善进退有序、流转顺畅的国资运营体系。加大支持力度，不断优化非公有制经济发展环境。

（四）着力推进产业结构优化升级。积极对接国家重点产业调整和振兴规划，制订出台本市重点行业调整振兴的实施意见，推动一批重点项目列入国家规划，着力提升汽车、装备、船舶、电子信息等优势产业的国际竞争力。加强国家重大科技专项配套支持，争取国家级科研设施落户上海。设立100亿元的上海自主创新和高新技术产业化重大项目专项资金，引导社会资金投入，积极推进新能源、民用航空制造业、先进重大装备、生物医药、电子信息制造业、新能源汽车、海洋工程装备、新材料、软件和信息服务业等重点领域高新技术产业化。以建设国家信息化和工业化融合试验区为契机，聚焦钢铁、石化等行业，推进一批产业信息化重点项目建设。设立政府创业投资引导基金，引导民间资金加大对重点领域种子期、起步期创业企业的投入力度。加快淘汰落后生产能力，聚焦水泥、纺织印染等行业和电镀、热处理、铸造、锻造等生产工艺，力争每年完成600项左右的产业结构调整项目。

（五）完善有利于人才集聚的政策措施。实施“千人计划”，着力引进金融、航运等各类海外高层次人才。鼓励金融和航运机构引进各类高端、紧缺人才，对于符合条件的人才，给予住房、医疗保障、子女就学、户籍（居住证）等方面的优惠或便利。建立金融等人才奖励计划，对于做出显著贡献的人才给予奖励。进一步完善金融和航运类人才公共服务平台功能，提高人才综合服务水平。促进高校主动加强学科专业优化调整，积极利用“985工程”和“211工程”，重点支持金融和航运类学科专业建设和相关人才培养。加强职业教育培训，统筹利用教育资源，鼓励和支持高等院校等有关方面加大金融、航运人才教育培训力度，研究建立浦东国际金融研究培训中心。强化校企合作、产学研联盟，探索建立金融和航运专业学位制度。积极引进海外知名教育和培训机构，支持高校开展高水平国际合作，提高金融类、航运类人才培养培训的国际化水平。完善金融和航运类人才评价标准，构建与国际接轨的职业能力评价制度。

（六）努力形成滚动推进的落实机制。在国家和本市协调机制统筹安排下，突出重点、远近结合，每年制定一个年度实施计划，明确各项工作的推进举措、责任部门，确保各项工作扎实推进。各相关部门要从全局和战略的高度出发，细化落实国家有关部门制定出台的配套政策和措施，积极配合国家有关部门研究制定相关实施方案，争取在上海先行先试；制定完善相关配套政策，形成有利于现代服务业和先进制造业发展的政策体系。相关区县政府要结合实际，制定和完善相应的工作措施。

上海市人民政府

二〇〇九年五月八日

三、上海市推进国际金融中心建设条例

（上海市人民代表大会常务委员会公告〔2009〕第 13 号）

《上海市推进国际金融中心建设条例》已由上海市第十三届人民代表大会常务委员会第十二次会议于 2009 年 6 月 25 日通过，现予公布，自 2009 年 8 月 1 日起施行。

上海市人民代表大会常务委员会

2009 年 6 月 25 日

第一章　总　　则

第一条　为了贯彻实施建设上海国际金融中心的国家战略，营造具有国际竞争力的金融发展环境，推进上海国际金融中心建设，根据有关法律、行政法规的规定，结合本市实际，制定本条例。

第二条　本市推进上海国际金融中心建设工作适用本条例。

第三条　本市推进上海国际金融中心建设应当按照国家统一部署，以金融市场体系建设为核心，以改革创新和营造环境为重点，将上海建成与我国经济实力和人民币国际地位相适应的国际金融中心。

第四条　市人民政府应当加强对本市推进建设上海国际金融中心相关工作的领导。

本市设立的推进上海国际金融中心建设议事协调机构，在国家有关部门的指导下，负责协调推进上海国际金融中心建设的有关工作，组织有关部门制定和落实阶段性目标和各项措施。

市人民政府有关部门和区县人民政府应当加强协作配合，具体落实推进上海国际金融中心建设的各项工作。

第五条　市人民政府负责组织编制金融产业发展规划，并将其纳入本市国民经济和社会发展规划。

第六条　市人民政府安排上海金融发展资金，用于对金融人才、金融创新的奖励和金融产业发展的扶持。

第七条　本市应当按照国家明确的战略定位和分工，加强与长江三角洲地区以及国内其他中心城市在金融领域的相互协作和支持，增强本市金融业的服务功能，推动金融要素市场、金融机构为各地区经济和社会发展提供良好的金融服务；加强与香港特别行政区在金融市场建设、金融产品创新、金融风险防范、金融人才培养等方面的优势互补和战略合作；推动在本市的金融机构与澳门特别行政区、台湾地区金融机构的合作、交流。

市人民政府应当加强与其他国际金融中心城市的交流，鼓励金融要素市场、金融机构、金融教育研究机构等开展国际合作、交流。

第二章　金融市场体系建设

第八条　市人民政府及其有关部门应当按照国家关于形成多功能、多层次、国际化金融市场体系的要求，配合国家金融管理部门推进货币、外汇、债券、股票、商品期货、金融衍生品、保险、黄金、产权等市场的建设。

市人民政府应当配合国家金融管理部门优化金融市场参与者结构，发展证券投资基金、社保基金、保险资产、企业年金、信托计划等各类机构投资者。

第九条　市人民政府应当制定相关政策，加强金融机构体系建设，支持银行、证券、保险、信托、期货、基金、融资租赁、货币经纪、财务公司等各类金融机构的发展；鼓励国内外金融机构在本市设立总部和分支机构；培育具有国际竞争力和行业影响力的金融机构。

第十条 本市配合国家金融管理部门将上海银行间同业拆放利率和国债收益率培育成为金融市场的基准利率。

本市支持金融机构开发、推广有利于金融市场健康发展、符合国家金融监管要求的各种金融产品和业务；支持有关机构研究探索以股指、汇率、利率、股票、债券、银行贷款等为基础的金融衍生产品；推动离岸金融、股权投资、并购贷款、私人银行、券商直投、信托租赁、汽车金融等业务的发展，鼓励有序开发跨机构、跨市场、跨产品的金融业务。

第十一条 市人民政府及其有关部门应当配合国家有关部门促进各类金融信息系统、市场交易系统互联互通，建设、完善与上海国际金融中心功能相匹配的登记、托管、清算、结算等统一高效的现代化金融支持体系。

第十二条 本市鼓励发展金融外包服务，支持金融软件开发、数据处理、客户服务、电子支付等金融专业化服务产业发展，鼓励设立金融专业化服务机构。

第十三条 本市支持信用评级、资产评估、融资担保、投资咨询、会计审计、法律服务等与金融相关的中介服务机构发展，规范中介服务机构的执业行为，增强行业自律，提高中介服务机构的专业水平和服务能力。

市人民政府及其有关部门应当配合国家有关部门建设金融资讯信息服务平台和全球金融信息服务市场。

第十四条 本市支持金融机构加强从业人员的专业技能和职业道德教育，培养诚实守信、服务至上、严格规范的职业操守，提升金融服务水平。

第十五条 市人民政府及其有关部门应当支持金融行业协会发挥规范、协调、服务、自律等作用。

第三章 区域布局和基础设施建设

第十六条 市人民政府应当根据陆家嘴金融城、外滩金融集聚带、张江金融信息服务产业基地、洋山保税港区以及其他区域各自的发展优势，完善本市金融业空间布局。

市人民政府有关部门应当组织编制金融集聚区布局规划，按照国家规定的程序报经批准后，纳入相应的城市规划。

第十七条 市规划国土管理部门和区县人民政府应当根据本市城市总体规划和土地利用总体规划，结合金融产业发展规划和金融集聚区布局规划的要求，在组织编制控制性详细规划和土地利用年度计划时，保证金融集聚区的建设用地。

市房屋管理部门和区县人民政府应当采取适当措施，为金融机构解决营业、办公用房提供便利。

第十八条 市和区县人民政府有关部门应当完善金融集聚区内市政公用基础设施的配套建设，改善办公、商业等服务环境。

本市电力、通信、交通等相关企业应当做好金融集聚区的电力、通讯、交通等服务保障工作。

第四章 金融人才环境建设

第十九条 市人力资源管理部门应当会同市金融服务部门制定金融人才的集聚、发展规划和培养、引进计划；在国家有关部门的指导下，建立和完善以市场为导向的、与国际金融中心建设相适应的金融人才使用评价机制，分类制定与金融人才相关的政策。

第二十条 市金融服务部门应当会同市有关部门建立本市金融教育信息资源库，推动教学资源共享。

市教育管理部门和市金融服务部门应当会同市有关部门设立金融职业教育与培训基地，培养各类金融专业人才和金融管理人才。

市人力资源管理部门应当会同市金融服务部门按照国家有关规定，引进国际认可的金融职业能力考试认证机构在本市开展相关认证业务。

第二十一条 本市鼓励金融机构以及相关单位通过市场机制，从国内外引进各类高层次、紧缺的金融人才。

市人民政府有关部门和区、县人民政府应当对引进的高层次、紧缺金融人才在户籍和居住证办理、住房、医疗保障、子女就学等方面提供便利。对引进的境外金融人才，出入境管理部门应当按照国家有关规定简化出入境手续。

第二十二条 市人民政府应当制定金融人才奖励办法，对为上海国际金融中心建设做出贡献的各类金融人才给予奖励。

第五章 信用环境建设

第二十三条 市经济信息化管理部门应当会同市金融服务等部门，配合国家金融管理部门建设金融业统一的征信平台，扩大信用信息采集的覆盖面和数据量，改善信用信息查询服务。

市经济信息化管理部门应当会同市金融服务等部门，配合国家金融管理部门健全金融业高级管理人员执业信用记录。

第二十四条 本市工商、税务、公安、质监等行政管理部门和司法机关应当建立信用信息共享机制，依法提供相关信用信息查询服务。

第二十五条 本市鼓励信用服务机构开发信用产品，支持信用服务机构的合法经营活动。

信用服务机构收集、处理信用信息、提供信用产品，应当遵循独立、客观、公正和审慎的原则。

信用服务机构对征信过程中获悉的国家秘密、商业秘密和个人隐私负有保密义务，不得损害被征信企业和个人的合法权益，不得妨碍公共利益和公共安全。

第二十六条 本市支持金融机构在金融业务活动中使用信用产品，推进在企业融资、创业扶持以及典当、融资租赁等业务中使用信用产品。

第六章 金融创新环境建设

第二十七条 本市鼓励金融要素市场、金融机构进行金融产品、技术、服务、管理、组织形式等方面的创新。

第二十八条 市人民政府及其有关部门应当为金融要素市场、金融机构创造条件，在国家金融管理部门支持下，将各类金融创新成果率先在本市实施推广。

第二十九条 市人民政府有关部门应当完善金融创新保护机制，加强对金融创新成果的商标权、专利权、著作权、商业秘密等知识产权的保护。

第三十条 市人民政府应当制定金融创新奖励办法，对优秀金融创新项目给予奖励。

第七章 金融风险防范与法治环境建设

第三十一条 市人民政府应当加强与国家金融管理部门的协调，配合国家金融管理部门在本市建立健全金融监管协调机制，依法履行监管职能，完善监管体系，改进监管方式，加强跨行业、跨市场监管协作。

第三十二条 市人民政府应当在国家金融管理部门的指导下，健全金融稳定协调机制，完善金融突发事件应急预案和应急处置机制。

市人民政府有关部门应当配合国家金融管理部门建立完善金融风险监测信息系统和评估机制，支持相关机构开展金融风险预测、评估、防范等方面的研究，增强对金融风险的预警防范能力，维护金融稳定和安全。

市人民政府有关部门应当支持金融风险管理工具及技术的开发和应用，并为金融机构维护重要金融信息系统安全提供必要的指导和帮助。

第三十三条 本市各级行政机关、司法机关应当配合国家金融管理部门做好反洗钱、反假币等打击非法金融活动的工作。

本市各级行政机关、司法机关应当依法加强对金融违法犯罪行为的预防和打击。

第三十四条 本市各级行政机关应当优化行政审批程序，简化行政审批环节，为金融要素市场、金融机构、相关中介服务机构、有关行业协会等提供公开透明、便捷高效的行政服务。

本市各级行政机关应当维护金融机构的合法权益，不得干预金融机构的依法自主经营。

第三十五条 本市各级人民法院应当完善金融诉讼案件审理机制，加大对金融案件的执行力度。

第三十六条 本市金融仲裁机构应当依据法律、法规和国际惯例完善金融仲裁规则，提高金融仲裁专业水平和国际化程度。

第三十七条 本市支持金融法律服务业发展，鼓励法律服务机构拓展金融法律服务领域，为金融机构和相关企业、个人提供金融法律服务。

第三十八条 本市有关部门和金融机构应当通过媒体和其他形式，宣传普及金融知识，开展金融风险防范意识教育。

第八章 附 则

第三十九条 本条例自 2009 年 8 月 1 日起施行。

四、继续执行适度宽松的货币政策，推进跨境贸易人民币结算试点

——在 2010 年 1 月中国人民银行上海总部工作会议上的讲话

中国人民银行副行长兼上海总部主任　苏　宁

1. 关于贯彻执行好适度宽松的货币政策

2010 年货币政策调控的主要目标是，广义货币供应量增长 17%左右，新增人民币贷款 7.5 万亿元左右。执行适度宽松的货币政策还有两个要求：一是处理好保持经济平稳较快发展、调整经济结构和管理好通胀预期的关系。二是在保持政策连续性的同时，更加强调针对性、前瞻性和灵活性。辖区各级行要切实将党中央、国务院、总行工作会议关于宏观调控的最新精神落到实处。

（1）确保贷款总量结构更加合理。一是保持信贷总量的适度增长。商业银行要根据内部经营和宏观经济总体要求，保持信贷规模适度合理。二是加快信贷结构调整。要引导金融机构的信贷投向逐步从“两高”行业、产能过剩行业撤出，加强对社会薄弱环节、战略性新兴产业、产业转移等方面的支持，缓解中小企业融资难问题。

（2）切实加强调查研究。要结合宏观形势和当地实际，加大对经济金融形势的前瞻性研究分析和预测，尤其要加强对月度货币信贷运行、信贷投向、产业发展、外贸进出口、物价等指标变化的动态监测分析，及时发现苗头性和方向性问题。要加强跟踪调研，及时分析、反映和解决政策执行中的新情况、新问题，提出客观的货币政策执行建议。

2. 关于加强辖区分支行建设

首先，定位要清晰。中国人民银行的分支机构要执行总行的各项政策，以电子化为重点，做好金融服务工作，服务地方经济发展。其次，加强基层行的队伍建设。优化和调整基层行的人员结构，充分调动不同年龄层次、不同学历层次员工的积极性。加大对现有员工队伍新知识、新业务的培训教育，提高他们的履职能力。第三，加强思想政治教育，开展文化建设，增强基层行的凝聚力。

3. 关于稳步推进跨境贸易人民币结算试点

去年上海率先启动跨境贸易人民币结算试点以来，总部积极按照总行部署，在管理制度、系统建设及业务协调等方面做了大量艰苦细致和卓有成效的工作。目前，各项工作进展顺利，试点工作开局良好。

（1）做好扩大试点后的各项工作。根据总行统一部署，经国务院批准后，人民币结算范围将逐步扩展到整个服务贸易领域，境内试点地域范围、试点企业数量都将扩大。辖区要积极研究扩大试点工作，主动与政府沟通，通过政府引导与企业推进两手抓，推动试点工作顺利开展。总部要加强对试点政策具体执行的指导，会同辖区有关行做好政策宣传和业务辅导，建立联动培训和业务推进机制，加强风险控制。

（2）推动试点工作取得突破。一是继续完善政策环境，推动人民币在对外投资、对外贸易、跨境贷款、境外担保等的使用。二是研究拓宽境外人民币资金的取得与利用渠道，逐步培育境外人民币使用环境。三是抓紧研究境外人民币回流国内投资境内金融市场问题。

(3) 进一步加强制度建设。一是加强监测，建立健全风险监测评估体系。要培育企业合规经营的理念，督促银行加强贸易真实性审核，切实履行反洗钱和反恐融资义务。要建立健全风险监测评估体系，发挥信息管理系统的作用。完善与各部门的信息共享和管理机制，加大事后检查力度，形成监管合力。二是总结经验，继续完善相关制度。跟踪各地试点进展进度与存在问题，借鉴成功做法，不断改进我们的工作。

4. 关于继续强化世博支付环境建设

上海世博会将于今年召开。我们要下更大力气把这项工作抓紧抓好，为参加世博会的海内外来宾提供优质、安全、便利的金融服务。一是要在长三角范围内推进世博支付环境建设。在长三角范围内对交通站点、旅游景点、购物网点等银行卡受理环境较为薄弱区域采取有效的拓展措施，推动更多的中小商户受理银行卡，扩大银行卡使用范围和功能，努力满足境内外持卡人的支付需求，实现长三角刷卡无障碍。二是加大现代金融服务工具的创新力度。改进外币兑换、银行卡、旅行支票、电子汇兑、开立账户等方面的服务，积极推进上海旅游联名信用卡、交通银行世博小额预付费卡、高速公路银行卡缴费等创新工作，推动银行发行储值卡并将发行范围扩大到长三角，力争为上海世博会提供更加优质的金融服务。

五、回顾和总结 2009 年主要工作，部署 2010 年上海总部工作任务

——在 2010 年 1 月中国人民银行上海总部工作会议上的讲话

中国人民银行副行长兼上海总部副主任　马德伦

(一) 2009 年上海总部和辖区工作简要回顾

过去的一年，在总行党委的正确领导下，上海总部全面贯彻落实科学发展观，围绕“两个中心”建设谋发展，围绕金融支持经济发展求创新，提高金融服务水平，夯实内部管理，各项工作成效明显。

一是深入推进上海“两个中心”建设。认真贯彻落实国务院文件精神，形成中国人民银行支持上海“两个中心”建设的实施意见，建立跨部门工作机制，在贷款转让市场、房地产信托投资基金、洋山保税港区离岸金融业务、金融机构综合经营试点、境外人民币回流、境外机构人民币债券发行等方面取得了新突破。扎实开展金融市场监测和管理，推进同业拆借市场、债券市场和黄金市场建设，完善信息披露和准入管理，有效履行了金融市场监测管理职能。配合总行开展公开市场操作和外汇竞价交易操作，发挥一级交易商平台机制，运用再贴现工具支持中小企业票据融资，夯实了公开市场操作平台。大力开展区域金融合作，积极参加伊斯兰金融服务委员会、东新澳央行组织等活动。认真承办各类国际金融会议，推动对外交流合作，有效提升了金融对外交往窗口的功能。

二是成功开展跨境贸易人民币结算试点。根据总行统一部署，积极承担试点工作的政策执行、检查监督、试点推进及系统建设等工作，重点深入企业和银行，主动开展业务协调，在管理制度、系统建设等方面做了大量艰苦细致和卓有成效的工作。上海试点的业务规模居试点地区首位，深度业务创新也走在全国前列。在组织领导方面，成立跨部门试点工作组，强化与市政府、海关、国税等的横向配合，通过工作机制创新，实现新职能拓展和试点业务突破。在试点推进方面，重点放在中央企业和地方大型国企，完善配套措施，迅速提升了结算规模。在新业务拓展方面，推动开展国内银行海外分支机构人民币贷款、银行间人民币跨境转贷、企业人民币海外直接投资、互换人民币资金支持贸易融资、境外机构境内人民币债券发行、境外机构境内开立人民币账户、港澳人民币清算行开展人民币同业拆借等业务，深度业务创新有较大突破。在系统建设和风险管理方面，牵头建设信息管理系统，优化功能，为全国提供了有力的技术保障。建立跨境贸易真实性审核制度和事后监督机制，探索风险监管新模式。在加强战略研究方面，组织专门力量开展深度研究，形成《当前影响跨境贸易人民币结算试点深入开展的二十三个问题》等调研成果，为持续推进试点提供必要的政策准备。

三是长三角金融协调发展取得新进展。成功举办第二届长三角金融论坛，签署《共同应对金融风险合作备忘录》，协调应对国际金融危机挑战。发布长三角产业分析报告，推动并购贷款和异地担保，支持区域产业结构优化升级。完成华东三省一市银行汇票改革，开展支票授信业务试点。建立长三角推广商业承兑汇票协作机制，联合整治支票影像交换系统，降低退票率。推动商业汇票转贴现标准合同文本全面实施，加快区域金融基础设施一体化。实现区域信用信息共享，构建

长三角担保机构信用评级联合评审机制，推动信用长三角建设。深化跨区域外汇管理改革。积极引导私募股权基金、小额贷款和企业并购融资发展。

四是认真贯彻落实适度宽松的货币政策。结合总部和辖区特点，搭建银政和银企沟通平台，引导信贷总量适度增长，改善窗口指导，优化信贷结构，重点加大对世博会、促进产业结构调整、重点建设、民生工程、节能减排、科技创新、技术改造、中小企业、保障性住房、助学、就业等的支持，鼓励金融机构开展出口信贷、汽车消费贷款、信用卡贷款等业务，强化金融支持经济发展力度。健全流动性监测制度，加强货币信贷分析，有效疏通货币政策传导。推进小额贷款公司和村镇银行建设，引导政府中期票据融资和短期融资券发行。杭州和福州中支都出台了支持本省经济转型升级的指导意见。厦门和金华中支积极支持中小企业发展。宁波中支探索县域金融的资金反流机制，构建外经贸企业网上融资平台。嘉兴中支推动农村流转土地经营权抵押贷款。绍兴中支有效拓宽中小企业融资担保范围。温州中支探索建立民营企业监测制度。台州中支力推农村金融创新，破解三农融资难题。丽水中支推广林权抵押贷款的做法得到中央领导的肯定。衢州中支扎实开展信贷服务深化年活动。三明中支建立信贷政策导向效果评估指标体系。宁德中支开展了农村金融综合服务试点。南平中支推出农机具抵押贷款。漳州中支引入生源地助学贷款商业信用保险机制。

五是着力提升金融服务创新和管理水平。总部促进支付工具创新，推动世博小额预付费卡、金融 IC 卡和旅游卡发行，拓展银行卡使用范围，优化受理环境。开展世博支付环境建设专项检查，完成多用途储值卡市场登记核查，开展账户管理现场检查，规范金融支付市场秩序。加强世博现金需求预测、调拨和投放，确保世博现金供应。建立世博外汇管理绿色专用通道，改善世博外汇环境。顺利运行电子对账系统、电子商业承兑汇票系统和上海支付结算综合业务系统，有效推动支付结算系统建设。推进关库银横向联网，成功开发退库审核电子化系统，推动银行卡缴税和公务卡应用。科学整合现金管理流程和框架，构建综合信息管理系统，开发无线射频管理项目，货币金银管理得到加强。杭州中支组织实施“浙江省便农支付工程”。福州中支致力于闽台金融合作，建设两岸区域性金融服务中心。宁波中支推进金融 IC 卡多应用试点，市民卡工程建设取得成效。厦门中支注重金融服务电子化建设。龙岩中支推出社保基金电子划缴新方式。丽水和漳州中支开通“国库直通车”，加快国库资金划拨。南平中支实现乡镇银行卡自助机具全覆盖。湖州中支开展送国债下乡活动。绍兴中支建立支付结算业务综合评价制度。温州中支首创农村支付结算指导员制度。台州、湖州和舟山中支在乡镇层面建设反假货币工作站。宁德中支配合公安开展打击假币 09 专项行动。泉州中支探索批量办理出口退税。嘉兴中支开展会计国库“一对一”集中对账。台州中支开发了国库收入与对账报表校对程序。

六是不断推动外汇管理改革创新。支持商业银行拓展外汇业务，完善个人本外币兑换特许业务、跨国公司外汇资金集中管理、服务贸易非现场监管试点等新业务，推动股权投资企业和外资创业投资企业资本金结汇、个人海外移民投资试点。完善贸易信贷登记管理。推进核销制度改革，简化业务办理流程，为特殊经济区域及跨国公司特殊业务提供配套外汇政策。大力支持“走出去”战略，扩大境外放款的主体和资金来源。扩大企业集团外汇资金境内集中运营范围，提高外汇资金使用效率。推动发展 QFII 和 QDII 业务，拓宽境内机构和个人境外投资渠道。加强跨境资金流动监测预警，改进对外债权债务和投资管理，完善金融机构外汇业务监管，促进外汇资金跨境有序流动。深入开展外汇检查，打击外汇违法违规行为。杭州中支开展全省企业汇率避险服务月活动。福州中支打击外汇非法交易，破获“2.13”地下钱庄案。宁波中支全面实施出口退税凭证无纸化。嘉兴中支开展中资企业借用外债试点，以本外币协同方式开辟中小企业融资新路。三明中支研发个人外汇业务非现场监管系统。莆田中支探索开展外汇业务非现场综合监管。

七是全力做好金融研究和改革工作。密切追踪经济金融改革难点和热点，注重提高研究决策应用价值，加强应对国际金融危机、国际金融中心建设、长三角金融协调发展、跨境贸易人民币结算等的研究，高质量完成了一批总行和总部重点课题。总部和辖区各级行领导干部深入基层调查研究，完成了数十篇领导干部调研报告。提高金融统计服务质量，科学研判国内外经济金融形势，打造了《中国金融市场发展报告》、《国际金融市场报告》、《中国区域金融稳定报告》等研究精品。密切关注国际金融危机对辖区的冲击和影响，加强风险跟踪监测，积极预判可能出现的风险，及时做出应对预案，提出风险防范意见。开展区域金融稳定报告考评，推进区域金融稳定信息系统建设，强化金融稳定评估与监测。创造性地完成东亚银行短期招标工具（TAF）资金归还、质品赎回及计息等问题处理，参与高风险金融机构的后续清算。开展金融稳定部门评估（FSAP）研究，参与研究金融控股公司管理规则，推进金融控股公司和交叉性金融业务调研，形成上海综合经营试点方案。配合总行推进农行和政策性金融机构改革。福州中支推动农村法人金融机构建立应急管理机制。厦门和漳州中支开展台湾地区金融特色研究。嘉兴中支推动地方政府性债务优化银团贷款，防范融资风险。温州中支加强地方法人金融机构管理。龙岩中支参与跨省金融稳定协作机制建设。泉州中支建立金融稳定定点监测制度。衢州中支构建跨部门金融稳定机制。金华中支建立义乌小商品市场先行性指标监测体系。三明中支被评为总行金融统计数据集中先进集体。绍兴中支关注地方政府投融资平台债务风险。

八是深入开展反洗钱与征信管理。建设反洗钱数据库和跨部门工作机制，加强现场与非现场监管，开展反洗钱行政调查与反恐融资监测。扩大非银行信息采集范围，拓展征信服务应用领域，扩大评级覆盖面和评级品种，不断完善征信系统功能。做好控股上海资信公司工作，牵头小企业信贷服务网络建设，开展征信知识宣传，推动诚信体系建设。杭州中支配合有关部门查获全国首例反洗钱调查泄密案。丽水中支在全国率先完成农村信用等级评价体系建设。嘉兴中支试点小额贷款公司客户信用报告查询。金华中支与工商部门实现企业注册信息共享。三明中支开展金融信用县创建活动。南平中支与交警部门实现交通违法信息共享。宁德中支运用征信系统支持中小企业。莆田中支将欠税信息纳入征信系统。

（二）认真落实中国人民银行工作会议精神，做好2010年上海总部工作

2010年上海总部主要工作是：

1. 继续执行适度宽松的货币政策

一是保持信贷总量适度增长，巩固经济回升向好的势头。目前，我国货币信贷供给正由在刺激经济增长特殊情况下必要的超常规投放，逐步转向更加注重经济增长质量和效益条件下的正常合理投放。我们将密切关注国际金融危机发展趋势、国内外经济运行和市场流动性变化，加强货币信贷增长和流动性监测分析，认真实施存款准备金调整等措施，灵活运用再贴现等货币政策工具，保持银行体系流动性合理充裕。加强货币政策信息沟通和传导。引导金融机构合理安排全年信贷总量及进度，根据实体经济部门的信贷需求，合理安排全年贷款的投放节奏。

二是着力优化信贷投放结构，促进结构调整和发展方式转变。提高窗口指导效果，坚持有保有压，下大力气促进经济结构优化和发展方式转变。引导金融机构加强对“三农”、就业、战略性新兴产业、产业转移等的信贷支持，重点支持重点产业调整振兴、节能减排、企业技术创新、新兴产业和高新技术产业发展、环境保护和生态建设，严格控制对高耗能、高排放行业和产能过剩行业的贷款，促进淘汰落后产能，推动企业兼并重组，提高信贷质量和效益。引导信贷资金主要用于在建、续建项目，严格控制新开工项目的贷款投放。在支持稳定出口的同时，进一步支持国内消费需求，完善消费信贷政策，大力发展消费信贷。推进农村金融产品和服务方式创新。落实支持小企业发展的金融政策，有效缓解中小企业融资难问题。

三是加强信贷风险管理，防范系统性金融风险。强化信贷政策执行情况的检查监督，督促金融机构加强信贷风险管理，严格执行放贷条件和项目审查评估，防止资金挪作他用。加强风险提示，引导金融机构提高风险定价、评估和管理能力，确保贷款进入实体经济，提高贷款使用效率。充分发挥贴近市场和实时监测的优势，加强国内外宏观经济金融跟踪分析，及时反馈货币政策实施效应。加强与金融监管部门的合作，发挥其跨周期的逆风向调节功能。加强房地产市场和房地产金融运行监测分析，促进房地产金融健康发展。探索信贷政策执行情况评估机制，定期上报金融机构信贷政策执行情况。

2. 继续深化跨境贸易人民币结算试点

继续深化跨境贸易人民币结算试点，提升试点工作整体水平。继续加强组织领导，健全试点推进机制，加强协调配合，完善分工协作机制，为试点业务深入推进营造良好的政策环境。加强调查研究，完善试点相关政策。加强业务创新，继续深入企业和银行，摸清市场需求，为企业和银行提供优质服务，促进贸易投资便利化。加强战略研究，为持续推进试点工作提供政策准备。加强风险监管，为试点工作顺利开展营造安全稳健的内外部环境。

3. 继续推进上海"两个中心"建设

继续推进有关创新工作，参与制定上海国际金融中心建设"十二五"规划。加快债券市场发展，推动中小企业利用债券市场融资。创新工作方式，完善全球金融市场实时监测，健全黄金、外汇、票据、理财、信托等市场监测体系。发挥一级交易商联席会议平台作用，推进银行间市场异常交易监测管理，做好非金融企业债务融资工具发行企业信用监测，扩大同业拆借市场信息披露试点，完善同业拆借市场结构，加强公开市场操作和市场监督管理。

4. 推动长三角金融协调发展再上新台阶

一是筹办好第三届长三角金融论坛。认真筹备第三次长三角金融协调发展联席会议和长三角金融论坛，抓紧确定论坛主题和筹备方案，落实会务安排等工作，确保联席会议和论坛圆满成功。

二是加快前期工作成果转化。继续完善已确定的专题工作任务，大力推动成果转化和共享。加强长三角金融基础设施建设，进一步推广应用授信支票和华东三省一市银行汇票。做好商业承兑汇票推广重点企业的选择、发布和再贴现政策扶持，支持中小企业拓宽融资渠道，满足实体经济信贷需求。配合电子商业汇票系统上线，支持金融机构开展票据业务创新，推动长三角票据市场协调发展。推动外汇管理合作，做好个人本外币兑换特许、贸易进口异地付汇集中备案等试点。

三是研究启动新的工作任务。加强长三角地区中国人民银行分支机构的合作，加强与总行、地方政府和金融机构的沟通交流，实现合作方式多样化。鼓励银行开发适应进出口企业需要的汇率风险管理产品，有序推出本外币交叉理财产品，促进外汇衍生产品市场发展。加强货币信贷沟通交流和联合调研，促进区域经济发展。完善长三角支付环境建设协调联动机制。有关分支行要积极参与长三角金融协调发展。

5. 继续深化世博支付环境建设

一是加大支付环境建设力度。继续落实世博会外汇支持政策，便利境外参展机构外汇账户开立、使用、场馆建设和世博局用汇。优化银行卡受理环境，引导银联标准的金融 IC 卡和旅游卡在商业、餐饮、旅游、交通等服务业的应用。做好世博概念预付卡发行应用工作，满足持卡人小额快速支付需要。做好现金预测分析和人民币流通监测预警，加大原封新券投放，从总量和券别结构上确保世博现金供应。加大反假货币工作力度，加强商户培训，严防假币流出入商业银行。组织开展专项检查，查缺补漏，及时解决相关问题。

二是确保业务系统安全平稳运行。组织协调在沪银行、中国银联等，加强对主要支付清算系统、商业银行行内系统、银联支付系统的安全检测和运行保障，建立健全日常运行维护和应急机制、应急预案演练和风险预警监测机制、信息反馈和报告制度，确保世博会期间系统和业务正常处理和安全运行。对电力供应、线路和网络安全、机房重地等关键环节，要逐一排查，消除安全隐患。全力做好世博会期间的总部安全保卫工作。

6. 深化金融改革和维护金融稳定

立足区域特点和辖区实际，密切跟踪后危机时期国内外宏观经济形势变化，加强金融风险监测评估和预警，探索建立系统风险监测制度，提高系统性风险防范能力。继续研究金融机构综合经营试点问题法。积极配合监管部门和地方政府，依法妥善处置金融突发事件，维护区域金融稳定。规范和引导民间金融健康发展，发挥民间金融支持中小企业发展、满足民间资金需求的独特优势。探索发展股权投资基金等投融资方式，吸引更多社会资金参与基础设施建设和企业改革重组。

7. 进一步发挥总部对外交流的窗口作用

围绕G20机制下国际货币和金融监管体系、国际金融机构改革等开展相关研究。利用多边外交平台，积极开展区域金融合作，多角度、多方位地开展金融交流，有针对性地开展涉外培训。不断推进国际金融信息网页建设，进一步做好翻译工作。切实加强因公出国(境)审批管理。

8. 不断提高外汇管理水平

深化外汇管理体制改革，促进贸易投资便利化。进一步解放思想，更新管理理念，转变管理方式，增强服务意识，在风险可控的前提下尽可能为经济主体提供便利，逐步淡化事前审批管理，强化事后监测分析职能；顺应经济发展的总体要求，进一步推进外汇管理重点领域和关键环节改革；进一步完善异常跨境资金流动监管，构建完善的监测预警体系、非现场检查体系和应急管理体系，加大外汇检查力度，严厉打击地下钱庄等违法违规行为。

9. 扎实开展金融研究和统计工作

整合研究资源，积极开展宏观调控、国际金融中心建设、金融业改革开放、区域金融发展等理论研究和实证分析。加强金融基础理论和特色研究，探索新形势下经济金融运行发展规律，为提高总行决策水平提供支撑。跟踪国际金融市场动向，研究我国参与国际经济金融竞争合作的对策。继续参与总行金融统计改革，密切关注金融统计制度执行情况，提高数据集中系统运行效率。推动金融统计标准化，健全金融综合统计。完善金融统计应急预案，提高统计数据采集效率，按时完成各频度的定期调查分析。拓宽统计分析广度和深度，及时准确提供统计分析成果。继续做好金融学会工作。

10. 加快支付结算业务创新

配合总行开展二代支付系统暨中央银行会计核算数据集中系统和上海运行中心建设。继续开展上海支付结算综合业务系统建设和第二批机构加入电子商业汇票系统的审核管理。研究相关领域的金融IC卡应用方案，推动金融IC卡试点应用。建立从事支付清算服务的特定非金融机构业务跟踪长效机制，完善人民币银行结算账户管理系统功能，落实账户实名制。完善银行卡业务管理办法，规范银行卡受理市场，配合公安部门打击银行卡犯罪。加强境外机构境内人民币银行结算账户管理。提高支付信息分析的广度和深度。改善农村支付服务环境。

11. 提高国库和货币发行的信息化水平

优化国库电算化系统，提升技术平台的安全性和稳定性。扩大国库直接办理集中收付业务范围，推进国库直接办理社保五险和农民工养老保险等政府性资金的收缴支付，稳妥有序推进区县国库单一账户和公务卡试点。开展地方国库现金管理试点和国库综合管理系统、财税库银横向联网等系统试点运行，加快联网和银行卡缴税试点进程。推广使用退库审核电子化系统。加强国库信息统计分析，推进国债管理创新。强化国库监督检查，建立风险预警机制，确保国库资金安全。精心组织发行基金调拨，做好跨区域就近调拨发行基金、人民币产品异地入库工作。完善现金供应机制，加强现金预测分析和人民币流通监测预警，实现总量确保、结构合理。完善反假货币工作联席会议机制，加强金融机构反假货币管理，加强反假货币宣传和培训。加快现金服务设施建设，提高服务效率。形成资源集中、管理优化、形式联动的发行基金代理库布局。促进科技创新，力争在货币金银管理电子化方面走在全国前列。

12. 做好反洗钱和征信管理工作

积极发挥反洗钱联席会议机制作用，完善反洗钱现场检查与非现场监管机制。强化反洗钱监管，推进金融机构自评估，深入开展反洗钱行政调查。配合有关部门严厉打击影响社会和谐稳定的洗钱案件。规范反洗钱内控机制，切实加强大额和可疑交易等信息安全管理，有效防范履职风险。促进信用评级市场发展，推动借款企业主体评级业务发展。构建评级信息查询平台，实现评级信息共享。加快推进社会信用体系建设，特别是中小企业和农村信用体系建设。加强与地方政府合作，扩大非银行信息采集范围。开展征信宣传，扩大征信覆盖面。加强征信市场监管和业务宣传。加快应收账款质押登记公示系统后续建设工作，拓展登记范围。

六、金融管理机构

1. 中国人民银行上海总部

2009年是上海总部扎实工作、奋力拼搏、开拓创新的一年。一年来，上海总部全面贯彻落实科学发展观，紧紧围绕应对国际金融危机挑战和支持上海“两个中心”建设，推动金融改革创新，改善金融服务，支持经济向好发展，各项工作取得新的成效。

1. 在推进金融改革创新方面，突出抓好“两个中心”建设、人民币跨境贸易结算试点和“长三角”金融协调发展

（1）深入推进上海“两个中心”建设。认真贯彻落实国务院文件精神，形成中国人民银行支持上海“两个中心”建设的实施意见。建立跨部门工作机制，在推动金融市场进一步对外开放、发展离岸金融业务、跨境贸易人民币结算试点、房地产信托投资基金试点、建立全国信贷转让市场等方面积极探索创新举措。开展金融市场监测和管理，推进同业拆借市场、债券市场和黄金市场建设，完善信息披露和准入管理，有效履行了金融市场监测管理职能。配合总行开展公开市场操作，发挥一级交易商平台机制，运用再贴现工具支持中小企业票据融资，夯实了公开市场操作平台。大力开展区域金融合作，认真承办各类国际金融会议，推动对外金融交流，有效提升了金融对外交往窗口的功能。

（2）成功开展跨境贸易人民币结算试点。2009年7月，上海作为全国四个试点地区之一率先开展试点。试点工作开展以来，上海总部承担了跨境贸易人民币结算的政策操作职能，负责相关政策的执行、检查监督、试点推进及系统建设等工作。成立了跨部门试点工作组，深入到银行和试点企业第一线开展工作。强化了与市政府、海关、国税等的横向配合，通过工作机制创新，实现新职能拓展和试点业务突破。牵头建设信息管理系统，优化功能，为全国提供了有力的技术保障。建立跨境贸易真实性审核制度和事后监督机制，探索风险监管新模式。上海试点的业务规模居试点地区首位，深度业务创新也走在全国前列。

（3）长三角金融协调发展取得新进展。成功举办第二届长三角金融论坛，签署《共同应对金融风险合作备忘录》，协调应对国际金融危机挑战。发布长三角产业分析报告，推动并购贷款和异地担保，支持区域产业结构优化升级。完成华东三省一市银行汇票改革，开展支票授信业务试点。建立长三角推广商业承兑汇票协作机制，联合整治支票影像交换系统，降低退票率。推动商业汇票转贴现标准合同文本全面实施，加快区域金融基础设施一体化。实现区域信用信息共享，构建长三角担保机构信用评级联合评审机制，推动信用长三角建设。深化跨区域外汇管理改革。

2. 在支持经济企稳向好发展方面，突出抓好金融宏观调控措施落实、外汇管理方式转变和金融安全稳定工作

（1）认真贯彻落实适度宽松的货币政策。努力克服国际金融危机对上海经济发展的不利影响，引导金融机构正确处理防范风险与支持经济发展的关系，保持信贷总量适度增长。2009年末，全市各项贷款增加4 813.9亿元，同比多增2 080.7亿元。召开银企见面会和重点项目推介会，推动金融机构加快调整信贷结构，加大对重点建设项目、民生工程、节能减排、科技创新、技术改造、中小企业、保障性住房、助学、就业等的支持力度，稳步发展个人住房贷款业务。有序发展多种融资方式，支持地方政府发行中期票据，积极引导企业发行短期融资券，鼓励商业银行发展并购贷款、银团贷款等新业务。支持小额贷款公司、村镇银行发展，完善中小企业金融服务体系。加强和改进窗口指导，完善信贷政策效果评估、货币信贷分析例会和外资银行信贷运行分析会制度，疏通货币政策传导机制。

（2）不断推动外汇管理改革创新。支持商业银行拓展外汇业务，完善个人本外币兑换特许业务、跨国公司外汇资金集中管理、服务贸易非现场监管试点等新业务。完善贸易信贷登记管理。推进核销制度改革，简化业务办理流程，为特殊经济区域及跨国公司特殊业务提供配套外汇政策。大力支持“走出去”战略，扩大境外放款的主体和资金来源。扩大企业集团外汇资金境内集中运营范围，提高外汇资金使用效率。加强跨境资金流动监测预警，改进对外债权债务和投资管理，完善金融机构外汇业务监管，促进外汇资金跨境有序流动。深入开展外汇检查，打击外汇违法违规行为。

（3）全力做好金融改革和稳定工作。密切关注国际金融危机对区域的冲击和影响，及时做出应对预案，提出风险防范意见。开展区域金融稳定报告考评，推进区域金融稳定信息系统建设，强化金融稳定评估与监测。开展金融稳定部门评估(FSAP)研究，参与研究金融控股公司管理规则，推进金融控股公司和交叉性金融业务研究。

3. 在改进金融服务工作方面，突出抓好世博支付环境建设、反洗钱和征信管理

（1）推动金融服务上新水平。牵头世博支付环境建设。促进支付工具创新，推动世博小额预付费卡、金融IC卡和旅游卡发行。拓展银行卡使用范围，优化受理环境。开展世博支付环境建设专项检查，完成多用途储值卡市场登记核查，开展账户管理现场检查，规范金融支付市场秩序。加强世博现金需求预测、调拨和投放，确保世博现金供应。建立世博外汇管理绿色专用通道，改善世博外汇环境。顺利运行电子对账系统、电子商业承兑汇票系统和上海支付结算综合业务系统，有效推动支付结算系统建设。推进关库银横向联网，成功开发退库审核电子化系统，推动银行卡缴税和公务卡应用。

（2）深入开展反洗钱与征信管理。召开上海反洗钱工作联席会议，全面加强反洗钱跨部门合作，重点打击恐怖融资。加强现场与非现场监管，深入开展反洗钱行政调查与反恐融资监测，提高了可疑交易线索分析研判水平。积极开展上海反洗钱数据库系统建设，协助做好反洗钱交互平台的需求分析与项目开发。扩大非银行信息采集范围，拓展征信服务应用领域和加快征信产品创新，不断完善征信系统功能。稳步开展借款企业、集团企业和担保机构信用评级各项业务，不断扩大评级覆盖面和评级品种，促进评级报告质量不断提高。牵头成立小企业信贷网络服务平台建设推进小组，推动小企业信贷网络服务平台建设试点。开展“2009年上海市征信知识宣传周活动”，组织“征信知识进社区”，加快推动上海诚信体系建设进程。

（中国人民银行上海总部综合管理部）

2. 中国银行业监督管理委员会上海监管局

2009年，中国银行业监督管理委员会上海监管局认真贯彻落实银监会工作部署，坚持加强宏观监管、科学监管、创新监管，以“保增长、促稳定；防风险、推创新；重服务、强管理”为工作主线，有效指导上海银行业积极应对国际金融危机，有力支持上海“两个中心”建设，全面推进各项工作有序开展，为促进上海经济金融平稳较好发展，发挥了积极的作用。

1. 坚持金融服务经济，有效保障经济推动力

2009年，上海银监局通过加强宏观监管，指导上海银行业不断加强和改善对上海经济的金融服务。一是科学把握信贷监管政策，实现均衡信贷增长和结构调整并重。上半年，通过召开座谈会、监管通报会、监管会谈等方式帮助银行业全面理解和贯彻执行宏观政策。通过着力搭建“政策引导、联席会议、互动活动”等三类银政企沟通平台，明确提出“五个坚持、一个加强”信贷投放指引，多途径指导银行业实现信贷均衡投放。下半年，督促和指导银行业“有所为、有所不为”，严禁进入“两高一剩”行业，积极向先进制造业和现代服务业倾斜，帮助银行树立“绿色信贷”理念。二是积极推动并购贷款和贷款重组，有力支持经济转型与产业升级。按照“小步快走”的审慎策略，积极引导和鼓励银行从优质项目、优质客户做起，以并购贷款为手段，有力支持上海产业升级和结构调整，全年共发放并购贷款逾30亿元。三是突出信贷指导重点，着力加强薄弱领域金融服务。着力推进小企业金融服务专营机构建立。积极指导、鼓励银行加大中小企业金融服务创新力度。全方位搭建社会化平台，有力推动了银行与政府相关部门、担保公司、行业组织的合作。整合“四种资源”（争取政府资源、组织银行资源、动员社会资源、利用舆论资源），着力推进科技金融服务创新。引导和鼓励农村金融机构加大对都市型农业的支持力度。积极响应党中央和银监会有关金融支持就业、支持新农村建设的号召与要求，开展了“送金融知识下乡”活动和大学毕业生、农村青年创业贷款试点工作。四是密切跟踪信贷政策执行，及时纠偏风险苗头。全年先后组织了新增贷款专项检查、各银行对贷款投向等重点领域的自查、“个人住房贷款政策执行情况、贷款挪用情况、项目资本金到位情况”三项信贷专项检查，并重点抽查了房地产贷款、个人按揭贷款及信用卡业务。通过持续、多次“纠偏行动”，及时发现了风险苗头，堵住了一些违规问题，起到了很好的震慑效果。

2. 坚持风险监管为本，有效提升上海银行业抗风险力

2009年，上海银监局紧紧抓住“六大突出风险”，积极采取多项措施，不断加大风险监管力度，取得很好的成效。一是以监测和提示为主，防范贷款集中度风险和集团客户风险。成立了集团关联企业专题工作小组。积极沟通市政府有关方面，多渠道寻求政策支持化解信贷风险，有力推进重大项目、重大基础设施建设以及集团关联企业大额授信和银团贷款工作，有效缓解贷款集中度风险。全年累计签署银团贷款56笔、合计644.51亿元，同比增长50%以上。二是以完善机制为主，预警政府融资平台风险。建立了政府融资平台专题监测小组及定期监测预警机制。完善“三项信息披露机制”，打造融资平台风险联防机制。完善银政间信息互通机制。牵头建立以主要债权银行为主导的银行间信息披露机制，加强同业信息沟通。督促银行建立健全融资平台信贷风险信息统一管理机制，切实防止对财政过度授信的风险、盲目投资决策的风险及项目授信合规性风险。三是以规范经营为主，加强个人住房贷款监管。规范住房贷款行为，多次组织房贷政策执行情况自查与抽查、暗访多家房屋中介机构，对发现的问题及时进行风险提示。指导银行同业公会制定公约，联手业内抵制中介返点等恶性竞争。四是以严格问责为主，有效遏制银行业大案要案发生。明确提出“抓早、抓实、抓关键”的案防工作方针，印发了《上海银监局案件防控工作指导意见》，有效遏制大案要案发生势头。切实加强案防工作部署与指导。全年先后组织召开了5次银行案防工作会议，结合不同阶段的案防形势作出针对性布置与要求。针对案发机构，第一时间成立以分管局领导为组长的案件督导组，牢牢把握案件处置工作的主动性。先后派出22个检查小组、574人次，对全市27家中资银行48个路支行网点、5家外资银行11个网点进行检查。积极探索建立四项案防长效机制。实行案防工作目标管理责任制，签署案防目标责任书。建立跨部门案防工作机制，统一协调局内资源处理案件或重大风险事件。推出案防工作双向监督机制，分别印发了《上海中资金融机构案件防控工作考评办法》和《上海银监局案件防控工作再监督管理暂行办法》。加强案件联防机制建设，联手公安、司法、纪检等部门加大打击金融犯罪力度，共同建立了“打击经济犯罪情报交流会商机制”；充分发挥银行业机构安保联席会议机制作用，抓早抓实启动迎世博银行业安保工作；专门去函各银行董事长和行长，通报当前案防严峻形势，提请贯彻落实《银行业金融机构从业人员职业操守指引》，切实做到“四个禁止、一个公开”。五是以维稳和舆情引导为主，有效处理信访投诉风险。上海银监局高度重视信访投诉工作，在稳妥有效处置信访投诉尤其是群体性信访投诉的同时，率先在系统内印发一系列文件，开展信访现场评估工作，指导出台《上海银行业信访投诉公约》，以此促进机构提高投诉处理能力，促进金融和谐。六是以监控和提示为主，有效防止“三类跨境风险传递”。针对去年部分外资银行因受到其境外母行的影响一度出现的流动性风险，个别汽车金融公司外资股东的重大风险事件可能引发的风险，原油套期保值对冲合约巨幅下跌对东航股份进而对东航财务公司可能带来的风险等，上海银监局敏感捕捉，及时协助指导，帮助银行、企业应对化解风险。

3. 坚持科学监管，有效提高监管执行力

2009 年，上海银监局不断改进和完善监管框架和体制机制，积极探索和实践五个“有机结合”，用足内力、用活外力，监管执行力和有效性进一步提高。一是加强机构监管与功能监管的有机结合。增设了交行监管处和营运中心监管处，合并成立其他银行业金融机构监管处，分设外资法人银行、外资银行分行非现场监管处，形成“总体机构监管，同质同类机构功能监管，突出法人监管和特色监管，前中后台齐抓共管”的监管工作框架。二是重视市场准入、非现场监管与现场检查的有机结合。发挥非现场监管的“精确制导”作用，积极体现“高风险高频率，低风险低频率”的检查原则。尝试现场检查组织方式创新，在去年底三项信贷专项检查中推行跨处室交叉检查，取得良好效果。强调市场准入工作与非现场监管和现场检查意见相关联，重点实行“五挂钩”制度，充分发挥市场准入的导向功能。继续加强上海银行业从业人员不良信息库建设和维护管理工作。积极运用延伸监管手段。三是加强自主监管和联动监管的有机结合。作为属地监管局，上海银监局在非现场监测、现场检查、专项调研、信访调查等多个方面与报告局开展监管联动。作为报告局，上海银监局配合中国银监会和兄弟局完成现场检查工作，向异地监管局发送风险提示。此外，探索搭建“内部联动监管”机制，建立了法人银行非现场监管分析例会制度、现场检查定期交流机制和监管情况通报会制度。四是加强前中后台非现场监测的有机结合。建立了行业信贷分析机制，成立了行业信贷监测小组，对六大重点行业、外向型企业、科技创新型企业等信贷情况进行监测。加强对银行业市场异动的监测分析，逐月按季开展金融市场监测分析工作。加强对机构单体风险与个别风险监测分析。五是倡导内部控制和外部监督的有机结合。按照“以我为主，补我所缺，为我所用”的借力方针，继续综合挖掘和利用好银行内部控制、外部委托审计、行业自律和舆情监督四种力量，有效缓解了上海银监局监管资源不足的困难。发挥行业自律的作用，指导银行同业公会督促银行规范经营，防止恶性竞争。发挥媒体舆论监督力量，引导公众正确理解监管政策和行动。

4. 坚持推动创新发展，有效提高上海银行业竞争力

一是持续鼓励和引导金融创新，金融市场日益繁荣。2009 年共有村镇银行、城市商业银行、外资银行、信托公司、财务公司、营运中心等各类共 18 家新机构落户上海，中银消费金融公司等 3 家新机构获批筹建，多家台湾银行代表处拟申请设立上海分行。搭桥贷款、知识产权质押贷款、中小企业信用保险保单融资等多项新型信贷业务逐步推开，2 家外资银行成功在香港市场发行人民币金融债，信贷资产类理财产品蓬勃发展，非银行金融机构业务品种日益丰富。二是全面推进迎世博金融服务工作，并取得阶段性成果。成立了迎世博工作领导小组，印发了《关于进一步做好上海银行业迎世博金融服务准备工作的指导意见》，明确了上海银行业迎世博工作重点和相关要求、计划与步骤。积极争取中国银监会、银行业协会和中国金融工会的支持，指导同业公会推动世博金融服务工作，成功举办中国银行业世博金融服务动员大会。三是加大创新研究力度，积极为地方政府献计献策。围绕“两个中心”建设和浦东新区综合配套改革试点，成立了重点工作推进领导小组，建立了上海银行业“两个中心”建设研究协作机制。积极配合市政府推进银监局牵头或参与的

30项“两个中心”建设重点工作，加快开展相关研究工作并取得了阶段性成果。

（上海银监局）

3. 中国证券监督管理委员会上海监管局

2009年，在中国证监会的统一指导下，上海证监局对资本市场监管不断完善，市场环境不断优化。

1. 多措并举，持续提高辖区上市公司质量

（1）推动公司规范运作。积极开展公司治理整改年活动，提高公司治理水平。分析梳理待整改问题，指导相关公司制定解决措施。建立与国资委的定期磋商机制，共同推动地方国有控股上市公司规范发展。围绕“发展、监督、规范”等三个主题分别举办了3期董、监事培训班。

（2）提高信息披露质量。加强年报监管，推动辖区上市公司按时完成年报编制、审计、披露，做好年报研析工作和年报专项检查工作。完善上市公司监管和市场监管联动机制，针对上市公司股价异动、上市公司董事和监事、高管在敏感期买卖本公司股票等情况及时反应和处置，对违法违规行为及时查处，督促上市公司提高信息披露质量。

（3）支持引导做优做强。鼓励并购重组和再融资，对实施重大资产重组的公司开展实地核查，强化审核工作力度。推动华域汽车、振华港机等8家上市公司成功实施并购重组，注入资产191亿元；有21家公司处于并购重组过程中，拟注资423亿元。推动浦发银行、东方航空等12家上市公司实现再融资408亿元。

（4）做好上市资源培育。建立上市辅导事前评估、事中监管机制，推动改制上市工作。进一步健全上市培育协调机制，加强与市政府相关部门、各区县的协作。辖区新上市公司5家（其中主板1家，中小板2家，创业板2家），筹资总额134亿元。

2. 突出合规，促进证券经营机构规范发展

（1）督促落实基础性制度。深入推动合规管理制度建设，引导辖区公司率先通过建立敏感性分析和压力测试机制完善风险监控制度。切实落实“参一控一”政策规定，先后推动辖区5家公司股东通过转让股权达到监管要求。全面落实异地和本地证券公司分支机构规范工作。建立营业部负责人统一考试制度，组织营业部首任负责人集中谈话。组织开展多层次从业人员培训，涉及董事、监事、高级管理人员138人次，证券营业部负责人467人次。督促辖区公司落实《证券营业部信息技术指引》，建立辖区信息技术例会制度，切实提升辖区公司信息技术管理水平。

（2）提高规范运作水平。做好经纪业务营销规范工作，辖区有7家证券公司通过经纪人制度现场核查，20家异地证券公司通过注册地证监局验收。全面落实创业板市场投资者适当性管理制度，开通进度和质量均居各辖区前列。督促辖区公司进一步完善资产管理业务制度。强化投行业务监管，建立与上海银监局、金融办等单位协调机制，召开专题座谈会指导证券公司规范投行业务。

（3）增强核心竞争能力。大力支持辖区证券经营机构创新发展。推动光大证券成功上市，成为综合治理后首家IPO的证券公司。指导公司积极参与企业并购贷款业务，鼓励有资格的公司加快拓展直投业务，6家新成立的直投子公司中已有5家投入实际运作。支持公司通过境外子公司上市、并购等方式积极拓展境外业务。指导证券经营机构开展小型集合理财产品、债券质押式报价回购业务等创新。在2009年分类评价工作中，辖区4家公司获得AA评级（全国为9家），总体评级处于全国领先水平。

（4）强化其他证券经营机构监管。召开证券投资咨询机构监管会议，推动规范发展。认真开展年检，对存在违规行为的3家证券投资咨询公司出具责令整改初审意见。指导各公司加强内控管理，探索发展新模式，推动各公司加快研究关联公司间各类咨询业务的整合。

3. 完善机制，促进期货经营机构规范发展

（1）提高期货监管工作效能。探索落实首席风险官制度，率先制定工作指引，引导和督促辖区期货公司提高合规管理能力。开展辖区期货公司分类监管首次评价工作，充分发挥其增强合规意识的引导作用，深入研究以分类监管为抓手提高监管效率的作用。开展期货公司金融期货业务资格回访检查，加大对期货公司及营业部合规检查的广度和深度。

（2）强化市场主体约束能力。引导建设现代金融企业，鼓励期货公司率先引入ISO9001：2008标准化管理体系。推动辖区期货公司树立“社会责任”理念，指导15家期货公司分批发布年度社会责任报告。推动建立总经理、首席风险官以及财务、IT、营销负责人等关键管理岗位的联席例会制度。督促指导期货同业公会深化行业自律建设。

（3）推动期货市场稳步发展。加强与市国资委、经信委、工商联等相关部门的沟通协调，增进与相关新闻媒体的协作。充分借助各期货交易所的市场资源，探索建立期货市场的发展协作机制。以钢材期货等新品种推出为契机，共同做好期货市场的功能宣传、舆论引导和发展培育工作。支持辖区期货经营机构以服务企业套期保值为重点，大力推动辖区期货市场培育开发和“走进期货”投资者教育活动。

4. 推动创新，提高基金公司整体竞争力

（1）督促规范运作。对辖区基金公司治理情况开展问卷调研，针对相关问题完善监管措施，特别是要求辖区公司做好独立董事的任职考核工作。加强基金从业人员监管工作。梳理基金经理备案审查流程，配合做好基金经理登记注册工作；下发提示函，督促辖区公司做好稽核及风控岗位人员配置工作，加强风险控制和内部控制；召开投研监管专项工作会议，重申“老鼠仓”、非公平交易和各种形式的利益输送三条底线，要求辖区公司强化守法合规经营意识、诚实守信、有效管理，强调公司管理层的领导责任，切实做好投研人员管控工作。

（2）推动创新发展。根据上海国际金融中心建设需要，研究开展基金专业销售公司试点、基金管理公司国际业务、REITs等创新工作，取得积极成效。推动辖区基金公司拓展业务范围，辖区有2家基金公司新获得专户理财业务资格，3家新获得QDII业务资格，11家基金公司“一对多”专户理财产品获批。

5. 延伸手臂，强化中介机构监管工作

（1）加强会计评估机构监管。对辖区2家资产评估机构开展现场检查，对2家会计师事务所的2家年审项目开展年审过程监管，积极配合会计机关开展2家异地会计师事务所和3家资产评估机构现场检查，做好对会计师事务所年报审计的延伸检查工作。

（2）推动律师事务所规范执业。深入调研，建立辖区律师事务所和律师从事证券法律业务基础档案，建立健全律师事务所现场检查工作程序、工作底稿等工作制度。首次独立对辖区3家律师事务所开展现场检查，掌握受检事务所义务履行、执业利益冲突、法律意见书质量、内部复核、工作底稿等五方面情况。进一步了解辖区律所从事证券法律业务情况，督促律师规范执业、提升业务质量，推动做大做强。

6. 深化协作，严厉打击违法违规

（1）完善稽查工作协作机制。继续完善局内稽查与日常监管联动机制。召开研讨会，加强稽查与日常监管处室之间的沟通协作。针对突发风险，及时召开案情沟通会，提出处理措施。继续加强与公安、检察和法院等司法机关的协作，拓宽协作范围。协作从过去较为单一的挪用资金，拓宽到背信损害上市公司利益、集资诈骗、虚假出资、抽逃出资、逃汇等一系列罪名。同时，拓展协作领域，从犯罪线索移交拓宽至配合公安机关实施抓捕、调取法院卷宗作为证券执法证据、联合开展稽查（司法）审计等。

（2）不断提高稽查工作效率。把握全流通形势下操纵市场、内幕交易等违法违规案件数量增加的特点，开展针对性业务培训、探索案件调查组织管理，做好案件调查工作。2009年以来，上海证监局累计稽查案件21件，协查案件42件，非立案稽查共342件，联合调查3件，涉外调查5件，法律文书送达26件，协助执行事项4项。

(3) 全力做好打非和反洗钱工作。依托打击非法证券活动联席会议平台，进一步与公安、工商、通信管理局等部门加强协作，逐步建立异地非法网站通报机制。2009年，上海证监局共查处汇乐非法发行案、亿汇投资基金诈骗案等非法证券活动案件332起，取缔或协调市通信管理局关闭非法网站279家，分四批向公安机关通报线索118起，移送案件15件，向工商通报非法公司17家。

7. 优化环境，做好投资者教育和诚信系统建设

(1) 不断提升投资者教育效果。成立投资者教育领导小组，制定全年投资者教育工作方案和工作规划，组织开展了内容丰富、形式多样的投资者教育活动，主要包括：法制宣传教育活动、创业板市场投资者适当性管理工作、借助媒体进行打非宣传、深入开展"走进期货"投资者教育系列活动和以"基金社会责任"为主题的基金业投资者教育系列活动、"了解证券经纪人"营销规范宣传周活动、加强投资者教育理论研究等，并取得积极成效。

(2) 着力营造市场诚信氛围。进一步明确工作流程，规范诚信信息的录入程序，加强诚信档案建设。在将上市公司、证券公司高管个人诚信记录纳入上海市联合征信系统、建立上海期货业诚信数据平台的基础上，建立证券营销人员诚信系统。

（上海证监局）

4. 中国保险监督管理委员会上海监管局

2009年，上海保监局坚持以科学发展观统揽全局，引领全行业认真贯彻落实保监会、市委、市政府的各项部署，积极应对金融危机挑战，按照"防风险、调结构、稳增长"的总体要求，全力提高行业服务能力和风险防范水平，全面促进行业发展和结构优化。

2009年上海市场共实现保费收入665.03亿元，同比增长10.83%，占全国保费总量的5.97%。其中财产险公司保费收入158.90亿元，同比增长15.02%，寿险公司保费收入506.13亿元，同比增长9.57%。结构调整取得成效，经营效益明显改善。2009年上海地区产险公司成功实现费用率和赔付率双降目标，整体效益扭亏为盈。保险功能进一步发挥。2009年上海保险业赔款和给付支出共计176.74亿元，财产险公司共承担风险72.35万亿元，是2008年的2.81倍。寿险公司期末有效保险保额12.27万亿元，期末人均保单件数达到1.02件/人（按1 900万常住人口计算），是全国平均水平的2.3倍。

1. 围绕行业风险的防范化解，全方位加强保险监管

(1) 不断推进基础性制度建设，着力夯实保险监管工作基础。一是巩固扩大上海车险联合信息平台优势，实施"见费出单"管理制度，有效解决车险保费拖欠的顽疾。二是实现了商业车险进平台管理，解决了车险行业一直以来存在的条款费率报行不一、恶性降费问题。三是推动行业与市公安建立打击保险诈骗犯罪情报会商机制，建立与公安部门共享的疑点案件报送和共享信息平台，联手打击保险诈骗行为。四是研究建立理赔定损员资格认证制度和汽修厂"黑名单"制度，提高保险理赔环节相关人员的准入门槛，减少理赔环节的跑冒滴漏现象。

(2) 不断完善监管措施手段，着力提高科学监管能力。一是推行查处分离制度，规范现场检查和行政处罚程序，形成规范、科学、高效的查、处框架，推进依法监管深入发展。二是建立寿险公司监管联系人制度，构建监管部门与市场主体之间点对点的信息交互直接渠道，强化监管的针对性和有效性。三是按照中介部统一要求，首次开展了2008年度专业中介机构分类监管工作，对全市235家机构进行了分类测评。四是研究制定保险兼业代理改革方案，全面推进上海保险兼业代理管理制度改革。

(3) 不断加强现场检查工作，着力整顿和规范市场秩序。一是按照中国保监会的统一部署，结合财务业务数据真实性抽查，开展了年度现场检查工作。二是以车险业务、健康险业务和中介渠道短意险业务为抓手，扎实推进上海保险业打击“三假”工作。三是组织开展短期意外伤害保险市场秩序集中检查，重点整治以撕票方式经营短期意外伤害保险业务甚至强搭销售保险产品的违规行为。四是与上海银监局联合下发文件，以银保业务为重点，加强寿险市场秩序规范。

（4）不断改善行业服务质量，着力保护保险消费者利益。一是印发规范上海寿险业电话营销业务的指导性意见，加强电话营销业务的规范工作。二是配合公安部门推行机动车互碰轻微物损快速处理制度，增加集中定损理赔中心，简化事故处理程序。三是实现了新型寿险产品服务承诺在银保渠道的落实，并将人身险投保提示书作为履行服务承诺的书面单证，保证了服务承诺和投保提示制度的有效融合。四是进一步普及保险知识，编撰《投保人教育手册系列丛书之三 传统寿险及意外险投保手册》，引导消费者理性消费。

2. 围绕上海“两个中心”建设主线，多手段推动保险业平稳健康发展

（1）抓重点，谋求保险业在部分领域取得突破。一是陆续开展航运保险相关工作，航运保险税收优惠政策部分得到市财税部门认可并落实，中国保险业内首个航运保险事业部——中国太平洋保险（集团）股份有限公司航运保险事业总部在上海成立。二是全力做好世博保险工作，推进规定保险方案的实施和运行，开展世博保险专题培训，举办2009年上海世博保险国际论坛，全面落实各项工作计划。

（2）拓领域，全面提高行业服务经济社会发展能力。一是结合国办30条和上海市政府“四个确保”工作部署，与上海市金融办和市政府相关部门分别成立推进“三农保险”、食品安全质量和产品质量保证保险工作小组。二是会同上海市医疗服务办公室共同开展医疗保险制度体系课题研究，推动商业养老、健康保险参与上海保障体系建设。三是与上海市金融办等五部门联合印发《关于本市完善贷款担保体系 进一步做好中小企业融资服务工作的若干意见》，大力发展中小企业贷款保证保险、信用保险，支持中小企业发展。四是与市金融办、市环保局和上海地方海事局制定船舶污染责任保险方案，争取尽快开展试点工作。五是推进社区综合保险全覆盖；及时总结推动火灾公众责任险和危险化学品责任险的试点工作；开展产品质量责任保险和药害责任保险的调研工作，择机试点。六是成功举办2009上海旅游论坛，指导成立旅责险纠纷协调小组，推动旅游保险深入发展。

（3）重宣传，为保险业发展营造良好的内、外部环境。一是强化与上海市区两级政府、市政府相关部门以及驻沪其他金融监管部门的沟通和协作，推进部门间联动，为行业发展争取更为有利的外部环境。二是坚持与沪上主流媒体新闻通气季度例会制度，主动通报市场动态和行业热点，积极引导发挥新闻媒体的正面宣传作用。三是借新《保险法》施行之机，做好行业宣传培训工作，强化行业法制意识，进一步推动保险公司依法规范经营，在行业内营造合规经营的良好氛围。

3. 加强对行业协会指导，充分发挥行业协会作用

一是指导和督促同业公会建立并完善经费审查、自律处分和培训教育三个委员会的工作制度。二是指导同业公会巩固车险自律成果，推动非车险手续费自律，实现产险自律由车险领域向非车险领域的延伸。三是指导同业公会开展银保业务手续费自律，整顿银保业务市场秩序。四是指导同业公会开展对部分寿险公司服务窗口的抽查及保险理赔职业技能鉴定工作，配合市有关部门推进“迎世博、树形象，满意服务在金融”活动。五是指导同业公会围绕“3.15”、保险进社区等活动，组织开展集中教育和保险知识普及宣传。六是指导同业公会，做好业内老同志口述保险业历史有关影像资料的制作和归集工作。

（王 飞）

5. 国家外汇管理局上海市分局

2009年，上海市外汇管理部门按照中国人民银行和国家外汇管理局的总体部署，深入学习实践科学发展观，围绕外汇管理中心任务，紧密结合上海实际，坚持改革创新和先行先试，积极应对国际金融危机，不断促进贸易投资便利化，有效提升外汇监管和服务水平，大力推动上海国际金融中心和国际航运中心建设，有力支持上海世博会筹办，各项工作都取得了新进展。

1. 积极贯彻落实应对国际金融危机的各项措施

密切配合总局和市政府做好国务院《关于当前金融促进经济发展的若干意见》的实施工作，会同市金融办、市商务委、浦东新区政府等职能部门，通过加强动态研究、加大政策推进力度、及时规范和简化程序等措施，改进了贸易收结汇与贸易活动真实性、一致性审核，便利了企业特别是中小企业贸易融资；及时落实总局关于贸易信贷登记管理、贸易收结汇联网核查、服务贸易等项目对外支付提交税务凭证、境内机构境外直接投资、境内企业境外放款等政策调整，便利了企业对外经贸活动；结合上海实际，研究提出了股权投资管理企业及外资创业投资企业的资本金结汇、境内个人海外移民投资业务、境内个人境外投资外汇管理等先行先试方案；主动为上海特殊经济区域发展提供配套外汇政策，便利了特殊经济区域企业的外汇资金运作。

2. 大力推进上海国际金融中心和国际航运中心建设，切实抓好2010年上海世博会的外汇服务

积极配合上海市政府做好《国务院关于推进上海加快发展现代服务业和先进制造业　建设国际金融中心和国际航运中心的意见》的落实工作，明确责任分工，实行分类指导、重点推进，为顺利开展相关工作提供有力保障；积极推进境内企业开设离岸账户、境外投资者参与境内股权投资企业（基金）设立、期货保税交割等由外汇管理部门牵头的重点项目，加快实现工作的突破性进展；配合做好外汇管理部门参与的税收优惠制度方案设计、健全本市金融稳定工作机制等工作。

抓好2010年上海世博会筹办期间的外汇服务。及时研究提出一揽子的外汇政策支持方案，得到了总局的有力支持和正式批复同意；建立了由外汇局、世博局和世博合作银行等部门共同参与的世博会外汇服务协调工作机制，及时满足世博会筹备及举办期间的各类外汇服务需求；设立了上海世博会外汇服务绿色专用通道，为世博局、境外参展者和境外媒体等机构办理外汇业务提供优质便捷的服务；扩大个人本外币兑换特许业务试点，统一外币兑换标识，提升了外币兑换服务水平。

3. 积极参与跨境贸易人民币结算试点推进工作

配合做好跨境贸易人民币结算试点的前期论证，促进人民币跨境支付系统与现行外汇管理政策的对接；积极协调市商务委等部门做好试点企业名单的审核确认；多次会同有关部门召开试点企业座谈会和银企协调会，加大政策宣传和辅导力度；深入宝钢集团、上海电气、上海贝尔、中船集团、中化国际、东航集团、上海宜家等企业进行实地调研和重点辅导，帮助企业尽快解决试点中遇到的难题，加大对重点企业和重点项目的推进力度，促进了人民币结算量的较快增长；逐一梳理与跨境贸易人民币结算相关的重点拓展项目，在人民币出口买方信贷、人民币海外贷款、企业以人民币进行境外直接投资等方面进行了有益探索，拓展了与跨境贸易人民币结算相关的业务。

4. 不断推动外汇管理改革创新

深化长三角地区外汇管理合作，个人本外币兑换特许业务、异地进口付汇集中备案、民营企业境外放款等试点取得了新突破，更好地适应了长三角地区经济金融协调发展的需要；鼓励商业银行开展远期结售汇、人民币对外币掉期业务，为客户提供更多的汇率风险管理手段和资金保值产品；支持非银行金融机构和符合条件的企业发展外汇业务，目前上汽财务、电气财务、宝钢财务、中船财务、东航财务等5家财务公司已获得结售汇业务资格，上海国际货币经纪公司和上海国利货币经纪公司等2家货币经纪公司获准开办外汇经纪业务；不断完善跨国公司外汇资金管理方式改革，持续跟踪了解企业和银行在试点中遇到的新情况、新问题和新需求，帮助企业降低财务运营成本，增强上海对跨国公司地区总部的吸引力；支持金融机构从事境外投资，推动QDII制度的深入实施。

5. 强化外汇监管和跨境资本流动监测

完成了对在沪经营外汇业务的99家银行执行外汇管理规定情况的年度考核，促进了银行外汇业务的合规管理；规范了银行办理自身结售汇业务和结售汇综合头寸管理，加大了对证券、保险等非银行金融机构外汇业务的监管力度；合理核定辖内45家中外资银行短期外债指标，首次通过FDI系统完成对上海市3万家外商投资企业的外汇年检，按时将境外投资历史数据录入直接投资系统，进一步推动企业"走出去"，不断改进了对外债权债务和直接投资的外汇管理；完成对进出口企业基础档案、异常历史数据和遗留核销问题的核查清理，改进了货物贸易外汇管理；加强对服务贸易异常外汇收支行为的排查，提升了服务贸易外汇收支非现场监测水平；利用国际收支、结售汇、外汇账户及各业务系统，密切关注跨境资金流动变化，加强了对跨境异常资本流动的风险监测和预警。

6. 有力打击外汇违法违规行为

及时完善各项检查制度，加强与检察、公安等部门的协作，推动将上海市打击跨境资金异常流动协调会商机制纳入上海市打击经济犯罪协调会商机制；做好"1.10"吕氏地下钱庄案后续处罚工作，配合公安部门打击网络炒汇，协助总局开展对返程投资资本金结汇的现场专项检查，配合兄弟分局调查取证，严厉打击跨境资金违规流动；及时掌握保险外汇业务经营情况、外汇指定银行执行外汇管理政策情况和QFII、QDII业务开办以来的外汇政策执行情况；积极开展上海市外汇市场"诚信兴商"宣传活动，深入推进"外汇信用体系建设"，促进上海外汇收支秩序的进一步规范。

7. 不断推动信息和政务公开

及时制定了《关于进一步规范外汇管理行政许可有关事项的通知》，严格规范各行政许可项目的受理、审核、办理时限、通知书出具等行为；建立业务流程动态调整机制，在境外投资外汇管理、境外机构境内外汇账户等重大政策出台后，及时为银行和企业释疑解惑，保障新政策在较短时间内顺利实施；做好信访件、群众来信、政协提案、上海银行同业公会会员行所提问题的答复，认真接听业务咨询电话，及时处理电子咨询邮件，为新开办外汇业务的银行提供政策培训和指导，确保各项咨询服务和培训工作的顺利完成；配合国家外汇管理总局做好法规清理和行政许可项目表的修订工作。

（上海外汇管理局）

七、上海市金融报告

1. 2009年上海市金融运行报告

2009年,全市各金融机构认真贯彻落实适度宽松的货币政策,各项存贷款快速增长。证券业创新力度加大,保险业持续平稳发展。金融市场交易活跃,上海国际金融中心建设稳步推进。金融业的良好发展态势为经济趋稳向好提供了宽松的金融环境。

1. 各项存贷款快速增长,市场利率水平基本平稳

2009年,上海市银行业继续稳健发展。各项存款增加较多,各项贷款大幅多增。贷款投向较为集中,中长期贷款占比继续提升。贷款质量继续改善,净利润有所下降。2009年末,全市中外资金融机构本外币各项存、贷款余额分别为44 620.3亿元和29 684.1亿元,同比分别增长25.4%和22.9%,比上年末分别上升8个百分点和11.6个百分点,贷款增速创近6年来新高。

(1) 各项存款增加较多,企业存款增幅明显。2009年,全市本外币各项存款增加9 010.9亿元,同比多增3 758.6亿元。其中:人民币存款增加8 628亿元,同比多增3 477.1亿元;外汇存款增加56.3亿美元,同比多增24.1亿美元,主要与年末境内保险公司境外募股资金划转等因素有关。存款活期化趋势明显,人民币企业活期和储蓄活期存款增加额占全部人民币存款增量的41.1%,比上年提高32.9个百分点。

企业存款增幅明显。2009年,全市本外币企业存款增加4 979.2亿元,同比多增2 965.9亿元,占全部存款增量的55.3%,同比上升16个百分点。企业存款大幅增长,一是受贷款派生和季末考核等因素影响,企业存款季末冲高特征明显,季末四个月共增加3 219亿元,占全部企业存款增量的64.6%;二是随着各项政策效应逐步显现,经济企稳回升,企业活期存款明显多增,表明企业资金总体宽松、投资意愿有所增强。

储蓄存款增速减缓。2009年,全市本外币储蓄存款增加2 269.2亿元,同比少增475.4亿元。其中,活期储蓄存款增加1 110.8亿元,同比多增736.3亿元。受下半年新股发行节奏加快、理财市场重新活跃、房地产市场交易量明显放大等因素影响,储蓄存款加速分流。下半年储蓄存款增加572.5亿元,较上半年少增1 124.3亿元,同比少增1 223.8亿元。2009年末储蓄存款同比增长18.8%,比6月末回落15.2个百分点。

同业存款波动加剧。2009年,全市金融机构人民币同业存款增加2 092.1亿元,同比多增4 667.5亿元。受新股发行节奏加快及创业板推出的影响,资金跨地区划转更为频繁,同业存款波动明显加剧。下半年全市同业存款各月增量差异达4 206.9亿元,远大于上半年的1 650.6亿元。如果考虑同业存款因素,2009年全市金融机构人民币三项存款增加9 234.4亿元,同比多增7 151.8亿元。

(2) 各项贷款大幅多增,外汇贷款增速回升。2009年,全市本外币贷款增加5 371.6亿元,同比多增2 826亿元。其中:人民币贷款增加4 813.9亿元,同比多增2 080.7亿元。本外币贷款增加额和人民币贷款增加额均创历史新高。从贷款投放节奏看,全年贷款投放不均衡程度加剧,中资金融机构贷款投放逐季减弱,其中一季度贷款增加额占全年本外币贷款增量近四成。

外汇贷款增速回升。2009年末,全市中外资金融机构外汇贷款余额同比增长19.4%,较上年末和6月末分别上升18.8个和27.5个百分点。下半年以来,受外汇贷款利率相对较低、人民币升值预期和进出口贸易回暖等因素影响，外汇贷款需求明显上升。2009 年，全市金融机构外汇贷款增加 82.1 亿美元，同比多增 80.2 亿美元，其中进出口贸易融资增加 62 亿美元，占全部外汇贷款增量的 75.5%，有力地支持了外贸形势的企稳回升。随着外汇贷款增长加快，外汇贷存比明显上升。2009 年末，上海市中资商业银行外汇贷存比为 110.4%，比上年末大幅提高 32.5 个百分点。

贷款投向较为集中。2009 年，全市中资银行投向租赁商务服务业、房地产业、水利环境和公共设施管理业的贷款（不含票据融资）增加 2 471.1 亿元，同比多增 1 818.8 亿元；个人贷款增加 1 174.9 亿元，同比多增 1 087 亿元；上述三行业和个人贷款新增额占中资银行贷款增量的 84%。制造业贷款增长趋缓，全年仅增加 89.3 亿元，同比少增 142 亿元。

中长期贷款占比继续快速上升。全年本外币中长期贷款增加 4 126.1 亿元，同比多增 2 621.5 亿元，占各项贷款增量的 76.8%，同比提高 17.7 个百分点。其中，四季度中长期贷款增量是同期各项贷款增量的 2.1 倍。短期贷款减少 329.9 亿元，同比多减 1 220 亿元。2009 年末，中长期贷款在各项贷款中的占比升至 60.4%，比上年末提高 3.7 个百分点。中长期贷款同比多增，有力支持了中央和上海市“保增长、扩内需”的一系列重大决策的贯彻落实。

（3）票据融资大幅增长，利率筑底回升。2009 年，上海市金融机构累计签发银行承兑汇票 3 737.4 亿元，同比增长 100.3%；累计办理企业直接贴现 4 016.7 亿元，同比增长 70.3%。年末，上海市金融机构银行承兑汇票余额 1 406.7 亿元，同比增长 49.8%；票据贴现余额 1 650 亿元，同比增长 65.1%。但进入三季度后，票据融资规模快速收缩，主要原因包括：一是签发的票据到期量较大，而新的票据签发量下降；二是受贷款总量调节、资本充足率制约和票据利率走势等因素影响，银行加大资产结构调整力度，压缩票据融资而增加中长期贷款投放。

票据市场利率下行筑底后逐步抬升。上半年，票据市场交易活跃，充裕的流动性使得票据市场利率持续低位运行。6 月份，上海市银票和商票贴现加权平均利率分别为 1.77%和 2.20%，比上年 12 月分别下降 1.30 个和 1.55 个百分点。下半年，票据融资规模回落，利率水平抬升。12 月份，上海市银票和商票贴现加权平均利率分别为 2.66%和 3.11%，比 6 月份分别上升 0.89 个和 0.90 个百分点。

（4）人民币下浮利率贷款占比上升，备付率水平总体合适。2009 年，中国人民银行坚持适度宽松的货币政策取向，有效引导了市场利率走势预期，人民币短期贷款实际利率水平总体平稳，中长期利率稳中有降。全年各金融机构实行下浮利率的人民币贷款占比达 54.1%，比上年提高 10.5 个百分点，已接近 2007 年的高位水平。其中：国有银行和股份制银行下浮利率贷款占比上升幅度最为明显，较上年分别大幅提高 13.6 个和 15.8 个百分点；外资银行下浮利率贷款占比较上年提高了 3.5 个百分点。下浮利率贷款占比上升的主要原因有：一是流动性充裕；二是新增贷款主要集中于大型企业集团和政府背景项目，借款人议价能力较强。

表 1 2009 年上海市商业银行各利率浮动区间贷款占比表 单位：%

利率浮动区间		全部商业银行	国有商业银行	股份制商业银行	外资商业银行	其他商业银行
下 浮	0.9—1.0	55.88	66.46	67.14	39.57	35.26
基 准	1.0	23.85	18.96	22.05	28.45	31.42
上 浮	1.0—1.1	12.60	13.18	6.51	19.58	24.03
	1.1—1.3	6.76	1.35	3.78	9.85	9.01
	1.3—1.5	0.62	0.05	0.52	1.59	0.17
	1.5 以上	0.29	0	0	0.96	0.11
合 计		100	100	100	100	100

美元存、贷款利率振荡走低。2009 年,全球主要发达经济体基本处于降息周期中,受国际市场利率持续下行影响,上海市美元存、贷款利率振荡走低。12 月份,上海市 3 个月以内和 1 年期美元大额存款利率分别为 0.38%和 1.62%,同比分别下降 0.70 和 1.67 个百分点;3 个月以内和 1 年期美元贷款加权平均利率分别为 1.43%和 1.46%,同比分别下降 1.71 和 2.46 个百分点。

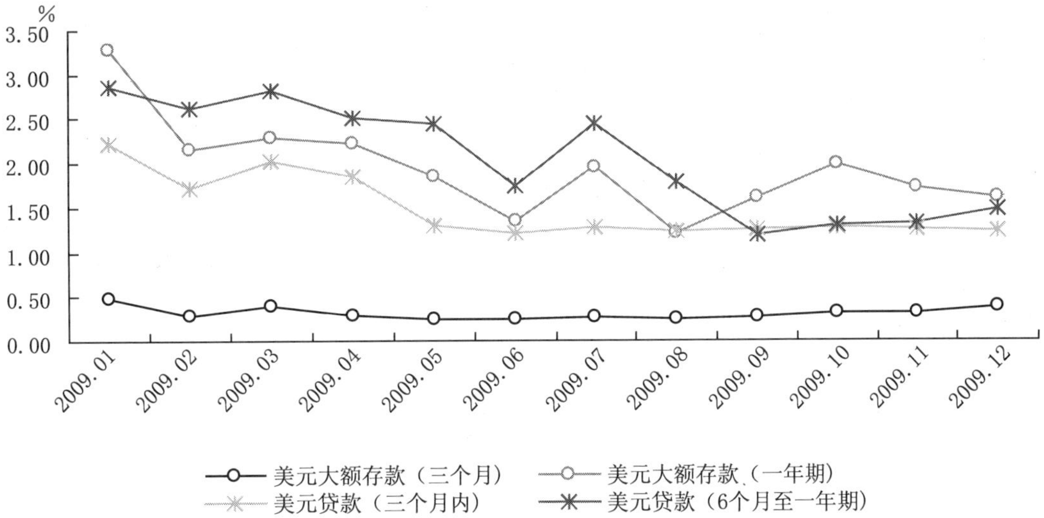

图 1　上海市金融机构美元存贷款利率水平变化

备付率水平总体合适。2009 年末,中资商业银行备付金比例为 4.1%,比年初下降 0.7 个百分点。中外资法人银行人民币超额备付率为 4.6%,比年初下降 3.8 个百分点;流动性比例为 38.6%,比年初下降 11.6 个百分点。中资银行贷存比基本稳定,外资银行大幅下降。2009 年末,中资银行人民币贷存比为 57%,比年初提高 0.3 个百分点;外资银行人民币贷存比为 88.6%,比年初下降 40.2 个百分点。

(5) 外汇收支总体规模同比下降,逆差明显扩大。2009 年,上海外汇收支规模先抑后扬,上半年出现较大回落,下半年明显增长。外汇收支总体规模依然低于上年同期水平,且收支逆差呈明显扩大态势。全年上海外汇收入同比减少 15.9%;外汇支出同比减少 2.2%;逆差 107.5 亿美元,其中上半年逆差为 31.6 亿美元;主要是经常项目逆差下半年大幅攀升。全年在沪银行结汇同比减少 16.6%,11 月份结汇出现自 2009 年以来的首次月度正增长;售汇同比减少 1.6%,10 月同比降幅为 28.5%,为近年来最大降幅。随着美元升值预期的上升,居民结汇意愿上升,结汇率连续 9 个月超过售汇率。

外商直接投资流入下滑趋势放缓。随着全球经济企稳回升,上海外商直接投资资金流入下滑的趋势有所缓解,但波动较大。全年上海外商直接投资资金流入同比减少 26.8%,其中上半年降幅为 36.5%。直接投资资本金结汇同比减少 22.5%,结汇率为 60.9%。海外企业资金状况有所改善,外商直接投资利润汇出增速减缓。据外汇局国际收支申报系统初步统计,全年上海外商投资企业投资收益汇出同比增长 13.8%,增幅较上半年下降 39.6 个百分点。

(6) 信贷资产质量继续改善,净利润有所下降。2009 年末,全市中外资金融机构本外币资产总额为 62 619 亿元,同比增长 16.6%。金融机构本外币贷款占总资产的比重有所提高。2009 年末,全市金融机构本外币贷款余额占全部资产的比重为 47.4%,比年初提高 0.9 个百分点,贷款占比上升不利于商业银行优化资产结构。中外资银行不良贷款率为 1.18%,比年初下降 0.3 个百分点。

净利润有所下降。全年中外资金融机构实现

净利润 599 亿元，同比下降 14.9%。主要原因有：一是存贷利差较 2008 年有所缩小；二是贷款市场竞争加剧，下浮利率贷款占比提高；三是贷款拨备覆盖率明显提高，2009 年末全市金融机构拨备覆盖率为 149.2%，同比上升 31.2 个百分点。

2. 证券业创新力度加大，盈利模式多元化初现端倪

证券业基础制度建设取得新进展。试行两年的证券公司分类监管制度成效显著，证券公司合规管理、动态风险监控制度日臻完善。在全国已获 AA 评级的 9 家证券公司中，上海辖区已有 4 家，处于总体评价先进水平。"一参一控"政策推动证券行业整合提速，证券公司通过 IPO 上市、并购重组、增资扩股等融资手段大幅提高了资本实力。2009 年末，上海辖区 14 家证券公司净资本总额同比增长 120%，抗风险能力进一步增强。证券公司内部整合步伐加快，已有 6 家券商实施证券经纪人制度。证券公司账户规范管理体制日趋完善，证券业反洗钱工作进一步推进和深化。

创新业务成为证券公司新的增长点。证券公司集合理财和定向理财业务有序发展，产品发行频次明显加快。2009 年末，上海地区集合理财产品共有 9 只，首发规模超过 150 亿元，理财产品涵盖股票、债券、货币、FOF、混合型等多种形式。证券公司"承销＋直投"的业务模式初步形成，年末拥有直投资格的证券公司已达 6 家。证券公司 IB① 业务初步开展，创业板顺利推出，融资融券、股指期货准备就绪。

证券公司盈利模式多元化初现端倪。至 2009 年 11 月末，上海 14 家证券公司实现总营业收入 369.7 亿元，同比增长 45.7%。证券经纪业务竞争激烈，上海 11 家具备经纪业务资质的证券公司经纪业务收入同比增长53.6%，在总营业收入中占比达 68.5%，比 2008 年略有上升，仍是证券公司最主要的收入来源。证券承销收入略有增长(同比增长 8%)，占总收入比重(4.8%)有所下降。投资净收益与公允价值变动之和(同比增长 110.6%)、资产管理业务净收入(同比增长 12.2%)明显增长，在总营业收入中的占比共计达到 19.5%，相对于 2008 年的 13.3%继续上升。由于经纪业务收入与投资收益的快速增长，净利润大幅增长，11 月末上海 14 家证券公司实现净利润 191 亿元，同比增长 82.2%。

3. 保险业持续平稳发展，法人保险公司经营稳健

2009 年以来，保险业围绕"防风险、调结构、稳增长"的主线，改革创新，取得明显进展和成效。商业银行投资保险公司股权开始试点。保险资金运用渠道进一步拓宽，投资范围扩展至无担保债券、不动产等品种，投资企业债的比例由 30%提高至 40%。风险防范机制得到加强，确立了分类监管制度框架。截至 2009 年末，上海市共有保险公司 100 家，比上年增加 2 家；保险资产管理公司 5 家；保险中介机构 292 家，其中，保险代理机构 143 家，保险公估机构 56 家，保险经纪机构 93 家。外资保险公司市场份额有所上升，2009 年，上海市外资保险公司原保险保费收入占比为 17%，同比上升 1 个百分点。

表 2　2009 年上海市保险业发展情况

单位：亿元；%

项　目	保费收入		赔款给付	
	绝对额	同比增长	绝对额	同比增长
财产险	158.9	15.0	78.5	1.3
寿　险	506.1	9.6	76.3	14.3

各项保险业务继续平稳发展。汽车销售的快速发展推动了产险公司车险业务的增长，农业险、工程险和信用险也有较大增幅；寿险公司着力于业务结构调整，缩减万能险和投连险的业务规模，大力发展投资风格较为稳健的分红险和传统保障型普通寿险。2009 年，上海原保险保费收入同比增长 10.8%，其中：财产险公司和寿险公司原保险保费收入分别增长 15.0%和 9.6%，产、寿险公司原保险保费收入比例为 24∶76。上海市保险业赔付支出累计同比减少 4.0%，其中财产险赔

① 证券 IB 业务，是指证券公司通过介绍自己客户给其他金融机构，从而获取一定佣金收入的方式。

款和寿险给付同比分别减少1.3%和14.3%。

上海法人保险公司经营稳健。总资产规模继续保持增长，盈利情况好于上年同期。财产险公司亏损减少，扭亏为盈的公司逐渐增多，综合成本率不断下降。保险资金运用余额稳步增长，资金收益有所提高。偿付能力充足率整体维持较高水平。

4. 金融市场成交活跃，发展势头良好

银行间市场交易活跃。2009年，上海银行间同业拆借市场累计成交19.4万亿元，同比增长28.6%，其中上海金融机构拆入拆出合计8.7万亿元。质押式回购累计成交67.7万亿元，同比增长20.1%；买断式回购累计成交2.6万亿元，较上年增长48.9%，其中上海金融机构质押式和买断式回购分别成交18.2万亿元和0.2万亿元。银行间债券市场现券交易大幅增加，累计成交47.3万亿元，同比增长27.3%，其中上海金融机构现券买卖合计19.5万亿元。

表3　上海市金融机构货币市场交易量　　单位：万亿元；%

项　目	同业拆借		债券回购		债券现券		累　计	
	金额	市场占比	金额	市场占比	金额	市场占比	金额	市场占比
2006年	1.1	25.0	6.8	12.8	4.3	20.9	12.2	15.6
2007年	6	28.2	13.5	15.1	7.7	24.9	27.2	19.2
2008年	8.95	29.7	14.8	12.7	19.6	26.4	43.35	19.7
2009年	8.74	22.6	18.4	13.1	19.45	20.6	46.59	17.1

资本市场回升幅度较大。2009年末，上证综指收于3 277.1点，较年初上涨77.2%。上海证券交易所股票累计成交34.7万亿元，同比增长92.1%。沪市股票累计筹资总额为3 343.2亿元，同比增长49.4%。上海期货交易所全年累计成交73.8万亿元，同比增长155.5%，成交额占全国的56.5%。所有品种成交额均实现同比增长，其中期铜、天然橡胶、燃料油成交额大幅上升，较上年分别增长233%、61.4%和59.1%，期铝、期锌、期金同比分别增长26.6%、19.9%和2%，新推出的螺纹钢和线材期货分别成交13.3万亿元和825.7亿元。上海黄金交易所黄金成交量和金额同比分别增长5.57%和18.4%，主力品种Au99.95年底收于248元/克，全年上涨28.8%。

人民币兑美元、港币和日元升值，人民币兑欧元和英镑则有所下跌。其中，美元兑人民币中间价年初为6.836 7，年末收于6.828 2，较年初下跌0.12%，人民币较汇改前升值21.1%。

5. 长三角地区金融合作和上海国际金融中心建设取得新进展

推进长三角金融协调发展是贯彻落实国家区域经济发展总体战略、推进上海国际金融中心建设的重要举措。自2007年底沪、苏、浙三省市政府与中国人民银行签订《推进长江三角洲地区金融协调发展，支持区域经济一体化框架协议》以来，长三角金融合作取得明显成效，建立了推进长三角金融协调发展工作联席会议制度，在商业汇票、金融稳定、反洗钱、外汇检查等方面形成了一系列合作方案。华东三省一市银行汇票依托小额支付系统顺利上线，在长三角地区推广商业承兑汇票、银行承兑汇票转贴现文本和商业承兑汇票转贴现文本。开展支票授信业务试点，推动长三角地区金融IC卡的推广应用，加快银行卡受理环境建设。连续举办两届长江三角洲地区金融论坛，联合地方政府部门举办了一系列形式多样的融资洽谈会，促进区域产融结合。

2009年4月，国务院下发了《关于推进上海加快发展现代服务业和先进制造业　建设国际金融中心和国际航运中心的意见》（国发[2009]19号），明确提出：到2020年，将上海基本建成与我国经济实力和人民币国际地位相适应的国际金融中心、具有全球航运资源配置能力的国际航运中心。中国人民银行总行和上海总部积极支持上海“两个中心”建设，制定具体实施意见，成立上海总部推进上海“两个中心”建设领导小组，积极推动

有关工作并取得一定成果。跨境贸易人民币结算试点进展顺利,贷款转让市场筹建工作启动。努力扩大国际开发机构在境内发行人民币债券的规模,推动境外机构和法人外资银行在境内发行人民币债券。促进票据专营机构积聚,努力争取把上海建成全国票据业务中心。房地产信托投资基金(REITs)、洋山保税港区离岸金融业务发展、在沪金融机构开展综合经营试点、境外人民币资金回流境内金融市场的初步方案已经完成,积极研究进一步扩大符合条件的境内企业开设离岸账户的试点。

(中国人民银行上海总部货币政策分析小组)

2. 2009年上海市金融市场运行报告

(一) 上海市金融市场运行情况及特点

1. 同业拆借市场

(1) 同业拆借交易保持活跃,拆借总量略有减少。2009年,上海市金融机构在全国银行间同业拆借市场保持活跃,同业拆入量有所增加,同业拆出量明显减少。全年累计拆入42 331.73亿元,同比增长18.29%,累计拆出45 030.41亿元,同比减少16.13%,合计达到87 362.14亿元,较2008年减少2 113.39亿元,净拆出资金2 698.68亿元。累计拆入、拆出量的全国市场占比分别为21.88%和23.27%,较上年都有所下降。

(2) 同业拆借加权利率呈明显的前低后高走势。2009年上半年为保增长,央行严格执行适度宽松的货币政策,货币信贷量大幅增长,市场流动性十分宽裕,市场利率持续低位运行,1—6月份上海市同业拆入、拆出利率一直低于1%,加权值分别仅为0.878%和0.875 7%。下半年以来,受公开市场操作回笼资金、IPO密集发行等因素影响,市场流动性有所收缩,上海市金融机构同业拆借利率稳中有升。7—12月份拆入、拆出加权利率分别上升到1.265 5%和1.254 6%,较上半年分别提高了39个基点和38个基点。

(3) SHIBOR报价行保持活跃,新型入市机构积极交易。从参与机构看,各类SHIBOR报价行成交保持活跃。其中,股份制银行、外资银行交易量位居前列且不相上下,拆入拆出合计量分别达到32 405.33亿元和32 208.1亿元,市场占比为37.09%和36.87%,合计份额近74%。不同的是,前者交易量同比基本持平,且为净拆出资金19 752.29亿元;后者交易量则同比下降25.52%,且为净拆入资金4 262.22亿元。2009年以来,全球性金融危机对外资银行母行的影响日趋减弱,在华经营的外资银行资金紧张的局面逐步得以缓解,拆借需求与2008年相比明显减少,导致其交易额下降明显。

排名第三的是城市商业银行,合计交易量为17 249.17亿元,同比大幅增长111.7%,市场占比为19.74%,净拆入资金8 802.53亿元。财务公司、证券公司、其他商业银行等金融机构的交易量保持平稳。金融租赁公司和汽车金融公司作为新型入市机构积极开展交易,全年交易量分别为35.9亿元和2.4亿元,且全部为拆入交易,表明同业拆借市场已成为其新的融资渠道。

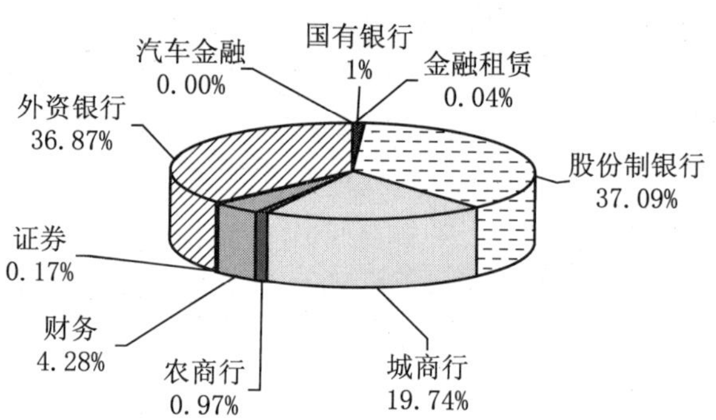

图1 2009年上海市金融机构同业拆借结构

2. 债券市场

(1) 质押式回购交易规模继续扩大,回购利率低位回升。2009年,上海市金融机构债券质押式回购交易量继续增长,逆回购量增加较多。全年正、逆回购累计分别成交77 568.48亿元和104 566.47亿元,分别较2008年增长9.59%和40.85%,合计量达到182 134.95亿元,同比增长25.59%,净融出资金26 998亿元。质押式正、逆回购累计成交量的全国市场占比分别为11.46%和15.45%,与上年相比,前者略有下降,后者有所提高。

同样受市场流动性变化影响，上海市金融机构债券质押式回购加权平均利率呈现前低后高走势。其中，1—6 月份正、逆回购加权利率一直在 1%以下低位运行，加权值分别为 0.880 3%和 0.847 5%。下半年有所回升，加权利率分别上升到 1.309 8%和 1.252 4%，分别提高了 43 个基点和 41 个基点。

(2) 股份制银行领先优势明显，回购成为资金重要运用渠道。2009 年，上海市股份制银行债券质押式回购交易累计成交 103 816.21 亿元，成功突破 10 万亿元，同比大幅增长 65.07%，市场占比为 57%，继续保持绝对领先优势。其中，逆回购交易量达到 95 062.3 亿元，占总量的 91.57%。这表明，在流动性十分宽裕的情况下，回购市场成为该类机构充裕资金的重要运用渠道。其次是农村商业银行，累计成交 21 918.12 亿元，同比基本持平，市场占比为 12.03%，净融入资金额 15 880.36 亿元。外资银行和城市商业银行分列三、四位，交易额分别为 17 896.54 亿元和 11 880.58 亿元，市场份额为 9.83%和 6.52%，净融入资金分别为 16 764.19 亿元和 3 414 亿元。此外，保险、证券、基金等机构从该市场累计融入资金 22 726.72 亿元。

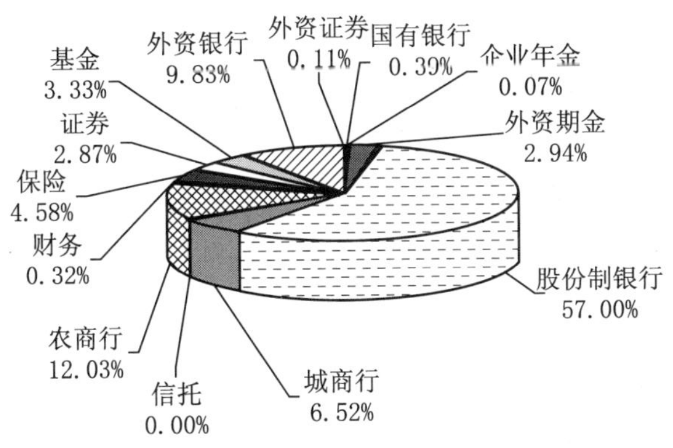

图 2　2009 年上海市金融机构质押式回购结构

(3) 现券交易量基本持平，外资银行成交量继续居首。2009 年，上海市银行间债券市场成员现券交易保持活跃，成交量与上年基本持平。全年累计现券买入 96 918.96 亿元，累计现券卖出 97 578.23 亿元，同比分别微幅下降 1.23%和 0.6%，合计成交量为 194 497.19 亿元，同比小幅减少 1 796.24 亿元。现券买入、卖出累计成交量的全国市场占比分别为 20.51%和 20.65%，同比明显下降。

从参与机构看，外资银行、股份制银行、农村商业银行和城市商业银行成交活跃，合计占 87.54%的市场份额，集中度较上年提高了 3 个多百分点。其中，外资银行成交额同比小幅增长 0.7%至 58 344.62 亿元，继续稳居首位，市场占比为 30%。股份制银行和农商行的现券交易量基本相当，分别为 42 080.88 亿元和 41 794.93 亿元，同比分别增长 9.35%和 8.09%，市场占比为 21.64%和 21.49%。城商行的交易量为 28 021.24 亿元，位列第四，同比下降 9.28%，市场份额也降低到 14.41%。从资金流向看，外资银行、国有商业银行净买入量较多，证券公司、农商行、基金公司则是主要的净卖出方。这反映了在宏观经济不稳定、金融市场大波动的背景下各类机构的资产配置策略迥异。

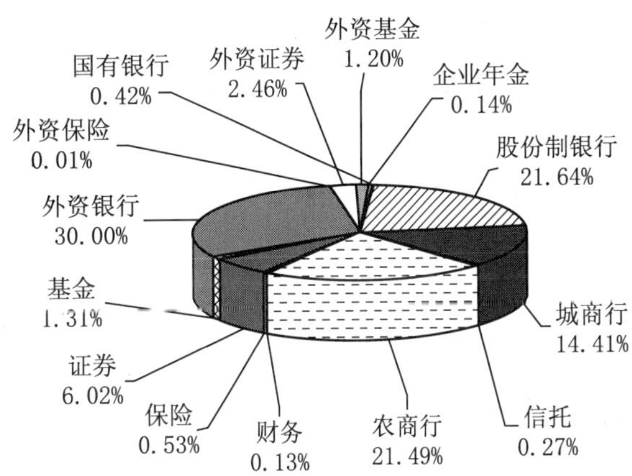

图 3　2009 年上海市金融机构银行间市场现券交易结构

(4) 买断式回购交易量持续萎缩，债券远期交易仍然清淡。2009 年，上海市金融机构债券买断式正、逆回购交易量减少较多，全年分别累计成交 740.39 亿元和 1 152.2 亿元，同比分别减少 54.73%和 21.72%，在全国的市场占比分别仅为 2.86%和 4.45%，较 2008 年下降较多。证券公司、农村商业银行、城市商业银行和股份制银行是主要的参与者。

2009 年，上海市金融机构债券远期交易仍然较为清淡，只有证券公司和城市商业银行开展交易。全年累计远期买入债券 148.45 亿元，同比大幅下降 58.33%，累计远期卖出债券 440.56 亿元，同比增长 36.35%，分别仅占全国总量的 2.26%和 6.72%，合计成交量较上年减少 90.4 亿元。

(5) 债券结算代理业务现券买卖明显萎缩、回购交易大幅增长，记账式国债柜台交易量明显增加。截至 2009 年末，上海市开办债券结算代理业务的 7 家机构代理的客户数总计 2 885 家，托管债券余额 674 亿元，同比增长 47.66%。受股票市场持续走高的吸引，2009 年债券结算代理业务中现券交易明显萎缩、回购交易大幅增长。7 家金融机构通过结算代理方式，总计办理现券交易 2 716 笔，买卖金额为 1 856.52 亿元(其中，买入 969.85 亿元，卖出 886.67 亿元)，同比大幅减少 54.49%；债券回购 639 笔，正、逆回购金额为 822.87 亿元(其中，正回购 66.33 亿元，逆回购 756.54 亿元)，同比大幅增加 160.59%。其中，四季度共计买卖现券 1 177 笔、金额 958.92 亿元，债券回购 178 笔、金额 73.63 亿元。从参与机构来看，交通银行、中国银行交易中心(上海)和上海银行债券结算代理业务的开展情况较好。

2009 年，四大国有商业银行的柜台交易网点国债交易持续活跃，同样受股票市场走好等因素影响买入减少、卖出大增。全年共完成柜台国债交易 2 826 笔，交易金额 6.88 亿元，同比大幅增长 75.51%，其中累计买入国债 1 130 笔、合计 1.48 亿元，比去年减少了 11.9%；累计卖出国债 1 696 笔、合计 5.4 亿元，比上年大幅增加了 141.07%。

(6) 人民币利率互换业务稳步发展，交易形式更加多元。2009 年，上海市人民币利率互换市场参与机构交易保持活跃，全年人民币利率互换业务名义本金额累计 1 625.65 亿元，同比基本持平。各季度成交情况相对平稳，其中一季度成交金额为 439.32 亿元，二季度下降到 350.8 亿元，三季度小幅减少到 332.8 亿元，四季度又上升到 502.73 亿元。成交期限品种日趋多元，有许多非标准化期限的合约成交。参考利率中 7 天回购利率的比重仍然最大，隔夜 Shibor 利率和 3 个月 Shibor 利率等参考指标逐步增多。

3. 票据市场

(1) 票据承兑、贴现、转贴现和回购业务均大幅增长，再贴现业务有少量发生。2009 年，上海金融机构累计签发银行承兑汇票 10 056.8 亿元，同比增幅 54.29%。累计办理直贴 5 775.2 亿元，同比增长 78.13%；累计办理买断式转贴现转入 20 628.63 亿元，同比增加 98.96%；累计办理买断式转贴现转出 10 942.4 亿元，同比增长 163.58%；累计买入返售票据 13 680.9 亿元，同比增加 139.89%；累计卖出回购票据 771.4 亿元，同比减少 37.24 亿元。2009 年末，上海金融机构银行承兑汇票余额 3 885.8 亿元，较年初增加 955.04 亿元，增幅 32.59%；票据融资(含直贴和买断式转入)余额 4 022.8 亿元，较年初增加 790.37 亿元，增幅 24.45%。2009 年，上海市金融机构累计办理再贴现业务 9 373 万元，年末再贴现余额为 2 014 万元。

(2) 票据市场利率上半年低位运行，下半年明显走高。从贴现利率来看，2009 年上半年持续走低，银行承兑汇票贴现的月加权平均利率一直在 2%以下徘徊，商业承兑汇票的贴现利率也一度下滑到 2.2%，进入下半年以来，受货币政策微调、信贷投放速度减缓、IPO 密集发行等因素影响，市场资金面有所收紧，货币市场利率逐步抬升，票据贴现利率跟随走高，12 月末银票、商票的贴现利率分别上升到 2.66%和 3.11%，较 6 月末分别上升了 89 个基点和 90 个基点。

从转贴现利率走势看，上半年各金融机构出于资金配置、规模扩张需要，加大票据转贴现操作力度，买入需求旺盛，由此买断式转贴现月加权利率一路走低，从 1 月份的 1.98%下降到 6 月份的 1.42%，回购式转贴现利率则一度降低到 1.28%，下半年受流动性收缩的影响明显走高，12 月末分别收于 2.34%和 2.12%，上升幅度分别达到了 92 个基点和 74 个基点。

4. 外汇市场

(1) 外汇即期交易量小幅增加，做市商银行占绝大比重。2009 年，上海市金融机构人民币外汇即期交易中，询价交易累计买入折合 9 503.55 亿美元，同比增长 5.27%，累计卖出折合 9 369.06 亿美元，同比增长 4.45%；竞价交易累计买入、卖出折合分别为 38.03 亿美元和 27.12 亿美元，同比分别减少8.78%和50.08%。交易币种以美元为主。其中,四季度询价交易累计买入、卖出分别折合2 708.16亿美元和2 635.87亿美元,同比分别增加30.64%和29.06%,环比则有所下降;竞价交易累计买入、卖出分别折合25.04亿美元和10.01亿美元,同比分别下降12.9%和增加143.55%,环比增加较多。

从参与机构看,做市商银行占据绝大比重。竞价市场上,浦发银行、三井住友银行(中国)、东京三菱日联银行(中国)、汇丰银行(中国)和渣打银行(中国)等成交积极;询价市场上,浦发银行、汇丰银行(中国)、花旗银行(中国)、东京三菱日联银行(中国)、兴业银行资金营运中心、渣打银行(中国)等交易活跃。

(2) 外汇远期交易量明显萎缩,中资银行有所活跃。2009年,上海市金融机构人民币外汇远期交易累计买入折合48.58亿美元,同比减少47.57%,累计卖出折合65.61亿美元,同比减少12.22%。主要交易品种为美元/人民币,占比近95%。期限分布以7天以下的短期品种为主,占比超过50%,其他品种分布比较均匀。其中,四季度远期买入、卖出量分别为24.05亿美元和39.76亿美元。

从参与机构看,中资银行与外资银行交易量平分秋色,全年买入卖出合计额分别为56.04亿美元和55.81亿美元。其中,兴业银行资金营运中心的合计交易量达到50.33亿美元、位居首位,渣打银行(中国)、汇丰银行(中国)、花旗银行(中国)、东亚银行(中国)等外资银行成交活跃。

(3) 外币对买卖成交继续减少,外资银行占比较大。2009年,上海市金融机构在银行间外汇市场8个外币对买入累计折合169.27亿美元,同比下降23.51%,卖出累计折合197.83亿美元,同比下降20.03%。从成交品种看,美元对港币、欧元对美元和美元对日元是主要交易品种。其中,四季度8个货币对买入、卖出累计成交折合62.38亿美元和70.97亿美元,同比都明显减少。从参与机构看,汇丰银行(中国)、渣打银行(中国)、恒生银行(中国)等外资银行表现活跃。

5. 黄金市场

(1) 金交所交易量平稳增长,延期交易增长迅速。2009年,上海市金融机构通过黄金交易所累计买卖黄金等1 108.68吨,同比增长24.26%,累计买卖金额2 386.46亿元,同比增长29.54%。其中,四季度累计买卖黄金等324.41吨,累计买卖金额为784.08亿元。全年累计买入黄金等557.5吨,成交金额为1 202.58亿元,同比增加25.44%,累计卖出黄金等551.18吨,成交金额为1 183.88亿元,同比增长33.98%。

从品种看,全年Au99.95累计成交198.33吨,成交金额为421.09亿元,同比增长17.49%;Au99.99累计成交67.92吨,成交金额为142.26亿元,同比减少31.41%;Au(T+D)累计成交767.45吨,成交金额为1 660.51亿元,同比增加37.23%;Pt99.95累计成交4.64吨,成交金额为12.68亿元,同比下降40.91%;Au100g累计成交1.88吨,成交金额4.1亿元,同比增长19.53%;Au(T+N1)和Au(T+N2)累计成交68.46吨,成交金额为145.82亿元,同比大幅增加250.95%。

分机构看,国有商业银行交易量最大,合计成交金额约1 500亿元,其次是股份制银行,共计成交约784亿元,外资银行和城市商业银行分列三、四位,成交金额分别约77亿元和26亿元。

(2) 个人实物黄金业务继续大幅增长。2009年,工行累计买卖实物黄金200.33吨,同比增长8.79%,买卖金额为439.85亿元,同比增长17.99%,其中四季度累计买卖104.86吨,成交金额为255.76亿元;中行累计买卖各类金条等168.37公斤,累计买入额3.15亿元,同比增长96.88%,累计卖出额3.85亿元,同比增长121.26%,其中四季度买卖金额为3.41亿元;建行累计买卖金条、纪念金章等1 200.43公斤,同比增长178.82%,买卖金额为2.73亿元,同比增长209.3%,其中四季度累计买卖406.25公斤,买卖金额约为1亿元。

(3) 个人纸黄金业务快速发展,市场热度持续不减。2009年,工行“金行家”业务累计买卖以人民币计价的账户黄金47.04吨,同比减少13.51%,买卖金额达到92.34亿元,同比减少13.03%;累计买卖以美元计价的账户黄金为 68.72 万盎司，同比增长 440.25%，买卖金额达到 7.72 亿美元，同比增长 595.5%，其中四季度累计买卖 18.18 万盎司，买卖金额为 2.84 亿美元。

中行“黄金宝”业务累计买卖纸黄金 21.81 吨，同比基本持平，买卖金额达到 46.45 亿元，同比增长 5.57%，其中四季度累计买卖 4.98 吨，买卖金额 11.96 亿元；美元金业务累计买卖 21.46 万盎司，同比增长 51.23%，买卖金额为 2.12 亿美元，同比增长 73.77%，其中四季度累计买卖 6.42 万盎司，买卖金额约 7 100 万美元。

建行“账户金”业务累计买卖纸黄金 13.57 吨，同比增长 71.77%，买卖金额达到 29.16 亿元，同比增长 96.23%，其中四季度累计买卖 3.23 吨，买卖金额为 7.93 亿元。

（二）金融市场运行中需要关注的问题及政策建议

1. 电子商业汇票系统正式上线，对票据市场尤其是转贴现市场运行及发展的影响应引起关注

2009 年 10 月 28 日，我国的电子商业汇票系统正式建成运行。根据发展目标，该系统将实现商业汇票签发、流转和结算等业务的电子化处理，将推进全国统一的、规范的、效率更高的票据市场形成。这对推动相关法律法规的完善、降低票据市场利率系统性风险、促进票据资金价格发现及基准利率形成机制将产生积极影响。同时，有关的管理办法中出现了很多新的定义、新的提法、新的规定，比如电子商业汇票的付款期最长延至一年，对贴现利率提出由贴出人、贴入人协商确定，增加了回购、贴出人、贴入人的定义，贴现业务中也引入了回购模式等。这些都有待金融机构的业务实践来检验。

2. 银行间债券市场交易量持续大幅增长，风险隐患不容忽视、加强管理正当时

上海市金融机构的债券交易量（含现券和回购）与全国的情况保持同步，近几年实现了跨越式发展。2004 年全年交易量合计仅约 4.22 万亿元，2005 年达到 7.96 万亿元，2006 年增加到 11.07 万亿元，2007 年增长到 21.17 万亿元，2008 年更是猛增到 34.44 万亿元，2009 年继续增加到 37.85 万亿元，5 年间增长了近 8 倍。随着交易量的增加，市场中出现了一些异常交易。比如，有的市场成员利用两次现券买卖进行买断式回购，使这部分交易价格与市场价格产生较大偏差；有的市场成员为了规避内外部管理规定，进行代持交易；有的市场成员为应付内外部的考核，进行对倒交易，虚增交易量，等等。这些异常交易行为，一方面对银行间市场价格形成了干扰，会累积放大风险，影响市场稳定运行；另一方面，也反映了市场成员内部对交易行为的管理没有到位，存在潜在的风险隐患，应予高度重视。按月监测市场异常交易行为，加强管理正当其时，应会对促进市场持续健康发展起到重要作用。

3. 居民参与黄金交易的热情持续不减，黄金市场法规建设和监管效力亟待加强

近几年，上海市金融机构面向个人开办的黄金业务交易量持续上升，居民参与黄金交易的热情持续不减。以中国银行的“黄金宝”美元金业务为例，2006 年 10 月起正式开办，2007 年全年交易量为 3.5 万盎司、交易金额不足 3 000 万美元，2009 年交易量已攀升到 21.46 万盎司、交易金额超过 2 亿美元，2 年间都增长了 5 倍多。同样，工行的“金行家”和建行的“账户金”业务也都实现了大幅增长。但同时，黄金市场的监管缺位、法规建设滞后给快速增长的市场带来了一些隐患，与黄金有关的案件时有发生。鉴于此，有必要对现行的黄金市场监管模式进行改革，尽快出台黄金市场管理的法律法规，明确监管机构职责范围，并授予相应的行政执法权力，依法严厉打击扰乱市场秩序的行为，维护广大投资者的合法权益，保障我国黄金市场健康发展。

（胡迎春 颜永嘉）

3. 2009 年上海市支付体系建设报告

以支付清算系统为重要组成部分的支付体系是金融高效、安全运行的基础保障。2009 年，上海市紧紧围绕国际金融中心建设和成功举办世博会的现实需要，鼓励创新业务先行先试，较好地发

挥支付体系在促进区域金融创新、推动经济社会发展、提高人民生活质量等方面的基础服务作用。

(一)上海市主要支付结算业务量指标显著增长

截至2009年底,上海市大额支付系统直接(特许)参与者79家,小额支付系统直接参与者70家,大、小额支付系统金融机构参与者数量居全国第1位。2009年,因国际金融危机对上海市经济的影响逐步减弱、资本市场的逐步回暖等原因,上海市大额支付系统、小额支付系统、同城清算系统资金清算量呈现先抑后扬的增长态势,全年共办理各类转账支付结算业务1.49亿笔,合计结算金额247.11万亿元,笔数和金额分别较2008年增长12.03%和8.19%。作为日常生活中最主要的个人支付结算工具,2009年,上海市银行卡共发生存取现、消费、转账交易10.55亿笔,交易金额10.35万亿元,日均发生银行卡交易289万笔,日均银行卡交易金额283.51亿元,笔数和金额分别较2008年增长19.37%和51.09%,持卡消费金额占社会消费品零售总额比重超过48%。上海市支付体系的安全、稳定、高效运行有力地促进了地方经济和社会各项事业的全面发展。

(二)大力推动新型支付工具和服务方式的广泛应用

1. 积极促成银行发行储值卡

为实现银联标准的预付费卡在小额支付领域的全国通用性,中国人民银行上海总部(以下简称"上海总部")协调交通银行上海分行、中国银行上海市分行,充分利用银行卡现有成熟的发行、受理和清算网络及服务体系,研究部署储值卡在长三角地区发卡、受理、充值、退卡等环节的操作便利性和适用广泛性。截至2010年4月底,世博预付费卡共发行1.39万张、金额783.47万元,中银通预付费卡发行5万张、金额约4 000万元。

2. 开展交通领域银行卡应用试点工作

为提高收费效率,提升上海市窗口服务形象,方便社会大众支付,2009年以来,上海总部会同交通行业主管部门,积极推进银行卡在铁路、高速公路等领域中的应用。目前,上海火车站、上海南站、杭州站、苏州站和无锡站等5个铁路站点的部分售票窗口可受理银行卡购票,申嘉湖高速公路也将于近期开展银行卡缴费试点。

3. 积极鼓励银行IC卡发行和受理环境优化

为进一步增强银行卡服务功能,提高安全系数,上海总部协调商业银行、中国银联,创新支付工具,完善受理环境,支持和促成商业银行发行POOC2.0标准的IC卡,找准与行业合作的最佳切入点,积极拓展银行IC卡的应用领域。目前,全市所有POS终端完成了受理银行IC卡的改造工作,上海市零售支付环境得到进一步改善。

4. 支票授信试点工作稳步推进

支票授信业务作为支付结算服务中小企业的创新产品,自2008年12月1日由上海总部组织上海浦东发展银行上海分行率先试点以来,2009年1月,浦发银行苏州分行也在当地推出了支票授信业务。2009年7月,上海总部组织浦发银行上海分行选择了具有较好行业口碑、经营业绩和偿债能力的中小企业,针对该类企业提高透支额度限额和透支次数上限,以更大程度地满足不同层次中小企业的需求。截至2009年底,率先开展试点的浦发银行上海分行已累计与504家中小企业客户签订了"玲珑透"产品(首个专用于中小企业票据结算用途的"结算垫款产品")服务协议,实际发生符合保护性垫款条件的空头支票44笔,票面金额合计153万元,实际透支金额72.91万元。该行依约垫款后签约客户均在透支免息期内及时偿还了透支垫款,无超期透支垫款发生,平均手续费收入为320元/笔。

(三)大力加强世博支付环境建设

1. 加大上海市世博支付环境建设协调联动力度

在2008年建立了上海世博支付环境建设工作领导小组、协调小组以及"上海市银行卡联席会议制度"、"上海整治银行卡违法犯罪专项行动办公室"的基础上,2009年,上海总部进一步细化了以银行卡受理市场建设为主要内容的世博支付环境建设配套工作机制，并在上述工作机制下，分别与市建交委、市旅游局、市商委等市政府相关部门研究制定了高速公路受理银行卡、旅游行业银行卡支付环境完善等方案，努力推动银行卡受理环境全面优化和“刷卡无障碍”目标的实现。

2. 加强银行卡风险监督管理和宣传力度

一是上海总部认真贯彻落实中国人民银行、中国银行业监督管理委员会、公安部、国家工商行政管理总局等四部委文件精神，进一步完善、落实银行卡发行、交易、使用、受理环境等环节的各项管理制度规定，排查各环节的安全隐患；二是建立、健全跨部门之间预防和打击银行卡违法犯罪的长效机制，严厉打击各类银行卡诈骗、利用 ATM 机窃取用户资金及其他针对银行卡的犯罪活动。2009 年，上海市公安机关银行卡犯罪立案数较上一年同期增长 76.81%、破案数增长 86.03%、打击违法人数增长 78.92%、追缴赃款金额增长 109.49%，成效显著；三是组织开展上海市迎世博银行卡市场专项整治行动，针对检查情况，督促有关单位制定整改方案，明确责任和时间节点，进一步提升全市银行卡业务管理能力和风险控制水平；四是加强银行卡安全使用知识宣传，通过在银行网点、ATM 机布放地点和特约商户营业场所张贴或发放宣传材料、银行卡有奖用卡及安全使用知识宣传路演活动等方式，多方位、多角度、经常性地开展银行卡安全使用知识宣传，有效地提高持卡人对银行卡风险防范的意识、安全用卡知识和防范水平。

3. 为来华参展机构开立银行账户提供便利

上海总部对来华参展机构开立人民币银行结算账户做出制度安排和政策支持，提出了有关来华参展机构经常项目临时外汇账户管理等问题的解决方案，并要求交通银行上海市分行和在沪各商业银行做好相应准备，为世博期间入境的个人提供良好的账户结算服务。截至 2009 年底，交通银行作为上海世博会银行合作伙伴，已经为 113 个参展国和国际组织开立人民币账户 131 户、外币账户 145 户。

4. 完善和落实支付清算系统应急机制

一是组织开展上海市主要支付清算系统风险评估，查找上海市主要支付清算系统中的问题和风险点，积极敦促有关方面采取措施确保各支付系统的安全性和运营可靠性；二是专题研究应急演练方案、脚本及操作手册，开展了同城票据交换系统、中央银行会计核算系统、综合业务系统等主要业务系统的应急演练工作；三是组织开展 2010 年上海世博会期间支付系统安全、应急事件的预测分析工作，确保世博期间各支付系统平稳运行。

（四）有效促进“长三角”地区支付结算协调发展

1. 合力推广商业承兑汇票业务

推广商业承兑汇票能够有效解决符合条件的集团企业和中小企业融资难问题，有利于推动商业信用票据化进程和票据市场发展，有利于发挥商业信用在经济、金融活动中的积极作用，从而进一步促进金融创新和经济发展。2009 年 8 月，中国人民银行上海总部、南京分行、杭州中心支行、合肥中心支行以联合发文形式印发了《长三角地区推广使用商业承兑汇票、促进商业信用票据化工作实施方案》（上海银发[2009]150 号），有针对性地提出了下阶段开展商业承兑汇票推广的 10 项具体措施，以此激发、调动沪苏浙皖四地优质中小企业、现代化龙头企业以及大型企业使用商业承兑汇票的积极性和信用观念，进一步改善和优化“长三角”商业承兑汇票业务的配套金融服务。四地人民银行合力推进商业承兑汇票业务这种形式在全国属于首创，进一步密切了区域经济联系，推动了长三角金融服务一体化进程。2009 年底，长三角地区首批 500 家商业承兑汇票重点推广企业的甄选工作已完成。

2. 小额支付系统华东三省一市银行汇票业务稳定运行

小额支付系统华东三省一市银行汇票业务自 2008 年 12 月 1 日顺利上线以来，在长三角地区安全、稳定运行，在防范结算风险、加速地区资金周转、提高资金使用效益等方面发挥了积极作用。据测算，2009 年沪苏浙皖四地三省一市汇票业务规模达到 300 万笔，结算金额 2.7 万亿，业务笔数约占全国银行汇票笔数的 45%，结算金额约占全国银行汇票结算金额的60%。小额支付系统三省一市汇票业务实际运行一年多来的实践证明，以提高三省一市汇票业务安全和资金清算效率、扩大三省一市汇票出票银行范围、畅通中小金融机构汇路、便利三省一市区域经济往来、惠及更多结算主体为目标的三省一市汇票业务优化和改革工作已全面完成。

3. 拟定《共同推进长三角金融服务一体化发展合作备忘录》

为了加强金融政策、财政政策和产业政策之间的配合，进一步推动“长三角”区域经济协调发展，中国人民银行与沪苏浙两省一市人民政府筹划签署《共同推进“长三角”金融服务一体化发展合作备忘录》(以下简称“《备忘录》”)。《备忘录》紧紧围绕“长三角”地区支付结算服务中小企业、服务“三农”、服务区域经济发展三个方面，拟定了由两省一市中国人民银行与政府相关部门共同推进的三大方面、11项具体工作，以期加强长三角地区支付服务合作交流，提高长三角地区支付服务水平，推动长三角地区金融服务产业升级。

(五) 上海市支付清算系统建设取得重要进展

1. 电子商业汇票系统顺利上线

2009年10月28日，在上海总部先期开展电子商业汇票研究及拟写电子商业汇票系统业务需求的基础上，中国人民银行总行组织建设的电子商业汇票系统正式开通运行，第一批上线的20家机构正式接入电子商业汇票系统办理系统支持的各项业务。该系统的建成运行，全面革新了商业汇票处理模式，开创了电子票据业务和电子票据市场的先河，是我国票据发展史上的里程碑，标志着商业汇票电子化时代的到来。上线当日，上海完成了全国第一笔转贴现、跨行转贴现以及票款对付(DVP)的买断式转贴现业务。截至2009年底，上海市共发生电子银行承兑汇票业务19笔，金额合计3.84亿元；共发生电子商业承兑汇票业务21笔，金额540.22万元；共发生电子商业汇票融资业务63笔，通过上海城市处理中心办理的纸票登记业务为40 232笔。

2. 做好上海支付结算综合业务系统推广工作

上海总部建设并管理运行的上海支付结算综合业务系统(以下简称“综合业务系统”)于2008年12月8日上线以来，系统运行稳定、高效快捷，业务量稳步上升，经济效益和社会效益日益显现。2009年，上海总部进一步加大了综合业务系统的推广力度，鼓励有条件的商业银行采用直连方式接入综合业务系统，并开发了系统间连接入方式，以减少中小型商业银行初期的投入。截至2009年底，上海支付结算综合业务系统60家直接参与者(新增直接参与者39家)共办理业务1 656.54万笔，清算资金4.737万亿元。其中：成功办理贷记业务1 654.65万笔，金额为4.736万亿元；成功办理借记业务1.89万笔，金额为10.56亿元。

3. 圆满完成中央银行会计核算电子对账系统(以下简称“电子对账系统”)在上海市的推广工作

为切实提高会计核算安全管理水平，防范资金风险，2009年，在总行统一部署下，上海总部于2009年5月31日圆满完成了对账系统在上海市的推广工作，大幅提高了中国人民银行与金融机构对账效率，确保了账务核对的可靠性，并且便利了金融机构的流动性管理。截至2009年底，在上海总部开立的189个账户，已有155个账户顺利接入对账系统，接入账户的对账率达到100%。

(六) 继续加大账户管理和服务力度

1. 组织开展存量单位银行结算账户公民身份信息真实性核查工作

2008年11月至2009年3月，上海总部组织上海市商业银行完成了上海市联网核查公民身份信息系统运行前开立的102.16万户单位银行结算账户的相关公民身份信息真实性的核实工作。这次核实工作巩固和加强了上海市银行账户实名制特别是单位银行结算账户实名制的基础，确保了全市99%以上的企事业单位以真实主体身份从事经济活动，对于建立企事业单位之间诚实互信关系，遏制金融诈骗、偷逃骗税、洗钱等违法犯罪活动，降低银行机构经营风险，维护正常的经济金融秩序具有重要的意义。

2. 积极开展与人民币跨境贸易结算试点工作配套的账户服务工作

为顺应国内外市场和企业的实际需求，促进我国与周边国家、地区的贸易发展，为境外机构提供更多结算便利，上海总部制定《上海市境外机构境内人民币银行结算账户管理暂行办法》，对境外机构境内开立人民币银行结算账户的开立条件、开户资料、办理流程、使用范围等内容予以明确规范，填补境外机构境内开立人民币账户的政策空白，并组织开展了境外机构因跨境贸易人民币结算需要在境内开立人民币银行结算账户的试点工作。

（杨 彪）

4. 2009年上海市征信体系建设报告

2009年，中国人民银行上海总部稳步推进企业和个人征信系统建设，进一步提升征信系统服务水平，大力推动中小企业信用体系建设，积极培育信用服务市场，促进评级市场的规范发展，探索地方信用体系建设新模式，不断完善上海征信体系建设，优化上海金融生态环境，积极促进上海国际金融中心的建设进程。

（一）稳步推进上海征信体系建设

1. 积极推动企业和个人征信系统建设

2009年上海总部继续积极推动企业和个人征信系统建设，征信系统在上海的覆盖面不断扩大，积极促进了上海信用体系建设的不断完善。同时上海总部进一步完善中国人民银行征信系统建设，加大征信系统数据质量建设，建立多层次的地方性金融机构数据质量管理体系，积极开展企业数据两端核对和数据质量量化评分、征信系统现场检查等工作，采取多种举措，建立金融机构数据报送跟踪机制，指导督促各金融机构加强数据报送管理、完善制度建设，大力提高征信系统数据质量。

2. 积极推广应收账款质押登记和融资租赁登记系统

2009年上海总部积极开展应收账款质押登记和融资租赁登记系统的推广运行，大力推动应收账款质押融资成为中小企业融资一条新的渠道，在经济复苏的背景下为中小企业融资提供新的支持。截至2009年底，应收账款质押登记系统在上海市开设了常用户120个，登记业务近8 791笔，提供查询15 205笔，与已经开立应收账款常用户100家企业签订了应收账款协议；融资租赁登记系统共对上海7家融资租赁公司开展试点，对4家融资租赁公司进行了常用户审核。

3. 大力推动中小企业信用体系建设和农村信用体系建设

2009年上海总部继续稳步推动中小企业信用体系建设，充分发挥征信体系的作用，通过建立中小企业信用档案积极促进中小企业融资，取得了良好的效果。截至2009年底，建立信用档案的中小企业数量及获得融资的中小企业数量大幅度增加，已纳入中小企业信用档案系统的户数为29 037家，其中获得银行贷款的中小企业为10 754家。结合上海当地的实际情况，上海总部与市金融服务办、市经信委、上海资信公司共同开展小企业信贷网络服务平台试点工作。2009年该平台已经在三个区县、三家商业银行进行试运行，试点企业数为100家，其中，区县政府及商业银行向平台推荐中小企业75家，16家中小企业已进入信息自主申报环节。

2009年上海积极尝试农村（市郊）征信业务的发展道路，将农村信用体系建设与中小企业信用体系建设工作有效结合，加大对郊区征信的培训和宣传工作，加快将中小企业信用体系建设工作向郊区地区推进，逐步摸索符合农村特点的征信体系，鼓励商业银行在贷前、贷中和贷后各个环节全面利用征信系统的信息，推动征信系统为新农村建设服务。

（二）全面提升中国人民银行征信系统服务功能

1. 指导商业银行切实做好个人征信异议处理工作

2009年上海总部加强对于各商业银行的指

导，要求各商业银行加强金融服务，切实做好个人征信异议处理工作，对上海市12家金融机构个人征信异议处理工作进行了现场检查，进一步规范异议处理管理制度，完善异议处理流程，要求商业银行指定专人专岗接受信息主体的投诉，加强对于商业银行的指导和监督，督促商业银行认真高效地做好个人征信异议处理工作，真正做到保护信息主体的合法权益。

2. 积极做好对外查询服务及异议受理工作

在征信系统对外查询服务窗口接受查询和异议量日益增长的形势下，上海总部进一步强化金融服务意识，坚持做好个人信用报告查询服务以及异议申请的受理解决工作，同时做好征信知识的解释和普及工作，确保异议申请能够及时妥善解决。截至2009年底，上海总部的查询窗口累计受理各类查询68 768笔，其中个人查询45 561笔、法院查询11 998笔，公安、检察院、安全局等其他执法部门查询2 487笔，法院企业查询8 722笔。受理个人异议申请96笔，受理异议的回复率100%。

（三）积极培育信用服务市场，促进评级市场的规范发展

1. 建立企业信用评级信息查询系统，加强评级信息交流共享

为了进一步发挥外部信用评级报告的价值，经过征求意见、需求设计、开发、调试、试运行、推广宣传等阶段，上海总部于2009年11月在全国率先建立了企业信用评级信息查询系统。上海总部与14家金融机构签订了使用评级查询系统的保密协议，受理了31个用户申请并为其开通了用户查询权限。各商业银行可以通过该系统对上海10多年的评级企业信息资料进行查询，加强评级信息交流共享，扩大对于评级结果的应用，从而促进商业银行加强内外部信用评级结合，确保信贷资产安全，有效防范信贷风险。

2. 加强长三角信用评级机构跨区域合作

根据《共建“信用长三角”合作备忘录》以及长三角金融协调发展工作专题会议的有关精神，2009年上海总部与江苏、浙江两省中国人民银行分行联合主办了第二届“长三角信用评级一体化”联合评审会暨研讨会，对来自沪苏浙三地的6家评级机构的6篇担保机构评级报告质量进行了评审，积极引导评级机构扩大评级结果的互认共享范围，加强信用评级机构的跨区域合作，培育区域信用服务市场，积极推动长三角信用评级一体化进程。

3. 继续组织开展借款企业、担保机构和集团企业评级

2009年上海总部稳步组织开展借款企业、担保机构和集团企业评级工作，信用评级品种不断增多、信用评级覆盖面逐步扩大，参评企业数量不断增加，评级报告质量不断提高。2009年上海总共完成4 250户借款企业、32家担保机构、45家集团企业的信用评级工作，信用评级在商业银行信贷风险控制及优化上海金融生态环境等方面发挥着重要的作用。同时，上海总部不断创新、积极探索，大力推进开展商业承兑汇票评级试点满足市场需求，强化评级企业的短期信用风险分析，全面揭示企业的整体信用状况，不断拓展信用评级领域满足经济发展对于信用产品的需求。

4. 完善从业人员考试制度，加强征信市场规范管理

2009年上海总部进一步完善信用评级从业人员考试制度，邀请专家出题，丰富了信用评级考试题库，并成功组织了2次评级从业人员的资质考试和认定工作。2009年共有175名信用评级从业人员参加了考试，其中124名从业人员通过考试并取得了从业资格。同时，上海总部进一步加大对评级机构的监督检查力度，对上海9家评级机构的信贷市场与银行间债券市场信用评级业务的执业经营行为进行了现场检查，有力地促进了评级机构加强内部管理、提高评级质量，保证信用评级市场的健康有序发展。

（四）大力开展征信知识宣传活动，不断扩大征信宣传的广度和深度

1. 组织沪上各金融机构大力开展“2009年上海市征信知识宣传周”活动

2009年上海总部积极协调市经信委等有关

政府部门，牵头上海市诚信体系建设联席会议成员单位，联合各区县政府部门，在全市 18 个区县的超过 1 200 多个街道组织开展了“2009 年征信知识宣传周”活动。活动共向各有关街道、居委及社区赠送信用知识宣传光盘 4 000 多张、宣传折页 4 万多份、宣传海报 4 000 张、《百姓征信知识问答》500 多本。征信知识走进社区、街道，拉近了与百姓的距离，营造了诚信上海的良好氛围。

2. 积极利用各类新闻媒体，扩大征信宣传的覆盖面

2009 年上海总部积极利用各类新闻媒体，广泛开展征信宣传，不断扩大征信宣传的覆盖面，提高社会公众对于征信知识的关注和认识。在《青年报》等媒体刊登《9 年前中国大陆第一份个人信用报告出炉》等专题文章，向社会公众普及个人信用相关知识；在上海《第一财经》电视频道制作征信知识宣传专访节目，对中国人民银行个人信用体系发展历程和征信知识进行了介绍。与上海市教委合作共同编写《谁动了我的信用》大学生征信知识读本，加强对于上海各高校的征信宣传，提高大学生的信用意识。

（中国人民银行上海总部金融服务二部征信管理处）

第二篇　银　　行

一、中资银行

(一) 中资法人银行

1. 交通银行股份有限公司

2009年，交通银行继续深入学习实践科学发展观，坚持“走国际化、综合化道路，建设以财富管理为特色的一流公众持股银行集团”的“两化一行”发展战略，抢抓机遇、克难奋进，积极应对国际金融危机和实体经济下行的挑战，推进发展模式的转变和业务结构的调整，持续加强风险管控，各项主要业务逆势而上，经营管理呈现质效并举、稳健发展的良好势头。

1. 秉承稳健经营理念，各项业务保持健康发展

(1) 业务总体规模稳步增长。2009年末，集团资产规模达到33 091.37亿元，比年初增长23.56%；客户存款余额23 720.55亿元，较年初增长27.13%；客户贷款余额18 393.14亿元，较年初增长38.44%。存贷款年增量双双突破5 000亿元，人民币存贷款市场份额分别较年初上升10个和45个基点。

(2) 经营效益显著提高。全年实现净利润301.18亿元，比上年增长5.59%，每股收益0.61元；平均资产回报率(ROAA)、平均净资产收益率(ROAE)分别为1.01%和19.49%；资本充足率与核心资本充足率分别为12%和8.15%，成本收入比进一步下降至39.25%。

(3) 全力支持国民经济发展。围绕国家“保增长、扩内需、调结构”的各项措施和一揽子计划，交通银行认真落实适度宽松的货币政策和各项产业政策，加大对国家重点扶持和鼓励发展领域的支持力度，并加强对产能过剩等风险领域的管控。积极配合国家支持“三农”和中小企业发展各项措施，进一步支持常熟农商行、大邑交银兴民村镇银行等新型农村金融机构建设，年末涉农贷款余额较年初增加47.14%；创新对小企业、居民消费的金融支持。年末微小企业信贷余额比年初增长132.86%，其中，全方位满足小企业金融需求的服务品牌“展业通”贷款余额比年初增长154.70%；住房按揭、信用卡贷款分别较年初增长59.52%和50.07%。同时，严格执行国家产业政策，深入推进“绿色信贷”工程常规化管理，全年累计全额退出国家限制类、淘汰类项目45个。

(4) 业务发展能力持续提升。传统和新兴业务发展势头强劲，投行、机构业务优势地位进一步巩固，多项战略性业务市场位次前移。实现手续费及佣金净收入113.99亿元，比上年增长28.99%，占营业收入比重较上年提高2.55个百分点。债券主承销业务市场综合排名位居前三，期货保证金沉淀量排名首位。理财产品发行数量位居市场前列，代理保险在市场整体下滑形势下实现收入翻番。金融市场业务活跃度保持市场前五位，债券投资收益率继续名列前茅。国际结算在外贸大幅下降环境下逆势增长2%。非公募类托管大幅增长，带动托管规模达到历史最高，为6 231.58亿元。作为具有离岸业务牌照的四家中资银行之一，离岸业务取得了较快发展。

(5) 业务发展与风险管控相平衡。交通银行资产质量继续保持稳定，抗风险、跨周期发展能力进一步提高。以落实新三年“全面风险管理规划”和推进巴塞尔新资本协议达标为抓手，全面加强风险管理和内部控制。内部评级系统与信贷管理系统实现整合，市场风险管理体系进一步健全，操作风险管理工具的设计和分行试点工作扎实推进，风险管理体系日趋完善。克服金融危机因素影响，减值贷款余额较年初下降5.11亿元，减值贷款比率比年初下降0.56个百分点至1.36%；拨备覆盖率达到151.05%，比年初提高34.22个百分点。同时，积极完善资本管理机制，制定中长期资本规划纲要，抓住市场时机于7月初成功发行250亿元次级债券补充附属资本，提高了资本充足水平和风险抵御能力。

2. 稳步推进“两化一行”战略，竞争优势持续增强

2009年，交通银行继续坚定不移地实施“两化一行”发展战略，集团实力和竞争优势持续增强，协同效应和财富管理银行特色日益突出。

（1）国际化经营迈上新台阶。境外分行资产规模大幅增长，合计实现净利润同比增加16倍，对集团的利润贡献度较上年提高了4.35个百分点；境外机构建设深入推进，悉尼代表处获批设立，旧金山分行、胡志明市分行筹建工作顺利，“以亚太为中心、欧美为两翼”的国际化网络架构日渐完备。

（2）综合化经营实现新突破。率先入股境内保险公司，拥有了国内银行业首张内地保险牌照；现有子公司业务全面发展，交银施罗德基金跻身国内十大基金公司行列，资产管理规模位列银行系基金公司首位；交银国信、交银租赁和交银国际主业拓展取得可喜成绩，与集团业务联动持续深化。子公司合计为集团贡献净利润同比增幅149.79%，利润贡献度较上年提高了1.09个百分点。

（3）财富管理银行建设继续推进。“蕴通财富”品牌效应凸显，现金管理、供应链金融、投行等重点业务相辅相成。蕴通账户在服务企业集团、吸收低成本存款方面取得显著效益。蕴通供应链在工程机械、港口物流、医药、化肥、粮食等行业实现突破，成为延伸服务中小企业的重要产品。率先建立了分别面向个人高端、中端及大众客户的“沃德财富”、“交银理财”、“快捷理财”品牌体系，个人客户分层服务水平进一步提升。私人银行、“沃德财富”、“交银理财”客户分别较年初增长40.5%、43.8%、61.6%；推出新一代手机银行“e动交行”等产品，产品体系和服务功能不断完善。

3. 以上海世博会和上海“两个中心”建设为契机，服务发展水平显著提升

2009年，交通银行深入开展“品牌服务年”活动，大力提升服务发展水平。作为2010年上海世博会唯一商业银行合作伙伴，交通银行继续不断深化与世博主办方、主要赞助商的业务合作，制定落实世博金融服务方案，完善客户咨询投诉处理流程，加大世博门票及特许商品销售力度，独家获得境外参展商、商业运营和其他业务方在华业务办理资格。截至2009年末，代销世博门票279万张，代销世博贵金属5.22亿元。同时，交通银行主动对接、积极融入国家区域发展战略，在促进区域经济协调发展的同时，实现了自身区域和客户结构的优化。特别是，国家决定加快推进上海“两个中心”建设以来，交通银行充分发挥作为唯一总部在沪大型上市银行的优势，同上海市人民政府签订全面合作备忘录，全面参与“两个中心”建设。稳步开展金融创新试点，实现国内首单人民币跨境贸易结算，获得商业银行在上交所进行债券交易首批试点资格，正式进入上海期交所开展黄金期货自营业务；成立“航运金融部”，着力培育航运金融特色。

4. 积极落实社会责任，企业整体形象进一步提升

2009年，交通银行继续积极履行企业社会责任，实践企业和利益相关方的共存、共赢、共同发展信念，除服务于经济发展，还通过各种形式扶危济困，与广泛的社会群体共享发展的成果。全年为支持教育、抗击自然灾害、地震灾区灾后重建、扶贫济弱等发放贷款和提供捐赠累计达到1.35亿元，荣获“中国金融企业慈善榜——银行业突出贡献奖”。同年，交通银行还首次跻身美国《财富》杂志世界500强和英国《银行家》杂志全球银行50强，连续两年荣获《欧洲货币》“中国最佳现金管理银行”奖、《亚洲货币》杂志“中国最佳现金管理银行”、《财资》杂志“2009 中国区最佳财富管理”奖等多个业界权威奖项，市场美誉度继续大幅提升。

（交行总行）

2. 上海浦东发展银行股份有限公司

2009 年，浦发银行制定了“谋发展，防风险，促效益”的工作指导思想，加大信贷投放，提升管理水平，增强可持续发展能力，取得了良好业绩。全行总资产、一般存款余额、贷款余额分别比年初增长 23.93%、36.75%和 33.16%。不良贷款比例低至 0.8%以下，不良贷款拨备覆盖率达 246%，在国内上市银行中名列前茅，截至 2009 年底，总资产规模达到 16 227 亿元，本外币贷款余额 9 288 亿元，各项存款余额 12 953 亿元。实现税后利润 132 亿元。目前，浦发银行已在全国 96 座重点城市设立了 34 家直属分行，570 个营业机构，在香港设立了代表处，员工 21 877 名，架构起全国性商业银行的经营服务格局，浦发银行的市场影响力和品牌认知度都得到了较高的提升。2009 年，参股莱芜市商业银行 18%股份，控股成立六家村镇银行。

2009 年，英国《银行家》杂志“金融品牌 500 强排名”浦发银行位居 110 位，居中国内地上榜银行第七位；英国《金融时报》全球市值 500 强第 269 位，在上榜的中国内地企业中，浦发银行排名第 14 位，国内银行排名第 7。浦发银行 2009 年位居英国《银行家》世界银行 1 000 强第 137 位，根据总资产排名居 91 位；《亚洲银行家》杂志 2009 年度亚洲银行 300 强第 23 位，在上榜的中资银行中，浦发银行名列第 7，其中在净资产回报率，盈利增长额等指标上表现优异，均位列亚洲诸家银行的第五位。

（一）“浦发创富”公司金融服务蓬勃发展

2009 年末对公总存款余额（含同业存款）达到 12 826 亿元；年度新增 2 657 亿元，创历史新高。在九家股份制商业银行中，浦发银行对公存款业务余额位居第一、对公贷款余额居于第二位。

1. 推进差异化经营，公司业务稳步转型

（1）优化负债业务结构。一是强化渠道与平台建设。以优化和丰富公司网银功能为突破口，在数字证书改造、安全性管理、“电子回单”及验证服务、代扣代缴服务、黄金代理业务、“在线离岸银行服务方案”等领域取得较大进步，全年公司网银交易户达 5.01 万户，白银户达 3.37 万户，柜面替代率 18.8%，银企直连签约并上线 103 家客户。推出新一代现金管理平台和特色资金池业务，实现新一代虚账户管理，全年集团账户签约客户数 3 108 户，带来人民币存款资金沉淀量 665 亿元。二是强化负债业务联动营销。推进资金洼地效应，财政及社会公共资金洼地工作成效显著，覆盖救灾和慈善、医疗卫生、军区资金、交通运输、旅行社质量保证金等新领域，全年新增逾 120 个项目，带来新增存款超 200 亿元。

（2）调整资产业务结构。一是持续优化信贷业务投向。加大了对扩大内需和民生工程等重点领域的新增信贷投入，截至 2009 年末，水利、环境和公共设施管理业行业占比较年初上升 5.42 个百分点，一跃成为全行第二大信贷投放行业。协助上海市援助地震灾区都江堰，全年共发放抗震救灾贷款超过 32 亿元，援助资金封闭运营，实施银行监管，得到多方肯定。二是大力发展跨周期的中长期贷款业务。全行日益重视银团贷款等结构融资模式，年末银团贷款余额 423 亿元，比年初增长 172 亿元，增幅 68.41%。全年签约作为牵头行、代理行银团贷款项目 18 个，涉及金额 625 亿元，浦发银行承贷金额 192 亿元，均体现了较好的杠杆比率。全年累计实现银团中间业务收入 6 223 万元，比上年增长 5 096 万元，增幅 552%。三是深化供应链金融服务。全年贸易融资贷款增幅达到 54%，在短期贷款中的占比较上年提升 46%；保理业务量达到 260 亿元，其中国际双保理业务首次突破 6 000 万美元大关。

（3）大力拓展中间业务。一是理财业务取得突破。全年共计发行 243 期信托类理财产品，总额 601.6 亿元。全行统一的新理财销售与管理系统首期功能于 11 月底上线，实现了对封闭式理财产品的销售管理支持。为中国海洋石油总公司定向发行了一期准开放式理财产品，开创了为大客户定制理财产品的新思路。二是结算服务型业务稳步发展。全行全年对公国内结算总收入达到6 682.8万元，同比增长22.97%；在国际贸易经营大环境不利的背景下，实现国际贸易结算量882亿美元，其中离岸国际结算业务量累计完成250亿美元，同比增幅19%。三是债务融资工具承销成效斐然。全年共计承销14单短期融资券，5单中期票据，合计334.6亿元，同比增长61%；实现收入10 412万元，同比增长43%。四是财务顾问业务再上新台阶。签约客户突破2 500家，全年实现财务顾问业务收入5.5亿元，比上年同期增长25%。五是托管年金期货业务亮点纷呈。托管了上海市第一家政府主导下的为扶持中小企业发展的首个信托型PE基金产品，启动了上海朱雀投资发展中心私募产品PE服务，在国内率先推出“储值型消费卡交易资金托管”产品并成功签约三家客户。

2. 客户群差异化营销成效显著

公司客户分层分类经营取得初步成效。启动战略客户服务体系建设，推出《战略客户管理暂行办法》，确定并发布首批87家战略客户名单。推出国际结算优质客户管理体系建设，探索并逐步在资源配置、授信审批、考核激励、细分管理、系统支撑、产品配套等领域予以倾斜。推出一系列差异化的客户服务方案，如引导基金综合金融服务方案、财政及公共资金金融服务方案、商业账款融资及服务方案、并购业务金融服务方案、中国企业跨国投资金融、企业国际化经营与金融服务方案等一系列客户综合金融服务方案。进一步完善金融机构客户网络体系。重点发展与同业客户在渠道与各类业务领域的合作：发展了多家银行在浦发银行开立境内外币支付系统代理结算账户，开展代开银票、代理国际结算业务试点；新增9家全国性证券公司开通三方存管业务合作，三方存管日均存管资金余额达114亿元，合作券商行业覆盖率达55%，客户总数超过52万户；完成了首家融资融券存管业务券商(国信证券)的正式投产上线试运行工作；与中国人寿财险、大地财险、海康人寿、百年人寿签署全面合作协议，合作保险机构达23家；新增9家信托合作伙伴，与中海信托、上海国托、华融资产开展全面战略合作；积极探索金融机构主动授信和资产业务合作，全年完成资产转让金额超过200亿元。

3. 强化创新经营，公司金融产品与服务不断取得突破

直接股权基金业务方面保持并提升在业内的领先优势。搭建了直接股权投资信息系统平台并投入使用，8万多个项目进入系统，成为业内第一个拥有PE项目库的商业银行。上线股权基金托管业务一期系统。大力拓展客户营销工作，成功中标总规模达200亿元的中船产业基金独立托管人银行资格；成功营销50亿规模海洋工程设备股权投资基金托管资格；成功为中国再生资源产业投资基金提供财务顾问服务。

跨境贸易人民币结算服务方面，总行和上海、深圳、广州三家试点分行联动，在跨境贸易领域取得了多项成果。例如：成功办理全国首笔跨境贸易人民币信用证贸易融资业务——信用证项下进口押汇业务；在同业中率先赢得中船集团首笔跨境贸易人民币大额结算业务；成功上线了“跨境贸易人民币结算”业务系统。全年跨境贸易人民币结算量和清算量双双突破1亿元。

2009年，浦发银行绿色信贷和低碳金融业务全面突破，已成为中国银行界低碳银行先行者和标杆企业。取得三大突破：一是与法国开发署合作的绿色中间信贷一期完成全部2 000万欧元的提款。二是在国内银行界率先以独家财务顾问方式，成功为陕西某水电项目提供一站式、全过程的碳交易综合咨询与服务，是国内银行业正式签署委托协议及ERPA的首单CDM财务顾问业务。三是以介入某海上风力发电示范项目为契机，将CDM与银行传统银团业务相结合，完成首笔CDM应收账款质押贷款。

4. 不断丰富完善产品与服务体系

(1) 创新理财业务品种和服务。创设“信托债券型”理财产品，成功实现了投行业务和理财业务的对接，提升了短券承销能力。全年共发行三期，合计规模6.036亿元，其中对公发行4.008亿元。创新银行理财产品托管服务，并与15家银行

同业成功签订理财产品托管协议。

(2) 引入第三方资产管理类业务不断丰富。一是创新推出基金公司“一对多”专户理财计划,同时推出基金专户托管新品种,目前已与4家基金公司签约合作,发行2单理财计划。二是取得证券公司集合资产管理计划(大集合)和限额特定资产管理计划(小集合)托管并主代销营销突破,填补了浦发银行券商集合资产管理计划托管业务的空白。三是完善证券公司定向资产托管业务,研究和推出针对个人和机构两类客户、分别采用托管行法人结算和“第三方存管+托管”两种模式的托管服务方案,而且抓住市场机遇率先推出了针对“大小非减持”的定向资产托管业务。

(3) 推出代理法人黄金业务。该项目作为融合“代理法人、代理个人和自营交易”在内的全行性项目,是横跨公金、个金和资金的创新理财产品之一。该产品的推出进一步丰富了公司客户的投资理财品种。

(4) 企业年金服务手段不断创新。推出企业员工福利计划管理业务,为企业员工提供非工资收入福利的综合计划;推出年金账户管理服务平台——“浦发年金通”,为企业打造了全方位、立体式的年金服务体系;推出了“年金卡”服务、“企业年金信息直通车”客户查询和服务,完成了跨行、跨区域的“企业年金收支平台”的系统建设和试点推广工作。

(5) 不断丰富贸易金融产品系列。创新推出电子票据业务、国内信用证项下买方融资和代付业务、离岸福费廷、进口信用证和进口代收项下离岸代付、保理“端对端”产品、离在岸联动保理业务、国内信保项下融资、委托代理贴现等,并与中保合作推出首单银行保单保理业务。推出了期交所标准仓单质押业务。

完善中小企业专营体系,保证中小企业金融服务的专业资源投入。2009年,全行上下积极建立了中小企业专营机构——中小企业业务经营中心,充分发挥出对中小企业金融业务的体制保障作用。

(二) 轻松理财,个人金融服务创新突破

2009年浦发银行个人业务发展规模快速扩大,个人存款突破2 000亿元大关,个人贷款余额突破1 500亿元;全年销售理财产品近500亿元;有效银行卡余卡量达到近1 870万张;个人网银有效客户数达175万户;手机银行客户数在8个月内突破10万户;个人黄金业务开户数在短短23天内突破1.5万户。

在财富管理业务方面,浦发银行坚持自主开发和引入第三方代理类产品双线发展策略,不断丰富基础产品线,为客户提供更加丰富的客户资产保值增值手段。为满足广大客户的理财需求,推出了汇理财稳利系列产品,满足客户稳健收益的需求;推出月月稳利直通车创新理财产品,一次签约、自动参与投资,全新的运作模式为投资者提供了新型的现金管理工具;推出个人实物黄金代理业务,满足客户黄金投资收藏需求;积极引入第三方的证券集合理财产品及基金、保险产品,形成了丰富的产品池以满足客户的多元化理财需求。此外,还成功取得储蓄国债(电子式)业务代销试点商业银行资格,正式承销2009年第七、第八期储蓄国债(电子式),为客户投资理财再添新品种。

在支付结算业务方面,不断丰富支付结算产品种类,优化和完善支付结算渠道功能,为客户提供了更加安全、方便、快捷的支付结算手段。为保证客户的资金流动性并提升客户资金收益,成功推出“周周赢”贵宾客户升级版存款产品;为给客户提供更加方便的出国金融服务,配套贵宾客户的增值服务和“越洋通”出国金融服务功能的营销,完成与新加坡花旗银行海外开户见证业务合作事宜的确定;为给个人批发市场的客户提供更加方便的结算服务手段,加快了“收付易”在全行的推广。

在个人贷款业务方面,不断丰富完善“购房类贷款”、“经营类贷款”和“消费类贷款”种类,形成较为完整的个贷三大系列产品,为客户提供了更加丰富的个人贷款产品选择。在全行推出个人“接力贷”业务,并在部分分行推出“存贷易”产品、“无忧月供”还款方式、“固定利率”产品和个人商品房车位(车库)贷款业务,丰富了个人购房贷款的产品线,在全行推行个人经营性贷款。

(三)信息化建设在不断创新中深化发展

为进一步加强全行信息科技工作的管理,设立了总行信息科技总部。作为全行信息化规划和建设、运行和服务、科技管理的职能部门,负责全行的科技治理、信息系统开发、信息系统运行、信息资产管理、信息安全管理和管理决策信息服务管理等相关工作。通过机构重组,落实了全行信息系统建设归口管理。同时,科技部门组织进行了信息科技中期规划编写,形成了《2009—2011年信息科技中期规划》内容,根据全行业务发展要求做好全新、多层次、全覆盖的管理信息系统建设,并按照规划要求重点推进高管信息服务体系、客户关系管理系统等建设工作。

在客户管理系统建设中,公司客户管理系统和个人客户管理系统12月9日成功上线,为后续私人银行的推出积累了经验。

进一步完善公司和个金业务产品,根据贸易融资业务需求,对保理、国内信用证等新增功能进行开发。完成了虚拟票据池模块开发,并对现有核心系统进行优化,将原分散在分支行的票据进行上收,以满足后续票据经营需要;将原结算透支业务进行优化后使用"玲珑透"品牌标签,作为中小客户的特色服务产品在全行进行了推广。

推进信用卡核心系统优化,包括批量和联机处理性能优化、历史数据清理等,以提高服务能力;完成了新WOW卡开发及发卡核心系统性能调优、催收自动外拨接口、发卡核心EAE平台分析及优化等,有效地支撑了信用卡业务的持续发展。

个人网上理财产品销售平台的投产上线,解决了目前评估类(非固定收益类)理财产品在网上销售的限制,搭建的个人理财产品网上销售平台,实现了理财产品在网上银行的远程销售,促进理财产品销售量提升。

2009年,"新一代研发数据中心虚拟化建设"、"信用卡回迁"两项成果,成功入选《2008年上海科技进步报告》和《2009年上海科技年鉴》。这是浦发银行科技成果首次进入上海市综合性科技报告。"信用卡回迁"项目通过中国人民银行组织的专家鉴定,获得中国人民银行颁发的科技发展奖二等奖。

(浦发银行)

3. 上海银行股份有限公司

2009年,上海银行认真落实国家宏观政策和监管要求,开拓进取、稳健务实,促增长、调结构、抓渠道、防风险、强基础、迎世博、聚合力,各项经营管理工作推进有序、有力、有节奏,圆满完成了年度经营计划和各项工作任务。截至2009年12月31日,上海银行总资产为4 660.39亿元,存款总额为3 334.21亿元、贷款总额为2 447.04亿元;总负债为4 445.27亿元;全年实现利润总额40.78亿元;资产收益率为0.87%;五级分类后三类不良贷款余额38.91亿元;不良贷款率1.59%;资本充足率10.29%;核心资本充足率8.47%;单一最大客户贷款比例为4.34%;拨备覆盖率达168.82%。共有31家分支机构,231家营业网点,120家自助银行,员工7 688人;在南京、天津、杭州、宁波、成都、深圳、北京等地分别设立了7家分行。上海银行的品牌形象和市场地位获得进一步提升:在英国《银行家》公布的"全球前1 000家银行"中,按一级资本排序,位列全球银行业第256位;在《亚洲银行家》公布的"2009亚洲银行家300强"规模排行榜中,位列第78位;在"亚洲商业银行竞争力综合排名"中,位列第35位。

1. 公司金融业务

2009年,上海银行公司金融业务运行态势良好,增长速度为历年最快水平,优势和特色得到巩固,结构持续优化,市场竞争力不断提高。

紧抓政策机遇,巩固传统业务市场,业务结构优化。紧密结合区域发展状况,为地方经济增长和产业结构调整提供金融服务,积极支持上海世博会、大虹桥规划、天津滨海新区建设、成都灾后重建、保障性住房开发建设、医疗卫生改革等基础设施建设项目和改善民生项目;围绕国家产业调整振兴规划,积极营销装备制造、汽车生产与服务、商业零售、医疗卫生和航运物流等重点行业和优势企业;进一步提升创新财政、医保、社保、维修资金等金融服务，市场规模不断扩大。

加快小企业业务转型，推动营销方式转变。推进机制创新，初步确立独立核算、审批、激励的小企业专营机构；加强多层次担保体系建设，新增与上海再担保有限公司、天津海泰担保、成都中小企业担保等14家担保机构的合作平台，总授信金额52亿元；小企业“成长金规划”品牌影响力进一步扩大。

依托港台业务平台优势，大力培育港台业务特色。落实推进各地台办合作企业专项授信计划，一年时间完成上海地区“2年50亿”台资企业授信目标的90%；深化三地“上海银行”合作，充分发挥联动营销的优势，全年三行共同推进了中隆纸业、永丰余等4笔银团贷款项目。

依托科技创新完善产品流程，改进服务内容。贸易融资产品体系不断完善，形成了集应收账款转让/质押融资、信用保险融资、动产质押融资及预付款融资四大类产品于一体的产品体系，涵盖了企业的整个供应链环节，全年国内贸易融资余额达14.6亿元，累计放款额超过100亿元。现金管理平台实现了与同城综合业务系统对接、集团资金内部计价代收付利息等功能的升级，完成银企直联二期上线，推出代理分户核算等产品，不断满足大型集团客户资金管理需求。报告期内共新增现金管理平台开户数233家，归集存款108亿元，较期初增加32亿元。

投资银行业务取得突破，带动了中间业务收入的极大增长。顺利完成了7只短期融资券的承销，承销金额78.5亿元；银团贷款业务发展迅速，全年累计收入达6 044万元，荣获“中国银行业银团贷款最佳发展奖”；发行15个银信企合作项目，合计融资金额达33.5亿元；并购贷款取得实质性进展，成功发放2笔并购贷款。

2. 个人金融业务

2009年，上海银行个人金融业务实现又好又快发展，重点业务推进积极，亮点频出。储蓄存款年增长创历史新高。人民币储蓄存款期末余额978亿元，较期初增长215亿元，增幅28%。个人资产业务合规、健康发展。报告期内个贷投放同比增长120%，中高端客户定位清晰，贷款结构明显优化，资产质量优良。

财富管理业务持续推进，分层服务体系不断完善，客户结构持续优化。全年综合资产30万元以上的中高端客户增长32%，其中100万元级客户增长达到46%。全面实施财富管理标准化服务流程“六步曲”，上线理财规划服务，构建理财资讯服务平台，进一步提升财富管理水平。推出“易精灵”开放式货币类理财产品，形成“慧财”家族九大系列13类理财产品线。持续开展健康、投资、高尔夫、机场贵宾礼遇等系列化贵宾客户分层增值服务，不断丰富差异化服务内涵。

个人中间业务大幅增长，呈现新亮点。多渠道拓展中间业务收入来源，上线储蓄国债(电子式)、发行车主概念“AUTO”理财借记卡、上线理财POS；开通借记卡预授权功能、代销都市旅游卡等。全年保险销售收入同比增长11倍，国债代销收入同比增长135%，借记卡业务收入同比增长104%。

3. 信用卡业务

2009年，上海银行信用卡业务实现稳健、高效发展。通过积极优化发卡渠道结构，大力推进跨区域战略，加大客户巩固和拓展力度，加快产品创新步伐，全年实现发卡量、交易额、贷款余额和业务收入的较大幅度增长。截至2009年12月31日，累计发卡逾160万张，累计交易额、贷款额分别突破人民币129亿元和21亿元，同比增长近40%和44%；当期实现收入总额超3亿元，较2008年增长约40%。相继推出申情宠爱卡、悠嘻猴卡通卡、申城老字号卡等近10款新产品，形成“女性、青春、生活、商务、海派、热点主题”等特色鲜明、功能领先的产品系列，取得了良好的社会反响。

延续以往市场拓展力度，积极寻求优质收单商户合作。通过灵活主动的市场策略，全年实现收单交易额超过300亿元，较2008年同期增长近70%。

4. 电子银行业务

2009年，上海银行通过不断完善改进电子渠道功能，深入市场开展营销活动。

市场占比和行业认知度得到提升。“U先畅享”、“清凉E夏”、“企开得胜”等一系列市场营销活动有效提升了客户的认知度和信任度，增强了在行业中的影响力；与农工商、卜蜂莲花、轨道交通、社区医院、东方信息苑等合作批量布放自助机具，加快了自助机具布放速度，在上海地区ATM机具的同业市场排名取得明显提升。

电子渠道功能不断完善。相继推出了网上支付、个人网银跨行转账、个人网银USBKey数字证书应用、ATM跨行转账、CDM/CDS上海地区跨行存款、CDS取款等10余项新功能，有效丰富了电子渠道服务内容，增强了市场竞争实力。

渠道资源利用率和渠道管理质量逐步提升。加快了自助机具安装、验收速度，提高了自助机具使用率，同时也降低了业务操作风险。2009年，上海银行获得了全国“放心安全用网银”活动评选的“2009年中国网上银行最佳业务拓展奖”；客户服务中心获得了相关组织评选的“第十四届(2007—2008)上海市文明单位”、“2009年中国最佳呼叫中心”等荣誉称号；2009年3月，客户服务中心顺利通过劳氏质量认证(上海)有限公司ISO9001:2000质量认证体系监督审核，全年客户服务中心电话接入量110.28万通，人工接听量20.19万通。

5. 资金业务

2009年，上海银行资金业务在稳健经营的基础上获得较快发展，资金运作能力和市场竞争力得到进一步提升。

通过构建覆盖宏观经济形势、金融市场动态、同业动态、业务策略的分层研究体系，加强利率产品定价研究等措施，上海银行对经济金融形势的研究分析能力获得显著提升，在年度资金运作中灵活安排资金期限配比与业务品种配置，较好把握住市场机会，优化了投资组合结构。报告期末，债券总体估值浮盈，利率风险承担处于较低水平。在稳健经营的基础上，实现了资金业务的较快发展。2009年日均营运资产1 518亿元，较上年增长35%。

资金业务品牌地位得到进一步稳固和提升。上海银行继续保持公开市场一级交易商、SHIBOR报价团成员、债券做市商等重要业务资格，积极开拓货币市场、债券市场、票据市场、黄金市场、外汇市场和理财产品等业务领域，其中本币现券结算量2.7万亿元，排名市场第7位；远期交易量559亿元，排名市场第7位，市场地位得到进一步稳固和提升。

6. 托管业务

2009年，上海银行圆满完成基金托管资格申请筹备工作；2009年8月18日正式获批证券投资基金托管资格。

持续推进信托财产保管业务。上海银行通过积极营销、高效服务成功吸引了信托公司自主发售的合计21只，规模合计18.5亿元的集合信托计划保管业务；根据客户需求，优化服务方案，成功开展了首单美元信托保管业务；指导相关分支机构保管银信产品14只单，规模累计达30.6亿元。

截至2009年12月31日，上海银行累计资产托管规模人民币102.16亿元、外币3 548.96万美元。其中，新增托管规模人民币57.51亿元、外币3 548.96万美元，实现托管费收入1 071.89万元。

(吴凌云)

4. 上海农村商业银行股份有限公司

2009年，上海农商银行坚决贯彻宏观经济政策，紧紧围绕业务发展和风险防控两条主线，审时度势、积极应对，较好完成了各项经营任务：

2009年末总资产2 119亿元；实现拨备前利润28.05亿元；各项存款余额1 788.69亿元，比年初增加317.83亿元，其中，对公存款余额926.85亿元，比年初增加178.46亿元，储蓄存款余额861.84亿元，比年初增加139.37亿元；各项贷款余额1 186.15亿元，比年初增加258.83亿元，其中，个人类贷款余额128.45亿元，比年初增加15.07亿元；五级分类后三类不良贷款余额22.34亿元，不良贷款率为1.88%，比年初下降

0.41个百分点；实现中间业务收入2.69亿元，在营业收入中占比为5.5%，比2008年提高0.97个百分点；资本充足率为11.93%。次级债券成功发行，募集资金15亿元。

经营规模稳步增长，业务创新力度加大。一是负债业务均衡增长。企业网银、“银税通”、农保缴费卡等业务平台对负债业务的支撑作用日益增强，对公活期存款增量明显；系统性营销取得新突破；储蓄业务与个人贷款、代理业务、对公业务的联动性不断增强，代理纯公积金批量放款业务市场占比达55%，二手房交易资金监管金额逾40亿元，排名全市第一。二是信贷业务有力推进，坚决贯彻“扩内需、保增长、调结构”的宏观经济政策，在坚守风险控制底线的前提下加大信贷投放力度。积极参与了一批区级以上重大市政交通、世博基建及大型商业地产项目，承担银团贷款融资金额逾45亿元。小企业贷款继续增长，小企业房地产抵押融资年末余额达188亿元。及时贯彻落实市政府《关于本市金融支持“三农”发展若干意见》，进一步加大支农信贷投放，将“守信农民专业合作社”扩展到100家，贷款余额增加55%。三是资金业务继续做大。货币市场日均资金营运规模达690亿元，比2008年增加182亿元。人民币资金业务交易量创历史新高，达6.5万亿元，债券结算量排名全国第9位。资金营运渠道进一步拓宽，加大优质短期融资券等企业信用类债券投资，积极拓展信贷资产转让业务，审慎开展双边报价业务。四是中间业务有新突破。除传统的结算、代理业务外，一些新兴业务，如企业融资顾问、财务顾问、银团贷款等出现了较快增长的态势。同时理财业务、基金代销业务、信用卡业务、国际结算业务等稳步推进。五是市场准入和业务创新取得积极进展。获得储蓄国债(电子式)、外汇即期买卖等业务的市场准入资格；推出公务卡、商务卡、“鑫风卡”、“鑫农卡”等信用卡产品链；推出“二手房贷款直通车”业务；借助澳新银行技术支持，开发了小企业房地产抵押融资组合产品、贸易融资组合产品。启动科技型中小企业融资业务试点，推出了股权质押融资、订单融资等创新产品。

风险管理持续加强。根据宏观经济形势与政策变化，调整优化信贷政策，科学引导信贷投向，有效贯彻“保增长、防风险”的工作要求；完善市场风险和流动性风险管理机制，推进资产负债管理系统建设；健全操作风险管理架构，明确操作风险及合规风险报告的程序和路径，加强与监管机构互动，加大合规支持业务创新力度；按照“规范、强化、提升”三个层次的工作要求，研究制定案件防控三年规划并组织实施；不良资产清收取得显著成效。

金融服务扎实推进，营运能力继续提升。按照新会计准则规范和调整会计核算体系，完成了会计政策变更和总账系统升级，成功实现了新、旧会计准则体系的转换；完善信息科技管理体制，实现了信息系统规划、建设、安全管理与运营保障等职能的分离，开展新一代信息系统架构体系规划，启动了企业服务总线、客户关系管理项目群、影像流平台、交换集中提回、灾备中心等重大基础项目建设。实现了个贷业务处理系统、外网网站、网上银行、短信平台等系统上线运行。成立了迎世博金融服务工作领导小组，建立和完善了工作推进机制；大力推进营业网点标准化建设，正式启用“上海农商银行”简称和新VI标识；加强支付环境建设，新增ATM等各类自助机具238台，新增POS机具1 584台，均超额完成迎世博任务。

据英国《银行家》杂志统计，按一级资本排序，上海农商银行在2009年全球最大1 000家商业银行中名列第340位，较2008年提升74位；在所有内地入选的商业银行中，排名第17位。在2009年度银监会合作部对全国农合系统省级联社(商业银行、合作银行)的综合经营能力排名中名列前茅。

(上海农商银行)

(二) 中资银行分行

1. 国家开发银行上海市分行

2009年，国家开发银行上海市分行深入贯彻落实中央“扩内需、促增长、调结构”的宏观调控政策，把握上海加快实现“四个率先”、加快推进国际金融中心和国际航运中心建设的机遇，着力支持重大项目、重点产业和民生领域项目，推动基层业务发展，稳步开展国际合作业务，完善内部管理体系，各项工作稳步发展。12月末，分行信贷资产1 885亿元，比年初增长171亿元，增幅9.97%，其中人民币贷款1 185亿元，增幅19.74%；外汇贷款36.68亿美元，减幅15.59%；当年累计发放各类贷款869亿元，其中表内人民币贷款493亿元，外币贷款26.24亿美元。日均存款91.81亿元，期末存款137亿元。表内不良贷款率0.32%，较上年同期降低0.8%，实现利润21.35亿元，同比增长12.51%。

上海市分行2009年度主要做了以下几方面工作：

1. 贯彻宏观政策，助力上海经济保增长

2009年4月24日，总行与上海市政府在京签署《金融发展合作备忘录》，为双方开展新一轮开发性金融合作奠定了良好基础。9月10日，与中共上海市委宣传部签订《推进上海市文化产业发展合作备忘录》，确立合作推进文化产业发展。12月15日，与上海市政府签定了《上海郊区城镇规划建设金融合作备忘录》，为分行参与上海郊区城镇建设搭建一个全新的平台。上海市分行还积极参加市政府牵头的金融“支持上海市经济社会发展”、“支持区县经济社会发展”、“上海市重点产业项目银企对接会”集中签约活动，签约金额达160亿元，列各行之首。2009年分行在上海地区投放人民币贷款余额新增195亿元，为历年最高，有力支持上海经济保增长。

2. 贯彻“规划先行”，以规划促进业务发展

分行将“规划先行”作为核心竞争力。积极参与政府“十二五”规划编制，支持上海“两个中心”建设。受上海市政府委托为规划发展财务顾问，参与上海重点新城、小城镇和其他城镇中长期发展规划编制工作，并与嘉定、奉贤、闵行和宝山区政府签署了郊区城镇开发建设项目合作协议。受托为浦东新区编制“十二五”规划的投融资规划。截止到12月末，分行已累计完成科学发展规划报告20个，包括区域规划、产业规划、战略客户、国别规划、业务规划、融资规划等六个方面。

3. 提升客户合作关系，积极牵头重点项目银团

充分发挥分行中长期贷款优势，深化与优质客户合作。先后与振华重工、东航集团、南方水泥、绿地集团、市委宣传部及文广传媒集团、外滩投资集团、城开集团等签订战略合作协议，涉及金额达1 350亿元人民币和100亿美元。继续深化与上海石化、中船集团、宝钢集团等优质客户的合作，提供外汇贷款、流动资金贷款等方面的融资服务。积极牵头重点项目银团，作为牵头行签订高速公路137亿元、长兴岛150亿元、远东租赁37亿元银团协议，成功取得六大保障性住房基地项目中3个项目银团牵头行地位。2009年新增银团贷款项目6个，其中联合牵头和牵头的银团4个。已累计有银团26个，涉及贷款115亿元。

4. 勇于竞争，立足长远，加大开发评审力度

2009年各银行对重大项目的竞争空前激烈，分行主动调整信贷结构，加大产业、房地产、文化传媒、环保等方面的合作。灵活调整融资方案，发挥“综合评审、整体承诺”等优势，对长兴岛开发、虹桥交通枢纽建设、振华海洋重工、远东租赁二期等一批项目及时提供了个性化金融服务。进行房地产贷款试点，积极支持旧区改造、保障性住房建设及小城镇建设，并取得突破：在开行率先完成绿地集团等商品住房、商业地产项目等房地产行业开发评审试点，成为上海保障性住房融资领域主力银行。分别与市委宣传部、市环保局合作，推进文化产业和环保产业。及时支持了世博演艺中心项目，在上海文化界取得很大反响。截至12月末，分行项目开发人民币674亿元，同比增长44%；外币81.94亿美元，同比增长131%；评审承诺贷款714亿元，其中人民币贷款619亿元，外汇贷款13.9亿美元。总、分行两级项目人民币储备总额达到2 133亿元，覆盖包括城市基础设施（含房地产）、电力、建材、船舶及产业基地、水运、信息电子、航空航天等多个行业。

5. 创新合作模式,多层次拓展外汇业务

2009年,分行挖掘重点客户需求,创新外汇贷款合作模式,开展境内外、系统内外多层次合作,拓展外汇业务。境内为重点产业客户度身定制融资方案,巩固并进一步发展了宝钢、石化等大企业的外汇业务合作,并围绕振华重工、电气集团两家大客户开展了外汇贷款创新试点。与振华重工签订了100亿美元的合作协议,通过"贷租联动",提供振华重工船舶出口项目2亿美元,支持了上海电气集团海外并购美国高斯项目4亿美元。开发了上海贝尔海外通讯等项目。积极推进境外业务,同澳大利亚新南威尔士州签订了合作备忘录,发放了澳大利亚伍德塞德石油公司、斐济电力、新西兰黄页等一批境外项目贷款。全年开发外币项目82亿美元,评审承诺外汇贷款13.9亿美元,发放外汇贷款26亿美元,目前在上海市外汇贷款市场份额排第二位。

6. 创新业务品种,拓展中间业务收入

加大创新研发力度,积极完善业务品种。上半年实现了系统内第一单理财产品"开盈稳健2009001号——沪通债权支持"企业理财产品4亿元发售成功。创新主承销的瑞穗银行10亿元金融债券正在进行中,成为中国境内外资银行发行金融债券的第一单。积极发挥与信托、保险、基金、租赁合作的经验和优势,为企业提供财务顾问服务,有效增强竞争力,主承销了浦发等企业债券,并与新长宁、丹化科技等多家企业签署了主承销意向协议。全年完成非利息收入1.9亿元,超额完成总行下达的计划。

7. 注重改善民生,积极化解信贷风险

按照总行党委转向民生、注重富民的发展思路,分行主动履行社会责任,重点支持低收入住房、科技贷款、台资企业、环境保护和以促进就业为主要目的的中小企业贷款等社会瓶颈领域。全年发放瓶颈领域贷款160亿元。加强信贷风险防范,注重对潜在风险项目的预测和管理,定期做好不同类型项目的压力测试,积极化解信贷风险。有效化解了北环高速14亿元不良贷款,回收百科、汉伦等不良贷款5 575万元。对于风险预警项目,提前制定预案,成功化解了广电富士、宇体光电、交大高清等潜在风险项目。年末不良贷款率为0.32%,较年初水平下降0.8个百分点。

(国开发)

2. 中国进出口银行上海分行

2009年,中国进出口银行上海分行认真贯彻国家产业政策、外经贸政策和金融政策,始终坚持政策性办行方向,本着"求真务实"和开拓创新的精神,灵活运用多种政策性金融工具,不断创新金融产品,加大国内外市场开发力度,努力提升金融服务水平,为优化产业结构和进出口商品结构,提升国内企业对外综合竞争能力,为贯彻国家"走出去"战略,促进国际经济合作,提升民族企业自主创新能力,发挥了应有的作用,做出了重要贡献。

1. 全力以赴,支持地方经济建设和发展

2009年以来,上海分行不畏国际金融危机的压力,主动参与市场竞争,抓住上海市"两个中心"建设的有利时机,全力加强经营辖区内的市场开拓力度,服务地方经济发展,取得了良好成绩。截至2009年12月末,上海分行各类贷款余额432.37亿元,比年初增长105.30亿元,增幅为32.19%。实现账面利润7.32亿元,比上年同期增加了3.40亿元,同比增长86.98%。在2009年的新增贷款中,多数投向了具有良好经济效益和社会效益、对改善民生、促进就业和支持地方外向型经济发展有积极意义的项目,充分体现了政策性金融机构积极践行企业社会责任,支持经济与社会可持续发展的经营管理理念。

2. 开拓创新,不断完善金融服务功能

上海分行始终坚持科学发展理念,勇于创新、善于创新。2009年以来,上海分行除了继续发展传统出口信贷业务、对外工程承包贷款业务、境外投资贷款业务以及贸易融资业务外,重点创新拓展了国际物流运输服务贸易贷款、进口信贷贷款、旅游文化国际化贷款等七项新贷款业务品种。据统计，上述创新类贷款余额已占全部贷款余额的18%，银行信贷结构进一步调整和优化。

3. 发挥优势，加大对外向型经济支持力度

上海分行自成立以来，积极发挥在人才、资源和信息方面的优势，全力打造集境外投资贷款、对外承包工程贷款、一揽子合作贷款、保函等多位一体的"走出去"融资业务体系，为企业"走出去"提供全方位、多样化的金融服务。上海分行积极响应国家号召，加大对机电产品和高新技术产品的扶持力度，特别是对拥有自主知识产权、自主品牌和核心技术产品，以及船舶、大型机械设备等产业链条长、带动效应大的产品的出口支持，较好地发挥了政策性金融支持和服务外向型经济调整、改革与发展的导向作用。目前，上海分行船舶类以及成套设备出口贷款余额占全部贷款余额的11%，为上海市装备制造企业参与国际竞争提供了积极有效的融资支持。

4. 扎根当地，支持上海"两个中心"建设

2009年11月17日，中国进出口银行与上海市人民政府签署了《关于推进上海建设国际金融中心和国际航运中心金融发展合作备忘录》，此举是加强银政合作，谋求共同发展的重要举措，标志着双方的战略合作关系进入新的阶段，提升至新的层次。同时，中国进出口银行上海分行与太平洋造船集团旗下香港皇冠船舶有限公司签署了4.83亿元人民币船舶出口买方信贷项目贷款协议，此举标志着中国进出口银行人民币船舶出口买方信贷业务已进入实质性操作阶段，为支持上海国际金融中心建设迈出了重要步伐。

（进出口银行）

3. 中国农业发展银行上海市分行

2009年，中国农业发展银行上海市分行认真贯彻执行国家宏观调控和扩内需促增长的政策措施，坚持把强化信贷支农、加快业务持续有效发展作为第一要务；把防控风险作为生命线；把健全制度、打牢基础、抓住基层，增强执行力作为着力点；把强化队伍建设作为确保和谐的有力保证。多措并举，稳健经营，努力谋求发展，较好履行了农业政策性金融职能，有力支持了上海新农村建设和都市现代农业发展，各项工作取得了显著成效。截至12月末，全年累计发放各类贷款671.55亿元，同比多投放598.57亿元。年末各项存款余额34.14亿元，比年初增加5.59亿元。全年实现账面盈利3.06亿元，人均利润102.9万元。不良贷款余额7 702.15万元，比年初下降711万元，较年初下降0.51个百分点。

2009年，面对粮食市场供需状况日趋复杂和价格持续不稳的情况，分行坚定政策性银行的办行方向，进一步加强对中央和地方储备贷款的供应和管理，维护了上海粮棉油市场的稳定。全年累计投放粮油储备、收购、调控贷款47.3亿元，调入粮食158 463万公斤、油脂11 455万公斤。商业性业务实现突破性进展，尤其是农村基础设施建设、农业综合开发、县域城镇建设、农村流通体系等中长期贷款业务持续增长。全年累计投放商业性贷款190 171万元，新增中长期贷款项目26个，产业化龙头企业和加工企业贷款客户2个。特别是抓住机遇，积极开展有针对性的业务营销，为世博配套工程——南汇生态专项建设项目提供融资200 000万元。年内已投放首期贷款20 000万元。加强与同业互动及与总行的联动，有效打开了同业存款业务空间，业务总量大幅增加，票据业务实现快速发展，市场网络建设渐显成效，与长三角地区17家银行形成了业务往来。全年累计办理票据转贴现867亿元，办理同业存款78亿元，存出753.4亿元。

一年来，分行经营管理水平有了新的提高。信贷基础管理进一步夯实，明确了"三个中心"职能定位、操作流程和岗位职责，分行各中心之间以及与基层行之间的工作流程进一步明确，贷款办理中各层级、各环节职责不明、效率不高的问题得到初步解决。加强信贷制度建设，制定了信贷业务政策指引、客户经理尽职管理、贷款独立审查官、贷款资金支付管理、贷款风险重大事项报告等制度办法。信贷管理电子化步伐进一步加快，开发和推广网上办贷流程跟踪管理系统、事务管理系统信贷管理模块，办贷效率和信贷工作质量有较大提高。风险防控责任体系进一步完善，建立完善分支行两级信贷风险防控分析例会制度，推行了风险经理制，明确了各环节风险防控职责。组织开展了风险及案件专项排查工作，案件和事故隐患得到有效清除。加强不良贷款处置管理，全年现金清收不良贷款 51 万元，核销呆账 660 万元。强化资金调度管理，保证了大小额支付系统顺利清算，确保了基层行合理资金供应，加大头寸占用监测和控制力度，资金成本得到有效控制。改善了信贷计划资源配置，全年确保了信贷计划需求。加强会计基础管理，完成了综合柜员制、上海支付结算系统、综合业务系统二期等上线运行及改造，构建了反洗钱工作框架体系，推进了收购资金非现金结算试点，提高了结算服务质量和效率，结算风险得到有效控制。加强了内控机制建设，新制定各类规章制度 23 个，修订完善各类规章制度 22 个；加大对信贷业务的审计力度，内外部审计发现的问题得到了有效整改。队伍建设进一步加强，建立了年轻干部选拔培养、干部任用交流和退出机制，在基层行推行了财会综合柜员制和岗位绩效考核、员工双向选择、竞争上岗等改革。认真贯彻落实反腐倡廉各项工作举措，对廉洁办贷“十禁止”、“十不准”落实情况进行了重点督查。加强安全教育，强化了重要部位的安全防范和检查，确保了各个重要时期的安全稳定。

（魏继斌）

4. 中国工商银行股份有限公司上海市分行

2009 年，中国工商银行上海市分行努力解放思想，紧紧抓住上海“两个中心”建设的历史机遇，积极拓展优质市场，各项业务取得重大突破，效益质量稳步提升。

一是经营业绩再创历史新高。信贷发展速度实现历史性跨越，固定资产支持融资、贸易融资、小企业贷款等多元化资产业务品种快速发展，郊区法人资产业务增量占到半壁江山，成为新增长点。资产质量持续改善，实现不良贷款余额和不良率连续 12 年双下降。各项存款继续保持规模和增量四大行第一的优势地位，三项存款增长逾 1 500 亿元。中间业务成为利润增长新引擎，其中理财类业务收益贡献大幅提升；银团牵头安排、承销短期融资券和中期票据市场同业占比继续保持领先；信用卡再掀营销热潮，年发卡量超百万；电子银行客户继续保持快速发展，客户数占据同业半壁江山，网银交易额突破历史纪录。业务快速发展带来显著的经营效益，在全行业利润普遍下降情况下，全年经营利润保持了稳定。

二是金融产品创新活跃。2009 年，工行正式成立产品创新部，围绕重点业务、优质客户、热点市场需求积极开展产品创新，推出了一批具有区域特色和竞争力的新产品。在渠道结算类产品方面，社保缴费项目正式实施，成为社保财政专户和缴费账户的唯一存款行；成功开立系统内首个 NRA 账户，办理上海首单跨境贸易人民币结算业务；推出网上供应链融资、第三方存管直通车等新项目；全球现金管理业务取得新突破。在融资服务类产品方面，完成系统和同业首单并购贷款，叙做国内第一单外资并购财务顾问业务。在财资类产品方面，贵金属业务取得新突破，先后推出“如意金钱”、“如意金条”、黄金递延业务、黄金积存等系列化产品，企业年金、资产托管业务快速发展。在渠道建设方面，创新推出沪上首家地铁银行，有力提升了工行品牌形象。在合作共赢方面，围绕上海“两个中心”建设，推进总行与上海市政府签订了战略合作协议；与总行在沪机构、金融同业加强合作，实现了跨境、跨市场、跨机构业务新突破。

三是创优金融服务提升品牌。以世博服务为契机，推进世博优质服务建设。调整全行服务组织架构及职能，建立了由行领导担任主任委员的服务管理委员会，相关业务部门作为成员单位。将客户服务中心调整为服务管理委员会下设机构，负责全行客户投诉的集中处理。在分行办公室成立了品牌与服务管理机构，负责规划全行服务体系、承担服务牵头管理职能，包括制定服务管理规章制度，明确服务标准，开展现场检查，协调解决重大服务投诉等。进一步完善服务质量考核制度，明确服务工作由各级“一把手”负总责。推进各层面服务培训，世博服务培训覆盖面已达到一线窗口服务人员的100%，培训内容既突出迎世博服务礼仪、英语、手语交际会话、世博文明知识等，也突出理财、外汇等专业服务知识和资质培训。以“满意在工行”主题活动为载体，先后开展“有声+微笑”服务竞赛、征集服务案例选集等各类服务宣传评比活动。通过不断提升服务质量，涌现出了一批又一批服务先进集体和个人。在中国银行业协会组织的全国银行业“百佳”金融机构评选中，工行上海分行营业部成为上海市5个“百佳”银行网点之一。

四是强化内控管理夯实基础。2009年的管理创新重点是进一步提升内控管理水平。在思想上，开展警示教育活动，增强内控案防意识，认真总结案件教训，开展查漏排疑，消除风险隐患。在制度上，进一步完善各层业务制度办法，推进网点操作规范化管理；推进审批垂直集中管理和专职审议制度。在方法上，创新硬控制手段，率先投产业务集约化、风险点监督体系及远程授权三大改革项目；率先实现个贷电子化审批；推进报表集中管理，加快统计工作集约化。落实总行信贷业务现场检查要求，提高基础管理工作水平。

五是以人为本文化兴行。认真开展深入学习实践科学发展观活动，启动中年员工培训计划，积极拓宽员工职业发展通道。成立企业文化部，举办纪念建党88周年，庆祝建国60周年、评选表彰“感动工行——上海分行十大好人好事”、启动行史编写等系列大型企业文化活动，弘扬优秀文化。推进凝聚力工程，着力把业务发展和人的发展结合起来，构建员工与企业和谐发展、共同成长的价值体系。

（沪工行）

5. 中国农业银行股份有限公司上海市分行

2009年中国农业银行股份有限公司上海市分行围绕保发展、调结构、控风险、夯基础、强队伍的工作主线，扎实推进经营战略转型和精细化管理，各项工作取得了新的成绩。

1. 业务规模持续增长，不良贷款实现“双降”

截至年末，全行资产总量达到4 888.11亿元，增幅为21.36%；各项存款余额3 817.40亿元，比年初增加502.60亿元，增幅为15.16%。各项贷款余额2 224.72亿元，比年初增加248.90亿元，增幅为12.60%。同业存款余额588.35亿元，比年初增加236.05亿元，增幅为67%。年内清收不良贷款39.92亿元，压降潜在风险客户贷款19.20亿元，年末不良贷款余额64.10亿元，比年初减少10.11亿元，占比下降0.88个百分点。实现中间业务收入18.88亿元，中间业务收入占比同比提高了3.97个百分点。共实现拨备前利润66.32亿元，拨备后利润42.59亿元。

2. 推进业务经营转型，客户结构和业务结构进一步优化

（1）进一步加大重点客户拓展力度。与宝钢集团、上汽集团、国盛集团、中国商飞公司等国家级、市级重点企业以及瑞安集团、世贸集团、盛高置业等优质房地产企业签订了银企合作协议，开展全面战略合作。提高了对上海市土地储备中心和上海城市建设投资开发总公司的授信额度，成为上海中心大厦银团贷款的牵头行。全行法人优良客户贷款余额占比较年初提高10.86个百分点，AA级以上客户贷款余额占比较年初提高12.26个百分点。全行三星级及以上个人客户数达到8.59万户，增幅达125%，存款500万元以上或金融资产800万元以上私人银行客户达到566户，人均金融资产1 009万元。

（2）积极推进中小企业和“三农”业务发展。分行设立小企业金融部和三农金融部，在三家支行试点成立小企业金融服务中心，放开小企业客户信贷业务审批权，重点对小企业简式快速贷款和中投保政策性担保贷款业务进行创新，新发展中小企业460户、发放贷款88亿元。制定了农民专业合作社流动资金贷款管理办法和农户贷款管理办法，与市农委开展全面战略合作，涉农对公贷款达29.09亿元，比年初增加10.73亿元；共发放农户贷款134笔，贷款余额2 171万元。

（3）实行个人板块统一领导，理顺个人业务管理体制。将第三方存管业务与“双利丰”业务、短期理财产品对接，将代发工资业务与储蓄增值服务功能对接，提高资金留存率。年末全行人民币储蓄存款余额比年初增加了252.56亿元，增幅15.19%。

(4) 个人住房贷款业务增势强劲。狠抓楼盘按揭配比，加强与二手房中介公司的合作，全年个人住房贷款共投放168.42亿元，同比增加124.28亿元。

(5) 全力推进了中间业务发展。将中间业务营销业绩与收入直接挂钩，提高员工营销积极性。基金工作在总行年度评比中荣获一等奖，实物黄金销售在系统内排名第二；电子渠道金融交易占比达57%；贷记卡新增发卡量26.48万张；完成国际结算量372.6亿美元，结售汇113.8亿美元。全行中间业务收入达到18.88亿元。

(6) 加强网点改造建设力度，努力实现“网点分类、功能分区、业务分流、客户分层、产品分销”的目标。63%的网点设置了开放式低柜；46%的网点设置了供客户经理和理财经理独立使用的理财工作室；35%的网点开辟了贵宾理财区。新增自助设备448台、自助银行32家，在23家支行建立了82个网银体验区，有力推进了电子银行业务的发展。积极推进网点经营战略转型，完成了250个网点的“文明标准服务导入”工作。

3. 深化体制机制改革，推动业务经营持续有效发展

(1) 调整理顺全行营销体系。对非管辖支行实行派驻或派出营销团队以及营销团队星级分类标准，构建以分行为主导、支行为主力、网点为基础的三级营销组织架构。

(2) 完善优化绩效考核办法。进一步提升绩效考核对全行业务经营的促进作用，淡化计划任务，突出市场份额，提高综合指标考核挂钩比例，同时合理微调会计业务量和专项考核计价单价，并实行绩效工资配置与考核办法挂钩。

(3) 深化信贷审批体制改革。分行设立信贷业务审查审批中心个贷部，实行“会议审批、合议审批、直接审批”三位一体审批模式，加强对不同行业的分类指导。积极支持信贷有效需求，推进信贷结构战略性调整。

4. 加强风险管理和内控管理，风险防范能力和内控管理水平进一步提升

(1) 强化全面风险管理。建立健全信用风险识别报告制度、合规风险识别管理制度等风险管理制度。按季发布全面风险报告，有效促进了风险的防范、控制和化解。

(2) 强化风险分类与减值拨备工作。组织推行信贷资产十二级分类，顺利完成由五级分类向十二级分类的过渡。加强资产减值测试管理，审慎充足计提拨备，进一步提高风险抵补能力。

(3) 强化不良贷款控制清收工作。完成了委托资产处置组织机构体系建设，按照“依法合规、分账核算、分类管理、强化管理”的原则，依法合规、审慎稳妥地开展委托资产处置工作。自营不良贷款实行“经营行属地管理”管理模式，全面落实按户管理制度和分类处置政策，全年共清收不良贷款39.92亿元。

(4) 强化内控合规管理和案件防控工作，建立覆盖各业务条线、各级经营机构的合规管理网络体系。开展内控评价，全力推广操作风险报告系统，组织开展大规模案件排查工作，全年无重大案件事故发生。

5. 推进精细化管理工作，管理基础进一步夯实

(1) 创新运营管理体系运作模式，加快后台集约化作业改革步伐，完成了分行ATM配送中心整体接收、个人资料影像中心管理、远程监控中心联网运行、全国支票影像系统业务并入票据集中提回中心等后台业务集中处理工作，大力推进电子化对账进程，提高了管理效率、降低管理成本和风险。

(2) 加强贷后监管，推进授信执行精细化。建立了贷后管理方案上报制度和贷后风险季度报告制度，对政府投资项目授信执行制定了个性化的贷后管理制度；加强了集团客户授信业务风险管理，调整完善了集团客户的认定和管理模式；进一步注重贷款项目评估，控制贷款风险。

(3) 强化科技支撑，加强创新工作。分行成立产品研发部和产品创新与管理委员会，初步建立了产品创新工作推进架构。共完成产品研发

36项，开发推广业务受理系统等分行应用管理系统9个，综合信息分析系统等总行应用管理系统26个，完成城域网扩建网点380家，信息安全管理全面导入并通过ISO27001体系认证，生产系统保持平稳运行，为业务经营提供了有力保障。

（沪农行）

6. 中国银行股份有限公司上海市分行

2009年，中国银行上海市分行坚持以科学发展观为统领，紧紧围绕"抓机遇、勇争先、克难关、促增长"的工作方针，迎难而上，开拓进取，取得了良好的经营业绩。

资产负债规模创历史新高，市场竞争力不断加强。分行认真落实党中央关于"保增长、扩内需、调结构"的部署要求，抢抓业务发展机遇和市场先机，不断提高自主创新能力和整体服务水平，本外币资产负债规模创历史新高，市场竞争力不断加强。截至年末，全行本外币存贷款余额分别较年初增长了28.2%和42.87%；外币储蓄存款、公司存款以及外币贷款市场份额分别达到35.86%、17.67%和21.80%，继续领先同业；人民币消费贷款市场份额继续位列同业第一，人民币储蓄存款、公司存款和公司贷款市场份额分别较上年末上升了0.18个、1.35个和0.43个百分点，上升幅度均列四大行首位。

全力支持上海"两个中心"建设，加快创新发展步伐。上海"两个中心"建设相关政策措施出台后，中国银行总、分行迅速成立了支持推进上海"两个中心"建设工作小组，积极制定全力支持上海"两个中心"建设的具体落实措施：一是与上海市政府签署战略合作备忘录，就加快实现上海发展现代服务业和先进制造业、建设"两个中心"的发展目标达成一致合作意向；二是凭借在国际结算领域的传统优势，成功叙做首笔跨境贸易人民币结算业务，全年累计业务量突破10亿元大关，遥遥领先市场同业；三是积极筹建消费金融公司和中银通支付商务有限公司，便利市民金融消费选择，推动上海消费金融业务发展；四是率先成立国际航运金融服务中心，推出了从产品推介、结算操作到营销支持的一站式服务；五是逐条对照《上海国际金融中心和国际航运中心建设2009年重点工作安排和部分分工》，加快创新步伐，成功叙做了上海首笔中小企业知识产权质押融资贷款业务，同时在并购贷款、供应链融资等业务上取得了重大突破。

狠抓世博金融服务，努力提升窗口形象。分行高度重视世博金融服务工作，成立了迎世博金融服务领导小组和工作小组，制定具体的实施方案。一是制定、完善统一的服务标准，强化行为礼仪、微笑有声服务；二是开展大规模的宣传、培训；三是规范网点各类人员职责，大力加强大堂经理的服务引导，以及路支行行长的服务质量控制作用；四是建立两级示范网点，树立标杆效应；五是启动网点服务质量监控体系，开展密集的自查、实地和录像检查。通过一系列措施，分行狠抓窗口服务质量的工作初见成效，全辖网点服务意识得到普遍提高，服务质量和服务水准明显提升，有多家单位荣获市金融工委授予的迎世博"优质服务贡献奖"。

（沪中行）

7. 中国建设银行股份有限公司上海市分行

2009年，建行上海市分行以科学发展观为指导，认真贯彻中央经济金融工作方针政策和建总行发展战略，积极应对国际金融危机冲击，全面完成了综合经营计划和各项工作任务，取得了良好的业绩。

全面完成综合经营计划，市场地位稳中有升。全行全年实现拨备前利润人均连续第二年超百万元。不良贷款持续"双降"。中间业务市场份额上升，收入结构进一步优化。围绕国家"保增长、防风险、调结构"的政策目标和金融支持经济发展的要求，重点支持本市重大基础设施项目、重点产业项目和产业升级项目、民生工程、优质中小企业和有竞争优势的房地产企业，支持世博及配套建设，支持保障性住房建设，增加医疗卫生机构和教育单位贷款，满足民生领域信贷需求。各项贷款新增近400亿元。

业务转型取得新的进展。积极推进业务转型,培育新的利润增长点,成效显著。军队武警存款市场份额提高。积极拓展保障性住房市场金融服务,做好公积金和维修资金归集。投资银行业务快速增长,债务融资工具承销158亿元,在上海市场排名第一。理财产品创新取得突破,发行204.9亿元,树立了建行理财业务品牌。财富管理与私人银行客户增长和金融资产增长迅速。跨境贸易人民币结算在全国领先,外汇交易中心清算业务成效明显,出口买方信贷业务实现零的突破。

渠道建设和服务质量进一步提升。加强了个人客户经理队伍建设,人员较年初快速增长,提升了个人中高端客户关系维护能力和零售产品销售能力。全行累计开通运行ATM 880台、CDS 602台,建成开业附行式自助银行202家、离行式自助银行18家。高度重视做好世博金融服务的准备工作,制定服务规范,加强员工培训,完善服务设施建设,结合转型网点服务流程规范,明确服务标准,加强网点服务检查整改,努力改善窗口服务形象。各类渠道的客户服务水平稳步提高,客户投诉稳步下降。

业务运行总体上保持平稳。稳步推行大中型客户平行作业和审批集约化管理,强化重大信贷风险事项的跟踪管理,及时处置化解重大信贷风险,努力防范和控制信用风险。不断健全操作风险管理框架,努力加强重点领域管控,持续开展案件风险排查,尝试开展市场风险管理。认真落实案件防控责任制,完善操作风险管理制度,加强营业柜面管理,增强柜面人员风险意识和内控意识。实施了营业管理体制改革,增强了柜面交易和后台营运操作风险控制能力,有效防范了操作和支付结算风险。加强了营业场所的安全检查和管理,认真落实迎世博安全保卫工作措施,全行运行总体保持平稳。

以改革创新精神推进经营管理水平提升。大力推进体制机制创新,调整和完善业务模式,加强风险管理、业绩管理和成本管理,不断努力提高经营管理水平。深化经营体制改革。对浦东地区六家综合型支行进行了整合,优化了分行在浦东地区网点资源、人力资源、信贷资源配置,建立了浦东地区条线经营责任体系,增强了整体竞争力。按照专业专注原则,推进专业化经营机构建设,成立了小企业金融服务部、网络银行部、总行票据业务分中心和个人贷款专营中心。新设了分行产品创新与质量管理部,完善产品创新组织架构和一体化管理体系。完善考核激励和薪酬分配机制。探索改进业绩考核评价方法,细化经营单位关键业绩评价指标,对重点中间业务产品进行专项激励,促进战略性目标的实现。增强条线经营管理和资源配置能力,强化了对公和零售条线的经营责任体系,优化了条线资源配置、目标管理、绩效考核机制。采取了改进成本管理的十大措施,控制在行外召开会议,反对奢侈浪费,逐步搭建以责任制为特征的全面成本管理框架。深化风险条线集约化管理,继续推进专职贷款审批人集中管理,适当上收信贷审批权,探索信贷集中审批,推进了全行风险偏好的统一。推进不良资产经营模式改革,资产保全业务集中经营成效进一步显现。

（蒋菊华）

8. 交通银行股份有限公司上海市分行

2009年,交行上海市分行加快业务发展、优化业务结构、丰富管理模式、促进和谐建设,经营业绩大幅提升。

一是各项业务保持高位、协调运行,整体发展迈上新台阶。主体业务连续进位,人民币对公实质性贷款余额同业排名较年初上升1位至第6位;个人消费贷款排名晋升2位;储蓄存款市场占比较年初提高0.24个百分点。资产质量稳步提升,全年不良贷款余额环比分别下降2.68亿元和0.6个百分点。个贷不良余额、不良率、逾期额、逾期率持续保持“四降”。

二是业务创新亮点频现,各项业务取得新突破。积极抢抓发展机遇,加大重大项目营销拓展力度,与上海电气等重点客户签订合作协议,与轨道交通、虹桥枢纽等重大项目合作紧密度进一步提升,成功牵头筹组了上海中心等银团贷款项目。不断丰富业务品种,成功办理全国钢铁业首笔并购贷款、发行全国城投类中期票据第一单、推出融资租赁项下的国内保理业务、首发挂钩应收款的对公理财产品，为分行深化客户关系、提升业务综合回报率奠定了扎实基础。充分利用分行信贷资产、信托计划、票据等资源，连续发行理财产品125期，率先推出“定期定额跨行转账”业务，成为上海市存量房监管首批试点银行和全市首家拥有交易服务机构密钥的金融机构。在同业首推张江企业易贷通及市场、供应链等小企业融资新模式，获得了新闻联播、《解放日报》等新闻媒体的高度关注和肯定。勇夺国内同业代理行清算跨境贸易人民币结算业务的第一单和第二单，全年分行完成国际结算量296亿美元，比上年同期增长6.8%。成功营销光大证券公司IPO募集资金专户，取得多笔金融债主承销资格。人民币非信贷资金业务规模在人民币总资产中的规模占比过半，人民币非信贷资金运作收入在全行人民币业务总收入中占比达三分之一，资金交易总规模在全国分行级交易单位中保持第一。银行卡及电子银行业务快速发展，银行卡中间业务收入同比增幅26%；收单业务量同比增幅29%，在五大行中排名第一。

三是全力备战上海世博会，进一步大力提升分行服务质量。创新金融产品，为完善世博支付环境助力。在全国同业首创自动售货机银行卡小额支付系统，首推能够受理国际通行的各类信用卡取现等功能的ATM机，率先推出移动手机支付业务和POS间直联混用支付模式，为改善客户体验作出了积极贡献。创新服务管理模式，进一步提升服务水平。在上海中资银行窗口服务质量指数测评中获得了第一名，并有1家网点获得上海市“世博服务卓越奖”，3家网点被评为五星级“优质服务网点”。创新网点设计理念，优化网点设施环境。完成网点新建1家，迁址及改造6家，网点原址改造12家，新建离行式自助银行8家(未包含世博网点及配套项目)。创新主题宣传活动，促进世博理念的传播推广。组织动员全行员工开展“靓丽风采迎世博”等系列主题活动；公开招募世博金融见习生，在满足世博金融服务阶段性人员缺口的同时，有效缓解了社会就业压力。

(沪交行)

交通银行上海市分行大楼

9. 上海浦东发展银行股份有限公司上海分行

浦发银行上海分行前身为成立于1998年10月的原浦发银行上海地区总部，2006年4月19日正式更名为浦发银行上海分行，进一步完善了上市股份制商业银行的公司治理结构，满足了“一级法人、授权经营”的经营管理要求，也充分体现了“植根上海发展、服务区域经济”的初衷依托总行所在地的强大地缘优势以及多年来的发展积累，上海分行始终在本地股份制商业银行中保持领先地位。

结合上海区域经济特点和远期发展规划，浦发银行上海分行全辖现为分行、区域支行、二级支行的三级组织架构体系，各级组织机构职能分工清晰，经营单位定位明确，市场与客户目标各有侧重。截至2009年底，浦发银行上海分行共有120家经营机构，其中按照区域支行标准配置的经营机构27家，按照二级支行标准配置的经营机构

93家，2009年浦发银行上海分行辖属75家营业网点被上海市金融文明办评为“三星级”以上，多家营业网点成为行业服务示范单位。同时，浦发银行上海分行在全市建立124家自助银行，布设近800台自助设备，并且在推广外币自助兑换设备方面具有领先优势。

近年来，浦发银行上海分行紧密围绕总行科学发展规划，切实加快业务发展与战略转型，经营效益不断增长，存贷款规模迅速扩大，不良贷款持续实现“双降”，实现效益、规模、质量的均衡发展。截至2009年末，浦发银行上海分行总资产规模近2 707亿元，本外币一般存款余额达到2 206亿元，本外币贷款余额达到1 220亿元。浦发银行上海分行始终坚持将企业发展与区域社会发展、经济建设、结构转型保持紧密联动，积极适应和把握上海总部经济特征，发挥自身公司银行业务的传统强项，着力支持和参与上海地区重大基础建设和环保项目。2009年，上海分行在东海大桥海上风电项目、长兴岛国家海洋装备产业基地、虹桥枢纽港建设、城投高速公路、青草沙水源工程等重大项目中担任银团贷款牵头行。

在中小企业金融业务方面，浦发银行上海分行在2009年成立中小企业专营机构，构建辐射全辖的中小业务发展高地，迅速实现机制到位、人员到位、制度到位，在不到半年时间，实现中小贷款余额突破亿元，增长超过54%的成绩；同时，在高新科技中小企业金融服务方面，浦发银行上海分行着力打造自身特色品牌，形成知识产权质押、贸易现金流评估、多方担保平台合作、投贷联动等具备批量操作条件的金融创新业务。

作为国际金融中心城市，上海居民金融服务需求增长速度在全国居于前列，浦发银行上海分行密切把握国内居民个人财富快速累积的有利时机，大力推动战略转型步伐，积极转变经营模式，努力促进经营结构、收入结构和客户结构的全面优化。目前，在上海地区个人客户总量超过340万户，其中优质客户超过25万户，贵宾客户4.6万户，并以每年近1.5万户的速度迅速增加。截至2009年底，浦发银行上海分行个人储蓄存款规模接近500亿元，个人信贷余额超过270亿元。初步实现了公司和个人业务均衡发展。

（浦发银行）

10. 中信银行股份有限公司上海分行

2009年，中信银行上海分行通过继续推进集约经营和集中管控，实现了全行质量、规模、效益的持续协调发展和经营管理水平的进一步提升。分行各项业务承接前两年快速稳健发展的态势，继续实现了稳步发展，取得了喜人的成绩。存贷款增幅均超过同业平均水平，市场地位和社会知名度也进一步得到提升。

截至2009年年末，中信银行上海分行本外币各项存款总额1 176亿元，比年初增加402亿元，增幅52%；本外币一般性存款总额771亿元，比年初增加204亿元，增幅36%；本外币贷款总额521亿元，比年初增加167亿元，增幅47%；其中本外币一般贷款余额比年初增加143亿元，增幅42%；票据融资余额比年初增加25亿元，增幅170%。

在规模快速发展的同时，中信银行上海分行资产质量始终保持同业领先水平。年末，不良贷款余额比年初下降1亿；不良率0.41%，比年初下降了0.47个百分点，实现了不良贷款双下降。年末信贷拨备覆盖率达到296%。2009年，中信银行上海分行中间业务收入同比增长33.71%，占比达到11.69%，比2008年增加了3.66个百分点。

1. 公司业务继续快速增长，多元化拓展成效明显

2009年，中信银行上海分行紧抓建设“两个中心”的大好契机，一方面继续坚持“双优双主”的原则、深化“经营客户”的理念，强化传统主流业务；另一方面，结合国家政策和上海经济产业的调整，加快业务创新的发起推进，先后在污水环保、世博配套、市区经济适用房项目、经营性物业贷款、租赁公司融资业务、有色金属质押、无追索票据融资、部分市级担保公司等业务上加强了业务拓展和流程设计，使其发挥以点带面的效果，大大

促进了公司业务的全新发展。

2009年，上海分行国际业务较好地克服了进出口形势变化带来的业务下降问题，收付汇量实现逆势上扬，收付汇量在上海地区的市场份额逐年提升。与此同时，上海分行是上海地区第四家成功办理跨境贸易人民币结算业务的分行，更在全国率先开通了对韩国跨境贸易人民币结算业务。资金资本业务通过积极深度挖掘、了解客户需求和积极调整业务策略，较好地完成了总行下达的各项计划指标。

2. 零售业务继续保持稳步发展

围绕服务中高端客户的经营要求，2009年，中信银行上海分行继续着手零售队伍、体系、渠道的培养和建设，大力开展营销活动，积极与非银行金融机构进行合作，共享客户资源，并进行产品开发和交叉销售，取得了一定成效。分行以借记卡为核心，从代发工资、借贷关联、汇金宝、特色卡和增值服务等方面入手，认真组织、策划、参与各类市场营销活动，通过开展百场理财讲座、积极参与上海2009年购物节营销活动并获得“最佳组织奖”、与信用卡中心共同举行“惠动全城”大型营销活动等举措，实现了较好的经营业绩。

3. 投资银行和金融同业业务开展有声有色

2009年，中信银行上海分行投行和同业业务围绕开发客户、争抢市场、提高收益的目标大力拓展市场，分行一方面努力提高投行业务主线的技术支撑和组织、推动能力，另一方面有效引导经营机构在业务开展过程将投行、托管业务与其他银行业务相结合，联动撬动传统的资产负债业务，帮助切入营销难度大的重点客户，并实现公司业务的做大、做全、做深。2009年全年，投资银行业务重点业务创新5项，系统内获得投资银行业务组织推动奖，综合考评名列系统前茅。托管业务实现重点业务创新5项，系统内获得托管业务综合奖和企业年金业务拓展奖，综合考评全国第二。

同业业务在2009年致力于深化与核心客户的全方位合作，并紧跟政策和市场变化，大力开展泛金融业务合作，同业市场份额再跃新高，推动分行同业业务朝着合作客户多样化、业务经营专业化、业务管理科学化的方向发展。

4. 风控措施取得实效，保障全行稳步前行

2009年，上海分行进一步加强合规内控管理，保障全行平稳运行；积极控制授信风险，取得了较大成效；努力强化对操作风险的有效管控，其中，上海分行凭借着较高的汇款作业品质在全球4 500家参选银行中脱颖而出，首次获得摩根大通银行总部授予的美元清算“MT103质量认证”奖项，并且在托管营运和账务集中项目上线工作中表现突出，荣获总行“托管营运奖”和“账务集中优秀组织奖”。

5. 积极做好迎世博各项工作

为在世博期间提供优质的金融服务，中信银行上海分行2009年完成了全行自助银行网点和设备改造的工作，进一步完善了服务体系，提升了服务能力；分行大力依托生产信息系统，优化流程、控制风险，以安全运行、高效服务为抓手，切实有序地保障信息系统安全运行；分行还进一步完善应急保障体系建设，更新了相关操作细则并进行应急演练，内容覆盖了核心网络设备、机房电力设备、支行电力设备、银行卡交易平台、大小额支付系统、自助设备、人行综合业务系统和分行密管平台等等，积极提升了应对突发事件的能力。同时，根据世博工作相关要求，分行努力提高安保水平，做好全辖自助设施安防整改，充分发挥监控中心平台作用，并进行业务功能的进一步拓展。

（中信银行）

11. 中国光大银行股份有限公司上海分行

2009年是光大银行上海分行实现网点和业务大发展、分行大楼顺利迁新址的一年，也是庆贺成立十五周年的喜庆之年。上海分行坚定贯彻落实总行发展战略，以合规稳健和加快发展为主线，顺势而为，着力调结构、防风险、提效能，扎实推进各项经营管理工作，对公业务实现迅猛增长，零售业务在系统内始终处于领先地位，各项主要指标提前超额完成总行下达计划，名列系统内前茅，多项指标创出历史新高，营业网点超过 40 家。同时，通过“阳光服务工程”建设，品牌形象得到极大提升。2009 年度荣获总行先进单位贡献奖、中国人民银行上海总部“上海银行业科技管理奖”和“上海市借款企业资信评估工作先进集体”称号。在 2009 年下半年上海市银行业窗口服务质量指数测评中该行位居营业网点数量在 100 个以下银行的第二名，成为服务质量上升最快的银行。

1. 以业务发展为主线，各项主要指标名列系统内前茅

（1）强力营销、调整结构，公司业务规模增长首次超本地 GDP。根据总行重点支持的行业导向和上海地区产业特点，上海分行主动调整行业和客户结构，挖掘新客户群，提升与上海产业吻合度，改变了多年来业务发展低于本地 GDP 增速的局面。年末，上海分行对公客户数、对公授信企业户数增幅较大，其中，中小企业授信客户数、货押业务客户数显著增加，业务的稳定性有了较大提高，对公客户结构调整取得显著成效。货押业务成绩突出，成为融资业务增长亮点，货押业务余额、累计发生额和新增客户数三项指标均居系统内第一。

（2）做大理财和个贷、稳步增存，零售业务始终保持系统内领先地位。通过重点产品带动，年内累计销售阳光理财系列产品近 120 亿元，理财产品销售、理财资产余额及理财业务收入均实现了快速增长，理财销量和增量均在系统内排名第一。抢抓机遇，个人贷款业务规模和新增均居系统内第一。以代发业务和第三方存管业务为依托，有效推动对私存款的增长。出国金融业务系统内排名第二，“点金通”个人黄金业务系统内稳居第一，对私中间业务收入突破亿元，对私业务实现盈利局面。

（3）构建合作平台，拓展同业市场，投行和托管业务取得突破性进展。大力拓展同业客户群体，努力构建大同业合作平台。同业资产与负债指标增量和总量均名列系统内第一，短融与中票承销保持领先，在上海同业发行规模占比 30%左右。全年托管品种日益丰富，涵盖专户资产托管、证券类信托计划、企业年金、公募基金、商业银行理财产品等一系列产品。其中，上海银行余杭农林信托理财产品成为系统内第一个商业银行信托理财产品托管业务。

（4）继续实施零售业务转型，实现转型成果。经历转型阵痛，公私交叉营销初见成效，上海分行零售业务率先在光大银行系统内实现盈利。在全系统网点“月拼月赢”的零售综合营销竞赛中排名第一，荣获总行“一马当先”奖；入围总行前 60 强的支行数达到了 11 家，入围家数在系统内排名第一。上海分行连续第三年荣获总行“零售业务贡献奖”。

2. 风险控制能力持续提高，继续保持不良贷款“双下降”

2009 年，根据总行及上海银监局的部署，上海分行以案件风险排查为重点，全面加强风险管理，风险控制能力持续提高，资产质量继续保持优良。

一是加强案件风险排查和问题整改，严控各类案件风险。全年风险排查达 60 余次，排查范围覆盖全部业务条线，加大排查的广度和深度，有效提升全员甄别、防控案件风险的能力，实现全年案件零发生的目标。

二是加强风险预警和授信后管理，提高全行风险防范化解能力。通过扩充风险预警范围，加强动态实时监控，坚持对预警事项实施跟踪管理，使经营机构风险防范意识、主动举手预警意识和配合压缩转化预警授信的执行力大幅提高。尝试在对公条线实行风险经理派驻制和授信平行作业，零售条线实行授信业务“六集中”，积极推进风险管理职能前移和向下延伸，全行资产质量继续改善。

三是加强合规管理，强化合规意识培育。坚持开展有针对性的警示教育和合规培训。开展内部全员全流程定期和突击风险大排查，使风险防控逐渐成为全员的自觉行为和分行内部管理的常规性工作。

3. 推进阳光服务“迎世博”工作，提升服务质量和服务效率

2009 年是光大银行系统“阳光服务年”，是上海金融行业"迎世博"提升服务的关键之年。阳光服务作为重点管理工作,通过强化培训、落实考核等一系列具体措施,有效落实总行"十项做法",上海分行"阳光服务"工作取得实质性进步。通过制订考核细则,组织开展评价活动,极大提升内部管理服务效能。大力推进"阳光服务"系列工作,如高管当大堂经理、家访制度等,被总行在系统内推广,构建内外部、现场与非现场等检查督导体系,加大对客户投诉受理和处理的规范性和责任处理力度,提高外部客户满意度,"阳光服务"品牌日渐深入人心。在2009年上海市金融文明委组织的中资银行服务质量暗访中,分行有14家支行被抽查,平均得分名列16家中资银行前列。分行营业部、市东支行被评为上海市"五星级优质服务网点"。

(光大银行)

12. 华夏银行股份有限公司上海分行

2009年,华夏银行上海分行以融入上海主流市场,提升核心竞争力为主线,按照"促增长、调结构、创效益、控风险"的基本要求,大力拓展主流市场和有效户开发,加快机制、产品、技术和模式创新,推进管理服务职能转变,提升基础管理水平,各项业务实现了跨越式发展。

1. 主要经营指标完成情况

效益类:截至2009年末,分行实现拨备前利润4.22亿元;中间业务收入10 106万元,其中国际结算收入3 944万元。

质量类:截至2009年末,分行不良贷款率0.79%,比上海同业平均水平低0.39个百分点。

规模类:截至2009年末,分行一般性存款余额414.26亿元,一般性存款日均342.65亿元;储蓄存款余额37.82亿元,储蓄存款日均32.92亿元。纯贷款余额279.97亿元。

2. 积极推进机制改革,营销组织能力明显加强

2009年,分行贯彻落实总行营销机制改革要求,推动营销部门主动转变职能,加强市场研究和营销指导,加大了营销组织推动力度。实施"捆绑式"营销模式,由营销组织部门、授信审批部门和经营单位共同参与,提前介入信贷项目的营销与开发,制定了亿元以上重大项目以项目组形式进行有效推进的工作机制及办法。个人业务试行了分支行两级矩阵管理,成立了"财富管理中心",提出了设计产品线管理模式,规范服务方式,丰富服务内容,加快贵宾个人客户发展的思路和明确要求。国际业务通过成立外汇资本项目营销工作指导小组,在信息收集、专业化营销、服务方案制定、业务咨询等方面,启动为经营单位提供一揽子服务的机制。投资银行业务梳理思路,明确重点,强力推动,实现跨越式发展,非资本性中间业务收入同比增长80.09%,托管资产规模同比增长558%,机构信托理财产品也实现了零的突破。

3. 客户开发力度不断加大,结构调整初见成效

2009年,分行通过狠抓源头开发和周边客户开发,积极推进"211工程",对公客户数量稳步增加。同时,分行继续加大对主流市场纯贷款营销力度,采取各种措施推进信贷投放工作,信贷规模取得了较大幅度增长,客户结构得到有效改善。尤其是世博土控、上海仪电、南方水泥、上海电力、上海电气、上实集团等一批新增优质授信客户,大大改善了分行资产结构,增强了全行的发展后劲。

4. 大力推动产品、技术和模式革新,创新亮点频现

2009年,分行成立了"电子银行及新产品开发中心",通过与相关业务部门、技术部门的通力配合,加快了符合市场、客户需求和区域经济特征的新产品开发,通过产品营销、批发性营销、创新型营销等新方式推动全行业务发展上台阶,"银税通"、网银跨行同城快速转账、"宝商银"、商票保贴、"联保"融资产品、"华夏—百联OK"借记联名卡等重点产品和业务取得了突破。完成了全行首笔、上海第三笔并购贷款业务,且是全国第一笔以一笔并购贷款同时支持企业两项兼并业务的并购

贷款；与人保财险公司联手首家推出中小企业贷款保证保险业务，并于12月14日发放了首笔中小企业保险保证贷款。通过创新和推广，不仅丰富了服务内涵，更调整和优化了业务收入结构，对分行经营模式的转变产生了深远的影响。人民币保函、其他人民币业务和信托理财手续费收入大幅增长，贷款承诺、银团贷款、并购重组等业务手续费收入更是填补了历年以来的业务空白。

5. 加强对信贷政策的落实力度，贷款风险管理效能有所加强

2009年，分行与地区信用风险管理部加大了信贷政策落实力度，坚持分类管理，结构调整，完善机制，信贷风险基础管理水平得到加强。一是鼓励积极参与银团项目，择优扶持集团客户，对产能过剩行业采取有进有退的信贷政策，确保业务、风险、收益的结构优化。二是优化授信业务流程。进一步改进了授信业务申报管理方式，完善了特别授信业务审批流程。加强了授信管理的专业化，按业务品种制定授信调查模版，明确了各业务品种的授信调查重点。三是加强贷后管理和检查，尤其是重点反复排查项目贷款项目资本金、票据融资贸易背景、贷款用途和资金流向。通过发现问题，落实整改，规范授信业务的管理，有效控制业务环节风险。

6. 扎实推进内控建设，基础管理进一步夯实

加强综合调控能力。进一步加强了分行的资产负债管理工作和对风险资产运行的监测、分析和调控，继续加大了票据调控力度，在运用同业资金拓展盈利渠道的同时，通过票据转贴现对分行信贷规模实施主动调控。

推动合规体系建设，案件防范机制得到健全。重点加强了对案件易发薄弱环节和重点业务的风险排查，防堵案件风险，不断推动排查工作向纵深发展。对20多个案件高发业务环节开展了近30余次检查，检查营业网点覆盖面达到100%。对各类检查发现的问题落实整改，建立滚动检查、滚动整改工作机制，整改效果稳步提升。

强化会计运行管理。以强化制度约束，提升履职能力为重点，进一步增强了对前台的风险监控，优化核算系统，加强业务培训，有效推动了会计基础管理规范化达标升级工作，提升了会计基础管理水平和执行力。同时试行了等级柜员制，实现了会计人员规范化、专业化管理，为全行业务发展提供了一个有力的支撑平台。

（华夏银行）

13. 中国民生银行股份有限公司上海分行

2009年，中国民生银行上海分行努力贯彻董事会和总行党委的战略部署，全面实施“保增长、防风险、创效益”发展战略，在业务发展上求“快”，在改革创新中求“变”，各项业务持续健康快速发展，团队建设和企业文化建设也取得了突出的成绩。

1. 实施业务结构全面调整，推动业务快速增长

一是大力提升公司业务拓展能力。通过优化公司业务总部的管理模式，整合总部区域资源，加快产品创新和营销创新，分阶段、分层次推动了对公存、贷款业务的有效增长。

二是以商贷通为突破口，推进零售业务快速增长。2009年，上海分行将“商贷通”业务作为全行发展和业务结构调整的主要方向，在机构设置、人员配置、考核激励等方面进行了大胆的创新尝试，在分行内部给予“商贷通”业务人、财、物资源和考核激励的配套支持，成立专营的“商贷通”365受理中心，建立“商贷通”直销团队和管理团队，推出信贷工厂模式，以专业化经营模式全力推动“商贷通”业务发展。

三是探索创收新模式，中间业务走上良性增长道路。引导全行树立以发展中间业务改善盈利结构、降低资本消耗的可持续发展观念，从人力、物力、财力等方面全方位推动中间业务发展。

2. 提升管理创新能力，增强核心竞争力

一是完善公司业务总部和管辖行模式，充分

发挥公司业务总部和管辖行在区域协调、管理考核、劳动竞赛推动、人才引进等方面的作用，努力树立总部标杆。

二是强化机构负责人作用，提升机构网点的盈利能力。通过对支行管理要素的整合发挥公、私联动效应，提高单个网点的综合营销实力，实现网点能级的提升。

三是整合资源，把公司客户、中小企业以及“商贷通”小微企业作为一个有机的客户群体，开展一体化营销，努力构建内部合作的交叉营销机制。

3. 实施全面风险管理，内控水平不断提升

一是优化信贷投向，严格控制风险。围绕“区别对待、有保有压”的授信配置策略，控制好新增贷款的行业投向，优先支持国家重点工程、中小企业、装备制造、节能减排以及高校、医院等优势非周期性行业。强化贷前调查和项目评审环节，力争从源头上把握贷款风险。

二是狠抓不良资产清收，保持资产质量平稳。建立健全清收工作机制，采取内部安排员工自行清收与外部委托律师代理清收相结合、依法诉讼与诉前协商相结合、强制拍卖抵押房产与挖掘借款人偿债潜力相结合等方式，不断加大对不良贷款的清收力度，有力地保护资产安全。

三是加强柜面风险控制，确保业务稳健运行。2009 年，会计条线成功堵截了柜台风险案件 337 起，柜员反假识假能力不断提高；全年核心业务系统连续运行率保持在 99.9%的较高水平；ATM 和 POS 跨行交易成功率进一步提高。同时，上海分行在人行举办的第五届反假货币技能比赛中蝉联人民币反假技能团体第一。

四是树立从严治行思想，积极开展案件防控工作。根据监管要求分步开展案件防控工作，落实各类风险排查与整改，确保防范意识到位、隐患排查到位、措施落实到位、责任追究到位、案防机制到位；针对薄弱环节加强了管理，落实了干部在岗管理、员工家访、警示教育、季度普法考试等一系列措施，使员工道德风险防范进一步得到加强。

五是规范了办公秩序，出台了《中国民生银行上海分行督办管理实施细则》、《中国民生银行上海分行公务接待管理规范》、《中国民生银行上海分行周转房管理规范》等合规制度。

4. 加强中后台服务，努力提升对内、对外服务能力

一是进一步优化柜面服务质量，树立良好的世博服务窗口形象。完成了各网点 SOP 流程推广，同时结合实际制订了有分行特色的 SOP 推广方案，为支行打造特色服务营销提供支持。

二是搭建分行的事业部服务平台，实现资源共享。

三是全新开发了新一代的客户经理服务系统，搭建了外网、内网、热线电话、短信服务四大平台，进一步完善分行对客户经理的服务和管理。

5. 深入推进企业文化建设，打造卓越团队

一是加快人才引进和培养力度。截至目前，引进客户经理 266 人，提拔中青年干部 31 名，实施干部轮岗 42 人，在分行构建起了“职务能上能下、人员能进能出、收入能高能低”的灵活用人机制。

二是加强党、工、团组织建设，通过开展“创建学习型组织”活动，调动广大员工的工作积极性和业务创造力。

三是营造和谐、奋进的企业文化氛围。分行工会、团委从关爱干部员工的工作生活出发，举办各类体育比赛，组织“满意指数”问卷调查等活动，让全行员工充分感受和谐民生的氛围。

（民生银行）

14. 招商银行股份有限公司上海分行

2009 年，招商银行上海分行按照年初制定的“强化管理、严防风险、促进增长、力保效益”的工作指导思想，开拓进取，取得了良好的经营业绩。全年的经营特点主要表现在以下四个方面：

一是负债业务增势迅猛。截至 12 月末，全折人民币自营存款余额 1 703.84 亿元，新增 372.11 亿元，增幅 27.94%，同比多增 76.36 亿元，当年增量创历史新高。其中全折人民币对公存款余额达 1 008.39 亿元，新增 212.39 亿元，增幅 26.68%。全折人民币储蓄存款余额 695.45 亿元，新增 159.72 亿元，增幅 29.81%。自营存款年增量在异地来沪股份制银行中居首位，且对公存款、储蓄存款增量均名列第一，自营存款市场份额 3.82%，较年初提高 0.08 个百分点。

二是资产业务平稳增长。折人民币自营贷款余额 1 006.09 亿元，新增 218.13 亿元，增幅 27.68%。其中对公一般贷款余额 626.89 亿元，增长 66.32 亿元，同比少增 28.72 亿元。个人贷款余额 329.6 亿元，增长 158.49 亿元，同比多增 120.87 亿元。自营贷款市场份额达 3.39%，较年初提高 0.15 个百分点。

三是资产质量保持稳定。"七级分类"口径不良贷款余额 4.81 亿元，比年初略增 207 万元；不良贷款率 0.48%，比年初下降 0.13 个百分点。招商银行上海分行的不良贷款率远远低于上海银行业 1.18%的平均水平。

四是收入结构逐步优化。全年是实现非利息净收入 9.9 亿元，同比增长 1 380 万元，增幅 1.4%，占营业净收入的 19.75%，较上年提高 1.3 个百分点。

在各项业务健康、快速发展的同时，招行上海分行的机构建设和队伍建设也取得了显著成效。2009 年新开业支行 4 家，新建离行式自助银行 6 个、财富管理中心 1 家，投放单台自助设备 30 台。截至年末已建成一、二级支行 54 家，财富管理中心和私人银行共计 4 家，基本形成了覆盖全市主要商业街区的网点布局和服务网络。全行员工总数达到 2 619 人（含临时），其中本科以上的学历员工占比 60%。

1. 强化预算管理和考核引导，促进经营战略调整

分行以预算管理为主线，强化绩效考核管理工具作用。认真分析研究总行"平衡计分卡"，明确工作重点。全面修订机构考核办法，强调"结构优化"经营理念。完善资源配置机制，对重点业务实施倾斜，引导战略调整目标顺利实现。

2. 狠抓产品创新和资源整合，加大批发业务拓展力度

2009 年，上海分行坚持以客户为中心，以市场为导向，积极发挥产品优势，整合营销资源，创新营销体制，优化营销流程，丰富营销手段，改进激励机制，审时度势调整营销策略，创造多项系统内第一。

3. 着力提升专业能力和客户经营能力，全面推动零售业务发展

零售业务以"客户资源"为核心，以提升客户管理总资产为纲，优化产品结构，强化渠道建设和产品创新，根据客户偏好实施差异化营销策略和管理方法，业务规模、市场份额、盈利能力等多项指标均明显提升。

4. 贯彻落实各项开源节流措施，努力提高经营效益

上海分行严格按照总行"过紧日子，过苦日子"的要求，加强成本核算和费用控制，厉行节约，杜绝铺张浪费。同时多方培植利润增长点，努力提高定价能力，提升盈利水平。

5. 加强全面风险管理，保证业务运行健康有序

2009 年，上海分行始终坚持将风险防范放在重要位置。为进一步夯实业务发展基础，分行在服务管理、人力资源管理、网点建设、品牌宣传等方面采取了一系列有力措施，取得了较好的成效。

（沪招行）

15. 兴业银行股份有限公司上海分行

兴业银行股份有限公司上海分行前身为福建兴业银行上海分行，2003 年 3 月更名为兴业银行股份有限公司上海分行。目前，拥有 31 家支行，一个营业部，在上海地区形成较合理的机构网络。分行充分发挥股份制商业银行特有的现代金融功能与活力，为经济建设和社会发展不断做出积极努力。

2009年经营业绩概况。截至2009年底，分行各项资产总额近2 000亿元；各项存款余额同比增幅30.3%；各项贷款余额同比增幅25.1%；不良率1.29%，同比下降0.61个百分点；实现利润超过22亿元，取得分行成立以来最好效益。

各项业务取得良好业绩。

一是同业业务坚持多元化道路，创造良好收益。2009年分行深化"大同业"下的多元化业务模式和盈利模式，低成本客户存款大幅增加，负债结构得到优化。资产配置取得重大创新突破。同业理财业务继续保持快速增长，实现中间业务收入增幅超过100%。

二是机构业务稳健推进，资产结构较大调整。2009年分行顺应国家扩大投资保经济增长的形势，将资产业务的快速发展提升到公司业务重要位置，坚决"打进主战场，做主流业务"，有效拓展政府信用项目及优质国有集团客户，年末公司资产、公司存款余额较年初大幅增长。

三是零售资产负债理财销售高速增长，推动效益增长模式改变。2009年分行完善零售渠道建设，有效提升零售队伍专业能力，产品销售、储蓄存款取得高速增长，负债结构进一步调整，全年零售理财中间业务收入上亿元。年初推出业内首创新产品"存贷通"、"随薪供"，满足了金融危机冲击下客户的需求变化，个人资产业务创新高，个人贷款规模较年初新增27.6%，同时带动储蓄存款较快增长，年末本外币储蓄存款余额同比增幅71.2%；日均增幅86.3%。

积极做好迎世博金融服务工作：

一是组织服务规范培训。2009年一季度，为全面提升网点一线员工综合服务能力和业务技能水平，分行启动了"服务规范及专业技能轮训"工程，通过现场学习《兴业银行营业网点员工服务规范培训光盘》、介绍《银行柜员》四级鉴定模式和分行业务技能考核办法、面对面技能训练指导、业务知识技能集中测试、服务规范现场考试以及专业技能测试等方式，使每名员工对服务规范和专业技能要求有了更深刻的认识，有效提升网点的服务能力与服务水平。

二是启动服务行为及微笑艺术全员培训。为进一步从深层次上树立主动服务意识，通过得体的行为举止提高自身综合气质进而带动员工队伍整体精神风貌的提升，分行在全员服务规范轮训基础上，于2009年11月18日启动了服务行为及微笑艺术全员轮训。

三是多层面明察暗访，强化服务监督管理。为进一步严肃服务工作纪律，强化痕迹管理，切实做好迎世博各项金融服务准备，根据根据《兴业银行上海分行2009年度服务考评办法》，结合"三五"集中行动要求，每季度组织社会测评、现场检查和非现场检查。不仅了解到各网点的真实服务状况，还积累了大量服务工作图片、录像资料。检查结束后，对大量的数据和影像资料进行分析、筛选、汇总，出具图文并茂的书面整改意见，召开专题通报会，对各网点逐一提出整改措施，梳理服务管理思路，形成服务管理的共识，寻找服务管理的突破口，优化服务管理的方法、途径，减少问题复发率，切实提升网点服务能力。

四是从细节入手，努力提升网点服务形象。2009年7月份启用了新版客户意见簿架，整合了原投诉渠道、意见箱、意见簿和客户意见单，《客户意见簿》实现中英对照，为客户意见反馈提供一站式服务；8月份对网点各类标识进行系统梳理，拟定了《兴业银行上海分行营业网点基本服务标识规范指南》，通过大量图片直观引导网点做好标识管理工作，特别对新建、搬迁、改造支行重新布置营业环境起到了重要的指导作用；11月份经过反复测试新版电子海报系统正式上线，为客户提供更为精确、丰富、及时的金融信息。

五是积极营造世博氛围。在稳步推进网点建设、窗口服务、监督考核、支付环境、培训体系建设的同时，积极组织各类世博主题活动，参与世博共建。2009年5月5日浦东、宝山、普陀三家支行参加迎世博、讲文明、树新风三五集中行动之反假进社区宣传，深受社区居民好评；5月23日分行承办"服务世博、构建和谐"为主题的上海市反假货币宣传大型活动，社会反响热烈；5月20日组织世博区域重点网点率先参加"迎世博，学双语"考证活动，达到100%的合格率和80%的优秀率；7月11日举办了题为"迎世博·树形象·星光服务耀兴业”的主题活动，通过技能竞赛颁奖、技能展示、服务规范现场表演展示了“兴业人”良好的综合素质和精神风貌；9月1日组织分行服务明星参加主题为“提升‘质量和安全’水平，共迎精彩世博盛会”的2009年上海质量月宣传活动；9月、11月再次组织“迎世博，学双语”考证活动，年内累计155人持证，点均持证人数达到5人，网点世博服务能力得以进一步增强。《上海金融报》对分行组织的各类主题活动发表了7篇图文报道。

此外，上海分行辖内信息科技部获得上海市银行业迎世博科技工作竞赛“运营维护贡献奖”；淮海支行荣获迎“世博贡献奖—优质服务贡献奖”；陆家嘴支行以及分行营业部、淮海支行、市中支行分别报送上海市五星级、四星级网点并接受了验收、抽查；多人被授予“五星级优质服务明星”、“世博服务明星”、“优质服务贡献奖”等称号，分行2009年迎世博金融服务工作交出了一份令人满意的答卷。

（兴业银行）

16. 广东发展银行股份有限公司上海分行

2009年广东发展银行上海分行的整体发展能力、抗风险能力和盈利能力明显提高，发展势头令人鼓舞。

1. 总资产

截至2009年底，分行本外币资产总额折合人民币为621.79亿元，增幅为78.53%。

2. 各项存款

截至2009年底，分行本外币存款余额为421.44亿元，增幅为60%。其中，各项人民币存款余额达到410.65亿元，增幅为60.88%；外币存款余额为15 800.88万美元，增幅32.59%。储蓄存款余额为26.01亿元，增幅为58.79%。同业存款年末余额达到190亿元，增幅172.94%。

3. 贷款及资产质量情况

截至2009年底，分行本外币各项贷款274.99亿元，增幅为54.19%。人民币贷款余额269.24亿元，增幅为53.11%。

分行不良贷款率2.79%，较上年末下降1.2个百分点。

4. 其他业务

2009年完成国际结算量30.55亿美元，较上年同期增长3.15%。2009年上海地区信用卡新增发卡13.52万张，信用卡业务收入25 599.62万元，同比增幅达34.11%；业务利润16 529.63万元，同比增幅达34.42%。

5. 收入及利润情况

2009年度实现中间业务收入1.586亿元，增幅为21.31%。2009年实现税前利润5.968亿元，增幅为24.53%，实现净利润为4.48亿元。

2009年，上海分行的工作主要体现在：一是坚持做大做强，积极开拓市场，稳步发展业务；二是强化各项管理措施，提高风险管控能力；三是开展多种形式的营销活动，打造优良的企业文化。

2009年年初，分行通过“突破，2009”活动的开展，分行的精神面貌和工作热情在2008年的基础上有了进一步的提升，突出表现在业务营销更贴近上海市场，营销力度进一步加大。上半年，上海分行积极应对宏观经济形势变化带来的压力和挑战，坚定不移地贯彻落实“立足中小企业，努力争取优质大客户，积极发展个人业务”的市场定位与客户战略，各项业务取得实质性的增长。下半年，面对宏观经济金融形势的逐步向好，特别是总行董建岳董事长提出“三年再造一个广发，打造一流商业银行”的宏伟蓝图，上海分行积极主动响应总行的决策和部署，主动加压，提出了“赢上海，赢未来”的口号，并通过全行上下充分酝酿，系统地制定了“赢上海，赢未来——打造千亿分行的行动方案及策略思考”。9月份，分行大力开展“奋战四个月，突破400亿”活动，拉开分行打造千亿分行的序幕。

综合全年的工作，2009年上海分行的工作特点主要有以下几点：

第一，在指导思想上，坚持做大做强，致力于

"赢上海,赢未来",为打造千亿分行打下扎实的基础;在大力发展公司金融业务的同时,分行还致力于打造专业化的个人银行业务、信用卡业务的管理体系和营销体系;强化风险管理,加强内控建设。

第二,在工作策略和方法上,各项工作及早布置、全面安排、组织有力。为尽快实现 2009 年的突破,分行以与时间赛跑的精神和气概,接连出台了系列应对之策。

第三,采取多种有效措施,切实推动全行特别是管理部门转变意识,全面加大业务营销力度。

第四,坚持依法合规经营,努力提高管理水平。分行的管理进一步加强,风险防控效果明显。

第五,在发展业务的同时,努力改进银行服务,文明规范服务取得突出成果。

(广东发展银行)

17. 深圳发展银行股份有限公司上海分行

2009 年,深圳发展银行上海分行按照"积极应变、争创佳绩、立足长远、成就卓越"的方针,围绕"如何坚持以人为本,建设先进企业文化,打造一支充满正气和战斗力的队伍"、"如何做大做强基础客户群"、"如何加快发展小企业授信业务"、"如何提升客户服务水平"四大课题,通过全行干部员工的努力,克服困难,圆满完成总行各项预算指标。

(1) 资产总额 743.13 亿元,较年初增加 143.49 亿元,增长 23.93%;负债总额 738.87 亿元,较年初增加 134.33 亿元,增长 22.22%。

(2) 实现准备前利润 11.40 亿元,较 2008 年增加 0.28 亿元,增长 2.52%。

(3) 各项存款余额 545.38 亿元,较年初增加 137.06 亿元,增长 33.57%;一般性贷款余额 411.04 亿元,较年初增加 103.12 亿元,增长 33.49%;贴现余额 71.53 亿元,较年初减少 5.92 亿元,降低 7.64%。不含贴现存贷比 75.37%,较年初减少 0.04 个百分点。

(4) 各项存款年日均余额 500.12 亿元,各项贷款(不含贴现)年日均余额 360.24 亿元。

1. 业务发展亮点纷呈

(1) 公司业务规模和客户数均取得突破性进展,公司业务管理理念从单纯做大存款规模转向做大做强客户基础,从偏重产品营销转向客户营销和综合服务交叉营销,从价格竞争转向系统的定价管理。产品创新遍地开花。

上海分行贸易融资业务取得突破性进展:保理业务客户数和授信规模都有了长足发展,新的订单融资业务得到了推广;贸易融资业务品种结构得到有效改善;贸易融资核心企业范围明显扩大;业务结构得到改善,在贸易融资综合授信、先票后货、票据担保通、保理业务、标准仓单等方面取得较大突破;新业务、新产品、新行业得到丰富,贸易融资业务的档次不断提升;分行开发的应收类商票业务为全行的保理业务起到积极推动作用。2009 年年初,上海分行成功开展了"宝钢预付款融资业务",10 月,分行启动了贸易融资综合授信试点。

(2) 汽融业务批售、零售翻番增长,综合效益显现。2009 年,上海分行汽融业务日均存款规模达 60 多亿元,合作核心车厂达 11 家,合作经销商 1 200 多家,2009 年新增汽车消费贷款 60 亿元,零售项目和产品创新等多项业务数据也均创新高。消费贷款不良率控制在 0.2%以内;汽车经销商贷款不良率为 0。上海分行现已成为宝马、奔驰、沃尔沃、通用等著名品牌车商的指定金融合作机构,不仅为其经销商提供采购金融服务,还为消费者提供购车贷款的个性化融资方案。其中,分行为通用设计的"订单融资"业务方案,将经销商从采购到销售到最终用户的融资进行无缝连接,最大限度地满足了供应链上各个环节的资金需求。

(3) 零售业务以"集团客户营销"和"第三方存管"为重点,提高交叉销售收益水平,带动价值客户的有效增长。深发展上海分行大力开展直客式营销,通过第三方存管等方式开展交叉销售,取得了较好的效果。此外,上海分行建立自主研发队伍,以理财产品带动了分行价值客户的有效增长,提高了交叉营销率,有效优化了分行存贷比结构。通过竞标,分行还获得地铁 7 号、9 号、13 号线部分站点自助设备的布放经营权,扩大了分行在当地的社会影响力。

(4) 同业业务克难奋进，超额完成预算。2009年，上海分行推行产品主管制度，提高产品开发和推广力度；继续开发核心客户，并重点拓展非银金融机构，实现业务全面发展。

(5) 中小企业业务“先行先试”，成功启动。2009年年初，深发展上海分行即确立了做大做强基础客户群、大力拓展中小企业业务的全年工作目标，积极争取成为总行中小企业金融服务事业部制试点行。年中，在系统内率先成立了中小企业金融事业部，制定了新的中小企业授信管理办法、授信规程，实现中小企业授信管理流程标准化、授信产品系列化、授信人员专业化、考核机制特色化。

(6) 投行业务发展初见成效。2009年，深发展上海分行成立投资银行部，初步完成了业务梳理及制度建设。

2. 加速企业文化建设

(1) 上海分行通过提高中层管理者人力资源管理能力，发挥管理团队效益；通过展翼计划和飞跃计划，推行员工职业发展规划，完善管理梯队建设；分行客户经理队伍稳步壮大，逐步打造学习型团队；通过513学员梯队化培养等方式，公司业务中后台人才队伍蔚然成型；通过搭建人才挖掘与成长的有效平台，建立和稳定分行骨干人才队伍，为分行可持续发展提供人力资源保障。

(2) 以迎世博金融服务工作为契机，上海分行重视客户体验，提升服务水平。通过全面推动“服务样板行”及星级网点的评选、改进服务明星的推选机制，实施服务品牌工程；加大信息科技系统风险管控体系建设，提高自助设备维护力度；加强岗位培训，提高全员服务技能。在2009年上海市星级网点评定中，3家网点获四星，1家网点获5星。分行营业部获上海精神文明委建设委员会、上海市迎世博600天指挥部评定的迎世博贡献奖——优质服务奖。

(3) 以建设“积极进取、荣誉至上”的企业文化核心价值理念为抓手。组织开展“献计策，促发展”合理化建议活动；组织开展“强素质，比技能”劳动竞赛活动；组织开展形式多样的群众性文体活动；组织开展了“迎国庆六十周年”系列活动。

3. 内控管理质量进一步提高

上海分行从合规风险管理、案件风险排查、反洗钱、合规宣传、协调监管关系等几方面，稳步、有效地开展合规管理工作。全年保持安全稳健运行，未发生案件和重大内控合规风险事项。2009年，上海银监局首次给予深发展上海分行风险评级为二级行；总行稽核对上海分行内控评价为二级B，为全行系统最好内控评级之一。2009年合规管理总行考评为A，反洗钱考评为A，综合考评为A，名列前茅。

上海分行通过建立统一的个贷运营操作平台，加强贷款三查制度，组建专业的审批师队伍，强化贷后风险预警机制，提升资产质量管理水平，实现了在全年近87亿元业务量的情况下违约率低于0.3%。获得了总行授予的“2009年度个人信贷风险管理贡献奖”、“2009年度个人信贷风险管理优胜分行”称号。

（王　珏）

18. 宁波银行股份有限公司上海分行

2009年，宁波银行股份有限公司上海分行在总行和监管等部门的大力支持下，认真贯彻落实工作部署，坚持不断壮大经营规模、提高经营效益，以合规经营和业务发展为抓手，不断加大业务拓展步伐，全年各项业务取得了快速增长，全行整体经营能力得到明显提高。

1. 2009年工作的主要特点

(1) 业务规模实现较大突破，存贷款业务增长明显，资产质量保持较好水平，经营效益达到预期目标。截至12月末，分行资产总额达到人民币148.69亿元，增长26.53%，各项存款余额达到132.59亿元，增幅71.35%，其中：储蓄存款余额达到11.03亿元，增长86%，各项贷款余额达到77.02亿元，增长122.92%。截至年末，贷款不良率为0.05%，继续保持较好资产质量。全年实现拔备后利润 9 183.82 万元，经营效益得到有效提升。

(2) 注重全面均衡发展，其他经营指标执行良好。截至年末，全行实现国际业务结算量 88 220.9 万美元，全年销售各类理财产品 2.92 亿元；截至年末，全行结算账户共 61 725 户，其中：企业结算账户较年初增长 49.23%。全年柜员业务量合计 173 万笔，增幅 95.4%。2009 年全行柜面现金收付总量达 53 亿元，增幅 75.7%。

(3) 不断优化经营管理机制，组织架构进一步健全，内控得到加强，发展的内在动力得到有效提升。在分行各项业务稳健发展的同时，年内新设立了分行营业部、闵行支行和静安支行，成立了分行监察保卫部、审计部、个人银行部，调整了大众银行部和惠财银行部，进一步完善了分行经营管理的组织构架，分行的核心竞争能力和经营管理水平得到了进一步提升。

(4) 合规风险管理意识得到增强，风险控制能力进一步提高。通过案件专项治理等全面风险排查、全面疏理各项规章制度和操作流程，组织开展全员教育和培训，全行干部员工的合规风险意识得到明显提高。

2. 三大条线业务稳步发展

(1) 公司银行业务。

一是负债业务平稳增长。2009 年分行公司银行负债业务发展继续呈现良好发展势头，继年初顺利完成“开门红”阶段性战略目标后，在大额外币存款及其他业务的相继推动下，通过结构性存款等新兴业务推动负债业务发展，通过发放公司经营性物业贷款促进中长期贷款快速增长等举措，存款规模顺利突破百亿元大关，公司银行负债业务再创新高。

二是资产业务保持高速增长。分行以“商盈100”品牌为营销工具，以授信业务指导意见为政策导向，全年条线新增贷款投放 32.28 亿元，比年初增长 109.23%。

三是勇于创新业务。年初成立票据中心，完善组织和人员架构，积极推行内部报价制度，推动一级市场的管理，并不断拓展同业业务的发展渠道。同时，年内，公司条线实现总行系统内的几个第一：第一笔银团贷款、第一笔国内保理业务、第一笔并购贷款业务操作和第一笔法人按揭贷款，政府类贷款也有良好进展。人民币公司银行条线贷款五级分类处于正常类的超过 98%，不涉及后三类贷款，保持较好的资产优质状态。

(2) 个人银行业务。2009 年分行个人银行业务发展迅速，通过大力发展金算盘、白领通等品牌业务，储蓄存款、个人贷款业绩增长明显，日均储蓄存款余额 10.83 亿元，较年初新增 5.58 亿元。储蓄业绩增长数在全行位居第一。个人贷款余额突破 10 亿元，显现较好增长势头。同时，个人网银活动户数 8 660 户，网银交易量达到 835 760 万元。

(3) 零售公司业务。2009 年年内，零售公司条线针对性的确定营销目标，有计划、有力度的推进营销工作，不断扩大基础客群；通过加强条线、部门构架的调整力度，优化团队整合，进一步加强了对业务人员的日常培训和客户跟踪管理，努力提高业务人员的营销技能，条线业务得到稳步推进。截至年末，零售条线存款客户 6 977 户，比年初增长 31.8%，存款余额 79 259 万元，比年初增长 103.6%。本年发展新户 2 970 户，存款余额为 48 584 万元。年末，零售条线贷款余额 20 997 万元，比年初增长133.74%。全年零售条线网银业务发展突出，全年网银交易笔数达到 188 965 笔。

3. 切实强化合规经营管理

通过开展全面风险排查工作、全面疏理制度和操作流程、集中开展培训、总行加强检查、完善各项制度、全员签订合规风险责任书等措施，进一步强化了全行合规风险管理，推进了分行党风廉政建设，为推动分行各项工作高效健康发展、提升良好形象提供了有力保证。

4. 开展丰富多彩的企业文化建设活动

通过开展丰富多彩的企业文化活动，员工的凝聚力得到进一步增强。2009 年 4 月份，分行组织全行员工年度体检，400 多名员工在上海华东医院进行了多项健康指标的检查,有效激发了员工工作积极性。年中举办的"欢度六一"亲子活动,有近50位员工子女报名参加。全行还组织了岗位练兵和"技术大比武"活动,在总行的运营条线技能比武中,分行代表队再获团体桂冠。"爱行储蓄"竞赛活动吸引全行员工的踊跃参与。2009年全行文体活动丰富多彩,"迎春晚会"、"摄影比赛"、"辩论赛"场场精彩,行内的篮球队、足球队也分别在黄浦区运动会、市银联的相关比赛中获得殊荣。同时,为弘扬团结互助精神,分行工会配合总行工会组织了每年的"慈善一日捐"和"送温暖、献爱心"社会捐助活动,体现了重视人文关怀的管理文化。

(宁波银行)

19. 北京银行股份有限公司上海分行

2009年,北京银行上海分行紧紧抓住扩大内需保增长、世博会筹办和两个中心建设等战略机遇,各项业务取得长足发展,保持了快速健康的良好发展态势,在上海乃至长三角地区的竞争力和影响力不断提升,逐渐成为北京银行区域化发展的排头兵。

1. 多管齐下,各项业务实现跨越式发展

(1) 经营规模跨上新台阶。2009年,上海分行经营规模历史性地超越200亿元,盈利达2.5亿元。截至2009年底,本外币一般性存款余额164亿元,比上年增加86亿,增长了111.3%;本外币贷款余额200亿元,比上年增加91亿,增长了83.5%;资产规模达到224亿元。分行营业部和浦东支行资产规模率先突破50亿元大关分别达到70亿元、60亿元,闵行、嘉定两个支行开业只有九个月和六个月的时间,年末存款余额分别达到13亿元和10亿元。客户基础不断增强,全年结算账户增加481户,贷款客户增加110户,与上海市18个区县中的13个建立银政合作关系,与上海市国资委下属的48家大中型国有企业的26家建立了业务合作关系。

(2) 联动发展取得新成效。上海分行大力推动业务转型和公私联动,本外币联动,个人业务和国际业务取得突破性进展。个人贷款余额突破8亿元,比年初增长187.4%,储蓄存款增加6.5亿元,比年初增长160.8%。全年完成国际结算量达到9.2亿美元,是去年全年的3.4倍;外汇对公存款1.6亿美元,增量在所有25家中资银行中排第三位,外汇对公贷款1.8亿美元,增量排名第七位,国际收支与结售汇统计工作再次以零差错率和双百分的优异成绩获外汇管理局通报表扬。

(3) 业务创新取得新突破。国际业务创新走在同业前列,成功完成全行首笔跨境贸易人民币结算业务,成为试点地区第7家开展此项业务的中资银行;"汇利盈"产品项下贷款9 000万美元,吸收人民币定期存款6亿余元,带动国际结算量约1.5亿美元。公司业务创新亮点纷呈,成功完成全行首笔电子银行承兑汇票业务,成为上海同业市场中第6家完成此项业务的金融机构;保理、厂商银、并购贷款、银团贷款等业务取得突破性进展,保理融资发生额达到3.2亿元,厂商银融资余额达到7 000万元。个人业务创新加快推进,率先与住房公积金中心开展合作并发放公积金贷款近5 000万元,成功受让上汽通用金融公司汽车按揭贷款,信托理财产品的开发销售、"人+机具"模式自助银行等业务探索均取得明显成效。

2. 稳健经营,资产质量显著提升

在业务规模快速发展的同时,上海分行严守风险管理的底线,继续保持了不良资产和案件的"双零"。

(1) 信贷结构逐步优化。积极发挥信贷支持区域经济增长作用,全年新增支持上海世博会建设项目和郊区基本建设项目贷款48.54亿元,发放保障性住房贷款5.75亿元,新农村道路建设、绿化建设贷款11.6亿元,支持节能项目和小企业贷款业务,新增中小企业贷款17.88亿元。认真落实监管政策,结合分行发展的实际需要,通过存量优化和增量调整合理配置信贷资源,实施授信额度按板块占比组合管理,积极调整信贷结构,中小企业贷款比例从年初的10.03%上升到14.88%,信用贷款比例从年初的52.15%下降到

37.61%，客户集中度从年初的57.64%下降到34.36%。

（2）风险控制持续强化。全面开展信贷风险排查，根据客户的性质、经营类型和行业特点进行系统梳理，实行对公信贷客户风险分类，对存在一定风险隐患的客户实施重点监控，适时调整信贷政策。把完善制度和优化流程作为风险防范的基础环节，制定完善了人民币银行结算账户管理、印鉴卡管理等一系列制度和办法，重点优化了票据、保函、低风险等各类业务的操作流程，明确了评审、出账、贷后管理等的流程和规范，设立了信贷出账中心，有效控制了风险水平。

（3）案件防控不断深化。完善案件防控目标责任体系，签订《案件与操作风险防控工作目标责任书》。以账户管理、大额资金划付、公司贷款、个人贷款等业务环节为重点，深入开展了多次大范围的风险排查工作，及时整改，有效地防范了案件风险和操作风险。定期组织开展操作风险培训、合规讲座等活动，员工的操作风险识别能力和合规意识不断增强。

3. 以人为本，发展基础更加巩固

目前，上海分行拥有260多名员工，团结协作，共同进步。

（1）坚持从严管理。以加强执行力建设为重点，进一步完善和规范督办制度、问责制度、违规违纪处罚制度等制度和规范，对发展的中心工作、经营管理的难点工作、群众关心的焦点工作，实施目标控制和过程管理，并及时进行总结反馈，有力地促进了工作的落实和执行效率的提升。以加强考核激励机制建设为重点，进一步完善绩效考核体系，经营单位负责人考核机制和个人业务考核机制不断完善。

（2）凝聚发展合力。着力完善培训体系，通过岗前培训和日常业务培训相结合、理论知识培训和实务操作培训相结合的形式，对员工分内容、分层次、分阶段开展了一系列针对性培训。着力加强文化建设，提倡“蜜蜂精神、蚂蚁精神、蚂蟥精神”三种精神，发扬“正”、“勤”、“严”、“细”、“实”五种作风，围绕分行成立两周年，开展了“京行为我创未来、我为京行作贡献”、“国庆行庆双献礼、再创发展新高潮”业务竞赛和财富“1+1”客户经理明星选拔赛等一系列活动。

（北京银行）

20. 浙商银行股份有限公司上海分行

浙商银行上海分行于2007年12月18日正式开业，总行设在杭州。

2009年，浙商银行上海分行以总行经营战略为指引，遵循年初工作会议确定的工作思路，即“把握时机，趋利避害，紧紧围绕提升‘四个基础’，奋发进取，求得良好生存与稳健发展”，克难奋进，在业务规模、风险合规、内部运营和队伍机构四项基础上取得良好业绩。

1. 经营效益提升明显

面对息差缩减、同业竞争日趋激烈的不利环境，浙商银行上海分行团结拼搏，不断进取，实现经营业绩的明显增长。2009年全年分别实现营业增加值和经济增加值19 866万元、3 782万元，分别较上年增长86%和198%，全年实现拨备后利润9 673万元，净利润6 926万元，分别较上年增长243%和306%，且资产质量优良，年末继续保持零不良率。

2. 业务规模跃上新台阶

截至2009年末，浙商银行上海分行非协议性一般性存款125亿元，各项贷款余额84亿元，分别较上年末增长115%和194%。存款结构继续保持优良，年末结算性活期存款74.96亿元，占比60%，非保证金质押定期和通知存款40.95亿元，占比33%，两项合计占比达93%。

3. 队伍机构不断壮大

截至2009年末，浙商银行上海分行全辖共有员工270人，较上年末增长82.4%，平均年龄33岁，其中本科及以上学历占比64%；分行中后台部门共8个，本级营销团队从2008年末的7个增至2009年末的11个。

2009年，浙商银行上海分行新设陆家嘴、嘉定两家支行。年末，下辖的三家支行存、贷款规模分别达到47亿元、21亿元，占分行总存、贷规模比重达到38%和26%，实现了“准备充分，开业大吉”。支行机构的稳步铺设为业务发展提供了良好的支撑。

4. 特色业务起步良好

在做大、做好公司业务“一体”的同时，浙商银行上海分行通过着力开拓小企业业务和投资银行业务“两翼”，做好品牌、做出特色，努力实现客户价值、银行价值、员工价值的三位一体、共同发展。

小企业业务亮点突出。年末500万元及以下小企业贷款余额64 950万元，比年初新增62 114万元，余额占分行全部贷款比重从年初的0.9%上升至年末的8.09%，年末存量贷款户数283户，比年初增加268户，户均余额230万元。全年浙商银行上海分行共设立两家小企业专营机构，其中闵行支行自2009年7月经总行批准成为小企业特色支行并设立小企业专营部门以来，小企业业务发展迅速，支行年末500万元及以下小企业贷款余额达到52 058万元，为浙商银行在大都市开拓小企业业务闯出了第一步，树立了榜样。

创新业务取得突破。运用非生产性项目融资概念，攻克三林经济适用房项目，带动资产及负债业务再上台阶；开展银信合作，全年创设4笔理财项目，总额6亿元；成功发放首笔民营企业收购上市公司并购贷款，成功操作第一笔信贷资产买入返售业务。

5. 内部运营保持顺畅

借力案件风险排查，不断完善内控机制，全行会计运营体系运营顺畅，未发生重大操作风险事件；信息科技运行保持优良。全年IT系统总体可用率达到99.99%，荣获“上海市迎世博科技工作竞赛协调配合奖”；安全保卫工作继续做深做细，逐级推行安全责任制，加大安全教育和检查力度，荣获“2009年度上海市企事业单位治安保卫先进集体”，为全行业务发展提供了良好的安全环境。

6. 金融服务不断提升

在总行统一部署下，成功上线柜面业务集中处理系统暨综合业务系统，有效提升业务处理效率；坚持以规范服务为基础，建立晨会标准、服务公约等服务规范；通过现场和非现场检查、调查来强化服务考评；通过开展技能比武、服务宣传、柜员鉴定等活动来持续提升水平和能力，实现柜面服务显著提升。

在世博金融服务方面，浙商银行上海分行注重将各项要求落到实处。2009年6月在全行范围开展“迎世博　保安全　促服务”专项活动。围绕“保安全”，设立“营业窗口”、“安保、技防、消防”、“支付结算”、“信息科技”、“机具管理”、“头寸备付”、“媒体沟通、服务投诉”七个业务单元，由相关部室主要负责人作为各单元安全运行第一责任人，各单元制订工作计划并切实执行，按月报告进度；围绕“促服务”，结合年度优质文明服务优秀柜组和柜员评选，以会计营业服务为主线，扎实开展年度优质文明服务系列活动，并以此带动全行各条线服务水平的提升。

（浙商银行）

21. 江苏银行股份有限公司上海分行

江苏银行上海分行成立于2008年12月8日，作为总行首家跨区域经营的异地分行，贯彻“立足江苏　服务上海　辐射长三角”的发展定位，紧紧围绕“科学发展，有效经营，以人为本，和谐共赢”的发展思路，一年来，分行各项规章制度与流程建设基本完成，组织架构与人员队伍建设不断推进，内控与风险管理得到强化，和谐企业文化氛围初步形成，业务开拓与营销成果初步显现，开业首年各项经营计划和主要工作任务圆满完成。截至2009年12月末，江苏银行上海分行吸收本外币各项存款余额62.19亿元；发放各项贷款余额60亿元；累计实现国际结算业务量2.23亿美元；实现中间业务收入1 066.66万元，占净收入的比重为9%。2009年江苏银行上海分行重点工作如下：

1. 固本强基，认真开展整章建制、流程梳理与系统搭建

在建行初期，江苏银行上海分行以阶段性活动为抓手，在较短的时间内建立了商业银行分支机构正常运营所必需的各项规章制度，这些制度已基本渗透到各项业务过程和各个操作环节，覆盖了所有的部门和岗位，基本满足了分行现有的前、中、后台所有业务运作、风险管理和运营支持的管理要求。同时上海分行开展“学规章、守制度、促发展”全员合规培训活动，促进了全员合规意识和制度执行力的提升。

2. 有效经营，加强信用风险防范、内控防案与安全保卫

江苏银行上海分行始终保持高度警觉，始终把风险防范放在第一位，将有效经营落到实处。加强授信风险管理，贯彻审慎经营。严格执行总行统一授信管理办法，对每笔授信业务按照授信调查、审查、审议、审批、审核发放、贷后管理的流程管理。加强内部控制，严防各类案件。根据内部管理工作的主观需要及外部环境、案件防控形势的客观要求，推进内控体系建设，组建兼职合规员队伍；开展案件防控排查工作；及时发送案件防风险提示单；开展合规督查和“从严治行、加强基础管理”专项整治活动。强化操作风险管理，开展重点风险业务的专项检查、滚动检查，保障安全运营。重视安保工作，建立兼职安全员队伍，在制定各类应急预案的基础上，组织相关应急预案演练。

3. 抢抓机遇，实现各项业务科学健康发展

江苏银行上海分行在抓好各项基础性工作建设的同时，针对 2009 年国际国内金融形势，根据上海经济金融的实际，紧抓市场机遇，坚持有所为有所不为，以营销竞赛为抓手，以业务创新为动力，推进各项业务有效开展。一是集中全力，做大公司业务。通过积极展开营销攻势，挖掘客户潜力、开展产品组合创新，实现公司板块各项业务的良性快速发展。积累了一定的基础客户群，初步搭建分行综合收益的业务平台，形成了“储备—营销—发起授信—有效投放”的一条龙式的业务链。国际结算业务通过联动发展与产品创新，通过传统结算、贸易融资产品全面运用，在远期结售汇产品上有效突破，较好满足了客户的多样化业务需求。二是积极创造条件，零售业务走上正常发展轨道。以个贷业务为重点，通过市场调研、全员发动、公私联动、品牌拓展、客户关系维护、渠道规划等手段促进零售业务逐步走上正常发展轨道。

4. 开展文明优质服务创建，做好世博金融服务准备

按照总行文明优质服务示范点创建的总体要求，从加强员工职业道德入手，以营造和弘扬“合规、业绩”的企业文化为主题，坚持精神文明与物质文明一起抓，主动将创优工作融入到日常经营管理工作中，结合上海市政府举行的迎世博 600 天文明优质服务工作方案，组织员工参加礼仪培训、双语培训，规范网点服务与配置，开展技能大比武，以世博金融服务为契机，带动和促进全行服务质量、服务技能及精神面貌的提升。

（江苏银行）

22. 南京银行股份有限公司上海分行

2009 年是南京银行上海分行开业以后第一个完整的经营年度。一年来，全行上下坚定不移地实践科学发展观，强化内部管理，积极拓展市场，各项业务保持良好的发展态势，经营管理水平显著提升，在上海同业的竞争力和社会影响力逐渐提高。截至 12 月末，分行各项存款余额 101.2 亿元，各项贷款 77.2 亿元，实现经营利润 1 亿元，各项主要经营指标的增量在上海市城商行同业中均排名前列，实现了规模、质量、效益的均衡发展。主要表现在以下几个方面：

（1）制定发展规划，明确发展方向。2009 年，分行结合上海地区实际情况，制定了信贷管理指导意见，明确了资产业务发展方向。上半年，分行重点支持了具有政府背景和财政支撑的基础设施项目，世博会及相关重大配套项目，临港新城、申江两岸开发、城市轨道交通等市级重点基础设施建设项目。下半年，加大了对经营性物业抵押贷款、中央直属、上海市属国有企业或国有控股大型企业集团的贷款投放，积极、稳妥地发展中小企业供应链项下的贸易融资业务，信贷结构不断调整和优化，促进了全行信贷业务健康、平稳发展。分行认真总结开业以来的工作，在认真调研和考察分析的基础上，制定了分行5年发展规划纲要，明确了具体目标和措施，为分行今后的发展指明了方向。

（2）发掘竞争优势，业务多元发展。2009年，分行调整营销策略，积极拓宽营销渠道，加大市场拓展力度，开发了一批优质的战略、重点客户，形成了分行的核心客户群体。在营销方式上，实施个性化、差别化的服务，提升了与战略客户的合作层次。设立了专营中小企业的小企业金融部，小企业贷款余额7.9亿元；办理票据贴现351笔，贴现总量40.6亿元；开展委托贷款和短期融资券代理发行等业务，开拓服务性中间业务领域，实现中间业务收入1 590万元；加强与非银行金融机构等同业机构的业务合作，全面推动同业存放、同业拆借、同业贷款等相关资金业务的发展；加大个人贷款投放力度，个人贷款余额达8.8亿元。在各项业务稳健发展的同时，加快产品创新速度，成立了分行产品创新委员会，建立产品经理和项目经理制度，学习同业先进经验，为目标群体客户开发产品。

（3）强化内控建设，科学控制风险。在风险管理方面，严格执行和落实总行各项信贷政策，确保各项信贷管理工作合规审慎开展。在具体授信业务审查上，调整了分行授信业务审批流程，进一步完善风险管理制度；向业务部门派驻授信审查人员，审批效率及沟通机制得到较大提高；建立授信业务信贷资产质量分析例会制度，规范公司类授信业务调查报告基本格式及小企业授信报告模板，组织各项专题检查，加大贷后检查力度，严格排查授信风险，在风险可控的前提下促进分行业务的快速发展。在营运管理方面，加强会计检查、银企对账、事后监督、反洗钱工作，严防操作风险；制定下发了会计业务操作风险管控细则，对会计业务流程进行梳理，对风险点进行揭示；明确柜员岗位职责，加强柜员等级管理，强化柜员风险防范意识，及时消除风险隐患。在财务核算方面，及时下达部门经营计划，为全行业务发展树立目标；对财务核算、账务核对、授权管理等重点环节进行密切监控，严格考核兑现，最大限度地发挥了资金的使用效益。在案件防控上，按季召开案件防控会议，对案件排查进行统一部署与安排，开展案件风险排查和"回头看"工作，对存在问题进行整改，把风险消灭在萌芽状态。在合规建设上，按季开展员工诚信自测评价活动，加强对全员违法违规、违反职业道德操守行为或可疑行为的监管，规范员工行为，防范道德风险；建立兼职合规经理制度，进一步加强内控与合规风险事项的监测与管理。在安全保卫方面，配备专人负责，加强与公安部门的联系沟通，加强安防教育，全行全年未发生安全事故。

（4）加强队伍建设，增加支行机构。2009年，分行加快了人员招聘力度，引进和稳定了一支素质优良、经验丰富并具有战斗力的员工队伍；完善了各条线客户经理的业绩考核办法，建立了客户经理考核升、降级与退出机制，将客户经理的业绩与职级、收入挂钩，实行优胜劣汰，极大地调动了客户经理的积极性，为分行全面完成各项业务指标奠定了基础；同时，分行采取多种方式组织相关培训和考试，员工素质进一步提高。2009年8月份，第一家支行——浦东支行在陆家嘴金融区正式开业，12月份，徐汇支行获准开业，扩大了分行的服务半径，提升了市场形象，金融服务能力和综合竞争力得到增强。

（南京银行）

23. 平安银行股份有限公司上海分行

2009年，平安银行股份有限公司上海分行坚持合规经营，平稳、健康发展各项业务，稳步提升内部管理水平和经营效益，积极创新业务发展模式，并克服基础薄弱、人手新的不利因素，使存、贷款规模稳中有升，盈利水平逐步提高，业务经营呈现积极向上态势。

截至2009年末，分行资产总额折计人民币361.58亿元，比年初增加119.35亿元，增幅

49.3%；一般性存款余额折计人民币 258.15 亿元，比年初增加 86.03 亿元，增幅 50%；各项贷款余额折计人民币 265.73 亿元，比年初增加 103.16 亿元，增幅 63.5%；累计实现账面税前利润 46 597 万元，比去年增加 17 371 万元，增幅 59.4%；不良贷款余额 7 711.68 万元，不良贷款率为 0.29%，不良贷款率保持在同业较低水平。

1. 积极贯彻落实国家宏观调控政策，各项业务快速健康发展

公司业务强化业务的全过程督导，加快信贷资产结构调整，从源头上严把营销准入和防控风险，实现全行公司业务的可持续发展。

中小企业业务紧紧围绕“业务专业化、营销专业化、管理专业化”三个专业化的发展目标，逐步形成高效、专业的核心竞争力。

零售业务建立“三表”、“两会”、“两点评”销售流程管理，兑现服务承诺、突出优势产品制度，积极探索差异化市场，探求有别于传统银行的发展之路。

2. 加大零售风险管理力度，提高信贷资产质量

2009 年，分行实现存款快速增长，贷款质量不断提高，贷款规模逐渐扩张，盈利水平逐渐提高，并不断加大零售风险管理工作：对 300 万元以上经营贷款及其他需要风控实地调查的案件，由风控指定人员进行贷前调查；对正常案件进行严格的贷后管理；根据个人贷款风险控制的需要和监管要求，适时调整授信政策。

3. 内部管理进一步规范，风险管理和内控能力得到增强

在内部紧密围绕“抓管理、促发展”这个主题，以加强全面风险管理为主线，着力提高风险管理能力和专业水平。通过加强组织领导，落实责任，强化考核，加大激励，取得明显效果：运营内控得到增强；信贷风险得到有效防范，资产质量得到有效控制；档案管理制度得到完善；安全保卫工作得到强化。

4. 紧密围绕业务发展，积极有效地利用财务管理工具

2009 年，财务管理与各项财务核算工作均做到依法、合规，严格按照监管部门相关要求及总行相关规章制度执行；每月两次对主要业务指标进行滚动预测，总体预测准确率较高；严格执行税法以及税务机关和总行制定的各项税收政策和管理规定，及时、准确完成分行营业税、所得税、印花税等的申报、缴纳和核算工作，并主动开展自查工作，得到当地税务部门的好评。

5. 重视员工队伍建设，企业文化建设有序推进

2009 年，分行严把招人关，不断引进优秀的市场人员和高素质的管理人员，同时不断组织员工进行业务技能培训、职业操守教育、综合教育，推进绩效文化建设，在全行营造积极向上，不断求新的学习氛围，员工的技能，职业道德，综合素质得到显著提升。

（平安银行）

24. 中国邮政储蓄银行有限责任公司上海分行

2009 年，中国邮政储蓄银行上海分行坚持以效益为中心，以传统金融业务为基础，以公司、信贷业务为新的增长点，着力开展金融业务结构的调整。同时，加强基础管理，调整经营策略，推进经营机制转变，促使全行各项工作健康有序开展，实现了上海分行市场化运营的良好开局。

至年末，上海邮政储蓄个人存款规模突破 700 亿元，年度新增储蓄存款 75.03 亿元；开立单位账户 2.37 万户，存款规模达到 44.13 亿元；常规外币储蓄余额为 235.54 万美元，开户数 4 204 户，比上年年末余额增加 128.04 万美元，开户数增加 2 559 户；全市绿卡结存数达 693.09 万张，年度净增卡户 122.42 万户，绿卡余额 172.94 亿元，较上年底增长 37.12 亿元；国内汇款业务量 965.21 万笔，西联汇款业务量 7.03 万笔，银邮汇款业务量 6 888 笔，普通国际汇款业务量 2 210 笔；共代收保费17.84亿元，销售基金3.4亿元，代销国债5亿元，销售人民币理财产品3.35亿元；共发放小额贷款6 625笔，金额6.43亿元，个人商务贷款468笔，金额2.96亿元，二手房贷款3 940笔，金额13.61亿元。

2009年，重点开展了以下几个方面的工作：

1. 更新理念，加快内部改革转型

按照现代商业银行的要求，结合实际，以强化高管队伍建设、推进示范网点转型为切入点，督促辖内分支机构积极更新经营理念，理清发展思路，明确市场定位，转变经营方式，优化发展策略，积极推进"从形似向神似"转变。通过努力，全行经营管理加速转型，风险管控有效加强，服务能力明显增强，社会形象明显提升。

2. 服务世博，加快示范网点销售转型

为提升邮储银行的窗口形象，以崭新的精神面貌迎接世博、服务世博，积极推进示范网点销售模式转型，以标准化的管理和服务模式，强化网点现场服务与营销功能，以服务促进销售并提高客户的忠诚度。

通过对世博重点区域的调研，确定了56个世博重点区域网点，并在重点网点新增结售汇业务和国际汇兑业务。同时，积极组建世博服务志愿者队伍，协同中国人民银行开展"迎世博、练内功、强技能、促发展"操作技能练兵活动，在全行营造人人练技能、服务世博作表率的浓厚氛围。

3. 引资回流，服务上海地方经济建设

积极拓宽融资渠道，引导邮储资金回流上海，支持地方建设。如通过多种形式积极参与南汇申江路建设工程、浦东机场高速公路、奉贤污水处理项目、上海轨交5号线、张江高科园区等大项目贷款，至2009年末已累计引资回流上海近340亿元，有力地支持了上海城市基础设施建设和经济发展。

4. 金融支农，支持社会主义新农村建设

采取多项举措，积极开展金融支农活动。加大涉农信贷投入，发放的涉农贷款主要投放于金山、崇明、闵行、南汇、奉贤等区县，2009年共发放农户保证、联保的小额贷款180笔，累计金额830万元，充分体现邮储银行"服务三农"的宗旨。提升信贷服务能力，2009年辖内所有自营网点均可提供信贷服务，信贷业务城郊覆盖率达到100%。

5. 送贷上门，破解微小企业融资难

根据上海经济实际情况，陆续推出个人商务贷款、小企业贷款等业务品种，丰富了面向个体工商户、微小、中小企业主的贷款产品。同时，为解决微小企业融资门槛高、贷款信息不对称问题，推行信贷员送贷上门计划，将信贷产品、信贷文化亲自送到企业门口，提供便民、高效、贴心的信贷融资服务。2009年累计为7 093户个体户、微小企业主提供9.40亿元的资金支持。

6. 发挥优势，推进资金归集业务

依托遍布城乡的网络，坚持"根植城乡，服务大众"的宗旨，依托柜面、电话银行、商易通机具、POS机具多渠道的服务，为各大公用事业单位代收公用事业费，为各大报社代收报款，为多家保险公司代收保费，为国美电器、上海移动、上海百事可乐饮料有限公司、邮政速递物流公司等众多的单位归集各类资金，还为上海市儿童基金会提供免费的捐赠款归集服务。

7. 完善网络，提供基础金融服务

依托邮政金融服务大网，大力发展银行基础金融服务，2009年末共有银行卡客户700多万户，每月提供100多亿元的资金结算服务。同时，积极完善服务渠道，2009年更新和新增银行ATM 100台，ATM总台数已达450台，并进行了形象统一工程，使邮储银行ATM面貌焕然一新；固话支付终端已经达到7 110台，特约商户627个，布放POS终端703台，系列举措极大地提升了邮储银行的服务能力。

8. 强化管理，筑牢风险防控体系

全行树立了全面风险管理理念，逐步提高风险管理水平，初步建立了合规风险管理体系。为确保资金安全，分行健全了审计组织体系，组建了审计队伍，通过专项审计、财务审计和内控评价等方式，明确各业务条线管理职责，充分发挥对业务处理流程、基本制度执行和风险防范的监督检查效能，筑牢风险防控体系。

（邮政储蓄银行）

(三) 村 镇 银 行

1. 上海崇明长江村镇银行股份有限公司

2009 年 2 月 18 日，上海崇明长江村镇银行股份有限公司正式开业，围绕“经营稳健、服务优质、运转高效、富有特色、共同成长”的经营理念，立足于“服务县域”、“服务三农”、“服务中小企业”的经营宗旨，体现“小、快、活”的经营特色，不断加强风险防控和内部管理，在开业不到一年的时间里，各项存、贷款业务稳步发展，取得了较好的成绩。

截至 2009 年底，各项存款余额 36 529 万元。其中企业存款 34 308 万元，占比 94%；储蓄存款 2 221 万元，占比 6%。各项贷款余额 23 890 万元，存贷比为 65%。其中企业贷款 19 895 万元，占比 83%；个人贷款 3 995 万元，占比 17%。

1. 错位竞争，以“小”、“快”、“活”的经营特色，立足于崇明农村金融市场

(1) 体现“小”的经营特色。在业务拓展中，只要客户有发展前景和还贷能力、贷款用途符合相关的信贷政策、担保能够落实，有信贷需求，申请金额合理，一般都予以受理。

(2) 体现“快”的经营特色。在风险可控的前提下，尽量将整个放贷流程时间进行压缩，一般在一天时间里进行贷前调查和资料的收集，在另外两天时间里进行贷款的审查、审批和发放，平均 2—3 天左右(包括双休日)发放一笔贷款。

(3) 体现“活”的经营特色。一是在贷款发放对象方面只要符合相关的信贷政策，一般都给予信贷支持。二是采取灵活多样的担保方式，尽量解决有信贷需求客户担保难的问题。三是采取灵活优惠的利率政策，利率水平低于崇明县银行业平均水平。

2. 以农为本，大力拓展信贷业务，积极支持县域“三农”经济和中小企业发展

自开业以来，坚持“服务县域”、“服务三农”、“服务中小企业”的宗旨，全年累计发放涉农类贷款 21 652 万元，占比 91%。适时推出了“种植通”、“养殖通”、“农机通”、“消费通”、“农贸通”、“小贷通”等 6 个富有村镇银行特色的信贷产品。全年已命名贷款产品户数为 111 户，贷款余额 20 032 万元，占比 84%。其中，“种植通”4 户计 380 万元，“养殖通”8 户计 1 097 万元，“农机通”5 户计 705 万元，“消费通”21 户计 873 万元，“农贸通”33 户计 6 060 万元，“小贷通”40 户计 10 917 万元。全力支持当地农民专业合作社发展，解决其融资困难，扶持其逐步壮大。全年累计向 7 户农民专业合作社发放贷款1 100 万元。

3. 未雨绸缪，控制源头，确保信贷资产安全

尽管在开业初期，信贷资产没有任何历史包袱，但仍防患于未然。一是加强贷前调查，发现客户信用度低、品行差、有不良恶习的，坚决不予贷款。二是专门成立了贷款审查委员会，群策群力，降低贷款审查风险。三是制订、修改了各类信贷文件，规范了信贷操作规程，落实了信贷“三查”制度，加强信贷内控管理。在信贷风险防范上始终坚持“严格控制信用贷款、适度发放保证担保贷款、大力发展抵押贷款”的信贷营销策略。年末信用贷款余额 1 555 万元，占比 7%；保证担保贷款余额 7 280 万元，占比 30%；抵押担保贷款 15 054 万元，占比 63%。

4. 以案件防控为契机，提高内控管理水平

坚持把风险防范放在第一位，严格遵循“内控优先、制度先行”和“开办一项业务、出台一项制度、建立一项流程”的原则，以案件防控为契机，全方位提升内控管理水平。及时布置和落实各项案件防控工作，制订、落实各项规章制度，为业务发展保驾护航。及时传达和落实上级监管部门会议、文件精神，层层签订案防工作目标责任书，使风险防范意识深入人心。开展案件风险排查“回头看”活动，增强干部员工风险意识，提升经办人员业务素质。对信息科技风险防控和信息安全情况开展全面自查，确保信息系统的安全。通过发放《告知单》让客户签名确认等防范手段，切实履行监督、指导职责，确保营业厅发挥防范“电信诈骗”最后一道防线的应有作用。

5. 加强世博金融服务工作，提升服务形象

为迎接2010年世博会，全行员工以饱满的服务热情，一流的服务品质，竭尽所能为各方宾客提供“便捷、周到、高效、优质”的金融服务，树立村镇银行的服务形象，提升知名度。

（长江村镇银行）

2. 上海奉贤浦发村镇银行股份有限公司

上海奉贤浦发村镇银行股份有限公司是经银行业监督管理部门批准设立，于2009年8月27日正式营业的新型农村金融机构。

上海奉贤浦发村镇银行注册资本为人民币5 000万元，由上海浦东发展银行股份有限公司、上海奉贤建设投资有限公司、长江经济联合发展（集团）股份有限公司、上海新发展房地产开发有限公司、上海华昌企业（集团）有限公司等五家企业法人共同发起设立，其中上海浦东发展银行持股51%。

上海奉贤浦发村镇银行目前有员工人数24人，设有董事会、监事会，银行在行长室的领导下内部设有办公室、营业部、市场部、风险管理部、合规部五个部门。

上海奉贤浦发村镇银行经营范围是：吸收公众存款；发放短期、中期和长期贷款；办理国内结算；办理票据承兑与贴现；从事同业拆借；从事银行卡业务；代理发行、代理兑付、承销政府债券；代理收付款项及代理保险业务；经银行业监督管理机构批准的其他业务。

上海奉贤浦发村镇银行立足奉贤、服务奉贤，支持“三农”、支持中小企业、增加奉贤地区的金融服务供给、积极拓展业务，创新业务品种、促进奉贤区域经济和城乡协调发展、促进社会主义新农村建设。

上海奉贤浦发村镇银行的经营宗旨是“根据平等、自愿、公平和诚实信用原则，依法为当地农民、农业、农村和区域经济发展提供金融服务；在审慎经营、稳健发展的前提下，为股东及相关利益者谋取最大经济利益，并以此促进城乡一体化建设，支持国民经济发展和社会全面进步”。

上海奉贤浦发村镇银行立足服务三农、服务区域城乡经济的建设发展。发放贷款坚持小额、分散的原则。对同一借款人的贷款余额不超过资本净额的5%；对单一集团企业客户的授信余额不超过资本净额的10%。银行以安全性、流动性、效益性为经营原则，实行自主经营，自担风险，自负盈亏，自我约束。

（浦发村镇银行）

（四）营运中心

1. 中国工商银行股份有限公司票据营业部

2009年，中国工商银行票据营业部积极应对市场波动影响，认真落实总行对票据业务发展的一系列要求，积极调整结构，切实防范风险，努力提升效益，取得了好于预期的经营业绩，并在全力支持总行信贷规模有效调控、促进全行票据业务稳健发展中发挥了应有的作用。全年实现账面利润5.35亿元，人均创利突破200万元。票据交易量再创历史新高，票据买卖累计达33万笔，金额突破1.5万亿元，同期增幅为155%。全年假票收进率、不良资产率、资金损失率和经济发案率继续保持为零。

1. 市场经营能力进一步加强

2009年，工行票据营业部加强业务功能创新，服务全行票据发展，积极拓展市场，进一步提升市场经营能力：一是充分利用“票据池”资源，有效传导票据业务政策，采取多种措施，积极地完成了关键时点的票据规模调控任务。二是建立了系统内存管交易和返售交易的结合机制,引导系统内分行加快票据存管进度,提升票据业务运营效率,优先支持了分行票据业务的发展需求,巩固发挥了系统内票据主渠道作用。加强有限规模的调度安排,持续开展内部经济资本动态模拟监测,提高资金与规模资源的配置效率和机会收益,有效提升了资金盈利水平。三是实施了系统外金融机构营销区域管理的调整,调动了分部跨区域全面营销的积极性,研究推进了与分行联合开展贴现业务的路径,积极推进"三代业务"开展,成功实现了部分分行理财票据托管,中间业务开拓取得了有效突破。四是成功办理了全国首单电子票据转贴现业务,是全国电子票据系统开通当日通过系统实现票据交易量最大的机构,抢占了市场的先机。五是组织召开了"2009 票据市场发展挑战与机遇"高层研讨会,与人行上海总部合作出版《2008 年中国票据市场发展报告》。有效推进票据市场平台建设,在票据联席会议推动、联动监管协调、票据承付公约签署和"长三角"贴现价格指数发布等方面发挥了行业领先作用。

2. 风险防控能力进一步加强

2009 年,针对票据业务风险形势严峻、监管检查严格的变化,工行票据营业部有针对性地完善了存管程序和买入标准,重点加强了融资性嫌疑票据的排析,并及时处置和化解风险票据,确保了票据资产的高质量。全面完成了 2009 年度制度流程梳理项目,开展了年度质量体系管理评审和内外部满意度调查,进一步深化了制度流程建设,率先成为首家通过质量管理体系 ISO9001:2008 版的转版认证的银行机构。

3. 管理支撑能力进一步加强

2009 年,工行票据营业部积极开展了票据研究有奖征文活动和年度重点课题研究,改进了完善费用分配及经营考核办法,提高了资源配置效率。试行了内部转移托收业务操作,推进了新一代监督系统的投产。进一步加强了报表集中工作,强化了信息宣传和信息服务。深化了分行科技"二线支持"工作机制,提升了科技支持与服务水平。通过编写《制度手册》、《质量管理手册》,梳理和完善了业务和管理的制度流程。同时,持续推进了制度建设和 ISO 流程改进,并投产了电子公文审批系统和管理流程电子化项目。通过签订安全保卫目标责任书,进一步健全了安全保卫组织框架和应急预案,构建了上下联动的安全防范网络。

4. 品牌形象建设进一步加强

2009 年,工行票据营业部实现零安全责任事故,进一步加强了迎世博的安全维稳工作,有效维护了迎世博期间的安全运行环境。进一步规范了 CI 形象标识,完善了服务世博的措施。专业培训和技能提升显著加强,和谐团队氛围浓厚,市场影响力继续扩展。举办了建国 60 周年的系列活动。在各大专业主流媒体和监管机构的相关刊物上进行积极的品牌形象和业务发展宣传,"工行票据"品牌认可度稳步提高,社会公众形象进一步提升,专营机构的作用有了更好展示和显现。

(工行票据部)

2. 中国工商银行股份有限公司私人银行部

2008 年 3 月 27 日,中国工商银行私人银行部经中国银行业监督管理委员会批准,在上海宣告成立,成为国内第一家经银监会批复同意的私人银行专营机构。

工行私人银行业务针对个人金融资产在 800 万元人民币以上的高净值个人客户,提供涵盖财务管理服务、资产管理服务、顾问咨询服务、私人增值服务以及跨境金融服务等内容的专业化服务,并对个人金融资产 500 万元人民币以上客户提供体验服务。目前已开设北京、上海、广州、深圳、太原、南京、杭州、济南、郑州和成都等十家分部,服务范围全面覆盖三大经济圈、中部、西部等重点地区。

2009 年末,工行私人银行客户突破 1.3 万户,管理资产折合人民币 2 550 亿元。工行私人银行先后荣获了《搜狐财经·理财频道》"最具潜力的中资私人银行"、《21 世纪经济报道》组织的

工行票据营业部

中国金融理财金贝奖"中国优秀私人银行团队"、《理财周报》"2009年最佳服务私人银行"与欧洲货币杂志组织的"中国地区最佳私人银行—固定收入财富管理银行奖(Fixed Income Portfolio Management)"等奖项,在业界和客户中树立了良好的口碑。

私人银行业务依托工行集团整体优势,秉承工行稳健、进取的一贯风格,以"诚信相守、稳健相传"为经营理念,充分整合优质金融与非金融服务资源,积极创建具有中国特色、工行特征的经营模式和服务体系。工行私人银行业务提供以高净值客户需求为导向、以资产管理为核心、以顾问咨询为重点、以信息管理为保障的财富管理服务,形成以财富顾问为服务主体、以专家团队为专业支持、以远程委托和行商为服务形式、以开放式金融和非金融服务为内涵、以尊贵私密为服务特点的差异化服务模式,坚持行内联动进行服务资源整合,扩大行外联盟拓宽服务范围,分析客户潜在需求,开展精细化的分层服务,依托专业能力将个性化需求转变为多样性金融服务方案,逐步形成全方位金融服务的能力。

(工行私人银行部)

3. 中国农业银行股份有限公司票据营业部

2009年,中国农业银行票据营业部抓住适度宽松的货币政策下票据市场较快增长的机会,大力拓展各类业务,交易量创出历史新高,超额完成利润计划,同时积极推进发展规划、研究分析、风险控制和科技支撑等各项基础工作,实现了全面、协调的可持续发展。

1. 交易量创历史最高,新业务呈快速增长

农业银行票据营业部根据市场形势发展变化,及时调整经营策略,上半年响应金融支持经济发展的政策号召,大力发展业务、扩张规模,下半年根据货币政策动态微调的需要,合理调整业务节奏。全年实现交易量4 573亿元,比上年增长75%,创出历史新高。其中,买断交易量2 276亿元,比上年增长7%,逆回购交易量2 190亿元,比上年增长415%。年内通过积极推介和营销,新业务取得突破性进展,成为推动逆回购交易量大幅增长的主要力量。在全年票据市场利率总体上处于历史低位运行的情况下,以量补价,实现拨备后利润8.61亿元,超额完成年度计划。

截至2009年底,农业银行票据营业部的票据资产余额达到1 122亿元,比年初增长26%,也创出历史新高。其中,买断资产余额为835亿元,比年初增长6%,逆回购资产余额为287亿元,比年初增长171%。

2. 推进战略规划工作,加强市场研究分析

在各项业务取得突破的同时,农业银行票据营业部稳步有序的推进中长期战略发展规划的研究制定工作。年内在对多个票据市场发达地区的经营机构进行调研的基础上,经反复论证初步形成票据业务发展规划,为部署未来一段时间的全

行票据业务发展战略和建设全行票据业务经营体系奠定坚固基础。

面对快速变化的市场，农业银行票据营业部始终信奉“研究创造价值”，通过专题研究报告、内部讲座等形式，为领导决策支持和业务人员素质提高起到了积极作用；不断加强与监管机构、学术团体的交流合作，连续第三年被上海银监局评为“优秀金融市场监测机构”，并圆满完成中国农村金融学会的重点研究课题“大型商业银行票据业务事业部制改革研究”。

3. 提升风险管理能力，增强科技支持力度

农业银行票据营业部不断强化风险管理制度建设，年内制定了《内部控制基本规定》等多项规章制度并严格落实，同时加强对票据产业链的监测，减少风险较高票据的买入，继续保持了开业以来无不良资产、资金损失和经济案件的纪录。

农业银行票据营业部也充分认识到科技支持对业务发展的重要性，年内顺利完成票据业务交易管理新系统的开发测试并上线运行，极大提高了业务处理效率和风险防控能力，此外实施网络改造工程，实现了办公网、生产网和互联网的隔离，显著改善了网络系统的运行安全和效率。

（农行票据部）

4. 招商银行股份有限公司信用卡中心

2009 年，招商银行信用卡中心按照“控制风险、提高服务、深化经营、强力转型”的策略思路，深入推进转型之路。经过一年的努力，各项业务增速喜人，经营风格日趋稳健，战略转型成效显著，信用卡业务的盈利能力与客户价值日益彰显。2009 年累计新增发卡 347.19 万张；累计实现信用卡交易额折合人民币 3 007.93 亿元；实现账面收入 50.58 亿元，累计账面支出 41.34 亿元，账面利润 9.24 亿元。

1. 大力推进全面风险管理，资产质量保持稳定

招行信用卡中心为应对金融危机带来的市场风险，主动调整风险管理政策，加大了风险管控力度，通过在增量客户拓展中贯彻以质量和结构为核心的战略导向，配合新产品、新资源制定各项发卡政策，优化新增客户结构。同时，严格把控合规风险，将“亲访亲签”要求落到实处，逐步建立起伪冒监控与分析体系，密切关注伪冒申请新动向，严控伪冒风险和合规风险。经过一年的转型，信用卡新增不良余额增速减缓，分期业务品质有所改善，各项风险指标均优于同业水平。

2. 创新性提出互联网战略，探寻新时期高效运营之道

顺应国内互联网高速发展、客户群生活方式的改变，招行信用卡中心提出了基于互联网的战略新方向，计划从客户获取、市场营销、客户经营、风险管理、运营管理等多角度重塑信用卡发展模式，探寻互联网时代信用卡业务高效运营之路。

3. 全面整合内部资源，提升客户经营效率

2009 年，在充分开展族群分析和研究的基础上，进一步加强了目标客群的获取力度和资源投入的集中度。通过整合市场商务资源，推出一系列主题鲜明的营销活动。为提高信用卡整体交易量，开展了“承诺消费，马上兑换劲爆好礼”、“非常三亚”、“十全十美”、“天天刷卡，送千元大礼”等一系列主轴性营销活动，推动总交易额持续成长。

4. 持续优化客群结构，深度挖掘客户价值

2009 年招行信用卡中心积极探索客户结构优化及客户盈利能力提升的新途径，围绕“价值新户单一考核、中高端客户专项获取、收费型产品额外补充”的策略，大力拓展高价值、高贡献客户，客群结构逐步优化。对存量客户积极推进差异化分级服务策略，适时推出了“百万客户计划”，针对价值贡献最高的百万客户执行优先进线服务流程，倾斜服务资源，使百万客户服务水平保持在 99% 以上；并实施多项主动服务，如挂失费减免等。凭借客户服务品质的不断提升，再次荣获“中国最佳呼叫中心称号”、“2008—2009 中国最佳客户服务”、“2009 中国(亚太)最佳呼叫中心”等多项奖项，继续得到业界和客户的认可。同时，客户价值也明显得到提升，户均消费额从 2008 年的 1 880 元提高到 2009 年的 2 265 元。

5. 深入挖掘服务潜能，提供良好的金融服务

为切实做好 2010 年金融世博服务工作，招行信用卡中心专门成立了世博金融服务工作组，郭光理事长也对世博服务工作提出了“三保一抓”的工作要求：保障服务品质、保障投诉处理时效、保障系统的稳定性、抓好世博营销工作。招行信用卡中心通过增强外语线客户服务能力，完善投诉应急处理机制、提升投诉时效，加强客户投诉处理服务水平；开展信息安全风险评估和整改，扎实做好业务系统应急演练工作，加强信息安全风险防范，以保障世博期间信息系统的安全稳定运行。

(招行信用卡中心)

5. 兴业银行股份有限公司资金营运中心

兴业银行股份有限公司资金营运中心于 2003 年 11 月在上海成立，作为总行直属经营部门运作。2004 年 11 月，经中国银监会批准，兴业银行资金营运中心领取金融许可证，办理工商登记，成为国内首家领取金融许可证的资金业务专营机构，首创中国银行业投资交易业务专业化运作的新模式。为了加强风险控制，资金营运中心借鉴国际先进经验，在国内同业中率先实行前中后台相分离的业务处理流程，使各项业务在风险可控的前提下快速健康发展。

作为兴业银行参与境内外金融市场的核心经营主体，资金营运中心业务范围涵盖本外币同业拆借、同业存放、债券回购、债券买卖、外汇买卖、衍生产品交易、黄金交易、票据买卖、理财产品设计销售等业务。经过近年来的快速发展，资金营运中心资产规模不断增长，交易活跃。截至 2009 年末，资金营运中心本外币资产总额折人民币 2 948 亿元，做市交易业务和代客理财业务(包括理财产品创设销售和交易经纪平台)也实现快速发展，逐步实现了自营投资、代客理财、做市交易三大业务功能并重的经营模式。

2009 年度资金营运中心荣获“全国银行间本币市场最具市场影响力奖”、“全国银行间外汇市场年度交易优秀会员”、“银行间债券市场优秀做市商”、“上海黄金交易所优秀会员”、“上海黄金交易所交易黄金单项奖优秀会员”、“上海黄金交易所交易白银单项奖优秀会员”等多项荣誉。

(兴业银行资金营运中心)

二、外 资 银 行

(一) 外资法人银行

1. 瑞穗实业银行(中国)有限公司

瑞穗实业银行(中国)有限公司是一家由日本瑞穗实业银行股份有限公司设立的外资法人银行。2007 年 6 月 1 日正式开业,总行设在上海,目前已经下设大连、深圳、北京、无锡、天津、青岛、广州、武汉 8 家分行以及大连经济技术开发区支行。

2009 年中国经济呈现了复苏回暖的走势,瑞穗(中国)的各项业务均保持稳定发展。同时,在各分行以改善存贷比为目标积极展开营销活动的努力之下,瑞穗(中国)的本外币存款均有所增长。

瑞穗实业银行(中国)有限公司制定以下发展策略:

(1) 扩大业务领域范围;

(2) 推进银团贷款等业务;

(3) 强化市场性业务;

(4) 通过加强行内专业部门的职能,提供客户所需要的“解决方案”;

(5) 加强与中资金融机构的业务合作。

2009 年度,瑞穗实业银行(中国)有限公司在营业网点的布局进展顺利。2009 年 3 月 30 日,武汉分行正式开业。同时,以客户集中度和今后长远发展为出发点,继续实施营业网点的增设计划。伴随业务的拓展和网点的扩充,瑞穗(中国)的人员也有了相应增加,截至 2009 年 12 月底,员工人数达到了 1 176 名。

瑞穗实业银行(中国)有限公司一如既往极为重视合规管理工作。专设合规管理委员会,对子行的合规管理活动予以监督。上海总行内设有法律合规部,负责实施与合规管理整体相关的计划与推进工作,以及法律事务工作。上海总行及各分行均设有合规经理,以此完善银行合规统一管理的体制,以及更好地贯彻中国人民银行、国家外汇管理局、中国银行业监督管理委员会等各监管机构的要求。

2009 年,瑞穗实业银行(中国)有限公司继续以“品质最佳的外资银行”为目标,在公司治理、内部控制、风险管理、产品开发、市场营销等各个领域以高质量、高标准的要求,力争成为客户心目中一流的外资银行。

(瑞穗实业银行)

2. 三菱东京日联银行(中国)有限公司

尽管 2009 年世界经济和金融市场受到金融危机的冲击,三菱东京日联银行(中国)有限公司(以下简称“BTMUC”)依然保持稳健的发展态势,在业务拓展、公司治理、风险管理、合规监督等各方面加强管理工作。截至 2009 年 12 月末,拥有员工 1 800 人左右,资本金 65 亿元人民币。目前设有上海、北京、天津、大连、无锡、深圳、广州、成都 8 家分行及 2 家支行,业务辐射全国。

1. 大力发展银行业务

首先,在存贷款业务方面,根据国家的宏观调控政策和市场需求来灵活调节信贷结构,稳步发展。2009 年,存款规模继续呈扩大趋势。BTMUC 的稳健发展得益于对日资企业客户的良好维护以及对非日资,尤其是中资客户的大力开发和相关运营体制的进一步完善。

其次,在业务创新方面,为了应对客户日益多样化的资金效率化需求,BTMUC 对资金池系统

三菱东京日联银行(中国)有限公司上海分行营业大厅

进行了升级,并开发了针对各类客户群和基于客户不同融资及相关金融服务需求的新产品和新业务。为了推进跨境贸易人民币结算业务,BTMUC加强了对客宣传、积极推荐试点企业、完善事务及系统构架,为该业务的全面展开做好各项准备。2009年9月,BTMUC获得"境内代理银行"和"境内结算银行"业务资格,成为国内首批获得该资格的外资银行之一。12月,又成为首家获得中国银监会批准发行金融债的外资银行。

2. 深入完善内部管理

在内部控制环境方面,基于已构建完成的法人银行治理框架和全行系统切换顺利实施,BTMUC着力完善全行各组织职能,加强内部管理体制,进一步完善了公司治理。

为了扩大非日资,尤其是中资客户的业务规模,该行灵活高效地进行资源配置,调整并强化了非日资客户的运营体制,实现业务推广部门一体化的非日资业务运营,进一步加强对相关部门的全行性支持和合作体制。

坚持以稳健经营为方针,适度增加人员以应对业务扩张和市场变化,同时积极保留核心人才,通过进一步完善激励机制来加强行员的工作积极性,提高行员的工作满意度、忠诚度及归属感。此外,BTMUC在培训项目上投入了巨大的人力和财力,旨在为各类行员提供更多更有针对性的培训课程,大力发展企业文化,增强企业的凝聚力。

3. 全面强化风险管理

风险管理方面,始终严格贯彻实施各类风险的管理对策,秉持一贯的姿态致力于授信管理体制的维持和完善。BTMUC对所有对授信对象严格排查,同时实施重点客户访问,完善了授信流程贷前、贷中、贷后的全方位管理。

市场头寸操作方面,该行在充分认识市场波动风险与产品流动性风险的前提下,继续实行市场头寸限额、VAR额,敏感性分析等谨慎操作,并进一步完善了市场风险压力测试的模型。

BTMUC在业务量逐渐递增的同时,加强了对操作风险的防控力度。由于各项措施积极有效,2009年内该行操作失误率下降、系统升级等重大项目顺利完成,员工培训体系进一步充实,员工积极性及业务水平得以提高,在全行范围内形成了良性循环机制。

BTMUC合规风险管理整体运营状态良好,合规文化建设也日益渗入基层,合规体制的建设始终作为该行工作的"重中之重"。在经营管理层的指示下,合规管理体制建设自上而下,采取PDCA的循环模式,持续性加强合规风险管理能力,同时配合实施防止违规交易、反内幕交易、利益冲突、反洗钱等各项培训,提高全行行员的整体合规意识。

4. 大力服务世博会

为迎接上海世博会的召开,BTMUC本着为国内外客户提供优质服务的宗旨,BTMUC从制度、窗口员工素质、便民服务设置等多个方面入手,发动全体员工,共同努力,全面提升窗口服务质量。

针对世博还特别制作了《世博知识Q&A》,便于客户了解世博知识,答疑解惑。

BTMUC要求行员树立以客户为中心的服务

理念，真心诚意地对待顾客的咨询/投诉。当发生顾客咨询/投诉时，从维护顾客权益、管理风险、改善业务的观点出发，迅速正确处理并广泛收集分析顾客的反馈信息。BTMUC 在营业窗口设置了客户服务小组，为客户提供如账户信息查询、业务咨询、协助办理个人业务等服务，并负责接待客户投诉。

5. 积极参加社会活动

由 BTMUC 出资赞助在复旦大学开设的“复旦・三菱东京日联银行（中国）地方财政与金融”讲座，为研究地方财政与金融提供一个良好的环境基础，为学员提供一个交流的平台。BTMUC 上海分行在 2009 年上、下半年分别举行了一次捐赠衣物和书籍给上海市慈善基金会和海外中国教育救援基金会的慈善募捐活动。

（日联银行）

三井住友银行(中国)有限公司

3. 三井住友银行（中国）有限公司

2009 年 4 月 27 日，三井住友银行（中国）有限公司由原日本三井住友银行股份有限公司的在华营业性分支机构（不包括上海分行）改制而成。总行设立于上海，并在天津、广州、苏州、杭州、北京设有 5 家分行，在天津滨海、苏州工业园区设有 2 家支行。截至 2009 年 12 月末，三井住友银行（中国）有限公司的资本金规模为等值 70 亿元人民币的自由兑换货币，共有员工近千人。改制后，总行和各分支行都已获得经营人民币业务的许可。

三井住友银行（中国）有限公司通过尽早落实公司治理体制，构建了兼顾业务推进和内部管理的组织运营体制，同时强化了各类风险管理体制。在具体的业务推进方面，通过加强把握客户实际情况，扩大并巩固了客户基础，并通过不断挑战新商机，营造了坚实的收益基础。2009 年度，为了吸收更多的客户存款以早日实现存贷比达标，也为了满足客户日趋多样化的需求，三井住友银行（中国）有限公司致力于开发存款类产品，以及包括资金管理类在内的各种中间业务产品。三井住友银行（中国）有限公司对客提供丰富的商品和服务，以支持客户在华事业的发展，并拥有专业咨询队伍，随时向客户提供咨询服务，举办各类讲座等。

在推进本土化的同时，三井住友银行（中国）有限公司秉承“创建重视交流，能让勤奋好学的员工充分发挥自身能力，且公正公平，并能感受到工作价值的工作环境”的经营理念，重视人才培育，积极运用各种培训形式与手段培养员工的综合能力。

三井住友银行（中国）有限公司还致力于贡献社会。在环保方面，与集团内公司合作，共同为中国第一个国家级生态城市—“中新天津生态城”的建设项目中有关可再生能源系统的构建提供咨询服务，并为有意在中国开展生态环保业务的日资企业参与该项目牵线搭桥，积极发挥了桥梁作用。

此外，在教育文化方面，以上海、苏州、杭州、广州和天津各大知名高校的学生为对象，设置了三井住友银行（中国）有限公司奖学金，2009 年度已在 6 家高校举办了颁奖典礼。

（三井住友银行）

4. 盘谷银行（中国）有限公司

盘谷银行（中国）有限公司由泰国盘谷银行

(大众有限公司)在中国境内的分支机构改制而成,于2009年12月28日正式开业。法人银行总行设在上海,目前设有上海、北京、厦门、深圳四家分行。截至2009年12月31日,共有员工214人,注册资金为等值人民币40亿元。

盘谷(中国)的母行为泰国盘谷银行(大众有限公司),建于1944年12月1日,是泰国唯一国际性的银行,在日本、中国、美国、英国、香港、台湾、新加坡、越南、菲律宾、印度尼西亚、马来西亚和老挝等国家和地区均设有分行或下属公司。

盘谷(中国)作为新成立的法人银行,改制后除在上海新设了总行之外,原上海、北京、厦门、深圳分行分别改制成为新法人银行的下属分行。盘谷(中国)目前在华的主业务范围有:吸收公众存款,提供短期、中期和长期贷款,可议付票据承兑与贴现,买卖政府债券、金融债券,提供信用证服务及担保,办理国内外结算,买卖、代理买卖外汇,银行同业拆借,银行卡业务,提供保管箱服务,提供资信调查和咨询服务等。

盘谷(中国)致力于为客户提供全方位的金融服务,制定全套金融打包服务以满足客户需求,同时,将严格按照监管当局的要求,加强内控制度建设,不断规范业务操作流程,加强各项风险管理。

(盘谷银行)

5. 东亚银行(中国)有限公司

东亚银行(中国)有限公司是经中国银行业监督管理委员会批准,首批在华注册成立的外资法人银行之一,是东亚银行有限公司在国内独资注册成立的全资子公司。东亚中国于2007年4月2日正式对外营业,是在中国内地拥有最庞大分支机构网络的外资法人银行之一。截至2009年12月31日,东亚中国在内地已设立72个网点,包括19间分行和52间支行,另设有8家24小时自助银行。此外,东亚银行保留了上海分行从事外汇批发业务,并在苏州、福州和东莞设有3家代表处。

东亚中国在中国内地的业务发展成绩卓著,广受市场认同。2009年,东亚中国荣获《理财周报》“2009年最佳本土化外资银行”,搜狐金融理财网络盛典“2009最佳财富管理银行”,以及21世纪亚洲金融年会“2009年亚洲最佳中小企业服务银行”。

东亚中国致力于竭诚为广大客户,特别是本地居民,提供更多元化的产品和更优质、专业的服务。值得一提的是,东亚中国于2009年6月正式在香港发行人民币债券,成为首家在香港向零售投资者发行人民币债券的本地注册外资法人银行。

1. 员工

(1) 员工福利。除按规定为员工缴纳各项社会保险和住房公积金外,东亚中国还为员工购买商业医疗保险,为员工提供更广泛的福利保障。2009年,东亚中国继续制作员工内部期刊《东·劲》,为员工提供了良好的内部沟通平台。

(2) 员工培训。东亚中国每年选拔行内表现优秀的员工赴香港参加行政人员培训计划,以培养综合性业务人才及管理人员。此外,东亚中国在2009年建立了远程视频虚拟培训系统,该系统结合了现场演示、即时反馈及在线考核等多项功能。通过这一新的培训系统,东亚中国能够缩短启用新产品和政策所需的时间,以及减少纸张消耗和旅行费用。

2. 社会

(1) 消费者权益保护。东亚中国于2009年7月9日在国内首推理财产品销售流程“冷静期”设置,目的是让投资者在认购产品后仍有一段时间充分考虑,并有机会作出二次选择,更好实现理性投资,从而为投资者提供了一种实实在在的保护。

(2) 慈善捐助。2009年,东亚中国率先携手上海宋庆龄基金会成立“上海宋庆龄基金会—东亚银行公益基金”,成为首家外资银行在国内设立的公益基金,主要用于支援内地乡村教育。首期募集资金达900万元人民币。东亚中国希望通过该基金募集资金与教育资源,为贫困地区少儿创造更好的学习条件。目前,东亚中国大部分分行已隆重启动了“萤火虫计划”,倡导员工、客户及社会大众积极奉献爱心。

(3) 赈灾。2009年4月,东亚中国发起“拥有熊猫卡,免费游成都——东亚中国熊猫卡全国代发”活动,旨在为2008年5月地震灾区的重建工作贡献绵薄之力。东亚中国为首家联络成都旅游局主动提供在全国范围内代发熊猫卡的在华外资银行。

3. 教育

2009年5月,成都分行参与英国特许公认会计师公会(ACCA)举办的“大学生就业力大比拼”活动,帮助大学生尽早树立健康的职业心态,了解自身特点和雇主需求,有规划地步入职场。6月27日,大连分行携手知名媒体举办了“奉献爱心 传递真情——中考考点送水及希望寄语传递活动”。8月8日,东亚中国冠名赞助由来自亚洲104名优秀青年演奏家共同演绎的“东亚银行之约·亚洲青年管弦乐团—‘印象派’大师拉威尔专场”音乐会,为文化交流发展作出贡献。11月,东亚中国与来自香港的房地产行业领导者——瑞安房地产公司合作,到上海高校为大学生就有关就业技巧作专场讲座。12月,北京分行携手北京市团市委创建“青年教师阳光俱乐部”,为青年教师定期开展专业知识和教育技能的培训,提供一个良好的学习和交流平台。

4. 环境

东亚中国一贯注重环保金融理念,在信贷投放时坚持绿色信贷原则,积极支持国家的环保政策。2009年,除严格控制对高污染、高耗能以及淘汰行业的信贷投放,东亚中国亦结合国家产业政策和经济政策,加大对中小企业的信贷支持。

(东亚银行)

6. 恒生银行(中国)有限公司

恒生银行(中国)有限公司(以下简称“恒生中国”)于2007年5月成立,是香港恒生银行在内地的全资附属公司,总部设于上海。秉承母行审慎的经营原则,稳健推进业务发展,截至2009年底恒生中国在北京、上海、广州、深圳、天津、南京、杭州、宁波、东莞、福州和昆明等城市,设有11家分行和25家支行。2009年12月,恒生中国获中国银行业监督管理委员会广东监管局发出佛山支行的开业批文,佛山支行成为恒生中国的首家异地支行。

1. 个人理财业务

恒生中国专注于提供专业优质的财富管理业务。现时恒生在全国有分支行网点的城市均设有“优越”理财中心,由专业的理财师组成的客户经理团队提供“一站式”服务,并已在2009年1月推出两款“银联”标准的人民币借记卡恒生“通财卡”和恒生“优越通财卡”,为客户提供更便捷、迅速的服务。

2009年,恒生中国坚持稳健为先的原则,在提供优质服务的同时,注重产品创新,推出设计新颖的结构性投资产品,在各类市况中为投资者实现财富的保值增值。5月,推出100%保本结构性投资产品——“乒乓盈”,挂钩恒生中国企业指数(国企指数),通过灵活的收益观察机制,在市场波动中寻求投资回报。10月,推出100%保本黄金挂钩结构性投资产品,挂钩现货黄金价格,通过设定未来金价走势区间,为投资者获取超额回报。12月,推出股票挂钩部分保本投资产品—“月月赏”,与一篮子在香港联合交易所上市的优质股票之表现挂钩,通过灵活的观察机制,在各种市场情况下(即无论涨跌)每月均为客户实现回报。

此外,恒生中国采取专注的策略推进网点建设,并在注重提升现有网点盈利能力的同时,积极拓展网点外的ATM、电话银行以及网络银行等的渠道建设。

2. 商业银行和企业银行业务

恒生中国以贸易融资为另一特色业务,针对客户需求及市场情况,凭借在贸易融资方面的经验为客户提供适切的解决方案,并于2009年9月正式启动跨境贸易人民币结算试点业务。

2009年12月,恒生中国与中国出口信用保险公司广东分公司(中国信保)签署首份一站式银行保单，进一步优化信用保险及一站式的保理融资方案，提高出口企业向银行获取融资的机会及加强风险保障，为广大的出口企业客户带来更高的价值和更好的服务。

3. 荣誉与评级

凭借专注的财富管理服务，恒生中国于2009年间获得《亚洲银行家》杂志之“卓越客户体验奖”；《上海证券报》第三届“金理财”评选之“最佳结构性理财产品”奖，《理财周报》第三届“中国最佳银行理财产品评选”之“最佳结构性理财系列产品”奖。

4. 企业社会责任

恒生中国在提供优质理财服务的同时，致力投资者教育，尽企业公民义务。恒生中国于2008年开始举办投资者教育论坛活动，2009年，恒生中国继续开展该项活动，于北京、上海、广州、深圳巡回举办2轮共计8场投资者教育论坛，以“金融危机下的稳健投资策略”和“复苏与财富求索之路”为主题，邀请国内外知名专家学者为投资者分析市况，分享投资理财经验，在提供丰富理财参考信息的同时，倡议稳健投资之道。共计邀请逾2 000人参加论坛。

恒生中国致力于在内地的长远发展，积极投身社会公益事业，并以支持教育发展为主题，通过志愿者活动、企业捐助和与慈善机构合作等形式，回馈社会，履行企业社会责任。2009年，恒生中国在上海、北京、广州、深圳等地积极开展志愿者活动。此外，亦积极与当地的慈善协会或慈善基金会合作，在恒生中国于全国近四分之三的营业网点设立慈善募捐箱。在四川省，恒生中国出资设立“恒生银行四川希望图书室”项目；并在上海、深圳，恒生中国捐赠体育训练及康复器材，帮助当地改善教育资源，以支持持续发展。

（恒生银行）

7. 汇丰银行(中国)有限公司

2009年对于全球金融机构来说是充满挑战的一年，得益于汇丰集团稳健的经营策略，汇丰银行(中国)有限公司在2009年保持稳步发展的态势。

至2009年底，汇丰中国共在内地22个城市设有网点98家，继续在外资银行中保持在华网点数量和地域范围的领先地位，有员工近5 500人，其中约98%为本地人才。

作为首批本地注册的外资法人银行之一，汇丰中国向本地居民、外籍人士及港澳台人士提供广泛的人民币和外币服务，同时为本地企业、外商投资企业提供广泛的银行和金融服务。汇丰中国的私人银行业务为内地高资产人士及其家人提供个性化的财富管理服务。与此同时，汇丰中国的母公司—香港上海汇丰银行有限公司是在内地投资最多的外资银行之一，入股内地中资金融机构及自身发展的总投资已超过50亿美元，其中包括入股交通银行19%的股份，平安保险16.80%的股份，以及上海银行8%的股份。

2009年，汇丰中国继续扩展分行网点，新设三家分行，分别位于济南、太原和合肥。汇丰在内地业务发展其他主要事件包括：5月9日，汇丰中国推出“汇丰卓越理财家庭金融服务”，提供包括子女教育、医疗保健、安家置业、退休养老等一系列金融保障型服务，并启用家庭“财务需求分析工具”。这是外资银行首次在内地以家庭保障为概念而推出的综合理财服务。6月25日，汇丰中国在香港特别行政区发行首个浮息人民币债券，成为首个在香港发行人民币债券的本地注册外资法人银行。7月6日，汇丰协同战略合作伙伴交通银行，成为首家以人民币进行跨境贸易结算的外资银行。至9月，汇丰中国已在上海、深圳、广州和东莞四地启动跨境贸易人民币结算业务，这是本地注册的外资银行中覆盖地域范围最广的跨境贸易人民币结算服务。11月17日，汇丰中国加入上海银行人民币金融债承销团，成为首个参与内地人民币金融债承销的外资法人银行。

2009年，汇丰中国获得的奖项包括：《亚洲银行家》杂志“中国最佳外资零售银行”、《金融亚洲》杂志“中国最佳外资银行”、《贸易融资》杂志“中国最佳国际贸易银行”。

在发展业务的同时，汇丰中国积极实践企业社会责任，广泛支持中国的教育、环保和社会发展。2009年汇丰中国荣获驻华英国商会评选颁发的绿色环保奖。

在环境与可持续发展方面，作为汇丰集团“汇丰与气候伙伴同行”全球计划的重要部分，中国区域性气候研究中心于2009年9月在浙江省古田山国家自然保护区正式启用，为汇丰中国和汇丰亚太区热心环保的员工提供培训。汇丰还与中国国家环保部宣教中心合作汇丰生态学校气候变化项目，开展青少年环境教育。

在教育方面，汇丰中国与复旦大学经济学院合作举办经济讲堂，邀请多位国内外知名经济学教授到复旦讲课，帮助学生深入了解国际前沿的经济学理论。

汇丰中国自2009年起资助中国发展研究基金会开展为期三年的“贫困地区儿童早期发展”项目，以期确保贫困地区儿童获得早期发展机会。

汇丰还与中华慈善总会合作，广泛参与社会福利项目，如捐助儿童福利院、养老院、特殊教育及下岗人员再就业培训等。汇丰对内地的捐款已累计超过3亿元人民币。

（汇丰银行）

8. 大华银行（中国）有限公司

大华银行（中国）有限公司的总部设在上海。注册资本金为30亿元人民币，是一家已获得对各类客户的全面外汇业务和全面人民币业务执照的外资本地法人银行。银行向机构客户和个人客户提供存款、贷款、贸易及项目融资、汇款、担保及贴现、外币兑换、理财服务和资金服务。

大华银行（中国）作为大华银行的全资子公司和在中国境内注册的本地法人银行，于2007年12月18日注册成立，并于2008年1月2日正式对外开业，这一重要里程碑标志着大华银行在中国进入了一个崭新的发展阶段。

自1985年在厦门设立第一间分行以来，大华银行在中国稳健经营，健康发展。2007年底，大华银行将在中国境内的银行网络改制为由大华银行有限公司单独出资的法人银行——大华银行（中国）有限公司，并继承原分支行的全部银行业务。改制后，大华银行（中国）的机构和网络均有了发展。目前，大华银行（中国）拥有八家分行和两家支行的银行网络，包括北京分行、上海分行、广州分行、深圳分行、厦门分行、成都分行、沈阳分行、天津分行和上海静安支行、北京东城支行。截至2009年底，大华银行（中国）总资产为人民币146亿元，所有者权益为人民币34亿元。吸收存款66亿元人民币，发放贷款及垫款94亿元人民币。

2009年，大华银行（中国）的员工总数由年初的401人发展到459人。大华银行的产品和服务种类以及服务品质保证也在不断发展。在企业和商业银行领域，推出了并购贷款业务，并成功与本地业务接轨，上线本地企业熟悉但并不在外资银行广为提供的结算产品。与此同时，迅速推广企业网上银行业务，以求为顾客提供更为方便快捷的服务。在全球市场和投资管理领域，开发并推出了一系列结构性产品，以满足企业和零售客户的各种需求。在个人金融服务领域，更加重视销售人员的合规管理以及客户服务的延伸，以求以卓越的品质和良好的声誉达成健康而长远的发展。

为了整合利用集团在中国市场的资源，大华银行（中国）与大华银行有限公司入股的中国本地股份制商业银行恒丰银行展开了多方面的业务合作，双方分享在产品和服务，以及资讯科技、信贷管理和风险管理方面的优势和专长，以求优势的互补和资源的共享。

（李晓枫）

9. 星展银行（中国）有限公司

星展银行（中国）有限公司（简称“星展中国”）是在中国设立独资法人银行的首家新加坡银行和首批外资银行之一。2007年5月24日，星展中国经中国银行业监督管理委员会批准正式成立，

星展银行中国首座命名大厦

注册资本为人民币 40 亿元，注册地在上海。星展中国的股东为总部位于新加坡的星展银行有限公司（简称“星展银行”）。星展银行成立于 1968 年，是亚洲最大的金融服务集团之一，业务遍布 16 个市场，所取得的 AA－和 Aa1 级信贷评级在亚太地区最高。

截至 2009 年 12 月 31 日，星展中国在中国大陆地区，除了设在上海的总部外，还在上海、北京、深圳、广州、苏州、天津、南宁、东莞共拥有 8 家分行和 7 家支行。自从在中国正式注册为全资附属公司的银行至今，客户群已经增加三倍。

2009 年 7 月，星展中国正式推出首张人民币借记卡——星展卡，实现跨行、跨国取款零手续费。星展一直积极履行企业社会责任，全力支持培育儿童成长。在 2009 年区域性企业社会责任项目下所推的“星展亚洲——心爱心传递”活动，取得巨大成功；三个月就筹得 65 万新元。加上星展通过 1 元对 1 元筹款的形式，总共筹获超过 120 万元的款项，用于扶持亚洲儿童的成长。

星展中国在财务稳健、审慎经营和善于创新的基础上，秉承对中国市场的长期承诺，更深入地参与中国市场，为广大企业和个人客户提供专业化和人性化的服务以及金融支持，实现与中国市场的共同成长。

（星展银行）

10. 南洋商业银行（中国）有限公司

南洋商业银行（中国）有限公司是中国银行（香港）有限公司通过其全资附属机构——南洋商业银行有限公司——全资拥有的外商独资商业银行，于 2007 年 12 月 14 日正式成立，总部设在上海。2009 年，南商（中国）的规模进一步壮大，内部管理进一步改善。

1. 机构运行及网点建设

2009 年，南商（中国）逐步发展了一系列新的吸存手段，如 NDF 业务、理财产品等，使存款业务尤其是人民币存款业务得到显著的增长。截至年底，全部存款余额较 2008 年增长了 52%。全年放款余额较 2008 年增长 13.8%。由于资金运用效率不断提高，南商（中国）盈利完成情况大大超出年初指标。

在致力业务拓展的同时，南商（中国）不断提升风险管理、人力资源等基础建设及内部管理，主要包括：(1) 在全辖范围内开展案件风险排查工作，关注银行内部检查暴露问题较多和近年发展较快的业务领域，加强合规及操作风险管理，制定切实有效的整改措施，从制度上、考核机制上真正防控操作风险；(2) 通过整合内、外部培训资源，以营销、服务、管理及新员工培训为重点，截至 2009 年底共开办培训班（含参加外间机构课程）1 221 个，较上年同期增长 272.26%，13 000 多人次参加了培训；(3) 为提高员工对规章的认知程度，增强合规意识，在全行范围内组织员工开展为时近半年的“集中学习规章制度活动”。

2009 年 8 月 1 日，南商（中国）顺利完成原中银香港内地与家分支行改制合并工作，网点覆盖面进一步扩大，加上南商（中国）当年增设的上海徐汇支行、北京建国门支行、成都分行、上海陆家嘴支行，截至 2009 年年底，南商（中国）共有 11 家分行 8 家支行。

2. 新业务及产品发展

2009 年南商（中国）推出了协议存款、出口退税托管账户质押贷款、委托同业代开银行承兑汇票、海外代付、并购贷款、订单融资等企业金融产品，产品种类日益丰富，满足客户的各类融资需求。零售产品方面，相继推出非标准期限定期存款、通知存款、置理想特色按揭、留学贷款等产品。借记卡及 ATM 服务于第四季度推出，南商（中国）通过与银联 ATM 网络共享而进一步拓宽招揽零售客户，尤其是内地居民客户的营销渠道。年内还相继推出见证开户服务，吸引了大批有跨境延伸服务需求的客户。随着经济逐渐回暖，理财市场日益复苏，南商（中国）在 2009 年推出机构理财计划（挂勾同业拆借、存放）、“灵活期限”理财计划、“益安”理财计划，市场反应良好。

2009 年 11 月 4 日，南商（中国）完成了首笔跨境人民币贸易结算业务，成为首批在境内办理跨境人民币贸易结算业务的外资银行之一。

3. 应对金融海啸

2009 年，南商（中国）针对金融海啸的影响，采取相应的风险管理措施，把好风险管理底线，切实加强授信风险控制，维护授信资产安全。主要做了七方面工作：总结不良成因，提高风险意识；加大清收力度、积极盘活存量不良贷款；建立对分行风险管理能力考核评价体系；加强行业/客户群风险研究、及时发布相关指引及风险提示；认真落实集团对金融机构的风险管控措施；组织授信资产风险排查、夯实资产质量；加强对大额授信客户的贷后监控。

4. 为世博服务

南商（中国）以服务世博为契机，大力推进“卓越服务”，提升对外服务品牌形象。2009 年 5 月，南商（中国）召开“迎世博金融服务工作启动会”，建立了迎世博服务领导小组等多层组织架构，形成了运行整体化、分工协作化、责任明确化的推进格局；建立了工作例会制度，形成高效畅通的信息传导和报告路线；进一步明确分工，按组织领导、网点服务、系统安全、咨询投诉、安全保卫五大模块，分主次责部门制定了《南商（中国）迎世博金融服务准备工作推进计划》。6 月，召开“迎世博、展行风金融服务工作动员会”，明确卓越服务理念和口号、规范服务标准，动员全体员工积极落实迎世博金融服务准备工作。《上海金融报》专题文章《上海银行业多举措打造“迎世博”达标单位》中对南商（中国）在开展迎世博金融服务准备工作中的各项举措给予了肯定，同时是其中唯一一家被提及的外资银行。

（南商银行）

11. 东方汇理银行（中国）有限公司

2009 年对于法国东方汇理银行股份有限公司在华分支机构是具有里程碑纪念意义的一年，经中国银行业监督管理委员会于 2009 年 6 月 17 日批准，法国东方汇理银行股份有限公司在中国境内的分支机构改制成由法国东方汇理银行股份有限公司单独出资的外商独资银行——东方汇理银行（中国）有限公司，总行设在上海，注册资本为 30 亿元人民币，下设上海分行、北京分行、天津分行、广州分行和厦门分行，同时法国东方汇理银行股份有限公司保留其上海分行为从事外汇批发业务的分行。

2009 年业务的亮点主要是结构性融资在所有业务中的比重有了大幅提高。房地产融资在中国成功起步，结构性大宗商品融资得到了进一步推广。这都使东方汇理在新的市场中建立了形象及锻炼了团队。市场知名度的大幅提高为业务拓展奠定了坚实的基础。

2009 年的挑战性还来源于法人银行注册前后的大量文档工作。作为在上海开行最早的外资银行之一，东方汇理积累了大批的中外资客户，完成客户资料及业务在分行与法人银行之间转让与交接是一项极为繁琐的工作。在全体团队的通力合作下，2009 年上半年成功完成了此项艰巨任务，整个交接过程中没有产生客户流失。

在贸易方面的业务，由于全球金融危机的原因，东方汇理银行(中国)有限公司2009年贸易结算及贸易融资额明显下降。

在外汇市场及衍生产品方面，东方汇理银行(中国)有限公司固定收益部在2009年较好地完成了全年的计划。值得一提的是资金部，超额125%完成年度计划。2009年进一步巩固东方汇理的传统优势产品：风险管理产品在市场的占有率。同时在国内外汇市场和衍生产品市场的做市工作也得到了银行间同业的广泛认可。

2009年亦是东方汇理银行(中国)有限公司加强内部建设的一年。东方汇理(中国)有限公司于8月3日正式对外营业。在金融危机蔓延全球之时，此举表明了东方汇理长期发展中国市场的决心。

2009年东方汇理银行(中国)有限公司明确提出了产品基础化、本地化的发展方针，坚定了以高度的社会责任心，完善的本地化法规来发展以客户为本的中国金融市场。内部控制一直被东方汇理银行(中国)有限公司视为稳健经营，持续发展的重要支持。2009年，全行进一步加大内控投入，加强制度建设，增强监控内控制度执行的力度，确保在依法合规的前提下，稳健发展业务。

(东方汇理银行)

12. 荷兰银行(中国)有限公司

荷兰银行(中国)有限公司成立于2007年6月29日，由原荷兰银行有限公司上海分行转制成中国当地法人银行。转制后的荷银(中国)拥有单一母行荷兰银行有限公司，2007年底，荷兰银行有限公司被由比利时富通银行、苏格兰皇家银行和西班牙国际银行所组成的银行财团RFS集团收购，荷银(中国)便成为了整合入苏格兰皇家银行集团的成员。截至2009年底，荷银(中国)注册资本金为40亿元人民币，且在中国境内共设立上海分行、北京分行，深圳分行、重庆分行、成都分行和9家支行。

荷银(中国)通过环球银行与市场部、环球现金管理及贸易融资部、工商金融服务部、零售金融服务部四大业务部门来实现中国战略的规划与达成。荷银(中国)提供如下产品和服务：

(1) 流动资金业务。荷兰银行凭借全球先进的网络优势，依托与主要中资银行的战略合作关系，为客户提供各类银行账户服务、国内外收付款、委托贷款、现金管理产品等。

(2) 本外币贷款。荷兰银行提供一系列本外币贷款，包括流动资金贷款、中长期贷款、银团贷款、履约/投标保函、项目融资等。

(3) 贸易融资服务。包括各类进出口结算业务、保函、人民币票据贴现、国内保理业务等。

(4) 资金交易。即期、远期外汇交易，金融衍生产品(货币期权合约/货币调期/利率调期等)，高回报率存款(可转换存款/外汇汇率联动存款/LIBOR联动存款)等。

(5) 消费金融业务。向国内外客户提供各类外汇存款、汇款、理财筹划、咨询、保险箱等服务。

2009年，荷银(中国)在同业市场上，保持了较高的交易频率并日益成为重要的市场参与者，为活跃市场做出了应有的贡献。根据CFETS公布的“2009年度全国银行间市场交易量100强”，在外资银行中排名第五。

由于集团战略调整，荷银(中国)在2009年理财产品上面的脚步有所放缓，但仍然受到市场和客户的认可：5月获得《上海证券报》“最佳外币理财产品奖”；11月，获得“2009第一财经金融价值榜”年度银行理财品牌；12月获得《理财周报》“2009中国最佳银行理财产品奖”。

(荷兰银行)

13. 渣打银行(中国)有限公司

渣打银行在中国于1858年在上海开设首家分行，150年在华经营从未间断。2007年4月，渣打银行(中国)有限公司成为第一批本地法人银行。目前，渣打银行在全国拥有16家分行、38家支行和1家村镇银行。同时，已获准筹建呼和浩特分行。渣打集团在中国的税前盈利增加超过200%至2.8亿美元，同时收入也增加17%，中国已逐渐成为集团的重要市场之一。

作为一家在华经营超过150年的国际银行，渣打始终如一，在中国稳步发展。渣打坚持对中国市场的承诺和一贯战略，继续投资、扩大经营网络、培养人才、开发产品以及完善基础建设。凭借银行的国际经验以及在全球特别是在新兴市场的强劲网络，渣打中国承诺为中国客户提供满足他们金融需求的服务和产品，并全力支持中国企业走出国门，开拓全球市场。

在这几年，渣打在中国不断增加网点、推出创新的金融产品、支持中小企业发展、协助农村金融（新疆项目）、开设村镇银行、推广企业社会责任（看得见的希望、四川绵竹项目）等。渣打利用银行的网络优势，为客户提供服务。

渣打是一家在亚洲、非洲和中东等新兴市场占有领先地位的国际银行。新兴市场的经济发展与当地中小企业的健康成长密不可分。渣打的中小企业金融服务在很多国家都得到了政府的肯定和中小企业的认可。利用国际网络，渣打组织了很多不同市场的中小企业交流项目。通过“贸易通道”等项目，支持不同地区的中小企业的交流，寻求到新的业务增长点 。渣打已为中国的中小企业成功开通了跟非洲、马来西亚等贸易通道。

从国务院宣布推进上海建设两个中心以来，人民币国际化的进程不断加速。随着中国国际地位的提高，人民币在国际经济舞台上扮演更加重要的角色。2009 年开始的跨境贸易人民币结算计划是人民币国际化进程的一个重要开始，中国是一个贸易大国，因此人民币作为贸易结算方式的需求将会大幅增长。渣打中国作为跨境贸易人民币结算试点计划的先行者，是首家为中国试点企业担任结算行、并为海外参加行担任代理行的外资银行。渣打银行还在马来西亚、泰国和新加坡这三个重要的东盟市场启动一系列路演活动，推进跨境贸易人民币结算活动。

为了确保上海 2010 年世博期间能够提供高质量和稳定的金融服务，渣打中国已专门成立了世博运营领导小组，此领导小组包括了后台运营、个人银行、企业银行、员工培训等各个部门的负责人，每个部门也成立了相应的工作小组，这也标志着渣打中国迎世博的相关筹备工作已经全面展开。渣打中国制定了详尽具体的世博现场金融服务方案，从信息和安全营运保障、网点建设、支付环境建设、人员招募培训和服务质量提升等方面展开了积极的筹备工作。特别值得一提的是，在迎接世博会期间，渣打中国由专人负责所有科技运营系统的问题、事件跟踪及处理，从而确保世博期间各项业务运营的连续性。渣打中国在迎世博筹备工作上做到“软硬兼施”。在硬件方面，渣打正在有力推进网点和支付环境建设、信息系统和安全运营保障；在软性服务方面，渣打中国已在行内积极开展窗口服务竞赛和岗位技能练兵评比活动，激发工作热情，同时也加强相应岗位技能培训，提高窗口服务水平。

（渣打银行）

14. 花旗银行（中国）有限公司

花旗银行在上海的历史可追溯至 1902 年 1 月，是首家在中国开业的美国银行。2007 年 4 月，花旗银行是首批注册成为本地法人银行的外资银行之一。花旗银行（中国）有限公司为美国花旗银行有限公司全资所有。截止 2009 年底，花旗中国分别在北京、上海、广州、深圳、天津、成都、杭州、大连和重庆拥有 9 家分行，28 家零售银行网点。

凭借花旗集团在资本市场的专长和全球网络，帮助客户在国际资本市场融资，实现它们的战略目标。花旗作为联合簿记行为龙湖地产有限公司在香港上市，融资 10 亿美元；在中国冶金科工股份有限公司价值 27 亿美元的首次公开招股中，花旗作为联合簿记行参与，这个项目是 2009 年同期亚洲地区规模最大、全球规模第二大的海外上市项目。

2009 年，花旗中国继续完善自身，无论是企业银行还是零售银行，各项业务均取得了良好的发展。花旗中国的业务不断延伸，获准成为银行间债券做市商，获准交易本地企业发行的中短期票据，以及获准开展人民币跨境贸易结算服务。

在零售银行领域，花旗中国也继续着其金融创新的步伐。2009 年，花旗中国作为首家外资银行在中国推出了掌上银行业务，方便客户通过移动电话随时随地使用花旗网上银行服务。2009年11月，花旗中国在上海创新成立了全国首家高科技、环保型的零售网点，颠覆了传统意义上零售银行服务客户的方式。该网点提供Wi-Fi接入，可免费上网，有视频电话设备和许多特别设计，使客户在使用花旗银行的服务时得到更便捷、更灵活的银行体验与享受。花旗中国还是国内财富管理领域的领军银行，提供最广泛的代客境外理财(QDII)产品。2009年，花旗中国成为国内首家推出外币固定收益类产品的银行，以及首家并且是唯一一家推出QDII海外澳元浮动票息债券系列的银行。

花旗中国深知回馈社会的重要性，因此在2009年继续在该领域中保持活跃和领先。在金融教育方面不断深化和高校的合作，包括和复旦大学合作的中小型企业高级管理人员培训课程，和北京大学为金融专业学生举办的夏令营活动。花旗中国还同时活跃在小额信贷领域，连续第五年举办了“微型创业奖”。2009年，花旗中国启动了多个新的社区建设项目，其中，“四川可持续发展竹企业项目”，旨在推动四川当地的经济建设和社会发展。这个项目史无前例，它为地震受灾家庭提供与竹相关的就业机会，同时也支持当地竹产业的发展。2009年的花旗“全球社区志愿者日”，共有来自12个城市超过2 300名的志愿者参加了活动。

花旗中国在2009年取得的成绩也由多家第三方机构授予奖项而得到明证，其中包括：“中国最佳银行”(《资产》杂志)，“中国最具企业社会责任的银行”(搜狐网)，“最佳外资银行”(《卓越理财》)和“最佳公益银行”(《数字商业时代杂志》)等。

(花旗银行)

15. 联合银行(中国)有限公司

联合银行(中国)有限公司注册资本为10亿元人民币，总部设在上海，在汕头设有一家分行，并在北京、广州设有两家代表处。联合银行的前身是德富泰银行，于1992年在广东汕头创立，是经中国人民银行批准在中国设立的首家外商独资银行。2007年12月11日，德富泰银行成为美国联合银行的全资子公司并更名为联合银行(中国)有限公司。

联合银行专注于中小企业融资，业务规模迅速上升。面对激烈的市场竞争，联合银行积极主动出击，抓住市场机遇，积极落实董事会制定的发展战略和经营方针，在实现业务的快速增长和结构的不断优化的同时，不断加强在产品开发和经营地域两方面的开拓。

一方面，联合银行不断酝酿、改进和实施一系列新产品，如供应链融资、保理业务、开立银行承兑汇票等。所有新产品都是在联合银行传统信贷基础上的拓展和延伸。2009年联合银行大力推广了银行承兑汇票服务，丰富了银行的产品线，使得众多中小型企业客户在普通贷款、供应链融资和保理以外获得联合银行更有力的支持，为企业发展提供后劲，同时，也改善了银行的融资结构，使银行的融资更符合企业生产经营周期，使企业的资金安排更合理。

另一方面，联合银行进一步拓展中国东部沿海地区的业务，并开始涉足华中地区；积极拓展海外代理行网络以确保国际结算业务的效率；采取多项措施提高内部的风险评估和风险管理系统，选择合适的代理行与交易对象；与包括城市商业银行在内的不少国内外金融机构建立了新的融资合作伙伴关系，保证了联合银行的资金来源。

同时，联合银行积极响应中国银监会的“三个办法、一个指引”，向企业大力宣传，并按要求完善了联合银行的信贷制度，在具体操作中做到有章可循，严格遵守。

在改革和发展的进程中，联合银行资产规模日益扩大，经营实力持续增强，业务水平不断发展，在市场的大舞台中已占据了一席之地。联合银行在扩大信贷授信规模、拓展未来利润空间的同时，不断加强管理和持续完善内控，是联合银行取得“银企双赢”的重要原因。

(罗 煜)

16. 华 一 银 行

华一银行于1997年1月获批准成立，同年6月正式对外营业，总部位于上海浦东陆家嘴金融中心，是中国第一家由海峡两岸合资的华人银行。华一银行现有注册资本为人民币11亿元，合资方分别为莲花国际有限公司、上海浦东发展银行和永亨银行有限公司。莲花国际有限公司在香港注册，主要股东是在中国大陆拥有长期、大规模投资事业的台湾投资者；永亨银行为香港上市公司，具有强大的财务及国际银行业基础；上海浦东发展银行为A股上市公司，是中国大陆最具活力的商业银行之一。

华一银行营业厅

华一银行以“华人精粹，一流服务”为服务宗旨。一直以来，积极拓展市场，开发新业务品种，增设营业网点，并与美国、中国台湾与香港等地的金融机构建立了策略联盟合作关系，形成“环太平洋”业务架构，以充分投资中国大陆的台资、港资及其他外资企业以及政府基础设施提供高品质、国际化的银行金融服务。

近年来，华一银行营业网点的战略分布日趋完善。长江三角洲地区，华一银行除在上海浦东陆家嘴设立总行外，在上海地区还设有虹桥支行、徐汇支行、嘉定支行、松江支行、闵行支行、青浦支行；为完善上海繁华地区网点分布，华一银行第7家同城支行新天地支行于2010年1月开业，上海的第8家同城支行静安支行正在筹建中。随着深圳分行、天津分行的成立，华一银行华南、华北、华东的全国架构基本形成。为满足苏州昆山一带台商密集地区的客户需求，目前已申请将苏州代表处升格为苏州分行，这对华一银行在长三角的品牌形象提升起到举足轻重的作用。

（华一银行）

17. 正信银行有限公司

正信银行有限公司是由正大国际财务有限公司改制而成的外商独资法人银行。2008年12月20日，正大财务获得银监会颁发的改制批文，2009年，在存续开展财务公司业务的同时，着力构建具有特色业务、科学流程及严谨内控的正信银行有限公司。

1. 实施增资转股，完成银行改制和验收、开业申请工作

2009年，正信银行在银监会的指导下完成了增资和转股程序。各项改制有关工作也逐一推进落实，包括实施合同转移和资产负债转移、确定高管聘任、与有关部门就改制进行沟通等，顺利通过了上海银监局组织的现场开业验收，年内上报了开业申请。

2. 构建良好的公司治理架构和营运架构，为银行合规发展夯实基础

正信银行以有效制衡为原则，建立了职责清晰、各司其职、各尽其责的股东会、董事会、监事会及高级管理层的公司治理架构，并建立了相应的议事规则和决策程序。董事会下设发展战略委员会、关联交易委员会、提名与薪酬委员会、审计委员会，开业后即增设风险管理委员会，并聘请了独立董事。在高级管理层下，正信银行按现代商业银行前、中、后台分离原则设置了各职能部门。同时,正信银行不断加强全员合规意识,前移合规管理重心,将合规风险控制渗透到业务的全部流程。上述公司治理和营运架构的构建,为银行合规发展夯实了基础。

3. 完善规章制度,理顺业务流程,全面控制风险

按照商业银行经营管理要求,对涵盖全行的授信管理、贷款及信用风险管理,资金交易,市场风险管理,操作风险管理,流动性管理,营运管理和控制,资本管理,财务会计管理,合规管理,内审制度,反洗钱制度,计算机系统管理,外包业务管理及内部员工管理等十四大类、129个管理办法进行了重新制定或修订。银行并借此机会全面梳理各项业务操作流程,完善内控,加强信贷风险、市场风险、操作性风险、流动性风险等全面风险管理。

4. 提高员工专业素质,完善激励约束机制

银行一方面引进具有丰富银行从业经验和较强专业能力的人才,加强业务培训,提高员工素质;另一方面积极完善激励约束机制,在连续三年实行EVA(经济增加值)考核体系的基础上,区分市场营销人员和中后台人员,合理设置规模、效益、资产质量等关键绩效指标,将员工的业绩与全行的经济增加值挂钩,构建以人为本的人力资源管理体系,营造良好的引才、用才、留才环境。

5. 提升信息系统,实现操作和管理信息化

2009年内,银行计算机系统实施了基础设施及硬、软件全面改造升级。目前银行已建立、完善综合业务系统、信贷管理系统、财务核算系统、办公自动化系统等十四项系统。同时完善有关规章制度,建立数据备份管理、应急管理等管理机制,加强信息安全防范及安全保卫工作,确保全行各系统安全稳健运行,实现了业务操作和内部管理的信息化。

2009年,正大国际财务有限公司改制工作基本完成,于2010年1月6日,正信银行获准开业。

(正信银行)

(二) 外资银行分行

1. 日本住友信托银行股份有限公司上海分行

日本住友信托银行股份有限公司上海分行于2005年5月成立,其母公司"住友信托银行股份有限公司"是日本最大的经营信托业务、银行业务以及房地产业务的综合性银行之一。开业以来,日本住友信托银行股份有限公司上海分行资产业务发展迅速,截至2009年12月31日,日本住友信托银行股份有限公司上海分行的营运资金为相当于5亿元人民币的等值外汇,拥有总资产57.6亿元人民币,比2008年增长19.8%;其中信贷资产41.62亿元人民币,比2008年增长1.8%。

日本住友信托银行股份有限公司上海分行在2009年9月得到中国银行业监督委员会的批准,获准开展除个人业务外(不包含100万元人民币以上的存款)的各项人民币业务,并于2009年12月正式对外经营人民币业务。截至2009年12月31日,日本住友信托银行股份有限公司上海分行的人民币贷款业务余额达到4.02亿元人民币,人民币存款余额也达到2.52亿元人民币。

日本住友信托银行股份有限公司上海分行目前面向的客户都是日本在华的中小型外商投资企业,以机械制造,电子产品制造企业为主。日本住友信托银行股份有限公司上海分行提供的业务品种主要是贷款业务,并辅以贷款项下的贸易结算和外汇兑换。由于日本住友信托银行股份有限公司上海分行贷款企业的母公司都属于总行8 500余家庞大的客户群,一般都能得母公司的资金担保支持,因此日本住友信托银行股份有限公司上海分行的信贷风险得到了有效的控制。

在企业文化建设方面,日本住友信托银行股份有限公司上海分行将社会责任融入日常的工作环节中,建立了企业社会责任评价、报告、披露机制,如在贷款发放中考虑客户的产业分类,对于节能环保行业的授信予以鼓励等;对于每年一度的社会贡献活动,日本住友信托银行股份有限公司上海分行都能够予以支持用来加强企业与社会的关系。

(住友信托)

2. 永亨银行(中国)有限公司上海分行

虽然2009年受到金融危机余波影响,加上同业竞争激烈,业务拓展困难重重,但截止2009年12月31日,永亨银行(中国)有限公司上海分行对公人民币存款增长率为20%;各项对公贷款余额折人民币增长率为33%,零售储蓄存款总额折人民币增长了27%。在业务快速发展的同时,通过有效的信贷风险管理,继续保持了零不良贷款率的良好记录。

总的来说,2009年是困难的一年,金融危机导致部分老客户流失,或降低授信额度。而上半年国内商业银行又由于政策放宽而大量放贷,使得新业务的拓展也遇到了困难。上海分行仍旧积极努力分析市场动态,及时调整信贷结构及客户经理的业务拓展思路,在全行工作人员的努力下,基本完成年初制定的各类指标。

(永亨银行)

3. 韩国产业银行上海分行

韩国产业银行成立于1954年,系由韩国政府100%出资的国内唯一一家政策性金融机构,总部位于韩国首都首尔。目前在中国大陆共有三家分行、一家代表处。其中,设立于1996年的韩国产业银行上海分行是历史最悠久的一家分支机构,同时也是中国境内分行的管理行。

由于2009年整个外部经济环境比以往更加错综复杂,韩国产业银行上海分行在平稳中力求发展,在有意识地收缩业务规模的同时,进一步加强行业授信管理和贷款风险管理,并不断调整和优化信贷资产结构、提高资产质量,保持了较为平稳的盈利水平。

2009年,韩国产业银行上海分行在传统重点领域——从事批发性融资业务,主要对韩国在华投资企业的中、长期资金融资方面提供资助,同时积极参与中国政府、金融机构的海外筹资活动等——继续发挥优势,并且积极拓展业务范围和品种,挖掘新的利润增长点:对公业务方面,上海分行开展人民币票据贴现和票据承兑业务,并将这些业务与原有的普通贷款和企业咨询业务结合起来,为客户提供更加全面和完善的金融服务;对私业务方面,上海分行经过数年的筹备和努力,于2008年底获得吸收境内居民外币存款和大额人民币定期存款的资格,并于2009年开始大力拓展这一业务,既为银行寻找资金来源开辟了新的途径,也有效提高了韩国产业银行的知名度。

在资金方面,作为韩国产业银行的海外分行,上海分行人民币业务和外汇业务的营运资金全部由韩国总行划拨,业务发展所需美元资金也得到了总行的全力支持,尤其是中长期资金需求基本上都从总行获得满足。与此同时,上海分行大力开拓银行间同业往来的资金业务协作关系,与各个中资、外资银行建立了良好的资金协作关系。2009年上半年,由于金融危机余波的影响,人民币同业拆借市场一度较为紧张,但经过多方努力,与分行有资金往来的银行不减反增,有力地支持了分行的业务发展。此外,上海分行还积极尝试与其他非银行金融同业开展业务合作,增加资金来源渠道。

发展业务的同时,韩国产业银行上海分行在优化内部结构、提高内控水平等方面积极努力。2009年,上海分行将原由会计部负责的资金后台结算职能分离出来,交由新成立的营运部负责,这一设置使得银行的前中后台职责更明晰,有效控制操作风险。同时,上海分行通过及时更新并严格执行各项内部操作规程、定期对全行职员进行合规教育、开展业务自查等方式,强化职员的合规意识,以进一步建立完善的合规机制,确保银行合规经营。韩国产业银行上海分行也非常重视员工培训工作,提高职员的政策水平和业务能力,更好地为客户提供金融服务。

(周 菁)

4. 韩亚银行(中国)有限公司上海分行

韩亚银行(中国)有限公司于2007年12月14日在北京成立,注册资本为20亿元等值人民币,业务范围为对各类客户的外汇业务和人民币业务。目前,韩亚中国在境内共设有包括总行营业部、北京分行、上海分行(上海古北支行)、沈阳分行(沈阳西塔支行)、青岛分行(青岛城阳支行、青岛经济技术开发区支行)、长春分行、烟台分行(烟台经济技术开发区支行)、哈尔滨分行等共13家营业网点。

韩亚银行(中国)上海分行

韩亚银行早在1996年7月16日就在上海设立了代表处,是第一个在中国设立代表处的韩国民间金融机构。2000年11月23日正式升格为上海分行,是韩亚银行在中国境内设立的首家分行。2007年12月14日随着韩亚(中国)有限公司的设立,原韩亚银行股份有限公司上海分行改制为韩亚银行(中国)有限公司上海分行。目前,在沪设有上海分行和上海古北支行两家营业网点,经营对中资企业、外资企业、境内个人和境外个人的各类人民币和外汇交易。业务品种包括各类存款业务、贷款业务、贸易融资、中间业务、保管箱业务,代理保险业务等。韩亚银行继2008年正式运行网上银行业务后,2009年又发行了集多币种、多账户、多功能于一体的借记卡,即韩亚卡,可在中华人民共和国境内及其他指定的国家和地区使用。

韩亚银行(中国)有限公司奉行自主、自律、进取、正直的韩亚精神,不单纯追求利润,始终把社会责任考虑在内,积极参与各种文化、社会及环境保护活动,为社会及大众提供经济、有效的服务。

韩亚银行(中国)有限公司上海分行积极承担社会责任,包括向汶川地震灾区、玉树地震灾区和上海市儿童健康基金会捐款等社会公益活动。

(韩亚银行)

5. 友利银行(中国)有限公司上海分行

2009年11月12日,友利银行(中国)有限公司(简称“友利中国”)迎来了二周年的生日。友利中国秉承稳健经营的理念,积极开展本土化营业,各项业务都取得良好的成果。截至2009年底,友利中国在上海、北京、苏州、深圳和天津共设有11家分支机构。

2009年全球经济还未完全复苏,但友利中国还是取得了较理想的成绩,友利中国在经营战略方面,仍然遵循三个原则:第一,加强健全性管理;第二,提高收益性;第三,保证经营的稳定性。截止2009年末,友利银行(中国)有限公司上海分行(简称“友利上海”)总资产规模达到5亿美元。

目前,友利上海可经营对各类客户的外汇业务和全面的人民币业务。2009年友利上海各项主营业务情况如下:

1. 存款业务

自2008年获得对中国境内公民的人民币零售业务的资格以来,2009年的存款规模继续稳步增长。同时,友利中国于2009年5月22日,正式开通个人银行卡业务,促进了人民币储蓄存款余额的增长。友利中国的借记卡分为“友利智卡”与“友利尊卡”两种,不仅可以在银联机器上使用,韩国友利银行的 ATM 机同样支持该卡在韩国的取款业务。

2. 信贷业务

2009 年，友利上海的贷款余额较 2008 年有所减少。主要原因是受金融危机的影响，缺乏全新的贷款客户，原有贷款规模有所收紧。2009 年，分行信贷业务仍以韩资企业为主要客户群，同时，通过客户经理挖掘一些信用较好的中资企业，开展一些票据贴现等风险较小的信贷业务。

3. 国际结算业务

相比较 2008 年而言，友利上海 2009 年度的国际结算业务规模也略微缩小。其主要原因是继国际金融大环境的冲击，中小型韩资企业因出口受阻，经营不善而撤资。由于客户主要是韩资客户，或者是与韩国有贸易往来的中资客户，因此韩国经济的起伏对友利上海的国际结算业务产生了一定的影响。

4. 人民币结算

2009 年人民币结算业务量的增加不仅增加了友利上海的人民币存款余额，也降低了分行的资金成本。大额支付系统加快了友利上海在异地资金支付方面的速度，同时，小额支付系统和全国支票影像交换系统的运行也进一步方便了客户的结算工作。与此同时，新增加的上海综合业务系统，也提高了同城的支付结算交易的效率，使友利上海能更快捷有效的完成客户所需要的业务。

（友利银行）

6. 韩国外换银行股份有限公司上海分行

2009 年，在中国银监会、上海银监局等各监管当局的大力支持下，韩国外换银行上海分行各项业务取得了稳健的发展。2009 年各项存款较上年同期增长 51.6%；各项贷款较同期减少 7.83%；进出口国际结算量基本与上年持平；不良贷款率为 0%。

为应对国际金融危机，政府实行了积极的财政政策和适度宽松的货币政策，尤其是上半年大型中资银行几乎冻结对外资银行的资金拆出，以充裕的流动性对银行承兑汇票贴现等融资业务实施了超低利率政策，故 2009 年“借差行”银行承兑汇票贴现业务较同期发生了较大幅度的下降，上海分行银承贴现发生额较上年同期减少了 90% 以上。此外，分行信用证结算业务中钢铁贸易公司的比重较大，2009 年钢铁市场的低迷在很大程度上影响了信用证业务中间业务手续费。为了弥补信贷资产及进出口业务量减少引起的利润萎缩，分行加大对存款方面的营销力度，有效降低资金成本；积极开拓大型设备进口等结算业务，保证手续费及汇兑收益等中间业务收入的稳步增长。全年资金收益率较上年提高 28.70%；中间业务收入增长 14.59%。

2009 年，上海分行积极配合各监管当局对信贷业务的调查和调研要求开展了对信贷业务的各项自查，涉及对中小企业贷款的管理、固定资产贷款管理、信用风险管控、票据业务管理等多个方面。

操作风险是上海分行风险管理的重点之一。2009 年分行开展的各项业务的内部审计和自查工作，都将操作风险作为重点检查对象。特别是 2009 年根据上海银监局要求开展的 2 次案件风险排查，排查面覆盖柜面业务、信贷业务、资金业务、信息系统管理等各个方面，在排查中发现的各项操作风险漏洞，已经或正在进行相应的整改，具体包括完善内控制度、细化操作规程、改进操作流程、加强员工教育、强化事后审查等措施。

在上述各项措施中，对于员工的教育采取全体会议、部门会议、下发资料、自我评价、考试及外部培训等方式，内容包括：金融从业人员的职业操守、伦理道德、员工守则、内控制度、业务操作规程及其他相关的法律法规。同时结合人事评价制度，力求达到培训效果的最大化。

2009 年，总行还新设“Keb Global Ombudsman”制度，这是一项全体职员对违法、不正当行为的内部举报制度，举报方法为通过电话、传真、电子邮件、书面或面谈等方式以实名或匿名举报，举报人的身份将受到保护。举报或报告的内容为：抵触法律、法规或内规的违法、不正当业务处理行为；性骚扰、性别歧视、有关人事方面的违法行为；上司的违法、不正当指示、违背银行和全体职员伦理纲领的行为；隐瞒事故发生的事实、不及时报告的行为；认为存在事故发生可能性时的报告。为推行此项制度，总行副行长赴外换银行各在华分行与全体职员会面，对该项制度进行详细说明。希望通过设立此项制度，能最大程度地避免不正当行为给银行和个人造成的损失，有效地防范操作风险，防患于未然。

韩国外换银行作为第一家进入中国金融市场的韩资银行，自 1992 年设立北京代表处至今，已在北京、上海、天津、大连等四个地区设有 4 个分行、3 家支行。2009 年 7 月韩国外换银行股份有限公司获准改制为外商独资银行筹备组；2009 年 12 月法人筹备组向中国银监会提交了外换银行（中国）有限公司的开业申请书，改制完成后，上海分行在保留原有金融业务的同时，还将致力于发展针对中国企业、公民的金融业务。

（外换银行）

7. 新韩银行（中国）有限公司上海分行

2009 年对于新韩银行是具有重大意义的一年，2009 年 10 月，新韩银行（中国）有限公司上海虹桥支行开业，新韩银行在上海地区的规模进一步扩大，在客户中的影响力也得到了进一步提升。虹桥支行的客户群不仅包括了韩国企业、韩国侨民而且更多的是要面对广大的中国企业和中国个人客户提供人民币业务、网络银行、借记卡等多种多样的金融服务。

2009 年新韩银行以增加存款，提高存贷比为目标，截至 2009 年末，上海分行已吸收存款 13.38 亿元，较之 2008 年末的 8.46 亿元有了较大规模的增长。2009 年末上海分行资产总额 17.36 亿元人民币，税后净利润 3 833.66 万元人民币。

为了更好的发展中国市场的业务，新韩银行确立了本土化经营的原则，不论是在员工设置还是客户群体上都将实现本地化，2009 年新韩银行上海虹桥支行任命了第一位中国人支行行长。

在大力发展业务的同时，上海分行继续按照监管当局的要求，加强内控制度建设，不断规范业务操作流程、加强合规风险管理，严格执行各项合规性指标，确保银行合规经营。

新韩银行（中国）上海分行本着以人为本、顾客至上、寻求创新、贡献社会的原则，持续扩大网点，提高服务质量，开发金融产品，致力给顾客提供最优，最新的金融服务。

（新韩银行）

8. 印度国家银行上海分行

作为首家印度在华成立的外资银行分行，印度国家银行上海分行自 2006 年 4 月正式对外营业以来已完成了四年的成功运作。

印度国家银行上海分行目前的经营范围为全面外汇业务和除中国境内公民以外客户的人民币业务，具体为：吸收公众存款；发放短期、中期和长期贷款；办理票据承兑与贴现；买卖政府债券、金融债券，买卖股票以外的其他外币有价证券；提供信用证服务及担保；办理国内外结算；买卖、代理买卖外汇；代理保险；从事同业拆借；提供保管箱服务；提供资信调查和咨询服务；经中国银行业监督管理委员会批准的其他业务。上海分行还可以吸收中国境内公民每笔不少于 100 万元人民币的定期存款。

2009 年，上海分行各项业务迅猛发展。截至 2009 年 12 月 31 日，贸易融资余额较上年同比增长 43.10%，境内外存款余额较上年增加 79.43%，信用证通知额较上年增加 769.07%，实现税后利润较上年增加 110.14%。

2009 年印度国家银行上海分行主营业务状况如下：

（1）贸易融资和普通贷款。得益于中印贸易的迅速发展，2009 年上海分行贸易融资余额继续高速增长，为中印贸易发展作出了应有的贡献。上海分行贸易融资主要客户为来华投资企业及中印贸易相关企业。上海分行的外汇普通贷款正处于快速增长的阶段，主要为企业进口原材料及境外用汇提供资金支持。

(2) 中间业务。与国际贸易结算相关的中间业务,如托收业务、信用证通知、信用证修改、信用证转让、信用证开证和出具银行保函等业务是上海分行中间业务收入的主要来源;随着中印两国交流合作日趋紧密,为外商投资企业、离岸企业的招标投标项目提供外币银行保函业务成为上海分行中间业务收入的另一主要来源。

(3) 资金业务。2009 年上海分行继续扩大与国内各银行的资金拆借业务,资金拆借业务总量持续增加,并与各大银行建立了良好的合作关系,为印度国家银行在华快速发展奠定了基础;上海分行的另一项资金业务是为个人和居民企业提供外汇资金结汇、人民币资金购汇以及外汇买卖业务,便利企业和个人境内外的资金需求。

(谢晞德)

9. 首都银行(中国)有限公司上海分行

首都银行(中国)有限公司是首家在江苏省成立的外资法人银行,总行设在南京。

首都银行(中国)有限公司上海分行的前身为菲律宾首都银行及信托有限公司上海分行。菲律宾首都银行及信托有限公司是菲律宾最大的综合性商业银行,也是一家在马尼拉证券交易所挂牌的上市公司。菲律宾首都银行分别于 1992 年和 1994 年在上海和北京建立了代表处,并于 2001 年 4 月在上海开设了分行。2009 年 12 月,随着法人银行的批准成立,原菲律宾首都银行及信托有限公司上海分行正式更名为首都银行(中国)有限公司上海分行。

首都银行上海分行已经获准经营的银行业务包括:国内外公司以及国内外居民的全面外汇业务以及面对国内外公司和国外个人的人民币业务。上海分行自成立以来,稳健经营,各项业务发展顺利。截至 2009 年末,贷款业务较 2008 年同期相比增长 10.5%,存款业务增长 28.2%,进口单据业务增长 233%。

贸易融资业务是现有首都银行上海分行的主要业务之一,2009 年上海分行在既有的客户基础上,适度扩大了客户群,增加了提供融资的行业如金属、化工、食品等,着重拓展进口开证、信托收据融资、非信用证进口托收等业务,并取得了较好的经营业绩。同时拟根据客户的业务需要开展诸如保理、出口信用保险融资、供应链融资等业务。

汇款业务一直是首都银行上海分行的一项特色业务,2009 年上海分行受理的汇款业务约 60 714 笔,这是因为首都银行拥有精良的汇款电子系统,且在全球的许多地区中心均设有汇款中心和服务中心,大量受理来自欧洲、北美及东南亚的汇款。

中小企业贷款有着巨大的市场潜力。菲律宾首都银行在这块领域已经成功开发了针对中小企业的一揽子信贷产品,并曾多次被菲律宾发展银行(DBP)评为杰出的中小企业专项贷款银行,这些优势与经验正逐步地应用于中国市场。目前,首都银行(中国)上海分行正通过参加相关行业论坛及举办银企洽谈研讨会,向本地的中小企业客户推广有吸引力的服务产品,这方面的业务已见成效。

(首都银行)

10. 马来西亚马来亚银行有限公司上海分行

马来西亚马来亚银行上海分行于 2000 年 5 月 8 日批准成立。并于同年 12 月 28 日开始正式对外营业。2009 年,经增资后,注册资本金为等值人民币 4 亿元。

目前马来亚银行上海分行共有员工 28 人。其中 6 位是外籍人员。分行包括营运部,信贷管理部,业务发展部,贸易融资部,合规部,风险管理部,电脑部,会计部,人事行政部等主要部门。

马来亚银行上海分行不断完善各项内控制度,审慎地推动自身各项业务的稳健发展。至 2009 年底,马来亚银行上海分行资产总额达到人民币逾 22.3 亿元。马来亚银行上海分行的主营业务为贷款业务,并在经批准的经营范围内,积极开展包括存款;汇款;办理票据的承兑与贴现;提供信用证服务及担保;办理国内外结算;买卖、代理买卖外汇;从事同业拆借等各项业务。

在日趋激烈的市场竞争中,马来亚银行上海分行积极拓展新客户,培养优质客户资源,力争为在华已有投资且经营情况良好的马来西亚、新加坡企业提供不同期限以及不同种类的贷款和贸易项下融资的多样化选择;探索和尝试向其他设在中国的东亚、香港、跨国公司提供双边和银团贷款,以确保贷款总额和质量的稳步增长;在大力发展业务的同时,注重控制贷款客户集中度的风险,截至2009年末,全行制造业客户贷款余额占普通贷款总量的69%,其他行业(包括建筑业、仓储业、批发零售业以及房地产业)客户贷款余额占普通贷款总量的31%。同时,制造业的普通贷款又涵盖了制造业的多个领域,包括机械、电子、化工、轻工等。马来亚银行上海分行在不断优化贷款结构的过程中,有效分散了行业风险将给银行带来的潜在危机。

2009年对于马来亚银行上海分行来讲是不平凡的一年。在这一年,马来亚银行上海分行的增资和对中资企业的人民币业务申请,均获得了中国银监会的批准,并且力争在审慎经营的前提下,扩大经营规模,进一步做大做强。

(马来亚银行)

11. 澳大利亚和新西兰银行集团有限公司上海分行

澳大利亚和新西兰银行集团有限公司为个人和公司提供全面的金融服务,是澳大利亚四大银行之一,也是新西兰最大的银行及企业。截至2009会计年度,澳新银行集团资产总额逾4 770亿澳元,跻身于全球四十大银行之列。

1993年,澳新银行上海分行正式成立。澳新银行向企业客户提供全方位的人民币、外币服务,同时还为本地客户,特别是那些在中澳双边关系影响下对澳大利亚和新西兰抱有兴趣的客户,提供外币的个人银行一条龙服务。此外,澳新银行还斥资收购了天津银行20%的股份以及上海农村商业银行19.9%的股份。澳新银行与上海农村商业银行和天津商业银行建立了卓有成效的合作关系,并通过分享各自专业知识和能力来加强现有的客户关系,发展国内零售和小型企业业务。

1. 公司业务概况

2009年,从行业分布来看,澳新银行主要的客户集中在制造业、批发和零售业以及住宿和餐饮业,同时还涉足了交通运输业、电力行业、科学研究和技术行业、金融业、房地产行业。从地区分布来看,澳新银行客户主要分布在华中和华北地区。

在产品和服务方面,澳新银行在全方位满足客户的需求的前提下,在以下产品上具有一定特色:

(1) 贸易融资和大宗商品贸易解决方案。依托于澳新银行历史上在贸易融资和大宗商品贸易所积累的经验和优势,为客户提供全方位的贸易融资产品,包括打包贷款、出口押汇、出口收汇融资(无追索权),大宗商品项下的结构性融资等等。

(2) 环球市场衍生金融工具产品。澳新银行的环球市场部能够为客户提供全方位的避险产品,包括汇率、利率和大宗商品合约。澳新银行是全球资源类交易的五大银行之一,在大陆和香港都是主要的交易参与行,因此能够为客户提供绝大多数交易品种。同时,澳新银行历来在资源类、农业以及能源类的经验能够使其为客户提供高附加价值的服务。澳新银行现为在中国市场允许进行黄金交易的四家外资银行之一。

(3) 供应链融资。供应链融资作为澳新银行近年的主打产品之一,包括应收账款和应付账款融资,产品既可以针对国内企业也适合跨国贸易。通过供应链融资能够有效的降低企业的交易费用并解决上下游的资金供应问题,具有很强的实用性。

2. 零售业务概况

澳新银行在华分行目前的零售业务主要以与澳洲、新西兰有关联的外籍个人客户及有赴澳、新留学和移民需要结汇的本地客户,和一部分中小企业为主。澳新银行现阶段主要为外籍个人客户提供人民币，多种货币的账户服务。而本地客户则是外币的账户服务。利用母行的优势，澳新银行为客户提供特别优惠的澳币及纽币的存款利率。澳新银行还拥有快捷便利的转账服务，根据客户的要求，在特定期间内自动转账汇款，成为澳新银行账户服务的亮点。在中小企业方面，澳新银行提供一系列的账户服务，现金管理、外汇交易（现汇、期汇买卖、外汇互换）、定期存款及结构性存款的产品。客户可尽享便捷的国际间转账支付，免账户管理费服务，为客户的企业发展提供咨询及财务支持。

3. 运营管理

澳新银行在华分行业务的中后台服务绝大部分是由在中国的员工提供的。这种操作模式是以集中化，标准化和高效率为基础的，少部分是由在海外的澳新银行分支机构来提供的。澳新银行具有严谨和详细的内部运营政策，过程和步骤。澳新银行的宗旨是充分利用总部的雄厚资源和经验来帮助中国中后台部门建立本地化的运营模式，并保证运营模式是符合中国当地的法律和管理要求。

4. 企业社会责任项目

企业社会责任是澳新银行可持续发展战略的一部分。澳新银行推行责任信贷政策，在进行贷款和投资时，遵守国际最高标准以及银行的可持续发展信贷政策，以帮助评估风险并增强银行商业活动对于环境、社会和经济发展的积极影响。企业信贷部积极为投资节省能源技术、再生能源项目和控制碳排放项目的客户度身定制可行的融资方案，提供最适合的银行产品和服务。澳新银行大力支持环境保护，控制减少碳排放，并积极推广员工志愿者活动，要求员工以实际行动回报社会。

（澳新银行）

12. 比利时联合银行股份有限公司上海分行

比利时联合银行股份有限公司上海分行成立于1997年，是比利时联合银行在中国区的管理行。客户地域主要分布在除广东、江苏、安徽以外的中国东部和华北地区。主要产品有：本外币短期、中长期贷款；贸易融资—进出口信用证结算、人民币票据贴现，保函；资金交易—即期、远期外汇交易、结售汇；银行账户服务—本地货币收付；国内外收付款；银团贷款。在2009年，上海分行的业务取得了较大的发展，各项业务发展均有了显著增长。

比利时联合银行股份有限公司上海分行目前具有全面外汇业务资格和除中国境内居民外的人民币业务资格，并可以办理中国境内居民每笔不少于100万元人民币的定期存款的资格。同时比利时联合银行在华各分行也取得了开办衍生产品交易业务的资格。

比利时联合银行作为一家国际性银行将认真贯彻巴塞尔协议二中的各项内容，并按照其相关的要求，制定了一系列的风险控制标准，以此有效规避各类风险。

比利时联合银行股份有限公司上海分行的经营方针是向客户提供的结构性产品，实际的解决方案，优秀的服务质量。此外，在日常业务操作中，遵循以下规则及理念：注重保持良好的客户关系，以客为主；实现跨界限共享资源；高效、创新的银行文化和营运风格。

比利时联合银行股份有限公司上海分行长期目标保持不变，即为中型中外资企业提供贸易融资和营运资本融资服务，重点拓展人民币业务，同时大力发展以下方面：支付结算和存款服务；交易中心（外汇买卖、货币和资本市场）；基金管理和衍生交易；同中资金融机构开展卓有成效的合作。

（联合银行）

13. 德国北德意志州银行上海分行

北德意志州银行是德国十大银行之一，总部位于德国北部城市汉诺威。银行在全世界各主要的金融和贸易中心都设有机构，在伦敦、纽约、新加坡及上海设有分行，在北京、巴黎、莫斯科和孟买设有代表处。

德国北德意志州银行上海分行于2004年3

月由中国银行业监督管理委员会批准成立，目前营运资金为3亿元人民币等值欧元。在下列范围内经营对各类客户的外汇业务以及对除中国境内公民以外客户的人民币业务：吸收公众存款；发放短期、中期和长期贷款；办理票据承兑与贴现；买卖政府债券、金融债券，买卖股票以外的其他外币有价证券；提供信用证服务及担保；办理国内外结算；买卖、代理买卖外汇；从事同业拆借；提供保险箱服务；提供资信调查和咨询服务；经中国银行业监督管理委员会批准的其他业务。吸收中国境内公民每笔不少于100万元人民币的定期存款（涉及行政许可的凭许可证经营）。

2009年底，分行总资产8.87亿欧元，实现税前利润868万欧元。上海分行各主要业务的经营情况如下：

(1) 贷款。2009年，上海分行的银团贷款和双边贷款等业务发展迅速。客户对象不仅包括具有德国及北欧背景的外资企业，同时还包括中资背景的优质大型企业客户。上海分行有关贷款人和担保人的资信及项目的可行性均经上海分行、新加坡地区总部及德国总行有关部门详细分析后才给予授信承诺。

(2) 贸易融资。上海分行开业以来，贸易融资业务成为一项核心业务。而且，经验也表明客户看重的是北德意志州银行凭借娴熟的专业知识高效地为他们提供贸易融资服务。上海分行已经在最短的时间内成为国内贸易融资市场上的一匹黑马。

(3) 同业往来。2009年度，分行在同业往来方面表现也较为突出。拆放、借出同业资产均增长迅速。在前几个年度已建立的良好业务基础上，上海分行与各中外资银行开展了更加广泛深入的业务合作。涉及的合作内容有：进口项下代付、一二级市场福费廷及保函转开等。

(4) 资金业务。上海分行已于2004年取得金融衍生产品交易资格，2005年取得远期结售汇业务许可，目前可以为各类客户提供全面资金业务。2009年，上海分行主要开展了与境内中外资银行之间的资金往来业务，以及对客户的外汇买卖业务等。

(5) 人民币业务。自2007年11月上海分行经中国银行业监督管理委员批准经营人民币业务以来，人民币贷款业务已经成为上海分行新的业务增长点。

（北德意志银行）

14. 德国商业银行股份有限公司上海分行

德国商业银行股份有限公司成立于1870年，距今已有138年历史。银行总部位于德国法兰克福市，为德国第二大商业银行。截至2009年12月31日，德国商业银行股份有限公司在全球拥有员工62 671名，总资产达到8 441亿欧元。

德国商业银行股份有限公司于1993年在上海建立了代表处。1994年7月，经中国人民银行批准，德国商业银行股份有限公司上海代表处升格为上海分行，目前的营运资金为85 000万元人民币，其中外汇营运资金为40 000万元人民币等值的自由兑换货币，人民币营运资金为45 000万元人民币。上海分行可以开展各类客户的外汇业务，及对除中国境内公民以外客户的人民币业务。此外，德国商业银行股份有限公司上海分行已获准吸收中国境内公民每笔不少于100万元人民币的定期存款。

2009年，德国商业银行股份有限公司与德国德累斯登银行股份有限公司在全球范围内进行了合并，两行中国境内的合并工作已顺利完成。德国德累斯登银行股份有限公司上海分行正式并入德国商业银行股份有限公司上海分行，并由后者承继合并后所有的债权债务。

目前，上海分行共有五个功能部门，包括企业及机构融资部、国际贸易融资及结算部、信贷风险控制部、信贷风险控制部、资金部和行政营运部。上海分行积极地扩展各项业务，经过十多年的发展，拥有了一支专业的、高效率的营销团队，建立了有效的风险信贷管理机制，培养了一批富有极强责任心的后台操作人员，为客户提供了满意的商业银行服务。上海分行提供的服务主要包括：企业/项目融资（包括流动资金贷款、中长期贷款、银团贷款、项目融资等）、贸易融资（各类进出口结算业务、保函、福费廷等）、外汇交易（即期和远期外汇交易、即期和远期结售汇交易)、本外币账户结算以及金融咨询。

上海分行一贯的业务发展策略是:持续稳定地增长信贷及国际结算业务,着重于为德国及其他欧洲国家在中国设立的企业、大型中资企业及国家重点开发的项目提供流动资金和固定资产贷款。同时,有选择地发放贸易融资贷款,进一步扩大国际结算业务量。

(德国商业银行)

15. 法国外贸银行股份有限公司上海分行

法国外贸银行股份有限公司总部设在巴黎,在全球 68 个国家设有 31 家分行或其他分支机构,员工总数 22 000 人。法国外贸银行在巴黎证券交易所上市。

法国外贸银行股份有限公司上海分行成立于 1999 年,其前身是成立于 1994 的法国外贸银行股份有限公司上海代表处,是目前法国外贸银行在中国开立的唯一分行。

2009 年受金融危机影响,分行虽然在严格控制风险、成本的基础上,总体业务发展速度有所放缓,但分行抓住国内市场融资需求旺盛的特点,仍然实现总体贷款规模和总资产的增长。

法国外贸银行上海分行的客户对象以企业为主,主要产品和服务包括:

(1) 公司金融服务及项目融资,包括各类本外币贷款、履约/投标保函及涉及核电站、电站、航空、船舶、石油化工、钢铁、电信、地铁等诸多领域的项目融资。

(2) 大宗商品融资,为各类原材料、能源资源等商品贸易提供个性化的融资方案。

(3) 贸易融资,各类进出口结算、融资买断、保函、保理等。

(4) 资金业务,外汇及金融衍生产品、固定收益和利率产品等。

(法国外贸银行)

16. 荷兰合作银行有限公司上海分行

2009 年伴随全球经济的逐步复苏趋势,荷兰合作银行对信贷风险管理,流动性管理及内部审计工作加强了管控。2009 年底集团年报显示,荷兰合作银行资本状况良好,一级资本从 2008 年的 303 亿欧元,提高到 2009 年的 322 亿欧元,即 13.8%(2008 年为 12.7%),总资产 6 077 亿欧元,风险权重资产 2 334 亿欧元,净利润为 23 亿欧元。提高一级资本的比率本身即加强了信贷风险的抵御能力。

自 1981 年起,荷兰合作银行一直荣获标普和穆迪的 AAA 级信贷评级,2009 年亦不例外,保持稳定 3A 评级。2009 年 2 月 25 日的《Global Finance》杂志公布其评选的 2009 年度“全球最安全银行”名单中,荷兰合作银行排名全球第六。

2009 年,荷兰合作银行在华营业机构上海分行在华主要客户群体仍源于中国的农业食品行业,此次金融危机对上海分行没有重大影响。荷兰合作银行有限公司上海分行 2009 年各类业务开展良好,特别是对华的农业食品业融资,大众产品结构性融资及发展低碳/清洁能源的产品等方面卓有成效。与此同时,2009 年通过对自身信贷资产进行了梳理,提高了分行信贷资产质量,及加强了内部信贷分险控制,为迎接下一步的全球经济起飞,做好充分的准备。

无论是本土或海外机构,荷兰合作银行充分重视及认识到自身的企业社会责任,继 2008 年云龙县荷兰合作银行小学成立,上海分行继续深入开展“希望小学”项目。为有效利用有限的资源,以及结合分行与云南省信用合作社的业务联系,管理层决定将云南省作为“希望小学”项目实施的重点地区。2009 年 8 月,经过当地教育团委和上海希望工程办公室推荐,以及分行工作人员的实地考察,捐资 25 万元援建云南省云龙县漕涧镇铁厂村小学,所捐资金将全部用于建造综合楼。对已成立的希望小学,也给予持续的资助。

此外,分行与荷兰大使馆及荷兰驻上海领事馆保持着密切的联系,2009 年多次接待荷兰贸易代表团,参与各类农业及食品行业研讨会。分行还是欧盟商会和比荷卢商会的会员,积极参与商会的各项活动,是 2009 年比荷卢商会年会的主要赞助商,为促进中荷之间的商务贸易交流尽微薄之力。

荷兰合作银行上海分行在中国市场的定位是以特定产业为基础的专业银行。继续专注的行业是食品与农业以及可再生能源，同时，不忘全球倡导的企业社会责任和可持续发展的重要一环，和中国的金融界同业和企业客户共同发展。

（荷兰合作银行）

17. 荷兰银行有限公司上海分行

荷兰银行总部位于荷兰首都阿姆斯特丹，是著名的国际性银行之一，也是较早进驻中国的外资银行之一。经中国银行业监督管理委员会批准，荷兰银行有限公司上海分行于 1993 年 4 月 17 日成立，且在天津、广州和武汉三地开设代表处，从事有关银行业务的咨询联络工作。

2007 年 6 月，荷兰银行（中国）有限公司成立，成为首批在中国注册的法人银行之一。同时保留荷兰银行有限公司上海分行作为经营对除个人以外客户的外汇业务的保留分行，其母行为荷兰阿姆斯特丹注册的荷兰银行有限公司。2007 年 10 月，由比利时富通银行、苏格兰皇家银行和西班牙国际银行所组成的银行财团 RFS 集团成功竞购荷兰银行有限公司。2008 年 12 月，荷兰政府替代富通银行成为 RFS 集团股东。目前，保留分行业务由于改制的原因正循序减少，因此在员工配置上也尽量精简，截至 2009 年 12 月底，保留分行包括行长在内员工人数为 5 人，主要的人员构成有行长、合规、信贷操作、会计、现金操作各岗位 1 人。分别涵盖了营运、业务、财务等职能部门，继续承担为保留分行客户提供信贷和结算服务，并就相关业务状况与荷兰总行和亚太区总部进行沟通和汇报。

（荷兰银行）

18. 荷兰安智银行股份有限公司上海分行

荷兰安智银行股份有限公司上海分行注册资本为人民币 6 亿元，可以经营所有的外汇业务和除中国境内公民以外其他客户的人民币业务，是ING 集团在中国的银行业务的主要运作机构。荷兰安智银行上海分行是荷兰安智银行在中国银行业务的中心，2006 年 12 月由荷兰商业银行上海分行更名。目前荷兰安智银行股份有限公司在中国只有上海分行一个营业性分支机构，在北京为代表处。

荷兰安智银行上海分行

荷兰安智银行上海分行一直积极地为客户提供金融顾问服务，包括存贷款业务，信用证服务，担保，国内外结算，买卖外汇，买卖债券，同业拆借等。在贷款和贸易结算方面，提供包括各种短中长期贷款、信用证开证、信托收据融资、出口押汇和汇款业务，并擅长提供结构性的专门融资安排，如项目融资、银团联贷、大宗商品融资和福费廷等业务。在资金业务方面，提供包括同业拆借、外汇交易、外汇远期和期权、利率远期、期权和结构性存款在内的全面金融产品服务。

在 2009 年度，荷兰安智银行上海分行各项业务均取得了较大的发展，各项资产总值折合人民币 121 亿元。贷款业务积极开展，贷款仍为资产中的主要组成部分和银行主要收入来源。贷款业务主要包括短期融资，中长期项目融资和银团贷款。同时，金融市场同业业务得到进一步加强，大宗商品贸易融资业务进一步扩大，投资业务发展迅速。

荷兰安智银行上海分行的目标是为在华的重

点客户提供有选择的银行服务，力争为达到有竞争力的资本回报作出贡献。基于严格的信贷政策和风险控制体系，2009 年上海分行授信业务的总体质量均显良好。

（荷兰安智银行）

19. 挪威银行公共有限公司上海分行

挪威银行公共有限公司与中国市场的渊源颇深，其前身 DnC 于 1982 年便在北京开设代表处，是最早进入中国市场的欧美银行之一。后因业务重心转移，挪威银行于 2003 年转战上海，设立上海代表处。

2006 年 8 月，挪威银行公共有限公司获中国银监会批准在上海成立分行，在中国大陆全面展开金融业务。挪威银行公共有限公司上海分行的目标客户群主要为公司客户，与集团中其他分支机构一样，上海分行将重点服务北欧客户以及中国和国际船务客户，提供目标客户日常的银行业务以及涉及外汇、利率等的金融产品。

2008 年 4 月，经中国银监会批准，上海分行获得了开办衍生产品交易业务的许可；同年 8 月，经国家外汇管理局批准，上海分行获得了远期结售汇业务的经营资格，使得上海分行可以为目标客户提供更广泛的金融服务。

由于国际金融危机对整个市场的影响，2009 年的经营条件十分艰难，因此上海分行的业务发展相当辛苦，资产规模和利润增长幅度都受到影响而放缓。根据上海分行开业之初的战略规划，2009 年上海分行着手开展了经营人民币业务的申请准备工作，并在年底获得了中国银监会的筹备批文，分行根据有关法规完成经营人民币业务的筹备工作，并于 2010 年初获得经营人民币业务的资格。

（挪威银行）

20. 瑞典北欧斯安银行有限公司上海分行

Skandinaviska Enskilda Banken（简称 SEB）是一家久负盛名的北欧金融集团，中文名称为瑞典北欧斯安银行，是瑞典首都斯德哥尔摩的第一家私人银行。

SEB 的商业理念是：在为公司和个人提供金融服务以及处理金融风险操作和提供交易的同时，赢得客户满意，向股东提供有竞争力的回报，树立 SEB 良好的社会形象。

瑞典北欧斯安银行有限公司于 1983 年在北京设立了代表处。此后，瑞典北欧斯安银行有限公司持续不断地帮助北欧公司在处理中国业务过程中提供各项金融服务，中国加入世界贸易组织后，其国内市场将进一步向世界开放，其中包括了银行业的开放。为了满足国内客户日益增长的需求以及在瑞典北欧斯安银行聚焦中国市场的战略目标的指引下，SEB 于 2005 年在上海设立了分行。

瑞典北欧斯安银行有限公司上海分行是 SEB 在中国各项银行业务服务中心，为北欧和德国的企业在中国拓展业务过程中提供一流的银行服务，包括贸易融资，贷款，外汇和项目融资。随着与中国招商银行的合作，瑞典北欧斯安银行有限公司将在中国市场推出一流的现金管理方案。

2009 年，SEB 上海分行经中国银监会上海监管局批准，开办电子银行业务，为其现金管理业务添加了辅助性的服务，使其客户可以通过网上银行的平台进行账户余额的查询和在线贸易融资业务的操作。同年，上海分行经中国银监会批准，经营除中国境内公民以外客户的人民币业务。目前，上海分行的人民币业务正稳步发展，为越来越多的客户提供方便可靠的企业信贷产品。至此，SEB 上海分行已获得了全面外汇业务的经营资格、即期结售汇业务资格、衍生产品交易业务资格、对客户远期结售汇业务资格以及对客户人民币与外币掉期业务资格。

本着推广瑞典和中国之间的贸易合作的目的，瑞典上海分行积极参与 2010 年上海世博会，而瑞典馆的建造运营资金也将由瑞典政府和商界平等分担。

（北欧斯安银行）

21. 瑞典银行有限公司上海分行

瑞典银行成立于 1820 年，是北欧及波罗的海地区历史最悠久，规模最大的银行。瑞典银行集团在瑞典、爱沙尼亚、立陶宛和拉脱维亚共有950万零售客户和65万公司客户。集团在瑞典的分行超过675家，另外在波罗的海国家还有226家分行。瑞典银行集团在哥本哈根、赫尔辛基、加里宁格勒、基辅、卢森堡、马贝拉、莫斯科、纽约、奥斯陆、上海、圣彼得堡和东京设有分支机构。

截至2009年底，瑞典银行集团的总资产为1.8万亿瑞典克朗，雇员人数约为2.18万人。瑞典银行已连续六年被评为瑞典年度最佳商业银行；连续三年被评选为瑞典最佳企业家银行；同时也连续七年被评选为爱沙尼亚最佳银行和立陶宛最佳银行。

瑞典银行有限公司上海分行成立于2007年4月。目前瑞典银行有限公司上海分行为中国、北欧及波罗的海国家的公司客户提供全面外汇服务，包括且不限于存贷款服务、支付服务、贸易融资服务、外汇交易产品和与银行业务相关的咨询服务。

在规模、业务、效益取得良好发展的同时，上海分行非常重视风险管理体系的系统化建设，以理念文化培育为先导、以加强基础管理和内部控制建设为重点、以技术方法为依靠、推进全面风险管理建设，强化合规分险经营管理放在各项业务工作的重要位置。2009年，上海分行继续积极对所有员工开展关于各项培训课程，积极推进企业文化建设，深化瑞典银行总行的理念及价值观，更新观念，迎接新挑战，努力打造精简高效的管理队伍。

（瑞典银行）

22. 瑞典商业银行公共有限公司上海分行

2009年是瑞典商业银行被获准在华设立上海分行的第五年。2009年年初，上海分行正式向客户提供了人民币服务，成为第一家在华提供人民币业务的北欧银行。

2009年，上海分行保持了一贯的优质客户服务，在原有的如外汇贷款，进口贸易再融资，汇款，即期结售汇与外汇买卖等各项业务保持稳定发展的基础上，积极拓展新业务和新客户。尤其是上海分行积极开展新的人民币业务，人民币存贷款以及相配套的结算服务是业务发展的重点项目之一。在2009年，随着人民币业务的发展，本外币联动的效应开始体现，上海分行争取到了更多的新客户，同时原有的客户基础得到了进一步的稳固。客户服务对象仍以北欧四国与英国的外商投资企业为主。

在大力发展业务的同时，上海分行2009年度继续按照监管当局的要求，加强内控制度建设，不断规范业务操作规程、提高合规风险管理水平，严格执行各项合规性指标，确保银行合规经营。上海分行针对不同类型的风险设定不同的风险控制手段，通过这些合理有效的风险控制手段保持各类风险的最小化。2009年，分行风险控制总体情况良好。

（瑞典商业银行）

23. 瑞士信贷银行股份有限公司上海分行

瑞士信贷银行股份有限公司上海分行成立于1994年7月，是瑞士籍银行在华的首家外国银行分行。

经中国银监会批准，上海分行可经营对各类客户的外汇业务及对除中国境内公民以外客户的人民币业务，可以吸收中国境内公民每笔不少于100万元人民币的定期存款。此外，上海分行于2004年经中国银监会批准获得了衍生产品业务资格，经中国人民银行及国家外汇管理局批准或备案，可以经营与客户的即期及远期结售汇、人民币外汇掉期以及在银行间市场进行人民币对外汇的即期、远期、掉期业务以及债券交易、人民币利率互换等业务。

2009年上海分行的主要业务为本外币贷款、人民币债券（含票据）交易、衍生产品交易及私人银行业务。本外币贷款以结构化融资为主，截至年末的信贷资产质量良好；债券业务仍以交易为目的，主要投资于市场流动性较强的央行票据和金融债券；衍生品交易以银行间市场的人民币外汇远期、掉期为主；此外，私人银行业务自2007年11月正式开始营运后为在中国生活、工作、学习和经营的高端外籍个人、港澳台同胞和海外华侨、中国本地高端居民个人及其设立的公司提供服务。

2009年上海分行向上海黄金交易所递交了关于上海分行加入上海黄金交易所的申请，经中国人民银行批准、上海黄金交易所审议于2010年1月13日正式成为上海黄金交易所外资金融类会员。

（瑞士信贷银行）

裕信银行上海分行

24. 意大利联合圣保罗银行股份有限公司上海分行

2007年1月，意大利联合银行集团与意大利圣保罗意米银行集团合并，更名为意大利联合圣保罗集团。合并之前，两个银行集团在意大利银行已处于关键地位，业务范围涉及意大利各个产业。合并以后集团晋升于意大利银行界领先地位，有6 090家分行，1 110万的庞大客户群，在欧洲范围内亦是最好的银行集团之一。2009年底，意联圣集团总资产达到约6 248亿欧元，客户贷款约3 740亿欧元，客户直接存款约3 906亿欧元，合并净利润28亿欧元。

意大利联合圣保罗银行股份有限公司上海分行核心业务是为意大利在中国的投资企业以及与意大利有业务联系的非意大利公司和著名的中国公司提供贷款，贸易融资，结算业务等传统服务。在2009年度，分行盈利状况非常理想，税后净利润与2008年相比增加了7.86%，超额完成了年初制定的工作计划和目标。

上海分行主要的服务对象是意大利在中国投资的中小型制造企业，虽然，这些企业的意大利母公司有一定的实力，但在中国分支机构的信用度并不高，而分行由于与其母公司长期的合作关系，在集团内部其他分行的担保下，为这些公司提供资金支持。

（顾婷娴）

25. 意大利裕信银行股份有限公司上海分行

2009年11月，中国银监会批准意大利联合信贷罗马银行股份有限公司上海分行名称变更为意大利裕信银行股份有限公司上海分行。

根据总行指示，分行继续侧重于公司业务，这也体现分行现时的组织与规模足以承担现有的业务量。

上海分行的主要任务在于为意大利裕信银行集团重点发展的市场（意大利、德国和其他中、东欧国家）的企业来中国投资提供帮助，同时也为中国经济的和谐及长期可持续发展做出贡献。2009年，上海分行整体业务综合分析如下：

外币存款主要来源于有意大利背景的三资企业的资本金和结算账户，以及来自于私人或外商代表处开立的用于接受国外汇款以支付当地费用的外汇往来账户中的小额存款。人民币存款主要来源于有意大利背景的三资企业的基本和一般账户。

就目前而言，分行的外币信贷组合除以贷款的形式投向在本地注册的外商投资企业，还包括购买中国金融机构和意大利金融机构发行的债券。人民币信贷组合主要是贷款。

分行所有的借款人都经过严格挑选，反映了银行仔细评估贷款风险质量的政策。为此，分行每年都会定期对仍在贷款有效期内的借款人的经营状况进行审查，以此来合理监控信贷风险。

根据通常的做法，分行采用中国银行业监督管理委员会的贷款风险分类指引对所有贷款进行了评级。2009年12月末分行所有的客户贷款均为正常贷款。

除了信贷业务之外，分行还从事汇款、结算、支付和外汇买卖等其他业务，以此产生分行另外的收费收入。另外，分行也为当地的企业做一些出口结算业务，尽管此项业务获得的收益有限，但将此作为扩大客户基础的良好机会和更全面的服务客户。

（林越育）

26. 英国巴克莱银行有限公司上海分行

英国巴克莱银行有限公司是一家在英国成立并在英格兰和威尔士登记的公司，注册地址为英国伦敦Lombard街54号，受英国金融服务监管局的监管。作为一家国际性的金融业务集团，英国巴克莱银行有限公司主要为客户提供零售银行、信用卡、企业银行、投资银行、财富管理和投资管理等业务，业务遍及欧洲、美洲、非洲和亚洲。就市场资本值而言，巴克莱是英国最大的金融业务集团之一，同时在世界上其他许多国家开展业务，向跨国中心提供全球协调业务服务。

2005年10月24日，英国巴克莱银行有限公司在上海设立了分行，营业地址为上海市浦东新区陆家嘴环路1233号汇亚大厦3101、2102B室。自成立以来，上海分行本着为中国境内客户提供优质金融服务的宗旨，不断提高分行营运能力，扩大产品和服务范围，主要为机构客户提供信贷、衍生产品、外汇买卖等服务。

2009年3月27日，获中国银行业监督管理委员会批准，上海分行取得了对除中国境内公民以外客户的人民币业务资格。至此，上海分行的经营范围扩大至对各类客户的外汇业务以及对除中国境内公民以外客户的人民币业务。

（夏　辉）

27. 加拿大丰业银行有限公司上海分行

加拿大丰业银行于1832年始创于加拿大哈利法克斯。时至今日丰业银行已经发展成为北美主要金融机构之一，被誉为加拿大最国际化且最安全的银行。

加拿大丰业银行在中国境内设有上海、广州、重庆3家分行和北京代表处，并对西安市商业银行参股投资。2005年12月31日，丰业银行获中国银监会批准开始着手上海分行的筹建工作，并于2006年9月1日升级为分行。上海分行在2007年至2009年间分别获得结售汇业务经营许可、中国外汇交易中心会员资格及衍生产品经营许可。

加拿大丰业银行有限公司上海分行2009年度的主要业务包括存贷款、同业拆借、贸易融资（含进口代付、福费廷、押汇等）和通过中国外汇交易中心进行的结售汇业务等。自开业以来，上海分行的业务发展势头良好，特别是贸易融资方面。2009年上海分行各项业务稳步发展并取得了较为良好的成绩，完成了总行既定的业务赢利目标。

上海分行的管理层秉承总行一贯的安全稳健逐步发展的作风及原则，对各项经营风险予以充分考量与评估，以期达到风险和收益相统一的经营结果。

（丰业银行）

28. 美国花旗银行有限公司上海分行

2007年4月，原美国花旗银行有限公司上海分行及其下属支行的债权和债务转让给花旗银行（中国）有限公司上海分行及其下属支行。

原美国花旗银行有限公司上海分行的下属支行停止一切经营活动，保留美国花旗银行有限公司上海分行专门从事外汇批发业务。

（花旗银行）

29. 美国银行有限公司上海分行

美国银行有限公司在中国大陆地区共设有上海、北京和广州三家分行。成立于1991年的上海分行为美国银行中国区分行的主报告行及管理行。美国银行有限公司上海分行下设环球财资产品部、企业及投资银行部、环球金融市场部、客户发展服务部、运营部、人事部、财务部及合规部等主要部门，截至2009年12月31日，上海分行共有正式员工112人，较2008年增长2%。美国银行有限公司上海分行业务经营范围为《中华人民共和国外资银行管理条例》第三十一条规定业务范围内的全部外汇业务以及除中国境内居民以外的人民币业务。

美国银行有限公司上海分行一贯秉承以客户为中心的服务方针，利用美国银行全球产品和网络优势，加强同中资金融机构进行合作，为银行的全球跨国公司客户以及优秀的中资企业提供优质的产品和服务。目前分行在中国主要服务于欧美和亚洲的大型跨国公司，为其在中国的发展提供金融服务，此外银行也继续积极开展与优质的中资企业的业务与合作，特别是为有计划向海外拓展、进行国际化经营的优秀中资企业提供更为专业和便利的服务。2009年，美国银行有限公司上海分行各项业务继续稳步发展，均达到或超过预期目标。截至2009年末，上海分行资产总值较去年同期增加31%，各项存款余额较上年同期增加73%，贷款余额与去年基本持平。分行的贷款客户群相对集中在制造业，对大多数跨国公司客户实行母公司分配额度贷款，贷款由其母公司全额担保，总行根据母公司的财务状况进行贷款审批评级和后续风险管理；对极少数跨国公司客户的信用贷款，是建立在严格筛选，严格审查和有相应的财务制约或财产抵押的基础上。对中资企业贷款主要通过银团贷款，并结合出口信贷等方式进行，每笔贷款必须经过银行内部严格审批并要求通过所有政府部门的合法审批手续。总体而言，上海分行的信贷资产质量较好且风险较小。

为进一步满足业务经营需要，经中国银监会核准，美国银行有限公司上海分行于2009年2月完成等值人民币3亿元的外币及人民币营运资金的增加。继2009年1月1日美国银行控股公司(美银控股)完成合并美林公司后，美银控股集团总部在战略发展上为进一步满足在华业务经营不断扩大的需要，美国银行中国区分行已在积极思考申请法人银行的有关事宜。

(美国银行)

30. 美国纽约梅隆银行有限公司上海分行

美国纽约银行有限公司上海分行于2000年3月1日起正式对外营业。2008年7月1日，银行正式更名为“美国纽约梅隆银行有限公司”。上海分行经批准经营范围为吸收公众存款；发放短期、中期和长期贷款；办理票据承兑与贴现；买卖政府债券、金融债券，买卖股票以外的其他外币有价证券；提供信用证服务及担保；办理国内外结算；买卖、代理买卖外汇；代理保险；从事同业拆借；提供保险箱服务；提供资信调查和咨询服务；以及经中国银行业监督管理委员会批准的其他业务。2009年上海分行开展的主要业务是出口贸易信用证项下结算。

(1) 进出口结算。上海分行主要业务是出口信用证业务，为客户提供出口信用证的通知、保兑、结算等服务，并且为纽约梅隆银行的代理行提供有关进口信用证的服务。

(2) 资金管理咨询。纽约梅隆银行总行在中国的美元清算客户几乎涵盖了中国所有的主要银行，上海分行对所有使用纽约梅隆银行服务的中国客户提供完全的支持，主要体现在美元收付汇，账户往来的查询，以及账户管理等方面。

(3) 贸易融资。纽约梅隆银行总行及其上海分行与中国各大银行保持着良好的代理行关系，就信用证项下的贸易融资进行广泛而深入的合作，进一步推动中国对外贸易的发展。

2009年全年，上海分行税后利润稳步增长，全年预算执行状况良好。

纽约梅隆银行一如既往地大力拓展海外代理行信用证业务市场，上海分行也继续拓展在中国的有关出口信用证的业务。与此同时，分行积极地与广大中国信用证受益人联络接触，为其提供关于风险控制及融资的解决方案。

全球互联网代理托收业务自从2004年初推出以来，由于其有收款速度快、价格低、追踪自动化以及对账简便等诸多优势，业务取得了长足的发展。上海分行继续拓展此项业务，不断地提高服务质量，增加客户满意度，以保证此项业务的快速成长。

2009年，纽约梅隆银行的信用证外包业务稳步发展。在香港分行、东京分行、新加坡分行及首尔分行所有的贸易业务操作全数转入上海分行单证中心处理之后，通过海外同仁及上海分行员工的共同努力，业务进展十分顺利，操作流程也日臻完善，操作中心员工的业务水平也日趋熟练，更重要的是通过对员工的业务培训和合理的人员配置，操作风险得到了有效的控制。

（纽约梅隆银行）

31. 宁波国际银行上海分行

宁波国际银行成立于1993年3月19日，是一家外商独资银行。

截至2009年12月31日，总资产为3.12亿美元。1998年11月30日，宁波国际银行上海代表处升格为上海分行。

宁波国际银行上海分行目前的内部组织有分行行长室、国际业务部、市场信贷部、财务部、营业部、治安保卫部，另外，还配备了信息技术部、金融机构部、合规部等部门的人员。

宁波国际银行上海分行在2009年实现了很不错的业绩：

(1) 2009年新增客户数基本上都接近预算；进出口结算、TT汇款等业务实绩都大大超过预算；实现税后净利润101万美元。

(2) 2009年，宁波国际银行上海分行净增客户数765户，客户结构仍然以贸易类中小企业和个人为主，境外注册公司及境内个人是宁波国际银行上海分行的主客户群。通过十余年银企关系的建立和维护，"守法、规范、务实、互信"的办事风格也成为连接宁波国际银行上海分行与企业的桥梁。

(3) 银行巩固贸易地位，为中小企业提供实实在在的金融服务。上海分行在强手如林的上海国际金融中心，对公外币结算业务的排名前于一些港澳地区的零售银行和欧美地区的大银行在沪分行。充分显示了宁波国际银行上海分行服务长三角地区中小贸易企业的强大作用。

(4) 风险控制求真务实，全年无风险事故发生，不良资产持续为零。为了防止市场风险以及不确定因素对银行经营带来的危机，近几年来，宁波国际银行总分行一直致力于内控制度的建设，2009年总分行共制定和修改了28条内控制度和操作规程。从政策规定的出台到制度的执行和完善，充分发挥内审、合规及风险管理部的职责作用。在经营策略上，继续遵循总行实行"低杠杆、高流动、资产负债相匹配"的原则。同时，还加强反洗钱、案件防控工作。

经中国银监会批准，宁波国际银行上海分行可在以下业务范围内办理对各类客户的外汇业务：吸收公众存款；发放短期、中期和长期贷款；办理票据承兑与贴现；买卖政府债券、金融债券，买卖股票以外的其他外币有价证券；提供信用证服务及担保；办理国内外结算；买卖、代理买卖外汇；从事外币兑换；从事同业拆借；从事银行卡业务；提供保管箱服务；提供资信调查和咨询服务；经中国银行业监督管理委员会批准的其他业务。

（宁波国际银行）

32. 厦门国际银行上海分行

厦门国际银行上海分行自2005年成立以来，坚持"经营智慧"的核心经营理念，奉行"以人为本、创新求变、开拓进取、团结奉献"的企业文化核心价值观，实行"拾遗补缺"的市场策略，打造灵活应变的业务运作机制，通过创新金融产品和个性化方案，实现业务的可持续发展。截止2009年底，分行总资产达到74.5亿元人民币，实现税后利润1.58亿元人民币，人均创利120多万元。

1. 明确定位、优化结构、加强服务

2009年，实施了旨在提高中小企业和工商企业客户数量和结算往来的"百户计划"，全年有效公司客户数较年初增长了71%，有力地巩固了客户基础和存款规模。加强信贷业务的指导、筛选及风险控制，坚决控制"两高一剩"行业、房地产行业等高风险业务。在对市场分析调研的基础上，积极拓展工商企业贷款、工业企业贸易融资和中小企业业务，有效促进了业务的稳定发展。中小企业类信贷项目占比约达到总量的90%。

强化拾遗补缺、差异化、抢占先机、深度开发的营销战略，积极服务优质基础客户，制定和强化基础客户服务和关系管理，积极推动结算业务规

模,加大中间业务收入占比,提高客户稳定性和往来业务规模。加强渠道建设,在徐汇、静安支行设立的基础上,2009 年长宁支行顺利开业,黄浦支行获准筹备。

2. 强化管理、严控风险、提高质量

全面实施《厦门国际银行风险管理实施纲要》,强化风险防范意识和全流程的合规管理,建立有效的预警机制。强化资产负债管理,通过资产负债错配合理化加强对市场风险控制。加强贷后检查,做到提前预判、预警,及时退出存在隐患的风险客户,确保资产质量提升。坚持对各支行柜面的垂直管理,严控操作风险,开展客户交叉走访、信贷档案检查、现金收付和费用开支专项检查、票据业务自查、支行公章使用检查等多项检查工作,制定并规范开票业务和贴现业务审查和管理要求。认真开展反洗钱工作,每月召开反洗钱小组例会,对反洗钱数据进行自查,加强可疑交易的尽职调查,借助监管部门力量开展反洗钱知识的专项培训工作,强化全员反洗钱意识。

3. 扩充人才、树立文化、提升战斗力

高度重视人力资源发展战略和企业文化建设,给员工提供良好的工作环境和氛围,实施具有竞争力的人才招聘政策与梯队建设、培训及职业生涯规划、薪酬福利和劳动关系政策。坚持以员工素质为导向,引进文化融入好、职业素质高、业务能力强的管理人员和业务骨干;组织国学研修、客户经理业务集训和柜面服务明星交流等有针对性和实效的培训,积极选拔优秀员工走上管理岗位;组织旨在强化凝聚力、执行力、激情和活力的各类团队建设活动,开展职业操守教育,严格内部管理,强化执行力,在为员工提供良好职业发展平台的同时,打造出一支年轻、活力、专业、激情的事业团队,形成了严谨、和谐、团结、奋进的企业文化。

(厦门国际银行)

33. 永隆银行有限公司上海分行

永隆银行创立于 1933 年,是香港具悠久历史的银行之一,素持"进展不忘稳健,服务必尽忠诚"之宗旨为社会提供金融服务。2009 年 1 月招商银行完成对永隆银行股份之全面收购。永隆银行成为招商银行集团之全资附属机构。随着中国内地与香港签订"更紧密经贸安排",永隆银行积极扩展内地分行网络。现时,在深圳市设有分行及支行各一间;在上海市设有分行一间,另在广州市设有代表处,主要为国有企业及外资企业及港澳台同胞提供多元化的银行服务。

永隆银行

永隆银行上海分行于 2008 年 2 月 18 日正式开业,致力为各类型客户提供外汇业务服务,主要包括:

1. 存款服务

(1) 外币存款:港币及美元的储蓄存款、定期存款及通知存款。

(2) 存款通:在港特选客户将港币或美元资

金从永隆总行或香港任何一间分行汇往上海分行叙做定期存款。

2. 贷款服务

(1) 银团贷款:为满足大型企业的融资需求而度身订制各种贷款方案,由多家银行及金融机构共同提供贷款。

(2) 项目融资:特为项目投资商而设,如电厂、公路、基建设施等项目开发。

(3) 粤港中小企业融资通:港商可以香港资产,包括物业或永隆银行定期单作押担保,为国内关联公司洽取融资。

(4) 流动资金贷款:特为需要流动资金的企业而设。

(5) 机器及车辆分期贷款:以新购入或旧有的机器或新购入车辆抵押贷款。

(6) 楼宇按揭贷款:拟在国内城市置业或以现楼抵押;物业类型为:住宅、写字楼、商铺等。

3. 贸易融资

(1) 进口业务:开立各类跟单信用证、信托提货、担保提货、入口托收单。

(2) 出口业务:信用证通知、信用证转让、信用证议付、承兑交单、付款交单、打包放款。

4. 保函服务

(1) 融资性担保:为申请人的融资性行为以出具保函的方式承担担保义务;借款保函、租赁保函。

(2) 非融资性担保:为申请人的非融资性行以出具保函的方式按一定比例或额度承担担保义务;投标保函、履约保函、预付款保函、付款保函、质量和维修保函、留置金保函。

5. 汇款服务

(1) 汇入汇款:将汇入款项解交收款人或存入永隆银行收款人账户;持香港身份证人士经香港汇入人民币款项至内地银行,汇款人与收款人之人民币账户名称必须相同,而每人每天汇入的最高限额为人民币 80 000 元。

(2) 汇出汇款:将汇出款项汇至各地收款人账户;持香港身份证人士汇出人民币款项,汇款人与收款人之人民币账户名称必须相同。

除增加服务网点外,永隆银行亦积极完善分行现时提供的服务。上海分行正准备申办人民币业务,扩大业务范围,为客户提供更贴心的服务。

(永隆银行)

三、其他金融机构

1. 中国银联上海分公司

2009年,中国银联上海分公司以国家《关于搞活流通扩大消费的意见》、《关于推进上海"两个中心"建设的意见》,以及上海市委、市政府《迎世博600天行动计划》等三大文件为指引,积极发挥银行卡组织的社会职能,携手上海银行卡产业各界紧紧抓住完善世博支付环境、拉动消费内需、方便社会民生三大工作重点,银行卡自主品牌形象在营销中提升,银联卡交易规模走在全国前列,为加快上海"两个中心"建设和服务世博发挥了重要作用。

1. 银联卡发卡业务

(1) 银联卡发卡呈现新局面。2009年,银联上海分公司采取综合措施,推动银联标准卡发行,发卡规模持续扩大。截至2009年末,全市累计发行自主品牌的银联标准卡达5 781万张,较2008年末增加1 600万张;银联标准卡在总发卡量中的比重有较大幅度上升。从全国各地的人均发卡水平看,上海人均持卡量仍位于全国前列;从发卡银行发卡集中度来看,上海市场银联卡发卡银行集中度有所下降;从发卡量结构看,借记卡仍占绝对优势地位,2009年,上海地区各发卡银行新增银联标准借记卡1 227万张,累计发行银联标准借记卡4 908万张;新增银联标准贷记卡374万张,累计发行银联标准贷记卡873万张(含156万张借贷合一卡)。贷记卡在整个银行卡发卡市场的比重进一步提高,以借记卡为绝对主导的产品结构正在逐步优化。

(2) 发卡质量稳步提升。全年银联标准卡共实现交易金额2 706亿元,比上年增长78.9%,银联标准卡刷卡金额占同口径交易总额的比例为49.5%,占比比上年提高6.4个百分点。其中银标借记卡交易金额2 429.9亿元,比上年增长82.4%,占借记卡总金额的比例达到62.5%。银标贷记卡交易金额276.5亿元,比上年增长53.6%。截止12月末,上海地区受理银联标准活动卡共716.73万张,比上年同期增长33.0%,占全部活动卡总量的比例为47.8%,份额比上年末提高7.6个百分点。其中银标贷记卡96.28万张,比上年增长14.6%,占比18.7%。

(3) 银联卡产品结构进一步优化。中国银联上海分公司积极推动各银行在银联卡产品特别是卡产品功能、增值服务、卡面设计等方面的创新,推动各家银行推出差异化、个性化的产品。为更好服务于世博支付环境和上海两个中心建设,银联上海分公司携手境内外30家发卡机构联手打造的首张代表城市形象和世博概念的上海城市认同卡——银联标准上海旅游卡境内外同步面世,创造了国内平台性产品发卡的多项新记录。推出建国60周年主题信用卡,着力推进芯片卡发行,通过发行上海第一张采用PBOC标准的非接触式芯片卡,推动小额支付在餐饮、高速高路等领域的广泛应用。

(4) 银行卡支付方式推陈出新。在支付方式创新方面,在整合中促进固定电话支付、第一代手机支付、机顶盒支付、公务卡服务等存量创新业务的巩固和发展。抓住世博支付环境建设契机,积极推广智能手机支付、IC卡支付、互联网支付等三大创新业务。进一步完善代收、代付、理财等互联网支付产品,通过移动支付、远程商圈和空中下载等智能卡手机支付应用平台推广试点SD和NFC两种模式的手机支付业务。2009年,上海地区率先推出网上便民支付,全面推进车辆保险

"见费出单"业务,新增了理财终端的即时入账功能,推出了自动售货机受理银行卡小额免签业务,成功试点了第三代智能手机支付。2009 年,上海地区全面启动 POS 终端的"四合一"改造,可受理 IC 卡非接支付的终端达到 3 000 台。上海地区银行卡应用创新走在了全国前列。

2. 银联卡受理业务

(1) 受理市场持续快速发展。2009 年,全市年内新增直联商户 16 775 家,比上年末增长 29.9%,累计达 8.02 万家;新增终端 62 820 台,比上年末增长 38.5%,累计达 24.57 万台。截至年末,全市注册登记 ATM 终端共 1.12 万台,比上年增加 1 508 台,增长 16.3%。活动 ATM 终端 10 604 台,比上年增长 24.2%。为更好地服务世博,通过刷卡无障碍活动的开展,着力完善世博场馆周边商户及窗口服务行业、城镇、郊县、风景区的受理环境,大力发展重点街区和中小商户受理。银行卡受理市场开始向高速公路、铁路、旅游等重点、难点垄断行业渗透。"便民服务终端进社区工程"进入实施阶段,具有取现、转账等便民服务功能的自助终端将登陆上海各小区。

(2) 受理市场持续规范成效显著。为保持上海地区银行卡受理市场的健康快速持续发展,满足银行卡系统集中及上海银行卡产业国际化的需要,2009 年,人行上海分行在全国率先出台了《关于建立上海市规范银行卡受理市场秩序长效机制的通知》,上海市银行同业公会颁布了《关于在上海地区全面实行全国统一的银行卡结算手续费费率的通知》,明确要求建立规范受理市场的长效机制,在上海地区全面执行全国统一标准。截至 2009 年 12 月底,上海地区共核查 5 959 户疑似违规商户,确认违规商户 2 782 户,商户整改率 100%;完成手续费率与全国不一致的 5 201 户存量商户的整改工作,规范受理市场工作取得全面胜利。

3. 银联卡跨行业务

(1) 银联卡卡跨行交易持续迅猛增长。2009 年上海银行卡产业交易克服了全球金融危机带来的不利影响,各项业务指标创下历史新高:跨行交易笔数超过 5.66 亿笔,同比增长 14.0%;跨行交易金额突破 5 763 亿元,同比增长 46.8%;交易成功率达到 99.95%。近八年上海市银行卡交易持续迅猛发展,交易笔数从 2002 年 1.02 亿笔升至 2009 年 5.66 亿笔,累计增长 455%。交易金额从 2002 年 474 亿元升至 2009 年 5 763 亿元,累计增长1 115%。其中,ATM 跨行交易平稳增长。2009 年,上海地区实现 ATM 跨行成功交易 2.41 亿笔,清算交易 1.07 亿笔,交易金额 1 404 亿元,同比增长 3.4%、2.1%和 21.2%。其中 ATM 跨行转账交易发展势头良好,交易金额同比增长 178%。2009 年,上海地区银行消费交易呈繁荣向上,加速增长势头。全年实现 POS 成功交易 3.23 亿笔,清算交易 3.10 亿笔,比上年增长 23.7%和 22.4%。POS 消费交易金额 4 114 亿元,同比大幅上涨 61.6%。其中内卡 POS 成功交易 3.19 亿笔,清算交易 3.07 亿笔,消费金额 4 067 亿元,比上年增长 24.1%、22.8%和 63.3%。

(2) 银联卡跨行新业务快速增长。2009 年,全市新兴业务发展势头强劲,共实现清算交易 1 116.6万笔,交易金额 240.15 亿元,比上年大幅上涨 120.4%和 350.8%。其中交易金额排名前三位依次是车险见费出单、金融理财产品和多媒体自助终端缴费,该三类产品合计金额占新业务交易总额的比例达到 75.3%。从业务规模来看,保险、航运、旅行社、高速公路、铁路、电信等六大重点行业的合作正在进一步加深,在此基础上的创新商务合作模式,正协同推进银行卡在新兴领域的普及应用。

(3) 跨行系统运行效率不断提升。2009 年,上海市跨行交易成功率为 99.95%,跨行交易网络和各商业银行银行卡业务处理系统运行稳定,跨行交易转接成功率、交易成功率继续提高,顾客对受理市场的满意度稳步提升。

(上海银联)

2. 城市商业银行资金清算中心

2009 年,城市商业银行资金清算中心面对金融危机带来的影响，全力以赴从危中寻机，积极应对市场竞争，按照年初制定的总体要求，切实履行各项工作职责，取得了成绩。一是在清算渠道、服务手段、业务品种的拓展工作中取得重大成果，经过各方努力年内建成了"城市商业银行资金清算中心支付清算系统"，系统涵盖网络支付、通存通兑等资金清算服务和网银运营服务平台、电子商业汇票运营服务平台等功能，支付清算系统试运行获得成功，2009 年 12 月 25 日获得中国人民银行批准开办"网络支付和通存通兑"资金支付清算服务，同时支付清算系统荣获由"IT 两会"——中国 IT 财富(CEO)年会和中国信息主管(CIO)年会颁发的"2009 年中国信息化建设项目成就奖"；二是努力采取措施稳定银行汇票资金清算业务量，年内网络覆盖扩大，新发展成员行 5 家，业务发生行 117 家，新增网点 355 个；业务处理系统运行稳定，银行汇票签发金额 746.32 亿元，笔数 13.24 万笔，兑付金额 561.32 亿元，笔数 11.08 万笔；自主兑付继续保持上升势头，金额比率达到 66.65%；为各会员行、成员行提供了良好的服务。

1. 支付清算系统一期建成，为可持续发展奠定了基础

资金清算中心本年度的重点工作是支付清算系统建设，在财力、人力方面竭尽所能地投入了最大力量，项目组克服了人员短缺、技术力量不足、缺乏开发经验的困难，发挥协调、沟通、监督作用，全面掌控开发情况，集中了开发各参与方、内部测试方、第三方测试和试点接入行的骨干力量，全身心地投入到项目建设的各项工作中去。2009 年 9 月 9 日，支付清算系统开始试运行，试运行业务包括网络支付和通存通兑，其间共有 16 家会员行、成员行加入系统，涉及网点 541 家，截至年末共发生普通汇兑类、密码汇款类、通存通兑类资金交易 1 754 笔，其他信息类交易 1 764 笔，系统连续正常运行，业务处理准确、资金清算及时，未发生一起生产事故，同时试点行对试运行工作表示满意。至此，支付清算系统已符合各项要求可以正式投入运营，年末获得人行支付结算司批准开办业务，同时支付清算系统荣获的"2009 年中国信息化建设项目成就奖"，体现了该系统在推动资金清算中心增强核心竞争力、提高效率、降低成本、转变业务模式、可持续发展等方面的显著成绩。

2. 依托支付清算系统，两个运营服务平台上线运行

资金清算中心为更好地服务会员行、成员行，根据现阶段各行的迫切需要，依托支付清算系统启动了网银运营服务平台和电子商业汇票运营服务平台的建设。一是在网银运营服务平台建设方面，资金清算中心根据中国人民银行有关精神，加快了建设步伐，该平台已通过了中国电子科技集团公司信息化工程总体研究中心网银运营服务平台的第三方功能与性能测试，以及中国人民银行直属企业——中国金融电子化公司的网上银行安全性测评，为会员行、成员行开展网上银行业务奠定了扎实的基础。至年底该平台已完全具备了上线运行的条件，洛阳、湖州、辽阳等 3 家接入行已通过网银客户端安全性测评，即将于近期上线试运行，乌鲁木齐、绍兴、营口等 6 家接入行已进入了联调测试阶段。二是在电子商业汇票运营服务平台建设方面，资金清算中心根据央行关于加入资金清算中心的城市商业银行等金融机构可通过资金清算中心一点接入电子商业汇票系统办理相关业务的精神，建设了专为各会员行、成员行提供单点接入人行"电子商业汇票业务系统"的综合处理服务平台，各中小银行只要登录该平台就能办理电子及纸质商业汇票所有业务，既满足了各行电子商业汇票业务开展和管理需求，又节约了各行系统开发的费用。至年底已有辽宁、河南、河北、湖北等遍布全国 18 个省市的 49 家行确认通过资金清算中心电子商业汇票运营服务平台办理电票业务。

3. 迎世博保平安，确保新系统的营运安全

为了贯彻平安世博、平安支付的指导思想，在服务世博、推动支付清算工作的契机下，资金清算中心以确保世博期间系统安全稳健高效运行为目标，在支付清算系统建设过程重充分体现了风险控制优先、管理优先的工作原则，早在开发测试的同时就开始着手考虑编制各项制度。经过几易其稿，最终完成了系列相关制度。同时，资金清算中心经过短短几个月的梳理与磨合，已建立了清晰的组织架构，明确了技术与内控管理、系统与网络管理、产品规划与开发、文件规范与修订、业务需求分析与项目开发管理等诸方面的控管职能，为支付清算系统在世博期间以及今后长期、安全的发展做好了在科技层面上的支持和监控工作。

经过一年来的努力，资金清算中心强化改革创新意识积极建设新系统，特别是支付清算系统的建成为资金清算中心的发展打开了崭新的局面。

（城市商业银行资金清算中心）

3. 中国华融资产管理公司上海办事处

2009 年是中国华融资产管理公司上海办事处全面实施公司《三年发展战略规划》的最后一年，也是以商业化业务转型的关键年，办事处坚持“依法合规科学发展，风险管控责任到人，争创利润绩效优先”的经营理念，“求创新、谋转型、抓利润、促发展”，继续高标准定位，高效率运行。沉着应对国际金融危机带来的各种负面影响，经过全办员工的共同努力，较好地完成了主要工作指标。

2009 年工作以商业化业务为主线，协调剩余资产处置、新世纪租赁、德恒证券、德隆国际破产清算等工作，均取得了可喜的业绩，商业化业务呈现了新的发展局面。全年实现商业化业务收入分别为确保计划的 161.58%，力争计划的 140.21%，在公司系统名列第一。剩余政策性债权资产收尾基本结束。

1. 实施“大客户”战略

办事处坚持以公司三年发展战略规划为指导，结合上海区位经济的特点，探索办事处可持续发展的市场化道路。全年的商业化业务实施大客户战略，以公司平台为依托，成功开发了投资、委托、财务顾问、国盛咨询顾问等众多市场化项目，获得了可观的商业化业务收入。形成了多渠道开发市场业务格局。在对不同类型商业项目的积极探索中使办事处员工了解了市场，锻炼了意志，经历了竞争，增强了队伍的凝聚力和战斗力。

2. 结束剩余政策性债权资产处置工作

年初，办事处将剩余资产合并为一个资产包，组织办事处内部各项目经理部投标处理，目的是集中优势兵力打歼灭战，务求以精兵强将处置好这一块硬骨头资产，不留任何后遗症。在精耕细作、限时限点的基础上，基本完成了政策性债权资产处置工作。至此，政策性债权资产处置工作画上一个圆满的句号。

3. 德恒证券、新世纪金融租赁等公司破产清算工作顺利展开

（1）德恒证券破产管理人工作进展顺畅。2009 年是德恒证券破产清算全面开展的一年，在法院的指导、监管部门的配合、债委会的监督下，完成了如下工作：一是完成行政清算的收尾工作，包括 65 户个人债权的甄别、收购，确认债权金额为 28 078.86 万元；二是完成 8 家营业部部分三方监管资产处置，回收现金 4 880 万元；三是启动德恒证券最大的固定资产——重庆两处房产的处置。该房产评估价 4 700 余万元，最终的处置收入取决于当地市场的接受程度；四是逐步完成资金归集工作。已将 1.67 亿元的处置收入和归集资金存放在管理人开设的专户中；五是，做好了自营证券处置准备工作。该批资产涉及 600 余个账户，100 余个证券，审计市值 5.23 亿元。

（2）做好新世纪金融租赁公司的破产清算、收尾工作。继续做好新世纪租赁剩余有条件处置的资产的处置变现。一年来，通过公开拍卖、协议处置等各种手段，处置了 2 000 多万元的账面资产，实现回收现金 500 余万元。现尚有 1 000 多万元资产正在追索过程中，预计明年可以实现回收。另外，德隆国际破产清算工作也在按计划积极推进中。

4. 加强制度建设，确保商业化业务可持续发展

为提高在市场上找资源，在资源中找项目的

经营能力，办事处依据《客户资源管理办法》，明确了核心客户资源和潜质客户资源的标准。在具体管理中对客户资源实施有效管理，有效推动大客户战略，提高大项目的成功率。

为激发一线员工开拓市场化业务的积极性。办事处先后出台了《商业化业务考核奖励办法》、《发展商业化业务特殊贡献奖励办法》，两个办法体现了员工在多开发项目、开发大项目的奖励措施，对有特殊贡献的员工再作特殊贡献奖。办法对开拓市场业务起到了积极作用。业务一线员工在商业化业务开拓中，突破传统业务和公司现有平台业务的约束，思路活跃，大胆创新，想方设法满足客户的多种需求，逐步建立了一批优质的大客户。

（华融资产）

4. 中国长城资产管理公司上海办事处

2009 年是公司商业化转型三年过渡期的最后一年，上海办事处紧密围绕总公司发展战略和目标，着力提升核心竞争力，促进商业化转型和科学发展，全面超额完成了年度各项目标任务，整体经营创造了历史最好业绩，为总公司的资金收益和总体利润全面完成做出了重要贡献。上海办事处综合考核名列总公司系统 12 家办事处第一。全年工作可以概括为四个方面：

1. 资产精细化处置成效显著，市场拓展有序推进

商业化资产处置是办事处业务经营的重中之重，面对 2009 年宏观经济形势和资本资产市场衰退对资产处置和业务经营工作带来的严重影响，为确保实现年度盈利目标，办事处积极转变经营处置策略，在充分分析研究内外部形势的基础上进行了认真计划和部署，积极落实了具体的应对措施。全面推进精细化运作，最大限度地挖掘和提升资产价值，经营处置的直接收益得到显著提升。一是以华夏资产包作为经营工作重点，在全面完成内部估值工作基础上，进一步加大处置力度，积极推进批量委托代理项目，一系列关键性重点项目处置实现了有效突破，取得了优良的业绩，为办事处顺利完成全年目标做出了突出贡献。二是按期高效地完成了花旗资产包整体委托代理处置。办事处制定并实施了“主攻重点项目、集约化处置散小项目”的工作规划，坚持市场化操作，积极查找财产线索、市场调查、业务洽谈和寻找商机，通过近两年的努力，284 户代理债权项目全部顺利处置完毕，在取得良好经济效益的同时，扩大了我们在金融服务业务领域的影响。三是及时调整经营工作布局，积极应对宏观经济的严峻形势对华夏包资产处置带来的不确定性，进一步加大了剩余政策性资产的处置力度。四是加大业务资源的市场拓展力度，积极寻找市场机遇，努力开发市场客户，并加强与相关金融机构的联系与接洽，捕捉不良资产业务信息，重点启动并推进了有关不良资产包收购及合作处置业务。

2. 内部管理和基础工作进一步健全规范

一是继续推进人力资源改革。切实贯彻总公司《关于进一步加强公司系统领导班子建设的意见》，积极稳妥地开展办事处干部人事调整，结合创优评先工作进一步完善全员绩效考核工作，针对经营目标和现行考核制度在衔接中存在的问题，修订完善了《办事处绩效考核及绩效工资分配办法》和《上海办事处工作手册》，开展了公司系统员工行为规范意见征求，完成了办事处所有员工的信息维护和薪酬管理系统的数据导入工作。

二是加大资金财务和预算管理力度。结合办事处经营资源、财务现况以及市场环境和经营条件的变化，在认真研究分析经营、费用预算，考核、考评等有关内容和总公司具体要求的基础上，分解落实办事处三年规划预算及经营责任目标，并就考核政策的调整事项及时与总公司积极沟通和争取。年内还重点开展了资金财务条线的自查“回头看”工作，对所有资产处置项目，从权限、流程、内容和格式、规章等各方面进行全面排查，结合实际工作发现的问题，有针对性地进行了自查自纠，杜绝隐患。

三是着力提高内部管理活动的规范化水平，制定并落实了全年审计工作计划和具体审计方案，认真开展财务收支定期审计和最终处置项目审计，积极配合总公司巡查组和财政部驻沪专员办的现场监管检查，根据检查要求，认真落实改进措施，扎扎实实地推进经营管理依法合规的不断提高。通过与市档案管理服务中心合作，完成了对历年档案的归集整理工作，理顺了档案管理的配套措施，同时通过组织员工在职培训，充实了档案管理的业务力量。

3. 廉政建设和队伍建设稳步推进

以人为本，加强队伍建设和廉政建设，推进日常管理和发展工作的有序化和规范化，强化廉政建设制度执行和检查，认真落实党风廉政建设责任制，组织员工开展反腐廉政教育。办事处认真制定并实施年度教育培训计划，全年共计安排22人次参加公司系统内部估值、商业化处置、以及中国人民银行反洗钱、金融资产业务与法律等各类业务培训，并组织开展了180多人次参加的内部转培训，年内共有11名员工通过考试合格或资格认定取得了总公司内部估值业务资格，12名员工通过了会计、证券从业资格后续培训。

（长城资产）

5. 中国东方资产管理公司上海办事处

2009年是中国东方资产管理公司商业化转型较为关键的一年。上海办事处紧紧依靠全体员工，以实现利润为目标，在复杂多变的经济形势下，同舟共济、以创新求发展，坚持业务创新和灵活多变的经营方式，努力完成公司总部下达的各项收现和年度利润指标，各项工作取得了较为满意的成绩。

1. 善抓商机，勇于创新，是实现商业化业务突破的前提

上海办事处根据公司商业化转型的要求，杜绝"等、靠、要"的消极想法，结合上海地区的实际情况，努力探索市场化的业务模式，积极开拓商业化业务，主动出击，敏锐地抓住各种商机，竭力拓展创新业务品种和领域，摸索着走出一条市场化发展之路。提出了以不良资产经营为核心，进一步拓展商业化业务的思路，利用现有的业务经验向相关领域延伸。一是充分利用资产管理公司对金融风险的识别和判断能力，开拓了贷后资金监管、财务顾问服务等业务。这是上海办事处贯彻中国银监会《固定资产贷款管理暂行办法》、《流动资金贷款管理暂行办法》和《项目融资业务指引》的文件精神，面对市场环境的变化推出的新业务，2009年已与相关银行，成功签订了二单贷后监管业务协议，并将利用现有的成功案例不断进行完善和提高。二是与上海联合产权交所建立了不良资产交易平台，在国内建立起一个高效、公开的不良资产信息披露和交易市场，发现公允价值，为资产管理公司开展商业化业务添砖加瓦；在业务发展壮大并进一步完善其他交易种类后，把这一平台打造成一个政府认可的独立的交易中心。在公司总部的指导下，上海办事处在搭建平台的同时，积极探索和建立自己的盈利模式，由东方资产负责制定的《金融债权交易操作指引》，已经正式施行，作为国家认可的资产转让四大平台之一的上海联合产权交易所，正吸引着金融资产的各项交易活动。

2. 永不放弃，深挖细查，是取得成功的关键

为了实现建行可疑类资产处置的保平争盈目标，上海办事处通过对业务部门换新人，催发新思路，激发新做法，深挖新线索。在业务部门内部还通过制定业务计划和加强业务进度考核，督促经办人员树立不畏艰辛，顽强拼搏的工作精神。这些做法取得了明显的成效，顺利推进了收现工作。2009年，上海办事处采取沙里淘金的精神，深挖线索，查找到了很多资产线索，向可疑类资产收现的最终保平争盈一步步逼近。

3. 狠抓培训，完善管理，是取得成功的保证

在参加公司总部组织的24期各类培训之外，上海办事处还在本地区聘请外部专家和内部有工作经验的同志，开展培训工作。并且根据部门新员工多的特点，又以部门为单位组织各项培训，按照"缺什么补什么"的做法，定期组织业务培训和交流；办事处的法律小组举办了多次案例研讨活动，上下形成了浓厚的学习氛围，从而使青年员工迅速成长。培训完成率名列东方资产管理公司全辖的前茅。

为进一步激发员工爱岗敬业的工作热情，开展了与金融行业中的青年，进行业务交流等活动，活跃了员工的工作气氛，营造出“以办事处为家”的氛围，员工的工作热情进一步得到了提高，促进了办事处的各项工作稳步推进。

4. 规范管理，不断进取，质量管理再上台阶

以ISO9001质量管理体系文件作为日常工作的行为准则，已成为办事处员工的工作习惯。为了进一步规范各项工作的操作程序，巩固近几年来在质量管理中取得的成果，上海办事处组织内部自查，寻找和弥补与质量管理体系文件要求的差距。自觉地严格按照体系文件要求操作，特别是档案管理工作，严格把关、规范操作，在公司组织的全辖内审中取得了较好的评价，得到了总部相关部门的肯定。

（东方资产）

6. 中国信达资产管理公司上海办事处

2009年，中国信达资产管理公司上海办事处全年处置不良资产5.83亿元，全口径现金回收及各项收入7.1亿元，各项业务均超过公司的年度考核目标。全年商业化业务营业收益为2 990.74万元，营业外收入为26.26万元，实现账面利润3 017万元。

1. 克服多种不利因素影响，全面完成综合经营计划

2009年初，公司下达的综合经营计划，虽然现金回收指标有所减少，但完成计划的难度却很大。主要体现在存量资产的总量在减少，实现计划仅取决于几个大项目，而且项目之间没有调剂的余地。面对如此局面，办事处上下一心，充分考虑、准确判断内外环境对办事处经营的影响，以积极的心态应对。各业务部及时分解落实，指标到项目，责任到人，并根据不同项目的特点，精心设计了周密的处置计划和具有针对性的处置策略，抢前抓早，克难攻坚，化“危”为“机”，从而全面完成了综合经营计划，项目处置工作取得了显著的成绩。

2. 加强与大客户的业务合作，为办事处长远发展奠定基础

（1）国企债权资产包整体处置圆满完成。2009年末，办事处“国企债权资产包”成功出售。通过批量处置，一方面大大地缩小了办事处的管理半径，有效地提升了剩余资产的整体效益；另一方面，通过本次合作，也解决了国资系统历年积累的包袱，同时加深了国资方面对信达公司专业团队的认可，为今后进一步的合作奠定了基础。

（2）军工债转股项目处置取得成功。2009年，信达公司成功与某企业完成项目债务重组，同时签署了《战略合作协议》，双方将在金融服务等多领域全面开展合作。

3. 加大市场开拓力度，无负债业务取得积极成果

2009年，办事处积极开拓外部市场资源，扩大无负债业务收入。一是受托代理业务取得新进展。办事处与某银行成功签署了金融债权委托处置业务，为办事处受托代理业务“家族”再添新成员。二是财务顾问业务进展稳妥。新增3个项目。

4. 加强业务基础管理，服务资产处置工作

（1）审核效率进一步提高。2009年，根据公司的统一部署，完成了审核体制的调整，大大缩短了项目审批的时间，在防范风险的前提下，效率得到了进一步的提高。

（2）审计工作不断完善。2009年，一是资产处置终结项目认定复核并实施跟进审计项目完成率达100%；二是加强资产处置方案（项目）执行情况监控工作；三是积极配合财政专员办、上海银监局对办事处有关业务的专项检查，落实整改措施，提高防范风险的能力。

（3）质量管理工作不断改进。一是通过了

ISO 信息安全、IT 服务管理的再认证和 ISO 质量管理体系的内部审核；二是积极组织学习新修订的公司制度文件，提高贯彻落实体系文件的自觉性；三是不断改进日常管理执制情况的检查考核，强化制度文件的执行力，努力提高管理水平。

（信达资产）

7. 上海国际信托有限公司

2009 年，上海国际信托坚持好字当先、干字当头、果断有力、注重实效，按照“一年打基础、三年上新路、五年见成效”的工作思路，建立重点领域的核心产品线，有序开展金融产品创新，加强风险控制和合规审查，着力解决影响公司发展的突出问题，取得了优异业绩。公司在 2009 年成功达到利润总额和信托规模翻番，初步实现了业务战略转型。

1. 丰富产品，以全面开拓推动信托业务

公司紧紧围绕信托业务，年初制定了“银信合作上规模，创新业务上项目，成熟产品上能级，管理能力上台阶”的发展策略，切实转变观念，注重客户开拓，有效打开局面。公司确定重点细分市场和主导产品线，完善“明珠系列（G＋GE）股权受益权投资信托”，发展“紫晶石”系列等证券投资产品，推出“伞形资产配置信托”。公司还初步形成“资金池管理、信贷资产转让、债券产品投资”三类银信合作模式，通过全方位专业服务和持续有效的沟通，使公司与多家重点银行的合作取得重大进展，其中，上信 CB2109（交通银行“天添利”）、杨浦区中小企业贷款等项目，不仅为银信合作业务提供了新的运作模式，而且取得了良好的社会影响。

2. 主动出击，以专业研发突破创新业务

公司在精耕细作传统信托业务的同时，有序拓展创新型信托业务，对企业年金、QDII、REITs 等业务进行尝试探索，寻求业务结构和盈利模式的突破口。在企业年金方面，与新华保险、农业银行、博时基金共同成立了国内第一个由“银行、信托、保险、基金”进行全面协作的至诚新华企业年金计划。在国际理财方面，设计开发的 QDII 产品获得中国银监会核准并在年底成功发行，成为国内首个试水海外市场的 QDII 信托产品。公司还着手建立研究促发展的长效机制，定期进行经验总结和市场研判，实现“深度观察、独立思考、交流共享、贴近市场”，下半年果断推出黄金 2 号信托、锁赢策略指数投资信托等创新型主动管理产品，迈上了培育主动投资管理能力的新征程。

3. 协调发展，以优化结构扩展自营业务

公司强调自有资金运作与信托业务之间的联动，全力扶持信托主业的跨越式发展，对公司在证券、黄金和股权投资等方面培养主动投资管理能力、打造核心竞争力起到了促进作用。同时，公司适量申购了货币和债券基金，精选品种构建稳健投资组合，积极参与证券一级市场和二级市场投资，实现了较好的投资回报。公司还着力打造专业化的股权投资管理团队，尝试了金交所贵金属期货交易业务，基本完成了实业资产的清退工作，同时，公司还认真梳理资产管理工作的操作流程和管理制度，力争早日获批自营股权投资业务资格。

4. 塑造内涵，以模式变革深化营销服务

公司在营销推介、客户开拓、后续服务等方面做出积极努力：设计精美的产品手册和年报画册展现专业水平和品牌形象，通过定期走访客户深入了解需求，利用商会、协会、俱乐部及其他平台进行产品演示和宣传，积极发展客户关系，量身打造信托产品，扩大公司知名度和产品知晓度。公司被《21 世纪经济报道》评选为“最佳优秀信托公司”，被《上海证券报》评选为“诚信托—最佳风控奖”，在信托业协会换届选举中被推选为副会长单位，充分体现了公司在信托业内的卓著信誉与广泛认同。公司不断摸索多种营销合作模式，积极调整客户结构，尤为注重培育风险承受能力强的高端客户。

5. 完善治理，以理顺机制挖掘公司潜能

公司在完善董事会建设方面取得了重大进展：一是成功引入三名独立董事；二是充实了董事

会战略、薪酬、信托三个委员会；三是完成了公司章程修改及三家股东单位的股权变更。通过上述举措，促进了决策的制度化、专业化，有效地发挥了董事会的科学决策功能。公司还根据专业化分工需要，对体制进行重塑和完善，促进业务管理流程中各环节的有效衔接，降低信托项目运营中的各类风险，更好地支持和保障发展战略实施。此外，公司还组织系统培训，提升员工素养和业务技能，举办有关职业道德操守、产品风险防范、信托产品创新等方面的系列讲座，为公司信托业务的长期发展提供动力源泉。

6. 建章立制，以稳健为先强化合规风控

公司以“适应监管、防范风险、落实战略”为出发点，贯彻制度先行理念，不断优化操作流程，确保业务运行的稳健高效。全年制订或修订规章制度24项，起草主动管理型金融产品投资系列制度，明确各环节的操作规范，并在运行期间不断加以完善。公司不断优化评审程序，强化预先审核，全面开展尽职调查，充分揭示风险隐患，探索量化风险管理模式，将定期风险排查作为防范和控制产品运营风险的重要措施。公司加强信托项目运行中的风险监控，对房地产和股权受益权项目进行重点检查，对政信合作项目进行实地调研，对银信合作产品进行专项审计，对被动管理信托产品进行定期抽查，力争及时发现项目异常情况并积极采取措施，确保信托产品安全兑付。公司在2009年共兑付信托产品112个，分配信托利益116.48亿元，为投资者赢得了良好收益。

（上海国际信托）

8. 华宝信托有限责任公司

华宝信托有限责任公司成立于1998年，2007年4月3日，经中国银行业监督管理委员会批准，成为首家通过“重新登记”的信托公司，注册资本为人民币10亿元（其中美元1 500万元）。宝钢集团有限公司和浙江省舟山市财政局分别持有98%、2%股份。

华宝信托年初结合对市场形势的判断，制定了以专业化和差异化为基本发展思路，推进信托服务与资产管理两项主业，同时致力于核心竞争力提升、新业务模式拓展和管理资产规模增长的经营方针，秉承宝钢集团一贯的严谨规范风格，华宝信托始终以受益人利益最大化为原则，业绩持续良好，在行业中处于领先地位。

2009年华宝信托实现利润总额9.55亿元，合并收入总额16.39亿元，净资产收益率27.90%，管理资产总规模达1 156亿元，总资产利润率为18.34%，资本利润率为27.90%，主营业务收益率为45.69%，稳居行业前列。本部固有资产规模2009年末达24.79亿元，较年初20.47亿元增长21%，信托资产规模462亿元，较年初的311亿元提升49%，为历史最高水平。

自1998年成立以来，华宝信托连续12年盈利，所兑付的信托计划从未低于预期收益率，累计营业收入及利润总额分别为41.92亿元和30.97亿元，累计实现信托手续费收入21.52亿元，累计为各类客户实现收益149亿元。

1. 在风险可控的前提下顺利拓展项目融资业务

2009年华宝信托积极开展有优质抵、质押物的高毛利项目融资业务，并努力设计多样化可适性强的业务模式，该项业务从零开始，截至2009年末规模已达23.38亿元，实现收入6 300多万元。与此同时，华宝信托在高额收益面前始终保持清醒头脑和高度风险意识，在项目事前、事中、事后各环节严格遵循风险管理制度，并根据实务操作经验撰写完善了《股权质押融资业务操作指引》和《房地产融资业务操作指引》。此外，华宝信托的风控部门、财务部门和研发中心亦参与到项目的前、中、后环节进行审核及监督，做到贷审分离，防范市场和经营风险。华宝信托还引入了业务人员展业规范、双项目经理制、廉洁协议等具体措施，防范该类业务中的道德风险。

2. 继续扩张银信合作领域，初步搭建持续营销环境

华宝信托2009年顺利承揽兴业对接外资银

行的结构性存款、商业银行的铁道部贷款、周周盈、信贷资产转让等大型项目，为完成年度资产规模预算打下坚实基础。2009年末银信合作业务资产规模高达333亿元，较2008年末的91亿元增长266%。华宝信托组织设计现金管理产品，在丰富产品线和期限结构的同时，推动了销售与投资环节的互动，为持续营销创造了条件。华宝信托还通过多种手段深化"整体营销"理念，加强投研与营销的战略协调和互动，提升投研对产品营销的支撑力度，提高对客户服务水平。

3. 大幅拓展大型企业理财业务

2009年以来，华宝信托抓住某大型企业对重组后的子公司原有银行债务进行整体优化的契机，通过信托融资这种新型融资方式改善了其资本结构，节省融资成本，为成功重组提供有力金融支持。2009年此类业务迅速向各大型企业推广，截至年末规模为77.4亿，实现收入390余万元。华宝信托在大型企业应收账款融资项目上也获得突破进展。该项目通过设立资金信托募集资金投资该笔应收账款债权资产，不仅为大型企业盘活账面资产，扩大融资渠道，降低财务成本，也为华宝信托带来可观的收入。

4. 员工福利业务登上新台阶

2009年华宝信托顺利完成宝钢集团年金落户工作，托管资金规模达12.90亿元，管理账户超过10万户，下属全部投资组合均已开始运作。华宝信托近年来已成功将众多世界500强企业及国内大型企业发展为品牌客户，在提升市场形象的同时积累了丰富而优质的个人客户资源，为未来业务发展打下潜在基础。华宝信托进一步巩固在员工福利领域中的市场领先地位，通过加强渠道销售和直接客户拓展两种方式稳步推进该类业务。2009年末员工福利受托管理规模高达15.66亿元。

5. 公司评比再创佳绩

华宝信托继2006年获"最佳信托公司"称号、2007年获"最佳创新公司"称号后，在2008年度第三届全国信托行业"诚信托"评选中凭借优异业绩、鲜明业务特色、持续规模化发展和广泛社会影响力，独揽主办方设置的信托公司最高级别综合大奖——"TOP大奖"。

（华宝信托）

9. 上海爱建信托投资有限责任公司

2009年，上海爱建信托投资有限责任公司以"手握手的承诺，心贴心的服务"为工作标准，努力开拓新业务，积极探索业务发展途径，强化风险管控能力，加强内部管理，提高管理质量，全面超额完成了全年工作目标和任务，公司整体发展水平得到了稳步提升。

1. 信托业务

2009年，国际金融危机给市场带来了不小的冲击，公司信托业务部门审时度势，在积累了08年房地产信托业务经验的基础上，将信托业务重点仍然放在了房地产市场上，陆续推出了昆山伯明翰风情项目集合资金信托计划，募集金额1.5亿元；上海滨海皇家金煦大酒店集合资金信托计划，募集金额2亿元；浦江智谷项目集合资金信托计划，募集金额1.4亿元；中城·花桥国际房产项目集合资金信托计划，募集金额2.5亿元。这些信托产品具有设计灵活、预期收益率高、安全性高、风险保障措施完善等特点，受到众多新老客户追捧，一经推出便被认购一空，备受市场青睐。此外，公司还受上海汇付网络科技有限公司委托，发行了汇付天下融资（定向募集）集合资金信托计划，募集金额0.5亿元。

在走专业化业务发展道路的同时，公司还积极探索新业务类型，研究开发新的业务品种，包括结构化证券投资、银信合作、基础设施建设等业务，以降低行业集中度风险。

2. 自营业务

2009年，公司坚持自有资金保值、增值的思路，一方面严格贷后管理，及时跟踪项目情况，按期收回了到期贷款，同时继续寻找合适的固定收益率项目，向上海民晟投资有限公司、昆山盈桥房地产开发有限公司和上海鹏晨联合实业有限公司发放了人民币贷款共计 1.3 亿元，获得了不错的收益。此外，公司积极拓展自有资金运作新途径，研究开展债券投资业务，投资 3 000 万元，完成了 09 普天债和 09 吴国资债的申购工作。下半年，随着证券市场进一步回暖，新股发行的节奏加快，公司又重启了新股申购业务，获得了一定收益。

3. 内部管理

从制度和教育入手，倡导守法合规的企业文化，增强员工的责任感、归属感和凝聚力，构建严谨、务实、高效的现代管理体系。2009 年，公司加快风险管理体系建设，强化事前、事中和事后各环节管理，将风险控制措施落实到各个层面，同时加强员工的培训，从思想上高度重视风险管理，增强合规、风险意识，从根本上杜绝风险的滋生和危害，确保每个项目安全可控，初步建立起与公司发展相适应的风险管理框架，风险管控能力得到显著增强，获得监管部门首肯。另外，公司还出台了一系列规章制度，改进和规范内部管理，建立了档案管理框架，引进人力资源管理系统，改进考核与激励机制，进一步提高公司经营及运营效率，增强公司发展的活力和竞争力。

目前，公司一方面紧紧抓住上海国际金融中心建设历史性机遇，依托上海国际集团综合金融控股平台，以业务发展为核心，发挥自身优势，积极研究和拓展多元化业务，提高执行力和战斗力，增强经营实力与盈利能力；另一方面，尽快完成公司重组和重新登记工作，努力开创公司发展的新局面。

（金佳惠）

10. 中海信托股份有限公司

中海信托股份有限公司系由中国海洋石油总公司和中国中信集团公司共同投资设立的国有非银行金融机构。其前身为中海信托投资有限责任公司，2007 年 6 月 18 日按照信托业“新两规”规定成为较早完成换牌的信托公司之一，公司更名为中海信托有限责任公司；2007 年 12 月 26 日，公司完成股份制改造，中海信托股份有限公司正式成立。目前，中海信托注册资本 12 亿元人民币，其中中国海油占 95%，中信集团占 5%。

在后金融危机时期，面对复杂多变的外部环境，中海信托把握形势，切实承担起国有金融企业维护金融稳定的社会责任，主动调整经营策略，放慢发展节奏，调整业务结构，严格控制业务风险，回避了诸如政信合作、房地产等高风险业务，为提升公司可持续发展能力积极开展业务布局。2009 年，中海信托实现利润总额 56 110 万元，净利润 43 374 万元，净资产收益率达到 21.40%；2009 年底，公司管理信托资产余额 1 370.96 亿元，同比增长 80.63%，全年累计管理信托资产超过 3 000 亿元。实现信托营业收入 54.96 亿元，为委托人创造收益 36.88 亿元。

为提升未来发展的核心竞争力，中海信托力图通过构建金融产业链完善金融服务手段，成为唯一获中国银监会批准的参与中外合资股权投资基金项目信托公司和唯一获批参股信托的信托公司。继续巩固在能源、交通、基础设施行业信托投行业务的领先优势，在为企业提供组合融资方案和信托融资、拓宽融资渠道、降低融资成本、提高融资效率的同时，通过开拓中长期结构化融资项目，为可持续发展布好局。

在做好信托投行业务的基础上，2009 年，中海信托以创新为手段，加大资产管理业务开拓力度，陆续向市场推出了颇具特色的资产管理产品。公司推出的首家信托公司主动管理的开放式组合管理的增强型固定收益信托产品——“融通宝/理财宝”产品受到各银行和机构的欢迎。2009 年，QDII 业务获得突破，成为首批获得中国银监会 QDII 产品批复以及首批获得外管局 QDII 外汇额度的信托公司，在 QDII 业务上取得先发优势，使公司具备了打通境内外通道、实现全球的资产组合配置的能力。

在实现高效高速发展的同时，中海信托坚持“诚信稳健、忠人所托”的理念，把维护委托人的利益放在首位，不断优化风险控制体系。几年来，公司累计管理信托资产超过 8 000 亿元，一直保持着“两个没有”，即没有出现任何信托项目不能按期兑付或损害委托人利益的情况，没有产生新增的不良资产，成为委托人信得过的信托理财平台。在中国银监会的监管评级中，经公司治理、内部控制、合规管理、资产管理、盈利能力五个方面130项指标的综合测评，中海信托连续两年获得较高评级。在上海证券报主办的“第三届诚信托”评奖中荣膺“最佳投资回报奖”。

（杨皓鹏）

11. 中泰信托有限责任公司

2009年，中泰信托有限责任公司全力以赴，成功换牌；在短暂调整适应后，年末信托规模达到124亿元，主要经营指标均完成年初预期指标；公司还陆续完成了实业清理、委托贷款清理，业务体系调整，公司开始步入平稳发展阶段。

截至2009年12月末，公司固有资产总额为124 283.22万元，较年初的93 673.48万元增加了30 609.74万元，增长了32.67%；净资产114 422.99万元，较年初的87 199.44万元增加了27 223.55万元，增长了31.22%，信托资产总额1 243 908.13万元，较年初462 100.66万元增长781 807.47万元，增长169.18%。净利润实现19 872.14万元，比上年的18 681.39万增加1 190.75万，增长6.37%。

在固有业务管理方面，公司顺利完成华泰证券的股份转换和登记工作，成为华泰证券股东，在华泰证券公司上市后，该部分资产增值较大；截止目前，公司金融股权投资资产（大成基金、中国太保和华泰证券）均保持良好发展态势。

信托业务方面，第一，积极推进银信合作业务，提升信托业务规模；第二，以地区合作为契机，重点开发主动管理型系列信托产品，实现信托收入增长；第三，加强重要客户渠道储备开发，重点加强上海本地重要机构开发；第四，继续推进传统贷款类，基金化信托产品，培育新的利润增长点。报告期新增信托项目27个，合计新增受托资金127.02亿元；完成清算信托计划19个，合计清算本金43.16亿元。

自营资产运用与分布表

资产运用	金额（万元）	占比（%）	资产分布	金额（万元）	占比（%）
货币资产	47 248.32	38.02	基础产业		
贷款及应收款	12 186.91	9.80	房地产业		
交易性金融资产投资			证券市场	23 613.82	19.00
可供出售金融资产投资	23 613.82	19.00	实业		
持有至到期投资			金融机构	30 723.74	24.72
长期股权投资	30 723.74	24.72	其他	69 945.66	56.28
其他	10 510.43	8.46			
资产总计	124 283.22	100	资产总计	124 283.22	100

信托资产运用与分布表

资产运用	金额（万元）	占比（%）	资产分布	金额（万元）	占比（%）
货币资产	33 311.42	2.68	基础产业	125 000	10.04
贷款	914 867.19	73.55	房地产	133 565	10.74
交易性金融资产投资	9 771.92	0.79	证券市场	9 772	0.79
可供出售金融资产投资			实业	651 539.25	52.38
持有至到期投资			金融机构	0	0
长期股权投资	165 542.25	13.31			
其他	120 415.35	9.68	其他	324 031.88	26.05
信托资产总计	1 243 908.13	100	信托资产总计	1 243 908.13	100

风险控制方面，为适应发展模式转变，公司对整体组织架构进行了调整，通过调整使前台业务部门专业职能更集聚，运营职能更集中，风控和信息技术等中后台支撑得到强化。同时，对照新的监管要求，进一步完善和落实内部风控制度，加强风险合规和稽核监督力度。通过制度建设、流程调整、人员引进等一系列工作，完善公司风控体系建设。

公司治理方面，公司完成了董事会、监事会换届工作，引入独立董事制度，董事会下设了战略、信托、审计、薪酬四个专业委员会，通过专业委员会和独立董事的工作，提高董事会履职能力和效率，逐步完善治理结构。

（中泰信托）

12. 安信信托投资股份有限公司

安信信托投资股份有限公司成立于1987年，1994年在上海证券交易所挂牌上市，证券代码为600816。

安信信托是第一批国内上市的非银行金融股份公司、中国仅有的两家上市信托公司之一，同时接受中国银监会和中国证监会监管。历年来公司累计管理信托资产近500亿元，近三年来，已经为委托人管理实现投资收益近20亿元。2009年，公司在复杂的内外部经营环境中，明确市场定位，积极开拓信托业务，在严格控制风险的同时，保证了业绩的持续稳定增长。报告期内实现营业总收入17 299万元，归属于母公司的净利润4 726万元。

1. 信托业务增长明显

截至2009年12月31日，公司新增设立信托项目42个，新增信托资产规模138.24亿元；到期清算（含部分清算）信托项目49个，清算信托资产规模106.3亿元；存续信托项目53个，受托信托资产规模129.93亿元；全年新增签约信托业务收入1.38亿元，其中，当年新增信托业务收入9 200万元，当年累计实现信托业务收入12 188万元，比2008年同期增长47%。在信托业务拓展方面，公司继续巩固银信合作业务，以集合型信托业务为拓展重点，发行了5个集合型信托计划，提高公司整体信托报酬率。2009年，公司在信托业务的渠道建设上有了新的进展与突破，在继续巩固以往年度与股份制商业银行合作为主的基础上，进一步发展了与大型国有商业银行合作，有针对性地加强同这些银行的私人银行部、同业部、资金部、公司部、个人金融部进行有效沟通，探索新的合作模式，不断地深化了合作的深度和广度。

2009年，公司加强了客户关系的维护与管理工作，在理财业务部下专门设置了客户服务部，由理财经理专门为高端私人客户及机构客户提供专人理财顾问服务，销售管理人员对信托产品发行进行全程销售管理及项目咨询，优化销售流程，为客户提供各项便捷服务，客户信息管理人员对客户信息进行分析汇总，为前中台客户服务提供信息支持。在此基础上，根据投资规模对客户进行了分级管理，以理财咨询服务和节日慰问的方式进一步丰富客户服务方式。同时，《投资者管理办法》、《客户开发管理办法》及《高端客户拓展规划报告》等相关管理制度也相继编制完成。

2. 积极稳妥地进行实业资产清理，提升公司资产质量

2009年度，公司贯彻落实信托新规，根据资产形态的不同，采用了以实物增资、股权转让、以股权及相关资产抵偿债务的方式完成了阶段性的实业资产清理工作。固有业务项下，2009年末，公司母公司资产总额为43 137万元，比年初增加3 631万元；净资产为22 428万元，比年初增加3 027万元，原因为公司利润增加，公司资产质量得到进一步提升。

3. 公司治理，内控体系和制度建设得以进一步加强和完善

2009年，公司继续根据上市公司的标准来严格规范公司的经营和管理。在制度建设方面，公司根据信托新“两规”、银监会对信托公司的分类监管要求指引以及证监会、上交所对上市公司法人治理及内部控制等方面的监管要求进一步完善

了和充实了管理制度的内容。在 2009 年中,公司共有 80 多个新的管理制度与办法相继出台并实施,为公司进一步健全和完善法人治理结构、实施有效的内部控制提供了有据可依的制度基础。

4. 严控风险,做好存量项目的后续管理工作

在风险控制方面,推行事前、事中、事后的风险控制原则。2009 年,公司在业务拓展和经营过程中,继续倡导并坚持"合规先行"的理念,把项目风险和经营风险降低到可控制的范围以内。在拓展业务的同时,对拟实施评审的项目提前进行风险识别和事前防范、对存续项目定期进行全面风险评估、对管理中的项目进行合规风险和操作风险的专门排查、对可能存在市场风险、信用风险和合规风险的项目进行动态监测,提前进行风险预警以及定期通过专网向有关监管部门报送相关报告和信息,确保监管部门及时掌握公司的经营风险控制状况。在 2009 年 49 个涉及 106.3 亿元信托资产的已清算完成的项目中,全部实现正常、足额清算,未发生影响受益人和公司利益的风险事件,确保公司的项目风险和经营风险得到有效控制。

(安信信托)

13. 宝钢集团财务有限责任公司

2009 年是宝钢集团财务公司近年来经营形势最困难的一年,国际金融危机的蔓延使公司经历了成立以来从未有过的主营业务规模的巨大波动。公司积极制定应急措施,主动调整资产配置,大力推行精细化管理,千方百计降本增效。在经营班子的带领下,紧密围绕客户服务、产品创新和风险管理三大主题,抓住团队建设关键环节,聚焦市场变化和客户需求,大力推进产品创新,提高反应速度和内部协同效率,攻坚克难,扎实工作,取得了较好的经营业绩。

2009 年实现税前利润 2.55 亿元,比 2008 年增长 23.79%,净资产收益率达 12.97%;年末资产总规模 92 亿元,自营贷款规模 67 亿元,自营投资规模 10 亿元,吸收存款 70 亿元。主要监控指标全部符合银监会规定的考核标准,整体风险水平较低。

1. 信贷业务

2009 年 6 月,宝钢股份采取直接融资方式发行 100 亿中票后,信贷需求急剧下降,几乎还罄全部贷款,对公司业务造成巨大影响。公司积极开拓新客户,发掘新需求,竭力弥补信贷规模缺口。以"宁钢、梅钢、八钢"、"资源板块、BSEE 板块、金属板块"为重点,拓展了一大批客户,客户结构发生了根本性的变化。截至年末,宝钢股份以外的成员单位信贷规模从 29.5 亿元增长至 62.87 亿元,增幅 113%。票据贴现和外汇贷款规模也在短期内有明显增加。

2. 投资业务

公司自营投资坚持稳健原则,在完成流动性管理任务,并保证安全性的基础之上,兼顾投资收益。2009 年,投资理念进一步充实,合作渠道逐步拓宽,专业能力有所提高,研究方法有所改善。自营投资平均规模 14.46 亿元,其中固定收益投资规模 12.76 亿元,权益投资规模 1.7 亿元;自营投资综合收益率 10.62%。

2009 年,存款资金波动剧烈,面临巨大的流动性管理问题。公司积极通过信贷资产转让、抛售债券套现或以债券回购、拆入资金等方式从外部市场拆入资金,千方百计保障流动性。全年累计融资 513 亿元,有力地支撑了 2 万多亿元的结算流量。

3. 结算业务

在工、建、交三大行的基础上,与中行建立合作关系,进一步完善了"万向节"式的结算网络,有利于提高资金清算效率,节约汇划费用,提供更加高效、快捷和低成本的结算服务。2009 全年结算流量 21 622 亿元,业务笔数 271 000 笔,日均 1 084 笔。外汇结算形成特色,采用二次开单模式,打通了汇路。财企直连服务通过网络接口方式,对接企业财务系统与公司金融服务系统,加快了信息流、资金流的传递,方便了企业进行财务处理，工作效率大大提高，财企直连的用户目前已达到 12 家。

4. 外汇业务

2009 年 3 月份，国家外汇管理局批准了公司的结售汇业务经营资格；7 月份，公司成为外汇即期市场会员单位。结售汇业务增加了服务集团的手段，不仅可以内部轧差减少交易量，节约成本，而且可以享受市场批发价，为成员单位节约成本。2009 年累计办理结售汇业务 15 笔，金额 4 210 万美元。此外，公司积极营销外汇贷款，开展贸易融资，全年累计发放外汇贷款 1 677 万美元。

5. 金融创新

根据客户需求进行金融创新是公司的成长动力，2009 年专门成立了产品创新小组，培育创新基地。倡导员工紧贴市场和客户需求，提高市场敏感度，营造创新氛围。2009 年以来，金融创新硕果累累，即期结售汇、信托贷款、表外养券和受让银行资产等业务已实质性开展。例如为广东湛江龙腾和宝钢金属发放的 9.5 亿元信托贷款，比同期贷款基准利率下浮 20%，预计可降低融资成本 500 多万元。而供应链融资、电子票据、资产证券化、远期结售汇等产品和服务正在深入研发中。

6. 客户服务

公司强调客服工作的重要性，确立了“以市场和客户需求为导向”的经营理念，改造工作作风、鼓励走出去，主动营销。工作机制上推出了大客户代表制度、客户服务工作周例会制度等。客户经理几乎跑遍集团内所有成员单位，加大走访与联络频度，深入了解客户需求，在保持客户服务“短、平、快”传统优势的基础上，围绕企业如何优化资金和财务管理，在全面财务分析的基础上，为企业设计涵盖资金集中管理、筹融资策划、财务结构优化、资金增值等多方面内容的综合金融服务方案。

7. 风险管理

做好日常的合规、风险管理和内部审计工作，保障公司有序、稳健经营。及时起草有关规章制度，规范创新管理流程，防范新业务风险。对公司风控体系进行全面摸排梳理，查找薄弱环节和潜在问题，通过走访多家金融同业，对标找差和学习咨询，制定全面风险管理推进计划，从制度建设、流程再造、人员配置、组织机构等方面大力推进。

（宝钢财务）

14. 上海汽车集团财务有限责任公司

2009 年是上海汽车集团财务有限责任公司开业十五周年。公司各项主营业务蓬勃发展，经济效益节节攀高，全年实现净利润 4.55 亿元，是 IPO 暴利前 2001—2005 年平均利润的 4.5 倍，全面超额完成了年初计划，被上汽集团第二次授予“年度业绩优异奖”。

1. 结算业务

2009 年，公司结算业务获得重大历史性突破。在中国人民银行推进银票及商票电子化的进程中，公司作为全国四家之一、上海唯一一家财务公司首批参加全国电子商业汇票系统的上线运行，10 月 28 日成功签发出上海第一单财务公司承兑汇票，标志着财务公司从此具备独立开具承兑汇票的资质，开创了公司结算业务新的历史篇章。

2. 汽车金融业务

2009 年，汽车金融业务在经过 2008 年的培育发展后迅速壮大。至 12 月末，经销商买方信贷已覆盖全国 163 个城市 397 家经销商，贷款余额 189 224 万元，累计拷车 254 052 台，个人汽车消费信贷覆盖全国 200 个城市 523 家经销商，贷款余额 125 940 万元，合同笔数 15 518 单，业务发展势头十分迅猛。全年共组织了 6 场个性化促销活动，积极促进了大众、荣威等集团整车品牌在 2009 年的旺售态势。

3. 公司金融业务

2009 年，公司金融业务呈现存贷两旺的良好局面。日均存款余额自 2008 年末的 141 亿元大

上海汽车集团财务公司

幅攀升至2009年末的217亿元，年末存款同比上升122%，大客户市场占比同比再上4个百分点，达到新的历史高峰。在存款一派兴旺的同时，贷款也稳中有升，据统计，主要企业在公司的月末平均贷款占比相较2008年又上升了14.12%。尤其是在6月，公司牵头组建了柳州地区历史上第一次银团贷款——上汽通用五菱公司30亿元银团贷款，有效解决了企业未来5年内的资金需求。

4. 国际业务

2009年，国际业务持续保持良好增长势头。作为上海首家开展结售汇业务的财务公司，一年来为49家企业累计办理国际结算业务13.20亿元美元。全年结售汇业务交易量达到57.83亿元人民币，比上年同期增长12.51%，继续保持全市财务公司中的领先地位。

5. 固定收益业务

2009年，固定收益业务实现收入1.79亿元，在业绩上赶超市场同类债券型基金。上半年，公司成功抓住市场短暂出现的投资机遇，创造可观收益。下半年，由于公司运营稳健、内控完善，被上海银监局列入证券投资弹性试点范围，为低利率环境中提高资金运作效率，提升资金盈利能力创造了有利条件。从2002年至今，公司连续7年被评为全国银行间市场优秀交易成员，5次位列交易量百强企业。

6. 股权投资

公司投资企业——上汽通用汽车金融公司成立于2004年，是中国第一家专营汽车消费信贷的金融企业。进入2009年，上汽通用汽车金融公司依旧保持了业务高速增长的态势。截至12月末，个人消费信贷业务已拓展至全国208个城市中935家经销商；库存融资业务已拓展至全国187个城市中510家经销商，车辆余额为38 086台，贷款余额超过58.6亿元，全年累计为上海通用提供新车融资578 160台。至2009年年底，公司信贷资产余额超过182亿元，实现净利润人民币达3.36亿元。

7. 内控管理

2009年，公司风险管理水平再上新台阶。全年，根据汽车金融业务特点，不断创新风险管理模式，在业务高速发展的同时有效控制了风险。同时，加强对新业务的稽核审计，重点审计了汽车金融板块，对完善业务管理起到积极的作用。此外，年内还对所有业务岗位的职责和流程进行重编，从制度上排查风险隐患，提高全员风险防范意识。

8. 企业文化

2009年5月，欣逢上汽财务公司成立十五周年华诞。以司庆为契机，公司推出一系列加快文化建设，加速新人融合的工作措施。1月，公司网站(www.saicfinance.com)正式上线；3月，启动"对我影响最深的人"、"给我印象最深的事"主题征文和"迎接公司成立十五周年，我为公司发展献一策"合理化建议活动；5月，编制发布《二〇〇九版员工手册》。文化建设取得显著成效，在7月聘请全球著名管理咨询公司对全体员工进行的意见抽样调查中，体现企业文化认同度的指标“价值观践行度”分值高出国内市场平均值17个百分点。

（上汽财务）

15. 上海电气集团财务有限责任公司

2009年，上海电气集团财务有限责任公司积极应对全球金融危机影响，稳健经营，在创新运作方式、提高服务能力等方面取得了一定成效。公司年末资产规模达到221亿元，不良资产率继续保持为零。全年实现利润总额2.77亿元，净利润2.19亿元，净资产收益率8.28%。

1. 加强汇率风险管理

2009年，上海电气集团财务有限责任公司快速搭建起了集团外汇资金池和结售汇业务集中管理平台。年内归集30家成员企业外币存款，实现了集团人民币和外汇资金的统一集中管理，为集团节省了结售汇交易的汇兑成本，为成员企业提供了更为便捷和优惠的结售汇操作平台；公司年内代理集团成员企业远期结售汇交易，为企业争取最优价格、规避汇率风险提供了专业建议，帮助企业以更低的成本锁定了汇率风险。

2. 加强银行账户管理

2009年，上海电气集团财务有限责任公司积极开展资金信息管理系统的建设和推行工作。为集团进一步加强资金集中管理、实时掌握银行账户信息、降低集团资金风险提供了管理平台。截至年末，资金信息管理系统已统计和反映集团七十几家企业的实际货币资金情况。上海电气集团财务有限责任公司定期向集团提供资金集中管理情况汇总报告，提供开销户、资金集中度、资金分布情况等情况的统计报告，协助集团摸清家底，为集团加强企业银行账户管理、建立监督机制提供了手段支持。

3. 发挥金融服务平台协同效应

2009年，上海电气集团财务有限责任公司更好地结合上海电气租赁有限公司和上海电气保险经纪有限公司两家公司的服务手段和创新方法，为集团提供全面的金融服务，更好地发挥了上海电气集团金融服务平台三家公司的协同效应。年内，金融服务平台在促进集团产品销售、提供海外项目配套服务、创新业务合作模式等方面均取得一定成效。

4. 进一步强化融资业务和投资银行的服务功能

（1）加强融资业务的服务功能。2009年，上海电气集团财务有限责任公司积极强化融资服务功能，有效地为集团节省了财务费用。同时，针对集团海外项目的快速发展以及集团海外并购的国际化战略实施，上海电气集团财务有限责任公司积极组建专业团队，深入研究提供海外融资的可行性，提升公司提供融资的范围和能力，共同推进海外融资项目。

（2）加强投资银行的决策支持功能。2009年，上海电气集团财务有限责任公司投资银行部协助集团执行并购重组、证券融资、财务管理咨询项目，在集团重要项目的推进工作中发挥了专业功能，着力配合并协助推荐、评估、执行了大量国内外并购项目。

5. 适时调整投资策略，适应市场变化

2009年，上海电气集团财务有限责任公司审时度势，资产管理业务采取了灵活的投资策略和科学的资产配置，妥善调整固定收益投资策略和新股申购策略，跟踪重大投资品种，积极应对国际金融危机冲击、国内新股密集发行、基金专户业务集中开展等新形势和新情况，有效控制市场风险，在确保资金安全的前提下，提高了闲置资金的收益。公司快速适应市场变化，及时调整投资策略，把握时机，优化配置，面对频繁波动的市场环境，在新股IPO、基金投资、债券投资、理财产品等领域均取得较好收益。

6. 以企业文化为抓手，加强队伍建设

2009年，上海电气集团财务有限责任公司荣获“上海市文明单位”和“五一劳动奖状”荣誉称号。公司内部通过大力加强企业文化建设，围绕价值观念、思维方式、行为准则、习惯氛围、工作作风等内容，深入思考，提炼总结，进一步明确了企业的文化导向，加强了文化治理，营造出公司全体员工共建文化、共创文明的良好氛围，公司员工队伍呈现出良好的精神面貌。

（上电财务）

16. 东航集团财务有限责任公司

2009 年国际金融形势仍不乐观，东航集团财务有限责任公司密切跟踪宏观经济走势和产业结构调整趋势，认真分析形势，积极研究对策，适时调整经营战略，把握信贷节奏，加强放贷力度获取了可观的利息收入，从而降低集团整体财务费用。加强风险管理和机制建设，严格控制各项风险，加强资金运作。面对证券市场较为低迷的行情，但仍把握住短期投资机遇及 IPO 重启契机，取得了一定的投资收益。积极寻求业务创新，经国家外汇管理局上海市分局批复，获得经营结售汇业务资格，丰富外汇业务产品。继续优化网上银行系统建设，展开银企直连项目，进一步提高结算效率。编制了完整的客户服务规范手册，明确各项服务标准和服务流程，为各成员单位提供更优质的金融服务。公司全年实现利润总额 1.05 亿元人民币，资产收益率达到 1.76%，净资产收益率达到 12.32%。

1. 信贷业务

年初根据市场风险和变化，公司及时调整信贷政策，大幅缩减了债券和货币基金的规模，加大对集团成员单位的贷款支持力度。在保证资金流动性的前提下扩大贷款规模，2009 年人民币贷款有了大幅度增长，累计发放自营贷款 32 笔，其中人民币 31 笔，美元 1 笔，累计发放金额为人民币 35.15 亿元，美元 1 100 万元；发放委托贷款 18 笔，累计发放金额为人民币 58.53 亿元；自营贷款余额为人民币 23.47 亿元，美金 1 100 万元；委托贷款余额为人民币 11.56 亿元。自营贷款日均规模达到 16.9 亿元水平，同比增长 111%。

2. 资金和投资业务

2009 年东航集团内资金在国家注资款陆续到位后有了突发性的增长，但同时资金波动性巨大。公司密切跟踪集团整体资金安排计划，加大资金的调度和周转，一方面盘活内部资金，提高内部资金的使用效益，另一方面，配合集团大额资金的支付需求，保证资金备付安全，防范大额突发性资金流动性风险。在市场 IPO 重启后，充分利用短期闲置资金，积极对有投资价值的新股进行申购，累计申购新股资金达到 86.43 亿元。共获得投资收益 3 796 万元，取得了较好的收益。通过有效匹配资金来源和运用周期，将长短期资金综合分配运用，极大地提高了资金收益率。

3. 业务创新

为增强业务创新意识，公司拟开展外汇结售汇业务，成立了小组，先后走访了商业银行、已开展结售汇业务的财务公司和东航股份公司，对结售汇业务进行调研，充分做好申请结售汇业务的前期各项准备，包括前期可行性分析、内部控制制度建立、操作模式以及与银行的合作方案确定，外汇结售汇人员业务培训、外汇系统需求及系统开发等相关工作。2009 年 12 月 15 日经国家外汇管理局上海市分局审核，批准公司结售汇业务经营资格。

4. 风险管理和内部控制

2009 年公司强化公司管理和经营，根据业务发展需要，对历年规章制度进行清理，起草、制定及修订一系列规章制度，进一步健全公司内控体系，有力地保障业务操作制度化、规范化。公司以防范合规性、操作性和市场性等各类风险为宗旨，严格加强对结算、投资、资金、财务等各个环节风险点的控制，把各类风险发生的可能性降到最低，做到风险可控。为防范证券投资风险，根据东航集团加强高风险业务管控的要求，风险管理部每日动态跟踪公司持仓情况、证券投资决策落实情况及每日盈亏状况，加强风险监督。稽核部除每日对存放同业、证券投资进行动态跟踪，还根据业务需要对公司合同管理、银行余额调节表编制、结算业务、货币资金和人民币存款准备金缴存管理、公司网上银行管理等进行了专项稽核。

5. 信息化建设

为防范信息系统给公司业务带来的风险，公司制定了信息系统应急预案，并在 2009 年 4 月 3 日进行了全面的应急预案演练。经过演练，验证了预案的可操作性，保证了公司结算业务的正常进行。此次演练发现并解决了系统隐患，提高了信息系统的安全性、可靠性和稳定性。

（东航财务）

17. 中国电力财务有限公司华东分公司

2009 年，中国电力财务华东分公司认真落实国网公司和中国电财一系列重大决策部署，以深入学习实践科学发展观活动为契机，围绕实现公司“十一五”发展战略目标和打造坚强资金管理平台的中心工作，积极落实国网财务集约化管理实施方案，坚持依法治企，努力克服国际金融危机带来的种种不利影响，圆满完成年度各项经营任务。截至 2009 年底，华东分公司资产规模 272.50 亿元，实现利润 3.97 亿元；日均自营存款实现 176.43 亿元；日均自营贷款实现 128.14 亿元；日均备付率为 17.60%；资金归集率 89.98%；无不良贷款。

2009 年，华东分公司主要完成了以下几方面工作：

(1) 多措并举，全力开展年度经营工作。面对近年来最为严峻的外部环境，分公司全体员工不畏困难、团结一心，勇挑重担，经营工作成效显著。

一是强化资金调度，进一步提高资金运作效益。完善月度经营分析模式，提高存款及资金流量分析的科学性和准确性；增加资金划拨通道，缩短到账时间；与公司总部及各业务部密切配合，深入挖潜，加大资金运作力度。1—12 月份，分公司累计融入融出资金 2 701.70 亿元，平均备付率为 17.60%，其中，7 月份分公司备付率仅为 12.84%，创出历史新低。

二是提升结算业务能力，进一步拓展存款来源。密切关注网省公司特高压项目的资金筹措情况，及时推进结算账户开立工作，将省内特高压项目专户资金全部纳入集团账户体系，统一运作管理。吸收国电蚌埠等发电公司开户；为萧山市供电公司办理开户，并成功吸收 1 000 万元存款；主动联系，为电力试验研究院、上海电建公司等单位办理资金结算业务。

三是做强传统业务，进一步提高盈利能力。积极协助网省公司落实国网融资计划，自营贷款规模维持高位运行，努力消除利差收窄的负面影响。其中，为上海市电力公司世博项目发放 7 亿元贷款，为国网“向家坝—上海”的直流特高压项目组织 11 亿元银团贷款，牵头组织华东电网公司 15 亿元流动资金银团循环贷款。在实现贷款利息收入 6.84 亿元的同时，有力地支持了华东区域的电网建设。

四是做大中间业务，进一步拓宽收入渠道。全年累计为网省电力公司办理贷款承诺 313.91 亿元。在实现分公司保函业务零突破后，先后为成员单位办理履约保函、质量保函、投标保函等各类保函业务 1 195.28 万元，为华东电网公司成功办理了首笔 5 000 万元票据贴现和转贴现业务。2009 年分公司累计实现中间业务收入 2 617.36 万元，其中委托贷款手续费收入 1 283.07 万元，银团贷款收入 1 301.04 万元，转让业务管理费收入 33.25 万元。

五是坚决贯彻“三节约”活动要求，以活动促管理，以管理促效益。积极开展“三纵三横”主题实践活动，不断强化成本控制力度，通过六项关键控制指标按月对标评比，检验各单位“三节约”活动实际效果，切实降低经营成本，提高经济效益。全年，分公司业务招待费支出比上年压降 10%，会议费、差旅费、办公费同比压降 5%，公务车运维费在近 3 年平均基础上压缩 15%。

(2) 抢抓机遇，积极落实国网财务集约化方案。根据国网财务集约化管理实施方案和公司总部的具体要求，分公司精心准备、充分调研、积极沟通，及时了解和掌握区域内网省公司财务集约化相关工作的进展情况，按照“服务优质、风险可控、平稳移交”的方针，全力推进网省公司结算业务移交工作。

华东分公司资金归集率 12 月末时点值为 92.41%，全年累计结算资金量 24 335.65 亿元，同比增幅为 18.46%，累计营业结算笔数 27.20 万笔。国网公司实施财务集约化管理的成效初步显现，中国电财统一结算主体和资金池运作载体的功能也得以初步体现。

(3) 面向客户，积极推进“优质服务年”活动。围绕实现客户服务满意率 100%的目标，分公司上下牢记公司提出的“服务即是责任”和“优质服务、人人有责”的大服务理念，扎实推进“优质服务年”活动。为客户提供上门服务，方便客户收取回单、支票等重要凭证；推出《八闽电财》电子月刊，向省内近百家客户宣传公司的企业文化和服务理念；为客户提供贴近式服务，及时掌握客户需求；借鉴商业银行的客服经验，优化客户服务方案，提升服务品质；强化前台服务与后台管理的工作协同，优化业务架构和服务流程，努力满足客户需求。

(4) 依法治企，有效构筑风险防范体系。围绕“完善制度，优化流程，强化执行”的工作要求，以检查制度执行情况为切入点，对各部门、各业务部制度执行情况进行专项检查，认真查找工作中的违章现象，重点加强制度的执行力建设，努力优化业务流程，强化制度体系建设。共优化完善管理制度 47 篇和业务流程 186 个。积极参加公司“依法治企”主题征文活动，分公司多篇稿件在活动中获奖；认真配合上海银监局的现场审计，针对薄弱环节，制定措施，堵塞漏洞，不断改进工作；加强对《突发上访事件应急预案》、《重大合规风险应急预案》等八个重大风险应急预案的演练。

与此同时，在企业文化建设方面，扎实开展“解放思想、改革创新、极尽责任”主题教育活动和企业文化“四统一”主题实践活动，努力建设以国网公司核心价值观为基础的优秀企业文化。围绕“迎国庆，迎世博”主题，分公司先后举办了“迎世博树新风”乒乓球比赛、“迎世博”知识竞赛、自行车野外接力赛、“我与我的祖国”主题演讲比赛等一系列职工文体活动，抒发了员工们对伟大祖国的热爱和祝福。分公司多名员工的书法、摄影作品在公司系统比赛中获奖。在队伍建设方面，强化理论学习制度，提高分公司党组中心组成员在政治理论、行业政策等十个方面的自学能力和研究水平，不断提升中心组成员的政治素质和理论修养；按照国网及公司总部规范化建设要求，完成分公司机构改革及岗位设置优化工作；尝试开展辖区内干部交流锻炼，创新教育和培训方式，全面提高干部员工队伍的政治理论素养、业务技能和管理能力。

2009 年，华东分公司在中国电财分支机构考核中，以 104.11 分名列第一。分公司荣获中国电财“2009 年度先进单位”光荣称号，五家单位和五位员工分别获得公司系统年度“先进集体”、“先进个人”、“优质服务先进集体”、“十大服务明星”的荣誉称号。

(中电财务)

18. 上海浦东发展集团财务有限责任公司

2009 年，上海浦东发展集团财务有限责任公司以年度经营目标为抓手，结合上海“两个中心”和“新浦东”建设的发展机遇，努力吸存放贷，拓展主营业务潜力；积极开拓创新，提高功能服务质量；加大防控力度，杜绝经营管理风险；稳健审慎投资，确保公司资产安全；一年来，公司各项业务保持了健康稳定发展，各项监管指标和重要经营资产质量指标符合监管机构的监管要求。全年实现营业收入 22 338.56 万元，利润总额 16 838.92 万元，净利润 14 168.71 万元，日均存款 41.75 亿元，日均贷款 33.78 亿元。

(1) 金融、信贷业务。2009 年，浦发财务公司根据浦发集团工作重心调整信贷投向，重点支持浦东新区及浦发集团承担的市政项目建设贷款、集团内具有市场竞争力的贷款需求，并及时跟踪国家的信贷政策，严格把好贷款的准入关；对“信用等级测评体系”进行了完善，加强信贷管理的基础工作，防范和控制信贷风险，继续推进信贷管理的精细化进程。

(2) 业务创新。2009 年度，浦发财务公司结合浦发集团企业的特性，引入银行保理业务模式，为浦发集团成员企业提供应收账款融资业务同时，公司根据集团企业重大项目的融资需求，推行为客户提供便捷、价优的“商票保贴业务”，有效降低了市政重大项目的融资成本。

(3) 风险管理和内部控制。公司十分重视各种经营风险的有效防控。2009 年度，公司一方面加强了日常风险管理工作，对年内发生的业务，逐项进行风险评价，确保风险可控，并以贷审会和投审会的决议为依据，监督、检查执行情况，保证业务决策和操作规程落到实处；并对以往检查情况追踪落实整改情况，而且针对创新业务、重点业务开展了专项稽核和业务抽查。另一方面通过落实各项合规政策以及各种非现场监管材料、风险评估报告和合规管理评估报告的编制、上报，确保公司的经营活动遵守法律法规要求，符合各项规章制度要求。

同时公司还进一步加强了制度建设，为风险管理工作提供保障。通过组织各部门根据监管政策、业务操作实践、公司机构和职责划分情况的变化，全面梳理和完善了业务制度、操作流程和流程图，形成了 09 制度汇编。并根据董事会决议要求，对拟列入公司基本制度的规章制度进行了重点梳理，按照公司《规章制度管理办法》的规定进行列项、修订和审核讨论，提交董事会会议审定通过，付诸实施。

(4) 信息化建设。2009 年，公司主要进行了办公自动化系统和设备自动监控系统的建设，其中办公自动化系统规范了公司公文档案的流转程序，提高了查询、统计及督办的效率，同时也体现了公司环保、节能的理念。通过设备监控系统，实现了对关键设备、电源供应、温湿度、网络链路、应用服务的 24 小时不间断自动监控，一旦相关指标超出设定的标准，系统即通过短信通知设定的人员，使公司的系统安全水平得到了进一步的提高。

(5) 企业文化建设。2009 年 5 月份浦东新区政府正式授予公司“文明单位”光荣称号，充分肯定了公司在企业文化建设方面所进行的努力和尝试。同时，公司“金钥匙”工程和“读书活动”作为企业文化建设的重点工程已经得到常态推进，成效也很显著。值此建国 60 周年之际，公司还积极做好了庆祝活动，通过不同形式在公司内部营造节日气氛，全体员工积极行动起来，抒发赤子情怀，谱写了歌颂祖国的诗篇。

(浦发财务)

19. 锦江国际集团财务有限责任公司

2009 年是锦江国际集团财务有限责任公司进行了新老总经理交替的特殊时期，全体员工齐心协力，共同奋斗，以超预期的出色成绩完成了锦江国际集团下达的任务，并在业务和管理两方面积极进取、大胆推进，使得公司的发展和员工的精神面貌有了较大的提高。

2009 年公司营业收入比上年增长 0.11%。利润总额比上年增长 5.89%。净利润比上年增长 5.77%。2009 年公司人民币贷款日平均余额比上年增长 23.77%，人民币存款日平均余额比上年增长 16.15%。2009 年底公司本外币贷款余额中正常类贷款占总贷款的 81.89%，关注类贷款占总贷款的 18.11%。全年，公司所发生的信贷业务，做到了规范操作，按流程有效审批，并继续保持各类自营贷款无逾期，利息收入无欠息的双无目标。

1. 新老交接，稳健经营

2009 年 6 月财务公司原总经理到龄退休，由新任总经理来接任。在新老总经理的互相配合下，积极做好新老领导班子的交接工作，实现了工作的有序进行和业务的稳定开展。财务公司在稳定原有业务的基础上，着手信息系统项目升级建设、投资业务继续申办，争取关联交易豁免打开，并进一步理顺公司内部控制制度，继续稳健地开展各项业务和管理工作。

2. 配合集团发行中票

2009 年 11 月锦江国际集团发行了 30 亿元为期三年的中期票据，财务公司密切配合集团有关部门安排资金流向，积极配合集团中票发行后如何将资金通过财务公司委贷给酒店集团及其企

锦江国际集团财务有限责任公司

业所需完成的一系列合规工作，同时做好集团发行中期票据后的委托贷款业务的操作。通过归还银行贷款、委托财务公司贷款等形式，发行 30 亿元中期票据的资金得到了妥善落实，也为财务公司克服金融危机的不良影响创造了良好条件。

3. 完善法人治理结构

（1）设立战略投资委员会和风险管理委员会。财务公司为适应战略发展需要，提高核心竞争力，确定公司发展规划，健全投资决策程序，加强决策科学性，提高重大投资决策的效益和决策质量，提高公司对系统性风险、体制性风险的控制能力和水平，加强公司的风险管理与监督工作，完善公司治理结构，在董事会下设立了战略投资委员会和风险管理委员会。

（2）明确总经理授受权管理制度。为了进一步促进财务公司的规范运作，完善企业法人治理结构，制定了《锦江国际集团财务有限责任公司授权管理办法（试行）》，旨在进一步明确董事会职权范围内的董事会和总经理之间的职责、权限划分。通过对涉及经营业务管理、合同及费用管理、资金管理、资产处置等的具体权限划分界定，清晰了法人治理结构下授权管理的模式、办法。

（3）内部组织结构的完善和职责调整。根据财务公司为集团和成员企业服务及业务发展的需要，在 2009 年，公司将原合规稽核部拆分为风险管理部和稽核部，将信贷业务部改为公司金融部，并新设投资部，为今后关联交易的豁免和投资业务的开展提供了条件。为了更好的发展公司业务和理顺内部管理需要，公司将原资金结算部操作的存款业务划归公司金融部，将结算业务划归计划财务部，人员也进行了相应的调整。

4. 业务拓展，效益优良

（1）贷款集中度的大幅提高，带动了经营效绩的显著上升。

（2）财务公司将分散在各银行的资金全部集中，归并了同业账户，在有效防范风险的同时，发挥了最大的资金集中效益。

（3）财务公司在 2009 年下半年，确保出色完成原有业务的同时，积极推进关联交易豁免工作的开展。

5. 内控管理再上台阶

（1）修订规章，完善制度。

（2）合理轮岗，加强培训。

（3）信息系统升级改造。

（4）练内功，打基础。

（5）规范工资薪酬发放。

（谢晓放）

20. 中国石化财务有限责任公司上海分公司

中国石化财务有限责任公司上海分公司是中国石化财务有限责任公司下属分支机构，1992 年 11 月 11 日经中国人民银行批准成立上海代表处；1994 年 11 月 29 日经中国人民银行批准成立上海办事处；2007 年 4 月经中国银监会批准，7 月 19 日正式挂牌更名为上海分公司，注册营运资金 1 亿元。

上海分公司业务范围：吸收成员单位的存款；对成员单位办理贷款及融资租赁；办理成员单位之间的内部转账结算；对成员单位办理票据承兑与贴现；办理成员单位之间的委托贷款及委托投资；协助成员单位实现交易款项的收付；对成员单位办理财务和融资顾问、信用鉴证及相关的咨询、代理业务；经批准的保险代理业务；经公司批准的属于财务公司经营范围内的其他业务。

目前，分公司根据当地银监局的核准和总部的授权，主要从事的业务包括内部转账结算、吸收存款、发放贷款、票据贴现及转贴现等。按财务公司业务区域划分，主要为上海、浙江、福建三地中石化集团持股20%以上的各石化企业提供金融服务。各项业务的开展接受中国人民银行上海分行及上海银监局的领导、监督、检查、管理及指导。

2009年，上海分公司积极贯彻公司总部的总体业务和管理发展框架，从夯实思想，提高认识入手，结合科学发展观学习，以服务为本，以金融各种工具为抓手，认真贯彻管理年各项活动，并与公司内部管理和具体工作相结合；从整体工作安排上全力保证资金集中各阶段、环节的实施和落实，做好打硬仗的思想准备；从业务开拓上挖掘优秀合资企业的业务潜能，实现业务的综合发展；从分公司发展角度探讨自身的发展定位，寻找和探求分公司发展的潜能空间。通过各项工作的逐渐完善和实施。

2009年，上海分公司资金进出量17 628亿元，结算量6 332万吨，企业之间结算收付金额3 580亿元；累计实现营业收入10 790万元；实现利润11 084万元；全年累计发放贷款93亿元，日均贷款25.3亿元；办理票据贴现31.7亿元，日均存款18.9亿元。其中资金流量、内部转账结算、日均贷款、资产规模和利润完成情况均超过历史同期最高水平。创造了上海分公司业务发展的一个新高峰。

（中石化）

21. 中船财务有限责任公司

2009年，中船财务有限责任公司遵循“控制风险、稳健经营”的原则，认真贯彻“依托集团、贴近企业、服务企业”的宗旨，紧紧围绕中国船舶工业集团公司（以下简称“中船集团公司”）改革和发展的总体目标，坚持以市场为导向、以效益为中心、以管理为重点，适时调整投资策略，合理运作沉淀资金，共同努力，使公司取得了一定的收益。2009年12月底公司资产总额1 471 505万元，比年初1 420 822万元增加50 683万元，增幅3.57%，全年实现营业收入54 963万元，实现利润总额32 319万元，税后利润为25 513万元。公司全年依法经营，风险管理到位，各项监管指标全部达标。

1. 信贷业务

2009年，面对全球航运市场萎缩、成员单位融资难的经营压力，根据中船集团公司“保交船、抢订单、强管理、降成本、防风险、谋发展”的整体发展战略，公司密切掌握成员单位的资金需求情况，确保项目建设进度，为集团重大项目提供了资金支持。截至年底，公司与中船长兴及广州龙穴签订了75亿元的授信协议，以最优惠的贷款利率对其发放过桥贷款，为项目建设提供稳定资金支持，项目贷款月均余额为61.80亿元。同时，公司抓大不放小，继续积极支持中小企业发展，在保证信贷资金安全的前提下，对部分资金趋紧的配套企业发放了流动资金贷款，提供了资金支持。公司还配合中船集团公司中期票据资金运作，向上海临港海洋工程、上海江南长兴造船等十家单位发放委托贷款。

公司加强信贷业务管理，深化贷前调查报告、强化贷后跟踪管理，参与了中船集团公司组织的财务风险测评工作，逐步实现了信贷风险控制的程序化、科学化。严格的管理确保了公司信贷资产质量的持续良好。截至年末公司人民币贷款103.44亿元，其中：自营贷款65.88亿元，委托贷款37.22亿元；美元贷款500万元；保函业务6 212万元。公司信贷资产结构相对稳定，短期贷款占贷款总额的50.10%，中长期贷款占贷款总额的13.80%，委托贷款占贷款总额的36.10%。

2. 投资业务

2009 年，公司密切关注国内外经济金融形势，认真研究分析市场，依靠投资决策委员会集体讨论、民主决策的内控机制，适时调整投资策略。在规避和化解市场风险的同时，把握大盘珍贵的反弹行情，逐步减持市值回升幅度超过既定目标的股票，投资业务潜在风险有所释放。新股发行制度改革后 IPO 重启，公司有选择地参与了四川成渝、中国建筑、光大证券等十余支股票的申购。

在债券市场改变了原有的牛市发展格局，并呈现下跌走势的情况下，根据公司经理办公会通过的基金投资方案，上半年赎回了货币基金和债券型基金，并选择申购大型基金公司的优秀基金。为规避阶段性风险，在债券市场小幅反弹时分批卖出持有的国债和金融债券。

3. 资金集中

公司作为中船集团公司资金集中运作平台，负责集团公司资金集中管理业务的日常运行和资金结算。2009 年，公司充分发挥网银优势，在成员单位中间积极推广资金管理系统，拓展网银结算业务，截至年末公司与 53 个成员单位进行挂接，实现了北京、上海、江苏、广州、九江及广西地区企业事业单位的全覆盖，通过网银上收下拨工作，集团公司资金集中度有所提高，公司全年办理成员单位内部转账结算计 209.05 亿元，通过银行办理成员单位收款计 172.63 亿元，接受成员单位委托办理银行付款计 178.91 亿元，通过网银系统接收并发送成员单位付款指令计 474.98 亿元。网银结算业务的推广强化了公司的资金管理平台功能，加强了中船集团公司对成员单位资金的监控和统筹管理，减少了资金的外部流动和在途时间，从总体上控制了集团资金风险，降低了整体财务费用。

4. 业务创新

2009 年，公司为拓宽船舶市场销路，开辟船舶融资的新渠道，积极争取融资租赁及买方信贷业务资格，开展了融资租赁业务及买方信贷业务的可行性研究，拟订了相关业务制度及风险管理措施，取得了中国银监会新增融资租赁及买方信贷业务资格的批复。

2009 年，在中船集团公司的整体部署下，公司积极办理结售汇业务资格的申请工作，并于 11 月获得了国家外汇管理局的正式批复，取得了开展结售汇业务经营资质，为实现集团外汇资金的集中管理建立了外汇资金平台。

5. 风险管理和内部控制

2009 年，公司根据外部政策变化，参照《企业集团财务公司风险评价和分类监管指引》有关标准，针对公司新业务资格申请工作，对内部制度进行了全面的梳理，并拟定了补充修订意见。为确保融资租赁及买方信贷业务的合规有序开展，公司制定了《融资租赁业务管理办法》、《融资租赁业务操作规程》、《买方信贷业务管理办法》、《买方信贷业务操作规程》；为加强公司费用报销及固定资产管理，修订了《费用报销（支付）管理办法》、《固定资产管理办法》；为加强对资本充足率的监管，制定了《资本充足率管理办法》；为健全内部控制体系，修订了《风险管理办法》、《合规管理办法》；为加强信贷及投资业务管理，强化了内部评审环节，充实了风险控制的量化标准；为筹划开展即期外汇结售汇业务，研究制定了相应的业务管理办法和操作规程。修订后的内控制度完善和明确了各类业务的审批及操作程序，规范了费用报销、固定资产购置的审批权限和报批程序，强化重大事项的集体决策意识和责任意识。内控制度的完善使公司防范金融风险委员会、投资决策委员会及信贷评审委员会决策程序更加规范，分级授权管理得以有效执行。

2009 年，公司加大了对各类业务的审计稽核力度。按季度对财务及结算业务的合规性、审批程序和记账程序的规范性、账证、账表、账账的一致性进行了审核；对投资业务的审批程序、资金划拨程序、交易操作程序进行了核查；对信贷业务贷前审查的充分性、审批程序及放款手续的规范性进行了审核，对贷后跟踪管理情况进行了监督。

（中船财务）

22. 上海国利货币经纪有限公司

上海国利货币经纪有限公司是由上海国际信托有限公司和德利万邦(欧洲)有限公司共同发起成立。合资双方的母公司分别为大型国有金融投资集团—上海国际集团和全球最大货币经纪公司之一的英国德利万邦集团。公司于2005年12月20日在上海浦东正式开业运营,主要功能为通过声讯和电子等技术手段,专门从事以促进金融机构间的资金融通、外汇交易、债券交易、衍生品交易等为目的的经纪服务,充分发挥“金融市场润滑剂”的作用。

公司的业务范围包括境内外外汇市场交易经纪、境内外货币市场交易经纪、境内外债券市场交易经纪、境内外衍生产品交易经纪、经中国银行业监督管理委员会批准的其他业务。

2009年公司继续保持发展态势,撮合完成的交易量总额呈稳定增长的态势,市场占有率和覆盖率进一步提高。同时,公司通过深入挖掘已有业务潜力、积极扩大市场网络、开辟增量收入来源。自4月开始,经国家外汇管理局批准,公司在银行间市场正式开展外汇经纪业务,范围包括人民币外汇远期、掉期、货币掉期经纪服务,外汇拆借经纪服务,以及外汇对外汇交易经纪服务等。国家外汇管理总局领导及中国外汇交易中心领导曾先后来到公司调研,充分肯定了货币经纪行业对市场发展的积极影响。

12月,中国货币经纪行业首次行业年会在上海召开。会议就中国货币经纪行业的行业运行基本规则、协调机制、新业务开发等问题进行了深入探讨。本次年会的召开具有里程碑式的意义,标志着中国货币经纪行业整体发展框架已得到实质性建立,对于推动行业规范、健康、可持续发展产生深远影响。

上海国利货币经纪有限公司是中国金融业发展不断深化和上海国际金融中心建设积极推进的成果,不仅开创了中国货币经纪业的先河,标志着货币经纪行业这一全新金融业态在中国的正式确立,更为中国金融机构间市场的交易提供了新的平台和渠道,对于完善中国金融市场结构、提高市场运作效率、改善市场服务水平、促进市场创新等将产生积极而深远的影响。

(上海国利)

四、金融服务公司

1. 上海远东资信评估有限公司

2009年1月，财政部独资国有金融控股集团中国东方资产管理有限公司（以下简称"东方资产"）对上海远东资信评估有限公司（以下简称"远东资信"）的股权收购手续正式完成，东方资产收购了新华财经通过自然人代持的远东资信50%股份，并从远东资信原职工持有的股份中收购了1%，成为远东资信的控股股东，自此外资彻底退出了远东资信，股权变更后东方资产对远东资信控股51%，东方资产与上海社会科学院共同向远东资信派出了新一届的管理层，远东资信成为中国五大全国性评级机构中唯一被央企控股的评级机构。

2009年，远东资信荣获"2008年度上海名牌"称号，业务收入与新业务拓展取得了双突破，在传统业务借款企业资信评级、集团企业信用评级和担保机构信用评级实现快速增长的同时，企业集团全面风险管理咨询、金融机构风险管理咨询、财务顾问和信贷项目贷后监管业务均呈现出了快速增长的态势。

1. 国有控股、本土品牌

美国次贷危机引发的全球金融危机使国际评级业三大巨头（穆迪、标普和惠誉）遭受了前所未有的信誉危机，国内评级机构和监管部门也都在重新审视中国的评级发展道路，进一步加快发展本土品牌的评级机构，维护国家金融安全与参与全球竞争逐渐成为各方的共识。在上述背景下，东方资产作为金融控股的央企集团进入评级行业打破了中国评级市场由外资和民营资本把持的局面，开创了国有评级公司先河，试图通过不断的发展壮大，探索树立本土评级品牌的市场地位，培植国有评级机构的主导地位，打造国有控股的中国评级业航空母舰。

2009年控股股东东方资产入主远东资信后，股权变更后的远东资信充分集合了东方资产国有金融控股集团的金融专业化优势、强大的业务资源网络、金融资产信息库和资金实力，又依托上海社会科学院这一专业学术研究机构得到了学术研究专业化优势的加强，形成了在国内评级机构中罕有的强强互补格局。2009年9月底，远东资信整体搬迁至位于上海北外滩的东方资产拥有的瑞丰国际大厦新址办公。

2. 主营业务出现快速增长

2009年，远东资信的公司治理得到明显改善，业务扩张迅速。2009年远东资信当选新一届上海市资信评估机构总经理联席会会长单位，全年借款企业评级业务量较上年增加约20%，恢复了上海市借款企业评级市场份额第一的位置。2009年底，远东资信再度被评选为2009年上海市贷款企业资信等级评估先进集体。

2009年，远东资信在上海总部以外的各地评级市场上继续保持稳步发展。配合东方资产的入主，在2009年初即在上海总部召开了全国各分支机构会议，来自湖南、四川、宁波、佛山、山西、辽宁、北京等地分支机构的负责人齐聚一堂，分别汇报与交流了2008年各地业务开展情况，并落实了2009年的工作目标与规划，进一步加强了各分支机构的管理与拓展力度。

3. 各项新业务增长态势强劲，创新类高端风险咨询业务雏形粗具

在全球范围巴塞尔新资本协议的逐步实

施，风险管理领域日益成为金融机构投入重点的市场环境下，远东资信作为国有控股又兼具很强学术研究背景的本土评级机构，致力于打造中国领先的风险管理领域高端服务品牌，2009年在面向金融机构的创新类风险咨询业务方面进一步加大投入，在多项创新业务方面均取得了较大突破。

2009年4月，远东资信顺利完成交付中国银行上海分行的信贷风险组合课题，2009年7月，远东资信在中国工商银行上海市分行13个信贷风险评估项目的市场化招标中，共有7个集团类项目中标。2009全年远东资信共完成了20多个行业的信用风险分析报告，建立了行业风险分析技术框架与研究人员团队。

2009年11月开始，远东资信与东方资产旗下的北京东方中和数据有限公司在银行、保险公司和资产管理公司内部信用评估体系建设与咨询等领域开展了数据、模型与评估方法体系建设的深度合作，为今后东方资产旗下评级与数据业务板块充分发挥协同效应开创了良好模式。

2009年12月，远东资信顺利完成交付首单企业全面风险管理咨询项目，全年还实施了多个风险管理、并购重组与投融资等财务顾问项目，为更好地开展企业风险管理与财务顾问咨询业务锻炼了队伍，积累了经验，奠定了基础。

上海远东资信评估有限公司办公所在地

4. 人才建设再上新台阶

对于远东资信的人力资源结构，远东资信始终认为“资信评级是高智力行业”。2009年，伴随着东方资产入主，远东资信继续招募资信评级的高端人才，优化人才结构，不断提升远东资信的服务能力和服务水平；同时远东资信围绕业务单元管理专业化、完善评级内控体系、加强内部防火墙、加大高端风险咨询力量、业务绩效360度考核的原则，进行了组织架构的调整和薪酬体系的改革，为远东资信长远的发展奠定了规范化的内部组织保障与人员保障。

（远东资信）

2. 上海新世纪资信评估投资服务有限公司

2009年，新世纪公司抓住行业发展的大好机遇，在业务拓展、技术研发、内部管理、对外宣传和国际交流等方面均取得了较大的进步，为公司的进一步发展奠定了基础。

1. 积极拓展业务，加强服务能力

2009年公司在债券市场拓展上取得了较大的成绩，市场占有率明显提高。在新业务品种方面，公司承做了全国首批三家中小企业集合票据，从地域方面看，公司在上海地区债券评级市场份额继续高于60%，显现出较强的区域竞争优势。

在信贷评级方面，公司全年完成近800家企事业单位的信用评级，并被中国人民银行上海总部评为2009年借款企业资信评级先进集体。2009年公司还参加了新疆、山东及河北等地近30家中小企业和担保企业评级。10月，应人行昆明中支征信管理处邀请，公司派遣评级总监赶赴昆明，参加人行昆明中支举办的关于信用评级业务知识培训，主讲了“信用评级基本理论与方法”业务培训并作现场答疑，取得良好效果。

2. 探索不同产品，提升技术水平

2009年，公司针对集团评级、主动评级等不同业务，以及大规模发行的城投类企业债券，通过成立专门的研究小组，积极探索相应的评级技术，逐步加深相应产品评级技术的研究力度。

2009 年公司在债券市场新融资产品——中小企业集合票据的评级方面取得重大突破。11 月 13 日首批发行的三单中小企业集合票据全部由公司进行评级。在具体评级过程中，公司创新性的引入专业增信机构提供部分担保、然后通过结构分层技术实现内部增信等信用增级方式。

3. 改进管理体制，引进专业人才

2009 年新世纪公司针对各业务人员需求情况，将原主体评级部门进行重整、细化，形成新的主体评级一部、二部、三部，每个部门除借款企业资信评级外，还专攻一种特定产品的评级。

在人才的培养与引进方面，2009 年公司除进一步招聘应届毕业生外，还引进多名有多年行业从业经历和较丰富技术及业务经验的人才，有效满足了公司不同层面的人才需求。公司先后开展了多次业务培训，其中规模较大的公司层面的培训有“债项业务固化培训”、公司治理评级、集合债评级及行业分析培训等。除了正式的培训，公司还通过小范围研讨、专人带教等多种形式有针对性地对各类专业人员进行培训，以此促进评级业务人员快速成长。

4. 多样化刊物制作，增强对外宣传

为更好地服务于监管部门、投资者和发行人，公司在原有年刊、双月刊的基础上，进一步推出专刊和研究报告，形成四大刊物系列，致力于向读者传递公司对中国经济、资本市场、信用评级等领域的最新观点。同时，公司也利用这些宣传平台，展示与标准普尔的合作进展成果，与各方共享国际评级机构的最新观点。

为更好地向社会普及信用评级知识，介绍国际信用评级理念，2009 年公司先后发行了《信用评级基础知识》和我国第一本信用评级专业词汇书籍《英汉信用评级词汇手册》。这对于增进我国投资者、监管部门及发行人对信用评级的理解起到了积极的作用。

5. 加强对外合作，开拓评级视野

2009 年，新世纪公司与标准普尔的技术合作进一步巩固，双方在互访、培训及研讨会等领域的合作进一步加深。公司和标普的互访活动更为频繁，尤其值得一提的是 12 月 16 日至 18 日，公司与标普香港、中华信用评等股份有限公司（标普在台湾的控股公司）在台北举行了一系列活动，公司总裁率团走访了当地的金融监管部门，并与当地金融机构等投资者进行了座谈，还与中华信评公司就行业评级技术和方法以及经营管理等领域进行了广泛的交流。

此外，2009 年公司四次派遣业务骨干前往香港参加标普举办的金融机构、保险机构、工商企业以及结构融资产品的评级培训；双方还通过管理委员会、电话会议等形式就信用评级的国际监管趋势等最新信息进行交流。与标准普尔技术合作领域的加深，有效提升了公司的评级技术，开拓了公司的评级视野。

（新世纪资信）

3. 中诚信证券评估有限公司

2009 年中诚信证券评估有限公司发展平稳，公司秉承“独立、公正、客观”的评级理念及多年的评级技术，在加强内控、新业务开展、市场开拓等方面均取得了积极的进步。

1. 内部管理成效突出、积极推进内控体系建设

公司根据监管部门的检查意见、总经理联席会工作指引、评级机构考核标准以及金标委的规定要求修订和完善了评级部门的内控制度，并且强化了关键环节的内控制度的落实。2009 年底，人行上海分行根据《2009 年上海市评级机构考核标准》对上海市九家评级机构进行了考核，公司获得综合评比第一名，同时获得 2009 年度上海市借款企业资信评估工作评级机构先进集体称号。

2009 年，公司开发的评级管理计算机系统已完成测试，公司自主开发评级管理计算机系统来实施业务流程管控的做法，再次走到了同行业的前面。

2. 开辟业务新渠道、加强市场开拓力度

(1) 借款评级市场方面业务发展稳定。2009年,公司借款企业评级市场业务总量相对比较平稳,在中国人民银行的监管下,公司积极协调与商业银行及客户的关系,紧张有序地完成了年内全部评级任务。

(2) 证券评级市场开启新的业务。公司积极拓展新的业务品种,2009年下半年,公司证券部承接了国泰君安债券项目和远东租赁资产管理计划项目,开启了国内证券公司债和资产证券化产品评级的第一单。同时,公司证券部发布了2009—2010年中国证券业信用展望,并对主要21家证券公司进行了主动评级并对外公告。

(3) 公司成立新部门——治理评级部。2009年7月公司治理评级部成立,与第一财经合作的"2009中国上市公司治理评选"项目也正式启动。交通银行、中国神华、中国中铁、上港集团等7家知名上市公司邀请公司对其进行了实地调研,并完成了相应的治理评价报告。这是自2005年公司开发公司治理评级业务以来,首次得以完整实施治理评级程序。本次评选活动在第一财经上进行了发布,扩大了公司在该领域的市场影响力。

(4) 投行部的资源整合及业务承做能力得到显著提升。公司在整合外部业务资源方面做了扎实的努力,先后与多家银行及金融机构建立了紧密的业务合作关系,优势互补的战略合作联盟初步形成。战略合作机构的增加,使公司为地方政府融资平台及其他融资主体提供融资服务的整体资源优势显著增强,有效地提升了业务承做能力,拓宽了项目来源渠道。

3. 浙江区域市场发展良好

2009年中诚信加大了整合力度,浙江4个分公司之间的合力效应渐趋明显。同时,浙江各分公司亦加强了与浙江省监管部门的沟通与交流,为浙江各分公司的业务发展创造了良好的外部环境。

在中国人民银行嘉兴中支行协助下,中诚信嘉兴分公司以知识竞赛、报刊发表、派发纪念品等各种形式在嘉兴地区进行业务宣传,为扩大公司知名度打下了基础。中国人民银行平湖支行亦于2009年11月在嘉兴分公司信用评级的基础上,结合银行内部评级及企业个人征信等状况举行平湖市2009年度金融诚信企业评选活动,进一步扩大了中诚信信用评级在平湖地区的公信力,并为以后年度的信用评级工作奠定了较好的基础。

(中诚信)

4. 华杰资信评级有限责任公司

华杰资信评级有限责任公司成立于1999年4月,注册资本金人民币4 235万元,是以企业资信评级业务为基础的综合性、全国性的经济服务机构。华杰公司于2002年3月成立了华杰资信评级有限责任公司上海分公司,负责上海地区评级业务。2006年,公司与浦东改革发展研究院联合成立了浦东投融资研究中心,提高了公司的经济、金融研究能力。同年成立了上海华杰资信评级投资服务有限责任公司、北京华杰资信评级有限责任公司和江苏华杰资信评级有限责任公司。2008年华杰公司将总部迁至上海。

2009年,华杰公司共完成427家企业评级,并首次代表上海市评级机构参加全国担保机构联合评审会,获得中国人民银行上海分行充分肯定。

1. 做好人才储备和培养,打造人才高地

2009年,华杰公司多次开展内部培训,丰富评级人员金融、财会、证券、评估、风险管理等各相关领域的知识,以提高评级人员专业知识和资质。截至2009年末,华杰公司拥有正式员工57人,本科学历及以上人数占比77%(其中博士2人,占比4%;硕士8人,占比14%),在管理人员和员工中还有多名研究员、高级会计师、高级经济师、高级统计师、高级咨询师等高级职称人员,以及注册会计师、注册税务师、注册审计师、注册咨询师、风险管理师、金融工程师、资产评估师、房地产经纪人、证券分析师、评级分析师等拥有各类资质人员,合计81人次。

2. 加强课题研究，提升公司专业水平

2009 年，华杰公司积极向国内外的权威研究机构、先进的评级机构及行业外的相关金融机构学习先进的知识和理念，开展多个课题研究，提高评级水平，拓宽评级视角。2009 年公司共完成担保企业评级、集团企业评级、公司债券评级、跟踪评级 4 个评级品种的评级体系及操作办法研究，相关研究成果全部通过专家评审。同时完成贷款企业评级结果在行业研究中的应用课题，提高评级结果的应用范围。

3. 建设数据中心，夯实评级基础

2009 年华杰公司完善了历年评级企业数据库、产业数据库、信贷投量投向数据库、企业信息数据库、资产评估数据库和 10 年上市公司数据库等。不断提高评级和监管的电子化水平，建立评级、监管流转系统，业务流程的各个环节均通过这两个系统实现，并能实时查阅各个项目的具体进程，真正实现实时管理和低碳无纸化、标准化的审核流程，并配套与企业实现无缝式对接，企业可实时调阅自身历年评级报告和资金监理报告，处于行业先进水平。同时，华杰公司数据中心配合中国人民银行上海分行完成开发上海市企业信用评级信息查询系统，使评级终端用户享受更为快捷、方便的服务。另与百门网（http://www.my-baimen.com）合作，共享房地产行业即时信息和行业研究成果。百门网为上海市住房公积金网合作伙伴，拥有完善的房产交易信息体系，包含挂牌房源信息系统、房产交易、挂牌价格系统、上海市住宅小区信息库系统、住宅价格评估模型系统、用户信息库系统，挂牌房源覆盖全市所有小区，并在不断更新中。

4. 提高服务水平，以服务促市场

2009 年末华杰公司开展单纯性跟踪评级现场调查，这对控制企业风险、提高评级结果公信力、提高评级服务质量产生积极效应，在被评级企业中建立了良好的口碑。同时，华杰公司完成房地产、汽车等 18 个上海代表性行业的年度行业研究报告；创刊“资信”，并发行旬刊 29 期。既提高评级队伍与行业发展的贴合度，又为客户提供增值服务。

（华杰资信）

华杰资信评级有限责任公司

5. 上海资信有限公司

1. 个人信用联合征信

2009 年中上海资信有限公司在个人征信业务中迎难而上、直面挑战，在系统建设方面稳扎稳打，在市场需求调研及客户资源开拓等方面取得了一定的成绩。

(1) 系统建设。截至 2009 年 12 月底，个人信用联合征信数据库共采集 1 109 万用户的信用信息，其中 2009 年采集了 63 万用户信息，占比 5.7%；出具个人信用报告 911 万份，其中 2009 年出具了 48.5 万份信用报告，占比 5.3%；2009 年日均查询报告量为 2 376 份，日均查得报告量约为 1 930 份。

2009 年中，上海资信在建立了联合征信系统灾备中心的基础上，成功完成了“二期个人信用评分系统"的验证工作并予以市场化的应用。另外，就信息安全方面建立了数据交换安全机制与生产环境安全策略的总体部署，既保证了服务质量的提升，也保障了信用产品的安全生产。

另一方面，2009 年 10 月，中国人民银行征信中心正式入股上海资信 70%的股份，上海资信作为唯一一家央行入股的征信机构，在原有先试先行的基础条件下，为今后取得市场化资源共享、增值变量研发、服务区域拓展等方面提供了一定的优势条件。

(2) 调研开拓。目前，上海有限公司个人征信业务的服务群体主要有个人客户、银行客户及非银行金融机构，在全市活跃的查询点共计 348 个，其中在 2009 年中增设查询点 18 个。

由于基础服务的转型势在必行，为了获得新的业务领域，上海资信于 2009 年中进行了广泛的业务调研与多层次信用产品领域的开拓。通过对各大信用卡中心及有一定规模的汽车租赁公司进行了需求调研及产品分析后，按资产能力、账户价值、风险控制的不同要求进行分析，成功研发出市场业务分析报告及账户管理群体区分等增值产品，为进一步拓开业务范围，贴近机构实际需求，并最终与机构业务衔接奠定了良好的基础。

另一方面，通过对非银行、非金融市场的积极渗透，在上海市经信委征信办的大力推动下，配合政务公开的要求，在社会各领域积极协助下，上海资信于 2009 年中分别与上海市电力公司、上海市食药监局、上海市交警大队、上海市电信公司建立了合作关系，并将相关负面信息纳入上海市个人信用联合征信数据库，实现了非银行、非金融领域数据采集的较大突破。

2. 企业信用征信

随着央行入股，上海资信有限公司的企业征信业务在原有多元化格局的基础上，重新梳理与整合，重点加强深化了借款企业资信等级评估、海关监管企业评估和上海市航运交易所会员单位信用评估三个方面的业务，并取得了一定的成绩。

为进一步落实上海国际金融中心建设的要求，改善本市小企业融资环境，市经信委、市金融办和人民银行上海总部会同市有关部门联合推动建立上海市小企业信贷网络服务平台。2009 年 8 月，浦东新区、徐汇区和杨浦区三家试点区、上海银行、浦发银行和农商行三家试点银行及平台建设运营方上海资信有限公司签署了"关于上海市小企业信贷网络服务平台建设(试点)合作备忘录"。

(1) 系统建设。数据库方面，截至 2009 年底，累计采集了来自 27 个来源的 57 类媒体披露信息，累计采集了 31 438 条数据；在批量更新方面，上海市质量技术监督局共提供了 40 万余条数据，加载后，为上海市企业联合征信系统新增了 11 万余家入库企业；市食药监局共提供了 1.2 万余条数据，成功加载 2 万余条信息。

另外，上海资信承建的小企业信贷网络服务平台也于 2009 年 12 月正式进入试运行。通过引入第三方征信理念，不但能为中小企业融资申请提供便捷通道，还建立起企业信用信息比对机制，有效地弥合中小企业和商业银行双方在信息上的不对称，降低银行的审贷及贷后管理成本，提高中小企业融资的成功率。同时，上海资信将在稳步运营的基础上，逐步建立起的专用的中小企业征信数据库，为守信企业的再融资提供便利，对失信企业形成惩戒机制。

(2) 服务机构。上海市劳动和社会保障局"见习基地"评估项目是上海资信的传统优势项目，受上海市劳动和社会保障局委托，2009 年中上海资信共计评估 145 家"见习基地"项目。此外，2009 年重点深化的借款企业资信等级评估项目、上海市航运交易所会员单位信用评估项目、海关监管企业升级评估项目继续提高市场份额与服务质量。

在借款企业资信等级评估项目中，2009 年上海资信对 4 家集团以及 430 余家借款余额在 3 000 万元以上的企业进行了评级。在人行上海总部金融服务二部组织的两次评级机构联合专家评审会中，报告质量排名均进入前三。

在上海市航运交易所航运诚信体系的建设中，受其委托对其下属会员单位进行信用评估，全年共计评估 37 家国际航运企业，包括 16 家国际班轮企业、8 家国际船代企业和 13 家国际货代企业。

而对于海关业务来说，在 2009 年上海海关和基层海关组织开展的监管企业升级、验证式核查项目中，上海资信分别在上海海关稽查处业务、地方海关加贸科业务及加工贸易企业电子账册核销业务三个领域嵌入了信用审核流程，凭着扎实的业务功底与稳定的审核质量，以旧带新，不断丰富业务层次，全年共计核查 40 家企业。

企业征信业务的发展，已经历了由单一求多元，再从多元丰富到精练深化的过程，在多层次业务中求稳求精，在深化业务中做实做强，形成稳中求新，再由新不断积淀的永续推进导向。

（上海资信）

6. 上海金国咨询服务有限公司

2009 年是上海金国咨询服务有限公司创立以来的第十五个周年。上海金国始终以本地区金融中介服务领域作为目标市场，坚持“以诚为本，以信立业，以德待人，客户至上”的服务理念，以客户需求为导向，通过产品及服务的不断升级和市场渠道拓展，在金融人才服务、外汇业务咨询服务和贵金属纪念币特许零售等核心业务上保持持续发展。公司 2009 年年度营业总收入比 2008 年增长 74%，税后净利润同比增长 273%，经济效益和社会效益同步协调发展，市场竞争力和美誉度得到了进一步提高。

上海金国长期为金融机构和金融人才提供专业化中介服务，经营资质齐备，服务项目广泛，包括金融从业人员各类培训（如银行柜员等级鉴定培训、金融创新业务培训、银行外汇业务培训等）、金融机构员工代理招聘、人才派遣、人力资源测评、高端猎头等多种服务形式。

上海金国始终重视服务团队建设，不断强化业务管理水平。上海地区乃至全国金融人才市场的发展一直是上海金国的关注焦点；公司大部分员工来自本市金融机构，具有丰富的金融从业经验和市场渠道资源；现有人才服务团队中，注册人才中介师、中介员共有 13 人，专业化服务水平较高。作为国家人事部批准的 7 家合格试点单位之一，上海金国取得了国家首批金融人才派遣许可证，常年为多家金融机构提供人才派遣服务，相关衍生业务也不断发展。截至 2009 年，公司已连续 7 年被上海人才服务行业协会评为“信得过人才服务机构”。

上海金国积极引进人才服务行业的新技术和先进理念。公司建有动态的上海金融机构“在职高级金融人才库”和“新生代金融人才库”（近年来就职并业绩卓越者），同时还建有地区各院校金融相关专业优秀毕业生的“潜在人才库”。2009 年，公司就金融人才派遣管理及金融人才测评等信息技术项目已与相关权威机构达成合作意向，开发自有管理软件，实施系统化的职前管理（甄选招聘）、入职管理（试用并正式签约）、在职管理（薪酬福利、劳动纠纷、在职培训等）、离职管理（退工、退档）等一站式服务。

2009 年，上海金国以本市“整体推进现代服务业、建设国际金融中心”的规划蓝图为导向，充分利用企业资源优势，进一步加强与相关部门（如上海市政府金融办）、金融行业组织（如上海人才服务行业协会、上海银行同业公会）及其他战略合作方（如复旦大学软件工程学院）的横向合作，并将以上海人才大厦为基地，整合项目平台，为未来发展打下牢固基础。

作为中国金币总公司的特许零售商和全国十佳“示范店”之一，上海金国坚守“增长知识、陶冶情操、积累财富”的纪念币经销理念。2009 年，上海金国咨询服务有限公司在五角场黄金珠宝城（淞沪路 111 号，万达广场一楼）设点营业的“中国金币上海金国店”（旗舰店）零售规模大幅上升，再次被中国金币总公司评为年度十大“特许零售示范店”之首。中国金币上海金国店已成为中国金币总公司在第一时间向上海集币爱好者供应各类新发贵金属纪念币的主要零售窗口之一。其中，“中国 2010 上海世博会纪念币”及各类世博贵金属衍生品的销售场面异常火爆，深得广大集藏人士和顾客的好评。

（上海金国）

7. 银联商务有限公司

银联商务有限公司(UMS)是中国银联旗下的从事银行卡专业化服务的全国性综合支付服务机构。公司成立于2002年12月,总部设在上海。公司注册资本为人民币4.95亿元,2009年底资产规模达到35.7亿元,净资产18.7亿元。银联商务现已成为国内发展最快,规模最大的银行卡受理专业化服务公司。

截至2009年底银联商务已在全国除台湾以外的所有省级行政区设立机构,受理业务覆盖全国314个地级以上城市;服务商户82.5万家,维护POS终端113.8万台,分别占到全国市场份额的47.3%和52.6%;累计服务ATM3 293台。全年各项业务累计交易金额近3万亿元,交易笔数19.8亿笔,其中网上支付业务交易额达到626.5亿元。实现业务收入18.2亿元,创历史最高水平。

(1) 业务发展态势良好。银联商务传统业务市场规模进一步扩大,2009年服务商户分别占国内新增总量的43.8%和36.6%;受理范围进一步延伸,西藏分公司正式注册成立,同时积极推动农村受理市场发展,地市延伸呈现纵深发展态势,山东、浙江、江苏、河南等分公司开始向发达县市延伸业务。ATM业务快速发展,成功中标光大银行自助设备联合运营项目,已在上海、山东等九大省市推进;"三位一体"ATM运维管理平台投产,规范ATM加钞等专业化服务流程,保证了ATM业务的安全运营;探索、调整、完善业务收益模式,为ATM业务的长期、规模、效益发展奠定了良好基础。银联商务依托总分子公司三方联动,一系列创新业务得到优化、推广和应用,效果显著。

(2) 与商业银行的合作在公司上下全面展开。公司积极探索主动为银行服务的发展思路,得到了各大银行总行的高度认同。相继与工商银行、农业银行、中国银行、招商银行签署总对总战略合作协议。各地分支机构积极探索建立新型的银行合作关系,取得良好成效。截至2009年底,公司系统与银行合作服务商户39.8万户,维护POS终端59.8万台。在合作模式方面,以专业化服务为主地区进一步巩固与银行的良好合作关系,不断深化直联服务;以收单服务为主地区则突出专业化服务职能,积极探索新型合作模式。

(3) 集约化运营进度加快。完成新一代传统平台改造及新建总公司增值平台等核心生产系统建设,并全面实现以平台方式接入中国银联的战略目标,全年上线约100项增值业务,全辖增值业务产品库进一步丰富。新一代商户结算清分处理系统累计为近5万家商户开展资金结算服务,清算总金额972亿元,有效提高了处理效率和准确性。商户服务系统以及远程终端管理系统也在部分分公司投产上线试运行。公司客服中心集中受理14家分支机构的客户服务业务;全年累计受理客户电话64万通,平均接通率达到98.7%,平均在线解决率超过80%;集中接入业务稳步开展,全年累计开通集中接入商户2 348户、终端8 914台,累计清算资金99.4亿元,为大客户服务、集团客户服务、外卡业务、市场创新业务发展提供了稳定、可靠的业务受理渠道;集中结算交易量不断扩大,2009年12月日均结算金额13.9亿元,日均结算笔数超过4万笔,并与工商银行和建设银行签订结算合作协议,结算渠道进一步畅通。

(4) 风险管理进一步加强。总分联动、属地管理的风险侦测和查处机制实现规范化、常态化,全年累计撤销高风险商户3 200余家,涉及疑似欺诈交易金额近10亿元。全辖风险商户占商户总量的比例持续下降,收单欺诈率远低于主要收单银行和行业平均水平。银联商务总公司与分子公司签订业务风险管理责任书,强化风险意识,明确风险职责,分支机构在辖内组织实施逐级落实。风险防范与绩效考核挂钩,推动全员重视风险管理。多次开展终端风险等专项检查,重点整治移动POS布放、联机退货的交易风险,累计排查2.4万余台次,撤回风险终端约1 100台,未造成业务损失和不良影响。

(银联商务)

五、银行自律组织

上海市银行同业公会

2009 年 4 月，经换届，上海市银行同业公会第九届理事会正式成立。公会全面贯彻落实国务院和市委市政府关于推进“两个中心建设”的目标和措施，坚持以科学发展观为指引，促进银行业稳健运行和支持上海经济发展；以“自律、维权、协调、服务”为主线，着力解决和反映银行业在金融服务、风险管理和市场环境等方面的共性需求和问题；以信息沟通和强化管理为基础，积极应对挑战，为上海世博会和“两个中心”建设而努力工作。

1. 努力提高银行窗口服务质量水平

2009 年，公会按照上海金融系统“迎世博”领导小组和上海银监局提出的相关工作要求，组织会员单位积极参与“迎世博”金融服务的各项准备工作，以加强银行窗口文明服务建设，全面提升营业网点服务质量和服务水平：

一是组织文明服务小组成员单位赴北京学习考察北京银行业“奥运”服务的工作经验，并研究制定上海银行业迎世博窗口文明服务系列活动方案，经理事会审议通过并在全体会员单位中推进和落实执行。

二是根据中银协 2009 年度中国银行业文明规范服务百佳示范单位评选活动的要求，公会文明服务小组组织完成了对上海 34 家 2008 年度中国银行业文明规范千佳示范单位在本地区总体情况的复查，并从中推选了 2009 年度中国银行业文明规范服务百佳示范单位候选单位名单，在经理事会通讯表决审议，并经上海银监局合规审核，最后经中国银行业协会确定：上海浦东发展银行第一营业部、工商银行上海市分行营业部、民生银行上海市西支行、交通银行上海交银大厦支行、上海银行浦东分行营业部等五家单位当选。通过文明规范评比活动，传递了文明规范服务创造效益的理念，使银行业文明规范服务踏上新的台阶。2009 年 12 月，中银协举办了“2009 年度中国银行业文明规范服务百佳示范单位”颁奖典礼，对当选的示范单位进行了表彰。

三是为贯彻落实中国银监会领导对提高“世博”期间银行业服务水平的指示精神，根据中银协的要求，在 2009 年 12 月，公会与其联合举办迎“世博”文明规范服务系列活动动员大会。大会对上海世博会的顺利推进给予了有力支持，也是银行业推进精神文明建设的重要举措，标志着世博金融服务的全面启动。

2. 积极开展金融消费者教育活动

为促进上海银行业发展的软环境建设，响应上海市金融党委、金融服务办关于落实“上海市金融系统迎世博 600 天行动计划”要求，公会继 2008 年的基础，深入开展 2009 年公众理财投资教育活动，以进一步提升公众的投资理财水平，推动上海银行业理财业务的健康可持续发展。

公众理财投资教育活动于 2009 年 8 月 25 日正式启动，历经三个月的时间，通过启动仪式、集中咨询日、有奖对错大竞猜、12580《生活日报》短信服务、银行服务面面观、大型在线路演、主题座谈、高管访谈、视频总结会议等九个阶段的活动，在形式、内容以及受众面上取得了良好的效果。据东方财富网统计，“2009 上海银行业公众理财投资教育活动”专题频道的访问人数达到 382 万人，页面浏览量达到 1 395 万次。

同时，公会向上海教育出版社提供了银行系统编写的中小学拓展型教材理财系列版中的理财教育内容，将金融消费者教育前推至中小学生，以培养理财意识。

3. 规范维护银行卡业务健康发展

银行卡业务的健康有序发展已成为社会和业内共同关注的重要问题，公会从以下方面进行了推进和落实：

一是加快银行卡受理环境建设。主要开展的活动有：2009 年 6 月在上海东方商厦淮海路店举办“放心用卡　安全支付”暨“银联卡，让生活更美好”有奖用卡营销活动第一阶段路演活动。同时，根据中国银行业协会的要求，在 7 月举行了“银行卡安全使用宣传周活动”，收到了预期效果。

二是进一步规范收单市场的发展秩序。公会银行卡业务协调专业委员会在听取会员单位意见的基础上，多次研究，并提出了对上海地区银行卡结算手续费率进行适当调整以及规范运作的意见和建议，经会长办公会议审议和理事会通讯表决通过，向开展银行卡业务的相关会员单位提出了调整和规范上海地区银行卡结算手续费费率等事项的意见，这一措施，有力地维护了上海地区银行卡受理市场的公平竞争秩序，为加强世博会期间银行卡支付环境建设作出了良好的铺垫。

三是加强沪港两地银行卡风险管理交流。2009 年 11 月，在上海银监局的支持下，公会会同上海市刑事侦察学学会、中国银联股份有限公司上海分公司、香港(中国)信用卡授权中心管理委员会、香港信用卡风险管理(国际)委员会，在香港联合举办“沪港银行卡风险管理研讨会”，与会的 120 名代表就银行卡风险管理诸多热点问题进行了深入广泛的交流，围绕信用卡风险管理理论和实务进行了研讨，有助于了解最新国际银行卡的风险案例、动态、趋势和管理手段，在风险回避、预防、分散转移和补偿等方面互通有无、相互借鉴，共同维护银行卡市场的安全、稳定。

4. 加强信贷风险分析研究和信息交流

一是履行维权职能。公会根据监管部门的要求，委派信贷风险专委会主任列席上广电债委会，引导会员单位加强协同配合，切实维护同业合法权益。

二是加强分析研究和信息交流。具体在解读新法规，帮助会员单位准确理解与执行新颁发的《上海市房地产登记条例》，公会个人信贷维权小组邀请市房产交易中心有关人员给会员行作了专题讲座；组织会员单位参加“2009 上海金融业服务中小企业洽谈会”，为有关会员单位提供展示针对中小企业的金融产品和服务的机会；通过公会网站和定期发送公会秘书处周报、上海市银行同业公会通讯的形式与监管部门、会员单位开展信息交流。

5. 深化合规管理和自律机制的建设

(1) 合规管理工作。公会在总结举办历届合规年会经验的基础上，结合世界金融危机和国内经济的特点，认真筹备、组织和策划 2009 年第五届合规年会。本届年会以“合规管理——危机的挑战与应对”为主题，中国银监会、上海银监局、中国人民银行上海总部、上海市金融联合会、上海市浦东金融服务局，中外资银行高管、合规管理部门负责人、合规管理人员，部分省市银行业协会领导等 350 余人参加了本届年会。合规年会前瞻性地分析并交流了后危机阶段银行合规管理的着力点，为进一步提升银行业合规风险管理的有效性进行了积极研讨，达成了诸多共识。

(2) 自律机制建设。2009 年 12 月，公会颁发了《上海市银行业个人房地产按揭贷款业务自律公约》。这是根据中国银监会领导关于控制房贷风险，确保按揭贷款真实性的批示意见，在上海银监局支持下，为强化银行业自律，规范个人房地产按揭贷款业务，营造公平竞争环境，共同维护银行业良好竞争秩序，促进上海地区个人房地产按揭贷款业务稳健发展的有力举措。公会信贷维权专项小组为《上海市银行业个人房地产按揭贷款业务自律公约》的起草，颁布和执行做了大量工作。该公约于 2010 年 1 月正式执行。

2009 年下半年，根据上海银监局和市金融服务办的要求，为更好地规范银行客户投诉的处理工作，公会信访投诉小组牵头，经征求会员单位的意见，研究商议形成了《上海市客户投诉处理公约》草案，在履行相关审批程序后，已于 2010 年 1 月下发全体会员单位执行。

6. 推进银团贷款市场体系的建设

在上海"两个中心"建设中，促进银团贷款的整体发展和机制建设是一项重要任务，公会在以下方面开展了工作：

一是开展学习调研活动。为进一步完善银团贷款信息平台，公会银团贷款小组以及公会秘书处有关人员先后两次前往江苏省银行业协会就银团贷款信息平台建设问题进行学习和调研，深入了解银团贷款信息平台建立情况、信息登录、查询、统计，后台管理等情况，为进一步完善公会银团贷款信息平台建设提供了启发和帮助。

二是开展上海银行业银团贷款业务情况调查，撰写相关报告。在银团贷款小组组长行(中国银行上海市分行)的组织下，通过调研完成了《关于上海市银行同业公会银团贷款小组工作情况的专题报告》，并得到上海银监局的重视和指导。

三是规范银团贷款信息报送工作。公会向有关会员单位下发了《关于进一步做好银团贷款项目信息报送的通知》，重申银团贷款牵头行报送银团信息的要求，督促有关会员行及时准确报送银团信息。

7. 加强业务培训和从业人员队伍建设

(1) 人力资源管理方面：在对上海银行业人力资源管理热点问题分析调研的基础上，成功举办"2009 上海银行业人力资源管理年会"。同时，人力资源专委会通过沙龙活动，就共同关心的人力资源管理热点和难点问题进行了广泛深入的讨论和交流。

(2) 组织业务培训方面：根据中银协的要求，继续组织银行从业人员资格考试；根据上海金融工会的要求，开展银行柜员等级鉴定工作；根据会员单位的要求，组织外汇业务培训以及与上海银监局共同举办创新业务培训等。

8. 发挥协调沟通与服务作用

一是按惯例在每次理事会召开前组织会员单位举行分组会议，听取会员单位业务经营中遇到的具有代表性的问题和要求，经秘书处汇总后，完整地向监管和业务归口部门报告，并将其反馈意见及时向会员单位反馈，发挥了沟通和协调作用。

二是牵头协调解决会员单位经营中遇到的具体问题。主要与税务部门沟通协调，反映会员单位需税务局继续支持的相关诉求，包括商请对支付境外利息扣缴预提所得税豁免等；协调部分会员单位网点广告合法经营等问题。

三是向会员单位提供各类信息服务。主要包括通过与北大英华科技公司的合作，将提供"上海银行业中英文法律数据库"的查询服务，从会员单位扩大到全体准会员单位；向全体会员单位依法公示有关会员单位开除人员的信息。

9. 加强同业交流与合作

一是与中银协的交流。包括参加 2009 年全国银行业协会联席会议和专题会议；参加中银协召开的个人房地产贷款中介"返点"问题座谈会；与中银协培训部交流培训项目开发、课题研讨等培训工作。

二是与内地银行业协会的交流。包括组织外资银行代表参加江苏省银行业协会组织的以"金融危机下的经济契机"为主题的"2009 国际资本总部高峰论坛暨南京区域金融中心建设说明会"、第二届南通产业项目与上海外资银行洽谈对接活动；接待重庆市银行业协会来访；与来自中国银行业协会全国 37 家地方银行业协会(同业公会)的主要负责人进行交流。

三是加强与港台地区银行业协会的交流。2009 年 11 月，公会接待并陪同香港银行同业公会在上海的访问活动，通过拜访人行上海总部、上海市政府、上海银监局和同业公会领导，促进了两地的交流；公会接待了台湾银行公会和台湾金融研训院金融训练发展中心，并于 12 月组织部分会员单位赴台湾考察，通过与台湾银行公会及台湾主要银行机构的交流，在商业银行治理、中小企业融资、银行卡管理、银行服务以及海峡两岸金融合作与发展等共同关心的问题上有了深入了解和共识。

10. 加强公会自身建设，努力提高综合管理和服务水平

一是加强公会力量。在上海银监局向公会委派的专职副会长，以及会长、副会长单位即浦发银行、中国银行上海分行分别委派秘书长和副秘书长后，公会和秘书处的领导力量得到了加强，为公会提供了的有力的组织保障。

二是建立健全公会的各项管理制度。包括建立会长办公会议制度；制定公会公文处理、合同和印章管理制度（2009年公会总计收文263份，发文244份，签署合同30份）、信息平台管理制度、信访投诉管理制度以及会计财务管理办法等九项内部管理制度和操作流程，为建立决策机制和规范秘书处的运作，夯实了基础管理。

2009年，公会在全体会员单位的支持下，组织开展了以上十项重点工作，并取得了积极有效的成果。

（上海市银行公会）

第三篇　证　　券

一、证 券 公 司

1. 申银万国证券股份有限公司

申银万国证券股份有限公司由原上海申银证券公司和原上海万国证券公司于1996年7月16日合并设立，是国内最早的一家股份制证券公司。申银万国现有218家股东，其中中央汇金公司是第一大股东。创业二十余年至今，公司已经发展成为一家拥有近3 000名员工，资本金67.157 6亿元的大型综合类证券公司。除各直属总部外，申银万国在全国各地共设有9个分公司、2个代表处、145家营业网点。

公司拥有控股子公司——上海申银万国证券研究所有限公司、申银万国期货有限公司、申银万国投资有限公司和申万巴黎基金管理有限公司，并在香港特别行政区设有申银万国(香港)集团公司和控股的上市公司——申银万国(香港)有限公司。公司还参股富国基金管理有限公司。

申银万国在中国证券行业历史上创造了很多"第一"，如代理发行新中国第一张A股、第一张B股，创建新中国第一个股票交易柜台，率先开展QFII代理业务、代办股份转让业务等等。

2009年，申银万国共实现利润总额50.14亿元，被国际著名财经杂志《亚洲货币》评为19年以来"中国本土最佳经纪商"称号。

投资银行业务完成了"久其软件"、"同花顺"、"华星创业"3个A股IPO项目，以及"建峰化工"非公开发行项目的主承销，完成并购独立财务顾问项目1家，为ST耀华重大资产重组暨定向增发担任独立财务顾问；首次担任中国铁路建设债券的主承销商，实现了债券承销业务的新突破。承销各类债券189.68亿元。在《证券时报》主办的"2009中国区优秀投行"评选中，公司主承销的"天保投资债"被评为"最佳债券承销项目"。

经纪业务股票、基金交易市场占有率3.85%，市场排名仍保持第七位。B股交易量市场占比8.17%，市场排名保持第1位。全年举办了"上海证券报—申银万国投资者教育全国行活动"11场，重点安排在新设营业部和升级服务部所在城市，形成了良好市场品牌效应和业务效果。

自营业务在严格控制风险的前提下，努力追求投资收益最大化。"申银万国2号"集合理财计划，筹集资金规模达到24.27亿元。QFII业务共代理16家交易客户，继续保持市场领导地位。申银万国香港公司各项业务均呈现恢复性增长，在联交所排名有所提升，成功保荐兴利(香港)控股(0396)在香港主板挂牌上市。

研究所为总公司业务发展和金融创新积极提供研究支持，通过开展高端会议活动提升申银万国品牌影响力。研究所2009年度分别被《新财富》、《证券市场周刊》等评选为"最具影响力研究机构"第一名。

(申银万国)

2. 海通证券股份有限公司

2009年公司经营班子带领全体员工，坚定信心，合规经营，积极进取，取得了良好成绩：成功收购香港大福证券，国际化战略初见成效，制订了五年发展规划；设立了10家分公司，服务部规范为营业部工作基本完成，网点布局进一步优化；成功获得证券经纪人业务资格、社保基金国有股权托管资格及转持股份股权管理人资格；创业板业务开局良好；各子公司经营步入良性轨道；合规内控严格有序，连续第二年获得证监会分类监管AA评级。

全面推进经纪业务前中后台建设。公司正确处理规范管理和业务拓展之间的关系，强化内部管理，规范营销行为，顺利获得证券经纪人业务资格。完善客户服务系统；通过建立投资咨询团队、成立彩虹客户俱乐部和强化客户服务平台和理财中心建设，提升了客户增值服务能力。公司强化与重点基金公司的合作，加大对全国社保理事会的服务力度，成功争取到社保基金国有股权托管资格，并成为转持股份股权管理人，获得社保基金国有股权市值托管；积极拓展私募信托和保险公司客户，客户结构进一步优化。公司加强经纪业务规章制度建设，加大业务审核、实时监控、现场检查以及业务规范培训力度，有效推动了经纪业务的规范管理。

投行业务发展加速，试点设立了金融行业组，提升服务专业化，进一步提升投行管理水平。加强团队建设，积极扩充人才队伍，培养了一批投行业务储备人才。积极备战创业板业务，努力拓展债券业务，直投业务与投行业务实现良好互动。海外投行获得进展，实现了海通海外投行业务零的突破。

资产管理业务抓住时机，顺利发行 4 号集合理财产品“海通稳健成长”，同时 5 号产品也已获中国证监会受理，进入发行工作的准备阶段，首只海通 QDII 产品也已完成产品设计。自营业务稳健运作。

国际业务快速发展，加大海外机构客户的综合服务和业务拓展力度。新增 5 家 QFII 客户，QFII 客户数达到 10 家，实现佣金收入超亿元。

创新业务稳步推进，为新业务推出做好充分准备。融资融券和股指期货业务准备工作已就绪。公司还不断丰富和完善 ETF 各品种的交易策略，逐步建立了统一的电子交易系统。

公司成立了股权管理部，统一对子公司的管理与服务。各子公司保持了良好的发展势头。海通期货跃居成为国内资本金规模最大的期货公司，并通过 ISO9001:2008 质量管理体系认证，为股指期货等相关业务的顺利开展奠定了良好的基础。海通开元项目储备丰富，年内共投资 8 个项目，投资金额约 3 亿元。海富产业重点做好中比基金的管理工作，加强后续项目管理，为投资人和股东带来良好回报。海富通年金管理规模位列行业前列，QDII 产品业绩位居同类产品榜首。

内部管理水平进一步提高，有力支撑业务发展。

(1) 合规管理成效显著，风控体系不断完善。继续强化各项合规管理的基础工作，加大合规咨询与审查力度，进一步提升反洗钱工作水平，持续运行信息隔离墙系统。建立了以净资本为核心的动态监控系统，进一步完善风险监控体系建设，继续做好对风险的事前、事中和事后全程控制，深入研究创新业务和子公司业务的风险点，积极探索相应的风险防范措施。

(2) 财务管理严格规范，积极创造良好效益。强化财务管理，严格实行预算管理、降低费用；加强自有与募集资金管理与运作；积极做好所得税清算工作，争取财政扶持资金；加强分支机构财务管理与督导，推广经纪业务清算集中会计处理。

(3) 信息系统安全稳定，形成业务有效支撑。持续加强系统开发、支持和维护工作，确保信息系统安全稳定运行。

(4) 研究咨询强化质量，不断提升服务水平。坚持以市场为导向，强化研究服务能力和卖方研究职能，努力提升研究和服务的质量。

(海通证券)

3. 上海证券有限责任公司

2009 年，上海证券有限责任公司以科学发展观为指导，坚持“诚信、专业”的核心价值观，积极推进各项工作，很好地完成了全年的目标任务。

2009 年，公司抓机遇、求突破，以行业标准为标杆全面提升创利业务能力，全年实现收入 18.95 亿元，利润总额 10.44 亿元，净利润 8.35 亿元，净资产收益率达 20%。在投资业务方面，公司主动调整投资策略，有效控制风险，取得了很好的投资收益；在经纪业务方面，公司从加强营销体系建设、完善客户服务体系、优化网点布局等方面着手，积极推进业务转型，取得了明显的效果；在固定收益业务方面，公司实现了企业债主承销项目的突破，成功完成了丹阳城投交通投资有限公司6亿元企业债发行工作；在国际业务方面，公司成功完成第二家QFII机构的签约引进并顺利开展交易，积极探索新的业务收入来源；在资产管理业务方面，公司成功完成上证2号理财产品的募集设立，产品的净值增长率超过市场同类产品平均净值增长率；在并购业务方面，公司继续推进"三板"业务、财务顾问业务和直投业务等业务并积极做好项目储备，同时进一步加强了与子公司海际大和证券有限责任公司的业务联动。

2009年，公司进一步明确经纪业务的核心业务地位，全力推进经纪业务的发展。公司首批获得了上海辖区证券经纪人业务资格；不断完善了公司营销体系，大力推进营销队伍建设，积极探索与外部机构开展营销合作；积极推进服务体系建设，实现了客户分类管理和细分，丰富了金融产品体系；进一步完善交易平台建设，先后完成了公司新网站、经纪人信息系统、经纪业务非现场交易系统站点扩容升级和呼叫中心一期等项目建设；加快推进网点布局优化，全年共完成了10家营业网点的新设申报、迁址和升级等工作。

在2009年，公司以上市和分类评价为标准，有计划地推进各项基础建设。进一步完善了合规风控建设；积极推进信息系统建设，配合完成了上交所新一代交易系统的上线，完成了包括公司新网站在内的一批信息技术项目建设；围绕提高研究服务质量和市场影响力两个重点不断提升研发实力，公司3名研究员分别获得了2009年第五届《中国最佳证券分析师》明星分析师入围奖和最佳分析师奖，5个科研课题获得中证协和上海金融学会课题奖；积极提高财务管理能力，公司连续两年被评为"财务会计等级A类单位"和"纳税信用等级A类单位"；不断完善登记结算体系建设，进一步加强登记结算工作；努力提高综合协调和服务保障能力，公司连续8年获"治安防范先进集体"荣誉称号。同时，公司以机制改革为突破口大力推进市场化探索步伐，以加大人才培养、引进和储备为落脚点努力提高队伍整体素质；加大人力资源管理改革力度，启动了人力资源管理咨询项目；积极推进企业文化建设，公司工会获得了上海市总工会"2009年度上海市模范职工之家"和上海市金融工会工作委员会"2009年度上海金融系统先进职工之家"的荣誉称号。

（杨正莉）

上海证券有限责任公司新办公大楼

4. 国泰君安证券股份有限公司

作为与中国证券市场同期诞生的一家老牌证券公司，国泰君安一直以稳健经营的风格在业内著称，经过多年不断进取，团结奋进，稳扎稳打，努力拼搏，公司经营业绩连年突出，资产质量不断提高，管理水平先进，治理结构科学，创新能力多次抢得先发优势，综合实力持续增强，核心竞争力获得了跨越式提升。2009年，公司服务实体经济和资本市场发展，经营管理工作呈现出质效并举、稳健发展的良好势头，交出了一份合格的答卷，取得了令人瞩目的经营业绩，在严峻的市场环境和激烈的行业竞争中稳步前进，行业地位和排名得到巩固和提升。

公司稳步推进新五年发展战略，业务条块取得较好进展，经营业绩保持领先并上升的态势，整体实力显著提升；风险管控和合规管理水平得到空前加强，锤炼了跨周期发展能力。2009年，公司还继续扎实推进体制机制创新，继续深化改革转型，积极应对市场格局变化，优化管理流程，提高了持续发展水平；着力加强服务品牌建设，赢得了市场的高度认同。公司在中国证监会2009年度券商分类评级中，继08年后再次被评为A类AA级，这将使得公司在未来争取新业务资格时处于有利的地位。

(1) 公司再创佳绩。2009年股票市场震荡上扬，市场成交十分活跃。公司按照年初制定的“内涵发展为主，适度外部扩张为辅”的发展方针，开源节流，深化管理，合规经营，圆满完成了各项经营管理任务。根据未经审计报告，2009年公司实现业务总收入117.67亿元，税后利润63.38亿元。按母公司数据统计排名，2009年末公司营业收入、利润总额在同行业中均排第一位；净利润排在同行第二位；净资本排在第三位。

公司经纪业务、大投行业务、自营和资产委托管理等业务收入保持相对稳定，在券商业务的多项领域确保了公司行业领导者、先行者的优势地位。当年获批21家分公司、6家营业部，完成25家服务部升级，启动“君弘财富俱乐部”试点，获得首批经纪人资格。大投行业务整合初见成效，市场份额增长。资产管理业务紧抓创新，规模和收益排名前列。自营业务精准把握时机，取得领先业界的投资回报率。

(2) 品牌影响力继续扩大。以公司成立10周年为契机，推动品牌建设，开发公共资源，开展了一系列卓有成效的广告宣传活动，公司影响力显著提升。同时，良好的经营业绩也使得公司品牌的美誉度不断提高，品牌影响力继续扩大。2009年公司获得“中国区最具影响力投行奖”、“中国信息化建设优秀企业”、“全国精神文明建设工作先进单位”等多项荣誉。在第五届“中国500最具价值品牌”的评比中，公司第5年蝉联券商品牌第一，进入“中国500最具价值品牌”百强。

(3) 管理集约化发展更进一步。围绕推动各项业务开展，公司管理工作不断提高集约化水平，进一步实现适时有序，运行安全，合规有效，保障得力。落实窗口指导意见，开展融资融券业务试点准备工作，为获得第一批业务资格打下了基础。信息技术继续走在行业前列，完成了网上交易客户身份双因素认证系统建设，开发了客户服务中心功能，推动了客户分类分级、交易差异化服务进程，全面落实创业板客户适当性管理系统建设要求。提高合规经营水平、风险防范和控制能力，公司合规体系建设初步成型，完善了内核工作的后续评估和跟踪检查机制，实现了对二级市场业务运营的及时监控，保证了一级市场业务的审核质量。

(4) 证券控股集团雏形初显。目前各子公司业务平稳开展，公司上市仍在有条不紊地推进当中。子公司业务领域已经涵盖了基金、期货、直投以及国际业务等各个方面，公司证券控股集团的建设已经初现雏形。香港公司继续深化管理架构改革，期货公司积极备战股指期货，同时大力开拓其他业务。直投公司于2009年5月20日成立，并在成立当年，完成了对上海良信电器的投资。国联安基金公司客户数持续攀升，产品线日益完善。同时，公司设立资产管理子公司筹备工作进展顺利。

(国泰君安)

5. 东方证券股份有限公司

面对2009年急剧变幻的国际国内经济形势，东方证券遵循董事会年初确定的工作方针，抓住了经济复苏和市场调整的有利机遇，立足资本市场中介服务的基本功能定位，加快增长方式转型，培育核心竞争力，取得了各项业务的全面丰收，实现了稳定健康可持续的发展。

(1) 总体经营状况优良。东方证券全年完成营业收入37.51亿元，实现利润总额24.28亿元，净利润18.91亿元，每股收益为0.57元，每股净资产为2.71元，净资产收益率达到24%；年末总资产为336.64亿元，同比增长59%；净资产为89.28亿元，同比增长34%；净资本为72.44亿元，同比增长39%，净资本占净资产的比例保持在81%以上；以净资本为核心的风险控制指标持续满足监管要求，未发生重大违规金融案件。在中国证监会组织的证券公司分类监管评审中再次被评为A类A级，香港公司、股权直投公司的设立申请获得中国证监会批准，资产管理公司的设立申请进展顺利；公司在上交所新一代交易系统上线和深交所创业板市场投资者适当性管理工作中表现突出，分别受到上交所和深交所通报表扬。

(2) 经纪业务积极推进二次创业。东方证券成立了经纪业务二次创业推进小组，优化调整了经纪业务组织架构，初步建立总部和营业部的对口支援模式；全力抓好营销和咨询两支队伍建设，深入开展全员营销和全员咨询；建立了客户咨询服务平台，推动客户服务全覆盖，"东方赢家"系列咨询产品基本成型。全年共实现证券交易总额17 393亿元，市场占有率为1.35%，经纪业务收入同比增长39%。全年开户数净增加5.66万户，新引进500万元以上客户370户，代销开放式基金17.46亿元。年末客户交易结算资金规模达到205亿元，客户托管资产达到1 366亿元。

(3) 投资银行业务名列前茅。完成"光大证券"、"博深工具"、"西部建设"和"柘中建设"IPO，"长园集团"配股，"亳州城投"公司债发行，"云铁投债"和"云城投债"两个企业债主承销及西藏雅砻重大资产重组等项目。光大证券IPO项目融资规模达109亿元，为东方证券历史最高纪录，表明已具备承揽大型投行项目的能力。承销国债100.6亿元，创历史新高；承销国家开发银行金融债142.3亿元，名列承销机构第12位，在券商中排名第6位。全年证券承销业务净收入2.54亿元，主承销金额超过134亿元，均进入行业前10强，IPO募集金额排名行业第4位。

(4) 资产管理业务产品线日益丰富。"东方红2号"成功展期，新募集资金5.66亿元，总规模达到9.11亿元；"东方红4号"成功设立，募集资金6.29亿元；首只债券型集合资产管理计划"东方红现金宝"成功募集资金2.97亿元；"东方红先锋1号"在5个工作日内募集资金2.09亿元，成为市场上首只完成募集的"小集合"理财产品；"东方红5号"获批发行，仅用3个工作日就提前完成募集，创券商理财产品最快发行纪录，募集资金15.97亿元。"东方红4号"当年净值增长率为57%，在包括开放式基金在内的同期同类产品中排名第1位；"东方红3号"当年净值增长率为74%，"东方红2号(展期)"当年净值增长率为16%，在同期同类券商集合理财产品中均排名第2位。定向资产管理业务的两只信托计划——"晋龙1号"和"海洋之星1号"当年投资收益率分别达到147%和136%，在600多家阳光私募产品中双双进入前10位。

(5) 自营业务保持领先优势。股票自营业务试行了动态跟踪止损机制，全年实现投资收益4.39亿元，公允价值变动收益5.05亿元，投资资金净值增长率达到70%。债券自营业务在市场持续低迷中取得较好的投资回报，全年实现投资收益2.99亿元。成立金融衍生品业务总部，完成股指期货套利交易系统一期和主要交易市场行情咨询数据库的建设，设计开发股指期货套利和另类投资的交易策略。

(6) 证券研究进步显著。研究所不断扩充新生力量，完善研究平台，综合实力进一步增强，市场影响持续提高。证券研究销售体制和销售团队建设取得突破，全年基金分仓交易佣金收入达到1.49亿元，同比增长90%以上。积极支持各项业务拓展，新引进经纪业务VIP客户30家，资金达到17亿元。

(7) 子公司发展势头迅猛。汇添富基金管理有限公司全年共发行3只基金和8只一对多专户理财产品，年末管理资产总规模超过600亿元，在全行业60家基金公司中排名第14位，同比上升1位；投资业绩优异，汇添富价值精选基金在当年所有新发的100余只基金中净值增长率排名第1位。东证期货有限公司在上海期交所的排名上升到第7位，完成营业收入5 888万元，同比增长近4倍；实现利润总额2 040万元，同比增长22倍；全年共实现商品期货交易额2.1万亿元，年末客户资产达到10.4亿元，均同比增长2倍以上，增幅超过市场平均水平。

(8) 管理水平进一步提高。人力资源管理强化绩效管理的核心作用，促进绩效目标导向机制、人岗匹配优化机制、奖惩机制、员工发展和退出机制的形成；注重高层次海外人才资源的开发利用，已有2人入选国家“千人”计划，1人入选上海“浦江计划”。资金财务管理做好资产负债配置计划执行情况的跟踪分析，开展净资本及风险控制指标敏感性分析和压力测试，财务系统的集成共享初见成效。成立了公司IT治理委员会，完善了IT治理组织和工作机制，围绕经营管理完善、改进、升级和开发各类信息技术系统。客户账户集中管理系统完成了所有营业部的上线工作，账户、交易、结算三者分离，实现了网上预约开户和业务回单全打印模式，大大提高了开户效率，同时也强化了流程控制和风险管理。顺利通过监管部门合规管理的现场检查，反洗钱制度获得了中国人民银行的肯定，颁布了公司2009—2011年提升合规管理工作有效性三年行动计划，以合规与风险管理联席会议为纽带，形成了各部门的工作合力。建立健全维稳工作长效机制，颁布实施了维稳应急预案，明确了重大突发事件的报告和处置程序。与新华社上海分社签订战略合作框架协议，精心策划“世博，让城市更美好；东方，让客户更满意”系列营销活动和以“中国红——东方红”为主题的投资者教育活动，组织完成公司内外网站改版切换，有效提升了公司的品牌形象。当选全球商业杂志《财富》(中文版)第四届“卓越雇主：中国最适宜工作公司”；在“第七届新财富最佳分析师”评选中，研究所电子研究团队荣获电子行业第1名；上海张杨路营业部荣获“2007—2008年度上海市文明单位”称号。

东方证券股份有限公司

(东方证券)

6. 中银国际证券有限责任公司

中银国际证券有限责任公司由中银国际控股有限公司联合中国境内五家大型企业——中国石油天然气集团公司、国家开发投资公司、红塔烟草(集团)有限责任公司、中国通用技术(集团)控股有限责任公司以及上海国有资产经营有限公司共同投资，经中国证监会批准于2002年2月28日在上海正式成立，注册资本15亿元人民币，2006年获创新试点证券公司资格。

中银国际证券总部设在上海，并在北京、深圳、广州、成都、哈尔滨等20个主要城市设有1家分公司和23家证券营业部。中银国际证券的经营范围包括：证券(含境内上市外资股、短期融资券)发行上市的保荐与承销(含主承销)、证券经纪、证券投资咨询、与证券交易、证券投资活动有关的财务顾问、债券自营交易、证券资产管理、证券投资基金代销、代办股份转让主办券商业务和报价转让业务、银行间市场利率互换业务、为期货公司提供中间介绍业务(IB)等。中银国际证券还通过全资子公司中银国际期货有限责任公司和中银国际投资有限责任公司分别从事期货业务和直接投资业务。

成立8年多来，中银国际证券积极发挥“深厚银行背景、跨境金融服务”业务优势，依托中国银行全方位的金融服务平台、借鉴中银国际控股丰富的境外资本市场运作经验，努力为客户提供高品质、专业化、个性化的投资银行和证券服务，并迅速成长为具有较强市场竞争力的投资银行。公司的投资银行和固定收益业务保持了行业领先地位，经纪业务部均交易额稳定在行业排名前十位，资产管理业务和创新业务也获得了稳步发展。

2009年，中银国际证券抓住证券市场回暖的机遇，取得了良好的经营业绩。2009年公司实现审计后营业收入20.03亿元，利润总额10.27亿元，税后利润7.66亿元，净资本收益率为22.73%。

在投行业务方面，公司积极推进财务顾问项目的营销与承揽，加强IPO项目的储备力度。在下半年IPO重启后，由公司担任独家主承销商、保荐人的中国一重首发申请于12月16日获中国证监会发审委审核通过，中国一重于2010年2月9日在上海证券交易所成功挂牌上市。公司还担任了铁道部、国家电网、中交公司债等25只企业债和公司债的承销工作，保持了较大的市场影响力。根据证券业协会的数据统计，公司全年股票及债券承销金额排名位列行业第3。在零售经纪业务方面，公司保持了股票、基金交易总量和部均交易量的市场排名。2009年，公司资产管理业务迈出重要一步，集合资产管理计划—中国红1号(混合型)和中国红基金宝(FOF)相继成立，第三只集合理财产品，中国红货币宝也于2010年2月获得批复。

2009年，公司在各类评比中多次获奖。获《上海证券报》"中国最佳证券经纪商"评选"最具潜力证券经纪券商奖"；获《证券时报》"2010中国区优秀投行评选"评选"最佳创新投行"、"最佳债券承销投行奖"；获《21世纪经济报道》"中国券商奖"评选"最佳债券奖"；获得和讯网"财经风云榜"评选"最令投资者满意的证券公司"、"最具成长性投资银行"、"中国最佳研究机构"奖；在《证券市场周刊》"水晶球最佳卖方分析师"评比中，获"最具影响力研究机构"、"最具独立性研究机构"、"最具创新性研究机构"三项团体评比第一；在"本土金牌研究团队"的综合排名中获得第七、并获得北京区域金牌销售团队第一、上海和深圳金牌销售团队第二。

2009年，公司在各项业务稳健发展的基础上，卓有成效的推进创新业务开展。从事直接投资业务的全资子公司——中银国际投资有限责任公司已成立，相关业务正在积极拓展中；公司取得了中间介绍业务(IB)资格，已正式开展股指期货业务。

(中银国际)

二、基金管理公司

1. 光大保德信基金管理有限公司

光大保德信基金管理有限公司是由中国光大集团控股的光大证券股份有限公司和美国保德信金融集团旗下的保德信投资管理有限公司共同创建的一家中外合资基金管理有限公司，于 2004 年 4 月 22 日正式成立，公司总部设在上海。光大保德信在 2005 年 10 月完成了增资，注册资本金从原有的 1 亿元人民币增加到 1.6 亿元人民币，成为国内注册资本金最大的基金管理公司之一。在组织构架上，公司管理层共设立财务部、运营部、信息技术部、投资部、专户理财部、交易部、市场部、销售部、客户服务部、监察稽核部和人力资源部 11 个职能部门，以及北京分公司。除设立独立的监事会外，还在董事会下设薪酬、提名和资格审查委员会，审计委员会、风险管理委员会及督察长的职位。

公司自成立以来形成了鲜明的企业文化，确立了“德信为本，客户至上，携手共进，追求卓越”的经营理念，力争为广大投资者提供丰富的基金产品和国际标准的投资服务。截至 2009 年底，公司已顺利发行了 8 只开放式基金，即光大保德信量化核心证券投资基金、光大保德信货币市场基金、光大保德信红利股票型证券投资基金、光大保德信新增长股票型证券投资基金、光大保德信优势配置股票型证券投资基金、光大保德信增利收益债券型证券投资基金、光大保德信均衡精选股票型证券投资基金及光大保德信动态优选灵活配置混合型证券投资基金。

光大保德信量化核心证券投资基金成立于 2004 年 8 月，为股票型基金中风险相对偏高的产品，股票投资比例持续保持在 85%～95%，适合可以承受较高风险，并希望最大程度分享牛市上涨收益的投资者。

光大保德信货币市场基金成立于 2005 年 6 月，主要投资于低风险的短期金融工具，属于低风险产品，适合具有短期资金需求的投资者。

光大保德信红利股票型证券投资基金成立于 2006 年 3 月，通过对高分红类股票及其他具有投资价值的股票进行投资，追求短期收益和长期增长的结合，适合有较高风险承受能力的投资者。

光大保德信新增长股票型证券投资基金成立于 2006 年 9 月，投资目标是通过投资于符合国家经济新增长模式且具有长期发展潜力的上市公司，为投资者获取稳定的收益。它适合于有较高风险承受能力的投资者。

光大保德信优势配置股票型证券投资基金成立于 2007 年 8 月，通过投资于国家重点支柱产业，市值排名前三分之一的股票，通过投资组合优化器构建并动态优化投资组合，挖掘优势产业，适合于有较高风险承受能力的投资者。

光大保德信增利收益债券型证券投资基金成立于 2008 年 10 月 29 日，主要投资债券类投资工具，属于低风险产品，适合于风险承受能力偏低的投资者。

光大保德信均衡精选股票型证券投资基金成立于 2009 年 3 月 4 日，通过选择具备优良成长且价格合理或被低估的上市公司股票，以期实现基金资产的长期稳健增值。它适合于有较高风险承受能力的投资者。

光大保德信动态优选灵活配置混合型证券投资基金成立于 2009 年 10 月 28 日，通过对宏观经济形势、大类资产预期收益率变化及证券估值三个层面的系统、深入地研究分析，制定科学合理的大类资产配置策略及股票、债券分类投资策略，以期实现基金资产的长期稳健增值。它适合于有一定风险承受能力、具有稳健型投资特性的投资者。

此外，光大保德信基金管理有限公司于2008年获得了专户理财（特定客户资产管理业务）资格及QDII（合格境内机构投资者）资格。

为更好服务于基金投资者，拓宽投资者投资光大保德信基金管理有限公司旗下开放式基金的渠道，公司已和银联、建设银行、农业银行、招商银行、民生银行合作开展开放式基金网上交易业务，业务范围包括基金的开户、认购、申购、赎回、基金转换、账户资料变更、分红方式变更、信息查询等业务。公司的投研团队紧紧抓住市场机遇，通过投研流程再造，优化了投研体系，成绩斐然，与此同时，公司品牌形象和服务能力亦得到较大提升。

（光大保德信）

2. 汇添富基金管理有限公司

汇添富基金管理有限公司由东方证券股份有限公司、文汇新民联合报业集团、东航集团于2005年2月联合发起设立，注册资金1亿元。公司注册地在上海，总部设在上海陆家嘴金融贸易区，在北京、广州两地设有分公司。公司经营范围包括：基金管理业务，发起设立基金，经中国证监会批准的其他业务（涉及许可的凭许可证经营）。

汇添富基金信奉“正直、激情、团队、客户第一、感恩”的公司文化，追求为投资者打造高质量的“快乐基金”。公司成立至今以一流的企业文化汇聚中外精英，开发市场欢迎的产品系列，建立高效的销售渠道，提供优质的客户服务，实施一流的投资风险管理。汇添富基金在中国基金行业率先获得特定客户资产管理业务资格和QDII（合格境内机构投资者）业务管理资格，与全球顶尖投资管理公司资金集团（Capital Group）下属企业资金国际（Capital International）缔结了QDII合作关系，并成为加入亚洲公司治理协会（ACGA）的首家中国企业。

2009年，汇添富基金积极推进产品线建设，成功发行汇添富价值精选股票型基金、汇添富策略回报股票型基金，以及中国首支上证综合指数基金——汇添富上证综合指数基金。截至2009年底，公司已拥有各类基金产品9只，形成了覆盖高、中、低各类风险收益特征，较为完善、有效的产品线。基金份额持有人户数超过300万。资产管理规模位居全行业60家基金公司中第14位。公司竞争实力和竞争地位稳步提升。

公司秉承“以企业基本面分析为立足点，挑选高质量的证券，把握市场脉络，作中长期投资布局，以获得持续稳定增长的较高的长期投资收益”的投资理念，遵循严密、科学的投研流程及全程嵌入式的投资风险管理流程，为投资者提供持续领先的长期投资收益，同时保持旗下基金较低换手率。2009年，汇添富基金进一步大力加强投资研究团队建设，目前已经形成了由经验丰富的投资总监、研究总监和基金经理，以及数十名研究员组成的专业投资研究团队，选股能力作为汇添富投资团队的核心能力进一步加强。

2009年，以一对多专户理财业务开闸为契机，汇添富基金积极开展专户业务，大力加强专户投资团队建设，投资经理均有至少八年以上的投资经验，在资产管理领域拥有广泛丰富的实践经验。汇添富专户资产管理规模迅速发展，投资业绩优秀，为投资者创造了良好的业绩回报。

2009年是汇添富基金国际业务迈出关键步伐的一年。2009年5月，汇添富基金成为业内第五家获准设立海外子公司的基金管理公司。汇添富资产管理（香港）有限公司已于2009年11月注册，成为汇添富基金开展境外资产管理业务以及跨境业务和合作的平台。同时，公司首只QDII基金——汇添富亚洲澳洲成熟市场（除日本外）优势精选股票基金亦获准发行。公司于11月获批10亿美元QDII外汇额度。

在公司各项业务全面发展的同时，汇添富基金高度重视投资者服务和教育工作。2009年，公司继续积极开展“添富之约”投资者巡讲系列活动，成功举办了数百场大型投资者教育宣讲会以及数百场的小型交流会，直接受众达到数万人之多。2009年公司接连荣获“最佳投资者关系奖”、最有影响力基金品牌奖、第一财经金融价值榜“年度基金理财品牌”等行业大奖。

汇添富基金努力践行企业公民的社会责任回报社会。2009年,公司在云南怒江全资捐建的“添富小学”正式挂牌投入使用,并启动“河流与孩子——金沙江流域助学计划2009”。同时,公司积极探索企业慈善公益事业新模式,设立上海汇添富公益基金会,成为上海金融业第一家公益基金会。2009年公司“河流与孩子”项目在上海基金业“传承责任,共谱未来”投资者教育活动中评为“最受网民关注的社会责任事件”之一,并荣获第一财经金融价值榜“年度社会责任奖”、中国金融企业慈善榜“基金业突出贡献奖”等公益奖项。

(汇添富)

3. 国海富兰克林基金管理有限公司

2009年,中国证券市场经历了先上涨之后的震荡,沪深300指数涨幅超过95%。反弹的市场使得基金行业的整体规模有所增加。截至2009年12月31日,572只证券投资基金资产净值合计2.672万亿元人民币。2009年的基金市场呈现了4个明显特征:其一,股票方向基金净值增加9 610亿元人民币;其二,固定收益方向基金净值减少;其三,行业集中度保持较高水平;其四,指数型基金大量发行。在此情况下,公司紧紧围绕董事会确定的经营方针,抓住有利的政策与市场机遇,取得了良好的投资业绩,行业排名与上年基本相当。

2009年初,公司认为投资环境较为乐观,为了让投资人能分享较大的投资收益,因此在2009年2月20日发行富兰克林国海成长动力股票型基金。尽管发行过程中正好处于A股市场2次底部确认的过程,市场情绪不高,但经过共同努力,仍然在2月20日至3月20日一个月的时间募集金额达到了人民币11.10亿元。该基金于2009年3月25日正式成立。

2009年中期,随着国家4万亿元经济刺激计划的实施,趋势性的投资机会已经到来,而能够帮助投资人完全把握大趋势性投资机会的就是指数基金。基金公司于2009年8月3日发行富兰克林国海沪深300指数增强型基金,在证券市场的推动和全体员工的共同努力下,在一个月的时间募集金额人民币24.24亿元。该基金于2009年9月3日正式成立。

国海富兰克林基金管理有限公司早于2008年4月获得中国证监会授予的特定客户资产管理业务资格,即专户理财资格。自2009年8月18日,中国证监会开始接受基金“一对多”专户理财产品申报,国海富兰克林基金于2009年9月起,开始陆续接受特定单个客户资产管理业务申请,同时上报“一对多”相关专户理财产品,于2009年11月2日正式发行。首只专户产品募集金额超过2.5亿元。

同时,国海富兰克林联合财富证券、光大银行,推出了业内首只创新型的结构化“一对多”产品,对投资人风险偏好程度进行分级,一般受益人运用杠杆放大的手段,满足高风险高收益的券商投资群体扩大可能的收益的需求;在优先受益人部分运用了风险转移的手段,对未来收益进行了锁定满足了银行风险厌恶的客户群体的需求。该产品的创新性获得了投资者的欢迎,发行一周即结束募集。

为了帮助投资者更加了解国内外经济的发展形势,国海富兰克林基金在2009年11月,特联手《财经》,主办《“后危机时代”的全球金融与中国机会》的财经论坛,邀请新兴市场教父马克·墨比尔斯博士,全国人大财经委副主任委员吴晓灵,国家统计局总经济师姚景源,高盛中国经济学家乔虹,财政部财政科学研究所所长贾康,中金首席经济学家哈继铭,住建部政策研究中心主任陈淮,分别做了主题演讲和圆桌讨论。国海富兰克林同时携手搜狐网、网易网、腾讯网、和讯网、东方财富网,对全国网民、投资者进行现场直播和交流,分享专家们的精彩见解,受到投资人一致好评。

国海富兰克林借助外方股东富兰克林邓普顿基金集团60多年的全球投资经验,扎根中国市场,坚持“财富源自前瞻”投资理念,努力为投资人提供长期稳健的投资回报。

(国海富兰克林)

4. 诺德基金管理有限公司

诺德基金管理有限公司是由美国独立资产管理公司诺德·安博特公司联合国内长江证券股份有限公司和清华控股有限公司共同发起设立的，2006年5月8日经中国证监会批准，2006年6月8日公司正式成立。公司注册资金为1亿元人民币，总部位于上海陆家嘴。

公司自成立以来已顺利发行了四只基金，即诺德价值优势股票型证券投资基金、诺德灵活配置混合型证券投资基金、诺德增强收益债券型证券投资基金及诺德成长优势股票型证券投资基金。

诺德价值优势股票型证券投资基金成立于2007年4月，该基金秉承和深化价值投资理念，精心挑选优势行业中的优势企业，投资于具有持续竞争优势和价值增长潜力的上市公司，在充分挖掘企业投资价值的基础上，进行中长期投资，为基金份额持有人创造长期稳定的回报。

诺德灵活配置混合型证券投资基金成立于2008年11月，该基金重点关注中国在经济崛起的过程中带来的结构性变化，深刻分析影响国家经济发展和企业盈利的关键和趋势性因素，追求资产的长期稳定增值，在有效控制风险的前提下为基金份额持有人创造超越业绩比较基准的长期稳定回报。

2009年公司又成功发行诺德增强收益债券型证券投资基金和诺德成长优势股票型证券投资基金，进一步丰富产品线，扩大投资者的选择面。

诺德增强收益债券型证券投资基金通过研究分析国内外宏观经济发展形势、政府的政策导向和市场资金供求关系，形成对利率和债券类产品风险溢价走势的合理预期，并在此基础上通过对各种债券品种进行相对价值分析，综合考虑收益率、流动性、信用风险和对利率变化的敏感性等因素，主动构建和调整投资组合，在获得稳定的息票收益的基础上，争取获得资本利得收益，同时使债券组合保持对利率波动的适度敏感性，从而达到控制投资风险，长期稳健地获得债券投资收益的目的。

诺德成长优势股票基金重点关注具备高成长潜力的行业和个股，通过投资于具备充分成长空间的行业和拥有持续竞争优势的企业，分享中国经济和资本市场高速发展的成果。基于对世界和中国经济增长和产业结构变迁、全球技术创新和商业模式演化、上市公司争夺和把握成长机遇能力等因素的深入分析，在有效控制风险的前提下，努力为基金份额持有人创造风险收益比合理、超越业绩比较基准的回报。

此外，公司的“诺德教育俱乐部”继续为基金持有人提供可持续的教育理财计划，同时为了提高合作渠道客户经理的投资者教育水平，利用诺德教育俱乐部提升渠道客户经理基金专业知识和销售服务素质。诺德教育俱乐部2009年为基金持有人提供25 000本投资教育书籍。

2009年，诺德教育俱乐部再次成功举办诺德—清华“成长天使”夏(冬)令营和诺德—清华高级管理研修班，为广大投资人提供高品质的增值服务。对内方面，客户服务系统的全面上线使得客户服务流程化管理更趋规范严谨，同时依据各种数据信息使得销售管理在科学性、前瞻性、计划性、应变性等方面有了长足进步，使得客户服务更全面、及时、便捷、通畅。

客户服务部全年进行“小额(鹅)立大功”为主题的定投业务推广活动。通过对公司网站改版、制作定投理财笔记本及“小额(鹅)立大功”定投业务推广的直邮营销和外呼营销工作，为投资者提供细致的服务。此外，结合2009年度账单寄送，进行2009年度客户服务满意度调查及“弘扬绿色精神，支持环保事业”电子对账单推广活动。

(诺德基金)

5. 东吴基金管理有限公司

东吴基金管理有限公司于2004年9月经中国证监会批准成立，公司股东为东吴证券有限责任公司(占49%股份)、上海兰生(集团)有限公司(占30%股份)、江阴澄星实业集团有限公司(占21%股份)。注册资本1亿元人民币，公司总部位于上海浦东源深路 279 号，并在北京设有分公司，经营范围包括基金管理业务、发起设立基金和经中国证监会批准的其他业务。

作为传统吴文化与前沿经济理念的有机结合，东吴基金管理有限公司崇尚“以人为本，以市场为导向，以客户为中心，以价值创造为根本出发点”的经营理念；遵循“诚而有信、稳而又健、和而有铮、勤而又专、有容乃大”的企业格言；树立了“做价值的创造者、市场的创新者和行业的思想者”的远大理想，创造性地树立公司独特的文化体系，在众多基金管理公司中树立自己独特的优势和品牌。

2009 年以来，东吴基金更逐渐用其长期投资业绩赢得了投资业内的口碑，使得公司影响力不断扩大。2009 年年初，公司权益类资产管理能力在银河证券基金研究中心 2008 年度 60 家基金公司排名中位列第三。2009 年 1 月，在《证券时报》主办的“2008 年度中国明星基金评选”中获“2008 年度资产配置明星基金公司”。2009 年 3 月，在《上海证券报》主办的基金评选中入围“最快进步奖”。2009 年 3 月，在《21 世纪经济报道》主办的赢基金评选中获“2008 中国基金管理公司最快成长奖”。2009 年 10 月，东吴基金管理有限公司主办东吴新经济财富论坛在上海召开，成为基金业内一件大事。在此次论坛上，东吴基金敏锐地捕捉到了其后新兴产业的发展契机，体现出公司长远的投资眼光，也为 2010 年的成功投资奠定了基础。

同时，东吴基金也始终没有忘记回馈社会。2009 年 9 月，东吴基金携手上海市政协民族和宗教委员会，在市政协文化俱乐部举办了“阳光育人计划——东吴基金专期”公益捐款活动，该活动旨在帮助上海高校在校少数民族学生顺利完成学业，实现人生理想，成为创建和谐社会的栋梁人才。

东吴基金管理有限公司拥有一支经验丰富而又充满活力的专业团队，平均年龄 31.2 岁，其中硕士以上学历占 66%；具有 5 年以上基金、证券从业经历的占 71%；公司高管和主要投资管理人员的平均金融从业年限为 10 年，具有丰富的实践操作经验和管理经验。

公司的产品线也一直在不断丰富中。2009 年 5 月，东吴进取策略混合型基金正式成立。该基金在适度控制风险并保持良好流动性的前提下，以成长股作为投资对象，并对不同成长类型股票采取不同的操作策略以取得更好的收益。2009 年 12 月，东吴新经济股票型基金宣告成立。该基金通过投资于引领经济发展未来方向的新兴产业的上市公司，享受新经济发展带来的高成长和高收益，重点投资其中具有成长优势和竞争优势的上市公司股票，体现了东吴基金管理有限公司对于国家经济转型期的先发布局。截至 2009 年 12 月 31 日，公司共有 6 只基金，它们是东吴嘉禾混合型基金（580001）、东吴双动力股票型基金（580002）、东吴行业轮动股票型基金（580003）、东吴优信稳健债券型基金（582001）、东吴进取策略混合型基金（580005）、东吴新经济股票型基金（580006），其产品线还在不断丰富、拓宽之中。

（东吴基金）

三、证券自律组织

1. 上海市证券同业公会

上海市证券同业公会 2009 年末共有单位会员 557 家。公会自觉接受中国证券业协会、上海证监局、上海市社团局的指导和管理，依靠广大会员，认真贯彻全国证券期货监管工作会议精神，加强自律工作，深化服务职能，发展沟通机制，2009 年主要做了以下几项工作。

（1）继续开展佣金自律工作。就中国证券业协会《关于进一步加强证券交易佣金自律管理工作有关事项的通知》要求，公会向所有证券营业部负责人作了传达，草拟了上海地区加强证券交易佣金自律管理工作的初步方案，并就拟开展的佣金标准报备、公示工作，召集了多个座谈会，广泛听取了意见。对涉及低佣金揽客的投诉举报，及时进行提醒、回复，共同维护市场公平竞争。

（2）积极探索证券经纪人自律管理。为积极贯彻落实《证券经纪人管理暂行规定》，规范证券经纪人的执业行为，不断修改完善《上海地区证券经纪人执业自律规则》，召集多次券商座谈会，听取意见和建议，增强《规则》的可操作性。该《规则》已于 2010 年 2 月 10 日经第四次会员大会第一次会议表决通过，并在本地区实行。

（3）建立了上海地区证券经纪人信息平台和备案系统。为加强上海地区证券行业的诚信建设和证券经纪人的自律管理，公会建立了供社会查询的“上海地区证券经纪人信息平台”和供证券经营机构使用的“上海地区证券经纪人备案系统”。计划将上海地区合规的证券经纪人相关信息予以公开，供投资人查询和使用，增强防范证券欺诈的有效性。

（4）及时反映行业呼声。就中国证监会《证券经纪人管理办法》（草案）、中国证券业协会《证券经纪人委托代理合同》（征求意见稿）等法规文件，及时组织会员讨论，提出修改建议。同时就行业内普遍关心的问题，如佣金价格战向主管单位和中国证券业协会提出建议和要求。

（5）开展各类专题培训。一是配合相关部门举办了四期证券营业部负责人合规培训、上海地区基金公司投研人员合规培训，二是举办了“世博与上海发展机遇”专题报告会，三是与深交所合作对证券营业部负责人进行创业板上市的培训。

（6）继续认真开展投资者教育活动。公会继续印制并发放“证券投资百问百答”、“基金投资百问百答”、“期货投资百问百答”、“案例汇编”宣传资料。同时，还向证券营业部发放了投资者教育光盘动画片 2 000 多张。还组织会员在上海 18 个区开展了“证券业安全理财”百场公益讲座社区行活动，有 4 000 多市民参加活动。

继续与银行、保险、期货公会共同编写《理财》教材，共分小学、初中、高中三本，目前三本书已进入最后编辑阶段，预计 2010 年可进入课堂，实现投资者教育从中小学生抓起。

（7）开展迎世博活动。根据上海市迎世博 600 天行动窗口服务指挥部发出的《关于进一步做好窗口行业服务规范梳理完善工作的通知》要求，为切实提高窗口行业的服务能级，促进窗口服务规范化，公会拟定了《上海市证券业窗口服务规范》。同时，公会向指挥部提供相关材料，做好扩大窗口行业迎世博“服务文明”调查测评工作的各项准备工作。

（8）组织会员参加上海金融服务中小企业洽谈会。由上海市金融办牵头，在上海证监局的指导下，公会组织了 13 家会员参加了为期两天的 2009 上海金融业服务中小企业洽谈会，反响良好,公会也因此获优秀组织奖。

(9) 发挥公会网站的作用,扩大沟通与交流。2009 年公会网站运行更加平稳,内容逐渐丰富,浏览量进一步提升。至年底网站累计浏览量为 103 万多人次,其中 2009 年浏览量为 60 万多人次,日均达 510 人次,浏览量同比上升 225.58%。还在网站发布文章或消息 6 300 篇,网站开通以来累计已达 20 739 篇。

继续保持经常向主管单位的汇报工作机制、不定期与相关业务处室进行沟通的制度,反映会员的呼声。还以组织会议及活动的方式继续加强与会员及其他相关部门的沟通,同时为会员单位之间提供交流平台,发挥桥梁纽带作用。邀请部分会员单位参加第七届国际金融中心研讨会暨 2009 中国金融人才战略高峰论坛。还加强两岸证券业者的交流,接待台湾证券商同业公会一行在沪的参访活动。

(上海市证券公会)

2. 上海市期货同业公会

2009 年,中央提出推进上海成为国际金融中心、国际航运中心两大任务,期货作为金融行业内的新兴力量也被明确了性质与定位。这给期货市场的发展带来了新的契机,期货公会的会员队伍也不断壮大,截至 2009 年 12 月底共有 114 家会员单位。在上海证监局和中国期货业协会的指导下,在理事会、监事会的指导和监督下,秘书处全体员工谨遵公会宗旨,充分发挥服务功能,紧密团结和依靠广大会员,全面落实年度工作计划。

1. 诚信自律委员会

促进行业稳定健康发展,加强行业诚信自律,充分发挥我会的自律、服务职能。

一是规范期货行业手续费标准,建立上海地区居间人培训机制。公会针对上海地区期货经营机构手续费收取偏低、期货经营机构居间人管理的问题进行调查研究,制定并公布实施了《上海市期货业居间人自律管理规则(试行)》和《上海地区期货经营机构手续费收取标准的倡议书》,以及《上海地区期货居间业务自律管理实施细则》和《上海地区期货经营机构手续费收取自律管理实施细则》。

二是强调企业文化、合规经营、社会责任的重要性。公会先后组织"争创诚信企业"和"ISO9001 质量认证观摩会"活动,同时制定了《上海地区期货公司社会责任工作指引》,强化会员诚信服务意识,进一步丰富和充实了会员企业服务内容。

三是加强与法律、财税部门的沟通,反映会员诉求,维护会员合法权益。2009 年为维护会员合法权益,反映会员合理诉求,公会先后与政府相关部门取得联系,建立沟通交流机制,努力营造期货行业健康发展的良好环境。

2. 宣传交流委员会

加强业内会员交流沟通、对外联络宣传工作,坚持为会员提供多方面服务,为创新发展提供了良好保障。

一是出版期货行业刊物,建立展示会员风采平台。与中小企业办公室合作,推出了中小企业杂志期货专刊;举办"钢材期货风险管理培训班";在中小企业网站设立期货专栏,由会员单位轮值负责更新板块内容,努力扩大期货行业的影响力。着力于公会会刊的出版,积极鼓励会员投稿,为期货行业人士提供了一个促进良性互动、展示个人风采、激发创新思维提供平台。

二是加强行业内外的沟通交流,为期货经营机构相互学习搭建桥梁。先后组织会员单位进行交流座谈,讨论上海地区期货业内热点问题以及联谊机制。以及接待台湾交易所、福建省证券期货业协会的上海考察之行等活动,促进行业内外的交流沟通。

三是丰富文体活动,深化行业交流。公会组织的新春联欢会和行业趣味运动会等大型联谊活动,为会员单位搭建了沟通的平台,进一步增进各兄弟会员单位之间的联系,营造出和谐健康的氛围,也使公会的组织协调服务作用得以充分地体现。

四是加强法律知识宣传,提高会员法律意识。组织举办"2009 年期货法律知识宣传暨现场咨询会”，对推动上海地区期货业规范运作、守法经营，维护上海地区期货投资者的合法权益起到推动作用，真正为上海法治环境建设在金融领域的推广奠定良好基础。

3. 培训教育委员会

加强人才培训，针对不同类别和层次的人员培训，推动上海期货行业“人才工程”建设的稳步发展。

一是促进大学生就业，进行免费岗前培训。年初公会组织会员单位参加了浦东新区企业与名校对接的招聘活动，并在招聘结束后对期货公司新录入的大学生进行免费培训。

二是加强对期货从业人员的岗位系列培训。举办上海地区期货专业系列培训，包括人力资源培训、信息安全管理培训、营销专员培训、研发专员培训等从事期货业各岗位人员的培训，成为上海期货业实施“人才工程”建设的具体措施之一。

三是期货师项目力争成为期货行业的职业认证标准。2009 年，上海辖区共有 26 位期货机构高管获得“高级期货师”证书，为进一步扩大“期货师”项目的影响力，经过公会积极准备已完成向上海市职业能力考试院申请的“期货师”培训认证项目的初审阶段，填补了期货行业职业资格认证的空白。

四是与大连商品交易所密切合作。2009 年以来，公会顺利完成了大连商品交易所期货学院第四期期货分析师研修班培训工作。

4. 发展研究委员会

组织课题研究，规范运作的行业经验，提高自律规范水平、风险控制能力，促进行业发展取得初步成效。

一是筹办“低碳经济与期货市场论坛”。在浦东新区政府、上海证监局、上海期货交易所的支持下，公会积极筹备策划一次高层次、高水平的论坛。

二是加强会员投资者教育工作意识，协助中期落实 2009 年投资者教育检查工作。按照中期下发《期货投资者教育工作指引》规定，汇总会员上报投资者教育工作计划，制定检查方案，对辖区内期货经营机构进行现场和非现场检查工作，有效促进了会员单位投资者教育工作的开展。

三是解决行业顽疾问题，探索创新业务，促进行业健康发展。针对行业内有关手续费、居间人等问题，公会积极组织同济大学期货界的研究学者和法律界的专家进行探讨与论证，最终形成定稿试行。同时，为行业创新业务的发展研究，公会组织召集部分期货公司总经理召开境外代理业务的交流座谈会，对期货公司境外代理业务的内容进行广泛讨论。

四是建立行业岗位服务标准，举行岗位竞赛活动，提升行业服务质量。组织业内专家制定《金融客户服务专员（期货）工作规范标准》、编写了《金融客户服务专员教材》，成为行业内客服岗和交易岗的职业标准。

五是推荐行业优秀人才，加大对行业内高端人才的关注。协助中共上海市金融工作委员会开展 2009 年上海领军人才选拔工作，在期货行业内选拔优秀人才成为行业标兵。

5. 技术保障委员会

加强市场风险防范和技术安全保障，为维护期货市场安全稳定运行做了大量工作。

一是组织期货公司信息技术检查交流座谈会，为上海地区期货行业技术保障提供交流与共同进步的平台。

二是加强风险提示，提升会员风控水平。

（上海市期货公会）

第四篇　保　　险

一、人寿保险公司

1. 中国人寿保险股份有限公司上海市分公司

2009年，中国人寿保险股份有限公司上海市分公司坚持以科学发展观为统领，在结构调整中寻求科学发展，在强化管控中实现稳健发展，夯实基础致力持续发展，各项工作措施取得了新的成效，实现了良好的发展态势。

（1）业务保持稳定发展。2009年，上海国寿共实现股份公司总保费88.58亿元，同比增长17%。其中，长险新单保费68.69亿元，同比增长17%。首年期缴保费5.43亿元，同比增长4%；续期保费14.4亿元，同比增长19%；短期健康险保费2.93亿元，同比增长9%；意外险保费2.56亿元，同比增长16%。

（2）基础管理不断加强。2009年，上海国寿探索了责任中心体系建设，实现了柜面集中管理，推出了“一个服务目标、八大服务举措”，开展了“送培训进职场”活动；建立了绩效考评体系和数据披露平台；成立“IT直通车”服务团队；加强了专兼职讲师队伍建设；开展“国寿客户节暨‘姚明杯’趣味篮球运动会”、“国寿嘉年华·畅游新世界”活动和世博游船项目，加大了品牌宣传力度。

（3）风险管控日趋严密。完善了事前、事中、事后风险监管体系，建立了营销员风险预警系统，启动了内控标准执行、评估和反洗钱工作，组织开展新《保险法》学习宣传和第二届“诚信我为先”主题活动，顺利实现了单证归口工作移转，上线了印章管理系统和单证系统，并在上海区域审计中心的直接指导下，落实了有关审计问题的整改。

（4）队伍建设得到加强。在管理队伍建设上，对外广揽贤才，对内选贤拔能。在员工队伍建设上，继续实施员工素质发展计划，开展新员工导师制，进行大学生轮岗，并吸纳劳务派遣制中的优秀者进入员工队伍。在销售队伍建设上，在个险渠道全面实施“纵横四海”人力发展计划，大力扩充队伍规模，并以驻村代表建设为抓手，大力推动两乡队伍建设。团险渠道狠抓基础管理和培训，银保渠道重点推进了代理制客户服务代表队伍的招募和组建工作。

2. 中国太平洋人寿保险股份有限公司上海分公司

2009年，中国太平洋人寿保险股份有限公司上海分公司以“防风险、调结构、稳增长”为工作主线，着力推动以价值增长为导向的业务发展，业务指标、队伍建设、风险管控都卓有成效，亮点纷呈。

2009年，全司累计实现保费收入36.7亿元，同比增长了13%，完成了全年预算131%。在经营理念上，公司始终坚持可持续价值增长的方针，追求有效益的发展，业务结构调整率先实现预定目标，基础管理和专业化建设取得新进展。

一是在保持业务总规模波动较小的情况下，调整业务结构，一方面大力调整银保产品结构，另一方面提高人均产能和网点产能。银保全年累计实现保费收入9.1亿元，完成全年预算的123%。其中，红利发两全保险(分红型)10年期缴实现保费收入7.3亿元，占银保总保费的93%。

二是大力发展个险渠道的核心期缴业务。2009年，公司个险业务稳步增长，业务增幅在系统内名列前茅，累计实现新保保费收入1.5亿元，完成全年新保预算的126.3%。其中，核心期缴累计实现保费收入1.2亿元，较上年同期增长50%，完成全年预算的124%，标保完成6.7亿元，同比增长50.7%，较三年平均增长106%。

三是团险渠道创建了以净费用贡献为内容的核算机制，通过逐单核算，保证了团险业务在实现规模增长的同时，又能创造良好的效益。2009年，团险系列累计实现保费收入21.7亿元，完成全年预算的140%，在上海市场排名稳居第二。

"一切以客户的良好感受为标准"是太平洋寿险上海分公司的服务理念。公司连续四年获《解放日报》颁发的"客户服务优质"奖。在保持业务发展良好态势的同时，太平洋寿险上海分公司充分发挥了保险的"社会稳定器"的作用。2009年，公司共支付各类保险金61 619.8万元，短期意外险综合赔付率24.15%，短期健康险综合赔付率83.69%，为保障上海的社会民生做出了应有的贡献。公司还连续16年为上海"两会"代表免费提供人身意外保险。

3. 中国平安人寿保险股份有限公司上海分公司

2009年，中国平安第八度蝉联"中国最受尊敬企业"称号，第五次当选"中国最佳企业公民"；同年，中国平安位列《福布斯》第141位，第三度蝉联非国有企业第一名；也正是这一年，凭借在公司治理和企业社会责任等方面的突出表现，中国平安荣获"中国十大最佳保险公司"、"中国品牌价值冠军"、"中国区最佳管理企业"、"最受尊敬企业"、"最具责任感企业"等一系列奖项。

"你的平安，我的承诺!"2009年，平安坚持用行动践行着对股东、对员工、对客户、对社会的庄严承诺。

2009年，中国平安人寿保险股份有限公司上海分公司在上海保监局的领导下，紧紧围绕转方式、调结构、防风险、促发展，继续做大做强，进一步巩固了在上海寿险市场的领头羊地位：全年实现总保费收入119.06亿元，同比增长29.88%，上海市场占有率23.88%。

平安人寿偿付能力充足率一直处于行业领先水平。2009年，平安人寿上海分公司在经济补偿方面发挥了积极作用，充分体现了保险的"社会稳定器"作用，为保障上海的社会民生、促进社会和谐、扩大保险业社会影响作出了突出贡献。

平安人寿始终秉承"诚信第一、效率第一、客户至上、服务至上"的服务宗旨，2009年3月在行业内率先提出了"信守合约，为您寻找理赔的理由"的服务承诺，对所有平安寿险客户，在合约范围内遵循"客户有利原则"，主动帮助客户寻找赔付的事实及依据。9月，平安人寿再推理赔承诺，对属于保险责任、并在收齐相关证明和资料后30日仍未做出理赔核定的理赔申请，除向保险金受益人支付保险金外，还将从第31日起，按超过天数赔偿客户因此受到的利息损失，该项承诺对所有新老保单一视同仁。一系列服务承诺的提出，不仅赢得了广大客户和业内的一致赞誉和高度认可，也进一步提升了公司在业内的品牌形象。

（中国平安）

4. 泰康人寿保险股份有限公司上海分公司

泰康人寿保险股份有限公司系1996年8月22日经中国人民银行总行批准成立的全国性、股份制人寿保险公司，公司总部设于北京。截至2009年底，泰康人寿在全国设立了北京、上海、湖北、山东、广东等32家分公司，265家中心支公司，形成了完整的业务体系，累计服务的个人和机构客户达1 800余万。

泰康人寿保险股份有限公司上海分公司成立于2000年4月26日。始终秉承总公司"专业化、规范化、国际化"的发展战略，奉行"快速发展不失稳健，稳健经营不乏创新"的经营方略。

2009年，泰康人寿保险股份有限公司上海分公司在"防风险、调结构、稳增长"的方针指导下，总规模保费突破43亿元，同比增长42%。各业务系列均保持增长，实现了跨越式发展目标。截至2009年底，上海分公司成立以来累计赔付超过1.9亿元，累计个人客户达34.3万人，法人客户7 501个，其中包括世界500强企业。

泰康人寿保险股份有限公司上海分公司的客户服务，彰显了以人为本、亲和诚信的理念，其中包括小额理赔客户立等可取、网上报案、95522理赔服务专席、“将逾期理赔支付利息写入合同”、理赔服务前置的康乃馨理赔服务升级计划等服务，而近期推出的小额理赔推出自动审核更是将服务品质进一步升级。2006年至2009年，公司连续4年被有关机构评为上海市优秀服务保险公司。

5. 新华人寿保险股份有限公司上海分公司

2001年3月，新华保险上海分公司落户申城，以稳健姿态保持高速发展。经过8年多的发展，至2009年末，累计实现保费172亿元，客户数54.5万人。目前，公司与多家银行建立了良好的渠道合作关系，合作网点遍及全市，数量突破1 000家；同时，完成了遍及全市的营销网络布局，拥有营销支公司1家，营销服务部8家，作业人力达到1 800多人，团体大客户数突破百家。

地位稳固，成长快速。2008年，秉承“持续成长、价值突出、专业创新、品牌优良”的三年愿景，新华保险上海分公司大力发展核心业务，优化业务结构，提升核心竞争力。首次进入上海寿险三强。2009年，再次实现11%的增长，总保费达46.4亿元。其中，核心业务16.7万元，同比增长115%。银保渠道年度规模保费和期缴保费均高居市场榜首。个险标准保费和作业人力均呈大幅增长之势。团体业务银发无忧再次扩容推出老年人意外伤害住院护理保险，保障更加全面。

产品创新，赢得口碑。2009年，新华保险产品体系再次重大创新，分别在6月、12月推出两款独特的分红型养老年金产品：银保渠道销售的“金钱柜”和个险营销渠道的“尊享人生”。两款产品在秉承新华特色的“保额分红”特征的同时，提供丰厚的养老年金，并首创设立投资账户，实现各项利益的再次升值。在2009年《新闻晨报》保险产品理财之选的评选中，“尊享人生”荣获“最佳产品设计奖”。

优质服务，回馈社会。2009年，新华上海分公司借8周年庆的契机，推出了一系列送温暖公益活动，答谢公司发展过程中来自社会各界的关注和支持。同时，公司还向社会公布包含对客户疑问实行首问负责制、应对客户疑问最大化通俗应答、快捷出单送单、异地理赔等在内的十二条服务“承诺”。在《解放日报》主办的“第四届上海保险论坛暨2008年度优秀服务保险公司颁奖”上，公司荣获“优秀服务”奖。

6. 太平人寿保险有限公司上海分公司

太平人寿保险有限公司是一家拥有80年品牌历史的寿险公司。公司自2001年国内复业以来，注册资本金从最初的5亿元增至37.3亿元，总资产突破了799亿元人民币。太平人寿上海分公司作为太平人寿建立最早、规模最大的分支机构之一，始终以“抢抓机遇、专业经营、内涵发展、逆势成长”为指导，连续三年价值业务保持较快增长，2009年，个险系列人力连续4个季度稳步上升，年人力净增长率达40.4%；银行保险系列，期缴标准保费收入逾5 700万元，三年复合增长率达117.5%；多元行销系列提前3月达成总公司计划，三年复合增长率为168.8%。

专业经营彰显企业价值。太平人寿上海分公司持续深化专业经营，并把“执着客户主义信念，追求专业主义理想”作为公司的团队精神。目前，太平人寿上海分公司已在个险、银保、多元行销、续期管理、客户服务、后援综合管理等方面建立了较为完善的专业化运作体系。太平人寿上海分公司从成立以来一直就坚持合规经营，在内部控制、业务品质方面取得了长足进步。

“三高”战略探索新模式。太平人寿一直坚持“高素质、高品质、高绩效”发展战略，强调既要规模，更要素质，并得到了监管部门的肯定和同业的赞誉，更被媒体称作“颠覆了传统的寿险营销规模定律”。太平人寿上海分公司是践行“三高”战略的“急先锋”，“三高”战略最初只在个人业务系列推行，随着“三高”团队的不断建设，“三高”理念在整个业务系列不断推行，银行保险系列、多元行销系列均开始实施“三高”战略，屡创国内高端市场新纪录。

全天候、无障碍、无缝隙理赔。理赔，是寿险公司实现社会保障功能和履行社会责任的表现。太平人寿上海分公司对待每个赔案始终坚持做到

"主动迅速、公平准确",建立了一流的服务支援体系,率先将客户服务带入全天候、无障碍、无缝隙的"全国通"时代。

7. 生命人寿保险股份有限公司上海分公司

生命人寿保险股份有限公司上海分公司成立于2004年4月,奉行"以人为本、尊重生命"的经营理念,倡导求新、求变、求发展的经营作风。2009年,公司共实现总保费收入7.26亿元。其中,个人业务保费收入0.68亿元,团体保险保费收入0.87亿元,银行代理保险保费收入5.69亿元,其他保费收入0.02亿元;理赔金额共计179.66万元,其中个险4.86万元,银行险0.08万元,团险174.72万元,满期给付金7 423.62万元。

2009年,公司以"特色经营、特色发展、建立特色生命"为发展战略,在新型产品开发、业务管理、内控建设和公益事业等方面积极创新,致力于为客户提供优质的服务和创新的产品,打造生命人寿的品牌优势,提升市场影响力。以"盛世中国、生命护航"为主题,公司举办"生命人寿2009年客户服务节",在2个月的时间里,陆续推出了"百万客户大回访"、"与生命共成长"老客户寻访、"建国60年、激情60天"客户大抽奖、"为生命喝彩"优秀摄影作品评选、社区公益宣传等五个大型系列活动,既让客户享受到公司的超值服务,也让更多的人了解人寿保险。2009年1月13日—15日,上海市血液管理办公室联合上海铁路局、上海市总工会等单位在铁路上海站南广场开展"带着温暖回家——城市春节互助行动"暨第四届为无偿献血志愿者摄影活动。生命人寿上海分公司主动请缨,公司员工纷纷加入为无偿献血者献爱心的行列,为活动期间所有无偿献血志愿者赠送一份意外险。公司作为保险赞助协办单位,已连续两年多次为无偿献血者赠送保险,为公益事业献策献力。公司与上海市计生协会、宏天保险代理公司联合推出了"生命永丽女性特有疾病保险"。到目前为止,生命人寿上海分公司已为数百位女性进行了理赔赔付,帮助她们渡过难关。

2009年,在海南博鳌举行的2009"亚洲金融业领袖博鳌峰会暨颁奖盛典"上,生命人寿获得"辉煌60年,中国十大最具社会责任感保险机构"称号;在"第四届中国保险创新大奖"评选中荣获"最具成长性保险公司"奖。

8. 合众人寿保险股份有限公司上海分公司

合众人寿保险股份有限公司上海分公司自2005年开设以来,年规模保费从2005年的1.46亿元增至2009年的4.23亿元,迅速成长为上海寿险市场的一支新军。

2009年面对国内外复杂多变的经济形势,合众人寿上海分公司始终贯彻落实中国保监会、上海保监局"防风险、调结构、稳增长"的要求,深刻认识结构调整在实现寿险业和保险公司可持续发展、提高自身抗风险能力等诸多方面的深远意义。根据自身发展阶段需要、各渠道的经营特点和市场实际情况,公司充分发挥考核杠杆作用,加强业务结构调整,积极转变发展方式,努力推行以分红险为主的产品策略,并在6月份推出高保障的"福寿齐添"分红险,深受广大客户欢迎。2009年共实现规模保费收入42 319.96万元,其中:个险业务共实现保费收入21 739.74万元,同比增长34.7%;团险渠道实现保费5 906.29万元;银保渠道实现保费15 860.32万元,较上年度增长35.5%。在内涵价值发展上,可持续能力不断加强,个险13个月保费继续率、25个月保费继续率屡创新高,分别达到80.5%和90.9%,迅速跻身上海市场上游水平。内控建设方面,上海分公司按照保监局和总公司要求,不断完善内控制度建设,加强内部控制、风险管理和合规经营,建立了一整套完善的风险管控体系;并通过打击"三假"工作和反洗钱主题教育活动,强化员工风险控制意识,提升经营管理水平,为公司长远健康发展奠定了坚实基础。

合众人寿把以人为本放在首位,把"保增长、保民生、保稳定"作为当前工作的出发点和落脚点。2009年,公司不仅继续积极开展一年一度的"合众保险、理赔不难"大型现场客户服务活动,为消费者提供保险理财规划的咨询服务,普及理赔知识，还大力推进前期已取得丰硕成果的“合众助学行”和“合众人寿保险维权知识大讲堂”活动，使公司一大批客户和全国各地数百名贫困学生受惠。同时，公司始终秉承“更好的服务在合众”的服务战略和“诚信服务、始终如一”的服务理念，通过快速理赔，积极引导业务员“服务行销”，持续为客户提供优质服务，有效提升客户满意度，赢得了良好口碑。并在2009年度荣获由中国保护消费者基金会颁发的“维护消费者权益诚信服务消费者满意单位”称号。

（合众人寿）

合众人寿保险公司上海分公司办公大楼

9. 中国人民健康保险股份有限公司上海分公司

2009年，人保健康上海分公司坚持以科学发展观为统领，以品质建设再上新台阶为主要目标，根据中国人保集团“促发展、保效益、防风险”的发展战略，进一步加大“调结构、打基础、创特色”的工作力度，扎实稳步地推进分公司整体经营能力的提升。2009年，个险、团险和银保三渠道齐头并进，实现总保费收入2.76亿元。其中，个险保费收入2 935万元，团险保费收入1.93亿元，银保保费收入5 329.5万元。在保持业务规模稳定发展的同时，公司积极优化业务结构，保障型业务持续增长，进一步提升了业务的内涵价值。

2009年，人保健康上海分公司继续加强“健康管理＋健康保障”这一核心竞争力建设，以塑造中国第一家专业健康保险公司专业化形象。在客户服务方面，人保健康上海分公司以中国人保60周年客户节为契机，大力加强客户服务工作，开展了以“盛世中国、人保同行，健康与您相伴”为主题的各种形式的客户服务活动，并荣获《解放日报》评选的“客户服务创新奖”，进一步提升全新的客户服务形象。在业务发展的同时，人保健康上海分公司高度重视企业文化建设，积极开展诚信合规和健康知识培训，不断提高员工的诚信意识和专业水平。开展“以人为本、和谐奋进”企业文化的培养和教育，增强员工责任感和使命感，充分发挥员工的主观能动性，成功打造了一支学习型、专业化团队。

10. 美国友邦保险有限公司上海分公司

美国友邦保险上海分公司成立于1992年9月，是改革开放后首家进入中国大陆营业的外商独资人寿保险企业，公司注册营运资本金人民币2亿元。截至2009年底，公司共有员工881名，保险营销员3 783名；营销服务部达18个，基本遍及上海各区县。

推动业务发展，获得多项荣誉。2009年，公司在个险和团险销售渠道开展了一系列调动销售人员积极性和为客户提供增值服务的活动，不断地加速业务发展。2009年，公司获得多项荣誉。1月，荣获“第六届中国财经风云榜”最受信赖寿险公司大奖；3月，获得“保护消费者权益3·15信用品牌（单位）”称号；4月，荣膺“2008外资金融企业在华突出贡献奖”，成为荣获该奖项的唯一保险企业；12月，荣获搜狐2009金融理财网络盛典保险类的最高奖项“最值得信赖的保险公司”奖。

适应市场需求，不断开发新产品。2009年，公司根据市场需求继续开发新产品，先后推出了《友邦安益重大疾病保险》、《友邦黄金未来A/B款两全保险(分红型)》、《友邦智尊宝D款终身寿险(万能型)》和《友邦儿童智尊宝D款终身寿险(万能型)》、《友邦永嘉团体养老年金保险(万能型)》、《友邦康安一生保险计划》、《友邦金喜洋洋年金保险计划》等产品，产品结构进一步丰富、合理。

注重客户服务，不断提升服务质量。2009年，网上客户服务中心不断增加新功能，更好地满足客户的不同需求。3月，公司启用《客户投资风险承受能力测试问卷及评估意见》，根据客户的风险承受能力测试结果及评估意见为客户推荐合适的产品或投连账户。公司使用新版《理赔申请表》，简化了理赔申请手续。7月，公司增加旅行险个人件保单采用自动转账方式缴纳保险费。公司推出"VIP住院探视"服务项目，拓展了面向高端客户的服务范围。公司执行《新保全规则》，提高了对保全客户的服务质量。9月，为进一步方便客户转账续保，公司增加转账次数至4次。11月，为进一步提高新单电话回访成功率，公司开通新单回访回拨电话52614570。

11. 中宏人寿保险有限公司上海分公司

作为首家中外合资保险公司，中宏人寿保险有限公司于1996年11月在上海成立。目前除了在上海设立分公司之外，还分别在北京、广东、浙江、江苏、四川、山东、福建、重庆和辽宁的30多个城市建立分支机构。

上海分公司自2007年成立以来，秉承稳健发展、诚信经营的理念，业绩一直保持良好的上升趋势。截至2009年底，中宏保险上海分公司获得保费收入共计97,756万元，比上年增长了9.6%；除市区外，已在7个郊区开设营销员服务部，营销员人数达到2 800人左右。目前，在售的个人险种主要有养老险、年金险、健康险、意外伤害险、万能险、投资连结险和分红险。在售的团体险主要有人寿险、健康险和意外伤害险。2009年，推出中宏"财富宝宝"年金保险(分红险)和中宏"聪明宝宝"两全保险(分红型)两款个险新产品、中宏团体意外保险计划和中宏团体综合保险计划两款团险新产品以及中宏"金玉年年"两全保险(分红型)。

公司坚持为企业和个人提供最优质的产品和服务，注重经营的品质和对客户的承诺，并取得社会各界的认可。2009年，公司荣获"2009年全国第二次经济普查保险行业国家级先进集体"、《保险经理人》"年度品牌建设"奖、和讯网"保险行业杰出品牌建设奖"、《理财周报》"2009中国百万中产家庭首选保险品牌十佳保险公司"等众多奖项，在《21世纪经济报道》发布的2009年亚洲保险竞争力排名研究报告中，中宏保险蝉联在华所有合资及外资寿险公司榜首。

2009年，公司持续关爱四川灾区的孩子们，为四川灾区捐建的5所特殊教育学校陆续落成并正式招生，并于"5·12"汶川地震周年日，组织百余名志愿者深入四川泸州，向特殊教育学校师生奉献爱心，捐赠校服。

12. 太平洋安泰人寿保险有限公司

太平洋安泰人寿保险有限公司于1998年10月16日成立，由中国太平洋保险(集团)股份有限公司和荷兰国际集团(ING)合资组建，注册资本金为8亿元人民币。公司总部位于上海，在上海、广东、江苏等地设有分支机构，并开展业务。

2009年，太平洋安泰人寿以"主动变革、迎接挑战"为年度主旨，加快转变发展方式，走内涵式集约化发展之路，全年实现业务收入9.8亿元，其中上海地区代理人渠道新保业务稳居合资(外资)公司前列；业务结构进一步优化，代理人渠道传统险新业务标保占比达51%，银保渠道期缴保费标保占比达到28.7%；财务目标全面达成，连续四年实现税后盈利；风险控制良好，偿付能力充足。

2009年，公司治理结构进一步完善。总经理室下设七个专业委员会：运营风险管理委员会、产品委员会、客诉业品委员会、核保核赔委员会、投资委员会、采购管理委员会和项目管理委员会，以适应公司中长期发展战略。

2009 年，太平洋安泰人寿新核心业务系统全面上线，“银保通”系统顺利开通，后台运营水平迈上了新台阶。公司注重集约化管理，全年立项实施了“集中出单”、“分公司客服职能优化”、“调查作业流程优化”等四个项目，产生了日益明显的经济效益和管理效益：每份新契约保单费用较此前节约 37%，调查作业时效提高 18 个百分点，内部调查总成本较上年减少 48%。

在产品研发与创新方面，2009 年，公司按照新保险法的要求修改了全部在售产品条款，努力推进条款通俗化、标准化工作，帮助消费者更好地理解保险产品；根据市场需求，公司精心研发、推出了一系列具有较高内涵价值的新产品，主要包括兼顾中、重度疾病并可二次赔付的“畅享一生保障计划”，适应不同人群养老需求的补充养老分红产品“喜洋洋年金保险（分红型）”以及银保渠道的期缴分红产品“金福人生两全保险 B 款（分红型）”等，其中“畅想一生保障计划”在上海《新闻晨报》举办的“2009 保险产品盘点活动”中夺得“最佳投资回报奖”、“最佳产品设计奖”两项大奖。

13. 中德安联人寿保险有限公司上海分公司

中德安联人寿保险有限公司是德国安联保险集团与中国中信信托有限责任公司共同合资组建的人寿保险公司，于 1998 年 12 月 28 日经中国保险监督管理委员会批准成立，1999 年 1 月 25 日在上海正式开业，是中国第一家获准成立的中欧合资保险公司。中德安联目前在上海、广东、浙江、四川、江苏、深圳、北京和山东等地设立了 8 家省级分支机构和超过 60 家营销服务中心。

中德安联上海分公司以总部为依托，努力拓展上海保险市场。目前，中德安联上海分公司拥有营销服务部 14 家，遍布上海市区及郊县的各个区域。度身打造创新产品是中德安联深受市场青睐的关键所在。2009 年，中德安联上海分公司在上海市场率先推出多款针对不同客户群体的保险产品，如“盛世尊享”产品，作为国内首款银保高端客户整体保险解决方案，集“完美家庭保障”和“品质贵宾服务”为一体，为高端客户一家三代提供全方位的保障计划。销售管理方面，中德安联上海分公司继续推行多渠道全方位的营销模式，在原有传统渠道的基础上，启动了电话营销和网络销售两个新的渠道，合理利用和配置各种资源，形成不同渠道相互补充、均衡发展的格局。2009 年 8 月，继成都外呼中心之后，中德安联将第二个电销渠道外呼中心设在上海，有效提升了电销渠道的业务发展，得到来自客户及合作方的广泛好评。

中德安联上海分公司每年积极投身各类社会公益活动，以实际行动回馈社会。2009 年 3 月开始，中德安联上海分公司协同总公司，在上海正式启动“儿童安全课堂”公益项目，组织员工为上海市郊民工子弟教授生活安全常识，截至 2009 年 12 月，累计教授民工子弟近 2 000 名，用生动活泼的方式，教导孩子们珍爱生命，远离日常生活中的常见风险。

14. 金盛人寿保险有限公司

自 1999 年成立以来，金盛保险依托两大全球 500 强股东——AXA 安盛集团与中国五矿集团公司的雄厚实力，始终保持着稳健的发展态势，以强大的风险管理优势，长期坚持于财务保障和财富管理的核心业务。目前，公司业务经营范围已覆盖华东、南方和北方等区域的 12 个重要城市，并以上海、广州、北京三个城市为区域中心，有计划地向全国性保险公司的规模进行拓展。

业务经营。2009 年，金盛保险保费收入为 8.3 亿元，一如既往地保持着稳健增长。公司沿用可持续性的差异化发展战略，提升值得信赖的客户关系。在金融危机全球蔓延之时，金盛特别推出“100%保费退还承诺”，帮助客户安心进行长期规划；在国庆、中秋长假来临之际，推出免费假日人身意外保障计划，为消费者长假出行增添保障。秉承“以客户为中心”的一贯理念，金盛保险第一家在中国市场提出“四大支柱”产品策略，以客户需求为导向，专注于为客户度身定制财富规划解决方案，满足客户不同人生阶段对子女教育、退休规划、健康保障和财富管理四大人生最重要的财富需求。

人力发展。金盛保险秉承“以人为本”的一贯理念，积极推行“整体薪酬”策略，提升员工满意度和认同感，注重人才培养，提供专业培训、职业发展规划和富有挑战性的成长空间。2009 年，金盛保险荣获“2009 中国最佳 100 人力资源典范企业”及“最佳人力资源战略典范”单项奖。

营销渠道。金盛保险注重多元销售渠道的均衡发展，目前，已成功组建代理人、理财顾问、银行保险、团体保险、财富管理等多元渠道的专业销售团队，为不同需求的客户群体打造差异化的销售服务。

客户服务。金盛保险非常注重为客户创造专业而充满人性化的优质服务，每年开展客户满意度调查，倾听客户声音。在搜狐财经举办的 2009 年搜狐金融理财网络盛典活动中，金盛保险荣获“2009 年服务最好的保险公司奖”。

15. 天安人寿保险股份有限公司

天安人寿保险股份有限公司的前身是恒康天安人寿保险有限公司，成立于 2000 年 11 月，是由美国恒康人寿保险公司和中国天安保险股份有限公司合资组建的。

公司集中优势资源拓展主要渠道，发展银保业务，开拓团险市场，调整业务结构，同时完善产品体系，完善合规管理体系，控制经营风险。2009 年，公司实现总保费收入 32 591.5 万元，较上年增长 21.63%。其中，银保渠道显著增长，团险渠道稳健增长。公司积极创新产品，在上海历年最受欢迎的保险产品评选活动中，“万全理财终身寿险”获得最受欢迎的投资理财类产品，“安颐宝年金保险”、“新世代终身医疗”获得最受欢迎的健康医疗类产品，“金算盘分红型”获得最具市场潜力养老类产品奖。目前，各类自行开发改造的在售产品达 70 多个，以满足客户兼顾保障与投资的需要。

公司坚持诚信服务，最大限度地保护客户利益。对客户服务柜面进行了标准化改善，建成了收展队伍，推出健康管理增值服务项目，面向客户开展多种活动，不断提升客户服务品质，是中国保护消费者基金会评定的“全国文明诚信（窗口）单位”；在媒体主办的《2009 亚洲保险公司竞争力排名》中，获评亚洲寿险公司第 60 强，列中国寿险公司排名第 11 位。2009 年 9 月 1 日，公司获得中国保监会《关于恒康天安人寿保险有限公司股权转让的批复》，引进了战略投资者。

2009 年 12 月 25 日，获得中国保监会《关于恒康天安人寿保险有限公司增资改制有关事项的批复》，公司由有限责任公司变更为股份有限公司，名称变更为天安人寿保险股份有限公司，注册资本变更为 5 亿元人民币。

16. 海尔纽约人寿保险有限公司

海尔纽约人寿保险有限公司是由海尔集团和美国纽约人寿共同出资设立的一家合资寿险公司，于 2002 年 11 月 28 日正式成立，总部设在上海，注册资本金人民币 8 亿元，为社会大众提供各类人寿保险、健康保险和人身意外伤害保险等产品。

2009 年，海尔纽约人寿上海业绩保持稳定，业务保费收入达到 1.2 亿元。其中，新单保费 0.39 亿元，续期保费 0.81 亿元。从销售渠道来看，个人代理保费收入 0.57 亿元，银行兼业代理 0.14 亿元，电话销售及其他渠道 0.49 亿元。按产品分类情况来看，分红险产品保费收入 0.68 亿元，占总保费收入比重达 57%，投连和万能产品保费收入 0.25 亿元；传统产品保费收入 0.09 亿元。2009 年，海尔纽约人寿上海共发生赔款和给付支出 6 472.19 万元，比 2008 年增长 131.66 万元，增幅 2%。其中，赔款 63.3 万元，比 2008 年减少 51.5 万元；死伤医疗给付 248 万元，比 2008 年增长 120 万元；满期给付 6 045.35 万元，比 2008 年增长 38.97 万元；年金给付 115.5 万元，比 2008 年增长 24.14 万元。

2009 年，公司推出了两款个险产品。“福康逸生”健康保障计划，集身故、全残、重大疾病保险金为一体，并涵盖男性和女性专属重大疾病保障各一款，满期返还所交的以年交标准体计算的保险费作为满期生存金。"丰溢两全"分红保险除了给予保户产品收益的分红外，在身故、生存和满期保险金上采用了一系列人性化的创新设计，强调给予保户更多的保障和利益。此外，根据市场需要，公司对现有产品进行了重新组合，更好地满足了特定客户群体的需要。其中，"真心呵护"母婴保险计划赢得了第四届中国保险创新大奖的"最佳女性保险产品"奖。

海尔纽约人寿秉承海尔集团"真诚到永远"的服务理念，在服务质量上始终严于要求，服务措施上也不断推陈出新，为大众提供诚信专业的服务，荣获《解放日报》第四届上海优秀服务保险公司评选"上海优秀服务保险公司客户服务规范奖"。公司亦展开具有多年传统的"公益海纽、爱心在传递"系列公益活动。2009 年 5 月，海尔纽约人寿"领巾传递·爱心接力"义卖行动在上海正式启动。11 月，"书海泛舟·爱心传递"图书募捐活动启动。这些正是海纽履行社会责任、积极回馈社会的具体实践。

17. 海康人寿保险有限公司

海康人寿保险有限公司由荷兰全球人寿保险集团与中国海洋石油总公司各出资 50%组建而成，于 2003 年 5 月正式获得营业执照，在中国开展寿险业务。海康人寿总部位于上海，目前注册资本为 16.3 亿元人民币，迄今已在北京、江苏、山东、浙江、广东、天津、青岛与河北等地建立了省级分公司。

海康的愿景是"成为客户、合作伙伴和股东心目中中国最高效的保险及投资产品提供者之一"。海康自 2003 年成立以来，一直保持稳步发展，连续 6 年的持续增长，为海康人寿今后的发展奠定了坚实的基础。2009 年 12 月，单月的 APE 业绩达到了 8 500 万元人民币，这个数字相比其自 2008 年 12 月以来的单月销售业绩而言，增长了 50%。公司以 4.52 亿元的业绩达成了 2009 年全年销售目标的 105%。这也正体现出海康人对于产品、服务品质的追求以及对客户的用心承诺。2009 年，公司一共投放了 17 款产品，并且迎合市场需求，开发了一系列保障型、储蓄型与投资型的特色产品，从而满足消费者在人生不同阶段中所需要的各类需求。2009 年，海康人寿结合新《保险法》的实施，推动业务结构调整，进一步发挥保险保障功能，加大了风险保障型和长期储蓄型产品的发展力度。

2009 年 12 月，海康人寿保险有限公司企业形象全面升级，标志着公司进入了一个全新的发展篇章。全新的企业标识红蓝相间，代表着组成海康人寿的两大合作伙伴，这样独特的结合让海康人寿成为名符其实的"实力团队"。

18. 长生人寿保险有限公司

长生人寿保险有限公司前身为广电日生人寿保险有限公司。2009 年 9 月，经中国保监会批准，原持股份 50%的中方股东上海广电(集团)有限公司正式变更为中国长城资产管理公司。在完成公司股东变更及公司更名事宜后，注册资本金由 3 亿元人民币增加至 13 亿元人民币。10 月 17 日，长生人寿保险有限公司在上海成立。

1. 保费收入大幅增长，分支机构稳健拓展

2009 年，公司管理层和全体员工齐心协力，经受住了股东变更及市场激烈竞争的考验，上海地区保费收入达到 3 508 万元(按旧会计准则计算，则为 17 677 万元)，上海地区赔款和给付金额为 951 万元(按旧会计准则计算，则为 991 万元)。2009 年 2 月，长生人寿江苏分公司正式成立。至此，公司业务范围已覆盖上海、浙江、江苏等长江三角洲地区。

2. 产品体系日益完善，创新产品推陈出新

经过几年的发展，长生人寿已经形成了完善的产品体系，公司以市场需求为导向，面向不同客户群体设计有针对性的各类产品，最大程度地满足客户需求。2009 年，在个险渠道，公司以保障型产品为重点，根据市场需求开发出天祥终身重大疾病保险主险和保证续保附加医疗险；在银保渠道，公司推出金缘宝两全保险(分红型)等期交

分红保险;在团险渠道,为了向企业提供更完善的员工福利保障,长生人寿开发和改良了女性生育保险、团体门急诊等多种保障型产品。截至 2009 年年底,长生人寿在售产品有 67 个,其中个险产品 36 个,银保产品 3 个,团险产品 28 个。

3. 内控建设规范有序,结构调整初见成效

2009 年,长生人寿通过完善内部组织架构、修改相应规章制度、加强合规管理等举措,加强对公司风险管控,营造良好合规氛围。同时,长生人寿积极进行产品和业务结构调整,从产品开发、销售等多方入手,加强保障型产品的推广,提升公司可持续发展能力。至 2009 年底结构调整初见成效,保障型产品保费收入同比实现大幅增长。

4. 客户服务体贴务实,公益活动彰显责任

2009 年,长生人寿以公司更名为契机,全面更新了各种保险单证,并从投保单设计更新、建议书系统改善等处着手,方便客户,维护客户利益。同时,长生人寿与中国银联电子服务有限公司开展合作,通过银联电子支付平台向客户转账支付保险金和退保金等业务款项,合作银行几乎涵盖了加入银联的所有银行,大大方便了客户收付款项,此举在保险行业处于领先地位。

2009 年,公司组织开展了"雪域童年四川支教"、"推广乳腺健康早期诊断活动"等活动。这些公益活动的开展,进一步体现了公司实践"企业公民"价值、承担企业社会责任的决心和承诺。

(张 易)

19. 国泰人寿保险有限责任公司上海运营部

国泰人寿是由中国东方航空集团公司与台湾地区国泰人寿保险股份有限公司共同发起的首家两岸合资寿险公司。2009 年,上海运营部组织规模稳步壮大,销售业绩持续增长,取得了长足的进步和一系列可喜的成绩。

(1) 调整结构稳步增长,业务经营规模平稳发展。公司目前在上海地区有个险、团险、银保三个渠道。2009 年 1—12 月,上海地区总保费收入 3.17 亿元,保费收入平稳增长。

(2) 人才培养初见成效,组织架构逐步成型。随着业务快速发展和分支机构铺设,公司加快各类业务干部和内勤管理干部的培养,并不断增强干部员工的凝聚力和忠诚度。截至 2009 年底,上海运营部内外勤人员共计 342 人,人才培养工作初见成效。

(3) 产品体系日益完善,创新设计推陈出新。公司已经形成了比较完善的产品体系。在产品规划策略上,人寿保险以分红型为主,健康险以医疗险、疾病险为主,意外险则以短期险为主,商品责任险以两全险为主。

(4) 完善各项管理职能,努力提高经营效益与防范风险。公司建立和运用先进的寿险核心业务系统,加强各项应用功能开发,包括完善管理信息收集和发布、新产品开发支持、风险管理和品质控管等,公司还不断完善客户服务体系,加强售前、售中、售后等各环节的管理与服务,努力提高投资绩效,积累长期盈利能力。

(5) 加强诚信建设,提升核心竞争力。国泰人寿把"诚信"放在首位,定期开展各类诚信教育、法制教育培训及各类活动,并指定每个工作月第 8 天为诚信日,将诚信教育作为日常工作常抓不懈。"终身学习"的培训制度,不仅使新进员工能迅速接受企业文化,系统化的培训教育更使营销员人均业绩在同行业中始终名列前茅。

20. 正德人寿保险股份有限公司上海分公司

正德人寿保险股份有限公司成立于 2006 年 11 月 6 日,是由中国保险监督管理委员会批准设立、在国家工商行政管理总局注册的全国性、股份制人寿保险公司,注册资本 10 亿元人民币,注册地在北京。

正德人寿由五家股东出资,各持股 20%。业务范围包括人寿保险、健康保险、意外伤害保险等各类人身保险业务,上述业务的再保险业务,国家法律、法规允许的保险资金运用业务,经中国保监会批准的其他业务。

正德人寿保险股份有限公司上海分公司于

2007年11月开业。2009年，上海分公司所有销售渠道共产生保费收入为3.479 6亿元。正德人寿秉承“正扬诚信，立德为民”的核心经营理念，“诚信、卓越、专业、创新、实践、发展”的企业精神，“以诚取信、以德取胜、服务最好、理赔最快”的市场竞争理念，坚持“低调、内敛、务实、高效”的工作原则，贯彻“有所为者有其位、有所得”、“能者上、平者让、庸者下”的用人政策，以市场和客户需求为导向，通过整合企业内外部资源，加强产品创新、管理创新和服务创新，推动公司依法合规经营，健康快速发展。

21. 联泰大都会人寿保险有限公司

联泰大都会人寿保险有限公司由上海联和投资有限公司和美国大都会集团下属公司合资组建而成。作为上海国资委下属的国有独资投资公司，上海联和投资有限公司充分利用其资源和优势，专注于高科技产业与金融服务产业的投资。联泰大都会借鉴美国大都会集团金融保险服务的成功经验，为中国客户提供受信赖和专业的保险及理财解决方案和服务。联泰大都会人寿保险公司通过代理人渠道、银行保险渠道和直销渠道向上海、南京、杭州、宁波及无锡等地客户提供寿险，意外险及储蓄型保险等其他保险产品。

(1) 联泰大都会人寿经过2009年全年的努力和一系列新保障型产品的推出，公司的三个个险渠道全年累计新单保费收入在上海17家外资和合资寿险公司中名列前茅。顾问行销渠道2009年每月人均产能在同行业中排名稳居第一。

(2) 2009年6月15日，联泰大都会人寿保险有限公司浙江分公司宁波营销服务部隆重开业。在宁波设立浙江分公司的首家营销服务部，不仅仅是联泰大都会人寿迈出浙江战略的重要一步，也是公司加速长三角布局的关键一步。

(3) 联泰大都会人寿保险有限公司针对2009年的市场环境及需求相继推出了一系列保障计划，其中以重疾、养老及教育等保障为主。“吉祥无忧保障计划”继2008年的火热销售后，2009年，在上海证券报举办的“2009第三届中国金理财——理财产品奖”评选活动中，荣获“金理财产品奖”。该产品在提供28种重大疾病保障的同时，兼有资产保值、储蓄还本和红利增值等功能。此外，公司还上线一款“少儿成长护航计划”。该产品是集教育、重疾、分红和保费豁免功能于一体的综合少儿保障计划，同时具有保费豁免功能，为少儿的成长阶段提供全套解决方案。

22. 中意人寿保险有限公司上海分公司

中意人寿保险有限公司成立于2002年，由意大利忠利保险有限公司和中国石油天然气集团公司合资组建。目前，中意人寿注册资本27亿元，总资产300多亿元，是中国最大的合资寿险公司。

中意人寿保险有限公司上海分公司成立于2005年10月。2009年，共实现保费收入总额人民币44 045.65万元。保费收入在上海外资合资保险公司内名列第4位，市场份额增长8%。

中意人寿保险有限公司上海分公司下设团险营销中心、银保营销中心和经代营销中心三大营销中心。其中，团险营销中心凭借一支专业、高效的营销和服务队伍，坚持走创新及差异化经营之路，开展为客户度身定制个性化产品、提供短信理赔通知、在线客户满意度调查、电子理赔通知书等个性化服务。目前，团险渠道业绩稳健持续增长，已经成为中意人寿上海分公司的品牌渠道。银行保险业务方面，主要以销售分红产品和万能产品为主，2009年度的保费收入同比增幅较大。在2009年中国保监会“防风险、调结构、稳增长”的指导方针下，该渠道积极调整产品结构，由投资型产品、储蓄型产品逐步向保障型、年金型等传统保障产品过渡，同时注重业务品质，防范销售风险，保证公司长期可持续发展。经代营销中心在2009年新增多家合作代理公司，目前合作代理公司数达17家，并对多家代理公司施行多层次、差异化管理与维护，在培训、服务、专业性等方面形成良好口碑。2009年，更推出渠道专享年金产品，增强在经代业务市场的竞争力。

2009年5月，中意人寿启动依据新《保险法》对公司全系列产品、内部管理制度和运作流程等方面的梳理和修订工作。继2008年获得“年度稳健经营奖”后，2009年，在由《21世纪经济报道》、21世纪研究院金融研究中心主办的“21世纪亚洲金融年会暨亚洲保险竞争力排名研究报告发布仪式”上，中意人寿再次被授予“年度优秀公司治理奖”。

同时，中意人寿稳健经营的形象也深入人心。2009年11月，中意人寿在“第七届上海理财博览会”评选中，“真心相伴”、“金享年年”分红型产品荣获上海市“最佳理财产品奖”称号。

23. 瑞泰人寿保险有限公司上海分公司

瑞泰人寿保险有限公司成立于2004年1月，是第一家总部设在北京的合资寿险公司。上海分公司于2005年12月开业，采取银保、经代的分销经营模式。

2009年，瑞泰人寿上海分公司在渠道拓展上取得了积极的成果，开拓了多家具有合作潜力的中介渠道，同比新增34个银行网点、1家外资银行、3家保险经纪公司、4家保险代理公司和2家理财咨询公司。截至2009年底，公司已经和4家保险经纪公司、18家保险代理公司和11家理财咨询公司签订了代理合作协议，和一家国有商业银行、一家股份制银行和两家外资银行开展了正式的业务合作。

2009年，公司实现规模保费收入2.3亿元，同比增长206%。依托国际全球化管理经验和先进技术，融合中国市场实际情况和消费者的需求，公司不断推出为中国客户量身订做的长期投资保险一体化解决方案和提供高品质的服务，致力于成为中国市场长期投资理财解决方案的领导者。

同时，公司始终致力于为客户和分销商提供“专业、高端”的产品和服务，通过分销商服务专线、短信、电子邮件、WEB等平台加强了与分销渠道的沟通，多层次、全方位地了解并满足分销渠道的关键需求，为客户提供创新一流的金融服务。

24. 招商信诺人寿保险有限公司上海分公司

招商信诺人寿保险有限公司上海分公司于2005年12月正式成立，2009年是其第4个完整财务年度。2009年，招商信诺上分实现保费收入为1.91亿元人民币，同比下降48%。

秉承信诺亚太区20多年的成功经验，招商信诺上分坚持招商信诺在中国的市场经营策略，特别是营销渠道策略及产品策略，以“专业而精深”的公司战略在中国市场上做深、做透、做专业。

在营销渠道策略方面，招商信诺上分专注于电话营销渠道及银行保险网点渠道。在整个中国市场上起到了有效的补充作用，并为中国保险市场探索新的销售渠道起到了积极作用。

在产品策略方面，招商信诺上分专注于渠道与产品相吻合的原则，积极开拓保障类保险产品市场，如个人意外险及健康保险产品等。

在业务发展策略方向上，招商信诺上分主要以银行及信用卡中心作为战略业务合作伙伴，以银保合作的模式拓展保险业务，并与战略合作伙伴形成双赢的可喜局面。

在管理模式方面，招商信诺上分倡导并实施“集中式”模式，在销售质量控制、销售队伍培训及管理等销售重要环节上强化管理，从而在提升整体销售水平的基础上，以统一的销售标准维护了消费者权益。

在客户服务方面，招商信诺建立了功能强大的客户中心，招商信诺在全国的客户都可以通过统一的客户中心，享受统一标准的高质量客户服务。

25. 中国人民人寿保险股份有限公司上海市分公司

中国人民人寿保险股份有限公司上海市分公司自2007年10月19日正式成立以来，肩负“人民保险，造福于民”的企业使命，实践“求实、诚信、拼搏、创新”的人保精神，发挥中国人保在品牌、网络、客户资源、行业经验等方面的优势，建立了集中型管理模式，形成了多元化销售渠道，以人为本，诚信服务，规范经营，勇于承担社会责任，为客户提供个性化产品与优质的服务，努力扩大保险在全社会的覆盖面、渗透度和影响力。

2009年是分公司开业后的第二个完整经营年度，公司继续贯彻落实集团公司“促发展，保效益，防风险”工作主基调、总公司“规模效益化”指导思想和“三零四平五盈利”经营目标，根据跨越式发展的要求，艰苦创业，攻克时坚，在市场上巩固了人保寿险的良好品牌形象，取得了自身的长足进步。

一是业务规模快速提升。2009年本着“做大个险，持续发展；做实互动，全面辐射；做优银保，量效并重；做强团险，体现价值”的指导思想，分公司共计实现总保费收入6.89亿元，比2008年增长33.8%。

二是险种结构不断优化。2009年，分红型险种是上年同期的28.5倍，期交业务是上年同期的2.4倍，短险保费是上年同期的4倍，险种结构得以优化。

三是经营效益日益显现。2009年，分公司创费创佣总额大幅提升，综合创费率、费差损等指标均好于预期，整体经营水平逐步提高，经营效益逐步显现。

四是成本管控不断加强。公司厉行勤俭节约，预算费用执行情况、投入产出比等指标控制良好，创业期成本管控初见成效。

五是风险防范合规经营。公司加强对各类风险的评估分析和监控，不断提高风险的识别和防范能力，同时继续整章建制，强化制度的执行力，提高合规经营水平。

26. 国华人寿保险股份有限公司上海分公司

国华人寿保险股份有限公司上海分公司于2008年10月正式成立。

2009年是公司第二个经营之年。公司提倡“上级服务于下级”的经营服务理念，即分公司负责人要服务于部门级干部，部门级干部要服务于部门里的每一个员工，关注和帮助员工成长，提升员工的工作技能，合理、有效地运用公司的资源为员工创造良好的学习和互相学习的氛围，尽可能营造轻松的工作氛围，让每个人心中都有“社会大家庭、员工大家庭”的感觉。这也是国华企业文化和企业社会贡献的体现和延伸。

截至2009年12月31日，国华人寿上海分公司实现总保费收入133 018.70万元。其中，个险业务保费收入为2 523.56万元，占总保费收入的1.9%；银行代理业务保费收入129 713.21万元，占比98.51%；团体保险保费业务收入781.93万元，占比0.59%。按照传统险与非传统险划分，传统业务保费收入714.49万元，占比0.54%，分红险保费收入130 427.02万元，占比98.05%，万能险保费收入1 877.19万元，占比1.41%，累计赔款和给付金额为190.39万元，退保金额为4 240.45万元。

27. 中国人寿养老保险股份有限公司上海市分公司

中国人寿养老保险股份有限公司是由中国人寿保险（集团）公司、中国人寿保险股份有限公司、中国人寿资产管理有限公司共同发起设立的全国性养老保险公司，注册资本人民币25亿元，总部设在北京，全国下设35个省级分支机构。2009年8月，中国人寿养老保险股份有限公司上海市分公司经保监会批准正式成立，成为中国人寿系统内设立的首家养老险省级分公司，为上海地区的广大客户提供专业的年金基金受托管理、账户管理及投资管理“三位一体”的企业年金服务。

公司成立以来，把市场拓展作为工作重点之一，取得了显著成效，2009年，共实现新增业务规模13.41亿元。在大客户市场方面，先后成功中标宝钢、上海铁路局、上海烟草、上海地铁、陆家嘴集团、太平洋百货等大型企业，展示了中国人寿的强大实力和公司的专业服务能力。在中小客户市场方面，公司加强了与10家具有管理资格的银行的合作，推出“永”续系列适合中小企业的年金计划，取得了客户的广泛认同。

在方案设计方面，公司建立了专业的支持团队，进行年金测算和分析；为客户提供各种个性化的社保转制方案、团体保险转制方案、新老过渡问题的解决方案等。公司还拥有国内首个完整的企业年金专业化精算咨询平台，通过网络为各类用户提供标准化的企业年金咨询服务。

在受托管理和账户管理方面，依托总公司的企业年金网上综合服务平台，提供便捷的受托管理、账户管理的网上查询、受理服务；以客户为中心的账户管理系统采用三层结构和相应的权限控制功能，保证数据、操作的安全可靠。此外，公司还设立了专门的客户服务部门，为上海地区客户提供属地化的企业年金运营管理和服务。

在资产管理方面，依托资产管理公司长期稳健、经验丰富的投资管理能力，可以在严格控制风险的前提下，根据资金特性制定投资策略，为客户创造长期稳定的投资回报。

28. 平安养老保险股份有限公司上海分公司

平安养老保险股份有限公司于 2004 年 12 月 1 日经主管部门批准在上海成立，注册资本 27 亿元人民币，是中国首家专业养老保险公司，目前在全国已开设 35 家分公司、127 个中心支公司，服务网络遍及全国。平安养老保险股份有限公司上海分公司，其前身从属于平安人寿上海分公司团险业务系列。在 2007 年 3 月，公司从平安人寿上海分公司中平移重新组建成立。公司目前经营的主要业务范围包括企业年金以及与之相配套的团体商业补充养老保险，同时为企业客户提供涵盖短期健康保险、意外伤害保险、综合福利保障计划等一站式服务。

平安养老上海分公司拥有企业年金受托人、投资管理人、账户管理人三项年金资格，通过遍布全国的分支公司、服务网络、集团强大的后台 IT 系统以及平安十多年补充养老保险服务经验，平安养老上海分公司可以为各种大型、超大型企业提供优质的企业年金计划及投资运作能力。作为企业保险福利的供应商，平安养老上海分公司全面关注员工健康，协助企业完善员工福利计划，为上海地区企事业单位提供团体意外险、健康险、寿险等产品，为一大批行业知名企业提供员工综合福利保障计划。

2009 年，公司在团体保险、企业年金方面再创新高，继续领跑市场。短险实现总保费收入 5.41 亿元，较 2008 年(4.61 亿元)增长 17%，企业年金在保持市场领先的同时，实现跨越式发展，一批市场知名品牌客户年金业务的成功转入，进一步增强了平安养老在上海年金市场的品牌与地位。客户服务方面，平安养老上海分公司加强服务专员管理，对一线服务人力进行有效配置，并对专员服务工作标准化进一步完善。秉承平安“客户至上、服务至上”的服务理念，想客户所想，为客户提供服务指南以及健康教育知识讲座等一系列贴心服务，受到客户高度评价。

29. 英大泰和人寿保险股份有限公司上海分公司

英大泰和人寿保险股份有限公司是由国家电网公司设立的一家全国性寿险公司，经中国保监会批准，于 2007 年 6 月在北京成立。英大人寿上海分公司成立于 2007 年 11 月，是英大人寿最早成立的分公司之一。2009 年 6 月，引进境外战略投资者美国万通人寿保险公司。两大股东的强强联手，为公司的长足、稳定、健康发展奠定了基础，为公司事业的腾飞做好了准备。

2009 年，英大人寿上海分公司保费收入 7.64 亿元，公司保费规模位列上海寿险市场前十三名。其中，银保业务保费收入 6.61 亿元，同比增长 318%，在上海银保市场占有率 2.97%，排名第八；团险业务保费收入 0.96 亿元；个险业务规模保费收入 0.072 亿元。目前，公司在售的个人保险险种主要有人寿险、健康险、意外伤害险、万能险和分红险，在售的团体险主要有人寿险、健康险和意外伤害险。在世界经济危机的大环境中，公司坚持“内外兼修”，对外积极拓展公司业务，对内积极开展各项培训，以加强员工素质，完善公司的各项内部控制制度，加强代理人及各营销队伍管理等措施，保证公司平稳有效的运行。2009 年新《保险法》颁布实施，公司对全体员工开展全员培训、深入学习和全面宣传三个阶段的系列培训，进一步增强各部门人员的法律意识，促进规范了新《保险法》的贯彻执行，确保分公司依法合规经营。

2009 年，公司作为保险行业代表之一，出席了“陆家嘴人才金港”开港仪式和以“国际金融中心建设与人才培养”为主题的“知名高校对话陆家嘴”论坛。作为“陆家嘴人才金港”的共建单位，公司希望在该平台上获得人才培养，人才储备，人才交流等方面的支持。

30. 华泰人寿保险股份有限公司上海分公司

华泰人寿保险股份有限公司上海分公司成立于2008年2月。公司秉承“规范管理、稳健经营、创新发展”的宗旨，规范经营行为，优化渠道建设，加强产品开发，创新服务举措，提高销售能力，提高服务水平。

2009年，上海分公司整体工作的核心是紧紧围绕着监管机构关于“调结构、防风险、稳增长”的指导方针，根据总公司“夯实基础年”的发展策略来展开的，主要的工作重点体现在三个方面：一是加强岗位培训和诚信教育，严格控制经营风险；二是建立健全多元行销体系，加大力度拓宽营销渠道；三是创新发展、精耕细作，规模、质量、效益并重。

2009年，上海分公司实现总规模保费146 655万元，其中，银保业务在上海银保市场排名为第五名，市场占有率已经达到6.5%。工作业绩为：

(1) 公司的管理效能有所提高，各项规章制度不断完善。

(2) 与银行渠道合作关系进一步加强和深化，在电话直销、团险等方面有广阔的合作前景。

(3) 银保渠道在2009年取得了突破性的进展，保费规模上升至上海市场第七位。

(4) 制定了分公司个险独特的精兵制寿险营销运营机制，并进展良好。

(5) 团险渠道在2009年的工作中建立了兼业代理渠道，为“贷无忧”产品的销售奠定了基础。

31. 光大永明人寿保险有限公司上海分公司

光大永明人寿保险有限公司成立于2002年4月22日，由中国光大集团和加拿大永明金融集团携手组建，总部设在天津。目前，公司已相继在天津、北京、浙江、江苏、上海、广东、重庆等省市开设分支机构，开拓了代理人、银保、团险、高端理财、电话行销等多种销售渠道。

2007年12月21日，光大永明人寿上海分公司正式成立，并迅速建立了银行保险和团体保险两个渠道，公司业务稳步增长。2009年，上海分公司与光大银行、交通银行、上海浦东发展银行等建立了紧密的合作关系，银行保险渠道规模保费收入达1.3亿元，同比2008年增幅达到283%。在团体保险渠道中，团险保费收入达1 487万元，同比2008年增幅达到173%。

在完成既定年度目标的同时，公司秉承“客户第一”的服务宗旨，努力打造“关心、贴心、爱心、放心、动心”五心级微笑服务品牌，竭诚为广大客户提供方便、高效、优质、专业的客户服务。公司倡导主动理赔，成立“阳光花仙子”等主动理赔服务团队，对发生住院医疗的客户上门指导填写理赔申请材料，指导客户进行后期理赔申请；成立VIP阳光俱乐部，为VIP客户建立绿色通道，提供上门理赔、免费体检等服务；提供签发临时保单服务，为客户免费提供承保前的临时保障；提供手机短信服务，帮助客户了解所购买的保单的情况，为客户提供承保、续期等多项短信通知服务；提供电话咨询中心，通过服务热线95105698，客户可以实现24小时保单自助查询、代理人身份确认、理赔报案等服务。

注重合规管理是光大永明人寿始终坚持贯彻的企业原则与工作作风。2009年，公司进一步加强了对于合规工作的要求以及相关管理的力度，高度重视并认真履行合规工作对于公司提升业务品质、化解经营风险、取信社会民众具有至关重要的积极意义。

32. 幸福人寿保险股份有限公司上海分公司

幸福人寿保险股份有限公司是由中国信达资产管理公司、中国中旅(集团)公司、大同煤矿集团有限责任公司、奇瑞汽车股份有限公司、芜湖市建设投资有限公司、陕西煤业化工集团有限责任公司等15家企业发起组建的全国性、股份制人寿保险公司。2009年，幸福人寿取得了较好的投资收益，并拓展了基础设施债权投资渠道。同时，幸福人寿积极实施了ISO9001质量管理认证工作，内管内控进一步加强，成为国内唯一一家全系统导入ISO9001标准的寿险公司。

2009年是幸福人寿上海分公司第一个完整的会计经营年度。公司秉承“诚信，稳健，专业，创新”的经营理念，坚守“以人为本，诚信规范，共创价值，服务社会”的企业价值观，积极从变革中寻找发展机遇，绩效指标实现了大幅度的增长。2009年，公司实现规模保费收入47 111.8万元，达成全年目标的179.75%，规模保费较2008年增长了429%。其中，银行保险业务实现规模保费收入43 428.6万元，团体及中介业务实现保费收入1 737.0万元，个险业务实现规模保费收入1 713.5万元。

开业以来，幸福人寿上海分公司正逐步扩大市场份额，市场地位稳步上升。幸福人寿上海市虹口支公司、黄浦支公司、徐汇支公司分别于2009年6月、8月、10月顺利开业。至年末，各支公司业绩均有了较大发展。

2009年，幸福人寿上海分公司根据ISO质量体系管理要求，进行工作流程上的梳理，出台了分公司和支公司的工作手册及各项规章制度，真正将“说到”、“做到”、“记到”的原则贯穿于业务和工作的整个流程。

幸福人寿以服务社会为己任，致力于为客户提供优质的金融服务。2009年8月，在《新闻晚报》举办的上海第五届保险产品博览会上，幸福人寿上海分公司荣获“最受市民信赖保险公司”称号，幸福人寿“盈福一生平安保障计划”喜获“最佳人身意外保险产品”殊荣。

二、财产保险公司

1. 中国人民财产保险股份有限公司上海市分公司

2009年，人保财险上海市分公司经营局面不断改善，各项工作取得新的进步，实现全年保费收入39.9亿元，同比增加1.62亿元，同比增长4.23%，继续保持上海非寿险市场领先地位。

2009年，人保财险上海市分公司工作呈现出以下主要特点：一是保险服务领域不断拓宽。积极寻求新的业务增长点，以增量补缺口，业务领域不断拓宽。高度重视存量业务的续保工作，巩固和扩大了承保面，着力加强新领域、新项目的拓展。积极稳妥推进世博保险工作，有效发挥人保财险在世博保险服务工作中的主导作用。二是销售能力建设稳步推进。全面启动销售能力建设，推行客户经理制，组建各产品线专业营销团队，逐步实施特殊渠道和业务的专管专营。完善制度建设，加大培训力度，大力发展个代营销，努力拓展社区综合保险，着力发展郊县区域家财险业务。三是盈利能力建设收效明显。着力强化基础管理和重点险种、关键环节的管理，把加强车险盈利能力建设作为工作的重中之重，全面深入实施业务结构调整和理赔管控十项重点举措，同时，积极调整非车险业务结构，强化承保环节风险控制，推行大额赔案跟踪审核制度，主动开展防灾防损工作，非车险出险率明显下降。四是经营管理水平持续提升。完善经营绩效考核办法，进一步体现效益导向和对应收保费等关键环节的管控，提高资源使用效益。进一步完善理赔模式，提高理赔效率，提升理赔质量。顺利实现“商业车险进平台”。努力提升95518客户服务专线坐席代表技能和服务水平。认真开展“3.15国际消费者权益日”保险宣传活动、“盛世中国　人保同行”客户节活动。结合建司60周年，有计划地组织开展了“客户真情大回访活动”。及时处理客户投诉，有效缓解各类矛盾。积极开展世博局自身保险及共保体保险项目的防灾防损服务。加强软硬件信息技术建设及数据统计分析开发。五是风险管控能力显著增强。认真学习、贯彻、落实新《保险法》，坚决遵照中国保监会70号文件精神，积极发挥市场引领作用，推动非车险行业自律的施行，严格执行车险、非车险行业自律各项规定，带头规范市场秩序。落实打击“三假”工作实施方案和理赔质量督察制度，努力提高合约质量。六是队伍整体素质不断提高。高度重视党员领导干部的思想作风和道德品质修养，加强教育宣导。圆满完成科学发展观学习实践活动，认真开展建国、建司60周年庆典活动，认真落实员工福利计划，办好关心员工工作和生活的十件实事，进一步凝聚了人心，增强了合力，激发了干劲。

（人保财险）

2. 中国太平洋财产保险股份有限公司上海分公司

2009年，中国太平洋财产保险股份有限公司上海分公司以科学发展观为指导，按照上级集团可持续价值增长的经营理念和以综合成本率管控为主攻方向的要求，大力拓展市场，保险业务收入持续快速增长。2009年，太保产险上海分公司全年实现保费收入28.1亿元，达到了预定的发展目标，在上海财产保险市场份额中继续保持第二；全年累计支付赔款14.71亿元，为保障上海的经济社会持续、稳定、健康发展作出了不懈努力。

2009年，太保产险上海分公司主动服务于上海国际金融和航运中心建设，大力发展非车险业务。公司围绕先进制造业和现代服务业以及重大市政建设，成功承保了包括洋山深水港区四期工程（一阶段）、长江西路越江隧道新建工程险项目、轨道交通12号工程险项目、兰渝铁路LYS-6标段建工险项目、上海金港北外滩置业、杭甬铁路客运专线、宏腾风电、津秦铁路等保费过百万元的非车险大项目共计76个，保费收入超过3.8亿元，取得了良好的经济效益和社会效益。同时，在车险业务经营上，公司成立专门的车商渠道部，使公司车险精细化经营再上新台阶。此外，公司严格按照保监会提出的“抓监管、防风险、促发展”的总体工作要求，严格执行同业自律公约，加强内控体系建设，进一步规范业务操作流程，抵制不规范的市场行为，强化对员工开展业务培训、合规宣导，积极营造合规文化氛围。在业务快速发展的同时，公司以客户为导向，以贯彻落实新《保险法》为契机，创新服务手段，丰富服务内容，加快理赔速度，提高服务质量；对车险理赔业务流程进行了整合，实行了快速定损，全面实施4S店差异化理赔服务；同时，实行了车险理赔回访制度，回访率达到100%。在2009年的全国质量万里行几次明察暗访过程中，太保产险上海分公司都做到在受理报案后第一时间为客户提供优质的理赔服务，获得了由全国质量万里行促进会颁发的荣誉证书。在《解放日报・保险周刊》主办的“第四届上海优秀服务保险公司评选”中，太保产险上海分公司再次荣获“上海优秀保险服务公司”。

3. 中国平安财产保险股份有限公司上海分公司

2009年，中国平安财产保险股份有限公司上海分公司以市场机遇为契机，以渠道建设为平台，狠抓基础管理、客户服务推陈出新，成绩显著，全年创保费收入25.8亿元，净增保费9.2亿元，累计同比增长55.1%，进一步稳固了在上海财险市场的优势地位。

（1）用心服务、履行承诺。2009年，中国平安财产保险股份有限公司上海分公司积极履行平安产险总公司推出的“平安车险，万元以下，资料齐全，三天赔付”服务承诺，全年承诺达成率达99.97%，结案理赔时效0.91天。此外，公司细化客户服务工作要求，推出“代步车”、“理赔进度网络实时查询”等创新服务举措。

（2）交叉销售促发展。公司在平安集团“综合金融”战略指引下，成立综合金融工作小组，与平安银行、平安信托、平安证券等专业公司联手开展一系列联合营销活动，探索出一条综合金融合作新模式。12月底，公司在平安系统内最先成立综合金融专职管理部门，为公司综合金融业务的长足发展打下坚实基础。

（3）创新业务发展新模式。2009年，公司坚持渠道化经营理念，五大渠道（电销、综合开拓渠道、车行渠道、重客渠道、传统渠道）全面开花。在传统渠道的发展上，公司主动调整业务结构，不断转型发展，探索出一条以规定动作为基础、客户数为导向、行业拓展为重心的传统渠道发展新模式。

（4）获得多项荣誉。2009年6月，平安产险凭借专业的营销技术、专业的送单队伍及付款便捷性在“2009中国保险行业电子商务高峰论坛”上，高票当选2009年中国保险电子商务“电销渠道满意度标杆企业”。12月，平安产险获得“2009年度中国金融机构金牌榜‘金龙奖’”，成为唯一获评年度最佳中资财产保险的公司。

（5）大项目承保取得突破。2009年，公司相继承保上海国际航运中心、长江隧桥上海段、上海出租车车上人员意外伤害保险、上海市客运责任人责任险等重大项目，在上海保险业界产生了深远的社会影响。

4. 天安保险股份有限公司上海分公司

2006年1月，经上海保监局批准，成立于1995年6月的原天安保险股份有限公司上海业务总部更名为天安保险股份有限公司上海分公司。

2009年，天安保险股份有限公司上海分公司以贯彻保监会“防范风险、调整结构、促进保险业平稳健康发展”精神为契机，继续深入实施总公司

“做强、做大”战略，紧密围绕合规、效益两个中心，努力提高自身发展水平。在承保环节，公司进一步完善了分支机构集中核保、分级出单管理模式，大大提高了客户服务效率；在理赔环节，大力开展理赔治理整顿，妥善处理保护客户利益与提高理赔品质的关，真正保护被保险人的合法权益。同时，公司继续调整业务结构，进一步拓宽银保合作渠道，与工商银行、建设银行、交通银行、民生银行、农业银行等签订了保险合作协议，并积极探索通过物业管理协会等行业组织拓展车险业务的有效方式，取得初步进展，全年完成实收保费 16 835.25 万元。

2009 年，公司积极贯彻保监会“保民生、促发展”的指导意见，努力扩大保险覆盖面。作为 2010 年中国上海世博会三项规定保险共保体成员之一，公司正式签署了世博会保险共保协议，并确保相关保险服务工作的如期开展。2009 年，公司继续在重大项目承保上保持了较好的记录，成功续保了上海东方艺术中心、上海永龙房地产有限公司、上海轻纺集团等重要财产险项目，全年承保保额 1 亿元以上项目有 20 个，总计保额达 106 亿元。在政府招投标项目上，公司也取得了新的进展，成功入选浦东新区、前南汇区政府机关公务车辆定点保险供应商。

5. 大众保险股份有限公司上海分公司

2009 年，大众保险股份有限公司上海分公司坚定秉持“效益为先、稳健经营、协调发展”的经营方针，以创新促发展、以改革保增长，最终实现了连续创利目标，喜迎大众保险十五周年华诞。分公司全年实现保费收入 31 568.43 万元，同比增长 14.92%。其中，车险保费收入 23 134.77 万元，非车险保费收入8 433.66 万元，全年赔款支出 15 259.39 万元，承保利润 2 501.91 万元。

2009 年伊始，席卷而来的金融海啸使分公司包括货运险和船舶保险在内的非车险业务出现下滑态势，为了确保完成全年业务量稳定增长的目标，分公司积极探索和尝试新的销售和业务运行模式，为业务机构的展业创造条件。分公司通过采取系统布局、集中管控、资源共享的管理方式，大力扶持银保业务；通过提高续保率、增加新保额等方式，在费率下降的情况下实现了财产险保费的增长；通过潜心研究市场动态，开发推广新险种、积极参与招投标项目，大力挖掘业务新增长点，保证业务有规模地发展。

2009 年，分公司进一步加强合规经营力度，结合财务业务数据真实性检查工作，采取相应措施开展车险应收保费清理工作，配合车险“见费出单”政策的出台，分公司对见费出单前的车险应收保费制定了严格的回收时间表，于 2009 年 4 月底在行业内率先实现车险业务零应收，得到了同业公会的赞扬并在行业内通报。非车险方面，分公司严格按照非车险自律公约及 70 号文件精神，要求下属各业务机构做到条款、费率报行一致。同时分公司对合同签订、合同管理、系统录入等业务流程进行了梳理，对发现的问题提出了整改要求，加强了对渠道业务来源真实性的管控。

围绕“技术创新”，分公司积极引进“精友车险理赔管理体系”，进一步改善理赔操作技能，提高查勘效率，优化服务水准。在总公司 95507 客户联络中心成立后，分公司接报案业务率先顺利与之衔接，为全公司的客服水平树立了新标准。围绕“服务创新”，分公司根据《交强险财产损失“互碰自赔”处理办法》文件要求，制定了互碰自赔新规定，落实行业服务承诺；同时，为了更好地满足广大被保险人及时、方便领取赔款的要求，分公司在已开通“绿色通道”赔案处理流程的基础上，进一步增加客服柜面工作日，提供柜面周六对外服务项目，以人性化的服务举措、优化的服务质量迎接世博，提升大众保险的品牌形象。

在做好对外服务承诺的前提下，分公司积极配合上海保监局、同业公会打击“三假”要求，杜绝行业违规行为，保护被保险人合法利益，维护公司品牌信誉。2009 年，分公司通过加强理赔流程管控，提高理赔质量，及时识别疑似虚假赔案的蛛丝马迹，严控虚假赔案，因此而注销(拒赔)赔案达 190 件。

以“信誉为本、服务大众”为宗旨，分公司先后两年荣获《解放日报·保险周刊》评选的"上海优秀服务保险公司",及"客户服务规范奖"奖项。2009年7月,分公司业务发展部在由人力资源和社会保障部、中国保监会共同举办的全国保险系统先进集体、劳动模范和先进工作者表彰大会上,被授予"全国保险系统先进集体"称号。大众保险上海分公司始终保持"低投诉量",2009年,上海分公司客服中心荣获总公司评选的"先进集体"称号。

(大众保险)

6. 华泰财产保险股份有限公司上海分公司

2009年,华泰财产保险股份有限公司上海分公司面对全球金融危机的不利影响,坚持"质量效益型"的发展战略,适时调整政策、巩固发展基础、积极防范风险、实现保费收入3.16亿元,累计赔款支出1.45亿元,相关经营指标较上年有了明显的改善。

1. 调整发展策略,积极适应环境,提高经营水平

分公司注重优势、差异化产品的发展,重点发展渠道业务及产品责任险等效益险种,拓展不同类型的市场,大力发展新业务,2009年成功承保第一单海外工程险项目;为适应市场需求,分公司对内部资源进行有效整合,采用网上出单、自动承保等业务模式,增强了操作的便利性,降低客户及公司的运营成本,加大了竞争优势;通过交强险、商业险平台重点发展优质私车和团车业务,清理2008年保单中赔付率高的特种车业务,2009年车险保单满期赔付率较上年下降了10.11%、实现车险的盈利;通过加强业务跟踪,完善续保客户档案管理,提前2个月发放续保清单并逐笔关注跟踪,承保后每月追踪业绩变化,对出现的异常情况及时分析产生原因,调整承保政策,有效提高了保险业务质量。

2. 加强风险管理,完善理赔措施,提升理赔能力

2009年,分公司严格执行公司风险管理政策,对续保业务进行了分析归类,对新增业务进行实地风险查勘。对于2008年赔付率较高的营业团车业务,有针对性地制定了续保标准和准入条件,加强承保前的风险查勘,设计了《风险查勘模板》。通过标准化衡量工具的运用,使风险查勘和业务选择更为有效,业务质量有了大幅度提高。特别是2009年下半年,分公司积极响应中国保监会打击"三假"的有关要求,加大案件查勘调查力度,规范人伤赔案和诉讼赔案的操作流程,通过查勘(或复勘)事故的第一现场、加强对多次出险客户的管控等措施,在防范道德风险、降低赔付率的同时,进一步提高了保险服务水平。分公司还先后出台了《车险理赔对内服务质量投诉举报处理之承诺》、《优质团车理赔服务措施—绿色通道》等方案。

3. 整合公司资源,加强后援能力,提高管理水平

2009年6月,分公司设立营销管理部,统一负责分公司各销售部门和机构营销计划的制定实施、销售业绩的考评、中介代理的信息管理等工作,加强了分公司销售与管理部门间的协调与配合,提高了对销售人员的系统管理水平。同时,分公司成立了业务管理委员会,为特殊业务的拓展提供业务统筹和协调平台,对销售部门优化利用公司资源,促进各项业务的开展起到了积极的作用。

2009年分公司的各项软硬件设施也进一步完善,车险商业险系统平台改造完毕,新系统实现与同业平台顺畅链接,消除了业务系统的局域网络限制,降低了系统开发和维护成本,增强了数据的时效性。分公司对后线人员管理及服务、财务操作流程等方面也出台了一系列规定及细则,促进了后援部门工作效率和服务水平的提高。

(华泰财险)

7. 太平财产保险有限公司上海分公司

2009年,中国太平保险集团公司,原名中国保险(控股)有限公司,整合了旗下中国保险、太平保险和民安保险三大品牌，启用了“中国太平”的统一品牌，太平保险有限公司随即更名为太平财产保险有限公司，简称太平财险。

2009 年，太平财险上海分公司顺利实行了营销体制改革，为建立持续盈利的商业模式迈出了关键的第一步。全年保费收入 31 054.46 万元，占上海产险市场份额 1.9%，实现承保利润 232 万元，税后利润 270 万元。总体来看，公司在 2009 年主要取得了以下几个方面的进步：

1. 确立新的工作思路，统一全员思想

2009 年，在集团核心价值观的指导下，太平财险上海分公司贯彻“效益、合规、专业、执行”的八字方针，统一思想，探索新的工作思路。在实际工作中，效益意识深入人心，合规意识大大增强，专业化运作体系初步建立，执行文化在逐步形成。在确保业务平稳发展的基础上，公司导入了两个新的考核指标：边际贡献率和边际贡献覆盖率。这两个指标对分支机构的算账经营起到很大的导向作用，通过对“两率”的计算，公司全员对产险公司的盈利模式和产险公司的管控有了深刻的认识。

明确新的工作思路后，以变“重规模轻效益的扩张模式”为“可持续盈利模式”为目标的营销体制改革开始全面推行，同时“产品、渠道、机构”三个维度的立体化管理体系也逐步建立起来，使得公司对经营的过程分析、判断更加清晰，管控更加科学。

2. 初步建立专业化的营运体系，为公司可持续发展奠定了制度基础

建立太平财险的专业化营运体系，即专业化经营的销售前端、集中化管控的营运后台、以全面预算管理和决策单元管理为核心内容的资源配置体系。

在渠道建设方面，公司建立了银行保险、重点客户、寿销产、车商、直销等专业销售团队。到 2009 年年末，新渠道的业务量已占公司总保费规模的 67%以上。

由于建立了条线的垂直管理，加强了业务品质及承保理赔全过程的管控，公司整体赔付情况比 2008 年有所改善；同时车险市场的进一步规范也很大程度上降低了公司的外部成本。

此外，全面预算管理及合理的资源配置，也增加了各项费用的可控性，为公司实现盈利目标奠定了基础。

3. 关键经营指标逐月改善，整体实现大幅减亏

从整体来看，在各项改革措施密集出台的情况下，公司业务仍然实现了平稳发展，没有较大的波动。同时，关键经营指标逐月改善，公司效益不断提升。2009 年综合赔付率 61.85%，综合成本率 99.18%，分别比 2008 年下降 0.5 和 10.6 个百分点，实现承保利润 232 万元，比 2008 年减亏 2 795 万元。从经营的业绩来看，改革的成果已逐步显现。

（朱　莉）

8. 中华联合财产保险股份有限公司上海分公司

2009 年，中华联合财产保险公司上海分公司围绕以“深入学习实践科学发展观，积极推进发展转型和集中管理，促进公司可持续健康发展”为实践主题，立足“防风险、调结构，稳增长”经营主线，坚持深化集中管理，坚持强调合规经营，坚持关键环节控制，不断追求效益目标，在业务经营和各项工作中务实推进，取得了转型的初步效果。截至 12 月 31 日，公司累计实现保费收入 6.04 亿元，完成年计划 102%，同比增幅 2.74%。在赔款支出上，公司累计赔付支出 4.67 亿元，同比下降 26%，年末公司综合成本率为 99%，经营利润达到了 1 065 万元，实现了盈利增效的公司既定经营目标。

2009 年，公司深化业务集中、财务集中和综合管理集中，全年的报案率、结案率、偏差率取得了明显改善。与此同时，公司还通过努力整合各项制度建设，制定了一系列管理制度，例如，高风险评估制度、各险种展业管理制度、培训制度、人伤理赔制度、招投标方案激励制度等，强化了公司的激励机制和考核体系。

在推进业务转型中，公司专门成立车险经营管理联合小组，运用精算原理，加强数据分析，坚持结构调优，降低成本，显示效益，公司承保质量得到明显改善；同时，还积极对非车险业务状况进行数据分析和项目跟踪，不断通过政策引导和风险分析，培育效益险种。2009 年，公司还在风险管控和合规管理上高度重视，积极贯彻落实、认真执行“反洗钱”、“打三假”工作，监督各单位主动执行行业自律。一年来，公司通过了上海市保险同业公会四次车险行业自律检查以及总公司每月两核抽查，合规管理力度和管理效果走上了一个新的台阶。

9. 华安财产保险股份有限公司上海分公司

2009 年是华安保险上海分公司的第六个经营年度，紧紧围绕“科学发展保险业务，着力降低经营成本，强化考核经营目标，全面提升盈利能力”的工作目标，切实提升管理和服务水平，持续优化经营结果，赢得了快速发展。

1. 连营战略得到突破，大幅提升品牌形象

2009 年上半年，华安财产保险股份有限公司上海分公司的连锁营销战略得到了实践性突破，在直销业务方面得到了长足发展，通过公司特有的服务触角的延伸和服务功能的不断深化，品牌形象在市场中得到了大幅提升。

2. 坚持规范经营原则，引进优质高效团队

公司遵循规范经营的原则，在业务发展中要求业务机构遵循市场规律，遵守行业行为，严格手续费率，遵照产品报备费率开展业务，在规范经营中求发展，稳步推进业务，提升盈利能力；同时，利用连锁营销服务部的平台、扎实的队伍建设和业务团队培养，公司吸引了大批优秀业务拓展团队，打造了一支能战斗、善管理的业务队伍，在业务发展中起到了重要的作用。

3. 提升两核业务技能，加强业务规范管理

2009 年初，公司要求两核部门加强培训，每周组织一次业务培训，增加理论知识，并带领核赔人员前往其他兄弟单位学习，了解周边省市对理赔的要求，为异地委托查勘业务打好基础。

4. 优化组织架构，提高客户服务水平

2009 年，经组织架构调整，原委托公估公司的业务全部由公司客户服务部接管，客户服务的流程得到了简化，节省了服务成本和缩短了服务半径。目前，公司在各营销服务部实现了现场受理和上传理赔单证、简易现场查勘、小额赔付等功能，客户服务的水平有较大提升，第一现场查勘率达到了 95%以上；客户服务部功能得到了丰富，服务水平和技能也得到了大幅度提升，客户服务满意度达到了历年最优状态。2009 年，公司业务发展大幅增长，当年下半年保费收入达到平均每月 1 000 万元左右，且赔付率控制合理。

10. 中国大地财产保险股份有限公司上海分公司

2009 年，中国大地财产保险股份有限公司上海分公司紧紧围绕“发展有效益，承保有利润”的总要求，按照转型要求和效益目标，制定了符合公司实际的“管好两头，压住中间，整体作战，扭亏为盈”的全年工作思路，提出了“创效益要有办法，保增长要有手段，上水平要有路子，强队伍要有举措”的“四个要有”的工作要求。截至 2009 年 12 月 31 日，公司实现全年保费收入 4.69 亿元，获取报表利润 1 957 万元，全险种精算自留满期赔付率为 56.9%。

1. 扭亏为盈，效益发展统领全局

2009 年，公司切实把思想观念和经营理念转变到以效益为中心，以创效益、增利润为纲，以效益发展统领全局、开展工作。公司紧紧围绕扭亏为盈总目标，科学制定测算模型，以总成本导向下的过程化管控原则，制定了《2009 年经营绩效考核办法》等四项考核管理制度办法，为经营发展确立了正确的方向。各经营机构及时抓好考核工作的落实，结合实际制定了本单位相应的考核办法，使效益优先贯彻到经营管理的各个方面。

2. 提升质量,盈利能力得以加强

在业务管控上,认真落实各险种业务管控办法,提高业务管控集中度,对非车险、人身险核保实施集中统一管理,对车险业务核保实施差异化管控,为提高业务质量把好入口关。在结构调整上,坚持以效益为向导,以经营数据为依据,积极调整各险种内部结构。在费用政策上,创新销售费用的全险种动态平衡,充分发挥费用杠杆作用,积极鼓励优质业务加快发展。

3. 改善服务,赔付指标一路向好

第一,针对上海市场实际,推出了“双原件理赔”,“私车客户实名制理赔”等一系列措施,加强打“三假”工作的推动力度,有效规避了道德风险,压低了车险出险率,挤压了赔案水分。第二,加强协调管控,建立车险业务发展协调机制,狠抓现场查勘定损环节,加快结案速度,提升理赔服务效率。第三,完善工作流程,建立未决案滚动清理责任制,加快结案速度,降低未决赔款准备金。第四,实施精细管理,认真梳理疑难案件,对疑义案件进行专项处理。第五,以零投诉活动为切入点,及时发现客户服务中存在的管理漏洞,进一步规范了服务管理,提升了服务水平。

4. 强化合规,有效控制经营风险

一是认真做好中国保监会70号文贯彻落实的自查整改工作,全面落实保监会、总公司的各项检查整改要求,合规意识与合规管控能力有了全面提升。二是建立合规管理长效机制,出台了分公司合规管理的各项规章制度,健全了合规管理组织架构。三是严格遵守行业自律和各项合规监管要求,审计检查及时跟进,杜绝严查滚单结算、虚挂应收等违规行为的发生。四是狠抓应收清理,及时出台管控措施,加大力度,明确责任,始终保持高压态势。

5. 管理递进,逐步夯实发展基础

公司始终坚持管理递进,靠管理夯实效益发展的基础。在财务管理上,落实预算管理要求,建立财务分析体系,进一步规范会计核算。在业务管理上,建立业务数据分析模板。在系统管理上,完善财务负责人委派制,抓好收付员队伍建设,提高理赔服务效能。抓好手续费支付系统和中介管理系统试点运行。在员工管理上,落实全员绩效考核管理,加大绩效考核力度和激励导向。

(施蕾蕾)

中国大地财产保险公司

11. 中国大地财产保险股份有限公司营业部

中国大地财产保险股份有限公司营业部作为大地保险总公司的直属营业机构,以非车险业务为主要拓展方向,具体负责全国范围内大型商业风险项目及大型中介渠道的开拓与维护,代表总公司对外开展总对总合作,承担大型创新项目的试点及非传统渠道的创新试点,为全国性的大型商业保险项目提供优质服务。

2009年,营业部进入了新一轮跨越式发展期,保费规模由2008年的12 449万元增长到

2009年的17 556万元，同比增长45.39%。其中，公司非车险业务占比99%，业务结构良好。

营业部充分利用渠道优势，在非车险大项目开发上取得了显著成果，先后参与了全国工商银行、建设银行统保项目、中广核6+x、鑫诺二号等多颗卫星保险项目，杭州、成都、深圳地铁保险项目，三门、阳江、海阳核电建设项目，"西气东输"、"南水北调"、"京沪高铁"等一批具有较大社会影响力的大项目。

2009年，营业部继"首席核保人"制度后，又首创了"成本控制中心"的管理模式，逐笔核算业务费用和外部成本，切实降低公司整体的业务成本，通过对承保环节的精细化管理，提高业务承保质量，降低承保成本，合理调节销售费用，提升单个保险项目的盈利能力。"成本控制中心"的管理模式实行以来，已经取得初步成效。2009年，公司全年综合成本率为96.47%，较上年下降了24个百分点。

2009年，是中国大地财产保险股份有限公司营业部不断推进专业化发展的一年，不仅根据业务发展实际和专业技术情况，先后成立了航空航天险部和船舶险部，同时还制定并推行了《专业人员管理办法》，通过一系列措施培养公司内部人才，真正实现了从"引进专家"到"制造专家"的转变。

12. 安信农业保险股份有限公司

2009年，安信农业保险股份有限公司坚持"调结构、稳增长、防风险、增效益"的指导方针，按照"稳中求进、转型增效、深化改革、强化管控"的总体工作思路，以效益发展为核心战略，保持了公司强劲发展的势头。全年保险业务收入达到6.39亿元，其中，原保险保费收入为6.38亿元，较2008年同期增加了52.17%，高于行业平均增速。实现利润0.28亿元，其中资金运用获利0.43亿元，连续三年实现盈利。总资产达到10.63亿元。

2009年，公司通过产品创新、业务结构调整、扩大保险保障覆盖面等手段不断修炼内力、提升市场核心竞争力，为效益发展打下坚实基础。例如，以市场为导向进一步加强产品创新，试点和推广小额信贷保证保险等一系列新兴险种；稳步推进危险化学品安全责任保险、火灾公众责任保险等一些与社会民生密切相关的重点项目，拓展与大型农口集团、村镇银行、各类商业银行银保业务等优质渠道，为公司保费和利润增长提供动力；同时，在政府相关部门的支持和配合下，进一步完善了上海农业保险的财政补贴政策，适当提高了部分险种的补贴比例，统一了不同区(县)同一险种的单位补贴标准，较好地实现了如水稻、奶牛、农机具和群众渔船等保险的广覆盖；及时调整车险和非车商业险业务发展策略，进一步提高产能和效益。

在合规经营和管理方面，以大力完善制度建设，切实推进合规文化建设为抓手，形成了有保障、有落实、有依据、有奖惩的合规控制体系。如相继出台《分支机构设立管理办法》、《手续费支付管理规定》、《中介合同标准文本》、《中介代理管理办法》、《中介关系管理规定》等众多与合规建设相配套的制度，强化财务业务管理，积极开展打击三假活动。2009年，共发现人伤诈保嫌疑赔案11件，涉案金额合计150余万元。其中，已查实诈保假案有6件，涉案金额合计人民币103.64万元。

2009年，公司不断深化服务内涵，提高服务质量，创新服务形式，拓展服务领域，通过突出窗口考核、整合查勘力量、提升理赔质量，推进全流程、透明化、公开化服务等策略，不断提升公司核心竞争力。

13. 安邦财产保险股份有限公司上海分公司

安邦财产保险股份有限公司是经营财产保险、意外伤害保险和短期健康险等业务的全国性保险公司，于2004年9月30日获得中国保监会批准开业。安邦保险实力雄厚，注册资本为51亿元，股东包括上海汽车集团股份有限公司、中国石油化工集团公司等"世界500强"企业。安邦保险是全国分支机构最全的财产保险公司之一，总部设在北京，已在全国所有省、市、自治区都设立了分支机构，目前拥有37个省级分公司，300多家中心支公司，1 000多家县、区级机构。

2009年，安邦保险上海分公司认真贯彻科学发展观，全面落实总公司关于国际化改革的各项要求，积极适应上海金融发展的需要，始终坚持科学发展，坚持效益优先，坚持改革创新，取得了突出的经营业绩。全年实现保费收入1.82亿元，同比增长62.54%，市场占比1.1%。

“视客户为亲人”是安邦保险的服务宗旨。安邦保险重视建立与客户的相互信任和长期发展，致力于为客户提供多层次、全方位的金融服务和支持，实现公司、客户、股东、战略伙伴和员工的共赢发展。

14. 天平汽车保险股份有限公司上海分公司

天平汽车保险股份有限公司是2004年12月设立的全国性金融机构，是中国第一家专业汽车保险公司。天平汽车保险股份有限公司上海分公司于2006年9月8日正式成立，前身是天平汽车保险股份有限公司上海营业总部。

天平汽车保险股份有限公司上海分公司始终以客户为中心，提供最优质、最具价值、最完善、最体贴的产品和服务，拥有中国车险市场上除A、B、C三套行业产品外，唯一一套个性化的专业车险产品，能够带给客户更多的保障和实惠。

公司突破传统保险概念，以汽车安全服务提供商的姿态为客户提供更多出行便利，带给客户更多出行快乐，成为值得客户信赖的首选车险品牌。2009年，公司实现保费收入1.39亿元，机动车辆保险在整体业务结构中占主要地位，占比达到97.23%。其他业务以短期意外伤害保险为主。

公司以分销渠道为基础，全面快速推动电销、网销等垂直型渠道的业务发展，开发了电销专属产品，依托总公司在成都建成的全国性的电话销售和服务中心，为客户提供咨询、报价、出单等优质便捷的服务。2009年，分公司电销业务规模增长了277.54%，占比达到24.26%。

公司始终坚持“效益为先”、“精细管理”和“稳健经营”，并坚持“专业化”、“集约化”、“品质化”的专业车险公司发展战略，为客户提供个性化服务，提高优质客户的满意度，提升业务品质；加快流程化建设的步伐，力求率先实现流程的标准化，实现管理效率的提升和成本的下降，进而将管理发展成分公司的核心竞争力。2009年，公司综合赔付率、营业费用率大幅下降，并实现了8.61%的承保利润率。

2009年，公司出台了多项措施，对高风险案件加强了管控力度，把部分风险控制工作前置在查勘定损端，降低结案周期。对事故金额在1 000元以内的案件进行简易处理，减少了客户的奔波。

15. 永诚财产保险股份有限公司上海分公司

永诚财产保险股份有限公司上海分公司是永诚财产保险股份有限公司在上海经营财产保险业务的专业分公司，于2005年11月23日获中国保险监督管理委员会批准开业。公司曾独家或参与承保各种类型电厂达数百家，在其他大型商业风险领域和大项目方面的业务发展也取得了长足进步，承保项目涉及社会各个领域，大到卫星发射、世界体育赛事，小至企业员工意外健康险等。

2009年是永诚财产保险股份有限公司上海分公司正式营运的第四年，完成保费收入31 136万元，与上年相比，增长率为191.25%。公司与建设银行、招商银行、兴业银行、上海麦考林国际邮购有限公司、圣戈班投资有限公司、海通证券、天津地铁集团、上海申能集团、波特曼丽嘉酒店、保利协鑫能源控股有限公司、台塑集团等多家知名企业及政府事业单位建立了良好的合作关系，业务规模及市场占有率实现翻番。

2009年，公司狠抓合规工作，紧紧围绕总公司提出的“优化管理、控制风险、加快发展、提升价值”的经营方针，坚持精细化管理，强化执行力，充分发挥了合规的监督和服务职能，加大了合规监管力度；在内部管理与建设方面，强化产品创新，拓展新渠道，提升优质服务，实现了规模效益的双赢；队伍建设方面，公司大力引进人才，加强培训、激励机制，增强了员工的凝聚力和向心力；在业务发展的同时，致力于社会活动和公益事业，积极参与助学活动、为民办事等活动，履行企业社会责任。

16. 美亚财产保险有限公司上海分公司

美亚财产保险有限公司是目前中国最大的外资财产保险公司之一，公司前身美国美亚保险公司上海分公司成立于1992年，是第一家在中国获准经营财产保险业务的外资保险企业。2007年7月，美国美亚保险公司获得中国保险监督管理委员会批准，将其在中国的分公司改建为在中国注册的全资附属子公司美亚财产保险有限公司，总部设在上海，并在中国北京、上海、广东和深圳设有分支机构。美亚财产保险有限公司上海分公司致力于为企业和个人客户提供高水准的非寿险服务，产品线包括财产险、责任险、能源及工程险、特殊金融险、货物运输险及意外健康险等。

(1) 公司经营情况及重点业务发展。2009年，美亚财产保险有限公司上海分公司经营稳健，赔付率及综合成本率指标良好，偿付能力充足。全年实现总保费收入4.51亿元，净赔款支出0.67亿元，综合赔付率34.4%。根据统计，公司的保费收入在上海外资产险中居第一位。责任险仍为第一险种，总保费收入1.7亿元；短期健康意外险位居第二，总保费为8 464万元，基本与上年持平。

(2) 创新产品。针对中国市场的需求，公司推出了“并购保证补偿保险”，并全面升级“金融机构民事责任保险”、“银行业综合保险”以及2009年最具创新力产品——“商业犯罪防护保险”等。此外，针对中小型服务企业专门推出了锦绣“钱”程工商通保系列产品。

(3) 客户服务。为了不断提高服务质量、确保迅速及时地完成理赔以满足客户的需求，公司推出了“3F(Fast，Fair，Friendly 即快捷、公道、贴心)”理赔服务。2009年11月，美亚保险企业内容管理(ECM)系统正式上线，开启了无纸化作业时代。在ECM系统的帮助下，客户将享受到快捷、高效、流畅的业务服务和贴心的反馈服务。

(4) 公司内部合规建设。美亚财产保险有限公司上海分公司不断完善内控制度并加强风险控制管理，除了在产品创新、提高服务质量等方面加大投入外，反洗钱管理制度、反不正当竞争行为和反商业贿赂行为等整治工作也同样成为公司业务得以发展的重要保障。

17. 东京海上日动火灾保险(中国)有限公司

东京海上日动火灾保险(中国)有限公司自2008年7月改建为法人公司后，着重致力于完善法人体制下的公司治理结构。截至2009年12月末，公司实现总保费收入393.44百万元，实现利润总额76.23百万元，净利润57.41百万元，彻底扭转2008年经营亏损的局面。

(1) 加强公司治理体制。公司依据《关于规范保险公司章程的意见》等规章要求，对公司章程进行了全面修改，并于2009年4月23日获得中国保监会批准。为进一步提高董事会决策效率和水平，确保决策的科学性，2009年11月，公司在董事会下设立了审计委员会。该委员会由3名非执行董事组成，负责定期审议内控评估报告、风险评估报告及合规报告，并就公司的内控、风险和合规方面的问题向董事会提出意见和改进建议。

(2) 进一步完善核心业务系统。公司于2009年正式启动了新一代核心业务系统的研究开发项目。该项目从开发到交付使用将历时两年半，项目范围几乎覆盖所有业务环节。一期工程SAP财务核算系统已于2009年8月正式启用。该系统的启用，有助于公司细化财务核算的维度和精度，进一步加强全面预算管理。

(3) 积极采取措施应对新《保险法》实施。为了确保全体员工对新《保险法》的立法精神、修改重点有充分的认识和了解，公司对全体员工有针对性地开展不同层次、不同形式的保险法培训。为适应新《保险法》的要求，公司按照中国保险行业协会颁布的《财产保险条款修订指导意见草案》，对现有条款进行了全面梳理，对下33个主险条款、96个附加条款作了相应修改，并向中国保监会进行了报批和备案。为此，公司对保险合同的订立流程(包括投保单、重要事项说明等)，尤其是与投保人权益密切相关的理赔流程，从受理报案到保险赔偿金额的核定与支付等各环节逐一进行了审视和调整，确保各业务流程均符合新《保险法》的规定要求。

（4）实现产品多样化。公司经营的主要险种有财产险、财产一切险、营业中断险、电脑保险、现金保险、房屋综合保险、机器险、机损利损险、公众责任险、雇主责任险、产品责任险、产品召回责任险、业余高尔夫球手保险、安装工程一切险、建筑工程一切险、进出口货物运输保险、承运人责任险、国内货物运输保险、人身伤害险、雇员忠诚保险和海外旅行保险等。2009 年 4 月，公司重新启动机动车商业保险的承保业务。借此，公司经营的险种更趋完善、多样化，已基本涵盖所有财产保险领域。

18. 丰泰保险（亚洲）有限公司上海分公司

2009 年，丰泰保险上海分公司继续执行于 2007 年起即制定的针对公司未来数年内业务发展的策略——力争在 2012 年成为"最受推崇的保险公司"。2009 年，公司总保费收入达人民币 18 064.16 万元，比上年增长 46%；赔款支出为人民币 9 377.46 万元，摊回分保赔款 6 341.63 万元，净赔款发生额比上年增加了 40%；综合净赔付率为 62.37%，比上年同期上升了 18.69%。

在公司管理方面，公司重视以客户为中心的服务理念，强调高标准、重诚信。2009 年，公司继续全面实行客户服务标准，严格按照报价时限、量化标准提高服务质量。根据每年客户满意度调查，客户满意度一直保持在 80%以上，而且保持连续 8 年客户零投诉，使丰泰保险成为一家有良好市场声誉，令客户满意放心的外资保险企业。

在业务方面，公司管理层鼓励各个部门对包括产品、渠道、服务在内的一系列方面进行大胆探讨和创新。2009 年，公司推出了面向高端消费者群体的"卓越环球个人医疗保险"，提供涵盖全球范围的直付医疗网络的领先服务。同时，公司还推出了包括综合责任保险、"卓越"商机保办公室综合保险、"卓越"鸿图保商业综合保险、商务旅行险、高端个人意外险等多项新险种，并定期对其他产品进行回顾，及时予以调整以回应法律环境的变化以及市场、投保人、被保险人的风险需求。

在理赔服务方面，公司进一步完善内部流程，提升理赔服务水平，在理赔速度及时效性方面继续保持高于法律和监管要求的水准。丰泰保险还是首家在 2009 年在旅行意外险方面推出了"理赔服务承诺"，树立了行业服务的新标准。

在公司治理结构和内部控制方面，管理层更是给予了高度的重视。丰泰保险上海分公司在 2009 年成立了风险管理委员会，定期举行会议，研究公司运作中的潜在风险，并责成相关部门限期整改。此举有效地保证了公司的合规管理和内部控制。

19. 太阳联合保险（中国）有限公司

英国 RSA 保险集团即原来的"皇家太阳联合保险公司"，是全球领先的跨国保险集团之一，拥有近 300 年的历史。

早在 1853 年，英国 RSA 保险集团就在上海开展保险业务。1992 年，集团在北京设立了代表处，成为第一家在中国设立代表处的欧洲保险公司。1998 年，英国 RSA 保险集团成为第一家取得中国保险经营许可证的英国保险公司。同年 10 月，皇家太阳联合保险公司上海分公司成立。在以分公司形式承担保险业务 10 年之后，2008 年 3 月，集团正式在上海成立了全资子公司——太阳联合保险（中国）有限公司。

太阳联合保险（中国）有限公司注册资金为 5 亿元人民币，经营范围包含财产险和意外伤害险、海运险、建筑及工程险和可再生能源险。2009 年 10 月，太阳联合保险（中国）有限公司获中国保险监督管理委员会批准，正式启动北京分公司的运营。

20. 丘博保险（中国）有限公司

丘博保险（中国）有限公司的前身为美国联邦保险公司上海分公司（美国联邦保险公司为美国丘博保险集团成员），经中国保险监督管理委员会批准，于 2000 年 9 月 28 日在上海开始营业。美国联邦保险公司上海分公司于2008年2月1日正式改建为丘博保险(中国)有限公司(美国联邦保险公司全资拥有的法人子公司)。

2009年,丘博保险(中国)有限公司采取积极开发细分市场、拓宽业务渠道等措施,以保持业务稳步增长,同时通过强化内控管理确保公司合规、稳健经营。在业务结构上,公司充分发挥专业特长,大力发展各类责任保险,全年责任险保费收入占总保费收入的78%。公司业务规模较大的责任险产品包括产品责任险、董事及高级管理人员责任及公司补偿责任保险、金融机构专业责任保险、公开募股责任保险、信息及网络科技错误或疏漏责任保险、环境保护责任保险、生命科学综合责任保险、运输专业经营者法律责任保险等。公司2009年实现保费收入12 900多万元,较前一年度增长4%,其中,具有优势的责任保险领域继续取得较好的成绩,比上年增长11%。

除了提供保险保障,公司还向客户提供增值服务,以达到帮助客户控制风险、减少损失的目的。在保险理赔服务中,专业的理赔人员会在客户报案的24小时内,为客户确认受理赔案;在收集全部索赔资料,并与客户确认赔付金额后的48个小时内将赔款支付给客户。公司同时开通800免费报案电话,最大程度地满足客户需求。

2009年,公司在商业运营上努力进取,拓宽市场领域,加强与大型保险经纪公司的良好沟通和战略合作,同时积极拓展与中小型保险经纪公司的业务合作。此外,在保险理论与实践的探索上也做了很多工作,举办了一系列高端研讨会,利用公司在海外保险市场和产品责任保险领域的经验与实力,帮助国内出口贸易商增强风险管理意识,防范和化解其在欧美各国遭遇产品责任索赔和诉讼的风险,为中国出口企业在金融危机中有效地规避经营风险提供了良好的保障。

21. 三星火灾海上保险(中国)有限公司

三星火灾海上保险(中国)有限公司是韩国三星火灾海上保险公司在中国设立的具有法人资格的独资财产保险公司,前身为三星火灾海上保险公司上海分公司。

2005年,原三星火灾海上保险公司上海分公司获准改建为三星火灾海上保险(中国)有限公司。目前,公司在中国境内已拥有北京、深圳、苏州、青岛等四家分公司,为建立全国性的服务网络打下了良好的基础。目前,公司连续第二年荣获美国标准普尔财务实力[A]评级,该评级是目前中国财险市场外资及民营保险公司所获得的最高评级。2009年,公司荣获第二次经济普查行业级优秀集体,在金融时报社与中国社会科学院金融研究所共同推出的"2009中国金融机构金牌榜暨首届金龙奖评选活动"中入选"2009年度最佳外资财产保险公司",且为唯一荣膺此称号公司。

三星火灾海上保险(中国)有限公司始终严格执行保监会各项规定,依法合规经营。公司坚持服务为先、质量第一的经营思路,致力于提高公司服务水平。2009年为适应业务发展需要,三星保险在原有华东营业部、国际营业部的基础上,新成立业务发展部、分入营业部,对公司业务进行了以展业渠道为标准的结构创新,业务能力得到了进一步的提升。2009年,三星火灾海上保险(中国)有限公司仍然以韩资企业为重点客户,全年实现保费收入共计3.15亿元人民币,较上年增长7.5%,其中上海总部全年实现保费收入0.7亿元,上海总部业务范围涵盖货运险、企业财产险、责任险、保证保险和其他经营范围内许可的险种,保费收入仍然集中于企财险和货运险。2009年公司赔款支出金额累计6 842万元,偿付能力充足率达到2 743%。

在积极开展业务的同时,三星保险一如既往注重理赔服务质量和水平,公开透明化理赔流程和服务电话,为投保人提供实时理赔进度查询,切实保护投保人和被保险人利益,优化理赔程序,提高理赔时效。

三星火灾海上保险(中国)有限公司设立了风险管理部门,致力于研究开发企业防灾防损技术,为客户提供有关风险管理的咨询服务。公司充分发挥其韩国母公司风险管理的专长,结合中国市场客户的实际情况,引入母公司风险管理研究所先进的防灾防损技术和丰富的风险管理经验,为中国的客户提供全面完善的风险管理方案。

三星保险还致力于社会活动和公益事业，积极履行企业公民应尽的职责。公司坚持每季度开展一次“一心一村”活动，支援中国农村发展。2009年公司赞助举行了“三星杯”围棋大师赛活动，促进各国棋手交流切磋。除此之外，一如既往地资助上海财经大学开展保险专业的研究，为培养新一代的保险人才贡献力量。

（王　喆）

22. 三井住友海上火灾保险(中国)有限公司

三井住友海上火灾保险（中国）有限公司，是于2007年9月6日经中国保险监督管理委员会批准改建而成的外商独资财产保险公司，其前身为三井住友海上火灾保险公司上海分公司。公司注册资本5亿元人民币，主要经营的险种有财产损失保险、责任保险、信用保险等财产保险业务；短期健康保险、意外伤害保险以及上述业务的再保险业务。

2009年，是公司改建成为独立法人的第三年，保费收入保持了持续增长。全年，公司保费收入达到5.06亿元人民币，偿付能力充足率达到1 045%。虽然全球金融危机的爆发对保险行业造成了一定程度的影响，但是公司凭借优质的保险服务、稳健的经营方针、丰富的承保和理赔经验，仍能在充满挑战的2009年保持盈利。当年，公司引入了“3I2S”的经营概念，即Integrity（诚信），Innovation（创新），Intel-lectual Capital（人才），Speed（速度），Stability（稳健），牢固树立了诚实守信，稳健经营，贡献社会的经营理念。正是凭借自身的实力，2009年6月，公司第二次获得标准普尔的A(stable)财务信用评级，并获得了社会的认可。

三井住友海上火灾保险（中国）有限公司公司在中国积极致力于发展的同时，积极倡导并履行企业社会责任。2008年11月，公司正式组建工会，在短短的半年时间里，凭借入会率、工会管理、积极性和与经营层的沟通，受到“陆家嘴金融贸易区工会联合会”的高度评价，在2009年5月9日荣获“2008年度陆家嘴金融贸易区工会工作先进单位”的称号。

23. 中国出口信用保险公司上海分公司

2009年，在中国出口信用保险公司上海分公司的努力下，国家制定的出口信用保险政策得到了较好落实，取得了明显效果。主要表现为：

一是较好解决了出口企业“有单不敢接”的问题。国际金融危机使出口收汇风险明显上升，中国出口信用保险公司上海分公司采取了积极的承保政策，对收汇风险较大的出口业务给予重点支持，大大提高了出口企业的接单信心。以向新兴市场国家的出口业务和向传统市场出口中账期在90天以上的赊销业务为例，2009年，短期出口信用保险全年支持上海市上述两类出口业务29.5亿美元，占承保总额的50%，同比增长了417%。

二是有力保障了出口企业的稳定经营。2009年，短期出口信用保险共向上海市40家出口企业支付赔款609万美元，协助47家出口企业追回逾期账款1 395万美元，另有1 735万美元的索赔正在处理。出口信用保险的追讨和赔付功能，降低了出口的坏账风险，补偿了出口企业的损失，保障了出口企业的稳定经营和发展。

三是有效缓解了出口企业的融资困难。2009年，公司与各家银行合作，共为全市67家出口企业提供短期出口信用保险项下融资31.3亿元，同比增加15亿元。其中，中小型出口企业58家，获得融资金额27.3亿元，同比增加12.3亿元。

四是协助出口企业提升了风险管理水平。公司利用专业优势，全过程参与了投保企业对出口风险的管理，在买方资信调查、出口合同签订、收汇跟踪、商账追收等各个环节为出口企业提供增值服务，帮助出口企业完善信用风险管理体系，提升风险管理水平。

五是推动了“走出去”项目的落实。2009年，上海市商务委员会、中国信保上海分公司与各家外经企业紧密配合，积极推进，使多个“走出去”项目列入国家“大型成套设备出口融资保险专项安排”，落实承保项目金额达11.2亿美元，占全国承保同类项目总金额的17%。

通过全体员工的共同努力，中国出口信用保险公司上海分公司在2009年取得了优异的业绩，全年支持上海市出口59亿美元，完成国家安排任务的103%；支持境外工程承包等“走出去”项目11.2亿美元，占全国的17%。全年出口信用保险对上海市外经贸的支持规模达到70亿美元，同比增长380%。其中，浦东新区以23亿美元的承保规模位列各区县之首。根据有关权威机构测算，上海市2009年由出口信用保险直接拉动的出口达到20亿美元，使全市出口的降幅减少1.2个百分点，并带动和保障30万个与出口相关的就业岗位，增加税收2亿元。

24. 日本财产保险(中国)有限公司上海分公司

日本财产保险(中国)有限公司上海分公司于2007年9月24日获得中国保险监督管理委员会批准，由日本财产保险公司上海代表处改建而成，隶属于日本财产保险(中国)有限公司，系外商独资保险公司的分支机构。同年10月9日，公司获得上海市工商行政管理局颁发的不约定期限营业执照，经营范围为在上海市行政辖区内经营除法定保险以外的财产损失保险、责任保险、信用保险等财产保险业务，短期健康保险、意外伤害保险以及上述业务的再保险业务。

日本财产保险(中国)有限公司上海分公司自成立以来，在新产品上积极开发新险种，推出了办公室综合险、高尔夫球员责任险、雇主工伤保险、海外旅游保险等多种新产品；渠道上积极创新，发展了医疗咨询公司、物流公司等作为分公司的保险销售代理机构；服务措施上，积极主动地向客户定期提供中国市场风险新闻、物流风险新闻、新型流感新闻等多种风险预防信息及相关改善建议；保险技术上，积极引进日本母公司世界领先的风险管理技术，在上海保险市场上主动为客户提供防灾诊断咨询、物流风险诊断等先进的风险管理辅助系统，在高质量、专业化服务的体制下，为企业的稳定经营保驾护航，为中国保险市场的技术创新作出了贡献。

公司积极响应保险监管要求开展合规工作，成效显著，实现了成立以来的客户“零投诉”；组织员工积极学习新《保险法》，配合总公司参与中国保险学会、《中国保险报》社举办的“学习新《保险法》知识竞赛”，并荣获“最佳参与奖”；行业自律上，公司加入了上海市保险同业公会，签订了自律公约，为上海保险市场建立有序的竞争体制作出了贡献。

日本财产保险(中国)有限公司高度重视上海分公司发展，为公司配备了高级别、经验丰富、专业型的外方管理人员，并积极推进“本地化”建设。截至2009年12月31日，公司共有员工145名，其中，中方员工112名，占到员工总人数的77%。

截至2009年末，日本财产保险(中国)有限公司上海分公司实现保费收入1.96亿元。公司业务平稳增长，规模也在逐步扩大。

25. 安诚财产保险股份有限公司上海分公司

安诚财产保险股份有限公司是中国西南地区首家全国性中资财产保险公司，是服务于安全生产领域的专业化财产保险公司，总部设在重庆。安诚财产保险股份有限公司上海分公司于2007年9月26日获得中国保监会颁发的《经营保险业务许可证》，同年10月11日正式对外营业。

2009年，是公司成立后的第二个完整经营年度，公司全面贯彻总公司“算账经营、精细管理、逆向思维、创新发展”16字经营方针，实现保费收入19 766万元，应收率0.30%(含分期)，理赔案件数45 829件，结案率85.80%，综合赔付率70.84%。

1. 用发展促信心，以信心保发展

安诚财产保险股份有限公司上海分公司作为一家小而新的保险公司，找准适合自身发展的目标和定位，成功地把商业保险引入企业安全生产管理中，开创了商业保险与企业安全生产有效结合、良性互动的合作模式，赢得了社会的广泛关注和认同。经过一年的努力打拼，公司在上海产险市场的占有率从2008年底0.82%提升至2009年底的1.24%，在上海中资产险公司中的排名从

2008 年底的第 15 位上升到 2009 年底的第 12 位。

2. 加强“两核”管控，提高服务质量

公司以“构筑风险预警体系，提供专业安全保障”为使命，注重安全事故事前预防、事中控制、事后救援与补偿的创新服务方式，将社会效益和经济效益有机融合；建立核保人责任制，施行《理赔客服人员违规违纪处理办法》，加强服务意识和业务技能培训，有效地提高了核保核赔人员风险识别和风险控制技术的运用能力；利用社会资源构建服务网络，建立以自身查勘队伍为主，公估公司、保险理赔服务中心、4S 店以及远程定损点为辅的理赔服务体系，确保查勘时效和服务质量，并结合行业打击“三假”活动，在财产保险领域成功塑造风险管理顾问与专业服务形象。

3. 坚持合规经营，确保健康发展

公司坚决贯彻执行监管部门和总公司的合规经营指示，严格执行《上海市财产保险公司机动车保险自律公约》、《上海市财产保险公司机动车保险自律公约实施细则修订和补充条款》以及 2009 年 11 月 3 日正式实施的《上海市财产保险公司非车险自律公约》，强化合规制度建设，使合规经营的理念成为员工的自觉行动，有效地增强了业务人员合规经营的责任感，从而大大提高了市场的竞争能力和承保质量。

26. 中国人寿财产保险股份有限公司上海市分公司

2009 年，中国人寿财险上海市分公司实现保费收入 41 538 万元，非车险保费收入 8 524 万元，非车险占比近 21%。一是保费收入稳步增长。公司整体保费呈现稳中有升的良好态势，全年保费规模同比增长近 8 个百分点，保费市场份额继续保持在上海财险市场中资主体第六位。二是业务结构逐步优化。2009 年，公司致力于推进结构调整，促进发展方式转变，非车险业务进一步扩大，保费规模同比增长近 70%，非车占比同比增长了 8 个百分点。三是赔付水平明显下降。通过一系列核保管控和降低赔付措施的执行，2009 年，公司日历年度赔付率降至 55%，同比下降了 15 个百分点。四是综合管控初显成效。2009 年，公司提出积极强化全员效益意识，不断加大成本管控力度，在综合经营上取得了初步成效，在业务发展的同时较好地兼顾了效益，为实现 2010 年打平盈利奠定了基础。

公司成立以来，通过做细客户服务管理、做精客户服务品质，以树立具有国寿财险特色的服务品牌。根据总公司“客户服务适度先行”的战略指导思想，公司提出要以“关注顾客感受”为出发点，加大客服能力建设投入，营造专业亲切、“听得见的微笑”服务窗口，树立中国人寿财险优质服务的品牌形象。在开业两周年之际，公司启动了“寻找车险未出险客户”的活动，主动推出了多项车险增值服务，填补了保险市场中的服务空白，引发了媒体与车主的广泛关注与支持。

2009 年以来，公司进一步加强队伍建设，进行员工的培养、转型与淘汰，为公司发展提供持续发展能力。截至 2009 年 12 月 31 日，公司共有员工 328 名，其中，大专及以上学历占比为 83%，35 岁以下的青年员工占比为 59%。

三、保险集团公司

中国太平洋保险(集团)股份有限公司

2009年,中国太平洋保险(集团)股份有限公司围绕推动和实现可持续价值增长的目标,积极转变增长方式,实现整体跨越式发展,综合实力显著提升,取得了良好的经营业绩。

1. 保险业务协调发展,经营效益显著提升

中国太平洋保险专注保险主业,积极推动和实现人寿保险、财产保险、资产管理以及养老保险四大业务板块的协调发展。2009年,集团保险业务收入963.42亿元,同比增长27.2%;其中,人寿保险业务收入同比增长29.6%,财产保险业务收入同比增长23.0%。2009年末总资产达到3 971.87亿元。面对国际金融危机的冲击,公司坚持回归风险保障主业,积极进行业务结构调整,大力发展保障型业务和效益型业务,注重承保盈利,优化投资资产组合,实现经营效益的显著提升和公司价值的稳步增长。

2. 寿险业务结构持续优化,新业务价值增长快于规模

2009年,公司人寿保险业务主动调整和优化业务结构,大力发展保障型和长期储蓄型产品,重点拓展个人传统型保险和分红型保险的期缴业务和短期意外险业务;实施差异化的区域发展策略,在巩固优势市场的同时,积极拓展快速增长的潜力市场。全年实现首年期缴保险业务收入127.31亿元,同比增长98.2%;一年新业务价值50亿元,同比增长36.9%。

3. 产险积极转变发展方式,盈利能力保持领先

2009年,公司财产保险业务坚持以实现可持续有效益的发展为目标,切实转变增长方式,在保持业务稳定增长的同时,盈利能力明显提升,综合成本率行业领先。全年实现保险业务收入342.89亿元,同比增长23.0%;综合成本率97.5%,较上年降低4.7个百分点。产险业务抓住车险市场进一步规范的契机,着力推进车险精细化管理,车险综合成本率明显下降;同时加快发展责任险、短期意外险、家庭财产险等效益良好的非车险业务,增强盈利能力的稳定性。

4. 资产管理积极稳健,投资收益稳步提升

2009年,公司在控制风险的基础上,按照资产负债管理的基本原则,持续优化资产配置,努力实现投资收益持续、稳定地超越负债成本。固定收益类投资加大对长期资产的配置力度,权益类投资抓住市场机遇适度扩大配置,提高收益贡献;继续大力拓展另类投资。公司全年实现总投资收益195.36亿元,总投资收益率为6.3%,较上年提高3.4个百分点。

5. 成功推进重大战略举措,努力提升可持续发展能力

公司成功发行H股并于2009年12月23日在香港联交所主板挂牌上市。通过境内和境外两地上市,公司建立了持续的资本补充机制,资本实力和抗风险能力大大增强,品牌价值显著提升,为推动和实现可持续的价值增长目标奠定了坚实的基础。

公司抓住上海“两个中心”建设的政策机遇,通过收购控股长江养老,获得了养老保险和企业年金的全部经营资格,为加快在全国范围内拓展企业年金业务奠定了基础;以上海国际航运中心建设为契机,在行业内率先成立航运保险事业部,实施统一的规划和业务管理,旨在促进航运保险业务的发展。

6. 客户数量持续增长，奠定未来发展的良好基础

中国太平洋保险拥有中国保险业中最广泛的客户基础之一，客户覆盖广泛，涉及各个行业、地域、收入水平和年龄组别。截至 2009 年末，公司拥有 4 692.5 万个人客户和 284.7 万机构客户。

7. 积极履行社会责任，品牌价值持续提升

中国太平洋保险秉承“做一家负责任的保险公司”的使命，以实现股东、客户、员工和社会各方面的共赢为目标，坚持以自身发展惠及社会，立足行业特点，充分发挥保险的社会保障和参与社会管理的功能。例如，积极开发和推出社区街道综合保险、火灾公众责任保险、安全生产责任保险、承运人责任保险、“小额宝”农村小额信贷保险等具有社会效益的产品，持续开展希望小学公益活动；连续多年为中国驻外使领馆外交人员提供意外风险保障，作为主要承保人之一承接了目前国内规模最大的北京轨道交通工程保险项目。

2009 年公司先后荣获“2008 年度中国上市公司百强金牛奖”、“2008 年中国上市公司百强”、“2009 年度信息披露奖”、“最佳企业公民奖”等奖项，入选《福布斯》全球 2 000 强上市公司前 500 强，名列 326 位；在亚洲保险业竞争力百强排名中，太平洋产险和太平洋寿险分别排名亚洲非寿险业综合竞争力第 3 位和寿险业综合竞争力第 4 位，太平洋产险荣获“年度最佳财险公司”称号，太平洋寿险荣获“年度结构调整最优奖”等奖项。

（太平洋保险）

太平洋保险（集团）公司办公大楼

四、其他保险公司

1. 中国人寿再保险股份有限公司上海分公司

中国人寿再保险股份有限公司上海分公司是经中国保险监督管理委员会批准，由中国人寿再保险股份有限公司于2004年5月18日在上海设立的分支机构。根据总公司的战略规划，中再人寿上海分公司主要负责为总部设在上海、浙江、江苏、江西、山东、福建和安徽等地的寿险公司提供再保险服务，业务范围涵盖了包括寿险、健康险、意外伤害险、年金等险种。

经过几年的发展，中再人寿上海分公司已与大多数总部设在华东地区的寿险公司以及国际专业寿险再保险公司在上海的分支机构建立并维持着良好的业务联系。中再人寿上海分公司拥有一支专业化、高素质的优秀人才队伍和管理团队，吸纳并培养了包括资深核保师和北美精算师在内的多名经验丰富的业务人员，致力于以国际先进的寿险再保险经验和金融技术，为各直保公司提供人身险再保险支持，同时提供人员培训、专题研讨、产品开发、市场营销、核保、理赔、业务管理等多方面的咨询服务。

根据总公司“调整转型、实现效益”的战略目标，中再人寿上海分公司在2009年工作中注重转变思想观念，围绕“承保有效益”的中心拓展业务，积极开拓新市场、新渠道，使公司业务又上新的台阶。2009年，公司完成保费收入约20.11亿元，较2008年增长约49.74%；分保赔付支出3.44亿元，较2008年增加约3.93%。（因执行《企业会计准则解释第2号》，2008年度基准数据已根据新方法进行了调整。）

2. 中国财产再保险股份有限公司上海分公司

2009年，中国财产再保险股份有限公司上海分公司保费收入33.58亿元人民币，较2008年增长10.55%；赔款支出19.99亿元，较2008年减少7.67%。全年业务实现平稳增长，对上海及苏浙保险市场支持力度大大加强。

2009年，公司坚持科学发展观，深化调整转型，努力实现业务承保整体盈利的经营目标。2009年，公司的重点是转变经营理念，调整盈利模式，优化业务结构，提高市场拓展能力、专业技术实力和市场服务水平。

2009年，上海分公司坚持“控制风险”的首要任务，加强承保理赔管理和流程管理，并在这个基础上确保承保有效益。承保管理方面，公司严格贯彻公司的相关业务管理规定，加强承保管理。在合同、临分业务的承保中注意通过条款、条件的科学合理设定，确保在控制责任风险的同时充分保证利润增长和业务安全。坚持差异化经营管理，优化业务结构。在合同业务方面，严格控制公司承保能力的使用，把承保能力放在效益合同和重点合同中，消减亏损合同和无效益合同数量。同时，加强临分业务工作力度，使有效益的临分业务规模在分公司业务规模中占比相应提高，进而优化业务结构。

2009年，公司继续做好技术创新工作，加强技术水平提高。按照保险业“国十条”的指导精神，积极尝试市场创新和服务创新，公司积极参与上海国际金融中心建设的重点工程，如洋山港离岸再保险中心建设议题、洋山港航运中心建设议题、再保险中心建设议题等；重点推进和完成非比例业务调研报告、合同业务管理报告、非比例定价模型应用等技术提高工作。

3. 劳合社再保险(中国)有限公司

劳合社再保险(中国)有限公司是劳合社经中国保监会批准在中国设立的全资子公司,成立于2007年3月15日。劳合社(中国)是中国境内保险公司财务评级最高的公司之一。国际评级机构给予劳合社(中国)的具体评级分别为:标准普尔(A+)、惠誉(A+)、A. M. Best(A)。截至2009年底,有16家管理代理公司管理的21个辛迪加参与到公司的运营中来,其中有5个辛迪加已经建立了自己的承保部。

1. 业务范围不断扩大,业务规模快速增长

劳合社(中国)积极拓展承保范围,从临分再保险业务为主逐步转向临分和合约再保险并重,以便更大程度地为保险市场提供再保险支持。劳合社(中国)2009年分保保费收入为3 939万元人民币,分保赔款为325万元人民币,保费收入比上年增长86%。

2. 举办"360度风险洞察"上海论坛

劳合社于2006年发起"360度风险洞察"论坛,其初衷在于探讨当今不断涌现出的各种新风险对全球商业的影响以及企业的领导者应如何应对并管理好这些风险。"2009劳合社360度风险洞察上海论坛"的主题是"责任风险对中国和全球商业的影响",劳合社主席列文勋爵亲自主持此次论坛。上海市副市长屠光绍、中国保监会李克穆副主席、博鳌亚洲论坛秘书长龙永图以及保险机构的有关领导分别在论坛上作了主旨发言。来自国内和国际的相关专家、学者和业内人士近200人齐聚上海,参加此次论坛。

3. 积极参与政府及监管部门课题研究

劳合社(中国)积极参加上海市政府和上海保监局关于"两个中心"发展、上海离岸再保险中心以及船舶保险发展等课题研究。通过这些工作,劳合社(中国)不仅为政府部门制定更加有效的决策提供了意见和建议,也加深了自己对中国市场的了解。

4. 忠实履行企业社会责任

在承担社会责任方面,劳合社(中国)既注重经济效益,同时也注重社会效益,尽力实现企业利润和社会效益最大化的有机统一。公司以符合社会道德和公益要求的经营理念为指导,积极维护客户、员工以及社会大众的公共利益。2009年9月,公司组织员工分两批分别到黄浦区老年护理医院和黄浦区第一社会福利院看望需要帮助的老年人,并向老人们赠送了中秋礼品。2009年10月30日,由劳合社援建的劳合社小学在金平县老勐乡举行了落成典礼。

4. 科隆再保险股份有限公司上海分公司

德国科隆再保险股份有限公司上海分公司系按《再保险公司设立规定》,经中国保险监督管理委员会批准,由德国科隆再保险股份有限公司于2004年5月25日在上海设立的分公司。

作为一家专业再保险公司,核保技术是经营业务的最重要环节。公司通过经验总结和研究,不断地创立和丰富核保技术,同时也通过提供广泛的培训向客户和市场传授公司的核保理念,与客户分享公司的先进核保技术及信息。

科隆再上海分公司经营所有种类的再保险业务,包括个人及团体人寿保险和健康保险的再保险业务,非寿险再保险业务。除了再保险服务外,公司还提供风险管理服务、精算服务、预防损失技术服务、信息技术服务和其他咨询服务,举办相关的培训和讲座,出版印发多种有关保险资讯杂志。公司提供的服务和再保险解决方案具有创新、灵活和量身定做的特点。

在科隆再上海分公司成立至今的5年里,再保险业务正在逐步发展扩大。截至2009年12月31日,科隆再上海分公司的营业收入为人民币223 951 958元,其中分保费收入达人民币211 652 512元,赔付率水平也较令人满意。此外，从衡量经营能力的重要指标偿付能力充足率来看，截至2009年年底，科隆再上海分公司的偿付能力充足率为247%，具有较强的偿付能力。

5. 汉诺威再保险股份公司上海分公司

汉诺威再保险创办于1966年，经营所有非寿险、寿险及健康险的再保险险种，是全球领先的再保险公司。凭借其在五大洲的100多家子公司、控股公司、分公司及代表处所组成的全球网络，汉诺威再保险与全球150个国家超过5 000家保险公司有业务往来并保持业务联系。2008年5月，汉诺威再保险股份公司上海分公司正式成立，经营国内寿险再保业务。

2009年是汉诺威再保险股份公司上海分公司正式开业以来的首个完整业务年度。2009年，汉诺威再保险股份公司上海分公司保费收入人民币5.56亿元，其中98%为合约分保，2%为临时分保。2009年9月，经中国保险监督管理委员会批准，汉诺威再保险股份公司上海分公司业务范围扩大，获得经营非寿险再保业务许可。至此，汉诺威再保险股份公司上海分公司成为综合性再保公司，经营寿险与非寿险再保业务。

汉诺威再保险股份公司上海分公司专注中国的业务，面向全国所有保险公司，真诚地向客户提供完整系列的再保产品、相关服务以及一流的风险管理计划，并为客户度身定制最合适的再保方案，实现双赢目标。

6. 华泰资产管理有限公司

2005年华泰保险发起设立华泰资产管理有限公司。2005年1月，经中国保监会批准，华泰资产管理有限公司正式成立。公司注册资本3.003亿元人民币，经营范围包括保险资金受托管理、其他资金受托管理等。美国ACE保险集团作为华泰保险的战略合作伙伴和最大股东，对华泰资产管理有限公司给予高度重视和大力支持，该集团首席投资官出任华泰资产管理公司的董事和投资管理委员会委员；ACE资产管理公司(管理约500亿美元资产)与华泰资产管理公司在投资管理和风险控制等方面进行全面合作与交流。

2009年，作为华泰资产管理有限公司首个五年计划的收官之年，公司重点把握制度完善和稳定发展，一方面积极推进能力建设，另一方面严格执行财务预算，在收入平稳增长的同时，实现了利润的超额完成。

2009年，公司受托管理资产规模达449亿元。在投资型保险产品规模降低101亿元的情况下，总体规模仍增长87亿元，其中第三方客户资产增长达154亿元。

自成立以来，公司立足保险行业，努力开拓第三方机构客户市场，牢牢把握创新发展，公司五年内管理资产增长五倍、规模成长十倍、机构客户近百家，初步成为投资能力优秀、市场拓展突出、产品创新鲜明的保险资产管理机构。

(华泰资产)

华泰资产管理有限公司办公大楼

说明："保险篇"各篇文字除署名外，均采自《2010年上海保险年鉴》。

五、保险自律组织

上海市保险同业公会

2009年，在上海保监局、上海市社团管理局的指导下，上海市保险同业公会按照年初制定的“切实维权、深化服务、强化自律、细化培训、加强沟通”的总体思路开展各项工作，较好地完成了全年各项目标任务。

1. 加快自身建设，提高服务水平

一是调整内部机构，加强制度建设。对秘书处内部机构设置和人员进行调整，完善岗位责任制，同时，认真梳理、修改完善了各项规章制度，进一步加强了自身建设。二是建立了经费审查、行业自律违约处分和培训工作三个委员会，健全了专业委员会的组织架构，明确了相关工作制度。三是提升了服务水平，公会积极反映保险行业诉求，发挥行业优势和专业特长，举办各类研讨会，积极提供技术、信息、法律、培训、教育等方面的支持。四是加强沟通与协调，建立信息互通机制。分别与上海市消保委和市经侦总队签署信息交流会商机制，以更好地保护投保人和被保险人的利益，维护市场秩序稳定，打击保险欺诈行为。

2. 巩固自律成果，规范保险市场

一是巩固车险自律成果。全年累计对21家中资公司进行84次检查，车险理赔服务水平显著提升，车险经营取得明显成效。二是开展非车险自律工作。公会于2009年11月，组织沪上32家财产险公司共同签署《上海市财产保险公司非车险自律公约》，强化各家公司的风险意识，有效抑制非车险业务的恶性竞争。三是推进银保手续费自律工作。在上海保监局的支持下，公会在业内统一组织实施银保趸缴、期缴业务手续费自律标准。经第一期专项检查表明，已初见成效，受到会员公司的好评。

3. 完善信息化平台建设

一是维护机动车辆联合信息平台稳定运行。公会除确保联合信息平台和“见费出单”系统安全运行，还为配合沪上“商业车险进平台”、车船税对接、“上海市机动车物损交通事故理赔服务中心”的实施等工作，完善和扩展了平台功能，在全国率先实现机动车辆管理、交通违法记录、保险理赔纪录的信息共享，并对部分费率浮动实行统一的行业标准。二是启动人身险综合信息平台建设工作。为促进上海人身保险业健康、持续发展，更好服务于上海金融中心的建设，2009年，由公会牵头的“上海市人身险综合信息平台”筹建工作正式启动。

4. 做好投诉调解工作，维护保险消费者合法权益

公会创新引入投诉联络员轮值班制度，提高行业处理纠纷能力，调解委员会也充分发挥了人民调解在化解保险合同纠纷方面的作用。截至2009年底，共接受各类投诉2 199件，共受理调解案件59起，进入正式调解程序的49起案件中，最终达成合意的有43起，成功率达88%。

5. 加强从业人员素质教育，探索从业人员资质培训

一是加强对保险业高管的培训与教育。公会与上海陆家嘴人才金港合作举办上海保险业高级管理人员系列培训班，进一步提高了高级管理人员的经营管理水平，以顺应保险业快速发展要求。

二是推行车险理赔定损人员的资质认证机制。在市金融工委、上海保监局指导和支持下，公会以行业特点为切入，研究推行车险理赔定损人员的资质认证机制，此举既有助于加快车险定损的工作效率和推进标准化操作、提升车险理赔服务水平，又能够尽量从源头上防范“假赔案”的产生。三是研发网上教育系统，公会与有关院校合作，研发网上教育系统，于 2009 年 8 月起全面开展经纪、公估执业人员网上继续教育培训。

6. 搞好保险宣传，普及保险知识

一是配合市消保委开展“3.15”保险宣传维权活动。“3.15”期间，公会组织沪上保险公司在东亚展览馆设立咨询点，通过向市民发放健康险手册、投保人手册和保险大讲堂漫画以及提供保险投保和理赔咨询服务的方式继续加强保险知识宣传。二是组织业内开展“新《保险法》”宣传活动。2009 年，新《保险法》颁布后，公会多次在业内举办各类新《保险法》讲座，并组织沪上各家保险经营机构开展了针对“新《保险法》”的宣传，为新《保险法》正式实施打下良好的基础。三是积极参与第七届上海理财博览会。公会紧扣“科学理财、和谐生活”的展会主题，积极组织业内保险企业参与上海第七届理财博览会，邀请太平养老保险公司和中国人寿保险公司的专家在展会现场作专场讲座。

（上海市保险公会）

第五篇　市　　场

一、交易所(中心)

1. 中国外汇交易中心暨全国银行间同业拆借中心

2009年,中国外汇交易中心暨全国银行间同业拆借中心着力推进银行间市场基础设施建设,稳步推动业务技术创新,全面提升市场服务水平,加强内部管理和风险管理,实现了银行间市场稳定较快发展。

1. 银行间市场发展概况

(1) 银行间市场继续保持较好的发展态势。外汇市场上,人民币外汇即期交易量同比上升19%。外币对市场成交金额折合407亿美元,同比下降35.8%。货币市场共成交89.6万亿元,同比增长23%。债券市场共成交47.3万亿元,同比增长27%。汇率和利率衍生产品市场交易总额保持了增长。截至年底,银行间市场总交易量达到163.7万亿元,比上年增长24.4%。

(2) 人民币汇率和利率保持基本稳定。2009年末人民币对美元中间价报收6.828 2,比年初下跌85个基点,人民币升值0.12%,波幅大幅收窄。上半年短期货币市场利率基本保持稳定,下半年货币市场短期利率波动有所增加。三个月Shibor收于1.831 9%,较年初微增9个基点。隔夜拆借利率收于1.147 0%,较年初小幅增加23个基点;七天回购利率收于1.5574%,较年初上升57个基点。

(3) 市场主体持续扩大,结构优化。年末银行间外汇市场共有会员276家,本币市场成员2 446家,中国货币网注册用户达15 413家。

2. 升级新一代外汇交易系统

4月27日升级上线新一代外汇交易系统。新增了货币掉期交易产品,引入了多方询价交易方式,强化了做市商做市功能,完善了授信管理制度,同时改进了用户界面,提升了用户体验。新系统的便利和功能增强使市场交易效率和交易活跃程度有较大提高,尤其是引入了全新的多方询价模式,单次询价可以完成多笔交易,使得询价行为更加活跃,做市商响应交易积极性不断提高。

3. 上线新一代本币交易系统

6月29日上线新一代本币交易系统。新系统在系统性能、交易机制、界面友好性等方面作了较大改进:通过前中后台的划分,除为市场成员提供报价、交易功能外,还提供用户内部管理、限额设置、授信管理、辅助清算和信息查询等功能;采用良好的可扩展性结构设计,现已支持信用拆借、质押式回购、买断式回购、现券买卖、资产支持证券、债券远期、利率互换、远期利率协议和债券借贷等9个市场,未来还可支持类似利率期权、信用衍生品等更多市场和交易品种;改进了债券市场原有的交易机制,增加了匿名报价、点击成交、类似半撮合的自动成交的限价报价等新的报价和交易机制,并通过竞争性的最优报价展示来促进价格形成,提高市场流动性;从交易便利、风险管理、信息便利三方面全面强化了对做市商的支持。

4. 推出人民币外汇即期询价交易净额清算业务

6月1日在外汇市场成功试运行净额清算业务,21家做市商成为首批清算会员。截至12月底,21家清算会员累计净额清算量折合为2 665.26亿美元。净额清算业务的推出大大降低了清算会员的资金占用,降低了对手方风险和操作风险,提高了

中国外汇交易中心

资金使用效率，有效保证了参与各方的合法权益。

5. 稳步推进产品创新

一是安排地方政府债券在银行间市场交易，截至12月末，已上市的地方政府债券(2 000亿元)在银行间市场共成交990笔，成交金额达1 126.23亿元。

二是协助安排非金融机构发行境内美元债券，中国石油天然气集团公司获准在银行间市场发行10亿美元中期票据，开非金融企业发行美元债的先河。

三是完成“小币种挂牌交易方案和实施方案”，制定卢布等小币种挂牌资金清算业务方案，准备小币种在外汇交易系统挂牌交易的相关参数设置并做好其他系统准备。四是按照总行部署，开展了银行间市场推出大额可转让存单(CD)、资产支持票据(ABCP)、高收益债、贷款转让、集合票据等新产品的研究。

(上海外汇交易中心)

2. 中 国 银 联

2009年，中国银联推进各项工作取得积极进展。全年银行卡跨行交易成功率达到99%；全年实现银行卡跨行交易7.7万亿元、69.4亿笔，同比分别增长66.8%、21.7%。

1. 推动受理市场在规范中发展

2009年，银联继续大力推动受理市场规范和发展。受理市场出现质量、数量协调同步的良好态势。截至2009年底，联网商户、POS、ATM累计分别达到156.7万户、240.8万台和19.7万台。全年各类违规商户整改率达到99%。农民工银行卡特色业务实现交易118亿元，同比增长48%。加大了行业合作力度，分别与海南航空、中国联通、中国电信、中国移动等签署合作协议。出台促进农村地区银行卡应用措施。

表1 2002年以来联网商户、POS、ATM增长情况

年 份	联网商户(万户)		联网POS(万台)		联网ATM(万台)	
	新增	年末	新增	年末	新增	年末
2002年	3.5	18.5	5.2	27	1	4.9
2003年	5.3	23.8	7.9	35	1.07	5.97
2004年	6.8	30.6	10	45	0.86	6.83
2005年	8.8	39.4	15.76	60.76	1.38	8.21
2006年	12.7	52	21	81.8	1.57	9.78
2007年	21.8	73.9	36.3	118	2.52	12.3
2008年	35.3	118	52.5	185	3.5	15.8
2009年	39	156.7	58	240.8	3.9	19.7

2. 进一步加快完善世博银行卡受理环境

(1) 健全世博工作机制。2009年，银联成立了服务世博工作领导小组，建立了内部服务世博工作机制，与上海世博支付环境建设工作领导小组、中国人民银行上海总部、上海市金融服务办公室等相关单位建立了密切联系，并与交通银行签署了《中国银联支持交通银行服务世博合作框架协议》，积极参与服务世博工作。

(2) 大力优化银行卡受理环境。作为上海世博支付环境建设领导小组成员，银联积极配合政府与监管部门开展世博支付环境建设工作。截至2009年底，在银联上海分公司的积极推动下，上海地区加入银联网络的特约商户7.35万户，POS机22.8万台，ATM机10 776台，实现世博支付环境领导小组《关于加强上海世博支付环境建设的指导意见》规划目标的92%、120%和108%。

同时，实现了世博园区手机非接触式支付。积极推动高速公路、长途客运、铁路等重要行业的银行卡受理。推动居民社区便民ATM终端布放。

(3) 营造世博银行卡支付安全环境。一方面与交通银行建立了服务世博风险防范联系机制、系统安全运行保障联系机制，加强与各商业银行的风险安全联系沟通，完善风险信息共享、信息会商机制。另一方面与公安机关加强合作，建立了涉案银行卡跨行交易信息快速查询等工作协作机制，优化警银联合的快速打击机制。此外，以主题路演、宣贯培训为手段，全方位、多角度开展安全用卡宣传，提升社会公众的风险防范意识。

(4) 大力推广世博主题卡，提升品牌形象。联合30家海内外机构推出了包含信用卡、借记卡、预付费卡、外币卡在内的银联标准上海旅游卡系列产品，建立了上海旅游卡特惠商户体系，目前全球发卡量超过50万张。与交通银行合作研发推广银联标准"金"彩世博卡、"一轴四馆"主题卡、世博信用卡、世博预付费卡、世博PBOC2.0IC借记卡等五款世博卡产品。目前"金"彩世博卡发行量已突破270万张，世博信用卡突破15万张。

3. 系统运营水平稳步提升

2009年，银联推进系统管理由运维型向运营型转变，核心系统运营水平稳步提升。核心系统及异地灾难备份系统全年中断时间为零，业务处理无重大事故。建立健全"一站式"运营服务机制，完善客户导向的运行质量考核机制。全面实施"六西格玛"质量管理体系，促进商业银行增加效益1 000万元以上。

4. 银联标准卡发行出现新局面，品牌影响力进一步扩大

2009年，综合采取措施，推动银联标准卡发行，借记卡稳定增长，信用卡明显提速，银联品牌影响力和认知度进一步提升。

(1) 发卡规模持续扩大，发卡质量稳步提升。新增发卡4亿张，累计超过13亿张，银联标准卡发卡量占国内银行卡发卡总量超过60%。其中，新增信用卡3 600万张，首次超过国际品牌，占国内信用卡新增发卡量58%，累计8 060万张，占国内信用卡发卡总量39%。银联标准卡实现跨行交易4.3万亿元、45.7亿笔，分别占国内银行卡交易的57.7%和61.1%。

(2) 发卡服务不断改善。建立了面向各家银行的"一站式"综合服务方案，各银行普遍把银联标准卡放到更加优先的位置。开展较大规模形象宣传。推出"构筑银行卡高速路，服务海内外持卡人"形象广告，覆盖人次7亿以上。按季发布中国银行卡消费信心指数，台湾受理业务开通、农民工银行卡特色业务在中央电视台新闻联播播出，效果良好。

表2 银联标准卡发卡量

年份	银联标准卡(万张)		银联标准借记卡(万张)		银联标准信用卡(万张)	
	新增	年末	新增	年末	新增	年末
2004年		1 027		1 027		
2005年	7 523	8 550	7 494	8 521		29
2006年	14 668	23 218	14 354	22 875	314	343
2007年	30 563	53 781	29 346	52 221	1 307	1 650
2008年	35 579	91 000	32 777	86 550	2 802	4 450
2009年	40 000	130 000	36 400	126 400	3 600	8 060

5. 国际业务保持良好势头

2009年，银联国际业务呈现出加速发展的态势。2009年，实现跨境交易1 083亿元，同比增长62%，增幅比2008年高出10个百分点。全球化受理网络态势初现，境外90个国家和地区可受理银联卡。境外受理商户、POS、ATM机累计分别达到55.7万户、69.8万台、71.9万台。国际合作机构累计达到121家。境外累计发卡693万张。

表3 中国银联境外市场拓展情况

年份	境外联网商户(万户)	境外联网POS(万台)	境外联网ATM(万台)
2004年	1.2	1.7	0.1
2005年	2.9	4.5	6.2
2006年	5.5	8.1	29.8
2007年	12.5	17.4	36.6
2008年	43	54	58
2009年	55.7	69.8	71.9

中国银联

6. 创新业务在整合中发展

2009年，银联创新支付业务在整合中取得发展。互联网支付，实现商业银行系统接入突破。16家全国性商业银行和28家区域性商业银行接入银联，初步建成国内最大的互联网转接平台。银联在线注册用户超过100万。智能手机支付，初步建成移动支付、远程商圈和空中下载等智能卡手机支付应用平台。配合中国人民银行，成立主要商业银行参加的银联标准IC卡联合工作小组。工行、交行均已在全国发行了银联标准IC卡。

7. 风险管理取得重要进展

2009年，银联把防范银行卡风险摆在突出位置，风险管理取得重要进展。一是推动银行卡的法律环境建设取得突破。最高人民法院、最高人民检察院发布《关于办理妨害信用卡管理等刑事案件具体应用法律若干问题的解释》，解决了长期困扰银行卡产业发展的相关法律焦点难点问题。二是整治突出风险问题取得成效。全年采集发卡机构欺诈和套现数据20多万笔，处置违规套现案件2.8万个，涉及金额20多亿元。向商业银行通报风险案例15万个。三是进一步完善风险防范长效机制。建立了银联卡账户信息安全评估机制。建立了业务风险评估机制和服务上海世博会银行卡支付安全保障机制。四是强化境外风险管理。建立境外机构入网风险动态评估办法，联合境内发卡银行建立跨境业务风险联合防范机制。协助查处跨境风险案件87起，涉及金额5 954万元。

（李　凡）

3. 上海证券交易所

2009年，上海证券交易所紧紧抓住国际经济衰退减弱、国内经济企稳回升和上海国际金融中心建设的大好机遇，全面完成了年初制定的各项工作计划，圆满实现了市场全年安全运行和新一代交易系统成功上线。同时，蓝筹股市场建设、债券市场发展、市场监管和创新、基础管理和基础建设、投资者教育等许多方面也都取得了新的进步。

截至12月31日，上证所股票市场总市值18.5万亿元，累计成交金额34.7万亿元，筹资总额3 343亿元，分别比2008年增加8.7万亿元、16.6万亿元、1 105亿元，增幅分别达90%、92%、49%，成交金额更是创历史新高。截至2009年12月，上海证券市场股票市价总值列全球第六、亚洲第二，股票成交总额列世界第三、亚洲第一，股票筹资额列世界第五位、亚洲第三。

1. 新一代交易系统成功切换上线，安全运行水平全面提升

（1）全力以赴、协同推进，切实做好各项就绪工作。成立新一代交易系统切换上线指挥部，实施“新一代交易系统上线特别工作月”。在实践中检阅和完善系统各项应急流程，提高运行团队的及时处置问题的实战能力。对规模较大且技术系统复杂等四类会员进行针对性技术指导和支持。发布《交易异常情况处理实施细则（试行）》，督促市场参与者建立配套的快速反应处置机制。协调核心媒体及网络媒体做好宣传报道工作，切实加强舆论引导和网络监控。

（2）积极动员、精心准备，新一代交易系统成功切换上线。新一代交易系统切换上线次日即经受了沪市历史上次高成交量(2 951亿元)的考验,新一代交易系统及与其相关的通信系统、监察系统等16个周边系统均始终保持安全运行。新一代交易系统的成功推出,为中国资本市场稳定发展、上海国际金融中心建设及本所创建世界一流交易所提供强有力的技术保障。

(3) 确保原交易系统安全运行,切实加强信访维稳工作。在新一代交易系统切换上线前,已服务17年的原交易系统一直保持安全运行,直至光荣退役。建立信访工作协作机制,圆满完成国庆六十周年安全维稳任务。在权证诉讼纠纷集中爆发期间全力妥善处理相关案件,推动法院依法确认本所权证制度和相关监管措施的合法性。TopView平稳退市。

2. 加大并购重组力度,蓝筹股市场建设取得新进展

(1) 落实新股发行改革措施,顺利实现IPO重启。修订发行上市有关规则、操作流程。自从6月份IPO启动以来,共有9家公司发行新股,筹资1 251亿元。多次召开经验交流会、座谈会等,推动国有企业改制上市及H股公司回归。排摸重点拟上市公司名单,做好已报会企业的发审沟通工作,有针对性地进行上门走访,积极推动沪深上市企业分工调整。

(2) 加大走访力度,推动上市公司做优做强。梳理并购重组相关政策法规,编制上市公司基础手册,充实完善重组服务公司数据库,举办专业辅导、培训。开展典型并购重组案例奖评奖,对不按承诺推进重组的公司出具监管函进行监督。班子成员分别带队走访全国27个省区,与7个省区政府机构签订资本市场服务备忘录。93家公司完成重大资产重组预案审核,同比增加110%,28家公司实施并购重组。

(3) 重视规则研究,做好国际板推出准备。成立国际板筹备小组,起草和修订国际板上市规则、交易规则及与境外主要交易所的监管合作备忘录文本,做好与中国证监会、登记公司的制度衔接和配套。对有意到国际板上市的境外企业及红筹公司进行摸底,提出区别对待外国公司和红筹公司发行标准的思路,努力为国际板建设创造有利的外部环境。

(4) 完善公司治理,规范公司运作。成立推进公司治理委员会,举办公司治理年度论坛,开展公司治理专项评奖活动及董事会秘书首次年度考核。制定上市公司公司治理三年行动纲要及基本推进路线,发布《上市公司公司治理评级工作指引》等规则。强制规定"上证公司治理板块"等3类公司披露内部控制自我评估报告和社会责任报告。

3. 大力发展债券市场,服务国民经济建设

(1) 多方协调配合,推进上市商业银行进入本所债券市场。积极落实中国证监会、中国银监会通知精神,召开上市商业银行座谈会,逐一走访14家上市商业银行。编写商业银行入市指引,举办专场业务培训。与中债登深入探讨结算业务安排,争取主管部门支持。

(2) 开展公司债分类管理,积极发展公司债市场。确定公司债具体分类标准及相匹配的交易平台,修订《公司债券上市规则》等,稳步推进公司债券分类管理工作。建设债券一站式服务网上专区,扩大债券上市品种、托管规模。全年60只企业债来本所发行,127只企业债来本所挂牌交易,均创年度历史新高。实现新增企业债托管量约202亿元,比上年增长60%。新增24只公司债券上市,发行额455.6亿元,均超上年89.8%以上。债券成交日趋活跃。

(3) 制定发展规则,加强基础建设。制定《上海证券交易所债券市场三年发展规划》,制定债券交易系统整合方案,确定整合时间表。

4. 持续加大监管力度,有效防范市场风险

(1) 推出"监管行动季"系列行动,树立本所监管权威。形成监管部门定期联络会议机制,统筹各项监管工作推进,找准监管重点、难点、热点、风险点,强化所内监管联动合力,实现监管重在预防、及时制止主旨,提升监管有效性和针对性。

(2) 以点带面,紧抓高风险上市公司等监管重点不放松。及时排摸、整理日常监管和年报披露中发现的风险问题，督促公司及时履行信息披露义务并加强整改。积极推进停牌制度、信息披露审核改进等措施研究。加强对董事、独董、董秘及保荐机构的资质管理，有效形成监管威慑。

（3）强化日常监管，持续推动会员客户管理和服务水平。针对会员在客户权证违规交易、新股炒作等业务中存在的问题，督促其切实承担客户管理职责。通过填报反馈、组织评议、现场走访、组织交流等形式，深入推进会员客户管理。加强非会员交易参与人管理业务规则研究。

（4）把握市场形势新动向，切实保障市场"三公"。积极开展针对短线操纵、新股投机、游资恶炒、股市黑嘴、账户盗卖、权证炒作等的专项监管行动，完善事前防范、事中干预和事后处罚的全程监管模式，深化所内外监管联动，果断干预，及时制止，取得积极监管效果。制定《市场监察实施细则》。

（5）发挥自律监管机制支持作用，推进法制研究与建设。全年纪律处分委员会审核纪律处分事项109件。对纪律处分和复核委员会运行机制进行完善，及时总结、分析总体情况及程序性、实体性问题，形成报告和工作指引。切实开展业务规则清理、评估，完成数量减少1/3的目标。编辑并公开出版《证券法苑》等刊物，着重研究资本市场发展和法制建设重点、难点。

5. 立足投资者教育资源整合，积极推进"六个一"建设

（1）以资源整合为导向，完善工作机制。牵头建立投资者教育工作例会制度、会员公司投资者教育联系人制度，加强与主流新闻媒体的合作，进一步扩大投资者教育影响力。

（2）结合业务需求，落实"四位一体"工作思路。在权证到期风险揭示、创新产品开发等方面，努力实现投资者教育与制度建设、一线监管、市场创新、行业自律、投诉处理相结合，确保落实投资者教育工作教育、服务、监管和保护"四位一体"的工作思路。举办"3·15我与投资者"大型征文活动，完成《上海证券市场投资者结构与行为报告（2009）》。

（3）优化投资者教育网站，推出证券模拟交易平台。播出"证券大讲堂"视频节目，编写投资者教育丛书，制定并完善《认定不当行为的标准与流程》相关规则制度，着力合格投资人理念培育。

（4）发挥职能优势，推进合格投资者队伍建设。以拟定质押式报价回购合格投资者管理方案为契机，研究合格投资者业务模式及相关制度建设，拟定《合格投资者管理办法》。积极发展合格投资者，新增合格投资者6 388个。

6. 努力把握机遇，实现产品、业务等多方面创新突破

（1）以新增两只交易所交易基金为亮点，持续推进跨市场和跨境产品开发创新。顺利完成上证央企、180治理交易所交易基金及其联接基金发行上市。完成沪深300交易所交易基金及其联接基金方案设计、技术开发及市场准备工作。推动跨境交易所交易基金产品开发工作，确定首批6项产品方案。完成纽交所等数十家机构指数引进谈判和合作协议签署，加紧推进国际指数产品开发。

（2）启动债券报价回购业务试点，实现业务创新新突破。成功启动并扩大债券质押式报价回购试点规模至30亿元，区域扩大至北京、上海、广州、深圳4城市。确保新股发行体制改革交易和结算系统改造，组织并完成网上网下发行全网测试。

（3）系统完善大宗交易，力求发展取得突破。成功将意向申报时间放开至全天，促进大宗交易股票成交金额、成交笔数较上年同期增加56.35%和91.17%。制定大宗交易市场三年发展规划、信息交流平台方案和合格投资者信用评级方案。

（4）探索储备产品创新研究，参与方案制定、研讨。研究并确定REITs交易平台及上市风险控制等问题，讨论产品业务方案。研究证券公司资产证券化业务方案，组织专家论证会，形成论证报告。研究细化上证基金通改版方案，积极推进方案实施。

(5) 推动证券信息服务创新，进一步发展信息服务产业链。开展证券信息手机终端行情服务，推出上市公司董监高持股短信提醒和个性化数据统计服务，推出新股申购配号中签结果网上免费查询服务。

(6) 推出创新实验平台，启动交易风险的评估与控制。正式推出国内首个基于金融仿真和建模技术的创新实验平台，实现初期建设目标。借鉴国际市场经验，尝试建立证券市场交易风险模型、评估标准、控制方案及测试机制。

7. 继续加强基础建设，全面提升本所竞争力

(1) 修订战略规划，服务国家战略。根据国务院关于推进上海建设国际金融中心和国际航运中心的意见精神修订上证所战略规划，召开上海国际金融中心建设与上证所发展研讨会。

(2) 加强制度基础建设，完成规章清理年度目标。内部规章制度数量经清理后降低三分之一，制定内管规章制度制定办法及其监督检查评估指引。完善知识产权管理制度。对业务规则执行情况进行评估和监督。

(3) 制订信息战略规划，加快信息化基础建设。研究确立依法、合规、可持续的信息经营模式。会同上海期货交易所牵头拟订《证券期货交易所信息资源管理办法》。加强指数的委托管理。编制 XBRL 应用成果白皮书。

(4) 加强研发创新基础建设，提高自主研究能力和对外影响力。筹建发展研究中心。第一、二批博士后进站，制定博士后考核办法。确定第八批高级金融专家工作站专家人选。

(5) 积极参加国际交流，推动本所国际化进程。WFE 涉台问题取得重大进展。与香港交易所签订管理层定期会晤交流及行政人员互访和培训协议。与上证所签署 MOU 的境外交易所达 36 家。

(6) 推进交易广场项目等基地建设。完成上海金融交易广场项目概念方案设计、政府沟通协调及咨询团队比选等工作，深化入围设计方案。抓紧技术研发基地和异地灾备数据中心的调研和选址。

(7) ERP 建设取得阶段性成果，BPM 项目建设顺利启动。“自主开发、自我管理、自我维护”的 ERP 一期工程顺利推出，二期工程建设正式启动。低成本搭建反映业务流程模拟运转的原型系统，为全面建设 BPM 系统实现良好开局。

(上证所)

4. 上海黄金交易所

2009 年，上海黄金交易所(以下简称“交易所”)认真落实中国人民银行以及上海总部工作会议和交易所理事会、会员大会确定的各项工作任务，坚持加快发展和风险防范并举，市场运行健康平稳，影响力和辐射力进一步增强。

1. 协助总行起草《黄金市场管理条例》，保持黄金市场现行税收政策取得成效，为维持市场良性发展奠定扎实基础

交易所积极协助总行做好《黄金市场管理条例》的起草工作，充分做到下情上达，使总行在完善《条例》的过程中考虑和吸收了交易所的意见和建议。在国务院法制办就《条例》内容征求交易所修改意见时，交易所经反复研究，从我国黄金市场健康发展的大局出发，围绕黄金经纪业务资格、黄金市场监管范围和投资者保护等问题提出符合市场发展规律的意见和建议上报国务院。

为确保黄金市场健康有序发展，2009 年 2 月，在交易所的积极协调和总行的大力支持下，由总行行领导带队，中国人民银行、国家发改委、财政部、税务总局等部门组成的国际黄金税收制度考察团完成了对英国和瑞士黄金市场的实地考察和调研，深入了解到国际市场税收政策的更多情况。参与协助调研考察报告的讨论修改工作，调研考察报告最终经国务院领导批准，同意报告提出的继续执行现行黄金税收政策的建议，为中国黄金市场的健康有序发展继续提供了政策保障。同时为维护这一税收政策在黄金市场的规范执行，交易所通过会员和客户严格执行相应的税收管理办法，维护和保持好黄金增值税政策，保障市场健康发展。

2. 积极推广商业银行代理个人业务,加大市场宣传推介力度,挖掘白银交易品种潜力,促进市场稳健可持续发展

近年来,黄金投资热潮在世界范围内涌动,国内个人黄金投资市场也呈现出良好的发展态势。交易所把握历史机遇,在开拓国内黄金投资市场方面进行了卓有成效的尝试,联合多家国内商业银行,适时开展个人黄金延期业务,以满足日益增长的投资需求。

交易所通过强强联手,加大品牌影响力,与世界黄金协会、兴业银行合作推广个人黄金实物交易产品“兴业银行·金交所交易金”。三方合作优势明显,成为交易所扩大产品市场影响力和占有率的有力举措,为国内投资者从事黄金投资提供了更加安全快捷高效的交易模式。

交易所在挖掘白银交易品种潜力方面也做了大量工作,优化现有交易、交割模式;及时进行现场认证,可交割银锭品牌已增至 9 个;增加指定仓库,满足提货需求,白银实物交割量较以往大幅度上升。同时,个人白银延期业务也成功推向市场,由于其入市门槛低、具备价格优势等特点,吸引了众多投资者,交易量不断增长。

3. 大力配合商业银行二级系统测试,集中开发上线优化系统功能,并做好安全维稳工作

交易所大力配合银行类会员二级系统测试及上线工作,截至 2009 年 12 月底,已有近 10 家银行类会员进行了二级系统开发测试,其中 5 家银行测试完毕,已成功上线开展交易。

到目前为止,交易核心系统一直保持安全可靠运行,未出现任何故障。管理系统、会员服务系统等周边系统总体运行平稳,为会员交易、清算、交割提供了可靠的保证。尤其是在价格波动剧烈的情况下,交易所及时对会员进行风险提示,规范强行平仓的流程,会员清算后出现负资金的数量较以前明显减少,资金追加速度逐步提高。

2009 年,交易所围绕网络与信息安全保障工作,修订完善了计算机、网络系统及电子数据安全管理制度、机房管理制度、软件管理制度和技术文档资料管理制度等多项制度,为确保技术、网络与信息安全奠定了基础,从而防止不法分子利用网络、技术及管理漏洞窃取或泄漏数据非法获利,避免给交易所造成损失。交易所认真贯彻上级部门关于国庆六十周年庆典活动系统安全稳定工作的各项要求,进一步增强政治意识、大局意识和责任意识,充分发挥职能,认真履行职责,采取有力措施,制定了详细的应急预案,充实应急资源,并最终圆满完成了国庆期间的系统保障任务。

4. 深入研究创新产品,加强黄金市场分析

交易所一直抓紧做好创新产品的研究和设计工作,在借鉴国际上相关交易所 ETF 成功经验的基础上,结合我国国情,成立了交易型黄金凭证课题小组,开展相关研究工作。这一产品依托黄金现货,是无杠杆化,安全、透明、风险较低的黄金投资品种,为不能购买实物黄金的金融机构和不愿意持有实物黄金的机构提供新的投资工具,具有较好的市场发展空间。

2009 年,交易所与中国人民银行上海总部金融市场管理部、中国黄金协会、上海期货交易所合作撰写《2008 年中国黄金市场报告》,在对宏观经济形势和国际金融市场进行概览的基础上,从黄金现货市场、黄金期货市场、商业银行黄金业务、中国黄金行业的发展等多方面对 2008 年中国黄金市场的发展情况进行了介绍。这是中国黄金市场的监管单位、自律组织和市场中介第一次联合编撰出版的报告,具有重要意义。

(上海金交所)

5. 上海期货交易所

1998 年,根据国务院关于进一步整顿和规范期货市场的决策,上海金属、上海粮油、上海商品等 3 家交易所合并组建上海期货交易所,并于 1999 年 5 月试营运,同年 12 月正式营运。上海期货交易所是依照有关法规设立、履行有关法规规定职能、按照其章程实行自律管理的法人,接受中国证监会的集中统一监管。根据《期货交易管理条例》规定,上海期货交易所履行提供交易的场所、设施和服务;设计合约,安排合约上市;组织

期货安全上市，以及产品上市后市场风险的可测、可控、可承受奠定了坚实的制度基础。

3. 加强技术基础设施和业务系统建设，夯实股指期货上市的各项技术准备

技术安全是交易所安全运行的关键环节，中金所始终扎实认真地做好各项技术准备。一是深化技术基础设施建设，启动了同城灾备系统建设，完成了新一代技术基础设施建设规划。二是深化业务系统建设，完成交易系统、会员服务系统等8个系统平台的建设和升级改造工作。三是切实提高运行维护质量，组织对交易系统、结算系统、行情系统、互联网服务系统、数据备份系统进行了安全隐患排查和风险评估，形成了技术风险台账，完善了风险隐患事前检测、事中处置、事后防范措施。四是建立定期IT审计工作机制。通过行业专家评审、外部IT审计、交易所内部审计、岗位风险评估等形式，形成技术持续改进机制。

4. 严格会员现场检查，全力推动会员各项准备上台阶

为了完善会员准备和严格会员参与股指期货交易门槛，中金所按照成熟一家发展一家的原则，努力做到"安全第一、技术过硬"。截至2009年底，中金所累计发展会员数111家，其中全面结算会员15家，交易结算会员61家，交易会员35家。中金所根据《证券期货业IT治理指引》、《期货公司技术管理规范》对会员期货公司进行了技术准备、内部风控措施等方面的严格分级检查，积极配合中国证监会做好期货公司分类监管及中国期货业协会对期货公司的技术检查工作。与此同时，中金所不断加强对会员的辅导和培训，建立了会员培训平台，帮助会员改善内控管理水平。邀请开发商作技术辅导，加强会员对软件更新、上线注意事项的了解，降低会员系统上线风险。建立了会员信息"及时通"平台，完善应急沟通机制。加强IB业务辅导，指导期货公司做好IB业务准备工作。

5. 建立投资者适当性制度并展开试点，切实保障投资者合法权益

建立股指期货投资者适当性制度，是股指期货筹备工作的重要环节。中金所积极倡导"把恰当的产品卖给恰当的投资者"理念，切实保障投资者合法权益。一是建立制度。中金所在充分听取各方意见的基础上，形成了包括《股指期货投资者适当性实施办法》、《股指期货投资者开户知识测试方案》、《期货公司承诺书》等一整套制度文本。二是启动股指期货投资者适当性制度试点工作。分三批选取70余家期货公司进行试点，检验方案的科学性和可操作性，逐步完善适当性制度的操作细节，优化审核指标，保障制度有效落实。三是加强舆论宣传。将股指期货投资者适当性制度，纳入投资者教育工作中，加强市场宣传，倡导"知识准入"理念。四是指导中介机构严把开户关，努力做到客户分类管理。五是建立了投资者适度性制度试题库。

6. 持续深入开展多层次、全方位的投资者教育活动

中金所坚持以人为本，不断深化投资者教育工作。一是统筹协调，继续做深做细投资者培训和从业人员培训。开展交易与结算风控业务培训班，举办"中金所茶座"，与地方证监局、证券公司合作举办多期IB业务培训，"股指期货行活动"不断深入开展。二是不断丰富投资者教育产品。新编和扩编一系列的金融期货投资者教育手册和教育丛书，《中金所茶座》陆续出版，投资者教育光盘、股指期货模拟交易游戏等产品不断受到业内好评。三是建立投资者教育平台，帮助投资者掌握知识、知晓风险、获得经历。

（中金所）

中国金融期货交易展示大厅

意见》(国发[2009]36 号)和《关于进一步做好中小企业和涉农信贷服务工作的通知》(银办发[2009]64 号)精神,加大中小企业金融的产品创新和信贷投放力度。2009 年末,全市中小企业各项贷款余额达到 9 570.23 亿元,票据承兑余额达到 892.82 亿元。二是完善助学贷款业务运作机制,严格履行银校合作协议,及时足额地发放国家助学贷款,扩大国家助学贷款业务规模,满足学生的助学贷款需求。2009 年末,全市国家助学贷款余额为 8.62 亿元,是 2004 年末余额的 2.56 倍;当年全市累计发放国家助学贷款 5.81 亿元,是 2004 年累放额的 3 倍左右;两项增幅均高于同期高校在校生总人数的增幅。年末的国家助学贷款获贷学生人数已占到高校在校生总人数的 16.2%;人均贷款金额已超过 6 000 元,基本能够满足高校学生在学费、生活费等方面的融资需求。从申请到发放平均只需 30 天;每年贷款申请人数约 32 000 人,贷款申请满足率接近 98%。三是贯彻《关于进一步做好本市促进创业带动就业工作的若干意见》(沪府发[2009]1 号)精神,落实扶持创业后三年以内创业组织、10 万元以下项目免予个人担保等措施,扩大贷款受益面和优惠度,加大小额担保贷款工作力度。四是贯彻落实中国人民银行《关于加快推进农村金融产品和服务方式创新的意见》(银发[2008]295 号)文件精神,进一步改进和提升农村金融服务,满足"三农"多层次、多元化的金融服务需求。

(5) 贯彻落实国家房地产宏观调控部署,推动房地产市场稳定健康发展。一是贯彻落实《经济适用住房开发贷款管理办法》(银发[2008]13 号)和《廉租住房建设贷款管理办法》(银发[2008]355 号),支持上海市保障性住房开发建设。二是严格执行国务院办公厅《关于促进房地产市场健康发展的若干意见》(国办发[2008]131 号)和《关于认真学习和贯彻落实〈国务院办公厅关于促进房地产市场健康发展的若干意见〉的通知》(银发[2009]41 号)文件精神,促进房地产贷款平稳健康发展,加大房地产贷款对经济的支持力度。2009 年末,全市中资银行人民币房地产贷款余额 7 048.97 亿元,比年初增加 1 527.56 亿元,其中房地产开发贷款增加 498.86 亿元。中资银行人民币房地产贷款余额占各项贷款的比重为 30.7%,较上年上升 0.4 个百分点;房地产贷款本年新增占各项贷款新增额的比重升至 32.8%,较上年上升 15.4 个百分点;个人住房贷款平均抵借比为 54.7%,同比上升 1.3 个百分点。

(6) 大力发展村镇银行和小额贷款公司等新型机构,完善政策扶持体系。据统计,截至 2009 年末,上海已有崇明长江村镇银行、奉贤浦发村镇银行、松江民生村镇银行等三家村镇银行先后开业,注册资本合计 2.5 亿元,浦东江南村镇银行等进入筹备阶段。9 月 3 日,上海出台《关于促进本市小额贷款公司发展的若干意见》,改进和完善对于小额贷款公司的政策扶持。主要措施包括:支持小额贷款公司从郊区县进入中心城区;支持具备条件的小额贷款公司增资扩股;适量增加部分区县的试点名额;推动小额贷款公司和银行的战略合作,协调解决业务办理中遇到的抵质押手续等问题。截至 2009 年末,全市 18 个区(县)共有 45 家小额贷款公司获批,35 家正式开业,注册资本总额为 29.26 亿元,累计发放贷款笔数 3 000 余笔,金额约 50 亿元。

(林春山)

2. 银行间市场平稳快速发展

1. 货币市场

货币市场利率前期走势平稳,下半年震荡回升。2009 年上半年,货币市场基本特征是资金面宽裕和利率小幅波动。经历了年初的短暂回落后,货币市场利率在平静的政策面和宽裕的资金面共同作用下,维持了长达近 5 个月的小幅盘整。6 月下旬以后,随着新股 IPO 重启,货币市场短期利率波动有所增大。另外,央行连续 7 次提高央票发行和正回购中标利率,带动各期限品种利率上行。进入 10 月份,货币市场资金面较为宽裕,市场利率再次恢复稳定。2009 年底,受年末因素的影响,短期利率有所上扬。

2009 年,信用拆借加权平均利率年初报于 0.93%,9 月 30 日升至 1.77%的年内最高点,年末收于 1.20%，比年初增加 27 个基点；质押式回购加权平均利率年初报于 0.97%，7 月 21 日升至 1.83%的年内最高点，年末收于 1.20%，比年初上升了 23 个基点。

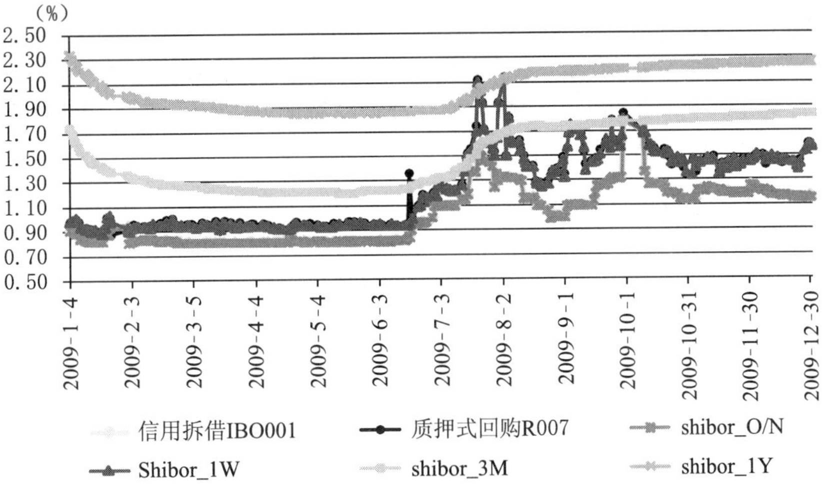

图 1　2009 年货币市场利率走势

Shibor 短端较年初有所上扬，中长端品种普遍下降，下半年波动幅度明显增加。2009 年上半年，Shibor 各期限品种波动较小，中长端 Shibor 在年初的快速回落后趋于稳定，短端品种变化不大。进入下半年，随着新股发行开闸，短端 Shibor 的波动性明显增加且整体上移，中长端 Shibor 则在平稳中有所回升。

2009 年底，短端 Shibor 各期限品种利率较年初均有增加，其中，Shibor_1W 增幅最大，上升 58 个基点；Shibor_O/N 增幅最小，增加 24 个基点。中长端部分，除 Shibor_3M 微增 9 个基点外，其余期限品种利率较年初均小幅下降，降幅在 8—14 个基点之间。2009 年，Shibor 与信用拆借和质押式回购的利差保持稳定，7 天 Shibor 比 7天信用拆借利率平均低 4 个基点，7 天 Shibor 与 7 天质押式回购平均利差不超过 1 个基点。

货币市场成交量明显增加，隔夜交易占比上升。2009 年，银行间货币市场成交量继续保持大幅增长，全年成交 89.6 万亿元，比上年增长 22.5%，但增速较上年有所放缓。其中，信用拆借达成交易 2.8 万笔，累计成交 19.4 万亿元，比上年增加 28.6%。回购市场达成交易 12.2 万笔，累计成交 70.3 万亿元，比上年增加 20.9%。按回购方式分，质押式回购达成交易 11.5 万笔，累计成交 67.7 万亿元，比上年增加 20.1%，买断式回购达成交易 6 870 笔，累计成交 2.6 万亿元，比上年大幅增加 49.0%。买断式回购抵押债券以央行票据、政策性金融债和国债为主，分别占总交易量的 47.8%、30.9%和 6.9%。

2009 年银行间货币市场交易情况表　　成交量单位:万亿元

品　种	隔夜加权利率(%)	同比(%)	7 天加权利率(%)	同比(%)	市场成交量	同比(%)	占比(%)
信用拆借	1.06	−54.0	1.29	−57.1	19.4	28.6	21.6
回购市场	—	—	—	—	70.3	20.9	78.4
其中:质押式回购	1.01	−55.0	1.28	−58.0	67.7	20.1	75.5
买断式回购	0.98	−58.9	1.32	−55.5	2.6	49.0	2.9
合计	—	—	—	—	89.6	22.5	100.0

2009年，货币市场交易短期化现象愈加明显，隔夜交易分别占信用拆借和质押式回购交易量的83.5%和77.8%，比上年分别增加13和14个百分点。其余期限品种交易量涨跌互现。

从货币市场融资结构及资金流向来看，2009年，国有商业银行净融出资金量较上年增加142.4%，超过股份制银行成为最大的资金净融出方，总融出金额为32.1万亿元，净融出金额为27.2万亿元。此外，股份制银行和政策性银行也是资金净融出主力，总融出金额分别为29.2万亿元和7.1万亿元，净融出金额分别为11.9万亿元和6.8万亿元。城市商业银行依然是最大的资金净融入方，总融入金额达23.4万亿元，净融入金额为11.5万亿元。

2. 债券市场

银行间国债指数①窄幅波动。2009年，银行间国债指数年初报于1 201.0点，年末收于1 192.0点，较上年末的1 202.2下降10.2点，降幅0.85%，年内最高值为1月9日的1 203.7点，最低值为2月5日的1 181.9点。从国债指数的具体走势形态来看，由于金融危机阴影依然存在，市场投资者心态趋于谨慎，对宏观经济是否正走向复苏以及宽松货币政策是否转向的判断也随着外部环境不断发生着变化，受此影响，银行间国债指数窄幅波动，出现了三次下探回升。

第一次：2009年初至5月底。年初，受1、2月份公布的货币供应量、信贷规模大幅增长以及制造业指数反弹的影响，市场对未来经济形势好转的预期有所提前，前期市场中浓厚的降息预期有所降低，国债指数在短期冲高后出现大幅回调，并于2月5日创下年内最低值1 181.9点。但天量信贷增量难以持续、以及全球蔓延的甲型H1N1流感疫情的蔓延引发了市场对经济复苏能否持续的担忧，国债指数大幅反弹，并在5月20日达到阶段高点1 201.4点，接近全年最高点，较2月5日的低点上升19.5点。

第二次：6月初至9月中旬。6月初，受宏观经济数据好于市场预期、股市向好、IPO重启、以及央行重发1年期央票且发行利率持续上升等多重利空因素的影响，国债指数一路下探，并于8月5日创下年内次低点1 184.5点。此后，随着央票发行利率企稳、股市出现深幅调整，国债指数出现小幅反弹。

第三次：9月中旬至年末。由于宏观经济数据继续向好、央票一二级市场利率倒挂、澳大利亚和挪威央行开始加息、以及10月21日召开的国务院常务会议首次提出将“管理通胀预期”作为今后几个月的重点调控内容之一，市场对宽松货币政策转向以及央票利率进一步上升的预期增强，受此影响，国债指数经历了一轮小幅调整。但政策面的平静、央票利率的平稳、以及10月份宏观经济数据低于市场预期等因素稳定了市场心态，国债指数在11月初以后出现一轮小幅回升。

银行间国债收益率曲线②整体上移。随着我国经济复苏的逐渐深化，并在股市大涨以及年中央行票据发行利率大幅上升的直接推动下，银行间国债收益率曲线整体大幅上移，与上年末相比，平均上移幅度达70.1个基点，其中3—8年期品种的收益率上涨最大，涨幅在100—118个基点之间，而1年期以下和27年期以上位于收益率曲线两端品种的收益率涨幅较小，在35个基点左右。

现券市场成交量明显增长。2009年，银行间现券市场的资金面整体宽裕，现券市场交易量明显增长，共成交19.3万笔，累计成交47.3万亿元，同比增长27.4%。

从期限结构看，现券交易主要集中于0—5年期品种。2009年，0—5年期债券品种累计成交40.0万亿元，同比增长17.8%，占现券市场总成交量的84.6%，其中，3—5年期债券品种的成交量大幅增长，累计成交13.1万亿元，同比增长447.4%，占现券市场总成交量的27.8%，较上年显著提升21.3个百分点。

---

① 银行间国债指数是全国银行间同业拆借中心自主研发的用以综合反映银行间国债市场价格走势和收益情况的价格指标。银行间国债指数为不考虑利息再投资的全价指数，指数编制优先选择成交价格，辅之以双边报价。

② 银行间国债收益率曲线是全国银行间同业拆借中心自主研发的用以描述国债即期收益率与期限之间关系的曲线。银行间国债收益率曲线采用线性拟合方法形成，价格优先选择双边报价，辅之以成交价格。

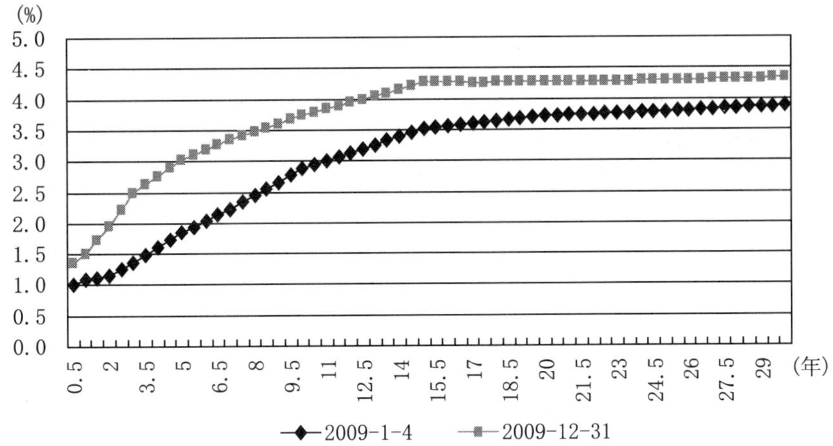

图 2　2009 年银行间市场国债即期收益率曲线

从交易券种来看，政策性金融债是成交量最大的券种，中期票据取代国债进入成交排名前三的券种。2009 年，市场成交排名前三位的券种由 2008 年的央行票据、政策性金融债和国债转为政策性金融债、央行票据和中期票据。政策性金融债全年累计成交 17.7 万亿元，同比大增 157.5%，占市场总成交量的 37.4%，居于首位。央行票据交易量的大幅下降一定程度上与适度宽松货币政策下央票发行规模降低密切相关①，2009 年央行票据累计成交 14.2 万亿元，同比下降 37.7%。积极财政政策的实施导致国债供给量大幅增加②，降低了国债对投资者的吸引力，国债全年累计成交 3.9 万亿元，虽然同比增长 11.1%，但增幅较上年的 69.6%明显放缓。由于发行主体信用等级高、流动性较好等特点，中期票据自 2008 年上市以来颇受投资者青睐，2009 年全年累计成交 6.0 万亿元，市场占比由上年的 1.7%上升到 2009 年的 12.8%。

从现券投资者结构看，城市商业银行、股份制商业银行和国有商业银行依然是最活跃的交易主体，基金和保险公司由净买入债券转为净卖出债券。从现券买入方来看，交易活跃的三类主体的交易量分别占市场总交易量的 27.6%、22.3%和 13.1%，合计占比 63.1%，较 2008 年上升 2.6 个百分点。国有商业银行是现券市场中最大的净买入方，累计净买入现券 1.2 万亿元；城市商业银行则是现券市场中最大的净卖出方，累计净卖出现券 5 654.8 亿元。

2009 年，股票市场整体向好使得基金在资产配置上更多地偏向权益类产品，而保险公司受前两个季度保费收入增长较慢的影响，减持了债券资产，两者由 2008 年现券市场的净买入者转为 2009 年的净卖出者。2009 年，基金共卖出现券 9 994.5 亿元，净卖出现券 2 921.2 亿元；保险公司共卖出现券 5 755.2 亿元，净卖出现券 1 472.2 亿元。

截至 2009 年末，银行间本币交易系统用户达 2 446 家，其中，法人机构 1 110 家，授权分支机构 177 家，证券投资基金、企业年金、信托产品等 1 159 家。与上年末相比，新增系统用户 589 家。

3. 外汇市场

2009 年，人民币对美元汇率中间价基本稳定，汇率弹性有所下降；人民币对其他主要货币追随国际市场美元汇率走势，总体呈现先升后贬的态势。

人民币对美元中间价基本稳定，汇率弹性有所下降。自 2008 年 7 月份开始，为应对国际金融危机的冲击，人民币汇率波幅收窄，对美元中间价维持在 6.82—6.84 元区间内窄幅波动。2009 年末，美元中间价报收 1 美元兑 6.828 2 元人民币，比 2009 年初(6.836 7 元人民币/美元)下降 85 个基点，人民币升值 0.12%。总计 244 个交易日中，人民币对美元汇率中间价有 129 个交易日升

① 2009 年央行票据累计发行 39 740.0 亿元，同比下降 7.5%。

② 2009 年国债累计发行 16 213.6 亿元，同比大增123.7%。

值,114 个交易日贬值,1 个交易日持平,期间最高 6.839 9 元人民币/美元(1 月 14 日),最低 6.820 1 元人民币/美元(5 月 5 日),波幅 198 个基点。2009 年人民币对美元成交价日均波幅为 30 个基点,较 2008 年成交价日均波幅 111 个基点大幅收窄,最大单日波幅(1 月 23 日)为 189 个基点。

港币中间价保持稳定,日元、欧元中间价先抑后扬,英镑中间价探底后快速回升。2009 年末,港币中间价报收在 1 港币兑 0.880 48 元人民币,比 2008 年末(0.881 89 元人民币/港币)下跌 14 个基点,人民币兑港币升值 0.16%;日元中间价报收在 100 日元兑 7.378 2 元人民币,比 2008 年末(7.565 0 元人民币/100 日元)下跌 1 868 个基点,人民币兑日元升值 2.53%;欧元中间价报收在 1 欧元兑 9.797 1 元人民币,比 2008 年末(9.659 0 元人民币/欧元)上涨 1 381 个基点,人民币兑欧元贬值 1.41%;英镑中间价报收在 1 英镑兑 10.978 0 元人民币,比 2008 年末(9.879 8 元人民币/英镑)上涨 10 982 个基点,人民币兑英镑贬值 10.00%。

人民币外汇即期市场交易量平稳增长。2009 年,人民币外汇即期市场交易量平稳增长,与 2008 年相比增长 19.3%,其中,美元、日元和欧元交易量有所上升,港币和英镑交易量有所下降。

外币对市场交易量同比下降,但结构优化。2009 年,银行间外币对市场成交金额折合 407 亿美元,同比下降 35.8%。但外币对市场交易结构整体上更加优化。交易量大幅下降主要因做市商银行在即期竞价市场交易锐减所致,而普通会员市场份额从 2008 年的 4.2%上升至 2009 年的 9.6%,2009 年共成交 39 亿美元,同比增加 46%。从交易品种看,外币对衍生品市场份额大幅提高,从 2008 年的 2.1%上升至 2009 年的 14.4%,其中,远期成交 19.6 亿美元,同比增长 2.8 倍,掉期成交 39 亿美元,同比增长 4 倍。2009 年交易最活跃的三个外币对为 USD/HKD、EUR/USD 和 GBP/USD,交易量占比分别为 51%、27.8%和 7.3%。

截至 2009 年末,银行间人民币外汇即期市场共有会员 276 家,比 2008 年末增加 8 家。做市商由 2008 年末的 22 家增加到 24 家,宁波银行、深圳发展银行开始承担做市义务;双非机构数量从 2008 年末的 4 家大幅增加到 11 家。银行间外币对市场共有会员银行 69 家,比 2008 年增加 14 家;做市商银行增加了法国巴黎银行(中国),达到 16 家。

4. 衍生品市场

利率互换交易量小幅增长,互换利率①明显升高。2009 年,人民币利率互换累计成交 4 044 笔,名义本金总额 4 616 亿元,同比增长 12%。其中 1 年及 1 年期以下交易比较活跃,其名义本金总额为 2 606 亿元,占比 56.5%。人民币利率互换交易的浮动端参考利率主要有 Shibor、7 天回购定盘利率和 1 年期定存利率,与其挂钩的交易量分别为 1 304 亿元、3 244 亿元和 69 亿元,分别占比 28.3%、70.2%和 1.5%。此外,市场首次出现了一笔以一年期贷款利率为参考利率的利率互换交易。

受 2008 年央行持续降息以及国际金融危机的影响,2009 年 1 月初,互换利率持续下降至年内低点,随后出现温和反弹,市场活跃度逐步恢复,交易量也稳步增长。至 6、7 月份,随着各项宏观经济数据逐步向好,商业银行信贷规模猛增,经济复苏形势逐步明朗,央行开始连续提高央票发行利率和回购中标利率,互换利率在短期内出现明显上升,交易量迅速增长。随后主要受逐月公布的宏观经济数据影响,互换利率开始小幅波动,月度交易量在 350—500 亿元之间波动。全年来看,互换利率上升明显,以 1 年期 FR007—IRS 品种②为例,其固定利率上涨约 120 个基点;互换利率曲线出现陡峭化趋势,1 年期 FR007—IRS 品种与 5 年期 FR007—IRS 品种之间的利差由年初的 70 个基点上升至 12 月底的 150 个基点左右。

---

① 此处互换利率指的是利率互换交易中固定利率支付方所支付的固定利率,该利率大致反映了市场参与者对未来一段时间参考利率平均值的预期。

② 1 年期 FR007—IRS 品种是指以 7 天回购定盘利率(FR007)为参考利率的 1 年期利率互换交易。

在利率互换交易中，Shibor的基准性进一步增强。以Shibor为参考利率的利率互换交易量占比由2008年的22%提高到2009年的近30%，并且以Shibor为参考利率的利率互换交易的真实性大为提高。

2009年，参与利率互换交易的市场成员共计44家，外资银行和股份制商业银行是利率互换交易最主要的参与者，所占市场份额分别为45%和25%，前者比2008年上升6.5个百分点，后者则下降12.4个百分点，外资行的市场参与度明显提高。

债券远期成交量大幅上升。2009年，债券远期共达成交易1 599笔，成交金额6 556亿元，同比上升31%。其中7天品种仍最为活跃，共成交4 156亿元，占市场总交易量的63.4%，较2008年下降12.5个百分点。14天品种交易量上升较快，市场占比由2008年的10.8%上升至2009年的23.3%。

从交易量的月度分布来看，债券远期于年初逐步摆脱次贷危机的影响，交易量不断上升，4月份上升至年内高点，接近1 000亿元，这也是债券远期历史上单月最高成交量。此后，月度交易量基本维持在500—800亿元之间。

债券远期交易标的券种发生较大变化。政策性金融债取代央行票据成为交易占比最大的标的券，占比由2008年的27%上升到2009年的54%，央行票据占比则由2008年的65%降到25%。这与2008年12月至2009年7月间1年期央行票据停发、央票总体发行量下降有关。

2009年，股份制商业银行、城市商业银行是债券远期交易的主要参与者，所占份额分别为52%和39%，其中城市商业银行占比大幅上升23个百分点，而国有商业银行的比重则大幅下降20个百分点至5.4%。城市商业银行是债券远期交易的主要买方，其买入量占市场总交易量的86%；股份制商业银行则是主要卖方，其卖出量占市场总交易量的69%。

远期利率协议交易清淡。2009年，远期利率协议累计成交27笔，名义本金额60亿元，同比下降47.2%。据了解，远期利率协议交易清淡主要有两个原因：一是市场缺乏可靠的定价依据，远期利率定价困难，报价往往偏离较大；二是终端客户对远期利率的避险需求不足。

截至2009年末，利率互换和远期利率协议交易的制度备案机构分别为71家和49家，与上年末相比分别增长6家和4家。

人民币外汇掉期交易量同比增长逾八成，报价由升水转为贴水，人民币再次出现升值预期。2009年，人民币外汇掉期市场共达成3.1万笔交易，成交金额折合8 018亿美元，同比增长82.1%。共有美元/人民币、港币/人民币、日元/人民币和欧元/人民币四个品种发生掉期交易，分别成交8 012亿美元、4.2亿港元、45.6亿日元和3.3亿欧元。交易期限主要集中在3个月以内(含隔夜)，其中，隔夜美元掉期成交5 193亿美元，占掉期成交总金额的64.8%，比2008年上升21个百分点。

2009年，市场对人民币汇率贬值预期由强转弱，并再次出现升值预期。1季度，境内外远期市场走势预期从分化转向一致，境外NDF升水幅度从高位逐渐回落。3月下旬，受美联储“量化宽松”货币政策削弱美元长期信用、以及全球金融市场企稳降低美元避险作用的影响，美元升势逆转，开始走弱，境内外远期市场人民币逐步走强，境外NDF转入人民币升值预期，而境内掉期市场升值和贬值预期交替出现。9月下旬以来，受国内经济持续向好的刺激，境内外远期市场再次趋同，均呈现人民币升值预期。

截至2009年末，美元1年期掉期报价收于6.768 2元人民币/美元，显示一年后人民币升值幅度为2.54%，比2008年末下跌1 224个基点。掉期报价最高6.881 7元人民币/美元(1月5日)，升水点数为450个基点，此后报价逐渐走低，升水点数不断收缩并转为贴水，报价最低6.667 3元人民币/美元(10月20日)，贴水1 600个基点，2009年日均贴水128个基点，比2008年2 536个基点的贴水幅度①大幅缩小。

---

① 贴水幅度=(每日美元兑人民币中间价－每日美元1年期掉期报价)×10 000。

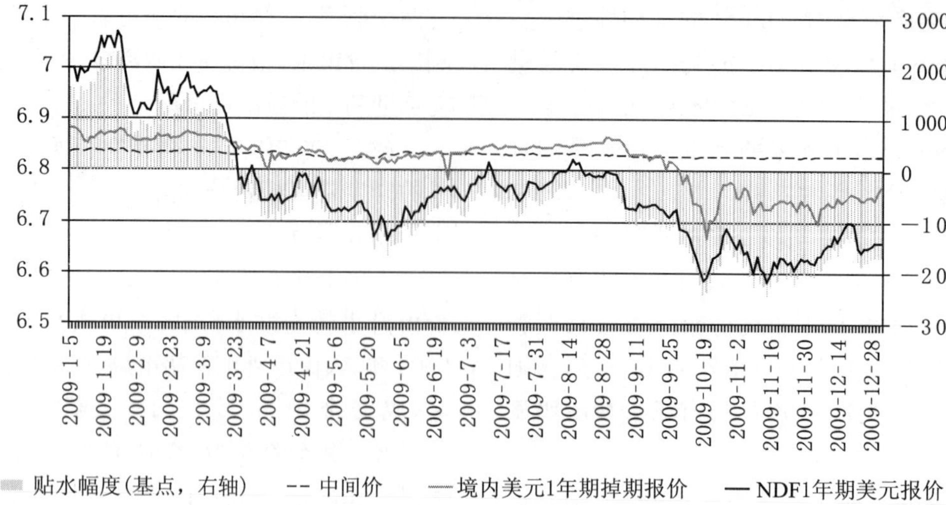

图3 2009年人民币对美元外汇掉期和NDF1年期报价

注:贴水幅度=10 000×(人民币对美元中间价−NDF美元1年期报价)

人民币外汇远期交易量同比下降逾四成。2009年,人民币外汇远期市场共交易2 501笔,成交金额折合98亿美元,同比下降43.8%。共有美元/人民币、港币/人民币、日元/人民币、欧元/人民币和英镑/人民币五个品种发生远期交易,分别成交93亿美元、7.3亿港元、24亿日元、2.4亿欧元和99万英镑。其中,9个月—1年期品种成交37.7亿美元,占远期成交总量的38.6%;1年以上期限成交稀少,9个月以下期限成交分布比较均匀。

截至2009年底,人民币外汇远期市场有73家会员,比2008年末减少2家;人民币外汇掉期市场有71家会员,比2008年末减少4家(原因是2009年外资银行改制导致6家银行退出远期和掉期市场,同时新增4家远期会员,其中2家具有掉期资格);外汇货币掉期市场有20家会员,与2008年末持平。

(外汇交易中心)

3. 上海证券期货市场发展取得积极成效

2009年,上海证券交易所(简称上证所)各类证券成交总额44.2万亿元,比上年增加62.6%。其中,股票成交总额34.6万亿元,国债成交总额4万亿元,基金成交总额0.7亿元,权证成交总额4.9万亿元。上证综指开盘1 849.02点,最高3 478.01点,年底收于3 277.14点。截至年底,上证所股票账户总数7 089万户,占全国的50.5%。至年底,上证所共有上市公司870家,上市股票数914只。股票市价总值184 655亿元,比上年增加90%。全年,沪市筹资总额3 868亿元。其中,股票筹资额3 343亿元,债券筹资额524.7亿元。

2009年,上海期货交易所全年累计成交额73.8万亿元,在全国市场总额中占57%;累计成交量8.7亿手,在全国市场总额中占40%,交易量全球排名第10位(根据美国期货业协会(FIA)统计)。

截至2009年底,上海共有证券公司14家,约占全国的13%;有26家异地证券公司获批在沪新设31家分公司,还有部分公司在上海设立了资产管理、直接投资等专业子公司。

2009年,上海证券公司积极创新发展,综合竞争力稳步提高。辖区14家证券公司(占全国13%)中4家分类评价为AA级(占全国44%)。截至2009年底,上海证券公司总资产、净资产、净资本分别达到4 399亿元、1 223亿元和991亿元,同比分别增长58%、31%和25%,净利润达212亿元,同比增长83%。截至2009年底,上海证券公司中有6家获得直投业务资格,其中5家已投入实际运作；共获批设立9只集合理财产品，首发金额超过150亿元；光大证券成功上市，成为全国综合治理后首家IPO的证券公司。

截至2009年底，上海共有基金公司30家，占全国基金公司总数50%。上海基金公司共管理基金244只（约占全国44%），同比增长33%。管理基金总份额与上年底基本持平，管理基金总净值大幅增长，达到8 758亿元，同比增长41%，高于全国平均增长幅度（37.9%）。2009年，基金公司有2家新获得专户理财业务资格，3家新获得QDII业务资格，11只“一对多”专户理财产品获批。

截至2009年底，上海共有期货公司25家，约占全国的15%。2009年，期货公司法人治理结构逐步健全，依法合规意识和规范经营水平不断提高，业务规模稳步扩大。截至2009年底，上海期货公司总资产、净资产、净资本、客户保证金同比分别增长119%、40%、41%和83%，净利润同比增长493%。海通期货完成增资，成为注册资本最大的期货公司，同时率先引入ISO9001:2008标准化管理体系，积极开展管理和内控制度创新。

（上海证监局）

4. 上海黄金市场业绩再创新高

1. 交易规模创历史新高，白银市场成为亮点

2009年，交易所总成交金额为11 030.63亿元，比上年增加2 035.15亿元，增长22.62%，市场呈现以下特点：

（1）黄金和铂交易规模稳步增长，延期品种增长更快。2009年黄金和铂金的交易规模均创下历史新高。其中，黄金累计成交4 710.82吨，同比增加247.05吨，增长5.53%；成交金额10 288.76亿元，同比增加1 592.71亿元，增长18.32%。其中，黄金现货成交1 272.06吨，比上年增加42.31吨，增长3.44%。黄金延期成交3 259.17吨，比上年增加268.22吨，增长8.97%。日均成交量为19.31吨，同比增长6.34%。黄金延期交易更为活跃，其在市场中的主导地位日益增强。累计成交铂金56.66吨，同比增加29.45%，首次超过50吨，创出历史新高。成交金额155.28亿元，同比增加2.61%，日均成交量增加30.52%。铂金价格比上年大幅度降低，均价比上年减少了71.70元/克，导致铂金成交金额的增长没有交易量增长的快。

（2）白银交投十分活跃，市场份额显著扩大。2009年白银共成交16 247.79吨，同比增加11 827.88吨，增长267.60%，接近上年白银交易量的4倍；成交金额586.58亿元，同比增加438.48亿元，增长296.07%；日均成交量为66.59吨，同比增长270.56%；占整个市场的比重由上年的1.65%，增加到目前的5.32%，增长了3.67个百分点。白银个人业务的迅猛发展带动白银市场整体发展，成交量首次超越了黄金市场，成为又一个活跃的投资品种，进一步丰富了黄金市场的投资功能和交易品种。

2. 国际金价连创新高，国内外差价水平明显缩小

2009年在金融危机的大背景下，各国政府纷纷采取宽松的货币政策和积极的财政政策，促进经济复苏，投资者对美元贬值和通货膨胀的预期加重，导致黄金、白银和铂的价格全年都呈上涨态势。

年初国际金价为874.5美元/盎司，1—8月份，金价不断盘整，走势平淡，1月份，最低价达到810美元/盎司。进入9月，随着市场对美元贬值和通胀的担忧，以及新兴市场国家的央行购买黄金作为储备等消息的炒作，国际金价连续突破1 000美元/盎司、1 100美元/盎司的重要关口，于11月底达到1 182.75美元/盎司的历史最高价。之后，金价有所回落，在1 100美元附近震荡整理，年底收于1 104美元/盎司，年底比年初上涨26.24%。国内金价从年初的192.60元/克，年底达到244.50① 元/克，比年初上涨26.95%，与国际金价涨幅相近。其间最高价269.25元/克，创交易所历史新高，最低价178元/克，加权平均价215.35元/克，高出2008年18.19元/克。

2009年，国际金价波动减弱，商业银行积极

① 由于会员操作失误，导致Au99.95的收盘价和最高价偏离实际市场情况，这里采用Au99.99的收盘价和最高价作为全年的收盘价和最高价，其他价格指标采用的是Au99.95品种的。

参与交易，充分发挥了沟通国内外市场的作用，国内外差价幅度明显缩小。在全年 244 个交易日中，有 188 个交易日国内金价高于国际金价，平均幅度为 0.40 元/克，56 个交易日国内金价低于国际金价，平均幅度为 0.26 元/克。不计差价方向，平均差价幅度为 0.36 元/克，比上年减少 0.31 元/克，下降 46.27%。

国际银价不断上涨，年初为 11.08 美元/盎司，年底收于 16.99 美元/盎司，期间最高价 18.76 美元/盎司，最低价 10.51 美元/盎司，年底比年初上涨 53.34%。国内白银价格从年初的 2 526 元/千克，年底达到 3 972 元/千克，比年初上涨 57.24%，略高于国际银价的涨幅。期间最高价 4 284 元/千克，最低价 2 409 元/千克，加权平均价 3 610 元/千克，比 2008 年高 258 元/千克。

2009 年，白银交易非常活跃，许多白银贸易公司参与使得国内外白银价差大幅度缩小。在全年 244 个交易日中，有 183 个交易日国内银价高于国际银价，平均幅度为 83.94 元/千克，61 个交易日国内银价低于国际银价，平均幅度为 36.31 元/千克。不计差价方向，平均差价幅度为 72.03 元/千克，比上年减少 93.17 元/千克，下降 56.40%。

国际铂金价格年初为 926 美元/盎司，年底收于 1 466 美元/盎司，期间最高价 1 469 美元/盎司，最低价 918 美元/盎司，年底比年初上涨 58.32%。国内铂金价格从年初的 216.95 元/克，年底达到 335 元/克，比年初上涨 54.41%，与国际铂金涨幅相近，其间最高价 342.50 元/克，最低价 212 元/克，加权平均价 274.04 元/克，比 2008 年低 71.70 元/克。2009 年，国内外铂金差价幅度逐渐缩小。国内铂金价高于国际铂金价格的平均幅度为 11.83 元/克，比上年减少 0.44 元/克，下降 3.59%。

3. 个人投资业务取得重大突破，对市场的影响力日益增强

2009 年，商业银行逐渐意识到个人黄金业务的重要性，纷纷加大了市场推介力度：1 月 19 日兴业银行率先向个人客户推出黄金延期业务，拓宽了国内投资者的黄金投资渠道。4 月份，民生银行首先向个人客户同时推出了黄金与白银的延期业务。5 月 8 日招商银行全面推出个人黄金业务，个人客户迅速增加。随后，工商银行、富滇银行等纷纷推出黄金延期业务。目前，在交易所 21 家银行会员中(除 4 家外资商业银行外)，有 14 家银行开展了个人代理业务，占银行类会员的 66.67%。开展个人延期业务的银行有 7 家。

2009 年个人客户增加了 51.24 万户，比上年增长 1 倍多，个人客户总量达到 91.85 万户。全年个人黄金交易量 438.54 吨，比上年增加 373.29 吨，增长 572.09%。个人白银业务 4 446.10 吨，接近上年白银市场的交易总量。个人业务最为活跃的是兴业银行和民生银行，两家银行合计占个人黄金交易量的 87.42%，白银交易量的 96.63%。

个人业务取得如此快的发展主要是由于个人延期业务的推广。2009 年，个人黄金现货业务 53.63 吨，占个人黄金业务的 12.23%，个人黄金延期业务达 384.90 吨，占个人黄金业务的 87.77%。由于个人延期业务的迅速增长，带动市场延期业务比例的提高。2009 年，黄金延期占黄金交易总量的 69.18%，比上年提高了 2.18 个百分点。个人白银业务全部是白银延期业务，因此，白银延期的比例继续提高。白银延期交易量达 16 240.59 吨，比上年增加 11 830.25 吨，增长 268.24%，占白银交易总量的 99.96%，比上年提高了 0.18 个百分点。

2009 年，个人黄金业务夜市交易量 224.86 吨，占个人黄金业务总量的 51.28%，大幅度高于黄金市场夜市比例，因此拉高了黄金夜市占比。夜市共成交黄金 1 568.17 吨，同比增加 104.39 吨，增长 7.13%。占黄金总交易量的 33.29%，比去年增加了 0.5 个百分点。

2009 年，个人白银业务夜市交易量 2 182.04 吨，占个人白银业务总量的 49.08%，略低于白银市场夜市交易的比例，因此拉低了白银夜市占比。夜市共成交白银 8 310.80 吨，同比增加 5 871.27 吨，增长 240.67%，占白银总交易量的 51.15%，比上年减少了 4.04 个百分点。

4. 商业银行业务全面增加，股份制银行成为市场新的活跃主体

2009 年，商业银行个人黄金业务增速最快，占黄金市场的比重达到 9.31%，比上年增加了 7.85 个百分点。银行自营业务 1 625.59 吨，比上年增加 84.71 吨，增长 5.50%。银行企业代理业务 177.94 吨，比上年略有减少，减少 13.72 吨，下降 7.16%。

商业银行自营业务、企业代理业务和个人代理业务合计占交易所黄金交易总量的 47.60%，比上年增加了 7.28 个百分点。而且还呈逐渐增加态势，从第一季度的 39.75%增加至第四季度的 52.50%。市场结构进一步向以商业银行为主导转变。

商业银行个人白银业务的推出对白银市场结构产生了更大的影响。由于税收制度等因素的影响，银行不参与白银的自营业务，但 2009 年商业银行个人白银业务量达 4 446.10 吨，占白银交易总量的 27.36%。银行企业代理业务也取得了较大发展，为 177.19 吨，比上年增加 172.94 吨，增长了近 41 倍，占白银交易总量的 1.09%，比上年增加了 0.99 个百分点。

在商业银行业务全面增加的同时，商业银行业务逐渐分化，各股份制商业银行和城市商业银行表现最为活跃积极。他们积极开拓个人代理业务，已经成为个人黄金和白银业务的主力，占个人黄金业务的 95.13%，个人白银业务的 100%；其自营和代理业务增加明显，2009 年股份制商业银行共交易黄金 1 049.88 吨，比上年增加 402.32 吨，增长 62.13%，占银行全部业务的比例从去年的 36.02%增加至 46.83%，增长了 10.81 个百分点，对黄金市场的影响力日益凸显。

5. 实物租借质押、大宗交易业务持续发展，资金清算、实物交割创历史新高，市场主导作用进一步增强

2009 年，黄金实物质押租借业务进一步发展，累计借出黄金 66.50 吨，与去年基本持平。大宗交易共成交黄金 41.08 吨，比上年减少 9.35 吨，下降 18.54%。大宗交易下滑主要是商业银行与其分行之间实物金条交易减少所致。

2009 年，投资者对各种类型的金币、金条等黄金实物的投资需求增加。许多金矿和首饰生产企业积极参与金条、金币等黄金实物投资产品的生产和销售，形成了中金、经易、长城等多种品牌金条与商业银行品牌金条共存的多元化零售市场格局，市场实金投资需求旺盛，导致交易所黄金实物出库量进一步增加，全年出库量达 599.49 吨，逼近 600 吨大关，比上年增加 56.30 吨，增长 10.36%，再创历史新高。

2009 年下半年金价上涨迅速，连创历史新高，激发了产金企业的售金积极性，国内黄金供应充足。全年黄金入库量达 582.57 吨，比上年增加 63.02 吨，增长 12.13%。黄金进口量大幅下降。全年共进口黄金 46.42 吨，比上年减少 35.02 吨，下降 43%。

2009 年，资金和实物清算量均大幅增加，全年共清算资金 4 179.51 亿元，比上年增加 796.51 亿元，增长 23.54%。全年实物清算量为黄金 2 533.99 吨，白银 223.17 吨，铂金 56.66 吨，交易所作为全国贵金属实物和资金清算的中心地位进一步巩固。

（金交所）

5. 上海保险市场运行总体稳健

2009 年是上海保险业迎难而上、卓绝攻坚的一年，这一年全行业以科学发展观为指导，认真贯彻落实中国保监会，上海市委、市政府的各项部署，积极应对金融危机挑战，按照“防风险、调结构、稳增长”总体要求，全力提高行业服务能力和风险防范水平，全面促进行业发展和结构优化，全方位下功夫加强保险消费者利益保护，实现了行业整体平稳健康发展。

（1）市场发展好于预期。2009 年上海市场共实现保费收入 665.03 亿元，同比增长 10.83%。其中财产险公司保费收入 158.90 亿元，同比增长 15.02%，寿险公司保费收入 506.13 亿元，同比增长 9.57%。

（2）寿险结构有所优化。寿险公司长险新单期缴业务同比增速达到 36.93%，比新单规模保费增速高出 27.5 个百分点，期缴比例由上年 13.99%提高到 17.50%。

(3) 产险效益有所改善。2009 年上海地区产险公司成功实现费用率和赔付率双降目标,整体效益扭亏为盈,承保利润率 0.53%,比去年同期提高了 15 个百分点,比全国平均水平高了 5 个百分点。

(4) 市场秩序有所好转。财产险公司见费出单和车险手续费自律效果显著,应收保费率由上年的 11.74%降至 7.29%(其中车险业务降至 0.29%),车险综合费用率由上年的 33.83%降至 29.72%。寿险公司银保业务自律初显成效,银保业务整体手续费率有所下降。

(5) 保险功能不断发挥。2009 年上海保险业赔款和给付支出共计 176.74 亿元。财产险公司承担保额达到 72.35 万亿元,是 2008 年的 2.81 倍。寿险公司期末有效保险保额 12.27 万亿元,期末人均保单件数达到 1.02 件/人(按 1 900 万常住人口计算),是全国平均水平的 2.3 倍。其中 2009 年上海地区出口信用保险支持出口额达到 58.9 亿美元,同比增长 224%,对上海地区出口量的恢复发挥了重要支持作用,火灾公众责任保险、危险化学品安全责任险、计划生育保险、老年保险、企业年金等业务进一步发展,承保范围逐渐扩大,在相应领域发挥了风险保障的功能。

截至 2009 年 12 月底,全市共有 100 家保险公司和 5 家保险资产管理公司。其中财产保险公司 43 家,人寿保险公司 41 家,养老险保公司 5 家,健康保险公司 5 家,再保险公司 5 家,保险集团公司 1 家。

截至 2009 年 12 月底,上海市共有保险中介机构 292 家,其中保险代理机构 143 家(其中分支机构 27 家),保险公估机构 56 家(其中分支机构 21 家)保险经纪机构 93 家(其中分支机构 43 家)。其中,中资保险公估机构 53 家,其中分支机构 20 家;外资保险公估机构 3 家,其中分支机构 1 家;中资保险经纪公司 85 家,其中分支机构 38 家;外资保险经纪公司 8 家,其中分支机构 5 家;代理公司全部为中资公司。

(王 飞)

6. 上海产权市场继续保持全国领先地位

2009 年,在全国"保增长、调结构"和上海经济结构转型的关键时期,上海产权市场积极为各类企业的并购重组和生产要素的合理优化配置服务,在规范化、信息化、市场化、国际化建设方面取得了新进展,市场创新有了新的突破和成效,多元化、多层次和多板块的市场格局逐步形成,交易规模和运行质量继续保持全国领先地位,日益成为全国最大的企业并购重组市场平台、国资国企市场化交易平台和中小企业投融资市场平台。

1. 市场态势

2009 年,上海产权市场全年实现各类交易 5 660 宗,成交金额达 1 396.33 亿元,同比保持两位数增长,再创历史新高。

(1) 各类重要板块交易情况。2009 年,国有产权交易仍然占据主导地位,宗数和成交金额占全部交易总量的比例分别为 51.39%和 80.93%。从其他重要板块来看,表现较为突出的是金融产权、知识产权交易、环境能源交易和非国有产权交易。其中,金融产权成交宗数和金额同比分别增长 23.36%和 25.99%;知识产权交易已占到全部交易宗数的 20.04%,成交金额同比增长 75.39%;环境能源交易额同比增长 149.82%;非国有产权成交金额同比增长 37.62%。

(2) 异地并购交易情况。2009 年,异地并购成交金额同比增长 31.44%。并购成交宗数和金额占总量的比例分别为 26.05%和 15.3%。其中,上海对异地企业并购同比呈现较大增幅,并购成交宗数和金额同比分别增长了 42.11%和 75.24%;异地对上海企业并购宗数同比下跌 38.31%,并购金额同比增长 17.6%;异地企业间并购宗数同比下跌 18.18%,并购金额同比增长 30.16%。

(3) 公开挂牌和竞价交易情况。从挂牌情况看,2009 年上海产权市场挂牌宗数和金额同比分别增长 2.69%和 40.51%。其中,国有产权挂牌金额同比增长 51.62%,中央企业产权挂牌金额同比增长 62%。从各类成交指标来看,2009 年上海产权市场成交活跃,举牌率和竞价率同比增长,特别是竞价增值率更是创下了新高。其中,国有产权举牌率同比增加 22.51 个百分点,竞价率同比增加 2.15 个百分点,竞价增值率同比增加

66.15个百分点。

2. 市场运行特点

(1) 交投两旺,竞价交易不断刷新增值率。2009年,上海产权市场呈现先抑后扬的走势,上半年的交易情况非常严峻,下半年指数才保持了连续上升的可喜态势。上海产权市场连续出现了多宗高标的额、高溢价率的成功竞价交易项目,成为市场一道亮丽的风景线,各类企业产权竞价增值率创下了历史新高,达到85.3%,同比增加65.81个百分点,上海产权市场发现买主、发现价格功能日益凸显。

(2) 中小企业产权交易活跃,上海产权市场成为并购融资重要平台。经过探索实践,上海联交所在为中小企业提供政策性、权益性和债务性融资方面初步形成了中小企业融资服务链,为各类中小企业融资金额同比增长9.24%。2009年,VC和PE等各类投资机构通过上海产权市场实现收购和退出项目共539宗,收购和退出项目金额达310.15亿元。在上海股权托管中心托管的非上市股份有限公司达147户,总股本累计156.15亿股。上海产权市场2009年通过并购重组为各类企业引进增量资本同比增长121.96%。

(3) 跨区域并购交易增多,上海产权市场优化资源配置功能日益凸显。2009年,在上海产权市场的央企交易涉及央企集团近百家,央企产权交易项目挂牌数和挂牌金额同比分别增长14.35%和62.09%。上海产权市场的交易项目已经涉及全国30个省市,境外有30个国家和地区的各类资本通过上海产权市场实施并购重组,涉及所有行业和1.4万户企业,上海产权市场交易地域已经遍布全国。

(4) 市场交易行业向第三产业转移,金融业等成为新的投资热点。2009年上海产权市场第三产业交易占绝对优势,成交宗数和成交金额分别占到总交易量的62.81%和87.35%。在第三产业中,同比成交量出现增长的主要有交通运输、金融、现代服务业和房地产业等四大行业。其中,金融业表现最为突出,成交宗数和金额同比分别增长36.36%和203%。

(5) 开拓新领域,上海产权市场多元化、多层次、多板块的发展格局逐步形成。继上海环境能源交易所、南南全球技术产权交易所揭牌设立运行以来,2009年上海联交所又先后揭牌设立了上海文化产权交易所、上海农村产权交易所和上海知识产权交易中心等。上海产权市场在服务国资国企改革、活跃企业并购重组、优化生产要素资源配置、推动科技创新、促进产业升级和推进权益性、基础性资本市场平台建设、促进上海国际金融中心建设等方面正在发挥日益重要的资本市场平台作用。

(上海产权交易所)

第六篇　统　　计

一、金融综合统计

2009年上海市中资金融机构统计口径

金融机构

- 中国人民银行上海分行
- 政策性银行
  - 国家开发银行上海市分行
  - 中国进出口银行上海分行
  - 中国农业发展银行上海市分行
- 国有商业银行
  - 中国工商银行上海市分行
  - 中国农业银行上海市分行
  - 中国银行上海市分行
  - 中国建设银行上海市分行
- 其他商业银行
  - 交通银行上海市分行
  - 中信银行上海分行
  - 中国光大银行上海分行
  - 华夏银行上海分行
  - 广东发展银行上海分行
  - 深圳发展银行上海分行
  - 招商银行上海分行
  - 上海浦东发展银行上海分行
  - 兴业银行上海分行
  - 中国民生银行上海分行
  - 浙江商业银行上海分行
- 上海银行
- 上海农村商业银行
- 其他城市商业银行
  - 宁波银行上海分行
  - 平安银行上海分行
  - 北京银行上海分行
  - 杭州银行上海分行
  - 江苏银行上海分行
  - 南京银行上海分行
- 邮政储蓄银行上海分行
- 财务公司
- 信托投资公司
- 金融租赁公司

数字提要

2009 年，上海市货币信贷快速增长，全年存贷款增量均创历史新高，有力地支持了上海市经济企稳向好。2009 年末，上海市中外资金融机构本外币各项存款余额 44 620 亿元，同比增长 25.4%，增幅同比上升 8 个百分点。全年新增本外币存款 9 010.9 亿元，同比多增 3 758.6 亿元。中外资金融机构本外币各项贷款余额 29 684 亿元，同比增长 22.9%，增幅同比上升 11.6 个百分点。全年新增本外币贷款 5 371.6 亿元，同比多增 2 826 亿元。全年全市净投放现金 954.1 亿元，同比多投放 101.1 亿元。（2009 年 12 月人民币与美元汇率 6.8282）

1. 各项存款大幅增长，存款活期化特征明显

2009 年存款变化特点为：一是人民币存款大幅增加，中资金融机构下半年存款增速有所放缓。2009 年，全市新增人民币各项存款 8 628 亿元，同比多增 3 477.1 亿元。其中中资金融机构新增存款 8 018.7 亿元，同比多增 3 169.6 亿元；外资银行新增存款 609.3 亿元，同比多增 307.5 亿元。分季度看，中资金融机构人民币存款增势逐季减缓，1 至 4 季度分别增加 2 959.7 亿元、2 664 亿元、1 390.4 亿元和 1 004.5 亿元，而外资银行人民币存款增长呈现前低后高态势，下半年外资银行新增人民币存款 524.9 亿元，较上半年多增 440.6 亿元。二是企业存款增加较为集中，储蓄存款同比少增。2009 年，全市新增人民币企业存款 4 919.9 亿元，为 2008 年全年增量的 2.6 倍。新增人民币储蓄存款 2 222.4 亿元，同比少增 515 亿元。受下半年新股频发、房市趋热等因素的影响，全市下半年储蓄存款增长减缓。下半年全市新增储蓄存款 577.9 亿元，较上半年少增 1 066.7 亿元，同比少增 1 155.5 亿元。三是活期存款增量占比大幅提高。2009 年，全市企业和储蓄活期存款共增加 3 544.2 亿元，同比多增 3 123.1 亿元，占两者全部增量一半，占比同比提高 40 个百分点。贷款派生性存款多增、企业经营资金充裕、新股发行频繁和经济主体投资活跃等是活期存款增量占比大幅提高的主要原因。四是外汇存款年末突增。2009 年，全市新增外汇存款 56.3 亿美元，同比多增 24.1 亿美元。全年中资金融机构外汇存款增加 57.8 亿美元，同比多增 44.6 亿美元；其中 12 月份新增外汇存款 24.8 亿元，占其全年外汇存款增量的 43%，主要与境内保险公司境外募股资金划转等因素有关。全年外资银行外汇存款减少 1.4 亿美元，同比多减 20.5 亿美元。

2. 各项贷款快速增长，贷款结构明显调整

2009 年贷款变化特点为：一是人民币信贷总量大幅增长，贷款投放节奏逐季趋缓。2009 年全市新增人民币贷款 4 813.9 亿元，同比多增 2 080.6 亿元。其中，中资金融机构新增贷款 4 974.8 亿元，为 2008 年增量的 2 倍；外资银行贷款减少 160.9 亿元，同比多减 421.7 亿元。从全年贷款投放节奏看，中资金融机构贷款投放呈逐季明显减缓态势，1 至 4 季度贷款增量分别为 2 451.1 亿元、1 496.1 亿元、823.4 亿元和 204.2 亿元，外资银行贷款投放呈前低后高走势，第 1、2 季度贷款分别减少 80.5 亿元和 151.2 亿元，而第 3、4 季度贷款分别增加 28.7 亿元和 42.1 亿元。二是中长期贷款投放集中，短期贷款减少较多，票据融资波动较大。2009 年，全市人民币短期贷款减少 375.5 亿元，同比多减 1 285 亿元；中长期贷款增加 4 027.1 亿元，为上年同期的 2.7 倍，占全部贷款增量的 83.6%，占比同比上升 29.3 个百分点。从中长期贷款用途分，全年基本建设贷款、个人中长期消费贷款和银团贷款等三项贷款增量占全部中长期贷款的 7 成。全年票据融资增加 908.7 亿元，同比多增 675.1 亿元，其中直贴和转贴现分别增加 270.3 亿元和 638.4 亿元。受贷款总量调节、票据利率走势和票据到期等因素影响，票据融资各季度增量呈“∧”走势，其中第 3、4 季度票据融资分别减少 120.5 亿元和 395.7 亿元，同比分别多减 306.5 亿元和 485.9 亿元。三是个人消费贷款增量创历史新高。2009 年全市新增人民币个人消费贷款 1 251.6 亿元，创个人消费贷款年度增量历史新高，占全市各项贷款增量的 1/4。在扩大内需政策推动下，住房、汽车等个人消费贷款快速增长。全年中、外资银行人民币个人消费贷款分别增加 1 116.3 亿元和 70.8 亿元，同比分别多增 1 042.8 亿元和 41.8 亿元。在中资银行新增的人民币个人消费贷款中，个人住房贷款增加995.8亿元。同比多增937.8亿元，其中新建房贷款和二手房贷款分别增加389.3亿元和606.5元；汽车消费贷款增加40.3亿元，同比多增16.6亿元；全年汽车金融公司新增个人汽车消费贷款52.8亿元，同比多增35.2亿元。四是新增人民币企业贷款主要投向第三产业和中小企业。2009年全市新增的人民币企业贷款(不含票据融资)中，投向租赁商务业、房地产业和水利环境公共设施管理业的贷款分别增加962.4亿元、755.7亿元和718.2亿元；投向第二产业的贷款减少236.8亿元，其中制造业贷款减少350.9亿元。从企业规模分，2009年上海市中外资银行投放的大、中、小型企业人民币贷款分别增加487.3亿元、951亿元和713.6亿元。五是外汇贷款下半年增加集中。2009年全市新增外汇贷款82.1亿美元，同比多增80.2亿美元。受外币贷款利率相对较低、人民币升值预期和进出口贸易逐渐回暖等因素影响，企业对外汇贷款需求较为旺盛，特别是下半年全市外汇贷款增加76.9亿美元，占全年贷款增量的93%，同比多增133.5亿美元。

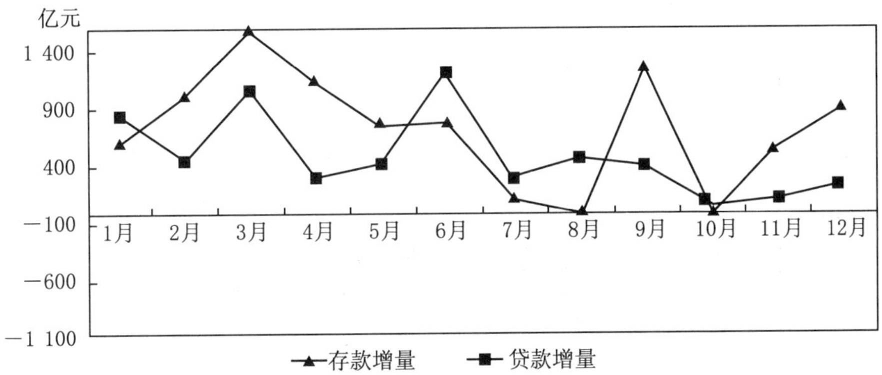

图1　上海市中资金融机构本外币存贷款增量变动

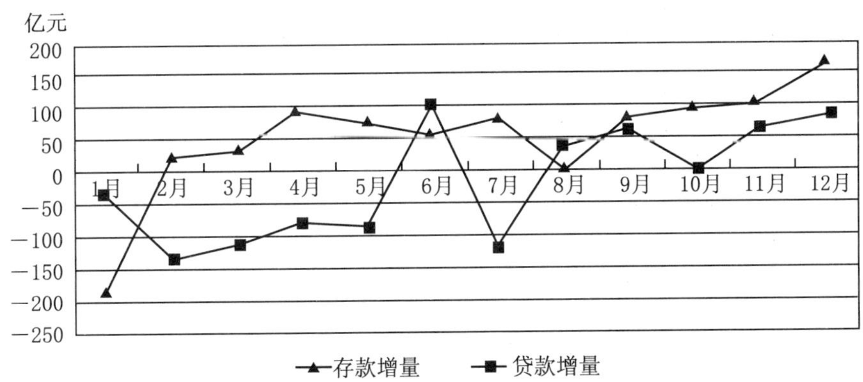

图2　上海市外资金融机构本外币存贷款增量变动

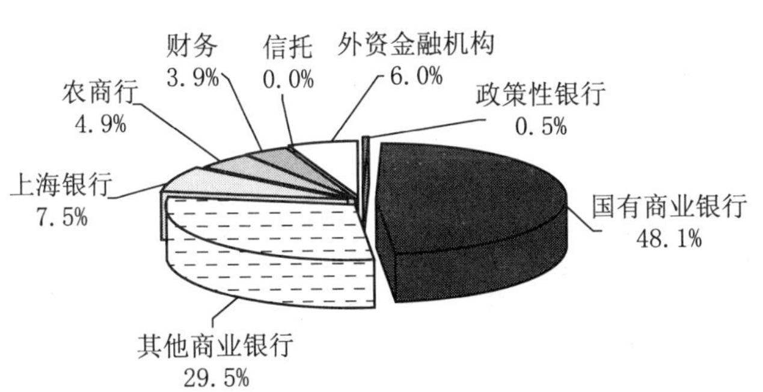

图3　上海市中外资金融机构人民币存款余额占比

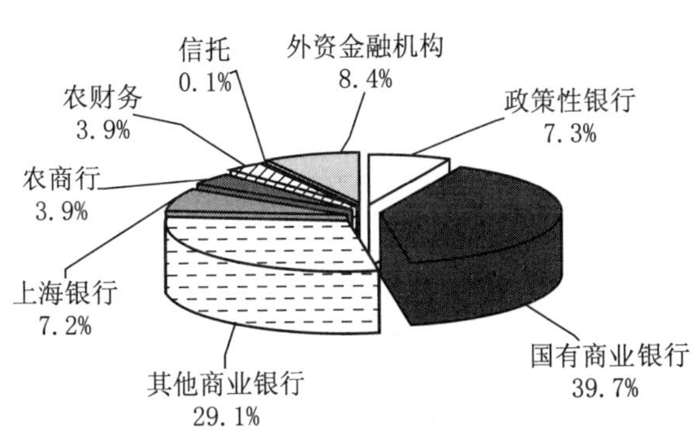

图4　上海市中外资金融机构人民币贷款余额占比

(一) 本外币信贷收支统计

1. 上海市中外资金融机构本外币信贷收支表

汇率:6.828 2　　2009-12-31　　单位:亿元

来源项目名称	本期	比上月增减数		比年初增减数		运用项目名称	本期	比上月增减数		比年初增减数	
		本年	上年	本年	上年			本年	上年	本年	上年
一、各项存款	44 620.27	1 010.50	671.16	9 010.88	5 252.32	一、各项贷款	29 684.10	283.80	36.07	5 371.55	2 545.55
1. 企事业单位存款	22 772.28	743.24	761.58	4 979.24	2 013.35	1. 短期贷款	8 511.56	−25.34	−31.51	−329.94	890.09
(1) 活期存款	13 591.45	−109.80	509.72	2 560.16	133.36	2. 中长期贷款	17 933.57	243.62	105.93	4 126.12	1 504.61
(2) 定期存款	9 180.83	853.05	251.85	2 419.07	1 879.99	3. 信托贷款					
2. 储蓄存款	14 357.65	610.96	507.35	2 269.23	2 744.60	4. 委托贷款	355.34	−4.15	8.42	127.91	−8.82
(1) 活期储蓄	4 624.53	377.82	243.24	1 110.81	374.55	5. 其他贷款	1 011.47	−1.87	−30.54	545.07	−78.65
(2) 定期储蓄	9 733.13	233.14	264.11	1 158.43	2 370.05	6. 票据融资	1 859.65	73.06	−16.01	905.50	236.65
3. 信托存款			−0.22			7. 各项垫款	12.50	−1.51	−0.22	−3.12	1.67
4. 委托存款	792.93	−52.51	−62.03	339.45	91.50	二、有价证券及投资	2 457.62	−24.79	42.32	643.26	−98.73
5. 其他存款	6 697.41	−291.19	−535.53	1 422.96	402.87						
二、所有者权益	1 628.41	87.62	60.82	80.70	287.36						
其中:实收资本	672.33	−2.98	1.05	55.70	66.91						
三、其他	−14 106.96	−839.10	−653.58	−3 076.77	−3 092.86						
资金来源总计	32 141.71	259.01	78.39	6 014.81	2 446.82	资金运用总计	32 141.71	259.01	78.39	6 014.81	2 446.82

2. 上海市中资金融机构本外币信贷收支表

汇率:6.828 2　　2009-12-31　　单位:亿元

栏目 来源项目名称	本期	比上月增减数		比年初增减数		栏目 运用项目名称	本期	比上月增减数		比年初增减数	
		本年	上年	本年	上年			本年	上年	本年	上年
一、各项存款	41 486.49	848.77	653.21	8 412.09	4 865.41	一、各项贷款	26 086.58	204.35	159.13	5 645.31	2 372.65
1. 企事业单位存款	20 283.93	589.63	750.75	4 413.65	1 772.88	1. 短期贷款	6 666.02	−99.78	47.89	−176.62	806.70
(1) 活期存款	12 233.06	−163.94	449.07	2 256.77	91.78	2. 中长期贷款	16 354.64	241.03	125.01	4 251.07	1 261.73
(2) 定期存款	8 050.87	753.56	301.67	2 161.88	1 681.10	3. 信托贷款					
2. 储蓄存款	14 128.69	613.30	503.14	2 277.56	2 672.39	4. 委托贷款	355.34	−4.15	8.42	127.91	−8.82
(1) 活期储蓄	4 573.26	372.31	241.01	1 087.90	377.69	5. 其他贷款	949.94	1.30	−24.66	530.63	−10.56
(2) 定期储蓄	9 555.42	240.99	262.14	1 189.66	2 294.70	6. 票据融资	1 748.14	67.48	2.70	915.45	321.93
3. 信托存款			−0.22			7. 各项垫款	12.50	−1.51	−0.22	−3.12	1.67
4. 委托存款	792.93	−52.51	−62.03	339.45	91.50	二、有价证券及投资	1 988.45	−4.44	8.54	535.68	−201.06
5. 其他存款	6 280.95	−301.65	−538.44	1 376.43	328.64						
二、所有者权益	1 082.74	92.75	48.28	5.15	163.55						
其中:实收资本	294.09	0.00	0.55	1.78	40.82						
三、其他	−14 494.20	−741.61	−533.82	−2 236.26	−2 857.37						
资金来源总计	28 075.03	199.91	167.67	6 180.99	2 171.59	资金运用总计	28 075.03	199.91	167.67	6 180.99	2 171.59

3. 上海市外资金融机构本外币信贷收支表

汇率：6.828 2　　2009-12-31　　单位：亿元

来源项目名称	本期	比上月增减数		比年初增减数		运用项目名称	本期	比上月增减数		比年初增减数	
		本年	上年	本年	上年			本年	上年	本年	上年
一、各项存款	3 133.78	161.72	17.95	598.79	386.91	一、各项贷款	3 597.52	79.45	−123.06	−273.76	172.90
1. 企事业单位存款	2 488.35	153.62	10.83	560.58	240.46	1. 短期贷款	1 845.55	74.44	−79.41	−153.31	83.39
（1）活期存款	1 358.40	54.13	60.65	303.39	41.58	2. 中长期贷款	1 578.93	2.59	−19.08	−124.94	242.89
（2）定期存款	1 129.96	99.48	−49.82	257.19	198.88	3. 其他贷款	61.53	−3.17	−5.87	14.44	−68.09
2. 储蓄存款	228.97	−2.35	4.21	−8.33	72.21	4. 票据融资	111.51	5.59	−18.70	−9.95	−85.28
（1）活期储蓄	51.26	5.51	2.23	22.90	−3.14	5. 各项垫款					
（2）定期储蓄	177.70	−7.85	1.98	−31.23	75.35	二、有价证券及投资	675.63	−27.98	23.30	162.15	25.04
3. 其他存款	416.46	10.45	2.91	46.53	74.23	三、应收及预付款	189.53	−23.25	−54.48	−162.86	60.26
二、债券发行及境外筹资						其中：应收利息	21.42	−7.23	−9.51	−27.69	13.10
三、应付及暂收款	295.73	−31.17	−64.28	−154.99	46.28	四、买入返售证券	10.54	8.54	−5.03	0.88	−4.36
其中：应付及预收利息	15.54	−3.41	−5.65	−29.70	15.59	五、存放中央银行存款	624.07	97.87	35.48	79.10	8.73
四、卖出回购证券	64.41	39.31	18.32	−86.23	20.99	六、同业往来	1 058.61	81.94	−59.00	−64.39	117.15
五、向中央银行借款						七、库存现金	3.95	0.40	−1.01	0.10	−0.08
六、同业往来	1 952.26	52.11	−192.81	−346.01	−469.96						
七、代理境内贷款资金											
八、各项准备	44.03	−2.51	−8.15	−0.28	5.12						
其中：贷款呆账准备金	43.81	−2.22	−8.07	−0.32	5.72						
九、所有者权益	545.67	−5.13	12.53	75.55	123.81						
其中：实收资本	378.25	−2.98	0.50	53.92	26.09						
十、其他	123.99	2.65	32.62	−345.62	266.47						
资金来源总计	6 159.85	216.98	−183.81	−258.78	379.64	资金运用总计	6 159.85	216.98	−183.81	−258.78	379.64

（二）人民币信贷收支统计

1. 上海市中外资金融机构人民币信贷收支表

2009-12-31

单位：亿元

来源项目名称	本月余额	比上月增减数 本年	比上月增减数 上年	比年初增减数 本年	比年初增减数 上年
一、各项存款	42 291.46	858.90	666.06	8 628.01	5 150.92
1. 企业存款	21 614.54	769.85	800.58	4 919.90	1 920.52
（1）活期存款	12 710.96	−64.53	501.45	2 472.32	21.42
（2）定期存款	8 903.59	834.39	299.13	2 446.38	1 899.10
2. 财政存款	1 245.94	−353.54	−416.87	415.10	89.85
3. 机关团体存款	1 648.61	−84.87	−113.98	51.57	−56.64
4. 储蓄存款	13 707.32	605.65	473.41	2 222.44	2 737.47
（1）活期储蓄	4 424.92	362.63	234.86	1 071.26	399.64
（2）定期储蓄	9 282.40	243.02	238.55	1 151.18	2 337.84
5. 农业存款	805.63	−31.57	−17.28	180.64	6.82
6. 信托存款			−0.22		
7. 委托存款	752.40	−55.25	−62.04	299.60	91.20
8. 其他存款	2 517.02	8.62	2.46	538.66	361.69
二、金融债券	105.21	14.10	−1.79	65.20	0.00
三、应付及暂收款	972.27	−136.80	−194.99	−32.92	88.78
其中：应付及预收利息	312.43	−30.61	−56.81	8.74	106.49
四、同业往来	7 923.89	1 032.31	936.02	2 092.08	−2 575.38
五、行内资金往来					
六、各项准备	356.67	−15.50	6.29	51.82	24.69
其中：贷款损失准备金	327.92	−14.22	9.31	52.92	49.15
七、所有者权益	1 295.39	94.00	51.98	52.46	217.98
其中：实收资本	425.12	0.07	3.12	19.72	46.82
八、其他	167 644.58	4 032.69	4 728.29	24 509.95	36 631.37
资金来源总计	220 589.46	5 879.70	6 191.87	35 366.61	39 538.36

运用项目名称	本月余额	比上月增减数 本年	比上月增减数 上年	比年初增减数 本年	比年初增减数 上年
一、各项贷款	26 196.07	250.34	198.25	4 813.93	2 733.28
1. 短期贷款	7 335.63	−82.19	52.16	−375.54	909.47
（1）工业贷款	1 435.32	−83.18	30.45	−461.88	226.80
（2）商业贷款	965.88	13.44	13.41	87.24	119.90
（3）建筑业贷款	275.20	−4.80	−2.10	−98.51	−38.82
（4）农业贷款	17.15	0.52	0.48	6.43	−1.46
（5）乡镇企业贷款	118.99	−1.47	1.95	3.45	−11.48
（6）三资企业贷款	146.01	−13.20	2.67	−25.19	18.19
（7）私营企业及个体贷款	274.85	16.93	−2.58	79.53	61.45
（8）其他短期贷款	4 102.24	−10.42	7.87	33.39	534.89
其中：个人短期消费贷款	134.07	8.74	1.64	69.35	−32.56
2. 中长期贷款	16 397.24	252.36	139.59	4 027.08	1 483.27
（1）基本建设贷款	5 200.75	43.31	32.57	1 223.69	393.63
（2）技术改造贷款	193.65	1.11	10.34	27.29	46.91
（3）其他中长期贷款	11 002.84	207.93	96.68	2 776.11	1 042.73
其中：个人中长期消费贷款	4 438.74	154.16	13.93	1 182.22	139.66
3. 信托贷款					
4. 融资租赁	244.53	12.50	14.94	126.73	115.14
5. 委托贷款	355.34	−4.15	8.42	127.91	−8.82
6. 票据融资	1 853.43	72.77	−15.97	908.71	233.62
其中：贴现	1 853.43	72.77	−15.97	908.71	233.62
7. 各项垫款	9.90	−0.93	−0.89	−0.96	0.61
二、有价证券及投资	3 797.86	−16.48	−178.39	877.02	153.09
三、应收及预付款	384.28	−179.53	−158.28	−51.72	66.97
其中：应收利息	116.34	−103.56	−78.36	18.02	34.98
四、同业往来	231.43	−76.94	127.26	−142.62	15.98
五、行内资金往来	18 171.20	2 104.51	1 763.44	4 034.14	480.96
六、金银占款					
七、外汇占款	171 318.98	3 767.62	4 404.81	25 764.06	36 041.37
八、固定资产	376.27	27.50	31.68	62.46	51.88
九、库存现金	113.37	2.67	3.11	9.34	−5.17
资金运用总计	220 589.46	5 879.70	6 191.87	35 366.61	39 538.36

2. 上海市中资金融机构人民币信贷收支表

2009-12-31

单位:亿元

来源项目名称	本月余额	比上月增减数 本年	比上月增减数 上年	比年初增减数 本年	比年初增减数 上年	运用项目名称	本月余额	比上月增减数 本年	比上月增减数 上年	比年初增减数 本年	比年初增减数 上年
一、各项存款	39 935.07	678.95	636.71	8 018.70	4 849.12	一、各项贷款	24 108.16	216.08	256.22	4 974.82	2 472.49
1. 企业存款	19 623.20	598.11	773.30	4 346.09	1 747.55	1. 短期贷款	6 223.29	−116.20	88.52	−177.05	770.25
(1) 活期存款	11 748.41	−135.21	441.03	2 204.36	28.19	(1) 工业贷款	1 435.32	−83.18	30.45	−461.88	226.80
(2) 定期存款	7 874.80	733.32	332.27	2 141.73	1 719.36	(2) 商业贷款	965.88	13.44	13.41	87.24	119.90
2. 财政存款	1 245.94	−353.54	−416.87	415.10	89.85	(3) 建筑业贷款	275.20	−4.80	−2.10	−98.51	−38.82
3. 机关团体存款	1 648.61	−84.87	−113.98	51.67	−56.64	(4) 农业贷款	17.15	0.52	0.48	6.43	−1.46
4. 储蓄存款	13 591.91	605.32	471.33	2 224.62	2 671.88	(5) 乡镇企业贷款	118.99	−1.47	1.95	3.45	−11.48
(1) 活期储蓄	4 399.43	360.18	234.98	1 058.42	399.24	(6) 三资企业贷款	146.01	−13.20	2.67	−25.19	18.19
(2) 定期储蓄	9 192.48	245.14	236.35	1 166.20	2 272.64	(7) 私营企业及个体贷款	274.85	16.93	−2.58	79.53	61.45
5. 农业存款	805.63	−31.57	−17.28	180.64	6.82	(8) 其他短期贷款	2 989.90	−44.43	44.23	231.88	395.66
6. 信托存款			−0.22			其中:个人短期消费贷款	128.93	8.55	1.69	69.37	−32.39
7. 委托存款	752.40	−55.25	−62.04	299.60	91.20	2. 中长期贷款	15 531.15	257.10	141.73	3 978.88	1 277.31
8. 其他存款	2 267.38	0.74	2.46	500.98	298.46	(1) 基本建设贷款	5 200.75	43.31	32.57	1 223.69	393.63
二、金融债券	105.21	14.10	−1.79	65.20	0.00	(2) 技术改造贷款	193.65	1.11	10.34	27.29	46.91
三、应付及暂收款	754.48	−79.11	−99.76	−3.45	70.51	(3) 其他中长期贷款	10 136.75	212.68	98.82	2 727.90	836.77
其中:应付及预收利息	300.47	−28.06	−51.99	15.20	95.93	其中:个人中长期消费贷款	4 297.65	141.68	11.70	1 112.32	108.70
四、同业往来	8 676.31	1 150.28	999.53	2 389.50	−2 212.45	3. 信托贷款					
五、行内资金往来						4. 融资租赁	244.53	12.50	14.94	126.73	115.14
六、各项准备	330.97	−14.45	10.91	51.10	18.57	5. 委托贷款	355.34	−4.15	8.42	127.91	−8.82
其中:贷款损失准备	302.27	−13.16	13.93	52.17	42.42	6. 票据融资	1 743.95	67.76	3.50	919.31	318.01
七、所有者权益	1 047.75	94.79	43.70	25.90	159.08	其中:贴现	1 743.95	67.76	3.50	919.31	318.01
其中:实收资本	282.48	0.00	0.62	1.90	44.64	7. 各项垫款	9.90	−0.93	−0.89	−0.96	0.61
八、其他	167 189.38	4 006.97	4 662.98	24 705.54	36 236.37	二、有价证券及投资	3 221.44	7.56	−201.12	740.79	103.08
						三、应收及预付款	333.34	−211.19	−129.81	−41.45	14.54
						其中:应收利息	100.97	−97.24	−68.68	22.42	27.70
						四、同业往来	400.98	−62.97	123.73	−291.06	−35.79
						五、系统内资金往来	18 171.20	2 104.51	1 763.44	4 034.14	480.96
						六、金银占款					
						七、外汇占款	171 318.98	3 767.62	4 404.81	25 764.06	36 041.37
						八、固定资产	373.33	27.38	31.32	61.86	49.82
						九、库存现金	111.73	2.54	3.68	9.32	−5.27
资金来源总计	218 039.17	5 851.53	6 252.28	35 252.48	39 121.20	资金运用总计	218 039.17	5 851.53	6 252.28	35 252.48	39 121.20

3. 上海市政策性银行人民币信贷收支表

2009-12-31

单位:亿元

来源项目名称	本月余额	比上月增减数 本年	比上月增减数 上年	比年初增减数 本年	比年初增减数 上年
一、各项存款	178.38	58.66	—18.42	41.76	32.55
1. 企业存款	177.25	58.43	—18.50	42.00	33.21
（1）活期存款	116.69	31.93	—25.73	19.96	23.97
（2）定期存款	60.56	26.50	7.23	22.04	9.23
2. 机关团体存款					
3. 储蓄存款					
（1）活期储蓄					
（2）定期储蓄					
4. 农业存款					
5. 其他存款	1.14	0.23	0.09	—0.24	—0.66
二、代理财政性存款	12.70	2.07	2.41	—1.07	5.83
三、金融债券					
其中:政策性金融债券					
四、应付及暂收款	2.50	—2.08	—3.39	—28.05	—8.89
其中:应付及预提利息	0.94	—1.11	—1.50	0.44	0.13
五、卖出回购资产					
六、向中央银行借款					
七、同业往来	8.04	0.00	83.07	—77.97	84.00
1. 同业存放	8.04	0.00	83.07	—77.97	84.00
2. 同业拆借					
八、行内资金往来	1 654.45	—105.82	76.81	270.82	302.46
九、委托存款及委托投资基金(净)					
1. 委托存款及委托投资基金	0.32	—0.15	—0.14	—0.21	—18.24
2. 减:委托贷款及委托投资	0.32	—0.15	—0.14	—0.21	—18.24
十、代理金融机构委托贷款基金					
其中:中央银行委托贷款基金					
十一、各项准备					
其中:贷款损失准备金					
十二、所有者权益	27.07	0.36	—1.24	6.18	3.37
其中:实收资本					
十三、其他	2.69	—0.14	—1.44	—0.47	0.32
资金来源总计	1 885.82	—46.96	137.80	211.21	419.64

运用项目名称	本月余额	比上月增减数 本年	比上月增减数 上年	比年初增减数 本年	比年初增减数 上年
一、各项贷款	1 826.55	97.37	0.58	505.58	163.62
1. 短期贷款	293.70	4.51	—17.73	52.87	60.97
（1）工业贷款					
（2）商业贷款	84.38	2.62	3.40	3.64	9.84
（3）建筑业贷款					
（4）农业贷款					
（5）乡镇企业贷款					
（6）三资企业贷款					
（7）私营企业及个体贷款					
（8）其他短期贷款	209.31	1.89	—21.12	49.22	51.12
其中:个人短期贷款					
2. 中长期贷款	1 298.90	23.91	17.34	219.92	101.61
（1）基本建设贷款	605.62	19.83	8.67	99.14	62.54
（2）技术改造贷款					
（3）其他中长期贷款	693.28	4.08	8.67	120.79	39.07
其中:个人中长期贷款					
3. 票据融资	233.78	68.95	1.00	232.79	1.00
其中:贴现	233.78	68.95	1.00	232.79	1.00
4. 各项垫款	0.17		—0.03		0.05
二、有价证券及投资	18.00	—6.47		—6.47	
三、应收及预付款	2.63	—13.30	—17.08	—28.23	—9.17
其中:应收利息	2.48	—13.10	—13.67	—0.05	0.37
四、买入返售资产		—5.95	11.16	—11.16	11.16
五、存放中央银行准备金存款	7.85	—0.20	10.58	—11.12	—12.72
六、存放中央银行特种存款					
七、缴存中央银行财政性存款					
八、同业往来	30.74	—118.39	132.58	—236.56	266.81
1. 存放同业	30.74	—118.39	132.58	—236.56	266.81
2. 拆放同业					
九、行内资金往来					
十、代理金融机构贷款					
其中:代理人行专项贷款					
十一、库存现金	0.02	—0.01	—0.02	0.00	0.00
十二、外汇占款	0.03	0.00	0.01	—0.83	—0.05
资金运用总计	1 885.82	—46.96	137.80	211.21	419.64

4. 上海市国有商业银行人民币信贷收支表

2009-12-31

单位:亿元

来源项目名称	本月余额	比上月增减数		比年初增减数	
		本 年	上 年	本 年	上 年
一、各项存款	18 865.27	392.07	491.18	2 981.10	2 388.82
1. 企业存款	8 429.95	228.70	336.90	1 768.92	681.14
(1) 活期存款	5 345.81	−246.19	178.37	871.89	−167.70
(2) 定期存款	3 084.14	474.89	158.52	897.02	848.83
2. 机关团体存款	1 173.08	−80.76	−113.91	−31.31	−118.92
3. 储蓄存款	8 531.41	237.01	254.69	1 178.91	1 715.87
(1) 活期储蓄	2 812.84	183.22	133.65	638.82	261.76
(2) 定期储蓄	5 718.58	53.79	121.04	540.09	1 454.11
4. 农业存款	0.65	−0.16	−0.01	−0.13	0.10
5. 其他存款	730.16	7.28	13.51	64.72	110.64
二、代理财政性存款	514.41	−98.36	−65.06	238.49	−15.52
三、金融债券	0.01	0.00	0.00	0.00	0.00
其中:政策性金融债券	0.01	0.00	0.00	0.00	0.00
四、应付及暂收款	389.43	−42.73	−12.27	−18.03	122.27
其中:应付及预提利息	161.09	−22.80	−18.73	5.97	51.52
五、卖出回购资产	31.80	24.70	−2.96	29.80	2.00
六、向中央银行借款					
七、同业往来	4 871.52	543.06	745.09	1 562.19	−1 546.51
1. 同业存放	4 845.33	545.85	745.54	1 563.54	−1 566.54
2. 同业拆借	26.19	−2.79	−0.45	−1.35	20.04
八、行内资金往来					
九、委托存款及委托投资基金(净)	0.05	−0.11	−1.26	0.02	−0.02
1. 委托存款及委托投资基金	1 208.72	26.93	14.09	243.36	128.90
2. 减:委托贷款及委托投资	1 208.67	27.04	15.36	243.34	128.92
十、代理金融机构委托贷款基金	3.78			3.15	0.00
其中:中央银行委托贷款基金					
十一、各项准备	118.73	−11.98	17.87	19.55	17.60
其中:贷款损失准备金	113.70	−10.69	18.96	21.21	19.40
十二、所有者权益	197.99	34.04	21.10	−50.30	20.31
其中:实收资本					
十三、其他	41.29	10.13	146.25	30.40	55.39
资金来源总计	25 034.28	850.83	1 339.95	4 796.38	1 044.35

运用项目名称	本月余额	比上月增减数		比年初增减数	
		本 年	上 年	本 年	上 年
一、各项贷款	9 910.67	−39.74	13.29	1 470.25	726.92
1. 短期贷款	2 090.99	−111.51	−11.15	−297.03	148.27
(1) 工业贷款	781.57	−75.75	25.68	−337.43	75.88
(2) 商业贷款	303.65	−6.13	−3.96	43.37	19.39
(3) 建筑业贷款	68.46	−6.69	−5.52	−28.47	11.23
(4) 农业贷款	1.60	0.01	−0.05	−0.14	−1.98
(5) 乡镇企业贷款					
(6) 三资企业贷款	48.45	−2.48	0.33	−13.67	6.19
(7) 私营企业及个体贷款	21.09	−0.46	−0.18	2.62	8.18
(8) 其他短期贷款	866.17	−20.00	−27.46	36.68	29.38
其中:个人短期贷款	32.78	0.21	0.33	9.91	−8.58
2. 中长期贷款	7 162.43	97.13	6.22	1 397.14	511.89
(1) 基本建设贷款	3 166.88	−0.18	0.69	597.06	176.58
(2) 技术改造贷款	17.00	−3.46	−3.62	−6.00	−3.98
(3) 其他中长期贷款	3 978.55	100.77	9.15	806.07	339.30
其中:个人中长期贷款	2 120.68	58.52	4.70	442.68	16.88
3. 票据融资	656.26	−25.20	18.54	369.20	66.79
其中:贴现	656.26	−25.20	18.54	369.20	66.79
4. 各项垫款	0.98	−0.15	−0.32	0.95	−0.03
二、有价证券及投资	951.91	93.00	−48.84	210.85	94.04
三、应收及预付款	161.43	−57.37	−34.50	−24.50	83.08
其中:应收利息	64.37	−44.89	−26.36	5.32	24.18
四、买入返售资产	46.73	34.63	−1.15	30.16	5.19
五、存放中央银行准备金存款	104.50	−73.85	89.52	−54.00	70.03
六、存放中央银行特种存款					
七、缴存中央银行财政性存款	575.68	−8.25	−96.21	237.90	12.62
八、同业往来	296.69	45.84	30.14	99.83	−50.18
1. 存放同业	179.39	20.59	27.77	123.35	47.49
2. 拆放同业	117.30	25.25	2.38	−23.52	−97.66
九、行内资金往来	12 928.95	835.24	1 363.91	2 822.88	119.20
十、代理金融机构贷款	3.78			3.15	0.00
其中:代理人行专项贷款					
十一、库存现金	54.60	1.16	2.43	−0.34	0.53
十二、外汇占款	−0.65	20.17	21.34	0.21	−17.08
资金运用总计	25 034.28	850.83	1 339.95	4 796.38	1 044.35

5. 上海市其他商业银行人民币信贷收支表

2009-12-31

单位:亿元

来源项目名称	本月余额	比上月增减数		比年初增减数		运用项目名称	本月余额	比上月增减数		比年初增减数	
		本 年	上 年	本 年	上 年			本 年	上 年	本 年	上 年
一、各项存款	11 554.84	569.66	433.44	2 760.44	1 527.02	一、各项贷款	7 278.69	70.11	168.05	1 662.95	959.23
1. 企业存款	7 267.65	306.27	277.05	1 743.08	784.27	1. 短期贷款	2 246.83	−64.83	93.39	−126.11	350.51
（1）活期存款	4 009.24	105.27	170.48	915.48	94.89	（1）工业贷款	301.44	−21.74	18.21	−130.15	110.25
（2）定期存款	3 258.41	200.99	106.57	831.60	689.38	（2）商业贷款	227.29	−9.85	6.78	−14.97	17.91
2. 机关团体存款	468.69	−6.25	5.54	79.49	70.24	（3）建筑业贷款	125.25	−6.29	6.10	−75.00	−50.19
3. 储蓄存款	2 484.08	275.01	162.61	607.36	499.07	（4）农业贷款	3.15	0.15	0.40	1.14	−0.66
（1）活期储蓄	946.01	142.25	80.82	279.09	60.52	（5）乡镇企业贷款	0.01	−0.01	0.00	−0.01	−0.02
（2）定期储蓄	1 538.07	132.76	81.79	328.27	438.54	（6）三资企业贷款	81.63	−10.66	−4.47	−9.83	4.70
4. 农业存款	7.40	3.59	−1.03	3.26	−2.80	（7）私营企业及个体贷款	206.19	18.45	−4.88	97.70	43.46
5. 其他存款	1 327.02	−8.96	−10.73	322.25	176.24	（8）其他短期贷款	1 301.87	−34.88	71.26	5.01	225.06
二、代理财政性存款	5.02	−0.84	4.07	−3.63	0.43	其中:个人短期贷款	28.65	1.18	−0.19	14.24	−7.10
三、金融债券						2. 中长期贷款	4 600.82	100.28	78.94	1 674.37	439.72
其中:政策性金融债券						（1）基本建设贷款	997.72	14.80	10.33	374.62	125.30
四、应付及暂收款	218.18	−43.20	−35.46	9.59	−50.18	（2）技术改造贷款	41.72	4.32	0.84	21.20	5.64
其中:应付及预提利息	77.34	−3.88	−6.24	3.36	21.67	（3）其他中长期贷款	3 561.38	81.16	67.76	1 278.55	308.78
五、卖出回购资产			−22.91	−20.78	17.84	其中:个人中长期贷款	1 542.60	53.90	7.61	512.17	58.31
六、向中央银行借款						3. 票据融资	428.06	35.41	−3.78	117.81	168.14
七、同业往来	2 930.39	377.30	431.06	377.45	−347.38	其中:贴现	428.06	35.41	−3.78	117.81	168.14
1. 同业存放	2 930.39	377.30	424.06	396.45	−359.38	4. 各项垫款	2.98	−0.74	−0.49	−3.12	0.87
2. 同业拆借			7.00	−19.00	12.00	二、有价证券及投资	309.34	−189.46	−8.69	−5.39	−60.37
八、行内资金往来						三、应收及预付款	120.61	−87.92	−53.98	6.39	−67.88
九、委托存款及委托投资基金(净)	394.65	−51.05	−74.21	181.81	96.97	其中:应收利息	20.61	−20.66	−21.36	8.03	1.63
1. 委托存款及委托投资基金	1 611.05	−22.72	−67.49	413.30	312.37	四、买入返售资产	248.47	−144.51	96.27	−225.27	−27.76
2. 减:委托贷款及委托投资	1 216.40	28.34	6.72	231.49	215.40	五、存放中央银行准备金存款	273.25	136.81	166.98	−17.18	121.52
十、代理金融机构委托贷款基金						六、存放中央银行特种存款					
其中:中央银行委托贷款基金						七、缴存中央银行财政性存款	5.41	2.96	−0.70	5.07	−1.15
十一、各项准备	109.13	−3.05	1.94	11.89	12.11	八、同业往来	644.23	274.28	−37.01	26.61	312.86
其中:贷款损失准备金	98.90	−2.17	1.06	12.80	10.56	1. 存放同业	501.23	276.13	−4.08	27.47	314.53
十二、所有者权益	148.65	26.97	6.62	−20.08	56.33	2. 拆放同业	143.00	−1.85	−32.93	−0.86	−1.67
其中:实收资本						九、行内资金往来	6 816.43	1 068.62	468.67	1 529.07	613.03
十三、其他	321.91	215.73	55.49	−349.62	531.11	十、代理金融机构贷款					
						其中:代理人行专项贷款					
						十一、库存现金	26.79	0.54	−1.21	5.34	−4.72
						十二、外汇占款	−40.46	−39.92	1.66	−40.54	−0.50
资金来源总计	15 682.77	1 091.52	800.05	2 947.06	1 844.26	资金运用总计	15 682.77	1 091.52	800.05	2 947.06	1 844.26

6. 上海市其他城市商业银行人民币信贷收支表

2009-12-31

单位:亿元

栏目 来源项目名称	本月余额	比上月增减数		比年初增减数		栏目 运用项目名称	本月余额	比上月增减数		比年初增减数	
		本 年	上 年	本 年	上 年			本 年	上 年	本 年	上 年
一、各项存款	819.36	17.47	18.97	399.96	268.49	一、各项贷款	729.58	28.95	22.65	348.64	226.70
1. 企业存款	548.92	14.04	31.23	312.64	147.09	1. 短期贷款	360.62	11.88	1.82	111.47	131.99
(1) 活期存款	287.63	6.20	8.14	169.57	59.87	(1) 工业贷款	27.04	5.28	−0.32	6.53	13.17
(2) 定期存款	261.29	7.84	23.09	143.07	87.22	(2) 商业贷款	108.80	12.80	2.13	39.41	42.67
2. 机关团体存款	3.05	1.99	−0.25	2.93	0.12	(3) 建筑业贷款	8.74	−1.20	−5.27	4.89	−4.50
3. 储蓄存款	50.98	5.87	4.59	24.32	24.29	(4) 农业贷款	2.64	0.50		0.07	1.57
(1) 活期储蓄	14.33	2.81	2.82	6.15	7.23	(5) 乡镇企业贷款					
(2) 定期储蓄	36.65	3.06	1.78	18.17	17.07	(6) 三资企业贷款	4.60	−0.30	2.20	2.40	2.20
4. 农业存款	0.02	0.00	0.00	0.02	0.00	(7) 私营企业及个体贷款	13.07	0.32	1.00	8.64	4.33
5. 其他存款	216.39	−4.43	−16.60	60.05	96.99	(8) 其他短期贷款	195.73	−5.52	2.08	49.53	72.55
二、代理财政性存款						其中:个人短期贷款	23.85	3.30	0.52	17.52	3.57
三、金融债券						2. 中长期贷款	321.10	21.37	11.40	215.22	73.53
其中:政策性金融债券						(1) 基本建设贷款	97.31	10.65	5.80	65.79	22.84
四、应付及暂收款	5.32	−1.70	−1.60	1.84	2.83	(2) 技术改造贷款					
其中:应付及预提利息	3.78	−0.38	−1.50	1.30	2.28	(3) 其他中长期贷款	223.79	10.72	5.60	149.43	50.69
五、卖出回购资产						其中:个人中长期贷款	65.12	7.88	1.86	39.08	18.32
六、向中央银行借款						3. 票据融资	47.52	−4.26	9.44	21.60	21.18
七、同业往来						其中:贴现	47.52	−4.26	9.44	21.60	21.18
1. 同业存放						4. 各项垫款	0.35	−0.03		0.35	
2. 同业拆借						二、有价证券及投资	10.13	−24.98		10.13	
八、行内资金往来						三、应收及预付款	1.49	−3.90	−1.76	0.72	0.25
九、委托存款及委托投资基金(净)						其中:应收利息	1.13	−2.78	−1.68	0.60	0.24
1. 委托存款及委托投资基金	16.77	−2.72	4.94	−14.14	28.85	四、买入返售资产					
2. 减:委托贷款及委托投资	16.77	−2.72	4.94	−14.14	28.85	五、存放中央银行准备金存款	44.78	5.91	−2.92	29.01	−4.27
十、代理金融机构委托贷款基金						六、存放中央银行特种存款					
其中:中央银行委托贷款基金						七、缴存中央银行财政性存款					
十一、各项准备	4.67	0.54	0.71	2.56	1.76	八、同业往来					
其中:贷款损失准备金	4.67	0.54	0.71	2.56	1.76	1. 存放同业					
十二、所有者权益	8.54	1.23	0.20	7.93	3.81	2. 拆放同业					
其中:实收资本						九、行内资金往来	190.54	70.65	4.34	56.45	92.75
十三、其他	139.56	59.10	3.93	33.15	38.88	十、代理金融机构贷款					
						其中:代理人行专项贷款					
						十一、库存现金	0.93	0.01	−0.11	0.47	0.37
						十二、外汇占款	−0.01	0.01	0.01	0.02	−0.04
资金来源总计	977.44	76.65	22.21	445.45	315.77	资金运用总计	977.44	76.65	22.21	445.45	315.77

7. 上海市信托投资公司人民币信贷收支表

2009-12-31

单位:亿元

来源项目名称	本月余额	比上月增减数		比年初增减数		运用项目名称	本月余额	比上月增减数		比年初增减数	
		本年	上年	本年	上年			本年	上年	本年	上年
一、各项存款	14.27	−1.83	−0.10	−5.47	−24.09	一、各项贷款	21.56	−1.40	−5.42	−3.30	−19.86
1. 信托存款						1. 信托贷款					
2. 委托存款	14.27	−1.83	−0.10	−5.47	−24.09	其中:中长期信托贷款					
(1)委托存款	14.27	−1.83	−0.10	−1.34	−24.25	2. 委托贷款	14.28	−1.40	−0.03	−0.26	−24.20
(2)委托投资基金				−4.13	0.17	3. 抵押贷款					
3. 保证金存款						4. 票据融资					
4. 其他存款						其中:贴现					
二、金融债券						5. 融资租赁				−0.75	0.28
三、应付及暂收款	11.95	1.75	0.91	4.33	−3.14	6. 各项垫款	0.04				
其中:应付及预提利息	0.02	0.00	0.00	0.00	0.00	7. 其他贷款	7.24		−5.39	−2.28	4.63
四、长期借款						二、委托投资				−4.13	0.17
五、证券业务款项						三、投资	81.17	12.90	9.97	15.85	−6.36
六、卖出回购资产						1. 短期投资	45.80	12.94	7.23	14.44	−6.77
七、向中央银行借款						2. 长期投资	35.38	−0.04	2.74	1.41	0.40
八、同业往来						四、应收及预付款	2.19	−0.86	−0.59	−0.42	−0.17
1. 同业存放						其中:应收利息	0.04	−0.13	−0.13	−0.03	0.03
2. 同业拆借						五、证券业务占款					
九、代理金融机构贷款基金	0.01					六、经营租赁					
其中:中央银行委托专项贷款基金						七、买入返售资产					
十、各项准备	4.81	−0.02	0.44	−0.06	0.86	八、存放中央银行准备金存款					
其中:贷款损失准备	3.50	0.03	0.78	−0.16	1.25	九、存放中央银行特种存款					
十一、所有者权益	97.39	2.78	−0.60	13.18	−2.92	十、同业往来	12.15	−8.89	−3.87	1.97	−5.53
其中:实收资本	60.39	0.00	0.00	0.00	1.61	1. 存放同业	12.15	−8.89	−3.87	1.97	−5.53
十二、其他	−11.68	−0.93	−0.56	−2.38	−2.20	2. 拆放同业					
						十一、代理金融机构贷款					
						其中:代理人行专项贷款					
						十二、库存现金	0.00	0.00	0.00	0.00	0.00
						十三、外币占款	−0.32	0.00	0.01	−0.37	0.25
资金来源总计	116.75	1.74	0.09	9.60	−31.49	资金运用总计	116.75	1.74	0.09	9.60	−31.49

8. 上海市财务公司人民币信贷收支表

2009-12-31

单位:亿元

来源项目名称	本月余额	比上月增减数 本年	比上月增减数 上年	比年初增减数 本年	比年初增减数 上年	运用项目名称	本月余额	比上月增减数 本年	比上月增减数 上年	比年初增减数 本年	比年初增减数 上年
一、各项存款	1 519.36	−24.24	58.75	300.66	−48.54	一、各项贷款	864.41	28.05	20.23	189.35	130.06
1. 企业存款	1 161.46	−16.76	55.90	178.83	−43.36	1. 短期贷款	300.07	15.63	−4.24	18.11	33.59
(1) 活期存款	600.11	−50.94	37.65	9.74	11.51	(1) 工业贷款	215.88	2.13	−16.86	−13.23	12.88
(2) 定期存款	561.34	34.18	18.25	169.10	−54.86	(2) 商业贷款	14.48	0.29	0.01	2.25	5.78
2. 机关团体存款						(3) 其他短期贷款	69.71	13.22	12.62	29.09	14.93
3. 委托存款及投资基金	357.28	−7.51	2.90	123.37	−6.51	2. 中长期贷款	172.62	2.41	15.10	51.22	57.93
(1) 委托存款	343.10	−2.22	13.34	119.25	18.69	3. 委托贷款	341.06	−2.75	8.45	128.17	15.38
(2) 委托投资基金	14.18	−5.29	−10.44	4.12	−25.21	4. 信托贷款					
4. 信托存款						其中:中长期信托贷款					
5. 保证金存款	0.62	0.03	−0.05	−1.55	1.33	5. 抵押贷款					
6. 其他存款						6. 票据融资	37.62	13.04	−0.48	−4.98	7.71
二、金融债券	10.00					其中:贴现	37.62	13.04	−0.48	−4.98	7.71
三、应付及暂收款	6.26	0.87	1.81	−1.92	−6.66	7. 融资租赁	13.04	−0.28	1.40	−3.18	15.87
其中:应付及预提利息	2.77	−0.12	0.60	−0.91	0.09	8. 各项垫款					
四、长期借款						二、委托投资	14.18	−5.29	−10.44	4.12	−25.21
五、证券业务占款						三、投资	261.79	106.43	−1.18	125.43	10.27
六、卖出回购资产	13.19	3.21	−7.43	−5.64	13.66	1. 短期投资	234.36	106.28	−4.40	125.03	16.24
七、向中央银行借款						2. 长期投资	27.43	0.15	3.22	0.40	−5.97
八、同业往来	35.18	5.12	4.22	2.16	32.92	四、应收及预付款	6.58	−22.17	−2.54	0.36	−0.29
1. 同业存放	6.18	6.12	−4.78	2.16	3.92	其中:应付利息	0.76	−2.11	−2.12	−0.01	−0.27
2. 同业拆借	29.00	−1.00	9.00		29.00	五、证券业务占款					
九、代理金融机构贷款基金						六、经营租赁					
其中:中央银行委托贷款基金						七、买入返售资产	14.00		−2.56	0.58	−131.04
十、各项准备	8.60	0.50	1.15	−0.08	0.68	八、存放中央银行准备金存款	103.95	−2.13	−31.07	20.17	−54.03
其中:贷款损失准备	5.08	0.54	0.25	0.85	−2.06	九、存放中央银行特种存款					
十一、所有者权益	140.65	2.44	−1.01	10.29	0.67	十、同业往来	470.86	−97.53	82.69	−27.15	72.82
其中:实收资本	81.73		0.62	0.21	23.02	1. 存放同业	470.86	−97.53	82.69	−27.15	72.82
十一、其他	2.36	19.47	−2.37	7.40	10.20	2. 拆放同业					
						十一、代理金融机构贷款					
						其中:代理人行专项贷款					
						十二、现金	0.01	0.01	0.00	0.01	0.00
						十三、外币占款	−0.19	0.00	0.00	0.00	0.34
资金来源总计	1 735.59	7.36	55.13	312.87	2.92	资金运用总计	1 735.59	7.36	55.13	312.87	2.92

9. 上海市金融租赁公司人民币信贷收支表

2009-12-31

单位:亿元

来源项目名称	本月余额	比上月增减数 本年	比上月增减数 上年	比年初增减数 本年	比年初增减数 上年	运用项目名称	本月余额	比上月增减数 本年	比上月增减数 上年	比年初增减数 本年	比年初增减数 上年
一、各项存款	13.44	0.77	0.87	6.07	7.37	一、各项贷款	231.73	12.86	13.54	130.90	99.55
1. 信托存款						1. 信托贷款					
2. 委托存款						其中:中长期信托贷款					
(1) 委托存款						2. 委托贷款					
(2) 委托投资基金						3. 抵押贷款					
3. 保证金存款	13.44	0.77	0.87	6.07	7.37	4. 票据融资					
4. 其他存款						其中:贴现					
二、金融债券						5. 融资租赁	231.49	12.78	13.54	130.66	99.55
三、应付及暂收款	4.26	0.26	−0.10	2.92	1.27	6. 各项垫款					
其中:应付及预提利息	0.47	−0.55	−0.39	0.30	0.17	7. 其他贷款	0.24	0.09		0.24	
四、长期借款	4.00		4.00		4.00	二、委托投资					
五、证券业务款项						三、投资					
六、卖出回购资产		−16.00	7.80	−13.00	13.00	1. 短期投资					
七、向中央银行借款						2. 长期投资					
八、同业往来	188.60	33.00		152.10	36.50	四、应收及预付款	10.45	1.78	0.69	7.50	2.94
1. 同业存放						其中:应收利息	1.93	0.35	0.23	1.17	0.76
2. 同业拆借	188.60	33.00		152.10	36.50	五、证券业务占款					
九、代理金融机构贷款基金						六、经营租赁					
其中:中央银行委托专项贷款基金						七、买入返售资产					
十、各项准备	2.53	0.32	0.14	1.52	1.00	八、存放中央银行准备金存款					
其中:贷款损失准备	2.45	0.23	0.14	1.44	1.00	九、存放中央银行特种存款					
十一、所有者权益	43.18	0.16	0.06	2.45	20.74	十、同业往来	1.57	0.10	−1.11	0.79	0.78
其中:实收资本	40.00				20.00	1. 存放同业	1.57	0.10	−1.11	0.79	0.78
十二、其他	−12.26	−3.77	0.34	−12.86	19.40	2. 拆放同业					
						十一、代理金融机构贷款					
						其中:代理人行专项贷款					
						十二、库存现金	0.00	0.00	0.00	0.00	0.00
						十三、外币占款					
资金来源总计	243.75	14.74	13.11	139.19	103.27	资金运用总计	243.75	14.74	13.11	139.19	103.27

10. 上海市外资金融机构人民币信贷收支表

2009-12-31

单位:亿元

来源项目名称	本月余额	比上月增减数 本年	比上月增减数 上年	比年初增减数 本年	比年初增减数 上年
一、各项存款	2 356.39	179.95	29.36	609.31	301.80
1. 企业存款	1 991.34	171.75	27.28	573.81	172.97
(1) 活期存款	962.55	70.68	60.42	268.56	−6.77
(2) 定期存款	1 028.79	101.07	−33.13	305.25	179.74
2. 机关团体存款					
3. 储蓄存款	115.41	0.32	2.08	−2.18	65.60
(1) 活期储蓄	25.49	2.45	−0.12	12.84	0.40
(2) 定期储蓄	89.92	−2.12	2.20	−15.02	65.20
4. 农业存款					
5. 其他存款	249.64	7.88	−0.01	37.68	63.23
二、代理财政性存款					
三、金融债券					
其中:政策性金融债券					
四、应付及暂收款	217.79	−57.70	−95.23	−29.47	18.27
其中:应付及预提利息	11.96	−2.54	−4.82	−6.46	10.56
五、卖出回购证券	64.41	39.31	18.32	−86.23	20.99
六、向中央银行借款					
七、同业往来	825.39	79.76	−41.31	−365.04	−188.64
1. 同业存放	530.03	−2.42	−0.86	−172.99	−126.82
2. 同业拆借	295.37	82.18	−40.45	−192.05	−61.82
八、行内资金往来					
九、委托存款及委托投资基金(净)					
1. 委托存款及委托投资基金					
2. 减:委托贷款及委托投资					
十、代理金融机构委托贷款基金					
其中:中央银行委托贷款基金					
十一、各项准备	25.69	−1.05	−4.62	0.73	6.12
其中:贷款损失准备	25.65	−1.06	−4.62	0.75	6.73
十二、所有者权益	247.64	−0.79	8.29	26.56	58.91
其中:实收资本	142.64	0.07	2.50	17.83	2.18
十三、其他	−211.76	−48.70	30.27	−61.18	153.91
资金来源总计	3 525.55	190.79	−54.93	94.68	371.36

运用项目名称	本月余额	比上月增减数 本年	比上月增减数 上年	比年初增减数 本年	比年初增减数 上年
一、各项贷款	2 087.91	34.27	−57.97	−160.90	260.79
1. 短期贷款	1 112.34	34.01	−36.36	−198.49	139.22
(1) 工业贷款					
(2) 商业贷款					
(3) 建筑业贷款					
(4) 农业贷款					
(5) 乡镇企业贷款					
(6) 三资企业贷款					
(7) 私营企业及个体贷款					
(8) 其他短期贷款	1 112.34	34.01	−36.36	−198.49	139.22
其中:个人短期贷款	5.14	0.19	−0.05	−0.02	−0.16
2. 中长期贷款	866.09	−4.75	−2.14	48.20	205.96
(1) 基本建设贷款					
(2) 技术改造贷款					
(3) 其他中长期贷款	866.09	−4.75	−2.14	48.20	205.96
其中:个人中长期贷款	141.09	12.48	2.23	69.90	30.96
3. 票据融资	109.48	5.01	−19.47	−10.61	−84.39
其中:贴现	109.48	5.01	−19.47	−10.61	−84.39
4. 各项垫款					
二、有价证券及投资	576.41	−24.05	22.72	136.23	50.01
三、应收及预付款	50.94	31.66	−28.47	−10.27	52.43
其中:应收利息	15.38	−6.32	−9.68	−4.40	7.28
四、买入返售证券	10.54	8.54	−5.03	0.88	−4.36
五、存放中央银行准备金存款	597.38	97.36	36.63	100.12	0.04
六、存放中央银行特种存款					
七、缴存中央银行财政性存款					
八、同业往来	200.72	42.87	−22.25	28.59	12.35
1. 存放同业	60.34	25.41	−11.13	11.16	10.80
2. 拆放同业	140.38	17.46	−11.12	17.43	1.55
九、代理金融机构贷款					
其中:代理人行专项贷款					
十、库存现金					
十一、外汇占款	1.65	0.13	−0.58	0.03	0.10
资金运用总计	3 525.55	190.79	−54.93	94.68	371.36

(三) 外汇信贷收支统计

1. 上海市中外资金融机构外汇信贷收支表

2009-12-31

单位:亿美元

来源项目名称	本月余额	比上月增减数 本年	比上月增减数 上年	比年初增减数 本年	比年初增减数 上年
一、各项存款	341.06	22.15	0.76	56.34	32.20
1. 单位活期存款	128.95	−6.65	1.22	12.89	22.79
其中:中资企业存款	40.23	−3.29	1.37	3.78	7.41
外商投资企业存款	68.70	−1.17	−2.08	5.76	12.40
2. 单位定期存款	40.60	2.73	−6.92	−4.04	0.24
其中:中资企业存款	17.33	4.36	−1.02	4.52	−2.41
外商投资企业存款	17.69	−0.13	−1.22	−3.15	3.56
3. 储蓄存款	95.24	0.76	4.97	6.94	6.62
其中:定期存款	66.01	−1.46	3.74	1.12	8.45
4. 信托存款					
5. 委托存款	5.94	0.40	0.00	5.84	0.05
6. 其他类存款	45.81	24.61	1.07	53.39	−0.52
7. 境外存款	24.51	0.30	0.41	1.33	3.03
二、境外筹资	3.46	−0.15	0.18	−0.03	−0.34
三、同业存放	17.85	−6.57	3.46	−11.65	6.84
其中:境外同业存放	6.07	−3.95	−3.05	−7.46	2.58
四、应付及暂收款	39.22	−0.32	1.76	−26.31	2.93
其中:应付及预提利息	1.29	−0.28	−0.53	−3.79	0.94
五、同业拆入	108.89	4.65	−1.90	15.65	−2.13
其中:境外同业拆入	108.89	4.65	−1.90	15.65	−2.13
六、外汇买卖	−0.09	1.12	−0.54	−0.72	−1.73
其中:结售汇	−5.08	−2.92	3.27	−5.52	−2.34
七、境内联行存放	19.88	−22.64		19.88	−9.57
八、境外联行存放	83.44	0.47	−5.21	−31.75	5.62
九、证券业务款项					
十、各项准备	5.88	0.01	−1.03	0.72	−0.50
其中:贷款损失准备金	5.52	0.03	−0.54	0.74	0.07
十一、所有者权益	48.77	−0.94	1.29	4.18	12.38
其中:实收资本	36.16	−0.45	−0.30	5.30	4.70
十二、其他	−47.81	2.88	−3.65	−20.70	8.80
资金来源总计	620.53	0.66	−4.88	5.61	54.51

运用项目名称	本月余额	比上月增减数 本年	比上月增减数 上年	比年初增减数 本年	比年初增减数 上年
一、各项贷款	510.83	4.83	−23.71	82.07	1.86
1. 短期贷款	172.72	8.31	−12.46	6.50	8.62
(1) 境内短期贷款	166.76	7.70	−12.53	3.50	9.95
其中:中资企业贷款	64.81	1.79	−5.21	2.99	18.00
外商投资企业贷款	80.55	3.62	−4.71	0.21	−9.19
(2) 境外短期贷款	5.96	0.61	0.07	3.00	−1.33
2. 中长期贷款	225.00	−1.31	−4.92	14.70	16.39
(1) 境内中长期贷款	169.38	−3.25	−4.92	−4.68	7.60
其中:中资企业贷款	60.47	−0.29	−1.97	0.22	10.78
外商投资贷款	53.05	−1.61	−1.20	−21.33	1.35
(2) 境外中长期贷款	55.62	1.94	0.00	19.38	8.79
3. 进出口贸易融资	105.57	−1.86	−6.71	61.99	−23.19
4. 票据融资	0.91	0.04	−0.01	−0.47	0.50
其中:贴现	0.89	0.04	0.00	−0.43	0.50
5. 融资租赁					
6. 信托贷款					
7. 委托贷款					
8. 各项垫款	0.38	−0.09	0.10	−0.31	0.19
9. 境外筹资转贷款	6.25	−0.27	0.28	−0.35	−0.66
二、有价证券及投资	15.72	−0.58	0.03	6.08	−3.88
三、应收及预付款	45.17	−9.17	−4.41	−29.29	1.32
其中:应收及预付利息	1.69	−0.47	−0.92	−4.24	1.53
四、存放同业	10.41	1.01	−0.44	0.80	−2.98
其中:存放境外同业	9.73	1.06	−0.44	0.12	−0.98
五、拆放同业	28.48	8.20	8.16	−21.52	35.36
其中:拆放境外同业	28.38	8.20	8.16	−21.52	35.26
六、存放境内联行			15.46	−17.68	16.41
七、存放境外联行	7.00	−3.36	−0.30	−14.45	6.20
八、证券业务占款					
九、库存现金	2.91	−0.26	0.33	−0.40	0.22
资金运用总计	620.53	0.66	−4.88	5.61	54.51

2. 上海市中资金融机构外汇信贷收支表

2009-12-31

单位:亿美元

栏目 来源项目名称	本月余额	比上月增减数		比年初增减数		栏目 运用项目名称	本月余额	比上月增减数		比年初增减数	
		本 年	上 年	本 年	上 年			本 年	上 年	本 年	上 年
一、各项存款	227.21	24.84	2.42	57.77	13.13	一、各项贷款	289.74	-1.76	-14.20	98.37	-1.32
1. 单位活期存款	70.98	-4.22	1.18	7.73	12.77	1. 短期贷款	64.84	2.39	-5.94	0.12	9.19
其中:中资企业存款	36.38	-2.68	0.96	2.22	6.61	(1) 境内短期贷款	64.84	2.39	-5.94	0.12	9.19
外商投资企业存款	14.58	0.65	-1.70	2.17	3.18	其中:中资企业贷款	38.60	1.58	-3.67	0.78	6.92
2. 单位定期存款	25.79	2.96	-4.48	2.97	-3.78	外商投资企业贷款	9.31	-0.76	-0.16	1.21	0.22
其中:中资企业存款	16.74	4.21	-0.21	6.50	-2.61	(2) 境外短期贷款					
外商投资企业存款	3.47	0.25	0.41	1.89	-0.26	2. 中长期贷款	120.60	-2.37	-2.44	39.94	3.06
3. 储蓄存款	78.61	1.16	4.66	7.82	4.58	(1) 境内中长期贷款	102.27	-3.40	-2.48	26.01	-0.96
其中:定期存款	53.15	-0.62	3.78	3.48	6.09	其中:中资企业贷款	45.70	-1.79	-0.69	9.31	3.21
4. 信托存款						外商投资贷款	3.47	-0.23	-0.04	0.98	0.94
5. 委托存款	5.94	0.40	0.00	5.84	0.05	(2) 境外中长期贷款	18.33	1.03	0.04	13.92	4.02
6. 其他类存款	45.74	24.54	1.07	33.32	-0.52	3. 进出口贸易融资	97.06	-1.39	-6.07	59.54	-13.71
7. 境外存款	0.15	0.00	-0.02	0.08	0.03	4. 票据融资	0.61	-0.04	-0.12	-0.57	0.61
二、境外筹资	3.46	-0.15	0.18	-0.03	-0.34	其中:贴现	0.59	-0.05	-0.12	-0.53	0.61
三、同业存放	43.01	-6.71	11.90	-7.87	19.34	5. 融资租赁					
其中:境外同业存放	5.33	-1.04	-1.47	-2.77	3.32	6. 信托贷款					
四、应付及暂收款	27.80	-4.21	-2.77	-7.95	-2.78	7. 委托贷款					
其中:应付及预提利息	0.77	-0.15	-0.40	-0.39	0.00	8. 各项垫款	0.38	-0.09	0.10	-0.31	0.19
五、同业拆入	1.55	-0.22	-0.60	0.26	0.27	9. 境外筹资转贷款	6.25	-0.27	0.28	-0.35	-0.66
其中:境外同业拆入	1.27	-0.32	-0.40	0.75	-0.14	二、有价证券及投资	1.97	0.00	-0.04	0.49	-1.74
六、外汇买卖	-0.09	1.12	-0.54	-0.72	-1.73	三、应收及预付款	24.88	-1.13	-0.61	-6.98	-2.49
其中:结售汇	-5.08	-2.92	3.27	-5.52	-2.34	其中:应收及预付利息	0.80	-0.33	-0.94	-0.84	0.45
七、境内联行存放	1.24	-15.49		1.24		四、存放同业	2.69	-0.84	-1.27	1.50	-3.48
八、境外联行存放	7.84	-1.61	-1.92	4.82	1.19	其中:存放境外同业	1.56	-0.82	-1.21	0.60	-1.27
九、证券业务款项						五、拆放同业	0.45	0.00		-0.48	-1.93
十、各项准备	3.19	0.22	-0.51	0.86	-0.54	其中:拆放境外同业	0.10	0.00		-0.13	-1.26
其中:贷款损失准备金	2.86	0.20	-0.03	0.89	0.03	六、存放境内联行			21.01	-54.36	49.40
十一、所有者权益	5.12	-0.30	0.67	-3.03	1.13	七、存放境外联行	0.37	-1.44	-0.38	-0.31	0.47
其中:实收资本	1.65	0.00	0.00	-0.02	-0.43	八、证券业务占款					
十二、其他	2.34	-2.96	-3.91	-7.53	9.46	九、库存现金	2.58	-0.30	0.39	-0.41	0.22
资金来源总计	322.67	-5.47	4.91	37.83	39.13	资金运用总计	322.67	-5.47	4.91	37.83	39.13

3. 上海市政策性银行外汇信贷收支表

2009-12-31

单位:亿美元

来源项目名称	本月余额	比上月增减数		比年初增减数		运用项目名称	本月余额	比上月增减数		比年初增减数	
		本年	上年	本年	上年			本年	上年	本年	上年
一、各项存款	1.07	−0.17	−0.59	0.12	−0.72	一、各项贷款	55.11	2.58	−2.43	−4.62	35.08
1. 单位活期存款	0.37	−0.74	−0.62	−0.39	0.53	1. 短期贷款	14.26	2.27	−2.43	−13.92	23.76
其中:中资企业存款	0.09	−0.76	−1.18	0.04	0.05	(1) 境内短期贷款	14.26	2.27	−2.43	−13.92	23.76
外商投资企业存款						其中:中资企业贷款	12.84	1.03	−2.46	−9.62	18.43
2. 单位定期存款	0.69	0.57	0.04	0.50	−1.24	外商投资企业贷款					
其中:中资企业存款	0.69	0.69		0.69		(2) 境外短期贷款					
外商投资企业存款						2. 中长期贷款	32.47	0.88	0.80	9.32	13.81
3. 储蓄存款						(1) 境内中长期贷款	14.19	−0.15	0.77	−4.62	9.76
其中:定期存款						其中:中资企业贷款	13.32	−0.05	1.39	−2.86	9.20
4. 其他类存款	0.01	0.00	0.00	0.01	0.00	外商投资企业贷款					
5. 境外存款						(2) 境外中长期贷款	18.28	1.03	0.04	13.94	4.04
二、境内中长期筹资						3. 进出口贸易融资	8.14	−0.55	−0.83	0.00	−2.46
三、卖出回购资产						4. 票据融资					
四、境外筹资						其中:贴现					
五、向中央银行借款						5. 各项垫款					
六、中央银行存款						6. 境外筹资转贷款	0.23	−0.01	0.02	−0.02	−0.03
七、应付及暂收款	0.01	−0.02	−0.56	−3.97	−1.27	二、投资					
其中:应付及预提利息	0.01	−0.02	−0.11	−0.02	0.00	1. 购买有价证券					
八、同业存放						其中:购买境外有价证券					
(1) 境内同业存放						2. 其他投资					
(2) 境外同业存放						其中:投资境外					
九、同业拆入						三、应收及预付款	0.08	−0.16	−1.02	−4.28	−0.92
(1) 境内同业拆入						其中:应收及预付利息	0.08	−0.15	−0.56	−0.33	0.33
(2) 境外同业拆入						四、买入返售资产					
十、委托基金存款(净)						五、存放中央银行					
十一、外汇买卖	0.00	0.00	0.00	−0.12	0.00	其中:缴存准备金					
其中:结售汇	0.00	0.00	0.00	−0.12	0.00	六、存放同业	0.00	−0.01	−0.04	−0.02	−0.01
十二、境内联行存放	56.19	1.86	−2.43	−1.94	35.31	(1) 存放境内同业	0.00	−0.01	−0.04	−0.02	−0.01
十三、境外联行存放						(2) 存放境外同业					
十四、各项准备						七、拆放同业					
其中:贷款损失准备金						(1) 拆放境内同业					
十五、所有者权益	0.68	0.06	0.09	−0.20	0.83	(2) 拆放境外同业					
其中:实收资本						八、存放境内联行					
十六、其他	−2.75	0.69	0.00	−2.80	0.00	九、存放境外联行					
						十、库存现金					0.00
资金来源总计	55.20	2.42	−3.48	−8.92	34.15	资金运用总计	55.20	2.42	−3.48	−8.92	34.15

4. 上海市国有商业银行外汇信贷收支表

2009-12-31

单位:亿美元

来源项目名称	本月余额	比上月增减数 本年	比上月增减数 上年	比年初增减数 本年	比年初增减数 上年	运用项目名称	本月余额	比上月增减数 本年	比上月增减数 上年	比年初增减数 本年	比年初增减数 上年
一、各项存款	134.42	6.67	0.30	24.45	6.93	一、各项贷款	185.98	−4.32	−9.08	83.09	−30.14
1. 单位活期存款	45.36	0.67	0.46	4.97	5.80	1. 短期贷款	35.77	−0.60	−2.06	6.62	−7.71
其中:中资企业存款	26.98	−1.07	−0.16	1.68	2.17	(1) 境内短期贷款	35.77	−0.60	−2.06	6.62	−7.71
外商投资企业存款	4.69	0.94	−0.66	0.46	3.72	其中:中资企业贷款	15.84	−0.35	−0.43	3.92	−6.58
2. 单位定期存款	10.77	−1.43	−4.05	−0.99	−0.48	外商投资企业贷款	6.07	−0.61	−0.17	−0.02	0.00
其中:中资企业存款	3.45	−0.28	0.68	0.80	0.07	(2) 境外短期贷款					
外商投资企业存款	2.18	−0.10		1.78		2. 中长期贷款	73.37	−2.87	−2.65	29.91	−11.44
3. 储蓄存款	57.97	0.88	3.45	6.37	2.99	(1) 境内中长期贷款	73.37	−2.87	−2.65	29.91	−11.44
其中:定期存款	37.54	−0.48	2.34	3.14	3.83	其中:中资企业贷款	27.17	−1.78	−1.88	10.20	−7.24
4. 其他类存款	20.25	6.55	0.45	14.04	−1.43	外商投资企业贷款	3.21	−0.22	−0.03	0.99	0.98
5. 境外存款	0.07	0.00	−0.01	0.06	0.04	(2) 境外中长期贷款					
二、境内中长期筹资						3. 进出口贸易融资	71.21	−0.61	−4.66	47.01	−10.52
三、卖出回购资产						4. 票据融资	0.01	−0.01	−0.02	−0.08	0.02
四、境外筹资	3.46	−0.15	0.18	−0.03	−0.34	其中:贴现	0.00	−0.01	−0.02	−0.08	0.02
五、向中央银行借款						5. 各项垫款	0.16		0.06	−0.06	0.10
六、中央银行存款						6. 境外筹资转贷款	5.47	−0.24	0.25	−0.31	−0.59
七、应付及暂收款	15.79	−1.61	−1.20	−4.70	6.60	二、投资	0.59		−0.05		−1.30
其中:应付及预提利息	0.55	−0.04	−0.30	−0.27	−0.04	1. 购买有价证券					−1.15
八、同业存放	42.56	−5.40	9.79	−9.76	24.58	其中:购买境外有价证券					−1.15
(1) 境内同业存放	37.25	−4.37	11.27	−6.99	21.25	2. 其他投资	0.59		−0.05		−0.15
(2) 境外同业存放	5.31	−1.04	−1.48	−2.77	3.33	其中:投资境外			0.00		0.00
九、同业拆入	1.64	−0.41	1.05	−2.46	3.27	三、应收及预付款	12.75	−0.25	0.85	−4.31	6.24
(1) 境内同业拆入	1.03	−0.08	1.45	−2.55	3.08	其中:应收及预付利息	0.50	−0.14	−0.27	−0.46	0.02
(2) 境外同业拆入	0.61	−0.33	−0.40	0.09	0.20	四、买入返售资产					
十、委托基金存款(净)						五、存放中央银行			0.20	−0.76	−0.72
十一、外汇买卖	−1.18	1.29	−0.52	−1.13	−1.74	其中:缴存准备金					
其中:结售汇	−0.10	3.05	3.31	0.03	−2.35	六、存放同业	0.89	−0.39	−0.26	−2.33	1.04
十二、境内联行存放						(1) 存放境内同业	0.68	−0.05		−2.32	0.95
十三、境外联行存放	7.84	−1.61	−1.92	4.82	1.19	(2) 存放境外同业	0.21	−0.34	−0.26	−0.01	0.09
十四、各项准备	2.42	0.13	−0.60	0.80	−0.70	七、拆放同业	0.00	0.00		0.00	0.00
其中:贷款损失准备金	2.12	0.11	−0.12	0.83	−0.13	(1) 拆放境内同业					
十五、所有者权益	1.21	−0.37	0.30	−2.21	−0.15	(2) 拆放境外同业	0.00	0.00		0.00	0.00
其中:实收资本	·					八、存放境内联行	9.14	2.36	13.70	−65.56	67.03
十六、其他	3.25	−2.01	−1.92	−0.23	3.14	九、存放境外联行	0.31	−0.62	−0.19	−0.25	0.39
						十、库存现金	1.74	−0.26	0.30	−0.34	0.25
资金来源总计	211.41	−3.49	5.47	9.54	42.79	资金运用总计	211.41	−3.49	5.47	9.54	42.79

5. 上海市其他商业银行外汇信贷收支表

2009-12-31

单位：亿美元

来源项目名称	本月余额	比上月增减数 本年	比上月增减数 上年	比年初增减数 本年	比年初增减数 上年	运用项目名称	本月余额	比上月增减数 本年	比上月增减数 上年	比年初增减数 本年	比年初增减数 上年
一、各项存款	77.04	18.90	0.56	25.41	6.09	一、各项贷款	40.26	−0.21	−2.52	16.43	−7.09
1. 单位活期存款	20.79	−2.84	−0.49	3.15	4.85	1. 短期贷款	8.37	0.53	−1.01	3.41	−7.00
其中：中资企业存款	7.01	−0.30	0.41	0.97	2.40	(1) 境内短期贷款	8.37	0.53	−1.01	3.41	−7.00
外商投资企业存款	7.91	0.27	−0.94	1.19	0.09	其中：中资企业贷款	6.16	0.71	−0.82	3.93	−4.89
2. 单位定期存款	11.92	3.45	−0.72	1.86	−2.22	外商投资企业贷款	0.73	−0.36	0.51	−0.22	0.17
其中：中资企业存款	10.67	3.60	−0.89	3.09	−2.56	(2) 境外短期贷款					
外商投资企业存款	0.89	0.19	0.35	−0.05	−0.19	2. 中长期贷款	13.70	−0.35	−0.55	0.99	0.60
3. 储蓄存款	19.06	0.30	1.15	1.23	1.55	(1) 境内中长期贷款	13.70	−0.35	−0.55	0.99	0.60
其中：定期存款	14.22	−0.14	1.38	0.19	2.12	其中：中资企业贷款	5.06	0.05	−0.20	2.06	1.03
4. 其他类存款	25.22	17.98	0.61	19.13	1.92	外商投资企业贷款	0.09				
5. 境外存款	0.06	0.01	0.00	0.04	0.00	(2) 境外中长期贷款					
二、境内中长期筹资						3. 进出口贸易融资	17.38	−0.29	−0.99	12.75	−1.13
三、卖出回购资产						4. 票据融资	0.11	0.00	−0.02	−0.44	0.38
四、境外筹资						其中：贴现	0.09	−0.01	−0.02	−0.40	0.38
五、向中央银行借款						5. 各项垫款	0.15	−0.09	0.04	−0.25	0.09
六、中央银行存款						6. 境外筹资转贷款	0.55	−0.01	0.01	−0.02	−0.03
七、应付及暂收款	11.70	−2.39	−0.83	0.70	−8.09	二、投资	0.03				0.00
其中：应付及预提利息	0.19	−0.07	0.01	−0.10	0.03	1. 购买有价证券					
八、同业存放	7.24	−0.20	0.19	−2.27	2.28	其中：购买境外有价证券					
(1) 境内同业存放	7.23	−0.20	0.19	−2.26	2.29	2. 其他投资	0.03				0.00
(2) 境外同业存放	0.01	0.00	0.00	0.00	−0.01	其中：投资境外					
九、同业拆入	2.17	0.01		2.17		三、应收及预付款	12.01	−0.55	−0.46	1.71	−7.89
(1) 境内同业拆入	2.11			2.11		其中：应收及预付利息	0.18	−0.02	−0.13	0.05	0.02
(2) 境外同业拆入	0.06	0.01		0.06		四、买入返售资产					
十、委托基金存款(净)	5.94	0.40	0.00	5.84	0.05	五、存放中央银行			0.23	−1.45	0.58
十一、外汇买卖	0.09	0.01	0.13	0.02	−0.06	其中：缴存准备金			−0.01	−0.07	0.04
其中：结售汇	−5.93	−5.95	0.11	−5.92	−0.09	六、存放同业	5.48	−1.38	0.15	2.13	0.94
十二、境内联行存放						(1) 存放境内同业	5.20	−0.86	1.06	1.96	1.86
十三、境外联行存放						(2) 存放境外同业	0.28	−0.52	−0.91	0.17	−0.92
十四、各项准备	0.29	−0.10	−0.01	−0.12	0.05	七、拆放同业	0.30			0.20	0.08
其中：贷款损失准备金	0.29	−0.10	−0.01	−0.12	0.05	(1) 拆放境内同业	0.30			0.20	0.08
十五、所有者权益	0.37	0.07	0.15	−0.72	0.38	(2) 拆放境外同业					
其中：实收资本						八、存放境内联行	47.49	15.91	3.51	9.82	16.48
十六、其他	1.50	−3.79	0.63	−2.31	2.43	九、存放境外联行	0.06	−0.82	−0.19	−0.06	0.08
						十、库存现金	0.70	−0.03	0.09	−0.06	−0.04
资金来源总计	106.34	12.91	0.81	23.72	3.13	资金运用总计	106.34	12.91	0.81	28.72	3.13

6. 上海市其他城市商业银行外汇信贷收支表

2009-12-31

单位:万美元

来源项目名称	本月余额	比上月增减数 本年	比上月增减数 上年	比年初增减数 本年	比年初增减数 上年
一、各项存款	2.25	−0.78	1.81	−0.16	1.67
1. 单位活期存款	0.61	−0.59	1.67	−1.30	1.48
其中:中资企业存款	0.31	−0.58	1.71	−1.45	1.74
外商投资企业存款	0.30	−0.01	−0.04	0.14	−0.26
2. 单位定期存款	1.40	−0.18	0.15	1.06	0.27
其中:中资企业存款	1.40	−0.18	0.00	1.40	0.00
外商投资企业存款				−0.12	0.05
3. 储蓄存款	0.19	−0.03	0.01	0.07	0.08
其中:定期存款	0.17	−0.04	0.01	0.06	0.08
4. 其他类存款	0.04	0.03	0.00	0.03	−0.16
5. 境外存款		0.00	−0.01	−0.02	0.01
二、境内中长期筹资					
三、卖出回购资产					
四、境外筹资					
五、向中央银行借款					
六、中央银行存款					
七、应付及暂收款	0.04	−0.13	0.00	0.03	0.01
其中:应付及预提利息	0.01	0.00	0.00	0.00	0.01
八、同业存放					
(1) 境内同业存放					
(2) 境外同业存放					
九、同业拆入					
(1) 境内同业拆入					
(2) 境外同业拆入					
十、委托基金存款(净)					
十一、外汇买卖	0.00	0.00	0.00	0.00	−0.01
其中:结售汇	0.00	0.00	0.00	0.00	−0.01
十二、境内联行存放	0.85	0.64	−0.02	0.85	
十三、境外联行存放					
十四、各项准备	0.02	0.00	0.00	0.01	0.01
其中:贷款损失准备金	0.02	0.00	0.00	0.01	0.01
十五、所有者权益	0.02	0.00	−0.01	0.01	−0.01
其中:实收资本					
十六、其他	0.59	0.03	−0.21	0.27	0.17
资金来源总计	3.76	−0.25	1.58	1.02	1.84

运用项目名称	本月余额	比上月增减数 本年	比上月增减数 上年	比年初增减数 本年	比年初增减数 上年
一、各项贷款	3.74	−0.08	−0.16	2.89	0.07
1. 短期贷款	3.34	−0.15	−0.44	3.04	−0.19
(1) 境内短期贷款	3.34	−0.15	−0.44	3.04	−0.19
其中:中资企业贷款	2.24	0.05	−0.01	2.03	−0.27
外商投资企业贷款	1.01		−0.43	1.01	
(2) 境外短期贷款					
2. 中长期贷款	0.17	0.00	0.00	−0.08	−0.01
(1) 境内中长期贷款	0.17	0.00	0.00	−0.08	−0.01
其中:中资企业贷款	0.01	0.00		0.01	
外商投资企业贷款					
(2) 境外中长期贷款					
3. 进出口贸易融资	0.24	0.07	0.28	−0.07	0.28
4. 票据融资					
其中:贴现					
5. 各项垫款					
6. 境外筹资转贷款					
二、投资					
1. 购买有价证券					
其中:购买境外有价证券					
2. 其他投资					
其中:投资境外					
三、应收及预付款	0.00	−0.16	0.00	0.00	0.00
其中:应收及预付利息	0.00	0.00	0.00	0.00	0.00
四、买入返售资产					
五、存放中央银行			−0.07	−0.05	0.04
其中:缴存准备金			−0.07	−0.05	0.05
六、存放同业					
(1) 存放境内同业					
(2) 存放境外同业					
七、拆放同业					
(1) 拆放境内同业					
(2) 拆放境外同业					
八、存放境内联行			1.81	−1.82	1.73
九、存放境外联行					
十、库存现金	0.01	−0.01	0.00	0.01	0.00
资金运用总计	3.76	−0.25	1.58	1.02	1.84

7. 上海市信托投资公司外汇信贷收支表

2009-12-31

单位:万美元

来源项目名称	本月余额	比上月增减数		比年初增减数		运用项目名称	本月余额	比上月增减数		比年初增减数	
		本 年	上 年	本 年	上 年			本 年	上 年	本 年	上 年
一、各项存款						一、各项贷款	4	−67		−299	−6
1. 信托存款						1. 短期信托贷款					
2. 委托存款						其中:境外短期					
3. 其他存款						2. 中长期信托贷款					
二、境内中长期筹资						其中:境外中长期					
三、境外筹资						3. 委托贷款					
四、证券业务款项						4. 融资租赁					
五、卖出回购资产						5. 票据融资					
六、同业存放						其中:贴现					
其中:境外同业存放						6. 各项垫款					
七、同业拆入						7. 境外筹资转贷款					
其中:境外同业拆入						8. 其他贷款	4	−67		−299	−6
八、外汇买卖	−202	−3	9	−594	659	二、信托投资					
九、应付及暂收款	411	−5	−19	19	−25	1. 短期信托投资					
其中:应付及预提利息						其中:境外					
十、各项准备	131	−67	21	−299	18	2. 中长期信托投资					
其中:贷款损失准备金	4	−67		−299	−3	其中:境外					
十一、所有者权益	9 296	4	37	33	−465	三、投资	84	2	8	−1 713	−2 234
其中:实收资本	8 500				−1 255	1. 购买有价证券					
十二、其他	−4 095	2	−2	−75	−4 020	其中:购买境外有价证券					
						2. 其他投资	84	2	8	−1 713	−2 234
						其中:投资境外	84	2		−13	
						四、证券业务占款					
						五、经营租赁					
						六、买入返售资产					
						七、应收及预付款项	3	1	46	−97	84
						其中:应收及预付利息	3	1	46	−87	84
						八、存放中央银行					
						其中:缴存准备金					
						九、存放同业	5 449	−5	−8	1 193	−1 677
						其中:存放境外同业			−38		−184
						十、拆放同业					
						其中:拆放境外同业					
						十一、库存现金	1				
资金来源总计	5 541	−69	46	−916	−3 833	资金运用总计	5 541	−69	46	−916	−3 833

8. 上海市财务公司外汇信贷收支表

2009-12-31

单位:万美元

来源项目名称	本月余额	比上月增减数 本年	比上月增减数 上年	比年初增减数 本年	比年初增减数 上年
一、各项存款	14 170	1 572	−750	12 673	520
1. 企业存款	14 170	1 572	−750	12 673	520
其中:定期存款	1 467	−143	80	1 377	−144
2. 信托存款					
3. 委托存款					
4. 其他存款					
二、境内中长期筹资					
三、境外筹资					
四、证券业务款项					
五、卖出回购资产					
六、同业存放					
其中:境外同业存放					
七、同业拆入	500	500		−500	1 000
其中:境外同业拆入					
八、外汇买卖	−62	0	−5	−4	526
九、应付及暂收款	1 391	229	101	340	208
其中:应付及预提利息	4	2		4	
十、各项准备	161	−26	−5	−26	−5
其中:贷款损失准备金	11	−26	−5	−26	−5
十一、所有者权益	9 743	16	92	28	−2 890
其中:实收资本	8 012	−4	−34	114	−3 030
十二、其他	−148	1		16	−95
资金来源总计	25 755	2 292	−567	12 526	−736

运用项目名称	本月余额	比上月增减数 本年	比上月增减数 上年	比年初增减数 本年	比年初增减数 上年
一、各项贷款	4 894	950	−12	−1 674	3 061
1. 短期贷款	3 862	1 078	116	−418	2 317
2. 中长期贷款	1 032	−128	−128	−1 256	744
3. 信托贷款					
其中:中长期信托贷款					
4. 委托贷款					
5. 融资租赁					
6. 票据融资					
其中:贴现					
7. 各项垫款					
8. 境外筹资转贷款					
二、信托投资					
1. 短期信托投资					
其中:境外					
2. 中长期信托投资					
其中:境外					
三、投资					−702
1. 购买有价证券					−202
其中:购买境外有价证券					
2. 其他投资					−500
其中:投资境外					
四、证券业务占款					
五、经营租赁					
六、买入返售资产					
七、应收及预付款项	8	−15	92	−156	148
其中:应收及预付利息	5	−15	92	−155	146
八、存放中央银行	630	286	17	516	−10
其中:缴存准备金	555	268	17	475	7
九、存放同业	20 223	1 072	−664	13 840	−2 653
其中:存放境外同业					
十、拆放同业					−580
其中:拆放境外同业					
十一、库存现金					
资金运用总计	25 755	2 292	−567	12 526	−736

9. 上海市外资金融机构外汇信贷收支表

2009-12-31

单位:亿美元

来源项目名称	本月余额	比上月增减数		比年初增减数		运用项目名称	本月余额	比上月增减数		比年初增减数	
		本年	上年	本年	上年			本年	上年	本年	上年
一、各项存款	113.85	-2.69	-1.66	-1.43	19.07	一、各项贷款	221.08	6.59	-9.51	-16.31	3.18
1. 单位活期存款	57.97	-2.43	0.04	5.15	10.02	1. 短期贷款	107.88	5.91	-6.52	6.38	-0.57
其中:中资企业存款	3.85	-0.61	0.42	1.56	0.80	(1) 境内短期贷款	101.92	5.30	-6.59	3.38	0.76
外商投资企业存款	54.12	-1.82	-0.38	3.59	9.22	其中:中资企业贷款	26.21	0.21	-1.55	2.21	11.08
2. 单位定期存款	14.82	-0.23	-2.44	-7.02	4.03	外商投资企业贷款	71.23	4.38	-4.55	-1.01	-9.41
其中:中资企业存款	0.59	0.15	-0.81	-1.98	0.20	(2) 境外短期贷款	5.96	0.61	0.07	3.00	-1.33
外商投资企业存款	14.22	-0.38	-1.63	-5.04	3.82	2. 中长期贷款	104.40	1.06	-2.47	-25.24	13.33
3. 储蓄存款	16.63	-0.39	0.31	-0.88	2.03	(1) 境内中长期贷款	67.11	0.15	-2.44	-30.70	8.56
其中:定期存款	12.86	-0.84	-0.03	-2.36	2.37	其中:中资企业贷款	14.77	1.50	-1.27	-9.09	7.57
4. 其他类存款	0.21	0.06	-0.01	0.06	-0.15	外商投资企业贷款	49.58	-1.38	-1.15	-22.31	0.41
5. 境外存款	24.22	0.32	0.44	1.25	3.15	(2) 境外中长期贷款	37.29	0.91	-0.03	5.46	4.77
二、境内中长期借款						3. 进出口贸易融资	8.51	-0.47	-0.63	2.45	-9.48
三、卖出回购证券						4. 票据融资	0.30	0.08	0.11	0.10	-0.11
四、境外筹资						其中:贴现	0.30	0.08	0.11	0.10	-0.11
五、向中央银行借款						5. 各项垫款					
六、中央银行存款						6. 境外筹资转贷款					
七、应付及暂收款	11.41	3.88	4.53	-18.35	5.71	二、投资	14.53	-0.58	0.08	3.81	-2.71
其中:应付及预提利息	0.52	-0.13	-0.12	-3.40	0.94	1. 购买有价证券	0.97	-0.01	-0.10	-2.19	-0.78
八、同业存放	9.86	-4.13	-0.55	-3.55	-2.73	其中:购买境外有价证券	0.19	-0.01	0.02	0.00	-0.04
(1) 境内同业存放	9.12	-1.22	1.03	1.14	-1.99	2. 其他投资	13.56	-0.57	0.18	5.99	-1.93
(2) 境外同业存放	0.74	-2.91	-1.57	-4.70	-0.74	其中:投资境外	13.56	-0.57	0.18	5.99	-1.93
九、同业拆入	155.17	0.05	-21.61	6.49	-25.35	三、应收及预付款	20.30	-8.05	-3.80	-22.31	3.81
(1) 境内同业拆入	47.55	-4.92	-20.11	-8.41	-23.36	其中:应收及预付利息	0.89	-0.13	0.03	-3.41	1.07
(2) 境外同业拆入	107.62	4.97	-1.50	-4.90	-1.99	四、买入返售证券	0.00				
十、委托基金存款(净)						五、存放中央银行	3.91	0.07	-0.17	-3.07	1.64
十一、外汇买卖						其中:缴存准备金	3.87	0.06	0.16	0.17	0.83
其中:结售汇						六、存放同业	37.67	-1.11	0.04	5.80	-2.19
十二、境内联行存放	22.39	-5.83	2.71	-17.69	16.28	(1) 存放境内同业	29.50	-2.99	-0.73	6.29	-2.47
十三、境外联行存放	75.60	2.08	-3.29	-36.57	4.43	(2) 存放境外同业	8.17	1.88	0.77	-0.48	0.29
十四、各项准备	2.68	-0.21	-0.52	-0.14	0.04	七、拆放同业	87.97	6.81	-5.41	-19.29	25.46
其中:贷款损失准备	2.66	-0.17	-0.50	-0.15	0.04	(1) 拆放境内同业	59.68	-1.39	-13.57	2.10	-11.06
十五、所有者权益	43.65	-0.64	0.62	7.21	11.25	(2) 拆放境外同业	28.29	8.20	8.16	-21.39	36.52
其中:实收资本	34.51	-0.45	-0.29	5.31	5.13	八、存放境内联行					
十六、其他	-42.18	9.34	1.00	-1.45	6.21	九、存放境外联行	6.64	-1.92	0.08	-14.14	5.73
						十、库存现金	0.34	0.04	-0.06	0.01	0.00
资金来源总计	392.43	1.86	-18.75	-65.50	34.92	资金运用总计	392.43	1.86	-18.75	-65.50	34.92

(四)现金收支统计

1. 上海市中资金融机构现金收支表

2009-12-31

单位:亿元

收入项目	实际数		比上年同期增减		比上年同期增减%		支出项目	实际数		比上年同期增减		比上年同期增减%	
	本月份	年累计	本月份	年累计	本月份	年累计		本月份	年累计	本月份	年累计	本月份	年累计
一、商品销售收入	363.18	3 486.53	82.35	367.61	29.32	11.79	一、工资性及个人其他支出	254.23	2 592.88	0.72	130.13	0.29	5.28
二、服务业收入	97.88	1 273.93	−33.84	−99.30	−25.69	−7.23	二、农副产品采购支出	25.72	190.79	9.84	12.76	61.98	7.17
三、行政税费收入	11.74	87.91	4.72	−20.51	67.35	−18.92	三、工矿及其他产品采购支出	15.19	156.91	0.42	−1.82	2.86	−1.15
四、城乡个体经营收入	31.09	270.99	9.52	4.97	44.11	1.87	四、行政企业管理与经营费支出	292.14	2 905.51	5.96	104.15	2.08	3.72
五、储蓄存款收入	2 093.94	20 903.54	454.50	828.34	27.72	4.13	五、城乡个体经营支出	54.06	581.12	−4.24	−81.07	−7.28	−12.24
六、其他金融性公司收入	7.58	107.96	−4.58	−42.53	−37.66	−28.26	六、储蓄存款支出	2 150.88	20 705.03	541.60	1 193.42	33.65	6.12
七、居民归还贷款收入	6.60	56.52	2.41	4.53	57.58	8.72	七、其他金融性公司支出	4.11	105.06	−9.40	−51.78	−69.59	−33.02
八、汇兑收入	10.78	103.47	1.98	−12.96	22.45	−11.13	八、居民提取贷款支出	1.60	18.41	0.06	−7.17	4.15	−28.02
九、有价证券及其他投资性收入	2.80	49.47	0.61	3.65	28.08	7.97	九、汇兑支出	4.56	48.52	1.20	−6.50	35.70	−11.81
十、其他收入	161.18	1 738.90	−3.47	−433.64	−2.11	−19.96	十、有价证券支出	1.11	33.27	−0.15	−3.31	−11.68	−9.06
其中:兑换外币收入	5.85	61.06	−0.15	9.49	−2.56	18.41	十一、其他支出	143.73	1 695.86	−45.08	−403.03	−23.88	−19.20
							其中:兑换外币支出	7.04	75.01	−0.12	−34.05	−1.67	−31.22
							支出合计	2 947.32	29 033.36	500.94	885.77	20.48	3.15
							投放(+)、回笼(−)	160.54	954.15	−13.27	285.61	−7.63	42.72
收入合计	2 786.77	28 079.22	514.21	600.16	22.63	2.18	附:代发工资	0.00	0.00	0.00	0.00	0.00	0.00

注:剔除中国工商银行上海市分行上年1月份调整因素,2009年12月份实际比上年同期多投放101.16亿元。

2. 上海市国有商业银行现金收支表

2009-12-31

单位：亿元

收入项目	实际数		比上年同期增减		比上年同期增减%		支出项目	实际数		比上年同期增减		比上年同期增减%	
	本月份	年累计	本月份	年累计	本月份	年累计		本月份	年累计	本月份	年累计	本月份	年累计
一、商品销售收入	194.79	1 857.35	41.02	108.69	26.68	6.22	一、工资性及个人其他支出	160.00	1 709.50	−4.08	73.80	−2.49	4.51
二、服务业收入	82.41	1 120.30	−34.11	−89.61	−29.27	−7.41	二、农副产品采购支出	9.49	97.02	−0.58	−11.50	−5.73	−10.60
三、行政税费收入	10.30	81.60	3.68	−3.09	55.66	−3.65	三、工矿及其他产品采购支出	6.31	74.28	−1.53	−10.47	−19.55	−12.35
四、城乡个体经营收入	22.00	220.80	3.25	−11.73	17.32	−5.04	四、行政企业管理与经营费支出	157.23	1 485.35	17.01	39.38	12.13	2.72
五、储蓄存款收入	1 494.54	14 244.67	399.13	949.34	36.44	7.14	五、城乡个体经营支出	32.43	369.29	−5.81	−61.65	−15.19	−14.31
六、其他金融性公司收入	5.79	91.27	−6.10	−50.08	−51.33	−35.43	六、储蓄存款支出	1 534.07	14 177.45	426.62	945.31	38.52	7.14
七、居民归还贷款收入	4.75	43.82	1.52	0.64	46.92	1.48	七、其他金融性公司支出	3.44	84.76	−10.02	−30.36	−74.43	−26.37
八、汇兑收入	5.65	60.75	1.05	0.44	22.86	0.74	八、居民提取贷款支出	1.13	12.83	0.21	−1.38	22.61	−9.69
九、有价证券及其他投资性收入	1.68	25.26	−0.34	−8.72	−16.76	−25.65	九、汇兑支出	3.89	38.98	1.05	−7.57	37.01	−16.26
十、其他收入	52.27	673.59	−16.64	−133.85	−24.15	−16.58	十、有价证券支出	0.86	19.03	−0.18	−2.49	−16.94	−11.59
其中：兑换外币收入	4.09	44.90	−0.41	10.32	−9.12	29.83	十一、其他支出	39.76	579.55	−35.15	−7.40	−46.92	−1.26
							其中：兑换外币支出	4.87	52.03	−0.43	−13.78	−8.09	−20.94
							支出合计	1 948.61	18 648.03	387.55	925.67	24.83	5.22
							投放(+)、回笼(−)	74.45	228.62	−4.91	163.65	−6.19	251.86
收入合计	1 874.17	18 419.41	392.46	762.02	26.49	4.32	附：代发工资	0.00	0.00	0.00	0.00	0.00	0.00

注：剔除中国工商银行上海市分行上年1月份调整因素，2009年12月份实际比上年同期多投放20.8亿元。

3. 上海市其他商业银行现金收支表

2009-12-31

单位:亿元

收入项目	实际数		比上年同期增减		比上年同期增减%		支出项目	实际数		比上年同期增减		比上年同期增减%	
	本月份	年累计	本月份	年累计	本月份	年累计		本月份	年累计	本月份	年累计	本月份	年累计
一、商品销售收入	41.32	418.76	3.64	15.70	9.67	3.90	一、工资性及个人其他支出	14.94	138.20	1.51	34.29	11.20	33.00
二、服务业收入	7.03	82.82	−2.07	9.85	−22.77	13.50	二、农副产品采购支出	0.66	7.34	−0.12	1.72	−15.60	30.63
三、行政税费收入	0.04	0.34	0.00	−0.39	11.10	−53.57	三、工矿及其他产品采购支出	0.24	3.14	−0.03	1.52	−10.46	94.01
四、城乡个体经营收入	7.33	30.21	5.44	15.85	288.95	110.35	四、行政企业管理与经营费支出	38.36	394.93	−0.91	29.74	−2.31	8.14
五、储蓄存款收入	345.83	3 732.94	53.29	79.25	18.22	2.17	五、城乡个体经营支出	3.31	33.68	0.19	5.33	6.01	18.81
六、其他金融性公司收入	0.13	2.86	−0.11	−0.15	−45.41	−5.02	六、储蓄存款支出	319.65	3 415.82	49.98	167.18	18.53	5.15
七、居民归还贷款收入	0.48	7.50	0.15	4.48	46.84	148.09	七、其他金融性公司支出	0.17	2.03	0.15	−1.11	579.37	−35.40
八、汇兑收入	1.59	13.43	−0.19	−1.41	−10.64	−9.50	八、居民提取贷款支出	0.47	4.59	−0.14	−0.57	−23.50	−11.12
九、有价证券及其他投资性收入	0.56	11.15	0.49	6.86	670.54	159.60	九、汇兑支出	0.48	6.07	0.04	1.18	9.71	24.07
十、其他收入	53.35	594.76	−9.99	−274.73	−15.77	−31.60	十、有价证券支出	0.16	7.47	0.04	−4.89	31.53	−39.56
其中:兑换外币收入	1.60	14.86	0.23	−1.74	16.36	−10.45	十一、其他支出	47.44	535.67	−11.75	−340.07	−19.86	−38.83
							其中:兑换外币支出	2.11	21.83	0.33	−20.70	18.49	−48.67
							支出合计	425.88	4 548.94	38.94	−105.68	10.06	−2.27
							投放(+)、回笼(−)	−31.78	−345.83	−11.72	39.01	58.44	−10.14
收入合计	457.66	4 894.77	50.66	−144.69	12.45	−2.87	附:代发工资	0.00	0.00	0.00	0.00	0.00	0.00

4. 上海银行现金收支表

2009-12-31

单位:亿元

收入项目	实际数		比上年同期增减		比上年同期增减%		支出项目	实际数		比上年同期增减		比上年同期增减%	
	本月份	年累计	本月份	年累计	本月份	年累计		本月份	年累计	本月份	年累计	本月份	年累计
一、商品销售收入	79.94	797.68	19.91	144.77	33.17	22.17	一、工资性及个人其他支出	19.51	215.37	−1.44	17.87	−6.89	9.05
二、服务业收入	5.93	47.20	1.55	−14.98	35.42	−24.09	二、农副产品采购支出	4.95	35.88	2.96	9.46	149.10	35.81
三、行政税费收入	1.27	3.92	1.11	−16.30	706.11	−80.62	三、工矿及其他产品采购支出	3.43	34.80	0.87	13.54	33.82	63.72
四、城乡个体经营收入	1.38	15.97	1.02	5.47	286.31	52.03	四、行政企业管理与经营费支出	38.73	435.26	−9.54	−23.94	−19.75	−5.21
五、储蓄存款收入	132.03	1 637.71	−16.61	−431.26	−11.18	−20.84	五、城乡个体经营支出	2.87	33.14	0.18	−27.97	6.77	−45.78
六、其他金融性公司收入	1.01	1.03	1.01	−1.10	168 233.33	−51.72	六、储蓄存款支出	186.82	1 957.63	36.10	−167.35	23.95	−7.88
七、居民归还贷款收入	1.00	1.07	0.78	0.84	352.90	366.01	七、其他金融性公司支出	0.44	16.56	0.42	−20.46	2 193.19	−55.27
八、汇兑收入	0.50	0.51	0.50	−0.05	14 185.71	−9.17	八、居民提取贷款支出	0.00	0.09	0.00	−5.80	0.00	−98.56
九、有价证券及其他投资性收入	0.50	0.57	0.50	−0.51	45 354.55	−47.18	九、汇兑支出	0.00	0.01	−0.01	−0.19	−100.00	−92.98
十、其他收入	41.61	365.97	15.80	−0.49	61.24	−0.13	十、有价证券支出	0.00	0.02	0.00	−1.72	0.00	−98.91
其中:兑换外币收入	0.15	1.22	0.03	0.89	20.60	274.95	十一、其他支出	44.01	419.65	−3.34	−88.59	−7.05	−17.43
							其中:兑换外币支出	0.07	1.09	−0.02	0.44	−23.78	67.77
							支出合计	300.76	3 148.39	26.20	−295.16	9.54	−8.57
							投放(+)、回笼(−)	35.59	276.76	0.63	18.46	1.80	7.15
收入合计	265.16	2 871.62	25.57	−313.62	10.67	−9.85	附:代发工资	0.00	0.00	0.00	0.00	0.00	0.00

5. 上海农村商业银行现金收支表

2009-12-31

单位:亿元

收入项目	实际数		比上年同期增减		比上年同期增减%		支出项目	实际数		比上年同期增减		比上年同期增减%	
	本月份	年累计	本月份	年累计	本月份	年累计		本月份	年累计	本月份	年累计	本月份	年累计
一、商品销售收入	46.68	407.98	17.62	96.22	60.63	30.86	一、工资性及个人其他支出	59.78	529.78	4.74	4.35	8.62	0.83
二、服务业收入	2.22	21.83	0.61	−4.69	38.26	−17.69	二、农副产品采购支出	10.62	50.55	7.58	13.07	249.16	34.87
三、行政税费收入	0.13	2.06	−0.07	−0.72	−36.58	−25.93	三、工矿及其他产品采购支出	5.17	44.47	1.10	−6.52	27.10	−12.79
四、城乡个体经营收入	0.37	3.90	−0.20	−4.72	−35.36	−54.77	四、行政企业管理与经营费支出	57.72	589.64	−0.68	58.74	−1.17	11.06
五、储蓄存款收入	114.20	1 221.90	15.92	194.64	16.19	18.95	五、城乡个体经营支出	15.40	144.60	1.17	2.95	8.20	2.08
六、其他金融性公司收入	0.65	12.78	0.62	8.81	2 318.59	222.24	六、储蓄存款支出	101.43	1 075.51	24.86	204.62	32.47	23.50
七、居民归还贷款收入	0.37	4.13	−0.04	−1.42	−8.90	−25.53	七、其他金融性公司支出	0.05	1.69	0.05	0.18	0.00	11.96
八、汇兑收入	3.04	28.68	0.63	−11.98	26.20	−29.47	八、居民提取贷款支出	0.00	0.91	0.00	0.68	−100.00	304.55
九、有价证券及其他投资性收入	0.06	12.40	−0.03	6.09	−33.14	96.64	九、汇兑支出	0.19	3.43	0.12	0.39	153.38	12.66
十、其他收入	11.39	85.02	5.34	−34.47	88.33	−28.85	十、有价证券支出	0.10	6.74	−0.01	5.78	−9.10	602.26
其中:兑换外币收入	0.00	0.00	0.00	0.00	0.00	−100.00	十一、其他支出	10.36	144.89	3.63	22.46	54.08	18.35
							其中:兑换外币支出	0.00	0.00	0.00	−0.01	0.00	−100.00
							支出合计	260.81	2 592.22	42.56	306.69	19.50	13.42
							投放(+)、回笼(−)	81.70	791.56	2.16	58.92	2.71	8.04
收入合计	179.11	1 800.66	40.40	247.77	29.13	15.96	附:代发工资	0.00	0.00	0.00	0.00	0.00	0.00

(五) 利　率

1. 中国人民银行对金融机构存贷款基准利率调整表

(2009 年)　　单位:年利率(%)

项　目	利　率
一、中国人民银行对金融机构存款利率	
(一) 法定准备金	1.62
(二) 超额准备金	0.72
二、人民银行对金融机构贷款利率	
(一) 流动性再贷款(不含农信社)	
二十天	2.79
三个月	3.06
六个月	3.24
一年	3.33
(二) 再贴现	1.8
(三) 农信社再贷款	
二十天	2.34
三个月	2.61
六个月	2.79
一年	2.88
(四) 专项政策性再贷款(超限额及新发放部分)	4.27
(五) 金融稳定再贷款(延期期间)	4.27

注:本表从 2008 年 12 月 23 日起执行。

2. 金融机构人民币存款基准利率调整表

(2009 年)　　单位:年利率(%)

项　目	利　率
一、活期存款	0.36
二、定期存款	
(一) 整存整取	
3 个月	1.71
半年	1.98
1 年	2.25

（续表）

项 目	利 率
2年	2.79
3年	3.33
5年	3.6
（二）零存整取、整存零取、存本取息	
1年	1.71
3年	1.98
5年	2.25
（三）定活两便	按一年以内定期整存整取同档次利率打六折执行
三、协定存款	1.17
四、通知存款	
一天	0.81
七天	1.35

注：本表从2008年12月23日起执行。

3. 金融机构人民币贷款基准利率调整表

（2009年）

单位：年利率（%）

项 目	利 率
一、短期贷款	
6个月以内(含6个月)	4.86
6个月至1年(含1年)	5.31
二、中长期贷款	
1至3年(含3年)	5.4
3至5年(含5年)	5.76
5年以上	5.94
三、贴现	
四、个人住房公积金贷款	
5年以下(含5年)	3.33
5年以上	3.87
五、罚息水平	
（一）逾期贷款	在合同利率水平上加收30%—50%
（二）挤占挪用贷款	在合同利率水平上加收50%—100%

注：本表从2008年12月23日起执行。

4. 全国银行间同业拆借各期限月加权平均利率表

（2009 年） 单位：年利率(%)

	隔夜	7天	8—14天	15—20天	21—30天	31—60天	3个月	4个月	6个月	9个月	1年
2009.01	0.860	1.030	1.000	1.020	1.250	1.710	1.820	2.450	—	—	—
2009.02	0.830	1.010	0.960	1.100	1.120	1.310	1.550	1.600	1.540	2.230	1.830
2009.03	0.810	0.990	0.960	1.210	1.040	1.120	1.540	1.310	1.520	—	1.650
2009.04	0.820	1.000	0.960	0.970	1.060	1.130	1.650	1.620	1.710	1.630	—
2009.05	0.810	1.000	0.960	0.990	1.080	1.060	1.380	1.290	1.530	—	2.160
2009.06	0.870	1.060	1.060	0.990	1.100	1.330	1.380	1.380	2.200	2.260	1.850
2009.07	1.260	1.620	1.520	1.340	1.500	1.700	1.860	1.700	1.790	—	2.610
2009.08	1.160	1.490	1.570	1.270	1.720	1.760	1.800	—	2.940	3.200	2.800
2009.09	1.200	1.570	1.650	1.600	1.670	1.880	1.970	1.820	2.210	2.010	2.200
2009.10	1.250	1.570	1.590	1.880	1.700	1.800	1.840	1.810	2.170	—	2.300
2009.11	1.200	1.460	1.480	1.560	1.720	1.760	1.820	2.030	—	2.480	—
2009.12	1.190	1.500	1.600	1.610	1.730	1.730	1.860	1.920	2.460	—	—

5. 小额外币存款利率表

（2009 年） 单位：年利率(%)

项目	美元	欧元	日元	港币
活期	1.150 0	0.100 0	0.000 1	1.000 0
七天通知	1.375 0	0.375 0	0.000 5	1.250 0
一个月	2.250 0	0.750 0	0.010 0	1.875 0
三个月	2.750 0	1.000 0	0.010 0	2.375 0
六个月	2.875 0	1.125 0	0.010 0	2.500 0
一年	3.000 0	1.250 0	0.010 0	2.625 0

注：本表从 2005 年 12 月 28 日起执行。

二、金融机构业务统计

（一）人民币信贷收支统计

1. 国家开发银行上海市分行人民币信贷收支表

2009-12-31

单位:亿元

来源项目名称（栏目）	本月余额	比年初增减数	
		本　年	上　年
一、各项存款	131.63	26.23	55.25
1. 企业存款	131.63	26.23	55.25
(1) 活期存款	85.46	10.83	25.27
(2) 定期存款	46.17	15.40	29.99
2. 机关团体存款			
3. 储蓄存款			
(1) 活期储蓄			
(2) 定期储蓄			
4. 农业存款			
5. 其他存款			
二、代理财政性存款			
三、金融债券			
其中:政策性金融债券			
四、应付及暂收款	1.30	−0.18	0.45
其中:应付及预提利息	0.21	0.10	0.06
五、卖出回购资产			
六、向中央银行借款			
七、同业往来	0.04	−35.97	36.00
1. 同业存放	0.04	−35.97	36.00
2. 同业拆借			
八、行内资金往来	1 057.28	182.95	6.40
九、委托存款及委托投资基金(净)			
1. 委托存款及委托投资基金	0.32	−0.21	−18.24
2. 减:委托贷款及委托投资	0.32	−0.21	−18.24
十、代理金融机构委托贷款基金			
其中:中央银行委托贷款基金			
十一、各项准备			
其中:贷款损失准备金			
十二、所有者权益	18.86	3.76	1.96
其中:实收资本			
十三、其他	1.62	0.04	−0.13
资金来源总计	1 210.73	176.83	99.94

运用项目名称（栏目）	本月余额	比年初增减数	
		本　年	上　年
一、各项贷款	1 185.49	195.42	111.38
1. 短期贷款	145.79	87.44	16.87
(1) 工业贷款			
(2) 商业贷款			
(3) 建筑业贷款			
(4) 农业贷款			
(5) 乡镇企业贷款			
(6) 三资企业贷款			
(7) 私营企业及个体贷款			
(8) 其他短期贷款	145.79	87.44	16.87
其中:个人短期贷款			
2. 中长期贷款	1 034.51	102.96	94.47
(1) 基本建设贷款	605.62	99.14	62.54
(2) 技术改造贷款			
(3) 其他中长期贷款	428.89	3.82	31.93
其中:个人中长期贷款			
3. 票据融资	5.02	5.02	
其中:贴现	5.02	5.02	
4. 各项垫款	0.17		0.05
二、有价证券及投资	18.00	−6.47	
三、应收及预付款	2.03	−0.15	0.24
其中:应收利息	1.93	−0.20	0.27
四、买入返售资产			
五、存放中央银行准备金存款	5.02	−10.55	−12.32
六、存放中央银行特种存款			
七、缴存中央银行财政性存款			
八、同业往来	0.16	−0.59	0.68
1. 存放同业	0.16	−0.59	0.68
2. 拆放同业			
九、行内资金往来			
十、代理金融机构贷款			
其中:代理人行专项贷款			
十一、库存现金			
十二、外汇占款	0.03	−0.83	−0.05
资金运用总计	1 210.73	176.83	99.94

2. 中国进出口银行上海分行人民币信贷收支表

2009-12-31

单位:亿元

来源项目名称 \ 栏目	本月余额	比年初增减数		运用项目名称 \ 栏目	本月余额	比年初增减数	
		本 年	上 年			本 年	上 年
一、各项存款	25.31	8.88	−21.48	一、各项贷款	287.17	71.31	31.15
1. 企业存款	24.45	9.00	−20.92	1. 短期贷款	60.44	−36.44	34.25
(1) 活期存款	10.36	2.43	−0.04	(1) 工业贷款			
(2) 定期存款	14.09	6.57	−20.88	(2) 商业贷款			
2. 机关团体存款				(3) 建筑业贷款			
3. 储蓄存款				(4) 农业贷款			
(1) 活期储蓄				(5) 乡镇企业贷款			
(2) 定期储蓄				(6) 三资企业贷款			
4. 农业存款				(7) 私营企业及个体贷款			
5. 其他存款	0.87	−0.12	−0.55	(8) 其他短期贷款	60.44	−36.44	34.25
二、代理财政性存款				其中:个人短期贷款			
三、金融债券				2. 中长期贷款	226.73	107.74	−3.10
其中:政策性金融债券				(1) 基本建设贷款			
四、应付及暂收款	1.00	−27.83	−9.34	(2) 技术改造贷款			
其中:应付及预提利息	0.73	0.35	0.08	(3) 其他中长期贷款	226.73	107.74	−3.10
五、卖出回购资产				其中:个人中长期贷款			
六、向中央银行借款				3. 票据融资			
七、同业往来	8.00	8.00		其中:贴现			
1. 同业存放	8.00	8.00		4. 各项垫款			
2. 同业拆借				二、有价证券及投资			
八、行内资金往来	248.49	50.37	51.04	三、应收及预付款	0.41	−28.20	−9.44
九、委托存款及委托投资基金(净)				其中:应收利息	0.36	0.04	0.07
1. 委托存款及委托投资基金				四、买入返售资产			
2. 减:委托贷款及委托投资				五、存放中央银行准备金存款	1.34	−0.70	−0.73
十、代理金融机构委托贷款基金				六、存放中央银行特种存款			
其中:中央银行委托贷款基金				七、缴存中央银行财政性存款			
十一、各项准备				八、同业往来	0.00	0.00	−0.01
其中:贷款损失准备金				1. 存放同业	0.00	0.00	−0.01
十二、所有者权益	5.15	3.42	0.18	2. 拆放同业			
其中:实收资本				九、行内资金往来			
十三、其他	0.96	−0.42	0.57	十、代理金融机构贷款			
				其中:代理人行专项贷款			
				十一、库存现金	0.00	0.00	
				十二、外汇占款			
资金来源总计	288.92	42.41	20.97	资金运用总计	288.92	42.41	20.97

3. 中国工商银行上海市分行人民币信贷收支表

2009-12-31

单位:亿元

来源项目名称	本月余额	比年初增减数 本年	比年初增减数 上年
一、各项存款	6 987.19	817.06	1 025.44
1. 企业存款	2 890.52	468.34	620.77
(1) 活期存款	1 838.73	275.46	57.99
(2) 定期存款	1 051.79	192.88	562.78
2. 机关团体存款	489.13	−77.01	−251.52
3. 储蓄存款	3 494.32	407.49	700.56
(1) 活期储蓄	1 123.08	258.89	74.29
(2) 定期储蓄	2 371.24	148.60	626.27
4. 农业存款	0.09	−0.15	0.12
5. 其他存款	113.13	18.39	−44.49
二、代理财政性存款	229.09	86.86	24.25
三、金融债券	0.00		
其中:政策性金融债券	0.00		0.00
四、应付及暂收款	130.79	−8.56	69.00
其中:应付及预提利息	53.42	−1.89	19.33
五、卖出回购资产	31.80	29.80	2.00
六、向中央银行借款			
七、同业往来	2 259.47	710.22	−527.28
1. 同业存放	2 233.29	711.57	−547.32
2. 同业拆借	26.19	−1.35	20.04
八、行内资金往来			
九、委托存款及委托投资基金(净)		0.00	
1. 委托存款及委托投资基金		0.00	
2. 减:委托贷款及委托投资			
十、代理金融机构委托贷款基金			
其中:中央银行委托贷款基金			
十一、各项准备	27.78	−8.01	1.52
其中:贷款损失准备金	27.67	−7.35	2.32
十二、所有者权益	104.23	1.37	−7.82
其中:实收资本			
十三、其他	−6.88	6.15	−22.13
资金来源总计	9 763.48	1 634.88	564.98

运用项目名称	本月余额	比年初增减数 本年	比年初增减数 上年
一、各项贷款	3 451.76	549.51	232.42
1. 短期贷款	647.56	−203.24	49.58
(1) 工业贷款	464.91	−210.62	32.16
(2) 商业贷款	0.02	−0.55	−1.46
(3) 建筑业贷款			−0.01
(4) 农业贷款	0.02	0.01	−0.04
(5) 乡镇企业贷款			
(6) 三资企业贷款			−0.30
(7) 私营企业及个体贷款	0.01	0.01	−0.17
(8) 其他短期贷款	182.60	7.92	19.41
其中:个人短期贷款	1.15	−0.15	−6.48
2. 中长期贷款	2 504.89	554.55	190.10
(1) 基本建设贷款	1 364.40	368.60	111.19
(2) 技术改造贷款			
(3) 其他中长期贷款	1 140.49	185.95	78.91
其中:个人中长期贷款	563.24	138.39	−8.87
3. 票据融资	299.31	198.19	−7.27
其中:贴现	299.31	198.19	−7.27
4. 各项垫款			
二、有价证券及投资	897.18	227.35	101.69
三、应收及预付款	20.86	3.28	36.56
其中:应收利息	12.46	1.94	3.52
四、买入返售资产	31.80	29.80	2.00
五、存放中央银行准备金存款	34.36	13.41	−4.85
六、存放中央银行特种存款			
七、缴存中央银行财政性存款	202.98	52.91	47.13
八、同业往来	96.99	−13.26	40.71
1. 存放同业	38.29	−4.86	40.18
2. 拆放同业	58.70	−8.40	0.53
九、行内资金往来	5 010.71	774.88	110.90
十、代理金融机构贷款			
其中:代理人行专项贷款			
十一、库存现金	16.85	−2.60	−1.58
十二、外汇占款			
资金运用总计	9 763.48	1 634.88	564.98

4. 中国农业银行上海市分行人民币信贷收支表

2009-12-31

单位:亿元

来源项目名称	本月余额	比年初增减数 本年	比年初增减数 上年	运用项目名称	本月余额	比年初增减数 本年	比年初增减数 上年
一、各项存款	3 756.76	499.90	283.78	一、各项贷款	2 117.83	191.28	120.93
1. 企业存款	1 626.12	189.95	−106.21	1. 短期贷款	586.82	−80.90	96.23
(1) 活期存款	1 273.09	110.36	−112.53	(1) 工业贷款	184.76	−34.47	36.11
(2) 定期存款	353.03	79.29	6.32	(2) 商业贷款	237.14	42.56	26.43
2. 机关团体存款	162.03	43.94	43.11	(3) 建筑业贷款	21.16	−14.18	4.50
3. 储蓄存款	1 914.36	252.56	365.07	(4) 农业贷款	1.58	−0.15	−1.94
(1) 活期储蓄	658.02	127.34	100.72	(5) 乡镇企业贷款	0.00	0.00	0.00
(2) 定期储蓄	1 256.34	124.72	264.35	(6) 三资企业贷款	0.00	0.00	0.00
4. 农业存款	0.00	0.00	0.00	(7) 私营企业及个体贷款	0.21	0.21	0.00
5. 其他存款	54.25	13.45	−18.19	(8) 其他短期贷款	141.97	−74.87	31.13
二、代理财政性存款	280.05	149.92	−42.16	其中:个人短期贷款	5.04	0.94	1.77
三、金融债券	0.00	0.00	0.00	2. 中长期贷款	1 460.55	227.40	11.53
其中:政策性金融债券	0.00	0.00	0.00	(1) 基本建设贷款	733.87	60.94	−105.57
四、应付及暂收款	150.96	−17.07	34.67	(2) 技术改造贷款	0.00	0.00	0.00
其中:应付及预提利息	39.84	0.79	11.97	(3) 其他中长期贷款	726.68	166.46	117.10
五、卖出回购资产	0.00	0.00	0.00	其中:个人中长期贷款	334.84	98.20	2.96
六、向中央银行借款	0.00	0.00	0.00	3. 票据融资	70.27	44.59	13.23
七、同业往来	548.06	236.90	−143.10	其中:贴现	70.27	44.59	13.23
1. 同业存放	548.06	236.90	−143.10	4. 各项垫款	0.19	0.19	−0.06
2. 同业拆借	0.00	0.00	0.00	二、有价证券及投资	13.37	−2.04	−3.36
八、行内资金往来	0.00	0.00	0.00	三、应收及预付款	84.42	−26.76	26.40
九、委托存款及委托投资基金(净)	0.00	0.00	−0.02	其中:应收利息	3.70	2.99	0.30
1. 委托存款及委托投资基金	272.38	70.01	17.53	四、买入返售资产	13.93	−0.35	4.40
2. 减:委托贷款及委托投资	272.38	70.01	17.55	五、存放中央银行准备金存款	9.51	−6.54	5.03
十、代理金融机构委托贷款基金	3.78	3.15	0.00	六、存放中央银行特种存款	0.00	0.00	0.00
其中:中央银行委托贷款基金	0.00	0.00	0.00	七、缴存中央银行财政性存款	369.35	184.85	−32.48
十一、各项准备	58.38	23.43	14.70	八、同业往来	31.90	7.74	−70.76
其中:贷款损失准备	57.55	23.23	14.30	1. 存放同业	0.00	−2.04	−1.28
十二、所有者权益	40.67	−40.22	11.97	2. 拆放同业	31.90	9.78	−69.48
其中:实收资本	0.00	0.00	0.00	九、行内资金往来	2 112.28	485.03	203.91
十三、其他	−67.73	−18.72	93.10	十、代理金融机构贷款	3.78	3.15	0.00
				其中:代理人行专项贷款	0.00	0.00	0.00
				十一、库存现金	14.32	0.76	0.62
				十二、外汇占款	0.24	0.22	−1.75
资金来源总计	4 770.93	837.34	252.94	资金运用总计	4 770.93	837.34	252.94

5. 中国银行上海市分行人民币信贷收支表

2009-12-31

单位:亿元

来源项目名称	本月余额	比年初增减数 本年	比年初增减数 上年
一、各项存款	3 196.76	924.76	406.53
1. 企业存款	1 734.23	651.41	181.15
(1) 活期存款	728.23	130.82	12.11
(2) 定期存款	1 006.00	520.59	169.04
2. 机关团体存款	9.46	−5.85	6.76
3. 储蓄存款	1 225.39	219.92	224.98
(1) 活期储蓄	394.44	120.32	11.23
(2) 定期储蓄	830.96	99.60	213.75
4. 农业存款	0.37	0.08	
5. 其他存款	227.30	59.19	−6.36
二、代理财政性存款	1.86	−0.75	2.22
三、金融债券			
其中:政策性金融债券			
四、应付及暂收款	48.99	1.41	7.70
其中:应付及预提利息	25.71	0.66	8.67
五、卖出回购资产			
六、向中央银行借款			
七、同业往来	670.96	−100.09	−124.11
1. 同业存放	670.96	−100.09	−124.11
2. 同业拆借			
八、行内资金往来			
九、委托存款及委托投资基金(净)			
1. 委托存款及委托投资基金	189.05	37.08	16.15
2. 减:委托贷款及委托投资	189.05	37.08	16.15
十、代理金融机构委托贷款基金			
其中:中央银行委托贷款基金			
十一、各项准备	30.46	5.31	2.78
其中:贷款损失准备金	28.47	5.30	2.78
十二、所有者权益	42.65	−10.21	16.17
其中:实收资本			
十三、其他	14.28	0.68	−4.62
资金来源总计	4 005.97	821.13	306.67

运用项目名称	本月余额	比年初增减数 本年	比年初增减数 上年
一、各项贷款	1 795.15	380.66	165.97
1. 短期贷款	289.84	−17.31	12.51
(1) 工业贷款	18.75	−13.36	0.66
(2) 商业贷款	21.84	2.90	2.11
(3) 建筑业贷款	7.35	−8.24	7.19
(4) 农业贷款			
(5) 乡镇企业贷款			
(6) 三资企业贷款	48.45	−13.67	6.50
(7) 私营企业及个体贷款	0.89	0.89	−0.28
(8) 其他短期贷款	192.56	14.17	−3.66
其中:个人短期贷款	17.58	11.16	−2.17
2. 中长期贷款	1 376.26	379.84	108.91
(1) 基本建设贷款	240.76	55.96	41.22
(2) 技术改造贷款	0.59	0.16	−0.82
(3) 其他中长期贷款	1 134.91	323.72	68.51
其中:个人中长期贷款	759.78	160.51	12.72
3. 票据融资	128.95	18.08	44.53
其中:贴现	128.95	18.08	44.53
4. 各项垫款	0.09	0.06	0.03
二、有价证券及投资	29.97	−4.57	−1.94
三、应收及预付款	40.42	−0.07	23.37
其中:应收利息	37.39	−1.19	24.37
四、买入返售资产		−0.29	0.29
五、存放中央银行准备金存款	57.45	−55.92	73.04
六、存放中央银行特种存款			
七、缴存中央银行财政性存款	1.89	1.41	−0.45
八、同业往来	169.13	87.01	43.77
1. 存放同业	149.23	100.21	43.64
2. 拆放同业	19.90	−13.20	0.13
九、行内资金往来	1 903.17	411.78	18.93
十、代理金融机构贷款			
其中:代理人行专项贷款			
十一、库存现金	9.44	1.12	−1.06
十二、外汇占款	−0.65	0.00	−15.25
资金运用总计	4 005.97	821.13	306.67

6. 中国建设银行上海市分行人民币信贷收支表

2009-12-31

单位:亿元

来源项目名称	本月余额	比年初增减数	
		本　年	上　年
一、各项存款	4 924.57	739.38	768.49
1. 企业存款	2 179.08	459.23	−14.55
(1) 活期存款	1 505.76	354.95	−125.25
(2) 定期存款	673.33	104.27	110.70
2. 财政存款	3.42	2.46	0.17
3. 机关团体存款	512.47	7.60	82.72
4. 储蓄存款	1 897.35	298.93	425.26
(1) 活期储蓄	637.31	131.77	75.51
(2) 定期储蓄	1 260.04	167.17	349.75
5. 农业存款	0.19	−0.07	−0.02
6. 信托存款			
7. 委托存款	747.29	136.27	95.22
8. 其他存款	335.48	−26.31	179.69
二、金融债券			
三、应付及暂收款	58.68	6.19	8.78
其中:应付及预收利息	42.13	6.41	11.33
四、同业往来	1 483.29	734.99	−716.55
五、行内资金往来			
六、各项准备	2.10	−1.22	−1.40
其中:贷款损失准备			
七、所有者权益	10.43	−1.23	
其中:实收资本			
当年结益	82.41	82.41	90.00
八、其他	51.98	0.47	−106.14
资金来源总计	6 531.05	1 478.58	−46.82

运用项目名称	本月余额	比年初增减数	
		本　年	上　年
一、各项贷款	2 545.93	348.81	207.60
1. 短期贷款	566.76	4.42	−10.05
(1) 工业贷款	113.15	−78.98	6.95
(2) 商业贷款	44.65	−1.54	−7.68
(3) 建筑业贷款	39.95	−6.04	−0.45
(4) 农业贷款			
(5) 乡镇企业贷款			
(6) 三资企业贷款			
(7) 私营企业及个体贷款	19.97	1.50	8.63
(8) 其他短期贷款	349.04	89.48	−17.50
其中:个人短期消费贷款	9.01	−2.03	−1.69
2. 中长期贷款	1 820.74	235.35	201.33
(1) 基本建设贷款	827.85	111.57	129.72
(2) 技术改造贷款	16.41	−6.16	−3.17
(3) 其他中长期贷款	976.48	129.94	74.78
其中:个人中长期消费贷款	462.82	45.58	20.99
3. 信托贷款			
4. 融资租赁			
5. 委托贷款	747.24	136.24	95.23
6. 票据融资	157.73	108.34	16.30
其中:贴现	157.73	108.34	16.30
7. 各项垫款	0.70	0.70	
二、有价证券及投资	11.39	−9.90	−2.34
三、应收及预付款	15.73	−0.96	−5.36
其中:应收利息	10.81	1.57	−4.25
四、同业往来	7.98	−11.19	−33.67
五、系统内资金往来	3 902.79	1 151.58	−214.53
六、金银占款			
七、外汇占款	−0.24		−0.09
八、固定资产	33.47	−0.14	−0.98
九、库存现金	14.00	0.38	2.55
资金运用总计	6 531.05	1 478.58	−46.82

7. 交通银行上海市分行人民币信贷收支表

2009 年 12 月 31 日

单位:万元

负 债 科 目	本期余额	比上年增减数		资 产 科 目	本期余额	比上年增减数	
		本 年	上 年			本 年	上 年
一、各项存款	22 301 221.36	4 372 707.06	3 483 553.81	一、各项贷款	15 320 692.99	4 506 687.69	1 727 417.27
1. 企业存款	12 518 829.64	2 226 174.46	2 195 399.87	1. 短期贷款	4 294 162.83	−434 973.73	595 997.50
(1) 活期存款	7 163 063.00	726 038.03	669 592.99	(1) 工业贷款	1 028 574.13	−600 853.73	425 352.06
(2) 定期存款	5 355 766.64	1 500 136.43	1 525 806.88	(2) 商业贷款	591 424.47	−102 200.71	51 678.12
2. 机关团体存款	272 737.14	32 123.93	8 067.62	(3) 建筑业贷款	70 574.00	−110 576.00	−348 075.00
3. 储蓄存款	6 615 959.71	1 344 392.31	1 336 658.81	(4) 农业贷款	10 500.00	3 200.00	100.00
(1) 活期储蓄	2 327 176.54	485 180.39	172 350.38	(5) 乡镇企业贷款			
(2) 定期储蓄	4 288 783.17	859 211.92	1 164 308.43	(6) 三资企业贷款			
4. 农业存款	3 097.15	2 833.56	−85.76	(7) 私营企业及个体贷款	461.29	86.67	125.00
5. 其他存款	2 890 597.72	767 182.80	−56 486.73	(8) 其他短期贷款	2 592 628.94	375 370.04	466 817.32
二、代理财政性存款	409.19	−23 906.79	23 992.22	其中:个人短期消费贷款	3 952.68	−1 033.47	342.55
三、金融债券				2. 中长期贷款	9 428 256.48	3 602 118.46	966 885.22
其中:政策性金融债券				(1) 基本建设贷款	1 829 483.64	763 147.38	78 116.32
四、应付及暂收款	1 094 331.13	39 039.43	−143 025.81	(2) 技术改造贷款	323 456.06	278 928.91	1 784.49
其中:应付及预提利息	220 115.93	50 749.23	76 790.62	(3) 其他中长期贷款	7 275 316.78	2 560 042.17	886 984.41
五、卖出回购资产			−233 640.00	其中:个人中长期消费贷款	2 158 209.09	847 744.62	101 855.19
六、向中央银行借款				3. 票据融资	1 597 869.72	1 339 542.96	164 534.55
七、同业往来	13 493 044.78	185 755.06	4 525 198.12	其中:贴现	1 597 869.72	1 339 542.96	164 534.55
1. 同业存放	13 493 044.78	185 755.06	4 965 198.12	4. 各项垫款	403.96		
2. 同业拆借			−440 000.00	二、有价证券及投资	2 570.65	−1 620 384.11	−342 915.14
八、委托存款及委托投资基金(净)	1 191 915.98	429 670.50	624 137.22	三、应收及预付款	732 838.74	26 862.52	−71 716.19
1. 委托存款及委托投资基金	2 513 812.34	1 076 888.73	765 110.77	其中:应收利息	34 747.97	26 606.65	6 809.34
2. 减:委托贷款及委托投资	1 321 896.36	647 218.23	140 973.55	四、买入返售资产	1 723 156.04	−1 695 085.96	1 371 181.00
九、代理金融机构委托贷款基金				五、存放中央银行准备金存款	287 466.03	−1 101 529.69	833 465.84
其中:中央银行委托贷款基金				六、存放中央银行特种存款			
十、各项准备	115 362.38	11 576.13	19 519.58	七、缴存中央银行财政性存款	458.60	14.50	106.00
其中:贷款损失准备	115 362.38	11 576.13	19 519.58	八、同业往来	4 661 858.88	526 127.52	2 720 625.74
十一、所有者权益	418 265.52	−134 302.11	318 377.32	1. 存放同业	4 066 858.88	261 127.52	2 603 925.74
当年结益	418 265.52	418 265.52	552 567.62	2. 拆放同业	595 000.00	265 000.00	116 700.00
其中:实收资本				九、代理金融机构贷款			
十二、其他	−15 824 529.49	−4 222 226.67	−2 398 686.49	其中:代理人行专项贷款			
				十、库存现金	60 983.65	15 623.64	−17 356.61
				十一、外汇占款	−4.73	−3.50	−1 381.94
资金来源总计	22 790 020.85	658 312.61	6 219 425.97	资金运用总计	22 790 020.85	658 312.61	6 219 425.97

8. 上海浦东发展银行上海分行人民币信贷收支表

2009-12-31

单位:亿元

来源项目名称	本月余额	比年初增减数 本年	比年初增减数 上年
一、各项存款	2 162.03	384.78	190.62
1. 企业存款	1 309.60	256.99	73.78
(1) 活期存款	790.92	171.72	−11.68
(2) 定期存款	518.68	85.27	85.46
2. 机关团体存款	289.83	−2.49	61.17
3. 储蓄存款	488.01	103.30	76.86
(1) 活期储蓄	129.97	23.93	−5.66
(2) 定期储蓄	358.04	79.37	82.53
4. 农业存款			
5. 其他存款	74.59	26.99	−21.19
二、代理财政性存款	3.45	−1.45	−2.18
三、金融债券			
其中:政策性金融债券			
四、应付及暂收款	26.63	7.01	−33.07
其中:应付及预提利息	9.74	−1.15	3.34
五、卖出回购资产			
六、向中央银行借款			
七、同业往来	273.82	−185.10	268.42
1. 同业存放	273.82	−185.10	268.42
2. 同业拆借			
八、行内资金往来			
九、委托存款及委托投资基金(净)	142.77	104.38	28.88
1. 委托存款及委托投资基金	582.28	285.97	116.05
2. 减:委托贷款及委托投资	439.50	181.59	87.17
十、代理金融机构委托贷款基金			
其中:中央银行委托贷款基金			
十一、各项准备	28.08	−0.88	1.97
其中:贷款损失准备金	22.11	0.22	1.47
十二、所有者权益	36.52	−2.62	4.40
其中:实收资本			
十三、其他	−9.38	−11.37	−12.02
资金来源总计	2 663.93	294.75	447.03

运用项目名称	本月余额	比年初增减数 本年	比年初增减数 上年
一、各项贷款	1 182.88	108.10	159.51
1. 短期贷款	261.36	−113.61	32.62
(1) 工业贷款	33.58	−51.51	32.61
(2) 商业贷款	39.92	−13.00	1.18
(3) 建筑业贷款	33.13	−15.08	−38.50
(4) 农业贷款			
(5) 乡镇企业贷款	0.01	−0.01	−0.02
(6) 三资企业贷款	0.02	−0.02	−0.67
(7) 私营企业及个体贷款			
(8) 其他短期贷款	154.70	−33.99	38.02
其中:个人短期贷款	4.76	2.81	−1.04
2. 中长期贷款	887.61	206.11	135.82
(1) 基本建设贷款	260.65	55.00	55.96
(2) 技术改造贷款	2.61	−7.54	7.17
(3) 其他中长期贷款	624.35	158.65	72.68
其中:个人中长期贷款	250.82	69.94	3.42
3. 票据融资	33.83	15.76	−8.43
其中:贴现	33.83	15.76	−8.43
4. 各项垫款	0.08	−0.16	−0.50
二、有价证券及投资	21.21	−8.25	−12.57
三、应收及预付款	12.05	1.18	−34.90
其中:应收利息	1.01	−0.35	0.40
四、买入返售资产	2.00	0.50	1.50
五、存放中央银行准备金存款	1.27	−1.31	0.02
六、存放中央银行特种存款			
七、缴存中央银行财政性存款			
八、同业往来	93.88	92.20	−1.76
1. 存放同业	93.88	93.20	−0.16
2. 拆放同业		−1.00	−1.60
九、行内资金往来	1 345.39	101.31	336.57
十、代理金融机构贷款			
其中:代理人行专项贷款			
十一、库存现金	5.24	1.03	−1.33
十二、外汇占款	0.00	0.00	−0.01
资金运用总计	2 663.93	294.75	447.03

9. 上海银行人民币信贷收支表

2009-12-31

单位:亿元

来源项目名称	本月余额	比年初增减数 本年	比年初增减数 上年
一、各项存款	3 419.08	696.82	432.84
1. 企业存款	2 146.64	462.61	151.95
(1) 活期存款	1 558.66	341.02	24.43
(2) 定期存款	587.98	121.59	127.52
2. 机关团体存款	0.69	0.69	0.00
3. 储蓄存款	977.92	215.37	186.96
(1) 活期储蓄	276.07	66.04	28.44
(2) 定期储蓄	701.85	149.33	158.52
4. 农业存款	5.87	3.07	0.34
5. 其他存款	287.96	15.08	93.59
二、代理财政性存款	0.95	−0.39	0.04
三、金融债券	80.20	50.20	0.00
其中:政策性金融债券	50.20	50.20	0.00
四、应付及暂收款	65.42	18.27	15.03
其中:应付及预提利息	26.63	2.24	9.61
五、卖出回购资产	63.25	−196.35	13.80
六、向中央银行借款	0.00	0.00	0.00
七、同业往来	741.12	500.89	−59.24
1. 同业存放	658.12	446.49	−77.94
2. 同业拆借	83.00	54.40	18.70
八、委托存款及委托投资基金(净)	0.31	−0.05	−0.25
1. 委托存款及委托投资基金	218.20	−19.69	93.98
2. 减:委托贷款及委托投资	217.89	−19.64	94.23
九、代理金融机构委托贷款基金	0.00	0.00	0.00
其中:中央银行委托贷款基金	0.00	0.00	0.00
十、各项准备	65.11	8.78	13.88
其中:贷款损失准备	62.01	10.21	11.12
十一、所有者权益	211.91	44.55	23.30
其中:实收资本	26.00	0.00	0.00
当年结益	40.94	40.94	31.69
十二、其他	−58.30	−2.25	23.98
资金来源总计	4 589.05	1 120.47	463.38

运用项目名称	本月余额	比年初增减数 本年	比年初增减数 上年
一、各项贷款	2 407.61	676.74	254.52
1. 短期贷款	720.75	81.33	149.78
(1) 工业贷款	222.77	54.70	73.12
(2) 商业贷款	190.07	16.29	39.16
(3) 建筑业贷款	90.25	14.60	12.62
(4) 农业贷款	3.11	1.34	0.53
(5) 乡镇企业贷款	28.26	2.59	10.90
(6) 三资企业贷款	7.40	−3.37	5.89
(7) 私营企业及个体贷款	47.08	−25.36	9.41
(8) 其他短期贷款	131.81	20.54	−1.85
其中:个人短期贷款	35.68	18.12	−20.12
2. 中长期贷款	1 435.17	459.60	71.14
(1) 基本建设贷款	481.41	217.15	15.23
(2) 技术改造贷款	49.21	13.57	1.63
(3) 其他中长期贷款	904.55	228.88	54.28
其中:个人中长期贷款	317.44	43.78	21.72
3. 票据融资	246.34	135.48	33.30
其中:贴现	246.34	135.48	33.30
4. 各项垫款	5.35	0.33	0.30
二、有价证券及投资	1 178.60	329.99	46.86
三、应收及预付款	16.60	−9.86	3.66
其中:应收利息	0.89	0.06	0.48
四、买入返售资产	18.34	−65.23	−63.19
五、存放中央银行准备金存款	733.45	96.02	237.79
六、存放中央银行特种存款	0.00	0.00	0.00
七、缴存中央银行财政性存款	0.98	0.73	−0.23
八、同业往来	214.99	86.57	−17.38
1. 存放同业	129.49	93.02	−2.21
2. 拆放同业	85.50	−6.45	−15.17
九、代理金融机构贷款	0.00	0.00	0.00
其中:代理人行专项贷款	0.00	0.00	0.00
十、库存现金	12.39	3.04	0.86
十一、外汇占款	6.09	2.47	0.49
资金运用总计	4 589.05	1 120.47	463.38

10. 上海农村商业银行人民币信贷收支表

2009-12-31

单位:亿元

来源项目名称	本月余额	比年初增减数 本年	比年初增减数 上年	运用项目名称	本月余额	比年初增减数 本年	比年初增减数 上年
一、各项存款	1 787.11	317.42	185.80	一、各项贷款	1 185.93	259.19	99.75
1. 企业存款	115.11	3.19	31.46	1. 短期贷款	378.63	70.53	−2.02
(1) 活期存款				(1) 工业贷款			
(2) 定期存款	115.11	3.19	31.46	(2) 商业贷款			
2. 机关团体存款	3.46	0.24	−8.07	(3) 建筑业贷款			
3. 储蓄存款	861.73	139.27	156.37	(4) 农业贷款	7.46	3.60	−0.10
(1) 活期储蓄	132.64	34.27	20.81	(5) 乡镇企业贷款	106.23	5.08	−17.31
(2) 定期储蓄	729.08	105.00	135.55	(6) 三资企业贷款			
4. 农业存款	792.32	174.21	10.04	(7) 私营企业及个体贷款	0.68	0.68	−0.62
5. 其他存款	14.49	0.51	−4.00	(8) 其他短期贷款	246.26	61.17	16.02
二、代理财政性存款	0.01			其中:个人短期消费贷款	0.93	0.58	0.35
三、金融债券	15.00	15.00		2. 中长期贷款	694.70	171.07	39.61
其中:政策性金融债券				(1) 基本建设贷款			
四、应付及暂收款	40.37	10.23	−4.21	(2) 技术改造贷款			
其中:应付及预提利息	28.70	5.30	8.43	(3) 其他中长期贷款	694.70	171.07	39.61
五、卖出回购金融资产	65.23	63.81	−32.98	其中:个人中长期消费贷款	99.69	17.74	−4.00
六、向中央银行借款				3. 票据融资	111.95	17.06	62.13
七、同业往来	3.01	−1.05	−26.48	其中:贴现	111.95	17.06	62.13
1. 同业存放	3.01	−1.05	−26.48	4. 各项垫款	0.64	0.52	0.04
2. 同业拆借				二、有价证券及投资	409.47	59.36	18.64
八、行内资金往来				三、应收及预付款	11.68	7.69	2.76
九、委托存款及委托投资基金(净)	0.01	−0.09	0.03	其中:应收利息	8.22	7.51	0.57
1. 委托存款及委托投资基金	212.19	133.20	47.20	四、买入返售资产	105.28	47.61	40.72
2. 减:委托贷款及委托投资	212.17	133.29	47.17	五、存放中央银行准备金存款	299.03	62.42	22.07
十、代理金融机构委托贷款基金				六、存放中央银行特种存款		−10.61	10.61
其中:中央银行委托贷款基金				七、缴存中央银行财政性存款	0.02		0.01
十一、各项准备	28.89	14.13	−24.38	八、同业往来	27.46	−26.16	−30.04
其中:贷款损失准备金	23.46	10.44	4.32	1. 存放同业	27.46	−22.01	17.62
十二、所有者权益	127.78	7.01	33.89	2. 拆放同业		−4.15	−47.66
其中:实收资本	37.46			九、行内资金往来			
十三、其他	−14.44	−25.00	31.70	十、代理金融机构贷款			
				其中:代理人行专项贷款			
				十一、库存现金	13.21	1.45	−1.02
				十二、外汇占款	0.89	0.51	−0.15
资金来源总计	2 052.96	401.45	163.36	资金运用总计	2 052.96	401.45	163.36

11. 中信银行上海分行人民币信贷收支表

2009-12-31

单位:万元

来源项目名称	本月余额	比年初增减数	
		本 年	上 年
一、各项存款	7 248 534. 43	1 996 396. 70	1 327 769. 41
1. 企业存款	4 858 735. 92	873 745. 11	1 181 003. 05
(1) 活期存款	2 472 964. 47	270 037. 55	292 977. 65
(2) 定期存款	2 385 771. 45	603 707. 56	888 025. 40
2. 机关团体存款			
3. 储蓄存款	1 069 869. 81	215 153. 23	247 109. 69
(1) 活期储蓄	181 712. 08	31 259. 55	−114 678. 73
(2) 定期储蓄	888 157. 73	183 893. 68	361 788. 42
4. 农业存款			
5. 其他存款	1 319 928. 70	907 498. 36	−100 343. 33
二、代理财政性存款			
三、金融债券			
其中:政策性金融债券			
四、应付及暂收款	121 666. 76	39 338. 75	3 526. 61
其中:应付及预提利息	56 391. 17	29 221. 48	12 771. 52
五、卖出回购资产			−100 000. 00
六、向中央银行借款			
七、同业往来	3 964 295. 89	1 947 857. 70	−808 878. 17
1. 同业存放	3 964 295. 89	1 947 857. 70	−808 878. 17
2. 同业拆借			
八、行内资金往来			
九、委托存款及委托投资基金(净)	780 137. 15	404 540. 90	213 561. 95
1. 委托存款及委托投资基金	964 352. 75	302 428. 43	314 382. 22
2. 减:委托贷款及委托投资	184 215. 60	−102 112. 47	100 820. 27
十、代理金融机构委托贷款基金			
其中:中央银行委托贷款基金			
十一、各项准备	60 054. 52	16 799. 74	9 335. 75
其中:贷款损失准备金	56 711. 65	16 733. 83	9 452. 06
十二、所有者权益	70 113. 25	−10 007. 69	64 958. 41
其中:实收资本			
当年结益	90 484. 87	90 484. 87	106 418. 42
十三、其他	−20 673. 92	5 438. 66	−18 150. 36
资金来源总计	12 224 128. 08	4 400 364. 76	692 123. 60

运用项目名称	本月余额	比年初增减数	
		本 年	上 年
一、各项贷款	4 982 895. 42	1 638 872. 96	502 636. 88
1. 短期贷款	2 415 045. 22	213 278. 78	653 974. 34
(1) 工业贷款	289 072. 00	94 871. 00	71 607. 00
(2) 商业贷款	318 634. 88	181 894. 75	70 247. 62
其中:收购贷款			
(3) 建筑业贷款	7 136. 00	−92 864. 00	−7 438. 00
(4) 农业贷款			
(5) 乡镇企业贷款			
(6) 三资企业贷款	72 345. 25	6 615. 25	3 508. 00
(7) 私营企业及个体贷款	54 887. 37	54 887. 37	−1 368. 00
(8) 其他短期贷款	1 672 969. 72	−32 125. 59	517 417. 72
其中:个人短期消费贷款	2 760. 10	−656. 52	−1 912. 42
2. 中长期贷款	2 169 124. 59	1 180 238. 03	−210 860. 30
(1) 基本建设贷款	841 615. 00	521 615. 00	170 000. 00
(2) 技术改造贷款	9 500. 00		
(3) 其他中长期贷款	1 318 009. 59	658 623. 03	−380 860. 30
其中:个人中长期消费贷款	357 573. 31	−4 309. 47	−67 679. 96
3. 票据融资	394 674. 24	248 560. 79	58 362. 65
其中:贴现	394 674. 24	248 560. 79	58 362. 65
4. 各项垫款	4 051. 37	−3 204. 64	1 160. 19
二、有价证券及投资	233 453. 18	3 676. 67	−23 422. 12
三、应收及预付款	20 046. 63	−11 425. 03	5 009. 65
其中:应收利息	12 809. 67	−152. 46	815. 02
四、买入返售资产	466 439. 77	186 117. 77	230 354. 00
五、存放中央银行准备金存款	766 092. 06	653 678. 34	55 197. 21
六、存放中央银行特种存款			
七、缴存中央银行财政性存款	5 333. 20	4 514. 60	7. 30
八、同业往来	525 655. 31	395 522. 49	−3 229. 21
1. 存放同业	340 863. 11	210 730. 29	26 770. 79
2. 拆放同业	184 792. 20	184 792. 20	−30 000. 00
九、行内资金往来	5 195 584. 39	1 516 711. 35	−70 878. 09
十、代理金融机构贷款			
其中:代理人行专项贷款			
十一、库存现金	26 268. 64	11 882. 13	−1 104. 53
十二、外汇占款	2 359. 48	813. 48	−2 447. 49
资金运用总计	12 224 128. 08	4 400 364. 76	692 123. 60

12. 中国光大银行上海分行人民币信贷收支表

2009-12-31

单位:亿元

资金来源	本期余额	比年初增减数		资金运用	本期余额	比年初增减数	
		本年	上年			本年	上年
一、各项存款	620.74	116.64	36.00	一、各项贷款	490.62	95.05	59.70
1. 企业存款	429.03	42.56	27.37	1. 短期贷款	110.36	−16.50	26.87
(1) 活期存款	184.10	11.51	−22.38	(1) 工业贷款	12.01	−3.99	−4.75
(2) 定期存款	244.94	31.05	49.75	(2) 商业贷款	27.41	−2.69	−12.10
2. 机关团体存款	21.67	1.34	11.96	(3) 建筑业贷款	8.66	0.82	−0.66
3. 储蓄存款	93.67	33.32	15.29	(4) 农业贷款	0.00	0.00	0.00
(1) 活期储蓄	27.72	10.42	2.01	(5) 乡镇企业贷款	0.00	0.00	0.00
(2) 定期储蓄	65.95	22.90	13.28	(6) 三资企业贷款	7.89	4.43	−1.08
4. 农业存款	0.00	0.00	0.00	(7) 私营企业及个体贷款	1.21	0.73	−0.30
5. 其他存款	76.36	39.41	−18.61	(8) 其他短期贷款	53.19	−15.81	45.75
二、代理财政性存款	0.00	0.00	0.00	其中:个人短期消费贷款	2.97	1.23	0.43
三、金融债券	0.00	0.00	0.00	2. 中长期贷款	332.98	114.45	−8.02
其中:政策性银行金融债券	0.00	0.00	0.00	(1) 基本建设贷款	27.75	2.24	−18.51
四、应付及暂收款	6.16	−2.91	−13.87	(2) 技术改造贷款	0.00	0.00	0.00
其中:应付及预提利息	4.24	−0.22	1.74	(3) 其他中长期贷款	305.23	112.21	10.50
五、卖出回购资产	0.00	0.00	0.00	其中:个人中长期消费贷款	137.47	48.32	7.81
六、向人民银行借款	0.00	0.00	0.00	3. 票据融资	47.17	−2.82	40.92
七、同业往来	320.76	19.89	43.98	其中:贴现	47.17	−2.82	40.92
1. 同业存放	320.76	19.89	43.98	4. 各项垫款	0.11	−0.08	−0.08
2. 同业拆借	0.00	0.00	0.00	二、有价证券及投资	1.40	−0.56	−1.10
八、行内资金往来	0.00	0.00	0.00	三、应收及预付款项	1.76	0.23	−21.56
九、委托存款及委托投资基金(净)	54.62	−4.85	−13.91	其中:应收利息	1.42	0.23	0.18
1. 委托存款及委托投资基金	78.02	−9.32	−0.54	四、买入返售资产	40.01	40.01	−7.63
2. 减:委托贷款及委托投资	23.40	−4.46	13.37	五、缴存中央银行准备金存款	17.32	−2.93	−2.33
十、代理金融机构委托贷款基金	0.00	0.00	0.00	六、存放中央银行特种存款	0.00	0.00	0.00
其中:中央银行委托贷款基金	0.00	0.00	0.00	七、缴存中央银行财政性存款	0.88	0.77	0.02
十一、各项准备	9.50	3.24	6.26	八、同业往来	208.09	81.11	54.81
其中:贷款损失	9.46	3.24	6.22	1. 存放同业	200.29	84.09	65.43
十二、所有者权益	4.16	−1.04	−1.39	2. 拆放同业	7.80	−2.98	−10.62
其中:实收资本	0.00	0.00	0.00	九、行内资金往来	245.81	−91.38	−41.74
十三、其他	−7.77	−8.23	−16.53	十、代理金融机构贷款	0.00	0.00	0.00
				其中:代理人行专项贷款	0.00	0.00	0.00
				十一、库存现金	2.27	0.44	0.37
				十二、外汇占款	0.00	0.00	0.00
资金来源总计	1 008.17	122.73	40.54	资金运用总计	1 008.17	122.73	40.54

13. 华夏银行上海分行人民币信贷收支表

2009-12-31

单位:万元

来源项目名称	本月余额	比年初增减数	
		本 年	上 年
一、各项存款	3 913 591	1 084 484	112 584
1. 企业存款	2 771 579	890 187	40 586
(1) 活期存款	1 470 732	589 543	−78 795
(2) 定期存款	1 300 847	300 644	119 381
2. 机关团体存款	117 162	38 986	2 094
3. 储蓄存款	366 875	78 289	4 927
(1) 活期储蓄	73 754	22 239	−29 320
(2) 定期储蓄	293 121	56 050	34 247
4. 农业存款			
5. 其他存款	657 975	77 022	64 977
二、代理财政性存款	836	762	−87
三、金融债券			
其中:政策性金融债券			
四、应付及暂收款	102 137	3 098	6 184
其中:应付及预提利息	21 911	−2 317	12 185
五、卖出回购资产			
六、向中央银行借款			
七、同业往来	1 747 623	626 895	536 177
1. 同业存放	1 747 623	626 895	536 177
2. 同业拆借			
八、行内资金往来			
九、委托存款及委托投资基金(净)			
1. 委托存款及委托投资基金			
2. 减:委托贷款及委托投资			
十、代理金融机构委托贷款基金			
其中:中央银行委托贷款基金			
十一、各项准备	37 704	7 795	−36 719
其中:贷款损失准备	32 401	7 804	−40 803
十二、所有者权益	32 245	16 828	15 610
其中:实收资本			
十三、其他	−408 471	−461 380	50 140
资金来源总计	5 425 665	1 278 482	683 889

运用项目名称	本月余额	比年初增减数	
		本 年	上 年
一、各项贷款	2 755 067	792 848	512 440
1. 短期贷款	1 228 955	170 987	149 616
(1) 工业贷款	23 200	−39 180	29 620
(2) 商业贷款	8 000	−23 905	21 505
(3) 建筑业贷款	2 930	−44 410	−46 985
(4) 农业贷款			
(5) 乡镇企业贷款			
(6) 三资企业贷款	21 400	−94 600	59 833
(7) 私营企业及个体贷款	209 175	−20 949	99 314
(8) 其他短期贷款	964 250	394 031	−13 671
其中:个人短期贷款	125 213	102 742	9 589
2. 中长期贷款	1 525 162	634 592	411 345
(1) 基本建设贷款	602 948	300 376	251 241
(2) 技术改造贷款	20 000	20 000	
(3) 其他中长期贷款	902 214	314 216	160 104
其中:个人中长期贷款	120 770	8 511	−19 050
3. 票据融资	950	−12 731	−41 101
其中:贴现	950	−12 731	−41 101
4. 各项垫款			−7 420
二、有价证券及投资	7 123	828	−27 329
三、应收及预付款	82 773	7 545	−2 210
其中:应收利息	2	−5	−394
四、买入返售资产	1 458 165	411 627	1 046 538
五、存放中央银行准备金存款	64 256	−32 730	23 186
六、存放中央银行特种存款			
七、缴存中央银行财政性存款	407	241	166
八、同业往来	401 609	400 180	−22 959
1. 存放同业	401 609	400 180	−22 959
2. 拆放同业			
九、行内资金往来	1 058 204	104 764	−845 803
十、代理金融机构贷款			
其中:代理人行专项贷款			
十一、库存现金	4 991	109	−140
十二、外汇占款	−406 930	−406 930	
资金运用总计	5 425 665	1 278 482	683 889

14. 中国民生银行上海分行人民币信贷收支表

2009-12-31

单位:亿元

来源项目名称	本月余额	比年初增减数 本年	比年初增减数 上年	运用项目名称	本月余额	比年初增减数 本年	比年初增减数 上年
一、各项存款	1 795.26	619.79	256.85	一、各项贷款	966.98	228.28	82.83
1. 企业存款	1 339.04	494.12	182.99	1. 短期贷款	429.15	61.71	79.66
(1) 活期存款	698.34	255.69	58.04	(1) 工业贷款	35.42	2.73	−3.37
(2) 定期存款	640.70	238.43	124.95	(2) 商业贷款	8.72	−2.27	−0.37
2. 机关团体存款	90.79	64.23	−3.83	(3) 建筑业贷款	45.50	−9.37	28.60
3. 储蓄存款	244.85	79.52	41.85	(4) 农业贷款			
(1) 活期储蓄	54.31	18.75	1.80	(5) 乡镇企业贷款			
(2) 定期储蓄	190.55	60.77	40.05	(6) 三资企业贷款	12.00	−3.02	3.24
4. 农业存款				(7) 私营企业及个体贷款	134.90	66.63	38.10
5. 其他存款	120.57	−18.07	35.84	(8) 其他短期贷款	192.61	7.01	13.45
二、代理财政性存款		−0.04	0.00	其中:个人短期贷款	5.54	3.91	−1.62
三、金融债券				2. 中长期贷款	536.93	174.58	8.02
其中:政策性金融债券				(1) 基本建设贷款	137.64	52.85	25.72
四、应付及暂收款	13.94	−4.96	−1.32	(2) 技术改造贷款	0.26	−0.04	0.30
其中:应付及预收利息	11.47	−4.73	−0.87	(3) 其他中长期贷款	399.03	121.80	−18.00
五、卖出回购资产				其中:个人中长期贷款	150.00	9.42	−22.22
六、向中央银行借款				3. 票据融资	0.90	−8.01	−4.85
七、同业往来	271.46	−17.49	93.38	其中:贴现	0.90	−8.01	−4.85
1. 同业存放	271.46	−17.49	93.38	4. 各项垫款			
2. 同业拆借				二、有价证券及投资	18.80	17.83	−10.34
八、行内资金往来				三、应收及预付款	6.99	−4.33	−6.23
九、委托存款及委托投资基金(净)	0.04	0.03	−0.50	其中:应收利息	2.73	0.75	−0.30
1. 委托存款及委托投资基金	103.12	24.45	−3.36	四、买入返售资产		−58.83	−85.12
2. 减:委托贷款及委托投资	103.08	24.42	−2.87	五、存放中央银行准备金存款	68.32	21.33	5.82
十、代理金融机构委托贷款基金				六、存放中央银行特种存款			
其中:中央银行委托贷款基金				七、缴存中央银行财政性存款	0.00	0.00	−0.01
十一、各项准备	13.10	3.63	2.34	八、同业往来	31.01	25.89	−13.72
其中:贷款损失准备	13.10	3.63	2.34	1. 存放同业	31.01	25.89	−8.58
十二、所有者权益	14.03	−11.51	8.44	2. 拆放同业			−5.14
其中:实收资本				九、行内资金往来	1 015.79	359.93	385.52
十三、其他	3.19	1.00	−1.44	十、代理金融机构贷款			
				其中:代理人行专项贷款			
				十一、库存现金	2.81	0.35	−1.00
				十二、外汇占款	0.00	0.00	0.00
资金来源总计	2 111.01	590.45	357.75	资金运用总计	2 111.01	590.45	357.75

15. 招商银行上海分行人民币信贷收支表

2009-12-31

单位:亿元

来源项目名称	本月余额	比年初增减数 本年	比年初增减数 上年	运用项目名称	本月余额	比年初增减数 本年	比年初增减数 上年
一、各项存款	1 589.56	316.48	286.45	一、各项贷款	942.78	173.65	171.28
1. 企业存款	803.70	128.55	98.57	1. 短期贷款	317.22	−55.84	21.29
(1) 活期存款	473.97	66.30	12.36	(1) 工业贷款	30.71	−14.83	12.45
(2) 定期存款	329.73	62.25	86.21	(2) 商业贷款	31.44	−12.03	11.47
2. 机关团体存款	6.19	1.02	−0.97	(3) 建筑业贷款	15.30	−9.63	8.79
3. 储蓄存款	663.93	152.75	166.24	(4) 农业贷款	0.90		−0.70
(1) 活期储蓄	391.49	137.79	50.34	(5) 乡镇企业贷款			
(2) 定期储蓄	272.44	14.96	115.90	(6) 三资企业贷款	44.92	−0.48	−5.88
4. 农业存款				(7) 私营企业及个体贷款	10.48	4.50	0.54
5. 其他存款	115.74	34.16	22.61	(8) 其他短期贷款	183.47	−23.35	−5.37
二、代理财政性存款	1.44	0.17	0.70	其中:个人短期贷款	1.03	−3.90	−1.00
三、金融债券				2. 中长期贷款	575.69	236.20	114.18
其中:政策性金融债券				(1) 基本建设贷款	96.51	38.90	23.93
四、应付及暂收款	16.24	2.08	2.54	(2) 技术改造贷款	3.56	1.90	−1.99
其中:应付及预提利息	7.99	0.52	2.96	(3) 其他中长期贷款	475.62	195.40	92.24
五、卖出回购资产	20.00	8.65	11.34	其中:个人中长期贷款	314.11	158.62	34.81
六、向中央银行借款				3. 票据融资	49.60	−6.68	35.95
七、同业往来	266.45	82.13	−246.03	其中:贴现	49.60	−6.68	35.95
1. 同业存放	266.45	82.13	−246.03	4. 各项垫款	0.27	−0.04	−0.14
2. 同业拆借				二、有价证券及投资			−4.93
八、行内资金往来				三、应收及预付款	2.31	−0.04	0.23
九、委托存款及委托投资基金(净)				其中:应收利息	1.90	0.01	0.10
1. 委托存款及委托投资基金	222.94	−20.26	10.72	四、买入返售资产	13.12	−7.15	−86.54
2. 减:委托贷款及委托投资	222.94	−20.26	10.72	五、存放中央银行准备金存款	24.22	6.35	10.67
十、代理金融机构委托贷款基金				六、存放中央银行特种存款			
其中:中央银行委托贷款基金				七、缴存中央银行财政性存款	3.91	3.83	−1.19
十一、各项准备	18.06	1.86	2.84	八、同业往来	42.12	4.20	−38.61
其中:贷款损失准备金	16.60	1.83	2.71	1. 存放同业	2.86	2.52	−11.38
十二、所有者权益	10.54	−5.54	9.05	2. 拆放同业	39.25	1.67	−27.24
其中:实收资本				九、行内资金往来	899.00	228.07	14.86
十三、其他	9.76	3.55	−1.59	十、代理金融机构贷款			
				其中:代理人行专项贷款			
				十一、库存现金	4.59	0.49	−0.47
				十二、外汇占款			
资金来源总计	1 932.05	409.39	65.29	资金运用总计	1 932.05	409.39	65.29

16. 兴业银行上海分行人民币信贷收支表

2009-12-31

单位:亿元

来源项目名称	本月余额	比年初增减数		运用项目名称	本月余额	比年初增减数	
		本 年	上 年			本 年	上 年
一、各项存款	854.10	200.57	38.63	一、各项贷款	547.76	110.07	33.94
1. 企业存款	602.46	131.77	−2.40	1. 短期贷款	135.12	3.64	25.05
(1) 活期存款	334.56	89.72	−49.73	(1) 工业贷款	52.40	−6.17	18.70
(2) 定期存款	267.91	42.06	47.33	(2) 商业贷款	19.45	6.94	0.71
2. 财政存款		—	—	(3) 建筑业贷款	6.12	−13.09	4.08
3. 机关团体存款		—	—	(4) 农业贷款	0.90	0.52	0.03
4. 储蓄存款	107.37	45.95	21.91	(5) 乡镇企业贷款		—	—
(1) 活期储蓄	51.69	20.47	6.32	(6) 三资企业贷款		—	—
(2) 定期储蓄	55.68	25.48	15.58	(7) 私营企业及个人贷款	0.04	−0.13	—
5. 农业存款	5.44	1.42	−2.88	(8) 其他短期贷款	56.22	15.58	1.53
6. 信托存款		—	—	其中:个人短期消费贷款	0.38	0.11	−4.56
7. 委托存款		—	—	2. 中长期贷款	410.94	133.50	−16.73
8. 其他存款	138.83	21.42	22.02	(1) 基本建设贷款	68.28	21.17	−21.16
二、金融债券		—	—	(2) 技术改造贷款	—	−3.01	−0.03
三、应付及暂收款	10.91	−1.92	5.18	(3) 其他中长期贷款	342.65	115.33	4.46
其中:应付及预收利息	5.12	0.03	1.93	其中:个人中长期消费贷款	196.58	42.91	−6.96
四、同业往来	584.60	116.83	−198.15	3. 信托贷款		—	—
五、行内资金往来		—	—	4. 融资租赁		—	—
六、各项准备	10.94	−0.39	1.24	5. 委托贷款		—	—
其中:贷款损失准备	9.63	−0.35	0.95	6. 票据融资	1.19	−26.73	25.65
七、所有者权益	21.89	2.85	1.22	其中:贴现	1.19	−26.73	25.65
其中:实收资本		—	—	7. 各项垫款	0.51	−0.34	−0.03
当年结益	21.76	3.60	0.21	二、有价证券及投资	173.11	80.94	9.15
八、其他	−8.18	−1.70	−2.13	三、应收及预付款	3.27	0.99	0.34
				其中:应收利息	2.40	0.71	0.20
				四、同业往来	194.93	56.10	9.98
				五、系统内资金往来	546.72	67.92	−207.30
				六、金银占款		—	—
				七、外汇占款		—	—
				八、固定资产	6.95	0.09	0.21
				九、库存现金	1.54	0.15	−0.33
资金来源总计	1 474.28	316.26	−154.01	资金运用总计	1 474.28	316.26	−154.01

17. 广东发展银行上海分行人民币信贷收支表

2009-12-31

单位:万元

项目名称	本月余额	比年初增减数		项目名称	本月余额	比年初增减数	
		增 减	增 减%			增 减	增 减%
资金来源总计	6 174 811	2 704 898	77.95	资金运用总计	6 174 811	2 704 898	77.95
一、各项存款	4 106 520	1 553 953	60.88	一、各项贷款	2 692 454	933 898	53.11
1. 企业存款	2 887 615	1 402 196	94.40	1. 短期贷款	540 826	−127 064	−19.02
（1）活期存款	1 681 725	846 543	101.36	（1）工业贷款			
（2）定期存款	1 205 890	555 653	85.45	（2）商业贷款			
2. 机关团体存款	109 356	41 552	61.28	（3）建筑业贷款			
3. 城镇储蓄存款	260 090	96 269	58.76	（4）农业贷款			
（1）活期储蓄	99 287	53 375	116.26	（5）乡镇企业贷款			
（2）定期储蓄	160 803	42 894	36.38	（6）三资企业贷款			
4. 农业存款				（7）私营企业及个体贷款	9 752	3 567	57.67
5. 其他存款	849 459	13 936	1.67	（8）其他短期贷款	531 074	−130 631	−19.74
二、代理财政性存款		−10	−100.00	其中:个人短期消费贷款	5 025	−2 332	−31.70
三、金融债券				2. 中长期贷款	1 892 476	1 126 847	147.18
其中:政策性金融债券				（1）基本建设贷款	311 745	279 745	874.20
四、应付及暂收款	47 637	17 004	55.51	（2）技术改造贷款			
其中:应付及预提利息	37 406	13 595	57.10	（3）其他中长期贷款	1 580 731	847 102	115.47
五、卖出回购资产		−11 982	−100.00	其中:个人中长期消费贷款	543 935	270 929	99.24
六、向中央银行借款				3. 票据融资	244 624	−42 972	−14.94
七、同业往来	1 900 024	1 153 899	154.65	其中:买断式贴现	244 624	−42 972	−14.94
1. 同业存放	1 900 024	1 203 899	172.94	4. 各项垫款	14 528	−22 913	−61.20
2. 同业拆借		−50 000	−100.00	二、有价证券及投资	16 172	−9 570	−37.18
八、行内资金往来				三、应收及预付款	54 369	40 429	290.02
九、委托存款及委托投资基金				其中:应收利息	50 262	38 917	343.03
1. 委托存款及委托投资基金	126 938	−6 826	−5.10	四、买入返售资产		−93 331	−100.00
2. 减:委托贷款及委托投资	126 938	−6 826	−5.10	五、存放中央银行准备金存款	203 959	22 813	12.59
十、代理金融机构委托贷款基金				六、存放中央银行特种存款			
其中:中央银行委托贷款基金				七、缴存中央银行财政性存款			
十一、各项准备	65 042	−3 705	−5.39	八、同业往来	115 035	−123 925	−51.86
其中:贷款损失准备	63 024	−3 606	−5.41	1. 存放同业	5 035	3 075	156.89
十二、所有者权益	46 049	8 656	23.15	2. 拆放同业	110 000	−127 000	−53.59
其中:实收资本				九、行内资金往来	3 088 594	1 933 446	167.38
当年结益	46 049	46 049					
十三、其他	9 539	−12 917	−57.52	十、代理金融机构贷款			
				十一、库存现金	4 275	424	11.01
				十二、外汇占款	−47	714	−93.82

18. 深圳发展银行上海分行人民币信贷收支表

2009-12-31

单位:亿元

栏目 来源项目名称	本月余额	比年初增减数		栏目 运用项目名称	本月余额	比年初增减数	
		本　年	上　年			本　年	上　年
一、各项存款	607.89	118.30	127.36	一、各项贷款	469.72	89.80	117.67
1. 企业存款	332.75	63.64	29.37	1. 短期贷款	115.51	−7.54	11.29
(1) 活期存款	167.06	35.20	1.55	(1) 工业贷款	1.21	−2.09	0.15
(2) 定期存款	165.68	28.45	27.83	(2) 商业贷款	2.56	0.26	−0.33
2. 机关团体存款	5.29	−0.75	1.08	(3) 建筑业贷款	7.27	−4.75	−5.61
3. 储蓄存款	50.75	16.55	8.94	(4) 农业贷款	0.30	0.30	
(1) 活期储蓄	20.62	7.62	1.66	(5) 乡镇企业贷款			
(2) 定期储蓄	30.13	8.92	7.27	(6) 三资企业贷款	7.43	−1.94	2.76
4. 农业存款	0.08	0.00	0.09	(7) 私营企业及个体贷款	25.97	16.21	−5.21
5. 其他存款	219.02	38.87	87.88	(8) 其他短期贷款	70.77	−15.53	19.53
二、代理财政性存款				其中:个人短期贷款	0.08	0.04	−0.75
三、金融债券				2. 中长期贷款	282.57	103.15	36.30
其中:政策性金融债券				(1) 基本建设贷款	21.10	0.50	−1.48
四、应付及暂收款	7.13	0.08	3.02	(2) 技术改造贷款			
其中:应付及预提利息	5.02	−0.40	2.22	(3) 其他中长期贷款	261.47	102.65	37.78
五、卖出回购资产	14.44	−20.14	34.58	其中:个人中长期贷款	174.15	69.25	34.65
六、向中央银行借款				3. 票据融资	71.53	−5.92	70.34
七、同业往来	157.70	3.58	102.93	其中:贴现	71.53	−5.92	70.34
1. 同业存放	117.70	21.58	46.93	4. 各项垫款	0.11	0.11	−0.25
2. 同业拆借	40.00	−18.00	56.00	二、有价证券及投资	68.89	67.21	−0.78
八、行内资金往来				三、应收及预付款	4.85	1.73	1.27
九、委托存款及委托投资基金(净)	0.00		−0.45	其中:应收利息	1.18	−0.04	0.46
1. 委托存款及委托投资基金	14.16	0.43	1.53	四、买入返售资产	24.84	−41.28	29.56
2. 减:委托贷款及委托投资	14.16	0.43	1.98	五、存放中央银行准备金存款	13.67	4.51	3.70
十、代理金融机构委托贷款基金				六、存放中央银行特种存款			
其中:中央银行委托贷款基金				七、缴存中央银行财政性存款			
十一、各项准备	1.64	1.19	−2.57	八、同业往来	43.25	−57.22	91.27
其中:贷款损失准备金	1.24	0.97	−2.57	1. 存放同业	30.30	−43.37	69.41
十二、所有者权益	4.00	8.92	−7.81	2. 拆放同业	12.95	−13.85	21.86
其中:实收资本				九、行内资金往来	171.56	47.05	9.74
十三、其他	4.57	−0.14	−4.79	十、代理金融机构贷款			
				其中:代理人行专项贷款			
				十一、库存现金	0.59	0.01	−0.16
				十二、外汇占款			
资金来源总计	797.37	111.80	252.27	资金运用总计	797.37	111.80	252.27

19. 宁波银行上海分行人民币信贷收支表

2009-12-31

单位:亿元

来源项目名称	本月余额	比年初增减数		运用项目名称	本月余额	比年初增减数	
		本 年	上 年			本 年	上 年
一、各项存款	131.18	55.92	30.94	一、各项贷款	73.26	38.73	22.04
1. 企业存款	94.13	58.29	15.66	1. 短期贷款	32.23	6.07	14.90
(1) 活期存款	46.81	28.24	6.75	(1) 工业贷款	6.28	0.56	4.20
(2) 定期存款	47.32	30.05	8.91	(2) 商业贷款	10.99	−0.13	4.38
2. 机关团体存款				(3) 建筑业贷款	2.37	0.51	1.75
3. 储蓄存款	10.69	4.63	5.03	(4) 农业贷款	0.14	0.07	0.07
(1) 活期储蓄	4.00	1.31	2.21	(5) 乡镇企业贷款			
(2) 定期储蓄	6.69	3.33	2.81	(6) 三资企业贷款			
4. 农业存款	0.02	0.02	0.00	(7) 私营企业及个体贷款	0.08	0.07	−0.09
5. 其他存款	26.35	−7.03	10.25	(8) 其他短期贷款	12.38	5.00	4.60
二、代理财政性存款				其中:个人短期贷款	10.88	7.08	1.17
三、金融债券				2. 中长期贷款	38.08	31.82	5.87
其中:政策性金融债券				(1) 基本建设贷款	0.80	0.80	
四、应付及暂收款	0.48	−0.14	0.46	(2) 技术改造贷款			
其中:应付及预提利息	0.22	−0.22	0.41	(3) 其他中长期贷款	37.28	31.02	5.87
五、卖出回购资产				其中:个人中长期贷款	1.82	1.58	0.08
六、向中央银行借款				3. 票据融资	2.96	0.84	1.27
七、同业往来		0.00	−16.00	其中:贴现	2.96	0.84	1.27
1. 同业存放		0.00	−16.00	4. 各项垫款			
2. 同业拆借				二、有价证券及投资			
八、行内资金往来				三、应收及预付款	0.06	−0.03	0.01
九、委托存款及委托投资基金(净)				其中:应收利息	0.00		0.00
1. 委托存款及委托投资基金	12.40	−14.78	26.08	四、买入返售资产			
2. 减:委托贷款及委托投资	12.40	−14.78	26.08	五、存放中央银行准备金存款	2.94	0.74	−0.79
十、代理金融机构委托贷款基金				六、存放中央银行特种存款			
其中:中央银行委托贷款基金				七、缴存中央银行财政性存款			
十一、各项准备	0.93	0.52	0.26	八、同业往来	0.06	−0.04	0.08
其中:贷款损失准备金	0.93	0.52	0.26	1. 存放同业	0.06	−0.04	0.08
十二、所有者权益	0.29	−0.01	0.45	2. 拆放同业			
其中:实收资本				九、行内资金往来	56.95	16.62	−5.50
十三、其他	0.77	−0.09	−0.11	十、代理金融机构贷款			
				其中:代理人行专项贷款			
				十一、库存现金	0.37	0.17	0.15
				十二、外汇占款			
资金来源总计	133.66	56.20	15.99	资金运用总计	133.66	56.20	152.99

20. 北京银行上海分行人民币信贷收支表

2009-12-31

单位:亿元

来源项目名称	本月余额	比年初增减数 本年	比年初增减数 上年	运用项目名称	本月余额	比年初增减数 本年	比年初增减数 上年
一、各项存款	154.38	79.81	58.03	一、各项贷款	188.72	82.79	61.82
1. 企业存款	129.65	63.27	50.00	1. 短期贷款	71.89	1.39	38.63
(1) 活期存款	63.42	37.43	17.10	(1) 工业贷款	7.04	4.79	1.25
(2) 定期存款	66.23	25.84	32.90	(2) 商业贷款	20.08	11.83	4.90
2. 财政存款				(3) 建筑业贷款	4.27	2.27	—1.10
3. 机关团体存款	0.23	0.23		(4) 农业贷款	2.00	—0.50	1.50
4. 储蓄存款	10.27	6.26	3.85	(5) 乡镇企业贷款			
(1) 活期储蓄	2.68	1.98	0.65	(6) 三资企业贷款			
(2) 定期储蓄	7.59	4.28	3.20	(7) 私营企业及个体贷款	3.03	0.23	2.80
5. 农业存款				(8) 其他短期贷款	35.47	—17.23	29.28
6. 信托存款				其中:个人短期消费贷款	0.33		0.31
7. 委托存款	0.98	0.98		2. 中长期贷款	97.07	66.12	22.41
8. 其他存款	13.25	9.07	4.18	(1) 基本建设贷款	70.14	42.57	19.17
二、金融债券				(2) 技术改造贷款			
三、应付及暂收款	1.02	0.12	0.86	(3) 其他中长期贷款	26.93	23.55	3.24
其中:应付及预收利息	0.84	0.03	0.78	其中:个人中长期消费贷款	8.03	5.45	2.44
四、同业往来	55.38	27.26	3.12	3. 信托贷款			
五、行内资金往来			—2.98	4. 融资租赁			
六、各项准备	2.10	0.98	0.92	5. 委托贷款	0.98	0.98	
其中:贷款损失准备	2.10	0.98	0.92	6. 票据融资	18.78	14.30	0.77
七、所有者权益	1.44	0.87	0.75	其中:贴现	18.78	14.30	0.77
其中:实收资本				7. 各项垫款			
当年结益				二、有价证券及投资			
八、其他	0.53	—10.25	10.18	三、应收及预付款	0.26	0.09	0.09
				其中:应收利息	0.26	0.09	0.09
				四、同业往来	0.17	0.12	—0.09
				五、系统内资金往来	25.60	15.72	9.06
				六、金银占款			
				七、外汇占款	—0.01	0.02	—0.04
				八、固定资产			
				九、库存现金	0.11	0.05	0.04
资金来源总计	214.85	98.79	70.88	资金运用总计	214.85	98.79	70.88

21. 浙商银行上海分行人民币信贷收支表

2009-12-31

单位:亿元

来源项目名称	本月余额	比年初增减数 本 年	比年初增减数 上 年	运用项目名称	本月余额	比年初增减数 本 年	比年初增减数 上 年
一、各项存款	125.51	60.37	47.42	一、各项贷款	80.34	48.27	26.92
1. 企业存款	107.83	51.66	38.78	1. 短期贷款	23.65	13.24	8.66
(1) 活期存款	68.02	29.71	28.93	(1) 工业贷款	1.54	−0.27	1.81
(2) 定期存款	39.80	21.59	9.85	(2) 商业贷款	5.62	1.90	3.01
2. 机关团体存款	4.17	4.03	−0.02	(3) 建筑业贷款	1.21	0.88	0.15
3. 储蓄存款	2.98	1.34	1.53	(4) 农业贷款	0.00	0.00	0.00
(1) 活期储蓄	1.85	0.74	1.09	(5) 乡镇企业贷款	0.00	0.00	0.00
(2) 定期储蓄	1.13	0.60	0.44	(6) 三资企业贷款	0.00	0.00	0.00
4. 农业存款	0.00	1.56	0.01	(7) 私营企业及个体贷款	6.17	6.01	0.16
5. 其他存款	8.98	1.78	7.13	(8) 其他短期贷款	9.12	4.72	3.54
二、代理财政性存款	0.00	0.00	0.00	其中:个人短期消费贷款	0.14	0.11	0.03
三、金融债券	0.00	0.00	0.00	2. 中长期贷款	56.66	36.06	17.20
其中:政策性金融债券	0.00	0.00	0.00	(1) 基本建设贷款	20.70	11.00	7.70
四、应付及暂收款	0.30	0.07	0.21	(2) 技术改造贷款	0.00	0.00	0.00
其中:应付及预提利息	0.04	0.04	0.00	(3) 其他中长期贷款	35.96	25.06	9.50
五、卖出回购资产	0.00	0.00	0.00	其中:个人中长期消费贷款	0.00	0.00	0.00
六、向中央银行借款	0.00	0.00	0.00	3. 票据融资	0.03	−1.03	1.06
七、同业往来	39.95	39.95	0.00	其中:贴现	0.03	−1.03	1.06
1. 同业存放	39.95	39.95	0.00	4. 各项垫款	0.00	0.00	0.00
2. 同业借款	0.00	0.00	0.00	二、有价证券及投资	0.00	0.00	0.00
八、行内资金往来	0.00	0.00	0.00	三、应收及预付款	0.27	0.20	0.01
九、委托存款及委托投资基金(净)	0.00	0.00	0.00	其中:应收利息	0.15	0.15	0.00
1. 委托存款及委托投资基金	0.00	−0.30	0.30	四、买入返售资产	1.92	1.92	0.00
2. 委托贷款及委托投资	0.00	−0.30	0.30	五、存放中央银行准备金存款	5.75	4.71	−0.75
十、代理金融机构委托贷款基金	0.00	0.00	0.00	六、存放中央银行特种存款	0.00	0.00	0.00
其中:中央银行委托贷款基金	0.00	0.00	0.00	七、缴存中央银行财政性存款	0.00	0.00	0.00
十一、各项准备	0.00	0.00	0.00	八、同业往来	31.11	31.00	−0.06
其中:贷款损失准备	0.00	0.00	0.10	1. 存放同业	31.11	31.00	−0.06
十二、所有者权益	0.94	0.84	0.28	2. 拆放同业	0.00		0.00
其中:实收资本	0.00	0.00	0.00	九、行内资金往来	48.79	15.77	21.08
十三、其他	1.56	0.70	−0.71	十、代理金融机构贷款	0.00	0.00	0.00
				其中:代理人行专项贷款	0.00	0.00	0.00
				十一、库存现金	0.09	0.06	0.02
				十二、外汇占款	0.00	0.00	0.01
资金来源总计	168.26	101.93	47.21	资金运用总计	168.26	101.93	47.21

22. 南京银行上海分行人民币信贷收支表

2009-12-31

单位:亿元

来源项目名称	本月余额	比年初增减数 本年	比年初增减数 上年	运用项目名称	本月余额	比年初增减数 本年	比年初增减数 上年
一、各项存款	99.51	57.42	42.09	一、各项贷款	73.52	38.16	35.36
1. 企业存款	77.43	41.03	36.35	1. 短期贷款	24.29	4.2	20.09
(1)活期存款	41.75	25.2	16.55	(1)工业贷款	3.1	1.39	1.71
(2)定期存款	35.68	15.83	19.80	(2)商业贷款	13.85	1.02	12.83
2. 机关团体存款	2.94	2.94		(3)建筑业贷款	0.94	0.94	
3. 储蓄存款	1.96	0.04	1.92	(4)农业贷款		0	
(1)活期储蓄	0.57	0.25	0.32	(5)乡镇企业贷款		0	
(2)定期储蓄	1.39	−0.21	1.60	(6)三资企业贷款		−2.2	2.20
4. 农业存款		0		(7)私营企业及个体贷款	2.80	1.6	1.20
5. 其他存款	17.18	13.36	3.82	(8)其他短期贷款	3.6	1.45	2.15
二、代理财政性存款		0		其中:个人短期贷款	3.6	3.12	0.48
三、金融债券		0		2. 中长期贷款	49.22	40.37	8.85
其中:政策性金融债券		0		(1)基本建设贷款	36.88	36.88	
四、应付及暂收款	0.56	0.42	0.14	(2)技术改造贷款		0	
其中:应付及预提利息	0.33	0.24	0.09	(3)其他中长期贷款	12.34	3.49	8.85
五、卖出回购资产		0		其中:个人中长期贷款	5.2	4.84	0.36
六、向中央银行借款		0		3. 票据融资	0.01	−6.41	6.42
七、同业往来	0.02	−1.94	1.96	其中:贴现	0.01	−6.41	6.42
1. 同业存放	0.02	−1.94	1.96	4. 各项垫款		0	
2. 同业拆借		0		二、有价证券及投资		0	
八、行内资金往来		0		三、应收及预付款		−0.01	0.01
九、委托存款及委托投资基金(净)	0	0		其中:应收利息		0	
1. 委托存款及委托投资基金	0.1	0.1		四、买入及返售资产		0	
2. 减:委托贷款及委托投资	0.1	0.1		五、存放中央银行准备金存款	1.66	0.41	1.25
十、代理金融机构委托贷款基金		0		六、存放中央银行特种存款		0	
其中:中央银行委托贷款基金		0		七、缴存中央银行财政性存款		0	
十一、各项准备	0.1	0.01	0.09	八、同业往来	5.03	5	0.03
其中:贷款损失准备	0.1	0.01	0.09	1. 存放同业	0.03	0	0.03
十二、所有者权益	0.98	0.96	0.02	2. 拆放同业	5	5	
其中:实收资本		0		九、行内资金往来	20.58	13.17	7.41
当年结益	0.98	0.96	0.02	十、代理金融机构贷款		0	
十三、其他	−0.36	−0.14	−0.22	其中:代理人行专项贷款		0	
				十一、库存现金	0.02	0	0.02
				十二、外汇占款			
资金来源总计	100.81	56.73	44.08	资金运用总计	100.81	56.73	44.08

23. 平安银行上海分行人民币信贷收支表

2009-12-31

单位:亿元

来源项目名称	本月余额	比年初增减数		运用项目名称	本月余额	比年初增减数	
		本年	上年			本年	上年
一、各项存款	257.80	86.03	81.73	一、各项贷款	263.43	103.31	62.49
1. 企业存款	117.30	54.37	10.28	1. 短期贷款	150.86	47.59	29.22
(1) 活期存款	61.86	26.24	−1.87	(1) 工业贷款	7.08	−3.75	6.02
(2) 定期存款	55.44	28.13	12.15	(2) 商业贷款	9.51	1.02	−8.14
2. 机关团体存款	2.72	2.71	0.01	(3) 建筑业贷款	2.10	2.10	−5.15
3. 储蓄存款	22.17	9.76	11.24	(4) 农业贷款	0.50	0.50	
(1) 活期储蓄	5.88	2.71	2.75	(5) 乡镇企业贷款			
(2) 定期储蓄	16.28	7.04	8.49	(6) 三资企业贷款			
4. 农业存款				(7) 私营企业及个体贷款			
5. 其他存款	115.62	19.20	60.20	(8) 其他短期贷款	131.66	47.71	36.50
二、代理财政性存款				其中:个人短期贷款	8.71	7.00	1.59
三、金融债券				2. 中长期贷款	93.22	38.84	30.95
其中:政策性金融债券				(1) 基本建设贷款	7.42	3.47	3.67
四、应付及暂收款	2.43	0.94	1.08	(2) 技术改造贷款			
其中:应付及预提利息	1.76	0.88	0.75	(3) 其他中长期贷款	85.80	35.37	27.28
五、卖出回购资产				其中:个人中长期贷款	47.26	24.27	15.57
六、向中央银行借款				3. 票据融资	19.01	16.52	2.31
七、同业往来	89.75	31.09	27.37	其中:贴现	19.01	16.52	2.31
1. 同业存放	89.75	31.09	27.37	4. 各项垫款	0.35	0.35	
2. 同业拆借				二、有价证券及投资			
八、行内资金往来				三、应收及预付款	0.54	0.14	0.05
九、委托存款及委托投资基金(净)				其中:应收利息	0.50	0.15	0.14
1. 委托存款及委托投资基金	3.30	−0.43	2.78	四、买入返售资产			
2. 减:委托贷款及委托投资	3.30	−0.43	2.78	五、存放中央银行准备金存款	17.08	11.95	−10.09
十、代理金融机构委托贷款基金				六、存放中央银行特种存款			
其中:中央银行委托贷款基金				七、缴存中央银行财政性存款			
十一、各项准备	0.65	0.65		八、同业往来	3.47	0.18	−3.83
其中:贷款损失准备金	0.65	0.65		1. 存放同业	0.47	0.18	−0.83
十二、所有者权益	4.58	4.58	2.81	2. 拆放同业	3.00		−3.00
其中:实收资本				九、行内资金往来	70.82	1.45	70.86
十三、其他	0.46	−6.11	6.64	十、代理金融机构贷款			
				其中:代理人行专项贷款			
				十一、库存现金	0.35	0.16	0.16
				十二、外汇占款			
资金来源总计	355.68	117.19	119.63	资金运用总计	355.68	117.19	119.63

24. 杭州银行上海分行人民币信贷收支表

2009-12-31

单位:亿元

来源项目名称	本月余额	比年初增减数		运用项目名称	本月余额	比年初增减数	
		本年	上年			本年	上年
一、各项存款	102.55	46.85	55.70	一、各项贷款	68.56	23.56	45.00
1. 企业存款	63.46	28.66	34.79	1. 短期贷款	41.91	12.77	29.14
(1) 活期存款	45.74	24.40	21.34	(1) 工业贷款	2.51	2.51	
(2) 定期存款	17.72	4.26	21.34	(2) 商业贷款	37.83	9.12	28.70
2. 机关团体存款	0.01	−0.10	0.11	(3) 建筑业贷款			
3. 储蓄存款	5.34	3.08	2.25	(4) 农业贷款			
(1) 活期储蓄	0.96	−0.34	1.29	(5) 乡镇企业贷款			
(2) 定期储蓄	4.38	3.42	0.97	(6) 三资企业贷款			
4. 农业存款				(7) 私营企业及个体贷款	1.08	0.66	0.42
5. 其他存款	33.75	15.21	18.54	(8) 其他短期贷款	0.49	0.47	0.02
二、代理财政性存款				其中:个人短期贷款	0.49	0.47	0.02
三、金融债券				2. 中长期贷款	24.06	18.62	5.44
其中:政策性金融债券				(1) 基本建设贷款	2.25	2.25	
四、应付及暂收款	0.33	0.01	0.32	(2) 技术改造贷款			
其中:应付及预提利息	0.21	−0.04	0.25	(3) 其他中长期贷款	21.81	16.37	5.44
五、卖出回购资产				其中:个人中长期贷款	1.02	1.01	0.01
六、向中央银行借款				3. 票据融资	2.59	−7.82	10.41
七、同业往来	1.40	−7.40	8.80	其中:贴现	2.59	−7.82	10.41
1. 同业存放	1.40	−7.40	8.80	4. 各项垫款			
2. 同业拆借				二、有价证券及投资			
八、行内资金往来				三、应收及预付款	0.10	0.02	0.08
九、委托存款及委托投资基金(净)				其中:应收利息		−0.01	0.01
1. 委托存款及委托投资基金				四、买入返售资产		−3.54	3.54
2. 减:委托贷款及委托投资				五、存放中央银行准备金存款	4.62	0.46	3.16
十、代理金融机构委托贷款基金				六、存放中央银行特种存款			
其中:中央银行委托贷款基金				七、缴存中央银行财政性存款			
十一、各项准备	0.88	0.39	0.49	八、同业往来	0.78	0.70	0.08
其中:贷款损失准备金	0.88	0.39	0.49	1. 存放同业	0.78	0.70	0.08
十二、所有者权益	0.70	0.95	−0.25	2. 拆放同业			
其中:实收资本				九、行内资金往来	32.50	22.34	10.15
十三、其他	0.76	2.80	−3.04	十、代理金融机构贷款			
				其中:代理人行专项贷款			
				十一、库存现金	0.06	0.05	0.01
				十二、外汇占款			
资金来源总计	106.62	43.59	62.02	资金运用总计	106.62	43.59	62.02

25. 瑞穗实业银行(中国)有限公司人民币信贷收支表

2009-12-31

单位:亿元

来源项目名称	本月余额	比年初增减数 本 年	比年初增减数 上 年	运用项目名称	本月余额	比年初增减数 本 年	比年初增减数 上 年
一、各项存款	130.73	26.88	28.04	一、各项贷款	133.55	−11.89	25.41
1. 企业存款	130.36	26.90	27.92	1. 短期贷款	106.10	−14.77	25.82
(1) 活期存款	76.01	16.28	3.53	(1) 工业贷款			
(2) 定期存款	54.35	10.62	24.39	(2) 商业贷款			
2. 机关团体存款				(3) 建筑业贷款			
3. 储蓄存款				(4) 农业贷款			
(1) 活期储蓄				(5) 乡镇企业贷款			
(2) 定期储蓄				(6) 三资企业贷款			
4. 农业存款				(7) 私营企业及个体贷款			
5. 其他存款	0.36	−0.02	0.13	(8) 其他短期贷款	106.10	−14.77	25.82
二、代理财政性存款				其中:个人短期贷款			
三、金融债券				2. 中长期贷款	23.29	1.87	7.03
其中:政策性金融债券				(1) 基本建设贷款			
四、应付及暂收款	1.33	−0.90	0.47	(2) 技术改造贷款			
其中:应付及预提利息	1.01	−0.63	0.92	(3) 其他中长期贷款	23.29	1.87	7.03
五、卖出回购资产				其中:个人中长期贷款			
六、向中央银行借款				3. 票据融资	4.17	1.00	−7.45
七、同业往来	69.69	−16.88	10.99	其中:贴现	4.17	1.00	−7.45
1. 同业存放	31.69	−9.48	35.15	4. 各项垫款			
2. 同业拆借	38.00	−7.40	−24.16	二、有价证券及投资	3.00	1.99	0.02
八、行内资金往来				三、应收及预付款	1.15	−0.29	0.85
九、委托存款及委托投资基金(净)				其中:应收利息	1.04	−0.33	0.79
1. 委托存款及委托投资基金				四、买入返售资产			
2. 减:委托贷款及委托投资				五、存放中央银行准备金存款	69.15	14.24	18.97
十、代理金融机构委托贷款基金				六、存放中央银行特种存款			
其中:中央银行委托贷款基金				七、缴存中央银行财政性存款			
十一、各项准备	1.85	0.03	0.41	八、同业往来	12.13	2.18	3.77
其中:贷款损失准备金	1.85	0.03	0.41	1. 存放同业	2.43	0.59	−1.84
十二、所有者权益	20.09	3.04	10.88	2. 拆放同业	9.70	1.59	5.61
其中:实收资本	18.55	2.03	10.68	九、行内资金往来			
十三、其他	−4.65	−5.95	−1.76	十、代理金融机构贷款			
				其中:代理人行专项贷款			
				十一、库存现金	0.05	0.00	0.01
				十二、外汇占款			
资金来源总计	219.04	6.23	49.03	资金运用总计	219.04	6.23	49.03

26. 星展银行(中国)有限公司人民币信贷收支表

2009-12-31

单位:亿元

来源项目名称	本月余额	比年初增减数		运用项目名称	本月余额	比年初增减数	
		本年	上年			本年	上年
一、各项存款	159.47	38.71	39.50	一、各项贷款	183.18	8.85	42.83
1. 企业存款	140.43	31.32	30.56	1. 短期贷款	45.59	−13.83	5.06
(1) 活期存款	29.81	3.69	0.69	(1) 工业贷款			
(2) 定期存款	110.62	28.14	29.87	(2) 商业贷款			
2. 机关团体存款				(3) 建筑业贷款			
3. 储蓄存款	9.41	4.49	4.24	(4) 农业贷款			
(1) 活期储蓄	2.43	1.81	0.59	(5) 乡镇企业贷款			
(2) 定期储蓄	6.98	2.68	3.65	(6) 三资企业贷款			
4. 农业存款				(7) 私营企业及个体贷款			
5. 其他存款	9.63	2.39	4.70	(8) 其他短期贷款	45.59	−13.83	5.06
二、代理财政性存款				其中:个人短期贷款			−0.13
三、金融债券				2. 中长期贷款	137.56	23.91	37.86
其中:政策性金融债券				(1) 基本建设贷款			
四、应付及暂收款	3.92	−3.67	3.93	(2) 技术改造贷款			
其中:应付及预提利息	0.84	−0.84	0.92	(3) 其他中长期贷款	137.56	23.91	37.86
五、卖出回购资产				其中:个人中长期贷款	37.24	25.06	10.29
六、向中央银行借款				3. 票据融资	0.04	−1.24	−0.09
七、同业往来	25.88	−16.11	0.24	其中:贴现	0.04	−1.24	−0.09
1. 同业存放	10.38	−13.91	13.99	4. 各项垫款			
2. 同业拆借	15.50	−2.20	−13.75	二、有价证券及投资	14.39	12.46	−7.97
八、行内资金往来				三、应收及预付款	2.93		−0.17
九、委托存款及委托投资基金(净)				其中:应收利息	0.88	−0.56	0.49
1. 委托存款及委托投资基金				四、买入返售资产			
2. 减:委托贷款及委托投资				五、存放中央银行准备金存款	31.98	−5.94	8.38
十、代理金融机构委托贷款基金				六、存放中央银行特种存款			
其中:中央银行委托贷款基金				七、缴存中央银行财政性存款			
十一、各项准备	3.65	0.53	1.70	八、同业往来	8.40	−1.88	8.84
其中:贷款损失准备金	3.65	0.53	1.70	1. 存放同业	0.40	−7.88	6.84
十二、所有者权益	26.61	1.0[illegible]	5.60	2. 拆放同业	8.00	6.00	2.00
其中:实收资本	20.66		4.11	九、行内资金往来			
十三、其他	21.58	−7.05	2.50	十、代理金融机构贷款			
				其中:代理人行专项贷款			
				十一、库存现金	0.23	0.12	0.06
				十二、外汇占款			
资金来源总计	241.11	13.43	53.46	资金运用总计	241.11	13.43	53.46

27. 南洋商业银行(中国)有限公司人民币信贷收支表

2009-12-31

单位:亿元

来源项目名称	本月余额	运用项目名称	本月余额
一、各项存款	95.05	一、各项贷款	127.80
1. 企业存款	72.39	1. 短期贷款	40.19
(1) 活期存款	18.14	(1) 工业贷款	17.90
(2) 定期存款	54.25	(2) 商业贷款	16.96
2. 机关团体存款		(3) 建筑业贷款	0.77
3. 储蓄存款	15.55	(4) 农业贷款	
(1) 活期储蓄	2.47	(5) 乡镇企业贷款	
(2) 定期储蓄	13.09	(6) 三资企业贷款	4.47
4. 农业存款		(7) 私营企业及个体贷款	
5. 其他存款	7.10	(8) 其它短期贷款	0.08
二、代理财政性存款		其中:个人短期贷款	0.08
三、金融债券		2. 中长期贷款	85.70
其中:政策性金融债券		(1) 基本建设贷款	81.39
四、应付及暂收款	2.13	(2) 技术改造贷款	
其中:应付及预提利息	0.97	(3) 其它中长期贷款	4.31
五、卖出回购资产		其中:个人中长期贷款	4.31
六、向中央银行借款		3. 票据融资	1.90
七、同业往来	39.41	其中:贴现	1.90
1. 同业存放	14.95	4. 各项垫款	
2. 同业拆借	24.46	5. 贸易融资	0.01
八、行内资金往来		二、有价证券及投资	1.98
九、委托存款及委托投资基金(净)		三、应收及预付款	0.77
1. 委托存款及委托投资基金		其中:应收利息	0.52
2. 减:委托贷款及委托投资		四、买入返售资产	
十、代理金融机构委托贷款基金		五、存放中央银行准备金存款	11.67
其中:中央银行委托贷款基金		六、存放中央银行特种存款	
十一、各项准备	1.36	七、缴存中央银行财政性存款	
其中:贷款损失准备	1.36	八、存放中央银行-其他	5.98
十二、所有者权益	27.78	九、同业往来	15.38
其中:实收资本	22.15	1. 存放同业	11.48
当年结益	1.66	2. 拆放同业	3.90
十三、其它		十、行内资金往来	
		十一、代理金融机构贷款	
		其中:代理人行专项贷款	
		十二、库存现金	0.19
		十三、外汇占款	
		十四、其他	1.95
资金来源总计	165.72	资金运用总计	165.72

28. 联合银行(中国)有限公司人民币信贷收支表

2009-12-31

单位:亿元

来源项目名称	本月余额	比年初增减数		运用项目名称	本月余额	比年初增减数	
		本年	上年			本年	上年
一、各项存款	2.48	-1.35	1.29	一、各项贷款	8.86	-2.07	2.19
1. 企业存款	1.58	-0.67	0.39	1. 短期贷款	7.43	-1.38	2.02
(1) 活期存款	0.28	-0.31	0.09	(1) 工业贷款			
(2) 定期存款	1.30	-0.36	0.30	(2) 商业贷款			
2. 财政存款				(3) 建筑业贷款			
3. 机关团体存款				(4) 农业贷款			
4. 储蓄存款	0.06	-0.13	0.06	(5) 乡镇企业贷款			
(1) 活期储蓄	0.01	0.01	0.01	(6) 三资企业贷款			
(2) 定期储蓄	0.05	-0.14	0.05	(7) 私营企业及个体贷款			
5. 农业存款				(8) 其他短期贷款			
6. 信托存款				其中:个人短期消费贷款			
7. 委托存款				2. 中长期贷款	1.43	-0.58	0.48
8. 其他存款	0.84	-0.55	0.84	(1) 基本建设贷款			
二、金融债券				(2) 技术改造贷款			
三、应付及暂收款	0.09	-0.04	-0.23	(3) 其他中长期贷款			
其中:应付及预收利息	0.01	-0.06	-0.02	其中:个人中长期消费贷款			
四、同业往来	5.10	-0.59	1.72	3. 信托贷款			
五、行内资金往来				4. 融资租赁			
六、各项准备	0.43	0.28	0.43	5. 委托贷款			
其中:贷款损失准备	0.43	0.28	0.43	6. 票据融资	0	-0.11	-0.31
七、所有者权益	2.40	-0.28	-0.32	其中:贴现	0	-0.11	-0.31
其中:实收资本	2.68		0	7. 各项垫款			
当年结益	-0.30	-0.46	-0.34	二、有价证券及投资			
八、其他				三、应收及预付款	0.11	-0.02	-0.02
				其中:应收利息	0.05	-0.03	0
				四、同业往来	1.52	0.12	0.72
				五、系统内资金往来	0		
				六、金银占款			
				七、外汇占款			
				八、固定资产	0.01	-0.01	
				九、库存现金			
资金来源总计	10.50	-1.98	2.89	资金运用总计	10.50	-1.98	2.89

(二)外汇信贷收支统计

1. 国家开发银行上海市分行外汇信贷收支表

2009-12-31

单位:万美元

来源项目名称	本月余额	比年初增减数		运用项目名称	本月余额	比年初增减数	
		本年	上年			本年	上年
一、各项存款	7 819	7 272	546	一、各项贷款	366 831	−67 775	318 684
1. 单位活期存款	894	375	517	1. 短期贷款	128 375	−96 201	184 264
其中:中资企业存款	894	375	517	(1) 境内短期贷款	128 375	−96 201	184 264
外商投资企业存款				其中:中资企业贷款	128 375	−96 201	184 264
2. 单位定期存款	6 900		6 900	外商投资企业贷款			
其中:中资企业存款	6 900		6 900	(2) 境外短期贷款			
外商投资企业存款				2. 中长期贷款	236 125	28 598	134 705
3. 储蓄存款				(1) 境内中长期贷款	136 177	−31 085	94 441
其中:定期存款				其中:中资企业贷款	133 177	−28 627	91 983
4. 其他类存款	25	−4	29	外商投资企业贷款			
5. 境外存款				(2) 境外中长期贷款	99 948	59 683	40 265
二、境内中长期筹资				3. 进出口贸易融资			
三、卖出回购资产				4. 票据融资			
四、境外筹资				其中:贴现			
五、向中央银行借款				5. 各项垫款			
六、中央银行存款				6. 境外筹资转贷款	2 331	−172	−285
七、应付及暂收款	1	1	1	二、投资			
其中:应付及预提利息	1	0	1	1. 购买有价证券			
八、同业存放				其中:购买境外有价证券			
(1) 境内同业存放				2. 其他投资			
(2) 境外同业存放				其中:投资境外			
九、同业拆入				三、应收及预付款	556	−3 031	3 065
(1) 境内同业拆入				其中:应收及预付利息	555	−3 031	3 064
(2) 境外同业拆入				四、买入返售资产			
十、委托基金存款(净)				五、存放中央银行			
十一、外汇买卖	38	−1 210	6	其中:缴存准备金			
其中:结售汇	38	−1 210	6	六、存放同业			
十二、境内联行存放	355 903	−74 836	315 525	(1) 存放境内同业			
十三、境外联行存放				(2) 存放境外同业			
十四、各项准备				七、拆放同业			
其中:贷款损失准备金				(1) 拆放境内同业			
十五、所有者权益	3 642	−2 023	5 672	(2) 拆放境外同业			
其中:实收资本				八、存放境内联行			
十六、其他	−17	−10	0	九、存放境外联行			
				十、库存现金			
资金来源总计	367 387	−70 806	321 750	资金运用总计	367 387	−70 806	321 750

2. 中国进出口银行上海分行外汇信贷收支表

2009-12-31

单位:万美元

来源项目名称	本月余额	比年初增减数	
		本 年	上 年
一、各项存款	2 904	−6 044	−7 700
1. 单位活期存款	2 786	−4 247	4 739
其中:中资企业存款			
外商投资企业存款			
2. 单位定期存款		−1 913	−12 439
其中:中资企业存款			
外商投资企业存款			
3. 储蓄存款			
其中:定期存款			
4. 其他类存款	117	116	0
5. 境外存款			
二、境内中长期筹资			
三、卖出回购资产			
四、境外筹资			
五、向中央银行借款			
六、中央银行存款			
七、应付及暂收款	102	−39 717	−12 701
其中:应付及预提利息	101	−153	38
八、同业存放			
(1) 境内同业存放			
(2) 境外同业存放			
九、同业拆入			
(1) 境内同业拆入			
(2) 境外同业拆入			
十、委托基金存款(净)			
十一、外汇买卖			
其中:结售汇			
十二、境内联行存放	205 955	55 401	37 542
十三、境外联行存放			
十四、各项准备			
其中:贷款损失准备金			
十五、所有者权益	3 171	−19	2 594
其中:实收资本			
十六、其他	−27 527	−28 037	7
资金来源总计	184 606	−18 415	19 743

运用项目名称	本月余额	比年初增减数	
		本 年	上 年
一、各项贷款	184 308	21 592	32 095
1. 短期贷款	14 271	−42 991	53 332
(1) 境内短期贷款	14 271	−42 991	53 332
其中:中资企业贷款			
外商投资企业贷款			
(2) 境外短期贷款			
2. 中长期贷款	88 592	64 626	3 381
(1) 境内中长期贷款	5 744	−15 131	3 207
其中:中资企业贷款			
外商投资企业贷款			
(2) 境外中长期贷款	82 847	79 757	174
3. 进出口贸易融资	81 446	−43	−24 618
4. 票据融资			
其中:贴现			
5. 各项垫款			
6. 境外筹资转贷款			
二、投资			
1. 购买有价证券			
其中:购买境外有价证券			
2. 其他投资			
其中:投资境外			
三、应收及预付款	283	−39 786	−12 282
其中:应收及预付利息	281	−221	257
四、买入返售资产			
五、存放中央银行			
其中:缴存准备金			
六、存放同业	15	−221	−70
(1) 存放境内同业	15	−221	−70
(2) 存放境外同业			
七、拆放同业			
(1) 拆放境内同业			
(2) 拆放境外同业			
八、存放境内联行			
九、存放境外联行			
十、库存现金			0
资金运用总计	184 606	−18 415	19 743

3. 中国工商银行上海市分行外汇信贷收支表

2009-12-31

单位:万美元

来源项目名称	本月余额	比年初增减数		运用项目名称	本月余额	比年初增减数	
		本　年	上　年			本　年	上　年
一、各项存款	295 599	30 376	−29 442	一、各项贷款	355 850	113 214	−196 282
1. 单位活期存款	103 203	7 727	−5 818	1. 短期贷款	39 057	7 144	−54 972
其中:中资企业存款	64 587	8 800	6 350	(1) 境内短期贷款	39 057	7 144	−54 972
外商投资企业存款	38 310	−1 378	15 725	其中:中资企业贷款	38 917	7 144	−54 972
2. 单位定期存款	20 567	5 631	−24 764	外商投资企业贷款	140		
其中:中资企业存款	20 567	5 631	−24 764	(2) 境外短期贷款			
外商投资企业存款				2. 中长期贷款	169 518	9 565	−20 853
3. 储蓄存款	157 139	16 952	−1 810	(1) 境内中长期贷款	169 518	9 565	−20 853
其中:定期存款	103 592	9 601	10 217	其中:中资企业贷款	60 122	−1 976	−13 152
4. 其他类存款	14 689	65	2 951	外商投资企业贷款			
5. 境外存款				(2) 境外中长期贷款			
二、境内中长期筹资				3. 进出口贸易融资	146 643	96 542	−120 142
三、卖出回购资产				4. 票据融资	22	12	−23
四、境外筹资	306	−49	−296	其中:贴现			
五、向中央银行借款				5. 各项垫款	315		2
六、中央银行存款				6. 境外筹资转贷款	295	−49	−295
七、应付及暂收款	5 373	−8 737	5 650	二、投资			−11 464
其中:应付及预提利息	1 053	−1 097	516	1. 购买有价证券			−11 464
八、同业存放	175 593	−43 970	127 601	其中:购买境外有价证券			−11 464
(1) 境内同业存放	175 593	−43 194	126 825	2. 其他投资			
(2) 境外同业存放		−776	776	其中:投资境外			
九、同业拆入				三、应收及预付款	45	32	−102
(1) 境内同业拆入				其中:应收及预付利息			−101
(2) 境外同业拆入				四、买入返售资产			
十、委托基金存款(净)				五、存放中央银行		−3 460	1 707
十一、外汇买卖	−11 098	−11 884	6 231	其中:缴存准备金			
其中:结售汇				六、存放同业	2 107	−89	294
十二、境内联行存放			−51 344	(1) 存放境内同业	629	220	−509
十三、境外联行存放				(2) 存放境外同业	1 478	−309	803
十四、各项准备	5 710	3 773	287	七、拆放同业			
其中:贷款损失准备金	5 710	3 773	473	(1) 拆放境内同业			
十五、所有者权益	3 315	−4 820	−317	(2) 拆放境外同业			
其中:实收资本				八、存放境内联行	120 418	−152 631	273 049
十六、其他	10 693	−7 539	7 693	九、存放境外联行	1 125	183	−697
				十、库存现金	5 945	−99	−440
资金来源总计	485 491	−42 851	66 065	资金运用总计	485 491	−42 851	66 065

4. 中国农业银行上海市分行外汇信贷收支表

2009-12-31

单位:万美元

来源项目名称	本月余额	比年初增减数 本年	比年初增减数 上年
一、各项存款	88 824	4 034	6 489
1. 单位活期存款	42 438	−4 094	10 903
其中:中资企业存款			
外商投资企业存款			
2. 单位定期存款	17 436	−1 236	−132
其中:中资企业存款			
外商投资企业存款			
3. 储蓄存款	20 388	2 153	1 115
其中:定期存款	15 778	2 866	808
4. 其他类存款	8 562	7 211	−5 397
5. 境外存款			
二、境内中长期筹资			
三、卖出回购资产			
四、境外筹资			
五、向中央银行借款			
六、中央银行存款			
七、应付及暂收款	142 835	−36 028	58 488
其中:应付及预提利息	401	−185	247
八、同业存放	59 005	−1 196	33 319
(1) 境内同业存放	58 998	−1 203	33 319
(2) 境外同业存放	7	7	
九、同业拆入	10 300	−25 549	30 784
(1) 境内同业拆入	10 300	−25 549	30 784
(2) 境外同业拆入			
十、委托基金存款(净)			
十一、外汇买卖	358	315	−2 384
其中:结售汇	358	315	−2 384
十二、境内联行存放			
十三、境外联行存放			
十四、各项准备	1 003	−341	−6 524
其中:贷款损失准备金			−1 020
十五、所有者权益	2 815	707	4 509
其中:实收资本			
十六、其他	14 824	837	25 954
资金来源总计	319 964	−57 221	150 635

运用项目名称	本月余额	比年初增减数 本年	比年初增减数 上年
一、各项贷款	156 546	84 468	−24 239
1. 短期贷款	34 545	18 139	−27 465
(1) 境内短期贷款	34 545	18 139	−27 465
其中:中资企业贷款	4 376	1 051	−10 280
外商投资企业贷款	20 267	10 319	3 723
(2) 境外短期贷款			
2. 中长期贷款	49 423	17 843	−8 069
(1) 境内中长期贷款	49 423	17 843	−8 069
其中:中资企业贷款	10 000	10 000	−21 154
外商投资企业贷款	28 073	12 648	7 782
(2) 境外中长期贷款			
3. 进出口贸易融资	71 506	48 009	10 701
4. 票据融资	0	0	0
其中:贴现			
5. 各项垫款	1 072	477	594
6. 境外筹资转贷款			
二、投资	26		
1. 购买有价证券			
其中:购买境外有价证券			
2. 其他投资	26		
其中:投资境外			1
三、应收及预付款	122 258	−38 608	62 969
其中:应收及预付利息	155	65	83
四、买入返售资产			
五、存放中央银行		−3 261	−8 755
其中:缴存准备金			
六、存放同业	6 117	2 881	−685
(1) 存放境内同业	6 117	2 881	−685
(2) 存放境外同业			
七、拆放同业			10
(1) 拆放境内同业			
(2) 拆放境外同业			10
八、存放境内联行	33 392	−102 851	121 735
九、存放境外联行			
十、库存现金	1 625	150	−400
资金运用总计	319 964	−57 221	150 635

5. 中国银行上海市分行外汇信贷收支表

2009-12-31

单位:万美元

来源项目名称	本月余额	比年初增减数		运用项目名称	本月余额	比年初增减数	
		本 年	上 年			本 年	上 年
一、各项存款	765 450	177 012	92 818	一、各项贷款	1 113 750	566 078	−59 700
1. 单位活期存款	213 809	13 959	42 620	1. 短期贷款	231 857	28 510	7 431
其中:中资企业存款	205 193	8 025	15 362	(1) 境内短期贷款	231 857	28 510	7 431
外商投资企业存款	8 617	5 934	21 460	其中:中资企业贷款	115 062	31 003	−580
2. 单位定期存款	40 039	−23 161	23 879	外商投资企业贷款	40 266	−10 522	−3 678
其中:中资企业存款	13 924	2 323	25 501	(2) 境外短期贷款			
外商投资企业存款	21 818	17 766		2. 中长期贷款	426 692	249 307	−68 906
3. 储蓄存款	341 518	45 725	14 084	(1) 境内中长期贷款	426 692	249 307	−68 906
其中:定期存款	210 809	17 734	10 248	其中:中资企业贷款	201 609	93 975	−38 060
4. 其他类存款	169 386	139 844	11 810	外商投资企业贷款	3 990	−2 705	1 969
5. 境外存款	698	645	425	(2) 境外中长期贷款			
二、境内中长期筹资				3. 进出口贸易融资	433 866	291 167	4 034
三、卖出回购资产				4. 票据融资	38	−810	201
四、境外筹资				其中:贴现	38	−810	201
五、向中央银行借款				5. 各项垫款	158	−2	−11
六、中央银行存款				6. 境外筹资转贷款	21 138	−2 094	−2 449
七、应付及暂收款	5 376	−1 960	−444	二、投资	4 415		
其中:应付及预提利息	3 684	−914	−1 266	1. 购买有价证券			
八、同业存放	171 022	−7 537	41 152	其中:购买境外有价证券			
(1) 境内同业存放	117 915	19 355	8 631	2. 其他投资	4 415		
(2) 境外同业存放	53 107	−26 892	32 521	其中:投资境外			
九、同业拆入	6 065	900	1 952	三、应收及预付款	4 966	−3 894	323
(1) 境内同业拆入	1	1		其中:应收及预付利息	4 669	−4 072	891
(2) 境外同业拆入	6 064	899	1 952	四、买入返售资产			
十、委托基金存款(净)				五、存放中央银行		−857	−137
十一、外汇买卖	−754	240	−21 070	其中:缴存准备金			
其中:结售汇	−962	−8	−20 928	六、存放同业	7 454	−22 942	9 571
十二、境内联行存放	81 133	81 133		(1) 存放境内同业	6 801	−23 198	9 500
十三、境外联行存放	78 368	48 221	11 897	(2) 存放境外同业	653	256	71
十四、各项准备	17 496	4 561	−750	七、拆放同业	37	37	
其中:贷款损失准备金	15 471	4 544	−734	(1) 拆放境内同业	1	1	
十五、所有者权益	11 344	−9 860	−1 078	(2) 拆放境外同业	36	36	
其中:实收资本				八、存放境内联行		−239 706	167 150
十六、其他	4 281	287	1 069	九、存放境外联行	1 935	−2 682	4 615
				十、库存现金	7 226	−3 036	3 724
资金来源总计	1 139 782	292 997	125 546	资金运用总计	1 139 782	292 997	125 546

6. 中国建设银行上海市分行外汇信贷收支表

2009-12-31

单位:万美元

来源项目名称	本月余额	比年初增减数		运用项目名称	本月余额	比年初增减数	
		本年	上年			本年	上年
一、各项存款	194 291	33 071	−546	一、各项贷款	233 649	67 100	−21 177
1. 单位活期存款	94 135	32 063	10 343	1. 短期贷款	52 240	12 405	−2 058
其中:中资企业存款				(1) 境内短期贷款	52 240	12 405	−2 058
外商投资企业存款				其中:中资企业贷款			
2. 单位定期存款	29 628	8 859	−3 753	外商投资企业贷款			
其中:中资企业存款				(2) 境外短期贷款			
外商投资企业存款				2. 中长期贷款	88 027	22 349	−16 566
3. 储蓄存款	60 644	−1 139	16 546	(1) 境内中长期贷款	88 027	22 349	−16 566
其中:定期存款	45 203	1 205	17 066	其中:中资企业贷款			
4. 信托存款				外商投资贷款			
5. 委托存款				(2) 境外中长期贷款			
6. 其他类存款	9 885	−6 713	−23 682	3. 进出口贸易融资	60 041	34 386	254
7. 境外存款				4. 票据融资	1	−2	
二、境外筹资	34 252	−264	−3 118	其中:贴现			
三、同业存放	30 996	−40 242	39 346	5. 融资租赁			
其中:境外同业存放				6. 信托贷款			
四、应付及暂收款	4 349	−323	2 283	7. 委托贷款			
其中:应付及预提利息	351	−482	135	8. 各项垫款	73	−1 108	376
五、同业拆入				9. 境外筹资转贷款	33 268	−931	−3 183
其中:境外同业拆入				二、有价证券及投资	1 440		−1 505
六、外汇买卖	−354		−151	三、应收及预付款	223	−599	−774
其中:结售汇	−354		−151	其中:应收及预付利息	223	−592	−701
七、境外联行存放				四、存放同业	2 078	−3 165	614
八、证券业务款项				其中:存放境外同业			
九、各项准备			−7	五、拆放同业			
其中:贷款损失准备金				其中:拆放境外同业			
十、所有者权益	−5 339	−8 097	−4 581	六、存放境内联行	18 757	−79 295	56 992
其中:实收资本				七、存放境外联行			
当年结益	−5 339	−8 097	2 759	八、证券业务占款			
十一、其他	597	−560	524	九、库存现金	2 645	−456	−400
资金来源总计	258 792	−16 415	33 750	资金运用总计	258 792	−16 415	33 750

7. 交通银行上海市分行外汇信贷收支表

2009-12-31

单位:万美元

负债科目	本期余额	比上年增减数		资产科目	本期余额	比上年增减数	
		本　年	上　年			本　年	上　年
一、各项存款	289 178.52	166 148.10	−18 323.61	一、各项贷款	165 172.23	49 288.89	−2 833.86
1. 单位活期存款	45 614.30	9 837.73	14 208.36	1. 短期贷款	22 799.88	14 324.42	−15 820.89
其中:中资企业存款	14 745.33	10 186.65	2 208.18	(1) 境内短期贷款	22 799.88	14 324.42	−15 820.89
外商投资企业存款	1 926.68	−281.42	447.85	其中:中资企业贷款	22 679.88	20 240.88	−21 511.29
2. 单位定期存款	25 820.21	18 604.67	−39 521.91	外商投资企业贷款		−6 036.46	5 690.46
其中:中资企业存款	24 771.29	20 710.40	−35 728.54	(2) 境外短期贷款			
外商投资企业存款	1 048.92	−2 105.73	−3 793.37	2. 中长期贷款	59 257.33	−13 788.73	−7 235.66
3. 储蓄存款	64 984.33	3 349.62	−4 312.18	(1) 境内中长期贷款	59 257.33	−13 788.73	−7 235.66
其中:定期存款	60 326.78	2 806.12	3 357.48	其中:中资企业贷款	5 008.30	−7 021.50	−3 978.07
4. 其他类存款	152 759.59	134 368.34	11 302.48	外商投资企业贷款			
5. 境外存款	0.09	−12.26	−0.36	(2) 境外中长期贷款			
二、境内中长期借款				3. 进出口贸易融资	76 701.00	55 757.92	16 583.32
三、卖出回购资产				4. 票据融资	927.10	−3 975.41	3 762.40
四、境外筹资				其中:贴现	903.23	−3 979.96	3 785.78
五、向中央银行借款				5. 各项垫款		−2 780.48	179.98
六、中央银行存款				6. 境外筹资转贷款	5 486.92	−248.83	−303.01
七、应付及暂收款	97 160.26	−1 107.38	−14 721.77	二、投资	298.00		−6.00
其中:应付及预提利息	396.79	−156.87	−122.48	1. 购买有价证券			
八、同业存放	30 094.29	−17 470.12	44 313.00	其中:购买境外有价证券			
(1) 境内同业存放	29 953.62	−17 459.41	44 435.77	2. 其他投资	298.00		−6.00
(2) 境外同业存放	140.67	−10.71	−122.77	其中:投资境外			
九、同业拆入				三、应收及预付款	100 639.96	5 304.07	−10 477.22
(1) 境内同业拆入				其中:应收及预付利息	305.13	305.13	−60.81
(2) 境外同业拆入				四、买入返售资产			
十、委托基金存款(净)	835.70	358.40	−7.42	五、存放中央银行		−5 085.24	2 520.26
十一、外汇买卖	−0.69	−0.51	−189.20	其中:缴存准备金			
其中:结售汇	−0.69	−0.51	−189.20	六、存放同业	5 581.69	−3 437.64	8 098.15
十二、境内联行存放				(1) 存放境内同业	5 581.69	−3 437.64	8 098.15
十三、境外联行存放				(2) 存放境外同业			
其中:实收资本				七、拆放同业			
当年结益	1 329.78	1 329.78	3 567.21	(1) 拆放境内同业			
十四、各项准备	−1 530.62	−2 778.58	23.84	(2) 拆放境外同业			
十五、所有者权益	1 329.78	−2 237.43	199.91	八、存放境内联行	151 622.66	99 633.92	13 601.21
十六、其他	8 416.45	2 186.14	222.25	九、存放境外联行	612.75	−570.31	812.06
其中:贷款损失准备	−1 530.62	−2 778.58	23.84	十、库存现金	1 556.40	−35.07	−197.60
资金来源总计	425 483.69	145 098.62	11 517.00	资金运用总计	425 483.69	145 098.62	11 517.00

8. 上海浦东发展银行上海分行外汇信贷收支表

2009-12-31

单位:万美元

来源项目名称	本月余额	比年初增减数 本年	比年初增减数 上年	运用项目名称	本月余额	比年初增减数 本年	比年初增减数 上年
一、各项存款	92 987	2 868	6 228	一、各项贷款	54 034	19 938	−21 810
1. 单位活期存款	60 015	10 944	7 297	1. 短期贷款	18 138	12 041	−21 244
其中:中资企业存款	17 861	2 245	7 132	(1) 境内短期贷款	18 138	12 041	−21 244
外商投资企业存款	29 749	2 727	−5 160	其中:中资企业贷款	17 483	11 806	−15 695
2. 单位定期存款	3 116	−10 637	4 981	外商投资企业贷款			
其中:中资企业存款				(2) 境外短期贷款			
外商投资企业存款				2. 中长期贷款	20 930	−5 655	354
3. 储蓄存款	17 499	2 489	2 294	(1) 境内中长期贷款	20 930	−5 655	354
其中:定期存款	13 113	1 516	2 266	其中:中资企业贷款			
4. 其他类存款	12 238	106	−8 355	外商投资企业贷款			
5. 境外存款	119	−34	11	(2) 境外中长期贷款			
二、境内中长期筹资				3. 进出口贸易融资	14 962	13 558	−917
三、卖出回购资产				4. 票据融资	4	−6	−3
四、境外筹资				其中:贴现			
五、向中央银行借款				5. 各项垫款			
六、中央银行存款				6. 境外筹资转贷款			
七、应付及暂收款	18 157	11 081	−47 140	二、投资			
其中:应付及预提利息	134	−194	−100	1. 购买有价证券			
八、同业存放	2 734	−2 925	−6 974	其中:购买境外有价证券			
(1) 境内同业存放	2 734	−2 925	−6 974	2. 其他投资			
(2) 境外同业存放				其中:投资境外			
九、同业拆入				三、应收及预付款	18 028	11 438	−47 134
(1) 境内同业拆入				其中:应收及预付利息	131	−166	−6
(2) 境外同业拆入				四、买入返售资产			
十、委托基金存款(净)				五、存放中央银行			
十一、外汇买卖	594	−4	42	其中:缴存准备金			
其中:结售汇	4	5	−8	六、存放同业	10 745	8 874	409
十二、境内联行存放				(1) 存放境内同业	10 745	8 874	409
十三、境外联行存放				(2) 存放境外同业			
十四、各项准备				七、拆放同业			
其中:贷款损失准备金				(1) 拆放境内同业			
十五、所有者权益	1 668	−536	104	(2) 拆放境外同业			
其中:实收资本				八、存放境内联行	32 023	−29 521	20 537
十六、其他	102	2	4	九、存放境外联行			
				十、库存现金	1 412	−243	262
资金来源总计	116 242	10 486	−47 736	资金运用总计	116 242	10 486	−47 736

9. 上海银行外汇信贷收支表

2009-12-31

单位:万美元

来源项目名称	本月余额	比年初增减数		运用项目名称	本月余额	比年初增减数	
		本 年	上 年			本 年	上 年
一、各项存款	53 796	9 543	−7 531	一、各项贷款	52 701	18 258	3 751
1. 单位活期存款	28 488	2 302	2 465	1. 短期贷款	37 052	19 295	1 125
其中:中资企业存款	10 214	2 150	457	(1) 境内短期贷款	37 052	19 295	1 125
外商投资企业存款	16 604	759	−269	其中:中资企业贷款	18 912	10 143	2 721
2. 单位定期存款	8 621	6 211	−1 030	外商投资企业贷款	17 793	9 068	−1 603
其中:中资企业存款	5 313	5 229	−934	(2) 境外短期贷款	0	0	0
外商投资企业存款	2 804	1 688	−1 306	2. 中长期贷款	8 627	375	330
3. 储蓄存款	7 404	1 916	−511	(1) 境内中长期贷款	8 107	583	541
其中:定期存款	5 806	1 421	363	其中:中资企业贷款	1 467	367	1 100
4. 其他类存款	9 033	−946	−8 325	外商投资企业贷款	1 499	833	−103
5. 境外存款	250	60	−130	(2) 境外中长期贷款	520	−208	−211
二、境内中长期筹资	0	0	0	3. 进出口贸易融资	1 409	−950	168
三、卖出回购资产	0	0	0	4. 票据融资	4 968	−462	2 128
四、境外筹资	0	0	0	其中:贴现	4 968	−462	2 128
五、向中央银行借款	0	0	0	5. 各项垫款	645	0	0
六、中央银行存款	0	0	0	6. 境外筹资转贷款	0	0	0
七、应付及暂收款	283	−190	−239	二、投资	13 412	6 622	−1 513
其中:应付及预提利息	102	−92	−69	1. 购买有价证券	10 412	6 654	−1 545
八、同业存放	18 846	6 131	168	其中:购买境外有价证券	10 412	10 412	0
(1) 境内同业存放	18 846	6 131	168	2. 其他投资	3 000	−32	32
(2) 境外同业存放	0	0	0	其中:投资境外	0	−3 032	32
九、同业拆入	14 700	−11 112	18 962	三、应收及预付款	319	−806	641
(1) 境内同业拆入	8 700	−17 112	22 312	其中:应收及预付利息	289	−794	654
(2) 境外同业拆入	6 000	6 000	−3 350	四、买入返售资产	0	0	0
十、委托基金存款(净)	0	0	0	五、存放中央银行	2 270	−258	−2 117
十一、外汇买卖	8 956	4 963	−302	其中:缴存准备金	2 216	1 125	−661
其中:结售汇	9 553	4 874	511	六、存放同业	12 919	6 111	−3 989
十二、境内联行存放	13 629	−1	−3	(1) 存放境内同业	3 999	2 416	264
十三、境外联行存放	0	0	0	(2) 存放境外同业	8 920	3 695	−4 253
十四、各项准备	4 312	1 998	945	七、拆放同业	44 750	−17 470	20 578
其中:贷款损失准备金	4 312	1 998	945	(1) 拆放境内同业	43 800	−16 170	33 228
十五、所有者权益	9 380	979	4 483	(2) 拆放境外同业	950	−1 300	−12 650
其中:实收资本	0	0	0	八、存放境内联行	0	0	0
当年结益	981	981	4 717	九、存放境外联行	0	0	0
十六、其他	3 553	52	996	十、库存现金	1 084	−94	128
资金来源总计	127 455	12 363	17 479	资金运用总计	127 455	12 363	17 479

10. 上海农村商业银行外汇信贷收支表

2009-12-31

单位:万美元

栏目 来源项目名称	本月余额	比年初增减数	
		本　年	上　年
一、各项存款	2 306	598	1 371
1. 单位活期存款	2 102	461	1 359
其中:中资企业存款	2 102	461	1 359
外商投资企业存款			
2. 单位定期存款			
其中:中资企业存款			
外商投资企业存款			
3. 储蓄存款	172	105	19
其中:定期存款	153	99	11
4. 其他类存款	32	32	−7
5. 境外存款			
二、境内中长期筹资			
三、卖出回购资产			
四、境外筹资			
五、向中央银行借款			
六、中央银行存款			
七、应付及暂收款	596	−204	−135
其中:应付及预提利息	4	2	1
八、同业往来			
(1) 境内同业存放			
(2) 境外同业存放			
九、同业拆入			
(1) 境内同业拆入			
(2) 境外同业拆入			
十、委托基金存款(净)			
十一、外汇买卖	1 307	741	−171
其中:结售汇			
十二、境内联行存放			2
十三、境外联行存放			
十四、各项准备			
其中:贷款损失准备金			
十五、所有者权益	79	−51	−90
其中:实收资本			
十六、其他	2 000		
资金来源总计	6 288	1 084	977

栏目 运用项目名称	本月余额	比年初增减数	
		本　年	上　年
一、各项贷款	334	−523	645
1. 短期贷款	300	−94	394
(1) 境内短期贷款	300	−94	394
其中:中资企业贷款			
外商投资企业贷款			
(2) 境外短期贷款			
2. 中长期贷款		−70	
(1) 境内中长期贷款		−70	
其中:中资企业贷款			
外商投资企业贷款			
(2) 境外中长期贷款			
3. 进出口贸易融资	34	−359	251
4. 票据融资			
其中:贴现			
5. 各项垫款			
6. 境外投资转贷款			
二、投资			
1. 购买有价证券			
其中:购买境外有价证券			
2. 其他投资			
其中:投资境外			
三、应收及预付款	26	13	8
其中:应收及预付利息	24	18	6
四、买入返售资产			
五、存放中央银行准备金存款	176	−351	430
其中:缴存准备金	176	106	53
六、存放同业	5 590	1 886	−120
(1) 存放境内同业	3 838	1 260	−170
(2) 存放境外同业	1 752	626	50
七、拆放同业			
(1) 拆放境内同业			
(2) 拆放境外同业			
其中:代理人行专项贷款			
八、存放境内联行	1		
九、存放境外联行			
十、库存现金	161	59	14
资金运用总计	6 288	1 084	977

11. 中信银行上海分行外汇信贷收支表

2009-12-31

单位：万美元

来源项目名称	本月余额	比年初增减数 本年	比年初增减数 上年	运用项目名称	本月余额	比年初增减数 本年	比年初增减数 上年
一、各项存款	67 041.96	5 821.15	−7 297.57	一、各项贷款	33 316.40	5 272.45	−13 491.51
1. 单位活期存款	12 137.42	−2 308.91	7 735.27	1. 短期贷款	20 922.52	−877.34	−12 426.79
其中：中资企业存款	3 918.42	−723.10	3 376.49	（1）境内短期贷款	20 922.52	−877.34	−12 426.79
外商投资企业存款	3 366.87	−4 752.07	3 758.45	其中：中资企业贷款	10 276.57	7 254.53	−3 635.21
2. 单位定期存款	26 449.36	9 554.80	−15 662.89	外商投资企业贷款	412.30	−1 739.00	−2 283.70
其中：中资企业存款	25 679.09	9 535.09	−16 354.39	（2）境外短期贷款			
外商投资企业存款	470.00	−276.36	696.36	2. 中长期贷款	10 511.36	6 447.16	2 488.56
3. 储蓄存款	22 390.89	−603.25	−5 511.66	（1）境内中长期贷款	10 511.36	6 447.16	2 488.56
其中：定期存款	17 561.37	−1 412.03	−5 040.22	其中：中资企业贷款	10 000.00	7 000.00	3 000.00
4. 其他类存款	5 997.37	−834.56	6 158.30	外商投资企业贷款			
5. 境外存款	66.92	13.07	−16.59	（2）境外中长期贷款			
二、境内中长期借款				3. 进出口贸易融资	1 357.05	299.07	−4 667.66
三、卖出回购资产				4. 票据融资	0.24	−14.76	7.47
四、境外筹资				其中：贴现		−10.99	8.90
五、向中央银行借款				5. 各项垫款	525.23	−581.68	1 106.91
六、中央银行存款				6. 境外筹资转贷款			
七、应付及暂收款	314.68	−86.99	−63.10	二、投资			
其中：应付及预提利息	297.38	−22.33	38.73	1. 购买有价证券			
八、同业存放	12 768.15	5 641.39	912.76	其中：购买境外有价证券			
（1）境内同业存放	12 768.15	5 641.39	912.76	2. 其他投资			
（2）境外同业存放				其中：投资境外			
九、同业拆入				三、应收及预付款	129.92	−192.04	−103.16
（1）境内同业拆入				其中：应收及预付利息	129.83	−182.64	−102.75
（2）境外同业拆入				四、买入返售资产			
十、委托基金存款(净)	10 080.91	9 588.78	492.13	五、存放中央银行		−2 951.65	2 045.30
十一、外汇买卖	342.10	115.92	−320.53	其中：缴存准备金			
其中：结售汇	284.81	327.26	−534.63	六、存放同业	19 140.97	15 861.64	−3 168.72
十二、境内联行存放				（1）存放境内同业	16 542.00	14 020.59	1 156.83
十三、境外联行存放				（2）存放境外同业	2 598.97	1 841.05	−4 325.55
十四、各项准备	916.38	−341.55	849.55	七、拆放同业	3 000.00	3 000.00	
其中：贷款损失准备	916.38	−341.55	849.55	（1）拆放境内同业	3 000.00	3 000.00	
十五、所有者权益	−147.00	−436.65	−575.59	（2）拆放境外同业			
其中：实收资本				八、存放境内联行	39 069.83	−383.55	8 818.11
当年结益	167.48	167.48	289.65	九、存放境外联行			
十六、其他	4 244.49	205.09	−136.45	十、库存现金	904.55	−99.71	−238.82
资金来源总计	95 561.67	20 507.14	−6 138.80	资金运用总计	95 561.67	20 507.14	−6 138.80

12. 中国光大银行上海分行外汇信贷收支表

2009-12-31

单位：万美元

资金来源	本期余额	比年初增减数		资金运用	本期余额	比年初增减数	
		本年	上年			本年	上年
一、各项存款	37 797	−4 951	26 682	一、各项贷款	25 360	8 585	−14 078
1. 单位活期存款	8 723	−8 736	10 945	1. 短期贷款	2 741	2 195	390
其中：中资企业存款	6 203	−3 970	5 298	(1) 境内短期贷款	2 741	2 195	390
外商投资企业存款	0	0	0	其中：中资企业贷款	2 741	2 195	390
2. 单位定期存款	8 485	6 656	1 722	外商投资企业贷款	0	0	0
其中：中资企业存款	8 296	8 211	78	(2) 境外短期贷款	0	0	0
外商投资企业存款	0	0	0	2. 中长期贷款	10 398	−180	9 542
3. 储蓄存款	16 369	−5 786	13 407	(1) 境内中长期贷款	10 398	−180	9 542
其中：定期存款	12 908	−7 465	13 170	其中：中资企业贷款	10 315	−180	9 868
4. 其他类存款	4 220	2 915	608	外商投资企业贷款	0	0	0
5. 境外存款	0	0	0	(2) 境外中长期贷款	0	0	0
二、境内中长期筹资	0	0	0	3. 进出口贸易融资	12 221	6 896	−24 000
三、卖出回购资产	0	0	0	4. 票据融资	0	−326	235
四、境外筹资	0	0	0	其中：贴现	0	0	0
五、向中央银行借款	0	0	0	5. 各项垫款	0	0	−206
六、中央银行存款	0	0	0	6. 境外筹资转贷款	0	0	−39
七、应付及暂收款	105	−539	−20 978	二、投资	0	0	0
其中：应付及预提利息	105	−538	489	1. 购买有价证券	0	0	0
八、同业存放	27 740	−1 690	22 055	其中：购买境外有价证券	0	0	0
(1) 境内同业存放	27 740	−1 690	22 055	2. 其他投资	0	0	0
(2) 境外同业存放	0	0	0	其中：境外投资	0	0	0
九、同业拆入	86	86	0	三、应收及预付款	64	−112	−2 1288
(1) 境内同业拆入	0	0	0	其中：应收及预付利息	64	−112	173
(2) 境外同业拆入	86	86	0	四、买入返售资产	0	0	0
十、委托基金存款(净)	48 443	48 424	−5	五、存放中央银行	0	−1 041	398
十一、外汇买卖	0	0	0	其中：缴存准备金	0	0	0
其中：结售汇	0	0	0	六、存放同业	1 523	−9 158	6 657
十二、境内联行存放	0	0	−11 691	(1) 存放境内同业	1 353	−9 038	9 487
十三、境外联行存放	0	0	0	(2) 存放境外同业	170	−120	−2 830
十四、各项准备	418	270	148	七、拆放同业	0	0	−177
其中：贷款损失准备	418	270	148	(1) 拆放境内同业	0	0	−177
十五、所有者权益	−45	−797	651	(2) 拆放境外同业	0	0	0
其中：实收资本	0	0	0	八、存放境内联行	87 700	42 481	45 219
十六、其他	836	87	−117	九、存放境外联行	0	0	0
				十、库存现金	733	135	14
资金来源总计	115 380	40 890	16 745	资金运用总计	115 380	40 890	16 745

13. 华夏银行上海分行外汇信贷收支表

2009-12-31

单位:万美元

来源项目名称 \ 栏目	本月余额	比年初增减数	
		本 年	上 年
一、各项存款	36 047	−7 474	24 309
1. 单位活期存款	2 255	1 087	439
其中:中资企业存款	133	−225	174
外商投资企业存款	1 917	1 577	79
2. 单位定期存款	31 412	−8 971	22 872
其中:中资企业存款	31 408	−8 971	22 872
外商投资企业存款	4		
3. 储蓄存款	1 481	449	112
其中:定期存款	1 294	357	67
4. 其他类存款	899	−39	886
5. 境外存款			
二、境内中长期筹资			
三、卖出回购资产			
四、境外筹资			
五、向中央银行借款			
六、中央银行存款			
七、应付及暂收款	261	−46	27
其中:应付及预提利息	261	−46	61
八、同业存放	312	1	308
(1) 境内同业存放	312	1	308
(2) 境外同业存放			
九、同业拆入			
(1) 境内同业拆入			
(2) 境外同业拆入			
十、委托基金存款(净)			
十一、外汇买卖	17	8	2
其中:结售汇	−59 607	−59 607	
十二、境内联行存放			
十三、境外联行存放			
十四、各项准备	230	206	−82
其中:贷款损失准备金	228	206	−82
十五、所有者权益	−292	−671	576
其中:实收资本			
十六、其他			−200
资金来源总计	36 575	−7 976	24 940

运用项目名称 \ 栏目	本月余额	比年初增减数	
		本 年	上 年
一、各项贷款	6 680	4 515	−11 547
1. 短期贷款	3 910	3 601	−8 860
(1) 境内短期贷款	3 910	3 601	−8 860
其中:中资企业贷款			
外商投资企业贷款	130	−102	−23
(2) 境外短期贷款			
2. 中长期贷款	1 707	199	318
(1) 境内中长期贷款	1 707	199	318
其中:中资企业贷款			
外商投资企业贷款			
(2) 境外中长期贷款			
3. 进出口贸易融资	217	−88	−2 946
4. 票据融资		−43	−59
其中:贴现			
5. 各项垫款	846	846	
6. 境外筹资转贷款			
二、投资			
1. 购买有价证券			
其中:购买境外有价证券			
2. 其他投资			
其中:投资境外			
三、应收及预付款	9	−48	51
其中:应收及预付利息	9	−48	51
四、买入返售资产			
五、存放中央银行		−34	−4
其中:缴存准备金			
六、存放同业	129	10	85
(1) 存放境内同业	129	10	85
(2) 存放境外同业			
七、拆放同业	15		
(1) 拆放境内同业	15		
(2) 拆放境外同业			
八、存放境内联行	29 627	−12 418	36 357
九、存放境外联行			
十、库存现金	115	−1	−2
资金运用总计	36 575	−7 976	24 940

14. 中国民生银行上海分行外汇信贷收支表

2009-12-31

单位：万美元

来源项目名称	本月余额	比年初增减数 本年	比年初增减数 上年
一、各项存款	42 717	9 424	−1 402
1. 单位活期存款	22 682	9 687	681
其中：中资企业存款	2 574	−414	1 799
外商投资企业存款	12 616	5 294	−2 277
2. 单位定期存款	6 559	1 771	−752
其中：中资企业存款	6 559	1 771	−752
外商投资企业存款			
3. 储蓄存款	12 595	2 265	−2 573
其中：定期存款	9 948	1 970	−1 562
4. 其他类存款	881	−4 299	1 243
5. 境外存款			
二、境内中长期筹资			
三、卖出回购资产			
四、境外筹资			
五、向中央银行借款			
六、中央银行存款			
七、应付及暂收款	126	−41	−118
其中：应付及预提利息	101	−55	−67
八、同业存放	949	−1 022	−7 081
（1）境内同业存放	949	−1 022	−7 081
（2）境外同业存放			
九、同业拆入			
（1）境内同业拆入			
（2）境外同业拆入			
十、委托基金存款（净）			
十一、外汇买卖	0	−1	−2
其中：结售汇	0	−1	−2
十二、境内联行存放			
十三、境外联行存放			
十四、各项准备			
其中：贷款损失准备金			
十五、所有者权益	304	372	−602
其中：实收资本			
十六、其他	−46	−166	−269
资金来源总计	44 049	8 566	−9 474

运用项目名称	本月余额	比年初增减数 本年	比年初增减数 上年
一、各项贷款			
1. 短期贷款			
（1）境内短期贷款			
其中：中资企业贷款			
外商投资企业贷款			
（2）境外短期贷款			
2. 中长期贷款			
（1）境内中长期贷款			
其中：中资企业贷款			
外商投资企业贷款			
（2）境外中长期贷款			
3. 进出口贸易融资			
4. 票据融资			
其中：贴现			
5. 各项垫款			
6. 境外筹资转贷款			
二、投资			
1. 购买有价证券			
其中：购买境外有价证券			
2. 其他投资			
其中：投资境外			
三、应收及预付款	64	−7	−60
其中：应收及预付利息	64	−6	−61
四、买入返售资产			
五、存放中央银行		−1 027	−611
其中：缴存准备金			
六、存放同业	33 372	32 122	−1 338
（1）存放境内同业	33 372	32 122	−1 338
（2）存放境外同业			
七、拆放同业			
（1）拆放境内同业			
（2）拆放境外同业			
八、存放境内联行	9 928	−22 477	−7 016
九、存放境外联行			
十、库存现金	685	−45	−449
资金运用总计	44 049	8 566	−9 474

15. 招商银行上海分行外汇信贷收支表

2009-12-31

单位:万美元

来源项目名称	本月余额	比年初增减数 本年	比年初增减数 上年	运用项目名称	本月余额	比年初增减数 本年	比年初增减数 上年
一、各项存款	167 396	81 418	18 392	一、各项贷款	92 735	65 142	−1 841
1. 单位活期存款	45 233	12 275	3 409	1. 短期贷款	8 927	3 827	−8 759
其中:中资企业存款	22 018	2 364	3 248	(1) 境内短期贷款	8 927	3 827	−8 759
外商投资企业存款	22 495	9 853	1 065	其中:中资企业贷款	3 303	−1 558	−7 859
2. 单位定期存款	5 983	−255	2 597	外商投资企业贷款	5 624	5 445	−658
其中:中资企业存款	2 430	−573	−90	(2) 境外短期贷款			
外商投资企业存款	3 531	318	2 671	2. 中长期贷款	24 586	15 486	1 272
3. 储蓄存款	46 172	10 191	7 809	(1) 境内中长期贷款	24 586	15 486	1 272
其中:定期存款	20 387	4 392	4 979	其中:中资企业贷款	17 241	13 308	1 971
4. 其他类存款	70 008	59 207	4 577	外商投资企业贷款	875		
5. 境外存款				(2) 境外中长期贷款			
二、境内中长期筹资				3. 进出口贸易融资	58 917	45 856	5 766
三、卖出回购资产				4. 票据融资	162	−27	−120
四、境外筹资				其中:贴现			
五、向中央银行借款				5. 各项垫款	143		
六、中央银行存款				6. 境外筹资转贷款			
七、应付及暂收款	331	−234	99	二、投资			
其中:应付及预提利息	140	−259	211	1. 购买有价证券			
八、同业存放	48 845	33 266	−5 586	其中:购买境外有价证券			
(1) 境内同业存放	48 845	33 266	−5 586	2. 其他投资			
(2) 境外同业存放				其中:投资境外			
九、同业拆入	1 584	1 584		三、应收及预付款	423	178	178
(1) 境内同业拆入	1 082	1 082		其中:应收及预付利息	422	179	176
(2) 境外同业拆入	502	502		四、买入返售资产			
十、委托基金存款(净)				五、存放中央银行		−775	−1 138
十一、外汇买卖		1	−1	其中:缴存准备金			
其中:结售汇				六、存放同业	6 629	3 642	−4 948
十二、境内联行存放				(1) 存放境内同业	6 629	3 642	−3 480
十三、境外联行存放				(2) 存放境外同业			−1 468
十四、各项准备	2 463	1 538	99	七、拆放同业			
其中:贷款损失准备金	2 463	1 538	99	(1) 拆放境内同业			
十五、所有者权益	−34	−3 041	2 486	(2) 拆放境外同业			
其中:实收资本				八、存放境内联行	119 702	45 822	23 803
十六、其他	−233	−585	442	九、存放境外联行			
				十、库存现金	863	−62	−123
资金来源总计	220 352	113 947	15 931	资金运用总计	220 352	113 947	15 931

16. 兴业银行上海分行外汇信贷收支表

2009-12-31

单位:亿美元

来源项目名称	本月余额	比年初增减数		运用项目名称	本月余额	比年初增减数	
		本年	上年			本年	上年
一、各项存款	1.56	0.13	0.68	一、各项贷款	0.30	0.04	−0.43
1. 单位活期存款	0.31	−0.33	0.35	1. 短期贷款	0.08	0.06	−0.17
其中:中资企业存款	0.08	−0.01	0.03	(1)境内短期贷款	0.08	0.06	−0.17
外商投资企业存款	0.22	−0.32	0.32	其中:中资企业贷款	0.00	—	−0.15
2. 单位定期存款	0.22	0.16	0.03	外商投资企业贷款	0.08	0.06	−0.03
其中:中资企业存款	—	−0.00	0.00	(2)境外短期贷款			
外商投资企业存款	0.22	0.16	0.02	2. 中长期贷款	0.16	−0.06	−0.07
3. 储蓄存款	0.65	0.09	0.30	(1)境内中长期贷款	0.16	−0.06	−0.07
其中:定期存款	0.46	0.07	0.27	其中:中资企业贷款	0.16	0.11	−0.05
4. 信托存款		—	—	外商投资贷款		—	—
5. 委托存款		—	—	(2)境外中长期贷款		—	—
6. 其他类存款	0.34	0.18	0.01	3. 进出口贸易融资	0.05	0.05	−0.18
7. 境外存款	0.04	0.04	—	4. 票据融资		—	—
二、境外筹资		—	—	其中:贴现		—	—
三、同业存放	0.60	−0.42	0.65	5. 融资租赁		—	—
其中:境外同业存放		—	—	6. 信托贷款		—	—
四、应付及暂收款	0.00	−0.07	0.08	7. 委托贷款		—	—
其中:应付及预提利息	0.00	—	0.00	8. 各项贷款		—	—
五、同业拆入		—	—	9. 境外筹资转贷款		—	—
其中:境外同业拆入		—	—	二、有价证券及投资		—	—
六、外汇买卖		—	—	三、应收及预付款		−0.00	0.00
其中:结售汇		—	—	其中:应收及预付利息		−0.00	0.00
七、境外联行存放		—	—	四、存放同业	1.90	−0.31	1.72
八、证券业务款项		—	—	其中:存放境外同业			
九、各项准备	0.04	−0.01	−0.05	五、拆放同业		−0.01	0.10
其中:贷款损失准备金	0.04	−0.01	−0.05	其中:拆放境内同业			
十、所有者权益	0.04	−0.02	0.05	六、拆放境外银行			
其中:实收资本				七、证券业务占款			
当年结益	0.04	−0.02	0.05	八、库存现金	0.04	−0.03	0.03
十一、其他		−0.00	0.00				
资金来源总计	2.23	−0.39	1.42	资金运用总计	2.23	−0.39	1.42

17. 广东发展银行上海分行外汇信贷收支表

2009-12-31

单位:万美元

来源项目名称	本月余额	比上月增减数 本年	比上月增减数 上年	比年初增减数 本年	比年初增减数 上年
一、各项存款	12 544	1 200	−498	3 716	192
1. 单位活期存款	4 248	1 179	−549	2 047	883
其中:中资企业存款	208	23	−10	106	75
外商投资企业存款	2 425	727	557	958	745
2. 单位定期存款	5 751	3	−5	1 126	−433
其中:中资企业存款	4 131	3	50	1 126	37
外商投资企业存款	1 615				
3. 储蓄存款	1 105	−20	−3	−403	−114
其中:定期存款	1 022	−25	29	−379	−116
4. 其他类存款	1 440	38	59	946	−144
5. 境外存款					
二、境内中长期筹资					
三、卖出回购资产					
四、境外筹资					
五、向中央银行借款					
六、中央银行存款					
七、应付及暂收款	55	−8	−1 309	−1 542	1 476
其中:应付及预提利息	54	8	33	−15	−48
八、同业存放	40	11	2	−30	−34
(1) 境内同业存放	40	11	2	−30	−34
(2) 境外同业存放					
九、同业拆入					
(1) 境内同业拆入					
(2) 境外同业拆入					
十、委托基金存款(净)					
十一、外汇买卖	−7	16	−184	105	−152
其中:结售汇	−7	16	−185	105	−152
十二、境内联行存放					
十三、境外联行存放					
十四、各项准备	27				6
其中:贷款损失准备金	27				6
十五、所有者权益	124	6	−9	−22	112
其中:实收资本					
十六、其他					
资金来源总计	12 783	1 225	−1 998	2 227	1 600

运用项目名称	本月余额	比上月增减数 本年	比上月增减数 上年	比年初增减数 本年	比年初增减数 上年
一、各项贷款	8 412	−312	1 130	4 764	−865
1. 短期贷款					−2 261
(1) 境内短期贷款					−2 261
其中:中资企业贷款					
外商投资企业贷款					
(2) 境外短期贷款					
2. 中长期贷款					
(1) 境内中长期贷款					
其中:中资企业贷款					
外商投资企业贷款					
(2) 境外中长期贷款					
3. 进出口贸易融资	8 382	−312	1 130	4 764	1 396
4. 票据融资					
其中:贴现					
5. 各项垫款	30				
6. 境外筹资转贷款					
二、投资					
1. 购买有价证券					
其中:购买境外有价证券					
2. 其他投资					
其中:投资境外					
三、应收及预付款	1	1	−2 864	1	−47
其中:应收及预付利息	1	1		1	−47
四、买入返售资产					
五、存放中央银行			−163	−364	287
其中:缴存准备金			−163	−364	287
六、存放同业	601	−20	31	276	−196
(1) 存放境内同业	601	−20	31	276	34
(2) 存放境外同业					−230
七、拆放同业					
(1) 拆放境内同业					
(2) 拆放境外同业					
八、存放境内联行	3 576	1 591	−124	−2 428	2 366
九、存放境外联行					
十、库存现金	193	−35	−8	−22	55
资金运用总计	12 783	1 225	−1 998	2 227	1 600

18. 深圳发展银行上海分行外汇信贷收支表

2009-12-31

单位：百万美元

资金来源项目	年初余额	本月余额	比年初 增减	比年初 增幅%	资金运用项目	年初余额	本月余额	比年初 增减	比年初 增幅%
一、各项存款	131.69	84.15	−47.54	−36.10	一、各项贷款	75.50	139.49	63.99	84.75
1. 单位活期存款	37.50	34.13	−3.37	−8.99	1. 短期贷款	69.92	53.89	−16.03	−22.93
(1) 中资企业存款	11.93	10.63	−1.30	−10.90	(1) 境内短期贷款	69.92	53.89	−16.03	−22.93
(2) 外商投资企业存款	25.57	23.50	−2.07	−8.10	A. 中资企业贷款	56.71	50.33	−6.38	−11.25
2. 单位定期存款	42.55	34.01	−8.54	−20.07	B. 外商投资企业贷款	7.12	3.56	−3.56	−50.00
3. 储蓄存款	19.75	12.91	−6.84	−34.63	C. 境内其他贷款	6.09		−6.09	−100.00
其中：中资企业存款	42.55	34.01	−8.54	−20.07	(2) 境外短期贷款				
(1) 活期储蓄存款	3.60	3.42	−0.18	−5.00	2. 中长期贷款		80.00	80.00	
(2) 定期储蓄存款	16.15	9.49	−6.66	−41.24	(1) 境内中长期贷款		80.00	80.00	
4. 其他类存款	31.89	3.10	−28.79	−90.28	A. 中资企业贷款		80.00	80.00	
(1) 应解汇款及临时存款	31.55	2.03	−29.52	−93.57	B. 外商投资企业贷款				
(2) 保证金存款	0.34	1.07	0.73	214.71	(2) 境外中长期贷款				
单位保证金	0.34	1.07	0.73	214.71	3. 进出口贸易融资	5.58	5.60	0.02	0.36
二、境内中长期筹资					4. 票据融资				
三、卖出回购资产					其中：贴现				
四、境外筹资					5. 各项垫款				
五、向中央银行借款					6. 境外筹资转贷款				
六、中央银行存款					二、投资				
七、应付及暂收款	1.25	4.10	2.35	228.00	1. 购买有价证券				
其中：应付及预提利息	0.73	3.93	3.20	438.36	其中：购买境外有价证券				
八、同业存放	50.36	8.88	−41.48	−82.37	2. 其他投资				
(1) 境内同业存放	50.36	8.88	−41.48	−82.37	其中：投资境外				
(2) 境外同业存放					三、应收及预付款	1.81	6.97	5.16	285.08
九、同业拆入		200.00	200.00		其中：应收及预付利息	1.43	6.97	5.54	387.41
(1) 境内同业拆入		200.00	200.00		四、买入返售资产				
(2) 境外同业拆入					五、存放中央银行	2.90		−2.90	−100.00
十、委托基金存款(净)					其中：缴存准备金	2.90		−2.90	−100.00
十一、外汇买卖					六、存放同业	50.85	332.35	281.50	553.59
十二、境内联行存放	−56.40	173.87	230.27	−408.28	(1) 存放境内同业	50.85	332.35	281.50	553.59
十三、境外联行存放					(2) 存放境外同业				
十四、各项准备					七、拆放同业				
十五、所有者权益	0.30	3.85	3.55	1 183.33	(1) 拆放境内同业				
其中：实收资本					(2) 拆放境外同业				
当年结益		3.85	3.85		八、存放境外联行				
十六、其他	5.00	5.30	0.30	6.00	九、库存现金	1.14	1.34	0.20	17.54
资金来源总计	132.20	480.15	347.95	263.20	资金运用总计	132.20	480.15	347.95	263.20

19. 北京银行上海分行外汇信贷收支表

2009-12-31

单位:万美元

来源项目名称	本月余额	比年初增减数		运用项目名称	本月余额	比年初增减数	
		本 年	上 年			本 年	上 年
一、各项存款	15 423	12 463	2 960	一、各项贷款	18 131	13 515	4 616
1. 单位活期存款	1 356	696	660	1. 短期贷款	17 526	15 360	2 166
其中:中资企业存款	1 356	738	618	(1)境内短期贷款	17 526	15 360	2 166
外商投资企业存款				其中:中资企业贷款	14 626	12 460	2 166
2. 单位定期存款	13 600	11 400	2 200	外商投资企业贷款	2 900	2 900	
其中:中资企业存款	13 600	13 600		(2)境外短期贷款			
外商投资企业存款				2. 中长期贷款			
3. 储蓄存款	453	391	62	(1)境内中长期贷款			
其中:定期存款	382	330	52	其中:中资企业贷款			
4. 信托存款				外商投资贷款			
5. 委托存款				(2)境外中长期贷款			
6. 其他类存款	14	—24	38	3. 进出口贸易融资	605	—1 845	2 450
7. 境外存款				4. 票据融资			
二、境外筹资				其中:贴现			
三、同业存放	505	505		5. 融资租赁			
其中:境外同业存放				6. 信托贷款			
四、应付及暂收款	19	—27	46	7. 委托贷款			
其中:应付及预提利息	19	—27	46	8. 各项垫款			
五、同业拆入				9. 境外筹资转贷款			
其中:境外同业拆入				二、有价证券及投资			
六、外汇买卖	—17	35	—52	三、应收及预付款	19	13	6
其中:结售汇	—17	35	—52	其中:应收及预付利息	19	13	6
七、境内联行存放	2 455	612	1 843	四、存放同业	922	174	748
八、证券业务款项				其中:存放境外同业			
九、各项准备	211	124	87	五、拆放同业			
其中:贷款损失准备金	211	124	87	其中:拆放境外同业			
十、所有者权益				六、拆放境外联行			
其中:实收资本				七、证券业务占款			
当年结益				八、库存现金	24	10	14
十一、其他	500		500				
资金来源总计	19 096	13 712	5 384	资金运用总计	19 096	13 712	5 384

20. 南京银行上海分行外汇信贷收支表

2009-12-31

单位:万美元

来源项目名称	本月余额	比年初增减数		运用项目名称	本月余额	比年初增减数	
		本 年	上 年			本 年	上 年
一、各项存款	2 479	1 786	693	一、各项贷款	5 323	5 096	227
1. 单位活期存款	2 414	1 721	693	1. 短期贷款	4 678	4 678	
其中:中资企业存款	2 414	1 721	693	(1) 境内短期贷款	4 678	4 678	
外商投资企业存款		0		其中:中资企业贷款	4 678	4 678	
2. 单位定期存款		0		外商投资企业贷款		0	
其中:中资企业存款		0		(2) 境外短期贷款		0	
外商投资企业存款		0		2. 中长期贷款		0	
3. 储蓄存款	49	49		(1) 境内中长期贷款		0	
其中:定期存款	36	36		其中:中资企业贷款		0	
4. 其他类存款	16	16		外商投资企业贷款		0	
5. 境外存款		0		(2) 境外中长期贷款		0	
二、境内中长期筹资		0		3. 进出口贸易融资	645	418	227
三、卖出回购资产		0		4. 票据融资		0	
四、境外筹资		0		其中:贴现		0	
五、向中央银行借款		0		5. 各项垫款		0	
六、中央银行存款		0		6. 境外筹资转贷款		0	
七、应付及暂收款		0		二、投资		0	
其中:应付及预提利息		0		1. 购买有价证券		0	
八、同业存放		0		其中:购买境外有价证券		0	
(1) 境内同业存放		0		2. 其他投资		0	
(2) 境外同业存放		0		其中:投资境外		0	
九、同业拆入		0		三、应收及预付款	1	1	
(1) 境内同业拆入		0		其中:应收及预付利息	1	1	
(2) 境外同业拆入		0		四、买入返售资产		0	
十、委托基金存款(净)		0		五、存放中央银行		−10	10
十一、外汇买卖		0		其中:缴存准备金		−5	5
其中:结售汇		0		六、存放同业	29	−14	43
十二、境内联行存放	2 876	2 876		(1) 存放境内同业	29	−14	43
十三、境外联行存放		0		(2) 存放境外同业		0	
十四、各项准备		0		七、拆放同业		0	
其中:贷款损失准备金		0		(1) 拆放境内同业		0	
十五、所有者权益	10	10		(2) 拆放境外同业		0	
其中:实收资本		0		八、存放境内联行		−423	423
当年结益	10	10		九、存放境外联行		0	
十六、其他	10	0	10	十、库存现金	22	22	
资金来源总计	5 375	4 672	703	资金运用总计	5 375	4 672	703

21. 平安银行上海分行外汇信贷收支表

2009-12-31

单位：万美元

来源项目名称	本月余额	比年初增减数 本年	比年初增减数 上年
一、各项存款	513	−11	−1 653
1. 单位活期存款	230	222	−1
其中：中资企业存款	230	222	−1
外商投资企业存款			
2. 单位定期存款			
其中：中资企业存款			
外商投资企业存款			
3. 储蓄存款	269	27	−78
其中：定期存款	176	33	−36
4. 其他类存款	14	−45	−1 633
5. 境外存款		−215	59
二、境内中长期筹资			
三、卖出回购资产			
四、境外筹资			
五、向中央银行借款			
六、中央银行存款			
七、应付及暂收款	21	−23	30
其中：应付及预提利息	21	−23	30
八、同业存放	7 996	3 772	531
（1）境内同业存放	7 996	3 772	531
（2）境外同业存放			
九、同业拆入			
（1）境内同业拆入			
（2）境外同业拆入			
十、委托基金存款(净)			
十一、外汇买卖			
其中：结售汇			
十二、境内联行存放			−4 314
十三、境外联行存放			
十四、各项准备	1	1	
其中：贷款损失准备金	1	1	
十五、所有者权益	110	110	−128
其中：实收资本			
十六、其他	0	0	0
资金来源总计	8 640	3 849	−5 535

运用项目名称	本月余额	比年初增减数 本年	比年初增减数 上年
一、各项贷款	3 366	−211	−4 216
1. 短期贷款	1 170	401	−4 083
（1）境内短期贷款	1 170	401	−4 083
其中：中资企业贷款	347	347	−4 852
外商投资企业贷款			
（2）境外短期贷款			
2. 中长期贷款	1 652	−857	−139
（1）境内中长期贷款	1 652	−857	−139
其中：中资企业贷款			
外商投资企业贷款			
（2）境外中长期贷款			
3. 进出口贸易融资	544	245	6
4. 票据融资			
其中：贴现			
5. 各项垫款			
6. 境外筹资转贷款			
二、投资			
1. 购买有价证券			
其中：购买境外有价证券			
2. 其他投资			
其中：投资境外			
三、应收及预付款	23	−17	−27
其中：应收及预付利息	23	−17	−27
四、买入返售资产			
五、存放中央银行		−297	194
其中：缴存准备金		−297	297
六、存放同业	655	230	−841
（1）存放境内同业	655	230	−841
（2）存放境外同业			
七、拆放同业			−944
（1）拆放境内同业			−944
（2）拆放境外同业			
八、存放境内联行	4 559	4 138	293
九、存放境外联行			
十、库存现金	37	7	6
资金运用总计	8 640	3 849	−5 535

22. 杭州银行上海分行外汇信贷收支表

2009-12-31

单位:万美元

来源项目名称	本月余额	比年初增减数		运用项目名称	本月余额	比年初增减数	
		今　年	去　年			今　年	去　年
一、各项存款	1 085	355	730	一、各项贷款	2 114	2 023	91
1. 单位活期存款	46	46		1. 短期贷款	1 496	1 496	
其中:中资企业存款	4	4		(1) 境内短期贷款	1 496	1 496	
外商投资企业存款	42	42		其中:中资企业贷款	1 496	1 496	
2. 单位定期存款	424	424		外商投资企业贷款			
其中:中资企业存款	424	424		(2) 境外短期贷款			
外商投资企业存款				2. 中长期贷款	81	81	
3. 储蓄存款	615	−115	730	(1) 境内中长期贷款	81	81	
其中:定期存款	580	−147	727	其中:中资企业贷款	81	81	
4. 其他类存款				外商投资企业贷款			
5. 境外存款				(2) 境外中长期贷款			
二、境内中长期筹资				3. 进出口贸易融资	537	446	91
三、卖出回购资产				4. 票据融资			
四、境外筹资				其中:贴现			
五、向中央银行借款				5. 各项垫款			
六、中央银行存款				6. 境外筹资转贷款			
七、应付及暂收款	15	11	4	二、投资			
其中:应付及预提利息	15	11	4	1. 购买有价证券			
八、同业存放				其中:购买境外有价证券			
(1) 境内同业存放				2. 其他投资			
(2) 境外同业存放				其中:投资境外			
九、同业拆入				三、应收及预付款			
(1) 境内同业拆入				其中:应收及预付利息			
(2) 境外同业拆入				四、买入返售资产			
十、委托基金存款(净)				五、存放中央银行			
十一、外汇买卖				其中:缴存准备金			
其中:结售汇				六、存放同业	54	22	32
十二、境内联行存放	1 129	1 129		(1) 存放境内同业	54	22	32
十三、境外联行存放				(2) 存放境外同业			
十四、各项准备				七、拆放同业			
其中:贷款损失准备金				(1) 拆放境内同业			
十五、所有者权益	−43	−39	−4	(2) 拆放境外同业			
其中:实收资本				八、存放境内联行		−604	604
十六、其他				九、存放境外联行			
				十、库存现金	18	15	3
资金来源总计	2 186	1 456	730	资金运用总计	2 186	1 456	730

23. 瑞穗实业银行(中国)有限公司外汇信贷收支表

2009-12-31

单位:万美元

来源项目名称	本月余额	比年初增减数		运用项目名称	本月余额	比年初增减数	
		本年	上年			本年	上年
一、各项存款	173 209	20 048	24 333	一、各项贷款	208 614	-66 788	9 267
1. 单位活期存款	133 156	16 027	24 131	1. 短期贷款	148 976	-31 026	11 781
其中:中资企业存款	333	96	87	(1) 境内短期贷款	148 976	-31 026	11 838
外商投资企业存款	132 822	15 941	24 042	其中:中资企业贷款	6 999	4 999	
2. 单位定期存款	38 562	4 153	511	外商投资企业贷款	141 977	-36 026	11 838
其中:中资企业存款				(2) 境外短期贷款			-57
外商投资企业存款	38 562	4 153	511	2. 中长期贷款	57 996	-35 827	-1 520
3. 储蓄存款			-12	(1) 境内中长期贷款	57 996	-35 827	-1 520
其中:定期存款			-10	其中:中资企业贷款	9 708	-3 985	1 555
4. 其他类存款	291	29	-316	外商投资企业贷款	48 155	-31 734	-2 965
5. 境外存款	1 200	-162	20	(2) 境外中长期贷款			
二、境内中长期筹资				3. 进出口贸易融资	1 642	66	-994
三、卖出回购资产				4. 票据融资			
四、境外筹资				其中:贴现			
五、向中央银行借款				5. 各项垫款			
六、中央银行存款				6. 境外筹资转贷款			
七、应付及暂收款	2 687	-528	673	二、投资	5 000		
其中:应付及预提利息	174	-1 157	-287	1. 购买有价证券	5 000		
八、同业存放	606	-20	-1 564	其中:购买境外有价证券			
(1) 境内同业存放	606	-20	-1 564	2. 其他投资			
(2) 境外同业存放				其中:投资境外			
九、同业拆入	92 703	-66 366	-24 715	三、应收及预付款	796	-1 811	70
(1) 境内同业拆入		-190	-2 810	其中:应收及预付利息	412	-1 359	-317
(2) 境外同业拆入	92 703	-66 176	-21 905	四、买入返售资产			
十、委托基金存款(净)				五、存放中央银行	9 862	-1 867	2 462
十一、外汇买卖				其中:缴存准备金	8 226	1 152	252
其中:结售汇				六、存放同业	71 293	24 557	12 228
十二、境内联行存放	-604	-288	-18 196	(1) 存放境内同业	24 935	6 092	4 916
十三、境外联行存放				(2) 存放境外同业	46 358	18 464	7 312
十四、各项准备	3 361	-485	55	七、拆放同业	20 740	4 150	-34 485
其中:贷款损失准备金	3 361	-485	55	(1) 拆放境内同业	11 961	-2 724	-10 924
十五、所有者权益	42 159	-1 030	13 022	(2) 拆放境外同业	8 779	6 874	-23 561
其中:实收资本	31 419	-2 941	10 946	八、存放境内联行			
十六、其他	2 243	6 915	-4 061	九、存放境外联行			
				十、库存现金	60	4	5
资金来源总计	316 364	-41 756	-10 453	资金运用总计	316 364	-41 756	-10 453

24. 星展银行(中国)有限公司外汇信贷收支表

2009-12-31

单位:万美元

来源项目名称	本月余额	比年初增减数 本年	比年初增减数 上年	运用项目名称	本月余额	比年初增减数 本年	比年初增减数 上年
一、各项存款	49 991	—20 764	34 816	一、各项贷款	153 083	11 509	4 734
1. 单位活期存款	15 440	—18 503	26 220	1. 短期贷款	75 636	27 514	—5 920
其中:中资企业存款	284	—299	335	(1) 境内短期贷款	68 067	21 709	—5 692
外商投资企业存款	15 156	—18 204	25 888	其中:中资企业贷款	33 516	13 866	7 748
2. 单位定期存款	3 860	—10 871	5 033	外商投资企业贷款	34 388	8 961	—14 722
其中:中资企业存款	200	—319	481	(2) 境外短期贷款	7 569	5 806	—228
外商投资企业存款	3 660	—10 552	4 551	2. 中长期贷款	71 685	—18 059	18 723
3. 储蓄存款	2 301	1 398	166	(1) 境内中长期贷款	45 531	—19 267	14 976
其中:定期存款	1 460	720	304	其中:中资企业贷款	14 605	—13 918	16 662
4. 其他类存款				外商投资企业贷款	30 858	—5 342	—1 760
5. 境外存款	28 390	7 212	3 397	(2) 境外中长期贷款	26 154	1 208	3 747
二、境内中长期筹资				3. 进出口贸易融资	5 762	2 054	—8 069
三、卖出回购资产				4. 票据融资			
四、境外筹资				其中:贴现			
五、向中央银行借款				5. 各项垫款			
六、中央银行存款				6. 境外筹资转贷款			
七、应付及暂收款	—69	—4 542	—9 311	二、投资			
其中:应付及预提利息	143	—991	—290	1. 购买有价证券			
八、同业存放	6 294	—2 498	2 488	其中:购买境外有价证券			
(1) 境内同业存放	4 986	—3 203	2 521	2. 其他投资			
(2) 境外同业存放	1 309	705	—33	其中:投资境外			
九、同业拆入	137 324	2 185	4 101	三、应收及预付款	1 937	—3 048	—2 276
(1) 境内同业拆入	18 950	12 600	1 850	其中:应收及预付利息	274	—1 958	987
(2) 境外同业拆入	118 374	—10 415	2 251	四、买入返售资产			
十、委托基金存款(净)				五、存放中央银行	3 772	862	545
十一、外汇买卖				其中:缴存准备金	3 332	705	671
其中:结售汇				六、存放同业	31 653	—23 744	30 557
十二、境内联行存放				(1) 存放境内同业	20 811	—22 866	20 713
十三、境外联行存放				(2) 存放境外同业	10 841	—878	9 844
十四、各项准备	2 304	—287	126	七、拆放同业	3 000	2 986	—11 683
其中:贷款损失准备金	1 817	—287	95	(1) 拆放境内同业	3 000	3 000	—11 697
十五、所有者权益	28 631	1 366	—3 207	(2) 拆放境外同业			
其中:实收资本	28 323	27	—3 806	八、存放境内联行			
十六、其他	—30 915	13 120	—7 059	九、存放境外联行			
				十、库存现金	115	14	77
资金来源总计	193 560	—11 420	21 954	资金运用总计	193 560	—11 420	21 954

25. 南洋商业银行(中国)有限公司外汇信贷收支表

2009-12-31 单位:人民币亿元

来源项目名称	本月余额	运用项目名称	本月余额
一、各项存款	25.33	一、各项贷款	124.60
1. 企业存款	19.32	1. 短期贷款	31.98
(1) 活期存款	12.50	(1) 工业贷款	14.27
(2) 定期存款	6.83	(2) 商业贷款	13.52
2. 机关团体存款		(3) 建筑业贷款	0.62
3. 储蓄存款	4.55	(4) 农业贷款	
(1) 活期储蓄	1.01	(5) 乡镇企业贷款	
(2) 定期储蓄	3.53	(6) 三资企业贷款	3.57
4. 农业存款		(7) 私营企业及个体贷款	
5. 其他存款	1.46	(8) 其他短期贷款	
二、代理财政性存款		其中:个人短期贷款	
三、金融债券		2. 中长期贷款	89.59
其中:政策性金融债券		(1) 基本建设贷款	78.11
四、应付及暂收款	1.67	(2) 技术改造贷款	
其中:应付及预提利息	0.10	(3) 其他中长期贷款	11.48
五、卖出回购资产		其中:个人中长期贷款	11.41
六、向中央银行借款		3. 票据融资	
七、同业往来	108.37	其中:贴现	
1. 同业存放	5.04	4. 各项垫款	
2. 同业拆借	103.32	5. 贸易融资	30.3
八、行内资金往来		二、有价证券及投资	
九、委托存款及委托投资基金(净)		三、应收及预付款	0.54
1. 委托存款及委托投资基金		其中:应收利息	0.18
2. 减:委托贷款及委托投资		四、买入返售资产	
十、代理金融机构委托贷款基金		五、存放中央银行准备金存款	1.36
其中:中央银行委托贷款基金		六、存放中央银行特种存款	
十一、各项准备	0.89	七、缴存中央银行财政性存款	
其中:贷款损失准备	0.89	八、存放中央银行—其他	0.44
十二、所有者权益	21.33	九、同业往来	29.87
其中:实收资本	18.85	1. 存放同业	20.03
当年结益	1.43	2. 拆放同业	9.84
十三、其他		十、行内资金往来	
		十一、代理金融机构贷款	
		其中:代理人行专项贷款	
		十二、库存现金	0.45
		十三、外汇占款	
		十四、其他	0.32
资金来源总计	157.59	资金运用总计	157.59

26. 联合银行(中国)有限公司外汇信贷收支表

2009-12-31

单位:亿美元

来源项目名称	本月余额	比年初增减数 本年	比年初增减数 上年	运用项目名称	本月余额	比年初增减数 本年	比年初增减数 上年
一、各项存款	0.28	0.00	0.06	一、各项贷款	1.40	—0.56	—0.47
1. 单位活期存款	0.01	—0.03	—0.04	1. 短期贷款	1.01	—0.09	—0.04
其中:中资企业存款		—0.01	—0.02	(1) 境内短期贷款	1.01	—0.09	—0.04
外商投资企业存款	0.01	—0.02	—0.02	其中:中资企业贷款	0.31	—0.08	—0.19
2. 单位定期存款	0.23	0.03	0.12	外商投资企业贷款	0.70	—0.01	0.15
其中:中资企业存款	0.06	—0.01	0.02	(2) 境外短期贷款			
外商投资企业存款	0.17	0.04	0.10	2. 中长期贷款	0.33	—0.37	—0.28
3. 储蓄存款				(1) 境内中长期贷款	0.33	—0.37	—0.28
其中:定期存款				其中:中资企业贷款	0.25	—0.16	—0.09
4. 信托存款				外商投资企业贷款	0.08	—0.21	—0.19
5. 委托存款				(2) 境外中长期贷款			
6. 其他类存款				3. 进出口贸易融资	0.06	—0.10	—0.15
7. 境外存款	0.04	0.00	—0.02	4. 票据融资			
二、境外筹资				其中:贴现			
三、同业存放				5. 融资租赁			
其中:境外同业存放				6. 信托贷款			
四、应付及暂收款	0.01	—0.02		7. 委托贷款			
其中:应付及预提利息			—0.01	8. 各项垫款			
五、同业拆入	0.77	—0.51	—0.28	9. 境外筹资转贷款			
其中:境外同业拆入	0.77	—0.37	—0.08	二、有价证券及投资			
六、外汇买卖				三、应收及预收款	0.02	—0.02	
其中:结售汇				其中:应收及预付利息	0.01	—0.01	—0.01
七、境外联行存放				四、存放同业	0.52	0.15	0.11
八、证券业务款项				其中:存放境外同业	0.01	—0.16	—0.02
九、各项准备	0.14	0.02	0.13	五、拆放同业	0.16	—0.18	0.09
其中:贷款损失准备金	0.14	0.02	0.13	其中:拆放境内同业			
十、所有者权益	0.90	—0.10	—0.18	六、拆放境外联行			
其中:实收资本	1.00			七、证券业务占款			
当年结益	—0.10	—0.04	—0.13	八、库存现金			
十一、其他							
资金来源总计	2.10	—0.61	—0.27	资金运用总计	2.10	—0.61	—0.27

(三) 资产负债项目统计

1. 国家开发银行上海市分行资产负债表

2009-12-31

单位:元(人民币汇总)

资产	行次	期末金额	期初金额	负债及股东权益	行次	期末金额	期初金额
资产:				负债:			
现金及存放中央银行款项	1	502 495 450.68	462 265 255.09	向中央银行借款	19	0	0
存放同业款项	2	26 776 248.67	470 067 539.31	同业及其他金融机构存放款项	20	4 045 837.39	3 795 095.09
贵金属	3	0	0	拆入资金	21	0	0
拆出资金	4	0	0	交易性金融负债	22	0	0
交易性金融资产	5	0	0	衍生金融负债	23	0	0
衍生金融资产	6	0	0	卖出回购金融资产款	24	0	0
买入返售金融资产	7	0	0	吸收存款	25	13 696 470 422.19	7 997 095 692.29
应收利息	8	231 116 417.71	1 468 250 649.98	应付职工薪酬	26	—41 575.84	0
发放贷款和垫款	9	143 597 084 217.93	140 229 465 484.42	应交税费	27	100 885 951.93	3 197 167.29
可供出售金融资产	10	0	647 080 000.00	应付利息	28	21 070 950.48	24 465 105.88
持有至到期投资	11	1 800 000 000.00	1 800 000 000.00	预计负债	29	0	0
长期股权投资	12	0	0	应付债券	30	0	0
投资性房地产	13	0	0	递延所得税负债	31	0	0
固定资产	14	13 324 118.02	12 861 196.42	其他负债	32	132 170 394 412.43	135 792 680 493.24
无形资产	15	38 859.04	39 606.58	负债合计	33	145 992 825 998.58	143 821 233 553.79
递延所得税资产	16	0	0	所有者权益(或股东权益):			
其他资产	17	2 156 624 934.12	920 635 754.71	实收资本(或股本)	34	200 000 000.00	200 000 000.00
				资本公积	35	0	0
				减:库存股	36	0	0
				盈余公积	37	0	0
				一般风险准备	38	0	0
				未分配利润	39	2 134 634 247.59	1 989 431 932.72
				外币报表折算差额	40	0	0
				所有者权益(或股东权益)合计	41	2 334 634 247.59	2 189 431 932.72
资产总计	18	148 327 460 246.17	146 010 665 486.51	负债及所有者权益(或股东股益)总计	42	148 327 460 246.17	146 010 665 486.51

2. 中国进出口银行上海分行资产负债表

2009-12-31

单位：人民币元（本外币合计）

项　　目	行次	年初数	年末数	项　　目	行次	年初数	年末数
资产：				负债：			
现金及银行存款	1		2 178 797.65	向中央银行借款	28		
存放中央银行款项	2	203 817 308.77	133 682 421.78	联行存放款项	29	30 102 238 424.86	38 912 017 169.71
贵金属	3			同业及其他金融机构存放款项	30		800 000 019.96
存放联行款项	4			拆入资金	31		
存放同业款项	5	16 560 494.83	1 366 047.55	交易性金融负债	32		
拆出资金	6			衍生金融负债	33	9 359 320.45	1 713 359.25
交易性金融资产	7			卖出回购金融资产款	34		
衍生金融资产	8	11 589 134.73	3 806 687.35	吸收存款	35	2 255 422 432.29	2 729 756 303.99
买入返售金融资产	9			应付职工薪酬	36		
应收款项类金融资产	10		1 935 426 354.14	应交税费	37	19 593 504.89	21 344 423.25
应收利息	11	66 637 513.77	55 188 814.13	应付利息	38	55 513 733.68	79 777 189.51
其他应收款	12	4 460 994.35	5 000 209.12	其他应付款	39	6 234 760.98	6 240 689.82
发放贷款和垫款	13	32 707 171 779.77	41 301 965 892.40	预计负债	40		
可供出售金融资产	14			应付债券	41		
持有至到期投资	15			递延所得税负债	42		
长期股权投资	16			其他负债	43	254 870 532.52	234 613 052.71
投资性房地产	17			负债合计	44	32 703 232 709.67	42 785 462 208.20
固定资产	18	81 489 390.02	78 159 561.06	所有者权益（或股东权益）：			
在建工程	19			实收资本（或股本）	45		
固定资产清理	20			其中：国有资本	46		
无形资产	21		87 555.56	外商资本	47		
商誉	22			资本公积	48		
长期待摊费用	23			减：库存股	49		
抵债资产	24			盈余公积	50		
递延所得税资产	25			一般风险准备	51		
其他资产	26	213 607.22	156 493.34	未分配利润	52	388 707 513.79	731 556 626.88
				外币报表折算差额	53		
				归属于母公司所有者权益合计	54	388 707 513.79	731 556 626.88
				少数股东权益	55		
				所有者权益（或股东权益）合计	56	388 707 513.79	731 556 626.88
资产总计	27	33 091 940 223.46	43 517 018 835.08	负债和所有者权益（或股东权益）总计	57	33 091 940 223.46	43 517 018 835.08

3. 中国农业发展银行上海市分行资产负债表

2009-12-31

单位:人民币元(本外币合计)

资　　产	期初余额	期末余额	负债及所有者权益	期初余额	期末余额
1 流动资产:			56 流动负债:		
2 现金及银行存款	1 780 912.92	1 974 613.03	57 短期存款	2 816 283 357	3 386 830 874
3 贵金属			58 短期储蓄存款		
4 存放中央银行款项	135 183 549.2	148 871 129.7	59 向中央银行借款		
5 存放联行款项			60 联行存放款项	31 117 326 572	34 868 289 839
6 存放同业款项	26 654 521 693	3 057 741 508	61 票据融资		
7 拆放同业			62 同业存放款项	5 000 000 000	
8 贴现	99 630 666.66	22 875 933 346	63 同业拆入		
9 短期贷款	8 476 450 932	8 669 741 764	64 卖出回购证券款项		
10 贸易融资			65 汇出汇款		
11 应收利息	7 245 382.62	18 488 105.91	66 应解汇款		
12 应收股利			67 存入短期保证金	38 665 846.15	26 906 728.18
13 其他应收款	354 670.93	931 439.23	68 应付利息		
14 减:坏账准备			69 应付职工工资	2 828 417.32	4 446 153.55
15 短期投资			71 应交税金及附加	17 033 548.27	12 354 496.23
16 减:短期投资跌价准备			72 应付股利(利润)		
17 买入返售资产	1 116 080 222		73 其他应付款	3 445 075.7	2 226 044.75
18 待摊费用			74 预提费用		
19 一年内到期的长期投资			75 发行短期债券		
20 其他流动资产			76 预计负债		
22 流动资产合计	36 491 248 030	34 773 681 906	77 一年内到期长期负债		
23 长期资产:			78 递延收益		
24 中长期贷款	2 844 000 000	3 766 150 000	79 其他流动负债		
25 非应计贷款(逾期贷款)	84 131 523	77 021 523	80 流动负债合计	38 995 582 816	38 301 054 135
26 减:贷款损失准备			81 长期负债:		
27 *减:呆账准备			82 长期存款		

（续表）

资　　产	期初余额	期末余额	负债及所有者权益	期初余额	期末余额
28 长期投资：			83 长期储蓄存款		
29 长期股权投资			84 存入长期保证金		
30 长期债权投资			85 长期借款		
31 减:长期投资减值准备			86 发行长期债券		
21 合并价差			87 长期应付款		
32 长期投资合计			88 其他长期负债	189 123 548.9	189 123 548.9
33 减:不良资产处置损失专项准备			89 长期负债合计	189 123 548.9	189 123 548.9
34 固定资产原价	250 400 292.8	249 744 570.9	90 递延税项：		
35 减:累计折旧	80 051 052.45	86 938 843.47	91 递延税款贷项		
36 固定资产净值	170 349 240.4	162 805 727.4	92 负债合计	39 184 706 365	38 490 177 684
37 减:固定资产减值准备			93 少数股东权益		
38 固定资产净额	170 349 240.4	162 805 727.4	94 所有者权益(或股东)权益：		
39 固定资产清理			95 实收资本		
40 在建工程		16 072 663.85	96 国家资本		
41 减:在建工程减值准备			97 集体资本		
42 长期资产合计	3 098 480 763	4 022 049 914	98 法人资本		
43 无形资产及其他资产：			99 其中:国有法人资本		
44 无形资产	98 069.76	79 971.34	100 个人资本		
45 减:无形资产减值准备			101 外商资本		
46 长期待摊费用			102 资本公积		
47 抵债资产			103 盈余公积		
48 减:抵债资产减值准备			105 一般准备		
49 其他长期资产			106 本年利润		
50 无形资产及其他资产合计	98 069.76	79 971.34	107 未分配利润	405 120 497.7	305 634 107.3
51 递延税项：			108 外币报表折算差额		
52 递延税款借项			109 所有者权益(或股东)权益合计	405 120 497.7	305 634 107.3
55 资产总计	39 589 826 863	38 795 811 792	110 负债和所有者(或股东)权益合计	39 589 826 863	38 795 811 792

4. 中国工商银行上海市分行资产负债表

2009-12-31

单位：人民币元（本外币合计）

资　　产	行次	期初数	期末数	负债及所有者权益	行次	期初数	期末数
各项资产：				各项负债：			
现金及存放中央银行款项	1	19 706 308 842.92	25 824 959 336.71	向中央银行借款	29		
存放同业款项	2	4 472 770 323.01	3 973 149 718.62	同业及其他金融机构存放款项	30	167 185 559 616.45	235 318 445 053.91
贵金属	3	657 171 598.38	344 618 031.99	拆入资金	31	2 754 074 400.00	2 618 896 000.00
拆出资金	4	6 710 000 000.00	5 870 000 000.00	联行存放	32		
存放联行	5	437 717 562 064.77	504 173 472 507.45	以公允价值计量且其变动计入当期损益的金融负债	33	506 786 080.03	4 684 145.20
以公允价值计量且其变动计入当期损益的金融资产	6			衍生金融负债	34		
衍生金融资产	7			卖出回购金融资产款	35	199 990 048.50	3 180 000 000.00
买入返售金融资产	8	200 000 000.00	3 180 000 000.00	吸收存款	36	650 064 606 849.42	742 061 724 652.84
应收利息	9	1 051 987 483.60	1 246 328 399.77	应付职工薪酬	37	760 474 745.06	657 066 941.23
其他应收款	10	914 609 800.89	1 098 940 178.68	应交税费	38	4 290 634 028.13	3 935 656 304.33
其他流动资产	11	12 717 000.50	10 179 441.69	应付利息	39	5 680 418 389.35	5 413 587 933.79
发放贷款和垫款	12	303 083 250 795.35	366 270 826 688.69	其他应付款	40	5 572 562 282.18	4 715 711 874.50
可供出售金融资产	13	28 738 443 598.87	68 052 377 656.59	其他流动负债	41	57 138 861.00	26 246 750.87
持有至到期投资	14	38 243 805 073.64	21 665 326 400.29	长期借款	42	24 445 015.88	20 866 796.27
应收款项类资产	15			应付债券及存款证	43	319 699.76	319 699.76
长期应收款	16	7 022 638.86	6 947 590.23	长期应付款	44	28 526 163.81	29 662 190.25
长期股权投资	17			预计负债	45		
投资性房地产	18			递延所得税负债	46		
固定资产	19	5 044 032 172.56	5 262 422 385.98	其他非流动负债	47		
在建工程	20	162 326 228.83	511 404 597.39	负债总计	48	837 125 536 179.57	997 982 868 342.95
固定资产清理	21			所有者权益：			
无形资产	22	957 770 074.37	938 948 316.75	股本	49		
开发支出	23			资本公积	50	316 998 936.25	—204 521 225.18
商誉	24			减：库存股	51		
长期待摊费用	25	288 606 358.07	394 069 749.25	盈余公积	52		
递延所得税资产	26		—262 148 205.37	一般准备	53		
其他非流动资产	27	2 291 342.65	70 477 978.23	未分配利润	54	10 528 140 281.45	10 853 953 655.17
				外币报表折算差额	55		
				归属于母公司所有者权益合计	56	10 845 139 217.70	10 649 432 429.99
				少数股东权益	57		
				所有者权益合计	58	10 845 139 217.70	10 649 432 429.99
资产总计	28	847 970 675 397.27	1 008 632 300 772.94	负债及所有者权益总计	59	847 970 675 397.27	1 008 632 300 772.94

5. 中国农业银行上海市分行资产负债表

2009-12-31

单位：人民币元（本外币合计）

项　　目	年初数	年末数	项　　目	年初数	年末数
资产：			负债：		
现金及存放中央银行款项	21 734 422 926.40	39 428 658 488.60	向中央银行借款		
贵金属	170 520.00	170 520.00	联行存放款项		
存放联行款项	172 064 952 863.41	213 587 491 293.84	同业及其他金融机构存放款项	36 644 713 933.39	60 565 035 508.49
存放同业款项	425 388 949.26	417 905 634.58	拆入资金	3 554 423 819.00	2 074 677 656.54
减：存放同业款项减值准备			以公允价值计量且其变动计入当期损益的金融负债		
拆出资金	2 212 000 000.00	3 190 000 000.00	衍生金融负债		
减：拆出资金减值准备			卖出回购金融资产款		
以公允价值计量且其变动计入当期损益的金融资产			吸收存款	343 100 831 585.11	408 094 029 673.98
衍生金融资产			应付职工薪酬	390 985 267.26	771 411 303.21
买入返售金融资产	1 427 400 000.00	1 392 500 000.00	应交税费	222 753 089.54	199 693 835.32
减：买入返售金融资产减值准备			应付利息	3 945 238 278.23	4 011 157 660.61
应收款项类金融资产	1 541 017 918.61	1 337 282 809.14	预计负债	5 229 309.52	20 297 651.11
减：应收款项类金融资产减值准备			应付债券及存款证	12 175.00	
应收利息	451 619 709.03	380 595 127.17	递延所得税负债		
发放贷款和垫款	197 581 368 057.75	222 472 287 187.47	其他负债	6 670 827 110.82	8 815 637 856.92
减：贷款减值准备	3 429 279 968.39	5 755 151 082.27	负债合计	394 535 014 567.87	484 551 941 146.18
可供出售金融资产			所有者权益（或股东权益）：		
减：可供出售金融资产减值准备			实收资本（或股本）		
持有至到期投资			其中：国有资本		
减：持有至到期投资减值准备			外商资本		
长期股权投资	1 776 996.00	1 775 332.00	资本公积		
减：长期股权投资减值准备			盈余公积		
投资性房地产			一般风险准备		
减：投资性房地产减值准备			未分配利润	8 232 855 467.58	4 259 068 418.02
固定资产	6 613 685 613.03	7 046 019 368.24	外币报表折算差额		
减：累计折旧	510 522 841.86	989 847 198.19	归属于母公司所有者权益合计	8 232 855 467.58	4 259 068 418.02
减：固定资产减值准备			少数股东权益		
在建工程	1 748 683 286.25	5 327 501 358.04	所有者权益（或股东权益）合计	8 232 855 467.58	4 259 068 418.02
减：在建工程减值准备					
无形资产	555 055 987.62	534 119 092.12			
减：无形资产减值准备					
抵债资产					
减：抵债资产减值准备					
递延所得税资产					
其他资产	503 611 730.99	591 484 569.51			
减：其他资产减值准备	153 481 712.65	151 782 936.05			
资产总计	402 767 870 035.45	488 811 009 564.20	负债和所有者权益（或股东权益）总计	402 767 870 035.45	488 811 009 564.20

6. 中国银行上海市分行资产负债表

2009-12-31

单位:万元

	项　　目	A	B	C
		人民币	外币折人民币	本外币合计
1	Ⅰ. 资产			
2	1. 现金	94 430.18	49 337.69	143 767.87
3	2. 贵金属	1 441.74	0.00	1 441.74
4	3. 存放中央银行款项	573 643.42	0.00	573 643.42
5	4. 存放同业款项	2 775.49	3 685.73	6 461.22
6	4.1 境内同业	2 775.49	0.00	2 775.49
7	4.2 境外同业	0.00	3 685.73	3 685.73
8	70. 存放系统内款项	18 977 889.48	13 209.22	18 438 694.64
9	71. 拨付营运资金	0.00	0.00	0.00
10	5. 应收利息	356 600.62	21 046.01	377 646.63
11	6. 贷款	16 416 933.94	4 641 044.62	21 057 978.57
12	7. 贸易融资	181 388.74	2 962 520.50	3 143 909.23
13	8. 贴现	1 289 514.90	262.51	1 289 777.41
14	9. 其他贷款			
15	10. 拆放同业	1 767 520.00	46 683.57	1 814 203.57
16	10.1 境内有关联金融机构			
17	10.2 境外有关联金融机构			
18	10.3 境内银行	1 533 520.00	46 431.76	1 579 951.76
19	10.4 境外银行	79 000.00	251.81	79 251.81
20	10.5 境内非银行金融机构	155 000.00	0.00	155 000.00
21	10.6 境外非银行金融机构	0.00	0.00	0.00
22	11. 其他应收款	30 270.35	2 021.93	32 292.28
23	12. 投资	299 706.96	30 147.93	329 854.89
24	12.1 债券	299 706.96	0.00	299 706.96
25	12.2 股票	0.00	30 147.93	30 147.93
26	12.3 其他	0.00	0.00	0.00
27	13. 买入返售资产	0.00	0.00	0.00
28	13.1 境内有关联金融机构			
29	13.2 境外有关联金融机构			
30	13.3 境内银行	0.00	0.00	0.00
31	13.4 境外银行	0.00	0.00	0.00
32	13.5 境内非银行金融机构	0.00	0.00	0.00
33	13.6 境外非银行金融机构	0.00	0.00	0.00
34	13.7 境内非金融机构	0.00	0.00	0.00
35	13.8 境外非金融机构	0.00	0.00	0.00
36	13.9 买入返售资产(按品种分类)			
37	13.9.1 债券	0.00	0.00	0.00
38	13.9.2 票据	0.00	0.00	0.00
39	13.9.3 贷款	0.00	0.00	0.00
40	13.9.4 其他	0.00	0.00	0.00
41	14. 待摊费用	8 356.70	0.00	8 356.70

（续表）

	项　　目	A	B	C
		人民币	外币折人民币	本外币合计
42	15. 固定资产原价	406 314.10	0.00	406 314.10
43	16. 减:累计折旧	124 365.93	0.00	124 365.93
44	17. 固定资产净值	281 948.16	0.00	281 948.16
45	18. 固定资产清理	1 079.47	0.00	1 079.47
46	19. 在建工程	1 019.24	0.00	1 019.24
47	20. 无形资产	41 881.69	0.00	41 881.69
48	21. 抵债资产	34 583.10	28 113.49	62 696.59
49	22. 递延税项:递延税款借项	0.00	0.00	0.00
50	23. 其他资产	107 015.49	6 456.06	108 323.12
51	24. 减:各项资产减值损失准备	304 613.83	119 467.68	424 081.51
52	24.1　贷款损失准备	267 863.27	105 174.47	373 037.73
53	24.2　短期投资跌价准备	0.00	0.00	0.00
54	24.3　长期投资减值准备	0.00	0.00	0.00
55	24.4　坏账准备	17 588.32	627.27	18 215.59
56	24.5　抵债资产减值准备	17 540.67	13 665.94	31 206.62
57	24.6　固定资产减值准备	1 621.58	0.00	1 621.58
58	24.7　在建工程减值准备	0.00	0.00	0.00
59	24.8　无形资产减值准备	0.00	0.00	0.00
60	25. 资产总计	40 163 385.85	7 685 061.58	47 290 894.93
61	Ⅱ. 负债及所有者权益			
62	26. 单位存款	18 258 588.58	2 670 411.86	20 929 000.45
63	27. 储蓄存款	12 253 916.41	2 331 950.58	14 585 867.00
64	28. 向中央银行借款	0.00	0.00	0.00
65	29. 同业存放款项	5 539 063.26	1 089 511.45	6 628 574.71
66	29.1　境内同业	5 486 715.08	793 195.29	6 279 910.37
67	29.2　境外同业	52 348.19	296 316.16	348 664.34
68	72. 系统内存放款项	1 185.58	1 087 514.60	536 296.12
69	30. 同业拆入	1 241 945.68	324 002.23	1 565 947.91
70	30.1　境内有关联金融机构			
71	30.2　境外有关联金融机构			
72	30.3　境内银行	1 173 575.68	217 046.98	1 390 622.66
73	30.4　境外银行	68 370.00	106 955.25	175 325.25
74	30.5　境内非银行金融机构	0.00	0.00	0.00
75	30.6　境外非银行金融机构	0.00	0.00	0.00
76	31. 卖出回购款项	0.00	0.00	0.00
77	31.1　境内有关联金融机构			
78	31.2　境外有关联金融机构			
79	31.3　境内银行	0.00	0.00	0.00
80	31.4　境外银行	0.00	0.00	0.00
81	31.5　境内非银行金融机构	0.00	0.00	0.00
82	31.6　境外非银行金融机构	0.00	0.00	0.00
83	31.7　境内非金融机构	0.00	0.00	0.00

（续表）

	项 目	A	B	C
		人民币	外币折人民币	本外币合计
84	31.8 境外非金融机构	0.00	0.00	0.00
85	31.9 卖出回购款项(按品种分类)			
86	31.9.1 债券	0.00	0.00	0.00
87	31.9.2 票据	0.00	0.00	0.00
88	31.9.3 贷款	0.00	0.00	0.00
89	31.9.4 其他	0.00	0.00	0.00
90	32. 汇出汇款	1 061.01	14 026.31	15 087.32
91	33. 应解汇款	833.35	43 550.34	44 383.69
92	34. 存入保证金	1 404 388.15	19 172.48	1 423 560.64
93	35. 其他存款			
94	36. 应付利息	239 735.42	13 885.79	253 621.21
95	37. 应交税金	62 244.22	1 691.71	63 935.94
96	38. 应付工资	71 839.77	0.00	71 839.77
97	39. 应付福利费	0.00	0.00	0.00
98	40. 应付利润(股利)	0.00	0.00	0.00
99	41. 其他应付款	96 672.60	9 816.63	106 489.23
100	42. 预提费用	4 715.46	48.30	4 763.76
101	43. 递延收益	7 165.63	429.63	7 595.27
102	44. 预计负债	37.56	0.00	37.56
103	45. 转贷款资金	0.00	0.00	0.00
104	46. 发行债券	0.00	0.00	0.00
105	47. 其他负债	51 700.41	1 590.51	48 142.49
106	48. 递延税项:递延税款贷项	0.00	0.00	0.00
107	49. 负债合计	39 235 093.10	7 607 602.43	46 285 143.04
108	50. 少数股东权益			
109	51. 所有者权益			
110	52. 实收资本(拨入营运资金)	501 749.35	0.00	501 749.35
111	53. 资本公积	0.00	0.00	0.00
112	53.1 其中:重估储备	0.00	0.00	0.00
113	54. 盈余公积	0.00	0.00	0.00
114	55. 一般风险准备	0.00	0.00	0.00
115	56. 信托赔偿准备	0.00	0.00	0.00
116	57. 未分配利润	426 543.40	77 459.14	504 002.54
117	57.1 其中:本年利润	426 543.40	77 459.14	504 002.54
118	58. 外币报表折算差额	0.00	0.00	0.00
119	59. 所有者权益合计	928 292.75	77 459.14	1 005 751.89
120	60. 负债及所有者权益总计	40 163 385.85	7 685 061.58	47 290 894.93
121	附注项目			
122	61. 各项存款	31 967 608.00	5 226 666.17	37 194 274.17
123	62. 各项贷款	17 951 468.94	7 604 906.28	25 556 375.22

7. 中国建设银行上海市分行资产负债表

2009-12-31

单位：人民币亿元（本外币合计）

资　　产	行次	期末余额	年初余额	负债和股东权益	行次	期末余额	年初余额
资产：	1			负债：	27		
现金及存放中央银行款项	2	20.44	26.59	向中央银行借款	28		
存放同业款项	3	2.60	4.25	同业及其他金融机构存放款项	29	1 504.45	796.90
贵金属	4	0.52		拆入资金	30		
拆出资金	5	6.80	18.50	交易性金融负债	31	0.07	
交易性金融资产	6			衍生金融负债	32	0.34	2.57
衍生金融资产	7	0.74	3.11	卖出回购金融资产款	33		
买入返售金融资产	8	1.00	0.00	吸收存款	34	5 096.01	4 339.32
发放贷款和垫款	9	2 704.04	2 309.19	应付利息	35	42.37	36.22
应收利息	10	5.34	6.65	应付职工薪酬	36	5.54	4.83
可供出售金融资产	11			应交税费	37	2.86	3.60
应收款项投资	12			预计负债	38	2.31	2.10
持有至到期投资	13	10.54	20.44	应付债券	39	0.00	0.00
长期股权投资	14	0.45	0.45	递延所得税负债	40		
资产支持证券	15			其他负债	41	14.74	10.95
投资性房地产	16			负债合计	42	6 668.70	5 196.49
固定资产	17	33.47	33.61	股东权益：	43		
在建工程	18	3.73	1.53	股本	44		
无形资产	19	14.34	14.74	资本公积	45		
商誉	20			减：库存股	46		
递延所得税资产	21			盈余公积	47		
其他资产	22	3 871.78	2 771.28	一般风险准备	48		
资产总计	23	6 675.78	5 210.35	未分配利润	49	7.08	13.86
	24			外币报表折算差额	50		
	25			股东权益合计	51	7.08	13.86
	26			负债和股东权益总计	52	6 675.78	5 210.35

8. 交通银行上海市分行资产负债表

2009-12-31

单位:人民币元(本外币合计)

项目代码	项目名称	期末余额	去年同期	项目代号	项目名称	期末余额	去年同期
0100	流动资产:		0	1100	流动负债		0
0110	现金及银行存款	716 851 501.28	563 109 148.54	1110	短期存款	141 575 522 811.44	107 682 582 884.31
0111	其中:现金	716 110 391.31	562 370 697.54	1120	短期储蓄存款	62 490 202 730.39	48 960 093 659.57
0120	贵金属		0	1130	财政性存款	4 091 919.70	243 159 799.92
0130	存中央银行款项	2 879 246 304.90	14 241 953 676.45	1140	向中央银行借款		0
0131	其中:准备金存款		0	1150	同业存放款项	137 745 345 569.96	137 083 734 187.24
0132	其中:备付金存款	2 874 660 304.90	14 237 512 676.45	1160	联行存放款项		0
0140	存放同业款项	41 049 717 912.31	38 673 748 644.40	1170	拆入资金		0
0150	存放联行款项	168 593 776 823.37	119 368 698 680.28	1190	应解汇款	165 046 333.99	107 097 777.04
0160	拆出资金	5 950 000 000.00	3 300 000 000.00	11A0	汇出汇款	277 076 361.53	123 036 168.82
0180	短期贷款	41 038 323 753.08	46 476 718 042.08	11B0	委托存款	165 598 754.46	341 075 756.70
0190	应收进出口押汇	7 894 704 168.95	1 744 254 299.01	11C0	应付代理证券款项		0
01A0	应收账款	368 314 441.32	81 413 178.94	11D0	卖出回购证券款		0
01C0	其他应收款	428 130 302.57	150 512 166.69	11E0	应付账款	2 228 253 209.81	1 731 507 438.57
01D0	贴现	32 713 249 399.62	2 918 334 921.25	11F0	其他应付款	2 147 413 295.56	2 544 968 107.87
01E0	短期投资	−11 810 624 137.21	−7 314 000 069.82	1100	存入短期保证金	8 250 953 954.27	3 893 000 652.97
01F0	委托贷款及委托投资		0	11G0	应付工资	406 686 838.43	356 772 506.60
01G0	自营证券		0	11H0	应付福利费		0
01H0	代理证券		0	11I0	应交税金	118 644 309.72	126 933 119.36
01I0	买入返售证券		34 182 420 000.00	11J0	应付利润		0
01J0	待处理流动资产净损失		0	11K0	预提费用		0
01L0	其他流动资产	602 569 601.73	5 051 884.83	11L0	发行短期债券		0
01K0	一年内到期的长期投资		3 019 887 661.49	11P0	其他流动负债	1 982 695 451.63	1 942 078 208.51
0200	流动资产合计	290 424 260 071.92	257 412 102 234.14	11M0	一年内到期的长期负债	6 553 462 210.68	2 615 279 426.06
0300	长期资产:		0	1200	流动负债合计	364 110 993 751.57	307 751 319 693.54

（续表）

项目代码	项目名称	期末余额	去年同期	项目代号	项目名称	期末余额	去年同期
0310	中长期贷款	98 280 872 684.45	63 445 404 060.92	1300	长期负债：		0
0320	逾期贷款	1 189 630 309.23	1 475 504 451.86	1310	长期存款	15 839 873 395.92	16 743 144 955.76
0330	减：呆账准备	1 049 110 035.40	1 123 155 410.07	1320	长期储蓄存款	5 565 130 742.91	4 924 243 486.96
0340	应收租赁款		0	1330	存入长期保证金	1 557 708 753.54	2 008 336 896.42
0350	减：未收租赁收益		0	1340	应付转租赁租金		0
0360	应收转租赁款		0	1350	发行长期债券		0
0370	租赁资产		0	1360	长期借款		0
0380	减：待转租赁资产		0	1370	长期应付款		0
0390	经营租赁资产		0	1500	其他长期负债		0
03A0	减：经营租赁资产折旧		0	1400	长期负债合计	22 962 712 892.37	23 675 725 339.14
03B0	长期投资	46 054 506.00	13 230 026 978.50	1600	所有者权益		0
03D0	固定资产原值	2 597 084 175.40	2 469 736 565.89	1610	实收资本		0
03E0	减：累计折旧	920 826 424.44	817 791 962.05	1620	资本公积		0
03E1	减：固定资产减值准备		0	1630	盈余公积		0
03F0	固定资产净值	1 676 257 750.96	1 651 944 603.84	1631	一般准备		0
03G0	固定资产清理		0	1640	未分配利润	4 273 454 946.72	5 769 480 661.53
03H0	在建工程	166 030 268.57	87 339 857.00	1650	其中：本年利润	4 273 454 946.72	5 769 480 661.53
03I0	待处理固定资产净损失		0	1700	所有者权益合计	4 273 454 946.72	5 769 480 661.53
0400	长期资产合计	100 309 735 483.81	78 767 064 542.05				0
0500	无形、递延及其他资产		0				0
0600	无形资产	15 494 559.27	16 291 560.89				0
0700	递延资产	60 384 441.10	51 775 269.15				0
0800	其他长期资产	537 287 034.56	949 292 087.97				0
0900	其他资产合计	613 166 034.93	1 017 358 918.01				0
0A00	资产总计	391 347 161 590.66	337 196 525 694.20	1A00	负债及所有者权益总计	391 347 161 590.66	337 196 525 694.21

9. 上海浦东发展银行上海分行资产负债表

2009-12-31

单位：人民币元(本外币合计)

资　　产	期初数	期末数	负债及所有者权益	期初数	期末数
现金	533 631 145. 05	620 264 901. 18	向中央银行借款	0. 00	0. 00
存放中央银行款项	258 282 872. 38	127. 383 805. 92	同业存放款项	46 278 329 567. 05	27 569 075 172. 26
存放同业	195 929 711. 27	10 121 287 208. 97	拆入资金	0. 00	0. 00
贵金属	0. 00	0. 00	衍生金融负债	0. 00	0. 00
拆出资金	100 000 000. 00	0. 00	卖出回购金融资产款	0. 00	0. 00
交易性金融资产	0. 00	0. 00	短期存款	138 370 430 960. 87	153 229 506 619. 23
加或减:交易性金融资产公允价值调整	0. 00	0. 00	短期储蓄存款	34 314 726 817. 81	43 771 840 006. 20
衍生金融资产	0. 00	0. 00	财政性存款	257 223 713. 63	31 601 484. 49
买入返售金融资产	150 000 000. 00	200 000 000. 00	委托资金	0. 00	0. 00
应收利息	145 376 501. 80	109. 875 117. 00	存入短期保证金	1 073 969 172. 84	1 699 592 753. 99
短期贷款	37 465 234 417. 58	27 120 352 745. 18	长期存款	3 079 220 521. 43	6 133 601 565. 87
贴现	1 897 236 597. 92	3 591 578 145. 54	长期储蓄存款	5 181 497 971. 16	6 224 155 223. 87
进出口押汇	54 760 200. 61	625 558 051. 28	存入长期保证金	1 666 488 770. 47	1 491 899 019. 88
中期贷款	30 779 463 276. 82	36 707 049 299. 52	应解汇款及临时存款	143 516 093. 57	133 979 286. 71
长期贷款	38 864 606 084. 34	53 193 077 425. 72	资产托管存款	279 086 489. 15	10 180 648 470. 51
逾期贷款	744 071 271. 64	739 614 222. 40	应付工资	0. 00	0. 00
减:贷款呆账准备	2 189 098 609. 09	2 211 384 327. 82	应付福利费	0. 00	0. 00
可供出售金融资产	2 210 360 505. 08	1 478 687 788. 63	应交税费	108 031 354. 58	91 480 322. 37
加或减:可供出售金融资产公允价值调整	0. 00	0. 00	应付利息	1 052 864 586. 81	983 305 248. 24
减:可供出售金融资产减值准备	0. 00	0. 00	发行长期债券	0. 00	0. 00
持有至到期投资	0. 00	0. 00	递延所得税负债	0. 00	0. 00
减:持有至到期投资减值准备	0. 00	0. 00	汇出汇款	82 759 156. 22	99 195 841. 41
分为贷款和应收款的金融资产	735 970 983. 79	642 684 372. 06	其他应付款	1 987 436 414. 36	972 886 297. 46
长期股权投资	0. 00	0. 00	应付利润	0. 00	0. 00
减:长期股权投资减值准备	0. 00	0. 00	预提费用	0. 00	0. 00
固定资产	1 183 632 618. 12	1 302 979 735. 32	其他流动负债	3 817 330 859. 56	14 246 453 803. 01
减:累计折旧	392 849 545. 36	414 597 378. 37	其他长期负债	57 580 000. 00	57 580 000. 00
减:固定资产减值准备	0. 00	0. 00			
固定资产清理	0. 00	0. 00			
在建工程	0. 00	0. 00	负债合计	237 750 492 449. 51	266 916 801 115. 50
减:在建工程减值准备	0. 00	0. 00			
无形资产	129 307 815. 64	132 834 954. 64			
减:无形资产累计摊销	57 277 844. 22	62 086 018. 19	实收资本	0. 00	0. 00
减:无形资产减值准备	0. 00	0. 00	资本公积	0. 00	0. 00
递延所得税资产	0. 00	0. 00	盈余公积	0. 00	0. 00
其他应收款	705 298 107. 92	181 871 245. 67	一般风险准备	0. 00	0. 00
减:坏账准备	79 918 921. 71	62 153 959. 94	未分配利润	4 064.322 815. 93	3 766 087 549. 38
其他流动资产	127 891 067 594. 33	136 057 258 462. 79			
长期待摊费用	32 756 027. 18	63 622 504. 13	所有者权益合计	4 064 322 815. 93	3 766 087 549. 38
待处理抵债资产	1 084 412 852. 65	951 599 215. 65			
减:抵债资产跌价准备	627 438 398. 30	534 468 852. 40			
其他长期资产	0. 00	0. 00			
减:其他非贷款资产减值准备	0. 00	0. 00			
资产合计	241 814 815 265. 44	270 682 288 664. 88	负债和所有者权益合计	241 814 815 256. 44	270 682 888 664. 88

10. 上海银行资产负债表

2009-12-31　　单位:人民币亿元

资　　产	年初数	期末数	负　　债	年初数	期末数
流动资产	2 316.40	2 546.06	流动负债	2 404.81	2 969.05
一、现金及银行存款	10.16	13.13	一、短期存款	1 240.50	1 585.83
二、存放中央银行	639.41	735.98	二、短期储蓄存款	210.85	277.26
三、存放同业	41.12	138.31	三、财政性存款	1.34	0.95
四、存放联行款项	0.00	0.00	四、向中央银行借款	0.00	0.00
五、拆放同业	134.45	116.06	五、同业存放	212.36	679.44
六、短期贷款	773.80	1 002.89	六、联行存放	0.00	0.00
其中:贴现	115.35	249.73	七、同业拆入	46.23	93.04
七、应收账款	7.47	3.49	八、票据融资	0.00	0.00
其中:应收利息	0.58	0.28	九、应解汇款及临时存款	10.86	20.59
八、短期投资	374.54	482.76	十、汇出汇款	0.13	0.21
九、委托贷款及投资	237.71	16.55	十一、委托存款	238.08	16.85
十、买入返售资产	88.57	26.18	十二、卖出回购资产	259.60	63.25
十一、待处理流动资产损失			十三、应付及预提账项	48.26	65.84
十二、其他流动资产	9.17	10.72	十四、存放短期保证金	123.78	158.67
长期资产	1 453.89	2 113.37	十五、发行短期债券	0.00	0.00
十三、中长期贷款	980.72	1 440.71	十六、其他流动负债	12.82	7.12
十四、减:贷款损失准备	53.39	64.96	长期负债	1 196.48	1 493.60
十五、长期投资	500.62	710.58	十七、长期存款	610.91	707.54
十六、固定资产净值	25.03	26.06	十八、长期储蓄存款	555.57	705.86
固定资产	33.17	36.39	十九、存放长期保证金	0.00	0.00
减:累计折旧	8.14	10.32	二十、发行长期债券	30.00	80.20
十七、固定资产清理	0.00	0.00	二十一、其他长期负债		
十八、在建工程	5.44	4.06	所有者权益	181.99	215.79
十九、待处理固定资产损失	0.00	0.00	二十二、实收资本	26.00	26.00
二十、减:其他资产减值准备	4.53	3.09	二十三、资本公积	24.28	19.63
无形递延及其他资产	12.99	19.00	二十四、公积金	36.96	46.19
法人机构拨付分行营运资金			二十五、公益金	0.00	0.00
			二十六、一般准备	37.40	42.00
			二十七、未分配利润	59.69	84.31
			其中:本年利润	30.66	36.17
			三十、外币报表折算差额	−2.34	−2.35
资产总计	3 783.28	4 678.43	负债总计	3 783.28	4 678.43

11. 上海农村商业银行资产负债表

2009-12-31

单位:人民币千元

资 产		负 债		股东权益	
现金及存放中央银行款项	31 248 471	同业及其他金融机构存放款项	300 673	股本	3 745 686
存放同业款项	3 178 794	卖出回购金融资产	6 523 000	资本公积	1 563 574
拆出资金	—	吸收存款	178 868 758	盈余公积	873 708
交易性金融资产	129 279	现财资金	700 965	一般风险准备	2 625 540
买入返售金融资产	10 515 156	应付职工薪酬	98 582	未分配利润	4 215 839
应收利息	828 630	应交税金	672 544	归属母公司股东权益合计	13 024 347
发放贷款和垫款	116 343 251	应付利息	2 870 134	少数股东权益	—
可供出售金融资产	10 472 022	预计负债	262 140	所有者权益合计	13 024 347
持有至到期投资	26 637 282	应付债券	1 500 000	负债及股东权益总计	211 915 691
分类为贷款及应收款的证券投资	3 222 712	递延所得税负债	134 885		
长期股权投资	598 449	其他负债	6 959 663		
投资性房地产	4 138 013	负债合计	198 891 344		
固定资产	3 029 629				
递延所得税资产	717 260				
其他资产	856 743				
资产总计	211 915 691				

12. 中信银行上海分行资产负债表

2009年12月31日　　单位:万元

	项　　目	A 人民币	B 外币折人民币	C 本外币合计
1	Ⅰ.资产			
2	1.现金	26 268.64	6 176.46	32 445.10
3	2.贵金属	0.00	0.00	0.00
4	3.存放中央银行款项	766 092.06	0.00	766 092.06
5	4.存放同业款项	340 863.11	130 698.34	471 561.45
6	4.1 境内同业	340 863.11	112 952.06	453 815.17
7	4.2 境外同业	0.00	17 746.28	17 746.28
8	70.存放系统内款项	4 443 787.99	197 925.36	4 641 713.35
9	71.拨付营运资金	0.00	0.00	0.00
10	5.应收利息	12 809.67	886.47	13 696.14
11	6.贷款	4 578 053.23	218 223.14	4 796 276.38
12	7.贸易融资	10 167.96	9 266.22	19 434.18
13	8.贴现	394 674.24	1.64	394 675.88
14	9.其他贷款			
15	10.拆放同业	184 792.20	20 484.60	205 276.80
16	10.1 境内有关联金融机构			
17	10.2 境外有关联金融机构			
18	10.3 境内银行	134 792.20	20 484.60	155 276.80
19	10.4 境外银行	0.00	0.00	0.00
20	10.5 境内非银行金融机构	50 000.00	0.00	50 000.00
21	10.6 境外非银行金融机构	0.00	0.00	0.00
22	11.其他应收款	7 236.96	0.64	7 237.60
23	12.投资	233 453.18	0.00	233 453.18
24	12.1 债券	233 453.18	0.00	233 453.18
25	12.2 股票	0.00	0.00	0.00
26	12.3 其他	0.00	0.00	0.00
27	13.买入返售资产	466 439.77	0.00	466 439.77
28	13.1 境内有关联金融机构			
29	13.2 境外有关联金融机构			
30	13.3 境内银行	346 439.77	0.00	346 439.77
31	13.4 境外银行	0.00	0.00	0.00
32	13.5 境内非银行金融机构	120 000.00	0.00	120 000.00
33	13.6 境外非银行金融机构	0.00	0.00	0.00
34	13.7 境内非金融机构	0.00	0.00	0.00
35	13.8 境外非金融机构	0.00	0.00	0.00
36	13.9 买入返售资产(按品种分类)			
37	13.9.1 债券	0.00	0.00	0.00
38	13.9.2 票据	346 439.77	0.00	346 439.77
39	13.9.3 贷款	120 000.00	0.00	120 000.00
40	13.9.4 其他	0.00	0.00	0.00
41	14.待摊费用	4 278.01	0.00	4 278.01

（续表）

	项 目	A 人民币	B 外币折人民币	C 本外币合计
42	15. 固定资产原价	51 851. 76	0. 00	51 851. 76
43	16. 减：累计折旧	13 554. 32	0. 00	13 554. 32
44	17. 固定资产净值	38 297. 44	0. 00	38 297. 44
45	18. 固定资产清理	1. 79	0. 00	1. 79
46	19. 在建工程	0. 00	0. 00	0. 00
47	20. 无形资产	455. 30	0. 00	455. 30
48	21. 抵债资产	15 068. 24	0. 00	15 068. 24
49	22. 递延税项：递延税款借项	19 957. 26	0. 00	19 957. 26
50	23. 其他资产	2 359. 48	23. 11	23. 62
51	24. 减：各项资产减值损失准备	60 054. 52	6 257. 22	66 311. 74
52	24. 1 贷款损失准备	56 711. 65	6 257. 22	62 968. 87
53	24. 2 短期投资跌价准备	0. 00	0. 00	0. 00
54	24. 3 长期投资减值准备	0. 00	0. 00	0. 00
55	24. 4 坏账准备	3 137. 52	0. 00	3 137. 52
56	24. 5 抵债资产减值准备	205. 34	0. 00	205. 34
57	24. 6 固定资产减值准备	0. 00	0. 00	0. 00
58	24. 7 在建工程减值准备	0. 00	0. 00	0. 00
59	24. 8 无形资产减值准备	0. 00	0. 00	0. 00
60	25. 资产总计	11 485 002. 00	577 428. 77	12 060 071. 80
61	Ⅱ. 负债及所有者权益			
62	26. 单位存款	5 290 303. 27	292 436. 72	5 582 739. 99
63	27. 储蓄存款	1 069 869. 81	152 889. 52	1 222 759. 34
64	28. 向中央银行借款	0. 00	0. 00	0. 00
65	29. 同业存放款项	3 964 295. 89	87 183. 44	4 051 479. 33
66	29. 1 境内同业	3 964 245. 87	87 183. 44	4 051 429. 32
67	29. 2 境外同业	50. 01	0. 00	50. 01
68	72. 系统内存放款项	0. 00	0. 00	0. 00
69	30. 同业拆入	0. 00	0. 00	0. 00
70	30. 1 境内有关联金融机构			
71	30. 2 境外有关联金融机构			
72	30. 3 境内银行	0. 00	0. 00	0. 00
73	30. 4 境外银行	0. 00	0. 00	0. 00
74	30. 5 境内非银行金融机构	0. 00	0. 00	0. 00
75	30. 6 境外非银行金融机构	0. 00	0. 00	0. 00
76	31. 卖出回购款项	0. 00	0. 00	0. 00
77	31. 1 境内有关联金融机构			
78	31. 2 境外有关联金融机构			
79	31. 3 境内银行	0. 00	0. 00	0. 00
80	31. 4 境外银行	0. 00	0. 00	0. 00
81	31. 5 境内非银行金融机构	0. 00	0. 00	0. 00
82	31. 6 境外非银行金融机构	0. 00	0. 00	0. 00
83	31. 7 境内非金融机构	0. 00	0. 00	0. 00

（续表）

	项　　　目	A 人民币	B 外币折人民币	C 本外币合计
84	31.8 境外非金融机构	0.00	0.00	0.00
85	31.9 卖出回购款项(按品种分类)			
86	31.9.1 债券	0.00	0.00	0.00
87	31.9.2 票据	0.00	0.00	0.00
88	31.9.3 贷款	0.00	0.00	0.00
89	31.9.4 其他	0.00	0.00	0.00
90	32. 汇出汇款	219.72	107.29	327.01
91	33. 应解汇款	12 605.43	3 368.76	15 974.19
92	34. 存入保证金	875 755.94	9 080.95	884 836.89
93	35. 其他存款			
94	36. 应付利息	56 391.17	2 030.55	58 421.72
95	37. 应交税金	12 311.01	0.00	12 311.01
96	38 应付工资	22 606.51	0.00	22 606.51
97	39. 应付福利费	0.00	0.00	0.00
98	40. 应付利润(股利)	0.00	0.00	0.00
99	41. 其他应付款	34 520.10	101.39	34 621.48
100	42. 预提费用	0.00	0.00	0.00
101	43. 递延收益	2 422.86	6.10	2 428.96
102	44. 预计负债	0.00	0.00	0.00
103	45. 转贷款资金	0.00	0.00	0.00
104	46. 发行债券	0.00	0.00	0.00
105	47. 其他负债	32 276.93	2 358.97	32 276.93
106	48. 递延税项:递延税款贷项	13 725.90	0.00	13 725.90
107	49. 负债合计	11 387 304.52	549 563.69	11 934 509.25
108	50. 少数股东权益			
109	51. 所有者权益			
110	52. 实收资本(拨入营运资金)	27 584.23	28 868.81	56 453.04
111	53. 资本公积	0.00	0.00	0.00
112	53.1 其中:重估储备	0.00	0.00	0.00
113	54. 盈余公积	0.00	0.00	0.00
114	55. 一般风险准备	0.00	0.00	0.00
115	56. 信托赔偿准备	0.00	0.00	0.00
116	57. 未分配利润	70 113.25	−1 003.73	69 109.51
117	57.1 其中:本年利润	70 113.25	−1 003.73	69 109.51
118	58. 外币报表折算差额	0.00	0.00	0.00
119	59. 所有者权益合计	97 697.47	27 865.08	125 562.55
120	60. 负债及所有者权益总计	11 485 002.00	577 428.77	12 060 071.80
121	附注项目			
122	61. 各项存款	7 248 534.45	457 775.96	7 706 310.40
123	62. 各项贷款	4 982 895.43	227 491.00	5 210 386.43

13. 中国光大银行上海分行资产负债表

2007-12-31

单位：元（人民币汇总）

编号	资　　产	期初数	期末数	编号	负债及所有者权益	期初数	期末数
1	资产：			5	负债：		
110	现金及银行存款	225 389 470.38	277 610 812.77	510	对公存款	45 286 770 849.14	54 158 405 881.35
120	贵金属	0.00	0.00	520	储蓄存款	8 062 942 950.10	10 485 499 194.64
130	存放中央银行款项	2 095 444 336.49	1 731 907 184.04	540	向中央银行借款	0.00	0.00
140	存放同业款项	12 350 458 325.32	20 132 870 269.19	550	同业存放款项	32 096 345 502.70	33 970 166 681.63
150	存放联行款项	36 229 096 759.78	29 900 923 684.22	560	联行存放款项	0.00	0.00
160	拆出资金	1 078 000 000.00	780 000 000.00	570	同业拆入款项	0.00	5 904 103.51
170	买入返售金融资产	0.00	3 986 386 469.67	580	卖出回购金融资产款	0.00	0.00
180	发放贷款和垫款	34 990 354 961.93	44 666 353 480.80	590	应解汇款	762 048 257.56	130 680 620.02
190	贸易融资	710 625 592.88	1 406 708 024.43	600	汇出汇款	20 501 191.94	17 533 979.66
200	贴现	4 960 580 985.67	4 686 852 142.17	610	应付利息	490 928 215.89	431 317 106.95
210	信贷资产减值准备	632 608 947.23	974 770 334.25	620	其他应付款	45 260 906.68	30 930 322.87
220	应收利息	130 563 947.49	146 244 736.90	630	交易性金融负债	0.00	0.00
230	其他应收款	31 167 666.70	30 114 433.05	640	衍生金融负债	0.00	0.00
240	交易性金融资产	0.00	0.00	650	应付债券	0.00	0.00
250	衍生金融资产	0.00	0.00	660	长期借款	0.00	0.00
260	可供出售金融资产	0.00	0.00	670			
270	持有至到期投资	195 879 331.23	139 731 614.95	680			
280	长期股权投资	0.00	0.00	700	应付职工薪酬	50 130 783.54	68 854 032.52
290				710	应交税费	323 595 469.62	44 478 271.77
300				720	应付股利	0.00	0.00
320	固定资产原值	1 480 552 902.20	278 197 693.01	730	预计负债	0.00	0.00
330	减：累计折旧	111 629 615.23	109 283 528.36	740	递延所得税负债	0.00	0.00
340	固定资产净值	1 368 923 286.97	168 914 164.65	750	其他负债	6 137 155 331.40	8 859 112 363.69
350	投资性房地产	5 586 902.01	5 261 125.97	7	负债合计	93 275 679 458.57	108 175 882 558.61
360	固定资产清理	237 202.40	558 297.03	8	股东权益：		
370	在建工程	0.00	1 302 957 087.76	810	股本	0.00	0.00
380	无形资产	64 416 030.60	61 050 168.46	820	资本公积	0.00	0.00
390	商誉	0.00	0.00	830	盈余公积	0.00	0.00
400	长期待摊费用	18 652 729.13	29 678 080.67	840	一般风险准备	0.00	0.00
410	抵债资产	0.00	0.00	850	未分配利润	571 563 394.04	413 597 982.87
420	递延所得税资产	0.00	0.00	860	其中：本年利润	0.00	0.00
430	其他资产	24 474 270.86	110 129 099.00	9	股东权益合计	571 563 394.04	413 597 982.87
4	资产总计	93 847 242 852.61	108 589 480 541.48	10	负债和股东权益总计	93 847 242 852.61	108 589 480 541.48

14. 华夏银行上海分行资产负债表

2009-12-31　　单位：人民币元(本外币合计)

编号	资　　产	期初数	期末数	编号	负债及所有者权益	期初数	期末数
	流动资产				流动负债		
110	现金及银行存款	74 999 040.73	70 420 712.82	520	短期存款	22 626 028 808.11	32 071 207 193.17
115	其中：现金	56 729 511.28	57 753 556.89	530	短期储蓄存款	521 617 169.41	750 320 861.17
120	贵金属	0	0	540	财政性存款	745 279.95	8 356 775.32
130	存放中央银行款项	973 805 265.66	646 626 075.72	550	向中央银行借款	0	0
140	存放同业款项	22 427 296.66	4 024 955 745.26	560	同业存放款项	11 229 108 376.40	17 499 349 099.26
141	存放同业款项减值准备	0	0	570	联行存放款项	0	0
	存放同业款项净额	22 427 296.66	4 024 955 745.26	580	同业拆入	0	0
150	存放联行款项	12 404 011 970.44	12 604 466 279.39	590	金融性公司拆入	0	0
160	拆放同业	0	0	595	贴现资金	0	0
161	拆放同业款项减值准备	0	0	600	卖出回购证券款	0	0
	拆放同业款项净额	0	0	610	汇出汇款	1 521 161.79	2 320 397.80
165	拆放金融性公司	1 007 346.43	1 007 700.69	620	应解汇款	55 224 931.93	55 240 205.34
166	拆放金融性公司减值准备	144 815.53	144 863.51	630	委托存款	0	0
	拆放金融性公司净额	862 530.90	862 837.18	640	代理业务资金		
170	短期贷款	10 527 789 011.54	13 556 418 318.01	641	卖出回购信贷资产款	0	0
180	应收进出口押汇	28 464 389.15	14 800 752.41	645	衍生金融负债	0	0
190	议付信用证款项	0	0	650	存入短期保证金	1 614 174 492.69	1 700 531 127.50
200	应收利息	9 238 073.59	12 917 134.80	660	应付利息	258 990 567.42	236 936 046.35
205	其他应收款	80 391 693.50	74 303 453.90	670	应付工资	32 360 813.46	32 012 186.12
210	减：坏账准备	53 107 425.98	53 016 000.97	680	应付福利费	0	0
	应收款项净额	36 522 341.11	34 204 587.73	690	应交税金	17 656 712.16	22 239 513.07
220	贴现	139 703 837.23	9 498 889.16		—		
230	短期投资	0	0		—		
235	减：短期投资跌价准备	0	0	700	应付利润	0	0
	短期投资净额	0	0	710	其他应付款	613 704 649.11	25 706 100.97
250	委托贷款及委托投资	0	0	715	预计负债	0	0
260	买入返售资产	10 465 376 609.52	14 581 651 784.98	720	预提费用	0	0
270	交易性金融资产	0	0	730	发行短期债券		
280	可供出售金融资产	0	0	732	递延收益	0	0
285	可供出售投资减值准备	0	0		—		
	可供出售投资净额	0	0	740	一年内到期的长期负债		
295	递延支出	0	0		—		
300	待处理流动资产净损失	0	0	750	其他流动负债	333 340 000.00	333 340 000.00
310	衍生金融资产	0	0		—		
320	其他流动资产	0	0		—		

（续表）

编号	资　　产	期初数	期末数	编号	负债及所有者权益	期初数	期末数
	流动资产合计	34 673 962 292.94	45 543 905 982.66		流动负债合计	37 304 472 962.43	52 737 559 506.07
	长期资产				长期负债		
330	中长期贷款	8 979 238 870.99	14 219 775 275.73	760	长期存款	4 009 500 000.00	4 000 000 000.00
335	逾期贷款	65 265 618.34	85 611.27	770	长期储蓄存款	2 434 632 070.94	3 019 488 502.82
340	呆滞贷款	29 350 918.27	206 159 743.91	780	存入长期保证金	0	0
345	呆账贷款	0	0	790	转贷款资金	0	0
350	减:贷款损失准备	247 448 274.45	339 555 238.20	800	次级债	0	0
355	持有至到期投资	62 950 516.89	71 228 148.26	805	混合资本债券	0	0
360	持有至到期投资减值准备	0	0	806	金融债券	0	0
	持有至到期投资净额	62 950 516.89	71 228 148.26	810	长期应付款	0	0
370	租赁资产	0	0	820	其他长期负债	0	0
375	减:待转租赁资产	0	0		—		
380	长期投资	0	0		—		
385	减:长期投资减值准备	0	0		—		
	长期投资净额	0	0		—		
400	固定资产原价	485 906 790.45	493 653 162.85		—		
405	减:累计折旧	129 233 297.15	144 226 511.77		长期负债合计	6 444 132 070.94	7 019 488 502.82
410	固定资产净值	356 673 493.30	349 426 651.08		—		
415	减:固定资产减值准备	0	0		—		
	固定资产净额	356 673 493.30	349 426 651.08		—		
430	固定资产清理	0	0		—		
440	在建工程	0	0	870	递延所得税负债	0	0
445	减:在建工程减值准备	0	0		—		
	在建工程净额	0	0		—		
	长期资产合计	9 246 031 143.34	14 507 120 192.05		负债合计	43 748 605 033.37	59 757 048 008.89
	无形资产及其他资产:				股东权益:		
460	无形资产	0	0	900	股本	0	0
465	减:无形资产减值准备	0	0	910	资本公积	0	0
	无形资产净额	0	0	920	盈余公积	0	0
480	长期待摊费用	8 633 050.88	8 514 367.00	930	其中:公益金	0	0
490	待处理抵债资产	0	0	940	一般准备	0	0
495	减:抵债资产减值准备	0	0	950	未分配利润	180 021 453.79	302 492 532.82
	待处理抵债资产净额	0	0		—		
505	其他长期资产	0	0		股东权益合计	180 021 453.79	302 492 532.82
	无形资产及其他资产合计	8 633 050.88	8 514 367.00		—		
	—				—		
510	递延所得税资产	0	0		—		
	资产合计	43 928 626 487.16	60 059 540 541.71		负债及股东权益合计	43 928 626 487.16	60 059 540 541.71

15. 中国民生银行上海分行资产负债表

2009-12-31

单位:元(人民币汇总)

行次	资　　产	期初数	期末数	行次	负　　债	期初数	期末数
1	流动资产			61	流动负债		
2	现金及银行存款	300 180 862.71	328 565 541.85	62	短期存款	84 616 183 493.36	134 129 814 646.79
3	贵金属	0.00	6 087 750.00	63	短期储蓄存款	15 774 162 734.05	23 443 811 984.55
4	存放中央银行款项	4 799 813 420.37	6 862 446 970.46	64	财政性存款	2 660 415 262.81	9 078 923 568.92
5	存放同业款项	597 430 377.85	5 380 054 644.16	65	向中央银行借款	0.00	0.00
6	存放联行款项	0.00	0.00	66	同业存放款项	29 029 197 711.27	27 210 877 334.28
7	存放系统内款项	67 759 705 883.40	102 210 358 246.04	67	其中:保证金	0.00	0.00
8	拆放同业	0.00	0.00	68	联行存放款项	0.00	0.00
9	减:拆放资金损失准备	0.00	0.00	69	系统内存款	0.00	0.00
10	拆放金融公司	0.00	0.00	70	同业拆入	0.00	0.00
11	短期贷款	36 490 138 292.94	42 687 567 215.13	71	卖出回购资产	0.00	0.00
12	进出口押汇	0.00	0.00	72	汇出汇款	9 682 358.53	13 219 635.56
13	议付信用证款项	0.00	0.00	73	应解汇款及临时存款	181 096 467.34	62 301 757.42
14	应收利息	198 185 870.78	273 735 460.60	74	存入短期保证金	8 273 327 209.48	6 268 273 933.09
15	应收股利	0.00	0.00	75	应付利息	943 300 415.25	778 637 654.45
16	其他应收款	185 753 037.89	10 609 514.67	76	应付职工新酬	30 752 893.01	47 419 953.99
17	减:坏账准备	0.00	0.00	77	应付福利费	0.00	0.00
18	应收款项净额	185 753 037.89	10 609 514.67	78	应交税金	106 030 327.40	85 394 846.84
19	贴现	891 415 594.52	90 225 182.18	79	应付利润	0.00	0.00
20	交易性金融资产	0.00	0.00	80	其他应付款	146 618 011.92	110 108 706.56
21	可供出售金融资产	0.00	0.00	81	预提费用	0.00	0.00
22	买入返售资产	5 883 229 252.08	0.00	82	递延收益	0.00	0.00
23	减:买入返售资产呆账准备	0.00	0.00	83	发行短期债券	0.00	0.00
24	待摊费用	14 527 397.08	7.979.737.07	84	一年内到期的长期负债	0.00	0.00
25	一年到期的长期债券投资	0.00	0.00	85	其他流动负债	0.00	0.00
26	一年内到期的其他长期投资	0.00	0.00	86	流动负债合计	141 771 066 884.42	201 228 784 022.45
27	其他流动资产	7 896 768.36	5 165 677.07	87	长期负债		
28	流动资产合计	117 128 276 757.98	157 862 825 939.23	88	长期存款	6 821 826 096.19	7 500 877 835.98
29	长期资产			89	长期储蓄存款	1 484 869 576.42	1 939 116 061.29
30	中长期贷款	36 219 266 071.00	53 637 343 620.00	90	存入长期保证金	32 292 545.98	19 226 510.88

（续表）

行次	资　　产	期初数	期末数	行次	负　　债	期初数	期末数
31	逾期贷款	36 074 043.74	13 724 127.22	91	发行长期保证金	0.00	0.00
32	呆滞贷款	232 800 006.85	268 961 623.07	92	长期应付款	0.00	0.00
33	呆账贷款	0.00	0.00	93	其他长期负债	0.00	0.00
34	减:贷款呆账准备	—946 940 843.39	—1 309 981 676.49	94	衍生金融负债	0.00	0.00
35	持有至到期投资	97 184 339.79	1 880 000 000.00	95	长期负债合计	8 338 988 218.59	9 459 220 408.15
36	贷款及应收款项类投资	0.00	0.00	96	预计负债项目	27 260 286.97	27 490 721.70
37	减:债券投资风险准备	0.00	0.00	97	递延税项		
38	长期股权投资	0.00	0.00	98	递延税款贷项	0.00	0.00
39	减:长期股权投资减值准备	0.00	0.00	99	负债合计	150 137 315 389.98	210 715 495 152.30
40	固定资产原值	801 896 018.97	826 131 309.10	100	股东权益		
41	减:累计折旧	—251 673 359.96	—287 806 595.27	101	股本	734 000 000.00	834 000 000.00
42	减:固定资产减值准备	0.00	0.00	102	资本公积	0.00	0.00
43	固定资产净值	550 222 659.01	538 324 713.83	103	盈余公积	0.00	0.00
44	在建工程	7 000 000.00	7 000 000.00	104	其中:公积金	0.00	0.00
45	固定资产清理	0.00	0.00	105	一般风险准备	0.00	0.00
46	长期资产合计	36 195 606 277.00	55 035 372 407.63	106	未分配利润	2 549 218 957.79	1 423 647 936.92
47	无形资产及其他资产			107	股东权益合计	3 283 218 957.79	2 257 647 936.92
48	无形资产	0.00	0.00	108	减:待处理财产净损失	0.00	0.00
49	长期待摊费用	40 323 440.02	37 810 341.02	109	股东权益净额	3 283 218 957.79	2 257 647 936.92
50	待处理抵债资产	0.00	0.00				
51	减:抵债资产减值准备	0.00	0.00				
52	待处理抵债资产净值	0.00	0.00				
53	抵债资产清理	0.00	0.00				
54	其他长期资产	56 327 872.77	37 134 401.34				
55	衍生金融资产	0.00	0.00				
56	无形资产及其他资产合计	96 651 312.79	74 944 742.36				
57	递延税项						
58	递延税款借项	0.00	0.00				
59	资产总计	153 420 534 347.77	212 973 143 089.22	110	负债和股东权益总计	153 420 534 347.77	212 973 143 089.22
60	补充资料:代保管证券	84 157 938.75	1 283 096 153.62	111	抵押物品	0.00	0.00

16. 招商银行上海分行资产负债表

2009-12-31

单位：人民币元（本外币合计）

资　　产	行次	年初余额	期末余额	负债及所有者权益	行次	年初余额	期末余额
流动资产：				流动负债：			
现金及银行存款	1	481 639 178.67	524 050 579.03	短期存款	66	72 126 001 159.50	89 750 192 024.33
贵金属	2	0.00	0.00	短期储蓄存款	67	49 530 467 154.18	64 797 274 885.27
存放中央银行款项	3	1 847 239 250.08	2 812 575 292.78	财政性存款	68	481 199 649.68	583.493.014.48
存放同业款项	4	237 843 936.32	738 984 908.23	向中央银行借款	69	0.00	0.00
存放联行款项	5	71 239 071 709.83	97 023 285 327.88	票据融资	70	1.134.336.870.76	1 999 772 361.49
拆放同业	6	3 158 000 000.00	3 225 400 000.00	同业存放款项	71	19 494 357 329.78	29 979 247 745.56
拆放金融性公司	7	600 000 000.00	700 000 000.00	联行存放款项	72	0.00	0.00
短期贷款	8	36 769 596 024.64	31 978 671 283.24	同业拆入	73	0.00	108 113 314.63
应收进出口押汇	9	971 790 819.85	3 412 408 384.05	金融性公司拆入	74	0.00	0.00
应收账款	10	205 939 401.23	219 188 502.14	应解汇款	75	432 435 580.77	617 708 521.13
坏账准备	11	—300 269.38	—3 020 868.66	汇出汇款	76	90 779 509.41	208 309 511.45
其他应收款	12	44 581 964 56	39 680 581.31	委托存款	77	0.00	0.00
贴现	13	5 627 790 810.20	4 960 063 971.47	应付代理证券款项	78	0.00	0.00
短期投资	14	0.00	0.00	卖出回购证券款	79	0.00	0.00
持有至到期投资减值准备	15	0.00	0.00	卖出回购贷款	80	0.00	0.00
委托贷款及委托投资	16	0.00	0.00	应付账款	81	773 657 921.64	808.079.492.45
自营证券	17	0.00	0.00	存入短期保证金	82	3 914 797 951.25	7 129 549 794.89
代理证券	18	0.00	0.00	其他应付款	83	315 638 193.24	425 249 332.16
买入返售款项	19	2 027 253 964.72	1 312 344 486.40	应付工资	84	109 094 667.16	154 534 969.90
待处理流动资产损失	20	0.00	0.00	应付福利费	85	0.00	0.00
一年内到期的长期投资	21	0.00	0.00	应付税金	86	193 473 302.27	201 983 655.71
特摊费用	22	28 768 441.55	24 860 983.48	应付股利	87	0.00	0.00
流动资产合计	23	123 239 215 232.27	146 968 493 441.35	预提费用	88	8 581 824 73	5 861 734.56
长期资产：				发行短期债券	89	0.00	0.00
中期贷款	24	12 198 997 129.19	19 502 060 662.37	一年内到期的长期负债	90	0.00	0.00
长期贷款	25	22 805 254 426.61	40 318 100 984.53	流动负债合计	91	148 604 821 114.37	196 769 370 358.01
逾期贷款	26	422 052 255.04	437 606 333.80	长期负债：			
呆账准备	27	—1 539 788 408.60	—1 828 303 315.16	长期存款	92	2 989 860 500.00	3 123 748 559.11
应收租赁款	28	0.00	0.00	长期储蓄存款	93	4 033 460 424.16	4 722 426 352.39
未收租赁收益	29	0.00	0.00	保证金	94	32 584 830.51	64 568 778.35
租赁资产	30	0.00	0.00	应付转租赁租金	95	0.00	0.00

（续表）

资　　产	行次	年初余额	期末余额	负债及所有者权益	行次	年初余额	期末余额
待转租赁资产	31	0.00	0.00	发行长期债券	96	0.00	0.00
经营租赁资产	32	0.00	0.00	长期借款	97	0.00	0.00
经营租赁资产折旧	33	0.00	0.00	长期次级债	98	0.00	0.00
长期投资	34	0.00	0.00	长期应付款	99	0.00	0.00
可供出售金融资产减值准备	35	0.00	0.00	交易性金融负债	100	0.00	0.00
固定资产原值	36	682 593 753.10	710 968 525.98	长期负债合计	101	7 055 905 754.67	7 910 743 689.85
累计折旧	37	−357 393 845.17	−406 368 641.36	其他负债：			
固定资产净值	38	325 199 907.93	304 599 884.62	其他负债	102	54 175 803.15	51 150 043.90
固定资产减值准备	39	−1 428 700.00	−1 428 700 00	其他负债合计	103	54 175 803.15	51 150 043.90
固定资产净额	40	323 771 207.93	303 171 184.62	递延税项：			
固定资产清理	41	2 170 611.03	2 131 319.56	递延税款贷项	104	0.00	0.00
在建工程	42	1 428 700.00	1 428 700.00	负债合计	105	155 714 902 672.19	204 731 264 091.76
在建工程减值准备	43	0.00	0.00	所有者权益：			
待处理固定资产净损失	44	0.00	0.00	实收资本	106	0.00	0.00
长期资产合计	45	34 213 885 921.20	58 736 195 869.72	资本公积	107	0.00	0.00
无形、递延及其他资产				盈余公积	108	0.00	0.00
无形资产	46	0.00	0.00	其中：法定公益金	109	0.00	0.00
无形资产减值准备	47	0.00	0.00	一般准备	110	0.00	0.00
长期待摊费用	48	44 739 372.23	48 415 770.84	未分配利润	111	0.00	0.00
其他资产	49	171 894 755.32	171 348 914.56	本年利润	112	1 813 573 811.36	1 051 931 107.24
其他资产减值准备	50	−141 258 797.47	−141 258 797.47	所有者权益合计：	113	1 813 573 811.36	1 051 931 107.24
无形、递延及其他资产合计	51	75 375 330.08	78 505 887.93				
递延税项：							
递延税项借项	52	0.00	0.00				
交易性金融资产	53	0.00	0.00				
可供出售金融资产	54	0.00	0.00				
持有至到期金融资产	55	0.00	0.00				
其他应收投资款	56	0.00	0.00				
减：其他应收投资减值准备	57	0.00	0.00				
减：长期股权投资减值准备	58	0.00	0.00				
资产总计	65	157 528 476 483.55	205 783 195 199.00	负债及所有者权益合计	130	157 528 476 483.55	205 783 195 199.00

17. 兴业银行上海分行资产负债表

2009-12-31　　单位:人民币元(本外币合计)

项目名称	上期余额	本期余额
现金及存放中央银行款项	922 415 154.02	1 111 816 555.32
存放同业款项	473 712 723.25	391 170 133.29
贵金属	0.00	0.00
拆出资金	1 150 000 000.00	1 050 000 000.00
交易性金融资产	302 007 580.00	301 582 060.00
衍生金融资产	0.00	0.00
买入返售金融资产	15 125 517 074.98	17 157 551 255.01
其中:买入企事业单位回售证券	0.00	0.00
应收利息	584 313 781.43	240 198 742.73
发放贷款及垫款	53 167 404 562.35	53 989 791 766.80
可供出售金融资产	6 067 162 722.50	6 172 590 830.42
持有至到期投资	1 865 522 320.45	1 805 882 805.66
长期股权投资	2 850 000.00	2 850 000.00
投资性房地产	0.00	0.00
固定资产	459 797 192.33	459 436 531.68
无形资产	0.00	0.00
递延所得税资产	0.00	0.00
其他资产	117 060 897 478.01	114 335 384 956.91
资产总计	197 181 600 589.32	197 018 255 637.82
向中央银行借款	0.00	0.00
同业及其他金融机构存放款项	56 356 697 771.30	58 867 085 137.51
拆入资金	0.00	0.00
交易性金融负债	0.00	0.00
衍生金融负债	0.00	0.00
卖出回购金融资产款	0.00	0.00
吸收存款	83 165 321 460.44	86 468 482 893.49
应付职工薪酬	117 062 883.45	193 148 770.58
应交税费	1 453 943.19	33 141 829.68
应付利息	731 271 211.11	515 039 289.69
预计负债	0.00	0.00
应付债券	0.00	0.00
递延所得税负债	0.00	0.00
其他负债	55 053 016 647.96	48 725 660 657.33
负债合计	195 424 823 917.45	194 802 558 578.28
所有者权益(或股东权益):	0.00	0.00
股本	0.00	0.00
资本公积	—13 188 787.94	13 519 268.44
盈余公积	0.00	0.00
一般风险准备	0.00	0.00
未分配利润	1 769 965 459.81	2 202 177 791.10
减:库存股	0.00	0.00
所有者权益(或股东权益)	1 756 776 671.87	2 215 697 059.54
负债及所有者权益总计	197 181 600 589.32	190 018 255 637.82

18. 广东发展银行上海分行资产负债表

2009-12-31

单位:元(人民币汇总)

资产	期初数	期末数	负债及所有者权益	期初数	期末数
资产:			负债:		
现金及存放中央银行款项	1 896 866 110.55	2 103 376 978.30	向中央银行借款		
存放同业款项	46 604 051.70	91 370 886.80	同业及其他金融机构存放款项	8 966 007 220.53	21 003 254 863.66
贵金属			拆入资金	500 000 000.00	
拆出资金	2 370 000 000.00	1 100 000 000.00	交易性金融负债		
交易性金融资产			衍生金融负债		1 751 000.75
衍生金融资产		2 905 320.98	卖出回购金融资产款	119 821 349.57	
买入返售金融资产	933 310 000.00		吸收存款	24 129 112 717.82	39 926 961 448.95
应收利息	79 948 440.71	440 277 348.68	应付职工薪酬	27 012 695.89	35 045 287.97
发放贷款和垫款	17 132 520 952.14	26 866 796 258.07	应交税费	15 877 231.52	18 842 857.02
应收款项投资	257 419 600.00	161 724 700.00	应付利息	209 313 824.35	315 327 104.39
可供出售金融资产			预计负债	1 533 500.00	
持有至到期投资			应付债券		
长期股权投资			递延所得税负债		
固定资产	25 575 149.88	32 450 999.82	其他负债	174 843 705.23	91 984 556.61
在建工程			负债合计	34 143 522 244.91	61 393 167 119.35
无形资产	276 071.68	331 512.48	所有者权益(或股东权益):		
递延所得税资产			实收资本(或股本)	300 000 000.00	316 670 000.00
其他资产	12 084 976 749.62	31 379 550 947.97	资本公积		
			减:库存股		
			盈余公积		
			一般风险准备		
			未分配利润	383 974 881.59	468 947 834.07
			外币报表折算差额	−0.22	−0.32
			所有者权益(或股东权益)合计	683 974 881.37	785 617 833.75
资产总计	34 827 497 126.28	62 178 784 953.10	负债和所有者权益(或股东权益)总计	34 827 497 126.28	62 178 784 953.10

19. 深圳发展银行上海分行资产负债表

2009-12-31 单位：人民币元(本外币合计)

项 目 名 称	行号	年初数	期末数
现金及存放中央银行款项	1	1 002 460 769.00	1 435 162 911.05
贵金属	2		
存放同业款项	3	7 714 028 552.47	5 299 085 439.16
拆出资金	4	2 680 000 000.00	1 295 000 000.00
存放联行款项	5	12 389 691 333.79	15 519 915 768.47
交易性金融资产	6		
衍生金融资产	7		
买入返售金融资产	8	6 611 898 849.67	2 483 822 543.66
应收利息	9	230 769 125.57	165 587 152.62
发放贷款和垫款	10	38 460 697 007.84	47 761 841 950.77
应收款类债券投资	11		6 477 100 000.00
可供出售金融资产	12	63 559 659.17	261 560 090.46
持有至到期投资	13	100 000 000.00	150 000 000.00
长期股权投资	14	4 283 251.00	0.00
固定资产	15	46 895 091.79	51 718 799.62
投资性房地产	16		
无形资产	17	5 337 795.03	4 466 713.64
递延所得税资产	18		
其他资产	19	204 410 430.32	458 006 414.04
资产总计	20	69 514 031 865.65	81 363 267 783.49
负债和股东权益	21		
	22		
向中央银行借款	23		
同业及其他金融机构存放款项	24	9 955 504 184.57	11 830 960 408.85
拆入资金	25	5 800 000 000.00	5 365 320 000.00
联行存放款项	26		
交易性金融负债	27		
衍生金融负债	28	5 169 519.27	0.00
卖出回购金融资产款	29	3 457 968 404.75	1 443 674 826.26
吸收存款	30	49 861 147 897.47	61 368 130 929.15
应付职工薪酬	31	86 693 152.22	133 470 302.17
应交税费	32	34 690 125.59	34 939 539.31
应付利息	33	550 292 565.60	529 542 196.43
预计负债	34		
应付债券	35		
递延所得税负债	36		
其他负债	37	252 927 696.34	231 038 461.02
负债合计	38	70 004 393 545.81	80 937 076 663.19
股东权益	39		
股本	40		
资本公积	41	3 559 659.17	1 639 652.89
盈余公积	42		
一般风险准备	43		
未分配利润	44	—493 921 339.33	424 551 467.41
股东权益	45	—490 361 680.16	426 191 120.30
负债和股东权益总计	46	69 514 031 865.65	81 363 267 783.49

20. 宁波银行上海分行资产负债表

2009-12-31

单位:元(人民币汇总)

资产	期初余额	本期余额	负债及所有者权益	期初余额	本期余额
流动资产			流动负债		
现金及银行存款	20 481 114.21	38 069 987.31	短期存款	4 877 412 807.61	9 520 879 545.18
其中:现金	20 481 114.21	38 069 987.31	短期储蓄存款	601 183 959.59	1 074 781 587.86
贵金属	0.00	0.00	财政性存款	0.00	0.00
存放中央银行款项	220 317 390.77	294 439 204.43	向中央银行借款	0.00	0.00
其中:备付金存款	220 317 390.77	294 439 204.43	同业存放款项	2 000 010 618.25	2 000 000 000.00
存放同业款项	44 929 723.73	106 477 309.21	联行存放款项	0.00	0.01
存放联行款项	0.00	0.00	同业拆入	0.00	0.00
拆放同业	0.00	0.00	应解汇款	0.00	3 336 256.27
短期贷款	2 634 378 986.92	3 840 989 402.29	汇出汇款	169 500.00	530.00
应收进出口押汇	0.00	0.00	委托存款	2 718 456 492.17	1 424 552 499.73
应收账款	6 180.31	9 548.33	应付代理证券款项	0.00	0.00
减:坏账准备	0.00	0.00	卖出回购证券款	0.00	0.00
其他应收款	10 983 089.77	6 655 339.46	应付账款	44 621 104.78	21 919 674.17
贴现	211 395 104.60	295 821 007.57	其他应付款	1 819 437.71	4 987 508.25
短期投资	0.00	0.00	存入短期保证金	337 249 558.26	631 241 201.77
委托贷款及委托投资	2 718 456 492.17	1 424 552 499.73	应付工资	2 420.00	0.00
自营证券	0.00	0.00	应付福利费	0.00	0.00
代理证券	0.00	0.00	应交税金	12 147 863.83	20 865 457.74
买入返售证券	0.00	0.00	应付利润	0.00	0.00
待处理流动资产净损失	0.00	0.00	预提费用	0.00	0.00
其他流动资产	5 304 914 259.05	5 366 127 626.68	发行短期债券	0.00	0.00
一年内到期的长期投资	0.00	0.00	其他流动负债	107 577 875.24	102 695 914.64
流动资产合计	11 165 862 341.53	11 373 141 925.01	流动负债合计	10 700 651 637.44	14 805 260 175.62

（续表）

资　　产	期初余额	本期余额	负债及所有者权益	期初余额	本期余额
长期资产			长期负债		
中长期贷款	606 675 906.56	3 562 655 903.67	长期存款	1 000 000 000.00	0.00
逾期贷款	1 506 289.63	2 100 302.74	长期储蓄存款	16 094 108.35	28 450 771.93
减：贷款损失准备	40 606 170.93	92 929 645.51	存入长期保证金	0.00	0.00
应收租赁款	0.00	0.00	应付转租赁租金	0.00	0.00
减：未收租赁款	0.00	0.00	发行长期债券	0.00	0.00
应收转租赁款	0.00	0.00	长期借款	0.00	0.00
租赁资产	0.00	0.00	长期应付款	0.00	0.00
减：待转租赁资产	0.00	0.00	其他长期负债	0.00	0.00
经营租赁资产	0.00	0.00			
减：经营租赁资产折旧	0.00	0.00	长期负债合计	1 016 094 108.35	28 450 771.93
长期投资	0.00	0.00	递延所得税负债	0.00	0.00
减：资产减值准备	0.00	0.00			
固定资产原值	14 020 563.51	7 338 971.01			
减：累计折旧	1 780 527.09	1 620 264.34			
固定资产净值	12 240 036.42	5 718 706.67	所有者权益		
固定资产清理	0.00	0.00	实收资本	0.00	0.00
在建工程	0.00	0.00	资本公积	0.00	0.00
待处理固定资产净损失	0.00	0.00	盈余公积	0.00	0.00
长期资产合计	579 816 061.68	3 477 545 267.57	一般准备	0.00	0.00
无形、递延及其他资产	0.00	0.00	未分配利润	34 589 379.69	35 164 623.89
无形资产	0.00	0.00	其中：本年利润	0.00	0.00
递延资产	5 656 722.27	18 188 378.86	外币资本折算差额	0.00	0.00
其他长期资产	0.00	0.00	所有者权益合计	34 589 379.69	35 164 623.89
其他资产合计	5 656 722.27	18 188 378.86			
递延所得税资产	0.00	0.00			
资产总计	11 751 335 125.48	14 868 875 571.44	负债及所有者权益总计	11 751 335 125.48	14 868 875 571.44

21. 北京银行上海分行资产负债表

2009-12-31　　单位:人民币亿元(本外币合计)

资产	年初数	期末数	负债	年初数	期末数
流动资产			流动负债		
一、现金及银行存款	0.064 0	0.125 6	一、短期存款	27.439 9	65.888 0
二、存放中央银行	3.156 5	11.315 9	二、短期储蓄存款	0.704 3	2.729 7
三、存放同业	0.435 3	0.803 2	三、财政性存款		
四、存放联行款项	4.246 3	11.179 9	四、向中央银行借款	0.000 0	
五、拆放同业	0.000 0	0.000 0	五、同业存放	38.350 8	55.727 4
六、短期贷款	78.127 5	103.045 5	六、联行存放	0.000 0	0.000 0
其中:贴现	4.482 7	18.780 7	七、同业拆入		
七、应收账款	0.179 1	0.275 7	八、票据融资		
其中:应收利息	0.178 7	0.275 3	九、应解汇款及临时存款		
八、短期投资	0.000 0	0.000 0	十、汇出汇款		
九、委托贷款及投资	0.000 0	0.000 0	十一、委托存款		
十、买入返售证券	0.000 0	0.000 0	十二、卖出回购证券		
十一、待处理流动资产损失	0.000 0	0.000 0	十三、应付及预提款项	0.931 9	1.037 7
十二、其他流动资产	0.000 0	0.000 0			
长期资产	0.000 0	0.000 0	十五、发行短期债券		
十三、中长期贷款	30.954 8	97.072 5	十六、其他流动负债	0.000 0	0.000 4
十四、减:贷款损失准备	1.181 4	2.242 5	长期负债		
十五、长期投资	0.000 0	0.000 0	十七、长期存款	41.886 2	75.514 1
十六、固定资产净值	0.117 7	0.166 8	十八、长期储蓄存款	3.353 4	7.854 6
固定资产	0.145 5	0.228 4	十九、存放长期保证金	3.207 8	11.944 9
减:累计折旧	0.027 7	0.061 6	二十、发行长期债券		
十七、固定资产清理	0.000 0	0.000 0	二十一、其他长期负债		
十八、在建工程	0.000 0	0.000 0	所有者权益		
十九、待处理固定资产损失	0.000 0	0.000 0	二十二、实收资本	1.341 2	1.421 3
二十、减:其他资产减值准备	0.000 0	0.000 0	二十三、资本公积		
无形递延及其他资产	0.327 1	0.380 1	二十四、公积金		
法人机构拨付分行营运资金	1.341 2	1.421 3	二十五、公益金		
			二十六、未分配利润	0.552 5	1.425 8
			其中:本年利润	0.552 5	1.425 8
资产总计	117.768 2	223.543 9	负债总计	117.768 2	223.543 9

22. 浙商银行上海分行资产负债表

2009-12-31

单位：人民币元（本外币合计）

资　　产	行次	期末数	负债及所有者权益	行次	期末数
现金及存放中央银行款项	1	584 827 730. 79	向中央银行借款	22	
贵金属	2		同业及其他金融机构存放款项	23	3 996 545 676. 96
存放同业及其他金融机构款项	3	8 007 684 762. 63	拆入资金	24	1 269 977. 32
拆出资金	4		交易性金融负债	25	
交易性金融资产	5		衍生金融负债	26	
衍生金融资产	6		贴现负债	27	
买入返售金融资产	7	192 000 000. 00	吸收存款	28	12 568 683 173. 74
应收利息	8	15 323 907. 71	其中：各项存款	29	12 568 683 173. 74
发放贷款和垫款	9	8 033 664 988. 43	财政预算存款	30	
其中：贷款	10	8 031 120 505. 86	汇出汇款	31	
票据贴现	11	2 544 482. 57	卖出回购金融资产款	32	
减值准备	12		预计负债	33	
可供出售金融资产	13		应付职工薪酬	34	12 668 762. 86
持有至到期投资	14		应交税费	35	6 308 661. 04
贷款和应收款项类投资	15		应付利息	36	4 398 594. 44
长期股权投资	16		应付债券	37	
固定资产	17	142 328 270. 79	递延所得税负债	38	
无形资产	18		其他负债	39	322 869 434. 48
递延所得税资产	19		负债合计	40	16 912 744 280. 84
其他资产	20	31 069 492. 18			
			实收资本（或股本）	41	
			资本公积	42	
			其中：股本溢价	43	
			可供出售金融资产公允价值变动	44	
			盈余公积	45	
			一般风险准备	46	
			未分配利润	47	94 154 871. 69
			所有者权益合计	48	94 154 871. 69
资产总计	21	17 006 899 152. 53	负债和所有者权益总计	49	17 006 899 152. 53

23. 南京银行上海分行资产负债表

2009-12-31 单位:人民币元

项 目	年初余额	期末余额
现金及存放中央银行款项	127 328 389.89	169 731 090.23
存放同业存款	6 146 695.14	4 761 621.32
贵金属		
拆出资金		500 000 000.00
交易性金融资产		
衍生金融资产		
买入返售金融资产		
应收利息		11 461 529.50
发放贷款及垫款	3 542 722 065.34	7 705 092 893.61
可供出售金融资产		
持有至到期投资		
应收投资款项		
长期股权投资		
投资性房地产		
固定资产	121 682 083.54	124 174 162.00
无形资产	47 499.95	435 205.58
递延所得税资产		
其他资产	771 210 801.00	1 901 411 362.96
资产总计	4 569 137 534.86	10 417 067 865.20
向中央银行借款		
同业存放款项	195 761 560.68	1 591 738.45
拆入资金		
交易性金融负债		
衍生金融负债		
卖出回购金融资产款		
吸收存款	4 256 505 039.08	10 120 384 890.13
应付职工薪酬	1 076 921.82	12 384 017.01
应交税费	2 549 256.03	5 515 317.71
应付利息	9 488 080.82	32 676 531.82
预计负债		
应付债券		
递延所得税负债		
其他负债	103 756 676.43	146 197 617.88
负债合计	4 569 137 534.86	10 318 750 113.00
股东权益:		
股本		
资本公积		
盈余公积		
一般风险准备		
未分配利润		98 317 752.20
减:库存股		
股东权益合计		98 317 752.20
负债和股东权益总计	4 569 137 534.86	10 417 067 865.20

24. 平安银行上海分行资产负债表

2009-12-31

单位:人民币元

资　　产	行号	期初余额	期末余额	负债和所有者权益（或股东权益）	行号	期初余额	期末余额
现金及银行存款	1	20 334 005. 10	37 624 533. 23	吸收存款	54	11 501 123 182. 17	17 826 969 121. 63
贵金属	2			保证金存款	55	1 711 341 556. 82	3 988 194 588. 87
存放中央银行款项	3	532 675 866. 35	1 707 864 693. 78	财政性存款	56		
存放同业款项	4	57 518 660. 51	91 361 624. 20	向中央银行借款	57		
减:存放同业坏账准备	5			同业存放款项	58	10 754 909 514. 95	13 521 428 634. 66
存放联行款项	6		0	联行存放款项	59		0
拆放同业	7	300 000 000. 00	300 000 000. 00	同业拆入	60		
减:拆出资金减值准备	8			汇出汇款	61		10
发放贷款	9	16 256 956 253. 40	26 572 879 936. 69	委托存款	62		10
减:贷款减值准备	10		—64 924 127. 84	应付代理证券款项	63		
应收账款	11	37 092 903. 03	51 181 182. 42	卖出回购金融资产	64		
减:坏账准备	12			应付利息	65	91 438 715. 36	177 705 646. 67
应收股利	13			交易性金融负债	66		
其他应收款	14	5 838 456. 81	4 977 260. 45	应付债券	67		
交易性金融资产	15			衍生金融负债	68		
持有至到期投资	16			其他应付款	69	5 589 928. 58	3 039 170. 77
减:持有至到期投资减值准备	17			应付职工薪酬	70	33 872 502. 72	33 146 535. 65
可供出售金融资产	18			应付税金	71	21 378 619. 17	19 236 837. 30
减:可供出售金融资产减值准备	19			应付利润	72		
应收款项类投资	20			预提费用	73		11 311 314. 10
减:应收款项类债券资产减值准备	21			预计负债	74		
衍生金融资产	22			递延所得税负债	75		
委托贷款及委托投资	23			递延收益	76	3 403 905. 67	10 829 699. 27
代理业务	24			其他负债	77	100 000 000. 00	100 640 000. 00
买入返售金融资产	25			负债合计	78	24 223 057 925. 44	35 692 501 568. 92
减:买入返售资产减值准备	26				79		

（续表）

资　　产	行号	期初余额	期末余额	负债和所有者权益（或股东权益）	行号	期初余额	期末余额
待处理财产损溢	27			实收资本	80		
长期股权投资	28			资本公积	81		
减:投资风险准备	29			盈余公积	82		
投资性房地产原值	30			一般风险准备	83		
减:投资性房地产累计折旧	31			未分配利润	84	0.02	465 970 502.39
投资性房地产净值	32			所有者权益合计	85	0.02	465 970 502.39
减:投资性房地产减值准备	33				86		
投资性房地产清理	34				87		
固定资产原值	35	26 181 431.44	39 723 469.79		88		
减:累计折旧	36	−1 710 889.76	−7 374 107.79		89		
固定资产净值	37	24 470 541.68	32 349 362.00		90		
减:固定资产减值准备	38				91		
资产清理	39		0		92		
在建工程	40	4 231 353.32	3 399 676.56		93		
减:在建工程减值准备	41				94		
无形资产	42	3 499.93	135 650.00		95		
减:无形资产累计摊销	43		−135 650.00		96		
无形资产净值	44	3 499.93	0		97		
减:无形资产减值准备	45				98		
待摊费用	46	18 050 356.22	27 895 567.91		99		
递延所得税资产	47				100		
递延支出	48		520 000.00		101		
待处理抵债资产	49				102		
减:抵债资产跌价准备	50				103		
商誉	51				104		
其他资产	52	6 965 886 029.11	7 393 342 361.91		105		
资产合计	53	24 223 057 925.46	36 158 472 071.31	负债及所有者权益总计	106	24 223 057 925.46	36 158 472 071.31

25. 瑞穗实业银行(中国)有限公司资产负债表

2009-12-31 单位:人民币亿元

资　　产	年初数	期末数	负　　债	年初数	期末数
流动资产	332.29	343.33	流动负债	369.21	365.44
一、现金及银行存款	0.03	0.04	一、短期存款	110.29	117.37
二、存放中央银行	46.95	54.62	二、短期储蓄存款	0.80	0.70
三、存放同业	17.23	30.84	三、财政性存款	—	—
四、存放联行款项	124.57	140.68	四、向中央银行借款	—	—
五、拆放同业	4.54	10.39	五、同业存放	31.84	32.09
六、短期贷款	135.73	104.12	六、联行存放	100.36	115.06
其中:贴现	3.08	2.50	七、同业拆入	121.79	95.51
七、应收账款	1.95	0.92	八、票据融资	—	—
其中:应收利息	1.50	0.74	九、应解汇款及临时存款	—	—
八、短期投资	—	—	十、汇出汇款	—	—
九、委托贷款及投资	—	—	十一、委托存款	—	—
十、买入返售证券	—	—	十二、卖出回购证券	—	—
十一、待处理流动资产损失	—	—	十三、应付及预提款项	2.93	2.07
十二、其他流动资产	1.29	1.72	十四、存放短期保证金	—	—
长期资产	61.89	43.65	十五、发行短期债券	—	—
十三、中长期贷款	62.01	45.37	十六、其他流动负债	1.20	2.64
十四、减　贷款损失准备	2.64	2.26	长期负债	—	—
十五、长期投资	1.01	3.00	十七、长期存款	—	—
十六、固定资产净值	0.48	0.43	十八、长期储蓄存款	—	—
固定资产	0.70	0.74	十九、存放长期保证金	—	—
减:累计折旧	0.22	0.31	二十、发行长期债券	—	—
十七、固定资产清理	—	—	二十一、其他长期负债	—	—
十八、在建工程	0.03	0.65	所有者权益	24.97	22.43
十九、待处理固定资产损失	—	—	二十二、实收资本	20.94	19.94
二十、减　其他资产减值准备	—	3.54	二十三、资本公积	0.03	0.17
无形递延及其他资产	1.00	0.89	二十四、公积金	0.21	0.45
法人机构拨付分行营运资金	—	—	二十五、公益金	—	—
	—	—	二十六、未分配利润	3.79	1.87
	—	—	其中:本年利润	1.47	1.71
资产总计	394.18	387.87	负债和所有者权益总计	394.18	387.87

26. 大华银行(中国)有限公司资产负债表

2009-12-31

单位:人民币元

资 产		负 债		所有者权益	
现金及存放中央银行款项	1 505 218 151	同业及其他金融机构存放款项	55 568 814	实收资本	3 000 000 000
存放同业款项	760 963 181	拆入资金	4 430 717 354	资本公积	(6 771 343)
拆出资金	2 129 647 393	衍生金融负债	14 319 234	盈余公积	7 917 626
以公允价值计量且其变动计入当期损益的金融资产	—	吸收存款	6 640 610 530	一般风险准备	132 103 606
衍生金融资产	12 469 437	应付职工薪酬	16 262 696	未分配利润	229 909 802
应收利息	30 487 290	应交税费	27 776 021	所有者权益合计	3 363 159 691
发放贷款和垫款	9 393 993 073	应付利息	11 468 092	负债及所有者权益总计	14 578 642 428
可供出售金融资产	600 419 057	其他负债	18 759 996		
固定资产	18 130 620	负债合计	11 215 482 737		
无形资产	28 019 452				
递延所得税资产	57 908 039				
其他资产	41 386 735				
资产总计	14 578 642 428				

27. 星展银行(中国)有限公司资产负债表

2009-12-31　　单位:人民币亿元

资　　产	年初数	期末数	负　　债	年初数	期末数
流动资产	198.67	185.98	流动负债	299.24	302.08
一、现金及银行存款	0.18	0.3	一、短期存款	139.83	167.67
二、存放中央银行	39.91	34.56	二、短期储蓄存款	13.2	15.07
三、存放同业	46.14	22.01	三、财政性存款	—	—
四、存放联行款项	—	—	四、向中央银行借款	—	—
五、拆放同业	2.01	10.05	五、同业存放	18.92	2.7
六、短期贷款	95.23	101.2	六、联行存放	—	—
其中:贴现	1.28	0.04	七、同业拆入	114.96	109.27
七、应收账款	2.56	1.04	八、票据融资	—	—
其中:应收利息	2.56	1.04	九、应解汇款及临时存款	0.04	0.1
八、短期投资	7.44	14.39	十、汇出汇款	—	—
九、委托贷款及投资	—	—	十一、委托存款	—	—
十、买入返售证券	—	—	十二、卖出回购证券	—	—
十一、代处理流动资产损失	—	—	十三、应付及预提款项	5.07	4.25
十二、其他流动资产	5.2	2.43	十四、存放短期保证金	2.78	0.17
长期资产	172.17	184.19	十五、发行短期债券	—	—
十三、中长期贷款	175.03	186.51	十六、其他流动负债	4.44	2.85
十四、减　贷款损失准备	4.74	6.11	长期负债	27.47	22.83
十五、长期投资	—	—	十七、长期存款	25.06	19.19
十六、固定资产净值	0.59	0.95	十八、长期储蓄存款	2.41	3.64
固定资产	0.8	1.39	十九、存放长期保证金	—	—
减:累计折旧	0.21	0.44	二十、发行长期债券	—	—
十七、固定资产清理	—	—	二十一、其他长期负债	—	—
十八、在建工程	—	—	所有者权益	44.13	45.26
十九、待处理固定资产损失	—	—	二十二、实收资本	40	40
二十、减　其他资产减值准备	0.33	0.33	二十三、资本公积	0.23	0.23
无形递延及其他资产	1.62	3.17	二十四、公积金	0.39	0.5
法人机构拨付分行营运资金	—		二十五、公益金	—	—
			二十六、未分配利润	3.51	4.53
			其中:本年利润	3.15	1.13
资产总计	370.84	370.17	负债总计	370.84	370.17

28. 荷兰银行(中国)有限公司资产负债表

2009-12-31

单位:元

资产		年末数		年初数	
		美元	折合人民币元	美元	折合人民币元
资产					
现金及存放中央银行款项	1	483 583 794.86	3 301 184 775.56	318 680 175.91	2 175 533 956.92
存放同业及其他					
金融机构款项	2	105 779 424.08	722 103 238.46	134 377 896.49	917 357 585.99
拆出资金	3	534 280 276.76	3 647 264 309.33	1 338 430 944.65	9 137 066 529.82
以公允价值计量且其变动					
计入当期损益的金融资产	4	1 099 529 163.90	7 505 935 837.36	1 204 193 407.73	8 220 667 136.53
衍生金融资产	5	74 008 990.59	505 222 374.27	243 339 183.13	1 661 203 601.48
应收利息	6	15 413 248.94	105 218 543.87	57 064 196.59	389 560 150.87
发放贷款和垫款	7	1 169 342 192.66	7 982 514 478.21	2 076 272 564.94	14 174 089 919.06
可供出售金融资产	8	623 462 093.31	4 256 063 979.99	402 966 503.57	2 750 931 429.97
固定资产	9	7 272 253.46	49 644 038.24	8 653 880.87	59 077 448.53
递延所得税资产	10	11 491 640.20	78 447 681.82	—	—
其他资产	11	48 243 032.90	329 331 064.10	21 923 288.53	149 663 713.78
资产总计		4 172 406 111.66	28 482 930 321.21	5 805 902 042.41	39 635 151 472.95
负债					
同业及其他					
金融机构存放款项	12	42 495 608.84	290 096 273.76	32 829 188.27	224 115 019.55
拆入资金	13	192 288 732.25	1 312 659 030.73	951 289 426.61	6 494 167 528.62
以公允价值计量且其变动					
计入当期损益的金融负债	14	1 608 394 740.89	10 979 706 698.68	1 473 870 405.09	10 061 671 094.43
衍生金融负债	5	78 138 215.39	533 410 527.36	371 711 711.29	2 537 564 339.46
卖出回购金融资产款	15	29 004 614.37	198 000 000.00	733 971 025.53	5 010 600 000.00
吸收存款	16	1 457 841 740.46	9 951 956 641.29	1 439 443 473.75	9 826 648 762.21
应付职工薪酬	17	10 743 067.63	73 337 551.18	5 586 764.99	38 139 168.56
应交税费	18	28 879 260.00	197 144 268.37	(1 764 530.76)	(12 045 922.15)
应付利息	19	6 393 630.55	43 646 118.92	47 249 998.70	322 561 566.14
递延所得税负债	10	—	—	7 021 759.98	47 935 448.86
其他负债	20	74 318 204.41	507 333 222.33	100 875 740.18	688 648 415.48
负债合计		3 528 497 814.79	24 087 290 332.62	5 162 084 963.63	35 240 005 421.16
所有者权益					
实收资本	21	509 030 159.85	4 000 000 000.00	509 030 159.85	4 000 000 000.00
资本公积	22	1 788 487.79	10 138 830.90	6 516 976.52	42 417 859.21
盈余公积	23	13 308 964.72	94 264 831.69	12 826 994.04	90 972 441.78
一般风险准备	24	36 263 326.91	268 611 964.13	36 263 326.91	268 611 964.13
未分配利润	25	83 517 357.60	579 771 519.05	79 179 621.46	550 140 009.86
外币报表折算差额		—	(557 147 157.18)	—	(556 996 223.19)
所有者权益合计		643 908 296.87	4 395 639 988.59	643 817 078.78	4 395 146 051.79
负债及所有者权益总计		4 172 406 111.66	28 482 930 321.21	5 805 902 042.41	39 635 151 472.95

29. 南洋商业银行(中国)有限公司资产负债表

2009-12-31

单位:人民币亿元

资　　产	年初数(2008/12/31)	期末数(2009/12/31)	负　　债	年初数(2008/12/31)	期末数(2009/12/31)
一、现金及银行存款	0.12	0.64	一、同业及其他金融机构存放款项	0.05	19.99
二、存放中央银行	7.16	19.46	二、财政性存款		
三、存放同业	13.44	31.51	三、向中央银行借款		
四、存放联行款项			四、联行存放		
五、拆放同业	0.50	13.47	五、同业拆入	76.34	127.78
六、发放贷款和垫款	119.84	252.40	六、票据融资		
减:贷款损失准备	1.47	2.25	七、应解汇款及临时存款		0.12
七、应收利息	0.69	0.70	八、汇出汇款		
八、短期投资			九、吸收存款	36.48	111.81
九、委托贷款及投资		1.98	其中:活期存款	14.75	36.05
十、买入返售证券			定期存款	21.72	78.77
十一、待处理流动资产损失			十、卖出回购证券		
十二、其他流动资产			十一、应付及预提款项	1.13	3.80
十三、投资性房地产	0.00		十二、保证金存款	0.64	8.45
十四、固定资产净值	0.51	1.63	十三、发行短期债券		
固定资产	1.37	3.38	十四、其他流动负债		
减:累计折旧	0.86	1.75	十五、长期储蓄存款		
十五、固定资产清理			十六、发行长期债券		
十六、在建工程	0.08		十七、其他负债	0.55	0.46
十七、待处理固定资产损失			负债总计	115.20	272.41
十八、递延所得税资产	0.51	1.06	十八、实收资本	25.00	41.00
十九、其他资产	0.33	0.61	十九、资本公积		0.00
二十、法人机构拨付分行营运资金			二十、一般风险准备	1.20	2.06
二十一、长期待摊费用	0.48	0.04	二十一、公益金		
			二十二、未分配利润	0.79	7.17
			其中:本年利润	—0.50	3.08
			二十三、外币报表折算差额		—1.114 56
			所有者权益总计	26.99	49.11
资产总计	142.19	321.52	负债及所有者权益总计	142.19	321.52

30. 联合银行(中国)有限公司资产负债表

2009-12-31

单位:人民币亿元

资　　产	年初数	期末数	负　　债	年初数	期末数
流动资产			流动负债		
一、现金及银行存款			一、短期存款	1.06	0.50
二、存放中央银行	1.46	1.59	二、短期储蓄存款		0.01
三、存放同业	2.57	3.56	三、财政性存款		
四、存放联行款项	0.00	0.00	四、向中央银行借款		
五、拆放同业	2.31	1.08	五、同业存放	1.79	3.60
六、短期贷款	17.52	14.72	六、联行存放		
其中:贴现	0.11	0.00	七、同业拆入	12.68	6.77
七、应收账款	0.19	0.08	八、票据融资		
其中:应收利息	0.19	0.08	九、应解汇款及临时存款		
八、短期投资			十、汇出汇款		
九、委托贷款及投资			十一、委托存款		
十、买入返售证券			十二、卖出回购证券		
十一、待处理流动资产损失			十三、应付及预提款项	0.34	0.17
十二、其他流动资产			十四、存放短期保证金	1.39	0.84
长期资产			十五、发行短期债券		
十三、中长期贷款	6.81	3.68	十六、其他流动负债		
十四、减:贷款损失准备	0.94	1.36	长期负债		
十五、长期投资			十七、长期存款	3.29	3.03
十六、固定资产净值	0.02	0.02	十八、长期储蓄存款		
固定资产	0.06	0.06	十九、存放长期保证金		
减:累计折旧	0.04	0.04	二十、发行长期债券		
十七、固定资产清理			二十一、其他长期债券		
十八、在建工程			所有者权益		
十九、待处理固定资产损失			二十二、实收资本	10.00	10.00
二十、减:其他资产减值准备			二十三、资本公积	−0.90	−0.91
无形资产及其他资产	0.13	0.07	二十四、公积金	0.35	0.35
法人机构拨付分行营运资金	0.00	0.00	二十五、公益金		
			二十六、未分配利润	0.07	−0.91
			其中:本期利润	−0.27	−0.98
资产总计	30.07	23.44	负债总计	30.07	23.44

31. 正信银行有限公司(筹)资产负债表

2009-12-31

单位:美元

项　　目	行次	年末余额	年初余额	项　　目	行次	年末余额	年初余额
资产：	1			负债：	18		
现金及存放中央银行款项	2	155 978.27	9 865.88	向中央银行借款	19		
存放同业款项	3	120 541 022.30	185 431.20	同业及其他金融机构存放款项	20		
拆出资金	4	8 242 858.42	5 811 300.00	拆入资金	21	2 560 000.00	
交易性金融资产	5			交易性金融负债	22		
衍生金融资产	6			衍生金融负债	23		
买入返售金融资产	7			卖出回购金融资产款	24		
应收利息	8	130 272.29	100 317.29	吸收存款	25	3 726 119.62	5 255 469.45
发放贷款和垫款	9	20 359 950.00	70 223 440.50	应付职工薪酬	26	650 535.13	752 868.40
可供出售金融资产	10			应交税费	27	108 599.05	247 092.85
持有至到期投资	11			应付利息	28	35 798.04	604.97
长期股权投资	12			预计负债	29		
投资性房地产	13			应付债券	30		
固定资产	14	6 007 677.57	5 473 911.53	递延所得税负债	31		
无形资产	15			其他负债	32	1 163 777.06	18 413 174.95
递延所得税资产	16	20 296.00	20 296.00	负债合计	33	8 244 828.90	24 669 210.62
其他资产	17	365 454.13	17 486 121.04	所有者权益(或股东权益)：	34		
				实收资本	35	142 109 123.76	69 000 000.00
				资本公积	36	7 686.67	
				盈余公积	37	2 374 450.16	2 174 777.35
				一般风险准备	38		
				未分配利润	39	3 087 419.49	4 466 695.47
				外币报表折算差额	40		
				少数股东权益	41		
				所有者权益合计	42	147 578 680.08	75 641 472.82
资产总计	18	155 823 508.98	100 310 683.44	负债和所有者权益总计	42	155 823 508.98	100 310 683.44

三、金融机构人员统计

1. 中资金融机构人员结构表

单位名称	总人数	男	女	年龄				学历				职称			
				30岁以下	31—40岁	41—50岁	51岁以上	博士	硕士	本科	大专以下	高级	中级	初级	其他
交通银行	79 122	36 273	42 849	37 177	25 815	11 908	4 222	122	3 591	40 944	34 465	614	16 680	20 591	41 237
中国人民银行上海总部	595	344	251	144	195	171	85	50	188	247	110	87	334	71	
中国外汇交易中心	284	164	120	152	79	37	16	20	121	100	43	11	74	18	181
中国银联	1 305	811	494	779	423	86	17	32	503	607	163	49	114	42	0
上海黄金交易所	54	31	23	15	21	12	6	—	23	26	5	4	16	7	—
上海联合产权交易所	70	37	33	23	17	17	13	1	16	35	18	9	23	8	
国家开发银行上海分行	113	67	46	46	45	16	6	1	57	53	2	23	44	29	17
中国进出口银行上海分行	57	31	26	23	20	10	4	1	18	35	3	—	—	—	—
中国农业发展银行上海分行	285	135	150	65	43	110	67	—	17	135	133	16	99	101	69
中国工商银行上海市分行	13 186	5 146	8 040	5 190	3 306	4 102	588	17	213	5 184	7 772	118	1 721	6 191	1 680
中国农业银行上海市分行	7 733	3 700	4 033	979	2 213	3 493	1 048	9	145	2 435	5 144	75	2 068	4 735	855
中国银行上海市分行	5 072	2 284	2 788	1 583	2 073	982	434	4	298	3 303	1 467	60	1 917	1 390	1 075
中国建设银行上海市分行	7 067	3 264	3 803	2 055	2 778	1 436	798	14	285	3 979	2 789	107	3 031	2 628	1 301
交通银行上海市分行	4 325	1 986	2 339	2 101	1 310	556	358	5	228	2 314	1 778	26	1 356	863	2 080
上海浦东发展银行上海分行	3 200	1 549	1 651	1 491	1 007	548	154	6	200	1 559	1 435	15	583	615	—
上海银行	7 688	3 236	4 452	3 533	2 016	1 173	966	14	454	3 000	4 220	67	1 235	2 111	4 275
上海农村商业银行	4 817	2 378	2 439	1 608	1 264	1 473	472	8	135	1 896	2 778	24	724	2 238	1 831
中信银行上海分行	661	307	354	283	251	90	37	6	93	445	117	23	207	87	344
中国光大银行上海分行	1 293	629	664	679	352	197	65	4	88	730	471	15	229	147	902
华夏银行上海分行	626	273	353	258	190	138	40	1	21	371	233	11	196	88	331
中国民生银行上海分行	1 959	913	1 046	1 033	640	239	47	6	175	1 106	672	14	73	192	1680
招商银行上海分行	2 425	1 021	1 404	1 617	616	153	39	15	197	1340	873	16	308	319	1 782
兴业银行上海分行	801	408	393	241	392	145	23	5	96	491	209	4	233	155	409
广东发展银行上海分行															
深圳发展银行上海分行	1 296	622	674	641	450	164	41	6	116	719	455	18	266	128	884
宁波银行上海分行	418	214	204	292	95	29	2	1	42	265	110	3	61	55	—

（续表）

单位名称	总人数	男	女	年龄				学历				职称			
				30岁以下	31—40岁	41—50岁	51岁以上	博士	硕士	本科	大专以下	高级	中级	初级	其他
北京银行上海分行	184	94	90	71	81	30	2	2	20	108	54	4	50	25	105
浙商银行上海分行	270	141	129	136	101	33	—	1	35	137	97	—	—	—	—
南京银行上海分行	150	88	62	64	73	11	2	—	15	99	36	—	—	—	—
江苏银行上海分行	112	51	61	57	44	9	2	1	18	76	17	2	29	10	71
平安银行上海分行	514	248	266	367	122	24	1	2	62	284	166	—	—	—	—
杭州银行上海分行	258	126	132	167	72	16	3	—	13	159	85	3	43	18	194
中国邮政储蓄银行上海分行	2 408	1 000	1 408	888	648	569	303	—	17	410	1 981	4	78	175	2 151
上海崇明长江村镇银行股份有限公司	17	10	7	7	3	6	1	—	—	6	11	—	3	—	—
上海奉贤浦发村镇银行	24	15	9	11	7	3	3	—	3	15	6	2	5	2	—
中国工商银行票据营业部	228	106	122	55	111	57	5	2	31	171	24	21	99	59	49
中国农业银行票据营业部	65	28	37	19	26	16	4	1	17	33	14	4	41	7	1
中国银联上海分公司	37	21	16	14	13	10	—	1	10	20	6	1	12	7	17
城市商业银行资金清算中心	26	13	13	7	9	6	4	—	—	17	9	1	9	5	11
中国华融资产管理公司上海办事处	34	23	11	3	9	9	13	—	3	18	13	8	21	4	
中国长城资产管理公司上海办事处	39	30	9	7	9	11	12	1	4	20	14	6	13	3	17
中国东方资产管理公司上海办事处	35	20	15	10	13	7	5	1	20	6	8	4	9	8	—
中国信达资产管理公司上海办事处	34	25	9	9	2	12	11	—	8	21	5	2	19	1	—
上海国际信托有限公司	156	86	70	35	60	32	29	7	60	56	33	12	95	28	—
华宝信托有限责任公司	152	76	76	76	51	18	7	4	69	66	13	7	39	12	94
上海夏建信托投资有限责任公司	60	40	20	18	18	16	8	2	16	33	9	4	23	5	1
中海信托股份有限公司	71	45	26	22	32	10	7	3	43	18	7	7	18	3	43
中泰信托有限责任公司	71	42	29	19	33	16	3	4	25	23	19	7	23	3	9
安信信托投资股份有限公司	40	22	18	9	19	9	3	1	10	22	7	4	9	5	—
宝钢集团财务有限责任公司	51	28	23	16	17	14	4	2	21	23	5	6	27	6	12
上海汽车集团财务有限责任公司	203	138	65	124	53	14	12	2	30	142	29	3	46	19	135
上海电气集团财务有限责任公司	66	40	26	28	27	6	5	1	23	36	6	1	15	5	45
东航集团财务有限责任公司	36	12	24	8	17	8	3	—	6	22	8	—	14	3	19
中国电力财务有限公司华东分公司	102	58	44	42	35	16	9	1	30	55	16	18	51	6	27
上海浦东发展集团财务有限责任公司	43	24	19	15	19	6	3	2	9	24	8	—	21	3	19
锦江国际集团财务有限责任公司	22	16	6	5	6	3	8	—	2	11	9	2	9	3	8
中国石化财务有限责任公司上海分公司	23	14	9	11	8	3	1	—	2	17	4	1	11	4	—
中船财务有限责任公司	18	9	9	3	5	6	4	—	5	13	—	10	4	4	—
上海国利货币经纪有限公司	73	36	37	49	10	10	4	1	14	43	15	—	11	1	61
上海远东资信评估有限公司	59	28	31	27	21	5	6	4	17	24	14	1	7	6	—
华杰资信评级有限责任公司	57	30	27	25	15	4	13	2	8	31	16	6	9	—	—
上海全国咨询服务有限公司	28	18	10	8	6	5	9	—	2	18	8	6	8	8	6
招商银行信用卡中心	5 555	1 522	4 033	4 890	607	56	2	3	204	4 065	1 283				
中诚信证券评估有限公司	88	37	51	60	24	2	2	—	45	28	15	—	11	—	—

2. 外资金融机构人员结构表

单位名称	总人数	男	女	年龄				学历				职称			
				30 岁以下	31—40 岁	41—50 岁	51 岁以上	博士	硕士	本科	大专以下	高级	中级	初级	其他
瑞穗实业银行(中国)有限公司	1 171	385	786	736	318	93	24	—	184	804	183	—	—	—	—
三菱东京日联银行(中国)有限公司	1 808	579	1 229	1 126	514	133	35	1	207	1 308	292	—	—	—	—
恒生银行(中国)有限公司(总部在沪员工)	312	118	194	165	111	27	9	1	81	189	41	—	—	—	—
汇丰银行(中国)有限公司	5 234	1 486	3 748	3 780	1 225	180	49	8	1 266	3 253	707	—	—	—	—
大华银行(中国)有限公司	459	150	309	261	158	27	13	—	89	321	49	—	—	—	—
星展银行(中国)有限公司	877	321	556	490	324	51	12	3	201	508	165	—	—	—	—
南洋商业银行(中国)有限公司	823	342	481	416	270	116	21	1	131	484	207	—	—	—	—
联合银行(中国)有限公司	81	38	43	26	43	6	6	—	24	43	14	—	—	—	—
渣打银行(中国)有限公司	4 968	1 663	3 305	3 175	1 504	233	56	—	849	3 522	5 97	—	—	—	—
荷兰银行(中国)有限公司	1 030	683	347	668	328	30	4	2	173	646	209	—	—	—	—
东方汇理银行(中国)有限公司	102	40	62	50	37	11	4	2	26	56	18	—	—	—	—
华一银行	408	173	235	227	130	34	17	1	65	235	107	—	15	113	—
正大国际财务有限公司/正信银行有限公司	40	26	14	7	12	7	14	1	11	15	13	7	15	4	—
日本三井住友银行(中国)有限公司上海总行	440	109	331	326	102	11	1	1	61	271	107	—	—	—	—
日本住友信托银行股份有限公司上海分行	77	21	56	48	21	8	—	1	9	53	14	—	—	—	—
恒生银行(中国)有限公司上海分行	235	70	165	182	48	4	1	—	27	136	72	—	—	—	—
永亨银行(中国)有限公司上海分行	48	18	30	29	15	4	—	—	7	26	15	—	—	5	—
韩国产业银行上海分行	36	13	23	23	7	5	1	1	4	27	4	—	—	4	—
韩亚银行(中国)有限公司上海分行	38	15	23	24	9	5	—	—	6	28	4	—	—	—	—
韩国外换银行上海分行	24	6	18	16	3	5	—	—	—	23	1	—	1	—	—
新韩银行(中国)有限公司上海分行	58	27	31	41	7	9	1	—	7	45	6	2	2	9	—
友利银行(中国)有限公司上海分行	69	17	52	54	6	7	2	—	5	59	5	—	—	—	—
泰国盘谷银行(大众有限公司)上海分行	214	86	128	116	63	26	9	—	52	118	44	—	6	—	—
印度国家银行上海分行	27	10	17	19	5	2	1	—	3	19	5	—	—	—	—
首都银行(中国)有限公司上海分行	35	14	21	15	15	3	2	—	4	26	5	—	—	—	—
马来西亚马来亚银行有限公司上海分行	28	11	17	14	9	3	2	—	3	18	7	3	10	12	3
比利时联合银行上海分行	54	23	31	23	24	5	2	—	15	37	2	—	—	—	—
德国北德意志州银行上海分行	24	9	15	11	11	2	—	1	4	16	3	—	1	3	20
德国商业银行股份有限公司上海分行	92	36	56	33	41	15	3	—	22	57	13	—	—	—	—
法国外贸银行(中国)有限公司	36	12	24	15	19	2	—	—	10	21	5	—	—	—	—
荷兰安智银行股份有限公司上海分行	52	18	34	20	21	11	—	—	23	27	2	—	—	—	—
挪威银行公共有限公司上海分行	16	6	10	9	6	—	1	—	5	6	5	—	—	—	—
瑞典北欧斯安银行有限公司上海分行	22	7	15	7	14	1	—	—	2	18	2	—	—	—	—
瑞典银行有限公司上海分行	16	6	10	3	12	1	0	—	3	12	1	—	—	—	—
瑞典商业银行公共有限公司上海分行	17	4	13	7	8	2	—	—	4	11	2	—	—	—	—
瑞士信贷银行股份有限公司上海分行	35	13	22	10	18	5	2	1	13	14	7	—	—	—	—
意大利联合圣保罗银行股份有限公司上海分行	24	9	15	10	10	3	1	1	5	15	3	—	4	—	—
意大利裕信银行股份有限公司上海分行	28	12	16	19	6	3	—	—	3	19	6	—	—	—	—
英国巴克莱银行有限公司上海分行	24	7	17	11	12	—	1	—	7	17	—	—	—	—	—
加拿大丰业银行有限公司上海分行	18	4	14	7	9	2	—	—	5	9	4	1	3	1	—
美国银行有限公司上海分行	112	46	66	48	51	12	1	1	22	57	32	—	—	—	—
美国纽约梅隆银行上海分行	109	37	72	70	30	7	2	—	12	83	14	—	—	—	—
宁波国际银行上海分行	23	11	12	16	3	1	3	—	3	17	3	—	—	3	20
厦门国际银行上海分行	124	68	56	96	25	3	—	1	30	64	29	—	—	—	—

四、证 券 统 计

1. 上海证券市场总貌

	2009 年	2008 年	2007 年
交易天数	244	246	242
上市公司总数	870	864	860
新上市公司数	9	6	25
上市证券总数	1 351	1 184	1 125
股票	914	908	904
A 股	860	854	850
B 股	54	54	54
债券	411	246	198
国债	160	77	62
企业债、公司债	183	100	70
可转债	9	12	12
债券回购	59	57	54
基金	18	16	17
封闭式	13	13	14
ETF	5	3	3
权证	8	14	6
发行数量			
股票(亿股)	16 659.96	15 410.39	14 173.10
基金(亿份)	536.58	452.32	367.90
集资总额(亿元)			
A 股	3 343.15	2 236.85	6 701.33
B 股	0.00(USD)	0.00(USD)	0.00(USD)
股票流通数量(亿股)	11 578.56	4 916.04	3 399.30
股票市价总值(亿元)	184 655.23	97 251.91	269 838.87
股票流通市值(亿元)	114 805.00	32 305.91	64 532.17
解禁的存量限售股份(亿股)	7 390.44	1 373.90	564.51
年度解禁限售股份(亿股)	6 290.04	1 078.13	688.16
卖出的已解禁限售股份(亿股)	273.5	268.74	190.59
成交金额(亿元)	441 874.67	271 842.02	380 025.56
股票	346 511.91	180 429.95	305 434.29
A 股	345 443.26	179 762.44	301 960.29
B 股	1 068.65	667.51	3 473.99
债券	39 806.34	28 090.63	20 399.37
国债	2 055.50	2 075.90	1 262.20
企业债、公司债	1 403.26	1 406.38	316.42
可转债	418.32	301.59	211.83
债券回购	35 929.25	24 306.77	18 608.93
基金	6 549.06	3 700.23	4 298.24

（续表）

	2009 年	2008 年	2007 年
封闭式	790.29	961.16	3 100.51
ETF	5 758.76	2 739.07	1 197.74
权证	49 007.36	59 621.21	49 893.66
平均市盈率(%)	28.73	14.85	59.24
A 股	28.78	14.86	59.24
B 股	21.58	11.70	59.30
股价指数 Index			
上证综合指数	3 277.14	1 820.81	5 261.56
上证 180 指数	7 762.92	4 048.00	12 024.60
上证 50 指数	2 553.80	1 384.91	4 226.76
会员公司数	107	109	142
营业部数	3 702	3 098	3 072
席位数	5 511	4 976	4 939
投资者(万户)	8 965.43	7 972.87	7 130.54
A 股总户数(万户)	7 255.03	6 395.46	5 673.18
B 股总户数(万户)	150.34	147.14	143.83
投资者新开户数(万户)	992.57	842.32	3 029.07
WFE 排名			
总市值排名	6	6	6
总筹资额排名	6	5	3
总成交金额排名	3	7	7

2. 上证综合指数历年数据

年 份	开 盘	最 高	日 期	最 低	日 期	收 盘
1992	293.74	1 429.01	05/26	292.76	01/02	780.39
1993	802.14	1 558.95	02/16	750.46	12/20	833.80
1994	837.70	1 052.94	09/13	325.89	07/29	647.87
1995	637.72	926.41	05/22	524.43	02/07	555.29
1996	550.26	1 258.69	12/11	512.83	01/19	917.02
1997	914.06	1 510.18	05/12	870.18	02/20	1 194.10
1998	1 200.95	1 422.98	06/04	1 043.02	08/18	1 146.70
1999	1 144.89	1 756.18	06/30	1 047.83	05/17	1 366.58
2000	1 368.69	2 125.72	11/23	1 361.21	01/04	2 073.48
2001	2 077.08	2 245.44	06/14	1 514.86	10/22	1 645.97
2002	1 643.49	1 748.89	06/25	1 339.20	01/29	1 357.65
2003	1 347.43	1 649.60	04/16	1 307.40	11/13	1 497.04
2004	1 492.72	1 783.01	04/07	1 259.43	09/13	1 266.50
2005	1 260.78	1 328.53	02/25	998.23	06/06	1 161.06
2006	1 163.88	2 698.90	12/29	1 161.91	01/04	2 675.47
2007	2 728.19	6 124.04	10/16	2 541.53	02/06	5 261.56
2008	5 265.00	5 522.78	01/14	1 664.93	10/28	1 820.81
2009	1 849.02	3 478.01	08/04	1 844.09	01/05	3 277.14

3. 2009年股价指数变动

	上年收盘	本年开盘	本年最高	本年最低	本年收盘	增 减	增 减(%)
上证综合指数	1 820.81	1 849.02	3 478.01 (08/04)	1 844.09	3 277.14 (01/05)	1 456.33	79.98
上证180指数	4 048.00	4 122.80	8 456.56 (08/04)	4 098.26	7 762.92 (01/05)	3 714.93	91.77
上证50指数	1 384.91	1 411.08	2 849.41 (08/04)	1 402.05	2 553.80 (01/05)	1 168.89	84.40
上证红利指数	1 448.16	1 471.37	3 109.08 (08/04)	1 464.43	2 814.22 (01/05)	1 366.05	94.33
上证A股指数	1 911.79	1 941.45	3 651.20 (08/04)	1 936.24	3 437.46 (01/05)	1 525.67	79.80
上证B股指数	110.92	112.21	267.76 (11/16)	112.21	252.41 (01/05)	141.49	127.56
上证基金指数	2 512.49	2 541.64	4 813.13 (11/24)	2 528.83	4 765.75 (01/05)	2 253.25	89.68
上证国债指数	121.30	121.35	122.99 (11/25)	119.62	122.35 (02/10)	1.05	0.87
上证企业债指数	132.64	132.69	134.70 (06/01)	130.91	133.55 (08/13)	0.90	0.68

4. 股票投资者历年开户累计

单位:万户

年 份	开户总数			A股开户总数			B股开户总数		
	总 数	自然人	机 构	总 数	自然人	机 构	总 数	自然人	机 构
1992	111.2	110.5	0.7	111.2	110.2	0.7	0.0	0.0	0.0
1993	423.5	421.9	1.6	422.5	421.1	1.4	1.0	0.8	0.2
1994	574.9	572.6	2.3	573.0	571.0	2.0	1.9	1.6	0.3
1995	685.2	682.3	2.9	682.5	680.0	2.5	2.7	2.3	0.4
1996	1 207.9	1 204.1	3.8	1 203.3	1 200.0	3.3	4.6	4.1	0.5
1997	1 713.3	1 708.1	5.2	1 706.8	1 702.2	4.6	6.5	5.9	0.6
1998	1 999.4	1 993.1	6.3	1 991.6	1 986.1	5.6	7.8	7.1	0.7
1999	2 281.1	2 272.8	8.3	2 272.2	2 264.7	7.6	8.9	8.1	0.8
2000	2 957.8	2 944.9	13.0	2 943.3	2 931.2	12.1	14.5	13.7	0.8
2001	3 419.8	3 403.1	16.8	3 326.9	3 311.1	15.9	92.9	92.0	0.9
2002	3 556.0	3 536.9	19.1	3 459.5	3 441.4	18.1	96.4	95.5	1.0
2003	3 632.1	3 612.1	20.0	3 534.0	3 515.1	19.0	98.1	97.1	1.0
2004	3 703.1	3 682.4	20.7	3 603.7	3 584.2	19.5	99.4	98.2	1.1
2005	3 747.9	3 726.6	21.3	3 648.1	3 628.0	20.1	99.9	98.6	1.2
2006	3 901.5	3 878.8	22.8	3 799.9	3 778.5	21.4	101.6	100.3	1.3
2007	5 817.0	5 788.2	28.8	5 673.2	5 645.9	27.3	143.8	142.4	1.5
2008	6 542.6	6 510.9	31.7	6 395.5	6 365.4	30.1	147.1	145.5	1.6
2009	7 405.4	7 370.3	35.1	7 255.0	7 221.6	33.4	150.3	148.6	1.7

5. 股票市场概貌

股票市场交易	2009 年	2008 年	增减(%)
交易天数	244	246	－0.81
上市股票数	914	908	0.66
A 股	860	854	0.70
B 股	54	54	0.00
新上市股票数	9	6	50.00
股票市价总值(亿元)	184 655.23	97 251.91	89.87
A 股	183 799.87	96 875.31	89.73
B 股	855.35	376.59	127.13
股票流通市值(亿元)	114 805.00	32 305.91	255.37
A 股	113 949.64	31 929.32	256.88
B 股	855.35	376.59	127.13
总成交金额(亿元)	346 511.91	180 429.95	92.05
A 股	345 443.26	179 762.44	92.17
B 股	1 068.65	667.51	60.10
日均成交金额(亿元)	1 420.13	733.46	93.62
A 股	1 415.75	730.74	93.74
B 股	4.38	2.71	61.62
总成交量(亿股)	33 679.64	16 311.60	106.48
A 股	33 476.72	16 207.24	106.55
B 股	202.92	104.36	94.44
日均成交量(亿股)	138.03	66.31	108.16
A 股	137.20	65.88	108.26
B 股	0.83	0.42	97.62
总成笔数(百万)	2 142.61	1 278.84	67.54
A 股	2 133.03	1 272.61	67.61
B 股	9.58	6.23	53.77
日均成交笔数(百万)	8.78	5.20	68.85
A 股	8.74	5.17	69.05
B 股	0.04	0.03	33.33
大宗交易成交			
总成交金额(亿元)	429.98	275.01	56.35
总成交量(亿股)	42.59	28.56	49.12
总成交笔数(笔)	1 493.00	781.00	91.17
股票换手率(%)	504.37	392.52	28.50
A 股	511.46	401.60	27.36
B 股	165.79	87.88	88.66
股票平均价格(元)	11.08	6.31	75.59
A 股	11.11	6.34	75.24
B 股	6.92	3.11	122.51
股票市盈率(%)	28.73	14.85	93.47
A 股	28.78	14.86	93.67
B 股	21.58	11.70	84.44

6. 债券市场概貌

债券市场交易	2009 年	2008 年	增减(%)
交易天数	244	246	−0.81
上市债券数	411	246	67.07
国债	160	77	107.79
企业债、公司债	183	100	83.00
可转债	9	12	−25.00
债券回购	59	57	3.51
新上市债券数	203	59	244.07
总成交金额(亿元)	39 806.34	28 090.63	41.71
国债	2 055.50	2 075.90	−0.98
企业债、公司债	1 403.26	1 406.38	−0.22
可转债	418.32	301.59	38.70
债券回购	35 929.25	24 306.77	47.82
日均成交金额(百万元)	16 314.08	11 418.96	42.87
国债	842.42	843.86	−0.17
企业债、公司债	575.11	571.70	0.60
可转债	171.44	122.60	39.84
债券回购	14 725.10	9 880.80	49.03
总成交量(百万张)	39 797.13	28 378.00	40.24
国债	2 025.94	2 079.20	−2.56
企业债、公司债	1 531.18	1 727.98	−11.39
可转债	310.75	264.05	17.69
债券回购	35 929.25	24 306.77	47.82
日均成交量(百万张)	163.10	115.36	41.38
国债	8.30	8.45	−1.78
企业债、公司债	6.28	7.02	−10.54
可转债	1.27	1.07	18.69
债券回购	147.25	98.81	49.02
总成笔数(百万笔)	317.19	315.96	0.39
国债	36.00	39.67	−9.25
企业债、公司债	131.50	160.15	−17.89
可转债	47.34	56.55	−16.29
债券回购	102.36	59.60	71.75
日均成交笔数(万笔)	1.30	1.28	1.56
国债	0.15	0.16	−6.25
企业债、公司债	0.54	0.65	−16.92
可转债	0.19	0.23	−17.39
债券回购	0.42	0.24	75.00
债券发行(亿元)	35 797.01	25 308.70	41.44
国债	31 846.25	22 652.85	40.58
企业债、公司债	3 859.95	2 463.55	56.68
可转债	90.81	192.30	−52.78
大宗交易成交			
总成交金额(亿元)	145.87	215.53	−32.51
总成交量(百万张)	154.34	265.64	−42.05
总成交笔数(笔)	318	200.	58

7. 基金市场概貌

基金市场交易	2009 年	2008 年	增减(%)
交易天数	244	246	−0.81
上市基金数	18	16	12.50
封闭式基金	13	13	0.00
ETFs	5	3	66.67
新上市基金数	2	0	—
发行额(亿份)	793.68	734.45	8.06
封闭式基金	651.54	651.54	0.00
ETFs	142.14	82.91	71.44
总成交金额(亿元)	6 549.06	3 700.23	76.99
封闭式基金	790.29	961.16	−17.78
ETFs	5 758.76	2 739.07	110.25
日均成交金额(亿元)	26.84	15.04	78.46
封闭式基金	3.24	3.91	−17.14
ETFs	23.60	11.13	112.04
总成交量(亿份)	3 690.94	2 001.43	84.42
封闭式基金	824.15	750.15	9.86
ETFs	2 866.79	1 251.28	129.11
日均成交量(百万份)	1 512.68	813.59	85.93
封闭式基金	337.77	304.94	10.77
ETFs	1 174.91	508.65	130.99
总成笔数(万)	1 483.08	1 635.29	−9.31
封闭式基金	525.10	734.26	−28.49
ETFs	957.98	901.03	6.32
日均成交笔数(万)	6.08	6.65	−8.57
封闭式基金	2.15	2.98	−27.85
ETFs	3.93	3.66	7.38
大宗交易成交			
总成交金额(亿元)	0.11	2.97	−96.30
总成交量(百万份)	0.10	2.34	−95.73
总成交笔数(笔)	3.00	8.00	−62.50

8. 权证市场概貌

权证市场交易	2009 年	2008 年	增减(%)
交易天数	244	246	−0.81
上市权证数	8	14	−42.86
认沽	0	0	0.00
认购	8	14	−42.86
新上市权证数	1	11	−90.91
流通数量(亿份)	79.76	89.07	−10.45

（续表）

权证市场交易	2009 年	2008 年	增减(%)
认沽	0.00	0.00	0.00
认购	79.76	89.07	−10.45
总成交金额(亿元)	49 007.36	59 621.21	−17.80
认沽	0.00	13 303.80	−100.00
认购	49 007.36	46 317.41	5.81
日均成交金额(百万元)	20 084.99	24 236.26	−17.13
认沽	0.00	11 370.77	0.00
认购	20 084.99	18 828.22	6.67
总成交量(亿份)	17 820.71	43 769.93	−59.29
认沽	0.00	23 733.02	−100.00
认购	17 820.71	20 036.90	−11.06
日均成交量(亿份)	73.04	177.93	−58.95
认沽	0.00	202.85	0.00
认购	73.04	81.45	−10.33
总成笔数(亿笔)	1.53	2.22	−31.08
认沽	0.00	0.53	−100.00
认购	1.53	1.69	−9.47
日均成交笔数(百万)	0.63	0.90	−30.00
认沽	0.00	0.45	0.00
认购	0.63	0.69	−8.70
流通换手率	21 686.04	35 880.00	−39.56
大宗交易成交			
总成交金额(亿元)	0.00	0.00	0.00
总成交量(百万份)	0.00	0.00	0.00
总成交笔数(笔)	0.00	0.00	0.00

9. 市 场 筹 资

证券类型		筹资方式	筹资额(亿元)	
			2009 年	2008 年
A 股	首次发行	公开发行	1 251.25	733.54
		超额配售	0.00	0.00
		A 股首次发行小计	1 251.25	733.54
	再次发行	向公众增发	80.32	272.04
		定向增发	1 921.86	1 059.82
		配股	59.33	142.00
		权证行权	30.40	30.76
		A 股再次发行小计	2 091.91	1 504.62
		A 股筹资合计	3 343.15	2 238.16

（续表）

证券类型		筹资方式	筹资额(亿元)	
			2009 年	2008 年
B股		B股筹资小计	0.00	0.00
		股票筹资合计	3 343.15	2 238.16
债券		可转换债券	39.11	61.00
		可分离债	30.00	655.85
		公司债	455.60	339.90
		债券筹资额合计	524.71	1 056.75
		市场筹资合计	3 867.86	3 294.91

10. 上海证券交易所会员公司概貌

会 员 公 司	2009 年	2008 年	增减(%)
会员公司数量	107	109	−1.83
席位数量	5 503	4 976	10.59
A股	5 305	4 774	11.12
B股	198	202	−1.98
B股证券商	102	106	−3.77
境内	62	65	−4.62
境外	40	41	−2.44
会员公司交易金额(亿元)			
合计	883 767.23	544 575.08	62.20
股票	693 023.81	360 859.16	92.05
A股	690 886.52	359 524.14	92.17
B股	2 137.29	1 335.02	60.09
基金	13 098.12	7 400.46	76.99
国债现货	4 326.48	4 543.85	−4.78
企业债、公司债现货	1 604.83	2 816.14	−43.02
债券回购	70 951.73	48 537.30	46.18
可转债	836.65	603.18	38.71
权证	98 014.73	119 242.42	−17.80

五、保 险 统 计

1. 上海市保险业务情况综合表(2009 年)

全 部 保 费	保费收入(百万元)	67 298.09
	同比增长(%)	11.41
财产保险业务 (不包括意外险、健康险业务)	保费收入(百万元)	15 836.75
	同比增长(%)	16.85
人身保险业务 (包括产险中意外险、健康险业务)	保费收入(百万元)	51 461.34
	同比增长(%)	9.84
保险密度(元)	全部业务	4 878.83
	财产保险	1 148.10
	人身保险	3 730.73
保险深度(%)	全部业务	4.52
	财产保险	1.06
	人身保险	3.45
保险金额(万亿元)	财产保险	72.35
	人身保险	12.27
	合 计	84.62

2. 上海市人寿保险公司

保险机构	保费收入															
	合计	个人业务							团体业务							其中新单保费
		人寿保险					意外伤害险	健康险	人寿保险					意外伤害险	健康险	
		小计	普通寿险	分红寿险	投资连接保险	万能保险			小计	普通寿险	分红寿险	投资连接保险	万能保险			
中国人寿保险股份有限公司上海市分公司	8 858.13	4 599.67	514.16	4 020.06	0.00	65.45	188.45	116.47	3 343.58	2.07	3 341.51	0.00	0.00	64.25	545.71	7 418.30
中国太平洋人寿保险股份有限公司上海分公司	3 669.10	1 477.89	262.38	1 195.58	0.00	19.93	16.49	2.70	2 101.30	21.24	2 078.08	0.00	1.98	36.01	34.71	3 214.98
中国平安人寿保险股份有限公司上海分公司	11 905.91	10 412.56	1 403.93	3 168.78	1 118.08	4 721.77	26.12	923.91	151.44	23.30	128.14	0.00	0.00	133.82	258.06	4 545.01
泰康人寿保险股份有限公司上海分公司	4 339.43	3 863.20	8.42	3 318.83	449.70	86.25	0.99	11.29	294.03	37.10	253.16	0.00	3.77	36.33	133.59	4 201.34
新华人寿保险股份有限公司上海分公司	4 640.36	4 318.66	7.77	4 147.81	0.00	163.08	0.27	38.03	231.04	1.93	229.11	0.00	0.00	15.77	36.59	3 910.02
太平人寿保险有限公司上海分公司	860.83	472.21	10.22	333.88	1.23	126.88	3.33	24.08	195.26	14.23	181.08	−0.05	0.00	16.51	149.44	660.87
生命人寿保险股份有限公司上海分公司	726.08	636.24	0.04	485.50	0.00	150.70	0.50	2.03	82.23	0.04	81.48	0.00	0.71	0.62	4.46	700.23
民生人寿保险股份有限公司上海分公司	23.98	19.16	0.11	19.05	0.00	0.00	0.12	4.27	0.00	0.00	0.00	0.00	0.00	0.43	0.00	12.56
合众人寿保险股份有限公司上海分公司	423.20	369.52	0.05	269.32	0.00	100.15	0.55	5.93	30.93	3.63	27.30	0.00	0.00	4.74	11.53	298.68
中国人民健康保险股份有限公司上海分公司	276.33	21.74	0.00	0.00	0.00	21.74	0.37	60.55	0.00	0.00	0.00	0.00	0.00	7.98	185.69	185.69
和谐健康保险股份有限公司上海分公司	7.28	0.00	0.00	0.00	0.00	0.00	0.25	4.45	0.00	0.00	0.00	0.00	0.00	0.99	1.59	0.00
汇丰人寿保险有限公司	20.06	19.34	0.33	19.01	0.00	0.00	0.00	0.72	0.00	0.00	0.00	0.00	0.00	0.00	0.00	20.06
平安健康保险股份有限公司上海分公司	26.98	0.00	0.00	0.00	0.00	0.00	0.00	0.31	0.00	0.00	0.00	0.00	0.00	0.05	26.62	26.98
美国友邦保险有限公司上海分公司	2 367.38	1 837.17	995.51	740.00	27.37	74.29	93.31	263.35	69.75	13.00	0.00	18.75	38.00	18.95	84.85	468.60
中宏人寿保险有限公司上海分公司	977.56	829.64	63.24	747.49	18.75	0.16	12.69	124.87	0.95	0.95	0.00	0.00	0.00	2.99	6.42	123.21
太平洋安泰人寿保险有限公司	577.63	416.95	298.63	114.70	1.14	2.48	14.97	130.82	0.61	0.61	0.00	0.00	0.00	6.82	7.46	77.83
中德安联人寿保险有限公司上海分公司	418.21	361.56	19.42	155.31	124.48	62.35	5.50	19.07	25.96	0.71	0.00	0.00	25.25	1.72	4.40	303.37
金盛人寿保险有限公司	400.18	322.20	28.71	139.14	154.35	0.00	4.42	28.56	4.04	3.98	0.06	0.00	0.00	5.78	35.18	249.79

业务统计表(2009 年)

单位:人民币百万元

有效保单件数(万件)	赔款支出									退保金
	合计	个人业务				团体业务				
		赔款支出	死伤医疗给付	满期给付	年金给付	赔款支出	死伤医疗给付	满期给付	年金给付	
207.75	2 589.76	110.05	41.23	1 828.36	97.51	177.27	335.34	0.00	230.57	1 118.52
486.20	616.20	5.39	19.25	355.43	55.36	32.48	4.44	138.76	5.09	723.39
402.31	1 915.46	75.19	162.95	717.42	472.67	312.79	2.48	0.11	171.85	1 423.35
8.02	140.89	0.74	7.96	75.68	5.19	40.25	1.25	0.00	9.82	2 009.95
0.14	56.71	1.95	17.91	8.94	7.35	18.79	0.64	0.76	0.37	798.24
20.08	419.87	1.60	8.22	319.94	12.27	56.37	1.39	20.08	3.94	364.26
14.47	79.46	0.05	2.66	74.24	0.00	1.75	0.01	0.00	0.75	191.66
4.30	1.31	0.11	0.65	0.00	0.52	0.03	0.00	0.00	0.00	27.99
7.51	18.21	0.26	2.43	0.00	6.12	9.15	0.03	0.22	0.00	62.22
1.70	162.61	0.43	2.60	36.72	0.00	73.38	0.00	49.48	0.00	47.30
0.27	3.38	0.25	0.06	0.00	0.00	2.42	0.00	0.65	0.00	2.48
0.10	0.00	0.00	0.00	0.00	0.00	0.00	0.00	0.00	0.00	0.00
3.55	12.06	0.20	0.02	0.00	0.00	11.84	0.00	0.00	0.00	0.01
122.21	428.17	83.97	49.48	36.20	202.60	54.22	1.70	0.00	0.00	255.76
29.71	92.54	24.24	11.87	7.53	44.96	3.65	0.29	0.00	0.00	47.77
34.38	200.57	11.53	19.62	84.64	80.88	3.86	0.00	0.00	0.04	19.75
8.07	210.60	3.84	2.92	199.92	2.41	1.17	0.09	0.25	0.00	102.62
1.10	45.78	4.81	3.98	0.10	25.62	11.26	0.01	0.00	0.00	18.84

保险机构	保费收入															
	合计	个人业务							团体业务							其中新单保费
		人寿保险					意外伤害险	健康险	人寿保险					意外伤害险	健康险	
		小计	普通寿险	分红寿险	投资连接保险	万能保险			小计	普通寿险	分红寿险	投资连接保险	万能保险			
交银康联人寿保险有限公司	84.02	75.02	5.65	69.01	0.00	0.36	0.76	7.73	0.01	0.01	0.00	0.00	0.00	0.47	0.03	30.44
天安人寿保险股份有限公司	325.91	303.03	17.19	285.80	0.00	0.04	1.32	9.33	0.02	0.02	0.00	0.00	0.00	11.99	0.22	282.26
海尔纽约人寿保险有限公司	120.89	102.26	9.12	68.05	3.13	21.96	2.07	16.56	0.00	0.00	0.00	0.00	0.00	0.00	0.00	43.58
海康人寿保险有限公司	139.65	125.55	31.73	61.36	1.01	31.45	4.10	8.87	0.13	0.13	0.00	0.00	0.00	0.13	0.87	86.82
长生人寿保险有限公司	35.08	14.37	0.78	13.35	0.01	0.23	0.33	2.18	2.26	2.26	0.00	0.00	0.00	1.95	13.99	26.73
国泰人寿保险有限责任公司上海运营部	313.65	224.29	5.84	18.30	29.77	170.38	0.81	7.29	56.70	0.00	0.00	0.00	56.70	7.24	17.32	296.44
正德人寿保险股份有限公司上海分公司	347.96	347.96	0.32	61.33	0.00	286.31	0.00	0.00	0.00	0.00	0.00	0.00	0.00	0.00	0.00	347.59
信诚人寿保险有限公司上海分公司	415.60	383.89	4.27	179.42	195.74	4.46	0.94	7.62	20.40	0.09	0.00	0.00	20.31	0.83	1.92	380.76
联泰大都会人寿保险股份有限公司	769.52	738.07	252.70	85.27	393.98	6.12	4.61	26.84	0.00	0.00	0.00	0.00	0.00	0.00	0.00	456.24
中意人寿保险有限公司上海分公司	440.45	285.15	1.03	278.92	4.94	0.26	0.09	0.45	67.78	11.11	0.00	12.87	43.80	11.63	75.35	154.76
瑞泰人寿保险有限公司上海分公司	239.32	239.03	0.00	0.00	238.62	0.41	0.02	0.07	0.20	0.00	0.00	0.20	0.00	0.00	0.00	0.00
招商信诺人寿保险有限公司上海分公司	191.89	59.78	25.17	4.41	30.20	0.00	61.70	70.25	0.00	0.00	0.00	0.00	0.00	0.00	0.16	134.34
中国人民人寿保险股份有限公司上海市分公司	689.07	546.62	0.31	512.15	0.00	34.16	0.05	0.65	127.26	0.22	113.39	0.00	13.65	1.87	12.62	141.75
国华人寿保险股份有限公司上海分公司	1 330.19	1 321.85	0.00	1 303.08	0.00	18.77	0.12	0.40	1.66	0.47	1.19	0.00	0.00	1.34	4.82	1 322.83
中国人寿养老保险股份有限公司上海市分公司	1 340.90	0.00	0.00	0.00	0.00	0.00	0.00	0.00	1 340.90	1 340.90	0.00	0.00	0.00	0.00	0.00	0.00
平安养老保险股份有限公司上海分公司	561.30	0.00	0.00	0.00	0.00	0.00	0.00	0.00	416.14	30.95	385.19	0.00	0.00	54.90	90.26	561.30
英大泰和人寿保险股份有限公司上海分公司	764.75	668.15	0.00	160.51	0.00	507.64	0.05	0.39	3.77	0.05	0.72	0.00	3.00	4.87	87.52	752.81
华泰人寿保险股份有限公司上海分公司	1 466.56	1 466.39	0.00	927.75	445.39	93.25	0.03	0.00	0.02	0.02	0.00	0.00	0.00	0.02	0.10	1 466.56
光大永明人寿保险有限公司上海分公司	166.62	150.20	10.78	86.74	36.97	15.71	0.01	1.61	1.99	1.19	0.00	0.00	0.80	1.48	11.33	164.22
幸福人寿保险股份有限公司上海分公司	467.32	455.90	0.00	346.33	0.00	109.57	0.07	0.50	8.19	0.15	6.92	0.00	1.12	1.10	1.56	465.31
总计	50 729.28	37 485.22	3 977.81	23 336.24	3 274.86	6 896.31	445.41	1 922.15	8 578.55	1 510.36	6 827.33	31.77	209.09	453.58	1 844.37	33 532.26

（续表）

有效保单件数（万件）	赔款支出									退保金
	合计	个人业务				团体业务				
		赔款支出	死伤医疗给付	满期给付	年金给付	赔款支出	死伤医疗给付	满期给付	年金给付	
4.91	25.50	0.43	2.37	21.92	0.77	0.01	0.00	0.00	0.00	21.99
5.40	18.67	0.66	3.34	10.43	3.74	0.50	0.00	0.00	0.00	8.25
2.86	64.72	0.63	2.48	60.45	1.16	0.00	0.00	0.00	0.00	15.23
4.51	38.84	2.49	1.09	31.46	2.63	0.00	1.17	0.00	0.00	137.45
1.41	9.51	0.23	0.41	0.54	1.25	6.88	0.20	0.00	0.00	0.99
2.99	17.84	0.03	1.35	0.00	3.61	12.52	0.33	0.00	1.53	59.13
0.17	2 406.30	1 397.52	869.64	0.00	0.00	138.87	0.00	0.00	0.00	83.28
2.79	2.84	0.36	0.99	0.68	0.00	0.81	0.00	0.00	0.00	79.32
21.88	5.91	0.18	4.53	0.00	1.20	0.00	0.00	0.00	0.00	301.15
0.94	64.26	0.02	0.48	0.00	0.05	61.64	2.07	0.00	0.00	67.35
0.86	0.83	0.00	0.83	0.00	0.00	0.00	0.00	0.00	0.00	211.37
17.00	14.94	14.65	0.00	0.00	0.29	0.00	0.00	0.00	0.00	85.29
1.53	322.95	0.03	0.45	0.06	312.82	3.08	0.06	0.00	6.45	12.97
1.77	2.27	0.01	0.33	0.00	0.33	1.49	0.11	0.00	0.00	42.40
0.00	0.00	0.00	0.00	0.00	0.00	0.00	0.00	0.00	0.00	0.00
0.63	34.79	0.00	0.00	0.00	0.00	10.57	0.58	0.00	23.64	54.88
1.93	112.91	0.00	0.01	0.00	0.00	1.06	100.03	0.05	11.76	17.49
2.30	0.27	0.00	0.25	0.00	0.00	0.00	0.02	0.00	0.00	152.45
0.18	8.53	0.00	0.02	0.00	0.00	8.50	0.01	0.00	0.00	11.26
8.98	0.39	0.00	0.00	0.00	0.00	0.39	0.00	0.00	0.00	9.53
1 434.91	10 145.85	1 741.85	1 242.38	3 870.66	1 341.31	1 057.00	452.25	210.36	465.81	8 585.89

3. 上海市财产保险公司

保险机构	保费收入										
	合计	企业财产保险	机动车辆保险	货物运输保险	责任保险	工程保险	信用及保证保险	农业保险	短期健康保险	意外伤害保险	其他
中国人民财产保险股份有限公司上海市分公司	4 008.17	353.54	2 569.03	139.45	272.60	123.71	2.28	0.00	11.28	42.59	493.69
中国太平洋财产保险股份有限公司上海分公司	2 810.03	318.46	1 813.16	165.99	103.62	129.46	−29.97	0.00	7.88	34.51	266.92
中国平安财产保险股份有限公司上海分公司	2 580.18	308.38	1 660.60	86.59	125.09	140.94	35.03	0.00	74.19	63.71	85.65
天安保险股份有限公司上海分公司	162.15	14.86	184.09	2.94	1.82	2.32	−45.51	0.00	1.83	1.70	−1.90
大众保险股份有限公司上海分公司	315.68	48.30	231.35	14.14	6.42	24.60	−0.63	0.00	0.00	4.72	−13.22
华泰财产保险股份有限公司上海分公司	315.98	60.85	129.55	33.77	67.60	19.57	0.73	0.00	0.00	17.99	−14.08
太平财产保险有限公司上海分公司	310.60	36.23	245.85	8.95	8.38	4.53	0.00	0.00	0.05	6.51	0.10
中华联合财产保险股份有限公司上海分公司	604.42	53.16	504.77	11.60	11.23	10.33	−21.33	0.00	11.67	14.67	8.32
华安财产保险股份有限公司上海分公司	143.53	0.59	63.40	0.14	0.33	0.20	0.00	0.00	0.02	85.39	−6.54
中国大地财产保险股份有限公司上海分公司	468.96	39.73	205.87	13.95	10.55	5.15	28.65	0.00	128.65	9.66	26.84
中国大地财产保险股份有限公司营业部	175.70	25.10	1.79	11.08	15.80	36.27	8.57	0.56	15.28	3.65	57.60
安信农业保险股份有限公司	506.55	32.03	131.66	0.12	20.99	69.06	0.74	214.95	7.65	9.42	19.93
安邦财产保险股份有限公司上海分公司	182.36	5.10	173.87	0.99	0.45	1.74	0.00	0.00	0.00	0.18	0.03
天平汽车保险股份有限公司上海分公司	139.06	0.00	135.21	0.00	0.00	0.00	0.00	0.00	0.46	3.38	0.01
永诚财产保险股份有限公司上海分公司	311.36	18.86	241.69	2.16	7.64	7.27	0.93	0.00	0.00	32.34	0.47
阳光财产保险股份有限公司上海市分公司	71.20	13.20	40.80	5.90	3.30	2.90	0.00	0.00	2.90	2.20	0.00
都邦财产保险股份有限公司上海分公司	59.46	2.12	54.86	0.32	0.19	0.10	0.02	0.00	0.15	1.62	0.08
美亚财产保险有限公司上海分公司	451.19	78.39	−0.01	104.79	168.67	3.46	5.70	0.00	23.01	61.63	5.55
东京海上日动火灾保险(中国)有限公司	330.35	106.67	1.51	151.06	57.11	11.62	0.00	0.00	0.00	1.89	0.49
丰泰保险(亚洲)有限公司上海分公司	180.64	90.92	0.67	27.29	25.78	27.22	1.31	0.00	2.91	2.04	2.50
太阳联合保险(中国)有限公司	165.05	37.22	0.00	33.69	52.56	25.42	0.00	0.00	1.24	8.97	5.95
丘博保险(中国)有限公司	129.26	9.52	0.00	18.28	99.23	0.00	0.00	0.00	0.13	2.10	0.00
三星火灾海上保险(中国)有限公司	72.15	29.09	0.00	9.98	5.87	23.92	0.66	0.00	0.00	2.23	0.40
三井住友海上火灾保险(中国)有限公司	437.75	93.37	0.00	116.85	33.08	9.44	4.12	0.00	0.00	4.99	175.90
中国出口信用保险公司上海分公司	614.74	0.00	0.00	0.00	0.00	0.00	614.74	0.00	0.00	0.00	0.00
民安保险(中国)有限公司上海分公司	30.83	5.48	10.56	0.65	1.01	10.76	1.59	0.00	0.00	0.23	0.55
渤海财产保险股份有限公司上海分公司	38.39	1.57	35.78	0.15	0.22	0.38	0.00	0.00	0.08	0.21	0.00
日本财产保险(中国)有限公司上海分公司	195.53	117.61	0.00	34.14	13.74	21.93	0.00	0.00	0.00	7.90	0.21
中银保险有限公司上海分公司	48.47	7.37	31.29	1.17	0.83	3.54	0.62	0.00	0.96	0.96	1.73
安诚财产保险股份有限公司上海分公司	197.66	3.94	177.05	7.24	1.06	4.93	0.00	0.00	0.00	3.36	0.08
国泰财产保险有限责任公司	22.85	15.32	2.01	2.65	0.96	1.55	0.12	0.00	0.00	0.00	0.24
中国人寿财产保险股份有限公司上海分公司	415.38	34.90	330.14	10.39	17.75	7.74	0.25	0.00	0.00	7.73	6.48
华泰财产保险股份有限公司营业部	73.16	16.71	0.00	2.43	35.11	14.70	0.41	0.00	0.00	3.31	0.49
英大泰和财产保险股份有限公司上海分公司	0.02	0.00	0.00	0.00	0.00	0.00	0.00	0.00	0.00	0.02	0.00
合 计	16 568.81	1 978.59	8 976.55	1 018.85	1 168.99	744.76	609.03	215.51	290.25	441.81	1 124.47

业务统计表(2009年)

单位:人民币百万元

保户储金及投资款	赔款支出											赔案件数(万件)	未决赔款
	合计	企业财产保险	机动车辆保险	货物运输保险	责任保险	工程保险	信用保证保险	农业保险	短期健康保险	意外伤害保险	其他		
157.90	2 342.82	145.82	1 888.88	52.12	82.85	14.40	0.40	0.00	6.03	11.46	140.86	49.00	1 543.32
0.00	1 471.40	133.02	1 081.45	86.77	28.55	34.38	0.99	0.00	2.70	9.08	94.46	51.34	585.23
0.00	1 256.59	158.58	642.81	49.74	31.80	282.85	9.07	0.00	54.62	11.45	15.67	50.73	486.38
0.00	162.52	3.18	146.63	0.84	1.34	0.57	3.45	0.00	1.02	3.36	2.13	6.63	55.90
0.00	152.60	12.75	124.93	5.98	3.81	2.90	0.00	0.00	0.00	0.20	2.03	0.00	0.00
1.93	144.15	16.17	106.01	6.84	6.86	2.70	0.36	0.00	0.00	3.56	1.65	4.47	10.54
0.00	176.19	8.10	159.20	2.34	1.02	2.23	0.00	0.00	0.14	2.04	1.12	7.09	100.86
0.00	467.43	24.95	412.74	3.28	3.05	0.28	0.17	0.00	10.25	2.18	10.53	20.00	449.15
24.77	15.57	0.01	6.86	0.00	0.04	0.00	0.00	0.00	0.01	7.76	0.89	0.00	19.31
1 590.31	300.22	7.74	182.32	3.33	9.78	1.06	13.73	0.00	69.26	1.51	11.49	7.39	168.28
0.00	27.67	7.23	0.95	1.99	2.08	6.31	0.15	0.00	2.13	1.66	5.17	0.14	87.32
0.00	214.29	7.18	47.97	0.10	1.96	3.15	0.00	136.86	4.41	2.71	9.95	3.28	33.49
0.00	113.79	1.02	107.33	0.06	0.03	0.01	2.02	0.00	0.00	0.03	3.29	5.15	0.18
0.00	84.94	0.00	84.71	0.00	0.10	0.00	0.00	0.00	0.07	0.06	0.00	4.15	36.06
0.00	122.19	1.17	104.87	1.33	2.77	0.01	0.00	0.00	0.00	11.99	0.05	6.01	41.50
0.00	51.65	9.56	35.89	1.58	0.75	0.02	0.00	0.00	0.09	3.03	0.73	1.10	27.22
0.00	36.96	0.58	35.14	0.02	0.48	0.02	0.00	0.00	0.22	0.47	0.03	2.01	20.18
0.00	191.14	72.26	0.17	43.44	48.61	0.46	0.15	0.00	12.00	13.99	0.06	1.34	125.90
0.00	240.13	63.94	15.54	116.24	38.23	5.64	0.00	0.00	0.00	0.00	0.54	0.56	211.08
0.00	36.93	19.86	0.30	9.40	3.68	2.98	0.00	0.00	0.16	0.03	0.52	0.18	3.01
0.00	57.78	9.01	0.00	11.96	12.07	1.99	0.00	0.00	19.39	0.94	2.42	0.31	35.06
0.00	17.36	0.01	0.00	7.21	10.10	0.00	0.00	0.00	0.04	0.00	0.00	0.18	36.97
0.00	15.79	8.06	0.00	5.42	0.90	0.00	0.00	0.00	0.00	1.25	0.16	0.07	186.43
0.00	144.56	29.51	0.00	37.25	5.47	10.90	0.05	0.00	0.00	0.44	60.94	0.45	137.52
0.00	68.66	0.00	0.00	0.00	0.00	0.00	68.66	0.00	0.00	0.00	0.00	0.01	579.87
0.00	2.91	0.40	1.06	0.54	0.18	0.12	0.00	0.00	0.00	0.61	0.00	0.42	414.51
0.00	28.12	0.17	27.65	0.00	0.00	0.23	0.00	0.00	0.02	0.05	0.00	1.09	11.97
0.00	53.27	40.41	0.00	8.81	3.28	0.03	0.00	0.00	0.00	0.72	0.02	0.06	8.77
0.00	37.18	2.82	33.25	0.36	0.04	0.00	−0.07	0.00	0.39	0.00	0.39	1.80	2.04
0.00	91.48	0.18	90.09	0.10	0.30	0.01	0.00	0.00	0.00	0.74	0.06	4.58	49.46
0.00	1.33	1.24	0.06	0.02	0.01	0.00	0.00	0.00	0.00	0.00	0.00	0.01	30.59
0.00	224.82	2.85	216.15	1.70	1.26	0.09	0.00	0.00	0.00	2.00	0.77	8.79	137.95
0.00	0.90	0.23	0.00	0.04	0.20	0.00	0.02	0.00	0.00	0.41	0.00	0.07	0.00
0.00	0.00	0.00	0.00	0.00	0.00	0.00	0.00	0.00	0.00	0.00	0.00	0.00	0.00
1 774.91	8 353.34	788.01	5 552.96	458.81	301.60	373.34	99.15	136.86	182.95	93.73	365.93	238.41	5 636.05

4. 上海市人寿保险公司保费收入市场份额表(2009 年)

单位:人民币百万元

单位名称	保费收入	占市场比例(%)
中国人寿保险股份有限公司上海市分公司	8 858.13	17.46
中国太平洋人寿保险股份有限公司上海分公司	3 669.10	7.23
中国平安人寿保险股份有限公司上海分公司	11 905.91	23.47
泰康人寿保险股份有限公司上海分公司	4 339.43	8.55
新华人寿保险股份有限公司上海分公司	4 640.36	9.15
太平人寿保险有限公司上海分公司	860.83	1.70
生命人寿保险股份有限公司上海分公司	726.08	1.43
民生人寿保险股份有限公司上海分公司	23.98	0.05
合众人寿保险股份有限公司上海分公司	423.20	0.83
中国人民健康保险股份有限公司上海分公司	276.33	0.54
和谐健康保险股份有限公司上海分公司	7.28	0.01
汇丰人寿保险有限公司	20.06	0.04
平安健康保险股份有限公司上海分公司	26.98	0.05
美国友邦保险有限公司上海分公司	2 367.38	4.67
中宏人寿保险有限公司上海分公司	977.56	1.93
太平洋安泰人寿保险有限公司	577.63	1.14
中德安联人寿保险有限公司上海分公司	418.21	0.82
金盛人寿保险有限公司	400.18	0.79
交银康联人寿保险有限公司	84.02	0.17
天安人寿保险有限公司	325.91	0.64
海尔纽约人寿保险有限公司	120.89	0.24
海康人寿保险有限公司	139.65	0.28
长生人寿保险有限公司	35.08	0.07
国泰人寿保险有限责任公司上海运营部	313.65	0.62
正德人寿保险股份有限公司上海分公司	347.96	0.69

（续表）

单　位　名　称	保费收入	占市场比例(%)
信诚人寿保险有限公司上海分公司	415.60	0.82
联泰大都会人寿保险股份有限公司	769.52	1.52
中意人寿保险有限公司上海分公司	440.45	0.87
瑞泰人寿保险有限公司上海分公司	239.32	0.47
招商信诺人寿保险有限公司上海分公司	191.89	0.38
中国人民人寿保险股份有限公司上海分公司	689.07	1.36
国华人寿保险股份有限公司上海分公司	1 330.19	2.62
中国人寿养老保险股份有限公司上海市分公司	1 340.90	2.64
平安养老保险股份有限公司上海分公司	561.30	1.11
英大泰和人寿保险股份有限公司上海分公司	764.75	1.51
华泰人寿保险有限公司上海分公司	1 466.56	2.89
光大永明人寿保险股份有限公司上海分公司	166.62	0.33
幸福人寿保险股份有限公司上海分公司	467.32	0.92
总　计	50 729.28	100.00

5. 上海市财产保险公司保费收入市场份额表(2009年)

单位:人民币百万元

单　位　名　称	保费收入	占市场比例(%)
中国人民财产保险股份有限公司上海市分公司	4 008.17	24.19
中国太平洋财产保险股份有限公司上海分公司	2 810.03	16.96
中国平安财产保险股份有限公司上海分公司	2 580.18	15.57
天安保险股份有限公司上海分公司	162.15	0.98
大众保险股份有限公司上海分公司	315.68	1.91
华泰财产保险股份有限公司上海分公司	315.98	1.91
太平财产保险有限公司上海分公司	310.60	1.87
中华联合财产保险股份有限公司上海分公司	604.42	3.65
华安财产保险股份有限公司上海分公司	143.53	0.87

（续表）

单 位 名 称	保费收入	占市场比例(%)
中国大地财产保险股份有限公司上海分公司	468.96	2.83
中国大地财产保险股份有限公司营业部	175.70	1.06
安信农业保险股份有限公司	506.55	3.06
安邦财产保险股份有限公司上海分公司	182.36	1.10
天平汽车保险股份有限公司上海分公司	139.06	0.84
永诚财产保险股份有限公司上海分公司	311.36	1.88
阳光财产保险股份有限公司上海市分公司	71.20	0.43
都邦财产保险股份有限公司上海分公司	59.46	0.36
美亚财产保险有限公司上海分公司	451.19	2.72
东京海上日动火灾保险(中国)有限公司	330.35	1.99
丰泰保险(亚洲)有限公司上海分公司	180.64	1.09
太阳联合保险(中国)有限公司	165.05	1.00
丘博保险(中国)有限公司	129.26	0.78
三星火灾海上保险(中国)有限公司	72.15	0.44
三井住友海上火灾保险(中国)有限公司	437.75	2.64
中国出口信用保险公司上海分公司	614.74	3.71
民安保险(中国)有限公司上海分公司	30.83	0.19
渤海财产保险股份有限公司上海分公司	38.39	0.23
日本财产保险(中国)有限公司上海分公司	195.53	1.18
中银保险有限公司上海分公司	48.47	0.29
安诚财产保险股份有限公司上海分公司	197.66	1.19
国泰财产保险有限责任公司	22.85	0.14
中国人寿财产保险股份有限公司上海分公司	415.38	2.51
华泰财产保险股份有限公司营业部	73.16	0.44
英大泰和财产保险股份有限公司上海分公司	0.02	0.00
合 计	16 568.81	100.00

6. 上海市再保险公司业务统计表(2009年)

单位：人民币百万元

项目	科隆再保险股份有限公司上海分公司				中国人寿再保险股份有限公司上海分公司				汉诺威再保险股份公司上海分公司				中国财产再保险股份有限公司上海分公司				劳合社再保险(中国)有限公司			
	财产再保险业务		人寿再保险业务		财产再保险业务		人寿再保险业务		财产再保险业务		人寿再保险业务		财产再保险业务		人寿再保险业务		财产再保险业务		人寿再保险业务	
	2008年	2009年	2008年	2009年	2008年	2009年	2008年	2009年	2008年	2009年	2008年	2009年	2008年	2009年	2008年	2009年	2008年	2009年	2008年	2009年
分保费收入	9.54	19.65	172.91	192	0	0	1 350.17	1 986.49	0	0	0	555.57	3 037.55	3 299.96	0	0	21.22	39.38	0	0
摊回分保赔偿	0	0	0	0	0	0	0	0	0	0	0	0	77.65	20.63	0	0	0.97	3.25	0	0
利息收入	0.15	0.14	2.8	1.35	0	0	0.73	1.33	0	0	5.19	7.79	0.08	0.18	0	0	−40.72	8.27	0	0
投资收入	0.44	1.55	8.03	15.17	0	0	0	0	0	0	0	0	0	0	0	0	0	0	0	0
其他收入	0.04	0.04	0.71	0.38	0	0	6.93	8.49	0	0	0	0.02	0.51	15.25	0	0	42.42	41.94	0	0
转回未决赔款准备金	0	0	0	1.02	0	0	0	0	0	0	0	0	−123.17	−49.05	0	0	10.22	17.49	0	0
转回长期责任准备金	0	0	0	0	0	0	0	0	0	0	0	0	0	0	0	0	0.09	0.31	0	0
分保费支出	0	0	0	0	0	0	0	0	0	0	0	3.43	−152.14	−0.46	0	0	20.16	37.42	0	0
分保赔款支出	0	0	34.79	38.85	0	0	331.28	343.89	0	0	0	10.55	2 164.65	1 999.37	0	0	0.97	3.25	0	0
分保费用支出	0	0.09	40.85	47.29	0	0	528.25	733.99	0	0	0.17	280.6	795.91	1 143.53	0	0	4.27	9.18	0	0
利息支出	0	0	0	0	0	0	0	0	0	0	0	0	0	0	0	0	0	0	0	0
营业费用	9.6	11.27	16.17	20.13	0	0	20.31	9.58	0	0	17.72	20.27	36.55	5.34	0	0	45.71	44.54	0	0
其他支出	0.02	0.01	0.29	0.11	0	0	35.27	53.92	0	0	0	0.03	45.28	−0.66	0	0	0.63	0.01	0	0
提存未决赔款准备金	2.31	40.97	0.5	0	0	0	70.86	−91.75	0	0	0.17	168.58	0	0	0	0	10.22	17.49	0	0
提存长期责任准备金	2.42	7.31	47.32	48.55	0	0	233.68	932.77	0	0	0	1.42	887.55	−304.78	0	0	0.31	0.51	0	0
损益	−4.18	−38.27	44.53	54.99	0	0	138.28	13.91	0	0	−12.87	78.67	−794.25	454.14	0	0	−44.02	6.96	0	0

7. 上海市保险中介

序号	中介公司名称	成立时间	总部所在地	注册资金（百万元）	股东单位数（个）	员工人数（个）	法人代表
	保险代理公司						
1	上海恒泰保险代理有限公司	2003 年 5 月	上海	1.00	2	6	朱渊毅
2	上海东方保险代理有限公司	2003 年 10 月	上海	5.00	8	32	包莉莉
3	上海泽安保险代理有限公司	2003 年 10 月	上海	0.60	2	29	王　云
4	上海合泰保险代理有限公司	2003 年 9 月	上海	10.00	2	11	魏志城
5	上海明大保险代理有限公司	2004 年 11 月	上海	0.50	9	10	王　雷
6	上海中盈保险代理有限公司	2005 年 5 月	上海	2.00	3	23	俞侃敏
7	上海文定保险代理有限公司	2006 年 4 月	上海	0.50	2	8	沈国文
8	上海极至保险代理有限公司	2006 年 5 月	上海	1.00		25	潘骏杰
9	上海良将保险代理有限公司	2006 年 7 月	上海	1.00	3	6	李纯勇
10	上海国彰保险代理有限公司	2006 年 11 月	上海	2.00		8	李艳波
11	上海宜安保太维保险代理有限公司	2007 年 7 月	上海	0.50	1	310	费兆馥
12	上海智莺保险代理有限公司	2007 年 6 月	上海	0.50	1	10	诸振庆
13	上海盛世大联保险代理有限公司	2007 年 12 月	上海	0.50	2	17	叶再长
14	上海泛华国盛保险代理有限公司	2006 年 9 月	广州	3.00	2	13	戎　霖
15	上海友利保险代理有限公司	2007 年 12 月	上海	1.00	2	6	葛衍斌
16	上海尚诚保险代理有限公司	2008 年 6 月	上海	0.50	2	15	秦　铁
17	上海立康保险代理有限公司	2008 年 9 月	上海	0.50	1	4	倪　伟
18	上海一鸣优信保险代理有限公司	2008 年 12 月	上海	0.50	2	4	王艳春
19	上海鑫舟保险代理有限公司	2010 年 4 月	上海	0.50	1	9	夏文庆
	保险公估公司						
1	上海根宁瀚大通保险技术服务有限公司	2010 年 8 月	上海	2.00	3	25	张世华
2	上海城市保险公估中心	2005 年 10 月	上海	2.00	4	50	高行安
3	罗便士保险公估(中国)有限公司	2004 年 2 月	上海	4.00	1	100	李全英
4	上海东华行保险公估有限公司	2004 年 6 月	上海	2.00	2	25	陈中伟
5	上海东太保险公估有限公司	2004 年 8 月	上海	0.50	2	73	钱章存
6	上海雅盾保险公估有限公司	2005 年 2 月	上海	2.00	2	8	柳万春
7	上海谛诚保险公估有限公司	2005 年 5 月	上海	2.00	2	10	陈传麒
8	上海平泰保险公估有限公司	2009 年 1 月	上海	5.00		12	何光权
9	上海德理诚保险公估有限公司	2004 年 8 月	上海	2.00	2	10	马志立

机构情况表(2009 年)

单位:人民币百万元

资产	负债	所有者权益	保险业务收入	营业收入	营业支出	营业利润	利润总额	净利润
0.83	0.47	0.36	1.40	1.40	0.41	0.99	0.00	0.00
5.48	2.78	2.70	2.85	2.85	2.90	−0.05	−0.02	−0.10
1.94	0.54	1.40	5.56	5.56	4.73	0.83	0.27	0.13
1.69	2.31	−0.62	1.86	1.86	2.10	−0.24	−0.24	−0.24
0.69	3.58	−2.89	0.00	0.24	0.91	−0.67	−0.67	−0.67
3.06	0.21	2.85	0.00	3.22	1.01	2.21	0.98	0.90
1.08	0.02	1.06	2.39	2.39	1.85	0.54	0.58	0.52
1.79	0.74	1.05	16.87	3.31	3.27	0.04	0.00	0.00
1.96	0.11	1.85	2.09	2.09	1.77	0.32	0.35	0.28
0.11	0.25	−0.14	1.24	1.24	1.60	−0.36	−0.35	−0.35
4.13	6.66	−2.53	8.23	8.51	9.75	−1.24	−0.88	−0.88
0.73	0.14	0.59	2.23	2.23	2.13	0.10	0.10	0.08
2.06	1.55	0.51	1.25	1.25	1.24	0.01	0.01	0.00
1.67	1.22	0.45	5.50	5.50	4.97	0.53	0.68	0.68
0.94	1.22	−0.28	0.10	0.10	0.55	−0.45	−0.45	−0.45
0.30	2.51	−2.21	0.05	0.05	1.82	−1.77	−1.77	−1.77
0.48	0.08	0.40	0.52	0.52	0.59	−0.70	−0.70	−0.70
0.22	0.03	0.19	0.65	0.65	0.96	−0.31	−0.31	−0.31
0.38	0.04	0.34	0.00	0.01	0.03	−0.20	−0.19	−0.19
3.96	0.08	3.88	0.00	5.21	5.16	0.05	0.15	0.02
5.79	1.49	4.30	2.58	2.58	1.61	0.97	1.13	0.97
14.00	10.00	4.00	0.00	29.16	28.46	0.70	0.70	0.66
2.10	0.02	2.08	0.00	1.36	1.33	0.03	0.03	0.02
1.65	0.70	0.95	0.00	15.69	15.97	−0.28	0.01	0.01
2.40	0.36	2.04	0.00	0.55	0.56	−0.01	−0.01	−0.02
2.62	0.04	2.58	0.00	3.06	2.74	0.32	0.32	0.24
3.60	1.83	1.77		0.24	0.55	−0.31	0.19	0.19
1.58	0.07	1.51	1.84	1.84	1.41	0.43	−0.37	−0.37

序号	中介公司名称	成立时间	总部所在地	注册资金（百万元）	股东单位数（个）	员工人数（个）	法人代表
10	上海锦正保险公估有限公司	2008年3月	上海	2.00	3	58	朱 青
11	北京华泰保险公估有限公司上海分公司	2008年6月	北京			18	杨永忠
12	上海意简保险公估有限公司	2009年8月	上海	2.00	2	2	陈瑞辉
13	上海广汇德太保险公估有限公司	2009年1月	上海	2.00	2	5	陆炜文
	保险经纪公司						
1	上海东大保险经纪有限责任公司	2000年7月	上海	20.00	1	47	王荣桃
2	上海明大保险经纪有限公司	2007年12月	上海	5.00	9	12	王 雷
3	怡和立信保险经纪有限责任公司上海分公司	2007年10月	广州	20.00	2	9	Warren Lindsay Merritt
4	北京金诚国际保险经纪有限公司上海分公司	2007年7月	北京	30.00	2	6	刘 悦
5	江泰保险经纪有限公司上海分公司	2003年3月	北京	30.00		30	邵从武
6	长安保险经纪有限公司上海分公司	2003年3月	北京	229.00	40	400	秦启根
7	上海中和保险经纪有限公司	2003年7月	上海	10.00	3	10	李 刚
8	上海长江保险经纪有限公司	2003年9月	上海	5.00	6	8	鞠鸽腾
9	上海诚立保险经纪有限公司	2003年9月	上海	10.00	3	18	王鸿义
10	韦莱保险经纪有限公司	2001年8月	上海	30.00	2	230	Roger Wilkinson
11	华泰保险经纪有限公司上海分公司	2004年4月	北京			40	姜卫建
12	上海仁信保险经纪有限公司	2004年3月	上海	5.00	4	12	徐建平
13	上海晨光保险经纪有限公司	2004年4月	上海	10.00	2	14	宋建平
14	上海浦东五新保险经纪有限公司	2004年4月	上海	10.00	13	14	郭建国
15	上海信言保险经纪有限公司	2004年9月	上海	5.00	2	11	蒋 斌
16	上海鑫河保险经纪有限公司	2004年11月	上海	5.00	1	20	姚 湧
17	达信(北京)保险经纪有限公司上海分公司	2005年7月	北京		1	64	刘稣虾
18	上海中嘉国泰保险经纪有限责任公司	2002年3月	上海	5.08	8	25	张绍文
19	上海电气保险经纪有限公司	2004年3月	上海	10.00	1	24	陆红贵
20	上海美世保险经纪有限公司	2005年12月	上海	10.00	2	31	Guo Xin
21	苏黎世保险经纪(北京)有限公司上海分公司	2006年6月	北京			5	陆春芳
22	北京联合保险经纪有限公司上海分公司	2006年7月	北京	50.00		4	陈小平
23	上海鑫诺保险经纪有限公司	2008年3月	上海	5.00	4	5	郑 平
24	上海亚太保险经纪有限公司	2008年7月	上海	5.00	6	18	金怡钟
25	上海九华保险经纪有限公司	2008年12月	上海	5.00	4	6	林孝亮
26	上海广汇德太保险经纪有限公司	2009年1月	上海	5.00	2	5	陆炜文
27	航联保险经纪有限公司上海分公司	2009年1月	北京	50.00	13	8	李永奇

（续表）

资产	负债	所有者权益	保险业务收入	营业收入	营业支出	营业利润	利润总额	净利润
2.29	0.22	2.07	0.00	6.92	6.69	0.23	0.25	0.20
1.16	1.16	0.00	0.00	8.14	4.31	3.83	3.83	3.83
1.96	0.09	1.87	0.70	0.70	0.74	−0.04	−0.04	−0.04
2.00	2.00	0.00	0.00	0.00	0.00	0.00	0.00	0.00
20.70	0.62	20.08	0.00	36.72	36.68	0.04	0.21	0.16
5.09	0.09	5.00	0.00	1.04	1.03	0.01	0.01	0.01
1.10	0.68	0.42	7.68	7.68	6.76	0.92	0.92	0.92
0.18	0.27	−0.09	1.71	1.71	1.71	0.00	−0.03	−0.03
5.00	3.54	1.46	7.12	0.04	5.67	−5.63	1.46	1.46
0.67	0.67	0.00	19.12	19.12	7.57	11.55	12.00	
6.00	0.30	5.70	0.00	0.30	0.60	−0.30	−0.30	−0.30
26.96	19.22	7.74	0.00	10.74	7.96	2.78	2.77	2.50
7.37	0.75	6.62	4.04	4.04	3.12	0.92	0.82	0.00
197.78	130.97	66.81		157.98	101.36	56.62	24.73	21.72
18.37	18.37	0.00	0.00	22.96	14.93	8.03	8.03	8.03
4.74	0.73	4.01	0.00	6.90	6.44	0.46	0.68	0.50
24.03	1.04	22.99	0.00	8.24	2.12	6.12	4.98	3.98
8.31	0.03	8.28	4.47	4.47	4.40	0.07	0.10	0.08
7.33	0.52	6.81	2.06	2.26	1.98	0.28	0.31	0.26
5.49	1.46	4.03	1.15	1.15	1.71	−0.56	−0.57	−0.57
82.42	17.17	65.25	75.89	75.89	54.33	21.56	22.60	21.66
13.91	7.49	6.42	6.02	6.02	6.26	−0.24	−0.24	−0.24
15.55	0.66	14.89	9.44	9.54	6.49	3.05	3.24	2.37
12.87	4.63	8.24	0.00	21.03	9.67	11.36	1.79	1.45
2.20	2.19	0.01	3.67	3.67	2.54	1.13	1.13	1.13
0.05	1.24	−1.19	0.02	0.05	0.50	−0.45	−0.45	−0.45
4.58	0.00	4.58	0.84	0.84	0.90	−0.06	−0.06	−0.06
5.79	0.90	4.89	2.27	2.27	2.34	−0.07	−0.07	−0.07
5.33	0.13	5.20	0.32	1.15	1.05	0.10	0.27	0.20
0.00	0.00	0.00	0.00	0.10	0.14	−0.04	0.00	0.00
0.61	2.19	−1.58	0.00	1.77	3.05	−1.28	−1.28	−1.28

第七篇　法　　规

一、中国人民银行等金融管理部门的规定

1. 中国人民银行关于印发《跨境贸易人民币结算试点管理办法实施细则》的通知

（银发〔2009〕212号）

中国人民银行上海总部，各分行、营业管理部，各省会（首府）城市中心支行，各副省级城市中心支行，国有商业银行，股份制商业银行，中国邮政储蓄银行：

为贯彻落实《跨境贸易人民币结算试点管理办法》，中国人民银行制定了《跨境贸易人民币结算试点管理办法实施细则》。现印发给你们，请遵照执行。

二〇〇九年七月三日

附件

跨境贸易人民币结算试点管理办法实施细则

第一条 根据《跨境贸易人民币结算试点管理办法》（以下简称《办法》），制定本细则。

第二条 试点地区的企业以人民币报关并以人民币结算的进出口贸易结算，适用《办法》及本细则。

第三条 为境外参加银行开立人民币同业往来账户，境内代理银行应当与境外参加银行签订代理结算协议，约定双方的权利义务、账户开立的条件、账户变更撤销的处理手续、信息报送授权等内容。

境内代理银行在为境外参加银行开立人民币同业往来账户时，应当要求境外参加银行提供其在本国或本地区的登记注册文件或者本国监管部门批准其成立的证明、法定代表人或指定签字人的有效身份证件等作为开户证明文件，并对上述文件的真实性、完整性及合规性进行认真审查。

境内代理银行为境外参加银行开立人民币同业往来账户之日起5个工作日内，应当填制《开立人民币同业往来账户备案表》（备案表格式和内容由试点地区中国人民银行分支机构确定），连同人民币代理结算协议复印件、境外参加银行的开户证明文件复印件及其他开户资料报送中国人民银行当地分支机构备案。

境外参加银行的同业往来账户只能用于跨境贸易人民币结算，该类账户暂不纳入人民币银行结算账户管理系统。但境内代理银行应在本行管理系统中对该类账户做特殊标记。

第四条 境外参加银行开户资料信息发生变更的，应当及时以书面方式通知境内代理银行，并按开户时签订的代理结算协议办理变更手续。境内代理银行接到变更通知后，应当及时办理变更手续，并于2个工作日内通过人民币跨境收付信息管理系统向中国人民银行报送变更信息。

第五条 因业务变化、机构撤并等原因，境外参加银行需撤销在境内代理银行开立的人民币同业往来账户的，应当向境内代理银行提出撤销人民币同业往来账户的书面申请。境内代理银行应与境外参加银行终止人民币代理结算协议，并为其办理销户手续，同时于撤销账户之日起2个工作日内通过人民币跨境收付信息管理系统向中国人民银行报送销户信息。

第六条 中国人民银行对境内代理银行与境外参加银行之间的人民币购售业务实行年度人民币购售日终累计净额双向规模管理，境内代理银

行可以按照境外参加银行的要求在限额以内办理购售人民币业务，境内代理银行购售限额由中国人民银行根据具体情况确定。境内代理银行应当单独建立跨境贸易人民币结算业务项下的人民币敞口头寸台账，准确记录为境外参加银行办理人民币购售的情况。

第七条 境内代理银行对境外参加银行的账户融资总余额不得超过其人民币各项存款上年末余额的1%，融资期限不得超过1个月，中国人民银行可以根据具体情况进行调整。中国人民银行当地分支机构对境内代理银行的账户融资活动进行监督管理。

第八条 境内代理银行与境外参加银行应以国际通行的方式确认账户融资交易。

第九条 港澳人民币清算行申请加入全国银行间同业拆借市场，应向中国人民银行上海总部提交以下文件：

（一）申请文件；

（二）登记注册文件，或者注册地监管部门批准其成立的证明；

（三）证明人民币清算行资格的文件；

（四）章程；

（五）同业拆借内控制度；

（六）负责同业拆借的人员情况；

（七）近三年经审计的资产负债表和损益表；

（八）近两年人民币业务开展情况；

（九）中国人民银行要求的其他文件。

第十条 中国人民银行上海总部按照《中华人民共和国行政许可法》依法审核港澳人民币清算行加入全国银行间同业拆借市场的申请。港澳人民币清算行经批准后即可加入全国银行间同业拆借市场，按照有关规定开展同业拆借业务。

第十一条 港澳人民币清算行通过全国银行间同业拆借市场拆入和拆出资金的余额均不得超过该清算银行所吸收人民币存款上年末余额的8%，期限不得超过3个月。

第十二条 全国银行间同业拆借中心应做好港澳人民币清算行联网、询价交易等服务工作，并做好对其交易的监测、统计和查询等工作。

第十三条 境内结算银行可以向境外企业提供人民币贸易融资，融资金额以试点企业与境外企业之间的贸易合同金额为限。

第十四条 试点企业应当依法诚信经营，确保跨境贸易人民币结算的贸易真实性。应当建立跨境贸易人民币结算台账，准确记录进出口报关信息和人民币资金收付信息。

试点企业应当在首次办理业务时向其境内结算银行提供企业名称、组织机构代码、海关编码、税务登记号及企业法定代表人、负责人身份证等信息。

试点企业申请人民币支付业务时应当向其境内结算银行提供进出口报关时间或预计报关时间及有关进出口交易信息，如实填写跨境贸易人民币结算出口收款说明和进口付款说明（见附表），配合境内结算银行进行贸易单证真实性和一致性审核工作。

预收预付对应货物报关后，或未按照预计时间报关的，试点企业应当及时通知境内结算银行实际报关时间或调整后的预计报关时间。

第十五条 境内结算银行应当按照中国人民银行要求，对办理的每一笔跨境人民币资金收付进行相应的贸易单证真实性、一致性审核，并将人民币跨境收支信息、进出口日期或报关单号和人民币贸易融资等信息最迟于每日日终报送人民币跨境收付信息管理系统。境内结算银行在未按规定完成相应的贸易单证真实性、一致性审核前，不得为试点企业办理人民币资金收付。

对试点企业的预收、预付人民币资金，境内结算银行在向人民币跨境收付信息管理系统报送该笔信息时应当标明该笔资金的预收、预付性质及试点企业提供的预计报关时间。试点企业通知商业银行预收预付对应货物报关或未按预计时间报关信息后，境内结算银行应向人民币跨境收付信息管理系统报送相关更新信息。试点企业预收、预付人民币资金实行比例管理，具体管理办法由中国人民银行当地分支机构制定。试点企业预收、预付人民币资金超过合同金额25%的，应当向其境内结算银行提供贸易合同，境内结算银行应当将该合同的基本要素报送人民币跨境收付信息管理系统。

人民币跨境收付信息管理系统对境内结算银行开放，帮助境内结算银行进行一致性审核。

第十六条　试点企业来料加工贸易项下出口收取人民币资金超过合同金额30％的，试点企业应当自收到境外人民币货款之日起10个工作日内向其境内结算银行补交下列资料及凭证：

（一）企业超比例情况说明；

（二）出口报关单（境内结算银行审核原件后留存复印件）；

（三）试点企业加工贸易合同或所在地商务部门出具的加工贸易业务批准证（境内结算银行审核原件后留存复印件）。

对于未在规定时间内补交上述资料或凭证的试点企业，境内结算银行不得为其继续办理超过合同金额30％的人民币资金收付，情节严重的，暂停为该试点企业提供跨境贸易人民币结算服务，并及时报告中国人民银行当地分支机构。

第十七条　境内代理银行在代理境外参加银行与境内结算银行办理人民币跨境资金结算业务时，应通过中国人民银行的大额支付系统办理，并随附相应的跨境信息。

第十八条　境内结算银行和境内代理银行应当按照《中华人民共和国反洗钱法》和《金融机构反洗钱规定》（中国人民银行令〔2006〕第1号发布）、《金融机构大额交易和可疑交易报告管理办法》（中国人民银行令〔2006〕第2号发布）、《金融机构报告涉嫌恐怖融资的可疑交易管理办法》（中国人民银行令〔2007〕第1号发布）、《金融机构客户身份识别和客户身份资料及交易记录保存管理办法》（中国人民银行令〔2007〕第2号发布）等规定，切实履行反洗钱和反恐融资义务。

第十九条　境内结算银行应当按照中国人民银行的有关规定，通过联网核查公民身份信息系统或其他有效方式，对试点企业法定代表人或实际受益人等自然人的身份进行核查。对不能确认真实身份的境内企业，境内结算银行不得为其提供跨境贸易人民币结算服务。

第二十条　境内代理银行应于每日日终向人民币跨境收付信息管理系统报送同业往来账户的收支和余额、拆借及人民币购售业务等情况。

境内代理银行和港澳人民币清算行应于每日日终将当日拆借发生额、余额等情况如实报送人民币跨境收付信息管理系统。

第二十一条　对于跨境贸易人民币结算项下涉及的国际收支交易，试点企业和境内结算银行应当按照《通过金融机构进行国际收支统计申报业务操作规程（试行）》及有关规定办理国际收支统计间接申报。境内企业收到跨境人民币款项时，应填写《涉外收入申报单》并于5个工作日内办理申报；试点企业对外支付人民币款项时，应在提交《境外汇款申请书》或《对外付款/承兑通知书》的同时办理申报。境内结算银行应按照国家外汇管理局关于银行业务系统数据接口规范的规定完善其接口程序。

境内结算银行和境内代理银行应按照《金融机构对境外资产负债及损益申报业务操作规程》及相关规定，申报以人民币形式发生的金融机构对境外资产负债及损益情况。

第二十二条　境内代理银行按照《办法》第十一条为境外参加银行办理人民币购售而产生的人民币敞口，可以根据中国人民银行的规定进行平盘。

第二十三条　跨境贸易项下涉及的居民对非居民的人民币负债，暂按外债统计监测的有关规定，由境内结算银行、境内代理银行和试点企业登录现有系统办理登记，但不纳入现行外债管理。

第二十四条　中国人民银行通过人民币跨境收付信息管理系统，对境内结算银行人民币贸易资金收付与货物进出口的一致性情况进行监测，发现异常情况的，可以向试点企业和境内结算银行、境内代理银行依法进行调查并核实有关情况。

第二十五条　试点企业将出口项下的人民币资金留存境外的，应当向其境内结算银行提供留存境外的人民币资金金额、开户银行、用途和相应的出口报关等信息，由境内结算银行将上述信息报送人民币跨境收付信息管理系统。

第二十六条　境内代理银行、境外参加银行在人民币同业往来账户的开立和使用中，违反《办法》、本细则和中国人民银行其他有关规定的，由中国人民银行按照《人民币银行结算账户管理办法》的有关规定进行处罚。

第二十七条 境内结算银行、境内代理银行未按照规定向中国人民银行人民币跨境收付信息管理系统如实报送人民币贸易结算有关信息的，中国人民银行有权禁止其继续办理跨境贸易人民币结算业务，并予以通报批评。

第二十八条 境内结算银行、境内代理银行和试点企业在办理人民币贸易结算业务过程中，未按照规定办理人民币负债登记和国际收支统计申报的，由国家外汇管理局按照有关规定进行处罚。

第二十九条 试点企业违反《办法》及本细则和国家其他有关规定，由中国人民银行取消其试点，并将有关违法违规信息录入中国人民银行企业信用信息基础数据库。

第三十条 本细则自公布之日起施行。

附表：1. 跨境贸易人民币结算出口收款说明（略）

2. 跨境贸易人民币结算进口付款说明（略）

2. 中国银行业监督管理委员会关于印发《小额贷款公司改制设立村镇银行暂行规定》的通知

（银监发〔2009〕48号）

各银监局（西藏除外）：

现将《小额贷款公司改制设立村镇银行暂行规定》印发给你们，请认真贯彻执行。

二〇〇九年六月九日

小额贷款公司改制设立村镇银行暂行规定

第一章 总 则

第一条 为做好小额贷款公司改制设立村镇银行工作，根据《中国银行业监督管理委员会农村中小金融机构行政许可事项实施办法》、《村镇银行管理暂行规定》、《关于小额贷款公司试点的指导意见》等，制定本暂行规定。

第二条 本暂行规定适用于按照《关于小额贷款公司试点的指导意见》（以下简称《指导意见》）要求，经省级政府主管部门批准、在工商管理部门注册登记、在县（市）及县（市）以下地区设立的小额贷款公司。

第二章 准 入 条 件

第三条 拟改制小额贷款公司须符合《指导意见》的审慎经营要求。

第四条 小额贷款公司改制设立村镇银行，除满足《村镇银行管理暂行规定》第二章、第三章、第四章规定外，还须满足下列条件：

（一）召开股东（大）会，代表三分之二以上表决权的股东同意小额贷款公司改制设立村镇银行，并对小额贷款公司的债权债务处置、改制工作作出决议。债权债务处置应符合有关法律法规规定。

（二）公司治理机制完善、内部控制健全、经营状况良好、信誉较高，且坚持支农服务方向。

1. 各治理主体职责明确，议事规则和决策程序清晰，治理目标科学，考核激励机制有效，信息披露透明。

2. 具有完备有效的内部控制制度，能覆盖各业务流程和各操作环节，且执行到位。

3. 有良好社会声誉、诚信记录和纳税记录，无重大违法违规行为。

4. 按《指导意见》新设后持续营业3年及以上；清产核资后，无亏损挂账，且最近2个会计年度连续盈利；资产风险分类准确，且不良贷款率低于2%；已足额计提呆账准备，其中贷款损失准备充足率130%以上；净资产大于实收资本。

5. 资产应以贷款为主，最近四个季度末贷款余额占总资产余额的比例原则上均不低于75%，且贷款全部投放所在县域。

6. 最近四个季度末涉农贷款余额占全部贷款余额的比例均不低于60%。

7. 单一客户贷款余额不得超过资本净额的5%，单一集团客户贷款余额不得超过资本净额的10%。

8. 抵债资产余额不得超过总资产的10%。

（三）已确定符合条件的银行业金融机构拟作为主发起人。

（四）省级政府主管部门推荐其改制设立村镇银行，同时对其公司治理、内部控制、经营情况等方面进行评价。

（五）未设村镇银行的县（市）及县（市）以下地区的小额贷款公司原则上优先改制。

（六）银监会规定的其他审慎性条件。

第三章 程序和要求

第五条 小额贷款公司改制设立村镇银行应当成立筹建工作小组，设立村镇银行的发起人应当委托筹建工作小组为申请人。筹建工作小组由主发起人、小额贷款公司等有关单位组成，负责相关改制工作。

第六条 筹建工作小组须严格按照银行业监督管理机构要求，做好改制设立村镇银行筹建前期的各项准备工作，并按照《村镇银行管理暂行规定》、《村镇银行组建审批工作指引》等有关要求落实筹建、开业阶段的相关工作。

第七条 筹建工作小组须聘请具备资质的中介机构对拟改制小额贷款公司进行清产核资，同时对其管理状况进行专项审计。清产核资基准日原则上选定在清产核资工作开始时的上季末。筹建工作小组应对清产核资结果和审计结果进行复查。

第八条 清产核资工作结束后，筹建工作小组、小额贷款公司和中介机构应对净资产结果进行确认，签订净资产确认书，并根据小额贷款公司股东（大）会通过的净资产处置方案对净资产进行处置。

第九条 拟改制设立村镇银行的发起人，其资质、持股比例等必须符合《村镇银行管理暂行规定》。对不愿意作为发起人、不符合村镇银行发起人资格或持股要求的，申请人应在申报开业前完成相关股权转让或清退等工作。

第十条 有关工作完成后，筹建工作小组应按照《中国银行业监督管理委员会农村中小金融机构行政许可事项实施办法》、《村镇银行管理暂行规定》、《村镇银行组建审批工作指引》等要求，向银行业监督管理机构提交改制设立村镇银行的筹建和开业等行政许可申请材料。清产核资基准日与申请筹建日期不得超过3个月。

第十一条 申请人申请筹建，除提交《村镇银行组建审批工作指引》规定材料外，还应提交以下材料：

（一）股东（大）会同意改制的决议书及中介机构出具的法律意见书；

（二）清产核资报告、管理状况专项审计报告；

（三）上一经营年度审计报告；

（四）净资产确认书及分配报告；

（五）银行业金融机构拟作为主发起人的书面声明；

（六）省级政府主管部门出具的有关意见；

（七）小额贷款公司设立批复文件及营业执照；

（八）银行业监督管理机构规定的其他材料。

开业申请材料同《村镇银行组建审批工作指引》规定材料。

第十二条 银行业监督管理机构根据《中国银行业监督管理委员会农村中小金融机构行政许可事项实施办法》、《村镇银行管理暂行规定》、《村镇银行组建审批工作指引》等规定的权限、程序和时限，受理、审查并决定小额贷款公司改制设立村镇银行的筹建和开业等行政许可事项。

第十三条 筹建工作小组在收到核准开业的批复文件后，要及时按法定程序解散小额贷款公司并注销营业执照，凭银行业监督管理机构颁发的金融许可证办理工商登记。

第四章 监督管理

第十四条 银行业监督管理机构要加强指导监督，严把准入关，确保改制工作依法合规、稳步推进。

第十五条 银行业监督管理机构严格按照《村镇银行管理暂行规定》、《中国银监会关于加强村镇银行监管的意见》等有关文件要求，加强对改制后村镇银行的持续监管，确保其稳健发展。

第五章 附 则

第十六条 本暂行规定未尽事项，按照《中国银行业监督管理委员会农村中小金融机构行政许可事项实施办法》、《村镇银行管理暂行规定》、《村镇银行组建审批工作指引》等规定执行。

第十七条 各银监局可根据本暂行规定制定实施细则。

第十八条 本暂行规定自颁布之日起实施。

3. 中国银行业监督管理委员会关于印发《商业银行投资保险公司股权试点管理办法》的通知

（银监发〔2009〕98号）

各银监局，各国有商业银行、股份制商业银行，中国邮政储蓄银行：

现将《商业银行投资保险公司股权试点管理办法》（以下简称《办法》）印发给你们，请遵照执行。请各银监局将《办法》转发至辖内银监分局及有关商业银行。

二〇〇九年十一月五日

商业银行投资保险公司股权试点管理办法

第一章 总 则

第一条 为规范商业银行投资保险公司股权行为，促进商业银行投资保险公司股权试点工作依法有序进行，根据《中华人民共和国公司法》、《中华人民共和国银行业监督管理法》、《中华人民共和国商业银行法》等法律法规，制定本办法。

第二条 本办法所称商业银行，是指在中华人民共和国境内经中国银行业监督管理委员会（以下简称中国银监会）批准设立的商业银行。本办法所称保险公司，是指在中华人民共和国境内经保险监管部门批准设立的保险公司。

第三条 商业银行投资入股保险公司的试点方案由监管部门报请国务院批准确定，每家商业银行只能投资一家保险公司。

第二章 准入管理

第四条 拟投资保险公司的商业银行须具备较为完善的公司治理结构和健全的内部控制及并表管理制度，风险管理有效，业务经营稳健，近三年没有重大违法违规问题或重大操作风险案件。拟投资保险公司的商业银行的资本充足率，应保证在扣除拟投资额后符合监管标准。拟投资保险公司的商业银行董事会应当具有熟知保险业务经营和风险管理的人员。

第五条 商业银行拟入股的保险公司须具备良好的公司治理结构、健全有效的风险管理和良好的业务发展前景，各项经营及风险管理指标符合保险业的监管要求。

第六条 中国银监会负责审查商业银行投资保险公司的方案，并依法出具商业银行投资保险公司的监管意见。

第七条 拟投资保险公司的商业银行，应按照中国银监会相关行政许可的规定向中国银监会提出申请。提出申请时，应提交下列文件和资料一式两份：

（一）申请书；

（二）商业银行股东大会或董事会同意投资保险公司的决议；

（三）商业银行拟入股的保险公司股东大会或董事会同意吸收商业银行投资的决议；

（四）股权投资意向性协议；

（五）可行性研究报告；

（六）商业银行最近三年经审计的财务会计报告和业务发展情况报告；

（七）商业银行拟入股的保险公司最近三年经审计的财务会计报告和业务发展情况报告；

（八）商业银行拟入股的保险公司的基本情况和合作股东的基本情况；

（九）商业银行与其拟入股的保险公司建立有关风险隔离制度、并表管理制度及关联交易实施细则；

（十）中国银监会要求报送的其他资料。

第八条 商业银行变更投资保险公司的股权比例，应当根据中国银监会相关规定办理变更审批手续。

第三章 风险管理

第一节 公司治理

第九条 商业银行投资入股保险公司应严格遵守法人机构分业经营的规定。商业银行董事会负责建立并不断完善与其投资的保险公司之间的防火墙制度，确保公司治理、经营决策、业务运行、风险控制、人事管理、财务管理、管理信息系统及业务场所等方面的有效隔离。

商业银行董事会应明确一名非执行董事负责防火墙以及关联交易的监督、管理和审查。该名董事应至少每年对防火墙制度执行情况、保险公司经营情况和风险状况以及关联交易的公允性、控制情况发表书面意见。

第十条 商业银行派至其入股的保险公司的高级管理人员（包括但不限于总经理、副总经理、财务总监等）以及业务人员，必须与商业银行脱离薪资和劳动合同关系，不得相互兼职。

第二节 关联交易

第十一条 除中国银监会另有规定外，商业银行不得向其入股的保险公司及保险公司关联企业提供任何形式的表内外授信。

商业银行不得向其入股的保险公司及保险公司关联企业担保的客户提供授信。

第十二条 商业银行不得以客户购买其入股的保险公司销售的保险产品作为向客户提供银行服务的前置条件。

商业银行接受其入股的保险公司保单作为质押提供授信，不得优于其与非关联第三方的同类交易。

第十三条 商业银行不得直接或间接向其入股的保险公司出售其发行的次级债券。

商业银行及其控制关联方所发行的其他证券，其入股的保险公司直接或间接持有量不得超过该证券发行总量的10%。商业银行及其控制关联方承销证券时，向其入股的保险公司出售额不得超过其承销总额的10%。

第三节 并表管理

第十四条 商业银行应按照中国银监会《银行并表监管指引（试行）》的规定，建立对其入股的保险公司进行并表管理的政策、制度、职责和程序，实行有效的并表管理。

第十五条 商业银行应将其入股的保险公司纳入信息集中管理体系，对保险公司的风险暴露进行集中监测和管理。

第十六条 在计算资本充足率时，商业银行投资保险公司的资本投资应从商业银行资本金中全额扣除。

第四节 业务合作

第十七条 商业银行及其入股的保险公司进行业务合作，应严格遵守中国银监会及保险监管部门的各项业务管理规定，遵循市场公允交易原则，不得有不正当竞争行为。

第十八条 商业银行入股的保险公司的销售人员不得在股东银行的营业区域内进行营销。

商业银行应建立代理保险销售人员持证上岗制度，切实做好代理保险销售人员的培训工作，确保商业银行代理保险销售人员合规审慎销售保险产品。

第十九条 商业银行入股的保险公司所印制的保险单证和宣传材料中不得使用其股东银行的名称及各类标识。

第二十条 商业银行应严格遵守客户信息保密的相关规定。商业银行与其入股的保险公司相互提供客户信息资料必须取得客户同意，业务往来不得损害客户的合法权益。

第四章 监督管理

第二十一条 中国银监会依据法律法规规定的监管职责以及相关监管合作机制，对商业银行投资保险公司股权试点工作进行监督管理。

第二十二条 中国银监会依法对投资入股保险公司的商业银行进行并表监管。

第二十三条 中国银监会依据相关监管信息共享机制，及时通报重大监管信息，有效防范和化解各类风险。

第二十四条 投资入股保险公司的商业银行应按照中国银监会的有关规定进行信息披露;涉及上市公司的,遵守有关上市公司信息披露规则。

第五章 附 则

第二十五条 本办法由中国银监会负责解释。

第二十六条 本办法自公布之日起施行。

4. 关于加强上市证券公司监管的规定

(中国证券监督管理委员会公告〔2009〕6号)

为加强对上市证券公司的监管,根据《证券法》、《证券公司监督管理条例》等相关规定,我会制定了《关于加强上市证券公司监管的规定》,现予公布,自公布之日起施行。

二〇〇九年四月三日

关于加强上市证券公司监管的规定

上市证券公司具有证券公司与上市公司的双重属性,作为证券公司,要适用证券公司监管相关法规;作为上市公司,要适用上市、发行监管相关法规。为做好相关法律法规的协调和衔接,加强对上市证券公司的监管,现规定如下:

一、证券公司首次公开发行并上市(以下简称IPO)和上市后发行新股、可转换公司债券等再融资行为,应当同时符合《证券法》、《证券公司监督管理条例》、《首次公开发行股票并上市管理办法》、《上市公司证券发行管理办法》等法律法规关于发行、变更注册资本等行政许可规定的条件,向监管部门申请出具监管意见书,提供包括监管意见书在内的相关申请审核材料。IPO和再融资行为涉及变更持有证券公司5%以上股权的股东、实际控制人的,还应当同时报送相关股东资格的审核材料。

二、上市证券公司进行重大资产重组,同时涉及变更持有证券公司5%以上股权的股东、实际控制人的,应当同时提交相关股东资格审核材料。

三、上市证券公司应当根据《证券公司监督管理条例》有关规定在章程中载明,任何单位或者个人未经国务院证券监督管理机构批准,持有或者实际控制证券公司5%以上股权的,应当限期改正;改正前,相应股权不具有表决权。

四、上市证券公司应当根据我会《公开发行证券的公司信息披露内容与格式准则第2号——年度报告的内容与格式》等规定编制上市公司年报,同时上市证券公司还应根据《证券公司年度报告内容与格式准则》等规定编制证券公司监管年报,在规定期限之内先按上市公司要求披露上市公司年报,然后再向监管机构报送证券公司监管年报,并按要求将其中的审计报告、经审计的会计报表及附注在中国证券业协会网站和公司网站进行信息公示。如果向社会公开披露的年报和向监管部门报送的年报存在重大数据差异,上市证券公司应当及时以临时报告方式披露并充分说明产生差异的原因。

五、根据《公开发行证券的公司信息披露内容与格式准则第2号——年度报告的内容与格式》规定,上市公司应当披露持有其他上市公司股权等情况。如果涉及上市证券公司商业秘密等特殊原因确实不便披露的,公司可按照规定向交易所申请豁免。

六、根据上海、深圳证券交易所上市规则中关于应当披露交易的规定,对于上市证券公司重大对外投资包括证券自营超过一定额度可能需要及时披露和提交股东大会决议的情况,上市证券公司可以每年由股东大会审议并披露自营投资的总金额;实施自营投资过程中如果发生情况变化,可以在符合章程规定的情况下由股东大会授权董事会表决并予公告。

七、根据《证券公司治理准则(试行)》、《证券公司风险控制指标管理办法》等规定,证券公司发生公司或者高管涉嫌重大违法违规行为,财务状况恶化,拟更换董事长、总经理、监事长,风险控制指标出现特定变化等情况时,需要书面通知全体股东。上市证券公司应当将上述情况在指定披露媒体及时公告以履行书面通知全体股东的义务。

八、根据《证券公司治理准则(试行)》第10条规定,证券公司股东在出现特定情况时,应当及时通知证券公司。上述规定适用于持有上市证券公司5%以上股份的股东、实际控制人。

九、根据《证券公司监督管理条例》第26条规定和《证券公司业务范围审批暂行规定》第5条规定,证券公司开展新业务和经营创新业务,应当经我会批准。上市证券公司在公告董事会、股东大会对拟开展新业务或者经营创新业务的决议时,应当同时向投资者进行风险提示,说明上市证券公司要实际开展相关业务尚需监管机构核准,且存在达不到法律法规和监管要求而导致监管机构不予核准的情形。

十、上市证券公司应当根据《上市公司信息披露管理办法》等规定披露其风险控制指标变化、被采取的监管措施等重大事项。其中:

1. 上市证券公司应当在年报和半年报中披露所有风险控制指标情况;日常经营中,当风险控制指标不符合《证券公司风险控制指标管理办法》规定标准的,应当及时以临时公告方式披露,说明原因、目前的状态和可能产生的影响。

2. 上市证券公司被采取重大监管措施或者风险处置措施,影响到其经营行为从而可能对市场价格产生较大影响的,应当确认发生重大事件,及时披露临时公告,并在半年报、年报中披露。这些措施包括但不限于公司被限制业务,责令暂停部分业务,停止批准新业务,停止批准增设、收购营业性分支机构,限制分红,限制向高管、董事、监事支付报酬、提供福利,撤销业务许可,责令控股股东转让股权或者限制股东权利,对公司进行临时接管等重大监管措施或者风险处置措施。

十一、上市证券公司应当按照从严的原则,严格执行《证券公司治理准则(试行)》、《上市公司治理准则》等证券公司监管法规和上市公司监管法规,不断完善法人治理结构,提高公司治理水平。

十二、本规定自公布之日起施行。

5. 证券公司分类监管规定

(中国证券监督管理委员会公告〔2009〕12号
二〇〇九年五月二十六日)

第一章 总 则

第一条 为有效实施证券公司常规监管,合理配置监管资源,提高监管效率,促进证券公司持续规范发展,根据《证券法》、《证券公司监督管理条例》等有关法律、行政法规的规定,制定本规定。

第二条 证券公司分类是指以证券公司风险管理能力为基础,结合公司市场竞争力和持续合规状况,按照本规定评价和确定证券公司的类别。

中国证监会根据市场发展情况和审慎监管原则,在征求行业意见的基础上,制定并适时调整证券公司分类的评价指标与标准。

第三条 中国证监会及其派出机构根据证券公司分类结果对不同类别的证券公司实施区别对待的监管政策。

第四条 证券公司的分类由中国证监会及其派出机构组织实施。

证券公司分类工作必须坚持依法合规、客观公正的原则。参与证券公司分类工作的人员应当具备相应的专业素质、业务能力和监管经验,在工作中坚持原则、廉洁奉公、勤勉尽责。

第二章 评价指标

第五条 证券公司风险管理能力主要根据资本充足、公司治理与合规管理、动态风险监控、信息系统安全、客户权益保护、信息披露等6类评价指标,按照《证券公司风险管理能力评价指标与标准》(见附件)进行评价,体现证券公司对流动性风险、合规风险、市场风险、信用风险、技术风险及操作风险等管理能力。

(一)资本充足。主要反映证券公司净资本以及以净资本为核心的风险控制指标情况,体现其资本实力及流动性状况。

(二)公司治理与合规管理。主要反映证券

公司治理和规范运作情况，体现其合规风险管理能力。

（三）动态风险监控。主要反映证券公司风险控制指标及各项业务风险的动态识别、度量、监测、预警、报告及处理机制情况，体现其市场风险、信用风险的管理能力。

（四）信息系统安全。主要反映证券公司 IT 治理及信息技术系统运行情况，体现其技术风险管理能力。

（五）客户权益保护。主要反映证券公司客户资产安全性、客户服务及客户管理水平，体现其操作风险管理能力。

（六）信息披露。主要反映证券公司报送信息的真实性、准确性、完整性和及时性，体现其会计风险及诚信风险管理能力。

第六条 证券公司市场竞争力主要根据证券公司经纪业务、承销与保荐业务、资产管理业务、成本管理能力、创新能力等方面的情况进行评价。

第七条 证券公司持续合规状况主要根据司法机关采取的刑事处罚措施，中国证监会及其派出机构采取的行政处罚措施、监管措施及证券行业自律组织纪律处分的情况进行评价。

第三章 评 价 方 法

第八条 设定正常经营的证券公司基准分为100分。在基准分的基础上，根据证券公司风险管理能力评价指标与标准、市场竞争力、持续合规状况等方面情况，进行相应加分或扣分以确定证券公司的评价计分。

第九条 评价期内证券公司因违法违规行为被中国证监会及其派出机构采取行政处罚措施、监管措施或者被司法机关刑事处罚的，按以下原则给予相应扣分：

（一）被采取出具警示函，责令公开说明，责令参加培训，责令定期报告，责令增加内部合规检查次数的，每次扣 1 分；

（二）被采取出具警示函并在辖区内通报，责令改正，责令处分有关人员，或者董事、监事、高级管理人员因对公司违法违规行为负有责任被监管谈话的，每次扣 1.5 分；

（三）被采取出具警示函并在全行业通报，责令停止职权或解除职务，责令更换董事、监事、高级管理人员或限制其权利，限制股东权利或责令转让股权的，每次扣 2 分；

（四）被采取公开谴责，限制业务活动，暂不受理与行政许可有关文件，暂停核准新业务或增设、收购营业性分支机构申请的，每次扣 2.5 分；

（五）董事、监事、高级管理人员因对公司违法违规行为负有责任被认定为不适当人选或被撤销任职资格的，每次扣 3 分；

（六）被采取警告行政处罚措施，或者董事、监事、高级管理人员因对公司违法违规行为负有责任被采取一定期限内市场禁入的，每次扣 5 分；

（七）被采取没收违法所得、罚款、暂停业务许可等行政处罚措施，或者董事、监事、高级管理人员因对公司违法违规行为负有责任被采取永久性市场禁入的，每次扣 8 分；

（八）被采取撤销部分业务许可行政处罚措施或被刑事处罚的，每次扣 10 分。

证券公司分公司、营业部等分支机构被直接采取上述措施的，按以上原则减半扣分，累计最高扣 5 分；证券公司控股子公司纳入母公司合并评价的，子公司被采取的监管措施，按以上原则减半扣分。

第十条 证券公司被证券行业自律组织纪律处分的，每次扣 0.5 分。

第十一条 就同一事项对证券公司采取多项行政处罚措施、监管措施、纪律处分的，按最高分值扣分，不重复扣分；但因限期整改不到位再次被采取行政处罚措施、监管措施、纪律处分的除外；就不同事项采取同一行政处罚措施、监管措施、纪律处分的，应当分别计算、合计扣分。

第十二条 证券公司资本充足、公司治理与合规管理、动态风险监控、信息系统安全、客户权益保护和信息披露等 6 类评价指标存在一定问题，按具体评价标准每项扣 0.5 分。如已被采取监管措施的，按本规定第九条执行，不重复扣分。

第十三条 证券公司市场竞争力符合以下条件的，按以下原则给予相应加分：

（一）证券公司上一年度代理买卖证券业务

净收入或营业部平均代理买卖证券业务净收入位于行业前 5 名、前 10 名、前 20 名的，分别加 2 分、1 分、0.5 分；

（二）证券公司上一年度承销与保荐业务、并购重组等财务顾问业务净收入或股票主承销家数或债券主承销家数位于行业前 5 名、前 10 名的，分别加 2 分、1 分；

（三）证券公司上一年度资产管理业务净收入位于行业前 5 名、前 10 名、前 20 名的，分别加 2 分、1 分、0.5 分；

（四）证券公司上一年度净利润为正且成本管理能力位于行业前 5 名、前 10 名、前 20 名的，分别加 2 分、1 分、0.5 分；

（五）证券公司创新成果评价期内在行业推广的，单项或累计最高可加 5 分。

证券公司在评价期内如因违法违规行为被采取本规定第九条第（六）至第（八）项措施的，不适用本条第（一）至第（三）项加分。

证券公司在评价期内发生未履行上市保荐和持续保荐法定职责与义务情形的，不适用本条第（二）项加分。

第十四条　证券公司符合以下条件的，按以下原则给予相应加分：

（一）公司最近 2 个、3 个评价期内主要风险控制指标持续达标的，分别加 2 分、3 分；

（二）公司最近 2 个、3 个评价期内未被采取过本规定第九条第（六）至第（八）项措施的，分别加 2 分、3 分；

（三）公司净资本达到规定标准 5 倍及以上的，每一倍数加 0.1 分，最高可加 3 分；

（四）公司净资本与负债的比例、净资本与各项风险资本准备之和的比例达到规定标准 2 倍及以上的，分别加 0.5 分；

（五）净资本收益率位于行业前 5 名、前 10 名、中位数以上的，分别加 2 分、1 分、0.5 分。

第十五条　中国证监会及其派出机构可以根据证券公司在评价期内落实专项监管工作情况，对证券公司的评价计分进行调整，每项最高可加或扣 3 分。

第十六条　证券公司可以申请中国证监会认可的机构（以下简称专业评价机构）组织专家对其专业管理能力、信息技术系统的稳定与安全、客户服务与管理水平、投资者教育等方面进行专业评价；专业评价机构可针对证券行业内发生的重大事故、技术故障、业务纠纷与客户投诉等情况，对涉及的证券公司进行专业评价。证券公司专业评价的标准和办法另行制定。

中国证监会及其派出机构可以根据证券公司专业评价结果，对证券公司评价计分进行调整，每项专业评价最高可加 3 分。

经专业评价机构评定，证券公司发生的重大事故、技术故障、业务纠纷、客户投诉是由于证券公司管理不善引起的，中国证监会及其派出机构应采取相应的监管措施，进行扣分。

第四章　类 别 划 分

第十七条　中国证监会根据证券公司评价计分的高低，将证券公司分为 A（AAA、AA、A）、B（BBB、BB、B）、C（CCC、CC、C）、D、E 等 5 大类 11 个级别。

被依法采取责令停业整顿、指定其他机构托管、接管、行政重组等风险处置措施的证券公司，评价计分为 0 分，定为 E 类公司。评价计分低于 60 分的证券公司，定为 D 类公司。

中国证监会每年根据行业发展情况，结合以前年度分类结果，事先确定 A、B、C 三大类别公司的相对比例，并根据评价计分的分布情况，具体确定各类别、各级别公司的数量，其中 B 类 BB 级及以上公司的评价计分应高于基准分 100 分。

（一）A 类公司风险管理能力在行业内最高，能较好地控制新业务、新产品方面的风险；

（二）B 类公司风险管理能力在行业内较高，在市场变化中能较好地控制业务扩张的风险；

（三）C 类公司风险管理能力与其现有业务相匹配；

（四）D 类公司风险管理能力低，潜在风险可能超过公司可承受范围；

（五）E 类公司潜在风险已经变为现实风险，已被采取风险处置措施。

第十八条　证券公司在评价期内存在挪用客

户资产、违规委托理财、财务信息虚假或股东虚假出资、抽逃出资等违法违规行为的，将公司类别下调 3 个级别；情节严重的，将公司类别直接认定为 D 类。

第十九条 证券公司在自评时，若不如实标注存在问题，存在遗漏、隐瞒等情况，将在应扣分事项上加倍扣分；自评时存在隐瞒重大事项或者报送、提供的信息和资料有虚假记载、误导性陈述或重大遗漏的，将视情节轻重将公司类别下调 1 至 3 个级别。

证券公司未在规定日期之前上报自评结果的，将公司类别下调 1 个级别；未在确定分类结果期限之前上报自评结果的，将公司类别直接认定为 D 类。

第五章 组织实施

第二十条 证券公司分类评价每年进行一次，评价期为上一年度 5 月 1 日至本年度 4 月 30 日，涉及的财务数据、业务数据原则上以上一年度经审计报表及中国证券业协会公布的信息为准。

第二十一条 证券公司分类按照证券公司自评、派出机构初审、中国证监会复核的程序进行。

第二十二条 证券公司应当按照本规定的要求进行自评。证券公司应结合自身情况，对照评价指标与标准，如实反映存在的问题及被采取的监管措施，经公司主要负责人和合规负责人签署确认后，将自评结果上报公司住所地中国证监会派出机构。

第二十三条 中国证监会派出机构在证券公司自评的基础上，根据日常监管掌握的情况，对证券公司自评结果进行初审和评价计分，将初审结果上报中国证监会。

在初审过程中，中国证监会派出机构可以就有关问题进行核查，并与证券公司核对情况，确认事实。

第二十四条 中国证监会在派出机构初审的基础上进行复核并确定证券公司的类别，于每年 7 月 15 日之前将分类结果书面告知证券公司。

证券公司对其分类结果有异议的，在收到分类结果书面通知之日起 1 个月内可向中国证监会提出书面申述。中国证监会在收到申述后 1 个月内予以答复。

第二十五条 对于在自评时隐瞒事项或者报送、提供的信息和资料有虚假记载、误导性陈述或重大遗漏的证券公司，中国证监会派出机构应当对公司主要负责人视情节轻重采取监管谈话等措施，并记入诚信档案。

第二十六条 中国证监会派出机构在日常监管工作中，对证券公司发生的违规行为和异常情况应及时调查、迅速采取适当的监管措施并记入监管档案，在此基础上对证券公司进行客观、公正的初审和评价计分。中国证监会派出机构对证券公司的违法违规行为是否及时、充分采取相应监管措施，以及证券公司分类初审的质量，是落实辖区监管责任制，考评中国证监会派出机构证券公司监管工作绩效的重要依据。

第二十七条 证券公司状况发生重大变化或者出现异常且足以导致公司分类类别调整的，中国证监会及其派出机构应当根据有关情况及时对相关证券公司的分类进行动态调整；证券公司也可以向派出机构提出调整分类的申请，经派出机构初审后报中国证监会复核确定。

上述分类调整属于调高证券公司类别的，证券公司评价指标应当持续 6 个月以上满足与调高类别相应的标准。

第六章 分类结果使用

第二十八条 中国证监会按照分类监管原则，对不同类别证券公司规定不同的风险控制指标标准和风险资本准备计算比例，并在监管资源分配、现场检查和非现场检查频率等方面区别对待。

第二十九条 证券公司分类结果将作为证券公司申请增加业务种类、新设营业网点、发行上市等事项的审慎性条件。

第三十条 证券公司分类结果将作为确定新业务、新产品试点范围和推广顺序的依据。

第三十一条 中国证券投资者保护基金公司根据证券公司分类结果，确定不同级别的证券公司缴纳证券投资者保护基金的具体比例。

第三十二条 证券公司分类结果主要供中国证监会及其派出机构使用，证券公司不得对外公布分类结果，不得将分类结果用于广告、宣传、营销等商业目的。

第七章 附 则

第三十三条 证券公司控股的证券子公司，可以合并纳入母公司分类评价，母子公司合并评价的，母公司的分类结果适用于子公司。

第三十四条 本规定下列用语的含义：

（一）主要风险控制指标，是指净资本、净资本/各项风险资本准备之和、净资本/净资产、净资本/负债、净资产/负债等5项指标。

（二）成本管理能力，是指营业收入与营业支出的比例，用（营业收入－投资收益－公允价值变动收益）/营业支出进行衡量。

第三十五条 本规定自公布之日起施行。

6. 个人本外币兑换特许业务试点管理办法

（国家外汇管理局2009年11月9日以汇发〔2009〕54号发布）

第一章 总 则

第一条 为适应对外交往中个人本外币兑换服务的需要，根据《中华人民共和国外汇管理条例》、《个人外汇管理办法》等有关规定，制定本办法。

第二条 本办法所称个人本外币兑换特许业务，是指境内非金融机构经国家外汇管理局批准，在试点区域或城市为个人办理的人民币与外币之间的货币兑换业务。其中，个人包括境内个人和境外个人；外币包括外币现钞、旅行支票等。

第三条 经批准经营个人本外币兑换特许业务的境内机构（以下简称“经营机构”）办理个人本外币兑换特许业务，应纳入个人结售汇年度总额管理。

第二章 市场准入及退出

第四条 申请开办个人本外币兑换特许业务的境内非金融机构应具备以下条件：

（一）具有工商行政管理部门登记注册的独立法人资格；

（二）有适合办理个人本外币兑换特许业务的经营场所及设施；

（三）注册资本金不少于100万元人民币或等值外汇；

（四）具有外币代兑机构资格六个月以上；

（五）管理人员中至少有2名具有本外币兑换或相应业务经验；

（六）每一个经营网点配备不少于2名熟悉外汇管理政策和个人本外币兑换业务的工作人员；

（七）具备逐笔完整记录个人本外币兑换特许业务的条件，以及以醒目方式展示兑换币种和牌价的设备及设施；

（八）具备外币定价、本外币现钞调运、配钞、存储、保管、托收等条件；

（九）符合国家外汇管理局个人结售汇管理信息系统（以下简称“个人结售汇系统”）接入的技术条件；

（十）国家外汇管理局及其分支局要求的其他条件。

第五条 境内非金融机构申请开办个人本外币兑换特许业务，需向注册地国家外汇管理局分局（外汇管理部）（以下简称“外汇分局”）提交以下材料：

（一）申请报告；

（二）企业法人营业执照副本及其复印件；

（三）具备本办法第四条（二）、（五）、（六）、（七）、（八）、（九）条件的说明材料；

（四）具备兑换水单管理、备付金账户管理、现钞管理、会计核算、风险控制及向外汇分局报送相关信息等制度；

（五）外汇分局要求的其他材料。

第六条 外汇分局应在上述材料齐全后，对申请机构经营个人本外币兑换特许业务的条件进行验收，并报国家外汇管理局批准。同一申请者自收到不予批准决定之日起 6 个月内不得再次申请。

国家外汇管理局将根据试点地区个人本外币兑换市场的实际需求、申请机构的风险控制能力等，把握审批节奏，适当调节经营机构的数量。

第七条 经营机构申请跨地区设立分支机构办理个人本外币兑换特许业务的，需向分支机构注册地外汇分局提交申请，由该外汇分局初审后报国家外汇管理局批准。经营机构应提交以下材料：

（一）申请报告，包括经营机构注册地总部开办个人本外币兑换特许业务的授权文件；

（二）分支机构营业执照副本及其复印件；

（三）具备本办法第四条（二）、（五）、（六）、（七）、（八）、（九）条件的说明材料；

（四）具备兑换水单管理、备付金账户管理、现钞管理、会计核算、风险控制及向外汇分局报送相关信息等制度；

（五）外汇分局要求的其他材料。

第八条 经营机构申请在同一外汇分局所辖地区内增设营业网点经营个人本外币兑换特许业务的，应持以下材料向该外汇分局办理事前审核备案：

（一）备案报告；

（二）拟增设营业网点，开办业务相应人员、地点、设备及设施等情况介绍；

（三）外汇分局要求的其他材料。

外汇分局应于每季度第一个月 10 个工作日内向国家外汇管理局报告其截止上季度末的“经营机构网点设立情况表”（见附表 1）。

第九条 经营机构办理业务前应按相关规定向国家外汇管理局及注册地外汇分局申领机构代码和标识码。经营期间发生机构名称、营业地址等变更的，应在变更正式确认后 20 个工作日内向注册地外汇分局报备。

第十条 经营机构有下列情形之一的，外汇分局应终止其办理个人本外币兑换特许业务：

（一）经营机构主动提出终止个人本外币兑换特许业务；

（二）经营机构不能满足本办法规定的办理个人本外币兑换特许业务的条件；

（三）经营机构违反国家法律法规规定情节严重。

第十一条 经营机构主动终止个人本外币兑换特许业务的，应在停办业务前 20 个工作日内，向注册地外汇分局提交备案报告，说明停办的理由及时间。

第三章 监督管理

第十二条 经营机构办理个人本外币兑换特许业务，应按照《个人外汇管理办法》及其实施细则等有关规定执行。

（一）在年度总额内通过个人结售汇系统办理境内个人兑换业务，每人每日累计不得超过等值 5 000 美元（含）；

（二）在年度总额内通过个人结售汇系统办理境外个人兑入业务，每人每日累计不得超过等值 5 000 美元（含）。办理境外个人无结汇水单的兑出业务，每人每日累计不得超过等值 500 美元（含）；对设立在境内关外场所（如国际机场、港口等海关监管区外）的网点，该限额可调高至等值 1 000 美元（含）。

（三）对于单笔等值 500 美元以上的兑换业务，应实时登录个人结售汇系统办理。

（四）对于单笔不超过等值 500 美元（含）的兑换业务，经营机构可不实时登录个人结售汇系统办理，但应在二十四小时内补录，在备注栏注明“特许兑换补录”，每日打印补录交易流水并留存 2 年。

经营机构应每日核查补录业务超年度总额结售汇情况，对超过年度总额的客户不得再为其办理兑换业务。对同一日内兑换业务达到 5 笔的个人应实时登录个人结售汇系统办理。

（五）上述业务应凭个人有效身份证件办理。超过上述规定的个人兑换业务应到外汇指定银行办理。

第十三条 经营机构可使用自身商标、品牌办理个人本外币兑换特许业务；可根据自身服务能力状况选择挂牌交易的货币种类；应当参照国务院外汇管理部门对银行汇价管理的有关规定制定挂牌汇价。

第十四条　经营机构办理个人本外币兑换特许业务，必须填制兑换水单，并交顾客签字确认。兑换水单必须连续编号，不得重复使用和跳号使用。兑换水单必须完整记录每笔兑换交易的明细。纸质兑换水单应保存 2 年备查，电子记录应长期保存。

兑换水单内容应包括：经营机构名称、交易日期、顾客姓名、国籍、身份证件种类及号码、货币种类及金额、兑换使用的牌价和交易流水号码、兑换资金属性。

第十五条　经营机构应持外汇分局批准开户文件，选择同城的一家外汇指定银行（以下简称开户银行）开立外汇备付金账户。变更开户银行应向外汇分局备案。开户银行应对经营机构的工作人员进行必要的培训。

经营机构持有的外币现钞以及备付金账户余额合计不得超过核定的限额，超出部分须及时通过开户银行办理结汇。

第十六条　备付金账户的收支范围如下：

收入限于：初始备付金转入款项、与客户兑换业务的收入款项、跨地区资金集中管理调入，与银行的资金平盘。

支出限于：初始备付金转出款项、兑换外汇收益转出款项、与客户兑换业务的支出款项、跨地区资金集中管理调出，与银行的资金平盘。

经营机构初始备付金来源可以是自有外汇资金或购汇资金，凭开户文件办理转入或购汇手续。经营机构初始备付金的转入、初始备付金转出及兑换外汇收益转出备付金账户需经外汇分局批准。备付金账户内资金可自行办理本外币转换和限额内外币现钞提取。日常费用支出不得混入备付金账户。

第十七条　开户银行应根据外汇分局核定经营机构备付金账户的收支范围办理资金收付。经营机构可以异地调剂备付金，调入调出双方应对相关交易进行完整记录。

第十八条　经营机构注册地总部负责管理所有分支机构的备付金账户和库存现钞，应建立内部管理制度，管理制度应包括每日备付金账户和现钞余额统计、币别分类、敞口管理等内容。

第十九条　经营机构备付金限额由总部注册地外汇分局根据其兑换业务规模、分支机构数量等因素统一核定。

第二十条　经营机构持有的外币现钞若无法通过开户银行平盘，经开户银行确认后，可选择其他平盘渠道，并制定相应的平盘方案，由注册地外汇分局初审后报国家外汇管理局批准。

第二十一条　经营机构必须在其营业场所的显著位置安置符合国家外汇管理局要求的个人本外币兑换服务统一标识。

第二十二条　经营机构应按月向外汇分局报送“个人本外币兑换特许业务月报表”（见附表2）；按照有关规定报送国际收支汇兑统计申报信息，履行反洗钱报告义务；开户银行按旬、月纳入银行结售汇统计。

第二十三条　国家外汇管理局及其分支局可对经营机构进行现场检查。

第四章　附　　则

第二十四条　本办法下列用语含义：

（一）兑入是指经营机构向个人买入外币；

（二）兑出是指经营机构向个人卖出外币；

（三）备付金是指经营机构经外汇分局核准，其所持有的外币现钞以及在开户银行存入的外币现钞。

第二十五条　未经国家外汇管理局批准开办个人本外币兑换特许业务的，由国家外汇管理局及其分支局依据《中华人民共和国外汇管理条例》第四十六条进行处罚；经营机构违反本暂行办法的，比照《中华人民共和国外汇管理条例》第四十七条处罚；经营机构违反其他外汇管理法规的，依照《中华人民共和国外汇管理条例》等相关规定进行处罚；构成犯罪的，依法追究刑事责任。

第二十六条　本办法由国家外汇管理局负责解释，自发布之日起施行。

附表：1. 个人本外币兑换特许业务经营机构网点设立情况表（略）

2. 个人本外币兑换特许业务月报表（略）

二、上海市人民政府有关金融的规定

1. 上海市人民政府关于印发《上海市集聚金融资源加强金融服务促进金融业发展的若干规定》的通知

沪府发〔2009〕40号

各区、县人民政府，市政府各委、办、局：

现将《上海市集聚金融资源加强金融服务促进金融业发展的若干规定》印发给你们，请认真按照执行。

上海市人民政府

二〇〇九年八月四日

上海市集聚金融资源加强金融服务促进金融业发展的若干规定

第一条（目的和依据）

为贯彻落实《国务院关于推进上海加快发展现代服务业和先进制造业建设国际金融中心和国际航运中心的意见》，加快推进上海国际金融中心建设，优化上海金融发展环境，集聚金融人才和金融机构，鼓励金融创新，进一步增强上海国际金融中心对国内、国外两个市场的服务能力，根据《上海市推进国际金融中心建设条例》，制定本规定。

第二条（责任部门）

市金融办、市财政局会同有关部门负责金融机构和金融人才的认定工作，并协调有关部门做好对本规定的实施工作。

第三条（人才激励和服务）

（一）按照建设具有国际竞争力金融人才队伍的要求，对为上海国际金融中心建设做出显著贡献的金融人才，市政府给予金融人才奖励。

（二）支持本市金融机构引进所需金融人才，市有关部门为金融人才办理本市户籍和居住证、社会保险接续等提供便利。

（三）市有关部门及主要金融集聚区所在区政府为金融人才医疗保障、子女就学等提供便利措施，搞好服务。

（四）本市主要金融集聚区所在区政府加大金融人才公寓建设力度，为金融机构引进的金融人才提供房屋租赁服务。

（五）建立金融人才培训基地。充分利用本市金融教育资源，积极为各类金融机构和金融从业人员提供职业教育和培训。经市政府批准，对国家金融监督管理部门在本市设立的培训中心，可给予一定的扶持。

第四条（机构扶持）

（一）对外资金融机构分支机构改制成外资法人金融机构后注册或迁入本市的，给予一次性开办扶持资金。

（二）除上述外资法人金融机构以外，在本市新注册设立或新迁入的金融机构总部，给予一次性扶持资金，并在其开业或迁入5年内，对经营业绩、市场占有率、行业地位、资产质量、吸纳就业等各项指标进行综合考核，成绩突出的给予相应的专项扶持资金。在本市新注册设立或新迁入的持有营业执照的大型金融机构各类营运中心，可参照执行。

（三）对上述两类金融机构在开业或迁入5年内购买自用办公用房的，其房地产交易手续费减半征收，按契税应缴税额给予50%的地方贴费。

（四）对完善金融市场体系、金融机构体系和金融发展环境有重要作用的金融要素市场、金融机构以及对上海国际金融中心建设有突出贡献的单位，经市政府批准，给予专项扶持政策。

第五条（创新奖励）

设立金融创新奖，鼓励在本市的各类金融要素市场和金融机构以及其他有关金融单位在金融产品创新、技术创新、服务创新、管理创新、组织形式创新等方面开展金融创新。本市对优秀的金融创新项目给予奖励。具体实施办法，由市金融办、市财政局会同有关金融管理部门另行制定。

第六条（区域布局）

本市金融业发展的区域布局为，以陆家嘴金融城和外滩金融聚集带为核心，适当向邻近地区延伸和拓展，大力集聚国家级金融要素市场和金融机构总部、国际金融机构地区总部；市中心城区重点吸引新兴金融机构、股权投资机构以及金融专业中介服务机构；张江金融信息服务产业基地、外高桥保税区、周浦中国电信信息产业园区、漕河泾高科技园区等区域重点吸引金融后台服务机构和金融服务外包业；洋山保税港区积极发展离岸金融和航运金融。

市金融办、市发展改革委、市规划国土资源局、市住房保障房屋管理局等部门会同上述区域的有关区政府根据本市城市总体规划和土地利用总体规划，研究制定区域发展的详细规划，促进本市金融发展空间的合理布局，为金融机构建设用地提供服务。

第七条（行政服务）

市金融办、市工商局、市地税局、市质量技监局和市交通港口局等部门建立有效的工作机制，为金融机构办理有关登记、年检以及车辆购置等提供便捷服务，提高办事效率。

第八条（资金来源和管理）

本市设立的“上海金融发展资金”，由市、区两级财政分级负担，专项安排用于上述各项奖励、扶持等。市金融办、市财政局按照财政专项资金管理的有关要求，加强对“上海金融发展资金”的规范管理。市审计局按照有关法律法规，加强对“上海金融发展资金”预算执行、资金使用情况的监督检查。

第九条（附则）

本市以往制定的有关政策意见与本规定不一致的，以本规定为准。

2. 上海市人民政府办公厅转发市金融办等七部门《关于本市促进知识产权质押融资工作的实施意见》的通知

沪府办发〔2009〕26号

各区、县人民政府，市政府各委、办、局：

市金融办、市知识产权局、市工商局、市版权局、市财政局、上海银监局、上海保监局《关于本市促进知识产权质押融资工作的实施意见》已经市政府同意，现转发给你们，请认真按照执行。

上海市人民政府办公厅

二〇〇九年八月十日

关于本市促进知识产权质押融资工作的实施意见

知识产权质押融资是知识产权权利人将其所合法拥有的且目前仍为有效的专利权、注册商标专用权、著作权等知识产权出质，从银行等融资服务机构取得资金，并按期偿还资金本息的一种融资方式。为进一步加强知识产权工作，发挥金融服务功能，支持企业通过知识产权质押融资，拓宽企业融资渠道，缓解企业融资困难，促进本市科技型中小企业加快发展，根据有关法律、法规，结合本市实际，现就本市促进知识产权质押融资工作提出如下实施意见：

一、建立市促进知识产权质押融资工作联席会议

市促进知识产权质押融资工作联席会议（以下简称“联席会议”）由市政府分管领导牵头召集，成员单位包括市知识产权局、市金融办、市经济信息化委、市财政局、市科委、市工商局、市版权局、市政府法制办、上海银监局、上海保监局等。其日常联系工作由市知识产权局和市金融办承担。联席会议的主要职能是指导、推进和协调本市知识产权质押融资相关工作；推动建立本市知识产权质押融资服务平台和知识产权交易市场；组织有关部门制定知识产权资产评估的地方性规则；拟订本市促进知识产权质押融资的扶持政策；推进从事知识产权质押融资工作的相关部门和银行等融资服务机构、社会中介组织加强合作，形成合力，共同做好本市知识产权质押融资服务工作。

二、完善知识产权质押融资服务平台

在联席会议指导下，由市相关部门、银行等融资服务机构和社会中介组织共同构建本市知识产权质押融资服务平台(以下简称“服务平台”)。服务平台为本市企业提出的知识产权质押融资需求配套做好知识产权展示、登记、评估、咨询和知识产权质押融资推荐等相关服务。服务平台各相关部门和单位要密切配合，通过“一门式”办理窗口或网上办理等多种方式，为企业咨询、办理知识产权质押融资提供便捷、高效的服务。市知识产权相关管理部门要加强与国家主管部门的沟通，建立知识产权质押登记快速通道。

三、开展知识产权资产评估工作

(一) 制订《上海市知识产权资产评估管理暂行办法》。市知识产权相关主管部门要组织市资产评估行业协会等机构按照“市场认可、公允合理”的原则，制订《上海市知识产权资产评估管理暂行办法》和地方性规则，规范本市知识产权资产评估的方法。

(二) 建立市知识产权专家库。市知识产权专家库由知识产权相关领域和部门的专家、学者组成，向社会各方提供知识产权专业服务。

(三) 加强知识产权资产评估机构行业自律和人才队伍建设。市资产评估行业协会要积极组织知识产权资产评估机构开展业务合作交流、加强专业知识培训、强化评估质量管理，并会同相关高校和人力资源服务机构研究培养知识产权资产评估人才的措施。从事知识产权资产评估的社会中介机构要充分重视知识产权资产评估工作，加强专业研究力量，规范评估方法，有效提高知识产权资产评估水平，为本市知识产权质押融资做好基础性工作。

四、创新知识产权质押融资方式

(一) 企业将知识产权出质给银行等融资服务机构，银行等融资服务机构作为知识产权质权人向企业出借资金，企业按期向银行等融资服务机构偿还本息。

(二) 企业将知识产权出质给融资担保机构、保险公司等第三人，融资担保机构、保险公司等第三人作为知识产权质权人为企业融资提供担保或信用保险，银行等融资服务机构向企业出借资金，企业按期向银行等融资服务机构偿还本息。

(三) 由拥有知识产权的企业与银行等融资服务机构协商确定法律允许的其他知识产权质押融资方式。

五、培育知识产权质押物流转市场体系

由上海联合产权交易所会同其他专业知识产权交易机构建立和培育本市知识产权质押物流转市场体系，提供知识产权质押物转让相关服务，实现知识产权质押物顺利流转。上海联合产权交易所等知识产权质押物流转市场制定知识产权质押物交易的相关规则，规范各类知识产权质押物交易行为，并定期向联席会议报告知识产权质押物交易情况，向市知识产权相关主管部门反馈申请交易的知识产权质押物再评估和转让成交等相关信息，为知识产权质押物交易相关各方提供配套服务。

六、形成知识产权质押融资风险多方分担机制

探索建立本市知识产权质押融资风险多方分担机制。在知识产权质押融资中发生的风险，由担保机构、保险公司、银行等融资服务机构和资产评估机构共同分担。具体办法另行制定。

七、健全知识产权质押融资保障机制

(一) 鼓励加大对科技型中小企业信贷等融资支持的力度。各商业银行等金融机构要按照银监会《关于进一步加大对科技型中小企业信贷支

持的指导意见》(银监发〔2009〕37号)的要求,落实银行对科技型中小企业信贷支持的有关政策,加强科技资源和金融资源的结合,开发适合科技型中小企业特点的金融服务产品,积极开展知识产权质押贷款业务。

(二)进一步发挥担保机构的保障作用。市、区(县)各类担保机构要按照市政府办公厅《关于完善本市贷款担保体系进一步做好中小企业融资服务工作的若干意见》(沪府办〔2009〕32号)要求,积极为知识产权质押融资提供担保服务。各区(县)政府根据区(县)内企业实际情况,进一步发挥政策性担保机构的引导和示范作用,加大对知识产权质押融资的政策性担保支持力度,确保担保资金投入。鼓励和支持有关区(县)设立知识产权质押融资担保专项资金,扩大知识产权质押融资担保资金的来源。

(三)积极引入保险机制。针对知识产权质押融资特点,研究开发知识产权质押融资保险产品,促进知识产权质押融资中的银保合作,提高保险对知识产权质押融资的保障作用。

(四)加大对拥有自主知识产权的科技型中小企业支持力度。在做好知识产权质押融资工作的同时,由各区(县)政府和市有关部门根据国家和本市对科技型中小企业、高新技术产业的各项扶持政策,在贷款贴息、税收优惠和专项补贴等方面给予优先支持。

八、实施知识产权质押融资试点

根据本市科技型中小企业的发展情况和知识产权质押融资的实际需求,选择部分区先行开展知识产权质押融资试点。各试点单位要在联席会议的指导下,按照本实施意见,加强与各相关部门之间的协商和合作,制定试点方案,落实有关措施,确保试点取得实效。

上海市金融服务办公室
上海市知识产权局
上海市工商行政管理局
上海市版权局
上海市财政局
中国银行业监督管理委员会上海监管局
中国保险监督管理委员会上海监管局
二〇〇九年七月二十二日

第八篇　文　　化

一、学 术 团 体

1. 上海市金融学会

1. 开展学术交流活动和专题研究

2009 年，上海市金融学会紧扣金融热点，先后举行“金融危机下宽松银行信贷政策及其影响”、“金融市场热点问题”、“后危机时代上海国际金融中心建设”研讨会；与上海世界经济学会、上海财经大学现代金融研究中心联合举办“2009 年人民币国际化与上海四个中心建设”研讨会；与上海金融学院等联合举办以“2010 年世博会与上海国际金融中心建设”为主题的“2009 年上海国际金融中心建设论坛”；与士研信息服务公司联合举办亚太金融数据和信息峰会以及亚太财富管理与私人银行 2009 论坛；与上海市虹口区人民政府、上海国际航运研究中心等联合举办以“接轨国际金融服务模式，促进中国航运金融服务市场发展”为主题的航运金融服务国际会议。另一方面，学会充分利用社会资源，组织会员参加一系列学术研讨活动，如“中国并购贷款与融资研讨会”、“第二届长江三角洲地区金融论坛”等。

2009 年紧密结合上海的实际，进行加快推进上海国际金融中心和国际航运中心建设系列问题研究，组织金融机构和高校完成重点课题 17 个。

2. 组织征文和优秀金融论文评选

积极做好上海市“庆祝新中国成立 60 周年”理论研讨征文活动，组织开展了征文 15 篇，被市社联评为优秀组织奖。汇编《上海市金融学会 2009 年年会论文集》。根据中国金融学会关于开展第九届全国优秀金融论文及调研报告评选活动的通知，组织开展优秀金融论文评选。

3. 加强金融知识宣传和普及教育

紧紧抓住世博机遇，大力推进社会科学普及工作，学会与交通银行上海市分行、中国人民财产保险股份有限公司上海市分公司在 5 月 25 日联合举办了金融服务世博论坛。

按期编辑出版《上海金融》、《金融探索与实践》两本刊物，出版《上海金融服务指南》和《2009 上海金融年鉴》。

4. 举行第八届会员代表大会

10 月 30 日，学会举行第八届会员代表大会。中国人民银行行长周小川到会作学术报告。中国人民银行上海总部副主任兼上海分行行长张新当选为学会新一届会长。本届副会长单位增加了中国浦东干部学院、上海市金融服务办和上海农村商业银行，达到 18 家。理事单位范围更广，增加了在上海新设的金融机构，包括各城市商业银行在沪设立的分行、外资法人银行、中资银行在沪营运中心等，还增加了已有的证券和保险类金融机构。来自在沪各金融监管部门、金融机构、研究机构以及著名高等院校的 157 位专家、学者当选为新一届理事会理事。

（肖立伟）

2. 上海城市金融学会

2009 年，上海城市金融学会以科学发展观为指导，结合工商银行上海市分行战略举措，发挥学会“把握政策大势、研究发展策略、辅助经营决策、深化理论研究”的作用，在宏观形势分析、辅助决策研究、学会平台建设、学术组织交流等方面迈上一个新台阶。

1. 以形势分析为抓手,发挥参谋助手作用

2009年,学会加强了对宏观政策包括监管要求、对同业竞争态势以及内部经营活动情况的分析研究。凡重大政策法规出台,都及时进行政策解读,分析这些政策对业务的影响,提出对策建议。全年发布《政策研究报告》60多期。一是对重大政策及时解读。如国家出台人民币跨境交易结算及NRA账户管理办法后,学会在第一时间对其进行解读,提出了相关业务建议供决策参考。二是对重大事件追踪分析。如针对大飞机项目落户上海,仪电集团收购上广电集团旗下两家上市公司以及近期发生的迪拜债务纠纷,学会都及时进行了追踪分析。三是对重点行业和企业深度剖析。年内对上海重点发展的生物医药、电子信息、新能源等重点行业和企业进行了深度分析。四是适时推出宏观经济数据比较分析报告。在下半年推出了《东部沿海八省市分季度宏观经济指标的比较分析》、《长三角16城市群分季度宏观经济指标的比较分析》这两类报告。五是定期发布分行特定业务、特定区域的专题调研报告。年内推出了银行卡系列、六大重点工业行业信贷监测分析等多个专题调研报告。

2. 以辅助决策研究为重点,服务战略全局

服务领导决策是学会工作的核心职能之一,学会进一步把支持和辅助领导决策放到更加突出的位置,投入更大的精力研究重大战略性和政策性问题,努力使学会成为全行重要的战略和政策研究部门。

(1) 以发展为根本,以提升竞争力为抓手,参与谋划分行发展战略和重点工作推进。积极推动分行务虚会各项组织推动工作,落实了分行"八项课题"研究工作。在此基础上,参与撰写了上海分行2010年发展战略研讨会主题报告,提出了要通过三年左右努力,牢固确立在工商银行各省市分行和上海市金融同业中的领军者和"老大"地位,并锻造成为成长性最好、盈利能力最高、资产质量最优、品牌声誉最佳的"四最"银行。通过与分行务虚会工作的结合,加大了研究工作和银行业务发展的衔接度,为银行转型战略的制定提供了积极有效的支撑。

(2) 抓住上海"两个中心"建设契机,为深化银政合作发挥积极作用。国务院和上海市关于加快推进上海"两个中心"建设的意见出台后,学会在深入调研的基础上,撰写了关于支持上海加快建设国际金融中心和国际航运中心的一系列汇报材料,形成了机构、功能、市场、人才和组织等"五个体系"的行动方案,得到了总行和市政府的高度评价。与此同时,积极配合筹备并圆满完成总行与上海市政府签订战略合作协议活动,为工行服务上海两个中心建设带来新的机遇,为提升工行改革发展水平奠定扎实的基础。

(3) 理性研判经济金融形势变化,积极发挥参谋助手作用。面对2009年复杂的经营环境,学会积极参与全行的业务发展,为分行的经营决策献计献策。上半年,根据全面提升核心竞争力的发展要求,学会积极参与支行竞争力评价的数据支撑和解读工作,负责牵头建立了"支行综合竞争力八维度"诊断模型,涵盖了区域竞争力、绩效考核、业务发展、效益效率质量、结构调整、综合营销、二级支行、内控与服务等八个评价主题,为分行行长室有的放矢地开展支行现场交流办公,提供了强有力的信息支撑。下半年,学会适时推出了同业竞争力系列分析比较,系统分析了工行与建行、交行、农行、中行之间的竞争位势,找差距,找突破口,为工行实现"系统最优、同业领军、世界一流"的目标提供定量依据。

3. 以学会平台建设为核心,打造多层次研究队伍

2009年学会致力于打造全行发展战略和经营策略研究平台,在全行范围内形成"科学引领、科学决策、科学经营、科学管理"的研究理念和氛围。为了进一步实现学会金融研究工作的可持续发展,着力打造由行外专家学者、各专业研究队伍、基层学会分会所组成的梯形学术研究队伍。

(1) 各类评比成绩优秀。一是积极参与工商银行总行评比并获奖。完成总行城市金融学会优秀团体会员评比打分,学会最终以总分排名第一的优异成绩获得"中国金融学会最佳团体会员"称号，并获通报表彰。二是参与社联评优并获奖。顺利通过社联、民政局年检，并积极参与社联学会评优申报，撰写了翔实的汇报材料并做了精彩演讲，申报的金融知识普及宣传活动最终获得特色活动奖。

(2) 积极推进与高校专家学者的学术合作。2009年，学会继续与知名高校合作，编辑出版《建设一流现代银行丛书》，深化经济金融理论研究。

(3) 组织各专业分会积极开展群众性理论研究活动。一是积极参与总行课题研究，并组织动员各基层分会积极参与和认领课题。学会积极认领总行城市金融研究所重大课题，抓住上海加快发展现代服务业和先进制造业、推进国际金融中心和国际航运中心建设的有利契机，重点结合分行工作务虚会和工作会议上明确的未来三年发展的目标、任务和措施，选择了工行中间业务增收潜力和发展机制研究、工行操作风险管控体系研究等10个课题，作为2009年重点课题下发各分会。把学会的课题研究和总分行、各支行最关注的问题结合起来，使学会的研究工作更具有决策参考和应用价值。二是完成2008年度学会优秀论文评选。组织发动基层分会展开理论研究工作，共收集上报文章222篇，学会秘书处拟定评奖规则并进行论文评选初选，邀请行内外领导专家进行复评，顺利召开年度优秀论文评选终审会。本次参评论文数量质量均比往年有所提高，很多论文不仅有理论高度和深度，而且为分行的战略决策和各类业务发展提出了很多有价值的建议。

(4) 扩大《上海城市金融》刊物影响，培养高水平的专业研究队伍。学会以办好《上海城市金融》杂志为重点，2009年《上海城市金融》在对栏目进行优化设计基础上，共出版12期，精选刊登近200篇优秀学术论文，其中多数是学会获奖论文，很多是基层员工和青年员工的优秀研究成果。学会通过刊物平台为员工提供展示才华，培养高水平的专业研究队伍。

4. 以举办丰富多彩的学术活动为着力点，营造良好学术氛围

2009年，学会围绕分行战略重点和经营发展需要，组织会员开展了多项丰富多彩的学术活动。

(1) 产品体验和金点子征文活动不断深化，为工行产品创新献计献策。学会联合上海分行产品创新部，深入开展产品体验和金点子征文活动。“金点子”属于工行产品创新方面的新点子、新需求等内容的稿件；“产品体验感受”属于工行产品推广和使用方面的体验感受，包括产品的优势、存在的问题、同业比较及产品的优化、完善意见等内容的稿件。选题范围涵盖了网上银行、手机银行、国际业务、对公理财业务、个人理财业务、中小企业业务、银行卡、结算等。全年完成了100多篇产品体验报告和产品业务创新的金点子。为深化此项活动，学会积极组织会员参加总分行相关活动的评选。上海分行有3人获得总行二等奖，1人获得总行三等奖。上海分行获得优秀组织奖。同时，学会也组织专家对征文进行评审，并联合产品创新部对体验团队进行专题培训，共同举办了2009年员工产品体验活动座谈会。通过深入开展产品体验和金点子征文活动，学会会员已经成为产品创新的智囊团和生力军。

(2) 围绕提升世博服务水平，举办多项学术交流活动。一是举办世博知识讲座。为了让广大学会会员认真学习世博会的有关知识，学会邀请上海世博会事务协调局领导，于10月29日举行了“走进世博、了解世博”世博知识普及讲座及筹备情况介绍会。学会会员代表100多人参加了本次讲座。二是认真组织会员参加上海市金融工委组织的金融青年迎世博服务才艺大赛。学会选手在团队形象展示、金融服务流程展示、知识问答三个环节中均表现出色，最终夺得了上海市金融系统青年迎世博服务才艺大赛二等奖的好成绩。三是组织会员参加由上海金融学会主办，交行上海分行和人保财险协办的金融服务世博论坛。

(3) 以参与组织各类客户服务活动为契机，向社会宣传推广金融专业知识，打造金融文化营销品牌。学会配合分行，结合总行“百所高校金融大讲堂”等活动契机，在同济大学、上海财经大学、华东政法大学、上海大学四所沪上知名高校策划开展“身边银行校园行”系列宣讲活动，传播现代金融知识和财商观念，凸显工行公益诉求和强烈社会责任感，生动展示了工行崭新的服务面貌与底蕴深厚的金融文化，进一步提升了工行品牌形象。

学会配合分行，与上海市科协合作，参与开展了两场“身边银行进社区”——网上金融讲坛活动，是沪上金融企业第一次网络社区行的尝试。本次讲座以中老年人的金融知识普及为主，课程内容生动形象、浅显易懂，可操作性强，受到了听众的好评。本次活动，上海科普网向全国进行了视频直播。

学会配合分行，还参与举办行家开讲之财富1+1讲堂，打响分行财富客户增值服务品牌，全年共开展六场活动和一场圆桌经济论坛活动，为财富客户呈现专业高端财富管理服务和精致生活体验。举办“小行家财e卡”卡面设计大赛促推少儿财商教育，增添了个人金融品牌营销的厚度。

2009年，学会还为分行基础类财务顾问客户组织举办了四次理财报告会、四次专业培训班，提升客户增值服务价值。共推出了主题分别为“当前经济运行趋势和政策效益”、“金融危机背景下的上海房地产市场形势”、“上海第十二个五年计划思路”、“直面金融危机，把握机遇，开拓新的发展空间——谈中小企业的经营管理创新”的四次报告会。先后举办了三个主题、四期中小企业专业培训班：“会计实务——所得税会计准则与新企业所得税法讲解”两期、“新税法变更讲解”一期、“特别纳税调整解读”一期。

(4) 组织学会青年积极参与总行青年文化创意大赛，提升工行企业文化。总行以宣传工行企业文化和产品业务为主要内容，以DV、FLASH、短信、彩铃、动漫、PPT等为主要展示方式，举办了青年文化创意大赛。学会(青年分会)在组织青年积极参与的同时，还联合分行银行卡部组织了“我卡我做主”青年牡丹卡大赛。上海分行在总行的文化创意大赛中取得了优秀成绩。基层分会选送的牡丹大众点评卡创意DV和牡丹阳光宝贝卡入选了总行青年创意大赛作品的20强并前往总行进行了现场展示，最终获得了总行文化创意大赛一等奖和二等奖，另有基层分会选送的工行书签设计和工行创意短训服务方案获得了三等奖。

(上海城金学会)

3. 上海市农村金融学会

2009年，上海市农村金融学会坚持“两个突出”：在活动主体上，突出以中青年业务骨干为主，推动了学习型组织的建设；在研究内容上；突出以应用研究为主，提升了研究成果的实用价值。学会紧紧围绕城乡金融改革与发展这一主题，广泛深入地开展各种形式的调研活动，加强学会自身建设，取得了一定成绩。

1. 重点抓好应用课题研究，努力提升学会工作的价值

学会紧紧围绕建设“二个中心”和现代化国际大都市的奋斗目标，紧紧抓住世博会机遇，根据城乡金融领域各阶段改革发展重点，抓住热点、难点、焦点问题，开展课题研究，积极建言献策，为各级领导提供决策参考和依据。

(1) 切实开展专题研究活动。根据学会工作的总体部署，认真研究确定调研计划，精选研究课题，进行分解落实，开展专题调研。学会主要开展了“上海农行服务世博经济”、“上海农行经营战略转型”、“金融支持中小企业研究”、“参与上海‘两个中心’建设”的调研等，这些课题研究都是针对金融改革和发展中的热点和难点，注重提出解决方案，可操作性强，成为各有关部门决策的重要参考。其中，《上海农行服务世博经济》等研究报告提出的观点、建议，得到相关领导部门采纳，并纳入业务规划、工作意见与管理制度中。

(2) 积极参与重点课题研究。学会积极参与上海市金融办、中国人民银行上海总部、上海银监局等有关部门以及中国农村金融学会和上海市金融学会组织的研究活动与课题招标，先后提交各类研究文章5篇，并在相关领域较高层次研讨和交流，有效地提升了学会的研究水平，扩大了学会的影响力。2009年，学会上报的《中国农业产业投资基金操作方案》，在中国农村金融学会“中国农业产业基金发展模式研究”课题研究活动中获得一等奖。

2. 大力推动群众性研究活动，不断增强学会工作的活力

群众性研究活动是学会事业发展的基础。学会注重调动广大会员群众参与调研的积极性，采取群众性调研和中青年业务骨干调研相结合、专题调研和重点课题研究相结合、个人调研和团队合作相结合等方法，大力开展灵活多样、讲究实效的群众性研究活动。一是发挥中青年研究骨干的积极作用。通过建立中青年研究小组，组织了多种形式的调研座谈会和培训、交流活动，鼓励不同实践经历、不同岗位、不同专业背景、不同知识结构的中青年研究骨干组成研究团队，进行相关课题的调研和联合攻关，努力探究城乡金融改革发展的关键性问题，寻求解决问题的有效途径和对策，取得了不少有价值的研究成果，有的已经被会员单位采纳，应用到经营管理活动中。二是组织开展了“2009：创新与发展”群众性主题征文活动，鼓励广大会员群众理论联系实际，开展金融调研，共收到35篇调研文章，有不少调研成果得到会员单位的肯定和采纳，为促进城乡金融改革发展提供了有力的智力支持。三是不定期召开学会工作座谈会，交流信息，推动群众性调研活动的深入开展。农行浦东分行、闵行支行等单位在广泛开展群众性调研活动的同时，坚持编发调研刊物，有效地发挥了金融调研的先导作用；农行黄浦支行、金桥支行通过发动青年职工进行课题研究，有效地把青年职工引导到钻研业务上来，促进业务经营健康深入发展。四是积极参与中国农村金融学会和农行团委联合主办的“青年论坛”征文活动。为抓好这项活动的组织推动工作，学会通过举办各种形式的中青年研究骨干座谈会和培训交流，进行相关课题的辅导、分解和落实工作，并取得了较好成效。第九届“青年论坛”活动中，学会共收到应征论文15篇，其中《心、信、薪、幸》和《银行企业文化与系统和谐》两篇论文分获第九届“青年论坛”一、二等奖。

3. 加强调研成果的交流推广，及时转化为生产力

学会为了推动调研成果的交流和转化，更好地服务于金融改革与发展，一是认真开展一年一度的优秀论文评奖活动。学会在组织开展重点课题研究、主题调研征文活动的基础上，联合四家会员单位外聘专家学者共同组成了论文评审小组，认真进行优秀论文的评选，评选出了一、二、三等奖和优胜奖若干项，并汇编了优秀论文集，提供学会会员进行学习交流，促进学会调研成果转化为生产力。二是举行优秀论文报告会，集中展示会员单位学会活动成果。在每次举行的优秀论文报告会上，来自会员单位的领导、会员代表、获奖文章作者以及部分高校的专家、学者，共同就如何把握城乡金融改革与发展新机遇、推进金融创新发展进行了充分的交流，一起分享金融理论创新、发展的成果。三是参与中国农村金融学会、上海市金融学会和上海市社会科学联合会组织的各种课题研究、征文和评奖活动，先后推荐5项成果，其中获奖3项。

4. 认真办好《上海农村金融》，积极发挥学会传媒作用

《上海农村金融》作为学会的会刊，为了办出特色、办出水平，学会始终坚持正确的政治方向和办刊宗旨，充分发挥了上海农村金融学会及其四大会员机构理论研究、业务探讨、成果交流、信息传播的重要平台作用。根据挂靠单位机构职能调整和经营转型要求，学会加大了《上海农村金融》的改版力度，从组稿、编辑、栏目设置、版面设计等诸多方面积极进行有益的探索和实践，取得了良好的效果。在编辑工作中，学会紧紧围绕金融改革和业务发展这一主题，与时俱进，贴近业务，适时更新栏目，增强了刊物的前瞻性、指导性和实用性。为提高编审质量，学会刊物编辑部进一步建立健全了编辑工作制度，严把编审、校对、出版关，办刊质量在不断提高。《上海农村金融》会刊已进一步成为学会展示城乡金融研究成果和会员机构良好形象的重要窗口、广大会员群众的良师益友。

5. 加强学会自身建设，实现“达标创优”目标

学会重视加强思想、作风和组织建设，不断推进学会工作。围绕“达标创优”目标和要求，进一步完善学会工作机制，积极为会员服务。学会组织会员积极参加市社联举办的工作交流会、研讨会、报告会、讲座和社科咨询活动，使学会活动不断得到市社联的关心和支持，也不断提高学会在市社联系统的影响，而且通过参加各种活动，拓宽了学会干部和会员的知识面，提高了理论素养。与此同时，为使广大会员及时了解到国内外经济金融发展的最新动态，学会利用信息平台优势，认真编发《会员参考》内刊资料，及时提供前沿理论动态、金融研究资料和有价值的最新经济金融信息，较好地发挥了学会的积极作用。

2009年，上海市农村金融学会荣获市社联"达标学会"称号和市社联第六届学术年会"学会学术活动月"组织奖。

（上海农金学会）

4. 上海市投资学会

上海市投资学会严格按照社会团体管理要求，建立和健全学会的领导机构和组织机构，精心组织和周密安排各项学术活动，力求把学会办成沟通学术领域专家学者和专业技术骨干的桥梁。紧密围绕国内外经济、金融发展的热点和难点，进一步研究投融资理论和创新改版《上海投资》杂志，为建设有中国特色的投融资理论学科和培育有影响力的学术研究活动作出新贡献。

1. 深化理论学习研究，广泛开展学术交流

2009年，通过举办专题讲座和报告会，使与会者获得大量信息，深受启迪。3月19日，投资学会举办学术报告会，邀请上海财经大学研究室主任应望江教授作"上海金融发展环境面临的机遇与挑战"报告。他的报告富有新意，观点鲜明，受到来自社会各界的学会会员和建行各部门代表的好评。6月11日，投资学会举办"人民币国际化：现状、路径和商机"报告会，邀请上海大学经济学院桂詠评博士主讲。报告从人民币国际化的基本条件入手，通过大量数据资料阐明人民币国际化争议、现状和路径，提出人民币国际化进程所给予的商机以及商业银行经营的对策思考，使近百名与会者深受启发。8月20日，投资学会举办"宏观经济周期对资本市场的影响分析——基于投资选择方向的思考"报告会，邀请上海财经大学金融学院金德环教授主讲。金教授的报告基于近年来宏观经济周期变化的形势下，对资本投资（如股票、债券）选择方向、选择品种和选择时间的思考，见解独特，引据充实，点评透彻，具有较强的针对性、指导性和实践性。

2. 坚持举办科普讲座，扩大学会社会影响

投资学会根据上海市社联关于开展科普活动的要求，坚持举办面向市民的科普讲座，进一步扩大社会影响。10月23日，学会举办"个人投资理财的基本思路"科普讲座，特邀香港注册财务策划师、建行上海分行财富管理与私人银行部理财专家马丽蓉给市民上一堂理财基础课；邀请上海市钱币学会会员、虹口收藏学会币章委员会副主任汪朝晋谈纪念币艺术与收藏价值。科普报告内容丰富，通俗易懂，兼顾了学术性与科普性、趣味性与实用性、理论性和操作性，深受广大市民的欢迎。

3. 组织科研课题项目，努力搭建科研平台

投资学会一贯强调科学研究的重要性，提倡理论联系实际的研究方向，深化理论研究与学术探讨，培育和健全科研平台功能。积极组织科研课题研究项目，鼓励广大会员踊跃参与中国投资学会科研课题申报工作。2009年度学会完成中国投资学会多项科研课题项目，推荐的科题项目实力雄厚，屡次获奖。其中上海财经大学应望江教授的"金融生态环境评估体系设计与应用研究"获一等奖；上海立信会计学院教授胡云祥的"商业银行与投资基金竞争合作关系研究"、张云的"基于我国银行信贷行为的货币政策信用传导机制研究"均获三等奖。

4. 完善社团管理建设，弘扬营造和谐环境

投资学会严格按社团章程规定，加强组织建设和内部管理，深入学习实践科学发展观，把提高

学会整体素质,弘扬团结合作精神,营造和谐工作环境的重要理念放在首位,充分发挥党组织对学会各项工作的引领作用,提高学会素质,优化会员结构,规范会籍管理,完善会员资料,通过学会这座桥梁将社会各界的专家学者紧密联系起来,体现以会员为本的思想,加强学术研究力量,增加学会的凝聚力和活力,充分发挥学会作为市一级学术社团的职能。通过学会的共同努力,荣获上海市社联授予的"达标学会"以及连续两年被中国投资学会评定为"优秀投资学会"的光荣称号。

5. 成功举办学术年会,提升学会理论水平

按照上海市社联的要求,投资学会精心组织和周密安排学术年会。11 月 19 日学会邀请上海市建设和管理委员会副主任、上海世博局副局长、上海市投资学会副会长黄健之作"中国 2010 年上海世博会筹办情况及特色介绍"学术报告。来自市政府有关部门的领导、金融机构和高校等领域的会员以及建设银行各部门代表近 300 人出席了大会。黄健之先生的报告立意新颖,内容丰富,形象生动,博得与会者的阵阵掌声。本次年会的成功举办,使学会荣获上海市社联颁发的"第三届学会学术活动月"组织奖。

6. 加强专家作者队伍,发挥《上海投资》作用

《上海投资》是学术性较强的学会会刊。《上海投资》编辑部坚持正确办刊方向,把理论刊物作为学术研究和政策宣传的重要阵地,密切关注市场变化和经济动态并做出快速反应,在刊物的选题上注重改革发展及金融创新中的热点和难点,不但在刊物文字水平、版面布局、色彩效果上下工夫,还充分发挥刊物的实用性和指导性,切实为广大读者提供信息支持和决策参考,丰富广大读者的知识与信息,增强刊物在学术界和社会上的影响力。全力提高文章水平,充分发挥专家作者队伍的作用,提供具有权威性、思想性、敏锐性的信息,充分发挥舆论导向的作用。20 多年的办刊事实证明,《上海投资》已成为具有一定社会影响力的经济金融类刊物。

(吕 沂)

5. 上海市钱币学会

1. 继续把学术研究放在学会工作的首位

学会作为学术性的群众团体,其性质决定了构筑学术研究、学术交流公共平台是学会的重要职能。学会始终坚持以"学"为主,努力开展各项学术活动。

(1) 根据上海市社联第三届学会学术活动月安排,为贯彻落实中国钱币学会理事长马德伦关于"要正确面对全球的金融危机,抓住机遇,拓展研究,更好地服务社会服务金融工作"的指示精神,2009 年 11 月 26 日,学会与上海印钞有限公司联合举办了"国际金融中心与上海货币"学术研讨会。本次研讨会共征集到论文 20 篇,遴选 10 篇作为大会交流发言。从学术研讨会所收集到的论文可以归纳三个特点:一是内容大多同上海货币的发展有关;二是注意历史与现实密切结合,由对钱币实物的研究拓展到对货币史和金融史的探讨成为本次研讨会的亮点;三是论文有较高质量,许多论文史料充实,提出了新的观点和看法。如叶世昌教授的《清末上海的本国银行》一文,不仅在理论上有一定的高度,而且比较明确地提出了上海金融中心究竟何时起步的问题,具有重要的现实意义。来自上海市金融、文博、院校等系统的专家学者共 30 余人出席了研讨会。本次研讨会获上海市社联颁发的组织奖。

(2) 继续办好《钱币博览》。2009 年在提高刊物质量的同时,适当调整了刊物的栏目和内容,更好地体现为社会服务、为现实服务的理念。从第 65 期起,《钱币博览》增设了"话说人民币"专栏,连载宣传普及钱币知识、人民币防伪反假的内容,深得广大会员和读者的欢迎。

(3)《中国历代货币大系》后两卷编纂工作仍在进行中。

2. 继续开展钱币知识的传播普及工作

(1) 一月一次为社会大众义务鉴定钱币已经走过 6 年,取得了一定的社会效应,是上海市钱币学会的特色活动，得到上级部门的充分肯定。2009年，为了进一步完善、提升品牌效应，使这项活动更好地发挥它在普及钱币知识弘扬货币文化中的功能，学会充分发挥会员队伍中专家学者的作用，认真总结经验，探讨并提出开展这项活动的新思路。2009年学会把重点放在提高钱币爱好者的鉴赏水平上，每次活动前都准备好各种宣传资料，如古币辨伪实例、纸币辨伪实例、古钱辨伪的传统鉴定法等，在鉴定现场发放上述资料。

（2）每月一次会员活动也是本会坚持数年的一项工作。2009年除了坚持做到月月有安排外，还面向高校、社区开展传授和普及钱币知识活动。10月中旬，学会负责人到上海金融学院，向200余名学生及老师作了“人民币的国际化趋势和人民币反假”的专题演讲，对推动钱币学科的建设作了有益的探索。11月和12月，先后在上海市老干部活动中心和常州市开设专题讲座。此外，学会领导积极参与第八届上海市社会科学普及周活动，协同有关部门做好人民币防伪反假的宣传工作。

（3）继续办好钱币讲习班。2009年，认真总结18年联合办班的经验，不断提高和改进授课形式与内容，依靠广大会员的力量坚持办班。

3. 提倡寓服务于管理，整体推进学会自身建设

（1）认真做好“达标评优”活动的申报准备工作。根据上海市社联工作安排，2009年组织开展年度“达标学会”的考核、评审、颁证工作。同时，还要开展三年一度的“评优”活动。学会按照社联的有关规定和要求，认真负责地做好材料组织与申报工作。经初审、互评、终评，并经上海市社联党组批准，上海市钱币学会蝉联殊荣，再次获得2006—2008年度上海市优秀社会科学学会称号。

（2）提高学会管理水平。2009年，学会秘书处对原有的规章制度进行整理、修订、补充，还根据新形势的要求制定了相应的制度和管理办法，从而不断提高学会的服务水平，推进学会整体建设上新台阶。

（3）做好了学会换届的准备工作。

（沈鸣镝）

6. 上海市保险学会

2009年，上海市保险学会紧密结合上海保险业实际，为进一步提高上海保险业理论水平，推动保险业又好又快发展作出了一定的贡献。学会被上海市社联评为2006—2009年度上海市优秀社会科学学会。

1. 积极推进学术理论研究，广泛开展保险教育

上海市保险学会积极推动保险理论研究，广泛开展保险知识的普及教育工作。一是结合保险业发展形势，积极开展保险学术理论研讨。2009年，为了庆祝建国60周年，以上海“两个中心”建设、2010年上海世博会和新《保险法》颁布为契机，探讨新形势下保险发展的新思路，举办保险学术论文征文活动，并组织开展了上海“两个中心”建设保险理论课题征文活动。二是充分发挥精算、法律、信息技术专业委员会的力量，开展保险专业理论和实务研讨。包括举办各类新《保险法》研讨会、“上海健康保险与医疗保障论坛”，“2009上海精算论坛”、“保险人伤司法鉴定”培训等活动。三是积极开展宣传工作，努力推动保险市场发展。组织业内有关专家举办各类保险知识讲座，组织了全市“新《保险法》宣传日”活动，积极参与“上海市保险业十二五规划”的制定工作，全面启动了上海保险史料征集工作。

2. 加强国际合作，构建学术交流平台

2009年上半年，上海市保险学会、市保险同业公会联合大西洋再保险公司举办上海责任保险研讨会，邀请海外著名专家和国内的保险同行分享保险经验和技术。同时，学会积极引进海外保险的新技术、新理论，同瑞士再保险、日本亚洲人寿保险振兴中心、大西洋再保险等机构在精算、人寿保险、财产险等领域保持着多层次、多形式的交流与合作。

3. 强化专业刊物编辑出版工作，提升学会学术地位

一是加强专业期刊的出版工作，打造上海保险学术理论平台。二是进一步完善《上海保险年鉴》编辑工作机制，提高年鉴编辑质量。年鉴参编单位由2005版的87家增加到2009年的142家。除了编辑出版《上海保险年鉴》外，学会还积极参与《中国保险年鉴》上海地方版的编辑工作，出色地完成了中国保险学会下达的任务。

4. 注重学会自身建设，增强服务能力和服务水平

一是把好政治路线关，积极有效地开展各项工作。二是做好学会网站的重建工作。三是不断扩大会员公司队伍。到目前为止，学会共有团体会员55家。四是坚持严格的财务管理制度，按章程规定向理事会或常务理事会报告和审议每年的预决算方案。

（上海保险学会）

7. 上海金融法制研究会

1. 举办大型学术活动

2009年4月14日，上海金融法制研究会与香港城市大学法学院、上海市立法研究所共同举办"《反洗钱法》实施机制研讨会"，市领导周禹鹏、市人大法工委主任张凌、市人大常委会副秘书长林荫茂等出席。沪港两地的专家学者、司法实务工作者作了大会发言和交流。

8月26日，上海金融法制研究会与上海市人民检察院、上海社科院法学所共同举办"金融犯罪惩治与防范"研讨会，上海市人民检察院检察长陈旭、上海社科院党委副书记洪民荣、最高检法律政策研究室主任陈国庆等领导到会，近百名专家学者出席。

9月17日，上海金融法制研究会与复旦大学中国金融史研究中心、上海市立法研究所共同举办"六十年来中国金融变迁"大型研讨会，这是本着"研究历史、服务现实"的精神，连续三年与复旦大学共同举办学术活动。

2. 积极为市政府市人大提供决策咨询服务

为配合《上海市推进国际金融中心建设条例》地方法规的实施，上海金融法制研究会与上海市人大法工委、上海市金融服务办、上海市立法研究所共同组织了部分专家学者、实务工作者成立了两个课题组，分别是：《构建与〈上海市推进国际金融中心建设条例〉相关配套法规政策框架体系研究》和《构建上海离岸金融市场法制保障研究》。课题报告已完成，将提供上海市有关领导部门参考。

上海金融法制研究会与香港城市大学法学院共同承担的《沪港两地反洗钱的现状与对策：香港经验的借鉴》课题已完成，并已送上海市有关部门参考。

3. 继续办好金融法制讲坛

为借鉴海外境外经验，推进上海国际金融中心建设，上海金融法制研究会于4月13日、10月23日分别举办了两场"2009金融法制讲坛"，特邀香港中国银行发展规划部副总经理宋运肇作"加强沪港两地合作，共同应对金融危机"，香港特区政府中央政策组高级主任王春新作"加强金融风险防范与控制——香港应对金融海啸的政策与启示"。

4. 配合上海国际金融中心建设，筹建上海金融法制研究会金融检察工作委员会

经过半年的筹备，经上海市社团管理局批准，"上海金融法制研究会检察工作委员会"于11月10日在上海浦东新区人民检察院正式成立，上海市人民检察院副检察长柳小秋、金法会会长倪维尧为工作委员会揭牌。这是金法会建会14年来成立的第一个分支机构，将对促进上海国际金融中心建设、促进浦东陆家嘴金融贸易区的发展建设发挥作用。

经上海市社联组织初评、复评和终评，上海金融法制研究会被评为"2006—2008年度上海市优秀社会科学学会"，第五次被评为优秀学会。

（金法会）

二、报纸期刊

1.《上海金融》月刊

《上海金融》创刊于 1980 年，刊号 CN31-1160/F，广告经营许可证号 3101154000328，税务登记证号为 310103501769395。《上海金融》的主办单位是上海市金融学会，主管单位是中国人民银行上海分行，协办单位是浙江省金融学会和福建省金融学会。目前，《上海金融》是中文核心期刊、华东地区优秀期刊和中国人民银行优秀期刊，是中国期刊网数据收录期刊、中国社会科学研究评价中心“中文社会科学引文索引”来源期刊、中国科技学术文献索引来源期刊以及人大复印资料、全国报刊索引收录期刊。《上海金融》所刊文章的学术水平及引用率、期刊的社会影响力等方面均处于同类期刊的先进水平。

（1）坚持办刊宗旨，为金融中心工作和上海国际金融中心建设服务。2009 年，《上海金融》坚持政策性、理论性、实践性的办刊宗旨，努力探索新形势下中国人民银行行属期刊的办刊方式，认真做好为金融中心工作和上海国际金融中心建设服务。一是坚持正确的舆论导向。利用期刊的特约评论员文章，积极宣传各个时期的金融方针政策，对重大的金融政策变化及时进行解读，营造正确的舆论氛围。二是进一步强化办刊特色，坚持为金融改革开放和金融中心工作服务，坚持为建设上海国际金融中心服务。《上海金融》利用重点栏目、主要版面刊登货币政策研究、金融市场、金融改革、外汇管理、国际金融等方面的文章，追踪分析这些领域中的一些热点难点问题，努力站在金融改革开放的最前沿，为各时期的金融中心工作服务。《上海金融》还充分利用上海是国内的金融中心和正在建设中的国际金融中心这一独特优势，加大策划组稿力度，深入讨论上海国际金融中心建设中的一些理论和实践问题，推动建设上海国际金融中心的重大金融方针政策的实施。三是坚持理论指导实践、为实际金融工作服务。《上海金融》所选文章，既体现出一定的理论性，又体现出较强的实用性，真正地起到理论指导实践、为实践服务的作用。

（2）坚持提高办刊质量，努力创建品牌期刊。一是《上海金融》的学术质量继续居同类期刊的领先地位。根据清华大学社会科学研究评价中心提供的数据，2009 年《上海金融》的总被引频次、影响因子等主要指标都比上年继续大幅提高，并稳居金融类期刊第四名，在地方类金融期刊中位居第一。二是规范化程度进一步提高。《上海金融》的编辑、印刷和出版已基本按照学术期刊的要求进行了规范。在此基础上，坚持并继续完善匿名审稿制度、三审三校制度、编后审读制度等质量保障制度，切实加强编辑人员的职业资格管理、发行广告管理、财务管理等经营管理制度。《上海金融》在有关部门的检查中，遵守国家法律法规、坚持正确的舆论导向、财经纪律及各项制度的情况均得到了充分肯定。三是加强对外交流，扩大社会影响，在创建品牌期刊方面继续进行探索。在 2007 年、2008 年连续成功举办上海金融论坛的基础上，2009 继续合作举办了大型论坛。10 月 30 日，与上海世界经济学会、上海财经大学现代金融研究中心联合主办了“2009 年人民币国际化与上海国际金融中心建设”研讨会，重点讨论了人民币国际化、上海四个中心建设以有二者的关系；11 月 4 日至 5 日，与士研信息服务有限公司联合举办了亚太金融数据与信息峰会，主题是“虚拟、绿色、高效、安全”，来自国内外银行、证券、基金和保险公司的CIO以及其他学者等150多位人士参加了论坛。11月12日至13日，举办了亚太财富管理与私人银行2009年论坛，主题是“应运时势，择机而变”，重点讨论度过金融危机，寻求长期发展的策略、财富管理业务的新视角、新机遇以及私人财富管理的未来等。11月24日，与上海金融学院、美国道富银行信托公司、德国德意志交易所股份有限公司联合举办了“2009年上海国际金融中心建设论坛”，主题是“2010年世博会与上海国际金融中心建设”。11月30日至12月1日，联合举办了“航运金融服务国际会议2009”，主题是“接轨国际金融服务模式，促进中国航运金融服务市场发展”，有来自全球政府机构、国际组织、海运、造船、贸易、金融、咨询、法律界的200多人参加了论坛。通过这些活动，更为广泛地扩展了《上海金融》在国内外的影响力。

(3) 巩固经营基础，努力保持期刊的可持续发展。2009年，《上海金融》在依法合规经营的基础上，积极开拓期刊的发行市场和广告业务，努力实现收支平衡，略有节余的经营管理目标。一是努力克服学术期刊市场疲软的影响，通过提高办刊质量和加强通联站建设，利用行业期刊的特色和优势，保持了期刊发行量的基本稳定，同时，积极推销期刊，通过参加期刊展览会、在其他媒体做广告宣传的方式，与全国多家发行机构建立了代理发行关系，增加了期刊的发行量。二是积极做好广告工作。在维护好与长期广告客户关系的基础上，继续与专业广告公司合作，代理广告业务，广告收入已经成为《上海金融》重要的办刊经费来源。三是切实加强财务管理，节约开支，杜绝浪费，全年财务状况保持稳健，实现了略有节余的财务管理目标。

(周智立)

2.《新金融》月刊

1. 高标准、严要求办好《新金融》

自2008年底入选“中国人文社会科学核心期刊”(2008年版)以及“中文核心期刊要目总览”(2008年版)以来，2009年，《新金融》以此为动力和新的起点，大力强化办刊质量。一是加大对专家专稿的组稿力度，包括国内国外专家，如国务院发展研究中心夏斌、汇金公司总经理谢平、中国银监会杨家才、国家外汇管理局管涛、摩根士丹利首席经济学家王庆等多人次。二是大力改进栏目设置，在保留专家视点、宏观经济、国际金融、商业银行经营管理等20多个常规栏目的基础上，根据国际国内形势和经济热点，增设了金融危机、金融中心建设等专题栏目，丰富和充实了刊物内容。三是认真筛选文章，努力提高发表文章的质量要求。2009年以来，《新金融》每月来稿量明显激增，在审阅文章数量大幅增加的情况下，继续严把发表文章的质量关，保证刊物在专业性、权威性等方面迈上新台阶，提高刊登文章的转载率。四是以一流学术刊物的要求进一步提高刊物的规范化标准。首次组织成员参加《上海报刊质量检查编辑》专业培训，提高编辑工作的专业性和规范化；大力加强与作者的沟通联系工作，对来稿不是简单地用与不用，对有质量但有缺陷的来稿，提出修改意见；对用稿格式、构成要件提出规范要求。

2. 进一步加强对国外专家学术文章的组稿和翻译工作

2009年以来，《新金融》在国外专家的组稿方面加大了力度。陆续联系、翻译和发表了8篇(约数7万字)国外或境外极具影响力的高等学校、著名金融机构的专家学者的学术论文。其中包括哈佛大学教授、供应学派经济学之父马丁·弗尔德斯坦；哥伦比亚大学教授，经典教材《货币金融学》作者、美联储理事弗雷德里克·米什金；美国税收联合委员会前副主席阿兰·欧尔巴哈；国际清算银行亚太地区经济学家Alicia Garcia-herrero；香港金管局崔历/舒畅/常健；亚洲开发银行研究院访问学者Michael Pamerleano等。

部分翻译文章得到了学术界的高度认可，其中美国加州大学经济学教授迈克尔·杜利和德意志银行戴维等人合作的《以美元为中心的国际货币体系难以发生根本变化》，以及米什金的《应对金融危机：货币政策无能为力吗》两篇文章被广泛转载，人大复印资料列于封面位置。

《新金融》不断得到国外专家的关注，第5期发表了英国梁建邦国际顾问公司主席的来稿《中国工业可持续发展：应对全球气候变化、能源和粮食安全转型的范例》，这是《新金融》办刊20年来首次由国外专家主动提供英文稿件。

3.《新金融》所发文章转载率大为提高

期刊办得成功与否，刊登的文章能否被读者、同业、权威机构认可是关键，所刊文章的转载情况是衡量被认可程度的主要量化指标。在办好期刊的同时，继续跟踪和关注主要期刊特别是人大复印资料对《新金融》刊登文章的转载情况。以人大复印资料为例，2009年共转载《新金融》文章16篇，在前两年基础上进一步增长。除了得到外界的认可以外，也得到了交行领导的认可，杨东平首席风险官对《新金融》发表的有关风险管理的文章自列清单，要求打印送阅。

4. 上半年认真办好题为“全球经济：困境与转折”的交银国际经济圆桌会议

2009年5月，《新金融》在北京举办了《全球经济：困境与转折》的经济圆桌会议，组织并邀请中国人民银行研究局局长张健华、国家发改委对外经济研究所所长张燕生、外交学院院长助理江瑞平、国家外汇管理局副司长管涛、上海社科院副所长徐明棋、中国人民大学郑超愚教授等专家与会。会后，及时整理专家学者的观点，在《交行之窗》和《新金融》上给予发表，并由《新金融》邀请国内主要媒体对会议进行了广泛的报告，其中《金融时报》以较大篇幅介绍了本次会议召开情况，扩大了论坛和交行的社会影响力。

5. 下半年组织筹办了交通银行与中国金融40人论坛合作的“海西金融论坛”

2009年11月，《新金融》期刊联合企业文化部、公司部和福建省分行、厦门分行在福州举办《危机挑战下的海西金融发展机遇》这一交银首席经济学家论坛。汇金公司总经理谢平、交行钱文挥副行长，以及中国人民银行、财政部、国家外汇管理局、国务院发展研究中心、北京大学国家发展研究院、交通银行、北京师范大学、广东金融学院的专家学者，来自台湾、福建的企业家代表等。福建省和厦门市主要领导出席会议并致辞。本次论坛的成果经整理以多版本的形式分别发表于《新金融》和《交行之窗》。媒体对本次会议给予了充分的报道，特别是有电视台对钱行长作了专访，为宣传交行起到了一定的作用。

6. 举办“金融专题研究”博士后征文活动

2009年继续举办博士后征文评选工作，得到金融监管部门、商业银行、证券公司、期货公司、高等院校、社科院等机构博士后流动站的积极支持。共收到博士后征文70多篇，根据征文的质量，选择其中30篇文章进入专家评审阶段，由专家对其进行匿名评选。最终确定了一等奖1篇，二等奖5篇，入围奖7篇。通过认真整理和选择，2009年以来陆续在《新金融》上发表22篇。

7. 组织参加国家新闻出版署举办的全国图书期刊展

积极准备相关宣传资料和期刊，参加了于济南召开的第十九届全国图书交易博览会，设立展台。该届书博会参展出版社近400家，图书品种突破12万种，为历届之最。通过参加全国期刊展，向全社会推介《新金融》，进一步提高了知名度和社会影响力。

8. 积极参加华东地区优秀期刊和南京大学CSSCI核心期刊评选

在入选两个核心刊物以后，《新金融》再接再厉，争取入选华东地区优秀期刊和南京大学CSSCI核心期刊。为此，积极准备了大量的统计和文字材料，争取获得较好的评选结果。目前已经通过华东地区优秀期刊的评选和网上公告。

为了配合部门“研究支持品牌”的要求，《新金融》通过寻找经济热点，开展了一些主动性的研究工作，主要成果包括《创业板市场与中国创新型经济发展》、《产能过剩不能制约通胀的形成》等，还起草《全球经济反转尚需时日，中国应加快结构转型》、《危机挑战下的海西金融发展机遇与金融服务》等多篇文章。

（新金融）

3.《上海投资》月刊

《上海投资》作为投资学会的会刊，多年来形成了集学术性、前瞻性、实务性和多样性为一体的办刊特色。《上海投资》编辑部深入学习实践科学发展观，发扬理论联系实际的学风，把理论刊物作为学术研究平台和政策宣传的阵地，充分发挥专家作者队伍的权威作用，提供具有权威性、思想性、敏锐性的信息，充分发挥舆论导向的作用。

全力提高文章水平，注重刊物的实用性和指导性，为广大读者提供信息支持和决策参考。《上海投资》杂志首先为学会会员服务，同时也为社会专业学术发展服务，注重社会效益，发挥科学理论与社会发展的热点、难点相结合的解疑释惑作用，成为深受读者喜爱并具有决策参考作用的学术性刊物。

（1）编辑工作：《上海投资》是面向社会、面向市场、以投融资金融理论和政策研究为主的学术性较强的专业理论研究刊物，具有较高的学术价值和广泛的社会影响。不断丰富理论刊物学术内容和提高文字水平。《上海投资》编辑部坚持正确的办刊方向，贯彻品质第一的办刊理念，密切关注市场变化和经济动态，加强对国家经济金融政策和热点问题的研究，在刊物的选题上紧密结合投融资领域改革与发展的实际，在不断提高刊物的文字水平、版面布局、色彩效果的同时，着力抓好作者队伍建设，充分发挥系统内中青年骨干理论研究作用，积极组织社会上有名望的专家学者和行政领导，拥有一支高质量的作者队伍。

充分发挥刊物的实效性和指导性，进一步增强刊物文章的新颖性、实务性与可读性，在栏目的调整上注重增加具有投融资领域新课题、个人理财新内容的实务研究篇幅，争取为广大的读者提供更多可以借鉴的内容。让《上海投资》切实为投融资理论研究和商业银行业务发展提供宏观经济层面的信息支持和决策参考，丰富学会内外广大读者的知识与信息，增强刊物在学术界和社会上的影响力。

（2）编务工作：认真做好刊物的年度发行工作，协调与期刊主管部门、广告经营及管理部门的关系，切实做好为基层单位的服务工作。做好刊物订阅的财务结算工作，严格控制各项经费支出，做好编辑部年度经费预算。

积极组织高质量的稿件，研究探讨投融资领域和商业银行的发展形势，将视角投向把握市场变化和经济发展进程中的机遇和挑战，紧密结合我国宏观调控政策、社会经济热点问题和上海国际金融中心建设的发展轨迹做出快速反应，密切关注我国在应对国际金融危机冲击、保持经济平稳较快发展、转变经济发展方式和调整经济结构的新动向，探索和研究实物投资和证券投资的客观规律与管理方法，充分发挥《上海投资》的窗口作用和对读者的服务作用，为建设有中国特色的投资理论学科、提高宏观与微观投资管理水平服务。

（上海投资）

4.《上海证券报》

2009年，上海证券报社围绕“实现战略转型”的总体目标，认真学习实践科学发展观，在抓好宏观经济和证券市场报道的同时，全力推进新媒体建设，努力实现从传统媒体向多媒体新闻信息业态的转变，取得明显成效。报社按计划全面拓展采编、经营、管理、新媒体等各方面的工作，全力开源节流，强化成本控制，全年实现销售收入30 211.39万元，同比增长5.39%。

1. 强化主流财经媒体的话语权，积极提升财经资讯产品的品牌影响力

2009年在认真做好全国“两会”报道、国庆60周年报道、创业板报道等重大报道的基础上，积极宣传中央关于宏观调控和发展金融、资本市场的各项方针政策，积极稳妥做好证券市场的报道，发挥舆论正面引导作用。在新闻报道上，报社加强了调查性新闻和独家重要新闻的报道力度，连续推出了一批经过深度策划、深入调查研究的调查性焦点报道和特别报道，在国内产生了重要影响。

国庆 60 周年报道主要围绕着中国经济 60 年的发展和成就以及中国资本市场的发展历程等重要事件进行组织报道，特别是对于证券市场的发展和成就进行了重点报道，不少内容国内的重要财经网站都予以转载，体现了《上海证券报》专业财经报道的影响力。

创业板开设是 2009 年中国资本市场发展的重要里程碑，在进行创业板报道的过程中，围绕投资者教育和市场建设的重点进行全方位的分析解读，同时在创业板公司的报道上，以客观公正的专业价值分析，为投资者和市场提供有效咨询，得到了监管部门的肯定和表扬。

2009 年在手机资讯产品方面，发稿 3 万余条，内参发稿 20 多篇，网站年发稿量达 10 余万条。

2. 按照“一支队伍、一个流程、一个考核”的原则，实现平面媒体、网络媒体、手机媒体的全面融合

一支队伍，即对现有采编队伍进行培训、提高，打造“一专多能”的采编队伍，记者不仅要向报纸发稿，还要向网络发稿、向手机媒体发稿；编辑不仅要编辑报纸稿件，还要编辑网络频道、手机媒体、个人资讯终端稿件，最大程度地整合资源，发挥协同效应。

一个流程，上海证券报社与中科软合作，研发集报纸、网络、手机媒体、个人资讯终端于一体的“多媒体稿件流程管理软件”。在总编室的统一指挥下，通过统一的全媒体生产管理平台，实现报纸和其他多媒体形态产品的统一整编和分类生产。

一个考核，报社将“报纸、网络、手机媒体、个人资讯终端”等多形态媒体的考核统一纳入同一体系，采取“同一个考核办法”，将各类人员的工作和利益联系在一起，充分调动各类人员的积极性和创新意识。

3. 不断创新，集中优势，选择最优项目，推进新媒体营销业务，市场拓展取得明显业绩

根据媒体发展的最新趋势和要求，《上海证券报》进行改版，通过压缩无效资讯，按照“新闻的深度化、资讯的市场化、观点的高端化”的指导思想，强调报道的前瞻性、分析性，使之更加贴近纸质媒体读者的看点。

中国证券网进一步改版，准确发布有时效价值、投资参考价值的资讯。2009 年 9 月，中国证券网成功开通创业板信息披露，并通过监管部门的审核，成为“创业板指定信息披露网站”。

随着报社全媒体转型战略的逐步推进，新媒体的产品研发逐步成熟，上海证券报社最近与联合证券签订金额达千万元的合作协议，取得了新媒体业务拓展的新成果。

4. 在维护原有信息披露业务的基础上，在创业板、企业债券、网上路演、广告等方面寻求新突破

在做好原有上市公司信息披露业务的基础上，2009 年全力做好创业板公司的信披披露工作，积极开拓信息披露业务的经济增长点。

在全球金融危机、上半年新股发行停滞的背景下，上海证券报社积极开拓企业债券信披项目，一举占据市场的 50%份额，实现信息披露业务的逆势上扬；同时，《上海证券报》加大网上路演推介的营销，吸引了成渝高速等沪市主板发行的大型公司和中国建材等一大批公司的债券发行、再融资的网上路演，出现了每周都有三四场路演的火爆场面。

2009 年广告业务拓展取得了较好成效，客户资源、营销渠道、经营指标都有全面的提升。

5. 把握时机，发挥优势，开展多种形式的品牌活动，品牌影响力有新的提升

2009 年，上海证券报社先后组织了“2009 中国基金高峰论坛、2009 中国理财高峰论坛、中国信托高峰论坛、广东中小企业上市融资（创业板）论坛、内蒙古地区资本市场发展论坛、2009 后危机时代黄金投资高峰论坛，以及中国房地产高峰论坛"等活动，吸引了相关领域的领导、权威，海内外的专家学者，以及上市公司、基金公司、信托公司高层人士参加，产生了比较好的社会效果，进一步提升了《上海证券报》在相关领域的影响力。

6. 强化发行管理，报款百分百回笼，成本下降

2009年，报社进一步强化发行工作的管理，实现当年报款百分百回笼，全年回笼报款1 292.38万元；在加大机场展示报营销，加强印刷厂的双考评制度，印刷时效、质量大幅提高。

（上海证券报社）

5.《上海金融报》

2009年，《上海金融报》在报社新的领导班子领导下，在报社全体员工的共同努力下，面对金融危机与市场竞争的双重挑战，紧紧抓住上海创建国际金融中心和迎世博的发展良机，不断开拓创新，积极调整经营策略，取得了良好的成绩，促进了报社的和谐发展。

1. 坚持以读者为中心，报纸质量稳中有升

2009年，《上海金融报》坚持以读者为中心、以市场为导向的办报原则。坚持开门办报，根据读者的需求，市场的变化随时调整报纸的报道重点和报道中心，使报社的发展跟上时代的发展步伐。同时，通过加强报社记者、编辑队伍的培训，不断增强业务能力，适应了形势发展的需要，使报纸的质量得以进一步提升。

上海市新闻出版局组织专家在2009年对上海607种期刊和97种报纸开展了全面的编校质量检查工作。在3月16日上海新闻出版局公布抽查全市报刊审读质量的监测中，《上海金融报》差错率为万分之1.87，在所抽查的全市报刊中名列上游，属于26种优秀报纸之列（差错率在万分之二以内）。

由上海市"迎世博，树形象，满意服务在金融"立功竞赛活动领导小组组织的2008年"满意服务在金融"上海金融好新闻评选活动中，《上海金融报》编辑的"深入学习实践科学发展观系列笔谈"获得了二等奖。结合国庆、创建国际金融中心建设、迎世博等重大节庆活动，《上海金融报》还组织了多次专题、专栏及专版报道。如与中国人民银行上海总部联合出版"迎国庆60周年专刊"等。通过这一系列的宣传报道，既增强了报纸的宣传力度和报道质量，提高了报纸的影响力；同时进一步增强了报社与各金融主管部门和金融机构的密切联系，优化了报社的发展环境。

在加强业务培训，提高员工业务技能和素质方面。2009年以来，上海金融报组织了多次员工的业务培训。并将一些基本的语言文字能力作为部分岗位的上岗必备条件向员工提出要求，报社为此组织了25名员工参加国家语言文字委员会在上海举办的统一考试和培训，效果良好。通过培训，员工素质得到提升，报纸质量明显提高。为了适应上海国际金融中心建设的形势需要，报社还组织全体采编部门的记者和编辑参加了由上海市金融办、市金融联合会为各级金融高官们举办的"推进上海国际金融中心建设"系列讲座。吴晓灵、夏斌、方星海等一批金融专家和学者作专题演讲。

此外，上海金融报网页也进行了全新改版扩容，浏览量快速提高，更新时间大为提前，并大大增加了报纸以外有关财经新闻的栏目和内容。网站还被列为上海地方门户网站东方网的首页一屏位置，提升了报社的影响力。

2. 积极开展对外合作，拓展营销领域

2009年以来，《上海金融报》将对外合作、拓展营销领域作为一项重要工作来抓，一把手亲力亲为，通过一系列的营销活动，提高了报社的社会影响，取得了社会、经济效益双丰收。

（1）陆家嘴金融论坛。2009年5月15—16日在上海举行的陆家嘴金融论坛。《上海金融报》作为陆家嘴论坛参与方之一，在论坛期间做了大量的工作。新闻报道方面，采访小组深入会场第一线进行采访，及时进行了文字、摄影报道，圆满地完成了任务。编辑、出版了一份精致而又高质量的陆家嘴论坛会前刊和会后刊，受到市政府高层领导的赞赏。其间，上海金融报还增刊了论坛特刊，借助论坛平台进行报纸宣传，起到了很好的宣传效果。

（2）“上海金融”网开通。2009年5月14日，由中共上海市金融工委、上海市政府金融服务办和《上海金融报》共同创办的“上海金融”网开通仪式在上海国际会议中心举行。“上海金融”网是中共上海市金融工委、上海市政府金融服务办的门户网站，并负责网站的技术维护，上海金融报社则负责网站内容更新。目前该网站运行正常，影响力日增。

（3）中小企业金融洽谈会。2009年上海金融业服务中小企业洽谈会，改变了历年来由银监部门一家主办，银行参与的单一模式，会议主体发展到：银行、证券、保险、期货、担保、租赁、股权投资和小额贷款公司等100余家中外金融及服务机构，同时，还邀请了部分区县政府参与。上海金融报社在往年与银监部门合作举办了多届“小洽会”的基础上，更是全方位参与了“金洽会”的整个活动，并作为唯一的协办媒体，负责整个会议期间的宣传工作。得到了“金洽会”组委会和市政府领导的首肯和赞扬，组委会还为报社颁发了锦旗和书面表扬。

（4）上海银行业舆情监测工作。由上海银行业新闻协作组主办，《上海金融报》承办并发布的“上海银行业舆情参考”（日报和月报）工作在2009年有了新进展。一是参与的银行有所增加，中资银行基本上实现了全覆盖，外资银行也积极加入了舆情监测工作。二是舆情日报的内容有所扩容和深化，如围绕热点问题增加了理财专题、二套房贷等专题内容，特别是增加了每周舆情分析专栏，分析每周媒体所关注的负面报道内容、动向和共性特征，预测银行客户可能针对银行的举动，找出高发负面报道的种类、性质以及发展趋势，提醒银行和监管部门制定切实可行的预防措施，以起到预警的作用，受到了好评。

（5）与上海银监局合作办培训班。为迎接世博会召开，进一步提升上海银行业金融机构的整体社会形象，根据银监会的要求，《上海金融报》与上海银监局、上海银行同业公会共同举办了“上海银行业声誉风险管理与公共关系维护”培训班。培训对象为上海各中、外资银行、信用卡中心、上海银行同业公会等公关部门负责人。借助中国浦东干部学院的师资力量和先进的教学设备，以一种全新的情景模拟、危机事件决策模拟、实训演练等教学模式，起到了很好的效果，参加二期培训班培训的学员反响良好。

（尚 金）

6.《国际金融报》

2009年，《国际金融报》审时度势，整合报社资源优势，强化采编队伍，优化版面结构，坚持资讯的解释性、实用性和可操作性，提高报道的深度和广度，朝着更加贴近市场、更加贴近读者的方向迈进，报社的发展登上一个新台阶。

1. 加强精品策划，突出深度报道

在竞争激烈的报业市场，勇于开拓、大胆创新，已成为报纸求生存、图发展的必由之路。报纸要想牢牢吸引住读者，必须在新闻的深度和广度上做足文章，努力做到“人无我有，人有我全、人全我新”，在新闻制作上追求独家性、首创性、前瞻性和深度性。《国际金融报》根据市场和读者需求适时调整版面，在强化日报新闻时效和原创性的同时，强调内容的深度报道，集中精力加强策划，围绕财经背后的信息和故事，以相对中观和微观的视角，以“财经人”为承载，分析和判断国际国内政经发展趋势，透视中国经济机理，精准预期中国业界发展脉络。引导记者落实“讲述新闻”的写作风格，关注新闻深层背景、发展进程、理性预期，突出深度报道、调查报道和信息的服务性，在矛盾中讲述新闻，在矛盾中分析信息，在矛盾揭示中倡导法制、规范和人文的财经价值。统一版面语言，形成了“舒朗、简洁、内敛”的版面风格，标题比过去的大了，醒目，简练，并在财经新闻图表、图片的使用上进行了一些有益探索。

2009年，《国际金融报》有以下几个特点：一是策划先行，重大报道有声有色，无论是全国两会报道，还是国际金融协会春季会员会议或者是达沃斯论坛大连年会专刊报道，每次重大报道的成功，策划功不可没。二是形成特色，评论写作可圈可点，采编部门领导带头，编辑记者积极参与，在一些重大问题、敏感话题和关键节点上，推出了国际特色、金融视角、质量上乘的评论作品。三是整合资源，各方力量为我所用，充分利用人民日报驻外记者站的力量，采写第一线的报道，为该报增色不少。同时，还积极开拓专家资源，采取给题目给思路等办法约请专家写稿。

2009 年，《国际金融报》系列佳作频现，如《30 年之歌，改革开放 30 年中国银行业高层论坛》、《美国经济最坏状态何时到来》、《房价真的拐弯了吗》、《谁在主导手机漫游费听证》、《全球性价格上涨，我国压力有多大》、《金融危机下的红火中国年》、《大浦东铺路上海双中心》、《通用汽车：百年老店》、《三问中国民企收悍马》、《跨进贸易人民币结算今起航》、《上海外滩再塑远东华尔街》、《金融创新护航中国东盟自贸区》。关于中央经济工作会议的召开、上海迪斯尼项目的落定、APEC 峰会的召开还有全国“两会”召开等的重大系列报道，报社抽调精干力量组成报道组，制定详细报道计划，认真组织落实。如“两会特刊”，围绕国际金融危机的产生、发展、对策等推出十期整版报道，在全国两会代表委员中产生较大的影响，也获得了业界和专家的认可。

2. 全员精诚协作，积极推进创收

报纸发行是报业生存和发展的重要支柱，为了使报纸发行做到稳中有升，报社各部门积极配合，领导挂帅、全员上阵；共享信息、拓展渠道；快速反应、奖励到位；灵活促销、挖掘潜力。不断扩大资源和客户，把发行工作细化到全年每一天，做好季度、半年度、全年的销售计划，打破了发行工作年底紧张的思维模式，全年抓发行、发行全年抓，实现 2009 年的发行工作稳中有升。

在国际金融危机的影响下，2009 年平面媒体的广告普遍下滑，客户投放收紧，且从广告往公关转向形势明显，面对如此形势，该报利用大环境变化的机遇，进行方向型调整。首先，对各部门人员进行结构调整，为营销队伍注入新鲜血液，并做好梯队建设和人才储备工作，利用各种机会，对新的销售团队进行业务培训和实战训练，对新旧客户关系进行梳理，在重点广告投放客户中建立联系，成功拓展奢侈品、3C 类、知名跨国公司品牌形象等高质量广告的投放。

3. 举办重大活动，扩大品牌影响

2009 年，《国际金融报》抓住年终盘点及媒体评奖契机，年初隆重推出“国金先锋”品牌的奖项评选，成为该报核心活动；全国“两会”期间，该报成为驻会媒体，报纸送进代表委员驻会地，产生了较好效果；4 月上海车展，联合人民网、航美传媒等，让《国际金融报》第一次走进车展，并拥有自己的媒体展台，并与人民网、网易、腾讯等网络媒体实现立体传播；6 月 IIF 年会专刊，进驻会场成为全球银行高层必读报纸；9 月夏季达沃斯大连论坛专刊，成为唯一连续四年专刊关注 WEF 的一流财经媒体。利用多方面的活动，锻炼了队伍，也有效地扩大了报纸的品牌影响力，明显提高了报社在业界的声誉，为报社的全面发展打下良好的基础。

（薛许娟）

三、博 物 图 书

1. 上海市银行博物馆

根据“努力建设一流行业博物馆”的指示，上海市银行博物馆在 2009 年度按照科学发展观要求，积极做好各项工作，取得了较为突出的成绩，被上海市科普教育基地联合会授予先进单位荣誉称号。

1. 较好完成参观接待任务

银行博物馆在 2009 年，共计对外开放 250 余天，累计接待参观万余人次，包括国内外党政机关领导以及企事业单位、大专院校等不同群体。同时银行博物馆在接待工作中，注重发挥博物馆社会效益，分别免费接待由上海市总工会带领的全国劳模休养团、全国希望少年参观团、市老科协等一系列公益性参观团体。全年参观接待工作取得了社会各界的好评。

2009 年银行博物馆配合上海市科技节、科普周活动，实行活动期间对社会免费开放。春节、五一、十一黄金周期间也积极安排对市民开放。在世界博物馆日和全国文化遗产周活动期间，对外免费开放一个月。在周一至周五接待团体的基础上，在大楼物业部门的大力配合下，继续坚持周三下午接待散客，已累计接待散客 2 000 余人。

贯彻落实市科委的政策，坚持对在校学生、老人、残疾人等群体实行优惠或者免票参观，以实际行动来回报社会各界对银行博物馆的关爱，全年共计免费接待各类团体个人 5 000 余人次。

2. 努力做好科普宣传工作

银行博物馆在 2009 年中编辑出版学术刊物《银行博物》丛书第 10 辑、第 11 辑，并对其进行了改版，改版后的丛书图文并茂，大大增加了可读性和视觉效果。在各类等刊物上发表过多篇博物馆科普宣传文章。出版《银行老股票》学术性著作一本，全书荟集从清末到新中国成立前后的银行、钱庄类股票 400 余枚，填补了国内在此领域学术研究的空白。

2009 年银行博物馆在各项科普活动开展期间，接受了多家国内外大型媒体的媒体的采访或拍摄宣传片，通过媒体做了大量科普宣传工作。

银行博物馆参加 2009 年上海市《社会科技教育资源整合利用理论与实践》课程，编辑丰富的教案和 ppt 演示，为上海市科普教师上课，介绍银行业相关科普知识。

银行博物馆积极参加市、区两级科委组织的各项活动、参加科普讲解词撰文竞赛，荣获优秀组织奖及个人二等奖。

3. 做好展品征集和陈列布展工作

2009 年银行博物馆继续加大对博物馆展品征集的投入，征集到大量珍贵的银行票据、钱币和器具实物。其中最为重要的是斥巨资征集到一批美国钞票公司印制中国纸钞的钢质钞版，所有钞版均保存完好，经国内权威专家鉴定，此批钞版具有极高的历史价值和文物价值。

（许　斌）

2. 历道证券博物馆

2009 年，历道证券博物馆秉承“承传历史遗产，弘扬民族文化，展示艺术风采，继续商业文明”的宗旨，以证券历史文化为背景，以展馆为平台，以公益的方式，展示了博物馆良好的社会公众形象。

1. 主要工作

(1) 根据民非企业单位的管理要求，加强了博物馆的规范化建设，建立、健全了博物馆管理制度和日常管理规范，制定和完善了《档案管理办法》、《证照管理办法》、《承诺服务制度》、《信息披露制度》、《安全保卫制度》等一系列规范。

(2) 热情接待、热心服务社会观众，主动发挥文化遗产的多方面综合作用，为参观者提供周到、细致、优质、富有文化内涵的专业的服务，获得了社会各界的一致好评，树立了良好的社会形象，扩大了国内外文化交流，博物馆影响不断扩大，公信力不断提高。

(3) 加强与各方建立良好关系，有效发挥博物馆资源和优势，宣传和扩大博物馆的社会影响力，积极拓展持续发展能力：向行业主管部门定期汇报，接受检查、管理和指导；与文博同行及高等院校、研究机构加强联系，目前浦东干部学院、复旦大学、上海交大、上海大学、西安交大等已将历道证券博物馆定为教学研究基地；拓展观众来源，扩大博物馆的影响力；加强与收藏市场联络，掌握市场信息，了解藏品价值。

(4) 加强学习和积累，收集相关史料，挖掘藏品资源，努力提升研究能力和服务能力，开发和宣扬藏品价值。

2. 工作大事

(1) 博物馆因诚信自律、规范运营，积极发挥社会作用，顺利通过了国家文物局及民政部年检。

(2) 民办非企业单位规范化建设评估是2009年度民政部的重点工作，关乎博物馆的社会公信力和未来发展，对博物馆来说意义重大。根据评审要求，历道证券博物馆准备了近三年来有关基础条件、内部治理、业务活动和诚信建设、社会评价四个方面的全面而详尽的综合材料，并接受了民政部“民办非企业单位规范化建设评估工作”评审团的现场检查。最终历道证券博物馆获评为次高等级3A级，位列民政部直属30家民办非企业单位的第13名。

3. 主要社会活动

历道证券博物馆积极参与、开展非营利公益性活动，回报社会

(1) 圆满完成了国家文物局举办的“世界文化遗产日”观众开放月、“世界博物馆日”观众开放月的集中接待活动，因此获得了文物主管部门的好评和奖励。

(2) 圆满完成了上海市金融办、上海证监局组织的第三届陆家嘴金融文化节证券文化展示、宣传工作。

(3) 积极参加上海市政府组织的上海迎世博窗口服务日等活动，在活动中充分发挥博物馆公益性、教育性功能。

(张冠琼)

3. 中国银行行史陈列馆(上海分馆)

中国银行行史陈列馆(上海分馆)于2008年7月正式开馆。陈列馆展厅位于中山东一路23号中国银行上海市分行营业部一层，面积约700平方米，陈列展品共计1 000余件。整个展厅以中行的历史发展为纵线，分为中国银行的诞生、民国时期、社会主义计划经济时期、改革开放时期等部分。

走进场馆，一座宽约六米、高至屋顶的花岗岩精雕——“浦江两岸”映入眼帘，隔着流金淌银的黄浦江，两座诞生于不同世纪而各具时代特色的中银大厦遥相呼应，好似在诉说着中国银行百年辉煌历程。

金丝楠木雕刻而成的中国银行发源地——上海汉口路3号(现50号)旧址模型、栩栩如生的两位中国银行民国时期杰出领导人——宋汉章和张嘉璈先生的蜡像、中国银行创始人之一宋汉章先生的原始股票、中国银行早期使用的存折和账册、反映重大历史事件的文本、照片和实物……一件件珍贵的展品呈现眼前，真实还原了中国银行从1912年成立到1916年断然抗拒袁世凯政府的

"停兑令",从国家银行到国际汇兑银行和国际贸易专业银行三次职能转变、从在外滩万国建筑群中建造中国人自己出资设计和建造的"23号中行大厦"到积极筹款支持抗战、从解放战争时期保护行产到支持国家抗美援朝打破经济封锁、从投身社会主义事业建设到支持国家改革开放、从2006年在沪港两地上市到2008年作为奥运唯一银行合作伙伴圆满完成奥运各项金融服务等一幕幕精彩的历史瞬间;生动、鲜活地重现了她为实现中华民族的强国之梦,为发展壮大民族金融而百折不挠、奋斗不息的光辉足迹。

中国银行是国内唯一迄今还在发行货币的百年发钞行。为此,展厅内专门开设了中国银行货币展示馆,集中展示了中国银行从1912年至1942年各时期发行的地名券、暗记券、法币等多种票样,从1980年至1995年为维护人民币统一和稳定而发行的外汇兑换券,以及自1994和1995年起,在中国香港和中国澳门发行的港币和澳门币。

此外,中国银行在全球163个国家和地区,与1 500多家国外代理行及其47 000家分支机构建立了代理业务关系,形成了覆盖全球的代理行网络。陈列馆为此别具匠心地以各国货币为标示,全面展示有代理行关系的国家和地区,展示外国货币之全为上海之最。

为方便访客浏览参观,中国银行专门为展厅配备了现代化的语音导览系统,访客只需戴上耳机,将展品前标明的号码输入手中键盘,即可听到展品的相关介绍。

"百年辉煌,源远流长,追求卓越,再谱华章"。中国银行近百年的风雨兼程表明:一家银行必须有发展的抱负、前进的目标、坚韧不拔的思想和锲而不舍的精神,这抱负和目标必须与国家利益融为一体,并与世界经济及国际金融业的发展趋势相吻合。

(中行行史馆)

4. 2009年上海版金融类图书目录

序号	书　名	作　者	出 版 社
1	上海证券交易所联合研究报告2009	张育军主编	上海人民出版社
2	上海证券交易所研究中心研究报告2009	张育军主编	上海人民出版社
3	上海国际金融中心建设学习读本	本书编写组	上海人民出版社
4	ETF投资指南	上海证券交易所编著	上海人民出版社
5	中国金融史十六讲	洪葭管著	上海人民出版社
6	2009年上海国际金融中心建设蓝皮书	储敏伟、贺瑛、朱德林主编	上海人民出版社
7	公司债券价格与信用风险研究	孙泽蕤著	上海人民出版社
8	上海银行公会研究(1927—1937)	王晶著	上海人民出版社
9	上海票据交换所研究(1933—1951)	万立明著	上海人民出版社
10	中国银行上海分行研究(1912—1937)	董昕著	上海人民出版社
11	上海银行公会研究(1937—1945)	张天政著	上海人民出版社
12	上海金融发展报告(2009)	方星海主编	上海人民出版社
13	信心财富	吴申主编	上海人民出版社
14	电子货币与货币政策有效性研究	周光友著	上海人民出版社
15	股市赢策	王野著	上海人民出版社
16	东亚金融合作制度设计和效应研究	郑海青著	上海人民出版社

（续表）

序号	书　　名	作　　者	出版社
17	支付体系与国际金融中心	冯菊平著	上海人民出版社
18	借银行生财——推开银行理财之门	尹娟著	上海人民出版社
19	香港人如何理财	姚舜著	上海人民出版社
20	就这样赚钱——46位平民英雄的创富写真	周虎主编	上海人民出版社
21	新股赢利秘招	安阳著	上海人民出版社
22	迈向国际金融中心——改革开放大潮中的上海金融	本书编写组编著	上海人民出版社
23	社会责任投资	[美]埃米·多米尼著	上海人民出版社
24	金融发展与经济增长——1978—2005年中国的实证检验	范学俊著	上海人民出版社
25	资本主义精神——民族主义与经济增长	[美]里亚·格林菲尔德著	上海人民出版社
26	镶嵌式博弈——对转型社会市场秩序的剖析	王水雄著	上海人民出版社
27	区域经济发展战略分析	豆建民主编	上海人民出版社
28	区域经济比较	陈凯著	上海人民出版社
29	产业聚集论	刘乃全著	上海人民出版社
30	城市经济与城市群	赵晓雷著	上海人民出版社
31	资本全球化——国际货币体系史(第二版)	[美]巴里·艾肯格林著	上海人民出版社
32	美国社会保障制度	李超民著	上海人民出版社
33	美国大萧条	[美]默里·罗斯巴德著	上海人民出版社
34	全球化背景下亚洲城市的战略性选择	王桂新、杨汝万主编	上海人民出版社
35	亚洲经济转型与国际秩序	沈丁立、任晓主编	上海人民出版社
36	20世纪全球资本主义的兴衰	[美]杰弗里·弗里登著	上海人民出版社
37	全球金融风暴与中国经济	袁志刚主编	上海人民出版社
38	市场结构和对外贸易——报酬递增、不完全竞争和国际经济	[以]埃尔赫南·赫尔普曼等著	上海人民出版社
39	贸易政策和市场结构	[以]埃尔赫南·赫尔普曼等著	上海人民出版社
40	纳税服务——实践探索	王飞、蔡建勋著	上海人民出版社
41	扩展融资渠道	徐晓萍著	上海财经大学出版社
42	房地产金融新编	曹建元著	上海财经大学出版社
43	中国上市公司多元化经营实证研究	潘瑞姣著	上海财经大学出版社
44	经济预测和决策	高百宁主编	上海财经大学出版社
45	产权竞争与国企改革	朱亚兵著	上海财经大学出版社
46	财政与金融	张庆丰主编	上海财经大学出版社
47	电子金融服务顾客关系质量评价模式的实证研究	李菁华著	上海财经大学出版社
48	国际贸易理论与实务	黄锡光主编	上海财经大学出版社
49	500强企业报告:3:中外500强企业创新体系研究	江若尘、翟青主编	上海财经大学出版社
50	2009中国金融发展报告:风险管理与保险创新	上海财经大学现代金融研究中心、上海财经大学金融学院著	上海财经大学出版社

（续表）

序号	书 名	作 者	出 版 社
51	2009世界经济发展报告	上海财经大学世界经济发展报告课题组著	上海财经大学出版社
52	2009中国产业发展报告：产业技术进步与自主创新	上海财经大学产业经济研究中心著	上海财经大学出版社
53	2009中国财政发展报告：全球金融危机下扩大内需的财政政策研究	上海财经大学公共政策研究中心著	上海财经大学出版社
54	WTO简明教程	石士钧主编	上海财经大学出版社
55	资本结构理论：基于公司控制权考虑的研究	宋晓梅著	上海财经大学出版社
56	资本价格泡沫形成的微观机理分析	吴红梅著	上海财经大学出版社
57	黄金游戏——交易靠自己（三）	占豪著	上海财经大学出版社
58	国际贸易	张炳达、周琼琼编	上海财经大学出版社
59	统计学	孙允许主编	上海财经大学出版社
60	商业银行经营管理	甘当善主编	上海财经大学出版社
61	熊市能赚钱——黄金游戏（二）	占豪著	上海财经大学出版社
62	高级宏观经济学	[美]戴维·罗默著	上海财经大学出版社
63	上海房地产年鉴：2008	华伟主编	上海财经大学出版社
64	股权与治理	王秀治著	上海财经大学出版社
65	房地产辞典	杰克·P. 弗里德曼著	上海财经大学出版社
66	短线点金4：股市实战中的17招技巧	徐文明、李洁著	上海财经大学出版社
67	股票估值实用指南（第2版）	[美]加里·格雷等著	上海财经大学出版社
68	与狼共舞——股票·期货交易员持仓报告（COT）揭秘	[美]威廉姆斯著	上海财经大学出版社
69	散户宝典（之1）：神奇买入	楚风著	上海财经大学出版社
70	证券分析：原理与技巧（1951年经典版）	[美]本杰明·格雷著	上海财经大学出版社
71	策略：决胜全球股市	[美]利奥·高夫著	上海财经大学出版社
72	能源与环境对冲基金：新投资范式	[美]彼得·C. 福萨络、[美]加里·M. 凡塞著	上海财经大学出版社
73	银行个人理财业务全攻略	张岱云、朱耀明、宋良荣著	上海财经大学出版社
74	信用风险：定价度量和管理	[美]达雷尔·达菲、[美]肯尼思·J. 辛格尔顿著	上海财经大学出版社
75	盘口点金：在K线变幻中玩转黑马股	徐子城著	上海财经大学出版社
76	升华金融：上海国际金融中心建设热点问题探析	上海金融学院国际金融研究院编著	上海财经大学出版社
77	家庭保险规则	粟芳著	上海财经大学出版社
78	再保险	杜鹃、陈玲著	上海财经大学出版社
79	泡沫膨胀破裂：美国股票市场	（澳大利亚）戴维·L. 韦斯顿著	上海财经大学出版社
80	国际金融中心的理论研究	薛波、杨小军、彭晗蓉著	上海财经大学出版社

（续表）

序号	书　　名	作　　者	出　版　社
81	个人理财(第2版)	刘伟著	上海财经大学出版社
82	证券投资基金	李曜著	上海财经大学出版社
83	证券市场基础知识	文景著	上海财经大学出版社
84	证券交易	苏杨著	上海财经大学出版社
85	投资概论	蒋培德著	上海财经大学出版社
86	信用保证保险研究	曾鸣著	上海财经大学出版社
87	证券投资分析	韩其恒著	上海财经大学出版社
88	浙江兴业银行研究	李国胜著	上海财经大学出版社
89	投资项目评估(第2版)	简德三著	上海财经大学出版社
90	金融资产评估	杨大锴、杨晔、曹建元著	上海财经大学出版社
91	我国证券分析师研究报告特性及市场影响实证分析	杨枫著	上海财经大学出版社
92	金融原罪与金融文明	福卡智库著	上海财经大学出版社
93	金融衍生工具:定价原理与实际运用	陈信华著	上海财经大学出版社
94	中国银行业产业组织研究	刘勇、尚文程、穆洪声编	上海财经大学出版社
95	资本账户开放的经济效应研究	叶伟春著	上海财经大学出版社
96	金融自由化与中国银行业的竞争和发展	张红著	上海财经大学出版社
97	资产配置理论:基于寿险投资的分析与应用	王庆仁、高春涛著	上海财经大学出版社
98	证券投资基金业绩评价研究	李宪立、黄汉江著	上海财经大学出版社
99	银行结算业务处理(附练习册)	陈志刚编	上海财经大学出版社
100	商业银行价值管理研究	高印潮、黄汉江著	上海财经大学出版社
101	证券市场的风险控制	徐士敏著	上海财经大学出版社
102	权证理论与实务:兼论我国权证市场的发展与改革	张祖国著	上海财经大学出版社
103	上市公司的投资行为与效率研究	张祥建、郭岚、徐磊著	上海财经大学出版社
104	2009中国投资发展报告:勇于创新的跨国公司网络组织	上海财经大学投资研究所编	上海财经大学出版社
105	牛熊博弈:对话中国投资高手	周迪伦著	上海交通大学出版社
106	海外创业板运作机制比较研究	王晓津著	上海交通大学出版社
107	资产组合管理	蔡明超、杨朝军著	上海交通大学出版社
108	分析金融学	鲍祥霖、黄培清著	上海交通大学出版社
109	投资咨询指南	郑峥嵘、许学武著	上海交通大学出版社
110	卖空制度的市场效应研究	夏乐、才静涵著	上海交通大学出版社
111	证券市场流动性与投资者交易策略	刘海龙、张丽芳著	上海交通大学出版社
112	股市财富裂变	应健中著	译林出版社
113	上海可持续发展研究报告2009:低碳经济专题研究	周冯琦著	译林出版社
114	市场营销管理实用手册	陈东著	译林出版社

（续表）

序号	书 名	作 者	出 版 社
115	2009 中国证券期货统计年鉴（附光盘 1 张）	中国证券监督管理理委员会编	译林出版社
116	结构调整中的消费转型	潘慧著	译林出版社
117	十年轮回：从亚洲到全球的金融危机	沈联涛、杨宇光、刘敬国著	上海远东出版社
118	股指期货实战指南	格林期货有限公司编	上海远东出版社
119	股民学校中级教程	上海证券报社编	上海远东出版社
120	德意志银行之星	[瑞士]埃里克・诺尔曼斯著	上海远东出版社
121	中国农村金融调查	韩俊著	上海远东出版社
122	金融城的灰姑娘：水星资产管理公司的那些岁月	[英国]彼得・斯托蒙思・达林著	上海远东出版社
123	画说股指期货	曹立等著	上海远东出版社
124	演绎精彩：中欧陆家嘴金融家沙龙精选	吴晓明、朱晓灵著	上海远东出版社
125	中国村级债务调查	陈洁、齐顾波、罗丹著	上海远东出版社
126	BBVA 的创新与全球化	韩明智、刘明康、吴敬琏著	上海远东出版社
127	见证上海金融改革 30 年	吴建融著	上海远东出版社
128	十年轮回：从亚洲到全球的金融危机	[马来西亚]沈联涛著	上海远东出版社
129	大牛有形：股票技术分析（新版）	黄久龙著	上海远东出版社
130	期货投资经典案例	刘英华、朱玉辰编	上海远东出版社
131	股权投资基金运作：PE 价值创造的流程	叶有明著	复旦大学出版社
132	金融风险管理	张金清著	复旦大学出版社
133	中国房地产金融制度创新研究：基于 REITs 理论的探讨	王仁涛著	复旦大学出版社
134	投资学（第 2 版）	张宗新著	复旦大学出版社
135	多层次资本市场研究：理论、国际经验与中国实践	张陆洋、傅浩著	复旦大学出版社
136	中央银行概论（第 2 版）	万解秋、贝政新、陈作章著	复旦大学出版社
137	保险学习题与案例	徐爱荣著	复旦大学出版社
138	保险理财学	徐爱荣著	复旦大学出版社
139	利率曲线及其构造	周星著	复旦大学出版社
140	金融工具会计准则制定研究：基于 IASC/IASB 的若干经验	陈秧秧著	复旦大学出版社
141	中央银行学学习指导	付一书著	复旦大学出版社
142	投资银行业务与功能	范学俊著	立信会计出版社
143	套利新招：股指期货操作指引	谷秀娟、李连胜著	立信会计出版社
144	衍生工具与套期会计	[美]马克・A. 特朗布利著	立信会计出版社
145	外汇干预问题研究：历史、理论和实证	桂咏平著	立信会计出版社
146	股指期货 100 问	傅强主编	立信会计出版社
147	金融基础	沈立君、蒋金森著	立信会计出版社
148	证券投资学	高士亮、梁莉、周晓东编	立信会计出版社
149	证券与投资	王玉霞、艾洪德编	立信会计出版社

（续表）

序号	书　　名	作　　者	出 版 社
150	基于投资者保护的会计信息披露问题研究	孙燕东著	立信会计出版社
151	国际金融	王雅松、张世体著	立信会计出版社
152	银行业计算机辅助审计的技术与方法	张初础著	立信会计出版社
153	股市操练大全(第 1 册)	黎航著	上海三联书店
154	股权投资基金在中国:兴起原因与未来发展	凌涛著	上海三联书店
155	见证中国股市	范永进、陈岱松、李济生著	上海三联书店
156	我国城镇养老保险制度改革:市场化的比较借鉴与政策选择	孟庆平著	上海三联书店
157	金融热点问题研究 2008	凌涛著	上海三联书店
158	破解国际金融危机	余元洲著	上海三联书店
159	海派金融	俞天白著	文汇出版社
160	诺贝尔经济学奖:四十年经济之声	魏景斌、杨雄飞著	文汇出版社
161	美国的秘密:美国资本集团玩弄世界经济的秘密	汤闯新著	文汇出版社
162	新徽商:创业改变人生	张建华著	文汇出版社
163	上海社会信用制度汇编	上海市征信管理办公室编	上海科学技术文献出版社
164	通世济人达天下	亚商集团编	上海科学技术文献出版社
165	英汉·汉英保险词汇手册	董新著	上海外语教育出版社
166	中国保险业:风险·精算·监管	谢志刚、赵桂芹著	上海科技教育出版社
167	银行结算业务处理	朱以来、贺瑛著	上海教育出版社
168	银行后台柜员业务处理	汪正干、贺瑛著	上海教育出版社
169	股票买卖定式	曾巍著	上海社会科学院出版社
170	国家助学贷款制度研究	冯涛著	上海社会科学院出版社
171	长三角地区外商直接投资的区位选择及经济效应	毛新雅著	上海社会科学院出版社
172	中国失业保险历史回顾及其思考	翟志俊著	上海社会科学院出版社
173	2009 长江三角洲经济社会发展报告	周易、王惠初著	上海社会科学院出版社
174	中国房价周期波动区域差异的经济分析	上海社会科学院房地产业研究中心、上海市房产经济学会编	上海社会科学院出版社
175	中国农村养老保障制度的路径选择研究	周莹著	上海社会科学院出版社

（韦　卫）

四、专题研究

1. 经济危机背景下江苏省个人与中小企业民间借贷状况研究

民间借贷是指公民之间、公民与法人之间、公民与其他组织之间的借贷，是一种直接融资方式。只要双方当事人意见表示真实即可认定有效，因借贷产生的抵押相应有效，但利率不得超过中国人民银行规定的相关利率。2008 年以来，随着世界范围内金融危机的不断加深，我国宏观经济受到巨大的外部冲击。为了了解经济逆转下，江苏省中小企业和个人民间借贷情况，南京分行对江苏省 13 个市个人和中小企业民间借贷情况展开了深入调查。此次调查共获得 422 份个人和 378 份中小企业民间借贷调查问卷，并以此为基础研究了中小企业和个人民间借贷的变化。调查发现较之 2007 年，2008 年江苏省个人和中小企业民间借贷规模有了显著提高。而个人和中小企业向金融机构贷款规模基本未变。其中，中小企业民间借贷的目的发生了重大变化，用于固定资产投资的贷款占比大幅下降，但流动资金仍然是中小企业借贷的主要原因。个人的民间借贷和金融机构借贷违约率大幅下降，中小企业民间借贷违约率有所上升，金融机构贷款违约率略有下降。此外，无论中小企业还是个人，民间借贷利率的变化都不大。中小企业和个人贷款违约的催债方式以上门协商为主。

（一）调查背景

1. 宏观经济形势逆转的特点及其对企业和个人民间借贷的影响

2008 年宏观经济形势的变化具有以下两个特点：

首先，此次宏观经济形势逆转来势迅速。一般来说，正常的经济周期下，宏观经济各项指标由波峰转向波谷需要一定的时间，不会在一年之内出现冰火两重天的局面。但是 2008 年却出现了这样的局面，2008 年 2 月，我国居民消费价格指数达到了 10 年来的最高点 8.7%，到 2008 年 12 月该指数下降到 1.2%，到了 2009 年 2 月更是出现了多年未见的 1.6%的负增长（上次居民消费价格指数的负增长出现在 2001 年 11 月—2002 年 12 月）。除了物价，其他宏观指标，如工业生产、进口量、发电量、货运量等也出现了加速下降的趋势。

第二，此次宏观经济形势的变化出乎大多数人的预料之外。尽管 2007 年底，美国次贷危机已初见端倪，我国经济却一派繁荣景象，并未受到太大影响。高盛等研究机构甚至认为中国经济成功地实现了与美国的脱钩（decouple），即中国经济不再像 20 世纪 90 年代那样容易受到美国经济周期的影响了。直到 2008 年上半年很多企业对未来仍然信心十足，2008 年一季度企业家信心指数比 2007 年底还高达 140.6，高于 2007 年以前年度。2008 年，制造业经理人指数也一路上扬，到 2008 年 4 月，该指数高达 59.2 创造了 2005 年 1 月以来的最高值。许多企业还沉浸在经济景气的气氛里，忙于扩大生产。由于担心原料价格的进一步上涨，很多企业提前下订单购买原材料。统计显示，有 37 个行业的企业库存超过历史高位。但经济形势后来的发展出乎大多数人的意料，企业家信心指数在 2008 年底下降到 94.5，制造业经理人指数在 2008 年 11 月下降到 2005 年以来的最低值 38.8。

一般来说，如果人们预期到经济形势的逆转，将会缩小生产规模、减少债务和投资，以避免经济下行时期因为需求减少导致收益下降。而且，宏观经济下降趋势越是平缓，企业和个人越有时间调整库存，收缩规模。相反，如果人们没有预料到经济的反转，甚至预期将来会出现经济景气，仍忙于扩大生产规模，增加外部债务。而且，如果宏观经济的收缩十分剧烈，个人和企业没有时间做出调整，那么经济形势逆转之下必然会出现普遍的债务拖欠和金融机构资产质量的下降。好在国家为了控制通货膨胀，采取从紧的货币政策，抑制信贷过度增长。央行 2008 年上半年 4 次上调存款准备金率，并通过发行央行票据的方式吸收过度的流动性。商业银行等金融机构为了降低经济过热过程中可能出现的坏账增加、资产质量下降的问题，也提高了贷款发放的门槛。2008 年前 11 个月全国金融机构各项本外币贷款月度同比增速不断下滑：2008 年 1 月金融机构各项本外币贷款同比增长率为 17.53%，下滑到 11 月的 12.73%，该数值为 2006 年 4 月以来（30 个月）的最低增速。

当然，金融机构放贷审慎使得一些告贷无门的企业为了谋求发展转向民间借贷获得支持。与大型企业相比，中小企业获得银行资金支持更加困难。江苏省统计局数据显示，仅有 26.7%的中小企业从银行获得信贷资金。民间借贷为企业（特别是中小企业）的生产经营提供了很大的帮助，但是，未预料到的经济形势逆转所导致的民间借贷借款人收入状况恶化将冲击民间借贷市场的正常运行。

2. 2008 年江苏省金融机构人民币贷款状况分析

在分析经济形势逆转背景下企业和居民个人借贷行为的变化之前，首先有必要从宏观上了解 2008 年金融机构贷款的状况。以便与本文调查结果相对照，分析宏观形势与微观个体表现之间的差异。从总体上看，2008 年人民币贷款平稳增长，全省金融机构人民币各项贷款余额为 26 160.72 亿元，按可比口径同比增长 19.5%。全年人民币贷款按可比口径新增 4 311.21 亿元，同比多增 704.14 亿元，新增量创历史新高。可见，从资金供给面来看，企业和个人借贷还是相当宽松的。

首先，从数量上看，季度间信贷投放均衡，年末贷款增速明显加快。2008 年 1—4 季度，按可比口径全省新增人民币贷款分别为 1 207.79 亿元、987.96 亿元、949.37 亿元和 1 165.48 亿元。上半年，在国家从紧货币政策的背景下，全省金融机构人民币各项贷款增长较为平稳，贷款增长在各个月的摆布上更为均衡。下半年特别是 9 月份以后，江苏金融部门积极适应国家宏观政策的变化，信贷增速有所加快，为经济平稳较快发展提供了较为充足的资金支持。9—12 月，按可比口径全省新增贷款 1 540.61 亿元，同比多增 1 137.55 亿元。

其次，从利率水平上看，随着 2008 年下半年人民币存贷款基准利率连续 5 次下调，人民币贷款利率大幅下降。四季度贷款加权利率 6.82%，同比、环比分别下降 1.12 个、1.24 个百分点。2008 年 10 月份以来，月度贷款平均利率呈加速下行态势，10—12 月，人民币贷款加权利率分别环比下降 34 个、38 个、114 个基点。

分期限看，2008 年四季度，6 个月至 1 年期的贷款加权利率达到 7.18%，继续处于各期限利率水平的最高位；与基准利率（以 2008 年 11 月 27 日调整后基准利率计算）比较，各期限贷款利率均有所上浮，平均上浮比率为 18.1%，且上浮幅度与贷款期限基本呈反向关系。

同时，不同类型金融机构利率差距持续减小。四季度，农村信用社、城市商业银行、股份制商业银行、国有商业银行、外资银行加权利率依次走低，分别为 8.55%、7.115%、6.215%、6.145%、5.63%，环比分别下降了 136 个、98 个、131 个、134 个、90 个基点；其中利率最低的外资银行比利率最高的农信社加权利率低 2.92 个百分点，但利率差距连续 3 个季度缩小。不同区域利率水平的差异明显，2008 年四季度，苏南、苏中、苏北加权平均利率分别为 6.54%、7.34%、8.19%；与三季度相比，利率差距继续加大，苏北贷款利率水平高出苏南 165 个基点，差距环比增加 6 个基点，延续了下半年以来差距扩大的趋势。

表 1 金融机构各利率浮动区间贷款分布表

单位:%

区间 机构	1 以下		1		(1，1.3]		(1.3，1.5]		(1.5，2]		2 以上	
	本季	上季	本季	上季	本季	上季	本季	上季	本季	上季	本季	上季
国有商业银行	17.72	12.96	41.66	42.68	39.65	43.86	0.91	0.5	0.05	0	0	0
股份制商业银行	13.42	9.66	45.74	41.65	40.1	48.01	0.59	0.65	0.1	0.02	0.05	0
城市商业银行	7.75	6.83	22.75	22.43	59.77	58.66	8.52	10.95	1.21	1.12	0	0
农村信用社	2.69	2.34	6.19	5.23	31.08	34.37	25.15	27.42	26.95	27.26	7.94	3.38

数据来源:中国人民银行南京分行利率监测系统。

第三,年底银行体系流动性充裕。2008 年后几个月,在中国人民银行调减公开市场对冲力度,多次下调法定存款准备金率的情况下,商业银行超额存款准备金率明显回升,银行体系流动性充裕。2008 年末,全省法人金融机构超额存款准备金率为6.19%,比 6 月末提高 3.8 个百分点,比上年末提高 0.9 个百分点。

(二)个人和企业借贷规模的变化

1. 个人借贷

此次调查共获得 422 份个人民间借贷的有效问卷,2007 年借贷 417 笔,其中,民间借贷[1] 150 笔,向金融机构借贷 267 笔;2008 年借贷 386 笔,其中,民间借贷 135 笔,向金融机构借贷 251 笔。表 2 显示了个人贷款的具体情况,可以发现个人的资金借贷具有以下特点。

表 2 个人贷款规模的变化

	2007 年	2008 年
总借贷笔数	417	386
总借贷金额(万元)	5 717.5	5 334.4
民间借贷笔数	150	135
民间借贷金额(万元)	1 247	1 732.9
单笔最大(万元)	100	300
单笔最小(万元)	0.2	0.4
单笔平均(万元)	8.31	12.77
单笔金额标准差(万元)	11.31	28.5
金融机构贷款笔数	267	251
金融机构贷款金额(万元)	4 470.5	3 601.5
单笔最大(万元)	330	300

(续表)

	2007 年	2008 年
单笔最小(万元)	0.2	0.2
单笔平均(万元)	16.81	14.38
单笔金额标准差(万元)	32.66	26.96

首先,样本个人民间借贷和金融机构借贷的笔数略有下降。2007 年个人民间借贷笔数为 150,占全部借贷笔数的 36.2%,到 2008 年下降到 135 笔,占比下降到 35%。金融机构借贷也出现了同样的趋势,总笔数由 267 笔下降到 251 笔。

其次,单笔民间借贷的金额有所提高,而金融机构贷款的单笔金额有所下降。表 3 显示无论是单笔民间借贷的最大值、最小值,或是平均值和标准差都有所上升。其中,2007 年民间借贷单笔最大金额为 100 万元,最小为 0.2 万元,平均为 8.31 万元,标准差为 11.31 万元。2008 年分别提高到 300 万元、0.4 万元、12.77 万元和 28.5 万元。如果说 2007 年和 2008 年相比,民间借贷的金额结构发生了显著的变化,表现为单笔金额平均值和标准差的显著扩大,那么个人从金融机构贷款的单笔金额数量和标准差都有所下降,分别从 16.81 万元和 32.66 万元下降到 14.38 万元和 26.96 万元。

第三,尽管民间贷款笔数下降,但由于单笔贷款金额的提高,民间借贷总金额有了明显的提高。2008 年民间借贷总额较上年提高了近 500 万元。与民间借贷相反,个人从金融机构获得的贷款数

---

[1] 为非金融机构贷款。在本调查中共分为五类:(1)典当等中介组织;(2)小额贷款公司;(3)合会(轮会/标会等);(4)亲戚朋友;(5)其他。

却由 4 470.5 万元下降到 3 601.5 万元。

根据以上分析，可以得出以下结论，个人的民间借贷频率有所下降，但单笔借款金额有了明显的上升，个人民间借贷规模显著增长。

2. 企业借贷

此次调查共获得 378 家企业的有效问卷，2007 年借贷 698 笔，其中，民间借贷 100 笔，向金融机构借贷 598 笔；2008 年借贷 701 笔，其中，民间借贷 120 笔，向金融机构借贷 581 笔。可以发现企业的民间借贷和金融机构借贷具有以下特点：

首先，样本企业民间借贷笔数略有上升，而金融机构借贷有所下降。2008 年较 2007 年增加了 20 笔交易。2008 年民间借贷笔数占总借贷笔数的比重从 2007 年的 14%提高到 17%。这说明企业民间借贷频率有所提高。相反，金融机构借贷笔数由 582 笔下降到 564 笔，可见企业从金融机构借贷的频率有所下降。

其次，单笔民间借贷的平均金额有所提高。如表 3 所示，2008 年企业民间借贷单笔平均金额为 252.6 万元，较 2007 年提高了近 90 万元，增长一半多。单笔金融机构平均借贷金额有所提高，增长了 40 万元。

表 3　企业贷款规模的变化

	2007 年	2008 年
总借贷笔数	698	701
总借贷金额(万元)	441 333	461 489.4
民间借贷笔数	100	120
民间借贷金额(万元)	16 578.8	30 314.4
单笔最大(万元)	3 350	1 800
单笔最小(万元)	2	2
单笔平均(万元)	165.8	252.6
单笔金额标准差(万元)	389.2	428.6
金融机构贷款笔数	598	581
金融机构贷款金额(万元)	417 947	428 569
单笔最大(万元)	15 000	15 000
单笔最小(万元)	3	5
单笔平均(万元)	718.1	759.9
单笔金额标准差(万元)	1 289.6	1 309

第三，由于企业民间借贷笔数和单笔金额都有明显的提高，民间借贷总金额提高十分显著，同时金融机构贷款总额也略有增长。2008 年民间借贷总额较上年提高了近一倍。与民间借贷相比，2008 年比 2007 年企业从金融机构获得的贷款数几乎没有变化。当然，从本文第一部分可以发现，2008 年金融机构资金充裕，人民币贷款较上年增长了 19.5%，增长幅度还是很大的。本文调查结果与统计数据的差异源于调查样本的选取以中小型企业为主。

根据以上分析，可以得出以下结论，企业的民间借贷频率有所上升，单笔借款金额有了较为显著的上升，企业民间借贷规模大幅提高。

（三）个人和企业民间借贷利率的变化

1. 个人借贷

被调查的样本个人 2007 年共 150 笔民间借贷平均年利率为 9.9%，2008 年 135 笔个人民间借贷平均年利率为 10.23%，较 2007 年提高了 0.33 个百分点。两个年份超过 90%的个人民间贷款利率分布在 9%—18%之间。其中，近一半的个人贷款利率都分布在 12%—15%之间，另外近 30%的贷款利率分布在 9%—12%之间。可见，总体上看，两年的个人民间借贷利率变化不大。

2. 企业借贷

被调查的样本企业 2007 年的 100 笔民间贷款平均利率为 11.87%，2008 年 120 笔企业贷款平均借款利率为 11.8%。可见，与个人民间借贷相同，企业民间借贷利率未发生明显的提高或下降。两个年份超过 90%的贷款发生在 5%—20%之间，其中，近一半的个人贷款利率都分布在 5%—10%之间，另外近 30%的贷款利率分布在 10%—15%之间。

（四）个人和企业民间借贷用途分析

1. 个人

个人的借款用途可以分为生产经营、家庭消

费、看病、上学和其他用途。表4列出了2007年和2008年被调查个人的民间借款用途情况。对比2007年和2008年的数据，可以发现三点：首先，个人民间借贷的主要原因是解决生产经营中资金不足的问题。两个年份的生产经营贷款笔数占总笔数的比重和金额占总金额的比重都是最高的，分别为2007年的60.53%、74.2%和2008年的62.96%和78.48%。其次，通过民间借贷方式为子女上学和看病的比重很低。2007年用于上述两项用途的不到23万元，2008年不足16万元。第三，总的来看，个人民间贷款的目的未发生本质性的变化。两个年度除了生产经营借贷和家庭消费借贷占当年个人总民间借贷有了较大的变化之外，其他目的的借贷占比并未发生太大变化。

表4 2007年和2008年个人民间借贷用途

年份	项目	生产经营	家庭消费	看病	上学	其他
2007	笔数(笔)	92	29	3	7	21
	占比(%)	60.53	19.08	1.97	4.61	13.82
	总金额(万元)	925.3	149.1	10.8	11.8	150
	占比(%)	74.2	11.96	0.87	0.95	12.03
2008	笔数(笔)	85	23	4	5	18
	占比(%)	62.96	17.04	2.96	3.70	13.33
	总金额(万元)	1 117.5	111	10	5.4	180
	占比(%)	78.48	7.8	0.7	0.38	12.64

2. 企业

为了分析企业借贷用途的变化，我们在调查时将企业的借贷资金用途分为：流动资金贷款、固定资产贷款和投资性贷款(即用于投资股票和房地产的贷款)，以及其他目的的贷款。表5列出了2007年和2008年被调查企业借贷用途情况。可以发现，企业借贷的主要原因是解决流动资金不足的问题。企业用于流动资金的借贷从2007年的14.9亿元提高到2008年的28.4亿元。2007年流动资金贷款笔数和金额分别占总借贷笔数和金额的78%和90.5%。2008年以上两个指标都有所上升，分别为90%和93.6%。企业用于固定资产投资的借款大幅下降，2007—2008年用于固定资产投资的民间借贷占总民间借贷的比重分别为8%和1.33%。企业借贷用于股票和房地产投资的占比很少，2007年100笔民间借贷中只有1笔，而2008年没有一笔民间借贷用于股票和房地产投资。

表5 2007年和2008年企业借贷用途

年份	项目	流动资金	固定资产	股票、房地产等	其他
2007	笔数(笔)	78	16	1	5
	占比(%)	78	16	1	5
	总金额(万元)	14 926.4	1 318	143	111.4
	占比(%)	90.47	7.99	0.87	0.68
2008	笔数(笔)	108	5	0	7
	占比(%)	90	4.17	0	5.83
	总金额(万元)	28 387	395	0	1 532.4
	占比(%)	93.64	1.30	0	5.06

由此可以得出结论，企业民间借贷的用途发生了重大变化，用于固定资产投资的贷款占比大幅下降，但流动资金仍然是企业借贷的主要原因。

(五)民间借贷履约状况分析

1. 个人民间借贷和金融机构借贷违约率大幅下降

表6列出了个人民间借贷履约情况，可以发现，2007年和2008年个人民间借贷违约率无论是绝对数还是相对数都明显下降。其中，2007年到期违约(到期未完全偿还)未偿还民间贷款笔数为11笔，金额为707.3万元，2008年二者分别下降为8笔和292.7万元。2007年到期违约(到期未完全偿还)未偿还民间贷款笔数占全部民间借贷笔数的比重为7.4%，2008年下降

到5.9%。2007年到期违约的民间贷款金额占民间借贷总金额的比重为12.4%下降到2008年的5.5%。

表6 个人民间借贷偿还情况

	2007年		2008年	
	笔数	金额	笔数	金额
全部偿还	117	4 539.6	56	1 118.8
到期未完全偿还，仅偿还了50%以上	3	53	0	9
到期未完全偿还，仅偿还不到50%	2	523	3	234
到期全部未偿还	6	131.9	5	49.7
未到期	22	465	71	3 917.9
总　计	150	5 712.5	135	5 329.4

表7列出了个人金融机构借贷履约情况，可以发现，2007年和2008年个人从金融机构借贷的违约率也明显下降。其中，2007年到期违约（到期未完全偿还）未偿还民间贷款笔数为18笔，金额为707.9万元，2008年二者分别下降到13笔和292.7万元。2007年到期违约（到期未完全偿还）未偿还民间贷款笔数占全部民间借贷笔数的比重为6.8%，2008年下降到5.2%。2007年到期违约的民间贷款金额占民间借贷总金额的比重为12.4%下降到2008年的5.5%。

表7 个人金融机构借贷偿还情况

	2007年		2008年	
	笔数	金额	笔数	金额
全部偿还	223	4 539.6	97	1 118.8
到期未完全偿还，仅偿还了50%以上	2	53	3	9
到期未完全偿还，仅偿还不到50%	13	523	8	234
到期全部未偿还	3	131.9	2	49.7
未到期	26	465	141	3 917.9
总　计	267	5 712.5	251	5 329.4

2. 企业民间借贷违约率有所上升，金融机构贷款违约率略有下降

表8 企业民间借贷偿还情况

	2007年		2008年	
	笔数	金额	笔数	金额
全部偿还	80	14 414.4	37	9 200
到期未完全偿还，仅偿还了50%以上	1	20	3	1 400
到期未完全偿还，仅偿还不到50%	1	8	4	190
到期全部未偿还	4	387	3	462
未到期	14	1 469.4	73	19 002.4
总　计	100	16 298.8	120	30 245.4

表8列出了企业民间借贷履约情况，可以发现，2007年和2008年企业民间借贷违约率明显提高。其中，2007年到期违约（到期未完全偿还）未偿还民间贷款笔数为6笔，金额为415万元，2008年二者分别提高到10笔和2 052万元。2007年到期违约（到期未完全偿还）未偿还民间贷款笔数占全部民间借贷笔数的比重为6%，2008年提高到8.4%。2007年到期违约的民间贷款金额占民间借贷总金额的比重为2.5%提高到2008年的6.8%。企业民间借贷违约率上升有以下原因：

首先，2008年违约企业民间借贷单笔平均额增长很快。2007年单笔平均额为69万元，2008年单笔平均为205万元，即使剔出单笔违约的最高金额，单笔贷款的平均金额也高达95万元。

其次，2008年违约的企业民间借贷期限都较短，在所有10笔借贷中有3笔贷款期限只有1个月，平均来说借贷期限只有6.8个月，而2007年平均借贷期限为8.3个月。而且，调查发现2008年违约的10笔民间借贷中有8笔为流动资金借款，2007年违约的6笔民间借贷中4笔为流动资金借款。可见，2008年违约企业面临的流动资金压力较大。

第三，2008年出现违约的企业有两家在2007年就出现了贷款违约现象。其中，2007年一家张家港的企业3笔民间借贷违约，金额共90万元，该企业2008年又出现3笔民间借贷违约，金额共150万元。2007年一家镇江市的企业1笔民间借贷违约，金额共17万元。该企业2008年出现了2笔民间借贷违约，金额上升到112万元。

第四，违约的企业多为经济发达地区的出口企业。2007年出现民间借贷违约的5家企业中，3家来自苏州，另外镇江、扬州、连云港分别有1家企业出现违约。2008年6家出现违约的企业中有3家企业来自苏州地区，另外南京、镇江、宿迁和徐州分别有1家企业出现违约。

表9列出了企业金融机构借贷履约情况，可以发现，2007年和2008年企业金融机构借贷违约率有所下降。其中，2007年到期违约（到期未完全偿还）未偿还金融机构贷款笔数为8笔，金额为3 146万元，2008年二者分别为9笔和2 450万元。在违约的贷款中，全部未偿还的金额急剧下降，2007年为1 364万元，2008年下降到500万元。2007年到期违约（到期未完全偿还）未偿还民间贷款笔数占全部民间借贷笔数的比重为1.4%，2008年提高到1.6%。2007年到期违约的民间贷款金额占民间借贷总金额的比重为0.8%，2008年下降到0.6%。

表9 企业金融机构借贷偿还情况

	2007年		2008年	
	笔数	金额	笔数	金额
全部偿还	528	357 593	181	118 755
到期未完全偿还，仅偿还了50%以上	3	922	6	930
到期未完全偿还，仅偿还不到50%	3	860	1	1 020
到期全部未偿还	2	1 364	2	500
未到期	46	46 087	374	307 109
总 计	582	406 826	564	428 314

3. 民间借贷催收方式并没有发生太大的变化

表10列出了2007年和2008年企业和自然民间借贷违约的催收方式。可以发现，民间借贷催收主要以协商方式为主，其次是上门和诉讼，电话催收较少。考虑到调查样本中无论是企业还是个人，到期违约的笔数很少，2007年个人民间借贷违约最多也不过11笔，因此，只能得出以下初步结论：与2007年相比，2008年民间借贷催收方式并没有发生太大的变化。

表10 民间借贷催收方式的变化

	协商	诉讼	上门	电话	合计
个人(2007年)	3	2	5	1	11
企业(2007年)	2	1	2	3	8
合计(2007年)	5	3	7	4	19
个人(2008年)	4	2	1	1	8
企业(2008年)	5	2	2	1	10
合计(2008年)	9	4	3	2	18

（六）推动民间借贷健康发展的政策建议

此次调查表明，民间借贷作为正式金融机构借贷的重要补充，对于缓解各经济主体借贷需求起到了一定的作用。而且，此次经济形势的逆转并未造成大面积的民间借贷违约现象。经济发展的实践证明，民间借贷并不会因为正规金融的发展而完全消失，也就是说，正规金融无法完全替代民间借贷。今天即使是金融最发达的美国，企业和个人也存在广泛的民间借贷行为。但是，也应该看到，企业和个人增加民间借贷也存在着潜在的风险，表现为被调查企业民间借贷违约率的提高。因此，有必要对民间借贷的发展加强引导和监管。

首先，加快《放贷人条例》的立法，实现民间金融的阳光化。

应该看到，民间借贷行为并非洪水猛兽，关键是厘清民间借贷交易主体的法律责任和义务。一些国家和地区制定了针对民间借贷法律法规，如我国香港有《放债人条例》，南非有《高利贷豁免法》。但在我国，相关的法律法规却仍未明确。尽管由中国人民银行草拟的《放贷人条例》已在研究制定阶段，但是这项法规的出台还需要对许多现行法律法规加以修改和补充。例如，我国现有法律（如《贷款通则》）并没有明确区分非法吸收公众存款和合法的民间借贷之间的界限。需要指出的是，立法本身理应最大限度地规范、保护正常的民间借贷行为，引导民间借贷走上正常的运行轨道。一方面，对于那些确实具备一定的注册资金、能依法经营、履约率较高的私人钱庄等，要允许其在一定期限内转为合法民间金融机构；另一方面，对于那些乘人之危、攫取高额暴利的高利贷者，则应予以打击与取缔，以有效维护社会的安定和现有的金融秩序。

第二，要对民间借贷的利率浮动范围进行更为明确、科学与合理的约定。许多民间借贷纠纷的起因就是利息。虽然我国相关法律规定：民间借贷的利率可以适当高于银行利率，但最高不得超过银行同期贷款利率的四倍，超出部分的利息不予保护。但这种约定过于宽泛。因此，规范民间借贷，不仅要充分考虑到民间借贷需求，又要将其纳入有效的监管渠道，由放贷者根据业务需要进行合理浮动，利用市场竞争推动民间借贷规范发展。

第三，要加强对民间借贷资金流动的有效监控。由于目前的金融体制的分工与定位，需要借贷民间资金的，其实往往是一些国家宏观调控限制较多的行业或企业。如果不及时对这种情况加以必要的约束与引导，则很可能会助长一些盲目投资和低水平重复建设，不利于国民产业结构的调整和优化升级。因此，这就迫切需要设立专门的监测和监管机构来从事对民间借贷资金的监测监管工作，需要尽快建立健全完善、科学的统计监测指标体制，以对民间借贷中的资金投向等情况进行必要的监管与引导，防止变相非法集资破坏正常的金融秩序。

第四，推动金融市场发展，拓展中小企业借贷渠道。促进中小企业的发展，不仅仅局限于借贷安排，应该鼓励金融业优先发展，从整体金融市场完善和建设，以及提供金融市场借贷效率上着眼，为中小企业成长培育一个良好的金融市场环境和高效率的运行机制。从中国目前金融市场体系存在的诸多缺陷和问题来看，通过资本市场的大规模增资扩容和民营金融机构的大规模准入来解决中小企业金融需求瓶颈问题，都不符合当前中国经济发展和金融稳定的要求，只有不断对当前金融体系和金融制度中存在的缺陷进行矫正，突破目前金融中介机构的经营管理瓶颈和证券市场的管理瓶颈，才能在现有金融体制下发挥金融市场的潜力和能量，实现中小企业与金融市场的双赢。

（李湘宁　缪仕国）

2. 积极创新中小企业集合信托债权基金，努力拓展中小企业债务融资新渠道

（一）中小企业集合信托债权基金的内涵与发展现状

1. 中小企业集合信托债权基金的内涵

中小企业集合信托债权基金（集合信托债）是面向中小企业的一种创新债权融资方式，其本质为信托贷款，基本运作模式是：由信托公司发起信托计划，所发行的信托产品由政府财政资金（或专项引导基金）、社会理财资金、专业机构资金共同认购，所募集资金投向经信托顾问筛选后的、能体现政府扶持意愿、且符合特定行业或区域经济发展特色的优质中小企业。

2. 中小企业集合信托债权基金的产生背景

2007 年，国家发改委发布了《关于促进产业集群发展的若干意见》，其中明确提出，今后将开展以产业集群中小企业发行集合式企业债券等方式进入资本市场。此后，中小企业集合债券作为市场的先行者，以“捆绑发债”的形式打破了原本只有大企业才能发债的管理，开创了中小企业新的融资模式。

（1）中小企业集合债券未能解决融资难问题。伴随 2007 年“深圳市中小企业集合债券”（以下简称“07 深中小债”）和“中关村高新技术中小企业集合债券”（以下简称“07 中关村债”）的成功发行，“统一冠名、分别负债、统一担保、集合发行”的中小企业集合债券成为中小企业融资的新宠。“07 深中小债”资金募集总规模 10.3 亿元，为 5

年期固定利率债券，票面年利率 5.7%，债券信用级别 AAA，在银行间债券市场上市交易。“07 中关村债”发行规模 3.7 亿元，为 3 年期固定利率债券，票面年利率 6.68%，单利计息，债券信用级别为 AAA，在深圳证券交易所上市交易。2008 年 5 月，大连市中小企业集合债发行，简称“09 连中小”，募集资金总额 5.15 亿元，期限 6 年，由大连港集团公司提供 3 年期的担保，大连市政府每年提供 2%的贴息，大连市企业信用担保公司和联合创业集团提供反担保。

仔细分析一下这些已经发行的中小企业集合债券，再结合各地在中小企业集合债券方面的规定来看，可以发现，能够满足发债要求的中小企业基本都符合《公司法》中关于发行公司债的基本条件，例如净资产达到 6 000 万元以上、成立 3 年以上、近 3 年连续销售增长 20%。实际上这些企业已经不再属于中小企业的范畴了，它们从商业银行获得贷款难度也并不大。这种较高的准入门槛主要是考虑到集合债券的违约风险和市场认可度问题。从发债企业的户均贷款规模来看，三支中小企业集合债券分别达到 5 000 万元、2 000 万元、6 400 万元，这远远超出了一般意义上的中小企业资金需求范畴。正因为如此，“07 深中小债”与“07 中关村债”还由国家开发银行提供了无条件不可撤销的连带责任保证担保。2008 年 10 月，中国银监会出台了一项监管政策，禁止银行对企业债权等融资项目进行担保，中小企业集合债权当然包括在内，这一规定使以银行担保为主的企业债权发行面临担保困境，目前一些正在筹备中的中小企业集合债券只能寻求大型企业进行担保，或者采用集合担保的模式。“09 连中小”是商业银行离开中小企业集合债券担保市场后发行的唯一中小企业集合债券，大连港集团的担保行为是在大连市政府的强力支持下做出的，并不具有可复制性。因此，从严格意义上说，中小企业集合债券对于中小企业尤其小企业的融资难问题并没有得到根本解决。

（2）中小企业集合信托债券基金的产生与实践。在 2008 年上半年信贷紧缩的宏观背景下，中小企业的融资难问题再次凸显。由于中小企业急需的中长期稳定资金来源难以从商业银行获得，而通过风险融资则会使企业丧失大份额股权，因此，如何解决这种“两难困境”，为区域经济发展助力成为各级地方政府积极探索的重要课题。

在这一背景下，杭州市西湖区政府结合《杭州市产业引导基金管理办法》，由区科技局、财政局牵头，联合相关金融服务机构，经过一系列认真的策划和准备，以“小企业集合信托债权基金项目”的方式启动了“西湖区企业成长引导基金”，发行了总规模为 2 亿元的小企业集合信托债权基金，其目的在于通过西湖区政府财政资金的有效引导，吸引社会资金有效参与。

2008 年 9 月 19 日，全国首支小企业信托债“西湖区小企业集合信托债权基金”在杭州启动，这是西湖区“小企业集合信托债权基金项目”的首个信托计划。“平湖秋月”信托计划总募集资金额 5 000 万元，由西湖区政府通过财政资金认购 1 000 万元，杭州点石引导投资管理有限公司认购 1 000 万元，杭州银行通过理财方式向社会发行 3 000 万元，其中西湖区政府和点石投资认购的份额无收益回报。募集资金投向西湖区科技类中小企业共 20 家，单户获得贷款额度从 20 万元至 750 万元不等，户均 250 万元，企业信托贷款年利率为 7.50%，接近银行同期一年期贷款基准利率 7.47%，贷款期限 2 年。中新力合对首期 5 000 万元债务提供全额担保①，如到期出现违约，由中新力合全额代偿，财政资金、商业银行、社会公众不承担风险。

为了有效控制风险，入选企业的评选标准由利益相关方组成的企业评定委员会设定。

“平湖秋月”的启动获得了良好的社会反响，其产品推介会 7 月 25 日召开后，报名企业一月内高达 300 余家，异常踊跃。产品上市向社会公众正式发售时，由杭州银行承销的 3 000 万理财产品在发售当天即认购完毕。由点石投资提供的 2008 年第四季度的报告数据显示，经过一段时间的运营，“平湖秋月”基金所投资的企业经营稳定、

① 担保费用约 1%左右，远低于银行贷款 3.8%—5%的费用。

持续发展，销售额增长了30%，负债率基本持平，其中超过80%的企业认为没有受到金融危机的影响，一定程度上显示了这种全新的债权融资方式的成功。

3. 浙江省中小企业集合信托债权基金发展现状

中小企业集合信托债权基金作为一种创新型的尝试，是地方政府、担保公司、风投机构、中小企业、商业银行、社会投资者多方合作实现的共赢。继"平湖秋月"以后，杭州又陆续推出了多项中小企业集合信托债权基金计划，截至2009年底，杭州市共推出包括"平湖秋月"在内的中小企业集合信托债权基金9项，共募集资金11.74亿元，其中政府财政资金认购1亿元。

表1 杭州市中小企业集合信托债权基金汇总

项目名称	时间	发起单位	资金规模	财政认购额	期限	投向
平湖秋月	2008年7月	西湖区政府	5 000万元	1 000万元	2年	科技类中小企业
宝石流霞	2009年2月	文创办	6 000万元	1 000万元	1年	文创类中小企业
萧山中小企业债权基金	2009年6月	萧山区政府	60 000万元	—	2年	中小工业企业
美丽洲1	2009年6月	余杭区政府	5 000万元	—	1年	综合类中小企业
三潭印月	2009年7月	西湖区政府	14 400万元	3 000万元	1年	综合类中小企业
钱江时代	2009年8月	江干区政府	5 000万元	1 000万元	1年	科技类中小企业
满陇桂雨	2009年10月	文创办	10 000万元	2 000万元	2年	文创类中小企业
涌金池计划	2009年11月	上城区政府	7 000万元	1 000万元	1年	综合类中小企业
富春桃源	2009年12月	富阳市政府	5 000万元	1 000万元	1年	科技类中小企业
总计	—	—	17 400万元	10 000万元	—	—

中小企业集合信托债权基金在杭州推出后，很快引起了浙江省内其他地区的关注。在各地方政府的努力下，嘉兴、湖州、绍兴也陆续推出了相关信托计划。尽管已经发售的各类中小企业集合信托债权基金都是在主要模式的基础上衍生的，但具体到每一个信托计划的运作和信托产品的设计来看则各有差别，这是信托产品的灵活性在金融创新中的应用。

(二) 中小企业集合信托债权基金的理念与运作模式

近年来，浙江省各级政府、金融管理部门、市场主体等致力于中小企业的融资创新工作，尝试通过借助各方平台、构建各种渠道模式、利用各个市场的资金提高中小企业的融资效率，探索破解中小企业融资难的有效途径。"桥隧模式"、"路衢模式"就是在传统的中小企业银行融资过程中引入其他金融资源、市场主体，以拓展中小企业融资网络、加大金融要素支持的一种有益探索。中小企业集合信托债权基金是"路衢模式"在实践中的积极运用，而路衢模式则是在2007年"桥隧模式"的基础上进行再创新的结果。

1. 桥隧模式的内涵及局限

所谓"桥隧模式"，就是在担保公司、银行和中小企业三方交易组成的传统担保贷款模式中导入第四方(业界相关者：包括风险投资公司/上下游企业等)，第四方以某种形式承诺，当企业现金流发生未预期的变化无法按时偿付银行贷款时，第四方将以股权收购等形式进入该企业，为企业带来现金流用以偿付银行债务，从而保持了企业的持续经营，规避了破产清算，最大可能地保留企业的潜在价值。因此，第四方的介入，实际上起到了架通信贷市场与资本市场的桥隧作用，使得高价值和高增长潜力的中小企业能够通过担保公司的信贷担保和风险投资公司的相应承诺及操作来实现外部增信，从而符合银行风险控制的要求，顺利地实现贷款融资。“桥隧模式”使担保公司降低了代偿的风险、使银行的中小企业贷款业务有了“第二道风控防线”、使企业在面临财务困境时避免企业价值流失、业界相关者则能以较低价格获得具有较好价值潜力的目标公司的股权，各方形成利益共享的合作博弈。

然而，“桥隧模式”主要是针对高价值与高增长潜力的中小企业来设计的，其核心在于能够成功吸引风险投资公司等战略投资者，当风险投资公司未对该目标企业产生兴趣时，桥隧模式就失去了运行的基础。此外，由于我国投资环境不成熟所引起的信息不对称问题，导致桥隧模式的客户群体相对匮乏，“点对点”的静态特征在赋予了担保公司较大的灵活度和自主性的同时，也使具体运作随着主体的不同而发生模式的相应改变，单项操作涉及面过广，标准性操作涉及面过窄，从而制约了模式的复制和转移。

2. 路衢模式的内涵和创新

“路衢模式”区别于桥隧模式的突破口在于，它通过信托的引入激活了整个资金链。它是以债权信托基金为平台吸引各类社会资金，按项目模式集合性地对一批中小企业给予融资支持。它是“桥隧模式”的升级和拓展，是将各种金融资源（担保、信托、投资）、各个市场主体（担保公司、信托公司、银行证券业、中小企业、投资者等）和政府主体通过网络联结起来，共同为中小企业解决融资问题的一种新尝试。

路衢模式的核心流程是：项目评审委员会根据产业扶持政策等确定本次项目的企业类别和要求，各个有融资需求的中小企业提出申请报告，专业顾问机构对申请企业进行评级筛选后，再对符合要求的中小企业进行资金需求打包，由信托公司通过设计、发行债权信托产品向社会募集资金，担保公司提供不完全担保，同时企业承诺释放一定的期权。信托公司按照企业经营状况和现金流回收预测将债权信托进行分级，确定一级、二级和劣后级受益人的债券额度、收益和风险分配方法和规定偿还的顺序关系后，向政府财政资金、担保公司和社会投资者发行这三级债权信托产品，所募集资金由信托公司通过信托贷款形式提供给项目内的众多企业，期末由企业向投资人偿还资金（路衢模式具体流程详见图1：路衢模式操作运作流程图，评审委员会对优质企业的筛选流程参见图2：目标企业筛选过程）。

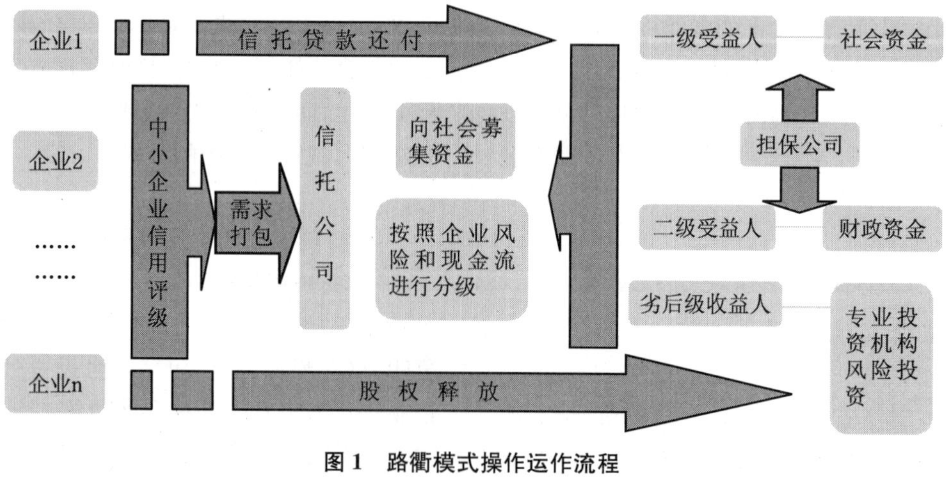

图1　路衢模式操作运作流程

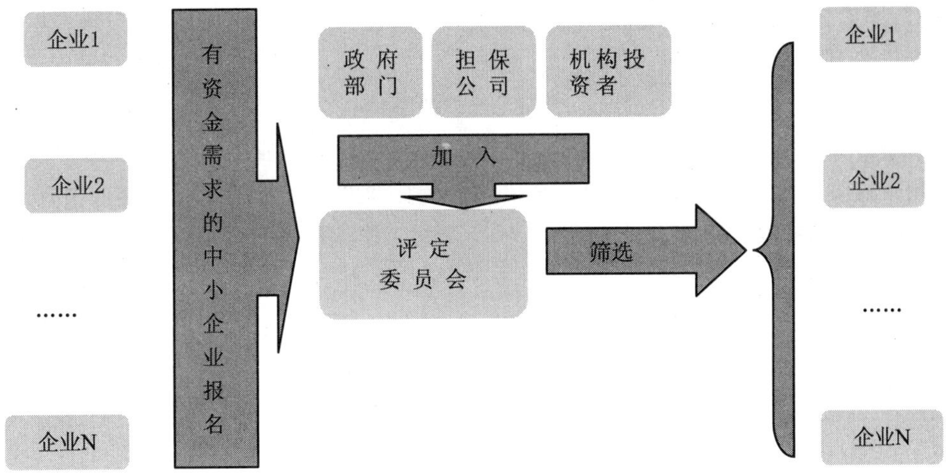

图 2　目标企业的筛选过程

（三）中小企业集合信托债权基金的创新与示范效应

1. 中小企业集合信托债权基金的创新要点

中小企业集合信托债权基金是“路衢模式”的成功实践。与传统的融资模式相比，路衢模式的优势在于：

（1）实现了中小企业集合融资。路衢模式通过先形成资金供给，再筛选符合条件的企业参与的主动融资方式，实现了众多中小企业资金需求的打包服务；而桥隧模式则是“一对一”的操作方式，标准化程度相对较低。

（2）拓宽了贷款资金供给主体。路衢模式通过设计债权信托产品将政府的财政资金、各类社会投资者的理财资金等引入到中小企业资金保障体系，大大增加了金融资源供给。

（3）放大了财政资金扶持力度。将政府财政资金引入到资金供给主体中，一方面会为集合信托产品提供潜在的增级信心，吸引更多投资者关注和购买债权信托；另一方面改变了财政资金直接补贴模式，既避免了企业使用财政资金不透明、效率不高的问题，而且企业偿还资金后，财政资金可投入再一轮的信托项目中，“循环使用乘数效应”得以发挥。

（4）优化了收益风险分级配置。路衢模式实行的是分级化信托，将社会公众资金和财政资金列为优先受益人，享受固定受益，担保公司提供贷款担保；将风险承受能力较高的专业投资机构如风投列为劣后受益人，享受较高收益，担保公司不提供担保，但劣后受益人可享有违约债权转股权等后续产品的购买权。这种根据各主体风险偏好差异设计分级的收益和偿付规则，较好地解决了信息不对称和市场主体的风险承受能力问题。

（5）促进了担保公司业务拓展。担保公司传统的贷款担保业务不仅面临风险收益高度不对称问题，而且使资金沉淀性风险和流动性需求间的矛盾十分突出，而路衢模式中借助于基金的发行，加快了担保公司或有负债的释放和资金的流动。此外，对优先受益人的担保比例是与负责集合债权运营的专业投资公司共同商定的，从而有效分散了债权的违约风险，降低了担保公司的风险负担，为担保公司的业务拓展开辟了新领域。

（6）有利于银行发掘潜在客户。尽管商业银行在路衢模式中仅作为信托理财产品发售平台，但通过一系列信托计划的运作，商业银行可以从中发掘出具有增长潜力的中小企业，为其提供后续的信贷支持，从而降低了资信评估成本和贷款风险。

2. 中小企业集合信托债权基金的示范效应

中小企业集合信托债权基金实现了政府部门与私人部门的有效合作，也有人将其称为 PPP 模式。PPP（Public—Private—Partnership）即为

“公私合作制”，是指公共部门通过与私人部门建立伙伴关系提供公共产品或服务的一种方式，它兴起于 20 世纪 90 年代，在医疗卫生、教育、交通、环境保护和公用事业等公共产品领域有着广泛的应用。当杭州市陆续推出的多项中小企业集合信托计划受到普遍关注后，这种新的旨在解决中小企业融资难问题的新渠道在各地被纷纷复制，全国范围内兴起了中小集合信托债权基金的发行热潮。例如，上海国际信托有限公司发行了总规模为 5 000 万元的“创智天地 1 号”中小企业集合信托债权基金，为上海杨浦区 7 家体现国家扶持意愿、符合产业导向和区域经济发展特色的优质成长型中小企业提供 300 万元至 1 000 万元不等的 2 年期信托贷款，上海浦东发展银行担任保管人。“创智天地 1 号”也设置了优先收益权和劣后收益权，优先部分面向社会投资者和杨浦区政府，劣后部分由创业风险投资机构认购。另据有关报道，武汉市经贸委拟发行 2 亿元中小企业集合信托基金。中小企业集合信托债权基金在全国范围内的广泛复制，彰显了这种新型融资模式的生命力。

（四）进一步推动中小企业集合信托债权基金发展的政策建议

作为一种创新型金融产品，中小企业集合信托债权基金显然还有许多值得理论界和实业界探讨的地方。从短期看，集合信托计划对投资者认购起点的设置、二级市场交易平台的缺失将直接影响到今后该类信托计划的顺利发行；从长期看，政府财政支持的持久度、中小企业评级体系的完善将影响到中小企业整体外部融资渠道的纵深拓展。

1. 以开放化思维给予市场主体充分的创新空间

信托业的本质决定了信托业从来都是金融创新的重要领域。在路衢模式中起关键作用的就是信托公司，正是因为有这个环节的出现，中小企业集合信托债权基金才能最大限度地调动社会各界的资金投入中小企业、有效分散风险。

然而，由于我国信托业的发展起步晚，早年发展中信托公司出现了大量的违规经营现象，导致监管层对信托业的管理思维相对保守，尤其是对信托业的创新发展方面显得限制有余、支持不足。2007 年，《信托投资公司管理办法》和《信托公司集合信托计划管理办法》出台，从根本上保证了信托业务开展有法可依，然而法规中有些限制性规定却在深层次上阻碍了信托业的发展。例如，在《信托公司集合信托计划管理办法》第二章《信托计划的设立》第六条第一款中明文规定“投资一个信托计划的最低金额不少于 100 万元人民币的自然人、法人或者依法成立的其他组织”，中国银监会设置该条款的目的在于确保信托计划的投资人具有能够识别、判断和承担信托计划相应风险的能力，但显然对当前正在进行中的中小企业集合信托债权基金向社会公众的广泛发售形成了阻碍。以“平湖秋月”5 000 万元的资金募集规模为例，除财政认购的 1 000 万元以外，仅有 4 000 万元向社会公开发售，如果严格按照该条款筛选合格投资者，则意味着仅有不超过 40 个自然人或组织能够成为该信托计划的投资者。以该信托计划中接近商业银行同期贷款基准利率 7.5%的信托贷款利率来看，信托收益还需要在优先受益人和劣后受益人之间按照所承担风险的差异进行不均等分割，优先受益人的固定受益不超过 5%，如此低的收益能否吸引优先收益人一次性投入 100 万元以上的资金显然值得质疑。此外，《信托公司集合信托计划管理办法》第八条第二款中规定：“信托公司推介信托计划时不得进行公开营销宣传”，该条款对信托产品营销手段的限制使得中小企业集合信托债权基金难以充分吸引广泛的社会关注，客观上对营造公平合理的竞争环境十分不利。

在信托业发达的市场经济国家，信托早已被大量运用于民事、商事、公益、社会福利甚至是政治的各个领域。尽管我国尚未建立起与《信托法》相配套的各项法律规定，但我们对信托业的发展理念上并没有必要过于保守，而应当本着“有所为有所不为”的原则，要大力鼓励市场创新，而风险控制则应通过完善信息披露等手段来构建。

2. 借鉴国际高收益债券发展经验搭建二级交易平台

从投资者的角度来看，中小企业集合信托债权基金由于面临市场流动性的缺乏并不能称为一种合格的投资理财产品。尤其是中国银监会发布的《信托公司集合信托计划管理办法》中关于信托计划最低投资金额的设定，使得该不足显得更加突出。通过对已经发行的中小企业集合信托债权基金进行观察，我们发现，目标企业的信托贷款利率为6%至9%不等，平均水平约为8%，社会公众作为一级受益人所享受的理财产品收益通常仅5%左右。在当前的金融市场发展程度和经济发展阶段中，年利率5%、投资起点100万元、1至2年内无法自由退出的理财产品能否具有长久的市场吸引力是很值得质疑的。缺乏市场流动性将直接影响到侧重中长期贷款需求的中小企业集合信托债权基金的顺利发行。因此，搭建二级交易平台，为社会公众提供自由的资金退出渠道和风险转移渠道是非常必要的。

一直以来，我国的资本市场层次性较为单一，缺乏为低信用等级的非金融企业提供债权融资的渠道，中小企业集合信托债权基金的产生一定程度上为成长性中小企业在资本市场上融资进行了探索。在国际金融市场中，中小企业在资本市场上的融资有很大一部分是通过发行高收益债券来解决的。高收益债券(High-yield Bond)又称垃圾债券(Junk Bond)、非投资级债券，是指由非金融企业发行，不具有投资级别或投资级别被主要评级机构评为投资级以下的债券。这类债券通常具有较高的违约风险，但能支付比高信用等级债券更高的收益，它起源于美国，目前在欧洲和亚洲都有一定程度的发展。高收益债券的基本特征在于“高收益、高风险”，高收益债券的回收率平均为32%左右，信用溢价通常比国债等高信用等级债券回报高几百个基点，其流动性由场外市场的数个做市商进行做市来提供。

从严格意义上看，当前的中小企业集合信托债权基金与国际金融市场的高收益债券尽管都致力于解决中小企业的融资问题，但它们在风险和收益的配比和设置上仍存在较大差异。从短期来看，高收益债券在场外市场上的交易模式显然可以作为借鉴，探索适合我国金融市场发展阶段和投资者特征的交易平台，为中小企业集合信托债权基金的市场流动性提供有效支持；从长期来看，中小企业集合信托债权基金的未来发展方向仍在尝试和摸索过程中，发展高收益债券作为完善我国的多层次资本市场、拓宽中小企业融资渠道、推动产业结构优化升级和区域转移都具有重要意义。

3. 继续发挥政府财政资金的支持参与引导作用

缺乏完善的政策扶持体系是我国中小企业融资难的一个重要原因。路衢模式通过在信托计划中融入政府的政策支持和资金支持，提高了中小企业集合信托债权基金的信用水平，降低了投资风险和中小企业的融资成本，增强了其他投资者加入的积极性，从而在更大范围内动员了金融资源。它的启示在于，通过政府财政资金的积极参与，可以有效克服财政资金的有限性和中小企业的风险性之间的矛盾。

从直接的财政补贴到滚动贷款支持是浙江各地方政府在中小企业政策扶持体系实现的一个大跨步。在中小企业集合信托债权基金计划陆续推出、基金总体规模逐步扩大的前提下，政府的财政资金投入应保持一定的持续性，否则，企业的融资成本将不断上升。此外，更重要的是，如何吸引更多的社会资金来帮助中小企业走出融资困境。对于浙江省而言，与有限的财政资金相对应的是极为充沛的民间资本，在投资意识历史悠久、投资理念日益更新的经济社会中，如何通过利益驱动引导这些民间资本主动参与到中小企业的发展壮大、产业结构的转型升级中是政府部门应当着力思考的问题。

4. 建立健全符合中小企业发展特点的信用评级体系

路衢模式中对目标企业的筛选包含了对企业信用方面的详细考察，它采取了不同于传统筛选模式的标准化操作方式，既体现了国家的产业政策要求，又结合了中小企业自身的特点，实现了宏观层面和微观利益的结合。在融资过程中，评定委员会根据构建的中小企业信用评价体系对各个企业的风险状况、信用等级、所处行业性质以及预期未来收益等各方面进行综合评定，对应设定不同的利率和期权释放，从而确定分配给各个企业的融资额度。这是对中小企业信用评级的一个成功尝试。

（张晓霞，中国人民银行杭州中心支行金融研究处）

3. 浙江省民间融资问卷调查分析报告

为了深入了解浙江省民间融资现状、为规范引导提供正确的方向，中国人民银行杭州中心支行通过发放问卷的形式在浙江省全省展开了调查，调查对象为浙江省的中小企业、一般城镇居民、个体工商户和农户。此次调查共发放和收回问卷825份（中小企业问卷370份，自然人问卷455份），其中有效问卷767份，其中中小企业问卷349份，一般城镇居民户131份，个体工商户问卷130份，农户问卷157份。

（一）浙江省民间融资的情况和特点

1. 民间融资总体规模趋升，占比有所增加

2008年下半年，国内外经济形势不确定性增大，浙江省作为外向型经济体，经济发展态势也受到明显波及，企业的资金链条随之绷紧，民间融资整体上呈活跃的态势。据调查，截至2008年末，样本民间融资余额为6 788万元，比2007年末增长38.70%，2008年样本民间融资发生额为7 338.1万元，同比增长42.91%。其中中小企业样本民间融资余额为5 725万元，比2007年末增长44.28%，民间融资发生额为6 084万元，同比增长48.28%，其增长速度位居四类样本首位；其次是农户样本，民间融资余额和发生额增长率分别为25.16%和42.29%；一般城镇居民和个体工商户样本民间融资余额和民间融资发生额均有所增长，增长速度则相对较慢，民间融资余额增长率分别为17.36%和7.35%，民间融资发生额增长率分别为14.04%和11.51%。

从金融机构融资与民间融资结构分布来看，民间融资所占比例较小，但相比于2007年，2008年民间融资所占比例略有增加。调查数据显示，2008年末样本民间融资余额占样本融资总余额[①] 1.06%，比2007年末提高0.13个百分点。2008年民间融资发生额占样本融资总发生额[②] 1.22%，比上年增加0.28个百分点，其中农户样本民间融资额占农户样本总融资额比例较大，且占比提高幅度最大。2008年末民间融资余额占比为12.05%，2008年民间融资发生额占比为13.83%，比上年分别提高1.11和2.87个百分点。与之相反，中小企业样本民间融资余额和发生额相应占比均较小，且提高幅度较小，2008年末民间融资余额占比为0.91%，2008年民间融资发生额占比为1.03%，相比于2007年分别只增加了0.14和0.27个百分点。值得一提的是，个体工商户样本民间融资余额相应占比虽然较大，2008年末民间融资余额占比为11.09%，但相比于2007年，民间融资余额占比出现负增长，为−0.27个百分点。

从调查情况看，目前民间融资规模有所增长，主要原因有如下几点：一是在当前国内外复杂的经济形势之下，金融机构从自身风险控制出发，信贷政策日益严格，信贷准入条件不断提高，大量信贷资金向支柱产业和优质客户倾斜，而广大中小企业及“三农”经济主体由于受资产规模、竞争实力等条件限制，很难从银行获得足够的贷款支持，因而部分资金需求转向民间融资，推动了民间融资的增长。二是受全球金融危机的冲击，企业特别是出口企业普遍不景气，收益大幅下滑，经营资金缺口增大，迫使民间借贷规模上升。三是民间融资具有直接、简便和灵活的特点，能有效解决中小企业临时资金周转困难，维持正常的生产经营

---

① 样本总融资余额为金融机构融资余额和民间融资余额之和。

② 样本总融资发生额为金融机构融资发生额和民间融资发生额之和。

活动。另外，民间融资占比较小，且占比提高幅度较小，一方面是由于2008年下半年货币政策转向后金融机构有效供给增加了；另一方面，陆续爆发出来的融资纠纷使出借人的借贷行为更加谨慎，部分地区的民间融资规模甚至出现了暂时性、局部性萎缩和停顿。

2. 融资利率水平小幅下降，利率满意度较高

受国内外经济环境影响，2008年民间融资利率总体水平呈现出小幅下降态势。据调查，2008年样本民间融资加权平均利率为13.67%，比2007年回落0.1个百分点。其中下降幅度最大的为一般城镇居民，下降1.4个百分点；其次是中小企业，2008年加权平均利率为13.51%，比2007年下降0.32个百分点；与之相反，个体工商户样本的加权平均利率呈上升趋势，上升了2.33个百分点，且其加权平均利率为四类样本中最高，2008年高达16.95%。

从民间融资利率满意度①来看，总体样本满意度较高，2008年为41.37%，但相比于2007年，满意度略有下降，回落了3.69个百分点。同样，不满意情况则有所增加，由2007年的14.36%提高到了2008年的21.36%，增加了近7个百分点。四类样本中满意度最高的为农户，2008年与2007年分别为56.00%和57.45%，不满意情况占比也较低，2008年与2007年分别为18.00%和8.51%；不满意情况占比最高的为个体工商户样本，2008年为35.90%，比2007年提高了11.51个百分点，这与两类样本的加权平均利率情况相吻合，农户加权平均利率最低，而个体工商户的加权平均利率最高。

民间融资利率总体水平趋稳，并略有下降，主要原因有：一是央行自2008年9月份以来，已连续5次下调存贷款基准利率和4次法定存款准备金率，银行银根逐渐放松，信贷资金供给得到补充，中小企业及个体工商户、农户等银行贷款财务负担也开始减轻，这在一定程度上压缩了民间融资的利率水平。二是经济增长渐现放缓态势，造成企业对未来市场活跃化程度降低以及投资回报率减少的预期，企业投资积极性下降，从而迫使民间资金降低融资成本。民间融资利率整体满意度较高在一定程度上取决于其对正规金融的补充作用，便捷了中小企业、个体工商户和“三农”等经济主体的资金需求。同时，当前各类经济主体经营效益的下降，也使得民间融资利率满意度有所下降。

3. 融资期限呈短期化趋势，主要用于生产经营活动

从调查情况来看，短期的、临时性的资金调剂借贷增多。2008年，样本各类经济主体1年以内(含)的短期借贷比重为90.32%，同比提高3.22个百分点，其中1个月以内(含)、6个月至1年(含)的短期借贷比重分别为2.32%和72.78%，同比分别提高了0.31个和7.51个百分点；1至6个月(含)的短期借贷比重略有下降，同比减少4.60个百分点。

从借贷用途看，民间融资主要用于充实流动资金以维持必要的生产经营活动，以及用于验资、还贷等过桥资金用途，而用于固定资产投资、股票、房地产等投资的借贷比重有所减少。据调查，2008年，中小企业样本流动资金借贷量占其民间借贷总量81.33%，同比上升6.60个百分点；固定资产投资和股票、房地产等投资借贷量占其民间借贷总量分别为5.59%和4.60%，同比分别下降7.82和1.42个百分点。自然人样本民间借贷中生产经营贷款也占据主导地位，2007年和2008年，生产经营借贷量占其民间借贷总量分别为77.39%和71.23%。

民间借贷以其期限灵活、手续简便、快速及时等特点成为部分企业、个体工商户和农户等经济主体解决生产资金短缺的重要来源。而民间融资呈现短期化、主要用于弥补流动资金不足的特点也是与当前宏观经济环境和企业微观现实相适应的。一是企业流动资金短缺明显。二是投资环境不容乐观。股市持续低迷和房市不景气，投资收益率下降使得运用民间借贷进行投资的驱动力下降。

① 利率满意度=样本民间融资满意笔数/样本民间融资总笔数。

4. 民间融资违约率上升，风险隐患加大

在当前经济下行时期，民间融资违约率不断上升，给当地的社会稳定带来了一定的风险隐患。据调查，2008 年样本民间融资违约率为 13.64%，比 2007 年提高了 2.25 个百分点，其中自然人民间融资违约率 2007 年为 12.17%，2008 年为 13.68%，增加了 1.51 个百分点；2008 年中小企业民间融资违约率为 13.59%，相比于 2007 年提高了 3.25 个百分点。与之相反，样本从金融机构贷款的违约率则相对降低，并出现小幅下降，2008 年为 2.97%，比 2007 年降低了 2.34 个百分点；其中中小企业与自然人样本 2008 年从金融机构贷款的违约率分别为 2.15%和 4.42%，比 2007 年分别下降了 3.08 个和 1.00 个百分点。值得一提的是，在问卷调研过程中，发现有部分违约情况没能在选项中反映出来，如企业在被追债的情况下延期全部偿还民间借款；民间融资尚未到期，但账户已经被冻结或者贷款人提前上门催债等。

从调查情况来看，当前民间融资违约率上升、风险加大，主要是由于以下几个原因：一是受国内外经济环境影响，企业经营状况恶化或资金周转困难，偿债能力下降，部分企业出现停产、倒闭或企业主逃逸现象，无力偿还民间借贷。二是民间借贷市场缺乏规范化管理，放贷主体良莠不齐，缺乏相关专业知识和经验，加大了民间借贷市场风险。三是许多经济主体同时运用多种融资方式，一旦企业发生债务清偿问题，银行信贷与民间借贷同时收紧，交织推动下加速企业资金链断裂，甚至波及担保企业，引发连锁问题。

5. 债权追偿方式渐趋理性，法律手段成为主要途径

民间借贷债权追偿手段日渐多元化、公开化，包括电话催收、上门催收、向保证人追偿、处置抵押财产、司法催收、法院诉讼等多种方式。从调查情况来看，企业和自然人诉诸法律的方式呈现增多趋势。与自然人相比，企业在催收欠款时通常更为理性，以诉诸法律为主；而自然人则首先选择通过私人关系予以协商解决，在协商未果的情况下则选择诉诸法律。考虑到通过法律途径追偿债务所需的时间跨度较长，当事人必须投入大量的精力，也有部分企业和自然人委托第三方进行追讨。从这个角度上看，民间融资已逐步摆脱了与黑恶势力的天然关联。当然仍然有一小部分债务人在遭受巨额财产损失的情况下行为失控，发生哄抢债务人财产的事件。

（二）市场与政策环境多变态势下民间融资出现的新问题

1. 民间融资进一步加剧企业债务危机爆发

2008 年以来，受国内外多种因素影响，企业经营业绩开始下滑，资金短缺现象日益严重，不少企业依靠民间融资来维持日常生产经营活动，在企业产品销售出现阻滞时，货款无法及时回笼，债主集中上门催收，引发了企业债务危机的爆发，最终导致企业停产关闭，业主出逃。民间融资导致企业债务危机爆发，当前具体表现形式有两种：一是借入民间资金用于企业临时性资金周转，在市场需求和行业景气度发生突变的情况下，因难以承受高额利息而陷入困境。二是一些经营状况良好的企业利用富余资金获取高息收入，当与其发生借贷关系的企业出现风险而资金无法及时归还时，该企业的资金周转出现困难。

2. 各地民间融资纠纷案件呈上升趋势

受国内外多种因素影响，浙江省部分企业依靠商业银行贷款和民间融资延续再生产链条已难以为继，信贷风险不断加大。通过走访各地法院，调查了解到 2008 年民间融资纠纷案件数量有所增加，涉案标的金额更呈现快速增长态势。2008 年，全省民间借贷纠纷案件收案 67 695 件，同比上升 53%。杭州 2008 年全市各级法院受理民间借贷纠纷案件约 12 000 件，诉讼标的金额达 28 亿元，同比分别增长 42%和 241%。绍兴 2008 年全市民间借贷纠纷案件收案约 6 000 件，比 2007 年增长 50%，同比提高了 21 个百分点；2008 年民间借贷纠纷案件标的金额为 17 亿元，增长了 178%，同比提高了 71 个百分点。

3. 各种类型的“贷款公司”①违规发放贷款现象增多

在工业化和城市化加速发展的时期，市场主体的资金需求极其旺盛，这促使一部分掌握一定资源的机构和个人通过各种途径违规进入到金融业务领域，如成立担保公司、投资公司、商品寄卖行等。2008年，以机构方式存在的民间融资活动在数量和规模上都比往年有较大幅度的增长，严重扰乱了金融秩序。如2008年下半年桐庐县先后发生“桐庐县桐君街道融汇寄卖行”和“桐庐县桐信担保公司”的法人代表出逃事件，二人均涉嫌非法吸收公众存款和集资诈骗，涉案金额达到9 500余万元。由于这些机构其业务经营随意性大，外部监管缺失，风险的集中爆发带来较为恶劣的社会影响。

（三）进一步规范和引导民间融资的政策建议

民间融资的出现是整个社会的投融资体制和金融结构矛盾在这一领域的集中表现，对民间融资的规范和引导举措，既要能够在微观上保护当事人的合法权益，也要能够从宏观上维护整个社会的稳定与发展。

1. 尽快出台《放贷人条例》，引导民间融资阳光化发展

鉴于我国民间金融市场的发展实际情况，我们认为司法部门与监管部门应在出台民间金融专门法的基础上，对“放贷人”这样一个金融市场新生事物出台相应的机构管理条例，使活跃在民间金融市场上从事放贷业务的个人或机构从“地下”走到“地上”，引导民间金融“阳光化”发展。在组织形式上，借鉴国外放贷法律的相关做法，允许自然人和法人申请成立个体工商户、公司；在业务经营上，放贷人以贷款业务为主营业务，同时禁止放贷人吸收存款，以区别于银行类金融机构；在利率政策上，建议对放贷人的贷款利率放开限制，以市场的充分竞争作为降低借贷成本的有效途径。此外，还要对放贷人的资金来源、市场准入与退出、财务管理、风险控制、信贷登记、金融监管等方面提出相应的规范细则，并明确相关法律责任。

2. 明确集资活动的合法非法界限，严厉打击各类集资诈骗活动

由于集资活动在操作上具有很大的随意性和不规范性，一旦资金链断裂，将会给参与集资的个人造成巨大的损失，对社会稳定造成不良影响。为了加强对集资活动的引导和规范，我们建议赋予地方金融办对企业集资行为的主管职责，全面负责企业集资行为的备案登记和日常管理工作，牵头处理企业集资引发的纠纷和风险。规范合法企业集资行为的标准，以六个“限定”作为划分合法集资与非法集资的界限：第一，限定以企业的名义发起民间集资活动，而非个人；第二，限定集资的用途，即集资款必须用于本企业发展生产和扩大经营活动的短期流动资金或项目资金，不能用于诸如向其他企业或个人转贷；第三，限定还款期限，不能设置存取自由条款，避免将借款混同于存款；第四，企业集资后其待偿还集资余额不得超过企业净资产的40%；第五，不得以发布广告或变相发布广告以及公开劝诱的方式吸引社会不特定对象前来参与；第六，集资应限定债权性质，禁止股权性质的集资。对于没有同时满足以上六个条件的企业集资活动，尤其是以其他投资、经营活动的名义（如全国人大法工委列举的非法集资活动〈除第六条以外〉）从事的、以“一对多”为主要特征的企业集资活动，有关管理和司法部门一经发现必须予以及时制止和取缔，及时清退集资款项；涉及诈骗的，依据《中华人民共和国刑法》追究相关法律责任。此外，对企业在成立时或成立之后以增资扩股名义向特定对象发起的募资行为，企业应及时向工商管理部门出具有效验资证明，办理注册资本登记或变更手续。

3. 积极发展私募股权投资基金，引导企业集资规范发展

从资金募集方式上看，私募股权投资基金与

① 此处“贷款公司”系指违规从事贷款业务的各种担保公司、商品寄卖行、贷款中介、投资咨询公司等。

企业集资具有相同的特征，企业集资实际上是私募股权投资基金的一种雏形。尽管我国没有针对私募的相应法律法规，但私募资本在我国是客观存在的，以企业集资方式存在的民间融资活动，除了具有诈骗性和赌博性的以外，多数都可以纳入到广义的私募股权投资基金的范畴中。

鉴于我国私募市场和民间金融市场的重叠性较强，企业集资规范程度低、监管难度大，而私募基金突破了正式金融对融资者的信用记录、抵押担保等方面的限制，又能够以灵活的条款设计来吸引投资者和补偿投资风险，非常有利于初创企业的创立和高成长项目的产业化。因此，通过私募股权投资基金的形式把以企业集资、项目集资等方式存在的民间资金归集起来，引导、鼓励和培育规范的私募股权投资基金是促进民间融资健康发展的一种有益尝试。要立足于我国私募市场的发展实际，通过对私募范围的事前限制如对投资者的风险判断能力和风险承受能力的要求、募集人数限制、资金的准入门槛等方面来有效防范风险，坚决杜绝欺诈性和赌博性融资行为。

4. 建立民间金融监测网络，关注掌握实时发展动态

在已建立起民间借贷初级监测网络的基础上，建议依托国家统计局和调查队系统，建立起全国更大范围的统一监测体系。在承担具体监测任务的机构选择上，应重点考虑贴近基层的农村信用合作机构、乡镇政府有关部门或其他民间团体等各类市场中介组织或行政机构，并根据民间金融的活跃程度对监测网点的密集度进行差异化设置，及时更换不符合监测条件的对象，保持动态监测；在监测的组织工作上，应采取属地管理的原则，组织实施本辖区范围内的监测，选取和确定监测点，此外，对监测对象的利益给予充分保障，打消被调查人员的思想顾虑，以确保被监测对象积极配合监测工作。

（应千凡，中国人民银行杭州中心支行金融研究处）

4. 关于金融支持安徽省集体林权制度改革的调研

安徽省森林资源丰富，开办林权抵押贷款前景广阔。全省土地总面积 1 381.65 万公顷，其中林地面积 440.35 万公顷，占 31.87%；森林面积 360.07 万公顷，占林地面积的 81.77%，森林覆盖率 26.06%，高出全国 7.85 个百分点。活立木总蓄积 16 258.35 万立方米，其中森林蓄积 13 755.41 万立方米，占 84.60%，是中国南方重要林产地。从银行的角度来看，全省森林资源中可用于抵押的用材林、薪炭林和经济林面积分别为 206.64 万公顷、3.47 万公顷、56.85 万公顷，分别占 57.39%、0.96%和 15.79%。

为贯彻落实中国人民银行《关于做好集体林权制度改革与林业发展金融服务工作的指导意见》（以下简称《意见》），加强金融对集体林权制度改革与林业发展的支持，我们组织了专题调查。

（一）安徽省集体林权制度改革进展情况

安徽省集体林权制度改革于 2005 年起步，具体分为以下四个阶段：

（1）筹划阶段。安徽省从 2005 年开始筹划集体林权改革，制定了“试点先行、探索经验、总结完善、出台政策、全面推进”的集体林权制度改革总体思路。

（2）试点阶段。2006 年初，安徽省分别选择代表山区的宁国市、黄山区，代表丘陵地区的南谯区，代表平原地区的怀远县四个单位开始进行集体林权制度改革试点。

（3）全面推开阶段。2007 年 4 月，在认真总结试点经验的基础上，安徽省委、省政府出台了《关于全面推进集体林权制度改革的意见》，林改工作在全省 17 个市全面推开。共有包括 6 个林改配套改革试点县的 10 个县被列入国家采伐改革试点。

(4) 集体林权改革进展迅速，确权工作基本完成。目前全省林改已取得阶段性成果，累计共完成勘界确权面积 5 233.8 万亩，占应勘界面积的 99%，涉及农户达 665.63 万户；已发放林权证 233.36 万本，面积 4 956.86 万亩，占已勘界确权林地面积的 93%，其中林权到户率达 78%以上，居全国第一。在近期组织的试点县主体改革检查验收中，产权明晰率达到 98%以上，发证率达 95%以上，纠纷调处率达 93%以上，群众满意率达 99%以上。与此同时，配套改革也取得了初步成果：全省已建立县、乡林业综合服务中心 15 个；开展林权抵押贷款 505 宗，抵押面积 21.87 万亩，贷款金额 37 531.2 万元；林权流转面积 206.81 万亩，流转金额 12.99 亿元。

(二) 金融支持林权改革情况

1. 金融产品及创新情况

(1) 林权抵押有效盘活林业产业资源，突破林企和大户林农的融资瓶颈。据不完全统计，截止到 2009 年 6 月末，安徽省已发放林权抵押贷款 710 笔，抵押面积 21.87 万亩，贷款余额 37 531.2 万元，比年初增加 6 222 万元。全省 17 个地市中除省会合肥和马鞍山市外，其他 15 个地市均已开办了林权抵押贷款业务。从地域分布来看基本和全省森林资源资产分布状况一致，黄山、池州、宣城和芜湖林权抵押贷款占了全省的 68%，江淮地区占全省的 26%，皖北地区只占全省的 6%。而这与安徽省森林资源分布自南向北梯度下降现状一致。

(2) 部分担保公司介入林权贷款。全省有 4 市开办了 278 笔"金融机构＋担保机构＋林户"模式贷款，截止至 6 月末余额为 4 780 万元，利率水平并未实质性下降，平均利率达 9.39%，增信效果不明显。而皖南林区中除池州市外，未发放此种模式贷款。

(3)"林业产业化龙头企业＋林户贷款"模式起步。安庆市发放了 21 笔，金额达 13 516 万元的该模式贷款，平均每笔为 644 万元；利率水平较低，最低利率仅为 4.5%，最高也仅为 5.85%。

(4) 林农小额信用贷款和林农联保贷款在一定范围内助林。截至 2009 年 6 月末，全省林农小额信贷和林农联保贷款分别为 2 770 户、6 951 万元和 2 883 户、7 336 万元，分别较年初减少 1 168 万元和 1 197 万元。

(5) 其他金融产品创新及经验做法。部分金融机构还通过增信机制，提高对林业信贷的投放。一是滁州市郊农村信用社以保证人的保证承诺发放 59 笔 377 万元林业贷款。二是通过关联企业担保提高林权抵押信用水平，如农业发展银行天长支行发放"企业担保＋林权抵押"贷款。

2. 林权改革、制度创新与金融支持效应分析

(1) 显现资本洼地效应。林权改革前，林业形成资本难以流入的"洼地"，研究表明安徽省劳动力边际产出非常小或者为负值，劳动力存在隐性或者显形剩余，相反资本边际产出远远高出劳动力和土地边际产出水平，也高出社会资本平均边际产出水平，但由于我国林权制度约束了林权的流动，林木所有权和林地使用权流转成本高，制约了资本流入。林权改革后，林权的流动逐渐便利化，再加上森林资源升值预期，吸引了社会资本和金融资本向林业聚集，使林业资本洼地效应得以显现。据不完全统计，仅开展不到 2 年的林权抵押贷款余额是"金融机构＋担保机构＋林户"和"金融机构＋林业龙头化企业＋林户"贷款模式的 1.89 倍，所承担的利率也低于后两种模式贷款 0.6 个百分点。

(2) 显现林业集聚效应。根据对沿江和皖南 6 市①(占全省林业资源 60%以上)调查，2008 年 6 市经营面积超过 500 亩经营户达 1 763 户，是 2006 年的 1.32 倍，其中经营面积超过 1 000 亩的达 319 户，是 2006 年的 2.55 倍；林业企业数量达到 2 652 户，是 2006 年末 1.97 倍，年产值超过 500 万元林业企业达到 135 户，较 2006 年增长 2.93 倍，其中年产值超亿元林业企业达到 7 户，较 2006 年增加 5 户。

---

① 6 市包括池州、芜湖、黄山、安庆、六安、宣城。

表1 六市林业经营大户调查表 单位:户

年度 \ 项目	100亩以上户数	500亩以上户数	1 000亩以上户数	林业企业		
				林业企业数量	其中:年产值500万元以上户数	年产值亿元以上企业
2006	11 766	1 335	125	1 347	46	2
2007	12 107	1 587	276	2 452	114	11
2008	13 298	1 763	319	2 652	135	12

(3) 显现产业协同效应。不同经营模式的林业企业纷纷出现,如"公司+农户"、"公司+基地+农户"、"公司+专业合作社(中介组织)+农户"、股份制、股份合作制等,呈现"林工贸资"协同效应。如,黄山松植园林有限公司采用租赁林地为苗圃基地,并吸纳当地劳动力进行苗圃培植;祁门某竹木加工公司以其控股东通过流转取得林地为基地,并以基地林木为抵押借入流动资金贷款。

(4) 显现居民财富效应。林权改革提高了林农财富规模,林业收入占家庭收入比重上升。据调查,滁州市林地租赁价格由原先每年每亩5—10元上升到30—100元,平均增长了7倍。根据对部分林农调查,2008年林业收入1 745.7万元,占家庭总收入的85.70%,较2006年提高了2.44个百分点。林农造林的主动性、积极性得到释放,非公有制主体成为造林的主力军。广大林农对森林资源保护意识明显增强,森林火灾、盗伐滥伐林木现象大幅度减少。

(三) 金融支持集体林权制度改革存在的问题

1. 金融支持林权制度改革的法律障碍

(1) 对"林权"内涵界定的不清晰。在我国"林权"一词的使用主要散见于诸多法律规范中,如《农村土地承包法》第23条规定:"县级以上地方人民政府应当向承包方颁发土地承包经营权证或者林权证等证书,并登记造册,确认土地承包经营权。"在行政法规、地方性法规及其规章中,"林权"一词更是非常广泛且频繁地出现,如《林木林地权属争议处理办法》、《森林资源资产抵押登记办法(试行)》、《福建省森林资源流转条例》、《江西省森林条例》、《江苏省生态林条例》等。但现行的法律尚未对林权的概念和性质做出明确界定,学术界亦未形成统一观点。

(2) 林权取得方式抵押效力的限制。大多林业企业、林业大户所抵押的林地承包经营权都是以公开协商方式从林农手中获取(如黄山市),与《物权法》规定的抵押的土地承包经营权限定为"以招标、拍卖、公开协商等方式取得的荒地等土地承包经营权"方式不一致。

(3) 抵押登记方面的困难。一是《森林资源资产抵押登记办法(试行)》以"一刀切"的方式规定以家庭承包方式获得的集体林地使用权均不得抵押。二是《森林资源资产抵押登记办法(试行)》规定林地使用权和林木所有权必须同时抵押。

(4) 采伐管理的限制。首先是采伐指标问题。用材林是森林资源资产抵押贷款主要的抵押物,一旦出现抵押期满借款人无法偿付本息时,通常只有通过变卖林木资产才能使金融机构得以受偿。但是森林作为一种特殊的资源,国家对其实行严格的保护政策,对木材实行限额采伐,未经林业部门批准,金融、司法部门对抵押物均无权进行变卖处置。目前年采伐限额由省级政府编制并下达给各地采伐限额总量和各分项指标。在没有落实采伐指标情况下,一旦借款人出现信用风险,金融机构将会遇到有林木却不能采伐的风险。其次是市场风险。部分借款人以茶树、果树、毛竹等经济林作抵押从金融机构取得贷款,在市场经济条件下,农副产品价格发生波动是正常现象,农民增产不增收的情况并不少见,有可能出现抵押物的市场价格和抵押价格发生较大差距而影响金融机构利益的情况。

2. 林权抵押实践局限于林木所有权，制约了抵押范围

根据《森林法》第十五条规定用材林、经济林、薪炭林和林地使用权、采伐迹地、火烧迹地的林地使用权和国务院规定的其他森林、林木和其他林地使用权可以依法转让。综合法律规定及其他有关地方法规的具体规定，符合法律法规规定的林地使用权、林木所有权、林木使用权和森林景观资源权均可转让，这些权利同样也符合抵押担保有关规定。然而，当前林权抵押贷款主要以商品林为主，而能抵押的商品林也要成熟林或接近成熟的商品林。

3. 评估市场尚未规范，林权评估费用高

一是缺乏被林业部门认可的第三方独立森林资源资产评估机构。二是部分林业评估机构是属于林业部门下属的二级机构，执业不独立，有高估价值的动机。根据林业部和财政部有关规定，部分林业部门下属的林业规划、调查机构可以承担评估业务，而其不作为独立的第三方，评估公信力、所能承担的民事能力被受到质疑。同时，资产评估费用的收取标准是依据评估结论中的价值，高结论高收费，因此林业评估机构有高估评估物的动机。三是评估费用偏高。例如祁门林业评估费用按照评估值的3%收取，并且仅能抵押一半标的。因此，每元贷款评估费用最少为6%，再加银行利息，最后的贷款成本将超过10%。

4. 林业高风险性、低保险率，抵押物价值受挫

林业经营过程中面临的森林灾害很多，包括火灾、病虫害、冻害、泥石流、风灾、水灾、污染及人为灾害等，其中以火灾和病虫害尤为常见，所造成的经济损失往往非常巨大，造成金融机构对抵押物的失控。安徽省森林资源病虫害较重，全省森林面积中自然度为Ⅳ级和Ⅴ级的比例达85%，原始或接近原始的天然林面积很少。森林面积中，健康面积占69.18%，亚健康面积占25.04%，中健康和不健康面积占了5.78%。有30.80万公顷计8.56%的森林受到不同程度的各种灾害，其中病虫害占了78.80%。森林面积按生态功能等级好、中、差分别为4.02万公顷、263.59万公顷和92.46万公顷，分别占1.12%、73.20%和25.68%。然而，全省林业保险业务开办范围较小，规模不大。据调查，仅在池州、安庆开办了部分林业保险，保险费总额仅为20.96万元，保险总金额仅12.59亿元(下表)。由于财政或其他渠道资金没有进入林业保险领域，保险费用全部由林业经营者自己承担。

表2 保险业支持林业发展情况　　单位：户；亩；万元

年度	投保户数	投保面积	保险标的数量(万棵)	保险金额	保险费		
					总额	其中：政府补贴	林户自付
2007年	7	4 180	62.70	1 970.5	9.24	0	9.24
2008年	34	125 908	1 872.62	4 486	20.96	0	20.96

5. 缺乏林权抵押贷款制度框架设计

(1) 金融参与度抵，以农合机构为主。全省开办林权抵押贷款业务主要以农村合作金融机构为主，90%的林权抵押贷款由农村信用联社或农村合作银行发放，政策性银行和其他商业银行机构业务开展有限。林农小额贷款和林农联保贷款则全部由农村合作金融机构发放。

(2) 缺乏完善制度设计，农村合作金融机构各自为战。从调查情况显示，各地农村合作金融机构开展林权抵押贷款主要由各放贷机构自主决定贷款政策，而未设计制定针对林权贷款准入、授信、定价、风险控制等制度管理框架。

6. 林权质押贷款难管理

一是林业是一个效益产出期较长的产业，从投入到产出往往需要几年、几十年，而银行林权贷款期限普遍只有2年，贷款期限与林业生产周期的不匹配，无法满足林户多元化的贷款需求。二

是当前林户用于抵押的林木资产多是活立木，有别于其他不动产，林木随树种、树龄、地势、气候、土壤等的不同，有不同的生长规律，林木的流转、采伐、管理和运销具有不同于一般商品的专业性强的特点，银行要发放贷款，信贷人员先要开展贷款调查，然后是贷后管理，但这需要具备相应的林业知识，而目前银行信贷队伍中缺乏熟悉林业专业知识的信贷人员。

7. 信贷投放特点与林业生产错位

（1）贷款期限与林业生产周期不匹配。林业生产周期较长，普通林木的生长周期在10年左右。而目前金融机构林业贷款的期限一般为一至三年，调查数据显示仅有不到3.5%贷款为10年期。贷款期限与林业生产周期不匹配的问题较为突出，金融信贷对林业的支持作用受到抑制。

（2）贷款利率仍然高于林木自然生成率。以黄山市杉木为例，杉木是国家规定用材林采伐林龄最小的一个用材林树种，为26年，年生长率为介于5%—7%之间。而金融机构发放的利率则高达8%—9%，甚至高达11%，利率水平远远高于制造业或基建项目贷款利率，林业产业难以承受。

（四）相关政策建议

1. 认真贯彻五部委《意见》，进一步加大金融支持力度

（1）创新较长期贷款管理，开办“接力”贷款。对5年期以上的贷款，不确定性因素很多。为便于被设定为长期抵押贷款的林权在贷款到期之前流转，在风险可控的前提下，债务随林权流转由新的林权所有人承担。

（2）创新林业信贷政策，实行分类管理。金融机构综合考虑地域、林种、用途、规模等因素对林地进行分类管理，分别制定个性化的信贷管理政策。一是对成熟或近成熟的经济林可参照固定资产或房地产信贷政策，按照自然规律定期生产出可用于加工消费的林产品，离开土地就丧失其主要价值，从经济性质上看类似房地资产，相对风险较低，因此可借鉴房地产贷款模式，考虑上下游产业链条之间联系紧密程度和市场发育程度，可用较低的准入门槛用其所有权和使用权抵押，并可适当提高抵押率。二是对培植期较短苗圃和薪炭林参照存货抵押信贷政策，这类森林资源资产主要价值体离开土地后价值仍然保留，流动性较强，抵押物管理困难，主要以流动贷款模式为主，同时应加强与林业部门协同管理，并以林业管理水平设定最高抵押率。三是对幼龄用材林要按林种、立地条件等自然因素决定的生产周期长度，进行适当分类确定准入条件、期限和抵押率等。四是对景观资源用林进行综合考虑旅游市场开发程度，以其经营权、门票进行一并抵押。五是对特殊用途林，如原始森林、重点保护树种、公益林、防护林等，应以政银企民各方联合，共同投入资金。六是建立信用评价指标体系，结合林权抵押条件和适合林业经营特点，保持风险与收益的均衡关系。

（3）创新林权信贷授信，实行动态循环。一是建立综合授信、一次评定、定期检查、动态调整林业授信原则。二是确定一个可撤销授信额度，对经金融机构认可森林资源资产评估结果进行评定额度，并保持一段时间稳定性。三是动态管理，定期对被抵押森林资源资产状况进行检查，金融机构根据检查结果对可撤销授信额度微调。四是循环使用，在该额度内贷款人可自助循环使用银行贷款。

（4）创新林权信贷定价，实行灵活计息。一是可尝试运用经营结构性利率产品，可考虑的一个产品品种是将利率与未来林木价格变动进行挂钩；另一产品品种是将贷款人利息负担趋势与森林资源资产生长周期一致，如在整体负担不变情况下负担前低后高，但同时也要在金融机构会计政策进行适当安排。二是金融机构对不同的林权抵押品种细分风险水平，制定出适当的风险溢价水平。三是金融强化内功，降低营运成本。

（5）创新林权信贷流程，实行程序便捷。如开办自助循环贷款、随借随贷、直接林贷等贷款模式，实现信贷流程再造，提高信贷审批效率。

（6）创新银行激励制度，强化信贷支持。一是将对林权信贷作为金融机构对披露其社会责任的明示部分。二是拓宽林业贷款投放机构范围，引导国有商业银行支持林业发展，在林业大市设立分支机构的商业银行每年应完成一定额度的林业贷款投放量。三是充分发挥农业银行支持“三农”作用，把支持林业发展作为林业大市农业银行分支机构的主要业务内容，增加林业信贷投放。

(7) 创新引导资金多元化，实现可持续发展。鼓励并帮助林业产业龙头化企业融资渠道多元化；推动林业产业上下游之间建立更紧密关系或内部化；大力推动林业互助合作机构发展，提升合作水平和实力。

(8) 完善林权投资配套平台，促进资源配置优化。推进以政策性保险为主，商业保险为辅林业保险体系的建立，扩大森林保险投保面积，扩大政策性保险覆盖面；推进外部评级；尽快推进林业专业担保公司成立运营。

2. 完善配套措施，继续深化集体林权制度改革

(1) 修订相关法律规定，进一步扩大可设押森林资产的范围。一是修订《物权法》对可抵押的土地承包经营权和不可抵押的土地承包经营权的限制性规定。二是修订《森林资源资产抵押登记办法》，与《物权法》保持一致，将不可抵押的林地使用权限定为：以家庭承包方式获得的集体所有的自留山土地使用权。三是完善林业采伐管理制度，改变林木变现难的现状。

(2) 建立林业资源登记公示系统，有效促进林权信息在相关部门之间的共享与流通。建议参考我国房地产管理模式，建立统一的林权登记公示系统，实行林权登记、采伐、监管、流转的信息化管理，使林权信息在相关部门之间实现有效的流通与共享。

(3) 建议对被抵押的林权单独制定采伐计划。在法定许可前提下，省级政府林业行政主管部门，根据金融部门林权抵押贷款规模和变动状况，按照一定比例单独预留出一定的采伐计划。

(4) 改革森林资产评估收费机制。建议森林资产评估收费以资产评估师的资历、助手数量和级别、工作工时以及必不可少的评估支出为收费标准。

(5) 加快建立流转市场。推进林产品交易市场、林地收储市场在内的等林业市场体系建设，建立全国性的林权流转平台，为金融部门支持林业发展提供有效的市场保障。

(中国人民银行合肥中心支行调研组
组长：陶诚
成员：徐金伟　许焱　李少林　吴寂琼)

5. 农村土地流转与金融支持问题研究
——基于安徽省的实证分析

(一) 安徽省农村土地流转的现状及成效

1. 安徽省农村土地流转的现状

(1) 土地流转形式多样化。截至 2009 年 2 月末，安徽省当前农村土地承包面积 6 400 万亩，土地流转面积 589.4 万亩，占农村土地承包面积的 9.2%。目前全省农村耕地流转面积 351 万亩，流转比例为 5.5%；水面流转面积 106.9 万亩，流转比例达 12.9%；山场流转面积 131.5 万亩，流转比例为 2.1%。土地流转有转包、转让、互换、租赁、入股多种形式，其中以转包、租赁为主，分别占流转总面积的 34.4%、18.7%。

(2) 土地流转的期限由短期流转向中长期流转转变。总体来看，安徽省土地流转的期限以中短期为主，流转耕地期限一般不超过 10 年。最近这种趋势有所转变，耕地流转的期限由短期流转向中长期流转转变。目前最长的流转期限为 30 年。

(3) 由农户之间的自发流转向组织化、规模化流转转变。以前的土地流转多数依靠农民自发组织完成，具有土地流转初级阶段的自发性和分散性，政府的参与度较低，主要表现在农户之间互换调节承包地、代耕代种和转包，这种自由流转形式 80%以上是以口头协议形式确立土地流转关系，合同稳定性差，是一种粗放型、小规模的流转。现在的流转，主要是围绕市场需求、发挥资源优势、实现规模经营、提高效益收入，流转的方式和主体发生了很大的变化。较为典型的有龙头企业带动型和农民专业合作社带动型流转。

（4）流转的速度逐步加快，流转的规模逐步扩大。随着劳动力转移速度的加快，劳动力转移由城郊和乡镇向广大偏远农村的渐进扩大态势，同时城市化、工业化进程不断向前推进，农村税费改革及国家一系列惠农政策的贯彻落实，导致种地绝对效益的增加，土地流转出现规模的急剧扩张。

（5）流转地域分布呈现“三多”现象。流转地域一是集中在农民收入水平高，非农业比重大，二、三产业比较发达的地区，尤其是近郊流转面积较多的地区；二是集中在劳动力转移门路宽，外出务工人员较多的地区；三是圩区、公路沿线的畈区流转面积多于山区。

2. 安徽省农村土地流转的成效

（1）促进农业规模化经营，提高农业经营效益。通过土地流转，土地实现了向产业化龙头企业、种养殖业大户集中，促进了土地、生产资源、劳动力等农业生产要素的合理配置和优化组合，有利于推行农业机械化生产和农业先进适用技术，土地的利用率和产出率明显提高，农业的经营效益得到显著提升。

典型案例1：宿州市化东农业科技开发有限公司，1999年采取租赁农户的耕地和山地的方式，承租了农户耕地5 000亩，山地5 000亩，进行良种繁育、食品加工、畜禽养殖、旅游开发，促进当地75%的农户在公司就业，相比较土地流转前，平均每亩收益提高30%以上，农户收入提高40%左右。

（2）实现农村劳动力转移和增加农民收入。通过农村土地承包经营权的流转，既可以将农民从土地上解放出来，从事效益更高的工作，又维护了农民的土地承包权益，解除农民离土离乡的后顾之忧，促使农民涌向城市就业赚钱或学习技术自主创业。到2008年底，安徽省约有1 000万农村劳动力进入城市工作。

典型案例2：芜湖县兴隆粮食种植专业合作社社员以土地入股，入股成员每亩可保底分红550元以上，相当于自己耕作一亩土地的年收入，国家给予农民的各项补贴，均由原承包户享受，年终合作社提取公积金、公益金后，百分之六十仍实行二次分配，有效增加了农户的收入来源。

（3）推动农村地区产业结构调整。土地分散经营，农民增收受自然规律和市场竞争双重限制，一方面无力在种养活动中加大科技投入，另一方面在市场竞争中处于信息闭塞、竞价能力低的弱势地位，农民增收至一定阶段将难以为继。土地流转初步实现了土地资本化，为农民持续、稳定的增收提供了可能。土地流转开辟了社会资本进入农业和农村的通道，逐步缓解农村地区资本稀缺、劳动力富余的矛盾，改善农村地区生产要素构成，为农业生产实现资本化、科技化、技术化，农业人口向二、三产业转移，进而推动我国农村地区产业结构高级化提供了契机。

典型案例3：安徽省宁国市恩龙生态发展有限公司（以下简称“恩龙公司”）借助农村土地流转平台，采用土地反租倒包模式扩展林木种苗基地2 500亩、投山入股模式建成了千亩银杏园和200余亩的特色果园，从一个资产仅3万元的作坊式小苗圃企业逐步发展成为一个资产逾5亿元、经营范围涵盖生态旅游、林木种苗和特色林果等多领域的省级农业产业化龙头企业，加入的农户户均年收入超过1.5万元，人均纯收入近7 000元，比未加入公司的农户高出40%左右。旗下“恩龙世界木屋村”被评为“全国农业旅游示范点”。

（4）加快农业合作化进程。成立专业合作社，将原经营相同农产品的农户联合起来，集中分散于农户手中的资金、土地进行整合，扩充和改善生产设施，稳定产品品质、统一销售渠道和销售价格。并继续采取租赁合作社以外的土地，扩大生产规模。合作社社员不但取得经营收入，还取得合作社经营的红利收入。

典型案例4：肥西县木兰村成立了“土地流转合作社”，把抛荒地集中起来，流转给大户，让农民以土地入股，每年从收入中分红。2006年10月，木兰村“土地流转合作社”正式成立，483家农户以1 600亩抛荒地和低洼地的土地承包经营权入股。合作社将流转过来的1 600亩抛荒地和低洼地全部发包出去，32 个大户承包了土地。成立土地流转合作社，流转户和农户获得双赢，农户现在不用种地，每年每亩地仍可获得 306 元租金。

（二）关于土地流转与农村金融服务的实证分析

本文先通过面板数据模型分析土地流转与农村金融服务之间的关系，验证农村金融服务对土地流转是否起到促进作用，接着通过面板数据中固定效应模型 Hausman 检验来分析安徽省各地区经济差异对土地流转的影响。

1. 数据来源及变量选择

各指标的数据选择区间为 2006—2007 年度数据；经济指标数据来源于安徽省各地市 2007—2008 年统计年鉴，金融指标数据根据安徽省各地市 2006—2008 年金融统计月报和涉农贷款统计季报整理得到。为分析各地市间的差异，以第一产业 GDP（简称一产 GDP）占比对全省各地市进行区分（一产 GDP 占比低于 20%以下为经济发达地区，反之为经济欠发达地区），芜湖、铜陵、安庆、淮北、淮南、黄山、宣城和马鞍山八地市为经济发达地区，滁州、宿州、巢湖、阜阳、蚌埠、池州、亳州和六安为对经济欠发达。

考虑选取变量要反映出农村经济、农民收入、金融生态环境和金融支持土地流转贷款，结合数据可得性及变量关联性分析结果，选取 GDP 为第一产业经济总量，NSR 为农民人均纯收入，GZ 为农民工资性收入，LZ 为土地流转面积，CK 为农村存款余额，BL 为农村金融机构不良贷款（作为反映金融生态指标），SN 为涉农贷款（因没有土地流转贷款专项统计指标，但又包含在涉农贷款中，故用涉农贷款反映金融支持促进土地流转），ND 为农业经济组织贷款，NS 为农业生产经营贷款，所有数据都取数。为方便分析，对各地市进行编码，cz 为滁州，sz 为宿州，ch 为巢湖，wh 为芜湖，tl 为铜陵，fy 为阜阳，aq 为安庆，bb 为蚌埠，czh 为池州，bz 为亳州，hb 为淮北，hn 为淮南，la 为六安，hs 为黄山，xc 为宣城，ma 为马鞍山。

表 1 安徽省各市金融支持土地流转相关数据指标（不包括合肥）

各市	土地流转面积（万亩）	农民人均纯收入（元）	涉农贷款（万元）	农业经济组织贷款（万元）	农户生产经营贷款（万元）
芜湖	6.27	6 136	781 936	639 178	131 120
马鞍山	10	7 238	271 706	33 724	82 008
铜陵	5.3	5 573	66 546	14 820	52 315
蚌埠	23	4 299	841 121	106 311	280 130
六安	78	3 647	1 658 467	33 929	598 383
安庆	73.3	4 132.8	1 505 756	108 386	537 676
淮南	5	4 440	334 249	15 302	188 620
淮北	16.05	4 096	372 543	229 034	143 509
池州	15.74	4 758	466 835	144 990	235 576
滁州	92	4 500	1 634 146	266 363	162 628
亳州	24.01	3 585	973 751	15 105	412 481
宿州	15	3 671	1 171 638	729 448	432 735
宣城	15.11	5 023	683 210	48 247	400 024
黄山	5.7	5 160	676 808	398 737	134 340
巢湖	91	4 785	1 395 151	196 386	317 430
阜阳	65.4	3 187	1 626 636	194 533	731 268

2. 面板数据实证分析

面板数据同时含有时间序列数据和截面数据，所以其统计性质既带有时间序列的性质，又有横截面的特点，因而克服了时序数据不足的缺陷，故在实证分析中运用日益广泛。一般情况下，面板数据模型分为两类：固定效应模型（fixed effect model）和随机效应模型（random effect model），固定效应模型一般形式为：$y_i = a + x_i\beta + u_i$，$i = 1, 2\cdots 16$，而随机效应模型一般形式为：$y_i = a_i + x_i\beta + u_i$，$i = 1, 2, \cdots, 16$

（1）面板数据模型。经过筛选 CK、ND、NS 变量方程不能通过统计检验，故剔除方程；同时由于 NSR 进入方程系数为负，但不能符合一般经济学意义。经过多次模型设定，GDP、GZ、SN 和 BL 变量通过统计检验，最终检验结果见表 2。

表 2 面板数据检验结果

Variable	Coefficient	Std. Error	t-Statistic	Prob.
GDP	0.707 909	0.235 979	2.999 881	0.004 5
GZ	1.600 379	0.731 804	2.186 895	0.034 2
SN	0.601 455	0.206 797	2.908 427	0.005 7
BL	−0.336 097	0.191 102	−1.758 734	0.085 7

R-squared	0.760 801	Mean dependent var	1.122 465
Adjusted R-squared	0.465 294	S. D. dependent var	0.480 376
S. E. of regression	0.351 268	Akaike info criterion	0.843 799
Sum squared resid	5.305 744	Schwarz criterion	1.038 716
Log likelihood	−15.251 18	F-statistic	11.224 69
Durbin-Watson stat	1.462 591	Prob（F-statistic)	0.000 003

模型方程为：$LZ=0.707\,9\times GDP+1.6\times GZ+0.601\,5\times SN-0.336\,1\times BL$

检验结果显示：GDP、GZ、SN 和 BL 变量顺利通过统计检验，且系数符合经济学意义，而且不存在方差自相关现象。通过方程可看出：影响土地流转的主要因素是一产 GDP、农民工资性收入、涉农贷款和不良贷款；前三个变量与土地流转面积存在正相关关系，而农村不良贷款与土地流转呈负相关。一产 GDP、农民工资性收入、涉农贷款每增长 1 个单位，拉动流转土地面积分别增长 0.707 9 个、1.6 个、0.601 5 个单位，也即是三个变量增长速度越快，将带动土地流转速度加快；而不良贷款越高，越不利于土地流转，主要原因是不良贷款较高，同时农村土地只有使用权相关土地流转贷款风险较大，一定程度上影响金融机构介入土地流转的积极性，从而不利于金融支持土地加快流转。

表 3 面板数据固定效应检验结果

经济发达地区								经济欠发达地区							
wh	tl	aq	hb	hn	hs	xc	ma	cz	sz	ch	fy	bb	czh	bz	la
−1.37	1.7	0.19	−1.07	−1.27	−0.65	2.02	−1.77	0.87	0.42	0.877	1.01	0.70	−0.54	1.24	1.26

（2）固定效应模型。考虑到各地市间个体的差异，面板数据可能存在固定或随机效应，运用 Eviews 软件中的 Hausman 检验，检验结果显示数据存在固定效应，因此需要建立固定效应模型，此意味着各地市形成模型方程中的截距项系数各不相同。运用 Eviews 软件最终检验结果整理如下：

检验结果反映出：固定效应因不同地区而有很大差异，一产 GDP 占比越低的经济发达地区，固定效应为负，即意味着地区经济发达如芜湖、淮北等资源或工业城市，对土地流转产生不利影响，主要原因是区域经济越发达土地价值升值空间越大，加之土地资源稀缺，导致农民对土地价值的期望较高，从而影响当地农民土地流转的积极性；而相对不发达地区，外出务工收入逐渐增多，工资性收入占比逐年提高，农民种地积极性不高，同时土地升值空间相对较小，导致农民更倾向于土地流转，从而获得资金脱离农业生产、更加安心留在城市工作。

表 4 面板数据固定时间效应检验结果

Fixed Effects(Period)	2006—C(截距项)为−0.053 299
Fixed Effects(Period)	2007—C(截距项)为−0.064 179
Fixed Effects(Period)	2008—C(截距项)为 0.117 478

从固定时间效应检验结果（表 3）看，前期如 2006 年、2007 年固定效应为负数，即除贷款、一产 GDP、工资性收入和不良贷款变量外的综合因素对土地流转产生不利影响；但自 2008 年后由于国家出台一系列促进土地流转措施和加大社会保障政策，随着土地流转整体环境的改善，固定时间效应逐渐显现，固定时间效应由 2006 年的−0.053 3 到 2008 年首次上升到 0.117 5，即各种综合因素正逐渐有利于加快各地土地流转。

3. 实证分析结论

金融服务尤其是信贷投入对土地流转具有很大的支持功效，面板模型证实涉农贷款每增加1个单位，推动土地流转面积增长0.602个单位，但较大的不良贷款影响农村金融机构介入土地流转相关金融服务的积极性。同时，实证分析显示，一产GDP越大、农民工资性收入越高，越促进当地土地流转，即一产GDP和工资性收入增长1个单位，分别拉动土地流转面积增0.708个、1.6个单位。检验反映出国家促进土地流转政策效应正逐渐显现。调查中也发现，目前制约土地流转的突出因素还相当多，土地流转体系不健全、社保体系落后、土地使用权无法抵押、金融服务创新不足等一定程度上影响了土地流转进程。

（三）农村土地流转中存在的问题与金融支持困境

1. 土地流转中的问题

（1）土地流转认识不到位，组织引导不够。现阶段农民对土地的依赖程度还很高，担心土地流转后会失去生活的依靠，对《农村土地承包法》《农村土地承包经营权流转管理办法》等政策性法律法规了解有限，对相关流转主体享有的权力和履行的义务认识不足。基层干部对农户土地流转工作存在畏难情绪，没有把土地流转当做农村基层干部的一项职责来对待。各级政府和部门宣传力度不够，缺乏对农户必要的引导和支持，政策指导满足不了当前农业结构调整、发展效益农业和适度规模经营对土地流转的需要。

（2）土地流转体系不健全、服务不完善。一是中介组织缺乏。当前安徽省尚未形成统一规范的土地流转市场，无中介组织，无信息发布平台，流转双方信息不畅导致土地流转交易成本上升和交易难度增加，影响了农村土地流转的速度、规模和效益。二是土地流转纠纷处理机制不完善。当前安徽省尚未建立起有效的土地流转纠纷处理机制，由于此类纠纷标的小、数量大，加上诉讼费用高，导致处理难度大，即使通过仲裁机构裁决，由于土地特殊的物权性和农业生产季节性等原因，裁决结果也很难执行。三是没有正规的土地流转管理机构，从上到下没有具体实施细则，在流转程序、流转手段、流转档案管理等方面缺乏统一具体的规定，事后没有进行必要的监督管理，导致农民土地流转补偿少，土地经营权益得不到保障。

（3）社会保障体系落后制约土地流转。农村社会保障制度的完善与否对土地流转有重大影响，当前我国农村养老保障制度尚未普遍建立起来，医疗、社会救助等社会保障体系既不健全也不完善，土地在很大程度上还承担着社会保障功能，农民主要还是依靠土地收入解决看病、上学、养老等问题。社会保障建设滞后极大地影响了农民流转土地的积极性，调查发现农户流转出去的耕地往往是差地，好地一般都还是自己种的居多，显示了农民土地流转意愿普遍不高。

2. 土地流转中金融支持困境

（1）土地作为抵押品存在的法律障碍。《担保法》第34条第三项、第五项，第37条第二项的规定表明：耕地、宅基地、自留山等集体所有的土地使用权，除了抵押人依法承包并经发包方同意抵押的荒山、荒沟、荒丘、荒滩等荒地的土地使用权可以抵押外，其他均不可抵押。农户土地承包经营权是不能用作抵押的，流转主体很难在银行获得贷款支持。同时当前担保公司实力普遍弱小，而且担保公司的手续费率为银行利率上浮50%，使得融资成本居高不下，对于高投入、低收益的农业生产来说一般难以承受。同时农民以土地承包经营权为抵押的融资方式容易产生法律纠纷，往往要付出更大的交易成本。

（2）农业保险缺失，覆盖农业风险面较窄。农业受自然灾害影响大，农产品市场价格变化快进而导致农业生产风险较高，急需建立农业巨灾保险制度保障农业生产。由于农业天然的弱质性，保险机构经营农业保险风险较高，商业性保险业务难以开展，市场对政策性保险的需求日益强烈。目前，国家推出农业政策性保险包括小麦、玉米等5个品种，但满足不了土地流转规模经营的需要，突出表现在农业保险品种少、覆盖面窄，政策性农业保险理赔金额少，不能补偿农户种植成本。

(3) 金融服务创新无法满足土地流转融资需求。一方面,金融机构"惧贷"、"慎贷"、"惜贷"现象十分普遍,贷款额度小、利息高、审批慢无法满足较大土地流转后农业规模化、产业化发展需要。据调查,目前信用社利息达到9厘多,远高于农户实际承受力。对大型农业机械、技术设备投入需求大,亟需中长期信贷资金的支持。但是金融机构的信贷经营理念还难以适应形势变化,信贷创新步伐滞后,目前在农村地区仍然以提供小额、短期信贷为主,对一些企业需要的金额较大、中长期的信贷需求无法满足。另一方面,农村的专业互助合作社,由于不具有法人资格,缺乏配套的收购场地、仓储及加工设备等,造成抵押资产不足,担保人难找,获得金融部门信贷支持有一定难度。对流转后土地的水、电、路等各种基础配套设施改造与完善需要大量资金,合作社面临巨大的资金缺口,无法满足土地流转后规模化经营的需要。

(四) 相关政策建议

(1) 加强法律创新,解决土地流转中的法律障碍。探索土地承包经营权作为抵押物的适用性。完善《担保法》、《物权法》等法律中的相关规定,允许土地承包经营权可以抵押。当前农村土地使用权包括两个范畴:一方面农户通过承包村集体的土地获得的土地承包经营权;另一方面农户或其他主体通过流转其他农户的土地承包经营权而承接的土地经营权。这两方面共有的特征就是"使用期限"和"农业用途",建议对《中华人民共和国担保法》、《中华人民共和国物权法》、《中华人民共和国土地管理法》等法规禁止农村土地使用权用于抵押的条款进行修改,允许农村土地使用权在承包期限内,在保证农业用途的前提下抵押,探索如"公司+农村土地承包经营权抵押"、"财政担保+农村土地承包经营权抵押"、"保单+农村土地承包经营权抵押"等信贷模式。

(2) 加强农业保险体系和担保体系建设。一方面,建立政策保险和商业保险并重的农村保险制度,鼓励涉农金融机构代理农业保险业务,切实支持和促进农业保险在农村的发展。特别是支持农业政策性保险业务发展,建立农业巨灾风险分散机制和再保险机制,避免自然灾害影响,促使土地流转和产业化经营顺利推进。另一方面,面向农户和农村中小企业设立农业担保机构,发展农村互助担保组织,建立担保基金。鼓励政府出资,支持各类信用担保机构开展符合农村特色的担保业务,鼓励商业性担保机构开展农村担保业务。扩大担保范围,提高对特色农业经济农户、种养殖专业户、农产品营销大户、农产品初加工企业以及最基本的广大农户的担保服务水平。同时探索新的贷款抵押方式和品种,扩大农户和农村企业申请贷款可用于担保的财产范围。探索发展如"农产品抵押"、"农业机械抵押"、"仓单质押"以及"林权与水域滩涂使用权的权益质押"贷款。

(3) 加大金融创新力度,推动土地规模经营。一是完善农户小额信贷制度和农户联保贷款制度。金融机构应积极发放无抵押担保的小额贷款和联保贷款。在农户小额信用贷款的基础上,设立专门针对土地流转主体(如种养殖业大户和农业产业化龙头企业)的信用贷款品种,探索"农村土地经营权+联保"、"农业保险+联保"等贷款方式,不断创新信贷产品。二是成立土地银行。由中介机构根据地理位置、土地肥沃程度、升值潜力等,对农户土地确定一个比较合理的储存价格。农户在自愿的基础上,将自己土地定期存入土地银行,土地银行将农户存入的土地进行适当打包、整合或适度改造,在维持基本农业用途不变的情况下,贷给其他土地需求者(如种养大户、农业企业)。土地需求者向银行支付土地的储存价值、整理开发价值以及两者之和的同期贷款利息,银行再把储存价值兑换给农户。土地银行不仅为土地规模集约经营提供土地支持,同时也为流转土地的农民提供稳定的收入,鼓励大批农村剩余劳动力转移到城市,有利于提高城市化水平,消除城乡二元经济结构。

(中国人民银行合肥中支银行课题组
组长:刘伟建
副组长:徐金伟
成员:高克洲 叶善勇 王宗鹏 冷德军)

第九篇　长 三 角 金 融

一、上　海　市

(一) 上海市金融概览

【经济概况】 2009年，上海市地区生产总值比上年增长8.2%。经济运行的主要特点：一是固定资产投资平稳增长，消费增长较为强劲。全社会固定资产投资总额比上年增长9.2%，其中，城市基础建设投资快速增长21.9%，对全社会固定资产投资增长的贡献率为85.7%，比上年提高13.7个百分点。社会消费品零售总额增长14%，在家电下乡、以旧换新、减征汽车购置税、住房消费政策等措施的刺激下，消费增速始终维持在高位水平。二是出口增速由负转正。全年外贸进出口总额比上年下降13.8%。其中进口总额下降11.1%，出口总额下降16.2%。因三季度美欧等经济体出现复苏，出口下滑势头得到遏制，12月出现年内首次增长。三是第三产业比重进一步提高。第三产业增加值增长12.6%，占全市生产总值的比重为59.4%，比上年提高3.4个百分点。金融危机的冲击加速了全市经济增长方式转变和产业结构升级。金融业和房地产业加速增长。金融业增加值增长25.6%；房地产业增加值增长30%。四是工业生产逐步回升，企业效益持续改善。全年规模以上工业增加值比上年增长3%，比上半年提高8.1个百分点。工业增速的大幅起落与工业外向型程度较高、受外部环境影响较大有关。全年规模以上工业企业利润总额比上年增长43.8%。五是居民消费价格由降转升。居民消费价格累计下降0.4%，比上年回落6.2个百分点。CPI月同比降幅在7月达到全年最低点后，降幅持续收窄，并于11月出现上涨。

【金融运行】 截至年末，银行业金融机构(含外资金融机构)本外币资产总额为6.26万亿元，占全国银行业同期资产的7.95%，比上年增长19.69%。本外币各项存款余额4.46万亿元，比年初增加9 010.88亿元，比上年增长25.3%；本外币各项贷款余额2.97万亿元，比年初增加5 371.55亿元，比上年增长22.7%。全年金融机构现金收入2.81万亿元，现金支出2.90万亿元，收支相抵现金净投放954.14亿元。外汇收入同比减少15.9%；外汇支出同比减少2.2%。在沪银行结汇同比减少16.6%；售汇同比减少1.6%。银行卡累计发放10 009.93万张，比上年增加2 094.71万张，全年交易额9 517.10亿元，比上年增长37.6%。

(1) 各项存款增加较多，企业存款增幅明显。中资金融机构本外币各项存款余额41 486.49亿元，比年初增加8 412.09亿元，同比多增3 546.68亿元；外资金融机构本外币各项存款余额3 133.78亿元，比年初增加588.79亿元，同比多增211.88亿元。本外币存款变化特点：一是存款活期化趋势明显，人民币企业活期和储蓄活期存款增加额占全部人民币存款增量的41.1%，比上年提高32.9个百分点。二是企业存款大幅增长。全市本外币企业存款增加4 979.24亿元，同比多增2 965.89亿元，占全部存款增量的55.3%，同比上升16个百分点。受贷款派生和季末考核等因素影响，企业存款季末冲高特征明显。同时随着各项政策效应逐步显现，经济企稳回升，企业活期存款明显多增。三是储蓄存款增速减缓。本外币储蓄存款增加2 269.23亿元，同比少增475.37亿元。其中，活期储蓄存款增加1 110.81亿元，同比多增736.26亿元。受下半年新股发行节奏加快、理财市场重新活跃、房地产市场交易量明显放大等因素影响，储蓄存款加速分流。下半年储蓄存款增加572.5亿元,较上半年少增1 124.3亿元,同比少增1 223.8亿元。四是同业存款波动加剧。全市金融机构人民币同业存款增加2 092.1亿元,同比多增4 667.5亿元。受新股发行节奏加快及创业板推出的影响,资金跨地区划转更为频繁。下半年同业存款各月增量差异达4 206.9亿元,远大于上半年的1 650.6亿元。

(2) 各项贷款大幅多增,外汇贷款增速回升。中资金融机构本外币各项贷款余额26 086.58亿元,比年初增加5 645.31亿元,同比多增2 372.65亿元;外资金融机构本外币各项贷款余额3 597.52亿元,比年初减少273.76亿元,同比少增446.66亿元。本外币贷款变化特点:一是全年贷款投放不均衡程度加剧。中资金融机构贷款投放逐季减弱,其中1季度贷款增加额占全年本外币贷款增量近四成。二是外汇贷款增速回升。银行业金融机构外汇贷款余额同比增长19.4%,较上年末上升18.8个百分点。下半年以来,受外汇贷款利率相对较低、人民币升值预期和进出口贸易回暖等因素影响,外汇贷款需求明显上升。三是贷款投向较为集中。中资银行投向租赁商务服务业、房地产业、水利环境和公共设施管理业的贷款(不含票据融资)增加2 471.1亿元,同比多增1 818.8亿元;个人贷款增加1 174.9亿元,同比多增1 087亿元;上述三行业和个人贷款新增额占中资银行贷款增量的84%。四是中长期贷款占比继续快速上升。本外币中长期贷款增加4 126.12亿元,同比多增2 621.51亿元,占各项贷款增量的76.8%,同比提高17.7个百分点。

【金融市场】 金融市场成交量增幅明显,市场功能进一步提升。(1)银行间市场。银行间同业拆借和债券市场成交金额137.57万亿元,比上年增长24.2%,其中信用拆借、债券买断式回购、现券交易分别成交19.35万亿元、2.59万亿元、47.27万亿元,债券质押式回购累计成交67.7万亿元,比上年增长20.08%。(2)票据市场。全年金融机构累计签发银行承兑汇票3 737.4亿元,同比增长100.3%;累计办理企业直接贴现4 016.7亿元,同比增长70.3%。年末金融机构银行承兑汇票余额1 406.7亿元,同比增长49.8%;票据贴现余额1 650亿元,同比增长65.1%。(3)外汇市场。人民币外汇即期交易量同比上升19%。外币对市场成交金额折合407亿美元,同比下降35.8%。年末人民币对美元中间价报收6.828 2,比年初下跌85个基点,人民币升值0.12%,波幅大幅收窄。(4)证券市场。全年上海证券交易所各类有价证券成交金额44.19万亿元,比上年增长62.6%。其中,股票成交金额34.65万亿元,增长92.1%;债券成交额3.98万亿元,增长41.6%;证券投资基金成交额(不含ETF)790.29亿元,下降17%。全年通过资本市场筹资4 817.66亿元,比上年增长46.2%。其中,发行新股筹资1 251.25亿元,增长70.6%;再次发行(增发、配股和权证行权)筹资2 091.91亿元,增长39%;发行债券筹资1 474.51亿元,增长39.5%。期货市场成交量86 972.81万手,比上年增长210%,成交金额73.76万亿元,比上年增长155.5%,占全国市场份额57%。(5)黄金市场。黄金市场成交金额11 019.81亿元,比上年增长22.5%,其中黄金成交金额10 277.95亿元,铂金成交金额155.28亿元,白银成交金额586.58亿元。钻石交易所成交金额15.21亿美元,比上年增长16.37%。产权市场各类产权成交金额达1 261.55亿元,比上年增长17.51%。(6)保险市场。全年原保险保费收入665.03亿元,比上年增长10.83%。其中财产险公司原保险保费收入158.90亿元,增长15.02%。寿险公司原保险保费收入506.13亿元,增长9.57%。保险赔款和给付支出176.74亿元,比上年下降3.99%。

【金融机构】 截至年末,全市有各类金融单位(分行级或分公司以上级)787家。其中,银行业机构132家,证券业机构93家,保险业机构307家。年内一些重要功能性机构如新华社金融信息平台、银行间市场清算所、美国硅谷银行等落户,上海市再担保公司挂牌成立。新增3家村镇银行、3家外资法人银行、1家信托公司、1家财务公司、2家异地商业银行上海分行、3家营运中心、2家外国银行分行、3家外资银行代表处。外资营业性机构179家(含173家外资银行机构、4家汽车金融公司和2家货币经纪公司);外资金融机构代表处103家，非银行金融机构28家(包括2家财务公司分支机构)。外资法人银行(含财务公司)20家、法人银行分行和保留分行38家，单一分行27家，支行80家(含4家批筹)，外资银行代表处共计90家。法人银行总行、法人银行分行、管理行、外国银行分行、保留分行、同城支行等各种类型的外资银行集聚。

【外资银行业务】 截至年末，上海市外资银行资产总额为7 293.36亿元，占全市银行业金融机构资产总额11.65%。外资银行各项贷款余额为3 659.83亿元，比年初减少261.11亿元，下降6.66%，增速比上年同期下降11.16个百分点；存款余额为3 288.59亿元，比年初增加596.39亿元，增长22.15%，增速比上年同期上升1.45个百分点。整体利润保持快速增长，账面利润为55.06亿元，比上年减少46.16%。外资银行人民币资产总额占银行资产总额的59%，人民币业务各项贷款占银行各项贷款的比重为57.23%，人民币业务各项存款占银行各项存款的比重为75.6%，分别比年初增长了6.8个、-0.12个和5.66个百分点。在上海注册的外资法人银行资产总额达到9 700.23亿元，比上年增长14.79%；各项贷款余额5 060.9亿元，比上年增长13.66%；存款余额6 063.1亿元，比上年增长29.55%；税后利润45.88亿元，比上年减少39.22%。

【资产质量】 按贷款"五级"分类口径统计，全市银行业金融机构不良贷款余额为346.56亿元，比年初减少9.07亿元；不良贷款率为1.18%，比年初下降0.29个百分点。中资商业银行(国有商业银行、股份制商业银行、城市商业银行、农村商业银行、邮政储蓄银行、村镇银行)不良贷款余额289.41亿元，比年初减少1.47亿元；不良贷款率1.28%，比年初下降0.36个百分点。外资银行不良贷款余额为31.99亿元，比年初增加5.24亿元；不良贷款率为0.87%，比年初上升0.19个百分点。在拨备覆盖率方面，截至年底，商业银行拨备覆盖率为151.44%，比年初提高26.29个百分点；法人银行业金融机构拨备覆盖率为164.81%，比年初提高16.97个百分点。受国际金融危机的冲击和净息差收窄的影响，银行业金融机构盈利水平有所下降，累计实现净利润为598.79亿元。财务公司资产总额1 401.7亿元，负债总额1 254.37亿元，所有者权益147.33亿元，全年实现利润19.56亿元，年末不良贷款0.99亿元，不良贷款率0.19%。

【金融创新】 一是率先启动跨境贸易人民币结算。7月6日，香港与内地跨境贸易人民币结算业务正式展开，中银香港为上海电气香港有限公司办理向内地的人民币货款支付服务。香港汇丰银行与交通银行合作为上海环宇进出口公司办理人民币跨境结算交易。截至年末，全市共进行人民币进出口结算业务118笔，总金额21.35亿元。二是结合浦东综合配套改革，率先出台设立外商投资股权投资管理企业试行办法。8月，上海汇通天下股权投资有限公司成立，成为首个获批的外资股权投资企业。汇通天下股权投资基金采取定向募集设立方式，募资规模为50亿元，首期规模为20亿元。三是首家以金融产业为投资对象的产业基金——金浦产业投资基金管理公司成立。注册地在上海市浦东新区，注册资本金为2亿元。该基金在组织形式上采用有限合伙制，基金总规模为200亿元，首期规模为80亿元。四是开展商业银行并购贷款。如工商银行上海市分行向百联集团提供4亿元并购贷款，用于收购上海实业联合集团商务网络发展有限公司100%的股权。交通银行上海市分行、建设银行上海市分行分别向宝钢集团提供7.5亿元和8亿元的并购贷款，用于支持其收购宁波钢铁有限公司56.15%的股权。中国银行上海市分行向万业企业发放3 833.5万元并购贷款，用于对内蒙古鄂托克旗昊源煤焦化有限公司的股权收购。五是首次以地方立法的方式推动国际金融中心建设，出台《上海市促进国际金融中心建设条例》。上海市高级人民法院、第一中级人民法院、第二中级人民法院成立了专业的金融审判庭，审理在沪金融机构的重大金融案件。

(肖立伟)

上海市主要经济金融统计

（2005—2009 年）

单位：亿元

项　　目	2005 年	2006 年	2007 年	2008 年	2009 年
地区生产总值	9 154.18	10 296.97	12 001.16	13 698.15	14 900.93
第一产业(增加值)	80.34	93.81	101.84	111.8	113.82
第二产业(增加值)	4 452.92	4 997.81	5 675.49	6 235.92	5 939.96
第三产业(增加值)	4 620.92	5 205.35	6 223.83	7 350.43	8 847.15
全社会固定资产投资	3 542.55	3 925.09	4 458.61	4 829.46	5 273.33
地方财政收入	1 433.90	1 600.37	2 102.63	2 382.34	2 540.3
地方财政支出	1 660.32	1 813.8	2 201.92	2 617.68	2 989.65
社会消费品零售总额	2 972.97	3 360.41	3 847.79	4 537.14	5 172.88
居民消费价格指数(以上年为 100)	101.00	101.2	103.2	105.8	99.6
进出口总额(亿美元)	1 863.65	2 274.89	2 829.73	3 221.38	2 777.31
进　口(亿美元)	956.23	1 139.16	1 390.45	1 527.88	1 358.17
出　口(亿美元)	907.42	1 135.73	1 439.28	1 693.5	1 419.14
全部金融机构各项存款(余额)	23 320.86	26 454.88	30 315.53	35 589.07	44 620.27
企业存款	11 624.88	13 264.48	15 827.70	17 899.74	22 772.28
财政存款	237.55	396.74	740.98	830.83	1 245.94
城乡储蓄存款	8 432.49	9 480.28	9 326.45	12 083.66	14 357.65
全部金融机构各项贷款(余额)	16 798.12	18 603.92	21 709.95	24 166.12	29 684.10
短期贷款	6 194.27	6 368.89	8 024.67	8 788.06	8 511.56
中长期贷款	9 004.17	10 603.08	12 168.07	13 712.53	17 933.57
现金投放(＋)回笼(－)	＋505.65	＋593.95	＋651.52	＋852.71	＋954.14
全部保险机构保费收入	333.62	407.04	482.64	600.06	665.03
全部保险机构保险赔款支出(含满期给付)	87.46	91.31	139.82	184.09	176.74
全部保险机构保险密度(元/人)	2 452.00	2 975.22	3 527.88	4 376.68	4 821.19
全部保险机构保险深度(%)	3.64	3.95	4.02	4.38	4.46

注：全部金融机构各项存款、贷款余额的七项数据(不含财政存款)为本外币并表统计数(含外资金融机构)。

1. 浦东新区

上海建设国际金融中心，浦东新区的地位不言而喻。

2009 年 9 月，新区政府出台《浦东新区关于加快推进上海国际金融中心核心功能区建设的实施意见》(简称《意见》)。《意见》明确了相关目标：围绕 2020 年建成上海国际金融中心的总目标，在 2020 年前使浦东基本形成国际金融中心核心功能区的空间布局。同时，还确立了陆家嘴金融城和张江银行卡产业园的前后台联动发展统合，作为浦东金融硬环境建设需要取得重大突破的内容。

《意见》提出了陆家嘴金融城的拓展和张江银行卡产业园的扩容，形成金融监管机构板块(位于花木行政文化区，浦东新区政府所在地)；银行保险副板块(陆家嘴塘桥地区)；金融教育培训板块(金桥地区)；张江银行卡产业园；金融机构数据备份中心(外高桥，目前大约有 7 家企业入驻)；金融要素市场板块(位于巴士地块，部分项目已经启动)；PE 板块(张江地区)。

为了达成上述目标，陆家嘴正在推进新一轮商务楼宇的建设。目前在建项目12个，建筑面积约140万平方米；前期策划项目8个，建筑面积约82万平方米。其中，不乏陆家嘴金融中心大厦、陆家嘴基金大厦、陆家嘴投资大厦等重点项目。而张江银行卡产业园也正在积极启动产业园三期开发规划，意欲在产业园周边打造城市副中心。

在金融业态方面，金融创新始终是浦东建设上海国际金融中心核心功能区的重要内容。除了房地产信托投资基金、消费金融公司等外，《意见》指出，将根据国务院和上海市关于“两个中心”建设的相关指示内容，争取在12个方向进行金融创新先行先试。根据《意见》，新区正在陆续推出3项金融创新政策，分别涉及外资股权投资管理企业的设立、融资租赁业务发展和航运金融发展。据悉，外资PE管理公司落户浦东的相关规定已经出台，融资租赁和航运发展的规划还在制定中。

与此同时，浦东新区金融服务办公室也在9月正式改组为金融服务局。浦东金融服务局的成立，将实现金融办的“实体化”，通过各种灵活的手段，服务、协调、整合整个金融产业，促进金融业与地方经济的互动，真正贯彻中央的金融政策意图、促进地方金融产业以及经济的发展。

（吴　明）

2. 黄　浦　区

2008年，黄浦区即确立了“北起苏州河南岸，南至陆家浜路—外马路，东临黄浦江，西到河南中路—人民路—中华路—桑园街所围合的区域，滨江岸线长约4.8公里，总用地面积约2.6平方公里”为外滩金融集聚带。其功能定位于与陆家嘴金融城错位互补、协同发展，在充分考虑外滩自身特点和优势的基础上，确定该区域的功能定位总体上是以金融为主体，集聚发展金融业及相配套的现代服务业产业，为陆家嘴发展金融要素市场、集聚重要金融机构和外资总部提供服务，重点吸引证券、基金、投资银行、资产管理、融资服务等金融机构及会计师事务所、律师事务所等为金融服务的中介机构，发展成为国内外有重要影响的资产管理、资本运作中心和金融服务中心。

黄浦区政府还对外发布征集《外滩金融功能深化研究》国际方案，邀请国际知名的设计咨询机构参与功能深化研究工作。

2009年9月，黄浦区经与市规划和国土资源管理局、市土地储备中心研究，推出了位于外滩金融集聚带内的“外滩国际金融服务中心”(8—1地块)商业商务地块。据悉，“外滩国际金融服务中心”(8—1地块)位于外滩金融集聚带的核心区域，也是浦江两岸开发的重点区域，地块北邻老外滩CBD，西接传统豫园商业区，东看黄浦江，具有优越的地理位置、深厚的文化底蕴、广阔的观景空间、便捷的交通网络、完善的配套服务。

黄浦区欲在该地块打造出符合外滩金融集聚带功能定位的标志性商务办公楼宇，借此提升黄浦江沿江整体空间塑造和金融商务功能。

（吴　明）

3. 卢　湾　区

在地理位置上，与浦东陆家嘴金融城和黄浦外滩金融集聚带黄浦区毗邻的卢湾区，同样抓住建设国际金融中心的机遇，力争成为上海国际金融中心“一城一带”的延伸和拓展。

卢湾区致力于打造淮海中路和新天地、打浦桥和世博滨江两大金融集聚地。在现有320万平方米商业商务楼宇的基础上，今后5年内卢湾将在上述区域新增150万平方米以上的商务楼宇作为吸引金融服务业企业入驻的载体。其中，企业天地大厦二期正在动迁，总面积超过7万平方米，将兴建以上海市花白玉兰为外观造型的浦西最高级写字楼；由思南路58幢花园洋房成片开发而成、总面积超过2万平方米的“思南公馆”，将着力集聚一批国内外总部型、领袖型、创新型金融服务企业，实现优质楼宇资源与优势金融企业的对接；35万平方米的日月光中心广场(位于地铁9号线打浦桥站上方，楼高33层，拥有上海首座地下四层地铁车站)、20万平方米的65街坊甲级写字楼(位于徐家汇路马当路口地铁9号线和13号线换乘点，由两幢甲级写字楼组成，其地铁车站将成为世博会浦西检票口)、79万平方米的香港新世界花园(位于江南造船厂原址,为住宅、酒店、办公楼大型综合项目)、8万平方米的绿地滨江CBD项目等也在加快建设中。

在金融业态方面,卢湾区确定了以金融中介服务、外资金融服务为发展重点,与浦东陆家嘴金融城和黄浦外滩金融集聚带实现错位发展、联动发展,重点发展证券期货、融资租赁、投资管理、财务管理和资产管理等五大行业。

同时,还出台了一系列支持金融服务业发展的政策与举措,聘请包括复旦金融学院院长、财大金融学院院长、交大高级金融学院院长在内的16位国内外著名金融专家和金融企业高管,组建金融顾问团队;设立每年不少于1亿元的区金融发展动态基金;对金融服务业发展急需的人才开辟快速通道,为其办理户籍、居住证提供便利,并对符合条件的金融人才实施居住补贴和培训补贴;入驻卢湾的金融领军人才、金融企业法人代表、金融企业高管及其子女等,还可享受教育、医疗、文体、保健等便利服务。

(吴　明)

4. 徐　汇　区

上海明确了推进"两个中心"建设的战略任务后,徐汇区抢抓机遇,全力以赴推进以金融业为核心的高端服务业体系,进一步促进现代服务业从"先导"向"主导"转变,为区域经济发展方式"成功转型"奠定基础。

1. 金融业发展势头迅猛

"十一五"期间,徐汇区金融业发展势头迅猛。2006年至2009年,金融业营业收入从65.76亿元增至125.40亿元,年均增长率超过20%;税收贡献从1.84亿元到16.63亿元,增长幅度超过9倍。同时,金融机构不断集聚,2009年新增交通、浦发、招商、南京、杭州等银行的营业网点共5个;华鑫证券上海分公司、浙商证券上海分公司落户徐汇;成功引进3个国家级高新技术产业创业投资基金以及其他股权投资机构若干;成立全市首家股权投资服务平台日鼎盛股权投资服务有限公司;参股成立上海市再担保公司;成立华擎和大众2家小额贷款公司;积极扶持拟上市企业。

2. 发展方向进一步明确

按照"调结构、促转型"的要求,依托徐汇区综合经济实力强,产业资源、科技资源、商业资源丰富的特点,进一步明确了要全力推进以"产业金融"、"科技金融""消费金融"为重点的金融业发展方向,着力形成产业资本与金融资本相结合,实体经济与虚拟经济共同发展的良好局面,从推动产业持续发展的角度,确立金融服务在产业发展中的核心地位,有效促进徐汇区产业结构调整和经济发展方式转变,形成与上海国际金融中心核心区"一城一带"重点发展金融机构总部的定位有所差异又互为补充、相辅相成的格局,力争在上海国际金融中心体系建设的功能布局中抢占一席之地。

3. 政策体系逐步建立完善

徐汇区及时研究制定了促进区金融业发展政策框架体系,2009年6月连续出台了《徐汇区促进金融业发展实施意见》、《徐汇区金融业发展行动计划(2009—2011)》、《徐汇区关于促进金融业发展的实施细则(试行)》等三个层次构成的政策框架体系以及《徐汇区关于促进金融业发展若干意见的实施细则的操作办法》、《小额贷款公司管理办法》等配套政策,进一步明确了我区推进金融业发展的总体思路和主攻方向、阶段性目标、产业布局、重点任务、各项优惠扶持政策及其操作办法。同时,建立了金融业发展专项资金,主要用于扶持金融机构引进、金融企业贡献奖励、企业上市、企业贷款贴息等。

4. 产业布局基本明晰

按照"集聚金融机构—构筑人才高地—加大金融创新—实现资本集聚—支撑经济发展"的发展思路,对徐汇区金融服务业做出以淮海路、徐家汇、漕开发三个区域为重点,形成东、中、西遥相呼应、各具特色、辐射联动的金融产业带,并梯度向南延伸至南站、滨江等地区的规划布局。东部地区以淮海—东湖商贸区为依托，重点发展金融服务外包和与金融相关中介服务业集聚区。中部地区以徐家汇商圈为依托，重点推进综合性金融商务区建设。西部地区以漕河泾开发区为依托，重点推进金融后台服务以及风险投资机构集聚区建设。

5. 重点工作推进有力有序

日前，市金融办在《市政府推进两个中心建设近期重点工作安排》中明确了徐汇区作为推进各类股权投资企业(基金)、金融信息服务业、金融中介服务行业发展等三项重点工作的责任部门之一。抓住“集成电路设计创投基金、生物医药创投基金、软件和信息服务业创投基金、新材料创投基金”等四大创新投资基金落户徐汇的机遇，以企业为载体，以产业化为抓手，通过技术创新和产业链衔接，聚焦重点领域和重点企业，深化区域内产业梯度转移和能级提升。同时，徐汇区积极发展金融要素市场，努力争取张江代办股份转让系统(新三板)试点工作和知识产权交易中心项目在漕开发地区落地，促进股权投资企业的资本退出和转让，完善多层次的资本市场建设。

6. 创新试点扎实推进

结合迎世博工作，徐汇区大力推进以金融支持节能环保产业为代表的“绿色金融”；以徐家汇商圈为依托发展汽车、奢侈品和教育培训文化娱乐等现代消费领域为重点的“消费金融”；以知识产权质押和科技型中小企业集合债券为重点的“科技金融”创新产品。徐汇区正在抓紧推进上海市知识产权质押融资试点工作，并与联交所合作初步确定将上海知识产权交易中心项目和上海知识产权转让交易一门式服务平台落户到漕开发地区。该中心落户徐汇区将为区内中小企业提供知识产权质押融资、股权融资、增资扩股、融资租赁、并购贷款、技术入股、政策融资等融资服务以及拓展区内中小企业融资渠道等问题提供创新的解决路径。

7. 服务水平不断提高

2009年，按照“从区属到区域”的思路，不断创新服务体制机制，进一步整合区内金融机构资源，与交通银行、上海银行、上海农商银行以及漕开发、工商联等合作建立了漕开发科技型中小企业融资平台等6个融资平台，全年为区内300多家中小企业累计贷款总额突破10亿元，基本形成了银行信贷、股权投资、政策性担保、企业互保等多种形式的融资体系。同时，有效整合区内银行、证券公司、风险投资等金融机构以及上海市律师行业协会、会计师行业协会、创业投资行业协会、科技投资行业协会等行业协会和中介组织资源，通过组织“金融俱乐部”等形式，搭建政府、金融机构和企业之间的合作交流平台。此外，依托上海交通大学上海高级金融学院强大的专业教育培训和优质师生资源以及徐汇漕开发地区的金融机构、科技企业、金融人才集聚等优势，进一步强化徐汇区金融人才公共服务平台功能，打造“上海交通大学徐汇漕开发高级金融人才培训基地”。

(陈 虎)

5. 静 安 区

静安区按照“错位发展、优化环境、创新手段”的总体思路，主动对接市政府重点推进的93项工作，并推出了大力发展准金融服务业、重点发展与金融服务业配套的专业服务业的五大类十七项工作内容：

(1) 筹建金融服务业企业数据信息库，力图全面掌握区域内金融服务业发展情况，开展动态运行分析。

(2) 加强区内金融机构体系建设。探索开展境外投资者参与境内股权投资企业(基金)设立试点工作；从体制创新、政策扶持和政府服务等方面，积极支持各类股权投资企业(基金)及创业投资企业发展；适时设立政府产业引导基金。

(3) 加快金融产品创新和业务体系建设。发展小额贷款公司，指导、帮助小额贷款公司做好设立申报、上级审批、公司设立、开业准备、正常运转等环节工作；推进消费金融公司等金融产品创新试点工作；发展典当、拍卖等准金融机构；积极鼓励区域范围内符合条件的企业在创业板上市。

(4) 完善静安区推进金融发展服务体系建设。研究制定促进与金融发展密切相关的中介服务机构发展的政策措施；大力引进和培育品牌中介服务机构，发展金融服务业，形成具有相当市场影响力、一定规模的金融中介服务机构的集聚；积极支持民营金融信息服务商加快发展。

(5) 不断优化区内金融发展环境。举办静安金融论坛、私募基金论坛等系列活动；搭建金融交流平台，通过举办系列活动，促进各类金融机构和企业的交流互动，使静安成为各类金融人士最佳的活动场所和交流平台；鼓励、支持发展金融行业协会等社会组织，促进行业自律发展。

(吴　明)

6. 杨　浦　区

杨浦区根据所在区内高校云集的特点，将特色金融定位为风险投资领域，以金融创新带动科技创新。

2006 年底创立的杨浦知识创新区风险投资服务园作为全国首家风险投资专业园区，在不到三年的时间里，已经集聚了盛维资本、软银赛富、IDG、西门子创投等一批创投机构。2009 年美国硅谷银行上海代表处还正式落户杨浦，借鉴硅谷模式，探索以金融创新推动科技创新、破解科技型中小企业融资难的新途径。

在直接融资方面，区内拥有三只基金，包括财政预算拨款建立的 2.4 亿元政府引导基金；与硅谷银行、社会机构共同组建 8 580 万元的中早期风险投资基金；与上海科技投资公司、上海市大学生科技创业基金会等共同出资组建 6 000 万元的大学生接力基金(主要投向种子期、初创期的科技型中小企业)。在间接融资方面，区内除了拥有小额贷款公司外，还在积极引进科技企业金融服务专营机构，发行集合资金信托产品，开展知识产权质押融资业务。

此外，杨浦区还将加快推进与联合国南南特设局合作，积极筹办“南南全球创意经济论坛”，举行全球创意经济城项目推介会，引进世界著名文化创意企业入驻杨浦。

(吴　明)

7. 宝　山　区

贯穿宝山中心城区的牡丹江路，是宝山商业和金融业繁荣发展的重点区域，被誉为宝山的“陆家嘴”。沿线金融机构高度密集，集中了 19 家银行机构，网点达 40 个，还包括大量的保险公司、证券公司、小额贷款公司、典当、投资咨询公司等，已形成颇具特色的牡丹江路金融服务业发展带。宝莲城中央商务区，则是以国际化理念打造的具有欧陆风格，集金融服务、地区总部、研发设计、中介服务和星级酒店为一体的中央商务区，项目占地 164 亩，建筑面积 24 万平方米。宝山区将以牡丹江路为核心，淞滨路为侧翼，向周边辐射，同时以宝莲城中央商务区为载体，打造上海北部地区新金融服务业集聚区。

在金融业态方面，宝山区出台的《关于促进本区服务业发展的若干政策意见》中，对于小额贷款公司、股权投资企业、消费金融公司、金融中介服务等新金融服务机构在集聚区发展，将给予财政支持。

此外，由于该区域钢铁产业特色明显，在钢铁制造业和物流服务业方面均占据较大优势。因此在特色金融上，宝山区积极把握钢材期货上市交易契机，加强与上海期货交易所合作。一是引进优质期货经纪公司，建立期货交易平台；二是对区域内的 45 家大型钢材仓库进行调查梳理，做好交割仓库比选和确定；三是定期举办“钢材期货与区域钢铁物流服务业发展研讨会”。

(吴　明)

(二) 上海市金融稳定报告摘要

2009 年，面对国际金融危机冲击和自身发展转型的双重考验，在党中央、国务院的正确领导下，上海市坚决贯彻落实中央各项宏观调控政策经济决策,以科学发展观为指导,紧紧围绕“四个确保”要求,保持了上海经济平稳发展态势。上海金融体系经受住国际金融危机的冲击,继续保持稳定。

(一) 经济与金融环境

2009 年是浦东开发开放以来上海经济发展最困难的一年。面对国际金融危机冲击和自身发展转型的双重考验,上海市积极贯彻各项国家宏观调控政策,国民经济持续回升,全年地区生产总值同比增长 8.2%,地方财政收入同比增长 7.7%。总体来看,上海经济保持了平稳发展态势。

1. 上海经济①继续保持平稳增长

(1) 国民经济保持平稳增长。2009 年上海市实现地区生产总值(GDP)14 900.93 亿元,按可比价格计算,比上年增长 8.2%。

(2) 经济结构不断优化,第二、第三产业协调发展。2009 年上海市实现第一产业增加值 113.82 亿元,同比下降 1.1%;第二产业增加值 5 939.96 亿元,同比增长 3.1%;第三产业增加值 8 847.15 亿元,同比增长 12.6%。第三产业增加值占全市生产总值的比重为 59.4%,同比提高 3.4 个百分点。

(3) 利用外资形势良好,进出口止跌回暖。2009 年,全年批准外商直接投资合同项目 3 090 项,同比下降 17.6%;吸收外资合同金额 133.01 亿美元,下降 22.3%;实际到位金额 105.38 亿美元,增长 4.5%。全年第三产业吸收外商直接投资实际到位金额 76.16 亿美元,增长 11.4%,占全市实际利用外资的比重达 72.3%。全年上海关区进出口总额 5 154.89 亿美元,同比下降 15%。虽然全年进出口额与往年相比呈现下降趋势,但从 2009 年第四季度起,上海市进出口形势逐步好转,进口总额、出口总额同比双双由降转增:进口总额 396.94 亿美元,同比增长 20.2%;出口总额 419.65 亿美元,同比增长 1.29%。

(4) 财政和居民可支配收入不断增加。2009 年上海市地方财政收入 2 540.3 亿元,同比增长 7.7%。2009 年上海市城乡居民收入保持平稳较快增长。据抽样调查,城市居民家庭人均年可支配收入 28 838 元,比上年增长 8.1%;农村居民家庭人均年可支配收入 12 324 元,增长 8.2%。全年城市居民人均消费支出 20 992 元,比上年增长 8.2%。

(5) 固定资产投资结构继续优化。2009 年,上海市完成全社会固定资产投资总额 5 273.33 亿元,比上年增长 9.2%。从投资主体看,国有经济投资 2 618.61 亿元,比上年增长 14.1%,占全社会固定资产投资总额的比重为 49.7%;集体经济投资 132.3 亿元,增长 26.2%,所占比重为 2.5%;股份制经济投资 1 174.81 亿元,增长 14.4%,所占比重为 22.3%;外商及港澳台投资 617.9 亿元,下降 17.4%,所占比重为 11.7%。

(6) 金融机构集聚进一步加强。2009 年,上海市全年实现金融业增加值 1 817.85 亿元,比上年增长 25.6%。至 2009 年末,上海市有各类金融机构 787 家。其中,银行业机构 132 家,证券业机构 93 家,保险业机构 307 家。金融机构加快集聚,全年新增各类金融机构 98 家。其中,银行业机构 9 家,保险业机构 16 家。在沪经营性外资金融机构数达 170 家,其中 2009 年新增 11 家。

(7) 金融市场交易活跃。2009 年上海资本市场筹资 4 817.66 亿元,同比增长 46.2%。至年末,上海证券市场上市证券数为 1 351 只。上海证券交易所各类有价证券成交金额 44.19 万亿元,同比增长 62.5%。其中,股票成交金额 34.65 万亿元,增长 92%。上海期货交易所各品种总成交金额 73.76 万亿元,同比增长 1.6 倍。银行间同业拆借与债券市场成交金额 137.57 万亿元,同比增长 24.2%。上海黄金交易所总成交金额 11 030.63 亿元,同比增长 22.6%。上海钻石交易所成交金额 15.21 亿美元,同比增长 16.4%。

2. 经济金融运行中需要关注的问题

2010 年,上海经济发展面临的国内外环境总体要比上年有所好转,世界经济将逐渐步入缓慢复苏的通道,国内经济将继续平稳增长,为上海经济发展提供了良好的外部环境。同时,上海经济发展也存在诸多不确定因素,如由于国际市场的

① 此部分数据来源为上海市统计局。

需求回升态势不稳，出口快速增长的难度较大，工业和民间投资仍然谨慎，上海经济结构转型的压力也较大等。具体来说，应该关注以下问题：

（1）关注经济复苏的不确定性。上海市是外向型经济城市。在金融危机导致外需大幅萎缩的背景下，2009年出口对经济增长的贡献率由正转负。目前，世界经济复苏的基础仍比较脆弱，发达国家失业率居高不下，消费疲软，实体经济回升面临较多困难。在这种外部环境下，上海出口增长回暖态势具有不确定性，而出口复苏又将在很大程度上影响上海经济增长的步伐。上海市经济增长速度一直高于全国平均水平约两个百分点，但2009年上海市经济增长却低于全国平均水平。需要密切关注上海市出口增长和GDP增长情况。

（2）关注短期资本流动。中国作为国际上最具有投资价值的经济体之一，吸引了大量国际资本的流入，特别是受到国际金融危机影响的全球资本；同时，受到国际金融危机的影响，很多跨国机构需要筹措资金弥补损失或收缩业务范围。若这些机构出售或撤回在华投资，会导致资金从国内流出。2009年，上海外汇收支总体规模依然低于上年同期水平，且收支逆差呈明显扩大态势。全年上海外汇收入同比减少15.9%；外汇支出同比减少2.2%；逆差107.5亿美元，主要是经常项目逆差下半年大幅攀升。外汇流动方向的不确定性增加对经济产生冲击的可能，宏观经济政策操作难度增加。

（3）关注经济结构调整。加快经济发展方式转变是适应全球需求结构重大变化、增强我国经济抵御国际市场风险能力的必然要求。长期以来，中国经济增长过度依赖投资和出口拉动，因此，迫切需要加快转变经济增长方式，特别是在外部需求减弱的情况下，促进消费显得更加重要。2009年，在家电下乡、以旧换新、减征汽车购置税、住房消费政策等措施的刺激下，上海市社会消费品零售总额同比增长14%，扣除价格因素后，实际增速达到14.5%，比上年同期提高1.9个百分点。为提高消费对经济增长的拉动作用，应该继续采取有关措施提高居民收入水平、加强社会保障体系建设，实现上海市经济结构的深层调整。

（4）关注私人投资的增长。为了应对国际金融危机的冲击，国家出台了经济刺激计划，依靠政府投资来拉动经济增长，保持就业水平。2009年，政府投资使用了大量的信贷资源，相比之下民间私人资本投资获得的信贷资源增长缓慢。民间私人投资部门的增长始终是经济增长最具有活力、最持久的组成部分，因此，应该尽量避免政府投资对私人投资的挤出效应。除保障民生的项目外，政府投资项目的选择应该有利于我国经济结构调整、产业升级和经济增长方式的转变，以发挥政府投资对社会投资和经济增长的拉动作用。

（二）金融业运行

2009年面对国际金融危机的持续扩散，上海金融业认真贯彻执行适度宽松的货币政策，紧紧围绕“保增长、扩内需、调结构”的总体要求，不断改进金融服务。上海银行业各项业务平稳运行，资产规模增长迅速，资本充足、资产质量稳定，盈利结构不断调整，增速有所放缓。上海证券行业恢复全面发展态势，盈利模式多元化初见端倪，期货公司发展态势良好，基金公司整体竞争力进一步提高。上海市保险法人公司总资产规模继续增长，行业整体实现扭亏为盈，保险资金投资收益有所提高，偿付能力充足率情况整体良好，总体运行较为稳健。

1. 银行抵御风险能力不断增强

2009年面对复杂的国际国内环境，上海银行业认真贯彻执行适度宽松的货币政策，积极落实应对金融危机的一揽子计划，不断推进改革创新，抗风险能力进一步提升。

（1）银行类机构数量不断增加。截至2009年末，上海银行业营业性金融机构达3 355家，外资银行营业性机构173家、非银行金融机构29家，商业银行营运中心13家。其中，新增村镇银行、城市商业银行、外资银行、信托公司、财务公司、营运中心等各类营业性机构95家，中银消费金融等3家新机构获批筹建。

（2）资产规模增长较快，负债规模增长明显。2009年上海银行业资产增长迅猛，截至年末，金融机构资产总量达6.26万亿元，同比增长19.75%；

负债总量为 6.08 万亿元，同比增长 20.04%，其中，上海银行业金融机构本外币全部存款 4.46 万亿元，同比增长 25.4%。

(3) 资产质量不断提升。2009 年，上海银行业金融机构不良贷款总量和不良贷款率实现“双降”。截至年末，不良贷款余额为 346.56 亿元，同比下降 2.55 个百分点，不良贷款率为 1.18%，同比下降 0.29 个百分点。商业银行在提高贷款质量的同时，继续提高拨备覆盖率，银行抗风险能力进一步增强。2009 年，银行监管部门提高了商业银行的拨备要求，目前上海银行业拨备覆盖率达 148.93%，比年初上升了 30.94 个百分点。邮政储蓄银行、农商行、国有商业银行和股份制银行拨备覆盖率增加较快，分别较年初增加 261.90%、43.77%、34.88%和 35.50%。贷款损失准备金充足率有所下降。截至 2009 年末，中外资法人银行贷款损失准备金充足率为 211.12%，同比下降 35.217 个百分点。其中，中资法人商业银行贷款损失准备金充足率为 167.60%，外资法人银行贷款损失准备金充足率为 143.75%。

(4) 盈利结构虽有所改善，但盈利水平出现负增长。受利率收窄、国际金融市场波动等因素影响，2009 年上海银行业金融机构税前净利润较 2008 年降低 41.65 个百分点。截至年末，上海银行业金融机构实现税前账面利润 690.37 亿元，较上年减少 121.09 亿元。银行类金融机构中间业务收入增长较快，中间业务收入占比有所提高，2009 年共实现中间业务收入 207.81 亿元，较上年增长 16.58%。中间业务收入增长较快，中间业务占全部收入的比重上升至 15.83%，较 2008 年提高 3.58 个百分点。其中，国有商业银行中间业务占比为 20.79%，与外资银行中间业务占比的平均值基本持平。

(5) 贷款快速增长，房地产贷款增长迅速。截至 2009 年末，上海中外资金融机构本外币各项贷款余额同比增长 22.8%。较上年增加 11.5 个百分点。中资银行新增贷款(不含票据融资)主要投向租赁商务服务业、房地产业、水利环境和公共设施管理业以及个人贷款，上述四个行业新增本外币贷款 3 646 亿元，同比多增 2 905.8 亿元，占中资银行本外币贷款增量的 84%。由于新增贷款大量投向基础设施项目和房地产项目，制造业贷款增长趋缓，全年仅增加 89.3 亿元，同比少增 142 亿元。

(6) 银行业发展中应该关注的问题。

一是密切关注银行信贷集中度上升可能引发的风险。2009 年信贷快速扩张，年内新增贷款中房地产贷款占 31%，大客户贷款占比约为 57%，中长期贷款占比约为 77%，贷款集中度日益攀升。从行业投向来看，超过 50%的中长期贷款投向了包括交通运输、电力、水利、环境等在内的基础设施行业。

二是政府融资平台可能产生的偿债风险。2009 年以来，上海城市基础设施投资增幅持续保持在 20%以上，其中交通运输投资增长 31.6%，市政工程建设投资增长 20.5%，电力建设投资增长 79.6%，均明显超过同期全社会固定资产投资增幅。随着各项城市基础设施建设投资大幅增长，以政府为融资平台的贷款也随之增长。2009 年上海市中资银行新增政府融资平台贷款 1 416.9 亿元，是 2008 年同期的 2.2 倍。在实际操作中，政府通过多个融资平台公司从多家银行获得信贷，形成“多头融资、多头授信”的格局，银行对融资平台的资金监管较为困难，银行信贷资金的安全应予以高度关注。

三是贷款期限错配的问题。商业银行中长期贷款占比持续提高，已创历史新高。由于中长期贷款包含期限溢价而具有较高的利率，但资产负债期限结构的不匹配无疑加大了银行体系的流动性风险。

四是资产价格波动对银行业务的影响。股票价格反弹对银行各项业务的影响。2009 年上证综指由 2009 年初的 1 820.81 点上涨至年末的 3 277.14 点，资本市场的回暖，提升了人们对市场收益提高的预期，一旦行情发生逆转，将对银行业务产生一定的影响。

2. 证券业总体情况良好

2009 年，我国股市在全球市场中率先回升，市场功能稳步发挥，投资者信心增强，市场总体保持平稳运行，在有利的市场环境下，上海证券行业恢复全面发展态势。

(1) 2009年,上海证券公司总体业务发展趋势良好,经纪业务、投行业务规模明显增长,资产管理业务、承销业务、自营业务量继续上升。2009年持续上行的股指和维持高位的交易量是推动证券公司经纪、自营业务高增长的主要因素,大型证券公司由于具备资金规模上的优势,其自营业务、承销业务、投行业务增幅均明显好于中小证券公司。

(2) 证券公司资本实力进一步增强。2009年上海证券行业整合不断加速,证券公司通过IPO上市、并购重组、增资扩股等融资手段,以及新设网点、升级服务部等方式使自身资本实力整体得到大幅提高。在以净资本为核心的监管体系下,净资本规模是衡量证券公司抗风险能力和市场竞争力的最核心指标,同时也决定着证券公司的业务资质和业务规模。随着净资本的大幅提高,上海证券经营机构抵御风险冲击的能力进一步增强。截至年末,上海14家证券公司净资本与净资产的比例为80.95%(监管指标为不低于40%);净资本与负债的比例为22.52%(监管指标为不低于8%);净资产与负债的比例为38.54%(监管指标为不低于20%)。

(3) 资本杠杆倍数大幅降低,风险承受能力增强。2009年,上海14家证券公司的负债比率(负债/资产×100%),为72.18%。与2008年的66.28%相比继续上升,但总体看来,证券公司资产负债结构仍保持较为稳健的水平。14家证券公司的资本杠杆倍数(总资产/股东权益)为3.59倍,与2008年的2.97倍相比有所上升。

(4) 证券市场融资功能大幅增强。2009年,上海上市公司资本市场直接融资980.8亿元(含H股),是2008年全年的3.2倍,仅次于2007年的1 166亿元,居历史第二位,占全国比重为17%。上海2009年直接融资比重①约为15%,同比增长4个百分点。

(5) 盈利模式趋于多元化,盈利水平不断提高。2009年,上海证券公司盈利模式多元化初见端倪,证券承销、自营投资、资产管理业务贡献度有所变化。截至年末,上海14家证券公司实现总营业收入420.90亿元,同比增长47.62%,实现净利润211.50亿元,同比增长68.16%。经纪业务收入大幅上升,仍是最主要的收入来源。

(6) 上海证券业发展中需要关注的方面。近几年,我国证券期货行业发展较快,各类市场主体整体实力逐步提高,但总体上看核心竞争力尚未形成,未来发展将面临诸多挑战和压力:

一是行业竞争格局日益复杂。随着综合经营的推进,银行、保险、信托、证券期货等金融机构在客户资产管理等业务发展上的竞争日趋激烈,同时,在现行分业监管体制下,对同质化业务执行不同的监管标准所带来的不公平竞争问题也日益突出。

二是国际竞争压力在加大。随着资本市场对外开放的逐步推进,越来越多的国际竞争者希望进入我国市场,给我国证券期货行业带来直接挑战,而在实施"走出去"战略的过程中,我国证券期货业在资本实力、竞争能力、运行机制、人才素质等方面也都面临着更高要求。

三是关注资本市场发展中的监管真空问题。随着期货市场总体规模扩大、流动性提高的同时,一方面,散户占主导、企业整体参与的程度偏低的格局依然没有发生根本性的改变;另一方面,针对有套期保值意愿的现货企业、以"产业基金"名义存在的期货代客理财公司却得以迅速发展。随着"产业基金"规模的不断扩大以及以个人投资者为目标群体的期货私募的发展,诸多问题浮出水面。另外,还要关注股指期货推出对市场的冲击。

3. 保险业继续平稳发展

2009年,上海保险业市场主体数量增加,保费收入稳步提高,赔付支出明显降低,保险业改革持续推进。上海市保险法人公司总资产规模继续增长,行业整体实现扭亏为盈,保险资金投资收益有所提高,偿付能力充足率情况整体良好,总体运行较为稳健。

(1) 保费收入稳步提高,赔付支出明显降低。2009年,上海保险业继续保持平稳发展的良好态

---

① 直接融资比重=直接融资额/(直接融资额+新增贷款余额)。

势。全年原保险保费收入累计 665.03 亿元，同比增加 64.98 亿元，增长 10.83%，增幅较 2008 年有所下降。2009 年，上海未发生重大自然灾害赔款和集中寿险给付等情况，保险业全年赔付支出累计 176.74 亿元，同比减少 7.36 亿元，减幅为 4%。

(2) 市场主体数量继续增加，外资保险公司市场份额保持不变。截至 2009 年末，上海共有 100 家保险公司，较上年增加 4 家，市场主体数量继续增加。其中，财产保险公司 43 家、人寿保险公司 41 家、养老保险公司 5 家、健康保险公司 5 家、再保险公司 5 家、保险集团公司 1 家。此外，还有保险资产管理公司 5 家，保险中介机构 292 家。2009 年，上海市外资保险公司原保险保费收入 112.86 亿元，同比增长 13.19%，中外资保险公司原保险保费收入比例为 83∶17，外资保险公司市场份额与 2008 年末持平。

(3) 总资产规模继续增长，行业整体实现扭亏为盈。截至 2009 年 12 月末，上海 34 家保险公司和 5 家保险资产管理公司总资产共计 5 639.02 亿元，较 2008 年末增长 24.96%。其中，产险公司总资产 888.37 亿元，人身险公司总资产 4 716.4 亿元，资产管理公司总资产 34.25 亿元，分别较 2008 年末增长 9.63%、28.49%和 7.77%；中资保险机构总资产 4 827.32 亿元，外资保险机构总资产 811.71 亿元，分别较 2008 年末增长25.19%、23.6%。2009 年，上海 34 家保险公司和 5 家保险资产管理公司①整体扭亏为盈，全年共实现净利润 27 亿元。有 6 家产险公司承保盈利，与往年中资产险公司承保全部亏损的情况不同，2009 年承保盈利的保险公司有 3 家是中资公司。

(4) 保险资金运用余额增长，投资收益较上年有所提高。截至 2009 年 12 月末，上海 34 家保险公司和 5 家保险资产管理公司保险资金运用余额为 34 924.15 亿元，较 2008 年末增长 30.6%。2009 年，资本市场逐渐好转，保险资金在股票投资和证券投资基金上的投入略有增加，固定收益类投资占比下降；随着保险资金投资渠道的不断拓宽，保险公司在基础设施方面的投资也有所增长。2009 年，上海法人保险公司保险资金运用收益为 256.62 亿元，投资收益率为 5.21%，较上年有所提高。

(5) 偿付能力充足率情况整体良好。按照保监会《保险公司偿付能力管理规定》的划分标准，截至 2009 年 12 月末，上海 31 家法人保险公司偿付能力充足率情况整体良好，平均偿付能力充足率为 201%，较 2008 年末提高 16 个百分点。其中，有 27 家保险公司偿付能力充足率高于 150%，属于充足Ⅱ类公司②。

(6) 产险综合成本率有所降低。截至 2009 年 12 月末，上海 14 家法人产险公司平均综合成本率为 101.56%，较 2008 年末降低约 7 个百分点。其中，费用率为 40.04%，降低 1.74 个百分点；赔付率由 2009 年末的 66.44% 下降为 61.52%。

(7) 保险业发展中应该关注的方面：

一是关注分红险的快速发展及投资型产品的退保问题。2009 年，一些保险公司遭遇了投连险之前年度的保费退保问题，导致 2009 年投连险的退保率大幅提高，退保金额超过 2008 年；万能险的退保率也有所上升。

二是关注财产险公司的定价风险。虽然 2009 年财产险公司盈利水平有所改善，承保利润逐步提高，但是仍然不能忽视其定价风险。处于发展初期的财产险市场，目前仍存在一定程度的非理性行为，为了抢夺市场份额，财产险市场仍处于过度竞争的状态。

三是关注保险资金投资渠道拓宽及投资收益的问题。随着保险资金投资渠道不断拓宽，一方面，保险资金运用面临的投资风险将会增大；另一方面，在新的投资渠道尚无相关实施细则的情况下，保险资金的投资收益仍主要来自于固定收益投资和权益投资，在国内存款利率水平和债券收益水平不高、资本市场仍存在一定风险的情况下，保险资金运用仍面临挑战。

四是关注中小保险公司的发展问题。上海

① 保险资产管理公司为自有资金。

② 偿付能力充足率低于 100%的保险公司为偿付能力不足类公司，在 100%到 150%之间的为充足Ⅰ类公司，高于 150%的为充足Ⅱ类公司。

36家法人保险公司中，总资产规模超过100亿元、2009年保费收入超过50亿元的公司仅有6家，2000年之前成立的公司不足10家。其他中小保险公司虽然在数量上占有绝对优势，但是却面临市场份额较小、缺乏自身特点、产品同质化等不利的市场竞争局面，导致其盈利水平不高、抗风险能力较差。

五是关注个别保险公司偿付能力不足的风险。保险公司投资型保险业务规模的增长、公司盈利能力的下降以及投资风险的加剧等因素都会增加对资本的消耗，可能会导致保险公司偿付能力不足。保险公司应不断完善公司治理结构，建立有效的内部风险管理机制；充分调整业务结构，提高盈利能力。

（三）基础设施建设

高效运作的金融基础设施是金融系统稳定的重要保障。2009年，上海支付清算建设稳步推进，企业和个人征信系统建设稳步推进，反洗钱监管领域进一步扩大，积极促进上海"两个中心"的建设进程。

1. 支付体系建设稳步推进

2009年，中国人民银行上海总部紧紧围绕国际金融中心建设和成功举办世博会的现实需要，在确保辖内主要支付清算系统安全、稳定运行的基础上，积极推进"长三角"支付结算协调发展、创新支付结算工具、加强银行卡业务管理、提高账户管理和服务水平。

2. 征信体系建设不断完善

2009年，中国人民银行上海总部稳步推进企业和个人征信系统建设，大力推动中小企业和农村信用体系建设，探索地方信用体系建设新模式，不断完善上海征信体系建设，优化上海金融生态环境，积极促进上海"两个中心"的建设进程。

3. 反洗钱监测水平不断提高

2009年中国人民银行上海总部进一步扩大反洗钱监管领域，持续加强反洗钱现场检查与非现场监管，深入推进反洗钱行政调查，努力提高可疑交易线索分析能力，加大跨部门反洗钱合作，不断推动上海金融业反洗钱工作水平提高。

（总撰：凌　涛
统稿：杜要忠　吴　鸣　谢　斌　辛长虹
张雅楠
执笔：吴　鸣　谢　斌　辛长虹　张雅楠
其他参与写作人员：司　巍　张　勇
施一扬　童文俊）

二、江　苏　省

(一) 江苏省金融概览

【经济概况】 2009年,面对国际金融危机的严峻考验,江苏省率先扭转了经济下滑的态势,呈现"增长速度持续回升、增长动力逐步走强、增长态势逐步向好"的良好格局。全年全省地区生产总值3.4万亿元,增长12.4%,人均生产总值超过6 400美元。

(1) 工业生产稳步回升,农业服务业形势良好。2009年,江苏省累计完成规模以上工业增加值16 727.1亿元,增长14.6%。工业增速1月份探至低位,此后呈逐月回升态势;并延续"北高南低"的走势,当年苏南、苏中、苏北地区规模以上工业增加值累计同比增速分别为12.5%、16.7%、17.4%。夏粮、秋熟生产相继丰收增产,全年粮食总产增加9.5亿斤,实现建国以来首次连续六年增产。服务业加快发展,服务业比重较2008年提高1个百分点。自主创新能力增强,全年全省专利申请量和授权量同比增长36.19%和95.73%。全省研发投入占GDP比重达到2%。

(2) 投资增速保持高位,消费持续趋旺。2009年,全省城镇固定资产投资14 122.6亿元,增长24.2%,增速比2008年提高0.1个百分点。投资连续49个月保持在20%—26%的增幅水平,增长的稳定性较强。投资结构中,政府主导的基础建设投资增速较快,工业投资增速有所回落,房地产投资增速缓慢回升。2009年,水利、环境和公共设施管理业增速64.2%,较上年提高56个百分点;工业投资完成6 603.55亿元,同比增长21.4%;房地产开发投资完成3 338.58亿元,同比增长9%。当年全省实现社会消费品零售总额11 484.1亿元,同比增长18.9%,剔除价格因素后实际增长20.2%,比上年加快2.7个百分点。在家电、农机、汽车、摩托车下乡等政策有力推动下,农村消费增速明显提高,与城市消费增速差距缩小,2009年,全省县及县以下市场实现社会消费品零售总额同比增长18.4%,城市零售额同比增长19%,两者差距较2008年缩小2.6百分点。

(3) 进出口降幅收窄,外贸企稳迹象明显。2009年,全省进出口总额3 388.3亿美元,同比下降13.6%,降幅较上半年收窄11.6个百分点。其中,出口1 992.4亿美元,同比下降16.3%;进口1 395.9亿美元,同比下降9.5%。9月份以后进出口降幅明显收窄,并于11月份开始由负转正。受出口回升缓于进口影响,顺差规模明显缩小。2009年,全省进出口顺差596.5亿美元,同比下降28.9%。利用外资规模保持稳定,2009年全省实际到账注册外资253.2亿美元,同比增长0.8%。

(4) 企业利润持续改善,居民收入稳步提高。2009年,全省规模以上工业企业实现利润总额3 865.38亿元,同比增长24.3%,较上年同期提升20.55个百分点。亏损企业数明显减少,当年全省亏损企业数为6 740个,较上年同期减少8.7%。当年全省城镇居民人均可支配收入和农村居民人均现金收入分别为20 552元和8 004元,同比增长10%和8.8%。扣除价格因素后,城镇居民人均可支配收入实际增长10.5%,增速比2008年提高2个百分点,农村居民家庭人均现金收入实际增长9.4%,比2008年提高2.6个百分点。

(5) 上下游物价指数降幅全面收窄,食品价格上涨加快。2009年,全省居民消费价格指数

(CPI)总体保持低位运行态势，但年末上行趋势较为明显，当年CPI同比下降0.4%，降幅较前三季度收窄0.4个百分点。食品价格涨幅自9月份率先由负转正以来，上涨速率逐步加快，10、11、12月分别上涨1.1%、2.6%、5.6%。当年工业品出厂价格(PPI)、原材料购进价格指数分别下降4.8和8.1个百分点，降幅较上半年分别收窄1.6和1.4个百分点。受国际大宗商品价格恢复上涨推动，7月份以后工业品出厂价格和原材料、燃料、动力购进价格降幅明显收窄，至12月份，两大指数同比涨幅双双由负转正，当月同比分别上涨2.7%、4.4%。

(6) 商品房成交保持高位，交易价格高位攀升。2009年，江苏省商品房销售呈现出逐月攀升的单边上升态势，增速远高于2008年同期水平。当年全省13个省辖市市区商品房和商品住宅累计销售面积分别为5 620.1万平方米和4 777.5万平方米，比2008年增长107.7%和116.2%。1—12月，全省13个城市市区商品房和商品住宅累计成交均价分别为5 964元/平方米和5 704元/平方米，同比分别增长14.4%和18.3%。

【金融运行】 2009年，在适度宽松货币政策的正确引导下，江苏省金融运行平稳，存贷款总量高位稳健增长，信贷结构持续优化，社会融资成本大幅降低，融资效率逐步提升，有力的促进了全省经济企稳回升和又好又快发展。

2009年末，全省金融机构本外币各项存款余额5.01万亿元，比年初增加11 969.9亿元，同比多增5 248.1亿元，余额增速31.5%，较上年末上升10个百分点；本外币各项贷款余额3.68万亿元，比年初增加9 766.83亿元，同比多增5 697.95亿元，余额增速35.9%，较上年末上升19.5个百分点。

(1) 人民币各项存款稳步增长，企业存款明显多增。在贷款大幅增长、流动性总体充裕的情况下，人民币各项存款稳步增长。2009年全省金融机构新增人民币存款11 804.48亿元，同比多增5 236.65亿元。年末各项存款余额48 850.29亿元，同比增长31.97%，增速比2008年同期高10.4个百分点。人民币存款结构主要有以下三方面特点：

一是企业存款明显多增，企业支付能力持续改善。2009年全省新增企业存款5 690.76亿元，同比多增4 317.68亿元，占全部多增存款的79%。银行信贷资金供应充裕、企业股市融资大幅增加和整体经济企稳回升促使企业存款大幅增长，企业支付能力持续改善。工业景气问卷调查显示，四季度企业支付能力景气指数①为29.86%，在三季度上升1.69个百分点的基础上，再升1.97个百分点，延续2009年以来逐季上升的趋势。

二是储蓄存款增长趋缓，居民储蓄意愿逐步下滑。2009年，全省新增人民币储蓄存款3 359.20亿元，同比少增347.07亿元。居民购房支出、证券投资增加和对利率的满意度下降是储蓄存款增长缓慢的主要原因。下半年以来，居民储蓄意愿进一步下滑，四季度选择“更多地储蓄”的居民占比为39.17%，较三季度下降4.3个百分点，较二季度下降9.2个百分点。

三是保证金存款前高后低的走势明显。年初，银行票据业务的快速增长带动了保证金存款的大幅增加。一季度，全省新增保证金存款2 930.41亿元，占当季新增存款总量的35.31%。随着年初签发的银行承兑汇票大量集中到期，保证金存款自7月开始持续回落。全年全省新增保证金存款1 471.27亿元，占全部新增存款总量的12.46%。

(2) 人民币贷款高位稳健增长，较好地满足了“保增长、扩内需、调结构”的资金需求。2009年以来，全省金融部门认真落实国家“保增长、促发展”的各项决策部署，行动快、见效早，上半年全省新增人民币贷款7 351.33亿元，同比多增5 155.58亿元，有力保证了全省经济较快复苏。下半年，信贷总量继续高位适度增长，同时结构不断优化，对经济平稳发展形成有力支撑。全年新增人民币贷款9 137.56亿元，同比多增4 826.52亿元，增量相当于2008年全年的2.1倍。人民币

① 企业支付能力指数＝支付能力“较强”的企业占比－支付能力“较差”的企业占比，该指标值上升，说明企业资金面较为宽松，支付能力较强，反之说明企业资金面趋紧，支付能力下降。

贷款结构方面的主要特点：

一是中长期贷款比例逐季提高。2009年，全省新增中长期贷款占比由一季度末的44.13%逐季提高到四季度末的70.74%，票据融资比例由29.72%下降为1.4%。信贷稳定性逐步增强，对实体经济的支撑力度稳步提升。其中，个人消费贷款增长尤为迅速，全年新增1 919.56亿元，是2008年的4.9倍。

二是先进制造业和现代服务业支持力度加大。年末全省工业综合授信余额1.5万亿元，比年初增加3 000亿元。全年新增制造业本外币贷款1 856.52亿元，同比多增846.76亿元；本外币服务业贷款(不含贴现)余额1.56万亿元，占全部对公贷款余额的56.3%，比年初提高7.1个百分点。

三是中小企业贷款占比不断提高。2009年末全省中小企业贷款余额1.54万亿元，占全部企业贷款的65.3%，较年初提高0.7个百分点；建立中小企业信用档案38.8万户，列全国首位；推广商业承兑汇票，促进中小企业融资取得积极成果，2009年1—12月，全省累计办理商业承兑汇票再贴现24.2亿元。

四是苏北地区贷款占比继续上升。2009年，苏北五市人民币新增贷款占全省的比例为13.07%，同比上升1.25个百分点；苏南、苏中人民币新增贷款占全省的比例分别为72.92%和14.01%，同比分别下降1.6个百分点和上升0.35个百分点。

(3) 外汇贷款需求强劲，外汇存款增长乏力。在美元持续贬值，美元利率处于历史低位的环境下，企业外汇贷款需求强劲。全省外汇贷款结束了2008年5月至2009年2月连续9个月的负增长，自2009年二季度开始保持强劲增长。2—4季度，全省外汇新增贷款分别达到34.78亿美元、41.95亿美元和24.55亿美元。全年全省新增外汇贷款92.28亿美元，同比多增116.66亿美元。外汇存款增长缓慢。2009年，江苏省新增外汇存款24.37亿美元，同比少增6.56亿美元。

【金融市场】 (1) 货币市场交易活跃，交易品种集中短端。金融市场流动性充裕，全省金融机构交易活跃度维持在较高水平。2009年，全省金融机构累计完成同业拆借2 758.3亿元，同比增长6.5%；累计完成回购式交易55 109.8亿元，同比增长78.5%；累计完成现券交易28 762.1亿元，同比增长1.8%。交易品种趋于集中，7天以内的短端交易成为主要品种。第四季度，7天以内回购交易占回购交易总量的93.8%，较三季度上升1.68个百分点，1—7天(含)同业拆借交易占省内市场成员同业拆借交易量的93.6%、7天以上的品种仅占交易总量的6.4%。

(2) 债券发行加速。2009年，地方政府主导的投资项目加速启动，企业通过债券市场融资的需求上升。当年全省企业通过债券市场累计融资578亿元，同比增加302.6亿元，其中，25家企业发行企业债415亿元，10家企业发行短期融资券118亿元，4家企业发行中期票据45亿元。

(3) 外汇交易有所反弹，美元仍为主要交易品种。截至2009年末，全省共有19家外汇即期交易市场成员，1家外币买卖市场成员，比6月末增加4家市场成员。随着进出口贸易降幅收窄，企业外汇交易需求进一步恢复，外币交易趋于活跃。第四季度，全省即期询价交易累计成交量折美元61.1亿美元，环比大幅增长72.2%。从交易币种看，美元占比达91.5%。从交易主体看，南京银行、江苏银行等资产规模较大，客户群体较多的市场成员位居前列。

(4) 股票融资明显回升。随着下半年IPO重启，股票融资低迷现象明显改观，2009年，全省新增11家上市公司，累计境内上市公司128家；新增融资额265.9亿元，同比增加168.5亿元，其中首发融资92.6亿元，再融资173.3亿元。

(5) 保险市场均衡发展，收入结构调整取得良好成效。2009年，全省财产险累计实现保费收入228.4亿元，同比增长26.1%。人身险累计实现保费收入679.3亿元，同比增长14.3%，在2008年高速增长的基础上，继续保持较快增速，未出现大起大落的现象，发展的稳定性增强。保险业收入结构调整取得良好成效。投资型产品过快发展得到有效控制，风险保障型、服务民生型业务显著增长。信用险、农业保险、保证保险同比增长分别达到 81.9%、67.1%和 83.9%。寿险公司主动控制投资敏感型和期限短、保障低的寿险产品，着力发展风险保障型和长期储蓄型业务。

(6) 纸黄金交易萎缩，实物黄金交易有所放量。2009 年四季度，江苏省内各银行共售出纸黄金 10 765.8 公斤，环比下降 19.8%；返售纸黄金 9 324.9 公斤，环比下降 25.6%。柜台实物黄金交易吸引力增强，交易量持续增长。四季度商业银行累计售出实物黄金 5 415.8 公斤，环比增长 41.9%；累计返售实物黄金 2 135.9 公斤，环比增长 162.5%。

【金融服务】 (1) 牢固树立“风险为本”监管理念，不断开创反洗钱工作新局面。2009 年，中国人民银行南京分行积极适应反洗钱工作新形势，以“讲究效率、创新手段、提升能力”为目标，进一步完善反洗钱工作体系，通过密切跟踪监控重点可疑交易，加大对重点线索的排查深挖力度，并与相关执法机关联合办案，成功破获了 6 起涉嫌洗钱犯罪案件。此外，协助公安、反贪、纪委、海关等部门核查案件 11 起，涉及金额 43.72 亿元。加强部门间的反洗钱合作，当年辖内人民银行扬州、连云港、常州市中心支行分别与当地检察院、工商局、安全局签订了反洗钱合作备忘录，建立了相应的反洗钱合作机制。认真做好反洗钱现场检查和非现场监管，全年江苏省辖内共完成了对 60 家机构的现场检查，其中银行 23 家，证券公司 5 家，期货公司 4 家，保险公司 28 家。

(2) 全面部署，科学预测，圆满完成货币金银各项工作。一是科学分析预测，安全、高效开展旺季现金供应。2009 年，中国人民银行南京分行以“适当集中，合理摆布，灵活调拨”的原则为指导，优化整合人力、物力调拨资源，提高整体调拨能力，科学组织发行基金调拨，提高对全辖货币流通调控的主动性。二是圆满完成三种纪念币的公开发行。三是继续开展大额和严重出纳出错专项整治。当年辖内共有 11 家商业银行因发生大额和严重出纳差错被暂停向人民银行交存现金业务，5 家商业银行被人民银行提出风险警示。四是科学组织，优质、高效地完成钞票的清分和销毁。当年扬州、淮安、苏州 3 家钞票处理中心合计清分回笼券 191.72 万捆、金额 1 917.22 亿元，同比多清分 1.26 万捆，比总行核定定额多清分 35.72 万捆，超产 22.9%，提前完成总行核定的残损人民币销毁任务。扬州钞票处理中心实现了钞票清分“双班制”产量翻番的目标。

(3) 提升国库服务能力，支持地方经济发展。加强核算管理，巩固服务基础。2009 年，中国人民银行南京分行为推进财税库银横向联网，逐步扩大全国财税库银横向联网系统在全省的推广面，积极配合省国税、地税部门做好淮安市国税、地税接入 TIPS 的运行测试和正式上线运行。充分利用全国和当地横向联网系统、同城票据交换、国库内部往来、支付系统等渠道，认真组织全省各级国库做好预算收入收纳、划分、报解和拨付、退库等工作。截至 2009 年 12 月 31 日，全省各级国库库存 530.59 亿元，同比增长 32.1%。

(4) 加强监督管理，构建健康、有序的支付结算体系。一是开展账户管理及银行卡业务联合检查，促进全省银行卡受理市场健康发展。从 2009 年 9 月开始，中国人民银行南京分行在全省组织开展了以银行卡市场规范为主要内容的综合执法检查，对 359 个银行网点进行了检查。二是推广集中代收付中心建设，推动小额业务快速发展。截止到 2009 年 12 月末，江苏省已签协议入网的单位共有 137 家，收费项目涵盖水费、电费、燃气费、电话费、手机费、养老保险等；合同库入库量为 32 万余条，2009 年共处理业务 91 万多笔，代收、代付资金约 41 亿元。

(5) 大力推进信用体系建设，积极培育信用服务产品和信用评级市场。一是拓展信息采集范围，强化信用信息服务，全力打造中小企业信用体系建设新模式，2009 年，人民银行南京分行选择在常州、南通两市深化试点。二是不断深化银保合作，促进评级结果应用。积极推动金融机构与较高信用等级担保机构的深化业务合作，扩大授权授信，增强信用担保机构对中小企业信贷保障能力，促进金融机构有效增加对中小企业的贷款投放。2009 年全省 318 家参加信用评级的担保机构与各地银行业金融机构签约授信额度达 1 536.61 亿元，比 2008 年增加 627.87 亿元，增幅达69%，担保放大倍数平均约为6倍。三是大力推动应收账款质押融资业务开展，丰富中小企业信用服务产品。四是以农户信用评价为着力点，积极推进农村信用体系建设试点。截止到2009年末，江苏省2 736个农村金融机构基层网点共有2 496家金融机构基层网点开展农户信用档案建设，覆盖率达91.2%；江苏省农户总数为1 276万户，其中379万农户得到了银行贷款。

(6) 业务创新与安全保障相结合，进一步提高科技服务水平。一是科学规划与管理手段并重，进一步提高科技管理水平。2009年，人民银行南京分行组织完成了科技管理系统的升级开发，实现了纵向科技管理的信息化；开发了“江苏省金融科技信息共享平台”；建设完成了江苏省网间互联平台综合前置系统。二是落实信息安全措施，不断完善信息安全保障体系。实施了全省地市防火墙更新工程，完成了机房供电等6个IT系统应急演练、6家地方性金融机构网上银行信息安全现场检查、风险评估、防病毒系统升级等工作，确保了敏感时段和全年信息安全目标的实现。三是注重业务创新与科技创新的结合，完成多个应用系统建设。以TIPS立方体省级报表平台建设为契机，启动统一门户建设。以业务为驱动，组织开发了“教育培训信息管理系统”、“人事后备干部管理系统”、“机关文明建设电子台账”、“江苏省分库拨款业务批量电子化系统”、“同城票据交换提出业务事后监督系统”等，切实解决了业务部门的实际需要，有效促进了南京分行各项工作的顺利开展。

(7) 加强支付系统监督管理，确保支付系统安全稳定。一是夯实工作基础，做好日常系统运行维护。2009年，中国人民银行南京分行清算中心对支付清算系统运行状况实行7×24小时连续监控，严密监测主机、网络和系统的运行状态以及业务运行情况，强化系统日常维护和检查力度。二是抓住关键环节，强化特殊运行时期系统运行维护。国庆节期间加大对业务运行情况以及网络通信系统、计算机系统、场地供配电系统运行状况和资源使用情况的实时监测力度，增加系统深度巡检次数，结合国庆长假小额支付系统和支票影像交换系统停、启运，对城市处理中心支付系统设备实施下电、加电。认真制定年终决算方案，确保年终决算支付清算系统运行万无一失，12月30日至31日两天支付系统处理业务82.46万笔、金额9 182.67亿元。

(8) 改进监督手段，强化内控管理，提高监督效率和规范化水平。一是认真开展监督审核。2009年，中国人民银行南京分行事后监督中心共审核会计凭证546 150张，审核金额106.85万亿元；各种账表59 913张；系统日志和清单等62 547张。全年共发现核算差错11笔，涉及金额954.46万元，与2008年相比，差错数量和差错金额均有大幅下降，核算质量显著提高。二是改进监督手段，加强与科技部门的协作，成功开发“同城票据交换提出业务事后监督系统”。

【金融资产质量】 2009年，江苏省银行业金融机构按照监管部门的要求，积极改进贷款质量分类方法和技术，严格做实、做准贷款风险分类结果，加强对存量不良贷款的清收盘活，加快不良资产处置，保持不良贷款“双降”。当年全省银行业金融机构不良贷款余额比年初减少41亿元，不良贷款率1.86%，比年初下降0.83个百分点。其中，农村合作金融机构(含农村信用社、农村商业银行、农村合作银行)五级分类不良贷款率为4.16%，比年初下降2.05个百分点。

(张秋龙)

1. 南　京　市

【经济概况】 2009年，南京经济克服困难，保持了平稳向上的发展态势，全市实现生产总值4 230.26亿元，按可比价格计算，比上年增长11.5%。第一产业实现增加值129.18亿元，增长4.1%；第二产业实现增加值1 930.67亿元，增长10.1%；第三产业实现增加值2 170.42亿元，增长13.5%。在全市生产总值中，非公经济实现的增加值占全市经济的比重达到47.6%，民营经济增加值占全市经济的比重达到35.9%。人均地区生产总值(按常住人口计算)达到55 290元，按可比价格计算，比上年增长9.5%。三次产业结构由2008年的3.1∶46.4∶50.5调整为3.1∶45.6∶51.3。2009年全市居民消费价格指数为100.1,比上年上升0.1%。2009年全市工业品出厂价格指数为90.8,比上年下降9.2%。

2009年全市完成全社会固定资产投资2 668.03亿元,比上年增长23.9%。从产业结构看,第一产业完成投资12.24亿元,比上年下降1.5%;第二产业完成投资1 311.31亿元,增长20.4%,其中工业投入1 300.40亿元,增长20.3%;第三产业完成投资1 344.48亿元,增长27.7%。民间投资大幅增长,完成投资1 365.94亿元,增长32.5%,占全社会固定资产投资的比重达到51.2%。2009年全市完成社会消费品零售总额1 961.58亿元,比上年增长18.8%。其中,批发和零售业完成1 704.08亿元,增长18.8%;住宿和餐饮业完成231.41亿元,增长18.6%。2009年全市实现进出口总额337.45亿美元,比上年下降16.9%。其中,出口完成184.59亿美元,下降21.8%。2009年全市新批注册合同外资额45.59亿美元,比上年增长15.5%;实际使用外资23.92亿美元,增长0.8%。全市12个省级以上开发区新批注册合同外资28.12亿美元,增长13.8%;实际使用外资15.03亿美元,增长0.9%。2009年新签对外承包劳务合作合同金额达11.50亿美元,比上年增长10.9%;实际完成对外承包劳务营业额11.57亿美元,增长12.8%。期末在外劳务人数达5 406人,下降10.7%。

2009年全市实现财政总收入901.15亿元,比上年同口径增长21.4%。其中,地方一般预算收入434.51亿元,增长12.4%。全年地方财政一般预算支出461.31亿元,比上年增长14.0%。2009年完成各项税费收入1 158.67亿元,比上年增长18.2%。其中,国税征收完成621.39亿元,地税征收完成493.3亿元,财政征收完成43.98亿元。

【货币政策】 2009年,中国人民银行南京分行营管部认真贯彻落实适度宽松的货币政策,加强货币政策疏通传导和监测,灵活运用货币政策工具,引导信贷合理稳定增长,为南京地区经济保增长、促转型提供了有力的金融支持。为引导金融机构在加大信贷投放的同时实现稳定均衡适度增长,年初出台了《关于支持扩大内需做好当前信贷工作的指导意见》、《2009年南京地区货币信贷工作思路》、《金融支持中小企业指导意见》,并全面启动信贷政策导向效果评估,加大了窗口指导力度。为争取地方党委政府对金融工作的支持与理解,配合政府综合经济部门开展了一系列促进地方经济金融发展的活动,与工商部门联合出台了《股权质押管理办法》、与外经、税务部门联合出台了《出口退税质押贷款实施办法》、与工业经济部门联合出台了《环保企业搬迁土地抵押贷款实施办法》,得到了上级行及地方政府的高度肯定。会同市发改委、市经委、工商联等部门及各区县组织举办了"金融促进中小企业发展暨百企信贷项目签约会"等多层次、分领域的银企对接活动40多场,推动银政企多方合作,达成意向金额近300亿元。牵头针对外地户籍在宁创业的高校毕业生推出了"大学生自主创业贷款"业务,此项业务在全省尚属首例。积极推进了金融生态县建设,营管部荣获2008—2009年江苏省金融生态县创建工作先进单位。

【金融运行】 2009年以来,在适度宽松的货币政策背景下,各项存贷款指标均创下了历史新高。至12月末,全市金融机构人民币存款余额10 720亿元,同比增长27.73%,比年初增加2 300亿元,同比多增904亿元;人民币各项贷款余额9 120亿元,同比增长28.3%,比年初增加1 950亿元,同比多增793亿元。前三季度金融机构实现净利润99.25亿元。

2009年全市新增人民币贷款1 950亿元,重点投放基础设施建设、先进制造业和现代服务业三个领域,新增基础设施建设贷款1 100亿元,新增制造业贷款400亿元,新增服务业贷款200亿元,有力支持了南京经济保增长、促转型目标的实现。对中小企业新增贷款220亿元,对郊县经济新增贷款550亿元,有效缓解了中小企业融资难问题,促进了郊县经济发展和新农村建设。

【金融市场】 2009,徽商银行、渤海银行相继在南京开业。南京已有各类银行机构32家,其中，法人银行3家，省级（区域）分行24家，外资银行4家，外资银行代表处1家；信托、租赁、财务公司等非银行金融机构4家；全市共有支行、分理处等各类银行网点1 011个，银行从业人员2.82万人。证券保险机构加速扩容，南京有法人证券公司3家，各类证券营业部76家；省级保险公司67家。金融从业人员密集度（金融从业人员/全市就业人员）位居全国各大城市第四，仅次于深圳、北京、上海。

至12月末，全社会融资总额3 573亿元，其中，直接融资1 173亿元，占全社会融资总额的32.8%；间接融资2 400亿元，占全社会融资总额的67.2%。全年南京企业债券融资达65亿元，约为前3年企业债券融资总额的3倍，全市企业资本市场融资累计达到90亿元。商业汇票快速发展，至12月末，签发汇票余额为1 630亿元，同比增长27%。理财产品市场发展态势良好，1—12月份，南京地区金融机构共发售人民币理财产品589.2亿元。

（刘 明）

南京市主要经济金融统计

（2005—2009年）

单位：亿元

项 目	2005年	2006年	2007年	2008年	2009年
国内生产总值	2 413	2 774	3 275	3 775	4 230.26
第一产业（增加值）	80	82	86	93	129.18
第二产业（增加值）	1 215	1 374	1 605	1 795	1 930.67
第三产业（增加值）	1 118	1 318	1 584	1 887	2 170.42
全社会固定资产投资	1 402.72	1 613.55	1 867.96	2 154.17	2 668.03
地方财政收入	295.91	355.67	330.19	386.56	434.51
地方财政支出	315.66	371.57	343.55	404.92	461.31
社会消费品零售总额	917.64	1 166.85	1 380.46	1 651.82	1 961.58
居民消费价格指数（以上年为100）	102.1	101.7	103.7	106.2	100.1
进出口总额（亿美元）	270.9	315.35	362	405.92	337.45
进 口（亿美元）	128.45	141.70	155.54	169.95	152.86
出 口（亿美元）	142.45	173.65	206.46	235.97	184.59
全部金融机构各项存款（余额）	5 263.3	5 960.86	7 132	8 562.27	11 088
企业存款	2 458.4	2 842.71	3 535.09	4 038.56	5 490.8
财政存款	80.42	122.26	177.44	169	172
城乡储蓄存款	1 677.5	1 913.15	2 010.31	2 565.83	3 125
全部金融机构各项贷款（余额）	4 659.8	5 326.15	6 333.15	7 483.10	9 444
短期贷款	1 718.5	1 918.66	2 365.04	2 599	3 089.65
中长期贷款	2 370	2 932.99	3 555.19	4 028	5 848.49
现金投放（＋）回笼（－）	－48.4	－83.31	－76	－49	—
全部保险机构保费收入	72.1	90.06	114.13	124.6	145.98
全部保险机构保险赔款支出（含满期给付）	12.45	27.62	31.26	37.07	37.14
全部保险机构保险密度（元/人）	1 210	1 374	1 879.53	1 995.32	2 317
全部保险机构保险深度（%）	3.0	3.3	3.24	3.3	3.5

注：全部金融机构各项存款、贷款余额的七项数据为本外币并表统计数（含外资金融机构）。

2. 无 锡 市

【经济概况】 2009年无锡市经济总体呈现“企稳向好、持续回升、结构改善”的运行态势,实现地区生产总值4 992亿元,按可比价格计算,比上年增长11.6%,其中第一产业增加值93.92亿元,比上年增长6.0%;第二产业增加值2 836.38亿元,比上年增长14.7%;第三产业增加值2 061.70亿元,比上年增长16.1%。按常住人口计算人均生产总值81 151元,按现行汇率折算达11 885美元,接近1.2万美元。全年全社会固定资产投资完成2 387.56亿元,比上年增长27.2%。全市规模以上工业企业实现增加值2 390.62亿元,比上年增长11.3%;实现产品销售收入10 595.78亿元,比上年增长3.6%;全市规模以上工业企业盈亏相抵后实现利润总额693.27亿元,比上年增长33.22%;亏损企业亏损面13.7%,亏损额33.83亿元。实现财政总收入1 061.99亿元,比上年增长16.81%,财政总收入占地区生产总值的比重为21.27%,比上年提高0.67个百分点;实现财政总支出659.67亿元,比上年增长28.71%。全市完成进出口总额439.45亿美元,比上年下降21.6%。其中,进口总额179.33亿美元,比上年下降11.4%;出口总额260.12亿美元,比上年下降27.3%,贸易顺差为80.79亿美元,占全市进出口总额的18.38%;全年到位注册外资32.03亿美元,比上年增长1.2%。全市全年实现社会消费品零售总额1 651.37亿元,比上年增长18.7%,其中,城市消费品零售额1 394.63亿元,比上年增长18.9%;农村消费品零售额256.74亿元,比上年增长17.5%。无锡城市居民消费价格总水平比上年同期下降0.5%,涨幅比上年回落了5.6个百分点。

【货币政策】 2009年,中国人民银行无锡市中心支行紧密结合地方经济发展特点,大力创新信贷工作机制,切实加强对辖内货币政策的宣传,积极引导社会各界全面、准确、科学理解货币政策的内涵,不断提高执行货币政策的针对性,有效地保障了金融对经济的强力支撑,为无锡市经济在全省率先复苏、加快复苏做出了积极的贡献。一是全力保障重大投资项目的资金需求。通过摸底、排查、签约等形式,积极推动金融机构信贷投向基础设施、产业项目、生态环境等一批市政重大建设项目和重点民生工程。在年初的签约活动仪式上,全市18家银行共对81个项目确定了总计391.76亿元的授信意向,重点项目个数、金额支持率分别达到70.43%、97.86%。二是积极推动银政企合作。为加大对全市工业项目、骨干企业的支持,全市19家银行机构与2 196家(次)企业达成1 688.44亿元的银企意向合作金额,实现了签约银行、企业数量以及签约金额的历史新高。三是积极探索银、企、保合作新路。随着国际金融危机的蔓延,出口企业的风险日益递增,为提高出口企业的风险防范能力,有效缓解外贸企业的生产经营困难,成立了由中国人民银行、市外经局、市商业银行以及中国出口信用保险公司无锡办事处组成的贸银信合作协调小组,并组织8家银行与307家外贸企业达成了290.46亿元的融资意向额度,与中国出口信用保险公司无锡办事处达成了102亿元信保项下合作协议,成为近年来全市最大规模的一次出口授信,为出口企业应对国际金融危机、提升运行质量和效益提供了积极的帮助。四是深入开展“金融暖企行”活动。为充分发挥金融在“扩内需、保增长、促转型、维稳定”等方面的积极作用,切实解决重点地区、重点产业、重点项目、重点企业的资金需求,根据各区提出的“三有一缺”融资需求情况,及时组织15家银行机构对滨湖、惠山、锡山、新区的4个行政区进行了重点走访和对接,四区共有118户企业得到银行意向支持,支持金额达61.11亿元,户数和金额满足率分别达到了67.05%、150.96%。五是推动企业“点对点”融资联动对接机制。为及时、快速、高效解决单个企业在生产发展中遇到的融资难题,2009年针对个别地区提出的产品有市场、企业有信誉、生产经营正常企业发生的急需资金困难,及时组织相关银行深入企业开展“点对点”融资对接活动,已先后3次帮助锡山、惠山、滨湖、新区127家企业解决了30.28亿元的资金需求。六是推行企业房地产抵押评估报告通用制度。为减轻企业由于多头评估和重复评估带来的融资成本增加的负担，积极推动市政府出台了《关于改善企业房地产抵押贷款登记评估服务的通知》，组织银行机构对参加评定的评估公司进行评审，确定了16家入围的评估公司，制订了相应的管理办法，从而为评估报告在各银行间实施通用，有效减轻企业融资负担提供了一条新的路径。七是加大对科技型企业和小企业的信贷投入，促进新兴产业的发展。全市共申报2008年度科技项目贷款42.62亿元，比上年增加24.5亿元，获得省财政风险补偿奖励资金2 450.47万元，占全省核拨科技贷款风险补偿奖励资金的38%，位居全省前列；申报小企业贷款59.10亿元，比上年新增31.09亿元，获得小企业贷款风险补偿奖励资金1 126.02万元，占全省小企业贷款风险补偿奖励资金的11.26%。积极会同市金融办、市财政局、市科技局等部门，制定出台"530"企业专项贷款试点工作意见，推动政府建立融资担保和再担保体系，为首批6家"530"企业提供了1 800万元担保贷款，促进了科技创新和产业升级的顺利实施。

【金融运行】 2009年，无锡市辖内金融机构各项存贷款继续保持良好的运行态势。年末，全辖金融机构本外币各项存款余额7 406亿元，比年初增加1 920亿元，比上年全年多增849亿元，增长79.30%；年增幅35.0%，高出全省平均3.58个百分点；全辖金融机构本外币各项贷款余额5 475亿元，比年初增加1 631亿元，比上年全年多增999亿元，增长158.13%；年增幅42.41%，高出全省平均6.34个百分点。在各项存款中，企事业单位存款余额2 949.76亿元，比年初增加1 001.84亿元，同比多增831.43亿元；储蓄存款余额2 733.12亿元，比年初增加447.98亿元，同比少增106.89亿元；其他存款余额1 684.38亿元，比年初增加459.43亿元，同比多增132.57亿元。在各项贷款中，中长期贷款余额2 361.31亿元，短期贷款余额2 479.46亿元，分别新增1 032.28亿元和455.44亿元，增量占比分别为63.31%和27.93%，同比分别上升13.56和2.51个百分点。全市票据融资余额511.51亿元，比年初增加61.6亿元，同比少增98.93亿元。外汇存款余额27.68亿美元，比年初增加3.97亿美元；外汇贷款余额30.98亿美元，比年初增加13.74亿美元。全市金融机构实现结益139.13亿元，同比增加21.79亿元，同比增长18.57%。全市金融机构本外币不良贷款余额75.3亿元，比年初减少9.69亿元；不良率1.38%，比年初下降0.83个百分点。全市累计投放货币11 283亿元，同比增加962亿元，比上年增长8.7%；累计回笼货币10 986亿元，同比增加923亿元，比上年增长8.5%。全年现金净投放297亿元，同比增加39亿元，增长15.17%。

【金融市场】 (1)货币市场。同业拆借业务量同比大幅减少。至2009年末，辖内法人金融机构拆借资金18笔，金额20.8亿元，同比大幅减少70.1亿元。其中：拆入2笔，金额5.7亿元，拆出16笔，金额15.1亿元。第四季度，仅拆出1笔，金额1亿元。拆借的对象主要是张家港农村商业银行和华夏银行，拆借的资金用于临时调节头寸和赚取利差；债券回购资金呈净融入态势。辖内法人金融机构全年累计回购资金1 359笔，金额5 346.42亿元，其中通过正回购融入资金1 320笔，金额5 226.81亿元，通过逆回购融出资金39笔，金额119.61亿元；净融入资金5 107.2亿元，同比多融入资金873.42亿元，回购的期限主要集中在1天和7天时间。第四季度，辖内法人金融机构回购资金229笔，金额1 511.12亿元，其中通过正回购融入资金277笔，金额1 451.11亿元，通过逆回购融出资金13笔，金额60.01亿元。融入资金的主体主要是江阴农村商业银行和锡州农村商业银行，用于调整资产负债结构和赚取利差；现券交易量比年初有所增加。辖内法人金融机构累计买入现券116.44亿元(其中从一级市场买入83.78亿元，从二级市场上买入32.66亿元)，同比增加37.67亿元；卖出35.49亿元，到期43.3亿元，余额为155.23亿元。第四季度辖内法人金融机构累计买入现券46.29亿元，卖出24.49亿元，到期7.67亿元。本年度法人金融机构持有债券最多的是国债，余额为99.24亿元，占比达到63.93%，其次是金融债券，余额为34.74亿元，占比为22.37%，企业债券余额为17.85亿元，占比为11.50%，央行票据最少，为3.4亿元，占比仅为2.19%。主要是目前市场流动性充足，根据货币市场利率走势的变化，辖内法人金融机构增持了债券。

(2) 黄金市场。年末，10家开展黄金业务的商业银行共卖出账户黄金6 358 437克，金额151 397万元，实物黄金4 277 142克，金额97 907万元；买入账户黄金5 655 333克，金额118 272万元，实物黄金3 717 790克，金额84 185万元。

(3) 证券市场。全市证券业资金账户总数89.43万户，托管市值789.66亿元，全年累计交易金额12 549.07亿元，营业收入18.24亿元，实现利润12.74亿元。全市期货业资金账户总数为13 474户，全年累计交易额为18 989.88亿元，营业收入13 074.86万元，税后利润为947.88万元。至2009年末，全市上市公司已达47家，其中境内23家，境外24家；过会待发行企业1家，报中国证监会待审核企业9家(创业板1家)，报证监局备案辅导企业17家，各拟上市企业的上市进程逐步加快。

(4) 保险市场。至年末，无锡市共有保险公司56家，其中政策性保险公司1家，财产保险公司23家，人寿保险公司32家，2007年新增保险公司7家，保险主体数量进一步增加。全市产寿险保费收入合计为111.31亿元，同比增长17.52%，其中：产险为31.73亿元，占比28.50%，同比增长23.86%；寿险为79.58亿元，占比71.5%，同比增长17.52%。全市产险收入中车辆险收入最多，为24.85亿元，占比为78.32%；人身保险中，寿险收入最多，为74.39亿元，占比为93.48%，市场发展进一步加快。

(李红霞)

无锡市主要经济金融统计

(2005—2009年)

单位:亿元

项 目	2005年	2006年	2007年	2008年	2009年
国内生产总值	2 805	3 300	3 858	4 419.5	4 992
第一产业(增加值)	50	51.3	55	63	93.92
第二产业(增加值)	1 695	1 968.7	2 256	2 546.57	2 836.38
第三产业(增加值)	1 060	1 280	1 547	1 809.93	2 061.7
全社会固定资产投资	1 335.09	1 474.94	1 674.22	1 877.02	2 387.56
地方财政收入	239.2	290.54	706.9	909.16	1 061.99
地方财政支出	240.95	275.04	367.25	512.51	659.67
社会消费品零售总额	824.11	959.47	1 134.75	1 391.48	1 651.37
居民消费价格指数(以上年为100)	102	101.7	103.8	105.1	99.5
进出口总额(亿美元)	291.91	391.84	511.46	560.28	439.45
进 口(亿美元)	136.45	177.44	218.25	202.43	179.33
出 口(亿美元)	155.46	214.4	293.21	357.85	260.12
全部金融机构各项存款(余额)	3 343.62	3 906.04	4 411.83	5 483.85	7 405.68
企业存款	1 201.94	1 404.57	1 776.91	1 946.2	2 949.76
财政存款	43.1	30.63	38.89	47.06	53.34
城乡储蓄存款	1 451.64	1 689.45	1 730.05	2 285.12	2 733.12
全部金融机构各项贷款(余额)	2 264.04	2 733.2	3 246.06	3 842.86	5 474.94
短期贷款	1 347.57	1 624.83	1 884.23	2 026.41	2 479.46
中长期贷款	543.1	755.86	1 021.68	1 325.07	2 361.31

（续表）

项　　目	2005 年	2006 年	2007 年	2008 年	2009 年
现金投放(+)回笼(-)	121.05	142.05	190.12	257.88	297.02
全部保险机构保费收入	57.61	66.23	74.75	94.72	111.31
全部保险机构保险赔款支出(含满期给付)	16.95	23.43	26.94	39.99	18.84
全部保险机构保险密度(元/人)	1 272.19	1 455.6	1 659.5	2 041.38	2 390.42
全部保险机构保险深度(%)	2.05	2.01	1.99	2.15	2.23

3. 常　州　市

【经济概况】 2009 年，常州市实现地区生产总值 2 518.7 亿元，按可比价格计算增长 11.7%。其中，第一产业增加值 91.6 亿元，增长 4.7%；第二产业增加值 1 429.7 亿元，增长 10.8%；第三产业增加值 997.3 亿元，增长 14.1%。三次产业结构由上年的 3.7∶58.1∶38.2 调整为 3.6∶56.8∶39.6。按常住人口计算，人均地区生产总值达到 56 861 元，按现行汇率折算超过 8 000 美元；按户籍人口计算，人均生产总值达到 70 103 元，按现行汇率折算超过 10 000 美元。在经济总量扩大、结构改善的同时，宏观经济效益继续向好，地方财力持续增强。2009 年全市财政总收入 681.72 亿元，比上年增长 25.6%，其中地方一般预算收入 215.89 亿元，增长 16.6%；地方一般预算财政支出 217.31 亿元，比上年增长 16.4%。全年围绕 50 项重点工程、100 项工业重点项目和 200 个工业经济新增长点，加大项目跟踪落实力度，优化有效投入结构，共完成全社会固定资产投资 1 704.77 亿元，比上年增长 17.7%，其中基础设施投资完成 717.6 亿元，增长 18.3%。全年实现农林牧渔业总产值 160.77 亿元，比上年增长 7.3%；完成规模以上工业企业总产值 5 978.66 亿元，比上年增长 15.0%。据海关统计，全市外贸进出口降幅逐步收窄，走势日渐趋稳。全年实现外贸进出口总额为 150.79 亿美元，比上年下降 14.5%，降幅比上半年收窄 7.8 个百分点，其中进口 42.13 亿美元，下降 3.9%，比上年收窄 15.2 个百分点；出口 108.66 亿美元，下降 17.9%，比上半年收窄 5.5 个百分点。全市共新签协议外资项目 252 个，协议注册外资 42.21 亿美元，平均每个单体项目协议注册外资 1 675 万美元，比上年增加 283 万美元；实际到账注册外资达到 22.61 亿美元，比上年增长 10.9%。全年完成社会消费品零售总额 901.44 亿元，比上年增长 18.9%；完成限额以上批发零售企业零售额 307.57 亿元，增长 17.1%。2009 年全市消费价格低位运行，居民消费价格指数(CPI)为 99.5%，工业品出厂价格指数(PPI)为 96.3%。2009 年末，全市城镇单位从业人员37.27 万人，比上年增长 0.6%，其中在岗职工 35.97 万人，增长 0.1%，城镇登记失业率为 2.71%。城镇居民人均年可支配收入 23 751 元，比上年增长 10.0%；农民人均纯收入 11 198 元，增长 10.1%。年末城乡居民储蓄存款余额为 1 756.24 亿元，增长 22.7%；人均储蓄存款余额 48 812 元，比上年增加 8 917 元。

【货币政策】 2009 年度，中国人民银行常州市中心支行进一步完善信贷“窗口指导”，强化多政策间的协调配合，不断提升金融服务水平，深入推进金融改革创新，构建和谐金融生态环境，促进全市经济金融协调稳健发展。

一是加强窗口指导力度，提升货币信贷政策实施效果。(1)强化政策传导。及时传达总、分行货币信贷工作会议精神，部署全年货币信贷管理工作。印发常州市重点投资项目、工业经济新增长点目录及相关重点企业名录，引导全市金融机构按照“保增长、扩内需、惠民生”在总体要求，切实将信贷资金投向支持扩大内需、推动促进经济发展的重点领域。(2)加强政策宣传。依托《金融快报》、《金融稳定工作简报》、《金融运行报告》、

《金融稳定报告》等载体，积极宣传金融宏观调控意图和货币政策理念，主动争取地方党政对中国人民银行工作的支持。(3)完善信贷政策导向效果评估工作。结合地方经济金融发展实际，修正定量评估指标体系，改善定性评估方法，推动评估工作做深、做细、做实。(4)加强货币政策工具管理，认真执行存款准备金各项政策规定，加强对金融机构存款准备金缴存合规性的监管，完成对辖内部分法人金融机构存款准备金缴存情况的现场检查工作，发挥有区别的存款准备金率的正向机理政策的效应。

二是加强政策协调配合，着力提升金融服务水平。(1)积极推进银企对接。与有关部门密切配合，举办"银行走进企业，开展银企对接"系列活动，先后举办5场银企融资对接活动，银企对接涉及金额达630多亿元。(2)推进信贷资金风险补偿工作。督促金融机构积极落实《关于信贷支持科技创新工作的指导意见》，联合常州市科技局印发科技项目和科技企业名录。组织开展2008年度科技贷款、中小企业风险补贴资金申报工作，并于财政、科技部门进行现场审核，督促金融机构借助财政杠杆加大对中小企业和科技创新的金融支持。经省有关部门认定的科技贷款及小企业贷款金额分别为11.7亿元和76.51亿元，分别获得省财政科技贷款和小企业贷款风险补贴资金387.75万元和809.27万元。(3)深入推进银保合作。出台《关于进一步加强金融机构与信用担保机构合作的指导意见》，着力畅通银保信息沟通渠道，推进担保机构信用评级。年末，全市已有31家担保机构参与银保合作业务，全年累计担保金额40.33亿元，累计为1 636户企业及个人提供担保，年末在保金额达32.56亿元。(4)积极推动商业承兑汇票推广工作。以"再贴现引导、银行信用助推、备案管理平台保障"为指导原则，制定商业承兑汇票推广方案。多次召集有关金融机构和部分企业负责人座谈，推进试点工作，逐步扩大试点银行范围。自主开发商业承兑汇票登记备案系统，制定《常州市商业承兑汇票备案系统管理办法(试行)》，建立规范、便捷的业务登记查询管理平台。年末，全市已有多家银行参加试点，试点企业达到41家，38家试点企业已先后向232家配套中小企业签发商业承兑汇票823笔，累计签发金额达24.38亿元，其中23.44亿元已获试点银行贴现。同时，努力发挥再贴现政策引导金融机构扩大"三农"和中小企业融资作用，修订中心支行《再贴现业务操作规程》和《再贴现业务管理办法》，推动商业承兑汇票市场发展。(5)中小企业信用体系建设成效显著。围绕"拓宽采集范围、加强数据整合、完善信息服务、改善融资环境"的工作目标，建立常州市中小企业信用信息管理辅助系统。2009年，已为全市6.1万户企业建立了档案，加载了2007年以来的企业财务报表、贷款、电费、纳税等347万条信息。加快建立中小企业"融资培育计划"，首批推出3 000户优秀成长性企业名单，得到了市政府领导、金融机构和担保机构等的高度认可。(6)继续推进民生金融工作。指导金融机构加大对保障性住房的金融支持力度，有效缓解弱势群体住房难问题。联合市财政、劳动保障部门进一步完善劳动密集型小企业贴息贷款实施办法，促进小企业发挥带动就业的倍数效应。会同相关部门及时转发省财政厅等部门《完善小额担保贷款财政贴息政策推动妇女创业就业工作的实施意见》，并结合地方实际进一步加以细化，着力推进妇女创业和就业工作。

三是完善分析监测机制，提升货币政策效应分析质量。(1)强化金融宏观调控政策实施效应分析。及时跟踪国内外经济金融形势，加强对经济金融热点问题的专题分析和监测。健全出口企业承受力数据库，在电子行业中选择样本企业开展典型案例调查分析。围绕金融宏观政策贯彻实施效应开展快速跟踪调查和专题调研。(2)加强对辖内法人金融机构的监测力度。建立法人金融机构定期分析监测机制，密切关注法人金融机构经营和改革情况。建立和完善流动性风险监测分析工作制度，按月监测法人金融机构流动性状况，按旬掌握法人机构信贷投放情况，及时了解信贷投向、投放力度。(3)健全房地产市场和房地产金融监测体系。完善房地产金融联席会议和房地产市场银企特约联系制度，积极构建银政企信息交流平台，全面分析本地房地产市场发展状况和趋势，引导房地产市场和房地产金融理性发展。加强房地产市场和房地产金融基础数据库建设，在统计、房管、国土、建设等部门的支持下，及时采集和充实《江苏省房地产监测分析信息系统》常州地区数据信息。建立完善月报监测制度，密切关注地方出台经济适用房货币化补贴等各项房地产调控政策效应和房地产市场发展态势。积极参与房地产金融突发风险事件的应急管理，维护房地产市场的稳定。(4)改善金融市场和利率监测管理。继续完善同业拆借市场、债券市场、黄金、外汇、票据市场业务的监测分析和管理，加强对辖区金融机构利率执行情况的监测分析，按月审核利率报备报表，及时向上级行反馈利率执行情况和实施效应，定期通报辖内利率监测汇总报表及利率政策执行情况，为上级行决策及辖内金融机构完善利率定价模式提供参考。

四是深入推进金融稳定工作，构建和谐金融生态环境。(1)进一步健全金融稳定工作协调机制。及时调整市金融稳定工作协调小组组成人员，加强与相关政府职能部门的沟通联系，定期召开金融稳定工作成员单位联系人会议。在省内率先建立辖内证券业信息直报制度，增强金融稳定工作的外部支持。组织商业银行参加市中级人民法院召开的法院服务金融企业座谈会，及时推出了“法院服务金融企业十项承诺”；积极参与打击非法集资集中宣传活动，促进地方金融法制环境的优化。(2)完善新设银行金融管理与服务集中申办工作有关制度，提高金融服务效率。上半年组织实施了对浦发银行、兴业银行和民生银行常州支行的集中申报工作，开展了溧阳浦发村镇银行集中申报的对接工作，下半年开展了对江南农村商业银行加入中国人民银行金融管理与服务的指导、推进工作。(3)积极推进县域金融生态环境建设。武进区被评为全省首批4个金融生态示范县之一，溧阳市顺利获得“金融生态达标县”称号，金坛市也被列入第三批金融生态县创建试点范围。提请市政府印发《关于转发人民银行常州市中心支行〈常州市金融生态镇创建考核办法(试行)〉的通知》，将金融生态创建工作向乡镇一级延伸，组织开展金融生态良好镇申报和评审工作，遥观等9个乡镇被评定为首批“金融生态良好镇”。(4)强化风险监测工作。建立辖区涉外企业经营风险监测制度，密切关注涉外企业生产经营情况和财务指标变化状况，坚持风险监测月报制度。

五是坚持均衡管理，贯彻落实灵活的外汇政策。(1)积极促进贸易便利化。改进贸易信贷管理，将预收货款和延期付款的基础比例由10%调整为30%。对有真实贸易背景但超过贸易信贷额度的企业，采取“一企一策、一单一策”，审批临时额度1.27亿美元，便利企业办理收付汇业务。积极争取外汇新政策在常州地区的先行先试，常州出口加工区被列入全省3个“人民币结算试点”地区之一。(2)积极推进外汇管理改革。探索构建检查数据本地化存储系统，提升检查效率。对初次轻微违规企业实行零处罚，代以“约见谈话”、“简易处罚程序”等方式处理。改进差额核销管理方式，利用第三方报告办理差额核销。将异地付汇备案改革推广至海关特殊监管区域，试行年度一次性备案管理。统一和简化服务贸易对外支付的税务证明文件。(3)积极支持外向型经济发展。主动为拟上市企业提供政策咨询服务，主动支持新设金融机构拓展资本金结汇审核等国际业务。支持常州天合光能拓展海外市场，寻求个案解决，促成其为境外欧洲电站项目提供1亿欧元对外担保。(4)积极强化外汇监测体系。加强对国际收支申报日常核查和考核工作的技术、制度创新，提高国际收支统计分析和管理的工作质量。自主开发“银行考核系统软件”，得到了省分局的好评。制定《常州市外币清算业务关闭及衔接方案》，稳妥关闭外币清算业务。

【金融运行】 2009年，常州市金融业保持平稳健康运行。存款总量大幅增长，波动幅度有所加大，活期化特征明显。年末常州市金融机构人民币各项存款余额3 765.91亿元，比年初增加946.47亿元，增长33.57%，同比多增375.59亿元，月均增加78.87亿元，增速同比提高9.03个百分点。且各季存款增长差异显著，波动性较强，其中一、二季度各新增存款652.73亿元和262.33亿元，分别占全年新增存款的68.96%和27.72%，下半年存款增长明显放缓，仅为31.43亿元，同比少增 275.95 亿元。2009 年常州市金融机构各项存款中，活期化趋势显著增强，年末活期存款余额 1 155.41 亿元，比年初增加 355.03 亿元，增长 44.36%；定期存款余额 1 768.90 亿元，比年初增加 360.87 亿元，增长 25.63%，增速低于活期存款 18.73 个百分点。全年新增存款中，活期存款占比 37.51%，较年初大幅提高 28.98 个百分点。企业存款高速增长，2009 年末，常州市人民币企业存款余额为 1 168.08 亿元，比年初增加 390.87 亿元，增长 50.29%，同比多增 270.57 亿元，增幅同比提高 33.66 个百分点；储蓄存款分流明显，年末全市人民币储蓄存款余额为 1 756.25 亿元，比年初增加 325.02 亿元，增长 22.71%，同比少增 14.04 亿元，增速同比下降 8.34 个百分点。保证金存款冲高回落。年末全市金融机构保证金存款余额为 438.70 亿元，比年初增加 109.25 亿元，增长 33.16%。上半年全市累计签发商业汇票 826.61 亿元，同比增长 111.85%，新增保证金存款 256.91 亿元，超过全年增量 147.66 亿元；下半年以来，由于承兑汇票大量集中到期，各金融机构提高银行承兑汇票签发条件，新签承兑汇票逐渐减少，保证金存款出现明显回落，三、四季度分别减少 146.01 亿元和 1.65 亿元。受辖内外贸企业经营形势好转以及部分银行加大外汇理财产品影响，2009 年常州市外汇存款增加较多。年末，全市金融机构外汇存款余额 13.03 亿美元，比年初增加 5.14 亿美元，增长 65.11%，同比多增 3.01 亿美元。

信贷投放快速增长，支持力度显著增强，年末人民币各项贷款余额 2 513.97 亿元，比年初增加 662.28 亿元，增长 35.77%，同比多增 382.52 亿元，增速同比加快 17.97 个百分点。中长期贷款占比明显上升，短期贷款保持平稳增长，全市金融机构中长期贷款余额 1 069.68 亿元，比年初增加 378.04 亿元，增长 54.66%，增速是上年同期的 2.94 倍，同比多增 269.90 亿元，占全年新增贷款总额的 57.08%。在新增的中长期贷款中，主要流向政府融资平台及公共设施企业为承贷主体的基础设施建设项目，全年基本建设贷款比年初增加 166.69 亿元，增长 53.31%，占新增中长期贷款的 44.09%。短期贷款余额 1 237.16 亿元，比年初增加 254.42 亿元，增长 25.89%，同比多增 155.05 亿元，占新增贷款的 38.42%。票据融资变化呈现高开低走、快速增长后又迅速回落的情况，年末余额为 206.48 亿元，比年初增加 30.09 亿元，增长 17.06%，全年累计贴现 1 361.62 亿元，同比增长 76.55%。其中一季度票据融资 147.45 亿元，同比多增 180.02 亿元，比全年增量高 117.36 亿元，二、三、四季度分别减少 51.71 亿元、55.55 亿元和 10.10 亿元。全市现金收支运行平稳，投放力度有所加大，各金融机构累计现金收入 7 293.06 亿元，现金支出 7 395.07 亿元，收支相抵现金净投放 102.01 亿元，同比增长 3.98%。年初以来，各金融机构虽然加大信贷投放力度，期望“以量补价”，但贷款利息收入同比仍略有下降，存贷款利差明显收窄。全年实现贷款利息收入(不含票据贴现)125.34 亿元，同比下降 2.22%，贷款平均收益率 5.86%，同比下降 1.81 个百分点；全年存款利息支出 56.86 亿元，同比增长 1.56%，存款利息平均支出比率为 1.86%，同比下降 0.52 个百分点；全年金融机构存贷款利差为 4.0 个百分点，同比收窄 1.29 个百分点。受此影响，金融机构盈利增长显著放缓，全年共实现账面利润 64.18 亿元，同比增长 1.50%，增速同比大幅回落 26.86 个百分点。

【金融市场】　一是直接融资快速增长。年内，常州天合光能有限公司在境外募集资金 1.5 亿美元，华盛天龙股份有限公司登陆国内创业板市场，募集资金 9.09 亿元。常州高新区发展(集团)总公司、常州投资集团、武进城市建设投资公司成功发行企业债，金额合计达 57 亿元。全年直接融资金额达 76.29 亿元，同比增长达 204%。二是货币市场交易活跃，交易集中幅度提高。2009 年，辖内金融机构参与金融市场各项交易积极性进一步加大，成交量稳步增长，全年银行间同业拆借市场和债券回购市场累计成交 6 077.72 亿元，与上年同期基本持平，处于历史高位。从交易主体看，主要集中于武进农村商业银行，全年交易金额占比达 99.87%，其他金融机构因上级行限制或资金头寸限制，市场参与程度不高。从交易品种来看，主要集中于债券正回购交易，全年交易金额为6 043.36亿元，占货币市场交易金额的99.43%，逆回购交易和同业拆借交易量较少。年末，全市金融机构共持有债券98.98亿元，同比增长59.57%。三是交易平稳发展，纸黄金交易大幅放量。2009年，辖区武进农村商业银行、市区农村信用合作联社积极参与银行间外汇市场即期交易，充分运用外汇市场进行美元、港币、日元、欧元、英镑五个币种的结售汇头寸平盘，在保持外汇流动性较为充足的前提下，积极满足企业合理的外汇资金需求。从全年市场交易情况看，仍主要集中于美元、欧元等主要币种交易。2009年在国际金价大幅波动影响下，辖区黄金市场呈现出较快发展态势，黄金经营机构不断增加，黄金投资产品不断丰富，黄金交易规模不断扩大，辖区各金融机构当年累计销售实物黄金396.38千克，销售金额0.91亿元；纸黄金销售增长较快，全年辖内各商业银行累计销售纸黄金产品5 662.4千克，销售总额11.92亿元，同比分别增长117.74%和133.66%。四是民间借贷利率明显走高。2009年上半年，常州市120户民间借贷监测样本共发生民间借贷1.48亿元，民间借贷的加权平均利率为6.73%，而到2009年下半年，常州市120户民间借贷监测样本共发生民间借贷0.83亿元，民间借贷的加权平均利率为9.31%，下半年借贷监测利率较上半年上升了2.58个百分点。五是证券业发展态势良好。2009年末，共有11家证券公司在辖内设立了16个营业网点。全年辖内各证券营业机构证券交易总额为7 339.51亿元，其中A股交易金额6 400.65亿元，B股19.53亿元，基金75.01亿元，债券12.19亿元，权证827.70亿元。全辖各证券营业机构共开立资金账户54.75万户，A股账户80.91万户，B户账户近1万户，基金账户28.37万户。全年辖内各证券营业机构累计实现手续费收入8.49亿元，证券行业总体上保持良好的经营状况。六是保险行业运行平稳。2009年常州市保险行业实现保费收入72.57亿元，同比增长17.71%，增速同比回落12.27个百分点。分险种看：全市寿险业务实现保费收入53.77亿元，同比增长16.59%；赔付1.41亿元，同比增长4.4%，赔付案件数3.34万件，同比减少0.32万件，下降8.66%；退保金额7.04亿元，同比下降10.77%。全市产险业务实现保费收入18.80亿元，同比增长21.06%，赔付件数35.52万件，同比增加3.38万件，增长10.52%，赔付金额10.56亿元，同比下降5.21%，赔付率56.16%，较上年同期下降15.56个百分点。

【金融创新】 2009年，常州市金融改革创新成效显著。一是银行服务体系更加完善。(1)异地银行在常设立分支机构明显增多。年初以来，浦发银行、兴业银行、民生银行三家股份制银行分别在常设立支行，全年累计信贷投放107.98亿元，有力支持了地方经济建设。(2)农村新型金融组织进一步完善，溧阳浦发村镇银行在溧阳市成功设立。辖内首家小额贷款公司——武进龙城农村小额贷款股份有限公司于7月在武进区正式运营，12月，汇通农村小额贷款有限公司和盛大农村小额贷款有限公司分别在新北区和溧阳市正式成立。(3)法人金融机构改革又有新突破。2009年12月由辖内5家法人金融机构新设合并成立地(市)级农村商业银行——江苏江南农村商业银行股份有限公司正式开业，在国内尚属首例。目前，辖区已基本形成了种类齐全、布局合理、功能完善、运作高效、服务领域较为全面的区域性银行业金融机构体系。

二是中小企业信贷专营服务机构相继成立且运行良好。年初以来，辖内各金融机构积极拓展中小企业信贷业务领域，提升金融服务水平，支持中小企业健康发展，年末，辖内已有工行、农行、中行、建行、交行、华夏银行常州分行和浦发银行常州支行共7家商业银行设立了中小企业信贷专营服务机构，初步实现了对小企业业务的专业化、流程化、标准化的运作。(1)简化业务流程，提高服务效率。针对中小企业融资需求“短、频、快”的特点，中行和建行常州分行对中小企业实行“一站式”服务，贷款审批在3—5个工作日内即可完成。(2)建立独立的审批通道。华夏银行常州分行对中小企业实行独立的信贷计划、独立的财务资源配置、独立的信贷评审系统和中小企业客户认定标准。建行常州分行专项授予小企业中心单笔5 000万元贷款的审批权，工行、农行、中行常州分行对中小企业信贷最高额度可达 3 000 万元。(3)担保物范围和方式更灵活广泛。建行常州分行小企业中心推出“联贷联保”创新产品，4 户以上中小企业便可自愿结合组成贷款联合体，联合体成员之间互相担保并缴存少量保证金，无需提供其他抵押及第三方担保，单个企业的最高贷款额度可达 1 000 万元。建行和中行常州分行作为各自总行的试点单位，参照“淡马锡模式”，分别于 2009 年 2 月和 3 月成立(中)小企业业务中心，引入“钻石团队”和“信贷工厂”等概念，实行客户营销和信贷管理相分离，前中后台业务专业化集中处理、标准化统一操作的流程银行业务运作模式，充分体现了由“部门银行”向“流程银行”的转变。年末，两家银行中小企业客户数达到 1 014 户，比年初增加 355 户，增长 53.87%，其中，制造业企业 737 户，比年初增加 276 户，增长 59.87%；对中小企业授信总额达到 112.78 亿元，比年初增加 39.40 亿元，增长 53.69%，其中，制造业企业授信总额 67.45 亿元，比年初增加 35.03 亿元，增长 108.05%；中小企业贷款(不含贴现)余额 75.07 亿元，比年初增加 23.27 亿元，增长 44.91%，户均贷款 740 万元，其中，制造业企业贷款余额 38.75 亿元，比年初增加 20.63 亿元，增长 113.90%，户均贷款 525 万元。

三是金融产品和服务创新不断推进。(1)积极开发供应链融资产品。年初以来，辖内金融机构围绕供应链融资推出了一系列创新产品，包括动产质押、仓单提单质押、应收账款质押、保理业务等。如工行常州分行的国内发票融资和保理业务，中行常州分行的“达”系列创新产品，交行常州分行的蕴通供应链产品，中信银行常州分行的保兑仓、仓单质押、工商银业务等。(2)加强支持外贸出口的金融产品的研发力度。随着出口信用保险在促进外贸增长、防范交易风险的作用日益显现，辖内部分金融机构主动加强与中信保的合作，共同推出新的金融服务产品。如中行常州分行经其总行授权，与中信保合作创新金融产品——“易买宝”，可以帮助出口企业有效规避开证行和国外客户的信用风险，最大限度挽回对方无理拒付造成的损失，有效降低对高风险地区的出口收汇风险，同时，通过“易买宝”的“买断”功能，可以帮助出口企业规避汇率风险和利率风险，提前获得出口退税，降低出口企业的应收账款等。市区联社针对辖内多数小企业、微小企业固定资产少，达不到抵押贷款的要求等现状，与中国出口信用保险公司共同携手合作，推出了“融保通”业务，将小企业应收账款收款权利作为质物向联社申请发放贷款，进一步拓宽了辖内小企业、微小企业的融资渠道。(3)继续加强金融服务“三农”力度。辖内法人金融机构积极创新服务方式，提升金融服务“三农”水平。新北联社针对有资金困难的农民推出“新农保”贷款，贷款金额最高 1 万元，期限最长不超过 5 年，利率水平按人民银行基准利率下浮 10%，最大限度地减轻贷款人利息支出。武进农商行在国家加大农业机械化作业面的政策背景下，与武进区农机局合作适时开办了农机服务组织贷款，对地区 23 个农机服务组织予以总金额 647 万元的信贷支持，并参照按揭贷款的模式逐年还款，减少借款人的还贷压力。溧阳农合行下发《应收账款质押贷款业务管理办法》和《仓单质押贷款业务管理办法》，进一步丰富金融产品，拓宽抵质押物品种范围，增加企业融资渠道。(4)通过创新方式扩大融资规模。年初以来，各金融机构根据上级行信贷政策，结合客户资金需求，通过多种方式扩展信贷规模，为增加信贷投放腾挪空间，最大限度满足实体经济的资金需求。全年各金融机构共出售表内贷款 24.93 亿元，发行与贷款挂钩的信托类理财产品 66.04 亿元，两项合计达 90.97 亿元。

【金融服务】 2009 年，常州市坚持效能提升，彰显高效的金融服务水平。一是支付清算基础更加稳固。稳妥有序撤销了支行 ABS 网点柜。拓展第三方清算代理业务，全年直接代理收缴公用企事业费用 21.3 万笔，金额 36.6 亿元。积极推广江苏省集中代收付业务，成功建立代收协议 21.8 万条。推进农村“快通工程”，大力推广农民工银行卡、公务卡等非现金支付工具。二是征信服务效能不断拓展。深入开展信用体系建设，建立以“一库、三平台”为核心的常州市中小企业信用信息管理系统，在中国人民银行总行中小企业信用体系建设现场会上作了经验交流。积极推进外部信用评级，建立了中小企业信用信息档案征集和更新长效机制。三是国库核算管理有效开展。深入推进国库集中支付改革，将税费征收全程缩短至最短 1 分钟。积极开展税款征收“无纸化”改革。充分发挥与社保机构直联的领先优势，为 2 万户企业办理市区统筹失业保险金退付金额达 3 462 万元。及时开通小型微利企业退税快速通道，缓解了中小企业的资金压力。四是货币发行水平不断提升。加强旺季现金发行和人民币流通管理工作，推出“首问负责制”效果明显。积极争创“一级发行库”，顺利通过人总行考评验收。全力开展反假货币“壁垒行动”，获得了江苏省反假货币“壁垒行动”先进集体称号。新建反假货币宣传服务站 42 个，组织开展了货币识别师、货币鉴别师考试。

【金融资产质量】 2009 年，全市金融机构加强风险防控体系建设，加大存量不良贷款的清收力度，资产质量持续改善，不良贷款保持“双降”。年末，全市金融机构本外币不良贷款余额 33.04 亿元，比年初减少 13.52 亿元，不良贷款比率1.29%，比年初下降 0.47 个百分点，全年新发生不良贷款 23.85 亿元，累计清收 37.38 亿元，其中，现金清收 22.32 亿元，核销 8.02 亿元，非重组上调 3.97 亿元，以物抵债 0.79 亿元，其他方式 2.28 亿元。

（彭春晖）

常州市主要经济金融统计

（2005—2009 年）

单位:亿元

项　　目	2005 年	2006 年	2007 年	2008 年	2009 年
国内生产总值	1 302.2	1 560.0	1 880.0	2 202.2	2 518.66
第一产业(增加值)	56.5	59.5	63.0	68.3	91.60
第二产业(增加值)	795.3	952.0	1 122.0	1 297.5	1 429.73
第三产业(增加值)	450.4	548.5	695.0	836.4	997.33
全社会固定资产投资	769.8	951.56	1 203.94	1 448.17	1 704.77
地方财政收入	138.26	118.9	158.07	185.19	215.89
地方财政支出	138.91	115.93	150.73	183.76	217.31
社会消费品零售总额	444.08	515.83	610.85	758.16	901.44
居民消费价格指数(以上年为 100)	102.8	101.8	103.3	105.2	99.5
进出口总额(亿美元)	83.34	104.42	132.26	176.29	150.79
进　口(亿美元)	22.10	25.51	33.82	43.85	42.13
出　口(亿美元)	61.24	78.91	98.44	132.44	108.66
全部金融机构各项存款(余额)	1 700.27	1 974.05	2 305.86	2 873.34	3 765.91
企业存款	495.91	563.78	699.48	814.12	1 168.08
财政存款	15.67	24.16	19.06	14.56	18.12
城乡储蓄存款	865.4	1 014.01	1 107.12	1 445.09	1 756.24
全部金融机构各项贷款(余额)	1 141.60	1 348.60	1 628.40	1 876.85	2 513.97
短期贷款	719.51	805.81	913.40	986.76	1 237.16
中长期贷款	293.36	425.61	584.38	691.20	1 069.68
现金投放(+)回笼(—)	66.18	75.68	86.64	98.09	102.01
全部保险机构保费收入	37.88	42.60	47.40	61.65	72.57
全部保险机构保险赔款支出(含满期给付)	6.16	8.10	9.30	12.48	11.97
全部保险机构保险密度(元/人)	1 077	1 005.4	1 327.14	1 718.51	2 016.84
全部保险机构保险深度(%)	2.9	2.74	2.52	3.05	2.88

注:全部金融机构各项存款、贷款余额的七项数据为本外币并表统计数(含外资金融机构)。

4. 苏 州 市

【经济概况】 2009 年，苏州市积极应对金融危机带来的严峻挑战和不利影响，在一系列保增长、扩内需、调结构政策的推动下，经济运行在经历了止跌、趋稳、回升等三个过程后，经济各项指标明显好转。当年经济发展的主要特点是：

产业发展更趋协调，服务业发展加速。当年全市完成地区生产总值 7 740.2 亿元，按可比价计算比上年增长 11.5%；实现工业增加值 4 265.47 亿元，增长 9.3%；服务业完成增加值 3 050.26 亿元，增长 14.5%；三次产业比例为 1.85：58.75：39.41。

经济刺激政策成效显著，三大需求中投资和消费发挥显著作用，保证了地方经济在金融危机的背景下保持了较好的增长态势。当年完成全社会固定资产投资 2 967.35 亿元，增长 13.6%；社会消费品零售总额达 1 846.3 亿元，增长 19%；进出口总额为 2 014.46 亿美元，下降 11.8%。

物价水平稳定，居民收入稳步提高。2009 年苏州居民消费价格指数为 99.8，保持基本稳定。当年市区居民人均可支配收入达 26 320 元，比上年增长 10.3%；农民人均纯收入达 12 969 元，增长 10.0%。年末城乡居民人民币储蓄存款余额突破 4 000 亿大关，达 4 004.87 亿元，增长 18.4%。

【货币政策】 2009 年，适度宽松的货币政策为地方经济有效应对金融危机的影响作出了突出贡献。(1)地方金融机构认真执行适度宽松的货币政策和“区别对待、有保有压”的信贷政策，积极贯彻“双保双扩双转”的工作思路，引导金融机构扩大有效信贷投放，确保货币信贷供应总量平稳较快增长。(2)加强法人金融机构流动性监测，确保银行体系经营安全。认真做好辖区法人金融机构监管工作，防范金融机构流动性风险。注重对辖区法人金融机构实施针对性的窗口指导，引导其加大“三农”和中小企业信贷支持力度。(3)加强信贷政策指导，确保国家产业政策顺利执行。引导银行机构加大有效信贷投放，支持重点项目建设，保证苏州市振兴六大传统产业和发展四大新兴产业的资金需求。加大对科技创新、循环经济、现代服务业等优势领域的信贷支持力度，与政府有关部门谋划支持高新科技、生物医药等先进制造业持续发展的政策思路。继续控制“两高一资”项目的信贷资金支持，加大节能减排、环境保护支持力度。

【金融运行】 2009 年，苏州市银行机构贯彻适度宽松的货币政策，重点支持政府重点项目和民生金融资金需求，有力推动了经济全面企稳回升。当年存贷款增量双双创新高，不良率继续下降。

12 月末，全市金融机构本外币存款余额 11 450.5 亿元，比年初增加 2 650.5 亿元，增长 30.1%；本外币贷款余额 9 032.3 亿元，比年初增加 2 451.7 亿元，增长 37.3%，贷款增量相当于上年增量的 3.2 倍。全市银行机构本外币不良贷款率 1.17%，比年初下降 0.37 个百分点；不良贷款余额 105.9 亿元，较年初增加 4.9 亿元。实现本外币利润 208 亿元，同比下降 4 亿元。金融运行的特点是：

(1) 人民币存款保持增长，结构变化特征明显。一是企业存款较快增长，增速同比出现回升。12 月末，全市银行机构企业存款余额 4 724.1 亿元，比年初增加 1 450.1 亿元，增长 44.3%。二是储蓄存款增速放缓，活期储蓄恢复性增长。12 月末，全市储蓄存款余额 3 954.1 亿元，比年初增加 616.8 亿元，增长 18.5%；其中，活期存款余额 1 391 亿元，定期存款余额 2 563 亿元，分别比年初增长 21.6%和 16.9%。三是票据业务带动保证金存款较快增长。当年全市银行机构其他类存款余额 1 224 亿元，较年初增加 292.5 亿元，增长 31.4%。

(2) 人民币贷款高速增长，投向结构逐步优化。一是新增贷款中长期化，短期贷款增长偏缓。12 月末，全市银行机构短期贷款、中长期贷款和票据贴现分别新增 414.6 亿元、1 737.7 亿元和 48.4 亿元，分别增长 16.1%、53.9%和 9.7%。二是房地产贷款明显回升。4 月份以来，苏州市房地产市场持续升温，带动了房贷业务的持续增长。年末全市房地产开发贷款余额 694 亿元，比年初增加 151 亿元，增长 28%；个人购房贷款 1 627亿元，比年初增加 611 亿元，增长 60.1%，增速较上年同期提高 49.3 个百分点。三是政府投资平台类贷款迅猛增长，当年租赁和商务服务业、水利、环境和公共设施管理业以及交通运输、仓储和邮政业三个行业贷款共新增贷款 886 亿元，占新增总量的 53.21%(除票据贴现)。

(3) 外汇贷款增速高于存款。2009 年，苏州市外汇存贷继续双增，但外汇存款月度涨跌各异，外汇贷款 4 月份止跌后大幅增长。全市银行机构外汇存款余额 73.3 亿美元，比年初增加 6 亿美元，增长 10.9%；外汇贷款余额 77.2 亿美元，比年初增加 36.4 亿美元，增长 89.1%。

(4) 利率水平明显下降。随着适度宽松货币政策的实施，市场流动性充足，贷款利率结构性下浮明显。2009 年，苏州市银行机构一年期贷款加权平均利率为 5.701 7%，同比下降 2.06 个百分点。

【金融市场】 金融市场表现活跃，直接融资有新突破。截至 2009 年底，苏州地区证券投资者股票账户数为 90 万户，比上年末增加 4 万户；全市证券业金融机构指定与托管证券市值为 791 亿元，比上年末增加 317 亿元；全年证券成交总额为 17 079.92 亿元，同比增加 88.2%。苏州全市共设立保险业金融机构 51 家，比上年末增加 3 家；共有保险分支机构 847 家，保险中介机构 46 家；实现保费收入 148 亿元，同比增长 17.87%，占全省保费收入的 16.35%。保险密度 2 338 元/人。

直接融资稳步发展。2009 年，苏州市共有 2 家企业首发上市，股权融资额共计 8.18 亿元。银行间债券市场融资取得新进展。交通银行和中信银行苏州分行为江苏沙钢集团在银行间债券市场发行 20 亿元中期票据获批，这是苏州市获批的第一笔中期票据业务，有效拓宽了规模以上工业企业的融资渠道。

【金融创新】 政府服务方面主要有：(1)苏州市成立市级再担保基金。2009 年 3 月，苏州市级再担保基金成立，初步确定首期规模为 2 亿元，由政府和担保机构各出资 1 亿元组成。(2)中国人民银行苏州市中心支行与苏州市经贸委中小企业局联合推行苏州市民营企业金融顾问制度。在此次活动上，隆重举行了苏州市民营企业金融顾问活动启动仪式，由各银行机构推荐的 144 位金融业务骨干组成金融顾问人才库，与首批 102 家民营企业进行“结对”，正式启动一对一的专业金融服务。(3)中国人民银行与工商部门联合制定出台了《苏州市商标专用权质押贷款管理暂行办法》。《办法》规定，商标专用权质押贷款是指借款人(出质人)以其合法所拥有的商标专用权为质押，向银行业金融机构(贷款人，质权人)申请获得贷款，并按约定的利率和期限偿还贷款本息的一种融资方式。

金融产品方面：(1)2009 年，工商银行苏州分行探索机制创新和产品创新，在分、支行两级分别挂牌成立了分行的“小企业金融业务部”和支行的“小企业金融业务中心”，逐步建立了小企业目标客户数据库。(2)地方法人银行加大为中小企业提供特色金融服务的力度。2009 年，6 家农村商业银行均纷纷成立“小企业贷款信贷中心”、“审批中心”等独立部门；针对中小企业贷款业务“小、频、急”的特点，推出多种特色金融产品，如“小额贷款保险”、“小额农户贷款”、“农民创业贷款”等；探索多种担保新形式，如互助担保、联保贷款、存单质押、财产抵押、保证担保等贷款方式。

(徐定成)

苏州市主要经济金融统计表

(2005—2009 年) 单位：亿元

项　　目	2005 年	2006 年	2007 年	2008 年	2009 年
国内生产总值	4 026.52	4 820.26	5 700.85	6 701.29	7 740.20
第一产业(增加值)	78.86	91.54	98.79	108.86	142.82
第二产业(增加值)	2 691.34	3 154.5	3 632.03	4 155.54	4 547.12
第三产业(增加值)	1 256.32	1 574.22	1 970.03	3 924.11	3 050.26

（续表）

项　　目	2005 年	2006 年	2007 年	2008 年	2009 年
全社会固定资产投资	1 870.14	2 106.99	2 366.36	2 611.16	2 967.35
地方财政收入	718.1	977.91	1 263.32	1 856.58	2 040.24
地方财政支出	409.86	632.21	846.32	1 227.34	1 342.33
社会消费品零售总额	905.07	1 055.44	1 250.05	1 551.45	1 846.30
居民消费价格指数(以上年为 100)	102.4	101.6	104.20	105.3	99.8
进出口总额(亿美元)	1 405.89	1 742.64	2 117.96	2 285.26	2 014.46
进　口(亿美元)	678.14	795.79	929.12	968.03	873.64
出　口(亿美元)	727.75	946.85	1 188.84	1 317.23	1 140.85
全部金融机构各项存款(余额)	5 058.3	6 170.02	7 470.75	8 800.23	11 450.54
企业存款	1 968.96	2 481.08	3 340.15	3 657.96	5 159.30
财政存款	29.48	53.84	73.72	74.73	117.17
城乡储蓄存款	2 120.92	2 487.99	2 638.97	3 382.65	4 004.87
全部金融机构各项贷款(余额)	3 872.23	4 816.78	5 820.40	6 580.73	9 032.28
短期贷款	1 688.80	2 120.94	2 606.81	2 720.47	3 193.59
中长期贷款	1 712.44	2 199.26	2 811.40	3 285.54	5 050.55
现金投放(＋)回笼(－)	278.02	308.29	333.63	379.85	347.39
全部保险机构保费收入	75.31	83.93	96.15	125.96	148.28
全部保险机构保险赔款支出(含满期给付)	20.8	34.37	38.44	55.44	49.14
全部保险机构保险密度(元/人)	1 242	1 382	1 540	1 954	2 338
全部保险机构保险深度(%)	1.87	1.74	1.69	1.84	1.92

注：全部金融机构各项存款、贷款余额的七项数据为本外币并表统计数(含外资金融机构)。

5. 南　通　市

【经济概况】 经济逐步向好。2009 年，南通实现地区生产总值 2 872.80 亿元，按可比价计算，比 2008 年增长 14.0%。分产业看，第一产业增加值 236.46 亿元，增长 4.2%；第二产业增加值 1 607.50 亿元，增长 15.4%；第三产业增加值 1 028.84 亿元，增长 14.3%。三次产业的比例调整为 8.2∶56.0∶35.8。人均地区生产总值 40 231 元，按当年平均汇率折算达 5 889 美元。市区居民消费价格总指数 98.7；其中，服务项目价格下降 1.8%，消费品价格下降 1.1%。

投资快速增长。2009 年，南通实现全社会固定资产投资 1 802.38 亿元，比 2008 年增长19.7%。其中，民间投资 1 346.59 亿元，增长 21.0%，占全社会固定资产投资的比重达 74.7%；工业投资 1 329.72 亿元，增长 16.1%，占全社会固定资产投资的比重达 73.8%；规模以上投资 1 639.56 亿元，增长 25.1%，规模以上投资占全社会投资的比重达 91.0%。房地产开发投资 200.79 亿元，比 2008 年增长 16.3%。

消费较快增长。2009 年，南通实现社会消费品零售总额 1 086.11 亿元，比 2008 年增长 18.7%。其中，城市消费品零售额(市区及六县城关镇)615.49 亿元，增长 18.6%；农村消费品零售额(县以下)470.62 亿元，增长 18.8%。全年家电下乡中标产品销售量 20.79 万台，销售额 4.47 亿元;家电以旧换新销售量 7.41 万台,销售额 2.72 亿元。

外贸好于全省全国。2009 年,南通实现进出口总值 162.59 亿美元,比 2008 年下降 2.6%。其中,出口总值 111.80 亿美元,下降 4.9%;进口总值 50.79 亿美元,增长 2.9%。在出口贸易总值中,机电产品出口 48.53 亿美元,比 2008 年增长 3.4%;高新技术产品出口 17.60 亿美元,下降 3.6%;纺织服装制品出口 37.68 亿元,下降 7.6%。与南通建立进出口贸易关系的国家和地区 198 个,年末有进出口实绩的企业 3 521 家。

财政收支回升。2009 年,南通实现财政总收入 486.10 亿元,比 2008 年增长 24.6%;各项税收 325.44 亿元,增长 17.3%;一般预算收入 198.99 亿元,增长 24.7%。在一般预算收入中,营业税、增值税、企业所得税比 2008 年分别增长 35.1%、10.4%和 2.9%。房地产业营业税入库 16.53 亿元,比 2008 年增长 57.6%。财政收入占 GDP 的比重为 16.9%,比 2008 年提高 1.4 个百分点。财政总支出 384.97 亿元,比 2008 年增长 31.6%,其中,一般预算支出 236.12 亿元,增长 20.3%。

人民生活改善。2009 年,南通城镇居民人均可支配收入 19 469 元,比 2008 年增长 11.0%;人均消费性支出 13 103 元,比 2008 年增长 12.8%;人均住房建筑面积 39 平方米,比 2008 年增加1.6 平方米。农村居民人均纯收入 8 696 元,比 2008 年增长 11.3%;人均生活消费支出 6 448 元,增长 14.1%;人均住房面积 53.5 平方米,比 2008 年增长 2.0%。年末,南通机动车保有量 183.36 万辆,比 2008 年末增加 11.89 万辆。其中,个人汽车保有量达到 25.82 万辆,比 2008 年末增加 7.13 万辆。

【货币政策】 认真贯彻落实适度宽松的货币政策,破解中小企业融资难题,大力支持南通经济又好又快发展。

(1) 多措并举,全力破解中小企业融资难。一是建立中小企业融资协商机制。中国人民银行南通市中心支行会同政府相关部门,制定出台《南通市中小企业融资协商机制运行规则》,成立了金融、政法等部门共同参与的中小企业融资协调小组,下设办公室和中小企业融资困难援助中心,向社会公布电话,具体负责中小企业融资问题协调工作。2009 年先后解决了田宇鞋业等 15 家企业的融资难题,涉及金额 6.27 亿元。目前,融资协商机制已为南通的中小企业构建了一堵抵御融资难题的“防火墙”。二是建立中小企业应急互助机制。人民银行南通市中心支行会同经贸委等部门按照“政府组织推动、财政注资引导、企业自愿认缴”的原则,组织建立了中小企业应急互助基金。2009 年末,基金已经吸纳会员 66 名,入会资金 3 210 万元,共帮助 45 家企业办理了 101 笔借款还贷业务,融资周转额达到 3.78 亿元。平均单笔融资 374 万元,周转 16 天。三是建立重点中小企业金融支持和保护机制。通过人民银行的中小企业信用信息库和南通市经贸委、工商联等部门掌握的企业信息,遴选 1 500 家信用较好、产销状况较好、市场前景较好的中小企业,在信贷方面试行重点推介、支持和保护。四是建立“信贷主办银行”制度。2009 年 4 月份,人民银行南通市中心支行在江苏省率先制定出台《南通市信贷主办银行管理办法》,引导企业在多个银行中选定主办银行,由主办银行为企业提供“一对一”的高质量服务,引导银企之间形成牢固关系纽带,建成长效合作机制。

(2) 适时调整小额贷款担保办法,为弱势群体获得贷款创造条件。中国人民银行南通市中心支行会同南通市财政局、劳动和社会保障局联合印发《关于进一步改进小额担保贷款管理积极推动创业促就业的通知》,提高小额担保贷款额度,灵活确定还款方式,扩大小额担保贷款的受益面和受益程度。同时放宽对劳动密集型小企业的小额担保贷款政策,完善小额贷款担保基金的风险补偿机制,明确反担保方式和担保的额度,2009 年累计发放 5 029 万元,累计发放笔数 754 笔数,贷款不良余额为 0,年末小额担保贷款余额达到 5 969 万元。劳动密集型小企业贷款累计发放 1 120 万元,年末余额 605 万元。小额担保贷款已经走上了一条良性发展的道路。

(3) 加强窗口指导,积极引导金融机构加大对三农的支持力度。首先,继续深入开展金融支持社会主义新农村建设试点工作，除通州外，增加如皋为新农村试点县。其次，积极支持农村金融机构建立壮大，继海安成立农村合作银行外，市郊联社、通州联社、如皋联社等多家法人机构正积极筹建农村商业银行；南通市首家村镇银行——江苏通州华商村镇银行股份有限公司批准在通州开业。再次，积极创造条件，鼓励民间资本投资开办农村小额贷款公司，目前已成立小额贷款公司10家。这些机构的建立，吸引了民间资本，壮大了金融支农的机构阵容，满足了部分中小企业临时周转性资金需求，缓解了部分“三农”经济主体的融资难。

【金融运行】 企业存款大幅增加，储蓄存款同比少增。2009年末，南通市银行业金融机构本外币存款余额4 006.23亿元，比年初增加966.61亿元，同比多增395.59亿元。存款余额在江苏省排第4位。其中，居民储蓄存款余额2 285.89亿元，比年初增加395.47亿元，同比少增18.39亿元。企业存款余额1 114.47亿元，比年初增加378.72亿元，同比多增332.52亿元。

信贷投放超历史，中长期贷款增量比重上升。2009年，南通市本外币贷款新增681.23亿元，同比多增414.87亿元，是2008年新增投放额的2.56倍。年末，各项贷款余额2 431.98亿元，比2008年末增长38.9%，呈现信贷投放超历史的现象。从贷款期限看，中长期贷款增量比重持续上升。全年中长期贷款增加372.8亿元，同比多增250.28亿元，新增额是同期的3.04倍，占全部新增贷款的55%，年末余额占比较年初上升6.7个百分点，达到38.56%。全年房地产贷款大幅增长，个人购房贷款增长迅速。年末，各项房地产贷款余额合计405.29亿元，比年初增长55.9%；个人购房贷款余额239.4亿元，比年初增长55.8%。

【金融市场】 保险市场主体增加，保费规模增大。2009年，南通新增保险机构4家，年末保险机构总数达52家。全年保费收入96.26亿元，比2008年增长42.0%。其中，财产保险收入16.59亿元，增长45.0%；人寿险收入79.67亿元，增长42.0%。全年已决赔款及给付11.02亿元，其他给付14.77亿元。

资本市场活跃，直接融资规模扩大。2009年，南通地区证券交易量达到5 209.13亿元，较2008年增长41.35%。新增上市融资(含再融资)21.91亿元，年末上市企业数达到14家，募集资金累计超过75亿元。2009年12月28日，09南通债(122935)正式开始上市交易，共募得资金23亿元。

【金融创新】 建立银企信息交流机制。开通南通银企合作网，充分依靠网络优势为银企提供实时对接服务，同时宣传最新的金融政策、金融产品，进一步提高南通市金融单位的服务水平。5—6月，中国人民银行会同政法、工商等部门举办了面向全市中小企业的大型金融政策宣讲活动。活动先后在南通四区五县(市)举办9场讲座，共有1 000余家企业的负责人和相关政府主管部门人员参加了培训。

建立信贷产品创新机制。中国人民银行南通市中心支行通过季度金融形势分析会、行长联席会议等多种途径积极引导金融机构创新贷款品种。2009年以来，各商业银行推出了股权质押贷款、经营性物业抵押贷款、集体土地使用权抵押贷款、动产质押贷款、联保贷款等多项信贷新产品业务，累计发放上述贷款50多亿元，有效地满足了不同企业的融资需求。

优化中小企业贷款审批机制。针对中小企业贷款“小而急”的特点，南通市各金融机构不断创新贷款模式，简化审批流程，适度下放审批权限，尽可能缩短经办时间。工商银行采用“一站式审批”与“集中审批”相结合的模式，努力做到流程标准化、自动化；农业银行推出了最高额度下的“可循环”贷款；中国银行成功复制新加坡淡马锡中小企业业务新模式，成立了中小企业业务专营机构——中小企业业务(南通)中心；招商银行小企业中心打破传统思维，利用电子、网络等先进技术，与市政府合作建设了中国国内第一家中小企业贷款平台。

(张洪云)

南通市主要经济金融统计

（2005—2009年）　　单位：亿元

项　　目	2005年	2006年	2007年	2008年	2009年
国内生产总值	1 472.08	1 758.34	2 111.88	2 510.13	2 872.80
第一产业(增加值)	162.18	168.08	173.96	199.18	236.46
第二产业(增加值)	824.00	985.00	1 196.89	1 430.93	1 607.50
第三产业(增加值)	485.90	605.26	741.03	880.02	1 028.84
全社会固定资产投资	815.26	1 048.90	1 265.80	1 505.41	1 802.38
地方财政收入	103.80	132.86	189.01	248.24	329.06
地方财政支出	119.75	151.60	206.65	292.53	384.97
社会消费品零售总额	536.41	621.96	736.54	915.10	1 086.11
居民消费价格指数(以上年为100)	101.20	101.7	105.1	104.8	98.7
进出口总额(亿美元)	85.20	100.62	127.76	166.88	162.59
进　口(亿美元)	27.27	28.49	37.53	49.36	50.79
出　口(亿美元)	57.93	72.13	90.23	117.52	111.80
全部金融机构各项存款(余额)	1 839.82	2 163.42	2 468.32	3 039.56	4 006.23
企业存款	446.61	540.88	689.58	735.76	1 114.47
财政存款	8.16	11.15	18.56	16.07	18.78
城乡储蓄存款	1 190.74	1 373.40	1 476.59	1 890.68	2 285.89
全部金融机构各项贷款(余额)	1 024.45	1 233.25	1 497.96	1 750.60	2 431.98
短期贷款	669.25	794.21	969.70	1 034.91	1 234.48
中长期贷款	210.10	314.35	435.72	558.08	937.68
现金投放(+)回笼(-)	-20.69	-12.97	-14.46	-32.29	-33.93
全部保险机构保费收入	36.61	43.26	52.46	78.09	96.26
全部保险机构保险赔款支出(含满期给付)	4.76	6.73	7.63	22.16	25.79
全部保险机构保险密度(元/人)	474.00	562.04	730.69	1 092.46	1 263.25
全部保险机构保险深度(%)	2.48	2.46	2.49	3.11	3.35

注：全部金融机构各项存款、贷款余额的七项数据为本外币并表统计数(含外资金融机构)。

6. 扬　州　市

【经济概况】 2009年，扬州市经济运行企稳向好。全年累计实现地区生产总值1 856.4亿元，可比价增长13.8%；其中第一产业增加值144.9亿元，增长5.1%；第二产业增加值1 042.0亿元，增长14.3%；第三产业增加值669.5亿元，增长15.0%；三次产业比例由上年的8.1∶56.2∶35.7调整为7.8∶56.1∶36.1，二、三产业增加值占GDP比重达到92.2%。人均GDP达41 406元，按当年汇率计算折合6 065美元。

农业农村稳步发展。2009年，全市粮食总产282.4万吨，增长4.5%，连续6年获得丰收；全市实现农业总产值256.4亿元，增长7.8%。

工业经济稳步向好。2009年，全市规模以上工业企业数达3 446家，比上年净增423家。当年全市规模以上工业完成总产值4 460.2亿元，增长26.4%；其中石油化工、汽车船舶、机电装备三大产业累计完成总产值3 078.4亿元，增长28.9%；“三新”产业(新能源、新光源、新材料)累计完成总产值344.7亿元，增长41.6%。全年规模以上工业实现主营业务收入 4 240.3 亿元，增长 26.5%；实现利税 325.4 亿元，增长 21.5%；其中利润 186.5 亿元，增长 34.6%。

服务业平稳发展。2009 年，全市实现服务业增加值 669.5 亿元，同比增长 16.5%。

投资总量持续快速增长。2009 年，全市完成全社会固定资产投资 1 063.9 亿元，增长 33.8%；其中规模以上项目完成投资 1 000.1 亿元，增长 35%。从产业结构上看，第一产业完成投资 11.3 亿元，增长 49.4%；第二产业完成投资 719 亿元，增长 41.2%；其中工业投资 713.7 亿元，增长40.9%；第三产业完成投资 333.6 亿元，增长 22.1%。全市房地产开发投资 129.5 亿元，下降 5.9%。

消费市场持续繁荣。2009 年，全市实现全社会消费品零售总额 619 亿元，增长 18.7%。家电下乡和以旧换新等促进消费政策成效显著，全市累计实现家电下乡销售额 2.9 亿元，销售量 14 万台；回收旧家电 9.8 万台，销售新家电 8.6 万台，销售额达 3.2 亿元。

外贸形势逐步好转。2009 年，全市进出口总额 54.3 亿美元，下降 12.1%；其中出口总额 40.1 亿美元，下降 12.1%。对外开放不断深入。2009 年，全市协议利用外资 56.0 亿美元，增长 11.9%；注册外资实际到账 22.7 亿美元，增长 31.7%。

财政收入增长较快。2009 年，全市财政总收入突破 300 亿元，达 310.1 亿元，增长 16.5%，一般预算收入 128.1 亿元，增长 22.2%；一般预算支出 151.5 亿元，增长 19.8%。

城乡居民收入平稳增长。2009 年，城市居民人均可支配收入 19 416 元，增长 11.6%；农民人均纯收入 8 295 元，增长 11.3%。全年城镇新增就业 7.3 万人，帮助 3 万下岗失业人员实现再就业，期末城镇登记失业率 2.91%。

市场物价呈先下后上的 U 形走势，全年居民消费价格指数(CPI)99.9%；同比下降 0.1 个百分点。

【货币政策】　一是加强窗口指导，优化信贷投放结构。2009 年，中国人民银行扬州市中心支行制定了《关于 2009 年货币信贷工作的指导意见》、《关于加大金融支持力度，促进全市经济平稳较快增长的信贷指导意见》、《金融支持农民合作组织发展的信贷指导意见》、《关于当前加大对中小企业和“三农”贷款支持力度的意见》、《金融支持工业经济发展指导意见》、《关于金融支持“三新”产业发展的工作意见》等文件，引导全市银行业机构加大对主导产业、三新产业、中小企业、“三农”、民生金融的信贷投入。同时联合工商等部门出台《注册商标专用权质押贷款管理暂行办法》、《关于进一步做好动产抵押工作改善信贷融资环境的通知》、《金融支持服务外包产业发展实施细则》等文件，鼓励银行业机构加大创新力度，拓宽金融服务企业的渠道。

二是打造银企交流通道，推动银企进一步深化合作。2009 年，中国人民银行扬州市中心支行建立了“扬州市重点企业联系服务制度”，联合市经贸委开展“百企百亿”重点项目银企合作签约活动，促成 11 家银行与 125 家重点企业达成 136.58 亿元的授信协议；联合市外经贸局开展外贸企业专项银企对接签约活动，促成 8 家银行与 41 家企业达成 30.5 亿元金融服务协议；组织扬州市区银行业机构负责人开展县域行和园区行活动，与企业面对面交流，现场达成授信意向超过 5 亿元，后续跟进授信达 2.35 亿元；举办了首届银保合作签约大会，通过推动银行机构与担保机构合作，带动信贷资金支持企业发展，现场签约金额达 60 亿元，担保基金平均放大倍数增至 5.6 倍，增强了担保机构服务企业能力。

三是继续深化法人金融机构改革，提升服务“三农”效能。2009 年初，扬州市区农村信用联社顺利完成央行 1.39 亿元的专项票据兑付工作，至此，扬州市原有 5 家法人金融机构共计 3.55 亿元央票兑付工作全部顺利完成。在此基础上，认真开展专项票据兑付后续监测考核管理，推动法人机构进一步发挥支农主力军作用。截至 2009 年末，这 5 家农村法人机构各项贷款余额 210.09 亿元，占全部县域贷款的 43.09%；余额比年初增加 43.42 亿元，增幅达 26.05%。

四是积极推动新型金融机构发展，拓宽服务“三农”渠道。2009 年 11 月 15 日，辖区首家农村商业银行——江都农村商业银行正式筹建；12 月

6日，由浙江民泰商业银行发起并控股的邗江民泰村镇银行正式开业；12月9日，常熟农村商业银行邗江支行正式开业。同时农村小额贷款公司发展速度明显加快，截至2009年末，扬州市辖内成立农村小额贷款公司8家，注册资本金45 300万元，其中2009年新设机构6家，基本覆盖全市各县（市、区）。

【金融运行】 2009年，扬州市各项存贷款实现超历史高速增长，2月份各项贷款超1 000亿元，6月份各项存款超2 000亿元。截止2009年末，全市本外币存款余额为2 101.2亿元，比年初增加518.2亿元，同比多增211.6亿元；余额同比增长32.7%，增速同比提高8.7个百分点，高于省均1.2个百分点。本外币贷款余额为1 236.2亿元，比年初增加333.9亿元，同比多增185.8亿元；余额同比增长37%，增速同比大幅提高17.7个百分点，高于省均水平1个百分点。剔除胥浦工行票据融资不规则变动的影响，全市实际新增贷款344.7亿元，同比增长39.9%，增速高于省均水平3.9个百分点。主要特点：

（1）人民币贷款大幅增长，信贷结构调整明显。2009年末，全市人民币贷款余额为1 212.8亿元，比年初增加323.33亿元，同比多增173.1亿元；余额同比增长36.4%，增速同比提高16.3个百分点，高于省均1.4个百分点。

从时序分布看，各季贷款呈先扬后抑再扬的态势。一季度各项贷款投放迅速，当季大幅新增204.9亿元；二季度投放放缓，当季新增69.3亿元；三季度受票据融资大幅回落影响，当季各项贷款下降8.33亿元；四季度各项贷款稳定增长，新增57.5亿元。

从期限结构看，短期贷款平稳增长，中长期贷款持续高速增长，票据融资先升后降。2009年末，全市短期贷款余额为558.4亿元，比年初增加106.7亿元，同比多增60.1亿元，余额同比增长23.6%，增速同比提高12.5个百分点。中长期贷款余额达553.8亿元，比年初增加232.1亿元，同比多增170.2亿元；余额同比增长72.2%，增速同比提高48个百分点。票据融资余额为100亿元，比年初下降15.3亿元，同比多降56.3亿元；余额同比下降13.3%，增速同比下降68.4个百分点。

从信贷投向上看，政府投融资平台得到极大支持，主导产业贷款稳定增加，个人住房贷款大幅增长。年末，全市政府投融资平台贷款余额为167.8亿元，比年初增加77.8亿元，余额同比增长86.5%。主导产业贷款稳定增加，2009年末，全市主导产业贷款余额为155.9亿元，比年初增加36.5亿元，余额同比增长30.6%。个人住房贷款大幅增长，2009年末，全市个人住房贷款余额为194.8亿元，比年初增加90.3亿元，余额同比增长86.4%，增速较上年大幅提高58.4个百分点。

从企业规模上看，中小企业得到重点扶持。2009年末，全市中小企业贷款余额达610.6亿元，较年初增加199.9亿元，新增额占全市新增企业贷款的95.4%。

（2）人民币存款快速增长，储蓄存款增速放缓。2009年末，全市人民币存款余额为2 067.3亿元，比年初增加515.3亿元，同比多增217.21亿元，余额同比增长33.2%，增速同比提高9.4个百分点，高于省均1.2个百分点。企业存款高速增长。2009年末，全市企业存款余额为644.7亿元，比年初增加196.3亿元，同比多增131.6亿元，余额同比增长43.8%，增速同比提高27个百分点。储蓄存款增速放缓。年末，全市居民储蓄存款余额为1 095.3亿元，比年初增加196.2亿元，同比多增8.6亿元；余额同比增长21.8%，增速同比下降4.6个百分点。其他存款先扬后抑。年末，全市其他存款余额为136.5亿元，比年初增加51.2亿元，同比多增20.5亿元；余额同比增长60.1%，增速同比提高23.4个百分点。

（3）外汇存款小幅增长，外汇贷款明显增多。2009年末，全市外汇存款余额为49 907万美元，比年初增加4 376万美元，同比少增10 321万美元，余额同比增长9.6%，增速同比下降38.8个百分点。全市外汇贷款余额为34 310万美元，比年初增加15 511万美元，同比多增17 309万美元，余额同比增长82.5%，增速同比提高91.5个百分点。

【金融市场】 一是资本市场发展壮大。截至2009年末，全市共有证券营业机构9家，其中新设机构2家，没有法人机构。据全市9户证券营业机构的统计，全年股票交易额为3 048.16亿元，同比增长64.64%。年末，全市累计开户23.68万户，比年初增加4.01万户。

二是保险市场发展良好。2009年，全市共有保险营业机构41家，比上年增加9家；其中，财产险公司22家，人身险公司19家；没有法人机构。2009年，全市保险营业机构合计实现保费收入54.08亿元，同比增长23.91%。其中，寿险公司实现保费收入43.66亿元，同比增长23.09%；财险公司实现保费收入10.42亿元，同比增长27.44%。累计理赔支出7.41亿元，同比增长23.58%。其中，寿险公司赔付支出1.66亿元，同比增长30.77%；财险公司赔付支出5.74亿元，同比增长21.65%。

三是企业直接融资取得突破性进展。扬州经济开发区开发总公司和扬州城建国有资产控股(集团)有限责任公司陆续面向银行间债券市场成功发行8亿元和20亿元企业债券，创投体系取得突破性进展，截至12月末，全市已成立3家创投企业，基金规模4.5亿元。

【金融创新】 (1)为适应服务“三农”的需要，2009年农业银行扬州市分行根据其上级行统一部署，优化机构内部设施，整合成立了“农村金融产业部”和“农户金融部”，专门从事对农村金融市场服务。(2)为扶持中小企业发展，2009年建设银行扬州分行引进“淡马锡信贷工厂”模式，成立苏中地区首家小企业融资中心，其他机构如工商银行扬州分行整合成立了小企业信贷经营中心、中信银行扬州分行成立专营中小企业贷款业务的中小企业部等等。(3)为进一步缓解中小企业融资难问题，满足中小企业差异化融资需求，2009年扬州市各银行业机构推出多个融资新产品，如存货抵押、应收账款质押、中小企业股权质押、注册商标专用权质押、国内贸易融资、固定资产支持融资等等。

【金融服务】 一是扎实推进“快通工程”建设，进一步完善农村金融基础设施建设。积极推动支付网络向农村地区延伸，推动乡镇网点接入大小额支付、支票影像、同城票据交换等支付清算系统。加大农村地区自助设备投放量，引导非现金支付工具在农村地区的推广运用。

二是进一步扩大财税库行横向联网业务的覆盖面，推广运用国库直接支付业务系统。2009年人民银行扬州市中心支行开发的“财政拨款业务批量电子化处理系统”得到了分行国库处的充分认可，并在全省推广使用。

三是切实加强银行卡安全管理。集中查处大额、恶意套现商户，积极开展受理市场秩序整顿。密切与公安部门的协作配合，加大银行卡风险信息交流、预警研判和案情通报的工作力度，并对全辖ATM终端实施了现场检查。制定并下发了《关于进一步加强个人网上银行风险管理的通知》，有效遏制了针对个人网上银行的不法活动。

四是全面开展反假货币“壁垒行动”，推进反假货币的队伍建设，对全市银行业机构柜面机具进行了全面测试，新建反假货币宣传服务站40多个，两次举办货币识(鉴)别师培训考试。

五是进一步推进中小企业和农村信用体系建设。继续征集中小企业信用档案，累计征集18 450户，并引导金融机构加大对中小企业信用档案查询使用，加大对中小企业有效信贷投入。同时加快农村信用体系建设，设计、统一了农户信用档案，建立了农户信用电子档案。截至12月末，全市累计征集农户信用档案30 000多份、农民专业合作组织信用档案200多份。

【金融资产质量】 2009年，扬州市银行业机构共处置不良贷款7.82亿元，其中现金收回4.7亿元、以物抵债0.28亿元、核销2.14亿元、重组0.34亿元。因一些企业不良贷款的陆续暴露，扬州市银行业机构当年新形成不良贷款8.06亿元。截至2009年末，扬州市银行业机构不良贷款余额为39.48亿元，较年初增加0.24亿元；由于贷款余额大幅增加，不良贷款比例受到稀释，年末不良贷款率为3.19%，比年初下降1.16个百分点。

(周　懿)

扬州市主要经济金融统计

（2005—2009年）　　单位：亿元

项　　目	2005年	2006年	2007年	2008年	2009年
国内生产总值	922	1 100	1 311	1 573.29	1 856.39
第一产业（增加值）	86	94	101	117.47	144.88
第二产业（增加值）	518	621	748	897.71	1 042.03
第三产业（增加值）	318	385	462	558.11	669.48
全社会固定资产投资	410.08	495.5	717.9	950	1 063.9
地方财政收入	49.55	63	85.7	104.83	128.08
地方财政支出	60.63	72	91.55	123.08	151.48
社会消费品零售总额	263.7	355.8	418.9	521.3	619
居民消费价格指数（以上年为100）	101.9	101.6	104	104.8	99.9
进出口总额（亿美元）	27.9	32.7	44.59	61.8	54.33
进　口（亿美元）	8.85	9.1	12.07	16.13	14.20
出　口（亿美元）	19.05	23.6	32.52	45.67	40.13
全部金融机构各项存款（余额）	977.40	1 112.52	1 276.3	1 583.03	2 101.21
企业存款	263.73	305.42	396.89	472.49	669.78
财政存款	9.42	8.15	21.04	14.33	23.76
城乡储蓄存款	616.03	686.80	719.44	906.62	1 103.88
全部金融机构各项贷款（余额）	530.18	609.42	765.9	902.26	1 236.17
短期贷款	309.14	351.62	426.99	455	562.64
中长期贷款	149.87	191.96	256.30	318.34	555.79
现金投放（＋）回笼（－）	38.21	40.51	42.35	44.8	41.50
全部保险机构保费收入	26.63	30.59	34.17	43.65	54.08
全部保险机构保险赔款支出（含满期给付）	3.89	5.35	4.31	5.99	7.41
全部保险机构保险密度（元/人）	583.59	666.97	746.07	949.35	1 178.21
全部保险机构保险深度（%）	2.89	2.78	3.02	2.77	2.43

注：全部金融机构各项存款、贷款余额的七项数据（不含财政存款）为本外币并表统计数（含外资金融机构）。

7. 镇　江　市

【经济概况】 2009年，镇江市实现地区生产总值1 672.08亿元，增长13.7%，其中：第一产业增加值75.92亿元，增长4.5%；第二产业增加值972.21亿元，增长11.9%，其中工业增加值895.76亿元，增长11.7%；第三产业增加值623.95亿元，增长17.7%，人均地区生产总值为54 732元，按当年汇率计算折合8 017美元。实现财政总收入296.35亿元，比上年增长27.1%，实现财政一般预算收入101.57亿元，比上年增长18.6%。全社会固定资产投资1 010.57亿元，增长40.6%。实际利用外资14.41亿美元，增长19.9%；进出口总额60.4亿美元，下降19.1%；社会消费品零售总额488.5亿元，增长19.1%。全市城市居民人均可支配收入20 949元，比上年实际增长10.4%，人均消费性支出13 031元，增长6.7%，农村居民人均纯收入 9 642 元，比上年实际增长 11.4%，人均生活消费支出 7 056 元，增长 7.3%。单位 GDP 能耗下降 4.69%。

【货币政策】 2010 年，中国人民银行镇江市中心支行积极引导全市金融机构认真执行适度宽松的货币政策，加大信贷投放力度、加快信贷投放速度，满足了重点项目、重点企业的资金保障。货币信贷政策的针对性和有效性有所增强。(1)强化沟通、疏通传导，认真执行适度宽松的货币政策。强化与各层次群体的沟通，有效引导社会预期。建立新闻通气会制度，通过主题宣传、专题报道等形式，加强对社会舆论的正面引导；强化与经济综合部门的配合，有效疏通货币政策传导机制。(2)创新形式、丰富内容，有效开展银企合作活动。一是配合镇江市委、市政府组织政银合作联谊会和“千企百亿”银企对接活动。二是创立“金融服务日”品牌。会同镇江市金融办、经贸委组织开办“金融服务日”活动。每月选择一天，确定一个主题开展专场银企对接活动，为企业提供资金安排、政策咨询、信息宣传等综合性金融服务。(3)规范管理、便捷服务，积极帮助新设银行落户镇江。2009 年，中国人民银行镇江市中心支行积极做好金融管理与服务相关工作。一是根据南京分行统一要求，进行统一扎口管理。按照《江苏省新设银行业机构金融管理与服务指引》的要求，就支付清算、反洗钱、反假币、征信、国际收支等业务落实有关制度，强化金融监管。二是改善金融服务，帮助新设银行尽快开业。2009 年，华夏银行镇江分行、浦发银行镇江支行、民生银行镇江支行三家股份制银行顺利开业，大新银行镇江分行作为落户镇江市的首家外资银行也成功开业。(4)完善机制、创新产品，努力缓解中小企业融资问题。一是完善中小企业信贷激励考核机制。配合镇江市政府出台《关于改进和加强中小企业融资服务工作的指导意见》，制定《镇江市中小企业融资服务考核办法》。二是推广四种创新信贷产品。先后出台了《镇江市专利权质押贷款管理办法》、《关于大力发展应收账款质押融资业务的实施意见》、《镇江市股权出质贷款管理办法》、《镇江市创业担保贷款管理办法》等，加大对中小企业贷款的扶持力度，全面提高了服务效能。

【金融运行】 (1) 银行融资规模大幅扩张，信贷投入仍为主渠道。12 月末，镇江市银行融资总量为 1 794.3 亿元，比年初增加 569.65 亿元，同比多增 348.03 亿元，增长 46.51%，增幅同比提高 24.42 个百分点。融资结构呈现以下特点：一是各项贷款仍为融资主渠道。新增本外币各项贷款 382.59 亿元，同比多增 237.1 亿元，增幅为 39.62%。二是银行承兑汇票、信用证、保函三项或有资产业务高开低走。12 月末，三项或有资产业务余额为 402.81 亿元，比年初增加 183.21 亿元，同比多增 116.89 亿元，增幅为 83.43%。

(2) 各项存款高速增长，增幅居全省首位。12 月末，镇江市金融机构本外币各项存款余额为 1 814.16 亿元，比年初增加 528.4 亿元，同比多增 283.78 亿元，增长 41.1%，增幅列全省第一位，高于全省平均水平 9.68 个百分点；本外币储蓄存款余额为 855.39 亿元，比年初增加 162 亿元，同比多增 4.55 亿元；本外币其他存款余额为 364.66 亿元，比年初增加 150.52 亿元，同比多增 95.37 亿元。

(3) 各项贷款快速增长，信贷结构优化调整。12 月末，镇江市金融机构本外币各项贷款余额为 1 348.25 亿元，比年初增加 382.59 亿元，同比多增 237.5 亿元，增幅为 39.62%。新增贷款主要投向制造业、水利环境和公共设施管理业、批发零售业、租赁与商务服务业、交通运输仓储和邮政业，分别新增贷款 108.08 亿元、54.6 亿元、48.88 亿元、30.02 亿元和 18.6 亿元，占全部新增贷款的 67.98%。信贷投向趋于合理，重点领域资金需求得到满足。

(4) 贷款质量稳步提升，经营效益压力加大。不良贷款余额和不良贷款率呈“双降”态势。12 月末，按五级分类口径，全市各银行业金融机构不良贷款余额 29.79 亿元，比年初下降 1.79 亿元，不良贷款率 2.21%，比年初下降 1.06 个百分点。2009 年，镇江市金融机构共实现拨备前账面利润 38.47 亿元，同比增长 12.5%。

【金融市场】 股票交易较为活跃，基金市场持续低迷。2009 年，全市各证券营业网点股票交易额为 1 445.04 亿元，比上年同期增加 617.81

亿元;股民保证金余额为17.01亿元,比年初增加8.51亿元。基金呈现净赎回态势,市场仍然较为低迷。全市各银行累计代理基金认购、申购32.69亿元,同比下降23.3亿元;累计代理基金赎回35.91亿元,同比下降17.6亿元;基金净赎回3.22亿元。

保险市场蓬勃发展,业务规模进一步扩大。2009年,镇江市保险机构数量迅速增加,共新增地市级保险公司7家,至此,镇江市已经拥有地市级保险公司42家,其中产险公司21家,寿险公司21家。全市辖下设分支专业机构306个,兼业代理网点847个。全市保险从业人员12 590个,其中正式员工2 190个,营销员8 700个,兼业代理人1 700个。2009年全市保险行业共完成保费收入40.76亿元,比上年增长24.1%,其中完成产险保费8.4亿元,比上年增长19.3%,寿险保费32.36亿元,比上年增长25.4%,保险机构赔付支出10.5亿元,比上年增长13.8%,其中:财产险赔付5.6亿元,增长28.6%;人身险赔付4.9亿元,增长0.4%。

【金融创新】 全年围绕民营企业、应收账款质押融资、中小企业、三农、外向型经济、网络银行、集合担保贷款项目等7个主题开展专题活动,共13家金融机构、500多户企业参加了活动,授信金额达98亿元。推广四种创新信贷产品。人民银行镇江中支会同镇江市知识产权局出台了《镇江市专利权质押贷款管理办法》,举办了"镇江市专利权质押贷款银企签约仪式",6家商业银行与26家拥有核心专利权的创新型企业签订合作协议,承诺将138件专利质押给商业银行,获得2010年度1.3亿元授信,在全省尚属首次,开创了专利权质押贷款的先河。推广应收账款质押融资业务,出台了《关于大力发展应收账款质押融资业务的实施意见》,开展应收账款质押融资现场访谈活动和"应收账款质押登记公示系统推进月"活动,取得良好效果。会同镇江工商局出台了《镇江市股权出质贷款管理办法》,在镇江市登记注册的有限责任公司和股份有限公司的股权可以作为有效质押物,经过工商部门登记,可在各金融机构获得融资。会同银监、财政、劳动、人事等部门出台《镇江市创业担保贷款管理办法》,创业贷款担保基金规模由2 000万元扩大至4 000万元,贷款申请人范围进一步扩大,贷款额度由2—5万元提高到最高20万元,加大对劳动密集型企业贷款的扶持力度,全面提高了服务效能。

(吴小平)

镇江市主要经济金融统计

(2005—2009年)　　单位:亿元

项　目	2005年	2006年	2007年	2008年	2009年
国内生产总值	871.67	1 021.52	1 206.69	1 408.14	1 672.08
第一产业(增加值)	38.69	41.54	45.86	51.08	75.92
第二产业(增加值)	528.16	618.63	721.7	843.4	972.21
第三产业(增加值)	304.82	361.34	439.12	513.66	623.95
全社会固定资产投资	404.75	478.54	588.02	718.50	1 010.57
地方财政收入	118.42	151.26	203.27	233.20	296.35
地方财政支出	80.06	100.09	150.66	172.16	231.27
社会消费品零售总额	241.37	280.07	331.36	410.21	488.5
居民消费价格指数(以上年为100)	102.2	101.7	104.00	105.00	99.6
进出口总额(亿美元)	39.61	47.74	63.05	74.61	60.4
进　口(亿美元)	18.26	21.11	26.18	32.08	35.4
出　口(亿美元)	20.35	26.63	36.87	42.52	25
全部金融机构各项存款(余额)	824.69	949.48	1 041.44	1 285.72	1 814.16

（续表）

项　　目	2005 年	2006 年	2007 年	2008 年	2009 年
企业存款	244.49	288.90	347.99	376.92	591.72
财政存款	6.75	10.82	11.69	5.70	7.77
城乡储蓄存款	468.42	531.57	535.86	693.35	855.39
全部金融机构各项贷款(余额)	613.37	711.38	843.18	965.66	1 348.25
短期贷款	340.03	385.37	476.78	513.20	665.34
中长期贷款	173.86	224.25	296.45	357.61	547.74
现金投放(＋)回笼(－)	66.95	76.09	76	96.16	110.20
全部保险机构保费收入	19.90	21.65	25.94	32.85	40.76
全部保险机构保险赔款支出(含满期给付)	4.70	6.99	6.43	9.25	10.52
全部保险机构保险密度(元/人)	743.67	805.59	965.2	1 216.52	1 455.6
全部保险机构保险深度(%)	2.28	2.11	2.14	2.31	2.58

注：全部金融机构各项存款、贷款余额的七项数据为本外币并表统计数(含外资金融机构)。

8. 泰　州　市

【经济概况】 2009 年，泰州市经济继续呈现巩固、回稳、向好的发展态势，主要经济指标持续攀升，企稳回升势头继续扩大。全年实现地区生产总值 1 651.02 亿元，增长 13.8%。其中，第一产业增加值 133.7 亿元，增长 4.6%；第二产业增加值 936.56 亿元，增长 14.4%；第三产业增加值 580.76 亿元，增长 15%。全市规模以上工业完成现价产值 3 723.74 亿元，同比增长 27.9%；实现销售 3 569.33 亿元，同比增长 29%，增幅位居全省前列，实现利税 418 亿元、利润 244 亿元，分别增长 43.7%和 60.3%，利润、利税增幅列全省第三位。完成全社会固定资产投资 1 166.2 亿元，同比增长 28.8%。三大产业协调发展，第一产业实现投资 21.26 亿元，同比增长 28.6%；第二产业实现投资 652.03 亿元，同比增长 28.9%；第三产业实现投资 492.9 亿元，同比增长 30.4%。全市完成财政总收入 343.8 亿元，首次超越 300 亿关口，同比增长 31.1%；完成财政一般预算收入 138.6 亿元，同比增长 37.1%；财政总收入和一般预算收入增速分别位居全省第四和第二位，总量居全省第七位。2009 年，全市新批协议注册外资 27.15 亿美元，同比增长 46%，实际到账注册外资 10.56 亿美元，同比上升 0.6%；全市实现进出口总额 58.19 亿美元，同比下降 8.2%；其中出口 42.15 亿美元，同比下降 13.7%；进口 16.04 亿美元，同比增长 4.4%。全市社会消费品零售总额 469.9 亿元，增长 18.7%；城镇居民可支配收入、农民人均纯收入分别为 19 090 元、8 220 元，分别增长 11%、12%；居民储蓄存款突破 1 000 亿元，达 1 002 亿元，增长 21%，有力促进了泰州市消费市场的复苏。

【货币政策】 面对复杂多变的经济金融形势，2009 年中国人民银行泰州中支紧紧围绕地方经济发展的战略部署，认真履行各项职能，创新工作手段，引导全市金融机构认真执行适度宽松的货币政策，加大有效信贷投入，重点满足实体经济的资金需求，促进泰州经济提升产业层次，优化产业结构，实现转型发展。

加强银企对接，完善企业融资平台建设。泰州中支与经贸委等单位通力合作，先后举办了工业重大项目融资洽谈会、全市工业项目融资洽谈会、双百企双百亿融资洽谈会，同时邀请部分省级银行机构参加，提高了对接的层次和实效。在这 3 次银企对接活动中，共实现对接项目 536 个，涉及金额达 427.62 亿元，为众多企业的发展注入了活力。

加大中小企业的金融支持力度。2009 年，泰州中支加大对中小企业金融服务的政策引导，各金融机构有效完善了授权授信管理，简化审批流程，积极开展金融产品创新，较好地满足了中小企业的金融需求。目前，工商银行泰州分行、中国银行泰州分行、建设银行泰州分行、南京银行泰州分行已分别设立了中小企业专营服务机构，实现对中小企业工作的统一领导、策划，落实中小企业业务拓展、推进工作，为中小企业的信贷业务申请与发放提供一条龙式服务，构筑信贷支持中小企业发展的“绿色通道”。

推动农民合作经济组织“融资通达工程”，加大金融支持力度。2009 年 12 月，泰州中支成功举行了农民合作经济组织“融资通达工程”第一次联席会议，泰州市委陆晓声副秘书长、泰州市政府毛正球副秘书长以及各成员单位的负责人到会，会议进一步加强了职能部门间的联动。截至 12 月末，全市农民合作经济组织贷款余额已达 1.4 亿元，较年初增加 8 796 万元，增幅高达 169%。

【金融运行】 面对金融危机的严重冲击，2009 年泰州市金融业紧贴保增长、促发展、调结构、惠民生大局，推进金融发展与服务，加大信贷投放，强化金融创新，深化金融改革，优化发展环境，有力地推动了经济社会快速发展，实现了金融与经济更高层次上的良性互动。2009 年末，全市本外币各项存款余额 1 916.30 亿元，较年初增加 498.44 亿元，同比多增 220.63 亿元，增幅达 35.15%。本外币各项贷款余额 1 204.96 亿元，较年初增加 403.41 亿元，增幅达 50.33%，居全省第一，增速比上年同期提高 30.07 个百分点，增量是 2008 年的 3 倍。全年贷款投放主要呈现两大特点：一是实体经济贷款支持力度不断加大。自 2009 年三季度以来，各金融机构调整信贷业务，增加了对实体经济的有效投放，全市票据融资自 6 月份达到峰值 149.27 亿元后逐月下降，至 12 月末，全市票据融资余额 87.47 亿元，下降 61.8 亿元，而贷款仍净增加了 62.33 亿元，说明各金融机构开始调整信贷业务品种，加强了对实体经济的有效投入。二是中小企业贷款增速明显加快。2009 年末，全市中小企业贷款余额 593.57 亿元，较年初增加 236.98 亿元。其中，小企业贷款余额 364.69 亿元，较年初增加 194.65 亿元。至 2009 年末，中国人民银行泰州中心支行共为商业银行办理再贴现 212 笔 2.28 亿元，其中银行承兑汇票 196 笔 1.98 亿元、商业承兑汇票 16 笔 0.3 亿元。再贴现业务的办理，引导金融机构加大对小企业的信贷支持，有助于缓解小企业融资难问题。同时，中国人民银行泰州中心支行大力推动全市应收账款质押融资工作的开展，至 12 月末，应收账款质押融资余额达 22.7 亿元，较年初增长 167%。

【金融市场】 2009 年，全市共有 12 家证券营业部，2 家期货营业部，全年累计开户数 200 110 户，比上年同期增加 34 516 户，平均每月有 2 800 余名新股民入市。实现证券交易总量 2 380.55 亿元，同比增加 22.98%，其中股票交易额 1 727.51 亿元，同比增加 86.19%，债券交易额 3.38 亿元，同比减少 0.95 亿元。全市现有上市公司 5 家，直接从资本市场融资 43 亿元。其中境内上市公司 2 家，从国内资本市场融资 18.48 亿元，境外上市企业 3 家，从境外资本市场融资 24.48 亿元。2009 年，泰州市企业债发行取得突破，全市共有 3 家企业筹备发行企业债，分别是城市建设投资集团有限公司申请发行 10 亿元企业债、泰州市鑫泰集团有限公司申请发行 12 亿元企业债券和江苏华靖资产经营有限公司申请发行 15 亿元企业债。

2009 年，泰州市共有市级保险公司 36 家，其中：产险公司 18 家，寿险公司 18 家，此外，全市保险中介机构有 16 家。市场主体的增加带来保险业务的快速发展，2009 年全市保费规模达 49.2 亿元，增长 22.5%，增速列全省第六，其中：财产险保费收入 9.8 亿元，增长 43%；寿险保费收入 39.4 亿元，增长 27%。全市财产保险公司共支付赔款 4.75 亿元，同比增长 8%，办理赔案 65 435 件；人寿保险公司给予保险金 6.73 亿元。保险赔款及给付为受灾企业和受害家庭及时解决了生产和生活中的实际困难，在化解社会矛盾方面发挥了积极作用。同时，全市保险业已累计吸纳大中专毕业生、下岗职工 1 万多人，有效缓解了社会就业压力。

【金融创新】 中国人民银行泰州中心支行进一步加大对中小企业金融服务的政策指引，引导各金融机构简化审批流程，积极开展金融产品创新，出台了《关于全面开展应收账款质押融资工作的通知》、《泰州市农民合作经济组织“融资通达工程”实施意见》、修订了《银行工作目标考核办法》，加大了中小企业贷款、小额担保贷款、“三农”贷款等的考核权重，强化了正向激励机制。金融产品创新成效显著，全市拥有创新信贷产品41种，其中，6家金融机构拥有自主创新信贷产品共16种，有力提高了中小企业信贷服务质量和服务效率。

【金融服务】 2009年，已改制的大型国有商业银行不断提高经营管理和服务水平，如泰州建行成立了全市首家小企业信贷专营机构，同时在每个支行设立中小企业信贷营销专职团队；泰州工商银行、中国银行等机构纷纷成立中小企业专营服务机构。股份制商业银行触角向县域及乡镇延伸，如江苏银行泰州分行增设了兴化市戴南支行，筹建泰兴支行；中信银行靖江支行年初正式营业；南京银行泰州分行获准筹建姜堰支行。地方法人金融机构改革升级提速，新型农村金融机构组织发展迅速，金融服务体系进一步完善，服务中小企业及“三农”能力不断提升。

（周海静）

泰州市主要经济金融统计

（2005—2009年） 单位：亿元

项 目	2005年	2006年	2007年	2008年	2009年
国内生产总值	819.6	1 002.5	1 202.2	1 394.2	1 651.02
第一产业(增加值)	90.2	95.1	102.4	109	133.70
第二产业(增加值)	479.8	585.6	700.2	808.6	936.56
第三产业(增加值)	249.6	321.8	399.6	476.6	580.76
全社会固定资产投资	403.13	532.56	703.97	900.51	1 166.2
地方财政收入	113.95	155.41	211.42	262.31	343.84
地方财政支出	82.26	109.96	151.41	183.36	256.15
社会消费品零售总额	233.81	271.33	321.07	395.73	469.89
居民消费价格指数(以上年为100)	101.6	101.3	103.7	104.8	99.7
进出口总额(亿美元)	19.28	28.64	39.56	63.42	58.2
进 口(亿美元)	5.86	6.61	10.00	14.55	16.04
出 口(亿美元)	13.41	22.04	29.57	48.87	42.15
全部金融机构各项存款(余额)	836.54	966.8	1 139.95	1 417.88	1 916.3
企业存款	202.59	244.94	320.73	376.66	595.39
财政存款	3.43	10.02	11.47	10.3	13.50
城乡储蓄存款	541.02	594.45	643.56	828.35	1 001.9
全部金融机构各项贷款(余额)	453.97	552.73	667.74	803.05	1 204.96
短期贷款	308.96	342.27	410.02	475.84	630.79
中长期贷款	87.11	140.23	202.89	244.94	449.7
现金投放(+)回笼(-)	10.06	23.02	28.15	23.95	23.65
全部保险机构保费收入	23.5	26.51	29.27	40.24	49.21
全部保险机构保险赔款支出(含满期给付)	3.92	6.3	7.56	13.01	13.07
全部保险机构保险密度(元/人)	470	530.2	584.23	803.19	982.24
全部保险机构保险深度(%)	2.87	2.64	2.43	2.89	2.98

注：全部金融机构各项存款、贷款余额的七项数据为本外币并表统计数(含外资金融机构)。

(二) 江苏省金融稳定报告摘要

2009年,全球经济开始逐步走出衰退的阴影,缓慢恢复增长。中国在应对国际金融危机的一揽子计划和政策措施的有力促进下,全年实现GDP增长8.7%。江苏经济运行积极因素不断增多,主要经济指标自第二季度以来持续回升,整体经济状况进一步向好的方向发展,国内投资、消费保持稳定快速增长,企业利润恢复正增长,财政收入增速不断回升,全年地区生产总值增长12.4%。全省金融机构人民币各项存款稳步攀升,人民币各项贷款大幅增长。不良贷款继续保持"双降",经营效益平稳增长。地方法人银行业金融机构综合竞争力和影响力进一步扩大,农业银行股份制改革取得阶段性成果。证券期货市场基础性制度不断完善,交易市场秩序稳定,证券期货公司风险控制能力逐渐提高。保险市场呈现快速发展趋势,保费规模位居全国前列。但是,金融运行中出现的新情况和潜在风险应引起高度重视。主要表现为:信贷大规模快速投放蕴含潜在风险,银行效益面临减速压力,银保渠道不规范经营问题较突出,部分中小保险公司发展困难等。

(一) 宏观经济

2009年以来,在应对国际金融危机一揽子计划的刺激下,我国成功地扭转了2008年第四季度以来经济增速快速下滑趋势,经济回升态势逐步形成和确立,增速逐季加快,全年实现GDP增长8.7%。随着各项保增长政策效应的逐渐显现,江苏省主要经济指标自第二季度以来持续回升,整体经济状况进一步向好的方向发展,全年地区生产总值增长12.4%。国内投资、消费保持稳定快速增长,企业利润恢复正增长,财政收入增速不断回升。全省全社会固定资产投资同比增长24.5%,增幅比上年同期提高个1.8个百分点;全省实现社会消费品零售总额同比增长18.9%;全省外贸进出口同比下降13.6%,其中出口下降16.3%。全省居民消费价格同比下降0.4%,降幅较上半年缩小0.2个百分点。

(二) 非金融部门

1. 企业

中国人民银行南京分行监测的590户工业企业财务数据显示,企业盈利能力有所好转,管理水平得到提高,资金流动性充裕,偿付能力不断增强,短期发生大范围企业财务风险的概率较低。

2. 居民

2009年江苏省城镇居民收入保持平稳增长势头,全年全省城镇居民人均可支配收入达到20 552元,同比增长10%。居民负债的增长速度超过金融资产和收入的增长速度,居民负债水平持续上升。截至年末,全省居民户人民币贷款余额同比增长54.12%。居民负债水平的提高和房价的快速上涨有着直接的关系;全省人民币个人住房贷款余额同比增长59.41%。

随着居民负债水平持续上升,相对较高的负债水平使居民对收入、利率及资产价格变化的敏感性比过去明显提高。

(三) 金融业

1. 银行业

2009年江苏省银行业呈稳健运行态势,流动性充裕,不良贷款保持"双降"。截至年末,全省金融机构人民币各项存款余额为48 850.29亿元,比年初增加11 804.48亿元,增长31.86%;人民币各项贷款余额为35 296.73亿元,比年初增加9 137.56亿元,增长34.93%。全省地方法人银行业金融机构平均超额准备金率为6.34%,平均备付率为7.19%,流动性总体充裕。全省金融机构本外币业务共实现利润694亿元,同比增长8.78%。银行业金融机构不良贷款余额684亿元,比年初减少41亿元,不良贷款率为1.86%,比年初下降0.83个百分点。其中,农村合作金融机构(含农村信用社、农村商业银行、农村合作银行)五级分类不良贷款余额为185亿元、不良贷款率为4.16%,分别比年初减少28.85亿元和下降2.05个百分点。

2. 证券业

2009 年，全省证券期货业继续保持稳健运营，证券市场融资作用发挥显著，证券期货公司盈利能力逐渐提高，抗风险能力明显增强。全年全省 5 家法人证券公司实现利润 73.42 亿元，同比增长 174.67%；总资产达 1 313.21 亿元，同比增长 83.66%；净资产 260.97 亿元，同比增长 23.89%；净资本 198.44 亿元，同比增长 24.72%。全省期货公司利润总额达 1.72 亿元，同比增长 139.49%。证券市场融资功能逐渐恢复，促进了直接融资发展。全年江苏企业境内证券市场首发融资及再融资合计约 265.9 亿元，同比增长 211.25%。

3. 保险业

2009 年，江苏保险业积极应对复杂多变的经济金融环境，努力防风险、调结构，取得良好成效。产险公司效益明显好转，寿险公司风险保障型和长期储蓄型业务取得较快发展，行业整体保持平稳健康发展的态势。全年全省实现保费收入 907.73 亿元，其中，财产保险公司实现保费收入 228.39 亿元，同比增长 26.1%；人身险公司实现保费收入 679.34 亿元，同比增长 14.31%。全省累计赔款和给付支出 273.53 亿元，同比增长 2.37%，其中，财产险赔款支出 127.41 亿元，同比增长 5.13%；人身险赔款和给付 146.12 亿元，同比增长 0.07%。

(四) 金融改革与创新

1. 银行业

2009 年是江苏省银行业机构发展最快、成效最为明显的一年，机构设立数量相当于前五年的总和。一是股份制商业银行迅速扩张。全年有 5 家分行开业、6 家分行获准筹建，超过了前五年成立同类机构的总和，并设立了 5 家经济紧密区支行。随着 12 月渤海银行南京分行的成立，所有全国性股份制商业银行都在江苏设立了分支机构，是全国第二个种类齐全的省份。二是城市商业银行纷纷来江苏省设点布局。全年有 5 家分行开业、3 家分行获准筹建，超过了 2007 年和 2008 年成立同类机构的总和。三是外资银行引进工作取得新突破。全年有 1 家总行、5 家分行获准设立，外资银行法人机构设立实现零突破，分行数超过了前两年的总和。目前江苏省共有外资银行总行 1 家、分行 12 家。四是农村金融组织体系进一步完善。全年农村商业银行有 3 家开业、3 家获准筹建，是前四年成立同类机构的 2 倍。目前江苏省共有农商行 12 家。村镇银行有 6 家开业，比 2008 年多 2 家，总数达到 10 家，另有 1 家获准筹建。目前江苏已无金融空白乡镇。五是地方法人金融机构改革步伐加快，竞争实力稳步提升。南京银行跨区域发展步伐加快。2009 年南京银行北京分行、南通分行正式开业，杭州分行、扬州分行各项筹建工作有序开展。此外，还发起成立了宜兴阳羡村镇银行、昆山鹿城村镇银行，参股芜湖津盛农村合作银行，股权投资的区域进一步拓宽。江苏银行不断优化调整客户结构，在做好传统大中型对公客户授信业务的同时，积极支持成长性好、内部管理规范、抵质押充足的中小企业融资需求。

农业银行改革试点于 2009 年全面展开，目前江苏农业银行“三农”金融事业部制改革各项工作进展顺利。一是整合内部机构设置，强化服务“三农”职能。二是构建“三农”和县域业务单独核算体系。三是初步建立垂直风险管理架构，构建多层次的风险控制体系。四是构建服务“三农”的绩效考评机制，将“三农”业务考评指标体系纳入全行综合业务考核。

2. 证券业

截至 2009 年末，全省证券公司共 5 家，共实现营业收入 129.95 亿元，比上年增长 128.7%；共实现利润总额 73.42 亿元，比上年增长 174.67%。2009 年，证券公司发展基础不断夯实，创新发展能力显著提升。一是华泰证券不断强化法人治理和内部控制，顺利完成与联合证券、信泰证券的整合，发行上市的申请在 12 月份通过了中国证监会发行审核委员会审核。二是各证券公司加快发展资产管理业务。国联证券、东吴证券获得了开展集合资产管理的业务资格，并在年内批准发行首只集合资产管理计划。三是直接投资业务稳步试点。继华泰证券设立子公司开展直接投资业务试点后，2009 年东吴证券、东海证券、国联证券也都获准开展直接投资业务试点。四是在管理方式上不断创新。各公司都建立了客户管理系统(如CRM系统),对客户账户实行电子化分类管理,进一步提升了客户服务水准。

全省期货业继续保持快速发展势头。一是全省期货公司的规模不断扩大,抵御风险能力不断增强。截至年末,全省期货公司资产总额为81.48亿元,比上年同比增长120%。净资产总额为9.93亿元,比上年同比增长29.47%。二是风险防控基础得到进一步夯实。全省期货公司进一步落实首席风险官制度,各公司首席风险官能够切实担负起合规经营知风险防范的重要职责,促进辖区期货公司的合规运作,防范各种经营风险。同时,各公司分类评价制度、统一开户制度等基础制度相继实行,有力地保护了客户的合法权益,维护了市场秩序,防范了市场风险。三是全省期货公司盈利继续保持高速增长。全省期货公司利润总额达1.72亿元,同比增长了139.49%,两项指标均达到历史同期最高水平。

3. 保险业

保险公司法人机构组建工作实现重大突破。紫金财产保险股份有限公司和韩国乐爱金保险公司法人机构在江苏南京成立,江苏保险业法人主体建设实现零的突破。截至年末,全省共有保险主体69家,其中,财产险公司27家、人身险公司42家;中资公司50家、外资公司19家,全省保险分支机构5 686家。保险中介法人机构150家,其中,代理公司133家,经纪公司7家,公估公司10家,中介分支机构225家;保险兼业代理机构5 800余家。

政策性农业保险覆盖面不断扩大。目前全省累计建成"三农保险服务站"1 020个,覆盖94.44%的乡镇,主要种植品种承保面达到92%以上。新开办了8个地方性新险种,在全国率先建立起商业再保险和政府巨灾保险准备金相结合的大灾风险防范机制,目前基金余额近3亿元。

商业保险在社会保障体系建设中的作用不断深化。全省保险业参与管理的新农合参合人数达789.41万人,共有1 325万人次农民享受到合作医疗费用补偿26.62亿元。医疗责任保险试点深入推进,参加医疗责任保险的医疗机构达到12 916家,一级以上医疗机构参保率达88%。环境污染责任保险试点正式启动,无锡市成为全国环境污染责任保险首批试点城市。

(五)金融基础设施

1. 金融生态环境

2009年,江苏省金融生态县创建工作继续深入推进,各创建单位进一步完善相关制度,加强宣传发动,营造创建氛围;加大部门协调,形成创建合力;突出信用环境、法制环境和中介服务规范化建设,切实维护金融部门合法权益,有效地优化了县域金融生态环境。各金融生态达标县通过生态县创建,投融资环境更趋完善,吸引了更多投资者到县域投资创业,获得了更好的经济发展条件。同时,金融支持经济发展的力度更大,县域贷款投入成倍增长,金融机构在各县的分支机构与网点均有所增加,小额贷款公司等新型农村金融组织从无到有,发展迅猛,金融机构案件执结率与胜诉案件标的兑现率也都保持了较高的比率。

通过各项创建活动,全省金融生态环境进一步优化:一是全省信贷支农力度不断加大,涉农贷款创历史新高。二是农村信用社改革取得积极成效,综合竞争能力进一步提高。三是农村金融产品和服务方式创新取得重人进展,政策性农业保险品种不断丰富、保障程度不断提高。四是县域新型农村金融组织继续保持高速发展。

2. 支付体系

以建立安全高效的支付体系为目标,深入推进改善农村地区支付结算环境建设,大力推广非现金支付工具,加强支付系统建设,强化支付清算监管,防范各类支付风险。一是深入推进"快通工程"建设,不断改善农村地区支付服务环境,创新开展农村地区支付结算业务,农村地区非现金支付工具使用得到增长迅猛。二是加强银行卡安全管理,促进银行卡产业健康有序发展。严格规范银行卡受理市场秩序,建立联合打击银行卡犯罪的长效机制,加强银行卡受理市场的非现场检查、ATM机专项检查以及账户管理及银行卡业务联合检查。三是加大支付系统业务推广力度,提高支付系统利用效率。积极拓展集中代收付业务，不断扩大依托小额支付系统办理银行本票业务的范围。四是创新非现金支付工具，丰富支付工具体系。积极推广商业承兑汇票，开展授信支票试点。五是强化支付体系监督管理，确保支付系统安全稳健运行。六是加强银行结算账户管理，切实落实银行账户实名制。

3. 征信体系

突出抓住系统建设和市场管理两条主线，结合江苏省征信工作实际，在推进社会信用体系建设取得重大进展。一是拓展信息采集范围，强化信用信息服务，全力打造中小企业信用体系建设新模式。在常州、南通两市深入开展中小企业信用体系建设试点工作，开发中小企业信用信息辅助管理系统，逐步形成了一整套中小企业信用信息采集、更新、整合、运用的长效工作机制，探索了以信用体系建设推进解决中小企业融资的有效方式，充分发挥了中小企业信用档案信息“服务政府、辅助银行、助推企业”的作用，赢得了地方政府、金融机构和广大中小企业的欢迎和支持。二是积极培育、探索管理信用评级市场，促进评级结果应用，解决中小企业担保难问题。建立了江苏省银保合作季度跟踪监测报告制度、已评级担保机构的风险监测制度，定期向当地金融机构通报银保合作总体情况和各家担保机构与金融机构的业务合作情况，进一步提高银保合作信息的透明度，为进一步深化银保业务合作搭建了更好的平台，增强了金融机构开展银保合作的信心。三是引导金融机构积极推动应收账款融资业务发展，运用多种方式消除应收账款融资业务发展政策障碍，发展多种形式的与应收账款相关的融资方式，丰富中小企业信用服务产品。四是以完善制度和强化核查为切入点，大力推进企业和个人征信系统建设。加大违规行为处罚力度，提高金融机构依法查询、管理个人征信系统的合规意识。下发指导意见，明确重点环节管理要求，进一步规范个人征信系统使用管理和异议处理流程。建立投诉机制，有效监督商业银行对征信系统的查询使用情况，畅通信息主体的投诉渠道。五是以农户信用评价为着力点，大力开展农户信用档案建设工作，积极推进农户信用评价试点，引导农村金融机构进一步做好“三农”服务。

4. 反洗钱体系

进一步完善反洗钱工作体系，明确联席会议各成员单位的反洗钱工作职责，强化了与成员单位间的双边或多边合作，完善联合办案机制，通过开展信息交流、情报会商和协作办案等，有效提升了共同预防打击洗钱及相关犯罪的能力和水平，初步实现了反洗钱协作由工作推动向建立健全机制的转变。紧紧围绕以风险为本的反洗钱监管理念，有针对性地确定现场检查对象，突出现场检查的重点项目和内容，创新现场检查方法，实现了反洗钱现场检查由重数量向重质量的转变。探索建立较为科学合理的非现场监管模式，创新技术手段，实现了反洗钱监管由合规性监管向风险监管的转变。认真做好反洗钱现场检查和非现场监管工作，有效开展反洗钱调查和案件协查，加大反洗钱调研和宣传培训力度，实现了反洗钱整体工作由日常履职向研究创新的转变。

（总纂：刘兴亚

统稿：崔　健　刘　念

执笔：刘　玄　马军伟　周晓刚　何　敏　卜建明　宋　磊

其他参与写作人员：谢　宁　陈　实　王海慧　王　允　宋卫琳　许朝霞　孙小光　张建平　周晨阳）

三、浙　江　省

(一) 浙江省金融概览

【经济概况】 2009年，浙江省坚决贯彻执行中央"保增长"的一揽子计划和相关政策措施，深入实施"八八战略"和"创业富民、创新强省"总战略，积极应对国际金融危机的冲击，经济运行呈现出增速持续回升、效益逐步向好、调整积极推进、民生不断改善的良好态势。全年实现生产总值22 832亿元，同比增长8.9%，人均生产总值为44 335元。其中，一产、二产、三产增加值分别为1 162亿元、11 843亿元、9 827亿元，各增长2.3%、6.8%和12.5%。三次产业比例由上年的5.1：53.9：41调整为5.1：51.9：43，服务业比重有所上升，三次产业结构得到优化。

(1) 工业经济回稳向好，转型升级步伐加快。2009年，全省积极推进发展方式转变和产业结构升级，工业经济实现V形反转。全年工业增加值10 457亿元，比上年增长5.9%。规模以上工业增加值8 232亿元，比上年增长6.2%，月增速自4月份开始由负转正，12月份增速达到16.2%，基本恢复至危机前水平。工业利润在上年负增长的基础上实现较快增长。全年规模以上工业利润总额2 041.4亿元，比上年增长34.4%。企业自主创新力度加大，全年R&D经费投入占GDP的比例达1.7%，成为全国第一个国家技术创新工程试点省份。同时，节能减排成效明显，全年单位GDP能耗下降5.6%，规模以上工业单位增加值能耗下降5.9%。

(2) 投资保持快速增长，消费市场持续活跃。2009年，在外需萎缩、出口下滑背景下，浙江省投资、消费保持两位数较快增长，成为"保增长"的主要动力。全年全社会投资10 742亿元，同比增长15.2%，扣除价格因素，实际增长19.1%，为近5年来最快增速。其中，限额以上投资9 906亿元，增长15.8%，增幅提高5.2个百分点，新开工项目15 868个，同比增长27.1%。从投资结构看，基础设施投资、制造业投资、房地产开发投资分别增长21.9%、7.4%、11.4%，各比上年同期提高14.9、5和1.6个百分点。全年实现社会消费品零售总额8 622.3亿元，同比增长15.9%，扣除价格因素增长17.3%，实际增幅提高4.6个百分点。消费结构不断提升，汽车消费始终保持快速增长态势，拉动社会消费品零售总额3.9个百分点。

(3) 外贸形势持续好转，复苏迹象初步显现。2009年，浙江省全面落实出口退税等措施积极应对，有效遏制了对外贸易的下滑势头。随着世界经济的逐步复苏，浙江省外贸形势持续好转，企稳回升态势明显，全年实现进出口总额1 877.3亿美元，下降11.1%，降幅比前三季度收窄5.6个百分点。其中出口1 330.1亿美元，进口547.2亿美元，同比下降13.8%和3.7%，降幅分别比前三季度收窄4.5和8.8个百分点。从全年走势看，在持续了10个月的负增长后，11月份出口当月增幅转降为升，当月同比增长2.3%，12月份出口同比增长14.3%，增幅和出口规模均为全年最高，复苏迹象初步显现。

(4) 财政收入增幅回升，支出结构注重民生。2009年，浙江省深入贯彻积极财政政策，全年一般预算总收入4 121.9亿元，同比增长10.5%，增幅比前三季度提高5.1个百分点。其中地方预算收入2 142.4亿元，增长10.8%，增幅比前三季度提高3.4个百分点。在财政收入增幅回升的同时，收入结构进一步优化，地方财政收入占财政总收入的比重为52%，税收收入占地方财政收入的比重为92.6%。财政支出结构更加注重民生，全年地方财政预算支出2 653.8亿元，增长20.2%，在全年新增的地方财政支出中，用于民生支出的比重达72.8%，比上年提高0.6个百分点。

(5) 居民收入较快增长，价格指数见底回升。2009年，浙江省以改善民生作为保增长的出发点和落脚点，着力提高群众的民生福利水平，城乡居民收入均保持较快增长。全年城镇居民人均可支配收入24 611元，农村居民人均纯收入突破万元达10 007元，分别增长8.3%和8.1%，扣除价格因素，实际增长9.7%和9.5%。城乡居民收入实际增幅为22年来首次双双高于GDP增幅。1—12月份，浙江省居民消费价格比上年下降1.5%，其中11月份转降为升，同比上涨0.3%，为2009年首次上涨，12月上涨1.9%。12月份，工业品出厂价格和原材料购进价格年内首次出现同比上涨，当月分别上涨0.2%和3.9%，全年则分别同比下降5.1%和7.4%。

【金融运行】 2009年，浙江省金融运行总体平稳。全年各项存款保持较快增长，贷款投放力度明显加大，信贷结构不断优化，外币贷款增长较多，适度宽松货币政策得到充分体现。

(1) 存款增长较快，结构变化突出。截至12月末，全省金融机构本外币各项存款余额45 112亿元，比年初新增9 692.4亿元，是上年同期增量的1.5倍，同比多增3 325.3亿元，余额同比增长27.4%，增幅提高5.3个百分点。从增量结构看：一是企业存款增势强劲，全年新增本外币企业存款5 348.6亿元，同比多增4 364.6亿元；二是储蓄分流有所加剧，1—12月，全省新增本外币储蓄存款3 369.4亿元，同比少增41.5亿元；三是其他存款大幅少增，全年全省新增本外币其他存款931.9亿元，同比少增964.2亿元。

(2) 贷款迅猛增长，结构不断优化。2009年，浙江省信贷呈现高位、快速增长态势。截至12月末，本外币各项贷款余额39 224亿元，同比增长32.43%，高于上年同期13.7个百分点，比年初新增9 597亿元，同比多增4 885.9亿元，新增贷款规模创历史纪录。从期限结构看，短期贷款平稳增加，中长期贷款显著多增。短期贷款余额、中长期贷款余额同比增长26.09%和42.83%，分别提高10.1和23.3个百分点。从投向结构看，一是制造业贷款投放加快，全年制造业贷款新增2 435.22亿元，占新增贷款比重为25.37%；二是中小企业信贷支持力度加强，全年中小企业贷款新增4 641.61亿元，占全部企业贷款增量的85.55%；三是金融支持经济转型升级成效显著，"十一大产业"人民币贷款新增2 620.44亿元，占全部企业贷款增量的比重较前三季度提高了3.7个百分点；四是消费信贷快速增长，全年人民币个人消费贷款新增2 199.96亿元，为上年同期的3.79倍，占人民币各项新增贷款的24.28%。

(3) 外汇收支规模下降，外汇贷款快速增长。2009年，受国际金融危机影响，全省外汇流入和结汇规模有所下降，外汇流出和售汇规模也增长乏力。全年跨境外汇收支总额2 474.89亿美元、顺差983.61亿美元，同比分别下降12.91%和18.81%；结售汇总额1 976.75亿美元、顺差1 093.51亿美元，同比分别下降15.51%和10.60%。2009年，国外主要经济体量化宽松货币政策下的低利率环境使得人民币升值预期加强，再加上国外需求逐步改善，银行加大进出口贸易融资力度，外汇贷款较快增长。全省金融机构各项外汇贷款余额179.54亿美元，比年初新增78.47亿美元，同比多增88.04亿美元。其中进出口贸易融资新增52.17亿美元，同比多增59.55亿美元，占各项外汇贷款新增的66.5%。

【金融市场】 2009年，浙江资本市场、保险市场保持良好发展势头。企业直接融资保持活跃，市场交易规模持续扩大，证券业经营机构稳健发展；保险市场体系不断完善，业务规模持续扩大，保障功能得到进一步强化。

(1) 资本市场。企业直接融资保持活跃。股票市场上，2009年浙江新增境内上市公司11家，占全国新增境内上市公司总数的11.11%，其中中小板6家，创业板5家，分别占中小板和创业板新增上市公司数的11.11%和13.89%。IPO融资总额69.54亿元，其中，6家中小板上市公司

IPO 融资总额 35.92 亿元，5 家创业板上市公司 IPO 融资总额 33.62 亿元，分别占全国中小企业板和创业板新增上市公司融资总额的 8.48%和 17.5%。17 家上市公司进行了增发融资，募集资金 217.68 亿元。债券市场上，2009 年有 3 家上市公司及 8 家非上市公司发行了 94 亿元短期融资券，浙江能源集团、浙江交通投资集团 2 家公司发行 50 亿元的中期票据，浙江龙盛发行了 12.5 亿元的可转债，宏润建设发行了 5 亿元的公司债。

市场交易规模持续扩大。证券市场交易规模大幅增加。2009 年，浙江省 286 家证券营业部代理交易金额 12.15 万亿元，比上年增长 72.83%，占全国交易总额的 9.84%，证券市场交易规模位居全国第三，仅次于广东和上海。证券经营机构托管市值 5 824.7 亿元，客户交易结算资金余额 1 016.71 亿元。期货市场交易规模快速增长，期货市场保证金余额和代理交易规模位居全国前列。2009 年，借线材、螺纹钢、早籼稻、PVC 等商品期货品种上市的东风，浙江省 100 家期货经营机构保证金余额 150.1 亿元，比上年增长 125.21%；代理交易金额 22 万亿元，比上年增长 87.55%，占全国交易额的 16.86%，位居全国第一。

证券业经营机构稳健发展。一是证券经营机构经营状况良好。截至 2009 年末，浙江共有证券公司 3 家，证券营业部 286 家，证券服务部 19 家，证券投资咨询机构 4 家。证券经营机构数位居全国第三，仅次于广东、上海。全年实现手续费收入 135.96 亿元，利润 88.95 亿元，分别增长 49.13%和 45.11%，证券经营机构平均利润水平位居全国第二。二是期货公司实力继续增强。截至 2009 年末，浙江 13 家期货公司注册资本合计 14.15 亿元，净资本达 21.44 亿元。100 家期货经营机构实现手续费收入 16 亿元，利润 5.27 亿元，分别比上年增长 69.31%和 107.48%。13 家期货公司实现利润总额 5.56 亿元，比上年增长 106.69%。在中国证监会的分类监管评级中，浙江 13 家期货公司有 6 家评为 A 级，占全国总数的 1/3。三是基金管理公司顺利筹建。2009 年，浙江两家基金管理公司的筹建工作进展顺利，浙商基金管理公司通过证监会的开业验收，财通基金管理公司获得中国证监会同意筹建的批复，填补了浙江基金管理公司的空白。

(2) 保险市场。市场体系不断完善。2009 年，全省新增保险市场主体 2 家，由地方国有资本发起的浙商财产保险公司获准开业，填补了浙江财产保险总公司的空缺。截至 2009 年底，全省共有财产险经营主体 25 家（含政策性保险公司出口信用保险公司），寿险经营主体 31 家，两类主体各比上年增加 1 家；各类保险机构达到 3 841 家，比上年减少 139 家，主要是营销服务部减少 303 家所致。保险业资产规模持续扩大，保险业竞争实力不断增强，保险公司资产总额达到 1 190.0 亿元，较年初增加 147.9 亿元。

业务规模持续扩大。2009 年，全省实现保险保费收入 645.5 亿元，排名全国第 6 位，同比增长 12%。保险深度为 2.8%，同比提高 1 个百分点，保险密度 1 253.5 元/人，同比增加 20 元/人，比全国平均水平高出 419.2 元/人。产险保持较高增速，全年财产险保险保费收入 247.4 亿元，占总保费 38.3%，同比增长 21.7%，增速比上年提高 5.8 个百分点，其中机动车辆保险保费收入 196.3 亿元，同比增长 25.4%，占财产险的 79.3%。人身险在上年高速增长的基础上实现稳定增长，全年人身险保险保费收入 398.1 亿元，同比增长 6.8%，占总保费收入的 61.7%，其中寿险 352.3 亿元，同比增长 7.0%；健康险 29.1 亿元，同比持平；意外险 16.7 亿元，同比增长 13.5%。

保障功能得到强化。2009 年，全省发生赔付支出 220.1 亿元，同比增长 3.3%，增速比保费收入低 8.7 个百分点。财产险赔付支出 128.7 亿元，同比持平。人身险赔付支出 91.4 亿元，同比增长 8.4%。“三农”保险方面得到进一步强化，健全农房保险制度建设，完善理赔纠纷调处机制，推动农房保险纳入农村住房建设管理体系。探索农民自主创业保险，在嘉兴等地推动财政出资进行引导和补助，为农民创业提供贷款、财产和人身意外等综合保险。推进保险示范村建设，在衢州、丽水等地增设 60 多个保险村，为广大农民开发和提供条款简单、保费低廉、保障适度的小额保险产品和服务。

【金融创新】 2009 年，浙江金融业积极创新金融产品与服务，金融业创新层出不穷。金融创新为中小企业和“三农”拓宽了融资渠道，促进了金融资源的多元化配置，推动了浙江经济的持续发展。

(1) 完善制度创新，创新抵质押方式。针对中小企业、“三农”融资难问题，中国人民银行、各金融机构联合地方政府有关部门，以“抵押担保难”为突破口，推出了一系列金融创新产品。中国人民银行杭州中心支行为解决中小企业融资“抵押担保难”，联合省工商局、省科技厅、省知识产权局等有关部门，先后出台《股权质押贷款指导意见》、《浙江省专利权质押贷款管理办法》和《浙江省商标专用权质押贷款暂行规定》等政策，有效推动了股权、专利权、商标权等中小企业无形资产质押融资模式发展，扩大了企业的融资渠道。此外，中国人民银行浙江省内各分支机构积极推动金融机构创新贷款担保制度，机器设备、存货、仓单等动产，排污权、采砂权、商位使用权等各种权利，企业无形资产均可作为企业融资的抵质押物，有效缓解了中小企业融资难问题。

(2) 引导多方参与，创新融资模式。浙江省借助各方平台，引导多方参与，积极创新中小企业融资模式。通过发行中小企业集合信托债券基金，首创中小企业融资“路衢模式”，在传统中小企业融资过程中引入政府、银行、担保、信托、评级机构、社会公众等多个市场主体，以财政资金为引导和担保，以发行集合信托债权基金为筹资渠道，按项目模式集合性地对一批中小企业给予融资支持，具有融资效率高、风险控制强、产业导向明确等优势。2008 年 9 月，全国首个中小企业集合信托债权基金——“平湖秋月”在杭州银行正式发行，首期规模 5 000 万元，期限两年。截至 2009 年底，杭州市共推出包括“平湖秋月”在内的中小企业集合信托债券基金 9 项，共筹集资金 11.74 亿元，其中政府财政资金认购 1 亿元。中小企业集合信托债券基金在杭州推出后，很快引起了浙江省内其他地区的关注。在各地政府的努力下，嘉兴、湖州、绍兴也陆续推出了相关信托计划。

（周 望）

1. 杭 州 市

【经济概况】 2009 年，在国际金融危机的严重冲击下，杭州市认真贯彻中央“保增长、保民生、保稳定”决策部署和浙江省委“标本兼治、保稳促调”的工作方针，出台一系列强有力政策，有效推动了杭州经济企稳回升。

(1) 经济运行企稳回升，三次产业结构有所优化。2009 年杭州生产总值(GDP)突破 5 000 亿元大关，达 5 098.66 亿元，按可比价格，比上年增长 10.0%，连续 19 年保持两位数增长，增速快于全国、全省 1.3 和 1.1 个百分点。从季度运行看，一季度、半年度、前三季度分别增长 3.4%、6.6% 和 8.5%，呈现出明显的企稳回升态势。其中一产、二产、三产增加值分别为 190.25 亿元、2 434.89 亿元、2 473.52 亿元，各增长 3.2%、6.8% 和 13.9%。三次产业增加值比例由上年的 3.7∶50.0∶46.3 调整为 3.7∶47.8∶48.5，结构得到优化，其中第三产业拉动杭州 GDP 增长 6.5 个百分点。

(2) 工业生产强劲回升，运行质量显著改善。2009 年，杭州市围绕“主攻工业、决战工业、稳定工业”，及时出台富有针对性的强有力措施，工业生产强劲回升。全年实现工业总产值、销售产值为 9 367.79 亿元、9 242.99 亿元，分别增长 0.9%、1.3%，比上半年回升 8.6 和 8.5 个百分点；工业增加值 2 157.1 亿元，增长 6%，增幅比上半年提高 5.9 个百分点；规模以上工业增加值 1 792 亿元，增幅由一季度的 −5.2% 回升到上半年的 0.8%、前三季度的 3.7% 和全年的 6.1%。工业结构得到优化，装备制造业实现销售产值 1 732.75 亿元，增长 0.7%，增幅比上半年提高 8.2 个百分点，占规模以上工业比重 18.7%。

(3) 投资拉动贡献增大，消费马车快步跟进。2009 年，为应对国际金融危机，杭州以项目建设和民生工程为支点，以扩投资作为保增长的重点，强化投资对经济的拉动作用。全社会固定资产投资首次突破 2 000 亿元，达到 2 195.65 亿元，增长 15.7%，增幅比上年回落 1.9 个百分点。其中限额以上固定资产投资 2 195.17 亿元，增长

16.6%。在一系列刺激消费政策措施作用下，消费市场率先摆脱危机困扰，为遏制经济下滑，确保经济回升提供了强有力支撑。杭州市全年实现社会消费品零售总额1 804.93亿元，增长15.8%。2009年市场消费热点突出，消费结构升级加快，全年车市始终保持较快增长，成为消费品市场一大亮点。

（4）对外贸易艰难复苏，出口降幅缓慢收窄。2009年，杭州市全面落实出口退税、信报补贴、展会补贴和电子商务进企业等措施积极应对，有效遏制了对外贸易的下滑势头。全年实现进出口总额404.17亿元，同比下降15.9%，降幅比上半年收窄6个百分点。其中出口271.8亿元，进口132.37亿元，分别下降19.1%和8.4%，降幅比上半年收窄5.1个和8.7个百分点。2009年12月是自2008年11月以来，首次实现正增长，当月实现进出口总额41.1亿美元，同比增长19.9%，环比增长22.3%。纺织服装等传统产业出口有所回稳，机电产品和高新技术产品出口降幅缓慢收窄。机电产品、高新技术产品分别出口102.97亿元、31.91亿元，同比下滑23.5%和35.6%，降幅分别比上半年收窄1.8个和3.5个百分点。

（5）财政收入稳步提高，企业效益明显好转。2009年，杭州市实施积极的财政政策，为企业减负解困，扩大财政投资保增长，优化支出结构保民生，全年财政总收入突破1 000亿元，达1 019.43亿元，增长12%。其中地方财政收入首超500亿元，达520.79亿元，增长14.4%。保增长、促转型、惠民生等支出保障较好，全年地方财政支出合计490.4亿元，增长16.9%，科技、社会保障和就业、医疗卫生、环境保护、农林水事务等支出分别增长19.0%、20.4%、24.7%、30.3%和19.2%。全年实现利税859.3亿元，利润495.99亿元，分别增长15.5%、20.8%，快于上半年19.7个和31.6个百分点，企业效益明显得到好转。

（6）居民收入稳定增长，价格指数探底回升。2009年，杭州市深入实施城乡居民收入5年倍增计划和低收入群众增收行动计划，着力提升群众的民生福利水平。市区城镇居民人均可支配收入26 864元，全市农民人均纯收入11 822元，分别增长11.5%和10.6%，扣除价格因素分别增长13.1%和12.2%。2009年，杭州市居民消费价格呈现先降后涨走势，8月份起价格降势明显趋缓，全年居民消费价格指数98.6，同比下降1.4%。工业品出厂价格和原材料购进价格也是从8月份开始结束了连续9个月降幅加大的趋势，降幅开始收窄，全年分别下降4.9%和7.8%。全市房屋销售价格从7月起结束下跌，全年平均上涨2.8%。

【金融运行】 2009年，在适度宽松货币政策背景下，杭州金融运行总体平稳，存贷款总量快速增长，信贷投向重点突出，为经济企稳回升提供了有力支持。

（1）存款总量快速增长，结构明显变化。截至2009年末，杭州金融机构本外币各项存款余额14 284.21亿元，全年新增2 950.87亿元，比上年多增960.94亿元；余额同比增长26%，增幅同比提高4.6个百分点。

一是企业存款增长强劲。全年本外币企业存款新增2 182.55亿元，同比多增1 449.27亿元，是上年同期增量的五倍。贷款迅猛增长和经济面持续回暖使企业资金面趋于宽松，这是企业存款迅猛增长的主要原因。

二是储蓄分流有所加剧。全年本外币储蓄存款新增810.3亿元，同比少增26.9亿元。股指攀升、IPO重启、创业板的推出吸引了社会资金大量涌入资本市场，房地产市场的强势反弹也使得大量居民储蓄通过购房款途径转化为企业存款，储蓄增势明显减弱。

三是其他存款持续减少。全年本外币其他存款减少82.25亿元，自8月以来，其他存款呈现持续下降态势，8—12月累计减少766.36亿元，主要是监管政策调整使得商业银行通过票据业务派生其他存款的冲动减弱。

（2）新增贷款创造历史，投向基本合理。截至2009年末，杭州金融机构本外币各项贷款余额13 113.30亿元，全年新增3 046.41亿元，是上年同期增量的近两倍，多增1 435.36亿元；余额同比增长30.26%，增速提高11.3个百分点。

从贷款投向看，一是中长期贷款显著多增。短期贷款新增903.77亿元，同比多增286.89亿元，中长期贷款新增1 936.68亿元，同比多增1 198.33亿元，票据融资新增70.54亿元，同比少增159.79亿元。二是个人融资需求得到充分满足。全年本外币个人贷款新增840.4亿元，占全部贷款增量（不含票据融资）的29%，高于上年同期19个百分点。制造业贷款新增572.8亿元，水利、环境和公共设施管理业新增562.4亿元，交通运输、批发零售、租赁商务等主要服务业贷款合计新增563.2亿元，房地产业贷款新增143.9亿元，分别占全部贷款增量的20%、19%、19%和5%。

（3）不良贷款有所上升，风险总体可控。在2009年整体经济低位运行、银行信贷高位增长的背景下，商业银行面临的信贷风险有所上升。截至年末，全市金融机构本外币不良贷款（五级分类）余额为147.33亿元，比年初增加21.42亿元；在贷款总量大幅增长的稀释作用下，不良贷款率为1.13%，比年初下降0.13个百分点。在严峻的经济形势下，2009年全市银行业不良贷款率保持在较低水平，风险总体可控，主要得益于三方面原因：一是金融机构在贯彻适度宽松货币政策的同时，能控制好风险，并加大风险拔备和呆账核销力度；二是政府部门健全了贷款风险补偿机制；三是政、银、企能够加强沟通协调，及时化解企业风险。

【金融市场】 2009年杭州资本市场、保险市场保持良好发展势头。证券发行交易依旧活跃，上市公司整体经营良好，期货公司继续保持优势；保费收入持续增长，保险体系逐步完善，保障功能得到充分发挥。

2009年，杭州市新增上市公司10家，其中三家为创业板公司，共募集资金30.46亿元。截至年底，全市共有上市公司64家，其中境内46家、境外18家，实现上市融资521.44亿元；全市证券经营机构累计代理交易47 414.45亿元，手续费收入48.92亿元，利润总额24.38亿元；全市期货经营累计代理交易12.48万亿元，手续费收入8.33亿元，利润总额2.88亿元。

2009年杭州实现保费收入159.69亿元，较上年增长9.2%。其中财产险保费收入59.56亿元，增长24.2%，人身险保费收入100.13亿元，增长1.9%。全国性财产保险公司浙商财险于7月份在杭州开业，完善了杭州的保险市场体系。全年共支付各类保险赔款49.9亿元，增长4.4%，其中财产险30.1亿元，增长3.6%，人身险19.8亿元，增长5.6%，充分发挥了保险的保障功能。

（周 望）

杭州市主要经济金融统计

（2005—2009年） 单位：亿元

项 目	2005年	2006年	2007年	2008年	2009年
国内生产总值	2 942.65	3 441.51	4 100.17	4 781.16	5 098.66
第一产业（增加值）	148.21	154.86	163.47	178.64	190.25
第二产业（增加值）	1 496.94	1 734.58	2 056.93	2 389.38	2 434.89
第三产业（增加值）	1 297.50	1 552.07	1 879.77	2 213.14	2 473.52
全社会固定资产投资	1 386.68	1 460.74	1 684.13	1 961.72	2 291.65
地方财政收入	250.46	301.39	391.62	455.35	520.79
地方财政支出	238.33	275.48	335.72	419.67	490.40
社会消费品零售总额	975.43	1 112.37	1 296.31	1 558.38	1 804.93
居民消费价格指数（以上年为100）	101.7	101.2	103.5	104.9	98.6
进出口总额（亿美元）	298.7	389.09	434.26	480.65	404.17
进 口（亿美元）	100.66	126.81	134.6	144.51	132.37
出 口（亿美元）	198.04	262.28	299.66	336.14	271.80

（续表）

项　　目	2005 年	2006 年	2007 年	2008 年	2009 年
全部金融机构各项存款(余额)	6 748.72	7 855.55	9 310.96	11 333.35	14 284.21
企业存款	2 787.13	3 320.40	4 242.51	4 690.71	6 728.99
财政存款	159.97	190.61	386.30	388.44	446.51
城乡储蓄存款	2 191.66	2 555.24	2 634.83	3 476.59	4 223.58
全部金融机构各项贷款(余额)	5 545.30	6 603.86	8 430.68	10 069.03	13 113.30
短期贷款	2 786.47	3 417.24	4 173.03	4 796.81	5 595.02
中长期贷款	2 136.50	2 604.66	3 664.19	4 413.89	6 227.99
现金投放(＋)回笼(－)	－190.48	－218.29	－232.54	－196.11	－167.50
全部保险机构保费收入	72.53	83.97	104.11	146.21	159.69
全部保险机构保险赔款支出(含满期给付)	17.65	22.06	41.14	47.79	49.90
全部保险机构保险密度(元/人)	1 103	1 266	1 556	2 167	2 375
全部保险机构保险深度(%)	2.46	2.44	2.54	3.06	3.13

注：全部金融机构各项存款、贷款余额的七项数据为本外币并表统计数(含外资金融机构)。

2. 宁　波　市

【经济概况】 2009 年宁波经济持续回升向好，增速逐季加快，投资增长高位运行，工业生产明显回升，经济效益快速提高。全市地区生产总值 4 214.60 亿元，按可比价格计算比上年增长 8.6%。分产业看，一、二、三产分别同比增长 4.1%、5.4% 和 13.3%；三次产业的比重为 4.4∶53.3∶42.3，第三产业占比同比上升 1.9 个百分点。

固定资产投资高位增长。全年完成全社会固定资产投资 2 004.22 亿元，同比增长 16.0%，增速同比提高 7.8 个百分点。其中，完成工业投资 769.35 亿元，增长 2.1%，增速同比回落 1.3 个百分点；完成基础设施投资 633.20 亿元，增长 15.2%，增速同比提高 2.4 个百分点；房地产投资 374.51 亿元，增长 21.7%，增速同比提高 29.3 个百分点。

社会消费增速持续上升。2009 年全社会消费品零售总额 1434.41 亿元，同比增长 15.9%，其中批发零售增长 16.2%；住宿餐饮业增长 12.8%。

工业生产增速明显回升。全年实现全部工业总产值 10 309.6 亿元，同比下降 1.6%。其中，规模以上企业完成产值 8 152.45 亿元，同比下降 3.6%；规模以上工业销售产值 7 925.42 亿元，下降 3.3%。随着工业生产的复苏，工业用电量持续回升。全年工业用电量 310.15 亿度，增长 2.4%。

港口吞吐量持续上扬。2009 年，宁波港累计吞吐量 38 384.77 万吨，同比增长 6.08%，增幅较上年提高 1.25 个百分点。受全球贸易严重萎缩的影响，集装箱吞吐量首次出现负增长。2009 年宁波港集装箱累计吞吐量 1 042.34 万标箱，同比下降 3.9%。

财政收入增速回升。全年实现财政一般预算收入 966.2 亿元，同比增长 19.2%，增速同比提高 7.2 个百分点，其中地方财政一般预算收入完成 432.8 亿元，增长 10.9%。财政一般预算支出 506.1 亿元，增长 15.1%。财政支出向保增长、保民生方面倾斜，交通运输、科学技术、农林水事务、城乡社区事务和教育支出分别增长 45.0%、22.3%、20.9%、15.0% 和 14.9%，而一般公共服务支出仅增长 6.8%，同比下降 6.4 个百分点。

企业效益快速提高。规模以上工业利税、利润 846.48 亿元、452.73 亿元，同比增长 75.2%、98.9%。企业亏损面 17.16%，亏损额 48.27 亿元，同比减少 63.8%。

居民收入较快增长。全年市区居民人均可支

配收入 27 368 元，同比增长 9.2%，增速同比下降 4.2 个百分点；市区居民人均消费性支出 18 203 元，增长 11.1%。农村居民人均纯收入 12 641 元，同比增长 10.4%，增速同比下降 3.5 个百分点；农村居民人均生活消费性支出 9 789 元，增长 6.7%。城乡居民收入差距由 2008 年的 2.210∶1 缩小为 2009 年的 2.165∶1。

CPI、PPI 同比下跌。全年市区居民消费价格指数为 99.4%，下跌 0.6 个百分点。原材料、燃料、动力购进价格指数为 88.99%，同比下降 11.01 个百分点，工业品出厂价格指数为 94.04%，下降 5.96 个百分点，出厂价格指数高于购进价格指数 5.05 个百分点。

房价持续上涨。全年市区房屋销售价格指数为 103.4%，其中新建房屋销售价格同比上涨 4.9%，二手房价格同比上涨 1.9%。

【金融运行】 2009 年，全市金融业积极贯彻适度宽松的货币政策，充分发挥资金保障与金融服务功能，有力地支持了区域经济企稳回升。

存款快速增长，社会流动性宽裕。2009 年末，全市金融机构本外币存款余额 8 241.43 亿元，同比增长 29.71%，增幅同比提高 10.03 个百分点；比年初增加 1 886.53 亿元，同比多增 814.11 亿元。2009 年末，全市金融机构本外币各项存款余额占全国、全省的比重分别为 1.35%、18.27%，比上年分别提高 0.02 和 0.36 个百分点。2009 年末，金融机构本外币存款同比增速分别高出全国、全省 2.04、2.57 个百分点。企事业单位存款增幅快速提高。2009 年末，全市企事业单位本外币存款余额 3 004.13 亿元，同比增长 38.22%，增幅同比提高 31.35 个百分点；比年初增加 826.41 亿元，同比多增 662.52 亿元。储蓄存款增势高位回落。2009 年末，全市储蓄存款余额 2 901.76 亿元，同比增长 21.09%，增幅同比下降 8.01 个百分点；比年初增加 504.69 亿元，同比少增 36.30 亿元。

贷款增长迅猛，投向基本合理。2009 年末，全市金融机构本外币贷款余额 7 715.91 亿元，同比增长 32.70%，增幅同比提高 15.51 个百分点。金融机构本外币贷款新增 1 900.33 亿元，比上年多增 1 020.38 亿元，是上年增量的 2.16 倍；全年金融机构资产净卖出 128.76 亿元。2009 年末，全市金融机构本外币各项贷款余额占全国比重为 1.81%，比上年降低 0.003 个百分点；本外币各项贷款余额占全省的比重为 19.67%，比上年提高 0.06 个百分点。

人民币贷款利率同比下降，企业融资成本降低。金融机构加权平均利率下降明显。2009 年第一、二、三、四季度人民币加权平均利率分别为 5.707%、5.711%、5.700%、5.836%，分别比上年同期下降 2.036 个、2.281 个、2.182 个、0.744 个百分点。企业融资成本降低。在适度宽松货币政策环境下，企业融资成本明显低于上年，且大型企业受益程度高于中小型企业。2009 年，大型企业下浮利率、基准利率贷款占比合计 89.42%，同比上升 10.8 个百分点，较中小型企业分别高出 21.24 个、55.67 个百分点，融资成本优势明显。

外汇收支、银行结售汇总规模双双减少。外汇收支总规模和顺差减少近两成，“双顺差”格局保持不变。2009 年，宁波市跨境收支总规模 750.9 亿美元，同比下降 19.6%；收支顺差 211.4 亿美元，下降 18.7%。经常项目收支顺差 185 亿美元，同比下降 15.3%；资本与金融项目收支顺差 26.4 亿美元，下降 40.4%。银行结售汇总规模减少两成。2009 年，宁波市银行结售汇总规模 494.1 亿美元，同比下降 23.9%。银行结售汇顺差 217.3 亿美元，同比增长 5.1%。

【货币政策】 切实贯彻落实适度宽松的货币政策。围绕“保增长、扩内需、调结构”工作部署，采取有效措施，着力保持信贷总量平稳较快增长，有效满足了经济发展合理的资金需求，支持地方经济社会平稳较快发展。一至四季度贷款分别增加 629.63 亿元、549.89 亿元、395.45 亿元和 325.36 亿元。法人金融机构 Shibor 建设取得突破，宁波银行以 Shibor 为基准的内部资金转移定价体系正式实施，运行顺利，起到了良好的示范效应，其他部分法人金融机构已尝试在同业存款、票据贴现等业务中运用 Shibor 定价。

金融对重点项目、中小企业支持力度加大。结合地方建设和经济结构调整的要求，将 2009 年全市重大项目、重点工程、企业技术改造等的融资需求加以整合，通报各金融机构，促进银政企联动对接，较好地满足了重点建设项目资金需求。探索建立全国首个外经贸企业网上融资平台，在辖内金融机构与近7 000家外经贸企业之间搭建了一个常态化的融资对接平台，全年共有11项、2.42亿元的融资需求通过平台成交。积极开展“融资洽谈服务月”、“信贷员进厂下乡”、“小银行进小企业”活动，并组织召开融资洽谈会、产品推介会、银汇贸协作洽谈会等70余次，融资金额180亿元。修订完善小企业信贷风险补偿机制，由市政府安排2 000万元小企业贷款奖励专项资金，鼓励银行业金融机构加大对小企业的信贷投入。

金融支持“三农”发展工作有新突破。创新信贷产品，加强对农村住房改造、改建的金融支持，辖区两家农村合作银行创新性地推出了“安居宝”等信贷产品，发放“农房两改”贷款3.43亿元。市政府安排500万元风险补偿资金，鼓励金融机构加大信贷支农力度。改进对弱势群体就业的金融服务，制定自主创业小额贷款操作规程，通过调整经办机构、扩展新政实施对象、调高贷款贴息额度、延长担保贷款期限、增加自然人保证模式等措施，推动小额担保贷款逐步向个人创业贷款过渡，全市自主创业小额担保贷款余额和累计发放量均列全省各地市之首。

【金融创新】 拓宽企业和农村可供融资担保财物的范围。在全省率先出台股权、专利权质押贷款实施意见，全面推广海域使用权抵押贷款。业务开办以来，海域使用权抵押贷款累计发放51笔，金额6.5亿元；股权质押贷款累计发放792笔，金额21.62亿元；专利权、商标权质押贷款累计发放18笔，金额5.05亿元。积极推动应收账款质押融资，自应收账款质押登记公示系统上线运行以来，累计发生质押登记和转让登记400多笔，融资额近120亿元。拓展农村有效担保物范围，开展农村住房抵押贷款试点和林权抵押贷款，满足农村地区多层次的资金需求。全市农房抵押贷款余额6 000万元，累计发放269笔，累放金额6 031万元。推出渔船捕捞证抵押贷款，解决渔民担保难题，共发放渔船捕捞证抵押贷款3.5亿元。改善区域融资结构，3家公司发行短期融资券28亿元，8家中小企业共同发行中小企业贷款集合信托5 000万元。加强银保合作，推出小额贷款保证保险业务，已有49个金融网点为无抵押、无担保小额贷款人的生产经营性活动提供融资服务。

【金融稳定】 加强对金融机构流动性状况、信贷集中度与信贷结构变化的监测，分析金融机构经营稳健性和金融风险特征，准确把握辖区金融稳定状况。加强对政府类融资平台的监测，重点分析评估政府负债的稳健性。进一步完善民间借贷利率监测，把典当、担保等机构纳入监测范围。对15家涉外企业外贸订单变化、应收账款坏账损失、汇兑损益和存货跌价损失、境外投资损益等情况实施按季监测，分析评估外贸企业风险状况。对全市金融稳定状况实施全面评估，就利率风险、信用风险、房地产金融风险等热点问题，通过压力测试等实施定量分析。强化对辖区国有银行分支机构以及农信社改革情况的监测和跟踪。积极探索金融稳定合作机制，召开宁波市金融稳定协调工作领导小组会议，增强各部门之间的沟通联系，合力维护区域金融稳定。

【金融市场】 2009年全市证券成交总额1.84万亿元，同比增长68.16%。2009年末，宁波市证券投资者股票账户数为74.06万户，比年初增加8.06万户；全市证券客户交易结算资金余额为167.54亿元，同比增长53.50%；托管市值954.75亿元，同比增长144.18%。保险业务稳步发展。2009年全市实现保费收入107.44亿元，同比增长23.4%。其中，财产险保费收入51.08亿元，增长26.6%；人身险保费收入56.37亿元，增长20.5%。保险公司赔款与给付累计支出36.29亿元，同比减少4.3%。

【金融服务】 优化完善支付清算体系。依托金融标准跨行业多应用和快速支付应用技术，推进市民卡工程建设，至2009年末已发行市民卡13.7万张，签约商户4 763家，金融POS改造11 144台，涉及餐饮等14个行业，已有10条主要公交线路可受理市民卡。中国银联、商业银行和通信运营商在金融 IC 卡多应用领域上的首次携手，在国内首创了金融 IC 卡手机多应用业务。中国人民银行苏宁副行长、李东荣行长助理对宁波金融 IC 卡建设给予了充分肯定，新华社、中央电视台等新闻媒体对金融 IC 卡进行了多方面的跟踪报道。开发运行宁波市银行卡特约商户收入资金入账系统，商家刷卡收入的销售资金回笼由 2 天到账提高到 1 天内到账，涉及商家 6 000 多家，日均清算资金约 1.8 亿元。开展第四届宁波市银行卡刷卡有奖活动，充分调动各方积极性，推动银行卡业务快速发展。提升个人支付结算服务水平，辖内 38 家银行开通同城个人跨行通兑业务，实现付费通业务全市城乡全覆盖，有效缓解了银行“排队难”问题。积极改善农村地区支付结算环境，制定便农支付工程方案，探索在乡镇建立农村支付结算服务站、实行挂牌服务的新模式，ATM 与 POS 机的乡镇布放率已分别达到 89.84%、100%。

做好国库管理和反假币工作。优化出口退税流程，在国库环节上实现退税凭证无纸化，并借助实时清算系统和财税库行横向联网系统，实现出口退税资金审核“1 小时办结”和划拨实时到账，得到国务院领导的重要批示和肯定。通过同城电子票据交换系统汇划预算收入与国库会计核算系统的对接，实现了财政部门征收的非税收入、海关部门征收的海关税收等全部预算收入的全面电子化处理。密切配合公安机关开展打击制贩假币犯罪“09 行动”，协助破获案件 22 起，其中 5 起为特大假币贩卖案。

【外汇管理】 简化流程，下放权限，改进外汇服务。全面实施出口收汇网上核销，并对信誉良好、无违法违规记录的出口企业逐步开通自动审核功能，目前网上核销率达 99%以上。简化出口收汇联网核查管理和进出口收付汇差额核销手续，适当放宽远期收汇备案条件，确保企业能及时得到出口退税。改革贸易进口付汇异地备案制度，在长三角地区实现“一次备案全年有效”，全年共有 42 家企业办理 1 279 笔登记付汇业务 5.75 亿美元。继续推进境外放款业务试点，共审批通过 13 笔境外放款申请，累计放款金额 2 718.84 万美元。调高出口企业预收货款和进口企业延期付汇的比例限制，有效满足企业预收货款和延期付款的额度需求。简便企业进口预付货款的流程，等值 3 万美元以下的预付货款不再纳入比例限制，70%以上的预付货款超比例企业可直接到银行办理超比例预付货款业务。简化贸易信贷和境外投资外汇审批程序，下放外商投资企业异地开立资本金账户审批权限，首开产权交易外汇账户。改进外商投资企业年检工作，建立会计师事务所“代申报”外汇年检机制，提高外汇年检数据质量和工作效率，辖内 6 199 家外商投资企业参检，外商投资企业参检率和通过率均达到 98.38%。灵活运用短期外债指标，通过调剂、增拨等方式，满足金融机构短期外债指标需求。

加强对外汇管理的政策宣传，维护辖区良好外汇市场秩序。开展“外汇新政与企业汇率避险服务宣传培训月”活动，提高企业汇率避险意识和能力。开展诚信兴商宣传月活动，编写《外汇法规与外汇检查典型案例》，组织召开“外汇诚信经营座谈会”，加强对社会公众和各涉汇主体的宣传和教育，引导诚信经商、诚信兴商。打击违法违规外汇活动，全年共立案查处各类外汇违法案件 71 起。各金融机构在外汇业务经营中积极履行代位监管职责，促进了辖区外汇业务的规范有序。

【金融资产质量】 资产质量总体保持良好，不良贷款反弹压力较大。2009 年末，按照贷款五级分类统计口径，全市银行业不良贷款余额99.24 亿元。全年新增不良贷款增加 19.27 亿元，同比多增 2.66 亿元；不良贷款率 1.29%，比年初下降 0.09 个百分点。其中，大型银行不良率 1.15%，比年初增加 0.16 个百分点；股份制商业银行不良率 1.07%，比年初下降 0.17 个百分点；城市商业银行不良率 1.24%，比年初下降 0.01 个百分点；农村合作金融机构不良率 2.44%，比年初下降 0.93 个百分点。

（陈达忠）

宁波市主要经济金融统计

(2005—2009年)

单位:亿元

项　　目	2005年	2006年	2007年	2008年	2009年
国内生产总值	2 446.31	2 864.50	3 433.08	3 964.10	4 214.60
第一产业(增加值)	132.26	139.50	153.64	167.40	183.80
第二产业(增加值)	1 341.46	1 575.90	1 888.68	2 196.70	2 247.80
第三产业(增加值)	975.59	1 149.10	1 390.76	1 600.00	1 783.00
全社会固定资产投资	1 336.30	1 543.00	1 597.90	1 728.20	2 004.22
地方财政收入	212.38	257.40	329.10	390.40	432.80
地方财政支出	264.77	292.70	371.00	439.40	506.10
社会消费品零售总额	759.83	882.50	1 035.46	1 238.00	1 434.41
居民消费价格指数(以上年为100)	102.00	101.90	103.90	105.00	99.40
进出口总额(亿美元)	334.94	422.10	565.00	678.40	608.10
进　口(亿美元)	112.61	134.40	182.40	215.10	221.60
出　口(亿美元)	222.33	287.70	382.60	463.30	386.50
全部金融机构各项存款(余额)	3 915.95	4 700.50	5 308.98	6 353.60	8 241.43
企业存款	1 493.02	1 748.87	2 033.70	2 173.39	3 004.13
财政存款	20.53	39.71	45.39	59.62	155.79
城乡储蓄存款	1 503.06	1 792.52	1 856.20	2 396.31	2 901.76
全部金融机构各项贷款(余额)	3 089.36	3 910.00	4 961.89	5 820.80	7 715.91
短期贷款	1 779.05	2 291.48	2 893.10	3 242.92	3 993.36
中长期贷款	1 033.21	1 356.66	1 816.30	2 184.77	3 205.47
现金投放(+)回笼(-)	168.92	188.20	220.05	252.35	256.77
全部金融机构保费收入	51.18	59.14	72.22	87.14	107.44
全部保险机构保险赔款支出(含满期给付)	17.08	20.20	26.28	37.90	36.30
全部保险机构保险密度(元/人)	919	1 055	1 279	1 534	1 881
全部保险机构保险深度(%)	2.09	2.06	2.10	2.20	2.54

注:全部金融机构各项存款、贷款余额的七项数据为本外币并表统计数(含外资金融机构)。

3. 嘉　兴　市

【经济概况】 2009年,嘉兴市经济运行稳步回升向好,GDP增速逐季加快。生产总值1 918亿元,按可比价计算增长9.3%。

(1) 投资和消费平稳较快增长。2009年,嘉兴市完成限额以上投资1 123.0亿元,增长23.8%,增幅比上年提高12.6个百分点。实现社会消费品零售总额694.3亿元,增长15.8%。

(2) 工业生产、经济收入、市场物价逐季回升。2009年,嘉兴市规模以上工业总产值3 876.4亿元,同比增长3.7%,增幅分别比前三季度、上半年提高7.0个、10.1个百分点。规模以上工业企业实现利润195.8亿元,增长45.3%,增幅分别比前三季度、上半年提高41.7个、60.6个百分点。完成财政一般预算收入279.4亿元,增长10.8%,其中地方财政一般预算收入141.7亿元,增长11.7%,增幅分别比前三季度、上半年提高2.1个、4.2个百分点。城镇居民可支配收入24 693

元，增长9.8%，农村居民人均纯收入12 685元，增长9.9%。12月，市区居民消费价格同比上涨1.6%，分别比9月、6月回升2.7个、3.5个百分点。

(3) 对外贸易和利用外资降幅收窄。2009年上半年，嘉兴市外贸和外资受金融危机冲击降幅较大，下半年随全球经济复苏降幅收窄。2009年，嘉兴市进出口总额172.1亿美元，同比下降13.3%，其中：出口总额123.4亿美元，同比下降12.5%，降幅分别比前三季度、上半年收窄4.2个、5.6个百分点。合同利用外资26.2亿美元，同比增长14.7%；实际利用外资13.4亿美元，同比下降1.9%，降幅分别比前三季度、上半年收窄26.1个、24.1个百分点。

【货币政策】 2009年，中国人民银行嘉兴市中心支行认真贯彻落实适度宽松的货币政策，把握工作重点，突出工作亮点，加强货币信贷政策和产业政策、财政政策等的协调配合，支持全市经济平稳较快发展。

(1) 认真执行适度宽松货币政策，促进信贷合理平稳增长。一是畅通政策传导机制。注重与政府部门的沟通，互通信息，加强合作。二是促进信贷合理平稳增长。根据不同需求在市、县、乡镇各不同层次搭建合作平台，举办银企合作签约、对接、恳谈会共8次，签约企业共610家，授信金额369.23亿元，创历年来新高。三是加强窗口指导力度。年初，嘉兴市中支根据《关于加大金融对经济增长支持力度的若干指导意见》，强调在严峻的经济环境下，金融部门有责任、有必要发挥好对地方经济资金配置的作用，实现银行与企业共生共荣共发展。年中，嘉兴市中支针对新增贷款流入工业实体经济相对较少，中小企业融资相对困难的情况，迅速出台了《关于加大金融支持中小企业力度推进工业经济发展的通知》，提出了全年新增工业项目贷款的目标、完善中小企业授权授信制度等九点意见。2009年，嘉兴市中支结合嘉兴发展实际，还出台了《关于推进金融支持统筹城乡发展的指导意见》，提出了12条加快金融支持统筹城乡发展的有效措施。

(2) 加强货币政策工具管理，加大金融对经济发展的支持。一是加强存款准备金管理。认真做好存款准备金率调整的相关工作，及时上报准备金率调整有关情况。进一步做好存款准备金日常管理工作，加强与营业部门的联系，认真开展对金融机构存款准备金交存合规性的检查，认真执行存款准备金处罚情况报备制度。二是强化利率管理。做好利率监测按月执行的各项工作，对利率监测系统的月度、季度金融机构利率执行情况数据监测审核实行双人严格把关。三是完善汇率工作机制。充分发挥汇率重点联系企业网络，加强与嘉兴市外经贸、海关等涉外经济管理部门联系。

(3) 立足统筹城乡，加大涉农信贷投入。一是省市联动，突出支持重点。嘉兴在全省率先启动"市级政府与省级人行"签约合作，嘉兴市政府与人行杭州中心支行签订了《关于共同推进农村现代金融制度建设促进嘉兴统筹城乡发展的合作协议》。同时出台《关于推进金融支持统筹城乡发展的指导意见》，有力地促进统筹城乡综合配套改革工作。二是开展农信社专项央行票据兑付后监测评估工作。进一步完善监测考核机制，建立日常监督与年度考核相结合、现场抽查与非现场考核相结合、动态监测与实地考核相结合的框架，加强对已兑付联社的考核评价与日常监测，不断增强支农服务功能。

(4) 多方创造条件，方便中小企业融资。一是搭建政、银、企合作平台，改善中小企业融资环境。组织各种推介对接活动，加强与有关部门的协调配合，合力推进"千家成长万家培育"中小企业金融支持计划，做好2009年度小企业贷款风险补偿工作。二是积极推进小额贷款公司试点工作。会同政府、工商、银监等部门召开嘉兴市小额贷款公司联席会议，专门邀请了省金融办分管处室领导参加，及时汇编和下发政策文件，为小额贷款公司快速发展提供了良好的服务环境。三是不断促进银行与担保机构合作。2009年，嘉兴市中支会同市经贸委、银监局联合召开嘉兴市银行业金融机构与中小企业担保机构互利合作对接推进会，加大了推进银保合作支持中小企业发展的工作力度，推进会上就有5家商业银行与5家担保机构签订了合作协议，累计担保合作额度达16.4

亿元。四是引导金融机构加强产品和担保方式创新。2009 年,嘉兴市中支积极参与并成功促成了嘉兴市第一笔商标专用权质押贷款,协议金额达 3 000 万元,为中小企业盘活无形资产提供了有益借鉴。嘉兴市中支还与市财政、市经贸委共同推出财政归集间隙资金,金融机构等额配套的中小企业纯信用贷款,发放近 4 亿元,发放企业 200 多家。

【金融运行】 2009 年,在适度宽松的货币政策作用下,嘉兴市货币信贷总量快速增长。贷款投放持续加快,存款增长前快后缓,资金价格有所回落。

(1) 各项存款较快增长。12 月末,嘉兴市金融机构本外币各项存款余额 2 904.2 亿元,比年初增加 676.4 亿元,同比多增 285.8 亿元,余额同比增长 30.4%,比上年提高 9.0 个百分点。其中,人民币各项存款余额 2 853.3 亿元,比年初增加 667.1 亿元,同比多增 278.9 亿元。

(2) 贷款持续快速增长。12 月末,嘉兴市金融机构本外币各项贷款余额 2 278.7 亿元,比年初增加 610.2 亿元,同比多增 345.9 亿元,余额同比增长 36.6%,比上年提高 18.3 个百分点。其中,人民币各项贷款余额 2 170.6 亿元,比年初增加 566.7 亿元,同比多增 308.5 亿元。

(3) 国际收支降幅收窄。嘉兴市国际收支上半年快速下降,下半年降幅收窄。2009 年,嘉兴市国际收支总计 183.9 亿美元,同比下降9.2%,降幅分别比前三季度、上半年收窄 5.5 个、8.8 个百分点。其中:收入 128.7 亿美元,同比下降 12.4%;支出 55.2 亿美元,同比下降 0.7%;收支顺差73.6 亿美元,同比下降 19.5%。

(4) 现金收支净投放减少。2009 年,嘉兴市金融机构累计现金收入 5 030.0 亿元,同比增长 2.5%;累计现金支出 5 080.9 亿元,同比增长 2.0%。全年收支轧抵累计净投放现金 50.9 亿元,比上年少投放 20.9 亿元。

(5) 银行资产质量良好。12 月末,金融机构本外币不良贷款余额 28.0 亿元,比年初减少 7.1 亿元;不良贷款率 1.2%,比年初下降 0.9 个百分点。金融机构累计实现账面利润 56.3 亿元,比上年增加 3.7 亿元,同比增长 7.1%。

【金融市场】 12 月末,嘉兴市累计证券交易额 5 091.1 亿元,同比增长 100.7%;证券保证金余额 58.8 亿元,同比增长 137.4%。累计保费收入 47.3 亿元,同比增长 10.2%;累计赔款和给付支出 15.8 亿元,同比减少 5.2%。

【金融创新】 2009 年,嘉兴市金融机构深化产品创新,支持统筹城乡发展。如创新推出的"农钻通"、"金土地"等土地经营权抵押贷款,既有效支持了农业经济发展,又成功加速了农村土地经营权流转;再如对参加"两分两换"的农民建房推出的新农村建设农民建房配套贷款业务,加快了农户从分散居住到集中居住的步伐,提速了农村土地流转进程;2009 年嘉兴市中支还会同市农办、市联社出台了《农村住房置换担保贷款实施意见》,在全市范围内积极开展农村住房置换担保贷款。

(郑 飞)

嘉兴市主要经济金融统计

(2005—2009 年)

单位:亿元

项 目	2005 年	2006 年	2007 年	2008 年	2009 年
国内生产总值	1 155.71	1 343.10	1 585.18	1 815.30	1 917.96
第一产业(增加值)	81.54	86.47	100.22	105.52	107.01
第二产业(增加值)	681.01	806.21	947.26	1 085.29	1 111.74
第三产业(增加值)	393.16	450.42	537.70	624.49	699.21
全社会固定资产投资	732.89	800.21	900.01	1 006.70	1 233.34
地方财政收入	66.79	81.55	105.24	126.87	141.70
地方财政支出	73.5	86.35	107.42	135.92	161.11

（续表）

项　　目	2005 年	2006 年	2007 年	2008 年	2009 年
社会消费品零售总额	374.44	429.72	501.22	599.61	694.30
居民消费价格指数(以上年为 100)	101.5	101.2	106.0	105.2	99.1
进出口总额(亿美元)	99.22	126.54	160.62	198.33	172.04
进　口(亿美元)	28.78	34.78	43.88	57.29	48.63
出　口(亿美元)	70.44	91.76	116.74	141.04	123.41
全部金融机构各项存款(余额)	1 377.71	1 629.85	1 834.44	2 227.82	2 904.21
企业存款	412.88	489.80	595.00	628.04	955.10
财政存款	12.78	17.37	23.07	21.78	30.06
城乡储蓄存款	751.33	863.66	916.62	1 155.38	1 376.76
全部金融机构各项贷款(余额)	1 010.8	1 188.64	1 410.03	1 668.42	2 278.65
短期贷款	543.84	657.26	803.08	905.00	1 156.87
中长期贷款	437.08	489.98	573.19	668.74	1 029.32
现金净投放(＋)回笼(－)	107.17	114.83	106.30	71.90	50.89
全部保险机构保费收入	27.14	30.75	35.64	42.88	47.25
全部保险机构保险赔款支出(含满期给付)	6.64	9.91	20.11	16.69	15.82
全部保险机构保险密度(元/人)	811.77	916.41	1 060.71	1 273.12	1 397.93
全部保险机构保险深度(%)	2.35	2.29	2.29	2.36	2.46

注：全部金融机构各项存款、贷款余额的七项数据(不含财政存款)为本外币并表统计数(含外资金融机构)。

4. 湖　州　市

【经济概况】 2009 年，实现地区生产总值(GDP)1 111.50 亿元，按可比价格计算，比上年增长 10.2%。分产业看，第一产业增加值为 89.74 亿元，增长 3.0%；第二产业增加值 617.76 亿元，增长 8.3%，其中工业增加值 554.24 亿元，增长 8.0%；第三产业增加值 404 亿元，增长 14.8%。三次产业比例为 8.1∶55.6∶36.3。按户籍人口计算的人均 GDP 为 42 942 元，增长 9.9%，折合 6 286 美元；按常住人口计算的人均 GDP 为 39 206元，增长 9.2%，折合 5 739 美元。全年实现农林牧渔业总产值 153.09 亿元，比上年增长 4.7%。全年实现规模以上工业总产值 2 186.85 亿元，比上年增长 9.6%，全年规模以上工业实现主营业务收入 2 071.13 亿元，比上年增长 9.0%；利税 167.63 亿元，其中利润 100.27 亿元，分别增长 18.9%、30.9%。全年完成全社会固定资产投资 637.84 亿元，比上年增长 20.8%，全年限额以上固定资产投资项目 2 246 个，完成投资额 591.76 亿元，增长 21.9%，全年完成房地产开发投资 110.47亿元，增长 3.4%。全市外贸进出口总额 48.33 亿美元，比上年下降 13.6%。其中，出口 40.76 亿美元，下降 16.9%；进口 7.57 亿美元，增长 10.2%。全年新批准及增减资利用外资项目 374 个，其中新批外商投资企业 179 家，批准增资项目 120 个。全年合同外资 17.15 亿美元。全年接待国内外旅游人数 2 349.96 万人次，比上年增长 19.1%。全年实现财政总收入 146.69 亿元，其中地方财政收入 80.01 亿元，分别比上年增长 9.7%和 11.7%。财政总收入占 GDP 的比重为 13.2%。全年实现社会消费品零售总额 442.57 亿元，比上年增长 15.8%。全年居民消费价格总水平比上年下降 0.8%。

【货币政策】 围绕“保增长，调结构，扩内需”，坚持以发展为第一要务，根据经济金融形势变化，切实加强窗口指导，努力畅通货币政策传导渠道，有效贯彻适度宽松的货币政策，先后研究制定了《2009年湖州市货币信贷工作的指导意见》、《关于2009年度金融支持新农村建设工作方案》、《关于金融支持农村住房改造建设的若干意见》等指导性文件，明确信贷增长"三个高于"的年度目标，突出"重大项目、中小企业、'三农'、民生"四大信贷支持重点领域，积极培育新的消费增长点。加强货币信贷政策与其他政策的配合，配合落实农业贷款风险补偿、小企业贷款风险补偿、银行与担保机构合作奖励等制度，有效发挥地方财政对信贷投放的激励引导作用，共同推动专利权质押贷款管理办法、商标专用权质押贷款暂行规定等政策的实施。

【金融运行】 年末全市本外币各项存款余额1 397.69亿元，比年初增加379.94亿元，同比多增177.71亿元，同比增长37.88%，增速高于上年同期12.9个百分点，高于全省10.5个百分点，列全省第1位。全市本外币贷款余额达到1 150.71亿元，比年初增加358.89亿元，新增额是上年同期的3.1倍，同比增长46.4%，增速比上年同期提高29.8个百分点，高于全省14个百分点，增速列全省第1位。金融机构不良贷款余额7.86亿元，较年初减少1.17亿元；不良贷款率0.68%，比年初下降0.46个百分点。

【金融市场】 全年实现证券交易额2 534.1亿元，同比增长101.6%。全市新增久立特材、美都控股和华港实业3家上市公司，融资总额14.8亿元。年末全市已拥有境外挂牌企业2家，境内上市企业7家。市交投二期、长兴交投各15亿元债券顺利发行。成功引进中信、招商等异地股份制银行。新增小额贷款公司试点名额5家。保险公司全年保费收入31.45亿元，增长7.2%。其中，财产险保费收入11.01亿元，增长26.4%；人身险保费收入20.44亿元，下降0.9%。各类保险赔款支出6.35亿元，下降30.7%。其中，财险赔款5.64亿元，下降33.9%；寿险赔款7 163万元，增长11.3%。

【金融稳定】 金融改革开放持续推进，制定并通过地方政府印发了《关于主动融入上海国际金融中心建设 加快促进湖州金融业发展的实施意见》，有效促进了区域金融合作。全年先后有2家股份制银行、1家保险公司的分支机构在湖开业，2家股份制银行、1家保险公司的分支机构获准筹建，2家小额贷款公司设立。加强和改进风险监控，强化重点领域的风险监测，建立信贷风险监测和信息报告制度，对银行机构各类风险状况和50家重点监测对象实行动态监测。出台《湖州市民间借贷监测试行办法》，初步形成覆盖县区的民间借贷监测网络。提升金融突出公共事件的应急处置能力。探索面向整个金融系统的应急管理机制。

【金融服务】 以改进农村支付结算服务为重点，发挥现代化支付体系功能。着力改善农村支付结算环境。进一步扩大支付系统在农村地区的覆盖面，实施"一户通"缴税费系统县区推广建设。积极推广非现金支付工具运用，加快银行卡产业发展，年内实现了反假货币工作站在全辖所有行政村的100%全覆盖、ATM机在全辖所有中心集镇的100%全覆盖、支付系统在全辖所有农村金融机构的100%全覆盖。在省内率先开展国库购房直补业务和"送国债下乡"活动。

【外汇管理】 加快外汇管理改革与服务创新步伐，坚持服务与监管并举，大胆探索创新。大力促进贸易投资便利化，创新举措帮助涉汇企业有效应对国际金融危机，扶持企业"走出去"，建立与涉汇主体的双向交流平台。利用互联网电子信箱开辟"3A"直通车（Anytime、Anywhere、Anyone），确保涉汇主体无论何时、何地、何人都可以就外汇政策与服务事项进行咨询。大力探索各种有效监管方式，开展主体监管全省试点工作，深入实践外汇管理职能"五个转变"，出台《湖州市中心支局外汇主体监管实施方案》和《湖州市外汇主体监管办法》等制度。

【征信管理】 在有效督促金融机构提高系统数据质量的基础上，推动信用体系建设，积极发挥系统的信贷风险防范功能。建立征信信息与法院执行信息共享机制。加强征信制度建设，就征信信息查询、使用以及异议处理等方面进行规范。推动公积金个人信用报告的应用，地方公积金中心截至12月末贷前查询个人信用报告达1万次，因信用不良被拒的申请82笔，金额达1 045万元，有效扩大了征信系统和信用报告的社会影响力。

（徐鹏峰）

湖州市主要经济金融统计

（2005—2009年）

单位：亿元

项　　目	2005年	2006年	2007年	2008年	2009年
国内生产总值	640.05	760.89	895.94	1 034.89	1 111.50
第一产业（增加值）	63.00	65.12	73.29	82.63	89.74
第二产业（增加值）	351.70	435.31	510.74	593.56	617.76
第三产业（增加值）	225.35	260.46	311.91	358.70	404
全社会固定资产投资	433.08	479.62	458.32	525.24	637.84
地方财政收入	39.73	49.79	61.68	71.61	80.01
地方财政支出	44.08	55.93	68.82	86.42	108.51
社会消费品零售总额	237.75	273.80	319.25	382.11	442.57
居民消费价格指数（以上年为100）	101.2	100.0	104.00	105.10	99.20
进出口总额（亿美元）	22.71	30.10	42.65	55.88	48.33
进　口（亿美元）	2.75	3.42	5.89	6.87	7.57
出　口（亿美元）	19.96	26.68	36.76	49.01	40.76
全部金融机构各项存款（余额）	608.43	717.10	811.45	1 013.73	1 397.68
企业存款	162.17	185.86	234.64	274.33	444.04
财政存款	11.32	11.35	12.31	7.13	9.76
城乡储蓄存款	336.22	392.00	417.31	542.18	688.32
全部金融机构各项贷款（余额）	461.39	559.06	674.11	786.04	1 150.71
短期贷款	248.97	319.96	398.57	449 353	624.98
中长期贷款	198.07	219.67	256.41	316.41	477.41
现金投放（＋）回笼（－）	25.28	28.44	33.94	38.49	38.77
全部保险机构保费收入	15.75	17.65	20.08	29.33	31.45
全部保险机构保险赔款支出（含满期给付）	4.01	4.01	4.35	9.17	6.35
全部保险机构保险密度（元/人）	614.13	682.17	717.08	1 135.01	1 209.62
全部保险机构保险深度（%）	2.46	2.31	2.24	2.84	2.83

注：全部金融机构各项存款、贷款余额的七项数据（不含财政存款）为本外币并表统计数（含外资金融机构）。

5. 绍　兴　市

【经济概况】 绍兴是长江三角洲南翼重点开发开放城市，是首批国家级历史文化名城，下辖绍兴县、诸暨市、上虞市、嵊州市、新昌县和越城区，面积8 256平方公里，人口437万，其中市区面积339平方公里，人口65万，经济总量居长三角地区第9位。当年全市实现GDP为2 375亿元，增长9.3%，比上年度高出0.3个百分点。人均GDP达7 951美元。全社会固定资产投资1 055亿元，增长15.2%，比上年加快6.9个百分点。其中，基础设施投资173亿元，增长49.6%；工业性投资586亿元，增长9.8%；房地产开发投资

210 亿元，增长 4.2%。全市外贸进出口总额 205 亿美元，同比下降 13.97%。其中，全年累计自营出口 158 亿美元，同比下降 9.91%；全年累计进口 47 亿美元，同比下降 25.19%。年末 2 个月的月度进出口总额出现“正增长”，外贸形势回暖。全市累计实现社会消费品零售总额 718 亿元，增长 16.0%。商品房销售面积和销售额“翻番”增长，增速分别高达 145.3%和 179.3%。城镇居民人均可支配收入和农村居民人均现金收入分别为 26 874 元、12 026 元，增长 9%和 9.8%。全市 5 127家规上工业企业实现利润 289 亿元，增长 13.8%，且全市纺织、化学、医药等十大工业行业利润全面“正增长”。地方财政收入 160 亿元，增长 11.7%；财政支出 169 亿元，增长 17.7%。12 月，市区 CPI 同比上升 1.5%，这是在持续十个月负增长之后连续第二个月正增长；PPI 和原材料燃料动力购进价格指数同比分别上升 3.14%和 2.77%，均为国际金融危机以来持续负增长后的首月正增长。

【货币政策】 一是强指导，建机制，贯彻各项货币政策。发布《2009 年绍兴市货币信贷工作指导意见》，出台《绍兴市信贷政策导向效果综合评估办法》，开展农村信用社专项央票兑付后年度测评，推动农信社改革发展。二是搭平台，创产品，支持地方经济发展。牵头出台《关于绍兴市信贷支持五大产业发展的实施意见》，监测五大产业及其重点企业信贷支持情况。根据“三年建设计划”，按月督查金融机构对重点项目的支持情况。牵头开展为期 6 个月的“三送”（送资金、送服务、送信心）系列活动，组织开展以“深入基层、加强服务、同舟共济、共克时艰”为主题的“万名信贷员下厂入户活动”。联合市经贸委举办了“节能技术推广与节能项目银企对接会”。努力通过金融手段促进“保增长、抓转型、重民生、促稳定”目标的实现。联合市环保局制定《绍兴市排污权抵押贷款管理办法（试行）》，联合林业局出台《绍兴市森林资源资产抵（质）押管理办法》，联合科技局出台《绍兴市专利权质押贷款管理办法》。三是重和谐，扶弱小，支持信贷弱势群体发展。向部分农村合作银行发放支农再贷款，保障金融支持新农村建设的资金供应。推进全市农业贷款风险补偿工作，修订《绍兴市低收入农户小额创业贷款管理办法（试行）》。利用再贴现工具对支持中小企业力度较大的银行通过办理再贴现业务予以扶持，推进小企业贷款风险补偿工作，开展助学贷款宣传，配合劳动等部门建立“绍兴市创业指导专家组”，修订《绍兴市下岗失业人员小额贷款管理办法》。四是多形式，重实效，推进利率市场化建设。成立绍兴市中心支行利率市场化推进领导小组，开展利率管理劳动竞赛活动，向金融机构及工商企业发送《利率市场化宣传手册》及《Shibor 宣传手册》各万余册，推出《利率市场化宣传与应用推进专刊》，邀请资金管理及投资银行专家讲解“基准利率选择及其在金融产品定价中的应用”问题。

【金融运行】 金融方面，全市金融机构认真贯彻执行适度宽松货币政策，存款出现分流，贷款高速增长。主要特点如下：

存款总量增加，增速高位回落。全市各项存款年末余额 4 140 亿元，比年初增加 876 亿元，同比多增 276 亿元，余额同比增长 26.9%，同比提高 4.3 个百分点，但比 2 月份的最高点（35.4%）回落 8.54 个百分点。存款增量列全省第 4，增速第 6。分结构看，全市储蓄存款新增 291 亿元，同比少增 28 亿元，余额同比增速由 1 月份的最高 48.8%回落至 12 月份的 20.5%适中水平。储蓄持续分流与房市、股市火爆密切相关。全市保证金存款下降 171 亿元，上年同期为增加 280 亿元。全市企事业单位存款新增 601 亿元，同比多增 577 亿元；余额同比增速由上年 12 月的最低点 3.02% 上升至当年 12 月末的 73.6%。

贷款大量投放，增量翻番，增速为 GDP 的3.5 倍。12 月末，全市金融机构本外币各项贷款余额 3 297 亿元，比年初新增 806 亿元，同比多增 403 亿元，增量翻一番，余额同比增长 32.4%，同比提高 13.2 个百分点，是 GDP 增速的 3.5 倍，比全省平均高出 0.35 个百分点。全年贷款增量主要投向工业 44.0%、个人 20.0%、商贸服务 13.8%、公共设施业 9.9%和房地产建筑业 7.3%，工业仍是增量贷款投放重点。增速前五位依次是公共设施业46.4%、个人贷款37.6%、商贸服务业36.7%、农林牧渔业33.9%和工业28.3%，其中个人贷款、公共设施业贷款、农林牧渔业增速较快提高，分别提高30.8个、25.0个和23.3个百分点。全年中小企业贷款新增505.6亿元，占全部企业新增贷款的89.56%。从增速看，增长最快的为小型企业，比年初增长44.7%，高于全部企业贷款增速14.0个百分点；中型企业与全部企业贷款增速保持同步；大型企业仅比年初增长14.8%，低于全部企业贷款增速15.9个百分点。

异地金融机构对全市企业本外币各项信贷余额1 481.2亿元，比年初新增224.8亿元，同比多增106.9亿元，余额同比增长17.89%。其中，异地金融机构各项本外币贷款余额1 041.9亿元，比年初增207.0亿元，同比多增113.9亿元，余额同比增长24.79%。

全市6家小额贷款公司注册资本12亿元，从银行业金融机构融入资金3.8亿元。全市小额贷款公司年末贷款余额16.39亿元，比年初增加13.56亿元，同比多增10.72亿元，余额同比增长4.8倍。全市小额贷款公司当年累计发放贷款129亿元，比上年扩大了10倍，当年累计支持了4 108家个人和小企业客户的资金需求。各小额贷款公司的全年加权平均年利率为17.21%，在央行基准利率的4倍以内，对民间高利贷的利率走势起到一定的抑制作用。

【金融市场】 证券市场回暖，保险市场平稳。2009年末，全市证券资金账户新增开户数3.7万户，同比多增0.5万户；当年累计证券总交易额为8 310亿元，同比增长52.3%，证券机构实现利润额6.15亿元，同比增长44.9%。全市保险机构保费收入47.5亿元，同比增长15%，增幅回落2个百分点。其中寿险保费收入增长13.7%，同比回落6.7个百分点；财险保费收入增长18.2%，同比提高6.1个百分点。

（徐明昌）

绍兴市主要经济金融统计

（2005—2009年）

单位：亿元

项　　目	2005年	2006年	2007年	2008年	2009年
国内生产总值	1 440	1 678	1 971	2 223	2 375
第一产业（增加值）	95	97	108	117	124
第二产业（增加值）	879	1 019	1 195	1 329	1 361
第三产业（增加值）	467	562	668	777	890
全社会固定资产投资	700	765	843	913	1 055
地方财政收入	76	95	122	144	160
地方财政支出	80	95	114	144	170
社会消费品零售总额	382	441	515	619	718
居民消费价格指数（以上年为100）	101.2	101.4	103.7	105.0	99.1
进出口总额（亿美元）	105	139	193	238	205
进　口（亿美元）	24	34	55	63	47
出　口（亿美元）	81	105	138	175	158
全部金融机构各项存款（余额）	1 897	2 296	2 663	3 263	4 140
企业存款	523	621	793	817	1 418
财政存款	29	34	65	60	73
城乡储蓄存款	906	1 061	1 098	1 416	1 707
全部金融机构各项贷款（余额）	1 422	1 739	2 091	2 491	3 297
短期贷款	1 069	1 323	1 581	1 885	2 404

（续表）

项　　目	2005 年	2006 年	2007 年	2008 年	2009 年
中长期贷款	302	330	423	499	733
现金投放(＋)回笼(－)	133	141	162	154	22
全部保险机构保费收入	25	29.5	35.2	41.2	47.5
全部保险机构保险赔款支出（含满期给付）	7	7.25	11.97	15.8	12.9
全部保险机构保险密度(元/人)	570	678	807	941	1 080
全部保险机构保险深度(%)	1.89	1.76	1.79	1.85	2.0

注：全部金融机构各项存款、贷款余额的七项数据为本外币并表统计数(含外资金融机构)。

6. 舟　山　市

【经济概况】 2009 年，在舟山市委、市政府“以港兴市、全面跨越”战略的指引下，全市有效抵御了国际金融危机的影响，经济社会保持了平稳较快的发展态势。随着 2009 年底舟山跨海大桥的建成通车，舟山在长三角地区的独特区位优势进一步显现，海洋经济和临港产业快速发展。2009 年，全市实现地区生产总值 533.26 亿元，同比增长 11%，三大产业的结构比例为 9.6∶46.6∶43.8。海洋经济发展势头强劲，全市实现海洋经济增加值 358 亿元，同比增长11.8%，海洋经济占全市 GDP 的比重达到 67.2%，有力地支撑了全市经济的平稳较快发展。全年居民消费价格总水平同比下降 0.8%。

2009 年，舟山全社会固定资产投资额 400.7 亿元，同比增长 18%。全市实现工业总产值 1 006.3 亿元，同比增长 20.9%。全市港口货物吞吐量 1.93 亿吨，同比增长 21.7%。全市实现社会消费品零售总额 181.69 亿元，同比增长 15.1%。按海关统计口径(含保税仓库货物)，全市地方外贸进出口总额 70.23 亿美元，同比增长 16%，其中，出口 37.39 亿美元，同比增长 13.8%，进口 32.84 亿元，同比增长 18.7%。财政、居民、企业三大收入持续增长，全市财政总收入 77 亿元，同比增长 15.5%，其中，地方财政一般收入 48.8 亿元，同比增长 13%。全市城镇居民人均可支配收入 24 082 元，同比增长 8.2%，渔农村居民人均现金收入 12 612 元，同比增长 11%。

【货币政策】 2009 年，中国人民银行舟山市中心支行认真贯彻执行适度宽松的货币政策，加强信贷窗口指导，积极组织金融机构采取多项措施抵御国际金融危机的影响，保持了货币信贷政策的连续性、稳定性和有效性，促进了地方经济的平稳较快发展。

加强窗口指导，促进经济金融良性互动发展。2009 年，中国人民银行舟山市中心支行制定出台了《2009 年金融支持海洋经济指导意见》、《金融支持舟山市新农村建设的指导意见》、《金融支持舟山水产精深加工指导意见》、《关于金融支持舟山市农村住房改造建设的指导意见》、《关于进一步加强对 2009 年旺季水产品收购金融支持的通知》等一系列信贷指导意见，引导金融机构积极向上级行争取规模和资金，支持符合国家产业政策和市场准入条件的项目建设，推动舟山海洋经济的快速发展。按照“区别对待、有保有压”的原则，及时为有市场、有效益、有利于增加就业的企业提供金融支持。

积极推进企业的融资平台建设，努力缓解中小企业融资难问题。一是与舟山市外经贸委、市国税局联合发布《关于办理船舶企业出口退税银行保函业务的通知》，积极支持船舶企业出口。二是与舟山市海洋与渔业局联合出台了《舟山市海域使用权抵押融资试行办法》，努力缓解中小企业和渔农村融资抵押难问题。三是与舟山市财政局和舟山银监分局联合出台了《舟山市中小企业信用贷款资金管理办法》，推动中小企业信用贷款的发放。四是制定了《舟山市小额担保贷款管理办法》,推进小额担保贷款业务的开展。五是开展了金融机构支持中小企业发展情况的评估,促进金融机构进一步加大对中小企业的金融支持力度。

做好金融支持"保稳促调"的工作,抵御国际金融危机带来的影响。一是实施银行间信贷协调机制,按照有利于经济发展和金融稳定的目标要求,开展协调工作,维护舟山经济金融稳定与安全。二是执行主债权银行管理制度。以贷款余额最高银行为企业的主债权银行,负责对企业业务经营、资金运营等情况调查、分析,发现异常及时向协调小组报告。同时,非主债权银行发现企业业务经营、资金运营中存在异常情况的,也及时向协调小组报告。三是执行信贷退出约定制度,有效预防了因个别金融机构盲目收回贷款造成企业资金链断裂情况的发生,确保全市金融的平稳运行。

【金融运行】 存款总体保持平稳增长态势,增长结构变化明显。12月末,全市各项本外币存款余额943.93亿元,比年初增加197.26亿元,同比多增34.48亿元,同比增长26.4%。其中,各项人民币存款余额920.79亿元,比年初增加189.95亿元,同比多增20.83亿元,同比增长26.0%,存款运行呈现以下三个特征:一是企业存款同比明显多增,但持续增长的压力较大;二是受股市、房地产市场因素影响,储蓄存款同比少增;三是其他存款先增后减,票据到期因素的影响逐步显现。

贷款总量投放明显加大,较好满足了经济社会发展的需要。12月末,全市各项本外币贷款余额854.02亿元,比年初增加206.63亿元,同比多增52.93亿元,同比增长31.9%,其中,各项人民币贷款余额828.96亿元,比年初增加193.53亿元,同比多增40.79亿元,同比增长30.5%。贷款运行呈现以下三个特征:一是贷款增速持续保持高位;二是银行业资金运用充分;三是贷款余额占全省比重有所上升。

2009年,结合舟山经济发展实际情况,金融机构突出信贷支持重点,有效抵御国际金融危机影响,保障了舟山经济社会的平稳较快发展。一是充分满足重点领域投资资金需求。1—12月,全市新增政府类及公用事业类贷款17.3亿元,占全部人民币贷款增量的8.3%。二是继续大力支持海洋特色行业的发展。由于国际金融危机对舟山海洋产业的发展造成了较大的影响,2009年,金融机构积极运用信贷杠杆来调节海洋经济的平稳发展,继续保持了对海洋特色行业的信贷支持力度。12月末,全市船舶工业、海运业、港口物流、水产加工、海洋旅游、渔业捕捞、海涂围垦等海洋特色行业贷款余额316.82亿元,比年初增加63.62亿元,同比多增5.59亿元。三是进一步加大商贸类贷款投放力度。12月末,全市商业贸易业贷款余额96.04亿元,比年初增加25.83亿元,同比多增12.75亿元。四是加大对个人生产经营及消费的信贷支持力度。1—12月,全市个人生产经营及消费类贷款新增26.38亿元,较好满足了个人的生产经营活动和消费需求。

外汇贷款明显反弹,国际收支和净结售汇降幅收窄。一是外汇贷款明显反弹,外汇贷差不断攀升。2009年,全市外汇贷款从年初的负增长、到年中的明显反弹、再到三季度的快速增长,呈现了与人民币贷款不同的运行态势。12月末,全市外汇存款余额3.38亿美元,比年初增加1.07亿美元,同比增长46.5%;外汇贷款余额3.67亿美元,比年初增加1.92亿美元,同比增长1.1倍。外汇贷差2 816万美元,外汇存贷余额比达108.3%。二是国际收支和净结售汇降幅收窄。1—12月,全市国际收支总额55.17亿美元,同比下降16.3%,比前三季度收窄了5.7个百分点;国际贸易顺差14.59亿美元,同比下降54.3%,比前三季度收窄了8.9个百分点。1—12月,全市银行机构结售汇总额31.07亿美元,同比下降36.4%,比前三季度收窄8.9个百分点。其中,累计结汇23.38亿美元,同比下降43.6%,比前三季度收窄9.1个百分点;累计售汇7.69亿美元,同比上升3.8%;累计结售汇差额15.69亿美元,同比下降53.9%,比前三季度收窄8.7个百分点。

【金融市场】 金融市场快速发展,综合效益逐步明显。票据市场总体呈快速发展态势。1—12月,全市金融机构累计签发银行承兑汇票186.71亿元,比上年同期增加60.68亿元,同比增长48.1%；12月末，银行承兑汇票余额76.17亿元，比上年同期增加12.25亿元，同比增长19.2%。1—12月，全市金融机构累计贴现及买断式转贴现33.12亿元，比上年同期增加15.13亿元，同比增长84.1%。

保险市场平稳发展。1—12月，全市财产险保费收入6.68亿元，同比增长15%，全市人寿险保费收入9.75亿元，同比下降1.4%。财产险赔款支出3.87亿元，赔付率达58%，人寿险赔、给付支出3.33亿元。保险市场的平稳发展对舟山经济社会的健康发展起到了较好的促进作用，商业保险为社会性保险的补充效应进一步增大。

股票市场震荡中逐步上升。1—12月全市累计新开户6 904户，比上年同期减少561户，个人净入市资金8.9亿元，比上年同期增加5.2亿元，全市累计证券交易额642.9亿元，比上年同期增加174.2亿元。

（王　斌）

舟山市主要经济金融统计

（2005—2009年）　　单位:亿元

项　　目	2005年	2006年	2007年	2008年	2009年
国内生产总值	280.16	333.2	407.00	3.08	533.26
第一产业(增加值)	39.84	41.65	44.57	49.18	51.41
第二产业(增加值)	111.26	137.94	178.00	226.44	248.25
第三产业(增加值)	129.06	153.61	184.43	214.63	233.60
全社会固定资产投资	163.83	218.99	279.64	339.43	400.66
地方财政收入	18.21	24.26	35.06	43.15	48.78
地方财政支出	31.93	40.82	56.52	76.78	82.74
社会消费品零售总额	100.14	113.97	132.37	157.83	181.69
居民消费价格指数(以上年为100)	101.70	102.7	104.20	105.60	99.2
进出口总额(亿美元)	12.09	16.53	40.76	60.53	70.23
进　口(亿美元)	2.14	3.68	16.90	27.67	32.84
出　口(亿美元)	9.95	12.84	23.86	32.86	37.39
全部金融机构各项存款(余额)	376.25	467.85	583.88	746.65	943.93
企业存款	136.32	166.15	228.37	268.15	367.23
财政存款	5.04	8.15	12.27	16.05	35.35
城乡储蓄存款	182.48	212.92	226.79	301.72	356.36
全部金融机构各项贷款(余额)	291.01	384.23	495.35	647.39	854.02
短期贷款	159.20	209.11	268.54	333.68	415.74
中长期贷款	126.34	164.34	219.33	302.82	414.33
现金投放(+)回笼(−)	1.50	2.83	3.26	11.03	13.61
全部保险机构保费收入	8.13	10.07	11.44	15.70	16.43
全部保险机构保险赔款支出(含满期给付)	3.31	2.43	3.68	5.63	7.21
全部保险机构保险密度(元/人)	832	1 040	1 182	1 623	1 699
全部保险机构保险深度(%)	2.90	3.02	2.81	3.20	3.08

注:全部金融机构各项存款、贷款余额的七项数据为本外币并表统计数(含外资金融机构)。

7. 台 州 市

【经济概况】 2009年,在国家一系列政策措施刺激下,台州市经济扭转了增速下滑的态势,企稳回升势头逐步增强。全年共实现GDP 2 025.47亿元,增幅从一季度的2.0%逐季回升到全年的8.5%,比上年回落1.1个百分点,其中第一产业增加值131.91亿元,第二产业增加值1 039.01亿元,第三产业增加值854.55亿元。全年完成全社会固定资产投资834.10亿元,增长9.8%,增幅比上年回升5.4个百分点,增长动力主要来自基础设施投资和房地产投资。消费品市场持续旺盛,全市实现社会消费品零售总额817.88亿元,增长15.2%,增幅比上年回落3.8个百分点。外贸出口止跌回升,出现复苏迹象,全市自营出口总额100.67亿美元,下降14.4%,其中11与12月份同比增幅实现正增长。财政收入形势总体平稳,全市实现地方财政收入136.02亿元,增长7.9%,增幅比上年回落7.9个百分点。城乡居民生活更加殷实,全年城镇居民人均可支配收入24 429元,增长7.4%;农村居民人均纯收入10 006元,首次突破万元大关,增长9.0%。

【金融运行】 2009年12月底,全市金融机构本外币存款余额2 935.61亿元,比年初增加560.66亿元,较上年同期多增126.53亿元,同比增长23.78%;本外币贷款余额2 518.06亿元,比年初增加589.63亿元,较上年同期多增274.61亿元,同比增长30.72%。

(1) 存款增势逐步趋降,增长结构变化明显。2009年12月底,存款同比增长23.78%,比1月底下降5.08个百分点,全年存款增速总体下行,但各月增速较高且波动不大,均保持在20%以上。从存款结构来看,出现了明显的反差:企事业存款余额865.17亿元,同比增长42.55%,比年初提高41.44个百分点,企业流动资金储备较为充足;受股市、房市相对活跃等因素影响,下半年开始居民储蓄存款分流现象日渐明显,全年新增额同比减少37.82亿元,同时储蓄资金活期化趋势明显,新增活期储蓄存款占新增储蓄存款的比例达到47.08%,比上年上升16.33个百分点;其他存款新增65.31亿元,同比少增85.87亿元,票据业务萎缩、保证金存款大量减少是其他存款少增的主要原因。

(2) 贷款投放大增,增量与增势历史罕见。2009年贷款投放量历史罕见,全年新增贷款是上年的1.87倍,超过前两年贷款增量总和。贷款同比增长率持续上升,从年初的19.63%上升到年底的30.72%,增加11.09个百分点。新增存贷比超过105%以上,余额存贷比也达到85%以上,金融机构资金运用充分。

(3) 信贷投向重点突出,与经济形势相适应。从投向看,各领域支持力度明显加大。一是实体经济形势好转带动工业贷款较快增长,2009年12月底工业贷款余额752.9亿元,比年初增加155.82亿元,同比多增41.81亿元。二是中长期基本建设贷款显著增长,12月底贷款余额263.34亿元,比年初增加63.5亿元,同比多增30.56亿元,增速30.6%,充分满足重点建设资金的需求。三是个人贷款增势迅猛,全市个人贷款新增328亿元,同比多增196.27亿元,占全部新增贷款的55.63%;其中个人消费贷款新增194.96亿元,占新增个人贷款的59.44%,房市火爆以及"汽车下乡"等政策刺激购房、购车需求。

(4) 票据融资占比下降,规模调节作用明显。2009年12月底票据融资余额35.45亿元,比3月底下降50.71亿元,票据融资占新增贷款的比重从一季度末的18.9%下降到四季度末的1.41%,作为信贷规模调节有效手段的票据融资余额明显萎缩,资金逐步向信贷实际投放转化。

【货币政策】 2009年,人民银行台州市中心支行认真贯彻执行上级行的货币信贷政策,深入研究台州经济金融形势,不断提高金融服务水平,有力地促进辖区经济金融协调发展。

(1) 开展信贷专项行动。组织开展为期六个月的"强金融服务、保工业增长、促经济发展"专项行动。一是精心部署,制订实施方案,明确工作目标、任务方法和具体要求,并召开专项动员会部署。二是上下联动,采取条块结合的办法开展互动。三是深入推进,全市共组织信贷人员走访企业2万余家、新增工业企业贷款210多亿元；举办银企签约对接会20多场次，协定贷款意向220多亿元；创新融资产品及服务65项，改造和完善信贷业务流程38项。

（2）破解中小企业融资难题。一是实施《台州市中小企业信贷政策导向效果评估》，根据定量与定性相结合的办法对全市金融机构支持中小企业的工作业绩进行评判，以推动和激励金融支持工作深入开展。二是组织举办以“银行助百强、信贷促成长”为专题的台州市区银企合作签约会，促成13家市级银行与94家市区百强成长型中小企业签约授信21.28亿元，有效发挥信贷支持“风向标”作用。三是深入开展“百名处长进企业、创优服务促发展”活动，积极参与“服务企业、服务基层”专项行动，努力协调贷款银行开展对困难企业“雪中送炭”。

（3）推进农村金融创新。一是结合台州实际，出台《金融支持“三农”发展指导意见》和《深化农村金融创新工作指导意见》，以推动金融机构深化创新。二是积极加强与政府各部门的协调沟通，协助市政府出台《农房抵押贷款试点工作意见》；与相关部门联合制发商标权、股权专利权、质押贷款管理办法、林权、海域使用权抵押贷款管理办法等，从制度层面破解农村金融创新制约。三是牵头召开全市农村金融创新工作促进会，协助市委市政府举行全市农村金融创新工作会议，进一步促进农村金融创新产品的推广和创新工作的深化。

（4）推动农信社改革。一是指导制度。约见农村合作金融机构全体班子成员谈话，深入各农村合作金融机构调研走访，及时了解掌握改革深化进程，指导改革深化开展。二是监测制度。定期收集整理农村合作金融机构经营情况，编报监测报告，把握农村金融经营动态。三是回访制度。针对农村合作金融机构所暴露的异常情况和深化改革中所出现的问题，及时组织回访，帮助研究落实措施，妥善加强处置。四是评估制度。实施年度《台州市支农信贷政策导向效果评估办法》及《农村信用社专项央行票据兑付后年度监测评价暂行办法》，评判农村合作金融机构支持“三农”成效，推动农村合作金融改革的深入。

【保险市场】 2009年，台州市保险业持续扩张，全年保险机构实现保费收入56.86亿元，同比增长15.09%，其中：财产险市场实现保费收入23.70亿元，增长18.9%；人寿险保费收入33.16亿元，增长12.5%。保险机构不断扩大，2009年底比年初新增保险机构8家，达到40家。保险深度和保险密度分别提高到2.81%和983.76元/人，保险的经济“助推器”和社会“稳定器”作用得到进一步发挥。

（奚尊夏　吴　杰）

台州市主要经济金融统计

（2005—2009年）　　单位:亿元

项　目	2005年	2006年	2007年	2008年	2009年
国内生产总值	1 251.77	1 467.48	1 722.89	1 965.27	2 025.47
第一产业(增加值)	102.64	106.88	116.45	133.54	131.91
第二产业(增加值)	658.14	782.16	927.98	1 037.47	1 039.01
第三产业(增加值)	490.99	578.44	678.46	794.26	854.55
全社会固定资产投资	537.62	623.74	727.64	759.58	834.10
地方财政收入	72.33	86.11	108.86	126.05	136.02
地方财政支出	88.09	103.80	126.98	153.81	175.95
社会消费品零售总额	439.92	511.57	596.17	709.71	817.88
居民消费价格指数(以上年为100)	100.60	100.70	104.10	104.80	99.20
进出口总额(亿美元)	63.53	84.32	110.93	138.11	120.32

（续表）

项 目	2005年	2006年	2007年	2008年	2009年
进 口(亿美元)	11.57	13.97	17.28	20.47	19.65
出 口(亿美元)	51.96	70.35	93.65	117.64	100.67
全部金融机构各项存款(余额)	1 384.98	1 665.99	1 937.55	2 371.70	2 935.61
企业存款	421.80	506.45	591.32	595.07	852.25
财政存款	21.94	22.32	30.49	41.03	55.40
城乡储蓄存款	719.66	866.47	928.72	1 204.44	1 443.75
全部金融机构各项贷款(余额)	1 058.04	1 313.24	1 615.99	1 926.27	2 518.06
短期贷款	644.91	832.98	1 062.38	1 239.22	1 560.38
中长期贷款	376.59	447.43	513.88	606.89	821.94
现金投放(＋)回笼(－)	＋67.91	＋88.28	＋98.44	＋88.59	＋80.15
全部保险机构保费收入	27.45	31.17	39.33	49.40	56.86
全部保险机构保险赔款支出(含满期给付)	10.15	9.32	13.66	17.97	19.25
全部保险机构保险密度(元/人)	490.31	551.99	730.00	866.70	983.76
全部保险机构保险深度(%)	2.20	2.12	2.28	2.51	2.81

注：全部金融机构各项存款、贷款余额的七项数据为本外币并表统计数(含外资金融机构)。

(二) 浙江省金融稳定报告摘要

2009年，浙江省贯彻落实积极财政政策和适度宽松货币政策，"保增长"系列政策措施成效显著，经济企稳回升。金融业发展良好，银行业机构存贷款总量迅速扩大，抗风险能力增强，盈利结构有所改善，改革创新稳步推进；证券机构稳健发展、上市公司整体经营状况良好、投资者结构有所优化，市场稳定发展的基础进一步夯实；保险业平稳发展，业务持续较快增长，结构不断调整优化，产险效益扭亏为盈，服务领域继续拓宽，现代保险功能作用得到进一步发挥；金融市场和金融基础设施建设稳步推进，稳健性进一步增强。总体上，2009年浙江省金融稳定状况较好。

(一) 区域经济运行与金融稳定

2009年，世界各主要经济体采取的应对国际金融危机的措施产生了积极有效的影响，全球经济从衰退中缓慢复苏，浙江经济也从低位徘徊逐步进入了企稳回升的通道。随着"保增长"一揽子计划的实施，浙江省主要经济指标逐步向好，进入第四季度以后增势走强，整体经济复苏态势基本确立，全年实现生产总值22 832亿元，增长8.9%。

1. 浙江经济运行概况

(1) 三大产业协调发展，第三产业占比提高。一是农业生产基本稳定，农、林、牧、渔业总产值分别比上年增长2.2%、1.0%、2.8%和1.5%。二是工业经济止降回升，规模以上工业企业增加值比上年增长6.2%，当月增速自4月份开始由负转正。规模以上工业企业利润增幅逐季提高，全年增长34.4%。三是服务业增长较快。服务业增加值增长12.5%，对GDP的增长贡献率为57.6%，拉动GDP增长5.1个百分点。三次产业比例由上年的5.1∶53.9∶41变为5.1∶51.9∶43。

(2) 投资消费需求提速，出口复苏迹象显现。一是投资快速增长，全社会投资10 742亿元，比上年增长15.2%，扣除价格因素实际增长19.1%，为近5年来最快增速。二是消费稳中有升，社会消费品零售总额为8 622.3亿元，比上年增长15.9%，扣除价格因素实际增长17.3%，实际增幅比上年提高 4.6 个百分点。三是出口开始复苏，进出口总额为 1 877.3 亿美元，比上年下降 11.1%。在持续 10 个月的负增长之后，11 月份开始当月增幅转降为升。

(3) 居民消费价格触底回升，房地产市场快速回暖。2009 年居民消费价格下降 1.5%，工业品出厂价格和原材料购进价格降幅比上半年分别收窄 0.5 个和 0.8 个百分点，11 月份居民消费价格转降为升。全年分别下降 5.1%和 7.4%。12 月份工业品出厂价格和原材料购进价格首次出现同比上涨，当月分别上涨 2.0%和 3.9%。房地产市场快速回暖。全年房屋销售价格同比指数仅有 3 月、4 月两个月下降。销售面积和销售金额同比分别增长 84.7%和 129.7%。

2. 经济运行中值得关注的问题

(1) 出口面临更加复杂的形势。一是全球经济增长基础并不牢固，不确定性依然存在。二是随着中国的日益强化和欧美国家失业率的持续攀升，贸易摩擦会越来越多。三是人民币升值压力加大，将对一些竞争力弱、产品附加值低的出口企业产生冲击。

(2) 部分企业生产经营压力增大。一是原材料价格面临上涨压力，将给生产加工企业带来成本上升的压力。二是来浙江就业的劳动力特别是熟练劳动力的数量下降，造成企业用工成本的上升。三是经济的逐步复苏，以及通货膨胀预期的增强将使宏观政策逐步转向。

(3) 支撑经济增长的内生动力不强。一些短期政策的效应可能逐步递减，中长期政策见效尚需时日，经济发展仍欠缺内生动力和活力，政府主导型投资还未有效带动民间投资的增长，短期内大幅度扩大消费难度较大。

(二) 金融业与金融稳定

1. 银行业稳健性评估

2009 年，浙江省银行业金融机构认真贯彻国家宏观调控政策，银行业存贷款总量迅速扩大，为经济平稳发展提供了有力保障。

(1) 浙江省银行业运行情况。2009 年，浙江银行业总体发展情况良好，资产规模不断扩大，抗风险能力和经营效益继续提高，改革创新稳步推进。但不良贷款余额有所上升，利润增速趋缓。

一是资产规模不断扩大，存贷款快速增长。2009 年末，浙江省银行业金融机构资产总额为 54 158.18 亿元，比上年增长 28.43%；负债总额为 52 443.05 亿元，比上年增长 28.99%。银行服务密度不断提高，年末达到 1 035.95 亿元/百万人，比上年提高 26.78%。各项存款余额为 45 112.01 亿元，比上年末增长 27.4%，增幅上升 5.3 个百分点；各项贷款余额为 39 223.91 亿元，比上年增长 32.43%，增幅上升 13.53 个百分点，为 2004 年以来的最高增速。

二是法人机构资本充足水平较好，抗风险能力较强。2009 年，法人银行机构的加权平均资本充足率达到 11.46%，比上年提高 1.82 个百分点，浙商银行、杭州银行等机构进行了增资扩股。从贷款损失准备充足率来看，浙商银行与年初基本持平，城市商业银行、农村合作银行和农村信用社分别比年初上升 24.83 个、63.76 个和 46.35 个百分点。

三是收入结构有所改善，盈利模式仍受挑战。2009 年，浙江银行机构共实现利润 756.18 亿元，比上年增加 4.87 亿元；中间业务收入占比增加，年末中间业务收入率达 12.69%，比年初上升 1.4 个百分点，银行机构的收入来源结构继续改善。但在信贷规模较快增长的背景下，银行机构的利润增幅趋缓，盈利能力受到挑战。

四是资产质量总体良好，不良贷款余额反弹。2009 年末，浙江省银行机构五级分类不良贷款余额为 504.4 亿元，比年初增加 45.80 亿元；不良贷款比率为 1.29%，比年初下降 0.26 个百分点。2009 年信贷投放的高增长，使浙江省银行业机构的不良贷款率呈逐月下降态势，但不良贷款余额反弹压力增大。浙江省银行机构的资产质量总体良好，在全国处于领先位置。

五是改革创新稳步推进，网点布局进一步完善。农村金融改革取得新成果，杭州联合农村合作银行股份制改革试点稳步开展，村镇银行组建工作进一步推进[①]，农村资金互助社试点取得积

① 截至 2009 年末，浙江省共设立村镇银行 10 家。

极进展，省内首家农村资金互助社——临海涌泉镇忘不了农村资金互助社开业，城市商业银行跨区域设立9家异地分行。同时，银行业金融机构根据浙江经济发展特点和客户实际需要，通过积极有效的服务创新和产品创新，更好地满足了新形势下的金融服务需求。

（2）浙江省银行业运行中需关注的主要问题。近年来，浙江省银行业面临的外部环境越来越复杂，各种潜在风险隐患将随着时间推移而逐渐显现，需引起关注。

一是贷款集中度高，信用风险不容忽视。房地产贷款快速增长，潜在风险不容忽视；地方政府投融资平台贷款快速增长；在信贷高速扩张过程中，贷款投向进一步向优势行业和优势客户倾斜，信贷集中度有所上升。

二是经营短期行为突出，操作风险时有发生。部分银行机构过分强调做大规模，片面注重抢占市场；在设定考核指标时，片面追求业务规模和非真实利润，而忽视长期风险；在薪酬管理上，更多注重短期业绩的激励，而缺少对长期风险的考虑。

三是利润来源仍显单一，盈利能力有待提高。银行业金融机构创新水平还不高，盈利结构较为单一，盈利增长主要依靠扩大信贷规模。从盈利结构看，利息收入占银行业整体收入的86.64%，小法人银行机构的占比超过90%。

2. 证券业稳健性评估

2009年，浙江省证券市场保持了较好的发展势头，证券公司业务拓展持续推进，期货公司风险防范能力增强，基金公司设立取得突破；上市公司整体经营状况良好，投资者有所优化，市场稳定发展的基础进一步夯实。

（1）浙江省证券业运行情况。2009年，浙江省286家证券营业部代理交易金额12.15万亿元，比上年增长72.83%，占全国交易总额的9.84%，证券市场交易规模位居全国第三。100家期货经营机构代理交易金额22万亿元，比上年增长87.55%，占全国交易总额的16.86%，位居全国第一。2009年底，浙江省证券投资者开户数达到519.33万户，比上年增长11.25%；期货投资者开户数达到12.8万户，增长52.2%。机构投资者占投资者总数的比例由2008年的0.26%上升至2009年的0.73%，投资者结构不断优化。

全年证券经营机构实现手续费收入135.96亿元，利润88.95亿元，分别比上年增长49.13%和45.11%，证券经营机构部均利润水平位居全国第二。100家期货经营机构实现手续费收入16亿元，利润5.27亿元，分别比上年增长69.31%和107.48%。基金管理公司顺利筹建，浙商基金管理公司已通过证监会的开业验收，财通基金管理公司也已经获得证监会同意筹建的批复。

浙江省新增境内上市公司11家，占全国新增境内上市公司总数的11.11%，IPO融资总额达69.54亿元。17家上市公司进行了增发融资，募集资金217.68亿元，1家公司发行了12.5亿元的可转债，1家公司发行了5亿元的公司债。

（2）浙江省证券业运行中需关注的主要问题。一是证券期货市场竞争日趋激烈。证券市场和期货市场平均佣金率有所下降。浙江省3家证券公司整体实力仍然偏弱，3家法人证券公司在经营理念、管理水平、专业能力、服务质量、人才储备等方面，与国内一流券商存在一定差距，高度依赖经纪业务的发展格局未有根本改变。二是股东质押上市公司股权增多，一旦上市公司控制权发生转移，必然引起业务发展、高管人员、企业文化等的变动，影响公司的稳定和可持续发展。三是非法证券期货活动手段不断翻新。部分媒体出于自身经济利益考虑，继续播放涉嫌非法证券投资咨询的广告节目，省内部分非法机构利用省外媒体开展非法证券投资咨询活动、诱使投资者受骗上当的现象有所增加，非法证券投资咨询活动这种“两头在外”的情况，加大了打击难度。

3. 保险业稳健性评估

2009年，浙江省保险业市场继续保持平稳发展的良好态势，业务持续较快增长，结构不断调整优化，产险效益扭亏为盈，服务领域继续拓宽，现代保险功能作用得到进一步发挥。

（1）浙江省保险业运行情况。2009年，由地方国有资本发起的浙商财产保险公司获准开业，填补了财产保险总公司的空缺。美国利宝保险进驻筹建，实现了外商独资保险公司零的突破。保险公司资产总额达到1 190.0亿元，较年初增加147.9亿元。保险深度达2.80%，保险密度达1 253.5元/人。

一是保险业务规模扩大。全年实现保险保费收入645.5亿元，增长12%，保险业对国民经济的渗透率和融合度不断提高。发生赔付支出220.1亿元，比上年增长3.3%。二是"三农"保险受益面扩大。健全农房保险制度建设，完善理赔纠纷调处机制，推动农房保险纳入农村住房建设管理体系。三是治理结构日趋完善。产险公司加大对内控薄弱环节的规范力度，结构调整成效初显，经营费用率下降3.2个百分点。寿险公司业务转型成效显著，银保业务全面扭亏。四是积极改革创新，在景宁畲族自治县和义乌市开展综合改革试点，在舟山市启动中小企业贷款保证保险试点，使保险功能得以更好地发挥。

(2) 浙江省保险业运行中需关注的主要问题。一是经营管理模式仍显粗放。部分保险公司主要依靠铺机构、比价格、拉人力等方式推动增长，在营销过程中过分夸大产品的保障功能，对限制性条款和免除责任没有如实告知客户，误导投保人作出非理性选择。同时，理赔难等情况仍时有发生。二是经济运行的不确定因素导致企业投保意愿不强。复杂的经济形势使保险业的发展面临不确定性。部分行业和企业生产经营仍较困难，尤其是中小企业投保意愿和保险有效需求明显下降。三是缺少巨灾保险和巨灾风险分散机制。浙江省处于全国气象灾害高发地区，近五年年均台风赔付支出达4.3亿元，2008年支付雪灾赔款10多亿元。由于巨灾保险机制的缺位，产险公司的稳健经营面临较大压力。四是保险业的外部环境有待进一步改善。部分社会管理型业务缺少政策支持，保险司法环境有待改善，政策性农业保险共保体缺少费用支持，部分新闻媒体对保险的认识存在误区，失实报道和负面炒作时有发生。

(三) 金融市场与金融稳定

2009年，浙江省金融市场继续保持健康平稳的发展态势，金融市场参与主体保持稳定，同业拆借和债券交易量稳步增长，货币市场利率呈低位逐步上行态势，票据业务起伏较大，黄金市场各项业务发展迅速，银行间外汇市场交易量保持快速发展趋势，金融衍生品交易发展较快。

1. 浙江省金融市场总体情况

2009年末，浙江省共有全国银行间债券市场成员93家、银行间同业拆借市场成员47家、银行间外汇市场成员30家、上海黄金交易所综合类会员3家，并有11家商业银行开办了各类黄金交易业务。

(1) 同业拆借市场交易继续放量，场外交易完全萎缩。全年累计同业拆借交易8 738.1亿元，是2008年交易量的2倍。浙江省市场成员在拆借市场上以融入资金为主，继续呈资金"洼地效应"，全年净拆入资金5 910.66亿元。同时，随着非银行金融机构退出场外电子融资备案系统及场内市场流动性的提高，场外拆借交易量完全萎缩，2009年未发生场外拆借交易。

(2) 票据市场起伏较大，全年呈现回落态势。全年票据市场波动剧烈。其中，第一季度票据业务巨额井喷，新增1 667.4亿元，第二季度后增速显著放缓，第三季度后票据业务成为调剂资产规模的手段，市场规模明显回落。与承兑业务相似，上半年票据融资激增推动贷款快速增长，下半年受监管力度加强、利率上升、票据到期等因素影响，票据融资快速回落。

(3) 债券发行规模继续扩大，交易快速增长。全年共有12家企业发行105亿元短期融资券，2家企业发行50亿元中期票据，实现了浙江省中期票据零的突破。3家金融机构发行70亿元债券，其中杭州联合银行成为全国首家发行金融债券的农村合作金融机构。2009年，浙江省债券市场成员累计现券交易36 615.3亿元，比上年增长107.1%。

(4) 银行间外汇交易快速增长，衍生品交易发展较快。全年市场成员在银行间即期外汇市场完成2 516.6亿美元的交易，是2008年交易量的3.5倍，主要原因是宁波银行成为外汇市场做市商。从交易方向看，浙江省市场成员在银行间即期外汇市场净卖出外汇398.6亿美元，增幅为295.8%，卖超局面有所加剧。全年外汇衍生品累计交易415.8亿美元，比上年增长7.6倍。

(5) 黄金业务发展迅速，产品日趋丰富。2009年末，浙江省已有11家银行开办各类黄金业务，其中交通银行浙江省分行、民生银行杭州分行2009年新开办个人黄金交易业务。全年商业银行浙江分支机构黄金业务交易量为216 671公斤，比上年增加28.2%。各项黄金业务中交易最活跃的仍然是个人账户金，占全部交易量的85.9%。

2. 浙江省金融市场发展中存在的问题

一是中长期债务融资工具比较紧缺。目前中期票据等中长期债务融资工具的发行规模比较小，主要原因是此类融资工具发行门槛较高，在对企业规模、资金实力等方面有较高的要求。

二是金融市场业务的监测范围与效率有待提高。目前，金融市场监测主要依靠手工统计，各地的统计口径和统计指标不完全统一，对利率互换、远期交易、掉期等金融衍生品的监测体系尚未有效建立。

（四）金融基础设施建设与金融稳定

1. 支付体系稳健性评估

一是农村地区支付服务环境得到明显改善。县域银行卡受理环境有较大改善，发卡范围更加广泛，票据支付方式实现了县域全覆盖，支付系统覆盖到所有农村对公银行网点，农村居民对非现金支付工具的接受程度不断提高。二是银行卡风险及犯罪案件防控能力进一步提高。用卡环境进一步改善，银行卡风险防控能力进一步提高。三是支付体系监督管理进一步加强。建立支付清算管理新机制，加强对支票影像业务的监督管理，强化对特定非金融机构的管理。四是支付清算系统应急能力进一步提升。支付清算系统运行管理得到加强，支付清算系统应急能力得到提高。

支付体系仍然存在农村地区支付服务环境需进一步改善，银行卡安全管理形势不容乐观以及特定非金融机构的管理仍需加强等问题。

2. 征信体系稳健性评估

一是征信资料来源日益丰富，征信系统覆盖的经济主体规模进一步扩大，目前已为3 438万自然人和43万户企业建立了信用档案。二是征信服务对象日趋广泛，征信系统已成为浙江省金融机构防范信贷风险的重要工具，为司法部门、政府部门、金融监管机构办案、调研、风险防范与处置等提供数据支持。三是征信服务机构规范发展，涵盖信用登记、信用评级、信用调查和信用咨询，机构齐全、服务配套、竞争有序的征信市场初步形成。四是中小企业和农村信用体系建设实质性推进。多渠道征集和更新中小企业信用信息，推进改善中小企业融资环境。组织协调省内涉农金融机构加快推进农户信用档案电子化建设，充分发挥农村信用体系建设支农惠农的作用。

征信体系建设中还存在种种困难，主要是征信法律制度框架尚待完善，征信市场发展尚不成熟，部门行业协调合作亟待加强等。

（3）反洗钱体系稳健性评估

一是反洗钱监管效果明显提升。加强对金融机构的检查力度，充分运用和创新非现场监管手段，深化非现场监管工作有效发挥了非现场监管作用。二是金融机构反恐融资工作起步。根据中国人民银行总行统一部署，主动加强与反恐部门联系合作，加大对银行机构严格履行反恐融资义务的督促力度。三是反洗钱合作成效显著。向公安、检察等执法机关移送重点可疑交易线索，进一步扩大反洗钱合作领域，大力推动洗钱定罪工作，浙江省首例洗钱案在温州乐清宣判。

反洗钱工作中面临的主要困难是反洗钱法规制度有待进一步完善，反洗钱力量配置落后于发展要求，反洗钱工作机制有待改进等。

（4）货币发行体系稳健性评估

一是保证现金供应能力进一步提升。监测数据的采集和汇总的时效性和准确性明显提高，把握现金走势的能力明显提升。完善发行调拨基金网络，发行基金调拨效率明显提高。加大券别结构调整力度，小面额货币供需矛盾明显缓解。二是反假货币长效机制建设进一步深化。全面开展“全民普及反假币知识活动”，充分发挥反假联席会议工作机制，反假货币工作水平提升明显。

货币发行工作中存在的困难主要是分析预测工作面临现金收支波动加剧的挑战，部分基础建设不能完全适应发行业务发展需要以及农村的现实条件制约了反假货币工作开展的效果等。

（总纂：赵　军
统稿：胡卫华　潘晓斌
执笔：胡卫华　施向华　潘晓斌　万鲲锋
徐　晶　应千凡　牛秀起　刘占稳
芦　华　征洪昊　赵　勇　陈　怡）

四、安　徽　省

(一) 安徽省金融概览

(一) 金融运行基本情况

2009年，各金融机构紧密围绕“保增长、保民生、保稳定”主题，认真贯彻落实适度宽松的货币政策，努力开创金融运行新局面。

1. 存款持续较快增长，金融机构信贷资金来源充足

2009年末，安徽省全部金融机构(含外资金融机构，下同)本外币各项存款余额13 404.4亿元，同比增长29.0%，较上年同期提高6.6个百分点；较年初新增3 010.3亿元，同比多增1 106.4亿元。其中，人民币各项存款余额13 306.5亿元，同比增长29.1%，全年增加2 996.1亿元。全年各月的存款增速基本维持在30%左右，较上年有明显提高，金融机构信贷资金来源非常充足。

表1　2009年安徽省金融机构存贷款业务情况

项　目	余额(亿元)	比年初增减数(亿元)		同比增速(%)	
		2009年	2008年	2009年	2008年
本外币各项存款	13 404.4	3 010.3	1 903.8	29.0	22.4
其中：企业存款	4 368.1	1 289.2	494.7	41.9	19.1
居民储蓄	6 648.4	973.5	1 098.5	17.2	24.0
本外币各项贷款	9 438.6	2 406.3	1 210.6	34.2	19.8
其中：短期贷款	3 562.9	580.4	322.9	19.5	10.9
中长期贷款	5 310.4	1 672.4	801.4	46.0	28.0
人民币各项存款	13 306.5	2 996.1	1 899.9	29.1	22.6
其中：企业存款	4 318.2	1 297.7	484.7	43.0	19.0
居民储蓄	6 619.5	971.6	1 101.0	17.2	24.2
人民币各项贷款	9 289.4	2 338.7	1 211.1	33.7	20.0
其中：短期贷款	3 501.4	542.0	321.9	18.3	11.0
中长期贷款	5 292.2	1 665.6	799.4	46.0	28.3
外汇各项存款(亿美元)	14.3	2.1	1.3	17.0	12.8
外汇各项贷款(亿美元)	21.8	9.9	0.6	83.0	2.1

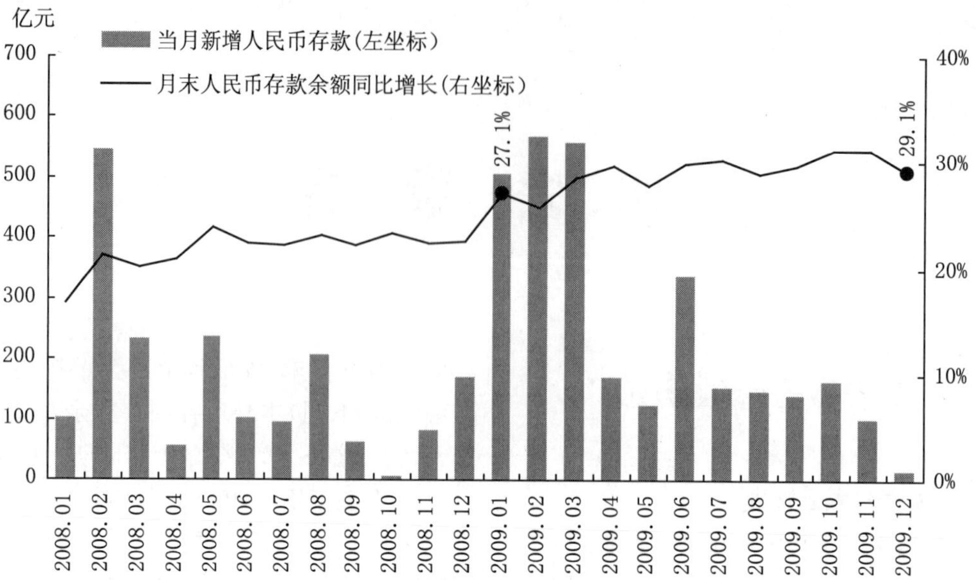

图 1 安徽省 2008 年以来月度存款增长情况

一是企业存款增速连创新高。2009 年末，全省金融机构人民币企业存款余额 4 318.2 亿元，同比增长 43%，增速较上年同期提高 24 个百分点；较年初增加 1 297.7 亿元，同比多增 813.8 亿元。企业存款的大幅增加，反映了安徽省企业生产经营活动的逐步活跃。

二是储蓄存款分流效应明显。2009 年末，全省人民币储蓄存款余额 6 619.5 亿元，同比增长 17.2%，较上年同期回落 7 个百分点；全年增加 971.6 亿元，同比少增 129.5 亿元。2009 年年初，受春节因素影响，居民收入集中以及大量外出务工人员返乡带回大量现金收入等增加储源；之后，随着房地产市场、股票市场逐步回暖，以及国家各项购房、购车优惠政策陆续出台，居民消费和投资意愿明显增强，储蓄存款有所分流，储蓄存款增速由 2009 年 1 月末的 32.7%下降到 12 月末的 17.2%。

2. 信贷总量创出新规模，保增长任务顺利完成

2009 年末，全省金融机构本外币各项贷款余额 9 438.6 亿元，较年初增加 2 406.3 亿元，同比多增 1 197 亿元。其中，人民币各项贷款余额 9 289.4亿元，较年初增加 2 338.7 亿元，是 2008 年增量的 1.93 倍。分金融机构看，农村合作金融机构、建设银行、工商银行、中国银行是全省信贷投放的主力，2009 年分别增加 303.7、296.7、290、218.3 亿元，四家新增贷款总量占全省的 47.4%。在大规模信贷投放的推动下，安徽 GDP“超万亿”目标顺利完成。

信贷总量大幅增加，信贷增速也持续高位运行。2009 年末，全省金融机构人民币各项贷款同比增长 33.7%，高于上年同期 13.7 个百分点，连续六年超过全国平均水平。自适度宽松的货币政策实施以来，贷款增幅总体上呈现逐月走高态势，由 2008 年 11 月末的 17.7%提高到 2009 年 6 月末的 37.8%，连创历史新高；进入下半年，受票据到期等因素影响，信贷增长出现“理性回调”，但仍然保持在 30%以上，四季度以来，由于票据融资降幅明显收窄，贷款增速再次出现小幅回升。分金融机构看，邮储银行、浦发银行、中信银行、交通银行贷款增速较快，分别增长 411%、81%、55%、54%。

3. 信贷投放针对性显著增强，结构出现积极优化

一是信贷投放针对性显著增强，基本建设贷款、消费贷款、外汇贷款协调增长。从期限结构看，短期贷款增加 542 亿元，中长期贷款增加 1 666亿元，票据融资增加 131 亿元；从具体投向看，针对性和科学性进一步提高，充分体现省委省

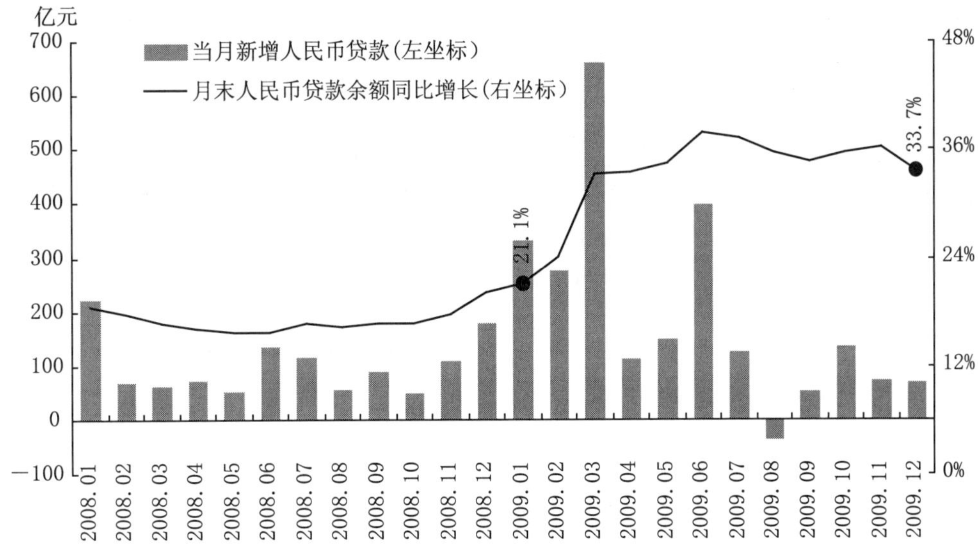

图 2 安徽省 2008 年以来月度贷款增长情况

政府政策意图,推动了投资、消费、出口协调增长。其中,基本建设贷款增加 579 亿元,同比增长 34.9%,投资需求得到有效扩大;消费贷款增加 524 亿元,同比增长 64.2%,消费需求继续保持旺盛;外汇贷款增加 9.9 亿美元,同比增长 83.1%,出口需求呈现复苏迹象。

二是中小企业贷款增速出现积极变化。据中国人民银行大中小型企业专项统计显示,12 月末,安徽省大中小企业各项贷款余额(含票据)6 042.0 亿元,较年初增加 1 216.4 亿元,较年初增长25.2%。其中,大型企业增加 353.1 亿元,增长 15.2%;中型企业增加 434.3 亿元,增长 28.9%;小型企业增加 428.9 亿元,增长 42.6%,高于同期大型企业贷款增幅 27.4 个百分点,高于各类企业贷款增幅 17.4 个百分点。

三是社会弱势群体金融服务继续得到加强。2009 年,全省各金融机构认真履行社会责任,加大对弱势群体的支持力度。12 月末,个体工商户贷款余额 265 亿元,较年初增加 99 亿元;农户贷款余额 669 亿元,较年初增加 88 亿元。各金融机构还结合省政府 28 项民生工程,充分发挥金融支持作用,全年全省下岗失业人员小额贷款累计发放 8 832 笔,合计 4 亿元;助学贷款累计发放人数达 8.9 万人,累计发放 6.1 亿元;在各级人民银行大力推动下,全省 10 家农村合作金融机构还累计发放了 6.2 亿元农民工返乡创业贷款,积极支持了农民工返乡创业。

4. 中小企业和农村金融产品服务创新取得积极进展

近年来,安徽省在中小企业和农村金融产品和服务创新方面做了大量的尝试,也取得了显著成效。据不完全统计,目前各金融机构提供的中小企业金融产品有 100 余种,其中创新产品达 60 余种,产品服务范围涵盖中小企业生产、贸易流通等各个环节。与此同时,2009 年,各金融机构还认真落实农村金融产品和服务方式创新试点实施方案,积极开展创新试点工作,探索扩展可用于贷款担保的财产范围,开办了农村住房消费贷款、大型农用生产设备抵押贷款、应收账款质押贷款、旅游景点经营权质押贷款、"商家乐"贷款、微小企业项目贷款、返乡农民工创业贷款等多种贷款方式。12 月末,全省有 16 个市 39 个县、区开展创新试点工作,县域覆盖率达到 60%;创新产品贷款户数和余额分别为 24.1 万户和 135.7 亿元,较年初分别增加 6.2 万户和 61.6 亿元。

5. 金融组织体系逐步健全

一是农村银行数量居中西部地区第 1 位、全国第 3 位。2009 年有 10 家农村银行相继开业,累计达 28 家,正在组建的还有 13 家。二是小额贷款公司批筹和开业数居中部第 1 位、全国领先。

截至2009年底,全省小额贷款公司已批准筹建195家,开业123家。三是省外银行在安徽省设立分支机构为历年最多。民生银行合肥分行、招商银行芜湖分行、浦发银行马鞍山和铜陵支行、中信银行芜湖分行、汇丰银行合肥分行相继开业,华夏银行合肥分行等正在筹建。四是全国首家全部由中资设立的汽车金融公司——奇瑞徽银汽车金融公司开业,创出民族品牌汽车金融公司新模式。

6. 直接融资跨上新台阶,融资渠道进一步拓宽

2009年全省实现直接融资397亿元,比上年多119亿元,创历史新高。其中,资本市场融资163亿元、企业债券融资160亿元、中期票据融资54亿元、短期融资券融资20亿元。自2008年7月份股票融资重新开闸以来,全省已新增上市公司5家,上市公司总数达63家,居全国第8位、中部前列。

(二) 经济金融运行中需要关注的几个问题

1. 安徽省工业经济结构与国家信贷政策导向存在一定偏差

为推动经济结构优化升级,国家明确提出要严格控制对高耗能、高排放行业和产能过剩行业贷款,积极支持新型战略性产业发展。从安徽情况看,能源、原材料工业在全省工业中占比大,特别是钢铁、有色、建材、化工、煤炭、电力等六大行业增加值占全省规模以上工业的42.8%,高于全国近10个百分点,这些行业中有不少属于产能过剩行业,也有不少是高能耗、高排放企业,这种工业结构与国家信贷政策导向存在一定偏差,对工业类贷款投放也已经产生不利影响。12月末,工业类贷款增速远低于全省各项贷款增速。

2. 信贷投放大幅增加的同时,信贷资产质量需要关注

2009年,全省金融机构2 406亿元的信贷投放,为安徽顺利完成保增长任务发挥了积极作用。但经济运行中的一些不利因素,如工业品产销率继续低位运行,对外经济形势依然低迷,各级政府投融资平台运作的规范性有待提高等,对信贷资产质量产生不利影响。

3. 县域经济在全省的比例持续扩大与县域金融在全省的比例持续缩小之间的矛盾进一步显现

2009年安徽县域经济保持了良好的发展态势,主要指标在全省的占比逐步提高,正逐步成为推动安徽经济发展的一股重要力量,但县域贷款在全省的占比却继续维持多年以来持续下降的局面,县域贷款余额在全省的占比由1995年末的44.35%下降到2009年末的21.3%,贷款增速也一直低于全省各项贷款的增速。

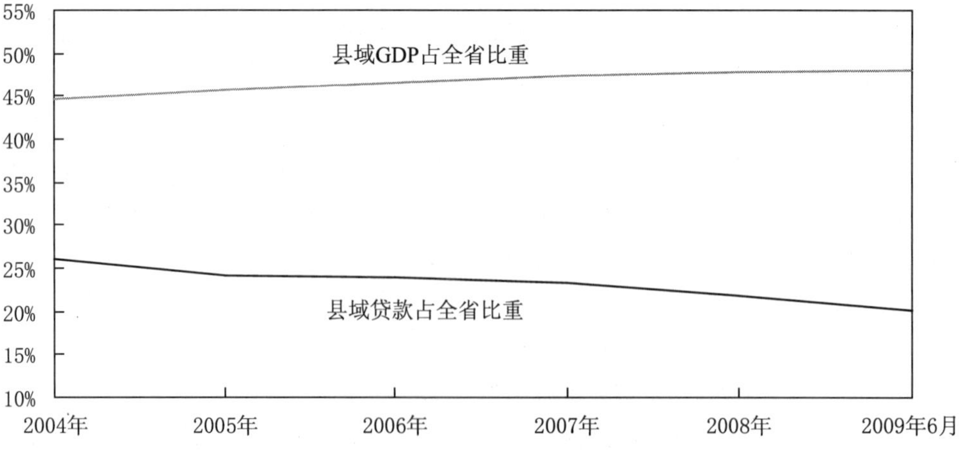

图3 安徽省县域贷款及GDP占比情况

(人行合肥中支)

1. 合 肥 市

【经济概况】 经济发展迈上新台阶。全市实现生产总值 2 102.12 亿元，比上年增长 17.3%。其中，第一产业增加值 108.69 亿元，增长 6.2%；第二产业增加值 1 104.98 亿元，增长 22.5%；第三产业增加值 888.45 亿元，增长 12.4%。三次产业结构由上年 5.9∶50.0∶44.1 调整为 5.2∶52.6∶42.2。按常住人口计算，人均 GDP 达到 41 543 元（折合 6 082 美元），比上年增加 5 718 元。

物价水平小幅下跌。城市居民消费价格总水平为 99.1%，下跌 0.9%。就业形势保持稳定。全年新增就业人数 10.96 万人，其中被企业（单位）吸纳就业人员 8.87 万人；失业人员再就业人数 14.51 万人，其中被企业（单位）吸纳就业人员 8.31 万人；下岗失业人员再就业 2.97 万人；"零就业家庭"援助项目提供就业岗位 1 485 个；年末城镇登记失业率为 4.05%。

投资规模继续扩张，投资结构更趋优化。全社会固定资产投资 2 468.42 亿元，比上年增长 34.3%。其中，城镇投资 2 357.78 亿元，增长 33.9%；农村投资 110.64 亿元，增长 42.5%。国有及国有控股投资 986.27 亿，增长 27.2%；非国有投资 1 482.15 亿元，增长 39.4%，非国有投资中，外商及港澳台投资 163.09 亿元，增长 15.4%；民间投资 1 319.06 亿元，增长 43.1%。市区投资 1 956.6 亿元，增长 30.6%；县域投资 511.82 亿元，增长 50.1%。

高新技术产业生机勃勃。全市高新技术企业完成产值 1 445 亿元，其中新增高新技术企业 109 家。全年完成农业新技术试验示范科研项目 30 项；实现专利授权 2 304 件，比上年增长 95.9%。强化产学研合作机制，全市产学研战略联盟 14 个，工程技术研究中心 36 家。

消费市场繁荣活跃。全年实现社会消费品零售总额 703.42 亿元，比上年增长 19.6%。分城乡看，城市消费市场实现零售额 620.12 亿元，增长 19.1%；县及县以下零售额 83.3 亿元，增长 22.9%。分行业看，批发零售业实现零售额 614.47 亿元，增长 19.9%；住宿餐饮业零售额 87.92 亿元，增长 17.2%。

外贸形势逐渐好转。合肥地区进出口总额 64.28 亿美元，比上年下降 16.6%，其中出口 44.48 亿美元，下降 18.1%。招商引资质量提高。全年新批外商投资企业 59 户，实际利用外资 13 亿美元，增长 8.4%。其中，外商直接投资 8.57 亿美元，增长 11%；工业实际利用外资 5.86 亿美元，增长 34%。全年共有 5 家境外世界 500 强企业在合肥市注册了 6 家外商投资企业。

财政实力进一步增强。全年完成财政收入 341.91 亿元，比上年增长 13.5%。地方财政收入 180.9 亿元，增长 12.4%，其中税收收入 154.34 亿元，增长 15.2%；实现增值税、营业税、耕地占用税和契税 21.26、67.29 和 18.13 亿元，分别增长 27.6%、17.2%和 3.5%。财政支出 245.86 亿元，增长 18.7%。

人口总量平稳增长。年末户籍总人口 491.43 万人，比上年增加 4.69 万人。其中，市区人口 208.58 万人，增长 2.5%；非农业人口 213.7 万人，增长 1.8%。城乡居民收入提高。全年城镇居民人均可支配收入 17 158 元，增长 10.1%；全年农民人均纯收入 6 065 元，增长 13%。居民住房条件进一步改善。城镇居民人均住房建筑面积 26.1 平方米，农村居民人均住房使用面积为 33.47 平方米，分别比上年提高 0.3 和 0.53 平方米。

【金融运行】 各项存款情况。2009 年末，全市金融机构本外币各项存款余额 3 761.4 亿元，同比增长 37.9%，增幅较上年同期提高 16.2 个百分点；全年新增 1 036.8 亿元，同比多增 544.9 亿元。本外币各项贷款余额为 3 528.8 亿元，同比增长 34.5%，增幅较上年同期提高 8.9 个百分点；全年新增 924.0 亿元，同比多增 372.5 亿元。其中，人民币各项存款余额 3 735.3 亿元，同比增长 38.1%，增幅较上年同期提高 15.9 个百分点；全年新增 1 032.1 亿元，同比多增 537.7 亿元。各项存款的快速增长，为金融机构扩大有效信贷投放提供了充足的资金来源。人民币企业存款余额 1 909.0 亿元，同比增长 44.3%，增幅较上年同期提高 25.2 个百分点；全年增加 600.8 亿元，同比多增 389.3 亿元，企业资金状况明显改善。

2009 年末，人民币储蓄存款余额 1 031.8 亿元，同比增长 21.0%；全年增加 190.5 亿元，同比多增 10.8 亿元。全年活期储蓄增量占储蓄存款增量 58.9%，较上年同期提高 31.4 个百分点。

各项贷款情况。2009 年 12 月末，人民币各项贷款余额 3 492.5 亿元，同比增长 35.0%，高于全省平均水平 1.3 个百分点；全年新增 922.9 亿元，同比多增 375.0 亿元。2009 年，人民币各项贷款增速连续六个月居 40%以上，因四季度增长乏力且 2008 年 12 月各项贷款余额基数较高，全年增速有所回落。各项贷款的快速增长，有力地支持了合肥市经济企稳回升。

信贷运行的特点。一是中长期贷款快速增长，与合肥市"大建设"进程相吻合。年末，人民币中长期贷款余额为 2 454.7 亿元，同比增长41.0%，较上年同期提升 9.2 个百分点；全年新增 726.4 亿元，同比多增 299.2 亿元。其中，基本建设贷款余额 1 121.2 亿元，全年新增 263.3 亿元，同比多增 63.4 亿元，较好地满足了合肥市的"大建设"的资金需求，推动了市政建设、公共事业等领域的发展。二是短期贷款稳定增长，较好地满足了企业的流动资金需求。年末，全市短期贷款余额为 952.1 亿元，同比增长 24.2%，较上年同期提高 10.5 个百分点；全年新增 189.5 亿元，同比多增 92.3 亿元。同时，各银行加大金融产品和服务创新力度，积极发展贸易融资、保理等其他表内业务和银行承兑汇票、保函、信用证等表外业务，以满足企业多样化的融资需求。据中国人民银行企业征信系统数据显示，2009 年全市银行业金融机构新增各类表内、表外信贷业务达 94 亿元。

【货币政策】 2009 年，合肥市各金融机构按照中国人民银行信贷政策要求，加大对三农、中小企业、消费以及民生工程的支持力度，信贷投放结构出现新变化。

一是小企业、个体工商户和农户得到支持，信贷扶弱功能进一步发挥。年末，合肥市小型企业人民币贷款余额 290.7 亿元，较年初增加 54.6 亿元，较年初增长 23.1%；个体工商户贷款余额 73.1 亿元，较年初增加 21.3 亿元，较年初增长 41.1%；农户贷款余额 29.7 亿元，较年初增加 5.3 亿元，较年初增长 21.7%。全市各金融机构认真履行社会责任，加大对弱势群体的支持力度。年末，全市下岗失业人员小额贷款余额 0.4 亿元，累计发放 468 笔贷款，合计 3 472 万元；全年全市助学贷款累计发放人数达 5.4 万人，累计发放 3.6 亿元。

二是消费信贷增势强劲。2009 年，在国家一系列促进消费的政策引导和房地产市场回暖带动下，全市消费信贷增势强劲。12 月末，全市金融机构个人消费贷款余额 627.5 亿元，同比增长 62.1%；全年新增 242.0 亿元，同比多增 141.1 亿元。消费信贷的主要构成为住房贷款，汽车贷款余额 22 亿元，占比仅 3.5%，未来还有很大的增长空间。

三是房地产贷款持续高速增长。在适度宽松的货币政策和"大建设"的背景下，房地产行业成为金融机构信贷投放的重要渠道，全年房地产贷款都呈强劲的增长势头。年末，合肥市房地产贷款余额 784.6 亿元，同比增长 70.5%，比上年同期提高 49.6 个百分点。全年房地产贷款新增 324.5 亿元，同比多增 245 亿元。年末，合肥市房地产开发贷款余额 177.4 亿元，同比增长 73.8%，比上年同期增幅提高 74.1 个百分点。全市全年房地产开发贷款新增 75.3 亿元，同比多增 75.7 亿元。年末，合肥市个人住房贷款余额 564.3 亿元，同比增长 72.8%，比上年同期提高 40.5 个百分点。全市全年个人住房贷款新增 237.8 亿元，同比多增 158 亿元。

四是金融机构资产质量和盈利状况进一步提高。2009 年，合肥市金融机构不良贷款余额 45.56亿元，较上年末下降 13.54 亿元；不良贷款比率为 1.22%，较上年末下降 1.06 个百分点。2009 年全市金融机构实现净利润 83.4 亿元，较 2008 年增长 22.3%。

【金融市场】 资本市场融资成效显著。截至 2009 年底，合肥市上市企业已经达到 22 家，募集资金 200 多亿元。2009 年合肥市继续加快企业在资本市场的发展，扩大直接融资规模，加大企业上市扶持力度，皖新传媒和皖通科技分别在主板和中小板上市，安科生物(300009)作为首批 28 家企业之一成功登陆创业板，成为全省第一家成功登陆创业板的企业。已在安徽省证监局备案的拟上市企业达10家。中国风险投资研究院合肥分院、安徽股权交易所挂牌，各类风险投资公司发展到20家。

保险业稳步发展。全市保险机构实现保费收入40.82亿元，比上年增长7.8%。其中，财产险保费收入12.33亿元，增长15.9%；人寿险保费收入28.5亿元，增长4.6%。全年各项赔款与给付支出14亿元，比上年下降27.7%。其中，财产险赔款与给付7.08亿元，下降5.1%；人寿险赔款与给付6.93亿元，下降41.8%。

【金融创新】 以小企业、个体工商户和农户为扶持对象，构建了新型的弱势群体金融服务政策体系。主要做法有六点：一是构建完备的政策体系；二是加大财政资金支持力度，建立中小企业担保基金和风险补偿资金；三是降低中介服务收费标准；四是对银企对接的服务主体进行了调整，从过去的以中小企业为主调整为以小企业为主，兼顾个体工商户、农户；五是将小企业、个体工商户和农户贷款纳入政府考核体系；六是加强金融产品和服务创新，特色产品和模式主要有商标专用权抵押贷款、农民工返乡创业贷款、农户创业宝贷款和“银行＋保险＋农户”等。2009年，小企业贷款增长42.6%；个体工商户贷款增长59.8%；农户贷款全年增加额是上年的近2倍，效果显著。

（人行合肥中支）

合肥市主要经济金融统计

（2005—2009年） 单位:亿元

项　　目	2005年	2006年	2007年	2008年	2009年
国内生产总值	853.6	1 073.9	1 334.2	1 664.8	2 102.1
第一产业(增加值)	52.5	61.8	80.0	105.2	108.7
第二产业(增加值)	382.7	510.6	651.2	834.9	1 105.0
第三产业(增加值)	418.4	501.5	603.0	724.7	888.4
全社会固定资产投资	495.3	824.8	1 310.4	1 838.6	2 468.4
地方财政收入	130.9	167.8	102.0	301.2	341.9
地方财政支出	73.6	102.9	132.3	206.8	245.9
社会消费品零售总额	324.4	384.3	469.0	588.4	703.4
居民消费价格指数(以上年为100)	100.9	100.9	105.6	106.4	99.1
进出口总额(亿美元)	41.8	48.8	62.5	77.1	64.3
进　口(亿美元)	13.9	14.7	19.5	22.8	19.8
出　口(亿美元)	27.9	34.1	43.0	54.3	44.5
全部金融机构各项存款(余额)	1 521.9	1 862.5	2 261.7	2 725.7	3 735.3
企业存款	699.2	877.7	1 126.0	1 323.4	1 909.0
财政存款	73.3	83.3	78.9	59.1	94.6
城乡储蓄存款	516.2	624.6	686.6	852.8	1 031.8
全部金融机构各项贷款(余额)	1 419.9	1 743.0	2 151.4	2 640.6	3 528.8
短期贷款	485.4	577.8	718.7	782.9	966.5
中长期贷款	825.6	1 058.0	1 348.3	1 773.3	2 463.9
现金投放(＋)回笼(－)	－92.9	－108.4	－127.5	－119.2	－143.5
全部保险机构保费收入	20.6	28.7	32.2	37.9	40.8
全部保险机构保险赔款支出(含满期给付)	8.2	12.6	12.2	19.4	14.0
全部保险机构保险密度(元/人)	452.1	610.8	672.4	778.2	830.6
全部保险机构保险深度(%)	2.41	2.67	2.41	2.28	1.94

注:全部金融机构各项存款、贷款余额的七项数据为本外币并表统计数(含外资金融机构)。

2. 马鞍山市

【经济概况】　2009年，马鞍山市主要经济指标均保持两位数增长，人均指标稳居安徽省首位，全年实现地区生产总值665.9亿元，比上年增长12.1%，全市人均GDP达7 582美元，居全省首位，全面小康实现程度达94.2%，比上年提升2.9个百分点；三次产业结构为3.86∶66.53∶29.61。全社会固定资产投资为546.14亿元，比上年增长35%，投资额居全省第5位。全年居民消费价格指数为98.3。消费品市场保持较快增长态势，实现社会消费品零售总额为125.75亿元，比上年增长18.7%。实际利用外资6亿美元，增长17.4%；实际利用内资260亿元，增长15%。外贸进出口总额为17.33亿美元，比上年下降48.5%；其中出口总额4.53亿美元，比上年下降58.9%。城市居民人均可支配收入20 400元，增长11.3%；农民人均纯收入8 000元，增长10.5%。实现财政收入达122.31亿元，比上年增长11.0%，财政收入占GDP的比例为18.4%，比上年提升1.1个百分点，其中，中央财政收入58.58亿元，地方财政收入63.73亿元；财政支出80.07亿元，比上年增长42.5%。

【货币政策】　2009年，面对国内外经济金融形势的巨大变化，马鞍山市银行业金融机构认真贯彻“适度宽松”的货币政策，并根据国家出台的一系列宏观经济政策适时调整信贷结构，中国人民银行马鞍山市中心支行及时出台了《关于金融促进经济平稳较快增长的意见》、《金融支持“企业帮助年”的意见》等一系列政策措施，各银行业金融机构着力加大有效信贷投入，创新金融产品，完善金融服务，对促进地方经济恢复性增长功不可没。同时坚持“区别对待、有保有压”的信贷方针，不断增加对中小企业和三农等弱势行业的有效信贷投放。从信贷投放企业规模看，中小型企业获取信贷资金较为充裕。据《大中小型企业贷款专项统计》报表显示，截至12月末，全市中小企业人民币贷款余额160.93亿元，比年初增加57.87亿元，新增贷款占全部企业新增贷款的130.81%。从信贷投放区域看，县域信贷增幅高于全市平均水平。截至12月末，当涂县各项贷款余额达59.15亿元，比年初增加17.62亿元，增幅达42.43%，比全市平均水平高出4.33个百分点。从信贷投向看，农业、私营企业及个体贷款明显增多。截至12月末，全市农业贷款余额达5.82亿元，比年初增加1.53亿元，同比多增3.06亿元；私营企业及个体贷款余额7.57亿元，比年初增加3.24亿元，同比多增1.77亿元。

【金融运行】　2009年，马鞍山市金融机构认真贯彻执行中央各项经济金融政策，全年存、贷款超常增长，信贷结构不断优化，金融市场不断发展，金融改革持续快速推进，金融运行整体平稳有序。截至12月末，金融机构本外币各项存款余额705.88亿元，当年新增155.04亿元，同比增长28.15%，增幅较上年同期提高2.23个百分点。其中人民币各项存款余额达678.68亿元，比年初增加142.61亿元，创历年新高；外汇各项存款余额为39 830万美元，比年初增加18 222万美元，同比多增2 975万美元。本外币各项贷款余额达453.10亿元，比年初增加125.01亿元，余额同比增幅达38.10%，增量创历年新高。其中：人民币各项贷款余额达410.33亿元，比年初增加82.39亿元，是上年信贷增量的2.44倍，高位增长的信贷资金对实体经济的企稳回暖功不可没；外汇各项贷款余额为62 639万美元，比年初增加62 409万美元，同比多增69 945万美元。全年金融机构实现现金收入851亿元，同比增长2.8%；现金支出883亿元，同比增长1.7%；净投放现金32亿元，同比减少19.7%。

【金融机构】　2009年末，马鞍山市银行类金融机构营业网点共有191个，比上年增加3个，从业人员3 240人，比上年增加121人，资产总额达770亿元，比上年增加183.78亿元。其中：国有商业银行营业网点102个、从业人员1 946人，与上年基本持平，资产总额达406.14亿元，较上年增加79.14亿元，增长较快；农村新型机构网点达到9家，比上年多5家，从业人员达50人，比上年多38人，资产总额突破2亿元。

尤为值得关注的是小额贷款公司等农村新型

机构的迅速发展，使得全市银行业体系呈现多元化、全方位发展局面。2009 年 7 月 8 日，全国首家以地级市组建的马鞍山农村商业银行挂牌，标志该行经过三年的改革发展取得了重要成果。同年 12 月 31 日，由马鞍山农村商业银行发起设立的当涂新华村镇银行也正式挂牌成立，标志着全市农村新型银行业机构发展实现新的突破。2009 年 9 月 22 日，浦发银行马鞍山支行开业运营，全市金融服务水平特别是企业及个人多样化金融需求方面得到有力提升。2009 年 3 月 28 日全省注册资本规模最大、全市第一家小额贷款公司——当涂同盛小额贷款股份有限公司在马鞍山市当涂县揭牌，至 2009 年末，全市已营运的三家小额贷款公司总资产规模达 1.97 亿元，实收资本 1.9 亿元，短期贷款 1.5 亿元，累计实现利润 123 万元。

【金融市场】 2009 年，马鞍山市抓住时机，在“帮扶企业”的整体思路下，全力拓宽重点项目、中小企业的融资渠道，使直接融资方式进一步推向重点项目和中小企业，着力改善地方政府和中小企业的融资结构。一是以政府投资公司为融资平台，在全省第一个面向全国成功发行 10 亿元理财产品，发行 1.1 亿元地方政府债券，稳步推进 20 亿元城市建设债券，有力支持了经济和社会发展薄弱环节；二是企业上市融资和再融资工作实现新突破，成功发行并投入使用中小企业集合债券 1.5 亿元，泰尔重工、鼎泰稀土一次性通过证监会发行审核，星马汽车重组华菱重卡整体上市加快推进，山鹰纸业可转换债券转股顺利实施，奥盛钢缆、华菱西厨、惊天液压上市前期工作扎实开展；三是建立多种形式的风险投资基金，设立总规模 30 亿元的皖江城市带承接产业转移投资基金，成为全省首个产业基金。

货币市场交易有所减少。一是场外融资业务萎缩。受同业拆借市场各成员单位资金比较充裕影响，办理场外融资业务的需求明显下降，全年无拆入拆出。二是回购交易增势减弱。全年马鞍山农村合作银行累计融入融出资金 1 349.3 亿元，同比增长 36.83%，比 2008 年下降 85.37 个百分点，其中累计融入资金 755.79 亿元，融出资金 593.51 亿元。全年债券回购交易加权平均利率为0.986 9%，较上年 2.45%的利率下降较多，其中回购期限为 1 天以内的回购交易占全部交易的 95.24%。

票据市场规模增速加快。2009 年，马鞍山市累计票据承兑额为 252.49 亿元，较上年同期增长 113.5 亿元，增长 81.66%，承兑汇票余额为 95.61 亿元，较上年同期增长 36.83 亿元，增长 62.66%；全年全市金融机构累计办理贴现 575.46 亿元，较上年同期增加 262.11 亿元，增幅达 83.65%。

【金融创新】 2009 年，辖内银行业金融机构深入贯彻宏观调控政策，紧密结合社会经济走势，捕捉市场信息，加大金融产品创新力度，全面满足重点客户、中小企业、三农等信贷及融资需求。如工行开办发票融资，农行的小企业简式快速贷，中行的“中银信贷工厂”，建行的“速贷通”、“中小企业集合贷款”、“利得盈”信托理财产品，交行的“展业通”、徽商银行的小企业动产质押第三方监管贷款等等，都为企业特别是中小企业提供了迅速高效的融资服务；值得一提的是马鞍山市农村商业银行将创新试点产品——微小项目贷款流程引入到原来的阳光农贷、“公司＋农户”等业务中，实施贷款流程再造，按农村金融创新产品要求，将原来的阳光农贷变为更为具体的创业宝、联户宝和消费宝等金融创新试点产品，截至 12 月末，当涂县农村金融创新产品贷款户数 3 680 户，比 2008 年新增 2 171 户，同比增长 143.87%，贷款余额 47 985.29 万元，同比增长 42.92%。全年累计发放各类农村金融创新贷款 55 123.2 万元，有效满足农村各类金融需求。

【证券保险】 至 2009 年末，马鞍山市共有国元、银河、华安三家证券公司营业部，一家徽商期货营业部。证券从业人员 84 人，人员、机构数保持相对稳定。资产总额共计 14.12 亿元，净资产 0.11 亿元，比上年同期分别增加 5.62 亿元和 0.02 亿元。证券市场景气指数的逐步回升，也拉高了全市证券机构的获利水平。2009 年，全市证券交易额 902.56 亿元，较上年同期增长 89.75%，客户交易结算资金 12.99 亿元，比上年同期增长 132.30%。全年证券业实现营业收入 2.16 亿元，同比增长 62.1%，其中手续费收入 2.03 亿元，同比增长30%，实现净利润1.35亿元，同比增长70.9%。

保险业市场体系进一步完善，多元化经营格局日趋充分。截至2009年末，马鞍山市共有保险公司18家，其中财产保险公司9家，人寿保险公司8家，政策性农业保险公司1家，支公司与营销服务部25家，保险中介机构(保险代理公司)2家，从业人员2 798人。形成了涵盖国有、股份，商业性、政策性，产险、寿险等多元化的市场体系。全市全年保费总收入14.03亿元，比上年同期增长11.2%，保险密度1 090元/人，比上年同期提高105元/人，保险深度也从2008年末的1.98%提高到2009年年末的2.11%；其中，人身险保费收入10.32亿元，比上年同期增长8.3%；财产险保费收入3.71亿元，比上年同期增长20.1%。财产险保费收入中，受汽车销售市场火爆因素推动，全市车险保费收入激增明显。数据显示，至2009年12月末，全市车险保费收入共计2.54亿元，同比增长22.7%。

【金融生态】 2009年，马鞍山市着力打造金融生态友好型城市，不断完善金融生态环境领导协调机制，建立健全基于金融稳定的金融生态考核评价指标体系和方法，严厉打击涉及金融领域的各类违法行为，加大案件执行力度，对恶意逃废债务的企业进行严厉制裁，从根本上杜绝逃、废、赖债劣迹的发生，维护银行债权，为银行业金融机构提供良好的法制环境。积极推进信用体系建设，以切实增强金融对经济发展的支持力度。全年先后开展了“信用关爱日”、“征信宣传周”“金融知识进乡镇”等一系列信用征信宣传活动，同时，着力发挥金融基础设施功能，利用个人信用征信系统、企业信用征信系统、应收账款质押登记公示系统、支付清算系统、反洗钱系统有效促进社会经济健康发展。全年累计开立单位银行结算账户11 783户，检查客户账户3 000余个，可疑交易报告1 200份，形成各类反洗钱内控制度、工作资料、各类报表50余份，搜集中小企业信息1 631户，录入企业征信系统1 572户，建立农户信用档案15 633户，占农户总数的8.01%；其中14个农村金融机构建立了农户信用评级体系，已评定出2 726户信用农户，累计对9 580户信用农户，发放贷款43 922万元。

(高建华)

马鞍山市主要经济金融统计

(2005—2009年) 单位:亿元

项 目	2005年	2006年	2007年	2008年	2009年
国内生产总值	371.3	428.9	532.0	636.3	665.9
第一产业(增加值)	17.2	18.8	20.5	24.5	25.7
第二产业(增加值)	240.7	275.3	362.0	432.5	443.0
第三产业(增加值)	113.3	134.8	157.5	179.3	197.2
全社会固定资产投资	191.4	262.2	331.3	404.1	546.1
地方财政收入	26.0	31.3	42.0	43.3	63.7
地方财政支出	29.1	38.2	50.1	56.2	80.0
社会消费品零售总额	64.3	73.5	86.5	106.0	125.7
居民消费价格指数(以上年为100)	100.1	102.7	117.8	105.2	98.3
进出口总额(亿美元)	12.3	21.6	23.5	33.5	17.33
进 口(亿美元)	3.1	5.4	8.5	22.4	12.8
出 口(亿美元)	9.2	16.2	15.0	11.1	4.53
全部金融机构各项存款(余额)	318.3	373.1	437.4	550.8	705.9
企业存款	103.5	119.6	139.5	167.5	218.5
财政存款	7.1	13.1	17.7	20.9	23.6

（续表）

项 目	2005 年	2006 年	2007 年	2008 年	2009 年
城乡储蓄存款	172.2	198.8	210.1	259.6	305.8
全部金融机构各项贷款(余额)	195.5	268.5	304.0	328.1	453.1
短期贷款	65.1	88.8	102.9	108.9	173.2
中长期贷款	113.4	158.2	166.5	174.9	219.0
现金投放(+)回笼(−)	28.8	31.3	40.1	39.8	32.0
全部保险机构保费收入	6.8	8.2	8.7	12.6	14.0
全部保险机构保险赔款支出(含满期给付)	1.1	1.2	2.8	3.2	3.0
全部保险机构保险密度(元/人)	541.4	647.7	685.0	988.2	1 090
全部保险机构保险深度(%)	1.83	1.91	1.64	1.98	2.11

注:全部金融机构各项存款、贷款余额的七项数据为本外币并表统计数(含外资金融机构)。

3. 芜 湖 市

【经济概况】 2009 年,芜湖市全面贯彻落实国家扩内需、保增长的一系列政策措施,经济实现平稳较快增长。全年实现地区生产总值 902.0 亿元,比上年增长 15.4%,总量及增速均列全省第二位。三次产业增加值分别增长 5.3%、18.4%和 12.0%,结构由上年的 5.3 : 60.6 : 34.1 调整为 4.6 : 62.7 : 32.7。全年完成全社会固定资产投资 900.7 亿元,比上年增长 46.5%,其中:房地产开发投资 206.9 亿元,比上年增长 37.7%。全市实现社会消费品零售总额 241.5 亿元,比上年增长 18.9%。实现进出口总额 14.3 亿美元,比上年下降 29.7%,其中:进口总额 5.3 亿美元,下降 3.3%;出口总额 9.0 亿美元,比上年下降 39.5%。全市实现财政收入 147.8 亿元,比上年增长 19.3%,其中:地方财政收入 69.4 亿元,比上年增长 27.6%;全市财政支出 104.7 亿元,比上年增长 29.0%。城市居民人均可支配收入 16 747 元,比上年增长 12.1%;农民人均纯收入 6 738 元,比上年增长 9.8%。城市居民消费价格比上年下降 0.8%。

【货币政策】 面对金融危机带来的严重冲击,中国人民银行芜湖市中心支行及时出台货币信贷工作指导意见,主动加强与地方政府及相关职能部门联系沟通,通过协助政府召开金融工作座谈会、经济金融形势分析会议和信贷投放“窗口指导”会议,以《送阅件》等专题报告形式,宣传解读货币政策出台背景及其深刻内涵。积极搭建银企合作平台,协助市政府举办 2009 年芜湖市 861 项目暨中小企业银企对接会,签约总金额达 396.8 亿元。着力引导银行机构及时调整产品结构,支持辖区实体经济特别是中小企业发展,2009 年全市金融机构中小企业贷款余额为 356.3 亿元,较年初增长 61.4%。会同市财政局、林业局、银监局、保险行业协会等单位制定《关于进一步深化集体林权制度改革 积极做好林业发展金融服务工作的贯彻实施意见》,出台《芜湖市林权抵押贷款管理办法》,为林农开辟新的担保抵押手段和森林政策保险。牵头制定出台《进一步推动芜湖市小额担保贷款工作意见》,在扩大贷款受益人群范围、提高财政贴息比例、完善贷款管理和灵活运用多种贷款模式等六个方面做出了积极探索。

【金融运行】 2009 年,芜湖市金融机构认真贯彻国家宏观调控要求,全面落实适度宽松的货币政策,积极增加信贷投放,不断调整信贷结构,着力强化金融服务,为地方经济发展提供了强劲的金融支撑。

一是存款增长势头强劲。年末,全市金融机构本外币存款余额为 971.2 亿元,同比增长33.0%,较上年提高 10.0 个百分点,存款增量跃至全省第二位。其中:企事业单位存款余额为397.4亿元,同比增长46.1%,较上年提高24.2个百分点;居民储蓄存款余额为409.2亿元,同比增长18.4%,较上年下降10.3个百分点。

二是贷款增长创历史新高。年末,全市金融机构本外币贷款余额为809.9亿元,同比增长43.6%;较年初增加245.9亿元,是2008年全年增量的2倍,贷款增量创历史新高,稳居全省第二位。其中:短期贷款增加49.1亿元,同比少增15.6亿元;中长期贷款增加182.5亿元,同比多增149.5亿元;票据融资增加21.6亿元,同比多增5.4亿元。

三是外汇收支呈现顺差。2009年,芜湖市实现跨境外汇收入10.2亿美元,同比减少35.2%;支出6.8亿美元,同比增长8.4%;收支顺差3.4亿美元。银行结售汇13.4亿美元,同比减少27.1%,其中:结汇7.6亿美元,同比减少46.0%;售汇5.8亿美元,同比增长34.0%;结售汇顺差1.8亿美元,同比缩小7.9亿美元。

四是银行运行质量效益稳步提升。年末,全市银行业机构网点398个,较上年增加77个;总资产1 115亿元,较上年增加197.8亿元;全年实现利润总额18.4亿元,较上年增盈1.0亿元。年末本外币不良贷款余额较年初减少3.9亿元,不良贷款率比年初降低1.3个百分点。全市累计现金收入1 575.9亿元,较上年增长12.1%;累计现金支出1 549.9亿元,较上年增长12.3%;收支相抵全年净回笼现金26.0亿元,较上年增长1.6%。

【金融市场】 2009年,全市证券业交易额达1 053.6亿元,比上年增长109.8%,国债、股票、基金和权证交易分别占比0.1%、95.1%、0.5%和4.3%。其中,股票交易在交易额和增长速度方面均表现突出,交易额增长率高达127.5%。企业直接融资能力进一步增强,鑫龙电器成功首发上市,神剑新材料通过上市审核,长信科技等2家企业完成上市申报;海螺水泥成功发行中期票据30亿元,市建投公司发行企业债券10亿元,奇瑞汽车公司私募筹资29.8亿元。企业以贷款、债券、股票方式融资比重分别为85.2%、13.9%和0.9%。

年末,全市保险主体共24家,其中财险主体15家,寿险主体9家。全市累计实现保费收入20.1亿元,比上年增长37.1%。全市财险累计赔付支出3.9亿元,赔付率达67.5%;寿险累计各类赔付金额为1.7亿元,占同期寿险保费收入的12.0%,社会保障功能进一步得到发挥。

【金融改革】 2009年,芜湖市金融体系建设取得重大进展。一是大力引进域外股份制商业银行来芜湖设立分支机构。招商、中信、光大银行芜湖分行相继成立,兴业银行芜湖分行进入筹建阶段。二是大力发展壮大地方法人金融机构。芜湖津盛农村合作银行和繁昌农村合作银行相继挂牌成立,其中南京银行注资3 000万元入股芜湖津盛农村合作银行,使其成为全省首家引进上市银行作为战略投资者的县级农村合作银行。芜湖扬子农村商业银行启动增资扩股和引进战略投资者工作。南陵县农村信用联社开始筹建农村商业银行。三是加快推动融资类机构和新型金融机构发展。15家小额贷款公司获批开业,批筹数和开业数在省内仅次于合肥市。新增注册资金5 000万元以上的担保公司10家,新增典当公司2家。成立国内首家民族品牌汽车金融公司。建设银行在繁昌县发起成立全市首家村镇银行。

【金融创新】 大力推进农村金融服务和产品创新试点工作,出台芜湖市开展"农村金融服务与产品创新试点"方案,推动芜湖市金融机构加快开发适合小企业、个体工商户以及农户需求的信贷产品,创新担保方式。年末,全市金融机构创新金融产品21项。制定《芜湖市新设银行业机构管理与服务工作指引》,对新开业的招商银行、中信银行、光大银行芜湖分行加入芜湖市金融管理与服务体系进行了核准。配合地方政府、财政等部门,开通"国库支拨绿色通道",在核算、统计系统中增设"国有资本经营预算支出"新类级科目,推动芜湖市"创业投资引导基金"正式投入运作。积极指导、协调农信社、邮储银行等县域农村金融机构成功接入大小额支付系统,畅通农村支付清算渠道。加大公务卡推广力度,继续完善公用事业缴费平台的推广应用,在完成一期供水、供电、燃气、中广有线接入的基础上,逐步拓展电信、联通、移动等单位的接入,平台项目被安徽省发改委确定为全省服务业综合改革示范区项目。

【外汇管理】 在全省率先出台《关于进一步改进外汇管理促进芜湖市涉外经济发展的实施意见》，切实帮助地方涉外企业积极应对国际金融危机的冲击，得到市委、市政府领导高度重视和充分肯定。针对因贸易整体下滑带来的大量逾期未核销现象，在把握贸易真实性和不存在收汇风险的前提下，采取远期收汇备案补登记和备案二次延期等方式，帮助企业积极应对金融危机的负面影响。切实做好直接投资系统ODI模块推广工作，完成对奇瑞汽车股份有限公司马来西亚投资项目的外汇登记和境外投资企业转股收入入账批准工作，支持企业实施"走出去"战略。建立重点涉外企业监测制度，选取了纺织服装、汽车制造等行业10户重点涉外企业作为监测对象，及时掌握金融危机背景下涉外企业的生产经营状况及存在的问题。在全省率先建立银行开办结售汇等业务市场准入快速通道，最大限度地提高银行市场准入效率。继续按照打击跨境资金违规流动专项行动计划和措施，开展打击跨境资金违规流动活动，有效抑制外汇黑市蔓延，取得了良好的社会效果。开展对全市银行办理外商投资企业利润汇出及资本变动情况专项检查和个人外汇业务的专项检查，规范外汇指定银行的外汇业务行为，督促涉外主体合规经营。

（潘　晔）

芜湖市主要经济金融统计

（2005—2009年）　　单位：亿元

项　　目	2005年	2006年	2007年	2008年	2009年
国内生产总值	402.40	480.03	581.12	749.65	902.00
第一产业(增加值)	30.02	30.71	32.00	39.44	41.80
第二产业(增加值)	213.33	268.64	337.97	454.36	565.02
第三产业(增加值)	159.05	180.68	211.15	255.85	295.20
全社会固定资产投资	220.93	287.22	435.78	614.95	900.69
地方财政收入	27.83	34.15	43.91	54.39	69.41
地方财政支出	37.66	52.02	66.34	84.31	104.68
社会消费品零售总额	120.74	139.72	165.83	203.20	241.51
居民消费价格指数(以上年为100)	100.40	101.20	105.30	106.60	99.20
进出口总额(亿美元)	6.34	8.70	16.80	20.36	14.28
进　口(亿美元)	1.72	2.22	4.49	5.16	5.33
出　口(亿美元)	4.62	6.48	12.31	15.20	8.95
全部金融机构各项存款(余额)	387.20	468.36	593.62	730.25	971.23
企业存款	121.70	152.50	205.73	233.10	397.39
财政存款	9.15	5.34	10.20	10.43	14.55
城乡储蓄存款	206.22	240.19	268.67	345.71	409.23
全部金融机构各项贷款(余额)	344.14	383.83	456.34	564.05	809.90
短期贷款	144.47	163.88	187.06	240.88	290.04
中长期贷款	113.10	166.42	221.50	251.66	434.08
现金投放(+)回笼(−)	−30.31	−29.30	−28.99	−25.04	−26.08
全部保险机构保费收入	8.15	9.04	10.31	14.73	20.05
全部保险机构保险赔款支出(含满期给付)	1.34	1.81	3.08	5.75	5.69
全部保险机构保险密度(元/人)	359.22	394.71	447.37	638.24	871.45
全部保险机构保险深度(%)	2.03	1.88	1.77	1.96	2.22

注：全部金融机构各项存款、贷款余额的七项数据为本外币并表统计数(含外资金融机构)。

4. 铜 陵 市

【经济概况】 2009年，铜陵市扎实做好“保增长、保民生、保稳定”各项工作，及时出台一揽子应对措施，全力化解国际金融危机带来的严峻挑战，实现经济社会持续平稳较快发展。全年实现地区生产总值(GDP)343.7亿元，按可比价格计算增长13.7%；外贸进出口总额22.15亿美元，位列安徽省第二，较上年同期下降30.8%；实际利用外资2.6亿美元，增长29.6%，其中外商直接投资1.6亿美元，下降3.3%；完成固定资产投资282.94亿元，增长61.7%；全年财政收入70.06亿元，比上年增长94.5%，其中实现地方财政收入33.05亿元，增长38.9%；全年居民消费价格指数(CPI)同比下降1.1%；实现消费品零售总额83.82亿元，增长18.7%；城镇居民人均可支配收入16 769元，增长10.5%，农村居民人均纯收入5 573元，增长20.8%，在岗职工平均工资收入31 034元，增长12.5%。2009年铜陵市城镇化率达76.4%，位居安徽省首位。农村居民最低生活保障、“五保户”供养标准，城镇未参保集体企业退休人员基本生活费保障等标准均居安徽省前列。

【货币政策】 2009年，中国人民银行铜陵中支认真贯彻落实落实适度宽松的货币政策，通过组织召开金融工作座谈会、行长联席会及季度经济金融形势分析会等形式，传导适度宽松的货币政策意图，牵头制定了《铜陵市金融促进地方经济发展的意见》，鼓励和引导金融机构加大有效信贷投放。重点支持了中央投资项目、支柱产业、骨干企业、“861”项目和循环经济建设，从严控制信贷资金投向“两高一资”企业和产品，防止产生新的信贷风险。认真做好中小企业、“三农”、下岗失业、助学等改善民生类信贷支持工作。鼓励发展消费信贷，落实好房地产信贷政策。完善金融超市的银企合作长效机制，全年金融超市开市12次，参加对接企业超过500家。银企间共签约131个项目，总融资额达40.8亿元。

【金融运行】 截至2009年末，铜陵市金融机构本外币各项存款余额350.01亿元，比年初增加84.08亿元，同比增长31.55%，其中人民币各项存款余额347.65亿元，比年初增加85.74亿元，同比增长32.76%。2009年末，人民币储蓄存款余额169.09亿元，同比增长15.97%，全年新增人民币储蓄存款23.28亿元，同比少增7.68亿元；企业存款快速回升，2009年末，人民币企业存款余额115.29亿元，同比增长39.86%，比年初增加32.82亿元。

信贷投放平稳增长，结构继续优化。2009年末，铜陵市金融机构本外币各项贷款余额332.16亿元，同比增长30.5%，增速高于上年末9.2个百分点，全年贷款增量77.7亿元，是上年全年增量的1.6倍，有力支持了实体经济企稳回升。其中人民币中长期贷款同比增长21.0%，占全年新增人民币贷款总量的44.3%，对经济复苏拉动作用明显；短期贷款同比增长24.2%，较好地满足了企业流动资金需求。

金融机构经营效益进一步提高，不良贷款实现“双降”。2009年，铜陵市金融机构实现账面利润9.69亿元，同比增加1.02亿元；年末全市金融机构不良贷款余额3.17亿元，较年初减少0.7亿元；不良贷款率0.95%，较年初下降0.6个百分点，不良贷款与不良贷款率均居安徽省最低。

【金融市场】 2009年，铜陵市三家证券营业部股票累计交易额609.2亿元，同比增加302.6亿元，增长98.7%。全年证券投资者开立的股票账户达到74 941户，较上年同期增加7 644户；实现营业利润1.3亿元，增长85.7%。2009年末，铜陵市拥有六家上市公司，形成了颇具特色的“铜陵板块”，数量和融资额分别占全省十分之一和十三分之一，股本总额达24亿元，累计直接融资66.7亿元。铜陵市城市建设投资开发有限责任公司成功发行15亿元中长期企业债券。

截至2009年末，铜陵市共有各类保险机构13家，其中财产保险公司8家，人寿保险公司4家，从事保险兼业代理的机构1家。全年实现保费收入7.8亿元，同比增长4%，保险理赔支出1.9亿元，同比下降15.7%。保险深度为2.3%，与上年持平，保险密度为1 050元/人，较上年增长3.6%。

【金融创新】 2009年，中国人民银行铜陵中心支行制定了《铜陵市农村金融产品和服务方式创新试点方案》，引导金融机构积极开展金融创新。针对中小企业融资难的特点，推出小企业动产质押第三方监管贷款，青年创业贷款、巾帼创业贷款、民企之星及光彩之星贷款等金融产品。两家农村合作银行以银团贷款为平台，积极引进的市外资金达11.5亿元，成功开办林权抵押贷款，为林业生产融资打开绿色通道。在每月举办金融超市的基础上，成功开发网络金融超市，提高了银企对接效率。进一步加强银行卡管理，不断丰富银行卡品种。2009年，全国首张城市主题卡——鼎卡在铜陵成功发行。继续推进财税库银横向联网系统建设，提高网上缴税率，并将财政部门纳入TIPS系统。征信体系建设取得积极进展，非银行信息采集实现新突破，公积金缴存和贷款、企业税务、环境评价和环境处罚、法院诉讼、工资拖欠信息已全部纳入征信系统。

【金融服务】 2009年，在国际金融危机影响背景下，铜陵市委、市政府更加重视金融工作，政银企沟通渠道更加畅通，地方金融生态良性发展，铜陵市荣获第六批"中国金融生态城市"称号。多家股份制商业银行落户铜陵，浦发银行铜陵支行于10月份正式成立，交通银行铜陵分行于12月挂牌营业。农村信用社改革试点取得显著成果，铜陵皖江农村合作银行于2009年4月8日挂牌成立，铜陵铜都农村合作银行2009年12月17日向社会定向募集4亿元股金，进一步改善资本结构。有色财务公司筹备工作有序进行。小额贷款公司试点稳步推进，农村新型金融机构设立取得突破性进展，2009年末已有9家小额贷款公司获准成立，其中5家小额贷款公司正式营业，全年累计贷款达7.5亿元。2009年新增担保机构4家，辖区9家担保机构共为1 825户中小企业提供担保，总金额达18.5亿元。

（何向红、叶文辉）

铜陵市主要经济金融统计

（2005—2009年） 单位：亿元

项　目	2005年	2006年	2007年	2008年	2009年
国内生产总值	182.05	243.55	286.83	325.31	343.7
第一产业（增加值）	6.49	7.04	7.78	8.43	8.99
第二产业（增加值）	112.27	163.14	194.32	218.32	233.29
第三产业（增加值）	63.29	73.37	84.73	98.56	101.44
全社会固定资产投资	76.68	92.37	118.70	175.03	282.94
地方财政收入	9.87	13.92	17.91	23.79	33.05
地方财政支出	15.60	20.12	26.28	34.89	47.09
社会消费品零售总额	42.24	48.64	57.16	70.63	83.82
居民消费价格指数（以上年为100）	101.2	100.42	104.7	106.11	101.2
进出口总额（亿美元）	12.97	22.01	29.24	34.72	22.15
进　口（亿美元）	11.14	17.08	27.20	32.80	20.38
出　口（亿美元）	1.83	4.93	2.04	1.92	1.77
全部金融机构各项存款（余额）	162.9	192.12	230.56	266.08	350.01
企业存款	56.82	62.58	90.53	85.77	117.14
财政存款	1.33	3.15	1.18	1.17	2.22
城乡储蓄存款	91.9	109.02	115.46	146.48	169.75
全部金融机构各项贷款（余额）	165.91	187.25	209.75	254.49	332.16

（续表）

项 目	2005 年	2006 年	2007 年	2008 年	2009 年
短期贷款	84.74	85.10	99.48	100.79	127.05
中长期贷款	65.62	80.37	100.63	135.65	164.04
现金投放(＋)回笼(－)	1.47	10.49	12.89	14.18	11.89
全部保险机构保费收入	4	4.61	4.71	7.5	7.8
全部保险机构保险赔款支出(含满期给付)	0.97	1.39	0.85	2.3	1.9
全部保险机构保险密度(元/人)	552	664	672	1 014	1 050
全部保险机构保险深度(%)	2.35	1.97	1.64	2.3	2.3

注：全部金融机构各项存款、贷款余额的七项数据为本外币并表统计数(含外资金融机构)。

5. 安 庆 市

【经济概况】 2009 年，安庆市贯彻落实科学发展观和中央各项宏观调控政策，应对国际金融危机，实施保持经济平稳较快增长的一揽子计划，实现了经济平稳健康发展：全年实现地区生产总值(GDP)802.7 亿元，按可比价格计算，比上年增长 12.3%，其中，第一产业增加 142.7 亿元，增长 6.3%，第二产业增加 373.3 亿元，增长 24.8%，第三产业增加 286.6 亿元，增长 5.6%；三次产业结构比为 17.8∶46.5∶35.6；人均 GDP 12 946 元，比上年增加 350 元。全市经济呈现以下特点：

固定资产投资高速增长，结构趋于合理。2009 年度，全市完成固定资产投资 601.6 亿元，增长 37%。一、二、三产业完成投资同比分别增长 48.5%、8.4%、25.5%。县域完成固定资产投资 436.9 亿元，同比增长 39.1%，市区完成固定资产投资 164.7 亿元，同比增长 31.6%。

消费品市场持续繁荣，批发零售协调增长。2009 年度，消费品市场持续活跃，实现社会消费品零售总额 287.9 亿元，同比增长 19.1%。实现批发业零售额 20.9 亿元，同比增长 40.1%。住宿餐饮业零售额 155.1 亿元，同比增长 15.4%。

进出口略有下降，外商直接投资有所萎缩。2009 年度，安庆市实现进出口总额 49 840 万美元，同比下降 7%。其中，实现出口 38 776 万美元，同比增长 10.4%；实现进口 11 064 万美元，同比下降 40.1%。

全市新登记外商投资企业外汇登记 22 家，较上年减少 8 家，新增企业投资总额 4 675 万美元，注册资本 2 825 万美元，分别同比下降 57.5%、61%。实际利用外资 6 693.1 万美元，同比下降 3.6%。

物价整体保持稳定。2009 年安庆市 CPI 平均为 98.6，同比下降了 1.4%，较 2008 年 7.2% 的涨幅回落了 8.6 个百分点。其中，非食品价格指数下降 2.4%，服务项目价格指数下降 4.7%，工业品价格指数下降 1%，食品和能源价格指数下降 2.0%，鲜菜鲜果价格指数下降 2.4%。

从全年看，安庆市生产价格基本保持稳定，1—9 月份，受国际金融危机影响，部分原材料价格稳中有下降，导致工业品出厂价格指数基本维持在 90%—92%间波动；第四季度价格指数有所上升，10—12 月工业品出厂价格指数分别达到 92.6%、97.4%和 102.3%。

财政及居民收支大幅增长。2009 年度，安庆市实现财政收入 96.2 亿元，同比增长 44.9%。其中地方财政收入 41.6 亿元，同比增长 8%，出口货物退增值税 3.1 亿元，同比增长了 28.8%。财政支出 138.3 亿元，同比增长 24.9%。城市居民人均可支配收入 13 454.1 元，同比增长 8.3%；农村居民人均现金收入 4 262.8 元，同比增长 8%。

【货币政策】 一是构建特色监测制度，及时把握微观发展态势。深度整合经济金融数据源，不断拓展金融统计的广度、深度，结合安庆市经济特点和发展状况，加强全市信贷投放期限结构、行业结构、地区结构、客户结构的监测分析。充分运用企业景气、银行家问卷调查等常规调查手段，切实执行货币信贷定期监测制度；结合安庆市中小企业多的特点，创新建立百户典型企业运行监测分析制度和中小企业数据库，将大额贷款的投向、投量纳入统计报送范围，更加深入、全面地了解微观主体在国际金融危机影响下的生存状况及金融需求。

二是主动传导、超前引导，全力支持地方经济发展。先后制定《关于贯彻适度宽松的货币政策全力支持安庆经济又好又快发展的具体实施意见》、《关于金融支持安庆市农业特色板块经济发展的意见》、《安庆市林权抵押贷款管理办法》，引导金融机构支持地方重大经济战略、惠农强农、中小企业。始终保持高强度、快频率的窗口指导节奏，通过按月召开金融形势分析会，不定期提请市政府召开金融工作座谈会、贷款推进会、新闻发布会、银企恳谈会等，持续提振银、企信心，切实稳定各微观主体对宏观金融政策及地方经济发展的预期。

三是多元对接、全面跟进，提高区域金融效率。以“加大金融支持力度，加快承接产业转移”为主题，举办安庆市承接产业转移金融服务论坛，推动省级银行机构与市政府加强战略合作，市政府分别与中国银行安徽省分行和交通银行安徽省分行签署了2010—2012年战略合作备忘录，合作期间，中行、交行安徽省分行对安庆市的综合授信额度分别高达100亿元。此外还细分对象、细分产业、细分区域，实施多元对接，先后成功举办了城区翻番企业银企对接会、3次青年创业小额贷款对接会、返乡创业人员小额贷款对接会、农业特色板块银企对接会、银行机构——担保公司——中小企业恳谈对接会、安徽省商标专用权质押贷款银企对接会等活动。积极引导金融机构改善小企业、私营企业、个体工商户和农户的金融服务，加大对青年创业、助学、下岗失业等贷款支持力度。

四是积极探索建立基层中国人民银行贯彻金融政策的保障机制。先后制定《安庆市金融机构货币信贷政策执行督促协调办法》、《安庆市信贷政策导向效果评估报告制度》。在安徽省率先投入研发《信贷政策导向效果评估系统》，极大提高了对金融机构执行货币政策、信贷政策情况监测评估的全面性、及时性和权威性。在安徽省首创《安庆市中小企业信贷投诉受理协调办法（试行）》，促进了中小企业信贷环境的改善。

【金融运行】 2009年度，全市本外币存款较快增长，不良贷款双降，金融机构经营效益明显提高。截至年末，全市拥有银行机构740家，从业人员7 735人，资产总额达1 027.9亿元，不良贷款余额37.3亿元，不良贷款率8.3%，实现利润10.9亿元，较上年多盈利0.9亿元。全市金融机构本外币各项存款余额944.9亿元，较年初增加189.6亿元，增长25.1%，同比多增42.2亿元，增速同比提高0.9个百分点。全市本外币各项贷款余额达449.5亿元，比上年增长30.2%，增速同比提高19个百分点，较好满足了安庆市实体经济的有效信贷需求，适度宽松的货币政策效应显著。信贷结构呈现如下特点：一是全年信贷投放基本保持均衡。安庆市积极引导并督促银行机构加大信贷投入力度，合理把握投放节奏。各项贷款当月增量环比增幅平均达21.4%，贷款增量相比2008全年增量实现了翻番增长。

二是行际间新增贷款较为均衡。2009年，四大国有银行贷款净增32.6亿元，股份制银行贷款净增30.7亿元，农村信用社（含农商行、农合行）新增贷款27.6亿元，分别占全市新增贷款总量的31.2%、29.4%、26.5%。

三是主要行业贷款重点突出。截至年末，工业、农业、商业贷款余额分别达42.8亿元、79.8亿元、50.3亿元，较年初增加5.2亿元、10.2亿元、4.7亿元，有力支持了安庆市实体经济的快速企稳回升；房地产贷款余额62.1亿元，较年初增加23.7亿元，较好促进了安庆市房地产行业的加快发展；全年新增个人消费贷款20.3亿元，同比多增13.3亿元，有力拉动了内需增长。全市政府投融资平台贷款余额60.8亿元，较年初增加30.9亿元，较好满足市政重点工程和企业项目投资的资金需求。

【金融市场】 2009年度，安庆市辖区内金融市场运行总体呈现直接融资比重依然偏低、债券交易有所回暖、票据总量、贴现业务增加，金融市场稳健态势。

直接融资比重依然较小。安庆市企业融资主要依靠间接融资为主，除城投公司、华茂纺织股份有限公司发行过企业债券外，多数企业没有发生过企业债券、股票等形式的直接融资，融资结构过于偏重银行贷款。

国债发行量放大。2009年度，全市共发行凭证式国债五期，总计44 784万元，是2008年的4倍。主要是辖内部分县联社大笔购买所致；储蓄国债6期，金额为7 804.4万元，是2008年的两倍多；共办理国债收款单兑付10份，共计本息款18 095元，国债常年兑付点共办理无记名2.5万余元。

票据交易量、贴现实现“双增”。年末，全市商业汇票余额为42.4亿元，同比增加9.6亿元；累计发生额109亿元，同比增加44.7亿元。全市贴现余额11.3亿元，同比增加0.5亿元；累计发生额78.8亿元，同比增加32.1亿元。其中，工、农、中三大银行全年累计贴现减少，其他金融机构均增加，尤其是徽商银行全年累计贴现40亿元，同比增加24.7亿元。

证券业稳步发展。安庆市3家证券公司营业部经营及发展趋势向好，体现在：一是证券交易活跃。2009年度，安庆市证券业实现客户交易结算资金6.7亿元，比上年同期增加18%；累计证券交易量774.7亿元，比上年同期增加61.5%；投资者开户数达8.9万户，比上年同期减少0.2万户。二是经纪业务收入大幅增长，盈利水平提升。2009年度，安庆市证券业实现手续费收入为17 126万元，较上年同期增加40.2%，实现营业利润14 328万元，较上年同期增加45%。

保险业加快增长。全市共有保险公司分支机构25家，其中财产保险公司10家，人寿保险公司15家。截至2009年末，全市保险业资产总额达62.6亿元，同比增长41.2%。实现保费收入32.5亿元，同比增长31.1%。赔款和给付支出6.7亿元，同比上升2.4%。其中财产险赔款3.2亿元，同比上升15%；人身险赔款和给付3.5亿元，同比下降7.3%。

【金融创新】 2009年度，安庆市国有商业银行分支机构改革进一步深化，农发行、农业银行改革有序推进，地方金融机构改革获重大突破，4家农村信用社成功组建农村商业银行或农村合作银行，开创了安庆市农村金融发展新的局面。

桐城市农村金融产品和服务方式创新试点工作初显成效，有关金融机构相继推出了满足不同需求的“同企乐贷款”、“国内发票融资贷款”、“动产质押贷款”、“商标权质押贷款”、“林权证质押贷款”等新产品，为创业初期的企业和农户及时提供了资金支持。

安庆市在全省率先启动农户信用评价体系建设工作，积极探索建立“农户＋征信＋评价＋信贷”的信贷业务模式。大力推进实施“农汇通”工程，广大乡镇资金结算现代化水平实现了跨越式提升。

（操基平）

安庆市主要经济金融统计

（2005—2009年）

单位：亿元

项　　目	2005年	2006年	2007年	2008年	2009年
国内生产总值	429.64	494.19	593.51	704.72	802.7
第一产业(增加值)	89.34	94.38	113.93	134.21	142.7
第二产业(增加值)	17.67	208.92	249.14	299.07	373.3
第三产业(增加值)	16.36	190.89	230.44	271.44	286.6
全社会固定资产投资	155.53	226.59	341.7	439.2	601.6
地方财政收入	19.55	45.27	32.2	66.43	96.2
地方财政支出	46.25	61.01	81.61	110.73	138.3

（续表）

项　　目	2005 年	2006 年	2007 年	2008 年	2009 年
社会消费品零售总额	145.56	167.57	198.07	241.76	287.9
居民消费价格指数(以上年为 100)	101.6	102.03	106.35	107.2	98.6
进出口总额(亿美元)	2.27	2.82	3.71	5.32	4.98
进　口(亿美元)	0.54	0.61	1.17	1.84	1.11
出　口(亿美元)	1.73	2.21	2.54	3.48	3.88
全部金融机构各项存款(余额)	427.05	507.33	607.88	755.33	944.9
企业存款	81.58	91.81	119.7	137.4	193.6
财政存款	4.43	8.1	9.35	12.97	17.9
城乡储蓄存款	299.03	350.93	405.21	508.18	608.3
全部金融机构各项贷款(余额)	284.94	313.01	341.65	345.17	449.5
短期贷款	185.73	194.58	224.46	206.55	232.86
中长期贷款	79.69	93.17	98.99	121.78	199.37
现金投放(＋)回笼(－)	－48.13	－56.05	－70.94	－82.68	0.6
全部保险机构保费收入	10.11	12.69	15.95	22.4	32.5
全部保险机构保险赔款支出(含满期给付)	3.98	4.06	7.04	8.07	6.7
全部保险机构保险密度(元/人)	167	209.9	257.82	309.38	527.7
全部保险机构保险深度(%)	2.35	2.58	2.65	2.72	4.05

注：全部金融机构各项存款、贷款余额的七项数据为本外向并表统计数(含外资金融机构)。

6. 池　州　市

【经济概况】 2009 年，在国家积极应对国际金融危机而实施的一系列财政政策和适度宽松的货币政策的引导下，全市完成生产总值 245.6 亿元，增长 15.1%，增幅较全国平均水平高 6.4 个百分点，比全省高 2.2 个百分点。与全省 17 个市相比，发展速度居全省第三位。从三次产业看，第一产业实现增加值 40.98 亿元，增长 6.7%；第二产业实现增加值 104.32 亿元，增长 23%；第三产业实现增加值 100.32 亿元，增长 11.2%。全市 449 家规模以上工业企业完成增加值 60.98 亿元，增长 28.5%，增幅居全省第 1 位。全市完成固定资产投资 257.46 亿元，同比增长 43.2%。全年实现社会消费品零售总额 79.18 亿元，同比增长 19.1%。全市进出口完成 19 678 万美元，同比增长 108.6%。其中，出口完成 7 045 万美元，增长 1.4%；进口完成 12 633 万美元，增长 409%。全年实际利用外资 13 382 万美元，同比增长 15.7%，其中外商直接投资 11 732 万美元，增长 10.6%。全市财政总收入 33.19 亿元，增长 27.4%，其中地方财政收入 24.1 亿元，增长 35.4%。财政支出增长加快，重点支出得到有效保障。2009 年全市财政支出 51.54 亿元，增长 20.3%。全市 32 项民生工程累计投入 8.6 亿元，增长 51.4%。城乡居民收入稳步提高，继续保持两位数增幅。2009 年城镇居民人均可支配收入 14 197 元，同比增长 10.5%。人均消费性支出 9 724 元，增长 12.7%，其中食品支出增长 3.2%，衣着支出增长 18%，家庭设备用品及服务增长 25.1%，教育文化娱乐支出下降 12.2%，居住支出增长 70.4%。全市农村居民人均纯收入 4 955 元，增长 10.7%。

【金融运行】 2009 年，全市金融机构积极应对国际金融危机影响，加大对基础设施建设、重点项目、个人消费贷款、中小企业、“三农”及薄弱环节的金融支持。年末，全市本外币各项存款余额288.1亿元，比年初增加61.1亿元，同比多增16.9亿元，增长26.92%，其中，人民币各项存款余额287.5亿元，比年初增加61.1亿元，同比多增16.8亿元，增长26.99%；全市金融机构本外币各项贷款余额达171.6亿元，比年初增加48.7亿元；同比多增34.8亿元，增长39.6%，增幅居全省第三位。人民币各项贷款余额169.5亿元，比年初净增加46.6亿元，同比多增32.7亿元，增长37.9%，增速同比上升了25.12个百分点。从贷款结构看，中长期贷款引领各项贷款强劲增长。全年新增贷款中，短期贷款、中长期贷款分别占到全部新增贷款的10.22%和94.13%，票据融资规模总体较小但降幅明显。现金呈净回笼态势。全市金融机构现金累计收入483.7亿元，增长15.3%；累计支出现金481.3亿元，增长14%。收支相抵净回笼2.4亿元。池州市银行业金融机构信贷资产质量明显改善，不良贷款“双控”措施得到落实，“双降”目标得以实现。各国有商业银行各项改革取得进展，经营指标进一步向好，农村合作金融机构票据兑付后稳健运行，绩效进一步提升。年末，全市金融机构不良贷款余额8.66亿元，较年初减少了2.51亿元，不良贷款率5.04%，较年初下降了4.04个百分点。业务创新能力增强，非利息收入占比增加。各行银行卡、保险、基金等新业务迅速发展，收入结构发生了显著变化。2009年度，4家股改商业银行非利息收入1.2亿元，较上年增加0.4亿元，增长46.64%，创新金融产品收入0.2亿元，较上年增加371万元，增长20.6%。

【货币政策】　2009年，全市金融机构紧紧围绕国家“保增长、扩内需、调结构、促改革、惠民生”的总体要求，认真落实适度宽松的货币政策，有效推进了地方经济健康运行。一是强化窗口指导，引导和提振市场信心。通过报刊、电视台、媒体见面会、信贷形势分析例会等形式，加强适度宽松货币政策的宣传，增强政策的影响力。二是积极落实各项政策措施，有效促进信贷投入。按照国家一揽子保增长计划和市委、市政府扩内需、保增长的各项政策措施，制定出台了金融配套支持政策，认真配合做好“工业企业帮扶年”活动，加强融资协调。年末，全市中小企业贷款较年初净增27.2亿元，增长43.6%，高于各项贷款增幅。会同政府有关部门启动正向激励考核和政策效果评估等手段，鼓励银行业对企业有效信贷需求的支持。推动建立了政府小企业还贷周转基金平台等。三是积极开展银企对接，推进银企合作。牵头举办了池州市2009年春季银企对接会，10家银行共与170户参与企业，达成协议金额28.2亿元。

【金融市场】　金融市场平稳发展，但发育仍然单一。2009年，全市票据市场交易稳定增长，票据市场利率总体呈上升态势。全年累计签发银行承兑汇票6.1亿元，比上年增加4.8亿元；全年累计贴现19.9亿元，比上年增加1.2亿元，年末余额为3.4亿元。2009年，在适度宽松货币政策的大背景下，金融机构信贷投放加大，民间借贷规模和利率受到抑制。据监测，2009年下半年池州市发生的民间借贷加权平均利率为9.15%，比上半年下降2个百分点。保险业发展迅速。2009年末，保险机构14家，较上年增加5家。保费收入9.25亿元，较上年增长67.8%。其中人寿险保费收入7.5亿元，财产险保费收入1.7亿元。理赔支出1.98亿元，增长12.2%。全市证券业仅有华安证券池州营业部一家，2009年，全市证券交易额为174.6亿元，较上年增加72.16亿元，增长70%。

【金融创新】　着力推进金融产品和服务方式创新，大力引导金融机构对“三农”和中小企业的信贷支持。重点推动了以“创新贷款担保方式、扩大有效抵押品范围”为主要内容的农村金融产品试点工作，通过青阳县试点推进会、创新试点工作交流会，引导试点机构推出了一批适合当地“三农”等金融需求特点的农村金融产品，探索开展了涉农中小企业综合授信贷款、订单贷款、仓单质押和采矿权抵押等7种主要金融创新产品，共支持个体户、中小企业369户，累计发放3.3亿元，贷款余额2.6亿元。创新监管模式，推进反洗钱工作向纵深发展。以签订反洗钱工作责任书，按季召开监管联席会，举办金融机构高管人员反洗钱知识测试，会同市公安局、工商局等部门开展反洗钱主题宣传等形式，增强了城乡居民的反洗钱意识，加大可疑交易数据信息管理力度。以反假货币上岗资格管理为契机，出台了《池州市反假货币上岗资格证年审管理办法》，建立了持证人信息数据库，有效规范金融机构反假工作管理。

【金融服务】 一是开通国库直拨直退快速通道，拓宽国库服务领域。建立了国库直接支付联席会制度，开展国库直接支付业务；积极借助“影像交换系统”，优化出口退税流程，提高了出口退税业务效率，切实帮扶企业。二是优化支付结算服务环境，加快现代化支付系统推进步伐。与贵池区政府、银联安徽分公司在贵池区殷汇镇率先联合举办“改善农村支付环境建设活动启动仪式”，加大宣传力度，切实改善农村支付环境。实施“农汇通工程”，拓宽农村金融服务领域，建立方便快捷的支付渠道。利用支付系统取代同城清算，整合资源，畅通资金划转渠道。三是率先在辖内建立银行卡公约制度，规范银行卡市场整治工作。四是以中小企业信用信息和环保等非银行信用信息采集为重点，扎实推进征信体系建设，切实落实绿色信贷政策，不断提高全民信用意识。五是认真加强监测分析，扎实开展专题调研，为有关部门决策参考。在做好各类专项经济调查和金融统计监测有效利用的基础上，先后就“金融危机背景下扩大内需、促进消费”、“金融危机对池州市旅游业发展影响”、“池州市农民工提前返乡创业”以及“承接产业转移”等问题开展了重点调研。六是围绕促进贸易便利化的要求，加强和改善外汇管理与服务。简化对企业贸易收结汇及售付汇的核查手续，放宽额度限制，提高企业流动资金使用效益，便利企业办理相关业务和用汇需求。依托服务贸易外汇业务非现场监管系统，重点关注异常资金收付，及时解答外汇指定银行和企、事业单位的业务咨询，提供政策指导，最大限度地便利企业服务贸易项下的购付汇。规范外资外债管理，促进外商投资企业健康发展。与涉外经济主管部门协调合作，规范外商投资企业外汇登记管理；按照“支付结汇制”原则审核资本金及外债资金结汇申请，满足企业合理的结汇人民币资金需求。

（周玉钦）

池州市主要经济金融统计

（2005—2009 年）　　单位：亿元

项　　目	2005 年	2006 年	2007 年	2008 年	2009 年
国内生产总值	110.18	130.09	156.57	192.40	245.60
第一产业（增加值）	25.63	28.53	33.70	39.20	40.98
第二产业（增加值）	40.63	49.52	59.61	78.60	104.29
第三产业（增加值）	43.92	52.04	63.26	74.60	100.32
全社会固定资产投资	75.61	91.03	139.82	179.40	257.46
地方财政收入	7.03	9.16	12.77	17.80	24.10
地方财政支出	16.19	21.98	28.87	40.04	51.54
社会消费品零售总额	39.72	45.50	53.64	66.50	79.18
进出口总额（亿美元）	1.00	0.74	0.66	1.09	1.97
进　口（亿美元）	0.27	0.17	0.11	0.39	1.26
出　口（亿美元）	0.73	0.57	0.55	0.70	0.71
全部金融机构各项存款（余额）	130.11	158.53	182.74	226.97	288.07
企业存款	25.08	29.61	38.54	47.99	70.52
财政存款	2.42	2.75	2.47	4.28	4.39
城乡储蓄存款	88.24	104.26	114.73	141.39	168.88
全部金融机构各项贷款（余额）	86.88	97.13	108.97	122.95	171.64

（续表）

项　　目	2005年	2006年	2007年	2008年	2009年
短期贷款	49.19	55.70	57.33	58.22	62.87
中长期贷款	36.16	40.16	47.04	59.04	103.01
现金投放(＋)回笼(－)	1.60	4.26	4.48	2.71	－2.40
全部保险机构保费收入	2.49	3.34	4.45	5.51	9.25
全部保险机构保险赔款支出(含满期给付)	0.51	0.56	1.31	1.76	1.98
全部保险机构保险密度(元/人)	159	212	281	346	582
全部保险机构保险深度(%)	2.26	2.57	2.84	2.86	3.77

注：全部金融机构各项存款、贷款余额的七项数据为本外币并表统计数(含外资金融机构)。

7. 滁　州　市

【经济概况】 2009年，滁州市实现地区生产总值576.18亿元，增长10.8%；外贸进出口总额6.88亿美元；固定资产投资506.80亿元，增长40.4%；完成地方财政收入37.07亿元，增长29.4%；社会消费品零售总额183.62亿元，增长18.9%；城镇居民人均可支配收入达13 367.7元，增长9.1%；农村居民人均纯收入首次突破5 000元，达5 038元，增长12.0%。滁州市先后被评为浙商(中国)最佳投资城市、浙商(安徽)最佳服务城市、深港企业投资潜力城市和苏商(中国)最佳投资环境城市。

【货币政策】 2009年，中国人民银行滁州市中心支行认真贯彻落实适度宽松的货币政策，促进辖区经济回稳向好发展，一是创新“窗口指导”方式，强化货币政策传导效果。按季组织召开金融形势分析会及金融工作座谈会，分析形势，通报情况，表彰先进，研究措施，解决问题。引导辖区银行业金融机构认真贯彻适度宽松的货币政策，努力保持信贷投放均衡有效；加强与地方媒体的协作，通过新闻发布会、报纸专栏、广播热线、电视访谈等多种方式，加大货币政策宣传和引导，连续、全面报道金融工作的主要做法与成效，有效拓宽货币政策传导渠道；密切与地方党委、政府的沟通联系，积极争取其对金融工作的支持，建立与政府各经济主管部门间的信息沟通机制，协调配合，进一步巩固经济金融互动协调的发展格局；积极应对金融危机对辖内实体经济的影响，面向企业举办“非公有制企业金融知识”、“中小企业融资及其案例分析”、“征信系统与企业融资”等一系列金融讲座，普及金融知识，优化融资环境。二是丰富银企对接模式和层次，突出主题，推进银企务实合作。相继开展了四项活动——以“度时艰、保增长、促合作、求共赢”为主题，举办“银企合作推介月活动”；以“展示美好滁州，共谋发展大计”为主题，举办“在皖股份制商业银行滁州行活动”；以“以金融智慧，助县域腾飞”为主题，举办“金融支持县域经济促进月活动”；以“创新融资平台、服务企业成长，促进共同发展”为主题，举办“小企业金融服务月”活动。“四项活动”有力地拉动了银行业金融机构贷款大幅增长，赢得了广泛而积极的社会反响。三是加强金融市场分析与政策效应监测评估，稳步推进农村信贷产品与服务方式试点。加强对辖区经济运行信息的收集与反馈，重点关注经济走势、信贷投放、流动性变化、利率市场化、票据融资、金融创新、金融支持中小企业、县域经济和民生情况等，定期分析、研究辖区货币信贷政策执行情况及金融市场运行情况等；开展信贷政策导向效果评估，检验信贷政策实施效果，完善对商业银行信贷政策取向的监测指导手段，增强信贷投放的均衡性和合理性；积极开展企业帮扶活动，切实帮助企业解决生产经营中的融资难题，帮扶成功案例《安徽日报》、《滁州日报》相继予以报道；积极推动凤阳县、定远县开展农村金融产品和服务方式创新试点，通过召开座谈会、推进会以及深入试点机构现场督查等多种方式，全面落实试点工作各项要求，进一步提升“三农”金融服务水平。

【金融运行】 2009年末，滁州市全部金融机构本外币各项存款余额616.57亿元，较年初增加142.85亿元，增长30.15%；其中：人民币各项存款余额614.48亿元，较年初增加143.19亿元，增长30.38%。全部金融机构本外币各项贷款余额为389.94亿元，较年初增加106.4亿元、增长37.53%；其中：人民币各项贷款余额380.89亿元，较年初增加105.69亿元，增长38.4%。金融机构资产质量显著提高，不良贷款率同比下降6.38个百分点；经营效益持续增长，全年实现本外币结益8.98亿元，同比增长9.25%。

【金融市场】 2009年，滁州市证券交易额303亿元，同比增加137.1亿元；实现保费收入18.12亿元，同比增加3.3亿元；各项保险赔付6.76亿元，其中，财险赔付2.99亿元，寿险赔付3.36亿元。资本市场实现突破，滁州市交通基础设施开发建设有限公司成功发行5亿元公司债券。

【金融创新】 凤阳县列为农村金融产品和金融服务试点县，定远县列为林权抵押贷款业务创新试点县。信息报送管理系统、内控风险监测信息管理系统和涉农贷款报表处理系统等创新项目在安徽省推广。中国人民银行牵头建立滁州市社会信用体系建设联席会议制度。非银行信息采集面进一步扩大，个人低保信息加载进入征信系统数据库。

（王　谦）

滁州市主要经济金融统计

（2005—2009年）　　单位:亿元

项　　目	2005年	2006年	2007年	2008年	2009年
国内生产总值	328.08	372.10	435.55	520.11	576.18
第一产业(增加值)	90.12	97.53	104.63	123.33	134.51
第二产业(增加值)	124.58	143.89	179.69	222.94	262.08
第三产业(增加值)	113.38	130.68	151.23	173.84	179.59
全社会固定资产投资	114.23	149.43	236.75	360.96	506.8
地方财政收入	12.00	15.81	22.17	28.64	37.07
地方财政支出	31.3	42.76	61.95	83.69	105.95
社会消费品零售总额	94.53	107.48	126.24	154.39	183.62
居民消费价格指数(以上年为100)	102.2	101.9	105.3	100.3	100.1
进出口总额(亿美元)	2.99	3.95	4.75	7.03	6.88
进　口(亿美元)	0.7	0.97	0.96	1.21	1.52
出　口(亿美元)	2.29	2.98	3.79	5.82	5.36
全部金融机构各项存款(余额)	278.33	329.04	377.69	472.61	616.57
企业存款	48.85	62.15	72.17	90.24	142.13
财政存款	4.85	6.85	10.47	11.02	16.39
城乡储蓄存款	195.40	218.55	239.68	304.17	353.34
全部金融机构各项贷款(余额)	199.19	241.88	268.60	283.12	389.94
短期贷款	154.05	180.52	197.47	195.80	237.59
中长期贷款	37.44	47.94	57.25	70.15	133.44
现金投放(+)回笼(-)	8.85	16.69	13.16	16.93	20.57

（续表）

项　　目	2005 年	2006 年	2007 年	2008 年	2009 年
全部保险机构保费收入	6.91	9.36	10.88	14.82	18.12
全部保险机构保险赔款支出（含满期给付）	1.91	2.06	0.97	2.6	6.76
全部保险机构保险密度(元/人)	158.62	213.52	246.15	329	402.67
全部保险机构保险深度(%)	2.11	2.52	2.50	2.85	3.14

注:全部金融机构各项存款、贷款余额的七项数据为本外币并表统计数(含外资金融机构)。

8. 巢　湖　市

【经济概况】 2009 年,全市实现地方生产总值 529.4 亿元,按可比价格计算,比上年增长 12.4%,较上年下降 0.8 个百分点。其中第一产业增加值 106.5 亿元,增长 6.5%,较上年下降 0.2个百分点;第二产业增加值 243 亿元,增长 17%,下降 2.1 个百分点;第三产业增加值 179.9 亿元,增长 9.9%,下降 0.1 个百分点。三次产业的比重从 2008 年的 21.0∶43.9∶35.1 调整为 20.1∶45.9∶34。

(1)工业经济稳定发展。全年实现工业增加值 168.6 亿元,同比增长 23.6%,增速较上年下降 5.4 个百分点,增幅高于全省平均水平 1.0 个百分点,居全省第 12 位。(2)固定资产投资呈现"低开高走"的运行态势。全年完成固定资产投资 444.0 亿元,同比增长 28.0%,较上年下降 7.2 个百分点,增幅位于全省第 16 位。其中,房地产开发全年完成投资 60.2 亿元,同比增长 22.5%,比上年下降 28.6 个百分点。(3)消费市场持续活跃。全年实现社会商品零售总额 179.7 亿元,增长 18.9%,较上年下降 5.1 个百分点,增幅位于全省第 5 位,比上年退后 3 位。(4)对外贸易逐步回暖,利用外资情况较好。全年实现进出口总额 4.4 亿美元,同比下降 1.7%,降幅比年初缩小了 20.7 个百分点。其中出口 3.3 亿美元,下降 17.2%。实际利用外资 2.5 亿美元,增长 24.5%。(5)财政收支增速加快,惠民支出进一步加大。2009 年,全市实现财政收入 52.5 亿元,同比增长 17.1%。全年财政支出 91.2 亿元,增长 23.4%。其中,教育支出增长 6.7%,医疗卫生支出增长 37.7%,社会保障和就业支出增长 13.3%。(6)居民收入稳步增加。2009 年,城镇居民人均可支配收入 14 434 元,农民人均纯收入 5 240 元,分别增长 10.7%和 9.5%,增幅分别较上年下降 4.4 和 10.9 个百分点。(7)物价水平总体趋稳。全年居民消费价格指数为 98.4%,同比下降 1.6 个百分点。工业品出厂价格指数为 92.2%,同比下降 7.8%。

【金融运行】 2009 年,面对国际金融危机带来的严峻挑战,巢湖市金融机构紧密结合地方实际,认真执行国家金融调控政策,积极加大对经济发展的支持力度,整体运行健康平稳。

(1) 存款稳定增长,活期化程度不断加深。

2009 年末,金融机构本外币各项存款余额 576.2 亿元,比年初增加 103.8 亿元,同比多增 22.8 亿元;同比增长 22.0%,比上年同期上升1.3 个百分点。其中,企事业单位存款 98.6 亿元,增加 28.6 亿元,同比多增 23.0 亿元;增长 41.1%,较上年上升 32.5 个百分点;年末活期企业存款余额占比为 82.3%,较上年末上升 7.1 个百分点。储蓄存款 406.8 亿元,增加 58.6 亿元,同比少增 6.9 亿元;增长 16.8%,较上年下降 6.4 个百分点。年末储蓄存款中活期占比为 29.9%,较上年提高 2.9 个百分点。

(2) 贷款增速加快:短期贷款大幅增长,中长期贷款增幅平稳,个人消费贷款显著增加。2009 年末,全市本外币各项贷款余额 291.1 亿元,同比增长 23.3%,比上年末提高 4.7 个百分点。其中,人民币各项贷款余额为 289.4 亿元,余额全年新增 54.1 亿元,同比多增 16.8 亿元;同比增长

23.0%，比上年末提高 4.4 个百分点。外汇贷款余额 2 400 万美元，比年初增加 1 329 万美元，同比多增 1 183 万美元。

年末人民币短期贷款余额为 155.2 亿元，比年初增加 16.9 亿元，同比多增 10.3 亿元；同比增长 12.3%，较上年末上升 6.1 个百分点。中长期贷款余额为 123.6 亿元，比年初增加 36.7 亿元，同比多增 11.8 亿元；同比增长 42.3%，较上年提高 1.9 个百分点。从行业分布看，新增贷款行业集中度较高。2009 年，信贷投放主要投放到：制造业，水利、环境和公共设施管理业，交通运输、建筑和采矿业，合计新增贷款 42.4 亿元，占全部新增贷款总量的 77.1%。受房地产快速上涨的影响，全年个人消费贷款新增 11.4 亿元，同比增长 56%。

【货币政策】 面对复杂多变的宏观经济形势，中国人民银行巢湖市中心支行审时度势，全面、准确地理解和把握宏观调控意图，适度宽松的货币政策得到了有效的贯彻和执行。上半年，为防止经济下滑，缓解实体经济运行中资金流动性不足等问题，该行采取了一系列措施引导金融机构扩大有效信贷投放，确保了信贷供应总量平稳较快增长。下半年，随着宏观经济形势逐步好转，该行逐步将货币政策传导的重心由“保增长”转移到“调结构”，大力引导金融机构进一步加大中小企业金融服务，建立并完善了中小企业信贷营销机构和考核机制。搭建平台，进一步加大政、银、企沟通协作，先后举办了 15 场次银企对接会，促成近千户企业与金融机构达成近 200 亿元的融资协议。引导金融机构创新信贷品种，努力做大“公司＋农户”、“公司＋基地＋农户”等贷款模式。督促金融机构主动履行社会责任，积极做好下岗失业人员小额担保贷款和助学贷款工作，加大对社会弱势群体的信贷支持。

【金融创新】 2009 年，中国人民银行巢湖市中心支行根据国家宏观调控政策取向和各项支农惠农政策具体要求，紧密结合辖内经济金融发展实际，加大“窗口指导”力度，引导金融机构从做大“公司＋农户”、做亮“双社”联姻、做优特别授信、做活动产抵押和做细信贷流程等五个方面创新破难，增加对农村经济发展的有效投入，取得了地方经济发展、农民收入增加、金融机构获利的“三赢”格局。截至 2009 年末，全辖金融机构涉农贷款余额 170.2 亿元，占全辖贷款总额的 58.8%；全年涉农贷款增量 30.7 亿元，增幅 22%，增量占比 56.9%。其中创新农村金融产品 20 种，产品贷款余额 14 亿元，同比增长 25.5%，创新类产品贷款增量为 2.84 亿元，同比增长 15.7%，占全部增量的 5.26%。

【金融市场】 2009 年，华安、国元巢湖证券营业部新开户 7 464 户，同比增加 2 150 户，证券交易额 400 亿元，同比增加 154 亿元。由于市场环境变化等原因，华星化工增发新股和皖维高新发行公司债券方案，均未能在有效时间内实施。保险市场平稳发展，全年实现保费收入 17.4 亿元，同比增长 21%。2009 年，巢湖市首家农业保险专业公司——国元农业保险股份有限公司开业，为农业稳定发展提供了有力支持。

（高金刚）

巢湖市主要经济金融统计

（2005—2009 年）　　单位：亿元

项　　目	2005 年	2006 年	2007 年	2008 年	2009 年
国内生产总值	251.5	344.5	404	479.3	529.4
第一产业（增加值）	55	79.9	86.9	100.7	106.5
第二产业（增加值）	94	135.4	169.7	210.3	243
第三产业（增加值）	102.5	129.2	147.4	168.3	179.9
全社会固定资产投资	134.5	164.3	256.5	346.8	444
地方财政收入	10.4	13.3	18.8	25.6	30.9

（续表）

项　　目	2005年	2006年	2007年	2008年	2009年
地方财政支出	26.7	38.3	53.8	73.9	91.2
社会消费品零售总额	85.9	103.7	122	151.2	179.7
居民消费价格指数	102.3	103.8	105.9	105.5	98.4
进出口总额(亿美元)	1.4	1.8	2.7	4.5	4.4
进　口(亿美元)	0.2	0.2	0.3	0.5	1.1
出　口(亿美元)	1.2	1.6	2.4	4	3.3
全部金融机构各项存款	272.4	322	391.4	472.3	576.2
企业存款	34.4	44.2	64.3	69.9	97.6
财政存款	3.2	3.6	8.3	7.3	9.4
城乡储蓄存款	211.5	248	282.6	348.1	406.2
全部金融机构各项贷款	179.1	196.9	219.1	236.1	291.1
短期贷款	135	149.7	155.5	132.2	155.2
中长期贷款	41.6	43.2	58	86.9	123.6
现金投放(＋)回笼(－)	－24.3	－8.5	－6.1	－7	－9.6
全部保险机构保费收入	6.2	8.3	9.5	14.5	17.4
全部保险机构保险赔款支出(含满期给付)	1.2	1.5	2	2	4.1
全部保险机构保险密度(元/人)	137	183	210	318.7	380.1
全部保险机构保险深度(%)	2.5	2.4	2.3	3	3.3

注：全部金融机构各项存款、贷款余额的七项数据为本外币并表统计数。

9. 宣　城　市

【经济概况】 2009年，面对复杂的国际国内经济形势，宣城市呈现出经济增长逐季提升、结构调整继续优化、主导产业持续增强、民生状况稳步改善、社会保障体系进一步健全的良好发展态势。全市实现GDP 432.8亿元，同比增长13.6%。其中，第一产业78.2亿元，同比增长6.4%；第二产业188.3亿元，同比增长19.7%；第三产业166.3亿元，同比增长10.8%。全年共完成固定资产投资600.8亿元，同比增长44.1%。三大产业投资比例为3.8∶62.1∶34.1。实现社会消费品零售总额167.13亿元，同比增长18.8%。全市引资总额和引进项目数量均创历史最好水平，到位省外资金379.6亿元，增长76.1%，总量和增幅居全省第4位；实际利用外资1.54亿美元，增长19.6%，增幅居全省第4位。全年完成财政收入60.4亿元，同比增长25.9%，增幅高于全省财政收入增幅8.9个百分点，增幅居第5位。城镇居民人均可支配收入13 302元，同比增长12.6%，增幅居全省第1位；农民人均纯收入5 700元，同比增长12%。全年居民消费价格指数(CPI)走势呈现“前低后高”的局面，年末CPI同比下降0.3%。

【货币政策】 面对全球经济衰退给地方经济带来的不利影响，中国人民银行宣城市中心支行立足于“出手快、出拳重、措施准、工作实”，牢牢把握“四动”，有力促进了全市经济较快增长。一是工作主动，积极参与政府决策。该行代市政府起草了《关于当前金融促进经济发展的若干意见》，参与制定《关于促进工业经济平稳较快发展八项措施》。及时将中国人民银行货币政策意图传导至地方政府、金融机构和企业，努力避免信贷大起大落。二是左右联动，建立跨部门协作机制。与市银监分局、市经委等部门携手，先后2次承办银企对接会，对接金额55亿元。6月份启动“小企业金融超市”，至年末已成功了七期，发放及承诺金额37.6亿元，其中现场签约项目97个。三是银企互动，积极开展企业帮扶活动。该行成立企业帮扶工作组，积极参与全市80户重点企业帮扶工作，党委成员深入企业开展调研活动20余次，为重点帮扶企业协调贷款2 300万元。四是精品推动，切实做好“三农”金融服务。制定《加快推进农村金融产品和服务方式创新实施方案》，推动金融产品与方式创新试点地区工作。推进林权抵押贷款，开办小企业联保贷款和商家联保贷款；开展银社合作，促进农村专业合作组织发展，努力破解担保抵押难题。到年末，全市创新金融产品信贷余额60 761万元，累计发放金额约68 429万元。

【金融运行】 (1) 存款大幅增长，金融机构信贷资金来源充足。2009年末，全市金融机构本外币各项存款余额为438.24亿元，同比增长26.9%，比年初增加92.81亿元，同比多增35.31亿元。其中，人民币各项存款余额436.84亿元，同比增长26.9%，比年初增加92.47亿元，同比多增34.4亿元。全年各月的存款增速维持在26%左右，较上年有明显提高，金融机构信贷资金来源非常充足。一是企业存款快速增长，增速连创新高。2009年末，全市金融机构人民币企业存款余额93.92亿元，同比增长45.9%，增速较上年同期提高39.8个百分点；比年初增加29.53亿元，同比多增25.85亿元，主要原因是企业经营状况好转，盈利大幅增长，派生存款增加。二是储蓄存款分流效应明显。2009年末，全市金融机构人民币储蓄存款余额257.33亿元，同比增长17.9%，比年初增加39.15亿元，同比少增3.36亿元，在通胀预期、房地产市场回暖和资本市场走强等三大因素作用下，2009年储蓄存款分流加快，同比增速从1月份的35.8%的峰值回落到12月份的17.9%，下降17.9个百分点。

(2) 信贷总量创出新高，保增长任务顺利完成。2009年末，全市金融机构本外币各项贷款余额285.69亿元，比年初增加81.79亿元，同比多增53.59亿元，其中人民币各项贷款余额283.43亿元，比年初增加80.64亿元，是2008年增量的2.9倍，位于全省第7位。2009年农村合作金融机构、工商银行和建设银行分别新增人民币各项贷款19.1亿元、17.3亿元、15亿元，三家新增贷款总量占全市的63.7%。在大规模信贷投放的推动下，全市经济保持稳定增长。

信贷总量大幅增加，信贷增速也持续高位运行。2009年末，全市金融机构人民币各项贷款同比增长39.8%，高于上年同期25.3个百分点，增速位于全省第二位，远远高于全省平均水平。自适度宽松货币政策实施以来，全市贷款增速总体上呈现逐月走高态势，自2008年11月末的17.1%提高到2009年12月末的39.8%，连创历史新高。

(3) 信贷投放针对性显著增强，信贷结构持续优化。2009年，全市信贷投放总量大幅增加，信贷结构也出现积极变化，与“保增长、扩内需、调结构”的战略部署高度吻合。

一是信贷投放针对性显著增强，基本建设贷款、消费贷款、外汇贷款协调增长。从期限结构看，中长期贷款增速迅猛，2009年末，全市金融机构中长期贷款余额140.22亿，比年初增加60.77亿元，同比增长77%；短期贷款余额132.17亿元，比年初增加18.04亿元，同比增长15.6%；票据融资余额11.03亿元，比年初增加1.83亿元，同比增长19.9%；从具体投向看，基本建设贷款增加16.1亿元，同比增长238.1%，投资需求得到有效扩大；消费贷款增加24.9亿元，同比增长80.4%，比上年同期提高43.5个百分点，消费需求继续保持旺盛；外汇贷款增加1 682万美元，同比增长103%，出口需求呈现复苏迹象。

二是经济薄弱环节金融服务继续得到加强。2009年，全市各金融机构认真履行社会责任，加大对经济薄弱环节的信贷支持力度。2009年末，全市中小企业贷款余额127.73亿元，比年初增加43.77亿元，同比增长52.1%，高于各类企业贷款增速12.4个百分点；县域贷款余额273.59亿元，比年初增加58.2亿元，同比增长27%；“三农”贷款余额 119.99 亿元，比年初增加 34.97 亿元，同比增长 41.1%。全年下岗失业小额贷款累计发放 215 笔，合计 408 万元；助学贷款累计发放人数达 590 人，合计 530 万元。

三是绿色信贷建设得到有效推进。2009 年，全市各金融机构认真贯彻《国家环境保护“十一五”规划》和国家发改委、环境保护部相关规章制度，支持节能减排项目，在授信审查中实现不符合环保要求一票否决，对属于国家产业政策限制和淘汰类的项目、环保验收不过关项目的坚决不予授信衔接和支持。其中，工行积极支持“宁国市污水处理工程”项目建设，共对该项目发放中长期项目贷款 6 990 万元。

【金融市场】 (1) 证券交易量大幅增加。2009 年全市华安证券和国元证券共有 6 家营业网点，全年共完成股票、基金和债券交易量 469.87 亿元，同比增长 61.9%。其中，股票交易量为 468.34 亿元，同比增长 62.6%；债券交易量 0.33 亿元，同比增长 162.1%；基金交易量 1.2 亿元，同比减少43.4%。上市公司中鼎股份增发股票，融资2.4 亿元。

(2) 保险业平稳健康发展。2009 年，全市保险市场平稳健康发展，风险保障范围逐步扩大，保费收入平稳增长。全年共实现保费收入 12.85 亿元，同比增长 30.99%。各项赔款和给付支出 5.78 亿元，同比增长 43.07%。保险深度为 2.97%，比上年提高 0.08 个百分点；保险密度 341.17 元，同比增长 5.49%。

【金融创新】 (1) 农村金融产品服务创新取得积极进展。2009 年，全市各金融机构认真落实农村金融产品和服务方式创新实施方案，积极开展创新试点工作，开办了存货抵押贷款、“公务员消费”贷款、“星火工程”专项贷款、特色农业抵押贷款、林权抵押贷款、扶贫贴息贷款、能繁母猪保单质押贷款、“商家乐”贷款等多种贷款方式，较好满足了全市农村金融需求。

(2) 以银企对接会为平台，解决中小企业融资需求。从 4 月开始，由市政府主办，市人行、市银监分局、市经委承办，开展了为期一个月的银企对接活动。全市 8 家金融机构和 40 户企业(项目)现场签约 33.98 亿元。此外，有 197 户企业(项目)做了现场推介，合计金额 7.85 亿元。

【金融资产质量】 全市金融机构不良贷款保持双降，信贷资产质量得到明显优化。2009 年末银行业金融机构不良贷款余额为 18.48 亿元，比年初减少 0.8 亿元；不良贷款率 6.47%，比年初下降 2.99 个百分点；2009 年银行业金融机构共实现利润 5.61 亿元，比上年增加 0.52 亿元。

(杨　力　吕庆文)

宣城市主要经济金融统计

(2005—2009 年)

单位:亿元

项　　目	2005 年	2006 年	2007 年	2008 年	2009 年
国内生产总值	251.5	288.3	336.7	411.6	432.8
第一产业(增加值)	55.0	56.5	65.5	74.6	78.2
第二产业(增加值)	94.1	113.4	134.4	176.9	188.3
第三产业(增加值)	102.5	118.1	136.8	160.1	166.3
全社会固定资产投资	105.2	193	292.7	416.4	600.8
地方财政收入	11.3	15.9	21.9	27.6	35.4
地方财政支出	26.5	37.9	46.7	68.6	85.7
社会消费品零售总额	85.9	97.6	114.4	140.7	167.1
居民消费价格指数(以上年为 100)	102.3	100.2	105.1	105.7	99.7
进出口总额(亿美元)	2.0	2.8	3.4	5.6	4.7
进　口(亿美元)	0.3	0.4	0.4	0.6	0.7
出　口(亿美元)	1.7	2.4	3.0	5.0	4.0

（续表）

项　　目	2005 年	2006 年	2007 年	2008 年	2009 年
全部金融机构各项存款（余额）	206.0	243.7	286.3	345.4	438.2
企业存款	38.6	49.3	60.7	65.1	93.9
财政存款	3.1	3.8	6.0	9.5	13.3
城乡储蓄存款	139.3	159.6	175.7	218.5	257.7
全部金融机构各项贷款（余额）	123.8	151.7	192.4	203.9	285.7
短期贷款	88.5	102.0	122.3	114.4	132.3
中长期贷款	31.0	38.9	59.5	79.8	140.2
现金投放（＋）回笼（－）	－24.3	－24.2	－28.5	－36.2	－42.8
全部保险机构保费收入	6.3	7.4	8.5	9.8	12.9
全部保险机构保险赔款支出（含满期给付）	1.5	2.2	2.8	4.0	5.8
全部保险机构保险密度（元/人）	230.0	270.1	310.7	323.4	341.1
全部保险机构保险深度（%）	2.38	2.57	2.53	2.89	2.97

注：全部金融机构各项存款、贷款余额的七项数据为本外币并表统计数（含外资金融机构）。

10. 六　安　市

【经济概况】 2009 年，六安市农业生产继续保持稳定增长，工业实现较快发展，消费市场日趋活跃，经济总体保持平稳较快增长态势。全年实现生产总值 584 亿元，增长 13.3%；人均生产总值 8 319 元。全市三次产业分别实现增加值 138.4 亿元、237.7 亿元和 207.9 亿元，同比分别增长 6.4%、21%和 9.2%，产业结构趋于协调。全市完成固定资产投资 355.2 亿元，增长 38.6%；全市粮食总产 450.2 万吨，增长 2.9%，连续 6 年创历史新高，全年实现农业总产值 249.3 亿元，按可比价格计算，增长 6.4%。全市规模工业实现增加值 187.1 亿元，同比增长 28%，增幅居全省第 2 位。全年实现社会消费品零售总额 235.5 亿元，增长 18.9%。全市累计实现进出口总额 33 035 万美元，同比下降 1.4%，其中：全年完成出口总额 32 084 万美元，同比下降 1.6%。全市累计利用外资 13 250 万美元，同比增长 20.4%。全市居民消费价格指数同比下降 0.9%，全年维持低位运行趋势；原材料、燃料、动力购进价格指数较年初下降 4%。全市城镇居民人均可支配收入 13 001 元，农民人均纯收入 4 010 元，分别增长 10.1%和 10.0%。全市累计完成财政收入 52.1 亿元，同比增长 23.3%，增幅居全省第 7 位。

【货币政策】 围绕“保增长、保民生、保稳定”要求，中国人民银行科学引导金融机构确定年度有效信贷增长目标，全力支持地方经济平稳较快增长。银行业金融机构信贷增量和增幅全年始终位居全省前列。中国人民银行六安中心支行建立了 50 万元至 500 万元信贷投放监测制度，深入分析中小企业信贷满足率的变化。积极发挥再贷款、再贴现工具支持“三农”作用，累计发放支农再贷款 5 000 万元。积极争取再贴现办理窗口资格，及时为辖内农村信用社申请争取 A 类社资格，增强农村合作金融机构支持地方经济发展的资金实力。2009 年，六安市金融机构信贷投放创历史新高，圆满、超额完成市委、市政府提出的目标任务。

在加大信贷投放过程中，六安市银行业金融机构注重结合地方实际不断加大对中小企业和“三农”贷款投放，加大对县域信贷投放。大力推广农户小额信用贷款、农户联保贷款和“公司＋农户”等农村信贷新产品。积极开展农村金融产品和服务方式创新试点工作，多项创新项目成为全省的亮点。在中国人民银行六安中支的牵头下，8家市级银行业金融机构与经济后发县寿县政府签订支持县域经济发展的“8＋1”银政战略合作协议；3家涉农金融机构与农业产业化十大行业协会签订“10＋3”银企战略合作协议，三年意向投放超过50亿元。分层次、宽领域、有节奏地推动举办11场特色银企对接会，签约项目941个，签约资金90.78亿元，有效满足实体经济应对危机、摆脱困境的资金需求。

【金融运行】 12月末，全市金融机构本外币各项存款余额681.2亿元，较年初增加140.7亿元，同比多增26.2亿元，同比增长26.1%，增速同比下降0.9个百分点。其中，人民币各项存款余额680.5亿元，较年初增加140.8亿元，同比多增26.3亿元，同比增长26.1%；外汇存款余额974万美元，较年初减少81万美元。

全市本外币各项贷款余额378.5亿元，较年初增加103.9亿元，同比多增53.1亿元，同比增长37.8%，增速较上年提高26.4个百分点。其中，人民币各项贷款余额377.4亿元，同比增长38.0%；外币各项贷款997万美元，较年初下降97万美元。

全年信贷运行呈现以下特点：一是信贷总量和增量均实现了历史性增长，信贷增长首次突破百亿元大关，为历史最好水平，信贷总量和增量在全省的位次均较上年有所提高。二是信贷投放节奏基本平稳，除2月份贷款有所下降外，其他月份信贷均保持正增长，且月度信贷增量均保持在9亿元左右，信贷投放节奏较为合理。三是区域分布结构更加合理，全年县域贷款较年初增加50.7亿元，占全市信贷增量的近五成。四是信贷投放行业分布日趋合理，全年短期工业贷款较年初新增8.1亿元，同比增长51.1%，增量居全省第一位；农业贷款较年初新增9.3亿元，金融支持“三农”发展力度有所加强；基本建设贷款较年初增加17.7亿元，有效支持重点工程建设和城市面貌改善。

全年银行业金融机构累计实现账面盈利7.7亿元，较上年同期增盈1.9亿元，其中，农村合作金融机构实现盈利1.3亿元，继续保持全面盈利的良好局面。

【金融市场】 直接融资比重有所增加，融资结构有所改善。2009年，辖内企业通过股票市场和债券市场共实现直接融资18.5亿元，占全部融资量的15.1%。其中，精工钢构通过非公开发行股票（A股）实现融资3.5亿元；六安市城市投资建设有限公司公开发行城投公司债实现融资15亿元。

2009年全市银行业金融机构累计签发银行承兑汇票59.5亿元，较上年增加13.5亿元，同比增长29.3%。累计办理票据贴现26.1亿元，较年初增加3亿元，同比增长13.0%。

2009年末，六安市辖内证券机构仍为华安、国元两家证券公司营业部，主要从事代理业务。年末，全市股票投资者开户数约为50 000户，较年初有所增加，全年证券交易量约400亿元，同比明显增长。随着证券交易量的快速增加，证券营业机构经营状况进一步好转。

2009年末，六安市共有22家保险公司，较上年同期增加5家。全年累计实现各类保费收入27.1亿元，同比增长15.3%；各项保费支出6.9亿元，同比增加3.7亿元，同比增长115.6%。保险密度为386元/人，较上年同期提高48元/人；保险深度4.64%，较上年同期提高0.23个百分点。

【金融创新】 2009年，六安市银行业金融机构以开展农村金融产品与服务方式创新试点为契机，加大了金融创新力度，取得了积极成效。针对金融危机对小企业的冲击，建设银行六安分行在霍山支行试点开展了接续基金贷款，吸纳小企业客户22个，共发放贷款61笔，金额1.79亿元。全市涉农金融机构创新开办了“公司＋农户”、“多户联保”、新型质押贷款、绿色通道贷款、返乡农民工创业贷款，全力支持“三农”加快发展；多家银行业金融机构成立了小企业金融服务专营机构，为小企业融资提供便捷高效的金融服务。

2009年5月，中国人民银行六安中支将县域“新增存款一定比例投放当地”从政策调研阶段提升至机制建设环节，明确金寨县作为“全市试点县”，同时指导相关部门在政策、法制、财税、征信等方面尽量为试点工作提供有效的支持。为保证试点工作取得实效，中国人民银行六安中支与积极推动金寨县人民政府出台了《金寨县金融机构新增存款主要投放当地考核奖励暂行办法》(金政[2008]65号)。2009年，金寨县金融机构新增存贷款比达83.34%(比全市、全省、全国分别高10、11、14个百分点)，同比增加了42个百分点，全县7家银行业金融机构有6家新增存贷比超过60%；中小企业贷款余额较年初净增4.0亿元，增幅93.29%(其中，工业企业贷款余额净增3.04亿元，增幅达244.97%)，多年存在的企业融资难问题得到一定缓解。全县当年共有102家工业企业实际获得136笔3.45亿元贷款，贷款申请满足率为79%，其中规模以上工业企业贷款申请满足率达95%，同比分别上升33.2和25.9个百分点，为县域工业发展注入了源头活水。试点工作实现了预期目标，受到了省委、省政府和中国人民银行合肥中支的充分肯定和高度重视。

(王新春)

六安市主要经济金融统计

(2005—2009年)　　单位:亿元

项　目	2005年	2006年	2007年	2008年	2009年
国内生产总值	312.82	356.35	439.83	534.0	584.0
其中:第一产业(增加值)	83.21	93.2	112.11	129.3	138.4
第二产业(增加值)	104.93	120.45	158.86	205.9	237.7
第三产业(增加值)	124.68	142.7	168.86	198.8	207.9
全社会固定资产投资	116.42	158.5	201.28	256.2	355.2
地方财政收入	18.70	14.95	20.31	26	33.1
地方财政支出	39.16	52.91	71.1	99.2	111.38
社会消费品零售总额	119.45	136.44	160.97	198.2	235.5
居民消费价格指数(以上年为100)	101.40	101.00	105.8	105.8	99.1
进出口总额(亿美元)	1.86	2.01	2.5	3.33	3.3
进　口(亿美元)	0.07	0.07	0.2	0.09	0.1
出　口(亿美元)	1.79	1.95	2.3	3.24	3.21
全部金融机构各项存款(余额)	293.44	360.35	425.90	539.70	681.20
企业存款	51.40	64.42	78.36	95.84	145.73
财政存款	7.82	9.31	10.95	20.73	23.08
城乡储蓄存款	208.94	247.32	279.51	347.14	403.58
全部金融机构各项贷款(余额)	194.85	228.37	264.82	273.58	378.50
短期贷款	147.38	158.93	176.71	187.87	220.51
中长期贷款	43.40	61.41	80.98	79.76	152.72
现金投放(+)回笼(−)	−8.93	−7.76	−21.75	−20.70	−38.19
全部保险机构保费收入	6.71	11.04	12.91	23.50	27.10
全部保险机构保险赔款支出(含满期给付)	1.25	1.89	1.98	3.20	6.90
全部保险机构保险密度(元/人)	98.53	160.76	185.62	334.95	386
全部保险机构保险深度(%)	2.15	3.1	2.94	4.4	4.64

注:全部金融机构各项存款、贷款余额的七项数据为本外币并表统计数(含外资金融机构)

11. 黄 山 市

【经济概况】 2009年，全市地区生产总值(GDP)266.92亿元，同比增长11.5%，连续9年保持"两位数"增长的态势，其中：第一产业实现增加值35.61亿元，增长5.9%；第二产业实现增加值108.42亿元，增长15.9%；第三产业实现增加值122.89亿元，增长9.4%。据海关统计，外贸进出口总值23 307万美元，同比增长31.0%，其中：出口15 362万美元，增长12.9%；进口7 945万美元，增长88.1%。招商引资规模扩大。2009年，全市新签内资项目596个，同比增长43.3%，实际到位资金(含续建)220亿元，增长36.5%。新批外商投资项目28个，同比增长75.0%，合同外资额5 250万美元，增长62.7%，实际利用外资14 424万美元，增长11.2%。全市实现社会消费品零售总额107.56亿元，增长19%。2009年，全市接待海内外旅游者2 122.52万人次，同比增长17.8%，全年旅游总收入168.15亿元，增长19.3%。价格水平稳中有降，全市居民消费价格总水平同比下降1.6%，商品零售价格总水平同比下降1.1个百分点，工业品出厂价格指数同比下降9.9个百分点，原材料、燃料及动力购进价格总指数同比下降13.0个百分点。2009年，全市城镇居民人均可支配收入14 068元，增长9.9%；农村居民人均纯收入5 704元，增长10.5%。

【货币政策】 (1)通过编发《送阅信息》、《金融信息》，向地方党政领导、市直有关部门反映中国人民银行重要工作会议精神和货币政策动态；与《黄山日报》联合编发金融专刊，定期介绍金融政策，促进社会各界对金融知识和调控政策的理解，正确引导公众预期；通过金融运行分析季度例会、金融工作座谈会、银企对接会等形式交流平台，及时传递金融调控意图。(2)提出"促一批企业上水平、保一批企业渡难关、上一批企业添动力、调一批企业优结构、谋一批项目促发展"的信贷工作思路，分类解决企业资金需求问题，帮助企业度过难关。举办了全市首届银行信贷创新案例交流会。协调解决对接过程中出现的新情况新问题，切实提高对接履约率。成功举办2次银企对接活动，对接项目491个，对接资金170.9亿元，比上年增加90.1亿元，增长111.5%。并建立银企对接情况监测统计制度。(3)制定了《关于做好林业改革发展金融服务工作的实施意见》。大力推进林权抵押贷款、旅游景点经营权质押贷款；探索推出仓单质押贷款、小企业联保贷款、农村合作金融机构社团贷款、国内保理业务、对外付汇质押融资、法人透支账户业务、采购项下银票融资等一系列信贷创新业务。(4)建立长期跟踪监测黄山市旅游业、房地产业及重点企业生产经营状况及风险情况。(5)出台《全市金融生态县考评办法》，开展"金融生态良好县(区)"创建活动。继续推进中小企业和农村信用体系建设，积极推进企业外部评级工作。继续做好央行资金支持政策的实施与考核工作，辖内最后2家农村信用社顺利兑付专项央行票据。

【金融运行】 存款平稳增长，其中企业存款增势强劲，储蓄存款增长趋缓。2009年末，全市金融机构人民币存款余额372.98亿元，增加73.02亿元，增长24.34%，同比提高4.27个百分点，增幅居全省第13位。其中企业存款余额87.75亿元，增长34.99%；储蓄存款余额216.48亿元，增长18.37%。

贷款超常规增长，增幅超全省平均水平。2009年末，贷款余额211.08亿元，增加56.34亿元，是2008年全年增量的2.07倍，贷款增幅36.41%，同比提高15.05个百分点，增幅居全省第8位，高于全省平均水平2.8个百分点。分期限看，短期贷款较快增长，中长期贷款快速增长，贷款中长期化趋势明显。2009年末，全市短期贷款余额78.43亿元，增长30.72%；中长期贷款余额125.4亿元，增长46.77%。新增中长期贷款主要投向扩内需保增长的市重点工程，贷款中长期化压力明显增大。

【金融市场】 市场投资主体较快增长，证券交易额大幅增长，2009年全市新增证券投资开户数3.58万户，增长38.8%；证券交易额309.43亿元，增长80.9%。

【金融创新】 2009年全市累计发放景点经

营权质押贷款 2.44 亿元，年末余额 2.58 亿元。重点支持黟县宏村、歙县牌坊群·鲍家花园、黄山区翡翠谷等景区建设。黟县成为全省农村金融产品和服务方式创新试点县，全年累计发放农民工返乡创业贷款 2 084 万元，年末贷款余额 1 994 万元。

【金融服务】 2009 年末全市银行业金融机构 348 家，减少 1 家，从业人员 3 775 人，增加 7 人。2009 年屯溪农村合作银行挂牌成立，全市农村合作银行达 3 家，徽州区和黄山区农村合作银行被银监会批准筹建。2009 年新开业小额贷款公司 7 家。黄山太平金桥村镇银行试点工正式启动，筹建获批复。

全市有华安证券、国元证券和银河证券黄山市营业部 3 家证券业金融机构；保险机构 14 家，比上年增加 2 家，其中财险公司 9 家，新增 2 家，寿险公司 5 家。保险从业人员 3 000 余人，寿险公司营销员 3 168 人。

（李少林）

黄山市主要经济金融统计

（2005—2009 年） 单位：亿元

项　　目	2005 年	2006 年	2007 年	2008 年	2009 年
国内生产总值	160.4	185.5	213.2	249.9	266.92
第一产业（增加值）	26.2	28.0	31.1	34.3	35.61
第二产业（增加值）	57.0	68.0	79.1	98.6	108.42
第三产业（增加值）	77.2	89.5	103.0	117.1	122.89
全社会固定资产投资	114.8	163.0	212.0	266.7	341.34
地方财政收入	8.6	10.5	12.9	16.8	31.23
地方财政支出	20.4	27.0	32.5	45.0	58.04
社会消费品零售总额	53.9	61.9	73.0	90.4	107.56
居民消费价格指数（以上年为 100）	101.5	101.2	104.8	105.9	98.40
进出口总额（亿美元）	0.9	1.2	1.4	1.8	2.33
进　口（亿美元）	0.2	0.4	0.4	0.4	0.79
出　口（亿美元）	0.7	0.8	1.0	1.4	1.54
全部金融机构各项存款（余额）	185.7	214.2	251.0	300.0	374.49
企业存款	39.5	44.3	60.6	65.0	88.65
财政存款	3.3	4.5	6.9	8.9	10.12
城乡储蓄存款	122.1	139.1	151.6	182.9	217.29
全部金融机构各项贷款（余额）	99.9	112.0	133.5	154.8	211.92
短期贷款	49.7	55.0	63.5	60.0	78.43
中长期贷款	49.0	54.6	63.1	85.4	125.40
现金投放（＋）回笼（－）	－9.4	－10.8	－16.4	－19.0	－20.01
全部保险机构保费收入	4.1	4.9	5.3	8.4	10.74
全部保险机构保险赔款支出（含满期给付）	1.4	1.1	1.5	3.4	3.08
全部保险机构保险密度（元/人）	249	332	358	567	725.00
全部保险机构保险深度（%）	2.56	2.64	2.49	3.36	4.03

(二) 安徽省金融稳定报告摘要

2009年，安徽省经济运行积极因素逐渐增多，整体经济状况进一步向好，经济结构调整和承接产业转移力度加大，投资、消费保持较快增长，涉外经济企稳迹象显现，财政收入保持增长，企业效益水平提升，金融业稳健运行的宏观经济环境渐趋改善。银行业机构资产规模快速扩张，经营业绩保持增长，流动性总体充足，整体风险水平稳定可控；资本市场保持平稳较快发展趋势，证券期货经营机构业务量、盈利水平和资本实力逐渐改善，直接融资方式渐趋多元化，市场基础制度性建设得到夯实；保险业保费收入平稳较快增长，保险业的社会渗透力进一步增强。但经济复苏的基础尚需进一步巩固，经济运行中的一些内在矛盾因素在短期内调整的困难增多，在一定程度上削弱了经济金融的良性互动，加大了金融资源非均衡配置和金融风险的集中趋势。

(一) 经济运行与金融稳定

在国家宏观调控政策以及地方政府出台的一系列保增长、扩内需、调结构政策措施的综合作用下，安徽省经济企稳早、回升快，地区生产总值首次突破万亿元。全年实现地区生产总值10 052.9亿元，按可比价格计算同比增长12.9%，增幅比上年提高0.2个百分点，高于全国同期水平4.2个百分点。

1. 经济总体保持较快增长，金融运行的宏观经济环境渐趋改善

(1) 消费和投资需求快速增长，内部需求结构改善有利于区域经济均衡持续增长。2009年，社会消费品零售总额达3 527.8亿元，同比增长19.0%；全社会固定资产投资增长36.2%，比上年提高2.9个百分点。前10个月全省进出口呈下行态势，11月、12月止降并恢复增长。全年进出口总额同比下降22.5%，降幅比上半年缩小10.4个百分点。

(2) 经济结构继续调整，非公有制经济表现活跃，经济增长动力增强。全年第一、第二、第三产业增加值分别增长5%、16.8%和11.1%，第一产业增速同比下降1.2个百分点，第二、第三产业增速同比分别提高0.4个和0.1个百分点；民间投资额同比增长42.2%，占总投资比重由上年同期的57.3%提高至59.8%；民营企业出口额占出口总额的比重由上年同期的42.4%提高至45.96%。

(3) 经济运行质量初步改善。地方财政收入同比增长19.2%，增幅比上年回落14.1个百分点。规模以上工业企业增加值同比增长22.6%，增幅比上年提高0.6个百分点；规模以上工业企业经济效益综合指数为222.1，比上年提高13.1个百分点；实现利润514.9亿元，同比增长50.1%，高于上年50.3个百分点。城镇居民可支配收入和农民人均纯收入同比分别增长8.4%和7.2%。

(4) 物价触底回升，对非金融企业成本支出和居民消费结构影响显现。居民消费价格、生产资料价格等主要物价指数上半年高位持续回落并呈负增长，下半年先后触底回升。全年全省居民消费价格、工业品出厂价格与原材料、燃料、动力购进价格累计分别下降0.9%、7.2%和4.7%。

2. 宏观经济形势变化对金融稳定的影响

(1) 宏观经济持续发展压力增大影响金融业务拓展和经营效益提升。经济增长主要依赖刺激政策推动，稳定回升的基础尚需巩固，内生增长动力尚待强化，符合国家产业政策和信贷政策的贷款有效需求可能减少，同时，贷款难和难贷款现象将持续并存。

(2) 产业结构调整对银行信贷资产质量影响的不确定性较大。贷款主要集中于煤炭、钢铁、水泥、化工等宏观调控行业，产业结构调整与产能过剩压缩的压力和难度增加。因煤炭、钢铁、水泥、化工等“两高一剩”行业是支柱行业，银行业机构大客户大多属于宏观调控重点的煤炭、钢铁、化工企业。2009年，六大高耗能行业增加值占规模以上工业增加值的44.1%，能源消费量占88.6%；12月末，高耗能行业中长期贷款余额为1 136.25亿元，同比增加478.42亿元。

(3) 地方财政保持增长，财政收支平衡率较

低,地方政府偿债压力增加。财政保增长、保民生力度加大,减收增支因素叠加,财政收支平衡面临较大压力。2009 年,安徽省地方财政收入同比增长 19.2%,比上年同期下降 14.1 个百分点;财政支出同比增长 30%,地方财政收支缺口达 1 277.4 亿元。地方财政收入持续较快增长不确定性因素增多,地方债发行增加财政资金负担,投融资平台现金流支出增大,地方政府偿债压力增加。

(4) 房地产市场显著回暖,房地产市场变化加大银行信贷资产风险。房地产业综合发展景气指数为 101.7 点,比上年下降 0.3 个百分点;商品房销售面积和销售额同比分别增长 45.5%和 67.8%,同比分别多增 10.7 个和 12.1 个百分点。房地产贷款质量总体较好,对银行信贷资产影响程度较小,但风险积聚值得关注。12 月末,房地产贷款占总贷款的比重为 17.83%,比上年末提高 3.08 个百分点;房地产开发贷款余额、个人购房贷款余额同比分别增长 48.9%和 64.9%。随着提高房地产投资项目资本金比例、取消二套房税收优惠、加大土地市场整理等一系列宏观调控政策的落实,房地产市场不确定因素增加,信贷风险可能显现。

(二) 银行业与金融稳定

在积极财政政策与适度宽松货币政策背景下,2009 年安徽省经济整体企稳回升,银行业机构稳健运行,各项业务快速发展。但受宏观经济形势发展、政策调控、区域经济结构调整等因素影响,银行业机构风险管理难度增加,需持续关注其风险变化趋势。

1. 发展基本态势

(1) 银行业机构改革稳步推进,稳健运行的微观基础增强。农业银行安徽省分行"三农"金融事业部制改革推进,股份制商业银行分支机构向地市延伸。地方银行业法人机构改革顺利推进,逐渐形成相互补充、相互竞争的良好发展格局。城商行跨区域发展取得实质性进展,农村合作金融机构改革目标基本实现,农村新型银行业机构较快发展,财务公司、汽车金融公司等非银行机构稳健快速发展。

(2) 资产规模稳步增长,盈利水平增速下降。年末银行业金融机构资产总额为 16 482.23 亿元,同比增长 29.33%,增速同比提高 5.21 个百分点;全年累计实现盈利 161.56 亿元,同比增长 14.33%,增速同比下降 37.63 个百分点。

(3) 存款保持较快增长,存款主体结构和期限结构变化显著,资金来源的稳定性有所减弱。年末银行业金融机构本外币存款余额同比增长 29.05%,增幅比上年同期提高 6.65 个百分点。从存款类别分析,企事业单位存款较快增长,资金来源结构有所改变且波动性趋增。截至 2009 年 12 月末,人民币储蓄存款和企事业单位存款余额同比分别增长 17.2%和 43.0%,增幅较上年同期分别上升一7.0 个和 24.0 个百分点。从存款期限分析,存款活期化增长趋势增强,人民币存款稳定性趋弱。年末,银行业机构企业存款中,活期存款增量占比为 74.26%,比上年提高 33.32 个百分点;储蓄存款中,活期储蓄增量占比为 55.48%,比上年提高 30.53 个百分点。

(4) 贷款快速增长,信贷投放结构变化显著。截至 2009 年 12 月末,银行业金融机构本外币贷款余额同比增长 34.2%,增幅比上年末上升 14.5 个百分点。贷款中长期化态势明显。中长期贷款余额同比增长 46.0%,比上年同期提高 17.7 个百分点;中长期贷款余额占全部信贷余额的 55.13%,比上年末提高 2.98 个百分点。贷款结构相对稳定并显现向第三产业转移趋势,年末第三产业贷款余额占全部贷款余额的 63.01%,比上年末提高 4.44 个百分点。中小企业、"三农"及个人贷款改善显著。年末,中小企业贷款余额较年初增长 34.96%;农业贷款余额比年初增加 68.9 亿元,同比多增 23 亿元;个人消费贷款余额同比增长 64.2%,比上年末上升 31.4 个百分点。

(5) 银行体系流动性总体充足,有力支撑了信贷投放的快速增长。截至 2009 年 12 月末,银行业金融机构备付率为 6.4%,较上年末上升 0.04 个百分点;人民币存贷比为 69.81%,较上年末上升 2.13 个百分点。地方银行业法人机构的流动性水平有所收紧,对高风险农村信用社的流动性变化趋势需密切关注。截至 2009 年 12 月末，银行业法人金融机构人民币存贷比为70.52%，较上年末上升1.58个百分点；超额准备金率和平均备付金率分别为7.14%和8.16%，较上年末分别下降1.11个和1.07个百分点。

（6）银行业整体风险水平稳步下降。截至2009年12月末，银行业金融机构“五级分类”口径不良贷款余额比年初减少46.78亿元，不良贷款率比年初下降2.41个百分点，贷款损失准备充足率和拨备覆盖率分别比上年同期提升16.43个和10.69个百分点。

2. 值得关注的问题

（1）资金来源不确定性、政策调整预期趋增，信贷持续平稳增长的压力较大。企事业单位存款受经济发展周期影响较大以及派生存款不稳定性等因素影响，银行资金来源持续增长的稳定性可能减弱；政府投资项目大规模、密集投放，短期内政府投资项目贷款需求阶段性减弱；地方政府项目配套资本金供给的潜在压力加大，可能对后续信贷资金跟进产生一定影响。同时，监管部门对信贷快增背景下的风险问题十分关注，货币政策逐步回归“适度”，加强窗口指导、加大风险提示等引导银行合理进行信贷投放。

（2）银行业“贷长、贷大、贷集中”现象突出，信贷资产结构有待于优化调整。一是银行业金融机构资产负债期限结构性失衡的矛盾持续存在。截至2009年12月末，基建、个人住房等中长期贷款余额占人民币贷款的比重为56.97%，而在存款来源中，定期存款余额占40.79%。二是金融区域集聚效应突出，其非均衡发展的合理性需辩证分析、动态调整。1—12月，皖江城市带新增贷款占全省新增贷款的73.5%，其中，合肥和芜湖两市合计新增贷款占全省新增贷款的50.2%。三是信贷投放集中于政府投资项目及投融资平台，需关注投融资平台贷款偿还能力的系统性风险。

（3）存量信贷资产信用风险趋增，不良贷款防范化解难度加大。一是存量信贷风险开始暴露，不良贷款反弹压力增加。截至2009年12月末，全省8家银行业机构不良贷款余额增加，3家银行机构不良贷款率上升。二是信用风险向少数大集团、大客户①集中，不良贷款存在向下迁徙倾向。截至2009年12月末，全省最大10家的集团客户贷款余额、最大10家的客户贷款余额分别占总贷款余额的21.84%和20.72%，前十大客户关注类贷款占比达到55.02%。三是少数行业不良贷款分布较高。2009年末，农、林、牧、渔业贷款余额占比较小且同比减少1.34个百分点、行业不良贷款率同比下降4.78个百分点，但不良贷款余额占全省不良贷款余额比例仍然维持较高水平。

（4）经营发展压力增大，应关注银行业盈利能力变化趋势。一是非对称减息政策导致银行存贷款利差空间减少，年末银行业机构净息差比上年同期下降0.59个百分点。二是贷款议价能力下降，企业贷款利率上浮占比减少。2009年，银行业金融机构人民币贷款加权平均利率为6.38%，较上年下降1.71个百分点。三是监管部门提高风险拨备标准，银行业加大拨备提取力度，增加银行经营成本。年末银行业机构各项资产减值准备金余额为213.58亿元，比年初增加36.47亿元。

（5）银行面临的利率与汇率等市场风险有增加倾向。一是利率市场化改革逐步深化，商业银行的长期利差将趋于收窄，加之贷款投向集中于政府投融资平台项目，银行机构资产定价管理难度增加。2009年，银行业金融机构人民币贷款加权平均利率为6.38%，较上年下降1.71个百分点。二是外汇贷款需求增加，外汇贷款占比持续走高，银行面临着外汇流动性风险、币种错配风险和期限错配风险。2009年12月末，银行业外汇余额存贷比由年初的97%上升至152.46%，全年增量存贷比为475.33%。

（6）地方银行法人金融机构流动性风险趋增，应对信用风险冲击能力总体较弱，部分机构风险控制水平亟待提升。2009年末，城市商业银行、农村信用社、农村合作银行和农村商业银行流动性比率分别比年初下降6—20个百分点；超额备付金率下降至临界点附近，四类机构超额备付

① 大客户为授信额度或贷款余额在5 000万元以上（含5 000万元）的客户。

金率均在5%以下，比年初下降4—25个百分点。

(7) 金融案件防控需进一步加强，操作风险增大。全年银行业金融机构发生一类案件13件，农村信用社操作风险较为突出，案件涉案金额同比增加38.2万元，案件风险金额同比增加62.27万元。

(三) 证券业与金融稳定

2009年，安徽省资本市场保持平稳较快发展趋势。投资者参与市场交易活跃、上市公司经营指标渐趋好转；证券期货经营机构业务量、盈利水平和资本实力逐渐改善；直接融资方式渐趋多元化，市场基础制度性建设加强。

1. 发展基本态势

(1) 投资者信心增强，市场活跃度显著增加，证券期货经营机构盈利水平较快增长。截至2009年12月末，证券投资者账户数、期货营业部投资者开户数同比分别增长12.04%和230%。全年证券累计交易量同比增长81.38%，省内证券营业机构实现营业收入、净利润同比分别增长64.55%和67.99%，期货营业部累计实现代理交易量、净利润同比分别增长220%和440%。

(2) 市场融资功能得到有效发挥，直接融资结构趋向多元化。2009年，全省企业通过短期融资券、中期票据、企业债、首发以及再融资等方式实现直接融资额达397亿元(不包括地方政府债券)，同比增长42.8%。其中，3家公司IPO和6家企业再融资总额达163亿元，企业债券融资160亿元、中期票据融资54亿元、短期融资券融资20亿元。

(3) 证券期货公司平稳发展，盈利水平显著提高。截至2009年12月末，2家证券法人公司总资产和所有者权益同比分别增长125.19%和161.4%，累计实现营业收入、净利润同比分别增长91.86%和123.25%；3家期货公司总资产和所有者权益同比分别增长60.04%、58.33%，实现利润同比增长281.76%。

2. 值得关注的问题

(1) 证券公司系统性风险减少，但主营业务收入结构亟待调整、市场风险控制需加强。证券法人公司盈利模式依赖市场经纪业务收入，在证券业务日益市场化、国际化的形势下，粗放式经营模式和缺乏特色产品设计将导致证券经营机构受市场周期和繁荣程度影响波动性较大，证券机构综合竞争能力不强，抗风险能力仍有待提高。2009年，两家证券公司的经纪业务、自营业务、利息收入占比分别为81.61%、7.21%、6.87%。

(2) 期货公司风险总体变化平稳，但业务结构对市场波动的依赖性较高、盈利能力较弱与风险管理手段不足等问题短期内难以解决。期货公司净资本实现较快增长，风险补偿能力增强；但在资产价格宽幅波动情况下，对其流动性风险需保持高度关注；盈利结构单一，经营管理绩效有待提升，抗市场风险能力较弱。

(3) 上市公司盈利能力和风险管理能力亟需提高，上市公司后备资源需进一步加强培育，地区间融资的不均衡现象突出。2009年，全省59家上市公司行业分布以制造业为主，受金融危机的影响较为明显，利润主要集中于少数公司；全省资产证券化率(上市公司总市值/地区生产总值)为46.36%，低于全国平均水平26.46个百分点。省内少数地区仅有一家上市公司，大型企业的后备上市资源稀缺，后备上市公司的培育逐渐转向中小企业和创新成长性企业，融资难度进一步增加。

(4) 证券市场外部经营环境建设和投资者风险教育工作有待加强。异地券商违规进驻，扰乱市场秩序；部分证券期货经营机构对不同客户采取差异费率、新设机构以优惠费率拉拢客户等违规行为导致一定程度上的无序竞争。创业板市场规模相对较小、企业处于成长阶段的产品开发与市场风险突出，创业板市场投资者面临较大的市场风险；融资融券业务和股指期货业务推出步伐加快，投资者相关专业知识、风险控制意识需进一步提升。

(四) 保险业与金融稳定

2009年，安徽省保险业实现了保费收入较快增长，社会渗透力进一步增强，但行业结构调整力度需进一步加大，保险机构经营管理水平有待提高。

1. 发展基本态势

（1）保险业平稳发展，服务地方社会经济能力不断提升。2009年，全省实现保费收入357.2亿元，同比增长20.5%；累计赔款与给付91.7亿元，同比增长4.5%。政策性农业保险风险保障功能进一步增强，累计承保风险金额达206亿元，已决赔付3.36亿元；出口信用保险保费收入和赔付双增长，出口信用外汇保费收入和累计承保额同比分别增长9.5%和61.8%。

（2）结构调整稳步推进，行业竞争力提升。从财产险看，家财险、工程险、信用险、农业险等业务得到较快发展，同比分别增长32%、150.4%、25.3%和224.2%。从人身险看，业务内含价值有所提升，寿险标准保费同比增长24.2%，增速高于规模保费8.3个百分点；新单业务中期交保费占比为18.3%，同比上升3.2个百分点；投连险、万能险业务分别同比下降63.4%、15.4%。

（3）市场秩序渐次好转，风险防范能力增强。财产险市场，新增车险保费实现零应收，车险行业自律、见费出单等制度得到较好落实；现金流净流入较上年同期有所增加，手续费率略有上升，公司业务和财务数据真实性进一步提高。人身险市场，退保率下降，市场误导有所减少，银保业务操作渐趋规范。

2. 值得关注的问题

（1）宏观经济环境和一些有利政策因素存在不确定性，保险业保持快速增长的压力增加。世界经济总体复苏较慢，进出口额同比大幅下降，货运险、信用险等业务发展面临压力；考虑到美欧一些国家已开始调整过度消费的模式，以及近期国际贸易保护主义因素，世界贸易增长可能滞后于经济复苏，与进出口相关的货运险等业务可能受到影响；省内企业经营状况尚未出现根本性好转，社会总需求仍然不足，企财险难以实现较快增长。

（2）保费规模扩张可能掩盖产品结构的不合理，保险业持续发展的潜在风险趋增。财产险产品结构不够合理，对车险业务的依赖程度依然较高；普通型寿险产品发展困难，分红型业务快速发展，银保业务增长过快、渠道单一问题进一步突出。

（3）外汇保险业务经营中的问题值得关注。一是外汇保费收入下降，赔款支出增长。2009年，全省外汇保费收入比上年下降18.44%，外汇赔款支出比上年增长15.58%，外汇保费赔付率为59.72%，较上年增加17.58个百分点。二是出口信用风险加大，赔款案件和案值不断增加。2004—2009年全省出口信用保险赔付率分别为18.1%、44.08%、35.74%、76.86%、72.28%和73.65%。三是出口货物运输险占比较小，外汇保费大量流失。全年货物运输险保费收入只占外汇保费收入的20.22%，75%的出口货物运输险外汇保费流向国外保险公司。

（五）金融市场与金融稳定

2009年，安徽省金融市场呈现出健康快速发展的态势。金融市场流动性合理充裕，各子市场交易活跃；金融市场融资功能不断增强，直接融资额相当于同期人民币新增贷款的16.98%。

1. 运行基本情况

（1）货币市场交易期限较短，地方法人金融机构是交易的主体，资金流向上主要为净拆入。2009年，安徽省金融机构在货币市场累计完成债券回购交易10 242.8亿元，增长8.97%；全省金融机构累计完成同业拆借交易217.5亿元，同比下降79.32%，交易均为同业拆入，品种以隔夜拆借为主，交易量占全部拆借的91.95%；交易机构主要为徽商银行和国元信托两家法人金融机构，交易量分别占拆借总量的98.85%和1.15%。

（2）债券市场为金融机构提供资产负债管理工具和拓展中间业务空间，为商业银行解决资产负债"短存长贷"的期限错配问题提供新途径。年末，全省金融机构持有的债券存量规模为542.99亿元，同比增长57.02%；金融债、国债、次级债和央行票据分别占债券存量总余额的31.13%、21.71%、19.22%和10.77%。3年期以下金融机构债券的存量占比为58.7%，同比增加了19.6个百分点，5年期以下债券存量占比同比降低了16.4个百分点。

（3）民间借贷市场成为正规金融体系的有效补充。全省625个民间借贷监测样本点显示，

2009年民间借贷笔数和金额同比分别增长0.33%和4.08%；加权平均利率为10.14%，较上年下降0.80个百分点。从民间借贷的结构上看，信用方式借贷额占总量的87.42%；借贷用途以生产经营为主，其借贷总量占比为86.97%，投资和家用消费借贷占比分别为6.28%和4.1%。借贷期限多为半年以上，融资期限在6个月以内的占19.17%，6—12个月的占43.02%，1年以上的占37.81%。

(4) 在国际经济弱势复苏背景下，外汇市场交易萎缩。2009年，安徽省跨境外汇收入、跨境外汇支出同比分别下降23.13%和18.35%，银行结售汇同比下降27.32%，结售汇顺差同比下降5.20%。

2. 值得关注的问题

(1) 票据市场的波动较大。2009年上半年安徽省金融机构票据融资增幅高达263.24%，远高于短期和中长期贷款13.42%和32.41%的增幅，下半年票据融资连续6个月负增长，合计减少503.6亿元。

(2) 债券市场利率风险不容忽视。经济企稳回升，通胀预期增强，利率上升的可能性加大，在一定程度上增加了债券投资的压力；经济复苏的不平衡性及基本面的不断修正使债券市场情绪化较重，债券市场不确定性因素增加，金融机构持有债券所面临的利率风险值得关注。

(3) 民间融资处于金融体制之外，容易与国家宏观政策和产业政策相背离，在一定程度上增加了宏观调控的难度；民间借贷基本上是一个卖方市场，利率水平通常比银行同期利率高，易加重经营者负担，加剧贫富两极分化，并影响国家利率政策的全面贯彻实施；缺乏必要管理和法律支持，容易引起经济纠纷，不利于社会稳定。

(六) 金融基础设施与金融稳定

1. 支付结算体系稳健运行快速发展

2009年，中国人民银行安徽省分行现代化支付系统、票据支付系统①、银行业金融机构行内支付系统及银行卡支付系统②共处理支付业务17 766.62万笔、金额217 017.27亿元，同比分别增长95.5%和17.2%，金额是全省GDP总量的21.59倍。银行账户实名制得到进一步落实。全辖各银行机构应核查账户数量共计320 480户，已核查为真实的账户数占应核查账户总数的98.29%。“农汇通工程”启动，农村支付服务环境初步得到改善。需重点关注的问题是农村支付服务环境建设受农村地区经济发展水平、支付服务基础设施、现金结算观念、支付结算服务收费定价策略等方面影响，其改善程度仍将是一个长期过程；银行卡市场发展滞后、市场发展不规范，其风险不容忽视，银行卡市场整顿力度有待进一步加大。

2. 征信体系建设进一步完善

2009年，安徽省不断推进征信体系建设，加强企业和个人信用信息基础数据库管理与应用，推进担保机构信用评级工作，加大非银行信息采集工作力度，深入开展征信知识宣传，社会信用意识明显提高，金融生态环境逐步优化，征信体系建设取得明显进展。年末，全省已有22家金融机构接入企业征信系统，邮政储蓄银行、汽车金融公司、小额贷款公司和村镇银行将逐步接入企业征信系统；地方性金融机构数据质量显著提升，通过率保持在90%以上，接口行数据综合一致率达到98.97%。全年个人征信系统月均查询量达到29.76万次，同比增长118.93%。需重点关注的问题是征信系统数据质量有待提高，征信系统分析应用工作有待加强；中小企业信用信息采集缺乏征信法规支持，企业和金融机构采集信息的主动性不强；农户信用评价尚未形成科学体系，长效诚信教育制度、守信激励和失信惩戒机制还有待建立。

3. 反洗钱成效显著

通过深入开展反洗钱现场检查和非现场监管，强化对重大可疑交易的分析和调查工作，为有效预防和打击洗钱犯罪，维护辖区经济、金融稳定提供保障。2009年，全省共对128家银行业机构、33家证券业机构、127家保险业机构开展了考

① 仅包括同城清算系统数据。

② 仅指银行卡跨行信息交换系统数据。

评工作，通过分类监管增强监管工作的针对性，提高监管效率；全省共对 147 家银行、证券、保险、期货经营机构实施了反洗钱现场检查工作，向公安机关移送 11 份可疑交易，协助公安等部门调查案件 11 起，协查 21 次、协查涉及金额 36.8 亿元。

4. 反假货币工作机制进一步夯实

安徽省组织了以“人民币防伪知识宣传”和“爱护人民币宣传”为主要内容的反假货币宣传月活动，提高社会公众防假意识和反假技能；通过开展打击假币违法犯罪“09 行动”，假币收缴数量、网上逃犯抓获数、破案数居全国前列，有效遏制了假币违法犯罪活动。

（总纂：陈洪波
统稿：吴丹果　季　军　孙　韦　鲁玉祥
执笔：季　军　孙　韦　鲁玉祥　汪守宏
沈　祥　王安坤　张晓萍　丁成林
许　焱　陶富强　吴书画　刘　燕
杨　敬）

第十篇　机 构 名 录

一、2009 年上海市金融机构名录

（一）金融管理机构名录

机　构　名　称	地　　址	负责人	电　话	邮　编
中国人民银行上海总部	陆家嘴东路 181 号	苏　宁	58845000	200120
中国银行业监督管理委员会上海监管局	合欢路 35 号华银大厦	阎庆民	38650100	200135
中国证券监督管理委员会上海监管局	迎春路 555 号	张　宁	50121111	200135
中国保险监督管理委员会上海监管局	合欢路 39 号	马学平	38656666	200135

（二）金融市场机构名录

机　构　名　称	地　　址	负责人	电　话	邮　编
中国外汇交易中心 全国银行间同业拆借中心	张东路 1387 号 30 幢	胡正衡	63298988	201203
中国银联	含笑路 36 号	许罗德	68401888	200135
上海黄金交易所	河南中路 99 号	沈祥荣	33189588	200001
上海证券交易所	浦东南路 528 号	张育军	68808888	200120
上海期货交易所	浦电路 500 号	杨迈军	68400000	200122
中国金融期货交易所	世纪大道 1600 号 6 楼	朱玉辰	50160666	200122
上海联合产权交易所	广东路 689 号 3 楼	蔡敏勇	63410000	200001
银行间市场清算所股份有限公司	中山南路 318 号 33—34 层	许　臻	63321616	200010

（三）同业公会机构名录

机　构　名　称	地　　址	负责人	电　话	邮　编
上海市银行同业公会	浦东南路 379 号 11 楼 A 座	傅建华	58789694	200120
上海市证券同业公会	襄阳北路 97 号 501 室	冯国荣	54042715	200031
上海市期货同业公会	浦电路 500 号 2201A 室	钱荣金	68400125	200122
上海市保险同业公会	中山南路 1228 号 8 楼	张俊才	63155989	200011

（四）银行业机构名录

1. 中资银行分支机构

(1) 政策性银行

机构名称	地址	负责人	电话	邮编
国家开发银行上海市分行	浦明路68号	陈继忠	38784999	200120
中国进出口银行上海分行	浦东南路500号27—29楼	任生俊	68593366	200120
中国农业发展银行上海市分行	延安东路45号	山云达	63366336	200002
中国农业发展银行上海市分行营业部	延安东路45号	沈　战	63364604	200002
中国农业发展银行闵行区支行	莘庄镇莘浜路6号	陆　琪	64924827	201100
中国农业发展银行嘉定区支行	张马路20号	李国平	59911888	201800
中国农业发展银行宝山区支行	友谊路134号	肖胜义	56786048	201900
中国农业发展银行南汇支行	惠南镇南门大街104号	姚　波	58012200	201300
中国农业发展银行奉贤区支行	奉浦工业区韩村路706号	庄永明	67103718	201400
中国农业发展银行松江区支行	人民北路62号	倪永平	57813028	201600
中国农业发展银行金山区支行	卫零路611弄112号	季　平	57960903	200540
中国农业发展银行青浦区支行	清湖路977号	阙　刚	69714216	201700
中国农业发展银行崇明县支行	崇明县城桥镇东门路125号	李　雄	39622007	202150
中国农业发展银行浦东分行	源深路300号	徐　浩	58318906	200120

(2) 中国工商银行上海市分行

机构名称	地址	负责人	电话	邮编
中国工商银行股份有限公司上海市分行	浦东大道9号	沈立强	58885888	200120
中国工商银行股份有限公司上海市宝山支行	淞滨路318号	张　政	56845858	200940
中国工商银行股份有限公司上海市漕河泾开发区支行	宜山路900号	李毓菖	54235423	200233
中国工商银行股份有限公司上海市长宁支行	延安西路895号	苏岳勤	62252200	200050
中国工商银行股份有限公司上海市崇明支行	城桥镇南门路158号	黄民力	69691942	202150
中国工商银行股份有限公司上海市分行第二营业部	即墨路88号	洪晓岚	58885888＊1221	200120
中国工商银行股份有限公司上海市分行营业部	中山东一路24号	徐晓萍	63211678	200002
中国工商银行股份有限公司上海市奉贤支行	南桥镇南中路48号	项　震	57102768	201400
中国工商银行股份有限公司上海市国际机场支行	海天五路速航路口	孙　伟	68841016	201202
中国工商银行股份有限公司上海市虹口支行	曲阳路800号	钱勤新	65559999	200437
中国工商银行股份有限公司上海市虹桥开发区支行	娄山关路83号	朱晓怡	62097999	200336
中国工商银行股份有限公司上海市黄浦支行	四川中路346号	周紫华	63392828	200002
中国工商银行股份有限公司上海市嘉定支行	清河路151号	邹冬沪	59927999	201800

（续表）

机构名称	地址	负责人	电话	邮编
中国工商银行股份有限公司上海市金山支行	金山区石化卫零路558号	王卫政	57964638	200540
中国工商银行股份有限公司上海市静安支行	康定路699号	胡霄骅	32184610	200040
中国工商银行股份有限公司上海市卢湾支行	淮海中路98号	王德湛	53858068	200021
中国工商银行股份有限公司上海市闵行支行	莘松路288号	王燕青	64889900	201100
中国工商银行股份有限公司上海市南汇支行	惠南镇城南路258号	冯　羽	58020695	201300
中国工商银行股份有限公司上海市浦东分行	浦东南路2024—2034号	周春明	58757777	200127
中国工商银行股份有限公司上海市浦东开发区支行	金桥路1391号3—7层	吴燕芬	58993652	200129
中国工商银行股份有限公司上海市普陀支行	长寿路235号	徐光华	62761888	200060
中国工商银行股份有限公司上海市青浦支行	城中东路485号	吴晓春	59724800	201700
中国工商银行股份有限公司上海市松江支行	中山二路218—228号1层(平高大厦)、216号2—4层(平高大夏)	刘克俭	57813122	201600
中国工商银行股份有限公司上海市外滩支行	中山东二路11号	陶风华	63217777	200002
中国工商银行股份有限公司上海市徐汇支行	广元西路8号	王伟权	64475858	200030
中国工商银行股份有限公司上海市杨浦支行	控江路1698号	张　毅	65021880	200092
中国工商银行股份有限公司上海市闸北支行	河南北路485号	赵家骏	63642288	200071

(3) 中国农业银行上海市分行

机构名称	地址	负责人	电话	邮编
中国农业银行上海市分行	徐家汇路599号	刘桂平	53961888	200023
中国农业银行上海市分行营业部	延安东路518号	孙　宁	63512345	200001
中国农业银行上海市分行信用卡中心	湖北路200号	应建平	63521399	200001
中国农业银行上海市分行信息技术管理部	桂箐路69号26幢	华建兴	34064666	200233
中国农业银行上海市分行电子银行部	宜山路888号二楼	吴海涛	64320305	200233
中国农业银行上海市闵行支行	闵行区水清南路68号	王永明	64136413	201100
中国农业银行上海市嘉定支行	嘉定镇塔城路355号	陆济忠	69919618	201800
中国农业银行上海市宝山支行	同济路131号	倪家明	56676666	200940
中国农业银行上海市南汇支行	惠南镇听潮二路35号	陆　挺	68013002	201300
中国农业银行上海市奉贤支行	南桥镇南桥路366—380号	童丽君	57420242	201400
中国农业银行上海市松江支行	松江镇人民北路2—8号	张　箐	57813026	201600
中国农业银行上海市金山支行	金山朱泾镇万安街515号	李康康	57311910	201500
中国农业银行上海市青浦支行	青浦镇公园路6—36号	王连军	69721333	201700
中国农业银行上海市崇明县支行	崇明城桥镇人民路38号	陈　标	59622073	202150
中国农业银行上海市徐汇支行	天钥桥路30号	许雪兴	64267251	200030
中国农业银行上海市五角场支行	翔殷路1128号	张月静	55971008	200433

（续表）

机构名称	地址	负责人	电话	邮编
中国农业银行上海市静安支行	乌鲁木齐北路 207 号	王世雄	62495599	200040
中国农业银行上海市长宁支行	定西路 998 号	钱虹	62111800	200050
中国农业银行上海市普陀支行	曹杨路 697 号	刘晓荒	52660001	200063
中国农业银行上海市闸北支行	天目西路 488 号	戴行	63171037	200070
中国农业银行上海市黄浦支行	福州路 666 号	向志良	63188900	200001
中国农业银行上海市虹口支行	四川北路 2113 号	华建国	65402395	200081
中国农业银行上海市浦东分行	浦东南路 379 号	孙蔡明	68869500	200120
中国农业银行上海市川沙支行	新川路 385 号	吴建荣	58989013	201200
中国农业银行上海市金桥支行	新金桥路 188 号	马晓军	50311122	201206
中国农业银行上海市卢湾支行	徐家汇路 601 号	王蓓	53961888	200023
中国农业银行上海市分行资产经营部	洪山路 189 号	唐来发	58474246	200126

（4）中国银行上海市分行

机构名称	地址	负责人	电话	邮编
中国银行股份有限公司上海市分行	银城中路 200 号	董唯俭	38824500	200002
中国银行股份有限公司上海市分行营业部	中山东一路 23 号	费晓娴	63291979	200002
中国银行股份有限公司上海市普陀支行	长寿路 831 号	顾立星	52987711	200042
中国银行股份有限公司上海市徐汇支行	虹桥路 355 号	刘闻湘	34601188	200030
中国银行股份有限公司上海市闸北支行	恒丰路 218 号	郭珩	61408555	200070
中国银行股份有限公司上海市中银大厦支行	银城中路 200 号	张骏燕	50372130	200120
中国银行股份有限公司上海市嘉定支行	塔城路 451 号	柏京	69919000	201800
中国银行股份有限公司上海市黄浦支行	中山南路 328 号	刘文	63326806	200010
中国银行股份有限公司上海市杨浦支行	平凉路 1128 号	楼继忠	65194868	200090
中国银行股份有限公司上海市闵行支行	莘建路 256 号	张知遥	64889988	201100
中国银行股份有限公司上海市宝山支行	宝杨路 1008 号	王劲松	56128852	201900
中国银行股份有限公司上海市奉贤支行	南桥镇人民中路 8 号	盛家庭	57424369	201400
中国银行股份有限公司上海市金山支行	蒙山路 1111 号	盛振洲	69761609	200540
中国银行股份有限公司上海市长宁支行	延安西路 2067 号	范丽红	62785055	200335
中国银行股份有限公司上海市浦东开发区支行	新金桥路 58 号	李宁	50302277	201206
中国银行股份有限公司上海市南汇支行	康沈路 1727 号	沈如春	68111919	201318
中国银行股份有限公司上海市浦东分行	张杨路 838 号	方国华	58206780	200122
中国银行股份有限公司上海市静安支行	南京西路 1515 号	支佐	52985587	200040
中国银行股份有限公司上海市松江支行	中山中路 208 号	刘涓	57822162	201600
中国银行股份有限公司上海市卢湾支行	茂名南路 205 号	梁洪	64310909	200031
中国银行股份有限公司上海市青浦支行	城中东路 608 号	杨军	59729942	201700
中国银行股份有限公司上海市虹口支行	四平路 251 号	鲁影萍	65215705	200081

(5) 中国建设银行上海市分行

机构名称	地址	负责人	电话	邮编
中国建设银行股份有限公司上海市分行	淮海中路200号	赵　欢	58880000	200021
中国建设银行股份有限公司上海市分行营业部	淮海中路200号	王美华	63181818	200021
中国建设银行股份有限公司上海市分行第二营业部	淮海东路85号	汤晓明	68491322	200021
中国建设银行股份有限公司上海市分行大客户一	延安东路700号	童志康	53850163	200001
中国建设银行股份有限公司上海市分行大客户二	金陵东路499号	姚涣冰	63282190	200021
中国建设银行股份有限公司上海市分行大客户三	淮海中路200号	洪　誉	63181818	200021
中国建设银行股份有限公司上海市分行大客户四	滇池路103号	刘　屹	63232666	200002
中国建设银行股份有限公司上海市分行大客户五	四川中路321号	纪万林	63231188	200002
中国建设银行股份有限公司上海闸北支行	天目西路290号	谢　晨	63531915	200070
中国建设银行股份有限公司上海宝钢宝山支行	牡丹江路1398号	谢　平	56125612	201900
中国建设银行股份有限公司上海金山石化支行	金山区象州路52号	王建军	57942710	200540
中国建设银行股份有限公司上海黄浦支行	淮海东路85号	唐恩光	63558695	200021
中国建设银行股份有限公司上海卢湾支行	徐家汇路530号	李　群	64157878	200025
中国建设银行股份有限公司上海徐汇支行	衡山路920号	徐　弘	64072750	200030
中国建设银行股份有限公司上海长宁支行	延安西路2067号(6F)仲盛金融中心	沈纯二	62785139	200336
中国建设银行股份有限公司上海静安支行	愚园路172号	张志东	62491680	200040
中国建设银行股份有限公司上海普陀支行	长寿路95号	邹　林	62996298	200060
中国建设银行股份有限公司上海虹口支行	吴淞路211号	关雁翎	63577626	200080
中国建设银行股份有限公司上海杨浦支行	长阳路1288号	张慧芬	65190446	200090
中国建设银行股份有限公司上海闵行支行	闵行区沪闵路6555号	丁云康	64126412	201100
中国建设银行股份有限公司上海嘉定支行	嘉定镇塔城路365号	哈　雷	59526583	201800
中国建设银行股份有限公司上海松江支行	松江区松江镇中山中路89号	衣寅炯	57721471	201600
中国建设银行股份有限公司上海南汇支行	惠南镇人民西路85号	金剑虹	58010888	201300
中国建设银行股份有限公司上海奉贤支行	南桥镇解放中路332号	吴文新	57502457	201400
中国建设银行股份有限公司上海青浦支行	青浦区城中东路550号	沈永清	59729556	201700
中国建设银行股份有限公司上海崇明支行	崇明县城桥镇八一路387号	陈效中	59622456	202150
中国建设银行股份有限公司上海浦东分行	浦东新区陆家嘴环路900号	冯嘉兴	68490557	200120

(6) 交通银行上海市分行

机构名称	地址	负责人	电话	邮编
交通银行	银城中路188号	胡怀邦	58781234	200120
交通银行股份有限公司上海市分行	中山南路99号	吕本献	63111000	200010
交通银行股份有限公司上海市分行业务一部	江西中路200号	乐自强	63213400	200002

（续表）

机 构 名 称	地 址	负责人	电 话	邮 编
交通银行股份有限公司上海市分行业务二部	江西中路200号	袁 翔	63213400	200002
交通银行股份有限公司上海市分行业务三部	松涛路560号	李 卓	50803986	201203
交通银行股份有限公司上海市分行业务四部	商城路518号	沈卫东	58823456	200120
交通银行股份有限公司上海市分行业务五部	新金桥路260号	钱国钦	60899091	201206
交通银行股份有限公司上海市分行第一支行	中山南路99号	欧阳琦	63111000	200002
交通银行股份有限公司上海市分行营业部	江西中路200号	欧阳琦	63213400	200002
交通银行股份有限公司上海浦东分行	商城路518号	袁廷旺	58823456	200120
交通银行股份有限公司上海新区支行	新金桥路260号	许耀根	50316600	201206
交通银行股份有限公司上海徐汇支行	衡山路18号	缪惠芬	64669748	200031
交通银行股份有限公司上海长宁支行	江苏路508号	王成宝	62408461	200050
交通银行股份有限公司上海市西支行	江宁路350号	贺瑞康	62151235	200041
交通银行股份有限公司上海闸北支行	恒通路211号	严 俊	63549090	200070
交通银行股份有限公司上海虹口支行	四平路263号	陈 德	65225128	200081
交通银行股份有限公司上海杨浦支行	长阳路1317号	谭 红	65195656	200090
交通银行股份有限公司上海市南支行	淮海东路99号	罗日军	63861230	200021
交通银行股份有限公司上海宝山支行	淞滨路138—146号	厉 静	56841100	200940
交通银行股份有限公司上海闵行支行	文井路145号	戚慧康	64303804	200245
交通银行股份有限公司上海嘉定支行	嘉定区城中路68号	李 利	5922288	201800
交通银行股份有限公司上海松江支行	人民北路227号	王亚南	57815855	201600
交通银行股份有限公司上海临港新城支行	临港新城新元南路555号	胡 坚	68284555	201306
交通银行股份有限公司上海奉贤支行	南桥人民中路200号	叶晓宏	57100666	201400
交通银行股份有限公司上海青浦支行	公园路348号	董怡蓓	59733533	201700

注：本表截至2010年6月。

（7）上海浦东发展银行上海分行

机 构 名 称	地 址	负责人	电 话	邮 编
上海浦东发展银行	中山东一路12号	吉晓辉	61610000	200002
上海浦东发展银行第一营业部	中山东一路12号	吕爱民	61618888	200002
上海浦东发展银行上海分行	浦东南路588号	姜明生	68887000	200120
上海浦东发展银行上海分行营业部	浦东南路588号2—19楼	徐 俊	68887000	200120
上海浦东发展银行宝山支行	牡丹江路1283号	王汉斌	56111666	201900
上海浦东发展银行长宁支行	长宁路855号	谢 敏	62401568	200050
上海浦东发展银行崇明支行	城桥镇北门路228—236号	郭树森	59627078	202150
上海浦东发展银行奉贤支行	南桥镇解放中路352号	徐 军	57180840	201400
上海浦东发展银行虹口支行	曲阳路731号	钱冰云	65543900	200437
上海浦东发展银行黄浦支行	宁波路50号	俞建平	63291188	200002

（续表）

机 构 名 称	地 址	负责人	电 话	邮 编
上海浦东发展银行嘉定支行	博乐路199号	刘冰岩	59538383	201800
上海浦东发展银行金桥支行	金港路509号	袁 蕊	58994808	201206
上海浦东发展银行金山支行	象州路158号	许建明	57938800	200540
上海浦东发展银行静安支行	北京西路669号	翁维文	62185500	200041
上海浦东发展银行空港支行	启航路1000号	华 瑾	68841200	201202
上海浦东发展银行龙阳支行	龙阳路2277号	常 涛	50101188	201204
上海浦东发展银行陆家嘴支行	东方路710号汤臣金融中心底层	俞国强	58303888	200122
上海浦东发展银行卢湾支行	斜土路713号	乔 华	53027256	200023
上海浦东发展银行闵行支行	莘松路159号	周 瑾	64882488	201100
上海浦东发展银行南汇支行	惠南镇人民东路3388号	钟 泉	58024800	201300
上海浦东发展银行普陀支行	长寿路746号	薛礼克	62300583	200060
上海浦东发展银行青浦支行	城中东路699号	华 巍	59722888	201700
上海浦东发展银行三林支行	上南路4511—4525号	周明强	50109999	200123
上海浦东发展银行松江支行	松江乐都路388号	陆 明	57718547	201600
上海浦东发展银行外高桥保税区支行	加枫路18号	李数光	50482333	200131
上海浦东发展银行徐汇支行	建国西路589号	张 翔	64458518	200031
上海浦东发展银行杨浦支行	许昌路1296号	顾建敏	65033118	200092
上海浦东发展银行闸北支行	天目西路123号	傅 翔	63531008	200070

(8) 上 海 银 行

机 构 名 称	地 址	负责人	电 话	邮 编
上海银行	银城中路168号	宁黎明	68475888	200120
上海银行营业部	银城中路168号	陆红洁	68475888	200120
上海银行信用卡中心	天目中路363号	叶逢生	63174739	200070
上海银行浦东分行	张杨路699号	竺稽金	68409685	200120
上海银行福民支行	江西中路250号	全国顺	63517905	200002
上海银行白玉支行	肇嘉浜路798号	董培良	64459207	200030
上海银行黄浦支行	福州路120号	解 强	63505582	200002
上海银行静安支行	陕西北路80号	陈 聪	32274666	200041
上海银行卢湾支行	复兴中路369号	王晓岗	63266567	200025
上海银行徐汇支行	南丹东路238号	朱守元	64271483	200030
上海银行长宁支行	古北路666号	徐幼如	62095115	200335
上海银行虹口支行	吴淞路408号	钱亚平	63647791	200080
上海银行杨浦支行	国宾路36号	翁骥陵	33620162	200433
上海银行闸北支行	梅园路350号	俞惠鑫	63170639	200070

（续表）

机构名称	地址	负责人	电话	邮编
上海银行普陀支行	曹杨路 500 号	刘兆庆	62441932	200063
上海银行漕河泾支行	漕宝路 1255 号	顾卫东	64366655	200233
上海银行金山支行	金山区卫清西路 185 号	刘中敏	57943294	200540
上海银行闵行支行	莘松路 215 号	陈　华	64920350	201100
上海银行宝山支行	牡丹江路 1528 号	丁　兵	56116660	201900
上海银行青浦支行	青安路 39 号	卜月林	59723023	201700
上海银行奉贤支行	南奉公路 9639 号	胡　敏	67117617	201400
上海银行南汇支行	惠南镇人民东路 2881 号	吴祖亮	58002368	201300
上海银行嘉定支行	塔城路 388 号	陈　新	69988282	201800
上海银行松江支行	中山中路 199 号	戚美荣	57723678	201600

（9）上海农村商业银行

机构名称	地址	负责人	电话	邮编
上海农村商业银行股份有限公司	银城中路 8 号	胡平西	38576666	200120
上海农村商业银行股份有限公司总行营业部	延安西路 728 号	陈　跃	52381111	200050
上海农村商业银行股份有限公司滨江支行	银城中路 8 号	李　斌	38575160	200120
上海农村商业银行股份有限公司浦东分行	世纪大道 1500 号	王建平	50588619	200122
上海农村商业银行股份有限公司闵行支行	莘庄镇莘建路 61 号	吴以浩	64883210	201100
上海农村商业银行股份有限公司嘉定支行	塔城路 386 号	项伟民	69988705	201800
上海农村商业银行股份有限公司宝山支行	牡丹江路 1198 号	仇忠亮	56676700	200940
上海农村商业银行股份有限公司南汇支行	惠南镇少年路 5 号	史湛洪	58012035	201300
上海农村商业银行股份有限公司奉贤支行	南奉公路 9780 号	康志信	57106290	201400
上海农村商业银行股份有限公司松江支行	人民北路 405 号	杨园君	57728322	201600
上海农村商业银行股份有限公司金山支行	卫清西路 505 号	王仁康	57961842	200540
上海农村商业银行股份有限公司青浦支行	公园路 399 号	张金明	59734475	201700
上海农村商业银行股份有限公司崇明支行	城桥镇北门路 188 号	许建华	59620534	202150
上海农村商业银行股份有限公司徐汇支行	肇嘉浜路 9 弄 3—7 号	乔东林	64228151	200235
上海农村商业银行股份有限公司普陀支行	新村路 599 号	史美櫟	56357446	200333
上海农村商业银行股份有限公司虹口支行	松花江路 2721 号	王胜利	55884187	200437
上海农村商业银行股份有限公司闸北支行	中兴路 1288—1290 号	王亚青	56626165	200070
上海农村商业银行股份有限公司杨浦支行	黄兴路 1599 号	张烈军	55123303	200433
上海农村商业银行股份有限公司卢湾支行	瞿溪路 822 号	陈雪松	53023019	200023
上海农村商业银行股份有限公司长宁支行	古北路 555 弄 8 号	包继军	52067918	200051
上海农村商业银行股份有限公司黄浦支行	广东路 500 号底楼东侧	刘　涌	63620177	200001
上海农村商业银行股份有限公司静安支行	北京西路 770 号	李　斌	62711561	200041

(10)中信银行上海分行

机构名称	地址	负责人	电话	邮编
中信银行上海分行	南京东路61号	左伟国	23029000	200002
中信银行上海分行营业部	南京东路61号	林欣欣	23029000	200002
中信银行上海浦东分行	东方路710号汤臣金融大厦首层	钱浩辉	58301800	200122
中信银行上海北京西路支行	北京西路1691号	沈　寅	62886759	200040
中信银行上海宝钢宝山支行	牡丹江路1278号	杨宇星	66595500	201900
中信银行上海漕河泾支行	苍梧路12号	吴文宇	64837700	200233
中信银行上海长宁支行	江苏路398号舜元企业发展大厦首层九楼	庞静芳	32506611	200050
中信银行上海富丽大厦支行	江宁路1306弄11号	王　健	62982626/62981382	200060
中信银行上海古北支行	古北路1088号	曹洵如	62951133	201103
中信银行上海黄浦支行	西藏南路518号	汤达伟	63900111	200021
中信银行上海虹口支行	四川北路1753号	顾志涛	56968590	200081
中信银行上海虹桥支行	延安西路2077号	潘静一	62193011	200336
中信银行上海淮海路支行	淮海中路1355号	李德英	64318545	200031
中信银行上海嘉定支行	金沙路1号	张　明	59520555	201800
中信银行上海静安支行	胶州路699号	沈韶明	62677229	200040
中信银行上海卢湾支行	打浦路268号	何　梅	63031336	200023
中信银行上海闵行支行	莘建路160号	龚红燕	54955685	201100
中信银行上海南汇支行	惠南镇人民东路2569号	姚建平	68245101/68245102	201300
中信银行上海普陀支行	宁夏路328号	王庆凤	52352111	200063
中信银行上海青浦支行	青安路288号	杨蔚青	69721961	201700
中信银行上海四平路支行	四平路204号	张文杰	65078558	200086
中信银行上海松江支行	新松江路1388弄117—119号	张剑平	67828219	201620
中信银行上海五角场支行	四平路2543号	赵雪萍	65103030	200433
中信银行上海五牛城支行	浦东大道1085号	刘　峰	58218079	200120
中信银行上海徐家汇支行	天钥桥路20号	胡雪梅	64277289	200030
中信银行上海外滩支行	中山南路28号	乐　奕	63333110	200011
中信银行上海中信泰富广场支行	南京西路1168号中信泰富广场底楼	谭　瑾	52925003	200041
中信银行上海闸北支行	沪太路559号	顾　宏	66581655	200070
中信银行上海张江支行	科苑路201号	徐悦宁	50272942	201203
中信银行上海中环支行	梅川路1275号	汤　海	52822200	200333
中信银行上海联洋支行	长柳路88号101室	张　鹏	68545252	200135
中信银行上海市中支行	威海路238号招商局广场底层	郑　艳	52981122	200040
中信银行上海沪西支行	天山路919号虹桥天都一层	徐　波	62332525	200051
中信银行上海北外滩支行	杨树浦路147号	祝　焰	65452255	200082
中信银行上海奉贤支行	南桥镇环城南路1070号通阳路口	刑　军	57188497	201400
中信银行上海外高桥支行	日京路28号	罗　兴	58682200	200131

（11）中国光大银行上海分行

机 构 名 称	地 址	负责人	电 话	邮 编
中国光大银行上海分行	世纪大道 1118 号	王兰凤	63606360	200120
中国光大银行上海分行营业部	世纪大道 1118 号	蒋 雯	63606360	200120
中国光大银行上海浦东支行	张杨路 630 号	刘 寅	58356677	200122
中国光大银行上海浦东第二支行	浦建路 15 号	曹斐斐	61641288	200127
中国光大银行上海虹口支行	四平路 210 号	段智慧	65086789	200086
中国光大银行上海徐汇支行	肇嘉浜路 831 号	张 颂	64686031	200030
中国光大银行上海静安支行	新闸路 955 号	陆宜晶	62870303	200041
中国光大银行上海闸北支行	天目西路 218 号	杜建伟	63549292	200070
中国光大银行上海黄浦支行	成都北路 333 号	周 期	63758600	200003
中国光大银行上海市北支行	康定路 1592 号	濮蓉蓉	62304535	200042
中国光大银行上海古北支行	宋园路 105 号	许海敏	62705601	200336
中国光大银行上海淮海支行	淮海中路 1234 号	蒋 澍	64738312	200031
中国光大银行上海不夜城支行	天目中路 383 号	周宏斌	63541144	200070
中国光大银行上海南市支行	陆家浜路 1139 号	杨 健	63452642	200011
中国光大银行上海市中支行	西藏中路 579 号	方 炜	63501157	200003
中国光大银行上海市南支行	斜土路 500 号	吕浩东	53027611	200023
中国光大银行上海北外滩支行	东大名路 378 号	吴 皓	65952555	200080
中国光大银行上海长宁支行	遵义路 100 号	郑 颖	62370051	200051
中国光大银行上海漕河泾开发区支行	漕宝路 68 号	方祖成	64326331	200233
中国光大银行上海外滩支行	天津路 2 号	陈建忠	63612346	200020
中国光大银行上海市东支行	东体育会路 990 号	戎 坤	55399959	200437
中国光大银行上海外高桥保税区支行	外高桥保税区台北西路 168 号	胡 萃	50461509	200131
中国光大银行上海松江支行	人民北路 171 弄 1 号	张海良	57816677	201600
中国光大银行上海嘉定支行	塔城路 453 号	王岳新	69988898	201800
中国光大银行上海花木支行	东绣路 575 号	顾旗旗	50458521	200127
中国光大银行上海宝山支行	牡丹江路 1317 号	龚 兵	56107456	201900
中国光大银行上海金桥支行	枣庄路 366 号	夏 劲	50318880	200136
中国光大银行上海闵行支行	水清南路 20 号	陆胜权	64149797	201100
中国光大银行上海杨浦支行	政通路 218 号	徐向军	55660900	200433
中国光大银行上海青浦支行	青松路 22 号	管银熙	59721911	201700
中国光大银行上海市西支行	愚园路 864 号	朱嘉明	62133136	200050
中国光大银行上海真新支行	梅川路 1550 号	沈伟杰	69192268	201824
中国光大银行上海卢湾支行	复兴中路 1 号	陈苗青	63368828	200021

（续表）

机 构 名 称	地 址	负责人	电 话	邮 编
中国光大银行上海普陀支行	兰溪路179号	张雷文	52663930	200062
中国光大银行上海大华支行	大华二路268号	张坚军	66393888	200442
中国光大银行上海昌里支行	齐河路280—286号	陆传峰	58729188	200126
中国光大银行上海常德支行	新闸路1518号	唐敏华	61229538	200040
中国光大银行上海金山支行	卫清西路508号	杨忠铭	67965533	200540
中国光大银行上海期交所支行	世纪大道1589号	吕 捷	58310110	200122
中国光大银行上海长兴岛支行	崇明县长兴岛乡江南大道988号	陈珞珈	60862003	201913
中国光大银行上海江宁支行	江宁路1153号	黄继强	62765003	200060

（12）华夏银行上海分行

机 构 名 称	地 址	负责人	电 话	邮 编
华夏银行上海分行	浦东南路256号	夏小华	38839666	200120
华夏银行上海分行营业部	浦东南路256号	孙友江	38839666	200120
华夏银行上海分行嘉定支行	塔城路453—1号	蒋 黎	69919966	201800
华夏银行上海分行杨浦支行	控江路1207号	柴淑芳	65195796	200093
华夏银行上海分行虹口支行	四平路833—837号	杨拯华	65089595	200092
华夏银行上海分行浦东支行	东方路738号	董 霖	58202730	200122
华夏银行上海分行徐汇支行	肇嘉浜路807号	梅耀斐	64287360	200032
华夏银行上海分行外滩支行	中山东一路5号	康文捷	63390990	200002
华夏银行上海分行大柏树支行	中山北一路1200号	叶 南	65605025	200437
华夏银行上海分行普陀支行	西康路1309号	郭奕鸣	62981424	200060
华夏银行上海分行虹桥支行	古北路458号	刘天凤	62289859	200336
华夏银行上海分行闸北支行	秣陵路38号	赵淑琴	63805390	200070
华夏银行上海分行外高桥支行	保税区台中南路2号	李建华	50484812	200131
华夏银行上海分行闵行支行	莘松路183号	王惠明	54958187	201100
华夏银行上海分行陆家嘴支行	浦东南路1036号	潘慧康	58774406	200120
华夏银行上海分行黄浦支行	中华路1465号	费凯明	63697055	200010
华夏银行上海分行静安支行	威海路218号	王宏斌	52981647	200041
华夏银行上海分行长宁支行	长宁路515号	张洁华	52395702	200050
华夏银行上海分行卢湾支行	鲁班路279号	吴彩虹	53014486	200023
华夏银行上海分行市西支行	北京西路1828号	李佳得	62258866	200040
华夏银行上海分行南汇支行	秀沿路885号	沈志军	68069933	201315
华夏银行上海分行宝山支行	牡丹江路1338号	华 黎	56110330	201900

（13）中国民生银行上海分行

机构名称	地址	负责人	电话	邮编
中国民生银行上海分行	浦东南路 100 号	王建平	61877000	200120
中国民生银行上海营业部	浦东南路 100 号	刘　菁	61874005	200120
中国民生银行上海广场支行	威海路 48 号	张湘云	53857700	200003
中国民生银行上海外滩支行	广东路 93 号	沈志东	63298200	200002
中国民生银行上海浦东支行	东方路 836 号	梅仪君	68867975	200122
中国民生银行上海市西支行	长寿路 1118 号	张荣珍	62116331	200042
中国民生银行上海市北支行	沪太路 549 号	周　恒	66580860	200070
中国民生银行上海市东支行	四平路 529 号	康永健	65755758	200092
中国民生银行上海徐汇支行	肇嘉浜路 1033 号	王　波	54255662	200030
中国民生银行上海黄浦支行	九江路 399 号	陈申炜	63601060	200001
中国民生银行上海虹桥支行	仙霞路 88 号	贾时元	62700510	200336
中国民生银行上海市南支行	徐家汇路 550 号	杨　迅	54658899	200025
中国民生银行上海静安支行	常熟路 88 号	赵红卫	62484383	200040
中国民生银行上海嘉定支行	塔城路 430 号	朱雪倩	69919185	201800
中国民生银行上海闵行支行	莘松路 405 号	金朝晖	64986498	201100
中国民生银行上海浦江支行	宁波路 1 号	陈新智	63372198	200002
中国民生银行上海陆家嘴支行	陆家嘴东路 166 号	萧　珂	68419171	200120
中国民生银行上海长宁支行	定西路 1115 号	徐黎丽	62123105	200050
中国民生银行上海外高桥支行	夏碧路 62 号	张熙仁	58624159	200131
中国民生银行上海虹口支行	黄浦路 53 号	王咏佳	53931111	200082
中国民生银行上海市中支行	江宁路 261 号	吴　军	62719143	200041
中国民生银行上海汽车城支行	墨玉路 29 号	陈　越	59569120	201805
中国民生银行上海卢湾支行	西藏南路 218 号	文　静	63343028	200021
中国民生银行上海福山支行	浦东大道 729 号	王翊红	50816636	200120
中国民生银行上海华山支行	淮海西路 55 号	周　铃	52989810	200030
中国民生银行上海西南支行	肇嘉浜路 333 号	阳成洁	64033377	200032
中国民生银行上海东门支行	中华路 179 号	徐　涛	63304240	200010
中国民生银行上海松江支行	谷阳北路 277 号	周　丽	57825353	201600
中国民生银行上海丽园支行	制造局路 188 号	王汝欣	53015053	200023
中国民生银行上海世纪公园支行	民生路 1286 号	徐慎行	61002900	200135
中国民生银行上海延中支行	延安西路 726 号	徐　鑫	62120906	200050
中国民生银行上海东方支行	福山路 458 号	鲁燕华	68756050	200122

（续表）

机 构 名 称	地 址	负责人	电 话	邮 编
中国民生银行上海京门支行	石门二路 181 号	陈晓军	52282690	200041
中国民生银行上海普陀支行	长寿路 127 号	沈建武	62778113	200060
中国民生银行上海延平支行	延平路 81 号	艾宝伦	62328610	200042
中国民生银行上海漕河泾支行	康健路 38 号	丁向阳	33683008	200235
中国民生银行上海天钥支行	天钥桥路 458 号	蒋 勇	64868855	200030
中国民生银行上海杨浦支行	黄兴路 2009 号	陈艳芳	55063655	200433
中国民生银行上海滨江支行	浦东南路 1426 号	朱 灏	58778368	200122
中国民生银行上海宝山支行	牡丹江路 1272 号	王治平	56112583	201900
中国民生银行上海古北支行	红宝石路 500 号	吴 斌	32092510	201103
中国民生银行上海期交所支行	浦电路 500 号	张玉红	68400232	200122
中国民生银行上海青浦支行	青湖路 1023 号	王 伟	69728108	201700
中国民生银行上海曹杨支行	曹杨路 503 号	郑步青	32516257	200063
中国民生银行上海吴中支行	吴中路 1155 号	李陈慧	64055891	201824

（14）招商银行上海分行

机 构 名 称	地 址	负责人	电 话	邮 编
招商银行上海分行	陆家嘴东路 161 号	连柏林	58795555	200120
招商银行上海分行营业部	陆家嘴东路 161 号	叶 进	58790443	200120
招商银行上海东方支行	东方路 902—904 号	陈思青	68768700	200122
招商银行上海金桥支行	金桥路 1398 号	宋晓萍	50753878	201206
招商银行上海张江支行	科苑路 88 号	潘浩玉	50806828	201203
招商银行上海民生支行	民生路 600 号	杨苏秦	58520355	200135
招商银行上海源深支行	羽山路 102—108 号	饶 芳	50939995	200135
招商银行上海张杨支行	张杨路 810 号	任开珊	58357878	200120
招商银行上海外高桥保税区支行	外高桥保税区富特西一路 333 号	徐培琪	58663843	200131
招商银行上海世纪大道支行	世纪大道 1589 号	康铁军	58203900	200122
招商银行上海联洋支行	芳甸路 300 号联洋广场 C106	戴深宇	61637160	200135
招商银行上海外滩支行	中山东一路 16 号	肖 伟	63523900	200002
招商银行上海中山支行	中山南路 1867 号	唐明春	63081568	200011
招商银行上海延东支行	延安东路 700 号	吴 伟	53850055	200001
招商银行上海福州路支行	福州路 646 号	许 竞	63617886	200001
招商银行上海豫园支行	河南南路 378 号	汤德君	63340658	200010
招商银行上海人民广场支行	南京西路 456 号	肖 伟	53751110	200003
招商银行上海长乐支行	长乐路 801 号	张 晖	54051060	200031
招商银行上海淮海支行	淮海中路 1155 号	潘 艳	64338511	200031

（续表）

机构名称	地址	负责人	电话	邮编
招商银行上海新天地支行	兴业路193号	王　涌	53829922	200020
招商银行上海南西支行	南京西路100号	吴青峰	63583356	200003
招商银行上海丽园支行	丽园路1015号	高　明	63041570	200032
招商银行上海静安寺支行	北京西路1700号	许雪红	62550985	200040
招商银行上海泰兴支行	新闸路847号	邹小雷	62186857	200041
招商银行上海长宁支行	长宁路1302号	沈　婕	52729951	200052
招商银行上海延西支行	法华镇路555号	甘剑亮	62827890	200052
招商银行上海天山支行	娄山关路755号	沈　立	62335123	200051
招商银行上海古北支行	水城南路75号	陈　镌	62700588	201103
招商银行上海虹桥支行	遵义南路88号	王昕红	62708727	200336
招商银行上海徐家汇支行	漕溪北路18号	姜　彦	64273891	200030
招商银行上海天钥桥支行	天钥桥路86号	宣培栋	54250078	200030
招商银行上海大木桥支行	肇嘉浜路333号	徐海虹	64226807	200032
招商银行上海淮中支行	淮海中路398号	鲁　民	53821866	200020
招商银行上海高安支行	肇嘉浜路680号	王　怡	64312335	200233
招商银行上海田林支行	田林路140号	邓琳琳	60823358	200233
招商银行上海新客站支行	恒丰路600号	周跃敏	63178900	200070
招商银行上海天目支行	天目东路258号	陈　华	51270782	200071
招商银行上海闻喜支行	闻喜路975号	沈　立	56412211	200435
招商银行上海长阳支行	长阳路1441号	沈大钧	65437199	200090
招商银行上海五角场支行	黄兴路2000号	徐　麟	55057179	200433
招商银行上海四平支行	四平路1396号	褚洪珺	33628088	200092
招商银行上海川北支行	四川北路1851号	万　钢	51053888	200081
招商银行上海东大名支行	东大名路700号	谢钟鸣	65966100	200080
招商银行上海新外滩支行	东大名路908号	翁　敏	65950884	200080
招商银行上海江湾支行	丰镇路1号	王　杰	55388543	200434
招商银行上海虹口体育场支行	花园路32号	谢玉凤	56718289	200083
招商银行上海曹杨支行	曹杨路188号	吴　君	52352207	200063
招商银行上海曹家渡支行	长寿路1148号	陈金升	62527666	200042
招商银行上海中远两湾城支行	中潭路91弄3号	张　迅	52927711	200061
招商银行上海江宁支行	江宁路1286号	陆颖峰	62991900	200060
招商银行上海宝山支行	牡丹江路1577号	张　新	56128533	201900
招商银行上海华灵支行	华灵路1号	徐伟峰	66366110	200436
招商银行上海闵行支行	莘松路365号	张　烨	54958899	201100
招商银行上海松江支行	人民北路92—98号	杜　毅	57826760	201600
招商银行上海嘉定支行	塔城路399号	沈玉玲	59537107	201800

(15) 兴业银行上海分行

机构名称	地址	负责人	电话	邮编
兴业银行上海分行	江宁路 168 号	涂宝贵	62677777	200041
兴业银行上海分行营业部	江宁路 168 号 2 楼	孙建春	62677777	200041
兴业银行上海虹桥支行	仙霞路 137 号	徐志宏	62342243	200051
兴业银行上海卢湾支行	蒙自路 59 号	张　隽	53025345	200023
兴业银行上海大柏树支行	逸仙路 661 号	王传兴	51251155	200434
兴业银行上海市南支行	鲁班路 160 号	郭　强	53020908	200023
兴业银行上海松江支行	人民北路 181 号	刘　敏	67722330	201600
兴业银行上海杨浦支行	本溪路 225 号	郭丽萍	55969077	200092
兴业银行上海闵行支行	莘建路 258 号	许浩峰	64981100	201100
兴业银行上海人民广场支行	威海路 147 号	陈志康	63599577	200003
兴业银行上海浦东支行	东方路 710 号	李崇凯	58303977	200112
兴业银行上海华山支行	肇嘉浜路 909 号	李荣明	54894305	200030
兴业银行上海长宁支行	华山路 800 弄 6 号	孟健平	52391930	200050
兴业银行上海宝山支行	牡丹江路 1285 号	顾　政	56123119	201900
兴业银行上海漕河泾支行	宜山路 540 号	宋全斌	64756170	200233
兴业银行上海徐汇支行	肇嘉浜路 222 号	周勇义	64671116	200031
兴业银行上海虹口支行	四川北路 1955 号	龚建生	65870204	200081
兴业银行上海静安支行	巨鹿路 758 号	张顺国	62895580	200040
兴业银行上海黄浦支行	北京东路 117 号	叶国备	63210008	200002
兴业银行上海金沙江支行	中山北路 3553 号	曹东胜	62453553	200062
兴业银行上海南外滩支行	制造局路 584 号	朱春江	63155128	200023
兴业银行上海普陀支行	常德路 1199 号	廖建勤	62668961	200060
兴业银行上海嘉定支行	塔城路 265 号	徐加军	69530260	201800
兴业银行上海陆家嘴支行	浦建路 145 号	蔡成钢	58396700	200127
兴业银行上海淮海支行	兴业路 180 号	翁德章	53835326	200020
兴业银行上海武宁支行	武宁南路 408 号	章　瑜	62322322	200042
兴业银行上海闸北支行	天目西路 500 号	陈日新	63807572	200070
兴业银行上海南汇支行	惠南镇人民西路 89—95 号	胡　刚	58011666	201300
兴业银行上海市中支行	成都北路 600 号	陈　亮	63726119	200003
兴业银行上海七宝支行	吴宝路 255 号	陈惠琴	54495821	201101
兴业银行上海青浦支行	青湖路 1010 号	吴健青	69728297	201700
兴业银行上海奉贤支行	南桥镇环城南路 1099 号	王　勤	37596692	201400
兴业银行上海市北支行	保定路 621 号	陈炜明	65633889	200086

(16) 广东发展银行上海分行

机构名称	地址	负责人	电话	邮编
广东发展银行上海分行	徐家汇路 555 号	张连怀	63022233	200023
广东发展银行上海分行营业部	徐家汇路 555 号	徐　斌	63022233	200023
广东发展银行外滩支行	黄浦路 99 号	邱忆君	63250707	200080
广东发展银行徐汇支行	肇家浜路 746 号	李逸云	64450558	200041
广东发展银行虹口支行	四平路 188 号	张秋玲	65228977	200086
广东发展银行静安支行	北京西路 1068 号	陆　旗	62584384	200041
广东发展银行浦东支行	浦东南路 855 号	蔡　毅	58369012	200120
广东发展银行南汇支行	惠南镇城南路 1 号	夏国才	68037370	201300
广东发展银行松江支行	中山中路 245 号	曹建华	57823333	201600
广东发展银行黄浦支行	西藏南路 769 号	胡月萍	63452033	200011
广东发展银行长宁支行	新华路 543 号	王　虹	62813177	200052
广东发展银行虹桥支行	古北路 716 号	严文兰	62090509	200336
广东发展银行延安支行	镇宁路 251 号	陈金隆	62519900	200050
广东发展银行宝山支行	牡丹江路 1211 号	郭　榆	56113038	200940
广东发展银行淮海支行	淮海中路 1360 号	郑红宇	64315522	200031
广东发展银行闵行支行	莘朱路 268 号	郑敏之	54153366	201100
广东发展银行常熟路支行	常熟路 8 号	刘　旸	62078800	200040
广东发展银行嘉定支行	博乐路 172 号	吴　进	69919910	201800
广东发展银行闸北支行	天目中路 267 号	施　琳	51016828	200070
广东发展银行普陀支行	梅川路 1275 号	潘德安	52821111	200333
广东发展银行青浦支行	华青南路 489 号	顾　群	33863939	201700
广东发展银行金山支行	卫清西路 150 号	徐文光	33699922	200540

(17) 深圳发展银行上海分行

机构名称	地址	负责人	电话	邮编
深圳发展银行上海分行	张杨路 500 号华润时代广场 29—33 楼	仇卫平	58877777	200122
深圳发展银行上海分行营业部	浦东南路 1351 号	吴桂国	58827021	200122
深圳发展银行上海外滩支行	中山东二路 8 号	张　民	63303333	200002
深圳发展银行上海南京西路支行	南京西路 920 号	吴临青	62583556	200041
深圳发展银行上海徐汇支行	漕溪北路 1200 号	吉红艳	64399979	200030
深圳发展银行上海长宁支行	定西路 1299 号	薛虹霞	52413400	200050
深圳发展银行上海虹口支行	四川北路 1661 号	吕　君	63253358	200080
深圳发展银行上海普陀支行	曹杨路 171 号	江　源	52350055	200063
深圳发展银行上海卢湾支行	徐家汇路 560 号	郝　威	64729577	200025
深圳发展银行上海杨浦支行	控江路 1657 号	卞海雄	65633450	200092
深圳发展银行上海淮海支行	延安东路 700 号	罗聚荣	53851008	200021
深圳发展银行上海陆家嘴支行	浦东南路 500 号	张正寅	58784818	200120
深圳发展银行上海市中支行	虹桥路 628 号	刘　峰	64485500	200030

（续表）

机　构　名　称	地　　址	负责人	电　话	邮　编
深圳发展银行上海黄浦支行	九江路333号1701室	龚马铃	63502266	200001
深圳发展银行上海嘉定支行	嘉定区博乐路100号	沈奇青	59533333	201800
深圳发展银行上海闵行支行	水清南路19号	卢　虹	54130202	200110
深圳发展银行上海松江支行	谷阳北路1025号	吴　敏	57823030	201620
深圳发展银行上海金桥支行	金桥路1258号	沈志强	50705500	200136
深圳发展银行上海宝山支行	牡丹江路1081号	叶　玫	56579988	200940
深圳发展银行上海市西支行	宛平南路25—31号	王志明	51168116	200032
深圳发展银行上海青浦支行	城中北路735号	翁继锋	59855555	201700
深圳发展银行上海虹桥支行	仙霞路328号	杨　阳	62193322	200336
深圳发展银行上海静安支行	长寿路1071号	俞琳放	62320055	200042
深圳发展银行上海安亭支行	安亭镇墨玉路155号	陈红文	59566333	201805
深圳发展银行上海五角场支行	黄兴路1851号	孙喜荣	55056262	200433
深圳发展银行上海南汇支行	惠南镇人民东路2545号	宋子清	38258289	201300
深圳发展银行上海闸北支行	天目中路380号	赵　钢	63538989	200070
深圳发展银行上海奉贤支行	南桥镇江海路301号	马长江	57412000	
深圳发展银行上海市南支行	西藏南路888号	张　辉	63452326	200011
深圳发展银行上海北京西路支行	万航渡路179号	陈　萍	62722266	200040

（18）宁波银行上海分行

机　构　名　称	地　　址	负责人	电　话	邮　编
宁波银行上海分行	南京西路128号1—5层	陈和智	63585555	200003
宁波银行上海徐汇支行	漕溪北路458号	毛　隽	64276666	200030
宁波银行上海松江支行	人民北路175号	诸　健	57710222	201600
宁波银行上海闵行支行	莘松路355号	吴　伟	34970777	201100
宁波银行上海静安支行	北京西路1788号	唐建华	62722600	200040
宁波银行上海浦东支行	浦东南路1036号	姜　伟	58787333	200120

注：本表截至2010年4月。

（19）北京银行上海分行

机　构　名　称	地　　址	负责人	电　话	邮　编
北京银行上海分行	河南南路16号中汇大厦5、6层	张东宁	63361000	200002
北京银行上海分行营业部	河南南路16号中汇大厦1层	钱学洪	63361510	200002
北京银行上海宝山支行	双城路803弄9号一层南侧、二层南侧	缪洁霞	61809560	200940
北京银行上海浦东支行	世纪大道1588号104A、1568号1101—1102室	许　捷	61065258	200122
北京银行上海闵行支行	闵城路179、185号、199弄16号102、201、202室	王国富	64606033	201100
北京银行上海嘉定支行	博乐路100号	毕建新	39517333	201800
北京银行上海长宁支行	华山路1568号1楼	韩宗惠	62832906	200052
北京银行上海松江支行	新松江路1188弄101号	万　英	67663096	201620

(20) 浙商银行上海分行

机构名称	地址	负责人	电话	邮编
浙商银行上海分行	威海路 567 号	骆航鲁	61333333	200041
浙商银行上海闵行支行	报春路 239 号	邵建宏	61915999	201100
浙商银行上海陆家嘴支行	浦东大道 288 号	陈劼超	60933999	201200
浙商银行上海嘉定支行	环城路 188 号	潘德安	60836133	201800
浙商银行上海长宁支行	古北路 258 号	李　铭	61733288	200051

注:长宁支行于 2010 年 3 月正式开业。

(21) 南京银行上海分行

机构名称	地址	负责人	电话	邮编
南京银行上海分行	徐家汇路 518 号	孙艺祥	24198877	200025
南京银行上海浦东支行	世纪大道 787 号	徐　鸣	68878900	200120
南京银行上海徐汇支行	南丹路 80 号	顾石青	61950669	200030

(22) 江苏银行上海分行

机构名称	地址	负责人	电话	邮编
江苏银行上海分行	富城路 99 号 7 楼	许林樵	50639999	200120
江苏银行上海分行营业部	富城路 99 号 1 楼大厅	陈　瑾	50639999	200120
江苏银行上海普陀支行	中山北路 3000 号长城大厦 1 楼大厅及 17 楼	张　卫	32522720	200063
江苏银行上海杨浦支行	四平路 1779 号复旦科技园 1 楼大厅及 2 楼	徐凯辉	65111700	200433

(23) 平安银行上海分行

机构名称	地址	负责人	电话	邮编
平安银行上海分行	中山东二路 15 号	蔡　冬	63735863	200002
平安银行上海分行营业部	常熟路 8 号	储　征	62078973	200040
平安银行上海张江支行	上丰路 1288 号	丁　峰	33827057	201201
上海黄浦支行	九江路 707 号	张晓峰	63504382	200001
上海外滩支行	中山东二路 15 号	钱　伟	63735863	200002
上海新天地支行	马当路 186 号	陈海鹰	63851231	200020
上海徐家汇支行	肇嘉浜路 959 号	叶勇东	64874552	200030
上海虹口支行	四川北路 1941 号	卢　伟	56665252	200081
上海虹桥支行	黄金城道 893—899 号	郑若冰	62753960	201103
上海普陀支行	常德路 1231 号	胡　彬	62763535	200062

(24) 杭州银行上海分行

机构名称	地址	负责人	电话	邮编
杭州银行上海分行	九江路686号	王侠	63612822	200001
杭州银行上海分行营业部	九江路686号	孙红	63612203	200001
杭州银行上海杨浦支行	四平路2535号	郑冠群	65111170	200433
杭州银行上海浦东支行	向城路17号	张家静	58311202	200122
杭州银行上海闵行支行	广通路58号	曹保良	34972112	201100
杭州银行上海徐汇支行	肇嘉浜路366号1A室	姚明杰	54668601	200031
杭州银行上海虹口支行	海宁路269号	孟海疆	63098915	200080
杭州银行上海嘉定支行	塔城路297弄37号	姜卫星	59918139	201800
杭州银行上海长宁支行	安顺路251号101室	黄海龙	32509135	200051

(25) 中国邮政储蓄银行上海分行

机构名称	地址	负责人	电话	邮编
中国邮政储蓄银行上海分行	九江路38号	杨文新	63293127	200002
中国邮政储蓄银行上海静安区支行	北京西路1757号	谷新华	62312723-848	200040
中国邮政储蓄银行上海徐汇区支行	天钥桥路105号	陈磊	64413966	200011
中国邮政储蓄银行上海闸北区支行	恒丰路605号	张国雄	65558450	200070
中国邮政储蓄银行上海浦东新区支行	蓝村路62号	陈建平	58399878	200127
中国邮政储蓄银行上海闵行区支行	莘建路120号	王卓	64887400	201100
中国邮政储蓄银行上海宝山区支行	牡丹江路1745号	陆忠明	36100516	201900
中国邮政储蓄银行上海奉贤区支行	南桥镇解放西路29号	葛建钢	57412200	201400
中国邮政储蓄银行上海松江区支行	人民南路65号	姚明	57815284	201600
中国邮政储蓄银行上海青浦区支行	青浦公园路655号	郭长生	69711633	201700
中国邮政储蓄银行上海南汇区支行	惠南镇跃进路8号	金鸣	58000033	201300
中国邮政储蓄银行上海嘉定区支行	张马路50号	蔡建英	59917112	201821
中国邮政储蓄银行上海金山区支行	金一东路233号	陈亚军	57955111	201540
中国邮政储蓄银行上海崇明县支行	崇明县城桥镇八一路365号	李建昌	59623521	202150
中国邮政储蓄银行上海浦东新区川沙支行	新川路341号	俞彬	50118178	201200

(26) 村镇银行

机构名称	地址	负责人	电话	邮编
上海崇明长江村镇银行股份有限公司	崇明县城桥镇朝阳门路 17 号	王　洋(董事长) 陈文斌(行长)	69695660	202150
上海奉贤浦发村镇银行股份有限公司	奉贤区南桥镇环城东路 692 号	黄建强(董事长) 刘　胜(行长)	61820800	201400
上海松江民生村镇银行股份有限公司	松江区文诚路 230 号	张　瑄(董事长) 周　丽(行长)	67663016	201620

2. 中资银行在沪营运中心

机构名称	地址	负责人	电话	邮编
工商银行票据营业部	天潼路 133 号 17 楼	周明钤	61235588	200080
农业银行票据营业部	浦东南路 379 号 4 楼	许彦刚	68869399	200120
兴业银行资金营运中心	江宁路 168 号 28 楼	阮　超	32174699	200041
农业银行信用卡中心	中山南路 318 号 10 楼	何　珊	33054699	200010
建设银行信用卡中心	源深路 419 号	朱中南	50378058	200135
招商银行信用卡中心	崂山路 316 号	龙　梅	38834600	200120
兴业银行信用卡中心	牡丹路 60 号 14 楼	傅梦梅	28999692	201204
工商银行私人银行部	中山东一路 24 号 6 楼	马根妹	23229589	200002
工商银行贵金属部	中山东二路 11 号 13 楼、18 楼	赵文建	63299089	200002
民生银行中小企业金融事业部	浦东南路 100 号 32 楼	孟东晓	61878080	200120
农业银行私人银行部	世纪大道 100 号环球金融中心 55 层	柴艳丽	61050276	200120
浦东发展银行信用卡中心	浦东南路 588 号	邸　艳	38784978	200120
上海银行信用卡中心	天目中路 363 号	冯雪飞	63173969	200070

3. 其他金融机构

(1) 中国银联上海分公司

机构名称	地址	负责人	电话	邮编
中国银联上海分公司	吴淞路 218 号宝矿大厦 7 楼	陈　刚	63098888	200080

(2) 城市商业银行资金清算中心

机构名称	地址	法定代表人	主任	电话	邮编
城市商业银行资金清算中心	张杨路 699 号 7 楼	王世豪	袁伯平	58358787	200120

(3) 资产管理公司上海办事处

机构名称	地址	负责人	电话	邮编
中国信达资产管理公司上海办事处	北京西路1399号信达大厦24—25层	贾洪浩	52000808	200040
中国华融资产管理公司上海办事处	中山东二路15号10楼	陈若青	63289900	200002
中国长城资产管理公司上海办事处	浦东南路379号金穗大厦27—28楼	徐沪江	68869601	200120
中国东方资产管理公司上海办事处	茂名南路205号瑞金大厦27楼	朱军缨	64729268	200020

(4) 信托、财务公司

机构名称	地址	负责人	电话	邮编
上海国际信托有限公司	九江路111号	潘卫东(董事长) 傅帆(总经理)	63231111	200002
华宝信托有限责任公司	浦电路370号7楼	郑安国(董事长) 占兴华(总经理)	38506666	200122
上海爱建信托投资有限责任公司	零陵路599号7号楼	陈振鸿(董事长) 周伟忠(总经理)	64396600	200030
中海信托股份有限公司	中山东二路15号7楼	傅成玉(董事长) 储晓明(总经理)	63555000	200002
中泰信托有限责任公司	中华路1600号17—18楼	刘虹(董事长) 周　雄(总经理)	63871888	200020
安信信托投资股份有限公司	广东路689号29楼	张春景(董事长)	63410777	200001
华澳国际信托有限公司	花园石桥路33号17层	张宏(首席执行官)	68883098	200120
上海汽车集团财务有限责任公司	康定路1199号	刘　榕(董事长) 沈根伟(总经理)	62311010	200042
东航集团财务有限责任公司	吴中路686号东航金融中心15楼	肖顺喜(董事长) 王　乾(总经理)	64056666	201103
中船财务有限责任公司	浦东大道1号21楼2102室	聂成根(董事长) 傅德祥(总经理)	68860290	200120
宝钢集团财务有限责任公司	浦电路370号宝钢大厦9楼	周竹平(董事长) 袁　磊(总经理)	58358888	200122
锦江国际集团财务有限责任公司	延安东路100号27楼	陈文君(董事长) 陈月明(总经理)	63264000	200002
上海电气集团财务有限责任公司	江宁路212号凯迪克大厦8楼	徐建国(董事长) 陆红贵(总经理)	52895555	200041
上海浦东发展集团财务有限责任公司	浦东南路256号34—35楼	沈尚德(董事长) 陈　新(总经理)	58889596	200120
中国石化财务有限责任公司上海分公司	张杨路500号时代广场25楼	张仁荣(经理)	58367770	200122
中国电力财务有限公司华东分公司	广东路500号28楼	夏　凡(总经理) 易　克(党组副书记)(主持工作)	23016710	200001

(5) 金融服务公司

机构名称	地址	负责人	电话	邮编
上海远东资信评估有限公司	杨树浦路 248 号瑞丰国际大厦 2 楼	徐明棋	61428000	200082
上海新世纪资信评估投资服务有限公司	汉口路 398 号 14 楼	潘洪萱	63501349	200001
中诚信证券评估有限公司	西藏南路 760 号 8 楼	周　浩	51019090	200011
华杰资信评级有限责任公司	南苏州路 333 号 20 楼	曹志莺	63295599	200002
上海资信有限公司	北京西路 1318 号	林明增	62077200	200040
上海天诚企业征信有限公司	北京西路 1318 号	许云旻	62077068	200040
上海金国咨询服务有限公司	南苏州路 333 号华隆大厦21 楼	沈佩云	33620017	200002
上海国利货币经纪有限公司	陆家嘴环路 1318 号星展银行大楼 1001 室	杨德红	38789777	200120
银联商务有限公司	张衡路 1006 号	李晓峰	61088288	201203

4. 在沪外资银行

机构名称	地址	负责人	电话	邮编
汇丰银行(中国)有限公司	世纪大道 8 号上海国金中心汇丰银行大楼	郑海泉	38883888	200120
花旗银行(中国)有限公司	陆家嘴金融贸易区花园石桥路 33 号花旗集团大厦	欧兆伦	28966000	200120
渣打银行(中国)有限公司	世纪大道 201 号渣打银行大厦	曾璟璇	38518000	200120
东亚银行(中国)有限公司	花园石桥路 66 号	李国宝	38663866	200120
恒生银行(中国)有限公司	浦东南路 528 号上海证券大厦	高美懿	38658888	200120
苏格兰皇家银行(中国)有限公司	陆家嘴环路 1233 号汇亚大厦	蓝玉权	28939600	200120
星展银行(中国)有限公司	陆家嘴环路 1318 号	John Alan Ross	38968888	200120
华侨银行(中国)有限公司	银城中路 68 号时代金融中心	梁炜宁	58200200	200120
大华银行(中国)有限公司	浦东南路 1118 号鄂尔多斯国际大厦	黄一宗	38528188	200122
三菱东京日联银行(中国)有限公司	陆家嘴环路 1233 号汇亚大厦	和田哲哉	68881666	200120
瑞穗实业银行(中国)有限公司	世纪大道 100 号上海环球金融中心	宫口丈人(拟任)	38558888	200120
三井住友银行(中国)有限公司	世纪大道 100 号环球金融中心	大久保克则	38609000	200120
南洋商业银行(中国)有限公司	陆家嘴环路 166 号未来资产大厦	和广北	38566666	200120
法国巴黎银行(中国)有限公司	世纪大道 100 号环球金融中心	陶美蓉	28962888	200120
东方汇理银行(中国)有限公司	世纪大道 100 号环球金融中心	Patrice Couvegnes	38566888	200120
盘谷银行(中国)有限公司	中山东一路 7 号二层 B 区、C 区、三层及四层	陈智深	23290100	200002

（续表）

机 构 名 称	地 址	负责人	电 话	邮 编
华一银行	浦东南路360号新上海国际大厦底层	刘信义	58881234	200120
华美银行(中国)有限公司	世纪大道88号金茂大厦	刘积瑄	50499999	200121
正信银行有限公司	延安东路222号外滩中心	李绍祝	63352788	200002
通用电气金融财务(中国)有限公司	世纪大道88号金茂大厦14楼	顾宝芳(拟任)	38771888	200121
澳大利亚和新西兰银行(中国)有限公司(筹)	陆家嘴环路166号未来资产大厦	Gill Plante(拟任)	61366000	200120
澳大利亚和新西兰银行集团有限公司上海分行	西藏中路268号来富士广场	杨诗明	61366000	200001
比利时富通银行有限公司上海分行	浦东世纪大道88号金茂大厦	尉安宁	50498833	200121
比利时联合银行股份有限公司上海分行	浦东大道1号船舶大厦	梁伯全	58791599	200120
韩国产业银行上海分行	世纪大道100号上海环球金融中心	李明载	68871234	200120
美国银行有限公司上海分行	陆家嘴环路1233号汇亚大厦	黄华彦	61608888	200120
英国苏格兰皇家银行公众有限公司上海分行	浦东世纪大道88号金贸大厦	吴 昊	50990688	200121
德国商业银行股份有限公司上海分行	世纪大道100号上海环球金融中心	Peter Wolfgang Rolf Vent	58366666	200120
埃及国民银行股份公司上海分行	浦东大道1号船舶大厦	Yasser El Negouly	68860624	200120
澳大利亚西太平洋银行有限公司上海分行	世纪大道88号金贸大厦	Andrew Frank Whitford	61657686	200121
德国西德银行股份有限公司上海分行	陆家嘴环路1000号汇丰大厦	谢洁青	68413399	200120
德国北德意志州银行上海分行	陆家嘴东路166号中国保险大厦	Dr. Stephan Pop	58888168	200120
德国巴伐利亚州银行上海分行	科苑路88号德国中心	Christian Weidemann	28986600	201203
俄罗斯外贸银行公开股份公司上海分行	南京西路1266号恒隆广一期11楼	Koh Jit Kian	61366236	200040
法国外贸银行股份有限公司上海分行	陆家嘴环路1000号汇丰大厦	鲁赐强	61633288	200120
菲律宾首都银行及信托有限公司上海分行	延安西路1160号1楼	Dennis Suico	61910799	200052
荷兰安智银行股份有限公司上海分行	陆家嘴环路1000号汇丰大厦	荣彼得	68413355	200120
荷兰合作银行有限公司上海分行	陆家嘴环路1000号汇丰大厦	王 旸	58889888	200120
马来西亚马来亚银行有限公司上海分行	浦东大道1号船舶大厦	林良禧	68860003	200120
美国纽约梅隆银行有限公司上海分行	浦东大道138号永华大厦	姚毅志	58796622	200120
美国美联银行有限公司上海分行	富城路99号震旦国际大厦	Benjamin Hill Kinnas	68599928	200121

（续表）

机构名称	地址	负责人	电话	邮编
挪威银行公共有限公司上海分行	淮海中路381号中环广场	Espen lund（刘世鹏）	61322888	200020
日本横滨银行股份有限公司上海分行	世纪大道100号环球金融中心	津岛峰明	68776800	200120
日本住友信托银行股份有限公司上海分行	世纪大道88号金茂大厦	芥川佳久	50476661	200120
瑞典商业银行公共有限公司上海分行	中山东一路12号外滩12号大楼	安一帆	63298877	200002
瑞典北欧斯安银行有限公司上海分行	淮海中路222号力宝广场	Garl Christensson	53966681	200021
瑞典银行有限公司上海分行	花园石桥路33号花旗集团大厦	刘志美	38612600	200122
北欧银行瑞典有限公司上海分行	西藏中路268号来富士广场	Kjell Tangen	63405111	200001
瑞士信贷银行股份有限公司上海分行	浦东南路528号上海证券大厦南塔	朱承东	68818418	200120
西班牙桑坦德银行有限公司上海分行	世纪大道88号金茂大厦	Angel Ortiz Calle	64725930	200120
意大利联合圣保罗银行股份有限公司上海分行	陆家嘴东路161号招商局大厦	庇世隆	58799930	200120
意大利裕信银行股份有限公司上海分行	浦东世纪大道88号金茂大厦	Maurizio Brentegani	50470077	200121
意大利西雅那银行股份有限公司上海分行	太仓路233号新茂大厦	Paolo Lucioli	53830417	200020
印度国家银行上海分行	淮海中路1010号嘉华中心	C. R. Sasikumar	54051023	200031
印度卡纳拉银行上海分行	银城中路168号上海银行大厦	V. L. Sapkale	68596330	200120
英国巴克莱银行有限公司上海分行	陆家嘴环路1233号汇亚大厦	贺 弋	50470808	200120
澳大利亚澳洲联邦银行公众股份有限公司上海分行	陆家嘴环路1233号汇亚大厦	卢景强	61238900	200120
德意志银行(中国)有限公司上海分行	陆家嘴环路1233号汇亚大厦	吴佳青	38962880	200120
法国兴业银行(中国)有限公司上海分行	世纪大道88号金茂大厦41层	Pascal Sefrin	38669866	200121
友利银行(中国)有限公司上海分行	浦电路480号浦项集团商务广场1楼	金大永	50810707	200122
韩亚银行(中国)有限公司上海分行	银城中路200号中银大厦33层	王晋佳	50372121	200120
新韩银行(中国)有限公司上海分行	陆家嘴环路1000号汇丰大厦22楼	姜哲基	68412100	200120
摩根大通银行(中国)有限公司上海分行	南京西路1601号41楼	华庆成	52002288	200030
宁波国际银行上海分行	浦东南路528号证券大厦2203室	许礼智	68818899	200120
厦门国际银行上海分行	浦东大道138号永华大厦一楼	郑 威	58881518	200120
中信嘉华银行(中国)有限公司上海分行	银城中路200号中银大厦	黄天石	61006110	200120
大新银行(中国)有限公司上海分行	漕溪北路86号1层	庄佩蓉	24113388	200030

（续表）

机　构　名　称	地　　址	负责人	电　话	邮　编
永亨银行(中国)有限公司上海分行	银城中路200号中银大厦2408室	钟国伟	68591000	200120
韩国外换银行股份有限公司上海分行	浦东南路588号浦发大厦17层	姜龙得	58825998	200120
加拿大丰业银行有限公司上海分行	世纪大道88号金贸大厦2904室	傅　琼	50988688	200120
加拿大蒙特利尔银行有限公司上海分行	广东路689号海通证券大厦3207—3210室	Robert T. Martin	61363600	200001
永隆银行有限公司上海分行	银城中路168号上海银行大厦10楼	钱　宁	68597018	200120
德意志银行股份有限公司上海分行	陆家嘴环路1233号汇亚大厦1806室	滕爱俐	50478618	200120
法国兴业银行有限公司上海分行	世纪大道88号金茂大厦41层	吴　嵩	38669628	200121
韩国友利银行股份有限公司上海分行	世纪大道1600号浦项商务广场	柳圭铉	50819556	200120
中信嘉华银行上海分行	银城中路200号中银大厦	韩晶华	61006108	200120

5. 外资金融类机构上海代表处

机　构　名　称	地　　址	负责人	电　话	邮　编
阿联酋联合国民银行公开合股公司上海代表处	世纪大道100号上海环球金融中心64楼	Hisham Mohamed Ahmed Hussein	68805533	200120
巴西—大贝贝亚银行股份有限公司上海代表处	湖滨路222号企业天地商业中心1号10楼	Roberto Dumas Damas	33113466	200021
巴西银行有限公司上海代表处	南京西路1515号嘉里中心1305室	Sergio Edegar Girardi de Quadros	62890707	200040
德国黑森—图林根州银行上海代表处	世纪大道100号64楼6450室	Hans Schniewind	68777707	201203
德国贝伦贝格银行两合制公司上海代表处	浦东大道138号永华大厦16楼G座	徐英峰	58795216	200120
德国巴登—符腾堡州银行上海代表处	世纪大道1600号浦项商务广场23楼2312室	Marcus Wassmuth	50816002	200092
德国地金银行股份有限公司上海代表处	南京西路1266号恒隆广场2902室	Thomas Adammer	62889908	200040
德国欧洲房地产银行股份有限公司上海代表处	世纪大道100号上海环球金融中心37楼50室	周家喻	68778600	200120
德国北方银行股份有限公司上海代表处	花园石桥路33号花旗集团大厦21楼	杨荃苯	68872700	200120
法国爱德蒙得洛希尔银行股份有限公司上海代表处	陆家嘴东路166号保险大厦2803室	温　天	60862599	200120
法国阔达银行股份有限公司上海代表处	陕西北路457号1号楼223室	Tang Loaec	61418484	200060
法国工商银行有限公司上海代表处	延安西路129号华侨大厦2005室	胡　姗	624966907	200040

（续表）

机构名称	地址	负责人	电话	邮编
哈萨克斯坦博泰银行股份公司上海代表处	世纪大道211号上海信息大楼30楼01室	Vadim Levitskiy	58771635	200120
韩国输出入银行上海代表处	遵义路107号1203室	郑求熙	62375561	200336
韩国大邱银行股份有限公司上海代表处	世纪大道1600号浦项广场2014室	赵诚文	68759208	200135
荷兰欧洲信贷银行有限公司上海代表处	南京西路1266号恒隆广场2812室	Senal Aloglu	61361818	200040
加拿大帝国商业银行有限公司上海代表处	西藏中路268号来福士广场4807—4808室	叶　俊	63404600	200001
加拿大多伦多道明银行有限公司上海代表处	南京西路1266号恒隆广场25楼2505室	刘辉君	62887979	200040
卡塔尔多哈银行股份有限公司上海代表处	南京西路1376号上海商城360室	卢伟明	62798008	200040
科威特国民银行股份有限公司上海代表处	陆家嘴环路1233号汇亚大厦1003室	杨先柳	68881092	200120
马来西亚联昌银行股份有限公司上海代表处	陆家嘴环路1233号汇亚大厦802室	郭洲政	61940218	200120
美国硅谷银行有限公司上海代表处	淞沪路234号410C	杨大和	61433818	200041
美国国民银行上海代表处	延安东路222号外滩中心4304室	嵇董蕾	63350368	200002
美国华美银行股份有限公司上海代表处	南京西路1266号衡隆广场1805室	毕文浩	62886101	200040
美国国泰银行有限公司上海代表处	南京西路1515号嘉里中心2609B—2610A	苏惠娴	52985656	200040
南非第一兰特银行有限公司上海代表处	延安西路728号华敏汉尊大厦20楼B座	朱　瑾	62100909	200050
葡萄牙圣灵银行股份有限公司上海代表处	陆家嘴东路161号招商大厦2509室	钟培忠	58870016	200120
日本鹿儿岛银行上海代表处	陆家嘴环路汇丰大厦27楼141室	西田毅	68415185	200120
日本蓝天银行股份有限公司上海代表处	南京西路1168号中信泰富广场3511室	新井雅一	51178952	200040
日本美纳都银行股份有限公司上海代表处	铜仁路195号中欣大厦3312室	明田直也	62898080	200040
日本南都银行股份有限公司上海代表处	陆家嘴环路1000号汇丰大厦16楼	吉田直弘	68412771	200120
日本百十四银行股份有限公司上海代表处	陆家嘴环路1000号汇丰大厦14楼012室	山本和也	58770114	200120
日本七十七银行股份有限公司上海代表处	陆家嘴环路1000号汇丰大厦16楼	井深修一	68412077	200120
日本北洋银行股份有限公司上海代表处	延安西路2201号国贸中心1602室	吉田信昭	62752666	200336

（续表）

机构名称	地址	负责人	电话	邮编
日本商工组合中央金库有限公司上海代表处	延安西路2201号国贸中心1706室	中村宏树	62753860	200336
日本京都银行股份有限公司上海代表处	陆家嘴环路1000号汇丰大厦18楼	下野直人	68410575	200120
日本肥后银行股份有限公司上海代表处	西藏中路268号来福士广场4007室	内田隆之	63403915	200001
日本信金中央金库有限公司上海代表处	延安西路2201号国贸中心508室	丹羽弘之	62703091	200336
日本北国银行有限公司上海代表处	南京西路1376号上海商城350室	笔安史	62798717	200040
日本陆奥银行股份有限公司上海代表处	陆家嘴环路1000号汇丰大厦28楼	小岛宽生	68410698	200120
日本百五银行有限公司上海代表处	茂名南路205号瑞金大厦1002室	平谷信彦	54661105	200020
日本滋贺银行有限公司上海代表处	陆家嘴环路1000号汇丰大厦27楼	中村泰彦	68415101	200120
日本山阴合同银行股份有限公司上海代表处	陆家嘴环路1000号汇丰大厦15层	吉川荣司	68411661	200120
日本大垣共立银行股份有限公司上海代表处	世纪大道88号金茂大厦4406A室	河尻浩直（Kawajiri Hironao）	50472700	200120
日本八十二银行股份有限公司上海代表处	浦东陆家嘴环路1000号汇丰大厦8楼	百濑茂	68411882	200120
日本里索那银行股份有限公司上海代表处	延安西路2201号国贸中心2709室	藤井显三	62755198	200336
日本常阳银行股份有限公司上海代表处	延安西路2201号国贸中心1901室	后藤均	62090258	200336
日本CHUGOKU银行股份有限公司上海代表处	延安西路2201号国贸中心2007室	大木正和	62751988	200336
日本广岛银行股份有限公司上海代表处	延安西路2201号国贸中心1713室	政兼浩光	62752755	200336
日本千叶银行股份有限公司上海代表处	延安西路2201号国贸中心707室	渡边康儿	62780482	200336
日本静冈银行股份有限公司上海代表处	延安西路2201号国贸中心1813室	岩崎隆行	62098115	200336
日本名古屋银行股份有限公司上海代表处	延安西路2201号国贸中心1809室	金田诚二	62754207	200336
日本福冈银行股份有限公司上海代表处	延安西路2201号国贸中心2010室	齐藤浩一	62194570	200336
日本伊予银行股份有限公司上海代表处	延安西路2201号国贸中心1603室	竹内恒敬	62707488	200336
日本北陆银行股份有限公司上海代表处	延安西路2201号国贸中心602室	中条宏志	62708108	200336
西日本城市银行股份有限公司上海代表处	延安西路2201号国贸中心2209室	石内宏明	62190600	200336

（续表）

机构名称	地址	负责人	电话	邮编
日本十六银行股份有限公司上海代表处	陆家嘴环路1000号汇丰大厦18楼	古池正广	68411600	200120
瑞士盈丰银行股份有限公司上海代表处	世纪大道100号环球金融中心65楼	林有林	暂无	200120
汇丰私人银行(瑞士)有限公司上海代表处	南京西路1376号上海商城西峰508室	唐松年	62797007	200040
瑞士银行有限公司上海代表处	南京西路1168号中信泰富广场2411—2412室	刘元隆	61033099	200041
泰国泰华农民银行(大众)有限公司上海代表处	陆家嘴东路166号中国保险大厦2708室	曾裕祥	68419528	200120
土耳其实业银行股份公司上海代表处	世纪大道88号金茂大厦4407室	Tune Turker	50470882	200120
土耳其担保银行股份公司上海代表处	浦东大道1号船舶大厦1304室	Mustafa Noyan Rona	58797900	200120
西班牙人民银行有限公司上海代表处	南京西路1038号梅龙镇广场2104室	Alberto Villanueva Almendros	52281543	200041
西班牙萨瓦德尔银行股份有限公司上海代表处	南京西路1038号梅龙镇广场1605A	Guillermo Diaz Sevilla	62718347	200041
西班牙地中海储蓄银行上海代表处	浦东南路588号浦发大厦21楼J室	Jose Antonio Granados Marco	68598067	200120
西班牙对外银行有限公司上海代表处	世纪大道88号金茂大厦3405室	刘瑛	50470031	200120
西班牙巴伦西亚储蓄银行上海代表处	银城中路200号中银大厦402室	周静	38713642	200120
西班牙巴塞罗那储蓄银行上海代表处	广东路689号1610室	Danni Cheng Zhou	63410055	200001
意大利意联银行股份合作公司上海代表处	延安西路65号国际贵都802室	陆波	62490066	200040
意大利维琴察人民银行股份有限公司上海代表处	长乐路989号世纪商贸广场3307B	李鸣	54075455	200030
意大利人民银行有限责任合作公司上海代表处	陆家嘴环路1000号汇丰大厦27楼27—103室	Luigi Grisi	68410599	200120
印度联合银行上海代表处	兴义路8号万都中心1911室	Sunil Veshwesh Wagle	52082258	200336
印度同心银行有限公司上海代表处	花园石桥路33号花旗大厦23楼03室	Raj Kumar Khosa	61010262	200120
印度旁遮普国家银行上海代表处	商城路800号胜康斯米克大厦1411室	Subhan Krishan Zutshi	58354117	200120
印度爱西爱西爱银行有限公司上海代表处	世纪大道88号金茂大厦31层3126室	韩珏	28909624	200120
印度尼西亚曼底利银行上海代表处	银城中路200号中银大厦3401室	Bangbang Eko Prasetyo	50372163	200120

（续表）

机　构　名　称	地　　址	负责人	电　话	邮　编
英国莱斯银行有限公司上海代表处	淮海中路333号瑞安广场1106A室	吴晓琴	53068186	200021
英国标准银行有限公司上海代表处	陆家嘴环路1000号汇丰大厦15楼	樊　兵	68412666	200120
约旦阿拉伯银行公众有限公司上海代表处	四平路188号商贸大厦1803室	陈　刚	65077737	200086
协和银行有限公司上海代表处	延安西路2077号金桥大厦1807室	朱利平	62753170	200336
大西洋银行股份有限公司上海代表处	陆家嘴环路1233号汇亚大厦31楼3103室	王若冰	68888525	200120
台湾土地银行股份有限公司上海代表处	银城中路200号中银大厦2508室	郭常龙	50372495	200120
第一商业银行股份有限公司上海代表处	红宝石路500号东银中心大厦A栋15层	吕信志	68886868	
国泰世华商业银行股份有限公司上海代表处	花园石桥路66号东亚银行金融大厦19层	刘俊豪	68863785	200120
台湾银行股份有限公司上海代表处	银城中路168号上海银行大厦21楼	颜圭田	51167168	200120
上海商业银行有限公司上海代表处	陆家嘴东路161号上海招商局大厦9层	陈丽莺	50541088	200120
大众银行（香港）有限公司上海代表处	浦东大道138号永华大厦8楼G室	陈力航	58878851	200120
创兴银行有限公司上海代表处	南京西路1486号东海广场3号楼1013—1015室	张　雷	62794172	200040

（五）证券业机构名录

1. 证券公司

机　构　名　称	地　　址	电　话	邮　编
爱建证券有限责任公司	南京西路758号	2229888	200041
长江证券承销保荐有限公司	世纪大道1589号长泰国际金融大厦21楼	38784899	200122
德邦证券有限责任公司	福山路500号26楼	68761616	200122
东方证券股份有限公司	中山南路318号2号楼21—29层	63325888	200010
光大证券股份有限公司	新闸路1508号	22169999	200040
国泰君安证券股份有限公司	银城中路168号上海银行大厦29楼	38676666	200120
海际大和证券有限责任公司	陆家嘴环路1000号汇丰大厦45楼	38582000	200120
海通证券股份有限公司	广东路689号	23219300	200001
航天证券经纪有限责任公司	曹杨路430号	62446688	200063
华宝证券经纪有限责任公司	陆家嘴环路166号未来资产大厦27层	50122222	200120
财富里昂证券有限责任公司	世纪大道100号环球金融中心9楼	38784818	200120
上海证券有限责任公司	西藏中路336号	53519888	200001
申银万国证券股份有限公司	常熟路171号	54033888	200031
中银国际证券有限责任公司	浦东银城中路200号中银大厦39楼	68604866	200121

2. 基金管理公司

机构名称	地址	电话	邮编
长信基金管理有限责任公司	银城中路 68 号时代金融中心九楼	61009999	200120
东吴基金管理有限公司	源深路 279 号	50509888	200135
富国基金管理有限公司	花园石桥路 33 号花旗集团大厦 5—6 层	68597788	200120
光大保德信基金管理有限公司	延安东路 222 号外滩中心 46/37 层	33074700	200002
国海富兰克林基金管理有限公司	富城路 99 号震旦大楼 18 层	68880980	200120
国联安基金管理有限公司	世纪大道 88 号金茂大厦 46 楼	50478080	200121
国泰基金管理有限公司	世纪大道 100 号上海环球金融中心 39 楼	38561600	200120
华安基金管理有限公司	浦东南路 360 号 2、37、38 楼	38969999	200120
华宝兴业基金管理有限公司	世纪大道 88 号金茂大厦 48 层	38505888	200121
华富基金管理有限公司	浦东南路 588 号浦发大厦 14 层	68886996	200120
汇丰晋信基金管理有限公司	富城路 99 号震旦大厦 35 楼	38789898	200120
海富通基金管理有限公司	世纪大道 88 号金茂大厦 3701 室	38650999	200121
汇添富基金管理有限公司	富城路 99 号震旦大厦 21 楼	28932888	200120
金元比联基金管理有限公司	陆家嘴花园石桥路 33 号花旗集团大厦 3608 室	68881801	200120
交银施罗德基金管理有限公司	世纪大道 201 号渣打银行大厦 10 层	61055050	200120
诺德基金管理有限公司	陆家嘴环路 1233 号汇亚大厦 12 楼	68879999	200120
农银汇理基金管理有限公司	世纪大道 1600 号浦项广场 7 楼	61095588	200122
浦银安盛基金管理有限公司	淮海中路 381 号中环广场 38 楼	23212888	200020
上投摩根基金管理有限公司	富城路 99 号震旦大厦 20 楼	38794999	200120
申万巴黎基金管理有限公司	淮海中路 300 号香港新世界大厦 40 楼	23261188	200021
泰信基金管理有限公司	银城中路 200 号中银大厦 42F	50372168	200120
天治基金管理有限公司	复兴西路 159 号	64371155	200031
万家基金管理有限公司	福山路 450 号新天国际大厦 23 楼	38619999	200122
信诚基金管理有限公司	陆家嘴东路 166 号中国保险大厦 8 楼	68649788	200120
兴业全球基金管理有限公司	张杨路 500 号时代广场 20 楼	58368998	200122
友邦华泰基金管理有限公司	民生路 1199 弄证大五道口广场 17 层	2138601777	200121
银河基金管理有限公司	世纪大道 1568 号中建大厦 15 楼	38568888	200082
中海基金管理有限公司	银城中路 68 号 2905—2908 室及 30 层	38429808	200120
中欧基金管理有限公司	花园石桥路 66 号东亚银行金融大厦 8 层	68609600	200121
中银基金管理有限公司	银城中路 200 号中银大厦 45 层	38834999	200120

3. 期货公司

机构名称	地址	电话	邮编
中信新际期货有限公司	浦东大道1085号C座401室	61051166	200135
中谷期货经纪有限公司	浦电路500号期货大厦1804室	68402543	200122
申银万国期货有限公司	新昌路180号2楼	63276699	200003
上海中期期货经纪有限公司	浦电路500号期货大厦11楼	61090799	200122
上海中财期货有限公司	陆家嘴环路958号23楼	68866688	200120
上海浙石期货经纪有限公司	浦电路438号10楼	50586902	200122
上海永大期货经纪有限公司	松林路357号19层	68405178	200122
上海通联期货有限公司	陆家嘴环路958号7楼	68866986	200120
上海普民期货经纪有限公司	中山北路2550号820—824室	62570000	200063
上海良茂期货经纪有限公司	打浦路198号	63046489	200023
上海久恒期货经纪有限公司	世纪大道1500号12楼北座	68416966	200122
上海金源期货经纪有限责任公司	源深路273号(1、2楼)	68559999	200135
上海金鹏期货经纪有限公司	浦电路500号期货大厦12楼	68402805	200122
上海东证期货有限公司	松林路300号期货大厦14层01、02A、05室	68400610	200122
上海东亚期货经纪有限公司	松林路300号期货大厦2202、2203室	68400499	200122
上海东方期货经纪有限责任公司	松林路300号1603室	68401477	200122
上海大陆期货有限公司	凯旋路3131号明申中心大厦25楼	54071888	200030
华鑫期货有限公司	宁海东路200号申鑫大厦28楼	63558998	200021
华闻期货经纪有限公司	浦东大道720号国际航运金融大厦22楼	50368918	200120
海证期货有限公司	临平北路19号	65218887	200086
海通期货有限公司	世纪大道1589号17楼	61649988	200122
国泰君安期货有限公司	延平路121号三和大厦26层	52138857	200042
光大期货有限公司	新闸路1508号静安国际广场2楼	22169060	200040
东吴期货有限公司	陆家浜路1332号4楼	61378788	200011
东航期货经纪有限责任公司	吴中路686弄3号D幢16楼	64068796	200233

4. 外资证券类机构上海代表处

机构名称	地址	电话
兆丰资本(亚洲)有限公司上海代表处	天钥桥路325号嘉汇国际广场2208室	33632465
金鼎综合证券(维京)股份有限公司上海代表处	娄山关路83号新虹桥中心大厦608室	61453200
日盛嘉富证券国际有限公司上海代表处	遵义路107号安泰大厦2004室	62375055
永丰金证券(亚洲)有限公司上海代表处	浦东南路256号华夏银行大厦2405B座	68865358
群益国际控股有限公司上海代表处	浦东南路360号新上海国际大厦18楼	58887188
宝来证券股份有限公司上海代表处	浦东大道138号永华大厦12楼	58875599

（续表）

机构名称	地址	电话
统一证券(香港)有限公司上海代表处	浦东南路360号新上海国际大厦17楼	58402533
大华证券(香港)有限公司上海代表处	虹桥开发区兴义路8号507—508室	52082070
元富证券(香港)有限公司上海代表处	淮海中路2—8号兰生大厦29层01室	64159564
元大证券(香港)有限公司上海代表处	陆家嘴环路1233号汇亚大厦705—708室	61873888
台证综合证券股份有限公司上海代表处	浦东南路588号浦发大厦11层B单元	68883599
富邦综合证券股份有限公司上海代表处	遵义路100号虹桥上海城A座2111室	62370935
凯基证券亚洲有限公司上海代表处	仙霞路317号远东国际广场2502—2504室	62350738
华南永昌综合证券股份有限公司上海代表处	漕溪北路18号19C座	34241158
摩根士坦利亚洲有限公司上海代表处	延安东路222号金光外滩金融中心第7层第3单元和第22层第3单元	23260000
摩根大通证券(亚太)有限公司上海代表处	南京西路1601号越洋广场42楼	52003878
高盛(中国)有限责任公司上海代表处	长乐路989号世纪商贸广场43楼	24018600
美国美林国际有限公司上海代表处	长乐路989号世纪商贸广场3609—3611室	61324888
美国杰富瑞投资银行上海代表处	南京西路1168号中信泰富广场1909室	51118700
美国派杰公司上海代表处	太仓路233号新茂大厦907—908室	61357300
花旗环球金融亚洲有限公司上海代表处	花园石桥路33号花旗集团大厦34楼	28963816
美国威廉-博莱有限责任公司上海代表处	湖滨路222号企业天地1号楼1116—1118室	23272222
美国罗仕证券有限责任公司上海代表处	淮海中路381号中环广场第28层2801(01—13)室	61415757
盈透证券有限公司上海代表处	陆家嘴环路1233号汇亚大厦1007室	60868500
韦仕投资银行集团有限合伙上海代表处	花园石桥路33号花旗集团大厦2316室	61010599
德意志银行股份有限公司(证券业务)上海代表处	陆家嘴环路1233号汇亚大厦1801单元	38962900
苏皇证券亚洲有限公司上海代表处	陆家嘴环路1233号汇亚大厦25楼2503单元	50496333
瑞银证券亚洲有限公司上海代表处	花园石桥路33号花旗集团大厦37楼3708室	38665300
瑞士信贷(香港)有限公司上海代表处	浦东南路528号上证券大厦南塔17楼	68818188
星展亚洲融资有限公司上海代表处	陆家嘴环路1318号1305室	68886820
星展唯高达香港有限公司上海代表处	陆家嘴环路1318号1306室	68883376
巴克莱证券有限公司上海代表处	陆家嘴环路1233号汇亚大厦3102A室	58403250
渣打证券(香港)有限公司上海代表处	世纪大道201号渣打银行大厦13楼02单元	38518200
洛希尔中国控股有限公司上海代表处	南京西路1366号恒隆广场2期3207—3209室	62881528
益华证券有限公司上海代表处	银城中路68号时代金融大厦3305—3307室	50106218
法国兴业证券(香港)有限公司上海代表处	世纪大道88号金茂大厦4107室	50470218
法国巴黎资本(亚洲)有限公司上海代表处	世纪大道100号上海环球金融中心26楼2630室	60969000
里昂证券有限公司上海代表处	世纪大道100号环球金融中心9楼0910室	20205888
友利投资证券公司(与友利证券公司上海代表处合并)	浦东南路528号证券大厦北塔1205室	68826100
韩国现代证券公司上海代表处	浦东南路528号证券大厦北塔1405室	68817007
三星证券公司上海代表处	延安西路2201号上海国际贸易中心2601室	62756569

（续表）

机　构　名　称	地　　　址	电　话
韩华证券股份有限公司上海代表处	世纪大道88号金茂大厦2007室	50490866
大信证券股份有限公司上海代表处	银城中路8号中融碧玉蓝天大厦809室	50105298
新韩金融投资股份有限公司上海代表处	陆家嘴环路958号1楼103单元部分、104单元全部	68889135
爱思开证券股份有限公司上海代表处	陆家嘴东路161号招商局大厦2216室	68888175
野村证券株式会社上海代表处	淮海中路381号中环广场35楼3501室	61937200
内藤证券公司上海代表处	茂名南路205号瑞金大厦1101室	64672900
瑞穗证券股份有限公司上海代表处	世纪大道100号环球金融中心14层北区	68778000
冈三证券股份有限公司上海代表处	世纪大道100号上海环球金融中心17030室	68811001
东洋证券股份有限公司上海代表处	南京西路1376号上海商城416室	62798110
蓝泽证券股份有限公司上海代表处	南京西路1376号上海商城536室	62798906
大福证券有限公司上海代表处	陆家嘴环路1000号汇丰大厦29层021室	68419818
香港上海汇丰银行有限公司（证券业务）上海代表处	世纪大道8号上海国金中心汇丰银行大楼20楼2013、2014、2015及2016单元	38882667
新鸿基投资服务有限公司上海代表处	南京西路338号天安中心1902—1903室	63276566
卓亚（企业融资）有限公司上海代表处	东方路710号1504室	68763248
致富证券有限公司上海代表处	陆家嘴东路161号招商局大厦1309室	38870772
联昌国际证券（香港）有限公司上海代表处	陆家嘴环路1233号汇亚大厦8楼803单元	50471771
麦格理证券（澳大利亚）股份有限公司	长乐路989号世纪商贸广场3楼309—311单元	24129000

5. 外资基金类机构上海代表处

机　构　名　称	地　　　址	电　话	邮　编
荷银投资管理（亚洲）有限公司上海代表处	花园石桥路66号东亚银行金融大厦3506室	50477799	200120
富达基金（香港）有限公司上海代表处	湖滨路222号企业天地1号楼1547室	61221146	200021
大和投资管理（香港）有限公司上海代表处	富城路99号震旦国际大厦15楼04-C	58401886	200120
三井住友资产管理股份有限公司上海代表处	南京西路1168号中信泰富广场第10层1002单元	52925960	200041
马丁可利投资管理有限公司上海代表处	花园石桥路33号1602室	61017800	200120
英国施罗德集团上海代表处	世纪大道8号上海国金中心汇丰银行大楼11楼1101室	50120580	200120
英杰华投资集团全球服务有限公司上海代表处	花园石桥路33号花旗集团大厦17楼1710室	38556767	200120
荷宝基金管理公司上海代表处	陆家嘴环路1000号汇丰大厦18楼142室	68412668	200120
未来资产迈普斯资产运用株式会社上海代表处	陆家嘴环路166号未来资产大厦17楼A室	31352089	200120
瑞意金融集团上海代表处	南京西路1266号恒隆广场1幢5611室	62889319	200040
新加坡东京海上国际资产管理有限公司上海代表处	陆家嘴环路1000号汇丰大厦18楼	68410028	200120
安本亚洲资产管理有限公司上海代表处	马当路159号506室	61357255	200021
科提比资产运用株式会社上海代表处	南京西路1266号恒隆广场17层1708B	6113-5750	200040
大和住银投信投资顾问株式会社上海代表处	陆家嘴环路1000号汇丰大厦24楼011室	68410800	200120
道富环球投资管理亚洲有限公司上海代表处	延安东路222号外滩中心18楼1833室1837室	63352585	200002
德盛安联资产管理香港有限公司上海代表处	世纪大道88号金茂大厦39楼3902室	61632388	200121

（六）保险业机构名录

1. 保险公司

序号	机构名称（全称）	地址	法定代表人（主要负责人）	邮编	电话（总机）	客户服务电话	传真	网址
	财险公司							
1	中国人民财产保险股份有限公司上海市分公司	黄浦区中山南路700号	朱守中	200010	63773000	95518	63764123	www.e-picc.com.cn
2	中国太平洋财产保险股份有限公司上海分公司	吴淞路400号	戴国文	200080	66779900	95500	66085555	www.cpic.com.cn
3	中国平安财产保险股份有限公司上海分公司	常熟路8号11、12楼	杨 铮	200040	62494894	95512	62078073	www.pingan.com.cn
4	天安保险股份有限公司上海分公司	浦东大道2000号7楼	黄方红	200135	58219955	58219955-2242	58216553	www.tianan-ininsurance.com
5	大众保险股份有限公司上海分公司	延安西路1033号大众金融大厦	李人杰	200050	23076666	95507	23076777	
6	华泰财产保险股份有限公司上海分公司	浦东新区浦东大道720号2601—2612，2614—2617室	马 坚	200120	51163399	95509	68753171	www.ehuatai.com
7	太平财产保险有限公司上海分公司	浦东新区陆家嘴东路166号13楼	阚季刚	200120	58877888	95529	58820888	www.etaiping.com
8	中华联合财产保险股份有限公司上海分公司	成都北路600号中华保险华盛大厦13—22楼	陆丰元	200003	53554600	95585	63270000	www.cicsh.com
9	华安财产保险股份有限公司上海分公司	浦东新区世纪大道1777号东方希望大厦3楼A单元	杨海鸥	200122	38570000	95556	61650518	www.sinosafe.com.cn
10	中国大地财产保险股份有限公司上海分公司	北京西路1465号国立大厦1C/7/8楼	万忠明	200040	52120000	95590	52120660	www.ccicsh.com
11	中国大地财产保险股份有限公司营业部	浦东新区浦东南路855号世界广场37楼	黄 叻	200120	58827966	95590	68590013	www.ccicnet.com.cn
12	安信农业保险股份有限公司	中山南路969号17楼	李中宁	200011	63355533	4008200081	63355501	www.aaic.com.cn
13	安邦财产保险股份有限公司上海分公司	浦东新区浦东南路1118号鄂尔多斯国际大厦16层	丁晓娜	200120	61601166	4006995569	61096966	www.abic.com.cn
14	天平汽车保险股份有限公司上海分公司	黄浦区淮海东路85号19楼、17楼A、B室	张晓宇	200021	63738583	4006706666，95550	63558109	www.e-tianping.com

（续表）

序号	机构名称（全称）	地址	法定代表人（主要负责人）	邮编	电话（总机）	客户服务电话	传真	网址
15	永诚财产保险股份有限公司上海分公司	浦东新区浦东大道900号华辰金融大厦801—804室、9楼整层	李明华	200135	58525999	95552	58520222	www. alltrust. com. cn
16	阳光财产保险股份有限公司上海分公司	广中西路777弄55号启迪大厦9楼	王　森	200072	66316060	95510	66316760	www. sinosig. com
17	都邦财产保险股份有限公司上海分公司	浦东新区福山路450号新天国际大厦8楼	刘　威	200122	60930301	4008895586	60930300	www. dbic. com. cn
18	美亚财产保险有限公司上海分公司	浦东新区世纪大道1589号长泰国际金融大厦5楼	郑　艺	200122	38578000	4008208858	38578111	www. chartisinsurance. com. cn
19	东京海上日动火灾保险(中国)有限公司	浦东新区陆家嘴环路1000号汇丰大厦38楼	梅田道夫	200120	68414455	68414455	68414520	www. tokiomarine. com. cn
20	丰泰保险(亚洲)有限公司上海分公司	浦东新区世纪大道1701号中国钻石交易中心南塔11层	陈耀棠	200122	61563500	61563500	68824600	www. axains. com. cn
21	太阳联合保险(中国)有限公司	浦东新区世纪大道1568号中建大厦10楼	欧特绅	200122	38554888	800-820-5918	58207077	www. rsagroup. com. cn
22	丘博保险(中国)有限公司	静安区南京西路1168号中信泰富广场13楼	Moses Iifidon Ojeisekhoba	200041	23256688	4008892120	52925880	www. chubb. com/international/china/ch/index3.html
23	三星火灾海上保险(中国)有限公司	延安西路2201号国际贸易中心812室	郑贤俊	200336	62080080	62080080	62701657	www. samsungfire. com. cn
24	三井住友海上火灾保险(中国)有限公司	浦东新区世纪大道100号环球金融中心34楼	南喜一郎	200120	6877-7800	6877-9108 OR 4008-832-832	6877-6066	www. msins. com. cn
25	中国出口信用保险公司上海分公司	中山南路28号久事大厦12、14楼	李可东	200010	63306030	63306030	63305980	www. sinosure. com. cn
26	民安保险(中国)有限公司上海分公司	浦东新区福山路33号建工大厦24楼B座	王沛鑫	200120	68875506	95506	68877190	www. minganchina. com. cn
27	渤海财产保险股份有限公司上海分公司	西康路1048号5楼	孙律君	200060	51780777	400-611-6666	51780778	www. bpic. com. cn
28	日本财产保险(中国)有限公司上海分公司	徐汇区长乐路989号世纪商贸广场5楼	田原敏行	200031	54075828	64403492 800-8200159	54076055	www. sompojapanchina. com
29	中银保险有限公司上海分公司	四川中路321号9楼	胡希平	200002	63392880	400-69-95566	63391396	www. bocins. com

（续表）

序号	机构名称（全称）	地　址	法定代表人（主要负责人）	邮　编	电　话（总机）	客户服务电话	传　真	网　址
30	安诚财产保险股份有限公司上海分公司	延安西路1358号3楼A/D室	陈荣达	200052	52585333	56965333	52588820	
31	国泰财产保险有限责任公司	徐汇区长乐路989号世纪商贸广场30楼	张发得	200031	61032288	400-820-2288	61032289	http://www.cathayins.com.cn/
32	中国人寿财产保险股份有限公司上海市分公司	虹口区天潼路133号12楼	尹　铭	200080	61810000	4008695519	63572500	www.china-life-p.com.cn
33	华泰财产保险股份有限公司营业部	浦东新区世纪大道1608号浦项商务广场22楼01—07室	胡千海	200122	38617111	95509	38617199	www.ehuatai.com
34	英大泰和财产保险股份有限公司上海分公司	浦东新区世纪大道1568号中建大厦28层	李京平	200122	51168168	4008195598	51190701	www.ydpic.com.cn
	寿险公司							
1	中国人寿保险股份有限公司上海分公司	黄浦区人民路858号	肖　星	200021	23221000	95519	63267557	www.sh.e-chinalife.com
2	中国太平洋人寿保险股份有限公司上海分公司	吴淞路400号	张宏良	200080	66779900	95500	66085788	www.cpic.com.cn
3	中国平安人寿保险股份有限公司上海分公司	常熟路8号	石京魁	200040	62078817	95511	62078567	www.pingan.com.cn
4	泰康人寿保险股份有限公司上海分公司	静安区南京西路580号47—49层、附楼718—720室、903室	傅元智	200041	61939300	95522	51062813	www.taikang.com
5	新华人寿保险股份有限公司上海分公司	北京西路669号15楼	于志刚	200041	60934382	95567	62170772	www.newchinalife.com
6	太平人寿保险有限公司上海分公司	静安区石门一路211号5、6、7楼整层	马玉春	200041	62727777	95589	62725233	www.tplife.com
7	生命人寿保险股份有限公司上海分公司	浦东张杨路707号生命人寿大厦36楼、6楼	施文澜	200120	58773333	28993030	58363100	www.sinolife.com
8	民生人寿保险股份有限公司上海分公司	江宁路167号新城大厦23楼	孙国强	200041	61355555	95596	62556250	www.minshenglife.com
9	合众人寿保险股份有限公司上海分公司	浦东新区东方路69号裕景国际商务广场A楼12层	陆峥嵘	200120	68634567	95515	68879081	www.unionlife.com.cn
10	中国人民健康保险股份有限公司上海分公司	浦东新区商城路618号良友大厦27楼	梅　新	200120	61001166	95591	58799050	www.picchealth.com

（续表）

序号	机构名称（全称）	地 址	法定代表人（主要负责人）	邮 编	电 话（总机）	客户服务电话	传 真	网 址
11	和谐健康保险股份有限公司上海分公司	浦东新区新金桥路28号25楼	梁绍华	201206	50308811	4008816816	50306728	www. hexiehealth. com:8080
12	汇丰人寿保险有限公司	浦东新区世纪大道88号5楼，22楼2203A，2204—2205房间，27楼2705房间及50楼5003—5004房间	David Lawrence Fried	200121	38509200	400-820-8363	50471175	www. hsbc-insurance. com. cn
13	平安健康保险股份有限公司上海分公司	静安区常熟路8号8-1座9楼	张华伦	200040	4008866338	4008866338	62494270	www. pingan. com
14	美国友邦保险有限公司上海分公司	中山东一路17号友邦大厦	徐水俊	200002	53599988	8008203588	63592088	www. aia. com. cn
15	中宏人寿保险有限公司上海分公司	黄浦区广东路500号世界贸易大厦2—3层及4层A区	黎伟伦	200001	53594770	4008188888；8008203998	63620660	www. manulife-sinochem. com
16	太平洋安泰人寿保险有限公司	浦东南路360号新上海国际大厦3楼	施解荣	200120	68863183	4008855668	68862669	www. cpicing. com. cn
17	中德安联人寿保险有限公司上海分公司	浦东新区浦明路132号安联中心	林 霄	200120	68604960	8009886688 4008883636	61653699	www. allianz. com. cn
18	金盛人寿保险有限公司总公司	浦东陆家嘴环路166号未来资产大厦19楼	马哲明	200120	58792288	400-670-5566	58792299	www. axaminmetals. com. cn
19	交银康联人寿保险有限公司	长宁区仙霞路18路	钱文挥	200336	22192288	22192222	62759023	www. bocommlife. com
20	天安人寿保险股份有限公司	浦东南路528号证券大厦南塔2203室	陈剖建	200120	68816658	8008202588	68816659	www. tiananlife. com
21	海尔纽约人寿保险有限公司	龙阳路227号永达大厦6楼	崔少华	201204	38929911	8008205882、4008205882	52101261	www. hnylic. cn
22	海康人寿保险有限公司	浦东新区张衡路1000弄77号楼	博瑞德	201203	38784868	95105768	50179087	www. aegoncnooc. com
23	长生人寿保险有限公司	浦东新区世纪大道100号环球金融中心8楼	周礼耀	200120	38999888	400-820-8599	62470739	www. nissaygreatwall. com. cn
24	国泰人寿保险有限责任公司上海运营部	黄浦区延安东路1200号电信世界7楼	李清龙	200003	61006168	8008199899（固定电话拨打免费）4008869899（移动电话拨打付费）	63902077	www. cathaylife. cn
25	正德人寿保险股份有限公司上海分公司	黄浦区金陵东路2号9楼	李 品	200002	63238666	4008893311	63238621	www. zdlife. com

（续表）

序号	机构名称（全称）	地 址	法定代表人（主要负责人）	邮 编	电 话（总机）	客户服务电话	传 真	网 址
26	信诚人寿保险有限公司上海分公司	浦东新区世纪大道88号金茂大厦办公楼25层01、02、03单元	赵建刚	200121	68644688	68644688-5005	50478038	www. citic-prudential. com. cn
27	联泰大都会人寿保险有限公司	陆家嘴金融贸易区花园石桥路33号花旗集团大厦12楼	沈若雷	200120	68609688	4008868688	68876836	www. met-life. net. cn
28	中意人寿保险有限公司上海分公司	虹口区吴淞路218号宝矿国际大厦20楼	陈 灿	200080	61055588	4008889888	61050101	www. gen-eralichina. com
29	瑞泰人寿保险有限公司上海分公司	淮海中路398号19楼A	余长青	200020	61418800	4008109339	61418801	www. metlife. net. cn
30	招商信诺人寿保险有限公司上海分公司	银城中路168号上海银行大厦1706—07室	花歆雨	200120	68886586	4008888288	2168886589	www. cigna-cmc. com/
31	中国人民人寿保险股份有限公司上海市分公司	浦东南路1085号华中大厦10楼	房志敏	200120	58359700	4008895518	58358998	www. pic-clife. com
32	国华人寿保险股份有限公司上海分公司	南京西路993号锦江向阳大楼15楼	牛兴源	200041	62876886	4007066666	62877098	www. guo-hualife. com
33	中国人寿养老保险股份有限公司上海市分公司	黄浦区人民路858号7楼	许 成	200021	23221000	95519	63744206	www. china-lifepension. com
34	平安养老保险股份有限公司上海分公司	常熟路8号静安广场5、7楼	周连成	200040	4008866338	62078795	62078795	www. pin-gan. com
35	英大泰和人寿保险股份有限公司上海分公司	恒通路360号B401、C401、B501、C501	郑伟祖	200070	51160000	4008895598	51160090	
36	华泰人寿保险股份有限公司上海分公司	浦东新区世纪大道1589号长泰国际金融大厦23楼	张建斌	200122	61870518	4008895509	61870518	www. hua-tailife. com
37	光大永明人寿保险有限公司上海分公司	延安东路550号海洋大厦2612—15室	陈裕昌	200001	33189500	95105698	63518798	www. sunlife-everbright. com
38	太平养老保险股份有限公司上海分公司	静安区石门一路211号8楼	吴金发	200041	62723333	95589	62721808	www. tppen-sion. com
39	幸福人寿保险股份有限公司上海分公司	静安区北京西路1399号信达大厦23楼	张嘉伟	200040	61031155	95560	61350024	www. hap-pyinsurance. com. cn

（续表）

序号	机构名称（全称）	地址	法定代表人（主要负责人）	邮编	电话（总机）	客户服务电话	传真	网址
	资产管理公司							
1	平安资产管理有限责任公司	浦东新区上丰路1288号2号楼6楼	陈德贤	201201	4008866338	4008866338	58585491	www. ping-an. com
2	中国人保资产管理股份有限公司	浦东新区银城中路200号中银10楼	吴焰	200121	38571800	38571800	68598910	www. pic-camc. com
3	太平洋资产管理有限责任公司	银城中路68号31—32楼	汤大生	200120	68659999	68659999	50106126	www. cpic. com. cn
4	太平资产管理有限公司	民生路1286号汇商大厦17楼	谢一群	200135	61002999	无	61605368	www. tpas-set. com
5	华泰资产管理有限公司	世纪大道88号金茂大厦35楼	赵明浩	200120	61001668	66213781	61001626	www. htam. com. cn
	总公司、集团公司							
1	中国大地财产保险股份有限公司	浦东新区民生路1199弄1号证大五道口广场8楼	刘丰	200135	31357777	95590	31357050	www. ccic-net. com. cn
2	太平人寿保险有限公司总公司	浦东新区民生路1399号	郑荣禄	200135	50614888	95589	68544257	www. tplife. com
3	太平养老保险股份有限公司	浦东新区民生路1399号太平人寿大厦11楼	郑常勇	200135	61002852	4008895589	61002855	www. tppen-sion. com
4	平安养老保险股份有限公司	浦东新区上丰路1288号4楼	杜永茂	201201	4008866338	95511	58587525	www. pingan. com
5	平安健康保险股份有限公司	浦东新区上丰路1288号2号楼5楼A3区	陆敏	201201	4008866338	4008833663	58587521	www. pingan. com. cm
6	中国太平洋保险(集团)股份有限公司	银城中路190号	高国富	200120	58776688	95500	68870790	www. cpic. com. cn
7	中国太平洋财产保险股份有限公司	银城中路190号交银大厦南楼	霍联宏	200120	58776688	95500	68871218	www. cpic. com. cn
8	中国太平洋人寿保险股份有限公司	银城中路190号交银大厦	金文洪	200120	33960000	95500	68870970	www. cpic. com. cn
9	天安保险股份有限公司	浦东新区浦东大道1号18楼	裘强	200120	61017878	95505	50543218	www. tianan-insurance. com
10	大众保险股份有限公司	延安西路1033号裙楼六楼	石福梁	200050	23076666	95507	23076966	
11	永诚财产保险股份有限公司	浦东新区陆家嘴环路958号华能联合大厦2楼	杜林	200120	51105888	95552	68865503	www. alltr-ust. com. cn

（续表）

序号	机构名称（全称）	地 址	法定代表人（主要负责人）	邮 编	电 话（总机）	客户服务电话	传 真	网 址
12	天平汽车保险股份有限公司	浦东南路500号国家开发银行大厦15楼	胡 务	200120	68604559	95550；4006706666	58401229	www.tpaic.com
13	和谐健康保险股份有限公司	浦东新区新金桥路28号25楼	李 军	201206	50308811	4008816816	50306728	www.hexie-health.com
14	长江养老保险股份有限公司	浦东南路588号7楼	马 力	200120	38606800	400-820-9966	38606801	www.cj-pension.com.cn
15	国华人寿保险股份有限公司	浦东新区银城中路168号上海银行大厦23层	刘益谦	200120	61058666	4007066666	61642088	www.guohualife.com
16	美亚财产保险有限公司	浦东世纪大道1589号长泰国际金融大厦5楼	John Joseph Carey	200122	38578000	400-820-8858	38578111	www.chartisinsurance.com.cn
17	中宏人寿保险有限公司	浦东新区世纪大道88号金茂大厦21楼	施德林	200121	50492288	8008203998 4008100000	50491110	www.manulife-sinochem.com
18	中德安联人寿保险有限公司	浦东新区浦明路132号安联中心	柏思安	200120	61653688	8009886688 4008883636	61653699	www.allianz.com.cn
19	国泰人寿保险有限责任公司	浦东新区世纪大道88号金茂大厦32层	龚志荣	200121	61006168	8008199899（固定电话拨打免费）4008869899（移动电话拨打付费）	61001682	www.cathaylife.cn
	再保险公司							
1	德国科隆再保险股份有限公司上海分公司	浦东新区陆家嘴东路161号招商局大厦1803室	蔡端绵（Chua Tuan Miang）	200120	61006300	61006300	61006388	www.genre.com
2	劳合社再保险（中国）有限公司	陆家嘴环路1233号汇亚大厦33楼	高 璁	200120	61628200	61628200	61628250	www.lloyds.com/Lloyds_Worldwide/Lloyds_international_offices/China/china.htm
3	汉诺威再保险股份公司上海分公司	浦东新区世纪大道1568号中建大厦3307室	黄育德	200122	50819585		58209396	www.hannover-re.com
4	中国财产再保险股份有限公司上海分公司	花园石桥路66号1203室	贡智奇	200120	33830098	33830079	33830100	
5	中国人寿再保险股份有限公司上海分公司	浦东南路855号世界广场22楼H、I单元	方 力	200120	58369788	58369788	58369570	

2. 保险中介机构

序号	机构名称（全称）	地址	法定代表人（主要负责人）	邮编	电话（总机）	客户服务电话	传真	网址
	代理公司							
1	上海恒泰保险代理有限公司	沪太路315弄华舟大厦1104室	朱渊毅	200070	51691933	51691933	56557028	
2	上海东方保险代理有限公司	嘉定区曹安路1926号404室	包莉莉	201824	59184367	8008203375	59192597	www. soia. com. cn
3	上海泽安保险代理有限公司	中山西路179号10楼D座	王　云	200051	52732861	400-6301500	52732690	www. zeanin-surance. com
4	上海合泰保险代理有限责任公司	浦东新区浦东南路855号世界广场5M层	魏志城	200120	68885001	38875118	38870118	www. eher-cules. com. cn
5	上海明大保险代理有限公司	北京西路1399号8楼B座	王　雷	200040	62890097	62791231	62891519	
6	上海中盈保险代理有限公司	衡山路922号19楼B座	俞侃敏	200030	64470003	64470003	64470280	www. ciic-jo-ying. com
7	上海文定保险代理有限公司	浦东新区浦建路1619号202室	沈国文	201204	50459341	50597406	68454163	
8	上海极至保险代理有限公司	虹桥路333号512室	潘骏杰	200030	51703070	51703070	51703072	www. ejsino. com
9	上海良将保险代理有限公司	浦东张杨路188号汤臣中心B座403室	李纯勇	200122	51695569	51695569	51861040	www. mas-ter-insur-ance. com
10	上海国彰保险代理有限公司	静安区新闸路1098弄1号1604室	李艳波	200041	52930280	52930280	52930599	www. good-jump. com. cn
11	上海宜安保太维保险代理有限公司	张江高科技园区卡园二路108号6号楼6楼	费兆馥	201201	61003088	61003088	61003099	
12	上海智莺保险代理有限公司	临潼路188号307室	诸振庆	200082	65411103	35100039	65359512	
13	上海盛世大联保险代理有限公司	闸北区灵石路697号3楼	叶再长	200072	32059908	32059908	66318110	
14	上海泛华国盛保险代理有限公司	黄浦区北京东路433—456号物资大厦23楼	戎　霖	200001	63513115	63513116	63515979	www. cnin-sure. net
15	上海友利保险代理有限公司	黄浦区金陵东路500号亚龙国际广场7楼708室	葛衍斌（王海涛）	200021	63368603	63368603	63368603	www. ulead-ins. com
16	上海尚诚保险代理有限公司	斜土路2570号东影大厦8层	秦　铁	200030	64383393	4006196119	64692681	www. chinain-tegrity. com

（续表）

序号	机构名称（全称）	地址	法定代表人（主要负责人）	邮编	电话（总机）	客户服务电话	传真	网址
17	上海立康保险代理有限公司	长宁区江苏路121号中西大厦12D室	倪伟	200050	62269857	62107056	52371922	www.like18.com
18	上海一鸣优信保险代理有限公司	凯旋路1671号418室	王艳春	200030	51186331	51186300	51186330	
19	上海鑫舟保险代理有限公司	西藏南路760号1306室	夏文庆	200011	61372328	61372341	61372336	www.aowia.com
	公估公司							
1	上海根宁瀚大通保险技术服务有限公司	黄浦区四川中路330号215—224室	张世华	200002	63391108	63391108	63293668	www.cldtint.com
2	上海城市保险公估中心	徐汇区零陵路629路爱和大厦24A-H	高行安	200030	51036678	51036678	64872705	
3	罗便士保险公估（中国）有限公司	黄浦区九江路333号金融广场801/808室	李全英	200001	63221616	63221616	63528668	www.gabrobins.com
4	上海东华行保险公估有限公司	浦东大道1089号中信五牛城启泰阁18楼B座	陈中伟	200135	38820005	38820005	58606668	www.ecase.com
5	上海东太保险公估有限公司	淮海西路442弄87号锦海大厦2604室	钱章存	200052	52897836	52897836	52580785	www.shdongtai.com.cn
6	上海雅盾保险公估有限公司	中山北路858号302室	柳万春	200070	66581252	66581252	66581253	www.aegis-cn.com
7	上海谛诚保险公估有限公司	牡丹江路1352号407室	陈传麒	201190	34140801	34140801	54489986	www.dictum.cn
8	上海平泰保险公估有限公司	浦东新区沂林路59号	何光权	200125	50891087	50891087	50891086	www.pandisurveyors.com
9	上海德理诚保险公估有限公司	浦东新区崮山路951号蓝星大厦7楼	马志立	200135	68556080	68556080	68556090	
10	上海锦正保险公估有限公司	哈密路433号4号楼底座	朱青	200335	52199276	52199276转801	52199250	www.jinzheng88.cn
11	北京华泰保险公估有限公司上海分公司	浦东南路855号14—B	杨永忠	200120	58369707	58369707	58369156	www.huatai-serv.com
12	上海意简保险公估有限公司	浦东新区巨野路22号2402室	陈瑞辉	200135	58211650	50282289	58210023	
13	上海广汇德太保险公估有限公司	张东路1388号19幢	陆炜文	201203	61691193	61691193	61341258	
	经纪公司							
1	上海大保险经纪有限责任公司	新华路539号2楼	王荣桃	200052	52582299	62812561	62816226	www.dibchina.com

（续表）

序号	机构名称（全称）	地　址	法定代表人（主要负责人）	邮　编	电　话（总机）	客户服务电话	传　真	网　址
2	上海明大保险经纪有限公司	北京西路1399号8楼B座	王　雷	200040	62890097	62791231	62891519	
3	怡和立信保险经纪有限责任公司上海分公司	黄浦区延安东路175号旺角广场1503—1504室	张振华	200002	63111515	63111515	63263250	www. jltasia. com
4	北京金诚国际保险经纪有限公司上海分公司	闸北区恒通路360号一天下大厦A2110室	刘　悦	200070	63818898	63818898	61303058	www. etib. cn
5	江泰保险经纪有限公司上海分公司	浦东新区东方路738号裕安大厦27楼2705室	邵从武	200122	50812488	8008202112	68762575	www. jiang-tai. com
6	长安保险经纪有限公司上海分公司	卢湾区重庆南路310号8层	林丽琼	200025	54653765	54653765转818	54653765转810	http://caib. sgcc. com. cn
7	上海中和保险经纪有限公司	普陀区中山北路2052号振源大厦2201室	李　刚	200063	62056966	62056966	52917523	www. zhib. com
8	上海长江保险经纪有限公司	威海路128号505室	叶　敏	200003	63271133	63271133	63721663	
9	上海诚立保险经纪有限公司	徐家汇路550号5楼D座	王鸿义	200025	54995588	54565588	54560588	www. clib. cn
10	韦莱保险经纪有限公司	浦东新区福山路500号10楼	Roger Wilkinson	200122	38879988	4008811589	50181102	www. willis. cn/www. willis. com
11	华泰保险经纪有限公司上海分公司	浦东南路855号世界广场14-A座	姜卫建	200120	58369707	58369707	58369709	www. huatai-serv. com
12	上海仁信保险经纪有限公司	延安西路1228弄2号嘉利大厦20C	徐建平	200052	51087550	52586677	51564041	www. rxig. com
13	上海晨光保险经纪有限公司	浦东陆家嘴环路958号华能联合大厦3304—07单元	宋建平	200120	68865778	68865778-117	68865776	www. shcgib. com. cn
14	上海浦东五新保险经纪有限公司	浦东大道720号19楼J、K单元	郭建国	200120	68882118	68882118	68885966	www. sfib. com. cn
15	上海信言保险经纪有限公司	吴淞路669号申贝大厦3A	蒋　斌	200080	51088303	51088303*816	51010609	www. xyib. com
16	上海大和保险经纪有限公司	浦东大道2123号	尤　松	200135	51097109	51097109	58528912	www. dhib. com. cn
17	上海鑫河保险经纪有限公司	南丹东路300弄9号12楼	姚　湧	200030	54250677	4008208838	54240485	
18	达信（北京）保险经纪有限公司上海分公司	陆家嘴环路1000号江丰大厦30-022室	LAU SOH HAR（刘稣虾）	200120	60965700	60965700	60965899	www. marsh. com. cn

（续表）

序号	机构名称（全称）	地址	法定代表人（主要负责人）	邮编	电话（总机）	客户服务电话	传真	网址
19	上海中嘉国泰保险经纪有限责任公司	斜土路1175号景泰大厦303室	张绍文	200032	54961332	54961320 400-736-0300	54961319	www.ccibroker.com.cn
20	上海电气保险经纪有限公司	江宁路212号7楼	陆红贵	200041	52895550	52895550	52895330	
21	上海美世保险经纪有限公司	西藏中路268号来福士广场4901—11、12室	Guo Xin	200001	63404915	63404915	61035401	
	上海美世保险经纪有限公司上海分公司	淮海中路300号香港新世界大厦3101室	Fan Zhihua	200021	021-61035427	021-61035427	021-61035401	
22	苏黎世保险经纪(北京)有限公司上海分公司	黄浦区西藏中路268号4103B室	黄峥	200001	021-61363320	021-61363320	021-61363325	www.zurich.com.cn
23	北京联合保险经纪有限公司上海分公司	普陀区中山北路2000号6楼BA02室	陈天梦	200063	51275056	51275188	51275056	
24	上海鑫诺保险经纪有限公司	浦东大道1539号中国石化大厦东楼2001单元	郑平	200135	50932990	50932990	50932990	
25	上海亚太保险经纪有限公司	华山路2018号汇银广场北楼2602室	金怡钟	200030	51093138	51093138	54070880	www.apiash.com
26	上海九华保险经纪有限公司	闵行区颛兴东路979号	林孝亮	201108	34305200＊628	34305200＊620	34305190	
27	上海广汇德太保险经纪有限公司	浦东新区张东路1388号19幢	陆炜文	201203	61691193	61691193	61341258	
28	航联保险经纪有限公司上海分公司	吴中路686弄2号金虹桥广场E座701室	漆玲莉	201103	31338090	31338090	31359906	www.airuniom.com

3. 外资及港澳台保险机构上海代表处

序号	国家/地区	机构名称	地址	首席代表	电话	传真	邮编
1	德国	慕尼黑再保险公司	浦东新区陆家嘴环路1000号汇丰大厦14楼	许思放	68411666-210	68413598	200120
2	德国	汉诺威再保险公司	南京西路1468号中欣大厦1707室	徐军	62899578	62899579	200040
3	德国	德国汉萨美安保险集团	斜土路2601号6号楼238室	易乐思	24193056	24193060	200030
4	法国	巴黎人寿保险有限公司	浦东世纪大道100号环球金融中心26楼2611室	黄平	68775258	68775206	200120
5	法国	法国圣汇安保险经纪股份有限公司	张江高科技园区科苑路88号德国中心2座623室	钟毅	28986090	28986099	201203

（续表）

序号	国家/地区	机构名称	地址	首席代表	电话	传真	邮编
6	韩国	LIG 财产保险公司	浦东南路 588 号浦发大厦 17C	金胜植	58406489	58760337	200122
7	韩国	输出保险公社	兴义路 8 号万都中心 2210 室	金荣天	52081181	52081186	200336
8	韩国	韩国现代海上火灾保险株式会社	娄山关路 85 号东方国际大厦 C 座 1402 室	王钢(原)	62787740	62787741	200336
9	荷兰	富通国际股份有限公司	浦东新区世纪大道 88 号金茂大厦 4003 室	苏永雄	50988808	50988810	200121
10	荷兰	安卓信用保险公司	浦东新区浦东南路 588 号浦发大厦 11E 座	刘雪竹	61608037	68590330	200120
11	美国	大西洋再保险公司	茂名南路 205 号瑞金大厦 1511 室	陈　蕾	64737681	64737658	200020
12	美国	北美洲保险公司	浦东世纪大道 88 号金茂大厦 2905 室	吴韵源	50470688	50470162	200121
13	美国	大陆保险公司	延安西路 129 号华侨大厦 2003 室	刘佩华	62497511	62497512	200040
14	美国	MIC 汽车保险公司上海代表处	浦东南路 999 号 30 楼 E 座	戴晓海	58769416	58769476	200120
15	美国	美国盛博保险有限公司	浦东花园石桥路 33 号花旗大厦 23 楼 2325 室	罗仲尹	61010069	61010010	200120
16	美国	美国安泰保险公司	浦东新区世纪大道 88 号金茂大厦 2405 室	龚　晨	38780258	38780375	200121
17	日本	富士火灾海上保险公司	仙霞路 317 号远东国际广场 B 栋 2010 室	杉山刚史	62350833	62351200	200051
18	日本	日本兴亚损害保险公司	延安西路 2201 号国贸中心 2502 室	波多野雅哉	62754574	62754075	200336
19	日本	日生同和保险公司	浦东新区陆家嘴环路 1000 号汇丰大厦 18F 楼	李海波	68413188	68410508	200120
20	日本	爱和谊保险公司	兴义路 8 号万都中心 2605 室	瀧元信也	52081785	52081786	200336
21	日本	第一生命保险公司	浦东新区世纪大道 100 号上海环球金融中心 15 楼 70 室	浅仓昭彦	68775788	68775988	200120
22	瑞士	苏黎世保险公司	西藏中路 268 号来福士广场 4703 室	谷学斌	61363322	61363325	200051
23	瑞士	瑞士再保险公司	浦东新区世纪大道 201 号渣打银行大厦 5 楼 502 室	高　青	61826720	61826746	200120
24	中国台湾	明台产物保险股份有限公司	虹桥路 808 号 A 栋 8520 室	蔡汝琮	64480789	64480787	200030
25	中国台湾	富邦产物保险股份有限公司	延安西路 2299 号 2108 室	林大钧	62362988	62362966	200336
26	中国台湾	万达保险经纪人股份有限公司	浦东大道 720 号国际航运金融大厦 6F	陈美惠	50366399	50366398	200120
27	中国台湾	新光人寿保险股份有限公司	卢湾区淮海中路 222 号 3813—3815 室	曾铭秋	53965897	53965981	200021
28	中国台湾	新安东京海上产物保险股份有限公司	上海市徐汇区虹桥路 808 号(加华商务中心)A 栋 8106 室	林文焕	64477858	64477897	200030
29	中国台湾	台湾产物保险股份有限公司	淮海东路 333 号 1504 室	李建成	58772839	58772539	200333

（续表）

序号	国家/地区	机构名称	地　址	首席代表	电　话	传　真	邮　编
30	中国台湾	兆丰产物保险公司	浦东大道 138 号 15 楼 H 室	蔡志伦	61005269	61005203	200120
31	中国香港	新鸿基保险顾问有限公司	南京西路 338 号天安中心 1901C 室	全　莹	63276737	63276736	200003
32	中国香港	汇丰人寿保险(国际)有限公司	南京西路 1038 号梅龙镇广场 2108A 室	王德源	62184487	62185370	200041
33	中国香港	蓝十字(亚太)保险有限公司	北京西路 1277 号国旅大厦 915 室	潘　为	62895883	62890139	200040
34	中国香港	汇丰保险(亚洲)有限公司	南京西路 1038 号梅龙镇广场 2108B 室	郑海湧	62181011	62185370	200041
35	中国香港	领航保险经纪有限公司	汇丰大厦 21 楼	Clive Douglas Wolste	28903291	28903131	200120
36	中国香港	美国万通保险亚洲有限公司	徐汇区漕溪北路 18 号上海实业大厦 21 楼 G2 室	杨　甜	64277329	64279130	200030
37	中国香港	中国太平保险控股有限公司	陆家嘴东路 166 号中国保险大厦 2807 室	姚佳斌	58768034	58769567	200120
38	新加坡	新加坡再保险有限公司	黄浦路 53 号上海海湾大厦 1918 室	吴承刚	53930788	53930789	200080
39	意大利	忠利保险有限公司	西藏中路 268 号来福士广场(办公楼) 49 楼 4901 室	姚建丰	63404180	63404783	200001
40	印尼	中亚保险有限公司	中山东一路 7 号 2 楼	高雨玲	63219553	63219487	200002
41	英国	奔福有限公司	银城中路 200 号中银大厦 4105 室		68886336	68886339	200120
42	英国	麦理伦国际集团有限公司	上海市零陵路 899 号飞洲国际广场 6 楼 128 室	张　超	53061555	53061222	200030
43	英国	思文够赫斯特有限公司	徐汇区襄阳南路 500 号 913 室	虞淑瑾	64662195	63726996	200051
44	英国	英国库柏·盖伊有限公司	浦东南路 379 号金穗大厦 26 楼 L	张雯颖	58780639	58401256	200120
45	澳大利亚	澳大利亚保险集团有限公司	浦东新区世纪大道 1600 号浦项商务广场 1913 室	朱双和	58209676	58209309	200122

二、2009 年江苏省金融机构名录

1. 南京市主要金融机构

机构名称	地址	负责人	电话	邮编
中国人民银行南京分行	南京市建邺路 88 号	孙工声	025-84790002	210004
中国人民银行南京分行营管部	南京市中山东路 200 号	张　奎	025-84557049	210002
中国银监会江苏监管局	南京市建邺路 90 号	于学军	025-84212806	210004
中国证监会江苏监管局	南京市中山东路 90 号	左　红	025-84575510	210002
中国保监会江苏监管局	南京市汉中路 169 号	谢　宪	025-86793905	210029
国家开发银行江苏省分行	南京市广州路 188 号	郭　林	025-83276215	210024
中国农业发展银行江苏省分行	南京市汉中路 120 号	石晶莹	025-51807990	210029
中国进出口银行南京分行	南京市中山南路 49 号	王园园	025-86890586	210005
中国工商银行江苏省分行	南京市中山南路 408 号	施　刚	025-52858008	210006
中国农业银行江苏省分行	南京市洪武路 357 号	朱皋鸣	025-84577007	210002
中国银行江苏省分行	南京市中山南路 148 号	祝树民	025-84207857	210005
中国建设银行江苏省分行	南京市洪武路 188 号	张援朝	025-84206648	210002
交通银行南京分行	南京市中山北路 124 号	朱鹤新	025-83278883	210009
江苏银行	南京市洪武北路 55 号	黄志伟	025-58588050	210005
南京银行	南京市淮海路 50 号	林　复	025-84551158	210005
江苏省农村信用社	南京市中山南路 368 号	王晨曦	025-82378016	210001
中信银行南京分行	南京市中山路 348 号	焦世经	025-83799186	210008
华夏银行南京分行	南京市中山路 81 号	沈　建	025-84789906	210005
上海浦东发展银行南京分行	南京市中山东路 90 号	吴国元	025-84579356	210002
招商银行南京分行	南京市汉中路 1 号	金　毅	025-84797389	210005
广东发展银行南京分行	南京市湖南路 47 号	莫宝鸿	025-83244601	210009
光大银行南京分行	南京市汉中路 120 号	章子华	025-84787792	210029
民生银行南京分行	南京市中山北路 26 号	胡庆华	025-83127129	210008
深圳发展银行南京分行	南京市中山北路 28 号	杨建军	025-83168689	210008
兴业银行南京分行	南京市珠江路 63 号	官恒秋	025-83193666	210008
恒丰银行南京银行	南京市长江路 188 号	杨　强	025-86827500	210018
中国邮政储蓄银行江苏省分行	南京市中山路 19 号	马洪宁	025-83797008	210003
宁波银行南京分行	南京市汉中路 120 号	顾颂东	025-51808176	210029

（续表）

机构名称	地址	负责人	电话	邮编
浙商银行南京分行	南京市中山北路9号	刘英明	025-86823502	210008
浙江稠州商业银行南京分行	南京市洪武路198号	汪　方	025-66669199	210002
上海银行南京分行	南京市北京东路22号	许建华	025-86896836	210008
南京市区农村信用合作联社	南京市中山南路368号	陶正国	025-52378113	210001
渣打银行南京分行	南京市鼓楼街88号	黎敏威	025-83763935	210008
比利时联合银行南京分行	南京市中山南路49号	郭西薇	025-86893531	210005
香港恒生银行南京分行	南京市洪武北路55号	郑炳建	025-83753341	210005
东亚银行南京分行	南京市洪武路23号	许　华	025-86899988	210005
华融资产管理公司南京办事处	南京市北京东路42号	吴远怀	025-57710701	210008
长城资产管理公司南京办事处	南京市延龄巷2号	范振斌	025-84551300	210002
东方资产管理公司南京办事处	南京市洪武路29号	郭　辉	025-84506888	210005
信达资产管理公司南京办事处	南京市中山北路26号	彭郎辉	025-86635056	210008
江苏省国际信托投资有限责任公司	南京市长江路88号	黄东峰	025-84784806	210005
江苏金融租赁有限公司	南京市长江路188号	熊先根	025-86816906	210018
中国银联江苏分公司	南京市中山南路414号	耿静良	025-52348615	210006
江苏省银行业协会	南京市中山南路101号	戴书宁	025-83193656	210005
华泰证券有限责任公司	南京市中山东路90号	吴万善	025-84457777	210002
信泰证券有限责任公司	南京市中山东路90号	吴建党	025-84784765	210005
南京证券有限责任公司	南京市大钟亭8号	张华东	025-83367888	210008
中信证券南京营业部	南京市高楼门5号	葛　政	025-83363531	210000
南京国信证券有限责任公司	南京市洪武路239号	高德康	025-84567088	210002
海通证券股份有限公司南京营业部	南京市常府街85—7号	王开国	025-84400266	210002
联合证券有限责任公司南京营业部	南京市中山北路212—8号	马昭明	025-83581111	210003
申银万国证券南京营业部	南京市华侨路29号	刘作书	025-84763784	210029
平安证券南京营业部	南京市太平北路51号	雷　建	025-84783232	210018
国泰君安股份有限公司江苏省分公司	南京市太平南路371号	杜新乐	025-84575516	210002
信泰证券有限责任公司南京中华路证券营业部	南京市中华路8—1号	赵家龙	025-52334754	210001
东北证券有限责任公司南京中山北路证券营业部	南京市中山北路168号	赵政军	025-66605698	210009
海通证券有限公司南京常府街证券营业部	南京市常府街85—7号	张海波	025-84413133	210001
国信证券有限责任公司南京洪武路证券营业部	南京市洪武路239号	徐小柔	025-84567052	210002
光大证券有限责任公司南京中山北路证券营业部	南京市中山路81号	杨友明	025-83196988	210005
兴业证券股份有限公司南京珠江路证券营业部	南京市珠江路699号	邱福兵	025-84661588	210018
湘财证券有限责任公司南京牌楼巷证券营业部	南京市牌楼巷45号	杜颖灏	025-86587066	210029
广发证券股份有限公司南京洪武路证券营业部	南京市洪武路23号	陈　梅	025-86899208	210005
长江证券有限责任公司南京中央路证券营业部	南京市中央路42号	武　雁	025-83276888	210008
宏源证券有限责任公司南京汉中路证券营业部	南京市鼓楼区汉中路6号	吴　欣	025-84717073	210029
东兴证券有限责任公司南京洪武路营业部	南京市洪武路29号	刘晓东	025-84638555	210005

（续表）

机　构　名　称	地　　址	负责人	电　　话	邮　编
恒泰证券有限责任公司南京水西门大街证券营业部	南京市建邺区水西门大街203号	华金良	025-84780368	210017
华创证券经纪有限责任公司南京和燕路证券营业部	南京市和燕路5号	桂　彬	025-85080568	210037
方正证券有限责任公司南京中山东路证券营业部	南京市中山东路75号	徐　联	025-84218626	210002
人保江苏省分公司	南京市长江路69号	华　山	025-84715888	210005
太平洋财险江苏分公司	南京市洪武路137号	孔　兵	025-84508808	210005
平安财险江苏分公司	南京市正洪街18号	吴　军	025-84705999	210005
天安保险江苏省分公司	南京市石鼓路107号	袁雪楼	025-84202666	210005
大众保险江苏分公司	南京市中央路258号	蒋　香	025-83302800	210008
华泰财险江苏省分公司	南京市中山北路26号	卓　娅	025-83302800	210008
中国人寿江苏省分公司	南京市汉中路88号	缪　平	025-83783011	210005
平安人寿江苏分公司	南京市长江路99号	谭　宁	025-84799666	210005
太平洋寿险江苏分公司	南京市洪武路137号	张　东	025-84508808	210005
信诚人寿江苏分公司	南京市中山路268号	丁　易	025-83176899	210008
中国大地财产保险江苏分公司	龙蟠中路93—8号	秦国民	025-84569400	210016
泰康人寿保险江苏分公司	龙蟠中路323号	陈东升	025-84470666	210001
阳光财产保险股份有限公司江苏省分公司	南京市中山东路145号	朱印法	025-84651800	210002

2. 无锡市主要金融机构

机　构　名　称	地　　址	负责人	电　　话	邮　编
中国人民银行无锡市中心支行	无锡市五爱路33号	徐驰良	0510-82221688	214031
中国银行业监督管理委员会无锡监管分局	无锡市县前西街109号	巫建华	0510-82795258	214031
无锡市人民政府金融工作办公室	无锡市解放南路631号	杨福良	0510-82743298	214001
中国农业发展银行无锡市分行	无锡市健康路89号	张同健	0510-82732153	214001
中国工商银行无锡分行	无锡市五爱路30号	徐晓岚	0510-82753162	214031
中国农业银行无锡分行	无锡市解放北路55号	刘　坚	0510-82832788	214002
中国银行无锡分行	无锡市中山南路258号	刘　斌	0510-82739388	214002
中国建设银行无锡分行	无锡市五爱路88号	唐一新	0510-82811828	214031
交通银行无锡分行	无锡市人民中路198号	何国洪	0510-82722590	214001
中信银行无锡分行	无锡市人民西路112号	奚国光	0510-82701308	214031
华夏银行无锡分行	无锡市新生路105号	张南洋	0510-82769956	214002
上海浦东发展银行无锡分行	无锡市解放西路191号	宫建强	0510-82796102	214005
招商银行无锡分行	无锡市人民中路128号	成　忠	0510-82758111	214002

（续表）

机 构 名 称	地 址	负责人	电 话	邮 编
广东发展银行无锡支行	无锡市五爱路 79 号	许嘉炯	0510-82739980	214031
兴业银行无锡分行	无锡市县前西街 99 号	蒋占琴	0510-82760996	214001
江苏银行无锡分行	无锡市工运路 8 号	杨 凯	0510-82306000	214005
上海浦东发展银行江阴支行	江阴市虹桥南路 99 号	季永明	0510-86872258	214400
南京银行无锡分行	无锡市人民中路 220 号	朱 钢	0510-82751555	214001
中国民生银行无锡支行	无锡市青石路 1 号	林静然	0510-81189998	214043
国联信托股份有限公司	无锡市县前东街 8 号 3 楼	华伟荣	0510-82831280	214005
中国邮政储蓄银行无锡市分行	无锡市健康路 87 号	张晓刚	0510-82702094	214001
江苏江阴农村商业银行	江阴市澄江中路 1 号	赵 益	0510-86823388	214431
江苏锡州农村商业银行	无锡市解放北路 1 号	华瑞其	0510-82830288	214002
宜兴市农村合作银行	宜兴市宜城镇通贞观西路 28 号	张建中	0510-87924802	214200
日本瑞穗实业银行无锡分行	无锡新区长江路 16 号无锡软件园 8 楼	余泰然	0510-85223939-100	214028
三菱东京日联银行无锡分行	无锡新区长江路 16 号无锡软件园 10 楼	田中研一	0510-85211818-100	214028
新韩银行无锡分行	无锡新区长江北路 5 号长江俱乐部 1—2 楼	金盛寿	0510-81813456	214028
国联财务有限责任公司	无锡市县前东街 168 号	刘清欣	0510-83110011	214001
红豆集团财务有限公司	无锡市锡山区东港镇红豆工业城	胡国梁	0510-88358603	214199
华西集团财务有限公司	江阴市华士镇华西村	卞三荣	0510-86216810	214000
国联证券有限责任公司	无锡市县前东街 8 号	雷建辉	0510-82832919	214002
国联证券有限责任公司无锡人民东路证券营业部	无锡市中山路 153 号	江志强	0510-82759199	214001
国联证券有限责任公司江阴青果路证券营业部	无锡市人民东路 29 号	张 进	0510-82829338	214007
国联证券有限责任公司无锡中山路证券营业部	江阴市青果 26—281 号	顾 励	0510-86876301	214400
国联证券有限责任公司宜兴宜城证券营业部	宜兴市宜城镇光明西路神马小区 6 号楼	吴新风	0510-87911776	214200
国联证券有限责任公司无锡湖滨路证券营业部	无锡市梁溪路 28 号	徐 光	0510-85122200	214073
国联证券有限责任公司无锡梁溪路证券营业部	无锡市湖滨路 154 号	梁粤雷	0510-85801511	214062
国联证券有限责任公司无锡县前东街证券营业部	无锡市县前东街 8 号	程 军	0510-82830100	214031
国联证券有限责任公司无锡五爱路证券营业部	无锡市五爱北路 60 号	秦顺达	0510-82715151	214001
华泰证券无锡解放西路证券营业部	无锡市永乐路水利大厦	刘小冰	0510-82715891	214031
华泰证券无锡永乐路证券营业部	无锡市解放西路 328 号	沈建伟	0510-85045101	214023

（续表）

机　构　名　称	地　　址	负责人	电　　话	邮　编
华泰证券江阴虹桥北路证券营业部	江阴市虹桥北路167号	顾复平	0510-86817888	214431
信泰证券有限责任公司无锡解放西路证券营业部	无锡市解放西路193号	唐　枫	0510-82768155	214031
申银万国证券股份有限公司无锡清扬路证券营业部	无锡市清扬路24号	李董明	0510-82856988	214021
海通证券有限公司无锡解放东路营业部	无锡市解放西路193号	岳　岚	0510-82305580	214002
招商证券股份有限公司无锡新生路证券营业部	无锡市新生路107号	梁　胜	0510-82755589	214002
中国建银投资证券有限公司南京分公司无锡健康路证券营业部	无锡市健康路18号	戴国强	0510-82708577	214001
银泰证券有限责任公司无锡北大街证券营业部	无锡市北大街46号	张继正	0510-82615217	214001
东北证券有限责任公司江阴朝阳路证券营业部	江阴市朝阳路77—79号	阎和新	0510-86809802	214431
南京证券有限责任公司江阴虹桥南路证券营业部	江阴市虹桥南路9号	王　亮	0510-86874808	214400
华龙证券有限责任公司无锡北大街证券营业部	无锡市北大街28号B座2—5层	刘　闻	0510-82621980	214001
国信证券无锡梁青路证券营业部	无锡市梁青路2号	李　中	0510-85882093	214001
国泰君安证券股份有限公司无锡人民中路证券营业部	无锡市人民中路97号佳福大厦1200A	杜新乐	0510-82708918	214002
宏源证券有限责任公司宜兴人民中路证券营业部	宜兴市人民中路135号华证大厦	马　兵	0510-87962162	214200
广发北方证券经纪有限责任公司无锡金星路证券营业部	无锡市金星路8号	毛劲松	0510-85426618	214073
国元证券股份有限公司无锡学前街营业部	无锡学前街5号	陆静芬	0510-82750058	214000
南京证券有限责任公司无锡五爱北路证券营业部	无锡五爱北路97号	刘　昱	0510-82809808	214000
大通证券股份有限公司无锡青祁路证券营业部	无锡市青祁路86号	刘洪昌	0510-85811239	214063
中国人民财产保险股份有限公司无锡市分公司	无锡市中山路58号	于敬东	0510-82759228	214002
中国人寿保险股份有限公司无锡市分公司	无锡市梁青路4号	张泰立	0510-85808188	214061
中国太平洋财产保险股份有限公司无锡分公司	无锡市崇宁路8号	许志春	0510-82752041	214002
中国太平洋人寿保险股份有限公司无锡中心支公司	无锡市县前东街86号	陈爱国	0510-82750105	214002
中国平安财产保险股份有限公司无锡分公司	无锡市园通路16号1—4楼	左振华	0510-82723677	214000
中国平安人寿保险股份有限公司无锡中心支公司	无锡市梁青路10号	兰青松	0510-85810706	214061

（续表）

机构名称	地址	负责人	电话	邮编
天安保险股份有限公司无锡中心支公司	无锡市永和路 28 号	陆利平	0510-81010066	214001
大众保险股份有限公司无锡中心支公司	无锡市新生路 107 号新鼎球大厦 15 楼	王广辉	0510-82729188	214002
新华人寿保险股份有限公司无锡中心支公司	无锡市人民中路 97 号佳福大厦 16 楼	柳显胜	0510-82703975	214002
泰康人寿保险股份有限公司无锡中心支公司	无锡市五爱路 18 号化轻大厦 8—10 楼	包加顺	0510-82709953	214031
中华联合保险公司无锡中心支公司	无锡市人民中路 97 号佳福大厦 17 楼	吴耀宇	0510-82799198	214002
中国大地财产保险股份有限公司南京分公司无锡营销服务部	无锡市清扬路 91—99 号 4 楼	朱　勇	0510-85012398	214071
永安财产保险股份有限公司无锡中心支公司	无锡市水车湾 6—12 号	蔡仲光	0510-82767113	214002
太平人寿有限公司无锡中心支公司	无锡市北大街 1 号华锦大厦 8 楼	刘剑锋	0510-82693369	214005
太平财产保险有限公司无锡中心支公司	无锡市县前西街 195 号 2 楼	王志军	0510-82809088	214000
民生人寿保险股份有限公司无锡中心支公司	无锡市五爱路 81 号润富泰 4 楼 B-4F	汤　淏	0510-88666001	214031
华安财产保险股份有限公司无锡中心支公司	无锡清扬路 63 号 6 楼	堵　征	0510-85033858	214031
生命人寿有限公司无锡中心支公司	无锡市解放西路 195 号华通大厦 6 楼	许燕霞	0510-88662596	214031
安邦财产保险股份有限公司南京分公司无锡营销服务部	无锡市北大街 2 号交电大厦 4 楼	房　恒	0510-82300585	214045
中国出口信用保险公司江苏分公司无锡办事处	无锡市人民中路 123 号 27 楼	龚伟坚	0510-82749985	214026
阳光财产保险股份有限公司无锡中心支公司	无锡市中山路 118 号置业新天地 412 室	周金陵	0510-82733108	214002
海康人寿保险有限公司江苏分公司无锡营销服务部	无锡市解放北路 1 号金马大厦 15 楼	赵作峰	0510-82804868-8001	214002
华泰财产保险股份有限公司无锡中心支公司	无锡市新区长江北路 6 号百仕达大厦 8 楼	张兴铮	0510-85496328	214028
信诚人寿保险股份有限公司无锡营销服务部	无锡市中山路 159 号时代大厦 20—22 层	李文翰	0510-82737008	214000
合众人寿保险股份有限公司无锡中心支公司	无锡市圆通路圆通公寓 10 层	吴晓华	0510-82715658	214001
中宏人寿保险股份有限公司无锡营销服务部	无锡市中山路 555 号 4 楼	徐文昌	0510-27262020	214005
国泰人寿保险股份有限公司无锡营销服务部	无锡市解放北路 16 号站前商贸城 5 号楼 12F	徐超键	0510-82322838	214000
海尔纽约人寿保险股份有限公司无锡营销服务部	无锡市清扬路 99 号数码广场 6 楼 10—18 室	李系刚	0510-85031678	214023

（续表）

机 构 名 称	地 址	负责人	电 话	邮 编
都邦财产保险股份有限公司无锡中心支公司	无锡市湖滨路77号锦绣大厦9楼	邓永东	0510-85113218	214073
中意人寿保险有限公司江苏分公司无锡营销服务部	无锡市健康路18号	刘 瑜	0510-80186888	214001
嘉禾人寿保险股份有限公司无锡中心支公司	无锡市石皮路7号	言国华	0510-82703950	214001
中银保险股份有限公司无锡中心支公司	无锡市梁青路2号	华永康	0510-82703965	214000
永诚保险有限公司江苏分公司江阴支公司	江阴市人民中路289号	龚学新	0510-86873012	214400
恒安标准人寿江苏公司无锡营销服务部	无锡市县前东街188号国邮大厦2楼	张 焐	0510-68918188	214000
美国友邦保险有限公司江苏分公司无锡营销服务部	无锡市解放东路1000号	蔡哲惟	0510-82327558	214000
中国人寿财产保险股份有限公司无锡市中心支公司	无锡市人民中路1号东林阁第六层	马 朴	0510-82790168	214000
民安保险(中国)有限公司无锡中心支公司	无锡市县前西街117号	史 辉	0510-82754521	214000
天平汽车保险股份有限公司江苏分公司无锡营销服务部	无锡市人民中路123号	刘潭喜	0510-82756245	214000
瑞康人寿保险有限公司江苏分公司无锡营销服务部	无锡市人民中路123号	薛 忠	0510-82747298	214000
中国人民健康保险股份有限公司无锡中心支公司	无锡市解放南路758号3层	穆 睿	0510-82828275	214000
渤海财产保险股份有限公司无锡中心支公司	无锡市东亭街道锡沪中路90号六楼	吴 晓	0510-88222310	214000
光大永明人寿保险有限公司南京分公司无锡营销服务部	无锡市保利广场8号金陵大饭店23层	沈海滨	0510-82329321	214000
平安养老保险股份有限公司江苏分公司无锡中心支公司	无锡市梁青路10号	张怡晴	0510-82752165	214000
华农财产保险公司无锡中心支公司	无锡市梁青路328号5楼	蒋 明	0510-85802398	214061
安诚财产保险股份有限公司无锡中心支公司	无锡市兴源北路818号4楼	佟 阳	0510-82325169	214001
华泰人寿保险股份有限公司无锡中心支公司	无锡市财富大厦22楼	周幼幼	0510-82714858	214001
瑞福德健康保险股份有限公司无锡中心支公司	无锡市复兴路151号机械大厦10楼	祝 军	0510-80212990	214001
长城人寿保险股份有限公司无锡支公司	无锡市复兴路155号	谭新民	0510-82790591	214001
无锡市保险行业协会	无锡市五爱路33号	张泰立	0510-82759483	214031
金盛人寿保险公司无锡营销服务部	无锡市人民中路220号财富大厦26楼	蒋正冬	0510-81189086	214002
中国进出口信用保险公司无锡办事处	无锡市人民中路123号摩天360	龚伟坚	0510-85010620	214002

3. 常州市主要金融机构

机构名称	地址	负责人	电话	邮编
中国人民银行常州市中心支行	常州市广化街18号	刘又林	0519-86648124	213001
中国人民银行武进支行	常州市武进区延政中路	王建春	0519-86310950	213159
中国人民银行金坛市支行	金坛市西门大街23号	冯小兴	0519-82887566	213200
中国人民银行溧阳市支行	溧阳市平陵中路10号	李和平	0519-87222371	213300
中国银行业监督管理委员会常州监管分局	常州市晋陵中路417号	陈中云	0519-88126789	213003
中国农业发展银行常州市分行	常州市丽景花园14幢	邵　强	0519-88155205	213003
中国工商银行常州分行	常州市延陵中路680号	岳小勇	0519-88138116	213003
中国农业银行常州分行	常州市和平北路19号	强欣荣	0519-88126998	213003
中国银行常州分行	常州市和平北路21号	吴　敏	0519-88158222	213003
中国建设银行常州分行	常州市广化街299号	蒋　敏	0519-86606316	213001
交通银行常州分行	常州市延陵西路171号	于　涛	0519-86673908	213003
中信银行常州分行	常州市博爱路72号	孙　波	0519-88100088	213003
招商银行常州市分行	常州市和平北路120号	张增荣	0519-88179001	213003
华夏银行常州分行	常州市和平北路162号	廉　衡	0519-88133818	213003
兴业银行常州支行	常州市河景花园1幢	沙　涛	0519-89893333	213001
上海浦东发展银行常州支行	常州市延陵中路29号	贡志文	0519-88178979	213003
中国民生银行常州支行	常州市怀德中路50号	夏　云	0519-89858288	213001
中国邮政储蓄银行常州市分行	常州市南大街99号	梁亚东	0519-86619661	213003
江苏银行常州分行	常州市延陵中路500号	杨　毅	0519-88121616	213000
江南农村商业银行	常州市延陵中路688号	陆向阳	0519-89995188	213003
中国人民财产保险公司常州市分公司	常州市和平北路11号	蒋　旭	0519-88111616	213000
中国人民人寿保险公司常州中心支公司	常州市武青北路1号金汇大厦5楼	袁龙才	0519-88017828	213003
中国人寿保险公司常州市分公司	常州市和平北路11号	龚永敏	0519-88120039	213001
中国人寿财产保险公司常州中心支公司	常州市晋陵中路558号红晋大厦北楼1—2楼	华繁令	0519-85216818	213000
太平洋财险公司常州分公司	常州市广化街281号	王　峰	0519-86633123	213003
太平洋寿险公司常州分公司	常州市广化街281号	朱　宝	0519-86816608	213001
平安财险公司常州中心支公司	常州市晋陵中路590号	喻一峰	0519-86688999	213002
平安寿险公司常州中心支公司	常州市延陵西路29号投资广场20楼	殷　辉	0519-88110701	213003
泰康人寿保险公司常州中心支公司	常州市关河西路180号恒远大厦	成　炜	0519-88139188	213002
新华人寿保险公司常州中心支公司	常州市南大街28号商务楼C座5楼	张　挺	0519-85217988	213000
天安保险公司常州中心支公司	常州市和平北路132号8楼	谈文兴	0519-88159986	213000

（续表）

机构名称	地址	负责人	电话	邮编
中华联合财产保险公司常州中心支公司	常州市晋陵中路515号	金 锋	0519-88157000	213003
生命人寿保险公司常州中心支公司	常州市怀德南路90号	吴 氢	0519-88015501	213000
大众保险公司常州中心支公司	常州市晋陵中路388号南方大厦4楼	吴 剑	0519-87208110	213000
太平保险有限公司常州中心支公司	常州市和平北路65号丰润大厦4楼	尤乐群	0519-88166033	213000
太平人寿保险有限公司常州中心支公司	常州市南大街99号邮政大楼8/9楼	沈明敏	0519-88168883	213000
永安保险公司常州中心支公司	常州市健身路12号机关大楼5楼	杨 玲	0519-86677616	213000
华安财产保险公司常州中心支公司	常州市清潭路134号3楼	靡艳春	0519-86998918	213000
安邦财产保险公司常州中心支公司	常州市广化街20号丰臣海悦10楼	解文萍	0519-86691599	213000
都邦保险公司常州中心支公司	常州市新市路1号药监大厦5楼	谈小浩	0519-86619867	213000
民生人寿保险公司常州中心支公司	常州市南大街28号商C-417	丁宣华	0519-83966680	213000
永诚财产保险公司常州中心支公司	常州市关河东路38号15楼	钱健明	0519-88881119	213000
江苏常信保险经纪有限公司	常州市局前街285号嘉乐广场A座710室	潘俊铬	0519-88100620	213003
江苏华康保险代理有限公司常州分公司	常州市关河西路128-6号6楼	任朝晖	0519-88119208	213000
合众人寿保险公司常州营销服务部	常州市玉隆花园7幢6楼	徐 玮	0519-86618300	213001
信诚人寿保险公司常州营销服务部	常州市延陵西路99号嘉业国贸大厦18楼	谢观兴	0519-86618200	213000
中宏人寿保险公司常州营销服务部	常州市延陵中路678号消防指挥中心大楼4、5楼	刘永进	0519-88101199	213003
海尔纽约人寿保险公司常州营销服务部	常州市关河东路38号九州环宇商务广场13楼	王立新	0519-85220684	213004
海康人寿保险公司常州营销服务部	常州市关河东路38号九州环宇商务广场18楼A座	张美琴	0519-95105768	213004
中国大地财产保险公司常州中心支公司	常州市晋陵北路1号新天地商业广场B座401室	殷 军	0519-88176967	213000
阳光财产保险公司常州中心支公司	常州市博爱路113号工商银行3—4楼	胡 旭	0519-85017800	213003
国泰人寿保险公司常州营销服务部	常州市延陵西路19号嘉宏世纪大厦12楼	殷 涛	0519-88118978	213001
华泰人寿保险公司常州中心支公司	常州市关河东路38号九州环宇20楼	陈 艳	0519-85223962	213004
瑞福德健康保险公司常州中心支公司	常州市新市路1号药监大厦6楼	张 锐	0519-86810308	213003
渤海财产保险公司常州中心支公司	常州市局前街50号新都大厦14楼	戴 静	0519-88178689	213000
民安保险(中国)公司常州中心支公司	常州市和平中路322号	霄云里	0519-86811806	213004
恒安标准人寿保险公司常州营销服务部	常州市延陵西路19号嘉宏世纪大厦30楼	金 庆	0519-88029917	213003

（续表）

机 构 名 称	地 址	负责人	电 话	邮 编
中德安联人寿保险公司常州营销服务部	常州市西横街61号常柴大厦5楼	花锡青	0519-86687293	213003
美国友邦保险公司常州营销服务部	常州市延陵西路19号嘉宏世纪大厦6楼	赵 斌	0519-88887998	213003
安诚财产保险公司常州中心支公司	常州市化龙巷1号恒利大厦A座4楼	夏齐华	0519-86800323	213000
中银保险公司常州营销服务部	常州市和平北路21号	江伟明	0519-88126771	213004
华夏人寿保险公司常州中心支公司	常州市鹏欣丽都1-1幢	施 延	0519-89890808	213003
阳光人寿保险公司常州中心支公司	常州市新丰街20号天安城市酒店6楼	殷 勇	0519-89990180	213000
金盛人寿保险公司常州营销服务部	常州市广化街20号丰臣海悦广场15楼	吴公荣	0519-89962666	213001
长安责任保险公司常州中心支公司	常州市博爱路72号博爱大厦10楼	王一新	0519-83030777	213003
华农财产保险公司常州中心支公司	常州市通江大道318号世纪广场A座4楼	尤益苍	0519-85177350	213022
华泰证券常州和平北路证券营业部	常州市和平北路9号	张 霞	0519-88106040	213002
华泰证券常州东横街证券营业部	常州市东横街2号	刘 靖	0519-86600788	213003
华泰证券常州北大街证券营业部	常州市北大街35号玉隆花园7幢5楼	高 波	0519-86618266	213003
国泰君安证券常州广化街证券营业部	常州市广化街187—189号	殷 敏	0519-86689702	213003
中投证券常州晋陵中路证券营业部	常州市晋陵中路368号	冯美英	0519-86675119	213003
中投证券常州溧阳证券营业部	溧阳市平陵中路357号	郭永金	0519-87578880	213300
海通证券常州健身路证券营业部	常州市健身路16号	岳 岚	0519-86687980	213003
中信证券常州环府路证券营业部	常州市武进区湖塘镇环府路10号	周晋飞	0519-86565768	213159
东海证券常州延陵中路营业部	常州市延陵中路498号	俞 洋	0519-88111191	213000
东海证券常州博爱路营业部	常州市博爱路129号	陈 超	0519-86633222	213000
东海证券常州劳动西路营业部	常州市劳动西路3号	陶 陶	0519-86900002	213001
东海证券常州通江中路营业部	常州市通江中路369号太阳城商务中心4楼	朱 飚	0519-68881688	213000
东海证券常州溧阳证券营业部	溧阳市南大街12号	彭建福	0519-87281068	213300
信达证券常州延陵中路证券营业部	常州市延陵中路678号	左道军	0519-88118270	213003
中信建投有限责任公司常州分公司	常州市邮电路3号	李 响	0519-86673663	213001
信泰证券有限责任公司常州分公司	常州市东横街2号	唐 枫	0519-86803606	213000
国联证券常州营业部	常州市新北区通江大道555号中天凤凰大厦1—2楼	孟庆庭	0519-89883767	213000
东吴证券常州关河中路证券营业部	常州市关河中路38号粤海酒店2号楼2楼	龚建中	0519-88153760	213000

4. 苏州市主要金融机构

机构名称	地址	负责人	电话	邮编
中国人民银行苏州市中心支行	苏州新区狮山路 59 号	凌霄华	0512-68253692	215011
中国银行业监督管理委员会苏州监管分局	苏州新区金山路 16 号	朱厚志	0512-68253049	215011
中国工商银行苏州分行	苏州市阊胥路 88 号	朱春华	0512-68261379	215002
中国农业银行苏州分行	苏州新区狮山路 65 号	高友清	0512-68412093	215011
中国银行苏州分行	苏州市干将西路 188 号	潘岳汉	0512-65113558	215002
中国建设银行股份有限公司苏州分行	苏州工业园区苏华路 18 号	岳　鹰	0512-62788020	215021
交通银行苏州分行	苏州南园北路 77 号	顾　生	0512-65188666	215006
中国农业发展银行苏州市分行	苏州人民路 179 号	顾欣舞	0512-65612076	215007
中信银行苏州分行	苏州竹辉路 258 号	方合英	0512-65191309	215006
华夏银行苏州支行	苏州干将西路 1296 号	郑　超	0512-68623879	215005
上海浦东发展银行苏州分行	苏州市人民路 1478 号	严　琪	0512-67208070	215005
中国光大银行苏州分行	苏州三香路 1288 号	李　良	0512-68662988	215004
招商银行苏州分行	苏州干将西路 288 号	施顺华	0512-68662506	215002
招商银行小企业信贷中心	苏州工业园区旺墩路 158 号职业商务广场 15 楼	杨少伟	0512-69995096	215123
江苏银行苏州分行	苏州市三香路 6 号	张文斌	0512-68631882	215004
中国民生银行苏州分行	苏州工业园区星海街 200 号	艾　民	0512-62568888	215021
兴业银行苏州支行	苏州工业园区旺墩路 188 号建屋大厦	朱建平	0512-66607890	215123
宁波银行苏州分行	苏州丁将东路 749 号	徐正良	0512-65828619	215005
江苏东吴农村商业银行	苏州市东吴北路 143 号	王吉成	0512-65275705	215128
中国邮政储蓄银行苏州市分行	苏州市工业园区旺墩路邮政大楼	韩　电	0512-67201545	215001
苏州市信托投资有限公司	苏州竹辉路 383 号	朱立教	0512-65291886	215007
苏州创元集团财务有限公司	苏州三香路 333 号万盛大厦 1 楼	陆惠章	0512-68292390	215004
汇丰银行(中国)有限公司苏州分行	苏州工业园区苏华路 1 号世纪金融大厦 1505—1510 室	朱卫军	0512-67619669	215021
日本三井住友银行股份有限公司苏州分行	苏州新区狮山路 199 号新地中心 23 楼	田中隆一	0512-68258205	215011
星展银行苏州分行	苏州工业园区苏华路 2 号国际大厦 7 楼	洪汉清	0512-62888090	215021
渣打银行有限责任公司苏州分行	苏州工业园区苏华路 2 号国际大厦 1 楼 0103 室及 10 楼 1001 室	杨传东	0512-67630198	215021
企业银行(中国)有限公司苏州分行	苏州工业园区苏华路 2 号国际大厦 209A	梁钟必	0512-67671112	215021
友利(中国)有限公司苏州分行	苏州工业园区苏华路 8 号惠龙大厦 101B—201 室	朴达永	0512-62950777	215021

（续表）

机 构 名 称	地 址	负责人	电 话	邮 编
江苏常熟农村商业银行	江苏省常熟市新颜路 100 号	吴建亚	0512-52786168	215500
江苏张家港农村商业银行	江苏省张家港市步行街 12 号	王自忠	0512-58236370	215600
江苏昆山农村商业银行	江苏省昆山市前进中路 219 号	刘 斌	0512-57379288	215301
江苏吴江农村商业银行	江苏省吴江市流虹路 408 号	黄玉龙	0512-63418030	215200
江苏太仓农村商业银行	江苏省太仓太平南路市 27 号	张云清	0512-53853741	215400
东吴证券有限公司	苏州市爱河桥路 28 号	吴永敏	0512-65588077	215008
中投证券苏州营业部	苏州市三香路 6—6 号	景殿甲	0512-68651230	215004
华泰证券苏州营业部	苏州市人民路 648 号	梁 顺	0512-67512744	215001
海通证券苏州营业部	苏州市竹辉路 180 号	岳 岚	0512-65204738	215006
中信建投证券苏州营业部	苏州市东环路 129 号	历家为	0512-67423563	215021
中信证券中新路营业部	苏州市中新路 58 号	严 勇	0512-67619636	215000
申银万国苏州营业部	苏州市东吴北路 158 号	夒 仁	0512-65282176	215007
招商证券苏州营业部	苏州市干将西路 232 号	倪国华	0512-65225258	215002
长城证券吴中区营业部	苏州市吴中东路 171 号	孙 捷	0512-65620990	215218
渤海证券苏州营业部	苏州市景德路 110 号	汪泓宇	0512-65235747	215005
中创公司苏州营业部	苏州市人民路 67 号	丁志琴	0512-65203578	215002
中创证券十全街营业部	苏州市十全街 150 号	杨 明	0512-65203578	215006
恒远经纪公司苏州营业部	苏州市干将西路 1296 号	苏 琪	0512-68270491	215004
信泰证券苏州营业部	苏州市新市路 48 号	朱建明	0512-65200884	215007
中关村证券苏州营业部	苏州市新市路 438 号	沈坚杰	0512-65199828	215007
上海证券苏州营业部	苏州市干将西路 456 号	倪 伟	0512-65580677	215004
广发证券苏州营业部	苏州干将西路 636 号	方 强	0512-65156868	215005
东海证券苏州营业部	苏州工业园区苏华路 2 号	吴 军	0512-62881210	215021
新时代证券苏州营业部	苏州市白路东路 102 号	潘 斌	0512-67205006	215001
银河证券苏州营业部	苏州市三香路 718 号	查日胜	0512-87187708	215004
红塔证券苏州营业部	苏州市人民路 385 号	李连章	0512-69000228	215005
金元证券苏州营业部	苏州商务大厦 511—513 室	张伯富	0512-62233678	215000
民族证券苏州营业部	苏州市金河大厦 10 层	刘立忠	0512-88185588	215011
东方证券苏州营业部	苏州市临顿路 82 号	莫海梁	0512-65235138	215000
光大证券苏州营业部	苏州工业园区苏惠路 98 号国检大厦东 3 楼	古 悦	0512-62986283	215021
华泰证券何山路营业部	苏州新区何山路 56 号	包 新	0512-68781557	215011
中国人民财产保险公司苏州市分公司	苏州市新区狮山路 16 号	沈丽敏	0512-68258962	215011
中国太平洋财产保险股份有限公司苏州分公司	苏州市干将西路 218 号	孙海洋	0512-65218858	215002
中国平安财产保险股份有限公司苏州分公司	苏州市人民路 738 号	邹宣戈	0512-65166421	215000

（续表）

机 构 名 称	地 址	负责人	电 话	邮 编
天安保险股份有限公司苏州中心支公司	苏州市干将西路245号	丁建峰	0512-65119228	215002
大众保险股份有限公司苏州分公司	苏州市干将西路389号	蒋 雷	0512-65242381	215002
华泰财产保险股份有限公司苏州中心支公司	苏州市干将西路115号5楼	吴国红	0512-65232720	215002
中华联合财产保险股份有限公司苏州中心支公司	苏州市三香路53—105号	陆生权	0512-66091615	215004
太平保险有限公司苏州中心支公司	苏州市干将东路870号	华 巍	0512-65237600	215005
永安财产保险股份有限公司苏州中心支公司	苏州市干将西路251号	史智宏	0512-88178886	215002
华安财产保险股份有限公司苏州中心支公司	苏州市道前街128号喜悦假日酒店6楼	吴修平	0512-65128125	215002
中国大地财产保险有限公司苏州中心支公司	苏州市西环路2115号金阊区市民活动中心10楼	朱金和	0512-68095590	215004
安邦财产保险股份有限公司苏州分公司	苏州市狮山路88号1幢5楼	叶潇飞	0512-67326818	215011
阳光财产保险股份有限公司苏州中心支公司	苏州市人民路1058号4楼	曹义勇	0512-65126009	215002
都邦财产保险股份有限公司苏州中心支公司	苏州市吴中区东吴北路109号东吴大厦C座15楼	任兴根	0512-66037006	215128
永诚财产保险股份有限公司苏州中心支公司	苏州市新区狮山路277号	王法林	0512-68059018	215011
天平汽车保险股份有限公司苏州中心支公司	苏州市劳动路28号23楼	闰 健	0512-65095818	215004
中银保险有限公司苏州营销服务部	苏州市干将西路1359号	朱君毅	0512-68238319	215004
民安保险(中国)有限公司苏州中心支公司	苏州市吴中区东吴南路153号凯悦大厦南2楼	马建祥	0512-89178778	215128
渤海财产保险股份有限公司苏州中心支公司	苏州市桐泾北路26号统能大厦4楼	陈 翔	0512-68381571	215000
中国人寿财产保险股份有限公司苏州市中心支公司	苏州市洞泾北路26号	殷 健	0512-69131068	215004
安诚财产保险股份有限公司苏州中心支公司	苏州市人民路1508号5楼	陈 鸣	0512-69335808	215000
华农财产保险股份有限公司苏州中心支公司	苏州市三香路333号万盛大厦2楼	武 斌	0512-68365101	215004
长安责任保险股份有限公司苏州中心支公司	苏州市干将西路1306号1幢4楼	姚小琴	0512-85888881	215004
三星财产保险(中国)有限公司苏州分公司	苏州市华池街时代广场24幢苏州国际金融中心505室	郑昌烈	0512-62925978	215000
中国人寿保险股份有限公司苏州市分公司	苏州市新区狮山路103号	张晓刚	0512-68077010	215011

（续表）

机构名称	地址	负责人	电话	邮编
中国太平洋人寿保险股份有限公司苏州中心支公司	苏州市干将西路218号	夏建阳	0512-65216167	215002
中国平安人寿保险股份有限公司苏州中心支公司	苏州市干将东路548号	徐　彬	0512-65111715	215005
新华人寿保险股份有限公司苏州中心支公司	苏州市干将东路599号东凌商务大厦4楼	吴　庆	0512-65230795	215002
泰康人寿保险股份有限公司苏州中心支公司	苏州市高新区邓尉路9号润捷广场北11楼	陈　钢	0512-68710016	215011
美国友邦保险有限公司苏州中心支公司	苏州市三香路353号友邦大厦	沈子昌	0512-65225558	215004
信诚人寿保险有限公司苏州营销服务部	苏州市新区狮山路35号金河国际大厦8层	苏道斌	0512-68415666	215011
民生人寿保险股份有限公司苏州中心支公司	苏州市侍其巷1号4楼	江　煜	0512-65165092	215002
太平人寿保险有限公司苏州分公司	苏州市新区狮山路35号金河国际大厦15层	尚亚平	0512-68419693	215011
生命人寿保险股份有限公司苏州中心支公司	苏州市东环路1400号开元大厦10楼	黄　芳	0512-88168621	215021
国泰人寿保险有限责任公司苏州营销服务部	苏州市人民路1058号房地产大厦5楼	苏键川	0512-65120928	215002
海尔纽约人寿保险股份有限公司苏州营销服务部	苏州市干将东路566号宏盛大厦5楼	吴健国	0512-69161999	215005
光大永明人寿保险有限公司苏州营销服务部	苏州市桐泾北路26—4号统能大厦4楼	陈　钢	0512-68700311	215004
中宏人寿保险有限公司苏州营销服务部	苏州市干将路879号瑞基大厦201室	高莺娟	0512-65127508	215006
瑞福德健康保险股份有限公司苏州中心支公司	苏州市南园北路118号天和大厦2楼	黄　海	0512-65167593	215006
中德安联人寿保险有限公司苏州营销服务部	苏州市干将西路1028号1—4层	李晓刚	0512-68702990	215004
中宏人寿保险有限公司苏州营销服务部	苏州市干将东路879号201室	高莺娟	0512-65234688	215000
平安养老保险股份有限公司苏州中心支公司	苏州市干将东路566号宏盛大厦6楼	周　俊	0512-69161132	215005
华厦人寿保险股份有限公司苏州中心支公司	苏州市学士街175号	夏卫国	0512-88866328	215002
华泰人寿保险股份有限公司苏州中心支公司	苏州市道前街140—146号4楼	王苏生	0512-65128376	215002
中国人民健康保险股份有限公司苏州中心支公司	苏州市干将西路236号	杨雪宜	0512-65813608	215002
中国人民人寿保险股份有限公司苏州中心支公司	苏州市三香路825号	赵忠良	0512-68703505	215004

（续表）

机构名称	地址	负责人	电话	邮编
中意人寿保险有限公司苏州营销服务部	苏州市狮山路 88 号金河国际中心 16 楼	黄崇适	0512-68187531	215011
恒安标准人寿保险有限公司苏州营销服务部	苏州市干将西路 93 号国涛商务大厦 7 楼	岳　炜	0512-68316005	215005
金盛人寿保险有限公司苏州营销服务部	苏州市狮山路 88 号金河国际中心 27 楼	刘　勇	0512-68187988	215011
长城人寿保险股份有限公司苏州中心支公司	苏州市阊胥路 130 号金洲大厦 9 层 A4 室	孙雪兴	0512-87771001	215000
阳光人寿保险股份有限公司苏州中心支公司	苏州市高新区邓尉路 9 号润捷广场北楼 1605 室	周永华	0512-69370918	215000

5. 南通市主要金融机构

机构名称	地址	负责人	电话	邮编
中国人民银行南通市中心支行	南通市西寺路 1 号	姚　军	0513-85512128	226001
中国银行业监督管理委员会南通监管分局	南通市人民中路 27 号	周洪生	0513-85159511	226001
中国农业发展银行南通市分行	南通市青年中路 8 号	王　明	0513-85128969	226006
中国工商银行股份有限公司南通分行	南通市姚港路 8 号	刘小全	0513-83558890	226006
中国农业银行南通分行	南通市姚港路 18 号	周　建	0513-83518910	226006
中国银行股份有限公司南通分行	南通市青年西路 19 号	徐效强	0513-83516888-2018	226006
中国建设银行股份有限公司南通分行	南通市姚港路 1 号	张伟煜	0513-83559500	226006
交通银行股份有限公司南通分行	南通市人民中路 27 号	刘雅刚	0513-85058018	226001
中信银行股份有限公司南通分行	南通市北濠桥路 1 号南通大厦 C 座	陈永宏	0513-81120961	226001
上海浦东发展银行南通分行	南通市桃坞路服饰城 1 号	边道华	0513-85126501	226006
招商银行股份有限公司南通分行	南通市工农路 111 号	詹　毅	0513-81551816	226006
江苏银行股份有限公司南通分行	南通市南大街 300 号	许　雄	0513-85123018	226001
南通市市郊农村信用合作联社	南通市任港路 1 号	曹　康	0513-85525104	226006
南京银行股份有限公司南通分行	南通市跃龙路 71 号	朱　峰	0513-81128163	226001
中国邮政储蓄银行有限责任公司江苏省南通市分行	南通市人民中路 88 号	龚　毅	0813-85115189	226001
中国人民财产保险股份有限公司南通市分公司	南通市青年中路 90 号	李　旭	0513-85520997	226006
中国人寿保险股份有限公司南通市分公司	南通环西路华威园 7 号	徐展华	0513-85101053	226001
中国太平洋财产保险股份有限公司南通中心支公司	南通市人民中路 203 号中南大厦 B 座 8—10 楼	朱伯春	0513-85587859	226001
中国太平洋人寿保险股份有限公司南通中心支公司	南通市工农路 129 号	季金忠	0513-85018305	226007

（续表）

机构名称	地址	负责人	电话	邮编
中国平安财产保险股份有限公司南通中心支公司	南通市工农路155号天星大厦三楼	杨晓迪	0513-85010917	226007
中国平安人寿保险股份有限公司南通中心支公司	南通市青年东路86号	勾希光	0513-85018165	226007
天安保险股份有限公司南通中心支公司	南通市桃坞路89号莘园大厦六楼	胡熙斐	0513-85118171	226006
新华人寿保险股份有限公司南通中心支公司	南通市人民中路10号金信大厦8楼	朱　健	0513-85060188	226001
泰康人寿保险股份有限公司南通中心支公司	南通市工农路459号	程晓阳	0513-85294911	226007
大众保险股份有限公司南通中心支公司	南通市桃坞路1号浦发大厦十楼	李　坪	0513-85128995	226006
华泰财产保险股份有限公司南通中心支公司	南通市姚港路6#方天大厦6楼	孙晓强	0513-85128578	226006
中华联合财产保险股份有限公司南通中心支公司	南通市虹桥路66号	杜炳冲	0513-85158508	226006
太平保险有限公司南通中心支公司	南通市工农路129号	高　鹏	0513-85219665	226007
太平人寿保险有限公司南通中心支公司	南通市人民中路95号纺织大厦5楼	刘　峰	0513-85119312	226001
中国大地财产保险股份有限公司南通中心支公司	南通市孩儿巷南路50号13幢1—4层	李　伟	0513-85050188	226001
永安财产保险股份有限公司南通中心支公司	南通市工农路59号新景大厦2层	许文杰	0513-81552677	226007
民生人寿保险股份有限公司南通中心支公司	南通市跃龙路71号濠河名邸302室	李　军	0513-85322185	226001
华安财产保险股份有限公司南通中心支公司	南通市北濠桥路锦绣花园1店面附3室	何晓松	0513-85198918	226001
合众人寿保险股份有限公司南通中心支公司	南通市姚港路6号方天大厦3楼	杨德胜	0513-85159901	226001
安邦财产保险股份有限公司南通中心支公司	南通市人民中路95号纺织大厦7楼	吴　湛	0513-85158895	226001
阳光财产保险股份有限公司南通中心支公司	南通市桃坞路2号友谊大厦15楼	刘建平	0513-85053826	226001
生命人寿保险股份有限公司南通中心支公司	南通市青年西路208号	朱红玉	0513-85353668	226001
都邦财产保险股份有限公司南通中心支公司	南通市工农路155号天鑫大厦8楼	曹建军	0513-85350065	226006
海康人寿保险有限公司江苏分公司南通营销服务部	南通市跃龙公寓B座5楼	金　伟	0513-85524868-235	226001
嘉禾人寿保险股份有限公司江苏分公司南通营销服务部	南通市青年西路43号新海通大厦4楼	钱伟煌	0513-83542998	226006

（续表）

机构名称	地址	负责人	电话	邮编
美国友邦保险有限公司江苏分公司南通营销服务部	南通市路龙路68号跃龙公寓B座1—2楼	冯佩军	0513-85798588-71170	226001
恒安标准人寿保险有限公司江苏分公司南通营销服务部	南通市人民中路71号润友大厦3楼	陈小冬	0513-80107005	226001
光大永明人寿保险有限公司南京分公司南通营销服务部	南通市跃龙路38号国际大厦11层B座	扈小武	0513-85799666	226001
国泰人寿保险有限责任公司江苏分公司南通营销服务部	南通市环城西路16号飞马大厦4楼	林鸿志	0513-85050118-2021	226001
信诚人寿保险有限责任公司江苏分公司南通营销服务部	南通市人民东路6号王府大厦2幢6楼	王 平	0513-85065999-8081	226001
中宏人寿江苏分公司南通营销服务部	南通市跃龙路80号瑞富大厦三楼	林晓瑾	0513-85795379	226001
中银保险有限公司南通营销服务部	南通市工农路198号金唐大厦三楼	秦永东	0513-81551688	226006
中国人民健康保险股份有限公司南通营销部	南通市青年西路43号新海通大厦10楼	朱泉海	0513-81566016	226006
平安养老保险股份有限公司南通中心支公司	南通市工农路168号文峰大厦18楼	黄慧青	0513-85018075	226007
民安保险（中国）有限公司南通中心支公司	南通市人民中路20号南通大厦A座11楼	吕 祥	0513-85795588	226001
中国人寿财产保险股份有限公司南通市中心支公司	南通市青年东路7号	李亚平	0513-81551345	226008
渤海财产保险股份有限公司南通中心支公司	南通市濠西路82号华泰大厦409楼	俞小飞	0513-68608019	226001
中国人民人寿保险股份有限公司南通中心支公司	南通市青年中路90号人保大厦17楼	孙 磊	0513-80113298	226006
瑞福德健康保险有限公司江苏分公司南通营销服务部	南通市崇川区桃坞路服饰城1幢11层	赵栋华	0513-85057398	226006
正德人寿保险股份有限公司南通中心支公司	南通市姚港路38号辉煌大厦3楼	朱德友	0513-81566080	226006
华农财产保险股份有限公司南通中心支公司	南通市工农路8号华雅大厦南二楼	冯卫东	0513-81553068	226007
中英人寿保险有限公司江苏分公司南通营销服务部	南通市人民中路71号润友大厦13楼	陈 新	0513-80112652	226001
永诚财产保险股份有限公司南通中心支公司	南通市桃坞路2号	唐德林	0513-81121187	226001
阳光人寿保险股份有限公司南通中心支公司	南通市南大街290号崇川大厦三楼	葛海峰	0513-85158580	226001
华夏人寿保险股份有限公司南通中心支公司	南通市人民中路20号南通大厦A座19楼	戴 蓉	0513-85588999-86571	226001
信泰人寿保险股份有限公司南通中心支公司	南通市工农路256号鑫龙大厦5楼	王兴明	0513-68581306	226008

（续表）

机构名称	地址	负责人	电话	邮编
长安责任保险股份有限公司南通市中心支公司	南通市人民东路159号瑞景广场4号楼7楼	史昱敏	0513-80108169	226001
长城人寿保险股份有限公司南通中心支公司	南通市人民中路203号中南大厦B座17楼	徐东亚	0513-80107106	226001
安诚财产保险股份有限公司南通中心支公司	南通市青年西路208号海关大楼11楼	洪　军	0513-81567010	226001
中德安联人寿保险有限公司江苏分公司南通营销服务部	南通市工农路249号都市豪庭11楼1103室	丁建峰	0513-81181991	226007
幸福人寿保险股份有限公司南通中心支公司	南通市工农路5号亚太大厦8楼、11楼	季少伟	0513-80106822	226001
华泰人寿保险股份有限公司南通中心支公司	南通市濠西路78号汉庭酒店三楼	朱泰森	0513-89011308	226006
华泰证券股份有限公司南通姚港路证券营业部	南通市姚港路6号	汪　杰	0513-85529888	226001
华泰证券股份有限公司南通环城西路证券营业部	南通市环城西路18号飞马大厦二楼	任巧建	0513-85126773	226001
华泰证券有限责任公司南通人民中路证券营业部	南通市人民中路10号	沙　斐	0513-85123179	226001
申银万国证券股份有限公司南通南大街证券营业部	南通市青年中路58号	刘锦富	0513-85532355	226006
南京证券有限责任公司南通姚港路证券营业部	南通市姚港路10号	严子禹	0513-85127858	226001
海通证券股份有限公司南通人民中路证券营业部	南通市人民中路88号邮政大楼二楼	赵建祥	0513-85119881	226001
中山证券有限责任公司南通孩儿巷证券营业部	南通市姚港路2号鸿运大厦C座4楼	邢　程	0513-85594278	226006
广发证券股份有限公司南通城山路证券营业部	南通市青年中路9号中城大厦1—2	陈　健	0513-85116603	226001
联讯证券经纪有限责任公司南通工农路证券营业部	南通市工农路245号(成功大厦)	朱洪涛	0513-83586018	226007
金元证券股份有限公司南通青年中路证券营业部	南通市青年中路69号通明大厦A座三楼	倪建伟	0513-85051289	226006
中国建银投资证券有限责任公司南通青年西路证券营业部	南通市青年西路1号	曹培荣	0513-83558968	226006
国联证券股份有限公司南通工农路证券营业部	南通市工农路486号	李　昕	0513-85288568	226007
江苏文峰期货经纪有限责任公司	南通市环城南路128号飞马大厦三层	王胜春	0513-85529849	226001
江苏弘业期货经纪有限公司南通营业部	南通市姚港路6号方天大厦703室	汤渝江	0513-85113309	226006
国联期货有限责任公司南通营业部	南通市南大街290号崇川大厦4楼	沈　燕	0513-85587588	226001
东海期货有限责任公司南通营业部	南通市人民中路71号润友大厦6楼	周志洪	0513-80107688	226001
冠通期货经纪有限公司南通营业部	南通市姚港路6号方天大厦408室	赵国新	0513-85510711	226001

6. 扬州市主要金融机构

机　构　名　称	地　　址	负责人	电　话	邮　编
中国人民银行扬州市中心支行	扬州市文昌中路 561 号	仲　彬	0514-87935288	225009
中国银行业监督委员会扬州监管分局	扬州市扬子江中路 756 号	杨龙玉	0514-87782877	225009
江苏银行扬州分行	扬州市文昌中路 563 号	王登万	0514-87933099	225009
扬州市区农村信用合作联社(法人机构)	扬州市鸿大路 1 号	周仁山	0514-87788688	225002
中国农业发展银行扬州市分行	扬州市百祥路 20 号	朱文根	0514-82989899	225012
中国工商银行股份有限公司扬州分行	扬州市扬子江中路 656 号	顾国庆	0514-87859678	225009
中国农业银行扬州市分行	扬州市文昌西路 2 号	安丰明	0514-87863328	225000
中国银行股份有限公司扬州分行	扬州市文昌中路 541 号	仇志祥	0514-87361008	225009
中国建设银行股份有限公司扬州分行	扬州市文昌中路 100 号	杜炳兴	0514-87340515	225001
交通银行股份有限公司扬州分行	扬州市汶河北路 2 号	张启东	0514-87359111	225002
中信银行扬州分行	扬州市维扬路 171 号	徐　勇	0514-87890988	225009
招商银行扬州分行	扬州市文昌西路 12 号	庄晓梅	0514-82988601	225009
邮政储蓄银行扬州市分行	扬州市文汇西路 209 号	葛　鹏	0514-82989600	225012
华夏银行扬州支行	扬州市邗江中路 301 号	陈章棋	0514-82962818	225012
江苏邗江民泰村镇银行	扬州市兴城西路 191 号	杨　扬	0514-82681666	225009
常熟农村商业银行邗江支行	扬州市文汇西路 175 号	申忠康	0514-87996000	225009
中国人寿保险股份有限公司扬州市分公司	扬州市文昌中路 281 号	张建平	0514-87340901	225002
中国人民保险公司扬州中心支公司	扬州市文昌中路 388 号	许　波	0514-87333906	225001
中国太平洋人寿保险股份有限公司扬州中心支公司	扬州市文昌中路 542 号	葛天俊	0514-87316105	225002
中国太平洋财产保险股份有限公司扬州中心支公司	扬州市文昌中路 540 号	吴　华	0514-87331880	225002
中国平安人寿保险股份有限公司扬州中心支公司	扬州市扬子江中路 771 号	徐有林	0514-85128033	225009
中国平安财产保险股份有限公司扬州中心支公司	扬州市汶河北路 18 号	马　勇	0514-87362557	225002
中国银河证券有限责任公司扬州文昌西路证券营业部	扬州市文昌中路 561 号	胡庆林	0514-87938199	225009
华泰证券有限责任公司扬州文昌中路证券营业部	扬州市文昌中路 406 号	杨晓钟	0514-87332096	225001
招商证券股份有限公司扬州汶河北路证券营业部	扬州市汶河北路 38 号	丁达峰	0514-87346818	225002
海通证券股份有限公司扬州汶河南路证券营业部	扬州市汶河南路 69 号	薛爱东	0514-87325700	225002
新时代证券有限责任公司扬州文汇南路证券营业部	扬州市维扬路 112 号	夏亚平	0514-85101001	225009
中银万国证券股份有限公司扬州扬子江北路证券营业部	扬州市扬子江北路 136 号	吴瑞林	0514-87862988	225009
中国建银投资证券有限责任公司扬州汶河北路证券营业部	扬州市汶河北路 19 号	沈　军	0514-87318695	225002

7. 镇江市主要金融机构

机 构 名 称	地 址	负责人	电 话	邮 编
中国人民银行镇江市中心支行	镇江市中山西路 110 号	邱跃民	0511-85229277	212004
中国银行业监督管理委员会镇江监管分局	镇江市梦溪路 43 号	张宗政	0511-88982002	212003
中国农业发展银行镇江市分行	镇江市中山东路 16 号	徐素荣	0511-85032998	212300
中国工商银行股份有限公司镇江分行	镇江市解放路 308 号	周 乃	0511-85038168	212000
中国农业银行股份有限公司镇江分行	镇江市电力路 19 号	宋国云	0511-85275208	212007
中国银行股份有限公司镇江分行	镇江市京口区中山东路 235 号	王玉刚	0511-85027934	212001
中国建设银行股份有限公司镇江分行	镇江市正东路 29 号	刘 彤	0511-84434216	212003
交通银行股份有限公司镇江分行	镇江市解放路 229 号	柴卫平	0511-85082001	212001
华夏银行股份有限公司镇江分行	镇江市解放路 288 号东邦国际商务大厦 19 楼	王琪生	0511-88910990	212001
民生银行股份有限公司镇江支行	镇江市长江路 7 号地方海事大夏 1、2 层	丁 勇	0511-88916668	212001
上海浦东发展银行股份有限公司镇江支行	镇江解放路 318 号	缪志林	0511-85085088	212002
招商银行镇江分行	镇江市电力路 18 号	周建明	0511-88916889	212007
江苏银行镇江分行	镇江市正东路 28 号	眭建群	0511-85010097	212000
中国邮政储蓄银行有限责任公司江苏省镇江市分行	镇江市中山西路 65 号	刘晓波	0511-85230216	212004
镇江市农村信用合作社联合社	镇江市寿邱街 9 号	王国力	0511-85013502	212001
中国人民财产保险股份有限公司镇江市分公司	镇江市正东路 35 号	戎 军	0511-84434067	212003
中国太平洋财产保险股份有限公司镇江中心支公司	镇江市中山东路 19 号	杨宁国	0511-84433541	212003
中国平安财产保险股份有限公司镇江中心支公司	镇江市解放路 357 号 1 号楼三楼	张雪冰	0511-85037709	212003
天安保险股份有限公司镇江中心支公司	镇江市黄山北路韵成大厦 B 座 2—4 楼	周 昭	0511-85116088	21200
大众保险股份有限公司镇江中心支公司	镇江市解放路 318 号 3 楼	王宇龄	0511-85034086	212001
中华联合财产保险股份有限公司镇江中心支公司	镇江市电力路 39 号中基大厦 4 楼	刘 颖	0511-85293688	212002
永安财产保险股份有限公司镇江中心支公司	镇江市解放路 430 号 5 楼	曹 伟	0511-85371116	212001
太平财产保险有限公司镇江中心支公司	镇江市大西路 286 号同德大厦 2 楼	崔建中	0511-85282666	212002
安邦财产保险股份有限公司镇江中心支公司	镇江市邱寿街 8 号 6 楼	莫群飞	0511-85905999	212000

（续表）

机 构 名 称	地 址	负责人	电 话	邮 编
华安财产保险股份有限公司镇江中心支公司	镇江市黄山南路 2—16 号天和星城东大门右侧(疾控中心对面)	魏俊伟	0511-84490352	212002
都邦财产保险股份有限公司镇江中心支公司	镇江市解放路 22 号 2 号楼 4 楼	倪 凯	0511-85911987	212000
阳光财产保险股份有限公司镇江中心支公司	镇江市丁卯桥 108 号 2 楼	周 武	0511-88892755	212000
大地财产保险股份有限公司镇江中心支公司	镇江市电力路 30 号 7 楼	冷吉义	0511-85950001	212000
中银保险有限公司镇江中心支公司	镇江市中山西路 59 号京都大厦 11 楼	蒋金署	0511-8606117	212000
华泰财产保险股份有限公司镇江中心支公司	镇江市解放路 115 号大市口邮政局 4 楼	钱 杰	0511-85084588	212000
渤海财产保险股份有限公司镇江中心支公司	镇江市中山东路 68 号嘉源大厦 806 室	孙力宇	0511-85082789	212000
民安保险(中国)有限公司镇江中心支公司	镇江市中山东路 4 号附楼	洪 兵	0511-86110899	212000
国寿财产保险股份有限公司镇江中心支公司	镇江市黄山南路 20 号德润大厦 10 层	杨铁牛	0511-85218503	212000
安诚财产保险股份有限公司镇江中心支公司	镇江市中山东路 381 号中山大厦 7 楼	于整放	0511-85115999	212000
长安责任财产保险股份有限公司镇江中心支公司	镇江市中山东路 45 号华星大厦 15 楼(1501—1508 室)	王鸣威	0511-85118700	212000
永诚财产保险股份有限公司镇江中心支公司	镇江市解放路 288 号东邦国际大厦 9 楼	徐 斌	0511-85013988	212000
中国人寿保险股份有限公司镇江市分公司	镇江市正东路 148 号	黄 俊	0511 84415466	212003
中国太平洋人寿保险股份有限公司镇江中心支公司	镇江市中山东路 19 号	韩建玲	0511-88990705	212003
中国平安人寿保险股份有限公司镇江中心支公司	镇江市中山东路 189 号诚和大厦 13 楼	张 劼	0511-85033562	212003
新华人寿保险股份有限公司镇江中心支公司	镇江市大西路 347 号 2—3 楼	鲁勇军	0511-85294990-808	212002
泰康人寿保险股份有限公司镇江中心支公司	镇江市电力路 28 号 6 楼	孟庆飙	0511-85296301	212002
太平人寿保险股份有限公司镇江中心支公司	镇江市解放路 22 号京城大厦 3—5 楼	陆 静	0511-88989999	212000
民生人寿保险股份有限公司镇江中心支公司	镇江市中山东路 423 号邮政大厦 7 楼	凌志波	0511-85909801	212004
合众人寿保险股份有限公司镇江中心支公司	镇江市电力路 30 号(润州教育局)6 楼	袁 因	0511-85087888	212000
生命人寿保险股份有限公司镇江中心支公司	镇江市解放路 430 号 6 楼	沈兆萍	0511-85118999	212000

（续表）

机构名称	地址	负责人	电话	邮编
中宏人寿保险股份有限公司镇江营销服务部	镇江市中山东路25号京口教育大厦13楼	陈志武	0511-88989001	212000
海康人寿保险股份有限公司镇江营销服务部	镇江市中山西路100号明珠大厦611室	吴 均	0511-85214568	212000
嘉禾人寿保险股份有限公司镇江营销服务部	镇江市中山西路98号外贸大厦10楼	鄢鸿军	0511-85936901	212000
华夏人寿保险股份有限公司镇江中心支公司	镇江市运河路4号南1—6楼	严建俊	0511-85117099	212000
平安养老保险股份有限公司镇江中心支公司	镇江市中山东路189号诚和大厦14楼	戴 漪	0511-85033564	212000
国泰人寿保险股份有限公司镇江营销服务部	镇江市大西路120号(建行3楼)	陈炜权	0511-85226538-2200	212000
正德人寿保险股份有限公司镇江中心支公司	镇江市望京天地二楼	唐 钢	0511-85930090	212000
长城人寿保险股份有限公司镇江中心支公司	镇江市大西路286号(中行3楼)	董静波	0511-85931101	212000
阳光人寿保险股份有限公司镇江中心支公司	镇江市梦溪路2号船院空调二楼	陈 艳	0511-84436228	212000
华泰人寿保险股份有限公司镇江中心支公司	镇江市解放路68号内	张国清	0511-85221978	212000
信泰人寿保险股份有限公司镇江中心支公司	镇江市电力路39号中基大厦5楼	徐 国	0511-85907888	212000
中国人民人寿保险股份有限公司镇江市分公司	镇江市中山东路45号701(7楼A座)	赵世界	0511-85959777	212000
华泰证券股份有限公司镇江营业部	镇江市中山东路4号	袁红彬	0511-85037090	212001
申银万国证券股份有限公司镇江营业部	镇江市中山东路28号	王 劲	0511-85032138	212001
安信证券股份有限公司镇江营业部	镇江市中山东路189号2楼	陈国兴	0511-85023108	212001
南京证券股份有限公司镇江营业部	镇江市中山东路288—1号	王曙福	0511-85248167	212001
国联证券股份有限公司镇江南门大街证券营业部	镇江市南门大街269号	朱向明	0511-84428548	212000

8. 泰州市主要金融机构

机构名称	地址	负责人	电话	邮编
中国人民银行泰州市中心支行	泰州市海陵南路319号	贾 拓	0523-86836933	225300
中国银行业监督管理委员会泰州银监分局	泰州市五一路121号	戴玉明	0523-86392800	225300
泰州市保险行业协会	泰州市青年南路157号	戴 群	0523-82098578	225300
中国工商银行股份有限公司泰州分行	泰州市青年北路168号	周汇林	0523-86225108	225300
中国农业银行泰州市分行	泰州市青年南路56号	陈杏梅	0523-86896288	225300

（续表）

机构名称	地址	负责人	电话	邮编
中国银行股份有限公司泰州分行	泰州市青年路128号	刘乐浩	0523-86230388	225300
中国建设银行股份有限公司泰州分行	泰州市五一路79号	沈　康	0523-86611585	225300
交通银行股份有限公司泰州分行	泰州青年北路151号	姚　桢	0523-86225078	225300
中国农业发展银行泰州市分行	泰州市人民西路20号	孟凡庭	0523-86210491	225300
中信银行股份有限公司泰州分行	泰州市青年路39号	宋建中	0523-86230998	225300
南京银行股份有限公司泰州分行	泰州市五一路80号	陈　俊	0523-86392988	225300
江苏银行泰州分行	泰州市东进东路10号	封　林	0523-86392001	225300
邮政储蓄银行泰州分行	泰州市东进西路7号B楼	唐安乐	0523-86999600	225308
上海浦东发展银行靖江工业园区支行	靖江市江阳路2号	李　冰	0523-84809522	214500
江苏海阳农村合作银行	泰州市青年路52号	陈　飞	0523-86239100	225300
江苏靖江农村商业银行	靖江市骥江路179号	刘友余	0523-84826628	214500
泰兴市农村信用合作联社	泰兴市国庆西路88号	施正山	0523-87627000	225400
江苏姜堰农村合作银行	姜堰市人民路46号	洪其华	0523-88289829	225500
江苏兴化农村合作银行	兴化市五里东路2号金融大厦602室	王文林	0523-83328828	225700
江苏长江城市商业银行	靖江市骥江西路359号	朱惠建	0523-84891001	214500
中国人民财产保险股份有限公司泰州市分公司	泰州市凤凰东路80号	石卫星	0523-86893318	225300
中国人寿保险股份有限公司泰州市分公司	泰州市人民西路28号	盛尔群	0523-86211609	225300
中国太平洋财产保险股份有限公司泰州中心支公司	泰州市鼓楼南路557号	吴　熊	0523-86364468	225300
中国太平洋人寿保险股份有限公司泰州中心支公司	泰州市鼓楼南路559号	王晓明	0523-86363133	225300
中国平安财产保险股份有限公司泰州中心支公司	泰州市迎春西路69号	龚有喜	0523-86333456	225300
中国平安人寿保险股份有限公司泰州中心支公司	泰州市迎春西路69号	冯　波	0523-86335918	225300
天安保险股份有限公司泰州中心支公司	泰州市海陵南路389号	胥新斌	0523-86850210	225300
新华人寿保险股份有限公司泰州中心支公司	泰州市青年路52号	朱金海	0523-86216200	225300
泰康人寿保险股份有限公司泰州中心支公司	泰州市青年路63号	陈正春	0523-82098700	225300
中华联合财产保险公司泰州中心支公司	泰州市鼓楼北路1号	盛　茂	0523-86231689	225300
中国大地财产保险股份有限公司泰州中心支公司	泰州市鼓楼南路315号	赵富洋	0523-86395895	225300
民生人寿保险股份有限公司泰州营销服务部	泰州市青年北路65号	冯　雷	0523-86392355	225300
永安财产保险股份有限公司泰州中心支公司	泰州市海陵南路315号	孙　辉	0523-86392666	225300
华安财产保险股份有限公司泰州中心支公司	泰州市凤凰东路68号	井　荣	0523-86892910	225300
太平人寿保险有限公司泰州中心支公司	泰州市鼓楼北路2号	郑付兰	0523-82127866	225300
生命人寿保险股份有限公司泰州中心支公司	泰州市鼓楼南路318号	冯　俊	0523-82111988	225300

（续表）

机构名称	地址	负责人	电话	邮编
安邦财产保险股份有限公司泰州中心支公司	泰州市人民西路10号	黄斌	0523-86395680	225300
合众人寿保险股份有限公司泰州中心支公司	泰州市青年北路219号金贸大厦8楼	秦绍文	0523-86236996	225300
阳光财产保险股份有限公司泰州中心支公司	泰州市梅兰东路33号	孙晓明	0523-86896888	225300
都邦财产保险公司泰州中心支公司	泰州市海陵南路319号人行北1楼	夏万友	0523-82909999	225300
国寿财产保险股份有限公司泰州市中心支公司	泰州市江洲南路115号	陈家悦	0523-86998688	225300
华泰财产保险股份有限公司泰州中心支公司	泰州市东进西路95号	薛来勤	0523-82088901	225300
美国友邦保险股份有限公司泰州营销服务部	泰州市青年北路58号	王伟	0523-86216508	225300
渤海财产保险股份有限公司泰州中心支行公司	泰州市迎春西路二楼21号	袁军	0523-86998777	225300
信泰人寿保险股份有限公司泰州营销服务部	泰州市鼓楼北路1号泰州书城5楼	周红	0523-86998228	225300
太平财产保险有限公司泰州中心支公司	泰州市海陵南路628号	姚小龙	0523-82780555	225300
民安保险(中国)有限公司泰州中心支公司	泰州市迎春西路59号	冯雷	0523-86392355	225300
中国人民健康保险股份有限公司泰州中心支公司	泰州市海陵南路47号	树华	0523-82190999	225300
国泰人寿保险有限责任公司江苏分公司泰州营销服务部	泰州市青年北路5楼58号	张嘉明	0523-86998966	225300
中银保险股份有限公司泰州中心支公司	泰州市人民西路6号三楼	吴建	0523-86998622	225300
华夏人寿保险股份有限公司泰州中心支公司	泰州市税东街9号	耿海鹭	0523-82107099	225300
嘉禾人寿保险股份有限公司江苏分公司泰州营销服务部	泰州市青年北路195号301	王杜	0523-82789066	225300
阳光人寿保险股份有限公司泰州中心支公司	泰州市东进路金鹰G7写字楼3楼	陈平	0523-86390666	225300
华泰人寿股份有限公司泰州中心支公司	泰州市东进路索奥宾馆8楼	张树本	0523-88050691	225300
长安责任财产保险股份有限公司泰州中心支公司	泰州市江洲南路90号	张年华	0523-82121069	225300
长城人寿保险股份有限公司泰州中心支公司	泰州市海陵区坡子街2单元606、607室	刘宏卫	0523-86156633	225300
华泰证券股份有限公司泰州青年路营业部	泰州市迎春西路22号	李达斌	0523-86234237	225300
华泰证券股份有限公司泰州鼓楼路营业部	泰州市鼓楼北路11—1号	周德洪	0523-86242500	225300
中信建投证券股份有限公司泰州营业部	泰州市青年北路26—8号	郑家智	0523-86215166	225300
海通证券股份有限公司泰州营业部	泰州市鼓楼南路313号	乔雷璋	0523-86890755	225300
长江证券股份有限公司泰州迎春西路证券营业部	泰州市海陵区59号	王勇	0523-86998099	225300
上海申银万国证券股份有限公司靖江营业部	靖江市骥江路160号	王积强	0523-4834066	214500
东吴证券股份有限公司泰州营业部	泰州市海陵区海陵南路360—6号	秦国军	0523-86313068	225300
上海申银万国证券股份有限公司泰兴营业部	泰兴市长征路99号	徐志凤	0523-87650123	225400
华泰证券股份有限公司姜堰营业部	姜堰市东大街23号	张英黎	0523-88209518	225500
中信建投证券股份有限公司兴化营业部	兴化市建设路113号	黄志军	0523-83224099	225700

三、2009年浙江省金融机构名录

1. 杭州市主要金融机构

机构名称	地址	负责人	电话	邮编
中国人民银行杭州中心支行	杭州市延安路149号	刘仁伍	0571-87686688	310001
中国银行业监督管理委员会浙江监管局	杭州市解放路187号	杨小苹	0571-87189900	310001
中国证券监督管理委员会浙江监管局	杭州市文三路90号东部软件园1号楼3楼	王宝桐	0571-88473323	310012
中国保险监督管理委员会浙江监管局	杭州市体育场路105号凯喜雅大厦12楼	吴勉坚	0571-85777751	310004
中国农业发展银行浙江省分行	杭州市建国北路283号	王玉高	0571-87299111	310003
国家开发银行浙江省分行	杭州市环城西路108号	徐勇	0571-85786055	310006
中国进出口银行浙江省分行	杭大路9号聚龙大厦西楼15楼	陈筱敏	0571-87851888	310007
中国工商银行股份有限公司浙江省分行	杭州市中河中路150号	徐新桥	0571-87803888	310009
中国农业银行浙江省分行	杭州市长庆街55号	赵忠世	0571-87226000	310003
中国银行股份有限公司浙江省分行	杭州市凤起路321号	陈石	0571-85011888	310003
中国建设银行股份有限公司浙江省分行	杭州市体育场路288号	余静波	0571-85313228	310003
中国华融资产管理公司杭州办事处	杭州市清泰街499号金隆花园	胡英	0571-87836709	310009
中国长城资产管理公司杭州办事处	杭州市邮电路23号	张范全	0571-85167890	310006
中国东方资产管理公司杭州办事处	杭州市庆春路225号西湖时代广场5楼	章建新	0571-87163173	310006
中国信达资产管理公司杭州办事处	杭州市延安路528号标力大厦B座12楼	涂咸阳	0571-85774692	310006
浙商银行股份有限公司	杭州市庆春路288号	龚方乐	0571-87659090	310006
浙江省农村信用社联合社	杭州市环城北路292号	姚世新	0571-85866910	310006
交通银行股份有限公司浙江省分行	杭州市庆春路173号	俞炯玲	0571-87216012	310006
中信银行股份有限公司杭州分行	杭州市延安路88号	王利亚	0571-87032888	310002
上海浦东发展银行股份有限公司杭州分行	杭州市延安路129号	杨绍红	0571-87366688	310002
华夏银行股份有限公司杭州分行	杭州市庆春路73号	杨素法	0571-87239000	310003
招商银行股份有限公司杭州分行	杭州市杭大路23号	朱建新	0571-87395500	310007
广东发展银行股份有限公司杭州分行	杭州市延安路516号	金海腾	0571-87019888	310006
深圳发展银行股份有限公司杭州分行	杭州市庆春路36号	袁振瑜	0571-87224888	310003
中国民生银行股份有限公司杭州分行	杭州市庆春路25号远洋大厦	顾立辉	0571-87239790	310009

（续表）

机构名称	地址	负责人	电话	邮编
兴业银行股份有限公司杭州分行	杭州市庆春路40号	官恒秋	0571-87037999	310003
中国光大银行股份有限公司杭州分行	杭州市庆春路200号	郑学筠	0571-87895358	310006
恒丰银行股份有限公司杭州分行	杭州市建国北路639号	杨林茂	0571-85086006	310004
渤海银行股份有限公司杭州分行	杭州市延安路468号浙江外经贸广场B座9—10楼	姜乳云	0571-28119999	310006
中国邮政储蓄银行有限责任公司浙江省分行	杭州市百井坊巷87号	王雄飞	0571-87335033	310003
杭州银行股份有限公司	杭州市庆春路46号	吴太普	0571-85109707	310003
宁波银行股份有限公司杭州分行	杭州市保俶路146号	贝　瑜	0571-87205966	310007
温州银行股份有限公司杭州分行	杭州市仙林桥直街3号	金建康	0571-87338001	310003
浙江稠州商业银行股份有限公司杭州分行	杭州市建国中路68号	屠　整	0571-87137788	310009
浙江民泰商业银行股份有限公司杭州分行	杭州市莫干山路501号	何世泉	0571-87209665	310005
浙江泰隆商业银行股份有限公司杭州分行	杭州市中河中路198号	郑君京	0571-88333777	310006
上海银行股份有限公司杭州分行	杭州市庆春路138号	叶继雄	0571-87560219	310003
北京银行股份有限公司杭州分行	杭州市庆春东路78号	蒋增浩	0571-81998205	310016
平安银行股份有限公司杭州分行	杭州市教工路18号世贸丽晶城A区11楼	章国华	0571-88933000	310012
杭州联合农村合作银行	杭州市中山北路288号	张　晨	0571-87923272	310003
三井住友银行(中国)有限公司杭州分行	杭州市庆春路118号嘉德广场23楼	柴田学	0571-28891111	310003
东亚银行(中国)有限公司杭州分行	杭州市庆春路228—230号	麦子平	0571-89812288	310003
汇丰银行(中国)有限公司杭州分行	杭州市庆春路136号广利大厦15A层	黄　平	0571-87249898	310003
花旗银行(中国)有限公司杭州分行	杭州市庆春路118号嘉德广场13楼	窦淑芳	0571-87229088	310003
恒生银行(中国)有限公司杭州分行	杭州市庆春路151—1号瑞丰国际商务大厦首层	谢世铿	0571-87296178	310003
渣打银行(中国)有限公司杭州分行	杭州市庆春路151号瑞丰国际商务大厦A2、A3、B2、B3	吴　鹏	0571-87365288	310003
南洋商业银行(中国)有限公司杭州分行	杭州市庆春路195—1号	邓淑萍	0571-87038080	310003
中投信托有限责任公司	杭州市教工路18号世贸丽晶城A座18、19层	叶　星	0571-85069326	310012
浙江省工商信托投资股份有限公司	杭州市体育场路429号	胡子南	0571-85807853	310006
杭州工商信托股份有限公司	杭州市庆春路136号广利大厦25层	郑向炜	0571-87218033	310003
华融金融租赁股份有限公司	杭州市曙光路122号世贸中心A座六、七楼	胡继良	0571-87950988	310007
万向财务有限公司	杭州市庆春路225号西湖时代广场7楼	傅志芳	0571-87163333	310006
浙江省能源集团财务有限责任公司	杭州市环城北路华浙广场9楼	杨剑雄	0571-86669990	310006

（续表）

机构名称	地址	负责人	电话	邮编
中信金通证券有限责任公司	杭州市滨江区江南大道558号恒鑫大厦主楼19、20层	刘　军	0571-85783737	310053
浙商证券有限责任公司	杭州市杭大路1号黄龙世纪广场A区6楼	吴承根	0571-87901963	310007
财通证券有限责任公司	杭州市解放路111号金钱大厦	沈继宁	0571-87828088	310009
中国人民财产保险股份有限公司浙江省分公司	杭州市中河中路66—68号	华美春	0571-87810888	310009
中国太平洋财产保险股份有限公司浙江分公司	杭州市庆春路196号	车平华	0571-87230051	310006
中国平安财产保险股份有限公司浙江分公司	杭州市教工路88号立元大厦8楼	尤程明	0571-88381818	310005
中华联合财产保险股份有限公司浙江分公司	杭州市湖墅南路505号中华保险大厦15楼	胡拥军	0571-88391596	310005
天安保险股份有限公司浙江省分公司	杭州市庆春路25—29号远洋大厦19楼	毛惠春	0571-87041888	310009
大众保险股份有限公司浙江分公司	杭州市解放路89号星河商务大厦10楼	金国兴	0571-88078999	310009
中国大地财产保险股份有限公司浙江分公司	杭州西湖大道35号万新大厦1号楼11楼	舒文跃	0571-87000188	310009
华泰财产保险股份有限公司浙江省分公司	杭州市庆春东路66号庆春发展大厦B座15楼	吴立强	0571-87238300	310008
太平保险有限公司浙江分公司	杭州市庆春路136号广利大厦15楼	黄寿山	0571-28811000	310003
华安财产保险股份有限公司浙江分公司	杭州市天目山路7号东海创意中心大厦15楼	廖小卫	0571-87168888	310007
永安财产保险股份有限公司浙江分公司	杭州市体育场路498号浙江省地质勘察局地勘大楼5、6层	黄晓燕	0571-85789659	310007
安邦财产保险股份有限公司浙江分公司	杭州市建国北路639号华源发展大厦19楼	董　悦	0571-85780832	310004
都邦财产保险股份有限公司浙江分公司	杭州市体育场路105号凯喜雅大厦14楼	顾大庆	0571-28006720	310004
天平汽车保险股份有限公司浙江分公司	杭州市教工路88号立元大厦5楼	陈志斌	0571-28809111	310012
中银保险有限公司浙江分公司	杭州市西湖大道58号金隆花园华顺大厦5楼	张伟宁	0571-85011100	310009
阳光财产保险股份有限公司浙江省分公司	杭州市新塘路33号三新大厦14楼	费一飞	0571-87680399	310020
民安保险(中国)有限公司浙江分公司	杭州市天目山路159号现代国际大厦B座12楼	郑剑波	0571-87669121	310007
渤海财产保险股份有限公司浙江省分公司	杭州市滨江区江南大道558号恒鑫大厦4楼	葛煜国	0571-28992555	310052
中国人寿财产保险股份有限公司浙江省分公司	杭州市青春坊33幢18楼	施建峰	0571-87216466	310003

（续表）

机 构 名 称	地 址	负责人	电 话	邮 编
安诚财产保险股份有限公司浙江省分公司	杭州市新塘路19号采荷嘉业大厦5幢10楼	钱心葵	0571-88110000	310016
永诚财产保险股份有限公司浙江分公司	杭州市湖墅南路186号丽阳国际商务中心19—20层	郭 浪	0571-28002888	310005
长安责任保险股份有限公司浙江省分公司	杭州市凯旋路445号物产国际广场22楼	杨锡忠	0571-28110808	310020
安信农业保险股份有限公司浙江分公司	杭州市上塘路50—4号	周 立	0571-28112858	310014
中国出口信用保险公司浙江分公司	杭州市延安路528号标力大厦B座25层	钱水凤	0571-28036700	310006
中国人寿保险股份有限公司浙江省分公司	杭州市中河中路80号	祝 平	0571-87216401	310007
中国太平洋人寿保险股份有限公司浙江分公司	杭州西湖大道35号万新大厦1号楼	张鸣放	0571-87224949	310006
中国平安人寿保险股份有限公司浙江分公司	杭州市环城北路208号坤和中心11楼	崔龚英	0571-87556600	310006
泰康人寿保险股份有限公司浙江分公司	杭州市下城区仙林桥直街3号仙林大厦9层	汪 刚	0571-85802112	310003
新华人寿保险股份公司浙江分公司	杭州市中河中路216号平海国际大厦4楼	陈国平	0571-87235369	310003
太平人寿保险有限公司浙江分公司	杭州市庆春路136号广利大厦裙楼5楼	黄朝辉	0571-28889696	310003
民生人寿保险股份有限公司浙江分公司	杭州市潮王路225号红石中央大厦18层	田 安	0571-85389504	310005
光大永明人寿保险有限公司杭州分公司	杭州市杭大路15号嘉华国际商务中心802室	司存伟	0571-87858398	310007
中宏人寿保险有限公司浙江分公司	杭州市黄龙路5号恒励大厦2楼	林继平	0571-28023322	310007
华泰人寿保险股份有限公司浙江分公司	杭州市中河南路11号万凯商务楼B座	金国民	0571-28009160	310008
中德安联人寿保险有限公司浙江分公司	杭州市庆春路118号嘉德广场10楼	赵卫国	0571-28906161	310003
中国人民健康保险股份有限公司浙江分公司	杭州市延安路466号省外经贸大楼11楼	赵 波	0571-28918898	310006
合众人寿保险股份有限公司浙江分公司	杭州市中河中路222号平海国际大厦17楼	金丹颂	0571-28907766	310003
信诚人寿保险有限公司浙江省分公司	杭州市凤起路96号之俊大厦23楼	茅重远	0571-28065118	310003
长生人寿保险有限公司浙江分公司	杭州市庆春路136号广利大厦15B	徐 良	0571-28035888	310003
中国人民健康保险股份有限公司浙江省分公司	杭州市庆春东路68号杭州汽轮国际大厦A座9楼	廖定进	0571-28118888	310020
平安养老保险股份有限公司浙江分公司	杭州市延安路398号省二轻大厦5楼	何 方	0571-85776870	310006

（续表）

机构名称	地址	负责人	电话	邮编
海康人寿保险有限公司浙江分公司	杭州市西溪路128号金鼎广场西侧新湖商务大楼4楼	冯伟琦	0571-28894868	310007
生命人寿保险股份有限公司浙江分公司	杭州市庆春路118号嘉德广场15楼	沈江明	0571-28867766	310003
嘉禾人寿保险股份有限公司浙江分公司	杭州市延安路528号标力大厦9楼	徐济东	0571-85175999	310006
招商信诺人寿保险有限公司浙江分公司	杭州市杭大路15号嘉华国际商务中心510室	万晓梅	0571-87168790	310007
国泰人寿保险有限责任公司浙江分公司	杭州市建国北路658号海华广场23楼	王政传	0571-28039899	310004
正德人寿保险股份有限公司浙江分公司	杭州市庆春路137号华都大厦15楼	张传林	0571-87232168	310003
国华人寿保险股份有限公司浙江分公司	杭州市河坊街60号卫监局四层	张志明	0571-28116000	310009
联泰大都会人寿保险有限公司浙江分公司	杭州市中河中路258号瑞丰国际商务大厦27楼	陈连荣	0571-87799688	310003
阳光人寿保险股份有限公司浙江分公司	杭州市庆春路26号发展大厦12楼	王晓明	0571-87563153	310009
太平养老保险股份有限公司浙江分公司	杭州市延安路468号省外经贸大厦B座2楼	张　杰	0571-28889696	310006
英大泰和人寿保险股份有限公司浙江分公司	杭州市教工路88号立元大厦10楼	季建文	0571-51212003	310012
瑞泰人寿保险有限公司浙江分公司	杭州市体育场路105号凯喜雅大厦13楼	洪罕群	0571-28068606	310004
浙商财产保险股份有限公司	杭州市密渡桥路1号浙商时代大厦15—18层	张忠继	0571-28191000	310005
信泰人寿保险股份有限公司	杭州市定安路68号定安名都商务大厦	郑秋根	0571-87116666	310002
三井住友海上火灾保险公司杭州代表处	杭州市杭大路15号1707	鞠惠艳	0571-87652851	310007
日本东京海上日动火灾保险公司杭州代表处	杭州市杭大路15号嘉华国际商务中心308室	王　婷	0571-87041998	310007

2. 宁波市主要金融机构

机构名称	地址	负责人	电话	邮编
中国人民银行宁波市中心支行	宁波市江东北路138号	殷兴山	0574-87058147	315040
中国银行业监督管理委员会宁波监管局	宁波市江东北路138号	凌　敢	0574-87978012	315040
中国证券监督管理委员会宁波监管局	宁波市药行街139号中国银行大厦	吕逸君	0574-87196666	315000
中国保险监督管理委员会宁波监管局	宁波市兴宁路47号宁大商务中心	邓俊辉	0574-87848525	315040

（续表）

机构名称	地址	负责人	电话	邮编
中国农业发展银行宁波市分行	宁波市灵桥路255号中宁大厦	王全来	0574-87269177	315000
国家开发银行宁波市分行	宁波市海曙区镇明路36号中信银行大厦22—26层	樊立新	0574-83872104	315000
中国工商银行宁波市分行	宁波市中山西路218号	周志方	0574-87361135	315010
中国农业银行宁波市分行	宁波市中山东路518号	姜瑞斌	0574-87363537	315040
中国银行宁波市分行	宁波市药行街139号	钱建忠	0574-87196666	315000
中国建设银行宁波市分行	宁波市广济街31号	刘丽华	0574-87313888	315010
交通银行宁波分行	宁波市中山东路55号	熊克宁	0574-87363921	315000
上海浦东发展银行宁波分行	宁波市江厦街21号	楼戈飞	0574-87268111	315000
兴业银行宁波分行	宁波市中兴路676号	黄忠斌	0574-87733333	315040
中国光大银行宁波分行	宁波市江东区福明路828号恒富大厦9楼	杨　明	0574-87300888	315040
深圳发展银行宁波分行	宁波市江东北路138号	洪　卉	0574-87715167	315040
招商银行宁波分行	宁波市百丈东路938号	王　麟	0574-87015500	315040
中信银行宁波分行	宁波市镇明路36号	夏年炉	0574-87733226	315040
中国民生银行宁波分行	宁波市江东民安路348号	方海良	0574-87260600	315010
广东发展银行宁波分行	宁波市灵桥路473号	王天云	0574-87190099	315000
浙商银行宁波分行	宁波市中山西路88号	张叶艺	0574-87269296	315010
华夏银行宁波分行	宁波市江东百丈东路787号利时大厦	魏开文	0574-87976666	315040
中国邮政储蓄银行宁波市分行	宁波市江北区桃渡路120号	陈建宏	0574-87363789	315020
宁波银行	宁波市中山东路294号	陆华裕	0574-87050028	315040
上海银行宁波分行	宁波市江东区朝晖路1号	沈业贵	0574-87300895	315040
包商银行宁波分行	宁波市百丈东路883—885号君悦花园1幢1—4层	陈立平	0574-87816710	315040
临商银行宁波分行	宁波市江东区沧海路1918号上东商务中心C座3幢1—2层	卢立富	0574-87860199	315040
浙江泰隆商业银行宁波分行	宁波市江东区中山东路437—439号	颜利红	0574-87861100	315040
杭州银行宁波分行	宁波市惊驾路598—622号	邵为民	0574-27991101	315040
温州银行宁波分行	宁波市江东区世纪大道北段555—1号温州银行大厦	张志勇	0574-87860999	315040
浙江民泰商业银行宁波分行	宁波市鄞州区钱湖北路942号	董　明	0574-82807028	315100
象山国民村镇银行	宁波市象山石浦镇金山路浦港茗都街面15号	马亚芬	0574-65981238	315731
慈溪民生村镇银行	慈溪市周巷镇兴业北路1号	黄敏军	0574-63336001	315324
宁波国际银行	宁波市中山东路280号	黄鹏年	0574-87371313	315040
协和银行有限公司	宁波市江东北路138号	洪建远	0574-87729968	315040
恒生银行(中国)有限公司宁波分行	宁波市海曙药行街77—81号都市仁和首层	邓汉英	0574-83876888	315000

（续表）

机构名称	地址	负责人	电话	邮编
汇丰银行(中国)有限公司宁波分行	宁波市彩虹北路50号波特曼中心C座	曹 磊	0574-87059000	315040
中国人民财产保险股份有限公司宁波市分公司	宁波市大来街50号	毛寄文	0574-87196111	315000
中国太平洋财产保险股份有限公司宁波分公司	宁波市和义路95号	张 渝	0574-87261666	315010
中国平安财产保险股份有限公司宁波分公司	宁波市开明街396号	朱国平	0574-87281888	315000
中国出口信用保险公司宁波分公司	宁波市江厦街21号浦发大厦14楼	陈小萍	0574-87341066	315000
大众保险股份有限公司宁波分公司	宁波市宁穿路757号	陈燕平	0574-87300911	315040
天安保险股份有限公司宁波分公司	宁波市江东区民安路1018号新天地东区1号楼12层	许甬闰	0574-87897998	315040
中华联合财产保险股份有限公司宁波分公司	宁波市江东区桑田路643号	周 波	0574-87811582	315040
中国大地财产保险股份有限公司宁波分公司	宁波市江东区朝晖路17号汉通大厦9—10楼	吕家麒	0574-27860006	315040
华安财产保险股份有限公司宁波分公司	宁波市百丈东路711弄2号金都大厦7楼	林 峰	0574-27819090	315040
安邦财产保险股份有限公司宁波分公司	宁波市海曙区灵桥路255号中宁大厦18楼	余煜忠	0574-27861666	315000
永安财产保险股份有限公司宁波中心支公司	宁波市江东新天地东区9幢11—12层	许继革	0574-27882800	315040
天平汽车保险股份有限公司宁波中心支公司	宁波市灵桥路255号中宁大厦20楼	蒋 蓉	0574-87300924	315000
华泰财产保险股份有限公司宁波分公司	宁波市蓝天路9号凯悦商务大厦12层	宋正光	0574-27890011	315000
阳光财产保险股份有限公司宁波市分公司	宁波市江东区江南路39号A座3楼	缪君秋	0574-27896657	315016
渤海财产保险股份有限公司宁波分公司	宁波市天童北路933号和邦大厦主楼3楼	陈 峰	0574-28882229	315192
中银保险有限公司宁波中心支公司	宁波市药行街139号中银大厦2701室	李孟光	0574-27866668	315000
都邦财产保险股份有限公司宁波分公司	宁波市人民路132号银亿外滩大厦22楼	陈 飞	0574-87656807	315020
民安保险(中国)有限公司宁波中心支公司	宁波市天童北路933号和邦大厦A座8楼	周孟国	0574-83051823	315192
太平保险有限公司宁波分公司	宁波市镇明路36号中信银行大厦18楼	奚志敏	0547-27891819	315000
安诚保险股份有限公司宁波分公司	宁波市鄞县大道1299号鄞州商会大厦南楼5楼	王春生	0574-83089599	315000
长安责任保险股份有限公司宁波中心支公司	宁波市中山西路文昌街2号文昌大酒店8楼	莫亦军	0574-28872912	315000

（续表）

机构名称	地址	负责人	电话	邮编
中国人寿财产保险股份有限公司宁波市中心支公司	宁波市府桥街3号恒隆中心北裙楼	叶劲松	0574-83892520	315000
浙商财产保险股份有限公司宁波中心支公司	江北区新马路97号	栗茂文	0574-27991906	315020
中国人寿保险股份有限公司宁波市分公司	宁波市解放南路65号	张忠平	0574-87290125	315010
中国太平洋人寿保险股份有限公司宁波分公司	宁波市和义路95号	陈兴土	0574-27876688	315010
中国平安人寿保险股份有限公司宁波分公司	宁波市开明街396号	韩　晓	0574-87289886	315000
泰康人寿保险股份有限公司宁波分公司	宁波市和义路168号万豪中心10—11层	包嘉懿	0574-87036688	315020
新华人寿保险股份有限公司宁波分公司	宁波市海曙区车桥街69号恒泰大厦12—13楼	胡柏保	0574-87278721	315010
太平人寿保险有限公司宁波分公司	宁波市海曙区中山西路2号恒隆中心4—6楼	罗国华	0574-87710888	315040
民生人寿保险股份有限公司宁波中心支公司	宁波市百丈东路886号万金大厦8楼	汪　锋	0574-27879016	315000
中宏人寿保险有限公司宁波分公司	宁波市东渡路55号华联大厦11楼	夏邦于	0574-87073322	315000
生命人寿保险股份有限公司宁波分公司	宁波市彩虹南路11号嘉汇国贸大厦A座6层人事综合部	杨先聪	0574-27879071	315000
中德安联人寿保险有限公司浙江分公司宁波营销服务部	宁波市南站东路16号月湖银座18—10室	孙　鑫	0574-87300925	315040
光大永明人寿保险有限公司宁波营销服务部	宁波市百丈路158号世纪经贸大厦6楼609室	石俊虎	0574-87300926	315040
合众人寿保险股份有限公司宁波中心支公司	宁波市药行街169号亚西亚A座5楼8501室	俞永明	0574-27897773	315000
平安养老保险股份有限公司宁波分公司	宁波市开明街396号平安大厦15楼	张　强	0574-87689921	315000
信诚人寿保险有限公司浙江省分公司宁波营销服务部	宁波市江东区朝晖路17号11—1室	徐建华	0574-27709770	315040
国泰人寿保险有限责任公司浙江分公司宁波	宁波市和义路77号汇金大厦305—308室	郑迪华	0574-27892888	315010
嘉禾人寿保险股份有限公司宁波分公司	宁波市百丈东路886号万金大厦3楼	岑必成	0574-87886699	315040
海康人寿保险有限公司浙江分公司宁波营销服务部	宁波市百丈东路787号利时大厦B801室	王　辉	0574-27784866	315040
联泰大都会人寿保险有限公司浙江分公司宁波营销服务部	宁波市中山西路布政巷科技创业大厦12楼	朱胜春	0574-87687368	315000
中国人民人寿保险股份有限公司宁波市分公司	宁波市中山西路布政巷科技创业大厦9楼	谢海平	0574-83880204	315000

（续表）

机　构　名　称	地　　址	负责人	电　话	邮　编
阳光人寿保险股份有限公司宁波中心支公司	宁波市中山西路布政巷科技创业大厦 8 楼	王　霆	0574-83880687	315000
信泰人寿保险股份有限公司宁波中心支公司	宁波市中山东路 137 号红帮大厦 7 楼	冯静萍	0574-83899519	315010
浙江省农村信用社联合社宁波办事处	宁波市环城北路西段 555 号	张初础	0574-87201299	315016
象山县绿叶城市信用社有限责任公司	宁波市象山县丹城天安路 153—161 号	刘　元	0574-65656155	315700
昆仑信托有限责任公司	宁波市江东北路 138 号	王　亮	0574-87031734	315010
华融金融租赁股份有限公司宁波分公司	宁波市江东区东郊路 8 弄 10 号	徐高峰	0574-87734510	315040

3. 嘉兴市主要金融机构

机　构　名　称	地　　址	负责人	电　话	邮　编
中国人民银行嘉兴市中心支行	嘉兴市文昌路 426 号	王中佳	0573-82166101	314001
中国银行业监督管理委员会嘉兴监管分局	嘉兴市秀洲区新平路 21 号	凌　华	0573-82068288	314031
中国工商银行嘉兴市分行	嘉兴市禾兴南路 269 号	沈　忻	0573-82168999	314001
中国农业银行嘉兴市分行	嘉兴市斜西街 383 号	裘少士	0573-82051888	314001
中国银行嘉兴市分行	嘉兴市中山路 56 号	陶灵富	0573-82051288	314001
中国建设银行嘉兴市分行	嘉兴市紫阳街 198 号	沈建明	0573-82032222	314001
农业发展银行嘉兴市分行	嘉兴市洪兴西路南 1 号	孙跃旗	0573-82720788	314001
交通银行嘉兴分行	嘉兴市中山西路 236 号	肖　亮	0573-82054567	314031
中信银行嘉兴分行	嘉兴市中山路 111 号	朱　进	0573-82096222	314001
上海浦东发展银行嘉兴分行	嘉兴市环城西路东菱天官坊 3 号楼	宋　斌	0573-82092128	314001
兴业银行嘉兴支行	嘉兴市城东路 83 号	周金国	0573-82039901	314001
招商银行嘉兴支行	嘉兴市中山西路 253 号	常建梁	0573-82779888	314001
浙商银行嘉兴支行	嘉兴市梅弯街 1 号	史建明	0573-82038001	314001
深圳发展银行嘉兴支行	嘉兴市禾兴南路 89 号	唐弟良	0573-82053111	314001
嘉兴市商业银行	嘉兴市建国路 467 号	许洪明	0573-82062388	314001
浙江省信用联社嘉兴办事处	嘉兴市越秀南路 903 号	吴建伟	0573-82070988	314001
邮政储蓄银行嘉兴分行	嘉兴市勤俭路 369 号	杨益群	0573-8222000	314001
中国人民财产保险股份有限公司嘉兴市分公司	嘉兴市斜西街 213 号	李旭伟	0573-82072299	314001
中国人寿保险股份有限公司嘉兴分公司	嘉兴市中山路 87 号	齐孝安	0573-82077598	314001
中国太平洋财产保险股份有限公司嘉兴中心支公司	嘉兴市禾兴南路 298 号	黄　渊	0573-82080788	314001

（续表）

机构名称	地址	负责人	电话	邮编
中国太平洋人寿保险股份有限公司嘉兴中心支公司	嘉兴市禾兴南路 298 号	李爱良	0573-82093223	314001
中国平安财产保险股份有限公司嘉兴中心支公司	嘉兴市吉杨路 985 号	谢拥军	0573-82682103	314001
中国平安人寿保险股份有限公司嘉兴中心支公司	嘉兴市越秀北路 1098 号	沈心波	0573-82119988	314001
爱建证券嘉兴分公司	嘉兴市斜西街 132 号	蒋旱女	0573-82906355	314001
上海证券嘉兴分公司	嘉兴市越秀北路	薛　旖	0573-82113558	314001
新时代证券嘉兴分公司	嘉兴市吉杨路 1 号	胡卫东	0573-83929188	314001
中信金通证券嘉兴分公司	嘉兴市吉杨路 35 号	蒋伟忠	0573-82069343	314001
申银万国证券嘉兴分公司	嘉兴市禾兴北路	刘国勇	0573-82056778	314001
银河证券嘉兴分公司	嘉兴市勤俭路 363 号	胡　俊	0573-82058188	314001

4. 湖州市主要金融机构

机构名称	地址	负责人	电话	邮编
中国人民银行湖州市中心支行	湖州市威莱大街 65 号	王海龙	0572-2362608	313000
中国银行业监督管理委员会湖州监管分局	湖州市益民路 33 号	徐卫国	0572-2288103	313000
中国工商银行股份有限公司湖州分行	湖州市红旗路 48 号	沈　忻	0572-2021095	313000
中国农业银行湖州市分行	湖州市人民路 88 号	李智馨	0572-2502056	313000
中国银行股份有限公司湖州市分行	湖州市人民路 208 号	朱鸿飞	0572-2501111-8000	313000
中国建设银行股份有限公司湖州分行	湖州市红旗路 118 号	王剑雄	0572-2500266	313000
交通银行股份有限公司湖州分行	湖州市人民路 299 号	栾小华	0572-2212138	313000
中国农业发展银行湖州市分行	湖州市威莱大街 61 号	韩建良	0572-2064338	313000
湖州市商业银行	湖州市观凤路 25 号	路国民	0572-2036387	313000
浙江省农村信用联合社湖州办事处	湖州市环城东路 215 号	赵兴意	0572-2073928	313000
中国邮政储蓄银行有限责任公司浙江省湖州市分行	湖州市凤凰路 792 号	钱水根	0572-2105737	313000
上海浦东发展银行股份有限公司湖州支行	湖州市体育场路 120 号	范水荣	0572-2578007	313000
中信银行股份有限公司湖州支行	湖州市环城西路 318 号	褚建平	0572-2226001	313000
招商银行股份有限公司湖州支行	湖州市苕溪西路 138 号	方德明	0572-2583100	313000
中国人民财产保险股份有限公司湖州市分公司	湖州市江南工贸大街 101 号	杨培根	0572-2056187	313000
中国人寿保险股份有限公司湖州分公司	湖州市人民路 169 号	叶　锋	0572-2032216	313000
中国太平洋财产保险股份有限公司湖州中心支公司	湖州市狮象弄 8 号	姚志伟	0572-2070458	313000

（续表）

机构名称	地址	负责人	电话	邮编
中国太平洋人寿保险股份有限公司湖州中心支公司	湖州市苕溪路 500 号	姚胜琴	0572-2025460	313000
中国平安财产保险股份有限公司湖州中心支公司	湖州市凤凰路 794 号	盛力松	0572-2122356	313000
中国平安人寿保险股份有限公司湖州中心支公司	湖州市龙凤路 18 号	蒋　明	0572-2125130	313000
新华人寿保险股份有限公司湖州中心支公司	湖州市凤凰路 820 号美欣商务大厦 15 楼	毛予青	0572-2052893	313000
天安保险股份有限公司湖州中心支公司	湖州市湖东路 320 号中铁十六局 4 楼	郭宏德	0572-2070955	313000
中华联合财产保险股份有限公司湖州中心支公司	湖州市青铜路 21 号	王斌华	0572-2125005	313000
太平人寿保险股份有限公司湖州中心支公司	湖州市滨河路 315 号	斯　京	0572-2687710	313000
民生人寿保险股份有限公司湖州中心支公司	湖州市现代广场 3 号楼华亭宾馆 18 层	冯云龙	0572-2039987	313000
华安财产保险股份有限公司湖州中心支公司	湖州市仁皇山路 1148—1150 号	张月松	0572-2129701	313000
中信金通证券有限责任公司湖州人民路证券营业部	湖州市天宁巷 66 号	王　蕊	0572-2035289	313300
财通证券经纪有限责任公司湖州红旗路证券营业部	湖州市红旗路 66 号新天地五楼 A 区	徐伟东	0572-2055387	313300
中国银河证券股份有限公司湖州证券营业部	湖州市红旗路 128 号	楼大新	0572-2500302	313300
浙商证券有限责任公司湖州益民路证券营业部	湖州市众鑫广场	蔡　俊	0572-2030801	313000

5. 绍兴市主要金融机构

机构名称	地址	负责人	电话	邮编
中国人民银行绍兴市中心支行	绍兴市人民中路 339 号	徐子福	0575-85209001	312000
绍兴银监分局	绍兴市中兴南路 2 号	夏朝光	0575-85137753	312000
中国工商银行绍兴市分行	绍兴市胜利东路 180 号	蒋　伟	0575-85208777	312000
中国农业银行绍兴市分行	绍兴市人民西路 297 号	朱文达	0575-85091999	312000
中国银行绍兴市分行	绍兴市人民路 208 号	张志勇	0575-85096969	312000
中国建设银行绍兴市分行	绍兴市中兴南路 2 号	吕忠清	0575-85201899	312000
交通银行绍兴市分行	绍兴市人民中路 283 号	屠粮钢	0575-85111366	312000
绍兴市商业银行	绍兴市劳动路 20 号	陈方晓	0575-85139657	312000
浙江省联社绍兴办事处	绍兴市环城北路 33 号	林雨清	0575-85134865	312000
中信银行绍兴市分行	绍兴市人民西路 289 号	应顺华	0575-85227188	312000

（续表）

机构名称	地址	负责人	电话	邮编
光大银行绍兴支行	绍兴市解放北路 57 号	董 旭	0575-88000333	312000
华夏银行绍兴分行	绍兴市延安路 260 号	蒋 红	0575-88580808	312000
上海浦发展银行绍兴市支行	绍兴市人民东路 2 号	许国明	0575-88121028	312000
兴业银行绍兴支行	绍兴市县前街 71 号	吴 渊	0575-85088901	312000
民生银行绍兴支行	绍兴市解放北路 36 号	金晔民	0575-88581588	312000
招商银行绍兴市分行	绍兴市胜利东路 60 号	周明鸣	0575-85081800	312000
恒丰银行绍兴支行	绍兴市延安东路 517 号	陈明华	0575-88586999	312000
浙商银行绍兴支行	绍兴县金柯桥大道 1418 号	龚国强	0575-81166001	312030
渤海银行绍兴支行	绍兴市解放北路 302—318 号	王坚刚	0575-88689588	312030
中国农业发展银行绍兴市分行	绍兴市鲁迅西路 58 号	董其江	0575-85147278	312030
绍兴市邮政储蓄银行	绍兴市延安东路邮件处理中心	章召刚	0575-88612003	312030
中国人民财产保险股份有限公司绍兴市分公司	绍兴市人民西路 192 号	徐学德	0575-85207772	312000
中国太平洋财产保险股份有限公司绍兴中心支公司	绍兴市人民中路 285 号	郭宝棠	0575-85225790	312000
财产保险股份有限公司绍兴中心支公司	绍兴市人民中路 341 号人行副楼六楼	吴方华	0575-85120887	312000
华泰财产保险股份有限公司绍兴中心支公司	绍兴市东街 260 号金丰大厦商贸楼 6 楼	曹忠明	0575-88555178	312000
大众保险股份有限公司绍兴中心支公司	绍兴市越城区解放南路高立花园 11 幢 B 区 11—12 楼	魏志峰	0575-85225288	312000
天安保险股份有限公司绍兴中心支公司	绍兴市延安东路 505 号国际商务广场 15 楼	商锋平	0575-85110007	312000
长安责任保险股份有限公司绍兴中心支公司	绍兴市解放北路 148 号交通大厦 9 楼	吕世明	0575-88688686	312000
中国大地财产保险股份有限公司绍兴中心支公司	绍兴市人民东路 188 号	章建文	0575-88908708	312000
华安保险股份有限公司绍兴中心支公司	绍兴市环城西路 478—480 号	徐 红	0575-88059118	312000
永安财产保险股份有限公司绍兴中心支公司	绍兴市迪荡湖路 68 号昆仑国际 2 号楼 23 层	章立峰	0575-88000798	312000
太平财产保险有限公司绍兴中心支公司	绍兴市中兴中路 287 号时代大厦 416	丁扬飞	0575-88926501	312000
安邦财产保险股份有限公司绍兴中心支公司	绍兴市人民中路 106 号 6 楼	张 宏	0575-85203558	312000
都邦财产保险股份有限公司绍兴中心支公司	绍兴市迪荡新城北辰广场 13 楼 3101—3102 室	胡 斌	0575-88958988	312000
天平汽车保险股份有限公司绍兴中心支公司	绍兴市中兴北路 390 号泓城大厦 738 室	俞华伟	0575-88667518	312000
中银保险有限公司绍兴中心支公司	绍兴市延安东路 505 号国际商务广场 12B 楼	陈永华	0575-88680002	312000

（续表）

机　构　名　称	地　　址	负责人	电　话	邮　编
渤海财产保险股份有限公司绍兴中心支公司	绍兴市中兴北路390号泓城大厦508室	姚华庆	0575-88686166	312000
阳光财产保险股份有限公司绍兴中心支公司	绍兴市中兴南路42号4楼	赵　敏	0575-85095518	312000
中华联合财产保险股份有限公司绍兴中心支公司	绍兴市舜江路499号	张伟星	0575-85203208	312000
民安保险（中国）有限公司绍兴中心支公司	绍兴市越城区延安东路182号奥菲大厦B1幢4楼	蒋燕铭	0575-88127701	312000
中国人寿财产保险股份有限公司绍兴中心支公司	绍兴市中兴中路309号	蒋永明	0575-85220127	312000
永诚财产保险股份有限公司绍兴中心支公司	绍兴中兴北路390号泓城大厦6楼	朱勤勤	0575-88925888	312000
中国出口信用保险公司绍兴办事处	绍兴市迪荡新城昆仑国际2幢8楼	周　翔	0575-88603595	312000
安诚财产保险股份有限公司绍兴中心支公司	绍兴市舜江路439—30号贝斯特财富广场西二区三楼	柯银忠	0575-88583288	312000
安信农业财产保险股份有限公司绍兴中心支公司	绍兴市延安东路308号国脉大楼3楼	俞成高	0575-88966566	312000
中国人寿保险股份有限公司绍兴分公司	绍兴市中兴中路309号	陶祥云	0575-85220128	312000
嘉禾人寿保险股份有限公司绍兴中心支公司	绍兴市胜利东路179号4楼	徐　山	0575-88660898	312000
中国太平洋人寿保险股份有限公司绍兴中心支公司	绍兴市人民中路285号	杨昆超	0575-85221298	312000
中国平安人寿保险股份有限公司绍兴中心支公司	绍兴市马臻路205号双保大厦5楼	张志勇	0575-85335667	312000
泰康人寿保险股份有限公司绍兴中心支公司	绍兴市中兴路天宇大厦2楼	秦　健	0575-85147281	312000
新华人寿保险股份有限公司绍兴中心支公司	绍兴市解放南路1387号越兰大厦南六楼	陆建光	0575-88648136	312000
民生人寿保险股份有限公司绍兴中心支公司	绍兴市人民中路341号4楼	单　军	0575-85095255	312000
太平人寿保险有限公司绍兴中心支公司	绍兴市人民中路399号财通证券7楼	王　军	0575-88665501	312000
生命人寿保险股份有限公司绍兴中心支公司	绍兴市中兴中路300号金鑫大厦5楼	徐　静	0575-88908168	312000
中宏人寿保险有限公司浙江分公司绍兴营销服务部	绍兴市胜利东路86号金盾大厦西三楼	王泽江	0575-85083322-101	312000
中德安联人寿保险有限公司绍兴营销服务部	绍兴市中兴中路276号现代大厦A—301	朱吉祥	0575-88667388	312000
合众人寿保险股份有限公司浙江分公司绍兴营销服务部	绍兴市东街260号金丰大厦10楼	潘　领	0575-88662988	312000
华泰人寿保险股份有限公司绍兴中心支公司	绍兴市城南高立大厦（B区）六楼	姚旭东	0575-88688078	312000

（续表）

机 构 名 称	地 址	负责人	电 话	邮 编
平安养老保险股份有限公司绍兴中心支公司	绍兴市马臻路205号双保大厦5楼	陈奕英	0575-85176818	312000
国泰人寿有限责任公司浙江分公司绍兴越城胜利东路营销服务部	绍兴市胜利东路132号党员电教大楼4楼	张良次	0575-88689888-1801	312000
中国人民健康保险股份有限公司绍兴中心支公司	绍兴市中兴中路287号时代大厦7楼	胡立新	0575-88121898	312000
海康人寿保险有限公司浙江分公司绍兴营销服务部	绍兴市越城区解放南路620号303室	王 虹	0575-88684879	312000
国华人寿保险股份有限公司绍兴中心支公司	绍兴市中兴南路183号四楼	汤小江	0575-88966999	312000
光大永明人寿保险有限公司杭州分公司柯桥营销服务部	绍兴县柯桥金柯桥大道112号精功大厦5楼	周国梁	0575-84566901	312000
中国人民人寿保险股份有限公司绍兴中心支公司	绍兴市人民中路360号5楼	沈红尧	0575-88320101	312000
阳光人寿保险股份有限公司绍兴中心支公司	绍兴市中兴中路288号现代大厦B座302室	朱伟清	0575-85097555	312000
联泰大都会人寿保险有限公司绍兴营销服务部	绍兴市迪荡湖路68号昆仑国际大厦2—2404室	黄丽萍	0575-88001058	312000
银河证券公司绍兴鲁迅路营业部	绍兴市鲁迅中路146号	奚美蕉	0575-88583388	312000
海通证券股份有限公司绍兴劳动路营业部	绍兴市劳动路158号	陈 青	0575-88952666	312000
方正证券有限责任公司绍兴胜利东路证券营业部	绍兴市胜利东路39号	倪伟英	0575-85222008	312000
财通证券经纪有限责任公司绍兴人民中路证券营业部	绍兴市人民中路399号	叶耸霄	0575-85222111	312000
浙商证券有限责任公司绍兴人民路证券营业部	绍兴市人民中路106号	王 珏	0575-85126600	312000
浙商证券有限责任公司绍兴解放北路证券营业部	绍兴市解放北路258号	陈永忠	0575-85222228	312000
华泰证券绍兴上大路营业部	绍兴市上大路128号	周向明	0575-85222918	312000
国泰君安证券绍兴中兴中路营业部	绍兴市中兴中路108号	任 斌	0575-85116711	312000
万联证券有限责任公司绍兴中兴南路证券营业部	绍兴市中兴南路358号锦绣花园10号楼	张学武	0575-88329968	312000
光大证券有限责任公司绍兴中兴中路营业部	绍兴市中兴中路259号	许 斌	0575-85114788	312000
海通证券股份有限公司绍兴凤江路营业部	绍兴市城南凤江路29号	徐 斌	0575-88952288	312000
中信金通证券绍兴解放南路营业部	绍兴市解放南路681号	廖文生	0575-88589001	312000
广发证券绍兴中兴中路营业部	绍兴市中兴中路300号金鑫大厦3楼	孙章康	0575-85123108	312000
齐鲁证券绍兴解放北路营业部	绍兴市解放北路320—342号月池坊	何小明	0575-85099278	312000
山西证券绍兴鲁迅西路营业部	绍兴市鲁迅西路58号	马众钰	0575-85087866	312000

6. 舟山市主要金融机构

机构名称	地址	负责人	电话	邮编
中国人民银行舟山市中心支行	舟山市定海区昌国路26号	吴勇敏	0580-2061101	316000
中国银行业监督管理委员会舟山监管分局	舟山市定海区西大街42号	陈兆水	0580-2061266	316000
中国农业发展银行舟山市分行	舟山市定海区人民北路32号	方艳珍	0580-8260501	316000
中国工商银行舟山市分行	舟山市定海区人民南路16号	刘岩方	0580-2026096	316000
中国农业银行舟山市分行	舟山市定海区环城东路66号	王　良	0580-2022885	316000
中国银行舟山市分行	舟山市定海区解放东路33号	赵国林	0580-2068188	316000
中国建设银行舟山市分行	舟山市定海区人民中路68号	杨锡舟	0580-2066005	316000
杭州银行舟山分行	舟山市定海区环城东路98号	姚正安	0580-2269001	316000
浙江民泰商业银行舟山分行	舟山市芙蓉洲南路25—33号	倪　韶	0580-2269277	316000
中国邮政储蓄银行浙江省舟山市分行	舟山市定海区东海东路168号	贺国丰	0580-2616666	316000
浙商银行舟山支行	舟山市临城新区海宇道111号	应继红	0580-2260302	316000
浙江省农村信用联社舟山办事处	舟山市定海区环城东路81号	沈平安	0580-2060336	316000
华宝证券舟山解放西路营业部	舟山市定海区解放西路55号	张　涛	0580-2020680	316000
中国人民财产保险股份有限公司舟山市分公司	舟山市定海区环城东路115号	刘苏国	0580-2023448	316000
中国人寿保险股份有限公司舟山分公司	舟山市定海区解放西路128号	沈　伟	0580-2020105	316000
太平洋财产保险股份有限公司舟山中心支公司	舟山市定海区解放西路57号	阴海燕	0580-2051917	316000
太平洋人寿保险股份有限公司舟山中心支公司	舟山市定海区解放西路57号	陈海陆	0580-2034684	316000
天安保险股份有限公司舟山中心支公司	舟山市定海区育苗路9号	郑　杰	0580-2026510	316000
泰康人寿保险股份有限公司舟山中心支公司	舟山市定海区南珍大厦11楼	曾庆满	0580-2031068	316000
中国平安人寿保险股份有限公司舟山中心支公司	舟山市定海区解放东路118号博源商务楼507室	吕金麒	0580-2034077	316000
中国平安财产保险股份有限公司舟山中心支公司	舟山市定海区卫海路108号	欧阳晶琳	0580-2032333	316000
中华联合保险有限公司舟山中心支公司	舟山市定海区昌洲大道1001号	蔡海明	0580-8260968	316000
民生人寿保险股份有限公司舟山中心支公司	舟山市定海区人民南路287号	杨韩英	0580-2610866	316000
大地保险股份有限公司舟山中心支公司	舟山市定海区环城东路100号	何　舟	0580-2913511	316000
安邦财产保险股份有限公司舟山中心支公司	舟山市定海区康达公寓3幢1单元2楼	王群丹	0580-2029318	316000
中银保险舟山营销服务部	舟山市定海环城东路18号	范海平	0580-8115566	316000

7. 台州市主要金融机构

机构名称	地址	负责人	电话	邮编
中国人民银行台州市中心支行	台州市椒江区东环大道310号	姚土清	0576-88553558	318000
中国银监会台州监管分局	台州市椒江区中山西路2号	林 奇	0576-88553538	318000
中国工商银行台州市分行	台州市椒江区市府大道609号	王国才	0576-88894301	318000
中国农业银行台州市分行	台州市椒江区市府大道529号	金跃强	0576-88839501	318000
中国银行台州市分行	台州市椒江区解放南路281号	杨小波	0576-88825111	318000
中国建设银行台州市分行	台州市椒江区广场西路1号	崔 雷	0576-88818101	318000
中国农业发展银行台州市分行	台州市椒江区中心大道215号	卢美宝	0576-88322901	318000
上海浦东发展银行台州分行	台州市椒江区市府大道500号101室	林 海	0576-88815079	318000
兴业银行台州分行	台州市椒江区市府大道308号	谢继军	0576-88528877	318000
中国光大银行台州支行	台州市椒江区市府大道222号	章立新	0576-88202111	318000
交通银行台州分行	台州市椒江区东环大道298号	徐 彤	0576-88599388	318000
招商银行台州分行	台州市椒江区市府大道535号	徐跃军	0576-88600601	318000
邮政储蓄银行台州市分行	台州市椒江区中山西路292号	王 斌	0576-88833003	318000
台州市商业银行	台州市路桥区南官大道92号	陈小军	0576-82442636	318050
浙江泰隆商业银行	台州市路桥区南官大道188号	王 钧	0576-82551888	318050
浙江民泰商业银行	浙江省温岭市三星大道168号	江建法	0576-86109888	317500
省农村信用联社台州办事处	台州市椒江区中山西路338号	杜立岳	0576-88833851	318000
中国人民财产保险台州分公司	台州市椒江区市府大道359号	蔡岳兴	0576-88528288	318000
中国人寿保险台州分公司	台州市椒江区轮渡路58号	冯四明	0576-88839688	318000
太平洋财险台州分公司	台州市椒江区市府大道188号	谭惠琼	0576-88208628	318000
太平洋寿险台州中心支公司	台州市椒江区市府大道188号	郭海云	0576-88503501	318000
平安财险台州中心支公司	台州市椒江区东海大道362号	陈朝晖	0576-88527988	318000
平安人寿台州中心支公司	台州市椒江区东海大道362号	王存君	0576-88539588	318000
方正证券台州营业部	台州市椒江区解放南路36号	翁如春	0576-88807887	318000

四、2009年安徽省金融机构名录

1. 合肥市主要金融机构

机构名称	地址	负责人	电话	邮编
中国人民银行合肥中心支行	合肥市梅山路2号银保大厦	刘伟建	0551-3691229	230022
中国银监会安徽监管局	合肥市合作化路466号	余龙武	0551-5192789	230022
中国证监会安徽监管局	合肥市天波路6号	方向瑜	0551-5367200	230088
中国保监会安徽监管局	合肥市濉溪路278号财富广场20楼	李迎春	0551-5633907	230041
国家开发银行安徽省分行	合肥市芜湖路246号开行大厦	徐　明	0551-2867878	230061
中国农业发展银行安徽省分行	合肥市金寨路127号	周良伟	0551-3623703	230022
中国工商银行股份有限公司安徽省分行	合肥市芜湖路189号	朱文信	0551-2868383	230001
中国农业银行安徽省分行	合肥市庐阳区长江中路448号	顾正宇	0551-2223288	230061
中国银行股份有限公司安徽省分行	合肥市庐阳区长江路313号	唐小晴	0551-2926666	230061
建设银行安徽省分行	合肥市徽州大道255号	白国祥	0551-2882200	230001
交通银行股份有限公司合肥分行	合肥市花园街38号	吴力权	0551-2637001	230001
徽商银行股份有限公司	合肥市安庆路79号天徽大厦A座	王晓昕	0551-2667729	230001
安徽省农村信用社联合社	合肥市蜀山区琥珀山庄东村298号	张良庆	0551-5620811	230061
招商银行股份有限公司合肥分行	合肥市长江中路436号金城大厦	孟凡安	0551-2829552	230061
中国光大银行股份有限公司合肥分行	合肥市长江西路200号	李堂政	0551-5101888	230061
中信银行股份有限公司合肥分行	合肥市徽州大道78号	何小龙	0551-2618918	230001
中国民生银行股份有限公司合肥分行	合肥市亳州路135号天庆大厦B座	叶　骏	0551-5332666	230041
上海浦东发展银行股份有限公司合肥分行	合肥市长江西路3号春天大厦	张　勇	0551-2253688	230061
兴业银行股份有限公司合肥分行	合肥市阜阳路99号	荣益民	0551-2666366	230001
中国邮政储蓄银行有限责任公司安徽省分行	合肥市蜀山区黄山路445号	张　宏	0551-2256618	230031
东亚银行(中国)有限公司合肥分行	合肥市淮河路266号26层	许翰祺	0551-5663801	230001
中国银联安徽分公司	合肥市寿春路108号古井百花大厦A座20F	柳青扬	0551-2691566	230001
合肥科技农村商业银行	合肥市荣事达大道39号	刘万霞	0551-2697899	230001

（续表）

机构名称	地址	负责人	电话	邮编
华融资产管理公司合肥办事处	合肥市寿春路211号	金　广	0551-2628088	230001
长城资产管理公司合肥办事处	合肥市寿春路40号	刘方成	0551-2636266	230001
东方资产管理公司合肥办事处	合肥市金寨路131号	徐劲流	0551-3655856	230022
信达资产管理公司合肥办事处	合肥市阜南路166号	李传学	0551-2839001	230061
国元信托投资有限责任公司	合肥市宿州路20号	过仕刚	0551-2619118	230001
建信信托投资有限公司	合肥市九狮桥街45号兴泰大厦	曾见泽	0551-5295588	230001
国元证券股份有限责任公司	合肥市寿春路179号国元大厦	凤良志	0551-2207516	230001
华安证券股份有限责任公司	合肥市阜南路166号润安大厦	李　工	0551-5161633	230061
国元期货有限责任公司	合肥市芜湖路168号同济大厦	王　霞	0551-2870125	230001
华安期货有限责任公司	合肥市长江中路419号	汪　泓	0551-2839050	230061
安徽徽商期货经纪有限公司	合肥市芜湖路258号	吴国华	0551-2861114	230061
国元农业保险股份有限公司	合肥市琥珀山庄东村298栋农金大厦1楼	张子良	0551-5269898	230061
中国出口信用保险公司安徽分公司	合肥市淮河路邮电大厦18层B座	马卫星	0551-2681857	230001
中国人民财产保险股份有限公司安徽省分公司	合肥市梅山路2号银保大厦	夏玉扬	0551-2820994	230022
中国太平洋财产保险股份有限公司安徽分公司	合肥市阜阳北路1号太平洋大厦	程　辉	0551-5549637	230041
中国平安财产保险股份有限公司安徽分公司	合肥市寿春路152号平安大厦6楼	朱友刚	0551-2655788	230001
天安保险股份有限公司安徽省分公司	合肥市濉溪路99号	李　静	0551-4675797	230041
大众保险股份有限公司安徽分公司	合肥市濉溪路16号信达大厦8、9层	刘敏俊	0551-2851300	230041
中国大地财产保险股份有限公司安徽分公司	合肥市濉溪路212号六楼	李晓民	0551-2661855	230041
太平保险有限公司安徽分公司	合肥市长江西路200号置地投资广场19楼	蒋素华	0551-5376666	230031
华安财产保险股份有限公司安徽分公司	合肥市庐阳区濉溪路278号财富广场二期B幢19、20层	李　山	0551-5661257	230041
安邦财产保险股份有限公司安徽分公司	合肥市长江西路200号置地投资广场26楼	赵　明	0551-2663715	230031
都邦财产保险股份有限公司安徽分公司	合肥市长江中路金城大厦9、11楼	赵景奇	0551-2853200	230001
渤海财产保险股份有限公司安徽分公司	合肥市淮河西路472号3层	徐纪华	0551-2690666	230001
永诚财产保险股份有限公司安徽分公司	合肥市濉溪路278号财富广场二期A座16层	齐永健	0551-5666202	230041
阳光财产保险股份有限公司安徽省分公司	合肥市马鞍山南路1000号新都会环球广场3层	陈　晓	0551-4682888	230011

（续表）

机构名称	地址	负责人	电话	邮编
中国人寿财产保险股份有限公司安徽省分公司	合肥市长江西路春天大厦裙楼1楼、4楼	顾成林	0551-2830979	230061
华泰财产保险股份有限公司安徽省分公司	合肥市淮河路303号邮电大厦1楼、5楼	孙鉴	0551-2680018	230001
民安保险（中国）有限公司安徽分公司	合肥市濉溪路278号财富广场二期A座6层	项锡山	0551-5267776	230041
中银保险有限公司安徽分公司	合肥市宁国南路合肥工业大学建筑设计院裙楼1楼、2楼	刘洪	0551-4672225	230009
中国平安人寿安徽分公司	合肥市政务文化新区东流路西999号新城国际A座3、4楼	邱真真	0551-2655626	230071
平安养老保险股份有限公司安徽分公司	合肥市寿春路152号平安大厦三楼	翟凌云	0551-2662318	230001
中国人民人寿保险股份有限公司安徽省分公司	合肥市梅山路2号银保大厦	吴保亚	0551-2837626	230022
中国太平洋人寿保险股份有限公司安徽分公司	合肥市阜阳北路1号	张松	0551-5619907	230041
中国人寿保险股份有限公司安徽省分公司	合肥市寿春路90号	朱宏伟	0551-2637232	230001
新华人寿保险股份有限公司安徽分公司	合肥市长江中路319号仁和大厦4楼	李磊	0551-2691888	230061
泰康人寿保险股份有限公司安徽分公司	合肥市长江中路423号	何承周	0551-2830865	230061
太平人寿保险股份有限公司安徽分公司	合肥市长江西路200号置地投资广场4、5楼，16—18楼	孙玉德	0551-5376666	230041
合众人寿保险股份有限公司安徽分公司	合肥市寿春路356号徽商国际大厦6楼	陈荣	0551-5255200	230001
华夏人寿保险股份有限公司安徽分公司	合肥市濉溪路278号财富广场首座9楼	费建国	0551-5267678	230041
中国人民健康保险股份有限公司安徽分公司	合肥市红星路1号省委办公厅服务楼11楼	蔡皖伶	0551-7191010	230001
民生人寿保险股份有限公司安徽分公司	合肥市长江西路3号春天大厦3楼	谢礼斌	0551-2830586	230061
生命人寿保险股份有限公司安徽分公司	合肥市马鞍山路1000号新都会环球广场22楼	李平	0551-4683766	230011
嘉禾人寿保险股份有限公司安徽分公司	合肥市长江中路369号百大CBD写字楼8楼	杨树林	0551-5226161	230001
首创安泰人寿保险有限公司安徽省分公司	合肥市濉溪路278号财富广场二期B座108室	周南	0551-5666000	230041
幸福人寿保险股份有限公司安徽省分公司	合肥市阜南西路166号润安大厦A座7—8层	李传学	0551-5291888	230061
阳光人寿保险股份有限公司安徽分公司	合肥市徽州大道15号天徽大厦C座22层	余胜昔	0551-2611008	230001

2. 马鞍山市主要金融机构

机构名称	地址	负责人	电话	邮编
中国人民银行马鞍山市中心支行	马鞍山市西塘路500号	陈联明	0555-2378088	243000
中国农业发展银行马鞍山市分行	马鞍山市湖东中路37号	姜 斌	0555-2324934	243000
中国工商银行股份有限公司马鞍山分行	马鞍山市湖南路(团结广场)501号	陈书海	0555-2350768	243000
中国农业银行马鞍山分行	马鞍山市花雨路111号	金 星	0555-2364978	243000
中国银行股份有限公司马鞍山分行	马鞍山市花山区花雨路1号	赵永东	0555-2339599	243000
中国建设银行股份有限公司马鞍山市分行	马鞍山市花山区湖东中路26号	刘希亲	0555-2366262	243000
交通银行股份有限公司马鞍山分行	马鞍山市湖东南路156号	雍成钢	0555-2389151	243000
上海浦东发展银行马鞍山支行	马鞍山市中央花园9栋	袁宣东	0555-5207777	243000
徽商银行股份有限公司马鞍山分行	马鞍山市花山区湖南路3号	汤 川	0555-2361957	243000
安徽马鞍山农村商业银行	马鞍山市雨山区红旗南路1659号	孙 晓	0555-8361757	243000
中国邮政储蓄银行有限责任公司马鞍山市分行	马鞍山市雨山西路500号	刘希军	0555-8361888	243000
安徽当涂村镇银行	马鞍山市当涂县振兴路314号	徐成彬	0555-6785900	243100
中国人民财产保险股份有限公司马鞍山分公司	马鞍山市花山区湖南路4号	朱朝晖	0555-2345740	243000
中国人寿保险股份有限公司马鞍山分公司	马鞍山市华飞路1号	罗海燕	0555-2365916	243000
中国平安财产保险股份有限公司马鞍山中心支公司	马鞍山市花山区艳阳路62号	宣义俊	0555-2341898	243000
中国平安人寿保险股份有限公司马鞍山中心支公司	马鞍山市解放路13号A座	唐 滨	0555-2499377	243000
中国太平洋财产保险股份有限公司马鞍山中心支公司	马鞍山市湖东中路碧溪丽景城市花园27栋	潘静国	0555-2367399	243000
泰康人寿保险股份有限公司马鞍山中心支公司	马鞍山市花山路152号二楼	张玉红	0555-2408866	243000
中国太平洋人寿保险股份有限公司马鞍山中心支公司	马鞍山市花山区红旗北路99号	岳文田	0555-5200050	243000
天安保险股份有限公司马鞍山中心支公司	马鞍山市花山区花山路152号六楼	胡茂梁	0555-2408886	243000
华安财产保险股份有限公司马鞍中心支公司	马鞍山市雨山区湖西南路康泰佳苑43栋8号	李 勇	0555-2223511	243000
安邦财产保险股份有限公司安徽分公司马鞍山营销服务部	马鞍山市雨山区汇翠名邸5栋901室2301室	朱德宏	0555-2355705	243000
中国大地财产保险股份有限公司马鞍山中心支公司	马鞍山市江东大道1480号残疾人联合会3楼	齐小清	0555-7181158	243000

（续表）

机构名称	地址	负责人	电话	邮编
太平人寿保险有限公司马鞍山中心支公司	马鞍山市生化新村1栋4层	张晓玲	0555-8338111	243000
都邦财产保险股份有限公司马鞍山中心支公司	马鞍山市湖东南路新纪元广场1900号	吕向阳	0555-2389373	243000
新华人寿保险股份有限公司安徽省分公司马鞍山营销服务部	马鞍山市湖东路31号5楼	邬明新	0555-2281188	243000
中国人民人寿保险股份有限公司马鞍山中心支公司	花雨路与湖西路交汇处	曹克文	0555-2340078	243000
中国人保健康保险股份有限公司马鞍山中心支公司	马鞍山市雨山西路658号2楼	韩　宁	0555-2317261	243000
国元农业保险股份有限公司马鞍山中心支公司	马鞍山市江东大道中段699号	张宏伟	0555-8338080	243000
华安证券有限责任公司马鞍山证券营业部	马鞍山市花雨路306号	赵立新	0555-2476495	243000
中国银河证券股份有限公司马鞍山证券营业部	马鞍山市湖东路中岗一村18—1号	汪弓满	0555-2359594	243000
国元证券股份有限公司马鞍山雨山西路证券营业部	马鞍山市雨山西路497号	翟建国	0555-2613777	243000

3. 芜湖市主要金融机构

机构名称	地址	负责人	电话	邮编
中国人民银行芜湖市中心支行	芜湖市北京东路18号	汪　俊	0553-3128888	241000
中国银监会芜湖银监分局	芜湖市九华山路172号	洪　风	0553-3813002	241000
中国工商银行股份有限公司芜湖分行	芜湖市北京东路98号	孔晓铭	0553-3117716	241000
中国农业银行股份有限公司芜湖分行	芜湖市九华中路179号	宋志明	0553-3810168	241000
中国银行股份有限公司芜湖市分行	芜湖市九华山路204号	万为群	0553-3810778	241000
中国建设银行股份有限公司芜湖市分行	芜湖市九华山路302号	洪　峰	0553-3833011	241000
中国农业发展银行芜湖市分行	芜湖市渡春路25号	汪根水	0553-3856529	241000
交通银行股份有限公司芜湖分行	芜湖市北京西路1号	吴必显	0553-3839518	241000
上海浦东发展银行芜湖分行	芜湖市北京东路203号	郑立智	0553-3118888	241000
徽商银行芜湖分行	芜湖市北京西路45号	吴　耘	0553-3831581	241000
中国邮政储蓄银行有限责任公司芜湖市分行	芜湖市天门山西路24号	吕锡兵	0553-3832672	241000
招商银行股份有限公司芜湖分行	芜湖市中山路步行街2号	方积成	0553-3888988	241000
中信银行芜湖分行	芜湖市镜湖路8号镜街西街X1—X4	杜云飞	0553-3888680	241000

（续表）

机 构 名 称	地 址	负责人	电 话	邮 编
光大银行芜湖分行	芜湖市北京路 2 号	张荣军	0553-3888096	241000
芜湖扬子农村商业银行股份有限公司	芜湖市银湖南路 135 号	潘 耀	0553-3889181	241000
芜湖津盛农村合作银行	芜湖市芜湖县湾址镇芜湖中路 91 号	熊雪洲	0553-8816001	241100
安徽繁昌农村合作银行	芜湖市繁昌县繁阳镇金峨南路 1 号	方本东	0553-7862872	241200
南陵县农村信用合作社联合社	芜湖市南陵县籍山路农信大厦	颜世龙	0553-6821384	241300
奇瑞徽银汽车金融有限公司	芜湖市步行街金鼎大厦金鼎阁 6 楼	王师荣	0553-5693688	241000
中国人寿保险股份有限公司芜湖分公司	芜湖市北京东路 177 号	徐 阵	0553-3120596	241000
中国人民财产保险股份有限公司芜湖市分公司	芜湖市北京东路 177 号	张永安	0553-3114152	241000
中国太平洋产险芜湖中心支公司	芜湖市九华山中路 169 号	蔡明祥	0553-3842937	241000
中国太平洋寿险芜湖中心支公司	芜湖市长江路 55 号	封锡强	0553-3840566	241000
中国平安产险芜湖中心支公司	芜湖市银湖南路新市口金三角 5 号	肖新彬	0553-3826110	241000
中国平安寿险芜湖中心支公司	芜湖市中山路 61 号银座大厦 B 区	国 鹏	0553-3812336	241000
泰康人寿芜湖中心支公司	芜湖市中山路 61 号银座大厦三楼	王冀锋	0553-3823208	241000
太平产险芜湖中心支公司	芜湖市九华山中路 268 号	宋 军	0553-3813999	241000
太平人寿芜湖中心支公司	芜湖市九华山中路 76 号	范明琪	0553-3829165	241000
天安保险芜湖中心支公司	芜湖市劳动新村 5 号 4—6 楼	骆本能	0553-3889255	241000
新华人寿芜湖中心支公司	芜湖市步行街三泰国际大厦五楼	李卫东	0553-3832868	241000
华安保险芜湖中心支公司	芜湖市银湖南路 88 号侨鸿凤凰花园	苏 猛	0553-5991822	241000
安邦财险芜湖中心支公司	芜湖市新时代商业街 6 号	王鸿刚	0553-3938018	241000
大地财险芜湖中心支公司	芜湖市天门山西路 24 号	边 武	0553-5877266	241000
都邦财险芜湖中心支公司	芜湖市北京东路 199 号	杨 军	0553-3122618	241000
渤海财险芜湖中心支公司	芜湖市花津中路森海都市花园 20＃C—05，C—06 室	张晨阳	0553-3938108	241000
国寿财险芜湖中心支公司	芜湖市黄山西路 2 号 8、9 楼	王正东	0553-3888018	241000
国元农业保险芜湖中心支公司	芜湖市银湖中路 5 号四楼	陈 钢	0553-5882700	241000
人保健康芜湖中心支公司	芜湖市中山北路 77 号侨鸿国际写字楼 809 室	董旭明	0553-5690266	241000
阳光财险芜湖中心支公司	芜湖市润翔商务中心六楼 A01 室	荣发厚	0553-3121201	241000
永诚财险芜湖中心支公司	芜湖市南瑞商业街 3 号楼 3 层(西)	金 光	0553-3888038	241000
幸福人寿芜湖中心支公司	芜湖市九华山中路 286 号泰华大厦 3 楼	郑晨彪	0553-5662301	241000
民生人寿芜湖中心支公司	芜湖市九华山中路 198 号	高 翔	0553-3838198	241000

（续表）

机 构 名 称	地 址	负责人	电 话	邮 编
中银保险芜湖中心支公司	芜湖市北京西路17号	黄 磊	0553-3888707	241000
国元证券芜湖黄山路营业部	芜湖市黄山路	汪 洋	0553-3830012	241000
华安证券芜湖新芜路营业部	芜湖市新芜路58号	贺 晓	0553-3815002	241000
国元证券芜湖北京东路营业部	芜湖市北京东路249号财政大楼2楼	王春保	0553-3110956	241000
国元证券芜湖九华山路营业部	芜湖市九华山路154号	董 海	0553-3941151	241000
海通证券芜湖营业部	芜湖市福达新村十号楼十二号	丁学清	0553-5011500	241000

4. 铜陵市主要金融机构

机 构 名 称	地 址	负责人	电 话	邮 编
中国人民银行铜陵市中心支行	铜陵市石城大道南段308号	权俊良	0562-2836915	244000
中国银行业监督管理委员会铜陵监管分局	铜陵市长江西路41号	马 平	0562-2836917	244000
中国农业发展银行铜陵市分行	铜陵市北京路43号	王 宁	0562-2835007	244000
中国工商银行股份有限公司铜陵分公司	铜陵市长江西路2号	王洁清	0562-2821051	244000
中国农业银行铜陵分行	铜陵市淮河南路	赵建萍	0562-5827088	244000
中国银行股份有限公司铜陵分行	铜陵市石城大道南段	刘 清	0562-2853377	244000
中国建设银行股份有限公司铜陵分行	铜陵市长江西路41号	杨学才	0562-2820857	244000
中国邮政储蓄银行铜陵市分行	铜陵市建设路邮政超市4楼	李十义	0562-2837341	244000
徽商银行股份有限公司铜陵分行	铜陵市义安南路义安大厦	邵赤平	0562-2826835	244000
铜陵铜都农村合作银行	铜陵市北京中路66号	阮为光	0562-2865192	244000
铜陵皖江农村合作银行	铜陵县五松镇人民大道5号	吴新建	0562-8814928	244100
浦东发展银行铜陵支行	铜陵市义安大道北段789号	章明霞	0562-2851188	244000
交通银行铜陵分行	铜陵市长江中路990号	吴剑华	0562-2186677	244000
华安证券有限责任公司铜陵淮河路证券营业部	铜陵市淮河大道北段48号	肖晓明	0562-2869389	244000
国元证券股份有限责任公司铜陵义安南路证券营业部	铜陵市义安南路10号	程晓照	0562-2831339	244000
华安证券有限责任公司铜陵淮河北路证券营业部	铜陵市淮河大道中段359号	俞 勇	0562-2867124	244000
招商证券股份有限公司铜陵石城大道证券营业部	铜陵市石城大道110号银晖大厦6楼	张 宁	0562-2889090	244000
中国平安人寿保险公司铜陵中心支公司	铜陵市乐都商厦5楼	汪京峰	0562-2839068	244000

（续表）

机 构 名 称	地 址	负责人	电 话	邮 编
中国人寿保险股份有限公司铜陵分公司	铜陵市淮河大道中段 242 号	范文波	0562-2833207	244000
泰康人寿保险公司铜陵中心支公司	铜陵市长江中路 951 号工会大厦 6 楼	柯 翔	0562-2857666	244000
太平洋人寿保险公司铜陵中心支公司	铜陵市铜商品市场 5 楼	王家林	0562-5822588	244000
中国平安财产保险公司铜陵中心支公司	铜陵市翠湖路 921 号	陆惠明	0562-2815599	244000
华安财产保险公司铜陵中心支公司	铜陵市铜庄二区 18 栋 5 号网点	章秀英	0562-5859607	244000
渤海财产保险股份有限公司铜陵中心支公司	铜陵市义安北路 82 号五松山剧院北楼四层	徐 霞	0562-2602626	244000
太平洋财产保险公司铜陵中心支公司	铜陵市铜商品市场十楼	丁子平	0562-5828611	244000
中国人民财产保险公司铜陵分公司	铜陵市石城大道南段 181 号	肖尚根	0562-2837099	244000
天安保险股份有限公司铜陵中心支公司	铜陵市长江西路 41 号建行大厦 10 楼	杨金生	0562-2818637	244000
安邦财产保险股份有限公司铜陵中心支公司	铜陵市天山大道 1578 号	鲍旭东	0562-2828617	244000
国元农业保险股份有限公司铜陵中心支公司	铜陵市北京西路 29 号	高福安	0562-2837258	244000

5. 安庆市主要金融机构

机 构 名 称	地 址	负责人	电 话	邮 编
中国人民银行安庆市中心支行	安庆市龙山路 168 号	傅德汉	0556-5515581	246003
中国农业发展银行安庆市分行	安庆市人民路 417 号	李国安	0556-5580757	246000
中国工商银行股份有限公司安庆分行	安庆市孝肃路 230 号	湛承云	0556-5517713	246003
中国农业银行安庆分行	安庆市孝肃路 50 号	李富强	0556-5519825	246000
中国银行股份有限公司安庆分行	安庆市湖心北路 2 号	苏文林	0556-5349726	246005
中国建设银行股份有限公司安庆市分行	安庆市集贤南路 241 号	汪 斌	0556-5329924	246001
交通银行安庆分行	安庆市龙山路 99 号	罗 明	0556-5509699	246003
徽商银行股份有限公司安庆分行	安庆市人民路 528 号	钱 进	0556-5593826	246003
安庆市城郊农村信用合作联社	安庆市集贤南路 40 号	卢义林	05565220819	246001
中国邮政储蓄银行有限责任公司安庆市分行	安庆市纺织南路 35 号	何政杰	0556-5514869	246002

（续表）

机构名称	地址	负责人	电话	邮编
中国人民人寿保险股份有限公司安庆市分公司	安庆市菱湖南路 553 号	孙一龙	0556-5524019	246002
中国人民财产保险公司安庆公司	安庆市菱湖南路 553 号	胡会武	0556-5510576	246002
中国太平洋人寿保险股份有限公司安庆中心支公司	安庆市中兴大街 103 号	叶　龙	0556-5577770	246003
中国太平洋财产保险股份有限公司安庆中心支公司	安庆市中兴大街中段	马朝晖	0556-5325758	246003
中国平安人寿保险股份有限公司安庆中心支公司	安庆市菱湖南路 189 号	李任兵	0556-5592976	246002
中国平安财产保险股份有限公司安庆中心支公司	安庆市人民路 416 号	吴文光	0556-5563058	246001
华安证券有限责任公司安庆龙山路营业部	安庆市龙山路 209 号	姚莉莉	0556-5518348	246001
华安证券有限责任公司安庆人民路营业部	安庆市人民路 554 号	丁　峰	0556-5561898	246001
国元证券股份有限公司安庆人民营业部	安庆市人民路 252 号	杨翠华	0556-5547246	246001

6. 池州市主要金融机构

机构名称	地址	负责人	电话	邮编
中国人民银行池州市中心支行	池州市东湖中路 199 号	石春利	0566-2027914	247000
中国银行业监督管理委员会池州监管分局	池州市东湖中路 199 号	高江宁	0566-2022302	247000
中国农业发展银行池州市分行	池州市翠柏路与清风路交叉处西南侧	刘小平	0566-2128000	247000
中国工商银行股份有限公司池州分行	池州市贵池区秋浦西路 117 号	黄乐志	0566-2028934	247000
中国农业银行股份有限公司池州分行	皖池州市翠柏中路 171 号	李　晓	0566-2039906	247000
中国银行股份有限公司池州分行	池州市贵池区长江中路 308 号	汪光辉	0566-2090012	247000
中国建设银行股份有限公司池州市分行	池州市翠微西路 150 号	潘家定	0566-2037996	247000
中国邮政储蓄银行有限责任公司池州市分行	池州市翠微西路 233 号	戴四清	0566-2029909	247000
徽商银行股份有限公司池州分行	池州市池阳路 219 号	隋　慎	0566-2044897	247000
池州九华农村商业银行股份有限公司	池州市翠柏中路 142 号	胡孝峰	0566-2027162	247000
安徽青阳农村合作银行	青阳县蓉城镇木镇路 51 号	江　骏	0566-5022047	242800
东至县农村合作银行	东至县尧渡镇建设路 87 号	周红日	0566-7020308	247200
石台县农村信用合作联社	石台县仁里镇和平南路	戴南利	0566-6028760	245100

（续表）

机构名称	地址	负责人	电话	邮编
中国人民财产保险公司池州分公司	池州市池阳路165号	王诗贵	0566-2020706	247000
中国人民人寿保险公司池州中心支公司	池州市清风西路2号	高翔	0566-5204999	247000
中国人寿保险公司池州中心支公司	池州市池阳路165号	刘南平	0566-2020166	247000
平安财产保险池州中心支公司	池州市百牙西路2号	张祥宏	0566-2030226	247000
天安财产保险池州中心支公司	池州市清风西路18号	徐寿保	0566-2127016	247000
安邦财产保险池州中心支公司	池州市贵池区秋浦路338号	张健	0566-2030710	247000
大地财产保险池州中心支公司	池州市贵池区青阳路8号	姜四文	0566-5202222	247000
华安财产保险池州中心支公司	池州市贵池区监察院技侦大厦	汪千康	0566-5209616	247000
太平洋人寿保险池州中心支公司	池州市长江北路2号	王立锋	0566-2033888	247000
泰康人寿保险池州中心支公司	池州市百牙路212号	段满池	0566-2092288	247000
新华人寿池州中心支公司	池州市长江中路186号	费瑞金	0566-5205566	247000
华夏人寿保险池州中心支公司	池州市贵池区池阳路综合楼六楼	胡晓梅	0566-2028006	247000
国元农业保险公司池州中心支公司	池州市贵池区九华山大道520号	熊言明	0566-2083666	247000
太平洋产险公司池州中心支公司	池州市清溪大道697号海关大楼	吕正民	0566-5220111	247000
华安证券池州营业部	池州市东湖南路198号	余海春	0566-2027174	247000

7. 滁州市主要金融机构

机构名称	地址	负责人	电话	邮编
中国人民银行滁州市中心支行	滁州市清流路446号	刘树德	0550-3067552	239000
中国银行业监督管理委员会滁州银监分局	滁州市清流路497号	吕发刚	0550-3078618	239000
中国农业发展银行滁州市分行	滁州市琅琊路286号	李秋生	0550-3069882	239000
中国工商银行股份有限公司滁州分行	滁州市南谯北路852号	王良琴	0550-3022411	239000
中国农业银行滁州分行	滁州市清流路296号	张育	0550-3078507	239000
中国银行股份有限公司滁州分行	滁州市琅琊路115号	丁学庆	0550-3024635	239000
中国建设银行股份有限公司滁州市分行	滁州市凤凰路424号	陈元波	0550-3065526	239000
中国邮政储蓄银行有限责任公司安徽省滁州市分行	滁州市清流路541号	许俊义	0550-3050328	239000
徽商银行滁州分行	滁州市丰乐北路286号	高建军	0550-3010309	239000
滁州市市郊农村信用合作联社	滁州市清流西路248号	李平	0550-3065626	239000
安徽天长农村合作银行	天长市永福东路8号	郑如银	0550-7307006	239300
中国人民财产保险股份有限公司滁州市分公司	滁州市凤阳路99号	张跃进	0550-3048170	239000

（续表）

机　构　名　称	地　　址	负责人	电　话	邮　编
中国人寿保险股份有限公司滁州分公司	滁州市凤凰路428号	张建华	0550-3057856	239000
中国平安财产保险股份有限公司滁州中心支公司	滁州市西门子路7号	秦　岭	0550-3063232	239000
中国平安人寿保险股份有限公司滁州中心支公司	滁州市琅琊东路58号	邹　俊	0550-3021698	239000
中国太平洋财产保险股份有限公司滁州中心支公司	滁州市南谯路中安大厦	何应宗	0550-3217177	239300
中国太平洋人寿保险股份有限公司滁州中心支公司	滁州市南谯路512号	王洪斌	0550-3523099	239000
天安保险股份有限公司滁州中心支公司	滁州市西门子路17号	钱　森	0550-3075111	239000
安邦财产保险股份有限公司滁州中心支公司	滁州市清流西路329号	姜晓春	0550-7111666	239000
中国大地财产保险股份有限公司滁州中心支公司	滁州市中都大道777号	祁建春	0550-3046555	239300
都邦保险股份有限公司滁州中心支公司	滁州市南谯路698号	何长军	0550-3309000	239000
阳光财产保险股份有限公司滁州中心支公司	滁州市南谯北路617号	王新增	0550-3010050	239000
中国人寿财产保险股份有限公司滁州中心支公司	滁州市开发区会峰西路电信大厦2、3楼	龚　乐	0550-3518168	239000
太平财产保险有限公司滁州中心支公司	滁州市电力大楼东裙楼5楼506室	郑世全	0550-3010999	239000
渤海财产保险股份有限公司滁州中心支公司	滁州市凤阳路572号	李泽民	0550-3518855	239000
国元农业保险股份有限公司滁州中心支公司	滁州市南谯路698—9号	陈泽全	0550-3518818	239000
中国太平洋人寿保险股份有限公司滁州中心支公司	滁州市南谯北路512号	陈　翀	0550-3523099	239000
中国平安人寿保险股份有限公司滁州中心支公司	滁州市琅琊西路81号	胡　琼	0550-3021789	239000
泰康人寿保险股份有限公司滁州中心支公司	滁州市天长东路151号	马建军	0550-3071818	239000
太平人寿保险有限公司滁州中心支公司	滁州市天长东路152号	鲁宏宇	0550-3026608	239000
中国人民人寿保险股份有限公司滁州中心支公司	滁州市凤阳路99号	邓　珑	0550-3023193	239000
华夏人寿保险股份有限公司滁州中心支公司	滁州市琅琊西路59号	刘国新	0550-3010099	239000

（续表）

机 构 名 称	地 址	负责人	电 话	邮 编
阳光人寿保险股份有限公司	滁州市卫校巷气象局 4 楼	刘东海	05550-7128127	239000
新华人寿保险股份有限公司滁州中心支公司	滁州市南樵北路 756 号	吴凤超	05550-3010666	239000
合众人寿保险股份有限公司滁州中心支公司	滁州市琅琊东路 201 号	陈建刚	0550-7128800	239000
华安证券滁州营业部	滁州市天长东路 169 号	胡向东	0550-3043003	239000
国元证券滁州营业部	滁州市琅琊东路 8 号	宁皖明	0550-3044818	239000

8. 巢湖市主要金融机构

机 构 名 称	地 址	负责人	电 话	邮 编
中国人民银行巢湖市中心支行	巢湖市长江东路 26 号	秦传胜	0565-2353888	238000
中国银监会巢湖市银监分局	巢湖中路 236 号	王惠明	0565-2399001	238000
中国农业发展银行巢湖市分行	巢湖市健康东路	徐建民	0565-2365274	238000
中国工商银行股份有限公司巢湖分行	巢湖市草城街 14 号	王剑敏	0565-2315266	238000
中国农业银行巢湖分行	巢湖市健康中路 238 号	丁 祥	0565-2310756	238000
中国银行股份有限公司巢湖市分行	巢湖市巢湖中路 83 号	施展迪	0565-2399266	238000
中国建设银行股份有限公司巢湖市分行	巢湖市巢湖中路 95 号	王明启	0565-2326278	238000
安徽省联社巢湖办事处	巢湖市东风西路	韦道德	0565-2635616	238000
中国邮政储蓄银行巢湖分行	巢湖市长江东路 115 号	张文保	0565-2631177	238000
徽商银行巢湖支行	巢湖市团结东路小区 9 号楼	朱 文	0565-2617878	238000
国元证券巢湖营业部	巢湖市健康中路 238 号	李克木	0565-2339888	238000
华安证券巢湖营业部	巢湖市巢湖中路 112 号	杨爱民	0565-2629425	238000
中国人寿保险股份有限公司巢湖分公司	巢湖中路 78 号	田渐明	0565-2317868	238000
中国人民财产保险股份有限公司巢湖市分公司	巢湖健康中路 256 号	黄 林	0565-2313859	238000
中国平安财产保险股份有限公司巢湖中心支公司	巢湖市向阳苑小区 C22 号	谢嗣俊	0565-2331911	238000
中国平安人寿保险股份有限公司巢湖支公司	巢湖市健康中路 238 号	张 明	0565-2391405	238000
中国大地财产保险股份有限公司巢湖中心支公司	巢湖市团结东路	张怡生	0565-2816112	238000
中国太平洋财产保险股份有限公司巢湖中心支公司	巢湖市太湖山路 43 号	丁子平	0565-5206016	238000
中国太平洋人寿保险股份有限公司巢湖营销服务部	巢湖市太湖山路 43 号	詹玉贵	0565-5606001	238000

（续表）

机构名称	地址	负责人	电话	邮编
天安保险股份有限公司巢湖中心支公司	巢湖市太湖山路凤凰街道	陈仁兵	0565-2314828	238000
泰康人寿保险股份有限公司巢湖中心支公司	巢湖中路58号	胡　虹	0565-2391975	238000
安邦财产保险股份有限公司巢湖中心支公司	巢湖市东塘路116号	汪佩强	0565-2367601	238000
新华人寿保险股份有限公司巢湖营销服务部	巢湖市东风路199号	王　强	0565-2636688	238000
大众保险股份有限公司巢湖营销服务部	巢湖市人民路491号	鲍　武	0565-2316667	238000
太平人寿保险有限公司巢湖中心支公司	巢湖中路209号	巫天启	0565-2321117	238000
民生人寿保险股份有限公司巢湖中心支公司	巢湖市东塘路48号	高　翔	0565-2812886	238000
国元农业保险公司巢湖支公司	巢湖市健康西路与银屏路交叉口	宛新林	0565-2607168	238000
中国人寿财产保险股份有限公司巢湖市中心支公司	巢湖市健康东路区行政服务中心	徐良群	0565-2311133	238000

9. 宣城市主要金融机构

机构名称	地址	负责人	电话	邮编
中国人民银行宣城市中心支行	宣城市陵西路92号	李成强	0563-3032023	242000
中国银行业监督委员会宣城市分局	宣城市陵西路92号	胡晓春	0563-3032059	242000
中国农业发展银行宣城市分行	宣城市西林路35号	金长远	0563-3019660	242000
中国工商银行股份有限公司宣城分行	宣城市鳌峰西路10号	李为民	0563-3030088	242000
中国农业银行宣城分行	宣城市叠嶂西路1号	杨树荣	0563-3033802	242000
中国银行股份有限公司宣城分行	宣城市鳌峰中路47号	顾成友	0563-3021108	242000
中国建设银行股份有限公司宣城市分行	宣城市状元南路17号	邹怀颖	0563-3029838	242000
中国邮政储蓄银行有限责任公司宣城市分行	宣城市陵西路74号	金自强	0563-3033128	242000
徽商银行宣城支行	宣城市叠嶂西路1号	叶未明	0563-3035695	242000
国元证券股份有限公司宣城市分公司	宣城市状元北路B号楼	乔大庆	0563-2718258	242000
华安证券公司宣城市分公司	宣城市鳌峰西路9号	郝文斌	0563-3017118	242000
中国人民财产保险股份有限公司宣城分公司	宣城市鳌峰西路16号	王学军	0563-3030578	242000
中国人寿保险股份有限公司宣城分公司	宣城市鳌峰西路16号	王建桐	0563-3030518	242000
中国太平洋财产保险有限公司宣城中心支公司	宣城市鳌峰西路9号	蔡明详	0563-3013266	242000

（续表）

机构名称	地址	负责人	电话	邮编
中国太平洋人寿保险有限公司宣城中心支公司	宣城市叠嶂中路银府大厦	程　杰	0563-2829999	242000
中国平安财产保险股份有限公司宣城中心支公司	宣城市宣湖路35号	张进军	0563-3013819	242000
中国平安人寿保险股份有限公司宣城中心支公司	宣城市鳌峰东路27号	易向勇	0563-3033578	242000
中国大地财产保险股份有限公司宣城中心支公司	宣城市陵西路211号	汪小桃	0563-3032799	242000
泰康人寿保险股份有限公司宣城中心支公司	宣城市梅西路107号	陶国胜	0563-2110308	242000
安邦财产保险股份有限公司宣城营销部	宣城市梅溪路48号	吴华平	0563-2719911	242000

10. 六安市主要金融机构

机构名称	地址	负责人	电话	邮编
中国人民银行六安市中心支行	六安市人民东路41号	赵永红	3316633	237006
中国银行业监管委员会六安监管分局	六安市解放南路79号	胡宏琦	3227688	237000
安徽省农村信用联社六安办事处	六安市皖西路32号	黄世平	3362039	237006
中国农业发展银行六安市分行	六安市大别山路85号	史少宁	3219875	237000
中国工商银行股份有限公司六安分行	六安市解放南路79号	杨　林	3228199	237000
中国农业银行股份有限公司六安分行	六安市皋城路89号	袁立诚	3312603	237006
中国银行股份有限公司六安分行	六安市人民路84号	曹运文	3315542	237006
中国建设银行股份有限公司六安市分行	六安市大别山路13号	洪　峰	3327788	237000
中国邮政储蓄银行股份有限公司六安分行	六安市解放南路66号	黄　健	3210666	237001
徽商银行六安分行	六安市梅山中路59号	王　鸣	3339689	237005
中国人民财产保险股份有限公司六安市分公司	六安市球拍路财保大楼	张绍春	3339131	237000
中国太平洋财产保险股份有限公司六安中心支公司	六安市梅山南路总工会大楼	陈焰强	3378601	237001
安邦财产保险股份有限公司六安中心支公司	六安市龙河路滨河小区	王淮舜	3318172	237000
中国大地财产保险股份有限公司六安中心支公司	六安市平桥路口安丰大厦302室	仲　锦	3287780	237000
华安财产保险股份有限公司六安中心支公司	六安市徽商国贸小区10幢1层1楼	刘国禹	3270300	237000

（续表）

机 构 名 称	地 址	负责人	电 话	邮 编
天安保险股份有限公司六安中心支公司	六安市梅山中路欧美亚商厦	傅中平	3339930	237000
都邦财产保险股份有限公司六安中心支公司	六安市解放中路明珠高层天井苑2单元15楼	郑成武	3225151	237000
中国人寿财产保险股份有限公司六安中心支公司	六安市解放中路明珠广场丽景苑4单元12楼	苏 浩	3220880	237000
渤海财产保险股份有限公司六安中心支公司	六安市开发区东城路8号	李从海	3632316	237000
太平保险有限公司六安中心支公司	六安市梅山北路老年活动中心商办楼4楼	张旭东	3335322	237000
中国平安财产保险股份有限公司六安中心支公司	六安市解放北路36号阳光小区2号楼南1号商铺	唐扬彪	3221405	237008
国元农业财险公司六安中心支公司	六安市公积金管理中心4楼	游家荣	3376158	237000
中国人寿保险股份有限公司六安分公司	六安市人民东路61号	鲍 强	3317741	237006
中国太平洋人寿保险股份有限公司六安中心支公司	六安市人民东路30号	周学军	3339286	237000
泰康人寿保险股份有限公司六安中心支公司	六安市皖西东路140号	吴 梅	3323783	237006
太平人寿保险有限公司六安中心支公司	六安市梅山北路23号老干部活动中心3楼	王伟伟	3319906	237000
中国平安人寿保险股份有限公司六安中心支公司	六安市皖西路168号皖西路小学门面前楼4楼	盛书元	3286670	237000
民生人寿保险股份有限公司六安中心支公司	六安市解放路79号天成精品城6号楼3楼	周 拯	3212511	237000
幸福人寿保险股份有限公司六安中心支公司	六安市梅山北路老年活动中心4楼	柏文浩	5338877	237000
合众人寿保险股份有限公司六安中心支公司	六安市明珠广场粮食局7楼	麦晓亮	5389977	237000
生命人寿保险股份有限公司六安中心支公司	六安市磨子潭路舒怡花园11号楼7楼	汪春芳	3217530	237000
人民人寿保险股份有限公司六安中心支公司	六安市球拍路财保大楼8楼	袁传双	3339493	237000
华安证券有限责任公司六安梅山路证券营业部	六安市梅山中路	江 坤	3313924	237000
国元证券公司有限责任公司六安人民路营业部	六安市人民路88号	刘 峰	3321248	237000

11. 黄山市主要金融机构

机构名称	地址	负责人	电话	邮编
中国人民银行黄山市中心支行	黄山市长干东路 118 号	王　林	0559-2314388	254000
中国银监会黄山监管分局	黄山市滨江西路 23 号	刘　星	0559-2583098	245000
中国农业发展银行黄山市分行	黄山市屯光大道 1 号	吴庆前	0559-2357738	254000
中国工商银行股份有限公司	黄山中路 59 号	张业生	0559-2514270	254000
中国农业银行股份有限公司黄山分行	黄山市前园北路 25—27	吴合陵	0559-2358901	254000
中国银行股份有限公司黄山分行	黄山市黄山中路 1 号	马中华	0559-2538969	254000
中国建设银行股份黄山市分行	黄山市前园南路 2 号	方华平	0559-2516139	254000
中国邮储银行股份有限公司黄山分行	黄山市前园南路 108 号	陆世隆	0559-2315762	254000
徽商银行股份有限公司黄山分行	黄山市黄山西路 39 号	吴宝生	0559-2520176	254000
中国人民财产保险股份有限公司黄山市分公司	黄山市新园东路 2 号	曾庆松	0559-2320916	254000
中国人寿保险股份有限公司黄山分公司	黄山市滨江东路 9 号	许　可	0559-2542276	254000
中国平安财产保险股份有限公司黄山中心支公司	黄山市黄山西路 39 号	周晓雨	0559-2529983	254000
中国平安人寿保险股份有限公司黄山中心支公司	黄山市黄山西路 39 号	黄晓兰	0559-2515096	254000
渤海财产保险股份有限公司黄山中心支公司	黄山市滨江路 86—88 号	王　鹏	0559-2322658	254000
中国太平洋人寿保险股份有限公司黄山中心支公司	黄山市天都大道市总工会大楼 8 楼	叶　龙	0559-2150816	254000
国元农业保险股份有限公司黄山中心支公司	黄山市新园东路 198 号财政局 5 楼	汪　深	0559-2330333	254000
中国人民健康保险股份有限公司黄山营销服务部	黄山市黄山东路 89 号	黄　忠	0559-5205656	254000
泰康人寿保险股份有限公司黄山中心支公司	黄山市北海路 58 号	汪振济	0559-2345979	254000
安邦保险股份有限公司黄山营销服务部	黄山市黄山东路 101 号	程志平	0559-2530118	254000
天安保险股份有限公司黄山中心支公司	黄山市黄山东路 139 号	汪莉宾	0559-2356325	254000
中国太平洋财产保险股份有限公司黄山中心支公司	黄山市天都大道市总工会大楼 12 楼	段经勇	0559-2518555	254000
中国大地财产保险股份有限公司安徽分公司黄山营销服务部	黄山市北海路 58 号	许正保	0559-5299708	254000
华安财产保险股份有限公司黄山中心支公司	黄山市安东路 85 号	王永奎	0559-2310950	254000
华安证券有限责任公司黄山前南新村证券营业部	黄山市前南新村 18 号	何雄辉	0559-2317668	254000
国元证券股份有限公司黄山新安北路证券营业部	黄山市新安北路 23 号	江从波	0559-2541090	254000
中国银河证券股份有限公司黄山新园东路证券营业部	黄山市新园东路 198 号财政局 1 楼	陆文斌	0559-2550909	245000

附　　录

一、2009年长三角金融大事记

上　海　市

1月1日　兴业银行上海分行推出"存贷宝"、"还款宝"、"固转浮"、"浮转固"等一系列零售信贷新产品。其中"还款宝"系列中的"随薪供"是指在一定固定限期内，只需按期偿还贷款利息，固定限期到期后再按期偿还本息的还款方式，此产品在国内是首次出现。

1月8日　上海农村商业银行正式启用"上海农商银行"简称，英文简称相应更改为"SRCB"。网址：www. srcb. com。启用新的简称及配套视觉形象，有利于改善和提升上海农商银行的企业形象与品牌。

1月8日　浙商银行上海分行与上海临港新城举行合作签约仪式，正式启动与临港新城的战略合作。项目涵盖民生工程、基础建设、核心产业等多个领域，单户投放和区域投放总量均为该行开业以来新高。

1月9日　上海保监局组织召开了2009年上海保险信访工作会议，对上海保险业2008年度信访工作进行了总结回顾，并提出了2009年工作要求，强调各保险公司负责人必须正确认识信访形势，更新理念，解决好信访中反映出的各种问题，切实履行对客户对社会的服务承诺，确保行业稳定。

1月9日　上海金融交易广场项目奠基仪式在浦东举行，中国证监会主席尚福林、上海市长韩正为项目奠基石揭幕。

1月12日　经中国证监会同意，中国期货保证金监控中心上海总部正式成立。根据中国证监会授权，中国期货保证金监控中心上海总部主要职能是负责期货市场运行监测监控系统建设，并承担期货市场运行的监测、监控及研究分析等工作。

1月13日　中国人民银行上海总部召开工作会议，深入贯彻落实科学发展观，认真学习贯彻党的十七大、十七届三中全会和中央经济工作会议、中央农村工作会议精神，传达总行工作会议精神，总结2008年中国人民银行上海总部主要工作，研究部署2009年工作任务。

1月15日　上海证券交易所在沪与中国资产评估协会联合举办上市公司资产评估监管交流会，决定加强资产评估行业与上市公司信息披露的协同监管，共同做好上市公司资产评估监管工作并使之常态化。

1月15日　胡润百富榜发布《至尚优品——中国千万富豪品牌倾向报告》，招商银行第五次蝉联"最青睐的人民币理财银行"和"最青睐信用卡发卡行"两项大奖。同时获颁"至尚优品星光圣殿大奖"，是该奖项中唯一的中国品牌。

1月18日　交通银行省级分行名称正式由省会城市冠名改为省（自治区、直辖市）冠名，这是交通银行完善公司治理结构的一项重大举措，有利于进一步强化全省一体化管理，更好地支持当地国民经济和社会事业发展。从本日起，交通银行29家省分行统一对外挂牌。

1月19日　上海银监局召开上海中资银行行业金融机构负责人会议，回顾总结2008年上海银行业金融机构运行情况，传达中国银监会2009年工作会议的主要精神，通报上海银监局2009年监管工作主要思路，分析2009年上海银行业发展面临的严峻挑战和对策。中共上海市委常委、副市长屠光绍出席会议并讲话。

1月22日　工行上海分行"联网信息发布系

统 Channel i"正式开播。该系统涉及多领域主题,制作多风格板块,传达多层面信息,成为客户认识工行、了解工行、信赖工行的窗口。

1月　财政部独资国有金融控股集团中国东方资产管理有限公司对远东资信的股权收购手续正式完成,外资彻底退出了远东资信,股权变更后东方资产对远东资信控股比例为51%,远东资信转变为国有控股的评级机构。

2月3日　东方证券股份有限公司荣获财政部颁发的"2008年度记账式国债承销进步奖",且在5家获得进步奖的机构中排名券商第一;同时,还入围由全国同业拆借中心评选的"2008年度全国银行间债券市场交易活跃前100名"和"2008年度全国银行间市场交易活跃前100名"。

2月4日　上海金融产业基金管理公司获国家发改委批准筹建,已开始规模为80亿元人民币的首期基金募集,上海国际集团与中国国际金融有限公司各持有其50%的股权。上海金融产业基金是经国务院批准的第二批产业试点基金之一。

2月6日　中国人民银行上海总部召开2008年度上海市金融形势分析会,会议研究分析了当前国内外和上海市经济金融形势,并就进一步贯彻落实国家有关"保增长、扩内需、调结构"政策,做好2009年上海市货币信贷工作提出了要求。会议要求全市金融机构进一步贯彻落实中央经济工作会议精神和国家扩大内需的方针政策,认真做好以下几方面的工作:一是银企携手共渡难关,保持货币信贷的适度增长;二是加强与产业政策的协调配合,优化信贷结构;三是积极推进金融创新,多渠道筹集建设发展资金;四是继续推进金融对外开放,支持上海国际金融中心建设。

2月16日　建设银行上海市分行成功办理上海市首单并购贷款业务。分行与中国电力投资集团公司下属上海电力股份有限公司签订了并购贷款合同,并为该客户提供了并购贷款专项财务顾问服务。该笔业务的成功办理不仅标志着分行并购贷款业务取得突破,也开创了分行成功办理包括业务流程、财务顾问、尽职调查和风险评估、授信申报在内全流程并购融资业务模式的先例。

2月18日　上海崇明长江村镇银行股份有限公司正式开业,由屠光绍副市长举行"破冰揭牌"仪式。

2月18日　杭州银行上海杨浦支行开业,这是杭州银行自2007年12月28日进入上海后布局的首家支行,也是杭州银行的第一家跨省支行。至2008年年末,杭州银行上海分行各项存款余额56.19亿元,完成年度计划187.3%;各项贷款余额45.05亿元,完成年度计划225%;实现考核利润2 574万元,完成年度计划129%。

2月19日　工行上海市分行与百联集团就百联集团并购上海实业联合集团商务网络发展有限公司项目正式签署《并购贷款协议》及《并购财务顾问协议》。上海产权交易所作为产权交易服务机构参与并见证了本次并购贷款签约仪式。

2月20日　上海银监局召开上海外资银行负责人会议,阎庆民局长出席会议并讲话。他在讲话中明确了2009年上海银监局对上海外资银行的监管要求:第一,提高公司治理能力,有效发挥决策、监督职责。要强化本地董事会职责和独立性,明确银行与股东(母行)的权责划分,有效协调银行自主经营与母行条线管理的关系。第二,完善信用风险全过程管理,做好不良贷款"双控"工作。第三,调整资产负债结构,加强流动性风险抵御能力。第四,完善操作风险管理体系,加大案件防控力度。全面审核内部操作风险管理制度与流程,查找制度设计和执行中的薄弱环节,及时修订母行政策中不适用本地经营与管理的操作流程。

2月22日　上海首家村镇银行——崇明长江村镇银行开业。该行注册资金1亿元,主发起人上海农村商业银行持股51%,崇明县5家企业法人持有其余49%的股份。

2月27日　光大银行在沪的首家财富中心——市东支行"阳光财富"中心正式开业,成为该行试水私人银行业务的前奏。

2月27日　南京银行上海分行举办南京银行沪宁两地银企洽谈会。南京市政府驻沪办事处主任耿立选、总行副行长周小祺、信贷管理部总经理潘建宁、公司业务部副总经理薛小涵、分行领导、各业务部门负责人以及15家企业代表参加了洽谈会。分行与3家企业签订了银企合作意向书,意向总额达8亿元。此次洽谈会为沪宁两地企业提供了一个充分沟通、共商合作的机会。

2月 三星火灾海上保险(中国)有限公司承保上海通用汽车财产一切险,承保金额570 800万美元,保费收入为157万美元。

星展集团在上海市中心金融区设立新总部,突显星展对中国业务的信心和承诺。集团主席许文辉(以及执行总裁古普塔 Piyush Gupta 和董事会其他董事)主持开幕仪式。

3月4日 为优化中国建设银行上海市分行在浦东地区各类资源配置,提升建行在浦东地区核心竞争力,把浦东地区业务做大做强,浦东地区现浦东分行、六里支行、金桥支行、张江支行、高桥(外高桥)支行和川沙支行合并成立浦东分行,负责浦东地区所有对公业务、对私业务和营业网点统一管理和经营;六里支行、金桥支行、张江支行、高桥(外高桥)支行和川沙支行由城区支行调整为网点型支行;浦东地区除浦东分行外五家经营单位下辖营业室分别更名为六里支行、金桥支行、张江支行、高桥(外高桥)支行和川沙支行。此举优化了分行在浦东地区网点资源、人力资源、信贷资源配置,建立了浦东地区条线经营责任体系,增强了整体竞争力。

3月9日 市政府举办"金融支持区县经济社会发展工作会议暨签约项目签约仪式",13家金融机构与本市的区县举行了签约仪式,现场签约500亿元,包括非现场签约项目在内的总计签约金额达到650亿元。签约内容涉及轨道交通、城镇建设等基础设施和重大建设项目,也包括旧房改造、河道整治、农村合作医疗等改善民生项目。

3月16日 邮储—太平2009年大型合作项目——"三个一"工程启动仪式在浦东蓝海博龙国际大酒店举行,标志着邮储银行与太平人寿的合作进入了新阶段。该工程是邮储银行上海分行、太平人寿上海分公司和上海理财专修学院三方合作,以全力打造人才为首要目标。

3月20日 中国民生银行私人银行举行上海分部开业仪式,正式在上海推出私人银行业务。

3月24日 中国民生银行分别与上海城市建设投资开发总公司、上海临港经济发展(集团)有限公司和上海世博土地控股有限公司等企业(集团)签订了总金额高达310亿元的银企全面合作协议。合作领域涉及融资业务、外汇业务、理财业务以及员工个人金融等多个方面。

3月25日 温家宝总理主持国务院常务会议,审议并原则通过了关于推进上海加快发展现代服务业和先进制造业、建设国际金融中心和国际航运中心的意见,提出到2010年,将上海基本建成与中国经济实力和人民币国际地位相适应的国际金融中心。这是首次以国务院文件的形式,明确上海国际金融中心建设的国家战略定位。

3月26日 由上海浦东发展银行上海分行主办、上海教育电视台"今日房产"栏目协办的"地产新思维——浦发银行与房地产精英合作论坛"日前召开。这是今年上海银行界与房产界的首次高端论坛。

3月27日 上海市黄浦区与交通银行上海市分行签署金融合作协议,交行将为黄浦区国有资产总公司及南房(集团)有限公司等提供综合授信支持,为黄浦区市政基础设施建设、旧区改造及经济适用房建设提供金融保障。

3月30日 建行上海市分行与太平洋资产管理有限责任公司签署了《太平洋——上海世博会债券投资计划(二期)龙信融保通投资资产管理服务协议》,成功启动了分行首笔"龙信融保通"业务。此次分行为太平洋资产管理公司投资上海世博土控有限公司40亿元资金提供"融保通"服务,服务期限10年,服务内容包括项目担保、资产托管、独立监督人以及投资项目推介等。

3月31日 在浦东新区重大项目、重点产业和中小企业银团授信暨贷款合同签约仪式上,深发展作为与浦东新区区政府合作的银行之一,与区内各部门、各企业签订了逾1 080亿元银团授信框架协议。此次集中授信属浦东开发开放以来首次,是继"两个中心"方案获国务院会议批准后,上海为促进经济发展推出的重磅举措。

3月 上海国利货币经纪有限公司正式获得国家外汇管理局的批准开展外汇经纪业务的资

格。此次获批的外汇经纪业务范围包括人民币外汇远期、掉期、货币掉期经纪服务，外汇拆借经纪服务，以及外汇对外汇交易经纪服务。

4月1日 上海国利货币经纪有限公司正式开展人民币外汇掉期的报价服务。

4月9日 上海市银行业“迎世博”窗口服务质量指数首次发布。2008年全市银行业窗口服务质量指数为81.81，投诉处理和自助银行成为制约银行窗口服务质量进一步提升的薄弱环节。上海市银行业“迎世博”窗口服务质量指数是由上海市金融系统文明办委托国家统计局上海城调队和第三方机构，对全市包括工、农、中、建、交等在内的16家银行上海分行的营业网点、自助银行、电话银行、网上银行和投诉处理等5项服务，通过窗口拦截、现场暗访、网络调查、服务监测等方式进行测评，共收集各类样本16 364个。其中，营业网点服务质量指数最高，达到87.94，投诉处理的服务质量指数最低，仅为63.61。自助银行服务效率也未得到客户普遍认同，成为制约银行窗口服务质量提升的障碍之一。

4月14日 国家开发银行与中国东方航空集团公司签署开发性金融合作协议，向东航集团提供总额300亿元人民币的融资额度，共同探索建立新型的“产融战略合作”新模式。

4月21日 上海浦东新区政府联合多家银行与浦东新区8家企业签订银行授信协议，提供共计人民币1 080亿元的授信额度。签约仪式上包括阿尔卡特、中芯国际、东方希望、赢众生物科技、公利医院、浦东工程建设管理有限公司等8家浦东企业分别与包括国家开发银行、工农中建交五大国有银行、浦东发展银行、上海银行等15家银行签订了总额达78亿元人民币的贷款合同，这次是采用“抱团”授信的模式，也就是银团与企业界共同联合签订授信契约。同时这样的融资模式，也被浦东新区政府作为产业扶持政策的一环。其中，对浦东新区重大项目授信610亿元，重点产业授信370亿元，中小企业授信100亿元。

4月24日 国家开发银行与上海市政府在京举行金融发展合作备忘录签字仪式。上海市委书记俞正声，陈元董事长出席签字仪式并致辞。上海市委副书记、市长韩正与总行蒋超良行长签署了备忘录。国开行与上海市政府就上海国际金融中心建设、世博项目建设、金融创新、产业结构调整、民生改善等方面达成合作共识。

4月25日 我国首家本土汽车金融公司，由奇瑞公司和徽商银行共同投资组建的奇瑞徽银汽车金融有限公司在上海宣布正式开业。奇瑞徽银汽车金融有限公司注册资本为5亿元，其中奇瑞公司出资4亿元，占80%股份，徽商银行出资1亿元，占20%股份。

4月27日 三井住友银行在上海设立的全资子银行三井住友银行(中国)有限公司正式对外营业，成为第三家法人化的日资银行。三井住友(中国)注册资本为70亿元人民币，由三井住友银行全资设立。

4月28日 上海银行与上海梅林正广和股份有限公司在上海银行大厦举行并购贷款合作签约仪式。根据协议，上海银行将向梅林正广和提供期限为5年的并购贷款4 325万元，用于其收购某食品有限公司51%的股权。该并购贷款的发放，不仅是上海银行在创新业务上的有益尝试，也是该行通过并购贷款支持企业发展的具体举措。

4月 中海信托公司与工商银行、绿城集团合作开发了国内首单准房地产信托基金项目——中海绿城1号，在业界引起了积极反响。

5月9日 中国建设银行上海市分行与中国出口信用保险公司上海分公司签署了战略合作协议，并推出“融保通”信保融资产品，为上海出口企业提供多元化综合金融业务，支持上海出口企业的发展。

5月15日 “2009陆家嘴论坛”在上海举行。此次论坛由上海市政府和中国人民银行、中国银行业监督管理委员会、中国证券监督管理委员会、中国保险监督管理委员会共同主办，中国银监会主席刘明康和上海市市长韩正任共同轮值主席。本次论坛的主题是“全球化时代的金融发展与经济增长”。论坛就如何正确吸取国际金融危机的教训、怎样加固其金融体系以及金融如何更好地促进经济持续增长展开广泛的讨论。

5 月 15 日 国家开发银行上海分行与上海市科委、上海科技投资股份有限公司(以下简称科投公司)、上海杉德银卡信息服务有限公司(以下简称杉德银卡公司)举行合作会谈并签订开发性金融合作协议及银企合作协议。同时双方将建立高层会晤及定期沟通机制,推动双方合作的进一步深化。

5 月 15 日 中国保监会与上海市政府签署《关于大力发展保险业推进改革上海国际金融中心建设的合作备忘录》。明确建立推进上海保险业发展的合作机制,积极推动保险创新和保险市场发展,增强保险业服务经济社会发展的能力,发挥保险的融资功能,加强保险业基础建设。

5 月 20 日 由上海市旅游局与中国保险监督管理委员会上海监管局共同主办,上海旅游会展推广中心承办,上海市旅游行业协会、上海市保险同业公会及亚太旅游协会联合支持的"2009 旅游保险论坛"在上海举行。

5 月 22 日 友利银行(中国)有限公司上海分行正式开通个人银行卡业务,为客户提供更为高效、便捷的服务。友利(中国)成为第一家在中国本土发行人民币借记卡的韩资法人银行。友利(中国)的借记卡不仅可以在银联机器上使用,韩国友利银行的 ATM 机同样支持该卡在韩国的取款业务。

工行上海市分行与上海国际航运服务中心签署了 45 亿元银团融资框架协议,为航运项目建设提供全方位的金融支持,充分发挥国有商业银行在上海"两个中心"建设的主力作用。9 月 17 日,中国工商银行上海航运金融中心成立。

5 月 25 日 由上海市金融学会、交通银行上海市分行、中国人民财产保险股份有限公司上海市分公司联合举办的"金融服务世博论坛"在上海世博会事务协调局媒体服务中心举行。

5 月 27 日 上海浦东新区"陆家嘴人才金港"盛大开启。这是上海市贯彻落实国务院推进上海建设国际金融、国际航运两个中心的重要举措,标志着上海国际金融中心人才高地建设正式启动。

5 月 30 日 "上海国际金融学院创建十五周年院庆暨 2009 国际金融中心论坛"在浦东香格里拉酒店举行。

6 月 2 日 由上海期货交易所主办的第六届上海衍生品市场论坛在沪举行。论坛着重围绕商品期货服务实体经济、应对国际金融危机的新思路,以及金属、能源和橡胶期货发展等有关问题展开讨论。

6 月 9 日 中国银行上海市分行正式向市场推出国内首张集聚借记卡和贷记卡功能于一体的创新金融新品——"长城借贷合一卡"。这张符合银联最新标准的新型银行卡,有别于传统意义信用卡或借记卡的功能定势,具备一卡双磁条、一卡双账户、银行卡功能全覆盖等显著特点。

6 月 10 日 中国人民银行隆重发行中国 2010 年上海世界博览会金银纪念币(第 1 组)一套,并与上海世博会事务协调局在上海举行了首发式。

6 月 11 日 上海浦东新区公布《上海市浦东新区设立外商投资股权投资管理企业试行办法》。根据办法,境外私募股权投资和风险投资等股权投资资本将允许以"股权投资管理公司"的形式在浦东合法登记注册,这在国内尚属首次。

6 月 15 日 由上海联合产权交易所、解放日报报业集团、上海精文投资公司联合投资创立的上海文化产权交易所正式揭牌,这是国内首家成立的文化产权交易所。

6 月 16 日 中国—西非开发银行合作与发展研讨会在上海举行。中国人民银行副行长马德伦和西非开发银行行长比奥查内出席了开幕式并致辞。西非开发银行各成员国董事、西非行官员、国内有关部委、金融机构和企业的代表共 100 余人参加了研讨会。这是西非开发银行董事会第一次在亚洲国家举行。

6 月 17 日 上海市房地产交易中心与中国银行股份有限公司上海市分行在土地交易市场签署了土地交易金融服务合作框架协议,为入市参加土地交易的竞买人提供有针对性的金融服务。

6 月 18 日 中国银联携手中国工商银行、中国农业银行、中国银行、中国建设银行、中信银行、中国民生银行、招商银行、兴业银行等共同发行

“建国60周年银联标准主题信用卡”。

6月19日 平安银行在沪举行小企业信贷中心成立揭牌仪式，并同时宣布面向注册在上海的小企业推出“免抵押免担保”的小企业信用贷款，贷款最高额度可以达到100万元。

6月25日 中国人民银行上海总部召开上海世博支付环境建设暨银行卡工作会议。会议明确了下一阶段世博支付环境建设和银行卡工作的六项任务。

6月26日 上海市第十三届人大常委会第十二次会议表决通过《上海市推进国际金融中心建设条例》，条例自今年8月1日起实施。

7月2日 上海农商银行支持“三农”专项签约仪式在兴国宾馆举行。本次签约仪式的最大亮点，是该行在全国率先推出家庭农场专项贷款。

7月3日 “中国电财资金结算服务系统项目”验收会在华东分公司举行。经评审，一致同意该项目通过验收。“中国电财资金结算系统”的开发，是落实国网公司财务集约化管理要求的需要，为集团公司实现一个“资金池”管理，实现集团资金效益最大化铺平道路。

7月6日 建行上海市分行与多家境外银行举行合作备忘录签约仪式，就跨境贸易人民币结算展开正式合作。分行与西班牙桑坦德银行、美国银行、香港上海汇丰银行、美国美联银行、华美银行及建银（亚洲）首批6家境外银行签署合作备忘录。

7月6日 作为首批跨境贸易人民币结算业务试点单位，中国银行上海市分行于本日成功叙做全国首笔跨境贸易人民币结算业务。通过积极推广，全年共21家试点企业办理业务39笔，累计金额突破10亿元人民币。

7月8日 中国银行上海市分行成立以航运行业为服务对象的“国际航运金融服务中心”。该中心是分行向市场推出的一个全方位的航运行业金融服务概念，不但包含了对该行业企业的产品设计、客户营销、账户管理、结算服务、资金理财、融资授信、电子银行等一揽子企业金融服务方案，还包含了对航运行业企业从业人员的私人财富管理方案，实现航运行业客户全方位、多元化服务功能。

7月10日 上海产权市场金融资产交易中心正式揭牌，将打造服务于国内金融企业并购重组和资产调整的专业平台，制订和完善金融资产交易流程和相应交易细则。

7月13日 首届上海卡博会在东亚展览中心开幕。近20家中外资银行信用卡中心，以及东方文化卡、大众商务卡等近20家发卡机构参会。

7月15日 由中国法学会主办、上海市法学会和上海市金融服务办公室共同承办的“金融发展与法治建设”论坛在上海召开。

7月18日 农业银行上海市分行牵头八家国内知名银行组成的银团，与上海中心大厦建设发展有限公司签订了银团贷款协议、专项金融服务协议和银企租赁合作备忘录，为上海中心大厦的建设提供总额达100亿元人民币的建设资金保障。

7月23日 中国东方电气集团有限公司（以下简称“东方电气集团”）与交通银行股份有限公司资金集中管理全面合作签约仪式在上海隆重举行。东方电气集团总经理斯泽夫与交通银行行长李军出席签约仪式并致辞。

7月25日 上海商业机动车辆保险信息从当日零时起全部进入“上海市机动车辆联合信息平台”，从而在全国率先实现机动车辆管理、交通违法记录、保险理赔记录的信息共享，并对部分费率浮动实行统一的行业标准。

7月30日 上海市反洗钱工作联席会议第四次工作会议在人行上海总部召开。人行上海总部金融服务二部与上海市反恐办、上海市公安局刑侦总队签订了反洗钱工作交流合作备忘录。

7月，交通银行上海市分行成功完成了6笔跨境贸易人民币结算业务，累计金额近300万元，完成国内同业中代理行清算跨境贸易人民币结算业务的第一单和第二单。

8月4日 国内首家以金融产业为主要投资对象的产业基金——金浦产业投资基金管理有限公司在上海挂牌，上海国际集团有限公司和中国国际金融有限公司各占50%股份，基金总规模为200亿元，首期募集规模为80亿元。

8月6日 华夏银行上海分行上报的上海仪电控股(集团)公司10亿元人民币并购贷款项目，经总、分、支行三级项目小组的共同努力，获总行审批同意，完成了系统内第一笔、上海第三笔并购贷款业务，这也是全国首笔一家企业并购两家上市公司的业务。

8月6日 中国人民银行与国际清算银行在上海联合举办国际清算银行亚洲研究大会，中国人民银行行长周小川出席会议。

8月10日 在中国人民银行和上海市政府的指导支持下，中国银联携手26家境内外发卡机构联合发行银联标准上海旅游卡。

8月18日 东方证券股份有限公司主承销的光大证券在上海证券交易所挂牌上市，成为继中信证券上市7年后首家通过IPO上市的证券公司。

8月18日 经中国证监会和中国银监会批准，上海银行正式获得证券投资基金托管资格，显示出该行在基金领域服务水平的提高和服务内容的深化，在估值核算、资金清算、信息技术系统、内部监督和风险控制等方面已得到监管部门的认可。

8月23日 新华社与上海浦东发展银行、上海银行、上海农村商业银行分别签署战略合作协议，联手打造金融资讯平台，提升上海国际金融中心建设的软实力。

8月24日 上海宝山太平货柜有限公司从上海银行收到汇自香港的人民币398 970元出口预付货款，这是该公司第一次用人民币收取出口款项。同时，这也是上海银行完成的跨境贸易人民币结算首单业务，标志着该行此项结算业务正式开办。

8月24日 中国农业银行金穗贷记卡上海直销中心正式成立运行。直销中心的直销工作将与支行的网点营销工作形成互补，共同拓展优质客户资源。

8月25日 浙商银行上海分行完成首笔“一日贷”业务审批，标志着该行“一日贷”业务流程基本理顺并正式运行。“一日贷”即当天受理、当天审批、当天放款(指办毕抵押登记一个工作日内)。

8月26日 上海奉贤浦发村镇银行股份有限公司(以下简称“上海奉贤浦发村镇银行”)正式开业。上海奉贤浦发村镇银行是由浦发银行牵头出资并控股，上海奉贤建设投资有限公司、长江经济联合发展(集团)有限公司、上海新发展房地产开发有限公司和上海华昌企业(集团)有限公司等五家单位共同发起设立，注册资本5 000万元。

8月27日 为期两天的“2009上海金融业服务中小企业洽谈会”开幕，100多家金融及服务机构参会并展出针对中小企业的金融产品和服务。

8月28日 南京银行上海分行在陆家嘴金融区迎来了第一家同城支行——上海浦东支行的开业暨揭牌仪式。作为上海分行开设的第一家同城支行，也是南京银行跨省设立的第一家支行，浦东支行的开业，标志着上海分行的金融服务进一步深入和扩大。

8月29日 上海市检察院、市社会科学院、市金融法制研究会、市犯罪学会联合举行“金融犯罪惩治与防范”研讨会。研讨会深入分析本市金融犯罪的特点和规律，研究金融犯罪法律适用问题及中外惩治防范金融犯罪的比较与借鉴，为贯彻国务院关于上海建设国际金融中心国家战略提供法治服务。

8月28日 包括建行上海市分行在内的8家银行、中国出口信用保险公司上海分公司、新峤网络设备等6家中小企业参与上海市中小企业信用保险保单融资合作协议签约仪式，分别签订了信用保险保单、赔款转让协议和贷款协议。分行同中国出口信用保险公司上海分公司签订信用保险保单融资合作协议，宝钢宝山支行同新峤网络设备签订了赔款转让协议。

8月31日 渣打中国顺利通过了开展跨境贸易人民币结算业务的所有审核，并完成了其首笔跨境贸易人民币结算交易。这标志着渣打中国获准为中国试点企业担任结算行以及为海外参加行担任代理行。

9月3日 由联合国开发计划署南南合作特设局、上海社会科学院、中共上海市杨浦区委员会、上海市杨浦区人民政府、上海联合产权交易所、南南全球技术产权交易所、上海环境能源交易所联合主办的“2009 南南全球创意经济与技术产权交易论坛暨第三届杨浦发展国际论坛”在上海开幕。

9 月 4 日　为解决中小企业因担保不足而造成融资难的问题，中国银行上海市分行在贷款担保方式上不断进行探索与尝试，成功叙做上海首笔知识产权质押贷款业务，进一步拓宽了中小企业融资渠道，为中小企业健康发展提供保障。

9 月 4 日　平安银行资金交易部上海分部正式开业。这是平安银行在全国范围内开设的第一家资金业务外派机构，标志着平安银行资金业务向全国迈出跨越性的一步。

9 月 11 日　农行上海市分行与联合赛尔、密勒电气、希迪制药、纪元微科等四家科技型中小企业签署了金融服务协议。这是农行积极贯彻落实银监会、科技部《关于进一步加大对科技型中小企业信贷支持的指导意见》，以及上海市政府《关于加快推进上海高新技术产业化的实施意见》文件精神，推动政银合作，力促金融支持科技创新，搭建银企沟通平台，加大对科技型中小企业金融服务力度的重要举措。

9 月 11 日　上海市与国家开发银行《推进上海市文化产业发展合作备忘录》在沪签订。今后 5 年，国家开发银行对上海市文化产业支持的融资规模可达 300 亿元。

9 月 17 日　中国工商银行与上海市政府战略合作备忘录签字仪式在北京钓鱼台国宾馆举行。

9 月 17 日　广电日生人寿保险有限公司股权转让及公司名称变更获得中国保险监督管理委员会正式批复，原持股份 50%的中方股东上海广电（集团）有限公司正式变更为中国长城资产管理公司，公司名称变更为“长生人寿保险有限公司。”

9 月 18 日　中共上海市委常委吴志明、副市长胡延照及国家农业部代表共同为上海农村产权交易所揭牌，并即时开通了农村产权网络信息专业服务平台。在上海农村产权交易所揭牌当日，首批推出了 140 宗挂牌项目，涉及农村企业产权转让、农村土地承包经营权流转、农业技术转让、农业设施租赁权转让等，共涉及金额 3.54 亿元。

9 月 24 日　中国人民银行上海总部牵头召开上海市银行卡工作联席会议，要求上海市银行卡产业各方进一步加大预防和打击银行卡违法犯罪力度，确保国庆、世博期间银行卡支付的安全高效。

9 月 28 日　工行上海市分行首家地铁银行——人民广场站支行正式建成并对外试营业。支行位于人民广场地铁二号线站厅 8 号入口处，占地面积 100 平方米，网点内部配置理财柜台和多台自助设备，独具特色的地铁银行建设模式，标志着工行架构立体化、网络化的渠道布局开始启动。

9 月 28 日　上海保监局、上海市金融办等六部门联合制订了《关于进一步推进本市中小企业信用保险保单融资工作的若干意见》，明确了信用保险保单融资业务相关主体及具体的工作流程。

9 月 29 日　上海银监局向上海市各商业银行发出通知，重申信用卡业务监管要求，提出八项注意事项，要求各商业银行规范发展信用卡业务。

10 月　工行上海市分行成功为客户中化国际（新加坡）有限公司办理了首笔境外机构境内外汇账户（简称“NRA 账户”）项下信用证结算业务，此举标志着工行在 NRA 账户项下取得了实质性的业务突破，提升了工行对于大型跨国公司的全球服务能力。

10 月 9 日　浙商银行上海分行成功向上海鹏欣（集团）有限公司发放 7 400 万元并购贷款，用以收购上海中科合臣股份有限公司（SH.600490）控股股东上海中科合臣化学有限公司 70%股权，这是该行发放的首笔用于收购上市公司的并购贷款。

10 月 13 日　上海市政府宣布成立金融国资国企改革发展领导小组，并召开首次工作会议。

10 月 17 日　长生人寿保险有限公司成立庆典在上海隆重举行。

10 月 20 日　上海银监局下发了《关于进一步维护上海银行业良好竞争秩序的通知》，对完善在沪银行业机构展业和竞争行为提出了监管要求。

10 月 25 日　光大银行上海分行参加了由共

青团上海市委主办的"中国2010年上海世博会志愿者'长江大桥长跑'活动",欢庆崇明长江大桥通车。上海分行向世界轮椅基金会捐赠"红轮椅"仪式在崇明岛隆重举行。

10月25日 上海国际信托有限公司设立了上海首个中小企业集合信托债权基金"创智天地1号"。该产品是一种创新的债权型融资方式,解决了目前中小企业几乎无法获得1年期以上中长期融资的难题。

10月27日 上海市浦东新区人民政府与苏黎世金融服务集团签署《关于航运金融领域合作的备忘录》。苏黎世金融服务集团将在浦东建立苏黎世国际航运与金融研究发展中心。

10月28日 中国人民银行组织建设的全国电子商业汇票系统(ECDS)正式开通。作为首批上线的金融机构,上海银行正式开展电子商业汇票业务。是日,上海某材料有限公司通过上海银行现金管理系统,成功签发了3张经上海银行承兑的电子银行承兑汇票。随后,通过系统,该行相继完成了贴现和转贴现业务。此笔电子银行承兑汇票业务是上海市金融机构承兑的第一笔,而转贴现和线上资金清算业务则是电子商业汇票系统开通后的全国首单。

10月28日 上汽集团财务公司作为全国四家之一、上海唯一一家财务公司参加首批全国电子商业汇票系统的上线运行,并成功签发出公司历史上第一单财务公司承兑汇票,标志着公司从此具备独立开具承兑汇票的资质,并在电票系统中首次拥有了自己的行号。

10月30日 上海市金融学会第八届会员代表大会在中国人民银行上海总部隆重举行。中国人民银行行长周小川到会作学术报告。中国人民银行上海总部副主任兼上海分行行长张新当选为上海金融学会新一届会长。本届副会长单位增加了上海市金融服务办、上海农村商业银行和中国浦东干部学院,达到18家。理事单位范围更广,增加了在上海新设的金融机构,包括各城市商业银行在沪设立的分行、外资法人银行、中资银行在沪营运中心等,还增加了已有的证券和保险类金融机构,以便加强证券业和保险业的学术交流。

11月3日 上海市发展改革委、上海市银监局、中国人民银行上海总部在沪举行"上海市重点建设项目银团贷款签约仪式",国家开发银行、工商银行、农业银行、中国银行、建设银行、交通银行等6家银行的上海分行,分别与有关项目单位签约。

11月5日 上海市保险同业公会组织全市32家中外财产保险公司,签订《上海市财产保险公司非车险自律公约》。

11月9日 来自上海、香港、台湾的上海银行、上海商业银行和上海商业储蓄银行的高层决策者和有关人员汇聚上海,举行第十届沪港台"上海银行"业务研讨会。

11月11日 资金清算中心在杭州市索菲特世外桃源度假酒店举行"城市商业银行资金清算中心电子商业汇票运营服务平台推介会",全国73家城商行、农商行、城信社的160位分管行长、业务与技术部门负责人出席了会议。

11月12日 "上海农商银行支持三农——首批'鑫农'信用卡客户授卡及产品推介会"在上海新天鹭会议中心举行。"鑫农卡"的成功发行,意味着全国第一张支农主题信用卡面世。"鑫农卡"是为上海农商银行与上海市农委共同认定的"守信农民专业合作社"度身订制的信用卡,将为农民专业合作社的融资提供极大便利。

11月19日 共青团中央、中国青少年发展基金会在北京举行希望工程20年座谈会。中共中央政治局委员、全国人大常委会副委员长王兆国出席会议并讲话。招商银行信用卡中心代表领取了中国青少年发展基金会授予招行的"希望工程20年特别贡献奖"。

11月19日 建行上海市分行与上海市住房保障和房屋管理局签署经济适用住房建设合作备忘录,双方将在信息沟通、政策咨询、资金监管等多个领域加强合作。

11月21日 来自上海各家金融机构的400余名金融理财师在第七届上海理财博览会上,向全市金融行业的理财师发出了规范服务迎世博的倡议。

11月23日 上海证券交易所新一代交易系统正式切换上线进入试运行期,替换原有交易系统投入运行。

11月24日 上海市金融学会、上海金融学院、美国道富银行信托公司、德国德意志交易所股份有限公司联合举办"2009年上海国际金融中心建设论坛",主题是"2010年世博会与上海国际金融中心建设"。中国人民银行副行长兼上海总部副主任马德伦到会讲话。

11月27日 2009年上海保险学会年会暨"庆祝建国60周年"保险学术研讨会在上海社会科学会堂召开,上海市社会科学联合会、上海保监局有关领导出席了会议并讲话。来自上海有关保险公司、大专院校、中介机构的行业专家学者和上海市保险学会会员200多人出席了会议。

11月29日 经财政部、中国人民银行批准,银行间市场清算所股份有限公司在上海正式成立,注册名称为上海清算所。

11月30日 以"接轨国际金融服务模式,促进中国航运金融服务市场发展"为主题的"航运金融服务国际会议2009"在上海召开,就航运金融产业现状、市场趋势、发展战略、政策导向、未来合作等一系列问题进行广泛而专业的探讨。

东方证券股份有限公司与新华社上海分社战略合作框架协议签约仪式在衡山宾馆隆重举行。

12月3日 以上海市政府金融服务办和上海保监局作为指导单位,太保集团联合复旦大学召开了航运保险(上海)国际研讨会,会上中国保监会副主席周延礼、太保集团董事长高国富为保险业内的首个航运保险事业部——中国太保航运保险事业总部揭牌。

12月9日 资金清算中心与通联支付网络服务股份有限公司举行合作签约仪式,资金清算中心袁伯平主任、通联黄兴海总裁签署了协议。双方将利用各自的平台,针对中小金融机构的实际业务需求,共同为全国城市商业银行提供全面的金融服务。

12月12日 友利银行(中国)有限公司获得中诚信国际信用评级有限公司"综合财务实力信用等级AA"的评定。这是中国内地外资法人银行首次获得由中国本土评级机构给予的评定,评级展望为稳定。

12月15日 上海市人民政府、国家开发银行股份有限公司《关于全面提高上海郊区城镇规划建设水平金融合作备忘录》在上海签署,国家开发银行拟为上海郊区城镇化建设提供500亿元的融资支持,具体合作期限为2009年至2015年。国家开发银行上海分行当日还分别与嘉定区、奉贤区、闵行区和宝山区签订了郊区项目合作开发协议,首批合作开发建设的是嘉定新城、南桥新城、浦江镇和罗店镇。

12月18日 深圳发展银行上海分行与中国人民银行成功办理华东地区首笔电子票据再贴现业务,该笔业务的成功办理标志着上海分行电子票据系统和人行系统的顺利对接,圆满完成全部流程操作。该业务为人行在华东地区首笔电子票据再贴现业务,在票据电子化的进程中具有重要的意义。

12月23日 邮储银行上海分行与上海云峰(集团)有限公司签订了《银企合作战略框架协议》。根据协议,邮储银行上海分行将为云峰集团提供50亿元的授信额度,并通过集团综合授信的方式为其提供项目贷款支持、个性化的金融服务以及综合金融解决方案。云峰集团则将支持上海分行开展流动资金贷款、中长期项目贷款、并购贷款、短期融资券、中期票据、存款结算、个人金融等其他相关业务,并将开放其下属4S店作为汽车消费贷款服务点,为上海分行汽车消费贷款业务拓展提供大力支持。

建行上海市分行签署了伊朗德黑兰北部高速公路项目出口买方信贷融资业务的融资协议,出口买方信贷业务实现零的突破。在该项目中,分行和中国工商银行组成银团提供联合贷款,中国出口信用保险公司提供中长期信用保险,此次银团贷款总额为1.97亿美元,其中分行的贷款份额为1亿美元。该笔业务是分行首笔出口买方信贷业务。

12月25日 上海农商银行个人网上银行正式上线,标志着该行第一轮电子银行布局初步完成,并实现了"五个第一":一是国内首家全面引入"双渠道、双因子"网银认证技术;二是国内首家网上银行与农信系统贷款实现不落地处理;三是全国农村合作金融系统第一家提供网上银行预制证书功能；四是全国农村合作金融系统第一家提供全方位网银服务；五是全国农村合作金融系统第一家实现电子银行渠道全面集中管理。

12月25日 上海市农业委员会与中国农业银行上海市分行举行金融服务“三农”签约仪式。今后3年内，农行将提供人民币100亿元的意向性信用支持额度，支持上海都市现代农业发展，满足上海农业龙头企业、涉农中小企业、农村商品流通市场、农民专业合作社和农户的融资需求，促进农村基础设施建设和农村社会事业发展；同时积极探索创新适应上海大都市“三农”特点的金融产品和服务，使上海地区“三农”各项事业发展迈上新的台阶。

12月27日 《上海市银行业个人房地产按揭贷款业务自律公约》经过上海市银行同业公会会员单位表决通过，并正式生效施行。根据公约约定，自2010年1月1日起，各商业银行在办理住房按揭贷款业务过程中，不能以任何形式向房地产中介机构或其代理机构或其从业人员支付佣金。

12月28日 全国银行界首家选址上海的离行式中小企业金融服务专营机构——“中国民生银行中小企业金融事业部”正式开业，并发布其“财富罗盘”服务品牌。该机构将对中小企业金融服务模式进行创新和探索。

中国民生银行大厦在上海浦东新区陆家嘴地区落成，并举行庆典仪式。中国民生银行上海分行入驻中国民生银行大厦。

12月 华宝信托有限责任公司与工商银行合作发行“精赢”系列证券投资产品，募集信托资金3.54亿元，全年募集主动管理类信托投资资金41.87亿元；

由金融时报社联合中国社会科学院金融研究所共同推出的“2009中国金融机构金牌榜暨首届‘金龙奖’评选活动”结果揭晓，三星火灾海上保险（中国）有限公司荣膺“2009年度最佳外资财险公司”称号。

2009年

推动社区综合保险全覆盖是上海市政府2009年十大实事工程之一。该保险以火灾责任综合保险为主险，涵盖居民住宅及公共设施火灾责任综合险、公共设施场所公众责任险、街道固定资产财产险和工作人员团队意外险等4个险种。全市228个街道、镇等社区单位已全部投保了社区综合保险。2009年，保险公司共赔案503件，赔款406万，未决赔款90件，估损179万元。

爱建信托投资公司在2009年共发行了“伯明翰风情项目集合资金信托计划”、“上海滨海皇家金煦大酒店集合资金信托计划”等5个信托计划，募集资金总规模为7.5亿元；安全兑付了6个信托计划。

江　苏　省

1月4日 人行南京分行营管部与南京市政府有关部门联合举办“金融促进中小企业发展暨百企信贷项目签约会”，市委书记朱善璐出席、市长蒋宏坤致辞、常务副市长沈健主持签约仪式。会议突出了政银保企的多边合作、突出了签约贷款的资金到位。会上共发布了中小企业融资合作项目435个，资金需求总量32.6亿元；24家商业银行（农村信用联社）与148家中小企业现场签定贷款合同，合计金额21亿元；32家担保公司与银行签定合作意向，合作项目233个、资金9.3亿元，其中，先进制造业、信息软件业、现代服务业项目接近50%。这是南京参会银行最多、受惠中小企业最多、签约金额最高的一次签约会。

1月9日 人行镇江市中心支行协助镇江市委、市政府举办“千企百亿”银企对接活动签约仪式。2009年，全市银企合作资金总额达119.3亿元，是2008年合作资金总额的1.73倍。会上，50家企业与各金融机构签订了合作协议。

1月20日 无锡市举行企业股权质押融资合作签约仪式。无锡市股权登记托管中心与工商行政管理部门、七家在锡银行以及担保公司举行了企业股权质押融资合作签约仪式，深入推进开展企业股权质押贷款业务。

2月11日 无锡市举行银企（保）授信签约

大会。市委副书记赵旻出席签约仪式并发表重要讲话，大会由副市长谈学明主持。会上，19 家银行向 2 196 家(次)企业提供了 1 688 亿元的授信支持，18 家银行与 42 家担保机构签订了 201 亿元的合作意向，无论是签约银行、企业、担保公司数量，还是签约金额均创下历史之最。

3 月 23 日 江阴民丰农村小额贷款有限公司正式挂牌成立。该公司是江苏省第一批 15 家农村小额贷款公司试点之一，是江阴市第一家开业的农村小额贷款公司，也是当前无锡地区投资规模最大的农村小额贷款公司，注册资本 3 亿元。这标志着农村金融体系建设迈上了新台阶。

3 月 25 日至 31 日 苏州市举办系列银企合作活动。25 日，中国人民银行苏州市中心支行和苏州市发改委联合主办了“2009 年重点产业、重点项目融资推介会暨签约仪式”。本次推介会共推出市区及各地重点项目 110 个，重点企业 117 项，项目总投资超过 1 000 亿元。

3 月 31 日 苏州市金融创新暨银企合作活动日在会议中心开展。32 家金融机构和 58 家企业达成合作协议，签约总金额达 256 亿元。当日民营企业金融顾问制度启动，由各家银行推荐的 144 人受聘担任 102 家民营企业的金融顾问。

3 月 人行南京分行营管部会同南京市委宣传部、市政府信用办以及《南京日报》、龙虎网等单位联合开展了由银行、证券、保险等 10 家金融机构参加的“南京金融企业诚信承诺网上行”活动，以加快金融企业诚信建设，提升金融服务业发展水平。此次活动主题为“践行诚信承诺、争做诚信企业、建设诚信南京”，并出版《做诚信企业 建诚信南京——南京金融企业诚信网上行》大型特刊。

4 月 中国人民银行南通市中心支行在江苏省内率先制定出台了《南通市信贷主办银行管理办法》，引导企业在多个银行中选定主办银行，由主办银行为企业提供“一对一”的高质量服务，引导银企之间形成牢固关系纽带，建成长效合作机制。

5 月 11 日 国联金融投资集团成立。无锡市市委书记杨卫泽，市委副书记、市长毛小平共同为国联金融投资集团揭牌。初始注册资本金 50 亿元，控股国联信托、国联证券、国联期货等金融机构，参股锡州农村商业银行等无锡市农村法人银行机构及基金公司，目标是三至五年发展成为种类齐全、业务全面、金融资产总规模达到 2 000 亿元德综合性金融控股集团。

5 月 24 日 由中国人民银行南京分行营业管理部、共青团南京市委联合举办的 2009 年南京市“青春共建促和谐·金融知识进社区”暨金融行业“青工竞技场”活动启动仪式在南京市白下区郑和公园广场举行。在宁 22 家金融机构 150 余名金融宣传青年志愿者参加了启动仪式。启动仪式上，组建了一支以央行青年为主、金融系统青年广泛参与的 150 余人的金融青年志愿者服务队伍，成立了由各金融机构的青年业务骨干组成的 25 人的金融讲师团，并首批与白下区 10 个社区建立了长期定点服务关系。

6 月 6 日 在白马公园南门广场举行了“江苏省暨南京市打击非法集资广场宣传活动”。江苏省委常委、常务副省长赵克志，市委常委、常务副市长沈健出席并讲话。宣传期间，白马公园南门广场摆放了数十块反映非法吸收公众存款、集资诈骗、原始股诈骗、房地产非法集资表现形式等内容宣传展板，十几家金融机构宣传人员通过发放宣传资料、现场接受咨询等形式，向社会公众宣传非法集资的危害和识别方法，介绍近年来发生的典型案例。

6 月 6 日 由中国银行业协会、中国证券业协会、南京市人民政府支持，人行南京分行营管部、工行江苏省分行、大众证券报社联合主办的首届(南京)金融发展高层论坛于在宁举行。500 多位来自金融机构、上市公司、券商的高管及专业人士出席论坛，新浪网直播了该次论坛实况。围绕后金融危机下经济复苏路径的主题，独立经济学家谢国忠、财政部财政科研所所长贾康和国家发改委新能源中心主任王仲颖三位专家发表了演讲。

6 月 9 日 江苏省首笔商标专用权质押贷款在苏州发放。江苏七宝光电集团通过办理“七宝”商标质押担保，从吴江农村商业银行获得首期 1 000万元贷款。

6月18日　镇江市人民政府在人行镇江市中心支行举行“镇江金融服务网”开通暨“金融服务日”启动仪式，人行镇江市中心支行何敏峰行长介绍“镇江金融服务网”建设和“金融服务日”活动情况，人民银行南京分行党委委员、副行长刘兴亚为“金融服务日”活动启动揭幕并讲话。镇江市委常委、常务副市长陈照煌点击“镇江金融服务网”开通并讲话。会上，组织各金融机构与外贸企业进行了现场对接。

6月30日　江苏在沪举办沿海开发恳谈会，南通签约11项投资逾245亿元。当日江苏省50个重大合作项目在会上集中签约，总投资达1 340亿元。其中，南通共签约11个项目，投资总额245.1亿元，签约数量、投资金额分别占总数的22%和18%，在所有参与签约的城市中居首位。

7月　在中国人民银行扬州市中心支行大力推动下，扬州市政府牵头举办了首届银保合作签约活动，13家银行机构与参加信用评级的12家担保机构进行了现场签约，达成银保合作协议金额60亿元。

7月30日　中国人民银行镇江市中心支行协助市政府举办“创新金融服务、助推民企发展”金融服务日活动。活动现场介绍了对民营企业的金融服务项目，市工行与民营企业代表举行金融业务合作签字仪式，当场受理民营企业融资业务咨询。镇江市委常委、常务副市长陈照煌，镇江市政府副秘书长、镇江市金融办主任林枫出席了活动。

8月5日　南通市在江苏省内率先开通了个人跨行通存通兑业务(简称“柜面通”)。首批开通此项业务的银行有浦发银行南通分行、江苏银行南通分行、海安农村合作银行和各农村信用社，覆盖南通一市五县(市)的338个银行网点。个人跨行通存通兑业务的业务范围包括活期存折和银行卡的现金通存业务、现金通兑业务、转账通存业务、转账通兑业务、余额查询业务。截止年底，大部分银行均开通。

8月8日　南通市民发办、经贸委、财政局等部门联合人民银行创办的“中小企业金融超市”正式启动，依托南通银企合作网，每月8日组织一次现场对接，提供贷款、担保、投资等一条龙服务。首届共有43家企业与金融机构现场签订贷款协议达成授信意向，协议贷款2.1亿元，协议担保额8 050万元。截至2009年末，金融超市已成功举办5期，共落实中小企业贷款项目146个，融资总额达9.54亿元；融资主体也由13家银行和7家担保公司扩展到4家投资公司、4家小额贷款公司和3家典当行。

10月18日　江苏华西集团财务有限公司正式成立。这是全国首家村级财务公司，注册资本金为30 078.15万元人民币。

10月24日　由中国人民银行南京分行主办、人行南京分行营业管理部、南京地区各金融机构承办的江苏省征信知识宣传周启动仪式暨南京市征信知识广场行活动在大行宫广场隆重揭幕，近350人出席了启动仪式。启动仪式结束后，人民银行南京分行、南京分行营管部联合南京地区26家金融机构面向市民开展了以“珍爱信用记录，提高信用意识”为主题的征信知识广场咨询活动。

10月27日　为切实解决中小企业融资难题，方便企业融资申请，南通市行政审批中心增设了中小企业融资服务窗口，向社会承诺接到企业融资申请后，3天内帮助企业与银行或担保公司进行协商沟通，10天内将银行或担保公司的意见答复给企业。

10月30日　苏州新宁物流在创业板首批挂牌上市，成为江苏省首家创业板上市公司。

11月3日　招商银行苏州分行电子商业汇票系统成功完成首笔交易，这也是苏州地区首笔电子银行承兑汇票业务，标志着苏州票据市场从此进入了一个新的时代——商业汇票电子化时代。

11月23日　中国人民银行镇江市中心支行会同市金融办和市经贸委举办以“网络银行点出中小企业新‘钱’”途为主题的‘金融服务日’活动。推介建设银行网络银行—阿里贷款业务，打造中小企业融资新平台，有效解决网络中小企业融资难题。

12月4日　为宣传支付结算各项业务、普及支付系统知识、提升公众安全用卡意识、推广农村地区支付结算"快通工程"建设,江苏省支付结算业务集中宣传活动启动仪式暨南京市大型广场宣传活动在南京市鼓楼区山西路广场隆重举行。此次大型宣传活动由中国人民银行南京分行主办、分行营业管理部承办,并得到在宁各商业银行和江苏银联的大力支持。在启动仪式上,中国人民银行南京分行副行长李铀为启动仪式致词。

12月18日 为全面接轨上海,吸纳市外金融资源,南通市政府举行第二届南通产业项目与上海外资银行洽谈会。美国花旗银行、韩国新韩银行等7家外资金融机构向南通市8家企业授信7.1亿元。

12月26日 第二届南京地区银行理财产品展评活动颁奖典礼暨银行理财高峰论坛在南京东郊国宾馆隆重举行,来自南京地区23家商业银行的负责人和200位银行、证券、地产、商业等领域的专家和投资者参加了活动。会上公布评选产生的获奖名单,更好地向公众展示南京地区银行丰富的理财产品和良好的服务水平。同时,邀请国家发改委经济研究所经济运行与发展研究室主任王小广、中央财经大学中国银行业研究中心主任郭田勇、南京大学工程管理学院院长李心丹分别围绕"2010年中国宏观经济前景展望"、中国银行业的发展"、"后金融危机下理财产品的创新和选择"等主题进行了演讲。

12月29日 中信银行和交通银行获准承销沙钢发行中期票据20亿元,成为苏州通过银行间债券市场中期票据融资第一单。2009年,苏州共发行43亿元企业债券,超过历年发债总和。

镇江市首家外资银行——大新银行镇江分行隆重举行开业庆典。大新银行镇江分行是大新银行(中国)有限公司在江苏省设立的首家分行,其开业使得镇江市成为全省第4家拥有外资银行的城市。

2009年

中国人民银行扬州市中心支行牵头举办全市"百企百亿重点项目对接签约活动"、"外经贸银企对接暨签约活动"等专场融资签约活动,共促成166亿元的银企信贷合作,资金落实率达到80%以上。同时组织银行业机构开展"县域行"和"园区行"活动,与县域、园区中小企业"零距离"沟通,现场解决企业资金难题。

中国人民银行扬州市中心支行协同市公安、司法等部门对涉案金额达85亿元的何家财特大地下钱庄案开展侦查、审理和判决工作,协助市公安局对涉案金额达53亿元的李纹特大地下钱庄案开展侦查,此项工作得到了中国人民银行总行、公安部的重视和肯定。

中国人民银行常州中心支行积极参与市政府"外贸保增长"和"外资突破提升"工程,服务地方外向型经济。对全市出口3 000万美元以上的出口重点企业提供"直通车"服务,真正做到"问有所答、难有所帮"。采取"一企一策、一单一策"的方法审批贸易信贷额度1.27亿美元。积极争取外汇新政的先行先试,常州出口加工区被列入"人民币结算试点"的全省3个试点地区之一。

浙 江 省

3月18日 浙江省发布《创业风险投资引导基金管理办法》,省政府授权省财务开发公司出资5亿元设立创业风险投资引导基金,发挥财政资金"四两拨千斤"的作用,通过扶持创业投资企业的发展,引导社会资本进入创业投资领域,基金主要投向电子信息、生物医药、先进制造、新能源、新材料、环保节能、高郊农业、现代服务业等八大领域,力助浙江经济转型升级。

3月20日 舟山市金融支付协会在中国人民银行舟山市中心支行召开成立大会,标志着浙江省乃至全国首家金融支付领域的专业协会在舟山率先成立。

3月26日 嘉兴市中心支行与秀洲区政府、银监分局联合举办秀洲区2009年银企合作签约仪式。

3月 中国农业发展银行舟山市分行积极发挥政策性银行资金优势,首次办理同业存出业务12亿元,探索了与区域内商业银行开展业务合作的新途径。

4月14日　浙江省交通投资集团有限公司通过全国银行间债券市场发行中期票据15亿元，标志着浙江省中期票据发行实现零的突破。

4月20日　绍兴市政府批转《绍兴市信贷支持五大产业发展的实施意见》，通过扩大信贷总量、贷款利率优惠、降低融资担保条件、创新贷款还款方式等政策措施，优先支持现代纺织、节能环保、机械电子、医药化工、食品饮料等优势行业的发展。

4月　中国人民银行和沪苏浙政府参加的推进长江三角洲地区金融协调发展工作第二次联席会议在杭州举行。同年10月，《浙江省人民政府贯彻国务院关于进一步推进长江三角洲地区改革开放和经济社会发展指导意见的实施意见》出台，标志着浙江推动长三角经济金融协调发展迈出了坚实一步。

7月7日至8日　中国人民银行行长助理李东荣一行在宁波调研金融IC卡多应用试点工作和宁波经济金融形势与货币政策执行情况。李东荣行长助理对宁波金融IC卡多应用工作给予了充分肯定，认为效果很好、意义重大。一是体现了党和政府以民为本的理念，完全符合中央精神；二是做的过程中很好地体现了防范风险和便民的关系；三是体现了科学技术、金融与市政服务三者的良好结合。

7月23日　浙商财产保险股份有限公司在杭州开业，成为第一家总部设在浙江的全国性财产保险公司。

7月　台州辖区中国人民银行、人民法院、银行机构建立信息资源共享、银行协助执行、金融债权维护三大机制及定期协调联系、信息交换快捷通道二大辅助机制，创造性构建“3＋2”模式，非银行信用信息征集取得重大突破，共征信法院信息1 843条执行信息，同时还征集了环保、工商等部门相关信息，有力地推进了社会信用体系建设。

8月28日　绍兴市政府转发中国人民银行绍兴市中心支行、市林业局《关于开展森林资源资产抵（质）押贷款支持林业发展指导意见》，此外还先后创新推出了商标权、排污权、农村房权等抵（质）押贷款，大力推广应收账款、股权质押贷款以及电子商务贷款，有效拓宽中小企业融资担保物范围。

9月3日　杭州银行舟山分行、浙江民泰商业银行舟山分行、定海农村合作银行3家金融机构与舟山市财政局签订总额2亿元的“专项信用贷款”协议，成为舟山市“市区中小企业专项信用贷款”协作银行。

10月26日　中国保监会副主席周延礼率财产险监管部主任李劲夫、政策研究室副主任熊志国等一行6人赴宁波保监局调研。

10月27日至28日　王岐山副总理带领中国人民银行、商务部、海关总署、中国银监会等中央各部门负责人到宁波考察调研，中国人民银行副行长苏宁、中国银监会主席刘明康分别代表中国人民银行、中国银监会参加调研。在甬期间，苏宁副行长听取了人行宁波市中心支行关于人民币贸易结算试点、金融IC卡、外贸企业发展等方面情况的汇报。刘明康主席听取宁波银监局工作汇报。

11月18日　临海市涌泉镇忘不了农村资金互助社成立，这是浙江省挂牌开业的第一家农村资金互助社，也是全国首家以农民专业合作社为依托成立的农村资金互助社。

12月　“永泰科技”在深交所挂牌交易，成为台州市第14家上市企业，其中10家在中小板上市，成为中小板上市公司最多的地级市之一。台州民营中小企业以上市直接融资为突破口提升管理、强化创新，实现民营经济新飞跃。

2009年

浙江省政府编制实施钢铁、石化、船舶、汽车、有色金属、装备制造、电子信息、轻工业、防治、医药、建材等11个重点产业转型升级规划，大力推动工业经济转型升级。中国人民银行杭州中心支行出台《关于金融支持浙江省“十一大产业”转型升级的指导意见》，要求省内金融机构加大金融支持力度，力推经济转型升级。

全年台州有11家小额贷款公司开业，至2009年底台州市小额贷款公司数量已达15家。

安　徽　省

3月28日　全省注册资本规模最大、马鞍山市第一家小额贷款公司——当涂同盛小额贷款股份有限公司在马鞍山市当涂县揭牌，至年末，全市已拥有小额贷款公司三家，总资产规模达 1.97 亿元。

4月16日 招商银行芜湖分行开业典礼暨银企合作签约仪式举行，该行是在安徽省省会合肥以外设立的首家异地分行。

4月17日 芜湖市 861 项目暨中小企业银企对接会隆重举行，省委常委、常务副省长孙志刚出席并作重要讲话。此次对接会 11 家银行与 295 家企业成功对接，签约总金额 396.8 亿元。

4月21日 注册资金为 5 亿元的我国首个自主品牌汽车金融公司奇瑞徽银正式开业，标志着奇瑞成为国内首家拥有金融公司的自主品牌汽车企业，这也是国家允许中资银行和自主企业合资建立汽车金融公司的重大突破。

4月28日 由宣城市人民政府主办，中国人民银行宣城市中心支行、宣城市银监分局、宣城市经委承办，全市开展了为期一个月的银企对接活动。在对接月现场活动日及银企合作签约仪式上，全市 8 家金融机构和 40 户企业现场签约 33.98 亿元。

5月8日 安徽省政府出台《关于进一步加强对小企业个体工商户和农户金融服务的意见》以及 7 个配套意见，被业界誉为"弱势群体金融服务的安徽模式"。

6月26日 宣城市首场中小企业金融服务日活动暨"小企业金融超市"启动。2009 全年共举办七场，累计现场签约 97 户，金额 8.73 亿元，承诺和发放中小企业贷款 37.6 亿元。

7月16日 安徽省股权交易所揭牌仪式在合肥市创新咨询大厦交易大厅举行，安徽省区域性多层次资本市场建设步入了一个新的发展阶段。

7月17日 10 亿元资金正式划入马鞍山工业投资有限责任公司账户，标志着安徽省第一单以政府融资平台公司的名义向社会公众发售的基础设施建设股权投资类中长期人民币理财产品成功发行。

8月6日 安徽省首家为涉农企业、种养大户、农村专业合作组织提供融资担保的专业性农业担保公司——安徽惠农担保有限公司在桐城市挂牌成立。

9月7日 国家皖江城市带承接产业转移示范区池州对接项目投资说明会在上海召开，共签约项目 33 个，协议引资 88.6 亿元。

9月20日至21日 安庆市承接产业转移金融服务论坛暨第七届银企信贷项目洽谈会成功举行，达成信贷协议共计 473 项，总额合计 134.24 亿元。市政府分别与省中行和省交行签署了 2010—2012 年战略合作备忘录。

9月28日 桐城市农村合作银行与安徽华祥股份有限公司等 5 家企业签约，发放商标专用权质押贷款 2 590 万元，开创了安徽省商标专用权质押贷款的先河。

10月20日 宣城市政府金融工作办公室暨宣城市企业上市工作办公室成立。

10月26日 由池州市政府主办，中国人民银行池州市中心支行等相关部门承办的"2009 池州金秋银企对接会"隆重召开并取得了丰硕成果，共有 12 家银行分别与有关企业、单位项目签署了 37 项融资协议，签约总额达 248 亿元。

11月18日 芜湖津盛农村合作银行正式开业，南京银行注资 3 000 万元，成为全省首家以引进上市银行作为战略投资者的县级农村合作银行。

11月26日 合肥国际金融后台服务基地的中国工商银行(合肥)后台中心开工典礼在滨湖新区隆重举行，基地项目全部建成后将成为国际化金融后台服务基地、国家级服务外包产业园区、安徽总部经济和现代服务业示范区。

11月27日 安庆市首家地方性股份制农村商业银行——独秀农村商业银行成立。

12月4日 安徽省第一个产业基金——皖江城市带承接产业转移投资基金成立，皖江城市带承接产业转移示范区建设迈出实质性一步。

12月中旬 中国建设银行马鞍山市分行通过与信托机构合作，在全国地级市首次推出 1.5 亿元中小企业集合债券，支持了马鞍山市 21 户中小企业的发展。

二、2009年上海市贷款企业资信A级汇编

序号	企　业　名　称	2007年	2008年	2009年	评估机构
671	上海世博土地控股有限公司	AAA	AAA	AAA	联合
1222	上海贝尔股份有限公司	AAA	AAA	AAA	联合
1482	华域汽车系统股份有限公司	—	—	AAA	中诚信
1483	上海三菱电梯有限公司	AAA	—	AAA	中诚信
1484	联合汽车电子有限公司	—	AAA	AAA	中诚信
1485	上海通用汽车有限公司	AAA	AAA	AAA	中诚信
1486	上海外高桥造船有限公司	AAA	AAA	AAA	中诚信
1487	上海航天技术研究院	AAA	AAA	AAA	华杰
1975	上海实业医药投资股份有限公司	—	AAA	AAA	远东
2290	宝山刚铁股份有限公司	AAA	AAA	AAA	远东
2291	宝钢集团有限公司	AAA	AAA	AAA	远东
2392	上海市电力公司	AAA	—	AAA	新世纪
2543	中化国际(控股)股份有限公司	AAA	AAA	AAA	中诚信
3330	中交上海航道局有限公司	—	—	AAA	远东
3331	中船第九设计研究院工程有限公司	AAA	AAA	AAA	联合
3456	复旦大学	AAA	AAA	AAA	远东
3457	上海交通大学	AAA	AAA	AAA	大公
3458	上海财经大学	AA	AAA—	AAA	华杰
3459	上海外国语大学	—	—	AAA	华杰
3535	上海上实(集团)有限公司	AAA	AAA	AAA	远东
3536	上海久事公司	AAA—	AAA	AAA	新世纪
3666	上海国际集团有限公司	AAA—	AAA—	AAA	新世纪
3667	电能(集团)有限公司	—	AAA	AAA	新世纪
3668	上海建工(集团)总公司	AAA	AAA	AAA	联合
3989	上海同盛投资(集团)有限公司	AAA	AAA	AAA	新世纪
4094	上海汽车工业(集团)总公司	AAA	AAA	AAA	中诚信
4250	上海市城乡建设和交通委员会	—	—	AAA	中誉
353	大华(集团)有限公司	AAA—	AAA—	AAA—	远东
354	上海地产(集团)有限公司	AA—	AAA—	AAA—	新世纪
355	上海陆家嘴(集团)有限公司	AAA—	AAA—	AAA—	大公
1073	国际商业机器全球服务(中国)有限公司	—	—	AAA—	远东

（续表）

序号	企　业　名　称	2007年	2008年	2009年	评估机构
1339	上海卡博特化工有限公司	AAA－	AAA－	AAA－	中诚信
1340	璐彩特国际(中国)化工有限公司	AAA－	AAA－	AAA－	华杰
1923	上海延锋江森座椅有限公司	AAA－	AAA－	AAA－	中诚信
1976	上海医药(集团)有限公司	AAA－	AA＋	AAA－	联合
1977	上海烟草包装印刷有限公司	—	AA	AAA－	华杰
2330	上海国际机场股份有限公司	AAA－	AAA－	AAA－	远东
2331	上海机场(集团)有限公司	AAA－	AAA－	AAA－	远东
2332	上海铁路局	BBB	BB＋	AAA－	新世纪
2333	中海发展股份有限公司	AAA	AAA	AAA－	华杰
2393	华东电网有限公司	AAA－	AAA－	AAA－	远东
2445	东方有线网络有限公司	AAA－	AAA－	AAA－	新世纪
2446	中国电信股份有限公司上海分公司	—	AAA－	AAA－	中诚信
3332	上海市第七建筑有限公司	—	AAA－	AAA－	新世纪
3333	中交第三航务工程局有限公司	AAA－	AAA－	AAA－	中诚信
3460	上海市第一人民医院	AAA	AA＋	AAA－	新世纪
3461	华东理工大学	AAA－	AAA－	AAA－	新世纪
3462	复旦大学附属中山医院	AAA－	AAA－	AAA－	中诚信
3463	东华大学	AA	AAA－	AAA－	联合
3464	华东师范大学	AAA－	AAA－	AAA－	中誉
3465	交通部长江口航道管理局	AAA	AAA	AAA－	中誉
3537	上海市城市建设投资开发总公司	AAA－	AAA－	AAA－	新世纪
3538	上海市申江两岸开发建设投资(集团)有限公司	AAA	AAA	AAA－	新世纪
3539	上海国有资产经营有限公司	AAA	AAA	AAA－	新世纪
3669	锦江国际(集团)有限公司	AAA	AAA－	AAA－	联合
3990	上海长江隧桥建设发展有限公司	AAA－	AAA－	AAA－	天诚
4095	上海药明康德新药开发有限公司	AA	—	AAA－	新世纪
4096	中交第三航务工程勘察设计院有限公司	—	—	AAA－	新世纪
1223	上海华为技术有限公司	AAA	AAA－	AAA－	华杰
1341	上海赛科石油化工有限责任公司	AAA	AAA	AAA－	华杰
4097	文汇新民联合报业集团	AAA－	AAA－	AAA－	华杰
1	上海兴邦房地产有限公司	AA－	AA－	AA＋	远东
356	上海实业发展股份有限公司	AA	AA＋	AA＋	远东
995	上海美罗城文化娱乐有限公司	AA＋	—	AA＋	远东
1224	上海电气集团上海电机厂有限公司	AA＋	—	AA＋	远东
1342	上海金力泰化工股份有限公司	AA＋	AA＋	AA＋	联合
1488	上海电气集团股份有限公司	AA＋	AA＋	AA＋	远东

（续表）

序号	企 业 名 称	2007年	2008年	2009年	评估机构
1489	复盛实业(上海)有限公司	AA	AA+	AA+	中诚信
1490	上海东升焊接集团有限公司	AA	AA	AA+	中誉
1491	上海现代摩比斯汽车零部件有限公司	AA−	AA−	AA+	中誉
1860	立邦涂料(中国)有限公司	AA+	AA+	AA+	中诚信
1924	延锋伟世通汽车饰件系统有限公司	AAA−	AA+	AA+	中诚信
1978	上海石库门酿酒有限公司	AA+	AA+	AA+	远东
1979	上海海隆赛能新材料有限公司	—	—	AA+	远东
2334	上海时代航运有限公司	AA+	AA	AA+	大公
2447	上海徐家汇商城(集团)有限公司	AA+	AA	AA+	远东
2448	百联集团有限公司	AA	AA	AA+	联合
2449	上海百联集团股份有限公司	AA	AA−	AA+	联合
2544	上海市糖业烟酒(集团)有限公司	AA+	AA+	AA+	远东
3334	上海城建(集团)公司	A	AA−	AA+	联合
3335	上海惠生化工工程有限公司	A−	AA+	AA+	华杰
3466	中国科学院上海生命科学研究院	AA−	AA+	AA+	远东
3467	华东政法大学	AA+	AA+	AA+	远东
3468	上海体育学院	—	A+	AA+	远东
3469	上海第二工业大学	AA+	AA+	AA+	远东
3470	复旦大学附属妇产科医院	—	—	AA+	远东
3471	上海文化广播影视集团	AA+	AA+	AA+	新世纪
3473	上海大学	AA+	AA+	AA+	中誉
3670	上海国盛(集团)有限公司	—	—	AA+	联合
3868	上海张江高科技园区开发股份有限公司	AA	AA+	AA+	新世纪
3869	上海新兴技术开发区联合发展有限公司	AA+	AA+	AA+	中诚信
3870	上海漕河泾开发区高科技园发展有限公司	A−	AA+	AA+	中诚信
4098	光明食品(集团)有限公司	AA	AA	AA+	远东
4099	上海现代建筑设计(集团)有限公司	AA+	AA+	AA+	中诚信
3472	第二军医大学附属长海医院	—	—	AA+	华杰
1509	上海瑞尔实业有限公司	—	AA−	AA	万隆
2	上海嘉汇达房地产开发经营有限公司	AA−	AA−	AA	新世纪
3	上海恒邦房地产开发有限公司	A	A+	AA	中诚信
4	上海中信泰富广场有限公司	AA	AA	AA	中诚信
5	上海和联房产开发有限公司	AA	AA−	AA	中诚信
357	上海仁恒房地产有限公司	AA	AAA−	AA	远东
358	中华企业股份有限公司	AA	AA	AA	新世纪
359	上海房地产经营(集团)有限公司	A+	A+	AA	联合

（续表）

序号	企 业 名 称	2007 年	2008 年	2009 年	评估机构
361	上海虹桥经济技术开发区联合发展有限公司	AA	AA	AA	中誉
996	上海商城	—	AA	AA	大公
1074	上海中和软件有限公司	AA	AA	AA	远东
1075	上海新华传媒股份有限公司	—	AA−	AA	新世纪
1225	上海新时达电气股份有限公司	—	A+	AA	中诚信
1343	上海华谊(集团)公司	AA	AA	AA	新世纪
1344	上海复星医药(集团)股份有限公司	A	AA−	AA	新世纪
1345	上海康鹏化学有限公司	—	—	AA	新世纪
1346	上海家化(集团)有限公司	BBB	A+	AA	新世纪
1347	上海焦化有限公司	A+	AA	AA	中诚信
1348	庄信万丰(上海)化工有限公司	A+	AA−	AA	中诚信
1349	上海巴斯夫聚氨酯有限公司	BBB	A+	AA	中诚信
1492	上海雷诺尔电气有限公司	—	A+	AA	远东
1493	上海浦东电线电缆(集团)有限公司	—	—	AA	远东
1494	上海佳力士机械有限公司	BBB	A	AA	新世纪
1495	上海置信电气股份有限公司	AA	AAA−	AA	新世纪
1496	上海泰胜风能装备股份有限公司	—	—	AA	新世纪
1497	上海烟草机械有限责任公司	AA	AA	AA	中诚信
1498	上海小糸车灯有限公司	AA−	AA−	AA	中诚信
1499	上海三电贝洱汽车空调有限公司	AA	AA	AA	中诚信
1500	申雅密封件有限公司	AA−	AA	AA	中诚信
1501	贺德克液压技术(上海)有限公司	—	—	AA	中诚信
1502	上海三电汽车空调有限公司	AA	AA	AA	中诚信
1503	上海皮尔博格有色零部件有限公司	AA+	AA−	AA	中诚信
1504	思源电气股份有限公司	AA−	AA	AA	中诚信
1505	上海电气电站设备有限公司	—	—	AA	中诚信
1506	上海特波电机有限公司	AA−	AA	AA	中诚信
1507	延锋伟世通汽车电子有限公司	—	—	AA	大公
1508	华荣集团有限公司	A	A+	AA	华杰
1510	上海加冷松芝汽车空调股份有限公司	A	AA	AA	中誉
1511	上海熊猫线缆股份有限公司	AA−	AA	AA	中誉
1512	上海耐莱斯·詹姆斯伯雷阀门有限公司	AA−	A	AA	中誉
1861	上海中技桩业股份有限公司	—	—	AA	新世纪
1862	上海宝田新型建材有限公司	—	A	AA	新世纪
1863	上海新朋金属制品有限公司	—	AA−	AA	中诚信
1925	上海普利特复合材料股份有限公司	—	AA	AA	万隆

（续表）

序号	企 业 名 称	2007年	2008年	2009年	评估机构
1980	上海生物制品研究所	AA	AA−	AA	远东
1981	上海大道包装隔热材料有限公司	—	AA	AA	远东
1982	上海绿新烟包材料科技有限公司	A−	—	AA	远东
1983	上海双立人亨克斯有限公司	AA	AA−	AA	远东
1984	上海中信国健药业有限公司	—	A+	AA	联合
1985	康那香企业(上海)有限公司	AA−	AA	AA	华杰
2335	大众交通(集团)股份有限公司	AA	AA	AA	新世纪
2336	上海沪宁高速公路(上海段)发展有限公司	—	—	AA	新世纪
2337	上海浦远船舶有限公司	AA	AA−	AA	大公
2338	交通部上海打捞局	A+	AA−	AA	大公
2394	上海吴泾第二发电有限责任公司	AAA	AAA−	AA	远东
2395	上海电力股份有限公司	AA+	AA	AA	新世纪
2396	上海化学工业区中法水务发展有限公司	AA+	AA	AA	华杰
2450	上海迪信电子通信技术有限公司	—	AA	AA	中诚信
2451	上海久光百货有限公司	BB	A−	AA	中诚信
2452	上海友谊集团股份有限公司	AA	AA	AA	联合
2453	上海和凌汽车服务有限公司	A+	A	AA	中誉
2545	中国石化销售有限公司华东分公司	AA	AA	AA	远东
2546	上海神华煤炭运销有限公司	—	—	AA	远东
2547	上海宾利汽车销售有限公司	—	—	AA	中诚信
2548	国药控股股份有限公司	A+	A+	AA	中诚信
2549	宝钢资源有限公司	—	AA	AA	中诚信
2550	上海市医药股份有限公司	AA	AA	AA	联合
2551	上海宁金钢铁有限公司	—	BBB+	AA	天诚
3336	上海隧道工程股份有限公司	A	A+	AA	中诚信
3337	上海宝冶建设有限公司	—	A+	AA	中诚信
3474	上海交通大学医学院	AA	AA	AA	远东
3475	上海金融学院	A+	AA	AA	远东
3476	上海师范大学	AA	AA	AA	远东
3477	上海应用技术学院	—	—	AA	远东
3478	复旦大学附属儿科医院	—	AA−	AA	新世纪
3479	上海中医药大学附属岳阳中西医结合医院	AA	AA	AA	中诚信
3480	复旦大学附属华山医院	A+	AA	AA	中誉
3481	上海海事大学	—	AA+	AA	天诚
3540	上海宝山城乡建设投资经营有限公司	AA	AA	AA	远东
3541	上海嘉定公路建设发展有限公司	AA−	AA−	AA	远东

（续表）

序号	企 业 名 称	2007 年	2008 年	2009 年	评估机构
3542	上海浦东发展(集团)有限公司	AA	AA	AA	联合
3671	上海复星高科技(集团)有限公司	AA	AA	AA	新世纪
3672	上海盛融投资有限公司	AA－	AAA－	AA	新世纪
3673	上海国际集团资产管理有限公司	BBB＋	A＋	AA	新世纪
3674	爱普科斯(中国)投资有限公司	—	AA	AA	中诚信
3675	上海城投置地(集团)有限公司	AA	AA	AA	联合
3676	远东国际租赁有限公司	A	A＋	AA	联合
3677	中信基建投资有限公司	A＋	A＋	AA	联合
3871	上海化学工业区发展有限公司	AA－	AA－	AA	远东
3872	上海金桥出口加工区开发股份有限公司	AA－	AA－	AA	中诚信
3873	上海闵行联合发展有限公司	AA	AA	AA	中诚信
3991	上海青草沙投资建设发展有限公司	—	—	AA	新世纪
3992	上海申虹投资发展有限公司	A	BBB＋	AA	新世纪
3993	上海虹桥枢纽交通中心建设发展有限公司	—	—	AA	新世纪
3994	上海西郊国际农产品交易有限公司	—	—	AA	中诚信
4100	上海汽车工业销售有限公司	—	AA＋	AA	中诚信
4101	中国建材国际工程有限公司	—	AA－	AA	大公
4102	上海老港生活垃圾处置有限公司	A－	—	AA	大公
4103	上海微创软件有限公司	BBB	A	AA	万隆
4104	万达信息股份有限公司	AA	AA	AA	中誉
360	和记黄浦地产(上海)古北有限公司	A	A－	AA	华杰
2339	中海集装箱运输股份有限公司	AA	AAA－	AA	华杰
6	上海星峡置业有限公司	A－	A	AA－	远东
7	上海梅龙镇广场有限公司	A	A＋	AA－	大公
10	上海纪兴房地产有限公司	AA－	AA－	AA－	华杰
12	上海兴启房地产有限公司	AA－	AA－	AA－	华杰
13	上海四季同仁房产开发有限公司	AA－	AA－	AA－	华杰
14	上海荣广商务中心有限公司	A	AA	AA－	万隆
362	上海万业企业股份有限公司	AA＋	AA	AA－	新世纪
363	上海古北(集团)有限公司	AA	AA	AA－	联合
364	上海浦东新区房地产(集团)有限公司	—	A	AA－	联合
365	上海建工房产有限公司	AA	AA	AA－	联合
672	上海泽鹏置业有限公司	—	—	AA－	华杰
997	上海肯德基有限公司	—	—	AA－	中誉
1076	上海海勃物流软件有限公司	—	—	AA－	新世纪
1163	上港集团物流有限公司	AA	—	AA－	远东

（续表）

序号	企 业 名 称	2007 年	2008 年	2009 年	评估机构
1164	上海盛东国际集装箱码头有限公司	—	AA—	AA—	新世纪
1165	优特埃国际物流（中国）有限公司	AA—	AA—	AA—	中诚信
1166	上海深水港船务有限公司	—	—	AA—	大公
1167	中远集装箱运输有限公司	AA	AA	AA—	大公
1226	中达电通股份有限公司	A+	A+	AA—	远东
1227	环旭电子股份有限公司	A—	A	AA—	远东
1228	上海海得控制系统股份有限公司	AA	AA—	AA—	新世纪
1229	上海华讯网络系统股份有限公司	—	AA—	AA—	大公
1230	上海金亭汽车线束有限公司	A	A+	AA—	大公
1231	上海铁路通信工厂	AA—	AA—	AA—	中誉
1350	上海金发科技发展有限公司	A	A+	AA—	大公
1353	圣莱科特化工（上海）有限公司	—	BB+	AA—	华杰
1354	上海爱普香料有限公司	—	—	AA—	中誉
1513	上海华东电器（集团）有限公司	—	A+	AA—	远东
1514	上海机床厂有限公司	AA—	AA—	AA—	远东
1515	上海电气（集团）总公司	—	AA—	AA—	远东
1516	上海宝世威石油钢管制造有限公司	—	A	AA—	新世纪
1517	上海大众液压技术有限公司	AA	AA	AA—	新世纪
1518	上海汇众萨克斯减振器有限公司	A—	A+	AA—	新世纪
1519	上海岱美汽车内饰件股份有限公司	A	—	AA—	新世纪
1520	上海拖拉机内燃机有限公司	A	AA—	AA—	中诚信
1521	上海新晃空调设备股份有限公司	—	AA—	AA—	中诚信
1522	上海摩恩电气股份有限公司	—	A+	AA—	中诚信
1523	上海天纳克排气系统有限公司	—	—	AA—	中诚信
1524	上海航天汽车机电股份有限公司	—	A	AA—	中诚信
1525	上海中科电气（集团）有限公司	AA—	AA—	AA—	中诚信
1526	大众汽车变速器（上海）有限公司	A+	AA	AA—	中诚信
1527	上海汉虹精密机械有限公司	BBB+	AA—	AA—	中诚信
1528	上海凯泉泵业（集团）有限公司	AA	AA—	AA—	大公
1529	上海振华港口机械（集团）股份有限公司	—	AA	AA—	华杰
1530	捷锐企业（上海）有限公司	AA—	AA—	AA—	华杰
1531	上海天灵开关厂有限公司	—	—	AA—	华杰
1532	上海双桦汽车零部件股份有限公司	—	AA	AA—	万隆
1533	福耀集团（上海）汽车玻璃有限公司	AA	A+	AA—	万隆
1864	上海菲林格尔木业股份有限公司	AA—	AA—	AA—	中诚信
1865	上海刚泰混凝土有限公司	AA—	AA—	AA—	中诚信

（续表）

序号	企 业 名 称	2007 年	2008 年	2009 年	评估机构
1926	上海航天设备制造总厂	—	—	AA—	新世纪
1927	上海现代制药股份有限公司	—	—	AA—	大公
1986	上海张铁军珠宝集团有限公司	A	A	AA—	远东
1987	上海嘉乐股份有限公司	A+	A	AA—	远东
1988	上海嘉里食品工业有限公司	A+	A+	AA—	远东
1989	上海新洲包装印刷有限公司	—	AA—	AA—	中诚信
1990	上海五丰上食食品有限公司	BBB—	A—	AA—	中诚信
1991	上海和黄药业有限公司	BBB	A	AA—	联合
1992	明尼苏达矿业制造材料技术(上海)有限公司	—	—	AA—	大公
1993	3M 中国有限公司	AA—	A	AA—	大公
1995	上海德尔格医疗器械有限公司	—	—	AA—	华杰
1996	创值工业(上海)有限公司	—	A	AA—	华杰
1997	上海三菱电机・上菱空调机电器有限公司	—	—	AA—	中誉
1998	上海百润香精香料股份有限公司	—	—	AA—	中誉
1999	上海伊诺尔印务有限公司	—	BBB+	AA—	中誉
2000	上海凯宝药业有限公司	AA	—	AA—	中誉
2292	上海大屯能源股份有限公司	—	A+	AA—	新世纪
2293	赫格纳斯(中国)有限公司	BBB—	A—	AA—	新世纪
2340	上海强生控股股份有限公司	AA—	AA	AA—	新世纪
2341	上海申通地铁集团有限公司	—	AA—	AA—	中诚信
2454	上海汇金百货有限公司	—	—	AA—	远东
2455	上海永达汽车浦东销售服务有限公司	A+	AA—	AA—	新世纪
2456	永乐(中国)电器销售有限公司	A	AA—	AA—	中诚信
2457	路易威登(中国)商业销售有限公司	—	—	AA—	中诚信
2458	百家好(上海)时装有限公司	—	A—	AA—	大公
2552	上海伊人商务有限公司	A+	A	AA—	远东
2553	上海中油浦东石油销售有限公司	A	A	AA—	新世纪
2554	上海伊藤忠商事有限公司	AA	AA—	AA—	中诚信
2555	上海建浦进出口有限公司	A	AA—	AA—	联合
2556	上海美特斯邦威服饰股份有限公司	A—	A—	AA—	大公
2557	西本新干线股份有限公司	BB—	BBB—	AA—	中誉
3338	上海市水利工程有限公司	—	A	AA—	远东
3339	中港疏浚股份有限公司	AA—	AA	AA—	新世纪
3340	中国石化集团上海工程有限公司	AA—	—	AA—	新世纪
3482	上海工程技术大学	AA—	AA+	AA—	远东
3483	上海交通大学医学院附属仁济医院	AA	AA	AA—	远东

（续表）

序号	企 业 名 称	2007年	2008年	2009年	评估机构
3484	上海商学院	A	A+	AA−	远东
3485	上海海洋大学	AA+	AA	AA−	远东
3486	上海美国学校	AA	AA−	AA−	远东
3487	上海立信会计学院	—	AA−	AA−	新世纪
3488	上海电机学院	A+	AA−	AA−	中诚信
3543	上海市浦东土地发展(控股)公司	—	AA−	AA−	远东
3678	上海大众公用事业(集团)股份有限公司	A	A+	AA−	新世纪
3679	通用汽车(中国)投资有限公司	—	—	AA−	新世纪
3680	上海盛瀚投资有限公司	AA	AA	AA−	大公
4105	上海豫园旅游商城股份有限公司	A+	A+	AA−	新世纪
4106	上海利星汽车维修有限公司	BBB	—	AA−	中诚信
4107	杉杉投资控股有限公司	AAA−	AA−	AA−	中诚信
4108	上海开创远洋渔业有限公司	—	—	AA−	中诚信
4109	上海新华发行集团有限公司	—	—	AA−	大公
4110	上海世纪出版股份有限公司	—	AA	AA−	大公
366	上海嘉宝实业(集团)股份有限公司	B	A+	AA−	华杰
1351	中国石油化工股份有限公司化工销售上海分公司	AA+	AA	AA−	华杰
1352	中国石油化工股份有限公司上海高桥分公司	AA−	AA−	AA−	华杰
8	新上海国际大厦有限公司	A+	A+	AA−	华杰
9	上海新天地广场有限公司	A	A	AA−	华杰
11	上海柏兴房地产有限公司	A	A	AA−	华杰
1994	中国第一铅笔股份有限公司	AA	AA−	AA−	华杰
15	上海中区地产有限公司	A	A	A+	远东
16	上海金光外滩置地有限公司	BBB+	A	A+	远东
17	上海华庆房地产开发有限公司	BBB+	A	A+	远东
18	上海益民商业股份有限公司	A−	A−	A+	新世纪
19	上海新慈厚房地产有限公司	A+	A	A+	新世纪
20	上海张江生物医药科技发展有限公司	A−	A+	A+	新世纪
21	上海新茂房地产开发有限公司	BBB	A	A+	中诚信
22	上海浦项房地产开发有限公司	A−	A−	A+	联合
23	上海金顺房地产有限公司	BB+	BBB+	A+	华杰
24	裕廊腾飞置业(上海)有限公司	BBB+	A	A+	华杰
367	上海颐华房地产有限公司	A	A−	A+	远东
368	上海祁连房地产开发总公司	A+	A	A+	新世纪
369	上海松江新城建设发展有限公司	—	A−	A+	新世纪
370	复地(集团)股份有限公司	A	AA−	A+	新世纪

（续表）

序号	企 业 名 称	2007 年	2008 年	2009 年	评估机构
371	上海证大置业有限公司	A—	A+	A+	中诚信
372	上海宝地杨浦房地产开发有限公司	—	A—	A+	大公
373	上海中星(集团)有限公司	A	A+	A+	中誉
673	上海环球金融中心有限公司	AA—	AA—	A+	新世纪
674	上海新陆二房地产有限公司	—	—	A+	中诚信
675	和记黄埔地产(上海)陆家嘴有限公司	—	—	A+	中诚信
676	上海绿洲花园置业有限公司	—	—	A+	大公
998	上海新国际博览中心有限公司	AA	AA—	A+	远东
999	静安希尔顿饭店(上海)	A	A+	A+	中诚信
1000	上海虹桥宾馆有限公司	A+	A+	A+	联合
1001	中国金茂(集团)股份有限公司	AA	AA	A+	中誉
1002	上海兴邦餐饮服务有限公司	A	A	A+	鹏元
1077	新奇特车业服务有限公司	—	—	A+	联合
1078	中国上海外轮代理有限公司	—	—	A+	大公
1079	上海房屋销售(集团)有限公司	A+	AA—	A+	大公
1168	上海华谊天原化工物流有限公司	A	A	A+	远东
1169	上海高信国际物流有限公司	A+	A+	A+	中诚信
1170	上海现代物流投资发展有限公司	BBB	A	A+	联合
1171	上海申丝企业发展有限公司	—	—	A+	华杰
1172	上海东方远航物流有限公司	AA—	AA	A+	中誉
1232	上海卡姆丹克太阳能科技有限公司	—	AA+	A+	远东
1233	上海沪工汽车电器有限公司	A	—	A+	远东
1234	上海聚益信息技术有限公司	BBB+	A+	A+	远东
1235	上海美维电子有限公司	AA—	AA	A+	远东
1236	上海惠普有限公司	AA	AA	A+	远东
1237	上海银晨智能识别科技有限公司	BBB	BBB+	A+	新世纪
1238	上海大唐移动通信设备有限公司	A+	A+	A+	新世纪
1239	上海长望气象科技有限公司	—	—	A+	新世纪
1240	上海海拉电子有限公司	A—	AA	A+	新世纪
1241	上海京瓷电子有限公司	A+	AA—	A+	中诚信
1242	上海飞乐音响股份有限公司	A+	A+	A+	大公
1244	华东计算技术研究所	A—	BBB	A+	华杰
1245	上海南亚覆铜箔板有限公司	A+	A+	A+	华杰
1246	上海长丰智能卡有限公司	A	A+	A+	中誉
1355	上海石化比欧西气体有限责任公司	BBB	A	A+	新世纪
1356	上海吉龙塑胶制品有限公司	BBB—	—	A+	新世纪

（续表）

序号	企 业 名 称	2007年	2008年	2009年	评估机构
1357	上海国际油漆有限公司	—	A+	A+	中诚信
1358	巴斯夫上海涂料有限公司	A	A	A+	中诚信
1359	德谦(上海)化学有限公司	—	A+	A+	中诚信
1360	上海化学工业区工业气体有限公司	BB	A+	A+	联合
1361	上海高桥巴斯夫分散体有限公司	AA+	BBB+	A+	大公
1362	上海大赛璐塑料工业有限公司	BBB+	A	A+	大公
1534	上海基立机电设备有限公司	—	—	A+	远东
1535	中发电气股份有限公司	AA	AA—	A+	远东
1536	山特维克矿山工程机械(中国)有限公司	—	A	A+	远东
1537	上海克莱德贝尔格曼机械有限公司	A	A+	A+	远东
1538	上海斯可络压缩机有限公司	—	BBB+	A+	远东
1539	上海中天铝线有限公司	—	—	A+	新世纪
1540	上海锐奇工具股份有限公司	BBB	—	A+	新世纪
1541	上海胜华电缆厂有限公司	AA	A+	A+	新世纪
1542	上海西门子高压开关有限公司	A	A+	A+	新世纪
1543	上海连成(集团)有限公司	AA—	AA—	A+	新世纪
1544	上海人民电力设备股份有限公司	—	—	A+	新世纪
1545	上海永发金属钢管有限公司	—	—	A+	新世纪
1546	上海南桥变压器有限责任公司	AA	AA	A+	新世纪
1547	上海苏尔寿工程机械制造有限公司	—	—	A+	中诚信
1548	上海森松压力容器有限公司	—	BBB	A+	中诚信
1549	上海ABB变压器有限公司	A	A	A		中诚信
1550	上海中集冷藏箱有限公司	A+	A+	A+	中诚信
1551	上海飞奥燃气设备有限公司	A+	A+	A+	中诚信
1552	上海安川电动机器有限公司	A+	A+	A+	中诚信
1553	上海科德轧辊表面处理有限公司	—	—	A+	中诚信
1554	萨克斯汽车零部件系统(上海)有限公司	—	—	A+	中诚信
1555	上海大众动力总成有限公司	A	A+	A+	中诚信
1556	龙工(上海)桥箱有限公司	A+	A+	A+	中诚信
1557	第星油压工程机械(上海)有限公司	—	—	A+	中诚信
1558	延锋百利得(上海)汽车安全系统有限公司	BBB+	A+	A+	中诚信
1559	上海海隆石油钻具有限公司	—	—	A+	中诚信
1560	上海中发电气(集团)股份有限公司	BBB+	A—	A+	联合
1561	中顺产业控股集团有限公司	AA—	A+	A+	联合
1562	上海上泵(集团)有限公司	A	AA—	A+	联合
1563	上海恩耀机电有限公司	A+	A	A+	大公

（续表）

序号	企 业 名 称	2007 年	2008 年	2009 年	评估机构
1564	高克联管件(上海)有限公司	—	—	A+	华杰
1565	上海宝临电气集团有限公司	AA—	A+	A+	华杰
1566	上海科泰电源股份有限公司	—	BBB+	A+	中誉
1866	上海联合水泥有限公司	A—	AA—	A+	远东
1867	上海福莱特玻璃有限公司	—	—	A+	新世纪
1868	上海红虹木业限公司	—	—	A+	大公
1869	上海林永斌商贸发展有限公司	—	A	A+	华杰
1870	上海柘中建设股份有限公司	A	A	A+	中誉
1928	上海和汇安全用品有限公司	A—	A—	A+	远东
1929	上海玻璃钢研究院有限公司	A	A	A+	新世纪
1930	上海爱使股份有限公司	AA—	A	A+	联合
1931	上海西西艾尔气雾推进剂制造与罐装有限公司	A—	A	A+	大公
2001	上海嘉麟杰纺织品股份有限公司	—	—	A+	远东
2002	上海泰伦针织制品有限公司	A	—	A+	远东
2003	上海欧卡纺织品特种整理有限公司	—	—	A+	远东
2004	上海特殊陶业有限公司	—	A—	A+	远东
2005	上海紫江喷铝包装材料有限公司	BBB+	A+	A+	远东
2006	上海延鑫汽车座椅配件有限公司	—	—	A+	远东
2007	上海华仓金属制品有限公司	A+	A+	A+	新世纪
2008	上海百诺食品有限公司	A+	A+	A+	新世纪
2009	上海威虹模塑制造有限公司	A	—	A+	新世纪
2010	上海吉田拉链有限公司	—	A+	A+	中诚信
2011	上海葛兰素史克生物制品有限公司	BBB	BBB	A+	中诚信
2012	上海宝菱塑料制品有限公司	BBB+	A+	A+	中诚信
2013	上海好成食品发展有限公司	—	A	A+	中诚信
2014	上海荣臣博士蛙(集团)有限公司	A	A	A+	中诚信
2015	上海金叶包装材料有限公司	A	A+	A+	中诚信
2016	大山合集团有限公司	—	BBB—	A+	联合
2017	上海中西制药有限公司	A	BBB+	A+	联合
2018	上海华明电力设备制造有限公司	A+	A+	A+	万隆
2019	上海红双喜股份有限公司	A	A+	A+	中誉
2020	上海克莉丝汀食品有限公司	—	—	A+	中誉
2342	上海奉贤大众汽车客运有限公司	A	A+	A+	新世纪
2343	上海芷新(集团)有限公司	A+	A+	A+	联合
2344	上海北海船务股份有限公司	—	AA—	A+	大公
2397	上海闸电燃气轮机发电有限公司	AAA—	AA—	A+	新世纪

（续表）

序号	企 业 名 称	2007年	2008年	2009年	评估机构
2459	上海徐家汇商城股份有限公司	—	AA—	A+	远东
2460	上海新世界股份有限公司	A	A	A+	新世纪
2461	上海第一八佰伴有限公司	A	A+	A+	联合
2558	上海裕清企业发展有限公司	A	A+	A+	远东
2559	上海金象铝业有限公司	A	A+	A+	远东
2560	上海浦东国际机场航空油料有限责任公司	AA	AA—	A+	远东
2561	巴斯夫(中国)有限公司	—	A+	A+	远东
2562	上海新宇钟表集团有限公司	AA	AA—	A+	远东
2563	上海永盛发展有限公司	A	A+	A+	远东
2564	上海瑞冶联实业有限公司	BBB	A—	A+	远东
2565	欧爱企业发展(上海)有限公司	A—	A	A+	远东
2566	上海中煤华东有限公司	—	—	A+	远东
2567	上海华冶钢铁集团有限公司	A	A	A+	远东
2568	上海必烨钢铁有限公司	—	—	A+	新世纪
2569	上海嘉荣贸易有限公司	—	A—	A+	新世纪
2570	上海住友商事有限公司	A	A+	A+	中诚信
2571	日立建机(上海)有限公司	A+	A	A+	中诚信
2572	上海浦罗贸易有限公司	BBB+	A+	A+	中诚信
2573	中高实业科技(集团)有限公司	A+	A+	A+	联合
2574	东裕物资有限公司	—	A	A+	联合
2577	上海大不同天山茶城有限公司	—	A	A+	中誉
2578	上海龙宇燃油股份有限公司	—	A	A+	中誉
2579	上海华通机电(集团)有限公司	A	A	A+	中誉
2580	万向资源有限公司	A	A	A+	远东
3341	上海金山市政建设(集团)有限公司	A	A	A+	新世纪
3342	中铁二十四局集团有限公司	—	A	A+	新世纪
3343	上海延华智能科技股份有限公司	—	A+	A+	大公
3344	上海三航奔腾建设工程有限公司	A+	A+	A+	中誉
3345	东亚联合控股(集团)有限公司	—	A+	A+	鹏元
3489	上海电力学院	A+	A+	A+	远东
3490	上海市浦东新区公利医院	—	—	A+	远东
3491	上海市胸科医院	A	A	A+	中誉
3492	上海市住宅建设发展中心	A+	A+	A+	天诚
3544	上海复兴隧道建设发展有限公司	A	A+	A+	远东
3545	上海国际汽车城新安亭联合发展有限公司	A	A—	A+	联合
3546	上海浦环投资发展有限公司	A	A	A+	联合

（续表）

序号	企 业 名 称	2007 年	2008 年	2009 年	评估机构
3547	上海市滩涂造地有限公司	AA－	AA－	A＋	中誉
3681	恒源祥(集团)有限公司	A	A	A＋	新世纪
3682	上海华虹(集团)有限公司	A＋	A	A＋	新世纪
3683	中信国安通信有限公司	—	A＋	A＋	新世纪
3684	上海国际集团资产经营有限公司	BBB	BBB＋	A＋	联合
3685	资生堂(中国)投资有限公司	BBB＋	A＋	A＋	大公
3686	伊顿(中国)投资有限公司	—	—	A＋	华杰
3687	上海世茂股份有限公司	A	A＋	A＋	中誉
3995	上海浦航石油有限公司	—	—	A＋	大公
4111	西上海(集团)有限公司	BBB＋	BBB＋	A＋	远东
2575	群升国际贸易(上海)有限公司	—	—	A＋	华杰
2576	上海东索贸易有限公司	BBB	BBB	A＋	华杰
1243	上海贺利氏电测骑士有限公司	—	BBB	A＋	华杰
25	上海力宝复兴房地产有限公司	—	A＋	A	远东
26	上海由由(集团)股份有限公司	—	A	A	远东
27	嘉麒房地产开发(上海)有限公司	A	—	A	远东
28	上海新世界淮海物业发展有限公司	BBB＋	A	A	中诚信
29	上海东樱房地产有限公司	BBB＋	A	A	中诚信
30	上海恒大建材市场管理股份有限公司	—	—	A	大公
31	上海国峰电子有限公司	—	—	A	华杰
32	上海世界贸易商城有限公司	—	A－	A	华杰
33	新资房地产开发(上海)有限公司	A＋	A＋	A	华杰
34	上海百脑汇电子信息有限公司	BB＋	BB＋	A	华杰
35	上海天浦投资发展有限公司	—	—	A	鹏元
374	上海江海置业有限公司	A＋	—	A	远东
375	上海君欣房地产发展有限公司	—	BBB－	A	远东
376	上海城开(集团)有限公司	BBB＋	A	A	远东
377	上海锦绣华城房地产开发有限公司	BBB	A	A	远东
378	三林万业(上海)企业集团有限公司	BBB	A	A	新世纪
379	上海徐房(集团)有限公司	A－	A－	A	新世纪
380	上海绿地新发展置业有限公司	BBB＋	BBB＋	A	新世纪
381	上海顾村房地产开发(集团)有限公司	BBB	A	A	新世纪
382	上海新黄浦置业股份有限公司	A－	A－	A	新世纪
383	上海志成企业发展有限公司	—	—	A	新世纪
384	上海金丰投资股份有限公司	A	A＋	A	中诚信
385	上海意得实业投资有限公司	B－	BB＋	A	中誉

（续表）

序号	企 业 名 称	2007年	2008年	2009年	评估机构
386	上海汤臣浦东房地产开发有限公司	—	A	A	中誉
677	上海闵行房地产发展有限公司	A	A+	A	新世纪
678	上海恒睿房地产有限公司	—	—	A	新世纪
679	上海东上海联合置业有限公司	A—	AA—	A	新世纪
680	上海东方金融广场企业发展有限公司	A+	A+	A	中诚信
681	上海汇通房地产有限公司	B	B—	A	联合
682	上海三联物业发展有限公司	—	—	A	联合
683	上海长润江和房地产发展有限公司	—	—	A	联合
1003	上海莫泰酒店管理有限公司	BBB+	BBB	A	新世纪
1004	上海锦闵旅馆有限公司	—	BB	A	联合
1005	银星宾馆	A	A	A	大公
1006	海航酒店控股集团有限公司	BBB	A—	A	中誉
1080	中航第一集团国际租赁有限责任公司	—	A—	A	中诚信
1081	同济大学建筑设计研究院(集团)有限公司	—	—	A	中诚信
1082	上海电气租赁有限公司	—	A	A	中诚信
1173	全球国际货运代理(中国)有限公司	—	—	A	远东
1174	上海经贸山九储运有限公司	A—	BBB+	A	远东
1175	上海东浩外服国际物流有限公司	—	—	A	远东
1176	上海畅联国际物流有限公司	BBB+	A	A	新世纪
1177	中国外运华东有限公司	—	A	A	中诚信
1178	锦海捷亚国际货运有限公司	—	A—	A	联合
1179	华贸国际货运有限公司	—	A—	A	联合
1180	上海孚宝港务有限公司	A	A	A	华杰
1181	华远星海运有限公司	—	BBB	A	华杰
1247	上海大亚科技有限公司	A—	A	A	远东
1248	上海合晶硅材料有限公司	—	—	A	中诚信
1249	上海金陵股份有限公司	AA—	A	A	大公
1250	德尔福派克电气系统有限公司	AA	A+	A	大公
1363	宝燕工业科技(上海)有限公司	BBB	A	A	新世纪
1364	中涂化工(上海)有限公司	A	A	A	中诚信
1365	上海涂料有限公司	A—	A—	A	中诚信
1366	上海康耐特光学股份有限公司	—	A—	A	中诚信
1367	拜耳涂料系统上海有限公司	A—	A+	A	中诚信
1368	上海吴羽化学有限公司	—	—	A	中诚信
1369	上海森松化工成套装备有限公司	—	A	A	中诚信
1370	上海图博可特石油管道涂层有限公司	—	—	A	大公

（续表）

序号	企 业 名 称	2007 年	2008 年	2009 年	评估机构
1371	科宁化工(中国)有限公司	—	A−	A	华杰
1372	华东理工大学华昌聚合物有限公司	—	A	A	华杰
1373	上海韩盛化工涂料有限公司	—	—	A	华杰
1374	中国石化上海石油化工股份有限公司	AA	AA	A	中誉
1567	上海重型机器锻件厂	—	BBB+	A	远东
1568	上海电器股份有限公司人民电器厂	—	AA−	A	远东
1569	上海新业锅炉高科技有限公司	—	—	A	远东
1570	上海汽车空调配件有限公司	A	A	A	远东
1571	上海蓝滨石化设备有限责任公司	—	—	A	远东
1572	申佳船厂	A−	A−	A	远东
1573	上海贤达罗兰压力容器制造有限公司	—	—	A	远东
1574	上海屹丰模具制造有限公司	AA−	A+	A	远东
1575	上海霍富汽车锁具有限公司	—	—	A	远东
1576	上海宝临电器成套制造有限公司	BBB+	—	A	远东
1577	上海快鹿电线电缆有限公司	BB	BBB−	A	远东
1578	上海东方泵业(集团)有限公司	—	BBB+	A	新世纪
1579	上海华中实业(集团)有限公司	A	A−	A	新世纪
1580	上海广电电气(集团)有限公司	—	A	A	新世纪
1581	上海南大集团有限公司	—	A	A	新世纪
1582	龙工(上海)机械制造有限公司	A	A+	A	新世纪
1583	上海保隆汽车科技股份有限公司	A	A	A	新世纪
1584	上海华建开关有限公司	A	A	A	新世纪
1585	上海科世达—华阳汽车电器有限公司	—	A	A	新世纪
1586	上海创力矿山设备有限公司	—	—	A	新世纪
1587	上海人民低压电器有限公司	—	—	A	新世纪
1588	赫斯基注塑系统(上海)有限公司	—	—	A	新世纪
1589	德尔福(上海)动力推进系统有限公司	AAA−	AA	A	中诚信
1590	上海科尔本施密特活塞有限公司	—	—	A	中诚信
1591	上海南汇立达铸造有限公司	—	A+	A	中诚信
1592	上海中炼线材有限公司	BBB	A+	A	中诚信
1593	登福机械(上海)有限公司	BB+	BBB+	A	中诚信
1594	美诺精密压铸(上海)有限公司	—	A	A	中诚信
1595	上海贝洱热系统有限公司	BBB	A	A	中诚信
1596	上海欧菲滤清器有限公司	—	AA	A	中诚信
1597	上海上缆藤仓电缆有限公司	A	—	A	中诚信
1598	上海江南长兴重工有限责任公司	—	—	A	中诚信

（续表）

序号	企 业 名 称	2007年	2008年	2009年	评估机构
1599	上海江南船舶管业有限公司	—	A+	A	联合
1600	上海赛科利汽车模具技术应用有限公司	A+	A—	A	大公
1601	上海西安高压电器研究所有限责任公司	—	—	A	大公
1602	上海华润大东船务工程有限公司	BBB+	A—	A	大公
1603	沪东中华造船(集团)有限公司	AA	AA	A	大公
1604	江南造船(集团)有限责任公司	AA	AA	A	大公
1605	上海华普电缆有限公司	AA	A+	A	华杰
1607	上海恒锦动力科技有限公司	—	—	A	华杰
1608	上海震雄电线电缆有限公司	AA—	A	A	华杰
1609	上海江南长兴造船有限责任公司	—	A	A	中誉
1610	上海尖点精密工具有限公司	—	AA—	A	中誉
1871	上海安洋木业有限公司	—	BBB+	A	远东
1872	上海中财实业发展有限公司	BBB+	A	A	远东
1873	上海建丰商品混凝土有限公司	A—	BBB+	A	新世纪
1932	上海斯米克焊材有限公司	BBB+	BBB+	A	远东
1933	上海和达汽车配件有限公司	A—	A	A	中诚信
1934	上海美亚金桥能源有限公司	A	A	A	中诚信
1935	上海天合汽车安全系统有限公司	—	—	A	中诚信
1936	上海紫江特种瓶业有限公司	—	A	A	中诚信
1937	上海迪赛诺维生素有限公司	BBB—	A	A	大公
2021	上海紫泉标签有限公司	BBB	BBB	A	远东
2022	上海超日太阳能科技股份有限公司	—	—	A	远东
2023	巨圆纸业(上海)有限公司	—	A	A	远东
2024	上海杏花楼(集团)有限公司	A—	A	A	远东
2025	上海紫泉饮料工业有限公司	BB	BBB+	A	远东
2026	上海威尔泰工业自动化股份有限公司	A	AA—	A	远东
2027	上海紫泉包装有限公司	A+	A—	A	远东
2028	上海康德莱企业发展集团有限公司	AA—	AA	A	远东
2029	上海紫江(集团)有限公司	A—	A	A	远东
2030	上海华翔羊毛衫有限公司	BBB+	A	A	远东
2031	英威达纤维(上海)有限公司	AA—	AA—	A	远东
2032	上海姚记扑克股份有限公司	A—	A—	A	新世纪
2033	上海华潮丽恒电器有限公司	A	—	A	新世纪
2034	上海丽婴房婴童用品有限公司	—	—	A	中诚信
2035	箭牌糖类(上海)有限公司	A	A	A	中诚信
2036	上海铭源数康生物芯片有限公司	—	BBB	A	中诚信

（续表）

序号	企 业 名 称	2007 年	2008 年	2009 年	评估机构
2037	上海第一生化药业有限公司	—	A+	A	联合
2038	上海永裕塑料有限公司	A—	BBB+	A	联合
2039	上海亚明灯泡厂有限公司	A+	A	A	大公
2041	上海安兴汇东纸业有限公司	—	—	A	万隆
2042	上海超人电气有限公司	BBB	BBB+	A	中誉
2043	上海紫江企业集团股份有限公司	A—	A	A	远东
2345	上海海博出租汽车有限公司	A+	A	A	远东
2346	上海浦东大众公共交通有限责任公司	A—	A—	A	新世纪
2347	上海南站长途客运有限公司	—	A	A	新世纪
2348	上海国电海运有限公司	A	AA—	A	新世纪
2349	上海巴士出租汽车有限公司	A	A	A	华杰
2350	上海长宁巴士出租汽车有限公司	A	BBB+	A	中誉
2351	上海路桥发展有限公司	BB	BBB	A	中誉
2398	上海浦东新区煤气公司	BBB+	A	A	远东
2399	上海市松江自来水公司	—	—	A	远东
2400	上海环城再生能源有限公司	A—	A	A	远东
2401	上海水务资产经营发展有限公司	AA—	A+	A	远东
2402	上海天然气管网有限公司	—	A	A	新世纪
2403	华能上海燃机发电有限责任公司	BBB—	BBB	A	新世纪
2404	华能国际电力股份有限公司上海石洞口第二电厂	—	—	A	新世纪
2405	上海新奥九环车用能源股份有限公司	—	—	A	大公
2462	古驰（中国）贸易有限公司	—	—	A	远东
2463	上海宝诚汽车销售服务有限公司	A	A	A	新世纪
2464	上海老庙黄金有限公司	A+	A	A	新世纪
2465	上海长江口商城股份有限公司	BBB+	A	A	新世纪
2466	上海友谊南方商城有限公司	AA—	A—	A	中诚信
2467	华联集团吉买盛购物中心有限公司	A—	A	A	联合
2468	华联超市股份有限公司	BB	BBB—	A	联合
2469	上海大润发有限公司	A+	A	A	华杰
2470	上海九海百盛广场有限公司	—	—	A	华杰
2471	上海邵万生商贸合作公司	—	A—	A	万隆
2581	上海北大方正科技电脑系统有限公司	A	A	A	远东
2582	上海广和工贸有限公司	—	—	A	远东
2583	中轻物产股份有限公司	—	A+	A	远东
2584	上海恒琛企业发展有限公司	—	—	A	远东
2585	上海约宁实业发展有限公司	BBB	A	A	远东

（续表）

序号	企业名称	2007年	2008年	2009年	评估机构
2586	上海中舟兴国际贸易有限公司	BBB	—	A	新世纪
2587	上海丰顺物资有限公司	BBB+	BBB+	A	新世纪
2588	上海新海成企业有限公司	BBB+	BBB+	A	新世纪
2589	上海烟草集团奉贤烟草糖酒有限公司	A	A	A	新世纪
2590	三菱商事（上海）有限公司	A	A	A	中诚信
2591	双日（上海）有限公司	A	A	A	中诚信
2592	三井物产（上海）贸易有限公司	AA—	A+	A	中诚信
2593	松下电器机电（中国）有限公司	A	A	A	中诚信
2594	上海华长贸易有限公司	BBB—	BBB	A	中诚信
2595	上海三凯进出口有限公司	A	A	A	中诚信
2596	雅培贸易（上海）有限公司	BBB	A+	A	中诚信
2597	宝矿国际贸易有限公司	BBB—	A—	A	中诚信
2598	上海东昌汽车服务有限公司	A	A	A	联合
2599	上海物资贸易股份有限公司	A+	BBB+	A	联合
2600	上海和氏璧化工有限公司	—	A	A	大公
2601	上海宝钢钢材贸易有限公司	A	—	A	大公
2602	上海钧能实业有限公司	A	A—	A	大公
2603	上海市机械设备成套（集团）有限公司	BBB+	BB+	A	大公
2604	上海浦金产业发展有限公司	A	—	A	大公
2605	上海爱克发感光器材有限公司	—	—	A	大公
2609	丸红（上海）有限公司	A	BBB	A	华杰
2610	上海苏创国际贸易有限公司	A	A	A	华杰
2611	上海东方汽配城有限公司	A	A	A	万隆
2612	上海珠光投资发展有限公司	BBB	BB+	A	中誉
2613	上海龙纳物贸有限公司	—	BBB	A	中誉
2614	上海厦翔企业发展有限公司	—	BBB—	A	中誉
2615	上海世亚钢铁发展有限公司	—	BBB	A	中誉
2616	蝶理（中国）商业有限公司	A	A	A	中誉
3346	中冶天工上海十三冶建设有限公司	BBB+	BBB+	A	新世纪
3347	红阳建设集团有限公司	—	—	A	新世纪
3348	上海金安泰建筑安装工程有限公司	—	—	A	新世纪
3349	上海嘉实（集团）有限公司	A	A	A	新世纪
3350	上海舜元建设（集团）有限公司	—	BBB+	A	新世纪
3351	上海市浦东新区建设（集团）有限公司	BBB	BBB+	A	联合
3352	上海煤气第二管线工程有限公司	—	—	A	大公
3353	上海煤气第一管线工程有限公司	—	—	A	大公

（续表）

序号	企 业 名 称	2007年	2008年	2009年	评估机构
3354	上海吉威电子系统工程有限公司	—	—	A	华杰
3355	上海市建设工程有限公司	—	A—	A	中誉
3356	上海三湘建筑装饰工程有限公司	—	—	A	中誉
3493	上海市松江区中心医院	—	A	A	新世纪
3494	上海市浦东新区粮食署	A—	A	A	联合
3495	上海市静安区卫生局	A	A—	A	华杰
3496	上海市民办金苹果学校	—	—	A	华杰
3497	上海市土地储备中心	BBB	A	A	天诚
3548	上海浦东滨江开发建设投资有限公司	—	—	A	新世纪
3549	上海临港书院经济发展有限公司	A	A	A	联合
3550	上海临港芦潮港经济发展有限公司	A	A	A	联合
3551	上海浦兴投资发展有限公司	—	—	A	联合
3552	上海浦东路桥建设股份有限公司	AA+	A	A	联合
3553	上海环境集团有限公司	A—	A—	A	联合
3688	上海欣龙企业发展有限公司	—	A+	A	远东
3689	上海工业投资(集团)有限公司	A	A	A	远东
3690	上海神开石油化工装备股份有限公司	A—	A	A	新世纪
3691	上海远洋渔业有限公司	BBB	BBB	A	中诚信
3692	长江经济联合发展(集团)股份有限公司	A	A	A	中诚信
3693	上海海外公司	A	A—	A	中诚信
3694	上海中桥基建(集团)股份有限公司	AA—	A—	A	中诚信
3695	上海汽车工业开发发展公司	A—	A	A	中诚信
3696	上海外经贸投资(集团)有限公司	A	A	A	中诚信
3697	比欧西(中国)投资有限公司	BBB—	A	A	中诚信
3698	中信华东(集团)有限公司	AA—	A—	A	联合
3699	上海东昌投资发展有限公司	A+	A+	A	联合
3700	上海大盛资产有限公司	AA	AA	A	联合
3701	上海临港经济发展集团投资管理有限公司	A—	A—	A	联合
3702	医学之星(上海)租赁有限公司	—	A	A	华杰
3703	上海外高桥(集团)有限公司	AA—	A—	A	中誉
3874	上海张江(集团)有限公司	A—	A+	A	远东
3875	上海张江集成电路产业区开发有限公司	A—	BBB	A	新世纪
3876	上海金桥出口加工区联合发展有限公司	A—	A	A	中诚信
3877	上海闵联临港联合发展有限公司	—	A	A	中诚信
3878	上海临港经济发展(集团)有限公司	A—	BBB—	A	联合
3879	上海外高桥物流中心有限公司	A	A+	A	中誉

（续表）

序号	企 业 名 称	2007 年	2008 年	2009 年	评估机构
3996	上海液化天然气有限责任公司	—	A	A	中诚信
3997	上海电气临港重型机械装备有限公司	A	A	A	联合
4112	上海云峰(集团)有限公司	AA—	A	A	远东
4113	上海复旦复华科技股份有限公司	A	A	A	远东
4114	上海恒大(集团)有限公司	A	A—	A	中诚信
4115	上海交大教育服务产业投资管理(集团)有限公司	A—	A	A	中诚信
4116	上海化学工业区公共管廊有限公司	A	A	A	中诚信
4117	上海印纪广告有限公司	—	A	A	中诚信
4118	上海中山医疗科技发展公司	A	A	A	中誉
2040	上海川崎食品有限公司	A+	A+	A	华杰
2606	上海月月潮工贸有限公司	A—	BBB	A	华杰
2607	上海凯琳实业有限公司	B+	BBB—	A	华杰
3554	上海闵行城市建设投资开发有限公司	A+	A	A	华杰
1606	中海工业有限公司	A	A	A	华杰
2608	利星行贸易(中国)有限公司	—	B+	A	华杰
36	上海金山市场有限公司	BBB+	A—	A—	远东
37	上海汤臣外高桥开发有限公司	BBB	A	A—	远东
38	上海景信房地产开发有限公司	BBB	BB	A—	新世纪
39	上海帝泰发展有限公司	BB—	BBB—	A—	中诚信
40	上海多福房地产发展有限公司	A—	A—	A—	中诚信
41	上海置信(集团)有限公司	BB—	BBB+	A—	中诚信
42	上海绿地商业(集团)有限公司	A	A+	A—	联合
43	上海泓鑫置业有限公司	A—	A—	A—	联合
44	上海申冠置业发展有限公司	—	—	A—	大公
45	上海雄华置业有限公司	BBB+	BBB+	A—	华杰
46	上海晨明食品工业有限公司	—	BBB—	A—	华杰
47	上海永业桃源房产企业有限公司	BB—	A—	A—	万隆
48	上海农产品中心批发市场经营管理有限公司	A	A+	A—	万隆
49	上海商务中心股份有限公司	A—	A—	A—	中誉
50	上海外高桥保税区联合发展有限公司	A—	BBB	A—	中誉
387	上海佘山国际高尔夫俱乐部有限公司	BBB+	A—	A—	远东
388	上海山鑫置业有限公司	A	A	A—	远东
389	泰升房地产(上海)有限公司	BB+	BBB—	A—	远东
390	上海西郊庄园资产经营管理有限公司	A	—	A—	远东
391	上海安盛房产开发有限公司	—	A—	A—	远东
392	上海欣振房地产发展有限公司	BBB	BBB	A—	新世纪

（续表）

序号	企　业　名　称	2007年	2008年	2009年	评估机构
393	上海奥林匹克置业投资有限公司	—	—	A—	新世纪
394	上海新景房地产开发有限公司	—	BBB	A—	新世纪
395	上海至大房地产开发有限公司	BBB	BB+	A—	新世纪
396	上海振龙房地产开发有限公司	BB	A—	A—	新世纪
397	上海万业企业宝山新城建设开发有限公司	BBB	BBB—	A—	新世纪
398	金大元集团(上海)有限公司	A	A—	A—	新世纪
399	上海锦秋房地产有限公司	A—	A+	A—	新世纪
400	上海张江微电子港有限公司	A+	A+	A—	新世纪
401	上海高远置业(集团)有限公司	BBB—	BBB—	A—	中诚信
402	上海证大五道口房地产开发有限公司	A	BBB	A—	中诚信
403	上海临港泥城经济发展有限公司	A—	A—	A—	联合
404	上海同盛投资集团房地产有限公司	A—	BBB—	A—	联合
405	上海光启企业发展有限公司	—	—	A—	联合
406	天地源股份有限公司	—	BBB—	A—	大公
407	经纬置地有限公司	A—	AA—	A—	大公
409	上海新长宁(集团)有限公司	A	A—	A—	中誉
410	上海外高桥保税区开发股份有限公司	BB+	BB+	A—	中誉
411	上海华宁置业有限公司	—	BBB—	A—	天诚
684	上海城汇房地产开发有限公司	—	—	A—	远东
685	上海瑞明置业有限公司	A	BBB+	A—	新世纪
686	上海金午置业有限公司	—	BBB+	A—	大公
687	上海南都白马房地产有限公司	—	—	A—	大公
688	高鹏(上海)房地产开发有限公司	—	A+	A—	华杰
689	上海和泰房地产开发有限公司	A—	A	A—	华杰
690	上海佳苑房地产发展有限公司	—	—	A—	华杰
691	上海万都国际大厦有限公司	—	—	A—	华杰
692	上海会德丰广场发展有限公司	A+	A—	A—	华杰
693	上海新浩隆房地产开发有限公司	—	—	A—	华杰
1007	优胜美地酒店经营管理(上海)有限公司	BBB	BBB—	A—	新世纪
1008	上海中福世福汇大酒店有限公司	—	—	A—	新世纪
1009	上海锦江饭店有限公司	A+	A+	A—	联合
1083	上海浦东国际机场进出口有限公司	A	A—	A—	远东
1084	上海大众汽车租赁公司	—	BBB	A—	新世纪
1085	日新租赁(中国)有限公司	—	A—	A—	中诚信
1086	上海保利物业酒店管理有限责任公司	—	A—	A—	大公
1088	上海巴士广利汽车租赁有限公司	—	A—	A—	中誉

（续表）

序号	企 业 名 称	2007年	2008年	2009年	评估机构
1182	上海天盛仓储有限公司	—	—	A—	新世纪
1183	东方国际物流(集团)有限公司	A+	BBB+	A—	中诚信
1184	新时代国际运输服务有限公司上海分公司	—	BBB—	A—	中诚信
1185	上海东昌西泰克现代物流管理有限公司	BBB	BBB+	A—	联合
1251	上海振欣电子工程有限公司	A	A—	A—	远东
1252	上海日精仪器有限公司	AA—	AA—	A—	新世纪
1253	上海申和热磁电子有限公司	A—	A	A—	中诚信
1254	日腾电脑配件(上海)有限公司	A	BBB+	A—	中诚信
1255	上海比亚迪有限公司	—	—	A—	大公
1256	上海英济电子塑胶有限公司	—	—	A—	大公
1375	巴斯夫应用化工有限公司	AA—	A	A—	远东
1376	上海三乐高分子材料有限公司	BBB	A	A—	远东
1377	佳通轮胎(中国)投资有限公司	A—	A+	A—	远东
1378	亚化科技(上海)有限公司	A	A	A—	新世纪
1379	上海金海雅宝精细化工有限公司	A+	—	A—	新世纪
1380	上海斯瑞聚合体科技有限公司	—	—	A—	新世纪
1381	富祥塑胶制品(上海)有限公司	—	—	A—	新世纪
1382	伯克气体(上海)有限公司	A	A	A—	中诚信
1383	上海西格里东海碳素有限公司	A	A+	A—	中诚信
1384	上海杉杉科技有限公司	A—	BBB	A—	中诚信
1385	上海富臣化工有限公司	—	BBB+	A—	中诚信
1386	上海联恒异氰酸酯有限公司	BBB	BBB	A—	中诚信
1387	芬美意香料(中国)有限公司	BBB	A—	A—	中诚信
1388	上海锦湖日丽塑料有限公司	A—	A—	A—	联合
1389	圣戈班高功能塑料(上海)有限公司	—	—	A—	华杰
1390	普莱克斯(上海)半导体气体有限公司	—	A—	A—	天诚
1611	上海第一机床厂有限公司	BBB+	BBB	A—	远东
1612	安迈工程设备(上海)有限公司	—	—	A—	远东
1613	上海飞机制造有限公司	CC	BB	A—	远东
1614	上海明岐铝业有限公司	A	A	A—	远东
1615	上海飞航电线电缆有限公司	A+	BBB+	A—	远东
1616	上海镁镁合金压铸有限公司	BB	BBB+	A—	远东
1617	上海顶锋金属制品有限公司	A+	A+	A—	远东
1618	上海瑞华(集团)有限公司	—	A—	A—	新世纪
1619	摩根轧机配件(上海)有限公司	BBB	BBB	A—	新世纪
1620	上海华普国润汽车有限公司	BBB	A	A—	新世纪

（续表）

序号	企业名称	2007年	2008年	2009年	评估机构
1621	正泰电气股份有限公司	BBB+	BBB	A−	新世纪
1622	上海腾飞通讯器材实业有限公司	BBB+	—	A−	新世纪
1623	上海浦江缆索股份有限公司	—	BBB	A−	新世纪
1624	上海春日机械工业有限公司	—	A+	A−	新世纪
1625	上海汽车齿轮一厂	—	—	A−	中诚信
1626	空调国际(上海)有限公司	AA	A+	A−	中诚信
1627	上海索菲玛汽车滤清器有限公司	A	A	A−	中诚信
1628	上海电装燃油喷射有限公司	—	BBB+	A−	中诚信
1629	上海名辰模塑科技有限公司	A−	A−	A−	中诚信
1630	上海延康汽车零部件有限公司	A−	A−	A−	中诚信
1631	上海川也电机有限公司	—	BBB	A−	中诚信
1632	上海三电冷机有限公司	A−	A	A−	中诚信
1633	上海中国弹簧制造有限公司	BBB+	A−	A−	中诚信
1634	上海中发开关有限公司	A+	A+	A−	联合
1635	上海德力西集团有限公司	BBB	A−	A−	大公
1636	上海飞众汽车配件有限公司	BBB	A	A−	华杰
1638	上海日立电器有限公司	A	BBB+	A−	华杰
1639	上海新闵太阳机械有限公司	—	—	A−	华杰
1640	上海裕生特种线材有限公司	A	A−	A−	华杰
1641	上海兆民金属制品有限公司	A−	A−	A−	中誉
1642	上海中远船务工程有限公司	—	BBB+	A−	中誉
1874	上海建华管桩有限公司	A−	A−	A−	远东
1875	上海绿洲实业有限公司	A	AA−	A−	远东
1876	上海中乾建筑材料有限公司	BBB−	—	A−	远东
1877	上海建筑材料(集团)总公司	BBB	A	A−	新世纪
1878	上海宏达混凝土有限公司	—	—	A−	新世纪
1879	上海森林特种钢门有限公司	—	BBB+	A−	中诚信
1880	上海公元建材发展有限公司	BBB+	BBB	A−	中诚信
1881	上海誉丰实业有限公司	BBB+	BBB+	A−	联合
1882	美联钢结构建筑系统(上海)有限公司	BBB+	A−	A−	联合
1883	上海建工材料工程有限公司	BBB+	A−	A−	联合
1884	上海加铝复合板有限公司	—	BB	A−	华杰
1885	上海富美家装饰材料有限公司	A+	A	A−	中誉
1938	上海宝地石油管道发展有限公司	—	—	A−	新世纪
1939	上海航天精密机械研究所	—	—	A−	新世纪
1940	上海新力动力设备研究所	A	A	A−	新世纪

（续表）

序号	企业名称	2007年	2008年	2009年	评估机构
1941	上海爱普生磁性器件有限公司	—	—	A—	中诚信
1942	基胜工业(上海)有限公司	BBB+	—	A—	中诚信
1943	上海航天测控通信研究所	—	—	A—	华杰
1944	上海林春万向轮制造有限公司	—	—	A—	万隆
1945	金安国纪科技股份有限公司	A—	A—	A—	中誉
2044	上海丰科生物科技股份有限公司	—	A	A—	远东
2045	上海东龙服饰有限公司	BBB	A—	A—	远东
2046	上海复旦复华药业有限公司	A+	A+	A—	远东
2047	上海东方希望动物营养食品有限公司	—	—	A—	远东
2048	上海紫丹印务有限公司	BBB	BB+	A—	远东
2049	上海老凤祥有限公司	BBB	BBB+	A—	远东
2050	上海金丝猴食品有限公司	BBB	BBB+	A—	远东
2051	上海中华商务联合印刷有限公司	—	BB—	A—	远东
2052	舒驰容器(上海)有限公司	—	BBB+	A—	远东
2053	上海亚澳医用保健品有限公司	—	—	A—	远东
2054	上海清美绿色食品有限公司	—	A—	A—	远东
2055	通用电气照明有限公司	BBB	BBB	A—	新世纪
2056	上海奔腾企业(集团)有限公司	BB	BBB—	A—	新世纪
2057	上海九晶电子材料股份有限公司	—	—	A—	新世纪
2058	上海宏利药用包装材料有限公司	—	—	A—	新世纪
2059	上海艺友金属制品有限公司	—	BBB+	A—	中诚信
2060	金光纸业(中国)投资有限公司	—	A—	A—	中诚信
2061	上海当纳利印刷有限公司	A—	BBB+	A—	中诚信
2062	上海欧祺亚羊绒服饰有限公司	—	A	A—	中诚信
2063	上海亚大汽车塑料制品有限公司	—	—	A—	中诚信
2064	上海黄金搭档生物科技有限公司	—	—	A—	大公
2065	上海元盛食品有限公司	A	A+	A—	大公
2068	上海进锡包装印刷有限公司	—	—	A—	华杰
2069	上海大昭和有限公司	—	—	A—	中誉
2070	上海明芳汽车零件有限公司	AA—	AA—	A—	中誉
2071	中路股份有限公司	—	A—	A—	鹏元
2294	上海申佳金属制品有限公司	AAA—	AA	A—	中诚信
2295	上海飞轮有色新材料股份有限公司	BBB	A—	A—	大公
2296	上海亚德林有色金属有限公司	BBB+	BBB+	A—	中誉
2297	上海飞轮有色冶炼厂	—	BBB	A—	天诚
2352	上海海博股份有限公司	A+	AA	A—	远东

（续表）

序号	企业名称	2007年	2008年	2009年	评估机构
2353	上海吉祥航空有限公司	—	A	A—	远东
2406	上海市自来水市南有限公司	A—	A—	A—	中诚信
2407	上海阳晨投资股份有限公司	A+	—	A—	大公
2408	上海市自来水闵行有限公司	—	—	A—	大公
2409	上海奉贤燃气有限公司	—	—	A—	中誉
2472	上海均瑶(集团)有限公司	A—	A—	A—	远东
2473	上海世贸汽车贸易有限公司	A	BBB+	A—	新世纪
2474	上海永达(集团)股份有限公司	—	A—	A—	新世纪
2475	爱马仕(上海)商贸有限公司	—	—	A—	中诚信
2476	上海老凤祥银楼有限公司	A—	A—	A—	大公
2617	上海逸平实业有限公司	A+	A+	A—	远东
2618	上海交大南洋海外有限公司	A+	A+	A—	远东
2619	衣念(上海)时装贸易有限公司	—	—	A—	远东
2620	上海芝普舒适家居系统集成有限公司	—	—	A—	远东
2621	上海望春花服装贸易有限公司	A—	A	A—	远东
2622	上海申源燃料有限公司	—	—	A—	远东
2623	上海旺奥物资有限公司	—	—	A—	远东
2624	上海宝钢商贸有限公司	AA—	A	A—	远东
2625	上海通用重工集团有限公司	—	—	A—	远东
2626	上海欧爱电子商务有限公司	A+	A+	A—	远东
2627	上海怡达科技投资有限责任公司	A—	A—	A—	远东
2628	人本集团上海轴承有限公司	A	A+	A—	新世纪
2629	上海泰华石油化工有限公司	—	—	A—	新世纪
2630	上海宏龙空调电器有限公司	—	AA—	A—	新世纪
2631	上海腾世达贸易有限公司	—	A—	A—	新世纪
2632	上海繁星照明有限公司	BBB	BBB+	A—	新世纪
2633	上海普民实业有限公司	BBB	BBB	A—	新世纪
2634	上海强劲钢铁发展有限公司	—	A	A—	新世纪
2635	上海五金矿产发展有限公司	—	BBB	A—	中诚信
2636	中菱国际贸易(上海)有限公司	BBB+	A—	A—	中诚信
2637	肯纳飞硕金属(上海)有限公司	—	—	A—	中诚信
2638	梅兰日兰电子(中国)有限公司	—	—	A—	中诚信
2639	岛津国际贸易(上海)有限公司	—	—	A—	中诚信
2640	德尔格医疗设备(上海)有限公司	BBB	BBB	A—	中诚信
2641	保力马科技(上海)有限公司	A	A	A—	中诚信
2642	沃尔沃配件(上海)有限公司	BB+	BBB+	A—	中诚信
2643	兄弟(中国)商业有限公司	—	A—	A—	中诚信

（续表）

序号	企 业 名 称	2007年	2008年	2009年	评估机构
2644	柯尼卡美能达办公系统(中国)有限公司	—	—	A—	中诚信
2645	明朗国际贸易(上海)有限公司	BBB—	BBB	A—	中诚信
2646	富士星光印刷器材(上海)有限公司	—	A—	A—	中诚信
2647	上海江铜营销有限公司	BBB+	A—	A—	中诚信
2648	松下电工(中国)有限公司上海分公司	BBB	BBB	A—	中诚信
2649	上海外高桥医药分销中心有限公司	BBB—	BBB—	A—	联合
2650	上海百红商业贸易有限公司	A—	A	A—	联合
2651	上海燃料有限公司	A	BBB	A—	联合
2652	东方国际(集团)有限公司	—	—	A—	大公
2653	上海亚一黄金珠宝销售有限公司	BBB+	A—	A—	大公
2654	上海怡康化工材料有限公司	BBB+	A—	A—	大公
2655	现代汽车(上海)有限公司	—	A—	A—	大公
2656	道康宁(上海)管理有限公司	—	—	A—	大公
2657	上海帮特钢铁物资有限公司	—	—	A—	华杰
2658	上海晋能国际贸易有限公司	AA	AA—	A—	中誉
2659	上海中闵商贸有限公司	—	BBB—	A—	中誉
2660	上海均和集团有限公司	BBB	A	A—	中誉
2661	上海潭建钢铁实业有限公司	—	BB	A—	天诚
2662	上海外联发进出口有限公司	—	BBB	A—	天诚
2663	上海众泰实业发展有限公司	A—	BBB+	A—	鹏元
3357	上海新世纪绿化建设有限公司	—	A—	A—	远东
3358	中建八局基础设施建设有限公司	A	BBB	A—	新世纪
3359	中国建筑第八工程局有限公司	A	A—	A—	新世纪
3360	华亮建设集团股份有限公司	—	—	A—	新世纪
3361	上海鼎立工程建设有限公司	A—	A—	A—	新世纪
3362	上海港务工程公司	A—	A	A—	新世纪
3363	上海南汇建筑工程有限公司	A—	A—	A—	新世纪
3364	上海叠加建设发展有限公司	—	—	A—	新世纪
3365	上海泛华工程有限公司	—	BBB+	A—	中诚信
3366	上海祥符园林绿化有限公司	—	—	A—	联合
3367	上海美特幕墙有限公司	A	A	A—	万隆
3368	中国核工业第五建设公司	—	BBB+	A—	中誉
3369	上海南辰建筑工程有限公司	A—	A—	A—	鹏元
3370	上海百世建设有限公司	A+	A—	A—	鹏元
3498	上海交通大学医学院附属第三人民医院	—	A—	A—	远东
3499	上海政法学院	A+	A	A—	远东
3500	上海中医药大学附属龙华医院	A+	A—	A—	新世纪

（续表）

序号	企 业 名 称	2007年	2008年	2009年	评估机构
3501	上海市南汇区中心医院	—	—	A—	新世纪
3502	上海市杨浦区中心医院	A—	A—	A—	新世纪
3503	上海市虹口区土地发展中心	A+	A+	A—	华杰
3504	上海浦东生产力促进中心	A—	A—	A—	中誉
3505	上海震旦职业学院	—	BBB+	A—	中誉
3506	上海市精神卫生中心	—	A—	A—	中誉
3555	上海公路建设总公司	A—	A—	A—	远东
3556	上海松江方松建设投资有限公司	A—	A—	A—	远东
3557	上海嘉定城市建设投资有限公司	A—	A—	A—	远东
3558	上海卢浦大桥投资发展有限公司	A—	A—	A—	远东
3559	上海长宁投资公司	A—	A—	A—	远东
3560	上海永智置业有限公司	—	—	A—	远东
3561	上海大众市政发展有限公司	A	A—	A—	新世纪
3562	上海市松江区建设投资开发总公司	BBB+	BBB+	A—	新世纪
3563	上海元平市政建设发展有限公司	—	BB	A—	联合
3564	上海环境实业有限公司	—	A+	A—	联合
3565	上海翔殷路隧道建设发展有限公司	A—	A—	A—	联合
3566	上海浦东城市建设投资有限责任公司	A	A+	A—	联合
3567	上海嘉定轨道交通建设投资有限公司	A—	A—	A—	大公
3568	上海外环隧道建设发展有限公司	A—	A—	A—	大公
3569	上海松江城镇建设投资开发有限公司	A	A—	A—	中誉
3570	上海青浦投资有限公司	A—	A—	A—	中誉
3571	上海杨浦城市建设投资有限公司	BB	—	A—	中誉
3704	上海海外联合投资股份有限公司	—	A—	A—	远东
3705	上海交通大学教育(集团)有限公司	A—	A—	A—	远东
3706	上海市商业投资(集团)有限公司	A	A	A—	新世纪
3707	上海强生集团有限公司(母公司)	A	A+	A—	新世纪
3708	上海联明投资集团有限公司	BBB—	BBB	A—	新世纪
3709	上海交通投资(集团)有限公司	A—	A—	A—	新世纪
3710	上海新工联集团有限公司	A—	A—	A—	新世纪
3711	中金投资(集团)有限公司	A	—	A—	新世纪
3712	上海证大投资发展有限公司	BBB	A—	A—	中诚信
3713	天安(上海)投资有限公司	A—	A—	A—	中诚信
3714	斯凯孚(中国)投资有限公司	—	—	A—	中诚信
3715	大赛璐(中国)投资有限公司	BBB	BBB—	A—	中诚信
3716	上海浦东国有资产投资管理有限公司	BBB—	A—	A—	联合
3717	上海宝隆(集团)有限公司	A	A	A—	大公

（续表）

序号	企 业 名 称	2007年	2008年	2009年	评估机构
3719	上海石化投资发展有限公司	—	—	A—	华杰
3720	上海大众联合发展有限公司	—	—	A—	万隆
3721	长江计算机(集团)公司	BBB	A—	A—	中誉
3722	上海新世界(集团)有限公司	A	A—	A—	中誉
3723	上海汇成(集团)有限公司	BBB	BBB+	A—	中誉
3880	上海紫竹科学园区发展有限公司	BBB—	BBB—	A—	远东
3881	上海浦东软件园股份有限公司	A	BBB	A—	新世纪
3882	上海复旦科技园股份有限公司	BBB	BBB+	A—	新世纪
3883	上海市北工业园区(集团)有限公司	BBB+	BB	A—	联合
3884	上海漕河泾开发区新经济园发展有限公司	BBB	A—	A—	联合
3885	上海临港国际物流发展有限公司	BBB—	A	A—	联合
3886	上海临港保税港经济发展有限公司	—	A	A—	联合
3887	上海大众经济城发展中心	—	—	A—	万隆
3888	上海富盛经济开发区开发有限公司	A—	A—	A—	中誉
3998	上海世纪森林开发有限公司	A—	A—	A—	新世纪
3999	华能上海石洞口发电有限责任公司	—	—	A—	新世纪
4000	上海轨道交通浦东线发展有限公司	A—	A—	A—	中诚信
4119	上海福寿园实业发展有限公司	AA—	AA—	A—	远东
4120	上海良友(集团)有限公司	A	A—	A—	远东
4121	上海檀溪集团有限公司	—	A+	A—	远东
4122	东方希望集团有限公司	A+	A+	A—	远东
4123	上海金明投资集团有限公司	A—	A—	A—	新世纪
4124	上海东兴电力实业有限公司	—	A	A—	新世纪
4125	上海复星产业投资有限公司	AA	A—	A—	新世纪
4126	安吉汽车租赁有限公司	—	A—	A—	中诚信
4127	杉德银卡通信息服务有限公司	AA	A—	A—	中诚信
4128	上海恩德斯豪斯自动化设备有限公司	—	—	A—	中诚信
4129	中国上海外经(集团)有限公司	BBB	A+	A—	大公
4130	上海外高桥保税区投资实业有限公司	BBB+	A—	A—	中誉
4131	上海淮海商业(集团)有限公司	BBB	A	A—	中誉
1637	上海鸿得利重工股份有限公司	—	—	A—	华杰
3718	天虹(中国)投资有限公司	BBB+	BBB+	A—	华杰
408	上海新梅房地产开发有限公司	BBB	BBB—	A—	华杰
2066	上海希迪制药有限公司	—	AA—	A—	华杰
1087	东风日产汽车金融有限公司	—	—	A—	华杰
2067	上好佳(中国)有限公司	BB+	BBB+	A—	华杰
2354	上海浦东巴士交通股份有限公司	A—	A—	A—	华杰

图书在版编目（CIP）数据

上海金融年鉴.2010/《上海金融年鉴》编辑部编.
上海：上海人民出版社,2010
ISBN 978-7-208-09651-6

Ⅰ.①上... Ⅱ.①上... Ⅲ.①金融事业-上海市-2010-年鉴 Ⅳ.①F832.751-54

中国版本图书馆CIP数据核字(2010)第220327号

责任编辑 顾兆敏
封面装帧 陈 楠

上海金融年鉴

(2010)

《上海金融年鉴》编辑部 编

世纪出版集团
上海人民出版社出版
(200001 上海福建中路193号 www.ewen.cc)
世纪出版集团发行中心发行
上海锦佳装璜印刷发展公司印刷
开本889×1194 1/16 印张49.25 插页36 字数1,334,000
2010年12月第1版 2010年12月第1次印刷
ISBN 978-7-208-09651-6/F·2006

定价 260.00元

上海国际集团有限公司

上海国际集团有限公司于2000年4月20日注册成立，注册资本为105.6亿元人民币。集团公司具有投资控股、资本经营和国有资产管理三大功能，经上海市人民政府授权，开展以金融为主、非金融为辅的投资、资本运作与资产管理业务，进行金融研究，提供社会经济咨询等服务。

集团公司现阶段的发展定位是战略控制型的以金融投资为主业的投资集团，其发展目标是成为以金融产业为核心，涵盖银行、信托、证券、基金、资产管理、金融服务等多个金融领域，拥有优秀品牌与特色，逐步实现金融综合经营的控股集团，在建设上海国际金融中心和实施上海经济、社会发展战略中发挥重要作用。

集团公司目前控股上海国际信托有限公司、上海国有资产经营有限公司、上海证券有限责任公司、上海国际集团资产管理有限公司、上海国际集团金融服务有限公司、上海国际集团（香港）有限公司等核心企业。近年来，集团系统不断扩大金融投资领域，成为上海浦东发展银行股份有限公司、上海农村商业银行、国泰君安证券有限公司、安信农业保险股份有限公司、大众保险股份有限公司等第一大股东；在香港注册并上市共同基金“沪光基金”；与世界顶级资产管理公司之一的JP摩根合资成立上投摩根基金管理有限公司；与世界第二大货币经纪公司英国国惠集团德利万邦有限公司合资成立我国首家货币经纪公司——上海国利货币经纪有限公司；发起成立经国务院同意、国家发改委批准的迄今为止国内最大的一只人民币私募股权基金——上海金融发展投资基金；发起设立华安基金管理有限公司、长江养老保险股份有限公司、上海国盛典当有限公司、上海市再担保有限公司等。

集团系统多年来以丰富的金融与资本运作经验，为上海重大建设项目如南浦大桥、延安东路隧道、虹桥机场扩建、轨道及磁浮交通、上海高速公路网、洋山深水港等提供完善的投融资和财务顾问服务，积极促进了上海的现代化建设与国际化发展。集团系统还参股申银万国证券股份有限公司、太平洋保险集团有限公司、中银国际证券股份有限公司、交通银行股份有限公司、兴业银行股份有限公司、杭州银行股份有限公司、东方人寿保险股份有限公司等10余家金融企业。集团系统金融资产占总资产65%以上，基本涵盖银行、证券、保险、信托、证券投资基金、货币经纪等多个金融子行业，并拥有一大批中高级金融投资经营专业人才。

光大期货有限公司

EVERBRIGHT FUTURES CO.,LTD.

光大期货成立于1993年，是国内首批经过中国证监会审核批准的专业期货公司；注册资本金3.5亿元，主要从事商品期货经纪业务、金融期货经纪业务、金融期货全面结算业务，拥有包括中金所、上期所、大商所、郑商所的全面会员资格。光大期货依托中国光大集团雄厚的金融背景和光大证券强大的股东优势，稳健经营、规范管理，业务持续发展。

2009年，光大期货在严格控制风险的同时，各项业务指标增幅明显，取得了较为显著的成绩。截至2009年底，公司的客户保证金同比增长了116%，公司营业收入大幅增加，同比增长了135%。客户结构更趋合理，主营业务收入大幅增加，基本实现了乘势发展，为公司新一轮发展奠定了良好的基础。截至2009年年底公司已有13家营业网点，深圳及上海新闸路营业部也在积极筹建中。

公司倡导合规运营，追求制度化管理、程序化操作。合规文化已成为公司的主流文化。在2009年中国证监会等相关行业监管部门的历次检查中光大期货均表现出色，合规运营得满分。公司通过了中国证监会、中国期货业协会对IT系统三类评级验收。展示了光大期货优质专业的企业形象。

光大期货在发展业务的同时，勇于承担社会责任，定期对外发布企业社会责任报告。公司从规范治理结构、转换经营机制入手，有效保护利益相关者的合法权益；从严格自律、引领创新入手来积极推动行业健康发展；从关注弱势、倡导公益入手积极参与社会公益活动；公司与天津商业大学的联合办学已历时三届，该项目被评为国家级特色专业，为期货行业培养后备专业人才及解决大学生就业问题作出了自己的贡献。

光大期货凭借合规经营，稳健发展的良好态势在行业内逐渐树立起了券商背景期货公司“排头兵”的优质形象。在2009年的各项评选活动中，公司在众多同行中脱颖而出，获得了多项荣誉。

2009.1公司在“2008领航中国期货”评选中荣膺最具成长性期货公司，曹国宝总经理被评为“2008领航中国期货”卓越人物。

2009.3曹国宝总经理在证券时报举办的“2009第二届中国期货优秀期货公司暨最佳期货分析师评选”中荣获中国期货业最具影响力人物。

2009.4公司在“2008年度中国金融企业慈善榜”中荣获“期货行业突出贡献奖”。

2009.11公司被评为“诚信创建企业”。

2009.12公司荣获“2009年中国期货业最佳客户服务奖”。

公司荣获大连商品交易所“2009最具成长性农产品研发团队”、“市场服务奖”、“最具成长性会员”称号。

公司荣获郑州商品交易所2009年度“企业服务奖”、“市场优胜奖”、“菜籽油品种优胜奖”、“小麦品种优胜奖”、“棉花品种优胜奖”。

申万巴黎基金管理有限公司

SYWG BNP Paribas Asset Management Co., Ltd

申万巴黎基金管理有限公司(SYWG BNP Paribas Asset Management Co., Ltd)是由国内大型综合类券商申银万国证券股份有限公司(Shenyin & Wanguo Securities Co.,Ltd.)和法国巴黎资产管理有限公司(BNP Paribas Asset Management SAS)共同发起设立的一家中法合资基金管理公司。公司成立于2004年1月15日，注册地在中国上海，注册资本金为1.5亿元人民币。其中，申银万国证券股份有限公司持有67%的股份，法国巴黎资产管理有限公司持有33%的股份。

作为中法两国金融领域合作的结晶，申万巴黎立足于“以客为先，创新求变，专业管理，业绩至上”的经营理念，以负责的态度、高效的管理、专业的服务，全力为投资者提供丰厚的投资回报。成立以来，公司业务增长迅速，在北京、上海、广州先后建立了理财中心，目前旗下管理9只开放式基金，资产管理规模约104.1809亿元（截至2010年6月30日，数据来源WIND），客户数超过177万户。

通过自身努力，公司逐渐形成了规范、诚信、专业、稳健的运作风格。在股权分置改革中，申万巴黎有幸率先参与了第一个案例三一重工的股改过程，提出一整套上市公司股权分置改革方案的评价标准，得到市场认同，为其他股改试点方案树立了标杆。

展望未来，申万巴黎将继续依靠强大的股东背景，不断丰富和完善产品线，凭借先进的管理技术，依托丰富的全球和本土运作经验，采用成熟的投资及风险管理技术，借助完善高效的客户服务体系，重视所托，通过海内外资深专业人士组成的精英团队为投资者提供优质的理财服务，努力实现客户资产的保值增值。

★ 2009年1月20日，申万巴黎基金北京分公司在金融大街富凯大厦举办了一个简洁而喜庆的开业仪式。姜国芳董事长表示，2009年公司将继续依托其日趋健全的分支机构，联合各地的代销渠道,进一步促进和加强市场开拓及客户服务工作，以专业的精神和团队合作与投资者携手前行。

★ 2009年2月11日，公司广州分公司在广州富力君悦酒店举办了一场简洁而又喜庆的开业仪式。至此，申万巴黎基金市场营销体系已趋于完善，除了广州分公司、北京分公司外，还设立了三大理财中心，覆盖全国的营销服务体系为投资者提供了更丰富、更便捷的专业理财服务，也为更多代销机构和机构投资者提供细化的定向服务，基金销售工作逐步从渠道拓展转向渠道精耕。

★ 2009年9月4日，公司联合第一财经在上海举办了“博弈时代的投资机会”2009申万巴黎基金高峰论坛。

论坛上与会嘉宾就当前国际国内经济形势，市场走向以及未来投资机会进行了充分的探讨，来自国家信息中心、中国社科院等权威部门的专家作了专题演讲，全国200多名机构投资者和媒体记者参加了会议，公司也发布了最新的投资策略。

地 址：上海市淮海中路300号香港新世界大厦40层　　邮 编：200021
电 话：021 23261188　　传 真：021 23261199　　热 线：400 880 8588

中国石化财务有限责任公司

上海分公司

中国石化财务有限责任公司上海分公司主要为上海、浙江、福建三地中石化集团持股20%以上的各石化企业提供金融服务。截至2009年末，共有开户企业152家，业务涵盖石油化工行业上、中、下游各类企业。

2009年，上海分公司积极贯彻公司总部的总体业务和管理发展框架，从统一思想，提高认识入手，结合科学发展观学习，以服务为本，以金融各种工具为抓手，认真贯彻管理年各项活动，并与公司内部管理和具体工作相结合；从整体工作安排上全力保证资金集中各阶段、环节的实施和落实，做好打硬仗的思想准备；从业务开拓上挖掘优秀合资企业的业务潜能，实现业务的综合发展；从分公司发展的角度探讨自身的发展定位，寻找和探求分公司发展的潜能空间。

2009年，上海分公司资金进出量17628亿元，结算量6332万吨，企业之间结算收付金额3580亿元；累计实现营业收入10790万元；实现利润11084万元；全年累计发放贷款93亿元，日均贷款25.3亿元；办理票据贴现31.7亿元，日均存款18.9亿元。其中资金流量、内部转账结算、日均贷款、资产规模和利润完成情况均超过历史同期最好水平，创造了上海分公司业务发展的一个新高峰。

地址：上海市浦东新区张杨路500号时代广场　　邮编：200122
电话：021-58367770（总机）　　传真：021-58367659

Avocent为企业提供安全可靠的数据中心运营管理

在经济环境瞬息万变的全球化时代，企业如何依靠自身的应变能力来满足快速变化的市场需求？面对经营成本的不断增长、业务范围的扩大、合并、收购、能源成本的增加和难以预测的环境，所有这些挑战都使企业的发展道路充满不确定性。作为企业的基础，IT技术已成为维持企业稳定发展的核心因素，与企业的兴衰紧密结合在一起。以更低成本进行IT运营，提高IT生产效率，带来高可用性，为企业的业务运行保驾护航，使企业得以及时响应新的机遇和需求。

企业为了提高竞争力，需要将离散的IT资产转变成统一、可管理、稳定、可持续发展的数据中心。但是从具体操作层面来看，数据中心的日常管理工作对企业而言是一个乏味而耗时的负担。如果企业的数据中心拥有多个服务器机架、分布在多个办公楼甚至世界各大洲时，这个负担就显得尤为沉重。企业需要整合内部不同区域站点的IT资产管理，使原本分散在各站点的服务器、网络设备、电源等资源更易于保护和管理。同时还需要降低人力成本，减少IT设备故障恢复时间，简化对各种硬件的连接和控制方式，减少数据中心能源消耗，保证运营成本的降低和系统性能的提升。

Avocent作为IT基础设施管理解决方案的全球领先供应商，一直致力于为企业提供高效率、可靠、安全的IT基础设施管理，帮助企业提高IT运营水平，满足IT建设的需要，真正推动企业的业务发展。Avocent数据中心解决方案以DSView®3数据中心管理软件为核心，以各种Avocent硬件产品为延伸，将数据中心管理整合到单个一体化平台，减少复杂性并能够提高IT基础设施管理的效率和可靠性，确保各种设施全天候可用。基于Web的友好的单一用户界面为IT管理人员提供远程IT基础设施的集中管理，极大地降低人力成本，同时减轻IT人员的工作负担。通过DSView®3软件，数据中心管理员可以在全球任何地点访问、诊断和修改包括服务器、路由器、交换机和公用交换电信设备在内的任何IT资产，且无需考虑操作系统或连接设备网络的运行状况或状态。并且可使数据中心和远程办公室的管理、访问和扩展变得更加容易，提高其访问安全性。DSView®3软件的带外特性，使管理人员甚至在网关、路由器或其他IP连接中断时，仍能诊断和解决问题，极大地提高了系统的可靠性，提升IT服务的质量，也为企业的业务运营赢得宝贵的时间。

DSView®3平台具有出色的开放式架构，无论企业使用什么类型的IT基础设施，DSView®3软件都可以通过与新技术的集成和提供一致的管理界面，与不断深化的集成性和兼容性，有效地保护企业数据中心的已有投资，实现更加出色的投资回报率（ROI）。面对日益增长的绿色环保需求，Avocent的虚拟化、配电设备管理和电源监测等技术可以帮助企业降低能源成本压力。PM2000和PM3000智能电源分配单元（IPDU）支持插座级别的监测和开关控制能力，可以帮助数据中心专业人员进行管理，降低企业IT设备的能源消耗成本。此外，Avocent的DSView®3管理平台还能提供高级的认证、授权、审计等安全功能。专有和开放服务管理协议可合并在统一的管理平台上，主动监测服务器状况并对服务器进行维护，加快故障解决和问题处理的速度。系统可通过SNMP、即时消息或电子邮件通知管理人员需要警惕的事件，从而大幅度减轻IT工作人员的负荷，加强监视质量。

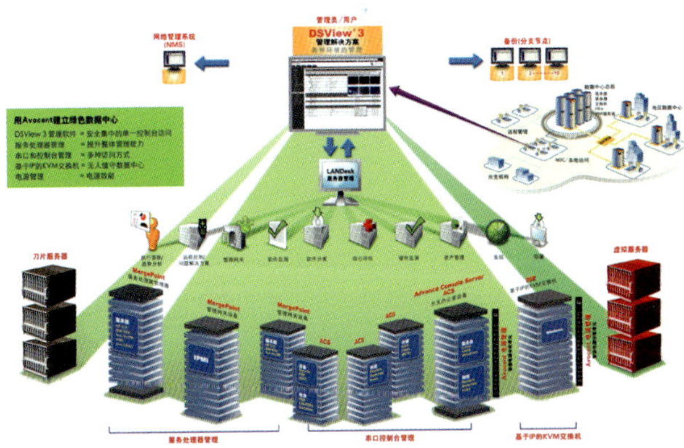

总结：Avocent全球领先的数据中心运营管理解决方案，通过整合企业IT的运维方式，优化对IT资产的管理和维护，使企业IT环境具有更强的安全性和控制能力，有效地保证业务连续性，为企业的成功提供坚实后盾。

上海松江骏合小额贷款股份有限公司

JUNHE

公司简介

上海松江骏合小额贷款股份有限公司于2009年2月28日正式挂牌营业。公司运营情况良好，业务规模不断扩大，风险措施到位，有效显示了服务“三农”和小企业的作用。

目前，公司已经建立了一套完善的组织架构和规章制度，业务部、风险控制部、运营部、财务部、行政人事部等多个部门互相分工，协调发展。《小额贷款公司业务操作细则》、《小企业贷款管理办法》、《风险管理制度》、《信息披露制度》等一系列规章制度也已经基本完善，尤其是公司的贷款分级审批制度更是充分体现了小额贷款审批的创新性和灵活性，制度规定其中50万元以上的贷款需要经过公司的贷审会审批才能放款，50万元以下的贷款则只需要总经理和董事长审批即可放款，制度建设的完善为公司向松江区的“三农”和小企业提供优质金融服务打下了扎实的基础。

为了高效地为客户提供优质服务并打造一支专业化的业务团队，公司引进了一批具务金融工作经验，文化层次高，道德素养好的人员担任客户经理。并在营销活动中强调职业道德，制定了业务活动中的自律规范如不得收受客户礼品、不得接受客户宴请、严格保密客户资料等。另外公司还坚持定期内部培训，从而确保团队具有较强的营销和具体操作能力，课程主要由公司高层主管以及聘请合作的银行资深金融从业人员做讲师，对金融形势和经济宏观环境的解读进行分析，针对业务操作的薄弱环节的从业人员的法律意识等方面进行培训、增加贷后管理和风险控制经验等，有效地提升了整个团队的专业性，完善人才储备。

为了进一步加强团队建设，公司计划用2—3年的时间培养一支懂营销、懂管理的复合型专业团队，更好地为松江区的“三农”和小企业提供优质的金融服务。同时公司要更加进一步优化业务操作流程和管理制度，争取在最快的时间内摸索出一条灵活、高效、风险可控的经营管理模式。另外公司还要继续完善客户平台。建立基础客户数据库，在基本信贷业务外，开拓金融咨询业务的新渠道。公司将在国家政策允许的范围内，进一步解放思想，加大新产品的开发力度并积极提高经营管理水平，加强制度化、规范化建设，为加强松江地区金融建设贡献出应有的力量。

企业文化

骏合目标：诚达方寸恒通天下

骏合愿景：汇天下才俊贵天地仁和

骏合理念：用心一切皆有可能

骏合作风：诚信谦卑忠诚感恩

上海市小额贷款公司协会 理事长
上海松江骏合小额贷款股份有限公司 董事长 张玉峰

地址：上海市松江区新松江路909号丰源大厦20层

6775 2860 6775 2850

上海金融学院
SHANGHAI FINANCE UNIVERSITY

上海金融学院是一所具有近60年办学历史，以培养现代服务业特别是现代金融服务业所需应用人才的全日制本科高校。几十年来，学校致力于培养国家经济金融所需要的各级各类专门人才，被誉为“未来金融家的摇篮”。

学校前身是建于1952年的上海银行学校，隶属于中国人民银行总行。1987年升格为上海金融专科学校。2000年，学校由中国人民银行总行管理转为上海市政府和中国人民银行共建，以上海市政府管理为主，并于2002年整体搬迁至浦东曹路镇。2003年9月学校升格为本科高校，更名为上海金融学院。

学校坚持“本科为本、教学为本、质量为本、特色为本”的办学理念，致力于培养应用型、复合型、创新型、国际化人才。学校现设有国际金融学院、保险学院、会计学院等10个二级学院和应用数学系、外语系等4个教学系（部），初步形成了以经济、管理类为重点、以金融学科为核心，文、法、理、工等学科交叉支撑，协调发展的学科专业体系。

学校重视应用性科学研究，成立了开放式、国际化的专门研究机构——国际金融研究院。近年来，学校承接了多项国家社科基金、自然科学基金以及国务院委办局的各类研究课题，并为国务院、地方政府等部门提供决策咨询服务，为国家经济金融事业的改革和发展特别是上海国际金融中心的建设作出了一定的贡献。自2006年始，学校国际金融研究院连续出版了《上海国际金融中心建设蓝皮书》高层次系列决策咨询研究报告，受到国内外的广泛关注。学校还获得中国金融理财标准委员会授权,成为全国第二家、上海唯一一家开展CFP教育的培训机构。

学校还是上海市体教结合一线特色学校，击剑项目久负盛名，上海市一线击剑（花剑）队挂靠学校，涌现出男子击剑世界冠军王磊等一批知名运动员。

国务院和上海市政府关于推进上海加快发展现代服务业和先进制造业建设国际金融中心和国际航运中心（以下简称“两个中心”）系列政策、文件出台以后，学校紧紧抓住上海“两个中心”建设的重大机遇，积极探索与上海“两个中心”建设相匹配的创新人才培养模式，建设优质本科教育，为上海“两个中心”建设、为实现经济发展方式转型提供优秀的人力资源和智力支撑。

◆学校举办国际金融中心论坛

◆学校被誉为未来金融家的摇篮

◆学校积极探索体教结合新路

上海社会科学院

金融研究中心

WWW.SASS.ORG.CN

上海社会科学院金融研究中心成立于2003年。2003年11月18日，上海社会科学院金融研究中心成立暨2004年中国（上海）金融形势分析报告会在浦东国际会议中心举行，冯国勤副市长等领导和专家出席。金融研究中心充分利用社科院研究团队优势，组织调动与上海其他金融研究机构合作资源，为市政府提供决策咨询、政策建议和研究成果，是市政府规划建设“上海国际金融中心”的重要参与机构和研究智囊，为上海国际金融中心建设作出实际贡献。

上海社会科学院金融研究中心具有很强的研究优势。首先是学科优势，金融研究中心具有较广泛的金融学科研究特色，包括货币理论、货币政策等宏观金融基础理论；金融市场、银行学、产业金融学等微观金融理论研究；以及对上海金融理论与实践发展的跟踪研究。其次是团队优势。金融研究中心的研究团队层次较高，包括研究员4人，副研究员2人，具有博士学位的8人。上海社会科学院金融研究中心主任杨建文、副主任潘正彦等中心负责人先后承担包括国家社科课题、上海市社科规划课题、上海市决策咨询课题等重大课题。

上海社会科学院金融研究中心具有很强的研究特色。金融研究中心的品牌之一是撰写《上海金融发展报告》。从中心成立至今已经出版了三部《上海金融发展报告》，对上海金融中心建设和金融发展提出了独特看法，得到社会各界人士的好评。金融研究中心另一个研究特色是具有很强的后援支持。研究中心本着“小机构、大网络”，充分发挥社科院已经毕业和在读研究生以及其他社会力量的作用，与权威研究部门合作出研究成果的思路，使中心发展的潜力无限。

2009年6月16日上海社会科学院与纽约市政府联合主办以“人民币国际化与上海国际金融中心建设”为主题的“上海-纽约：国际金融论坛2009”。上海社会科学院金融研究中心与美国纽约资本市场服务有限公司联合承办了“人民币国际化与上海国际金融中心建设”分论坛，诺贝尔经济学奖获得者、美国哥伦比亚大学罗伯特·蒙代尔教授发表了专题演讲。

2010年6月25日，上海社科院部门经济所召开“欧洲主权债务危机及其影响”国际研讨会。伦敦市并购委员会副总监Crawshay做“欧洲主权债务危机对英国并购监管的影响”演讲，英国金融业著名律师Charnley做“信用危机：欧洲主权债务危机及其对欧洲并购的影响”发言。

2010年7月6日，上海社科院金融研究中心与香港特区政府中央政策组、上海交大中国金融研究院等单位，在上海联合举办了以“金融合作”为主题的“沪港合作论坛”。

中心地址：上海市淮海中路622弄7号413室

中心电话：（021）53060606*2414

华东师范大学金融与统计学院

华东师范大学金融学科、贸易学科、概率论与数理统计学科是国内最早培养国际金融、国际贸易、保险精算、概率论与数理统计高级人才的重要基地之一。在我国金融改革、开放、发展力度不断加大，国家和上海面临新一轮重大发展机遇的大背景下，根据国家和上海中长期发展规划及上海建设国际金融、贸易等四大中心的发展战略，为适应现代市场经济对于高素质复合型金融、贸易、保险精算和统计人才的迫切需求，华东师范大学在原有金融学科、贸易学科、概率论与数理统计学科的基础上，于2007年在国内高校中率先组建金融与统计学院，以培养既具有扎实的经济学与数理基础、又擅长专业应用的复合型人才，并希望通过结构创新和资源整合，来奠定华东师范大学在金融、贸易、概率论与数理统计和保险精算领域走向国内领军地位的基础。

学院下设五个系、一个研究院和一个研究中心：金融系、金融工程系、国际贸易系、风险管理与保险学系、统计与精算学系；华东师范大学应用统计科学研究院；华东师范大学人文社会科学重点研究基地——国际金融与风险管理研究中心。学院现设有五个本科专业：统计学（1983）、金融学（1984）、保险（1994）、国际经济与贸易（1999）和金融工程（2009）；四个学术型学位硕士点：概率论与数理统计（1981）、金融学（含：保险学，1994）、国际贸易学（1998）和精算学（2004）；五个专业学位硕士点：工商管理硕士（MBA，金融管理方向，2006）、金融硕士（2010）、国际商务硕士（2010）、保险硕士（2010）和应用统计硕士（2010）；一个一级学科博士点：应用经济学（2010）和四个二级学科博士点：世界经济（1981，与商学院共建）、概率论与数理统计（1986）、精算学（2004）、金融学（含：保险学，2006）；两个博士后科研流动站：数学（1994，与数学系共建）、理论经济学（2009，与商学院共建）。另外，还承担成人教育本科金融学专业、校外第二本科金融学专业的教学工作。概率论与数理统计学科于1987年被原国家教委设立为全国高等学校重点学科，是全国最早的三个概率论与数理统计重点学科之一，其教学和科研水平在全国高校同类专业中处于前列，在国际上有一定的影响。以国际金融为主要特色的世界经济博士点，在陈彪如教授带领下，从1981年开始招收国际金融方向博士生，成为国内最早培养该领域博士生的两个学科点之一，并于1996年被上海市教委设立为上海市重点学科。

目前学院教职员工85人，其中教授21人，博士生导师18人，“千人计划”国家特聘教授4人，长江讲座教授1人，紫江讲座教授4人，副教授26人，有博士学位的教师62人。

学院配备专业资料室、金融实验室、统计与精算实验室。金融实验室和统计与精算实验室拥有先进的金融软件、统计软件和精算软件供教学和科研使用。中国数学类核心期刊、中国数学会概率统计学会《应用概率统计》杂志编辑部设在本学院。

在学校的支持下、在国内外同仁关心和帮助下、在学院全体师生员工的共同参与下，我们将努力把金融与统计学院建设成为文理结合、学科交融、多元发展、国内一流、国际知名、开放与互动的研究型与应用型并重的学院。

上海师范大学金融学院

上海师范大学金融学院是一所全面开放的、以本科教学为主体、以金融应用型技术人才培养为特征兼具外国留学生教育的国际化学院。现有全日制金融类本科专业6个，全日制本专科学生2000余人，国外留学生60余人，夜大学本、专科学生1100余人。

上海师范大学金融学院全日制金融类本科专业有：金融学、金融工程学、投资学、信用管理、保险学、经济学（中美合作、中法合作）。同时，学院拥有1个开放性的学术研究机构，金融工程研究中心。

上海师范大学金融学院采用专兼职相结合的教师队伍配置方式。现有在编教职工近70人，其中专业教师42人，具有博士学位的29人，硕博学位者占全体教师的100%，其中高级职称人数14人。学院还聘请有多名国内外专家、学者、企业家和金融机构的中高层管理者担任名誉教授和兼职教授，突出教学的专业性和技术性。上海师范大学金融学院主要从事金融衍生品机理、运行技术和风险管理方面的教学和研究。学院邀请了国内外金融界相关的专家、学者参与课程的设计与开发，并与大企业和金融机构建立长期的战略联盟。学院不仅充分汲取了欧美大学专业教学的先进理念和模式，而且秉承了中国传统教育的精髓，高度重视理论与实践的结合，强调商学院案例教学模式，使整个学生培养方案能反映国家经济发展的趋势。

秉承上海师范大学“以学生发展为本、以本科教育为本、以教育质量为本”的办学理念和精神，为学生创造积极向上、严谨求实的学习氛围，民主自由、活泼开放的人文环境，个性昂扬、健康成长的人性化发展平台，是上海师范大学金融学院的奋斗目标。金融学院正站在新的起点上，以崭新的姿态，向着人性化、现代化、国际化的方向执著迈进！